진고응의 장자

원전총서
진고응의 장자

註譯者 陳鼓應
옮긴이 박원재 · 오현중
펴낸이 오정혜
펴낸곳 예문서원

편집 유미희
인쇄 및 제책 주) 상지사 P&B

초판 1쇄 2024년 12월 27일

출판등록 1993년 1월 7일(제2023-000015호)
주소 서울시 동대문구 왕산로 239, 101동 935호(청량리동)
전화 925-5914 | 팩스 929-2285
전자우편 yemoonsw@empas.com

ISBN 978-89-7646-494-1 93150
YEMOONSEOWON 101-935, 239 Wangsan-ro, Dongdaemun-Gu, Seoul, KOREA 02489
Tel) 02-925-5914 | Fax) 02-929-2285

값 65,000원

원전총서

진고응의 장자

陳鼓應 註譯

박원재 · 오현중 옮김

예문서원

최신 개정 증보판 서문

1.

이 책은 1974년 대만 상무인서관商務印書館에서 처음으로 출판되고, 북경 중화서국中華書局에서 1983년 번체자로 재판이 이루어졌다. 1979년부터 나는 미국 캘리포니아대학교 버클리캠퍼스에서 몇 년간 체류한 적이 있었는데, 이 시기 동안 이전에 역주하였던 『노자』와 『장자』 두 권을 대폭 수정하여 북경 중화서국을 통해 출판한 것이다. 1984년부터는 중국으로 돌아와 북경대학 철학과에서 교편을 잡았다. 북경대학에서 강의하는 12년 동안 이들 텍스트에 대해 새롭게 알게 된 바가 적지 않았기에, 조초기曹礎基 선생 등의 『장자』 관련 저서를 참고하여 졸고를 다시 한 번 수정하고 다듬었다. 1995년에 이 개정판을 대만 상무인서관을 통해 간행하였으며, 2007년에는 북경 상무인서관에서 다시 간체자로 재간행하였다. 그리고 이제, 북경 중화서국에서 대만 상무인서관본을 기초로 북경 상무인서관의 간체자판에서 새롭게 수정된 내용을 반영하고, 예전의 중화서국 원판과 비교 및 교열 작업을 거쳐 원판의 몇 가지 인쇄오류를 교정하는 한편, 대략 100여 군데에 걸쳐 문제가 있는 부분을 첨삭한 증보판을 간행하기에 이르렀다. 이번 북경 중화서국의 이 증보판이야말로 내가 가장 만족하는 개정판이라 할 수 있다.

2.

이 책이 처음 세상에 나왔을 때, 출판사의 시리즈 출간 계획에 따라 일괄적으로 '금주금역今注今譯'이라는 이름이 붙여졌다. 역주 작업을 진행하는 동안, 나는 특히 텍스트의 원래 의미를 이해하는 데에 세심한 노력을 기울였다. 하지만 내 생각과 실제 써 내려가는 글 사이에 이 시대의 학문 풍조, 그리고 개인적인 감상과 이해가 스며드는 것을 막을 수는 없었다. 따라서 이 책은 비록 '금주금역'이라 불리게 되었지만, 한 명의 현대 학자인 내가 『장자』를 '해석'한 작업이라고 보아도 무방할 것이다.

니체는 『삶에 대한 역사의 공과』(*On the Use and Abuse of History for Life*)에서 이렇게 말했다. "저기 풀을 뜯으며 지나가는 가축들을 보라. 이들은 어제, 그리고 오늘의 의미를 알지 못한다." "이들에게는 기억이 없으니 비-역사적 삶을 이어 나갈 뿐이다." 인간은 기억을 지니고 있다. 이에 유구하게 이어지는 애환의 역사가 있다. 만약 어떤 민족이 지나치게 무거운 역사의식을 짊어지고 있다면, 미래를 향해 나아가는 창조의 동력을 상실하게 될지도 모른다. 반대로 역사적 시각이 과도하게 결핍된다면 저 알프스 아래에서 근심 걱정 없이 살아가는 사람들처럼 좁은 사상적 시야를 가지게 될 것이다. 그렇기에 우리는 자신의 역사문화를 변증법적으로 바라보아야 한다. 생각과 사고는 우리가 살아가는 문화전통 속에서, 그리고 우리가 처한 시대 환경에서 분리되기 어렵다. 특히 나와 같은 이 세대 사람들에게서는 더욱더 그러하다.

내가 세상에 태어나 처음 기억을 가지게 된 그 순간부터, 전쟁의 공포스러운 참상은 온통 내 주위를 뒤덮고 있었다. 내 고향은 복건성 민서閩西에 위치한 객가客家 지구였다. 항일전쟁 당시, 편벽되고 궁핍하던 나의 고향조차도 대만을 점령한 일본군 전투기의 포탄 세례를 피해갈 수 없었다. 다급한 사이렌 소리가 울려 퍼질 때마다 나의 모친은 두려움에 떨며 나를 데리고 교외로 도망을 치곤 하였는데, 전황이 더욱 급박해지면 초야에 묻혀 있는 작은 서당으로 숨어들었다. 농촌에서 지낸 나의 유년기 생활 속에는 민간의 문화전통이 짙게 스며들어 있었다. 집안에서부터 마을 곳곳에 이르기까지 유가에서 강조하는 '존존尊尊'과 '친친親親'의 풍습이 미치지 않는 곳이 없었다. 이러한 영향 때문인지 지금까지도 나는 연장자를 만나면 습관처럼 경의를 표하게 되고, 연하의 사람들을 만나면 저절로 친근감을 표출하곤 한다. 은殷·주周 왕조 이래 '존존尊尊'과 '친친親親'이라는 문화전통은 사람들의 정감과 관심을 나타내는 사회적 표현방식으로 자리매김되어 왔다. 나 역시 상당 부분 이에 동의한다. 하지만 역사적으로 유가의 문화전통이 정치로 전환될 때마다 '부모에게 효도하듯 나라에 충성해야 한다'라는 슬로건이 제기되었다. 이는 한 인간을 성왕으로 추존하는 일종의 인간숭배 전통을 불러일으켰고, 자연스럽게 유가와 전제정치가 공존하는 결과로 이어지곤 하였다. 게다가 송명유가에서 지어낸 '도통 체계'는 이러한 권위체제와 교조주의를 더욱 공고화하였다. 유가 전통이 몸에 밴 나로서도 이러한 점만은 도저히 받아들일 수가 없다.

나의 청년 및 중년기는 정확히 '국부國府'(중화민국 국민정부를 말함)에 의한 백색의 공포정치 속에 놓여 있었다고 할 수 있다. 장개석蔣介石 정권은 계엄 시기라는 명분으로 '반란 처벌 조항'이라는 악법을 공포하였는데, 이 조항의 일곱 번째 조목이 바로 "도서나 글을 통한 연설로 반역자에게 유리한 선전을 일삼는 자는 7년 이상의 유기형에 처한다"라는 것이었다. 이 조항의 시행으로 인해 나는 셀 수 없이 많은 애국지사와 작가, 지식인들이 체포당하는 모습을 목격해야 했다. 그 가운데에는 내가 존경하던 스승님 또한 포함되어 있었는데, 그 역시 유형무형의 정치적 박해를 당해야 했다. 하지만 미국을 위시한 서방세계의 매체들은 여전히 우리의 일상이 '자유'와 '민주' 속에 안정을 되찾았다고 떠들어 댔다. '백색공포'라고 불리는 이 전제정치는 바로 미국의 협조와 방호 아래 자행되었다. 그 결과 미국 CIA의 기술적 지원을 받아 전면적인 숙청 작업이 이루어지자, 대만 내의 반동분자들은 독 안에 든 쥐가 되고 말았다. 이러한 상황은 나에게 도저히 잊을 수 없는 아픈 기억을 남겨 주었다. 이 시기에 나는 니체와 장자를 접하게 되었고, 바로 그들의 주장에 힘입어 나 역시 미약하게나마 자유의 목소리를 높일 수 있었다.

니체는 "모든 작품 가운데 나는 작가가 심혈을 기울여 쓴 책(write with blood)만을 사랑한다. 그대는 심혈이 곧 정신이라는 것을 깨달을 수 있다"라고 하였다. 우리는 니체의 저서를 읽든, 혹은 장자의 저서를 읽든, 모두 이런 깊은 깨달음을 가지고 있다. 『장자』 「소요유」 마지막 구절은 "어찌 괴로워하는가!"(安所困苦哉)이다. 이 말의 행간으로부터 우리는 장자가 말하는 '소요逍遙'의 실제적인 의미를 알 수 있다. 바로 그의 생명의 밑바닥에서 파도처럼 출렁이는 격동의 정서이다. 요컨대, 나는 그런 '비상의 시대'에 니체와 장자가 내뱉은 자유의 외침에 의지하여 뼛속까지 스미는 통절한 깨달음을 얻을 수 있었다.

3.

1972년 여름, 나의 사고가 일대 전환을 맞게 되는 계기가 있었다. 나는 천신만고 끝에 미국에 사는 친척을 방문하게 되었는데, 당시 각 대학의 캠퍼스에서 '조어도釣魚島 보호운동'이 활발하게 전개되고 있었다. 나는 유학생들의 애국심 어린 모습에 깊은 감명을 받았다. 언젠가 캘리포니아대학교 샌디에이고캠퍼스에서 유학생들이 직접 방영한 다큐멘터리를 본 일이 있었다. 일본군이 남경에서 자행한 홀로코스트를 기록한 실황 영상이었다. 그때 처음 목격한 참혹한 현장의 모습이 내 유년기의 기억과 연결되며 중국 근대사의 한 페이지를 장식한 생생한 역사를 내게 일깨워 주었다. 아편전쟁 이후 우리를 침략하고 능욕한 나라가 한둘에 그치지 않는다. 이러한 침략과 수모의 상흔을 통해 비로소 나는 자유 민주의 이념과 민족의식이 더욱 실질적인 차원에서 연결되어야 함을 깨달았다. "고국과 고향을 바라보면 기분이 편안하고 상쾌하다"(舊國舊都, 望之暢然), "월나라로 유랑 간 자가 있다고 생각해 보라. 조국과 사람을 떠난 지가 오래되면 오래될수록 사람에 관한 생각이 깊어지지 않겠는가!"(越之流人……去國……去人滋久, 思人滋深乎!)라고 했던 『장자』의 향수의 정서 가득한 목소리가 내 마음속에서 한층 새로운 시대적 의미로 떠올랐다.

그해 가을, 나는 대만대학으로 돌아와 교편을 잡았다. 내가 막 학교로 돌아올 무렵 유학생들이 일으킨 '반제국-민족주의' 사조 역시 함께 수입되어 교내 구성원들의 입에 오르내리기 시작했고, 이를 계기로 대만대학 최초의 '통일-독립 논쟁'이 벌어졌다. 연말에 개최된 '민족주의 좌담회'에서 나와 왕효파王曉波가 발언한 내용에 대만 당국은 특히 민감한 반응을 보였다. 대만 당국은 캠퍼스 내의 '조어도 보호운동'을 더욱 강하게 탄압하기 위해 정보기관을 투입, 겨울방학을 틈타 반제국주의 애국운동에 참여한 조어도 보호운동 관련 인사들을 모조리 잡아들였다. 이 사건은 1973년 '대만대학 철학과 사건'이 발발하는 도화선이 되었고, 이 사건의 결과로 총 13명의 젊은 교수가 차례로 해임되었다. 그 후 나는 '공안' 당국에 의해 은해광殷海光 선생 이후의 주요 타깃이 되었으며, 대만의 모든 대학에서 수업과 강연 활동을 금지당했다. 이 시기 나는 오로지 "천하가 곤궁에 빠져 좋은 시기를 만나지 못하면 그저 깊이 숨어들어 침묵을 지키면서 기다릴 뿐이다"라던 『장자』의 가르침을 떠올리며 감내하는 수밖에 없었다. 그 몇 년간 나는 집 안에 칩거하며 독서와 사색에 몰두하였고, 『고대의 목소리』(古代呼聲)라는 책 한 권을 저술하였다. 고대인들의 말을 통해 심경을 토로하고자 하는 심산이었다.

세상사 끊임없이 돌고 도는 법. 1979년 나는 겨우 미국행을 허가받아 온 가족을 데리고 함께 미국으로 건너갈 수 있었다.(하지만 이후 장장 14년 동안 대만 당국에 의해 입국을 금지당해 친지를 방문할 수 없었다.) 다시 1984년에는 북경대학에서 교편을 잡을 기회를 얻었고, 1997년에는 대만대학 학장 및 전체 교무대표가 수차례의 회의를 열어 나의 복권 및 복직을 결정하였다. 1984년부터 이때까지의 시간 동안 나는 다시 학술계로 돌아와 『니체신론尼采新論』, 『노장신론老莊新論』,[1] 『역전과 도가사상』(易傳與道家思想),[2] 『도가 역학의 건립』 등의 책을 펴냈으며, 현재는 또 다른 두 권의 신작 『도가의 인문정신』(道家的人文精神)과 『도가철학주간설道家哲學主幹說』이 탈고를 기다리고 있다. 이 저작들은 여전히 중국철학 범위 안에서 사유를 진행한 결과물이다. 예를 들어, 지난 이천 년간 이어져 온 경학 전통에서는 『주역』을 유가의 경전으로 여긴다. 그러나 사실 『역경』의 괘효사는 노자와 공자가 태어나기 수백 년 전에 이미 출현한 것으로, 선진 제자백가의 공동 유산에 해당한다. 한편, 노자와 공자 서거 이후 대략 일이백 년에 걸쳐 『역전』이 형성되었으니, 이 또한 제자백가 사조의 격동 속에 탄생한 산물이라 할 수 있다. 그런데 『역전』의 자연관, 우주론 그리고 변증법 사상은 모두 도가학파의 일환으로 볼 수 있다. 『역전』의 철학화는 기본적으로 노장사상에 대한 계승·발전에서 비롯되었다. 철학적인 관점에서 볼 때, 공자의 문화성과 노자의 철학성은 유구한 세월 동안 유가 및 도가 발전의 중요한 출발점으로 작용해 왔다. 원시유가에서 초점을 맞추는 문제는 대부분 문화 담론에 속하지만, 원시도가에서 토론한 내용은 대부분 철학 문제에 속한다. 중국철학사 전반을 고찰해 보면, 역사적으로 중요한 철학적 담론, 사상적 방법론, 이론 구조 및 그에 따르는 범주와 명제는 모두 도가에 의해 창조되었음을 발견할 수 있다. 내가 이 문제를 제기한 이후 대륙과 대만 양쪽 학계에서 수많은 논쟁이 발생하기도 하였다.

---

1) 1997년 소나무에서 『노장신론』이라는 제목으로 간행.
2) 1996년 예문서원에서 『주역, 유가의 사상인가 도가의 사상인가』라는 제목으로 간행.

1989년부터 2001년 동안 나의 저술 활동은 주로 '전국시대 『역易』학의 도가화 과정' 및 '철학사의 흐름 속에서 도가가 지니는 주체적 지위'와 같은 문제에 집중되어 있었다. 하지만 2001년 '9 · 11 사태' 이후, 나는 새로운 각도로 사유를 펼쳐 나가기 시작했다. '문화로서의 유가와 철학으로서의 도가가 어떻게 상호 보완을 이룰 수 있을 것인가'라는 기존의 문제를 '동서양의 문화가 어떻게 대화를 이어 나갈 수 있을 것인가'라는 문제로 확장한 것이다.

4.

'9 · 11 사태' 이후, 미국은 도리어 '십자군 정벌'을 일으키는 역설적 선택을 내렸다. 그리고 그 후폭풍은 전 세계적인 경기침체, 생태계 파괴 등의 다층적 위기로 이어졌다. 다시 지난 한 세기의 역사를 거슬러 올라가 보면, 두 차례 세계대전이 모두 서양에서 발생했다. 이러한 사실을 비추어 보았을 때, 정치 · 군사적 요인을 차치하고 생각한다고 하더라도 어쩌면 서구 세계 심층에 자리한 문화적 근원 속에 문제가 있는 것은 아닌가 하는 의문이 일어난다.

사실 니체는 18세기 후반 일찌감치 서양문화의 위기를 알아차렸다. 그가 제시한 '가치 재평가' 학설은 서구중심주의를 되돌아보려는 함의를 내포하고 있다. 그에 따르면, 기독교의 도덕관을 이루는 심리적 근원은 바로 원한과 복수다. 현대의 패권적 군사행동의 배후에서 우리는 바로 이러한 원한과 복수의 심리를 어렵지 않게 발견할 수 있다.

니체 이후에도 러셀 또한 다양한 시각에서 서구문화의 위기를 반성하고 있다. 러셀은 미국의 문화는 기본적으로 유럽과 같은 근원이며, 서구문화의 형성 배경에는 그리스 철학과 유대교의 종교관과 윤리사상 그리고 과학사상과 공업주의 등 세 가지 주요 요인이 있다고 보았다. 그중에서도 러셀은 서구 종교와 윤리관의 광신성에 대해 신랄하게 비판한다. 러셀과 니체는 이처럼 다르기는 하지만, 공통적으로 종교 속의 원죄 관념을 비판하였다. 러셀은 『세계변화에 대한 새 희망』(*New Hopes for A Changing World*)에서 인간과 자연의 충돌, 인간과 인간의 충돌, 인간과 내면의 충돌 등 3대 충돌을 지적했다. 러셀은 끊임없는 서구문화 속에서 인간이 끊임없이 갈등을 빚는 것을 투시하면서, 화해에 대한 갈망을 불러일으켰다. 김악림金岳霖[3] 선생도 "서구문화의 인간중심주의는 자연에 대한 정복과 착취로 이어져 왔다"며, "이 충돌은 자연계에 '홍수가 하늘에 닿아 산을 밀치고 바다를 뒤엎는 배산도해排山倒海'의 반격을 불러올 것"이라고 예상했다. 그는 또한 서양문화가 강조하는 이상적 인간상이 모두 영웅주의에 물들어 있음을 지적하였다. 늘 타인을 압도하려는 영웅주의 노선 속에 우리는 현대 패권주의가 일삼는 군사행동의 그림자를 어렵지 않게 발견한다.

오늘날과 같은 세계화의 흐름 속에 우리는 어떻게 하면 대립과 대결이 아닌 대화를 통해 지역 간 충돌을 해소할 수 있을지에 주목해야 한다. 중국과 서양이라는 서로 이질적인 문화 사이에서 원활한 대화를 이루어 내기에는 장자만큼 좋은 재료가 없지 않을까? 소크라테스의 대화나 『논어』, 『맹자』 속의 대화는 모두 동질적인 상대와 나누는 대화이지만, 오직 『장자』만이 이질적 상대와의 대화를 통해 인간의 철학적 이치를 드러내고 있다.

중국이 이질적인 타문화와 교류한 역사를 놓고 보면, 장자의 사상이 긍정적인 작용을 이루어 낸 것을 어렵지 않게 관찰할 수 있다. 예를 들면, 과거 불교가 중국에 유입되었을 때 도가사상은 이를 수용하는 데 큰 역할을 하였다. 이 과정에서 장자와 선종의 회합이 이루어지며 수당隨唐시기의 찬란한 문화가 피어날 수 있었다. 북송北宋 유학에서는 불교와 노자를 배척하고자 하는 성향이 뚜렷하였지만, 한편으로는 암암리에 장자를 인용하여 이론 구조와 정신 경지를 제고시키고자 하였다. 이처럼 장자는 역사적으로 이질적인 문화와 교류하는 과정에서 큰 시너지를 창출해 냈다. 오늘날 우리는 불교와 유교보다 더욱 강한 이질적 색채를 지닌 서양문화와 만나고 있다. 따라서 중국과 서양 간의 대화에서는 유·불·도가 힘을 합쳐 과업을 완수해 나갈 필요가 있다. 이 공동의 임무 가운데 장자사상은 단연 핵심을 이룬다. 그의 넓은 포부와 심미적 태도는 현재 우리의 세계 속에 가장 결핍된 덕목이며, 그가 지녔던 우주적 시야는 오늘날의 세계화 추세와 더없이 잘 부합한다. 또한, 그가 제창한 정신적 자유와 제물齊物사상은 그 어떤 것보다 더욱 현대적인 의미를 지닌다.

중국과 서양의 문화가 구체적으로 어떻게 대화를 이루어 나갈지는 따로 글을

---

3) 金岳霖(1895~1984): 중국의 철학자이자 교육자. 호남성 長沙 출신. 자는 龍蓀.

써서 자세히 다룰 필요가 있다. 여기에서는 일단 『장자금주금역莊子今注今譯』 개정 증보편의 시문을 빌려 동시문화 간 대화의 물꼬를 트고 싶다는 작은 소망을 풀어낸 것에 만족한다.

진고응

대만대학 고등인문사회연구원 연구실에서

2008년 12월 10일

개정판 서문

내가 『장자』를 접하게 된 것은 니체와 실존주의 덕택이었다. 지금까지도 『장자』와 니체의 대표작 『차라투스트라는 이렇게 말했다』는 변함없이 내가 가장 극찬하는 두 개의 작품이다. 이들 둘 사이에서 발견되는 공통점과 차이점은 각기 다른 측면에서 나를 깊이 매료시켰다. 예를 들면, 니체의 '힘에의 의지'와 장자가 강조한 평온하고 심원한 경지는 대립하는 것처럼 보이면서도, 한편으로는 나란히 내 마음 깊은 곳에 스며들었다. 청년 시절 『비극의 철학자 니체』(悲劇哲學家尼采), 『장자철학莊子哲學』(홍콩판에서는 『莊子淺說』이라는 이름으로 출간), 『예수의 새로운 초상』(耶穌新畫像) 등 세 권을 펴낸 이후, 대략 1967년부터 시작하여 나는 『노자』와 『장자』 번역에 진력을 기울였고, 1974년을 전후하여 저술을 모두 완성하였다. 상대적으로 말해 노자의 철학사상은 장자의 철학에 비해 개념화하기에 수월하지만, 장자의 철학은 체계적으로 내용을 파악하고 계통화시키기가 비교적 까다롭다. 따라서 나는 『노자』를 이해하는 것보다 『장자』를 이해하고 해석하는 데 훨씬 더 많은 시간과 노력을 투자해야만 했다.

1966년부터 인생 여정에 순탄치 않은 길이 펼쳐지기 시작했는데, 특히 1973년 대만대학 철학과 사건으로 나는 큰 우여곡절을 겪어야만 했다. 하지만 다년간 몰두한 『장자』 연구의 영향 덕분이었는지, 장자의 철학사상은 단지 학술 연구 대상에 그치는 것이 아니라, 점차 나의 정신 속으로 스며들어 왔고, 내면세계의 중요한 부분을 이루는 데 이르게 되었다. 인생의 험난한 고비 때마다 장자의 이상은 정신적 지주이자 동력으로서 나를 지탱해 주는 힘이 되어 주었다.

지난 20년간 점차 나이가 들어감에 따라 장자의 철학과 지혜의 소중함이 더욱 절실히 다가오는 것을 느꼈다. 어느덧 장자의 세계 속에 완전히 빠져든 나는 탁

트인 그의 사상적 시야와 광활한 정신세계를 찬양해 마지않게 되었다. 개인의 인생 경험 때문이었는지도 모르겠지만, 『장자』 속에서 물씬 배어 나오는 지식인의 비극적 사명감과 운명이 그 어떤 것보다 나에게 큰 울림을 주었다. 특히 '마음을 노니는'(遊心) 정신적 경지에서 이르게 되는 심미적 경험과 예술적 정서는 그야말로 동경의 대상이 아닐 수 없었지만, 내가 장자와 같은 경지를 경험하기에는 역시나 역부족이었다.

중국철학의 가장 핵심이라고 한다면 우주론과 인생철학을 들 수 있을 텐데, 이를 구축해 낸 주역이 다름 아닌 바로 도가이다. 도가의 우주론은 한나라 시기 『회남자』를 거치며 더욱 완전한 모습으로 발전해 나갔고, 그 본체론은 위진시기에 이르러 한층 더 새롭게 수립되었다. 한편, 장자의 인생철학은 그야말로 공전의 성취를 이루었다고 할 수 있는데, 심지어 후대에도 그에 필적하는 성과를 찾기가 힘들다.

장자는 '내성외왕內聖外王'사상을 최초로 제시한 인물이다. 그의 '내성'에 관한 학문은 심학心學, 기론氣論, 천인지학天人之學을 막론하고 후대에 비할 바 없는 영향을 미쳤으니, 장자의 '내성'학은 중국철학사의 중요한 이정표를 제시한 셈이다. 개인적으로 장자사상의 독창성과 내용의 풍부성은 중국철학사 전체를 통틀어 더없이 핵심적인 지위를 차지하며, 그 누구도 그를 넘볼 수 없다고 생각한다.

1974년 책이 출판되고 근 20여 년간 적절하지 않다고 생각되는 번역이 끊임없이 발견되었지만 늘 수정할 여유를 갖지 못했다. 그러다 최근 병원에 입원한 틈을 타 왕숙민王叔岷 선생의 『장자교전莊子校詮』 등의 저작을 참고하여 이 책에 대한 수정 작업을 진행하였다. 본서를 개정하고 재발행하는 데에는 대만 상무인서관의 노고가 가장 컸다. 덕분에 오랫동안 독자들에게 가지고 있던 마음속 죄책감을 어느 정도나마 해소하여 마음의 짐을 덜어 낼 수 있었다. 이 자리를 빌려 감사의 말을 전한다.

진고응

1995년 12월 북경대학 철학과에서 수정하고

1999년 8월 대만대학 철학과에서 교정하다

머리말

1. 본서에서 사용한 『장자』 원문은 왕효어王孝魚가 교열한 곽경번郭慶藩의 『장자집석莊子集釋』본을 기초로 한다. 곽경번의 『장자집석』에서는 곽상郭象의 『주注』, 성현영成玄英의 『소疏』, 육덕명陸德明의 『음의音義』 세 권의 전문을 수록하고, 청대의 학자 왕념손王念孫, 유월兪樾 등이 훈고하고 고증한 내용을 인용하였으며, 다시 곽숭도郭嵩燾와 곽경번 자신의 의견을 덧붙였다. 왕효어 교열본 『장자집석』은 여서창黎庶昌의 『고일총서古逸叢書』 복송본覆宋本을 저본으로 다시 『속고일총서續古逸叢書』 영송본影宋本, 명세덕당본明世德堂本, 『도장道藏』의 성현영 『소』본 및 『사부총간四部叢刊』에 실린 손육수孫毓修의 『송조간의본교기宋趙諫議本校記』, 왕숙민王叔岷의 『장자교석莊子校釋』, 유문전劉文典의 『장자보정莊子補正』 등을 근거로 교정을 진행하였다. 본서에서 원문을 추가하거나 삭제할 시에는 모두 【길잡이】에서 설명을 하였다.
2. 본서의 【풀이】 항목은 기본적으로 【길잡이】의 내용에 따랐으며, 다시 기존의 중 · 영문 번역본을 참고로 하여 문장을 매끄럽게 다듬는 한편, 원뜻에 최대한 부합하고자 노력하였다. 특히 훌륭한 번역문이 있으면 적극적으로 이를 차용하였다. 또한, 많은 부분에서 타인의 번역과 차이를 보이기도 하는데, 이는 개인적으로 『장자』의 문구를 이해하는 방식이 타인과 차이를 보이기 때문이다.
3. 본서는 【길잡이】 부분을 집필하는 데 가장 많은 시간을 할애하였다. 하나의 단어, 하나의 구절을 위해 수없이 많은 고주古注를 검토하였으나, 적당한 해석을 찾지 못하는 때도 있었다. 한편, 주석 외에도 고증과 교감 내용을 두루 살펴야 했다. 예를 들어, 「대종사」의 '기심망其心忘'이라는 구절은 현재 판본에는 '기심지其心志'로 잘못 기재되어 있으며, '불이심손도不以心損道'라는 구절의 '손損'자는 현재

판본에 '연捐'자로 잘못 기재되어 있다. 이처럼 옛사람들이 오탈자에 따라 해석을 하는 경우, 그 의미를 견강부회하여 풀이하기도 한다. 【길잡이】 부분은 전체 원고를 수차례나 수정하였다. 처음에는 구어체를 사용하여 해석하였는데, 현대어 주석에서 예전 학자들의 견해가 자신의 견해로 섞여 들어가는 사례가 많음을 뒤늦게 알아차리게 되었다. 이에 따라 근거로 삼은 내용을 명시하기 위해 예전 학자들의 주석을 뒤편에 그대로 수록하였다. 이렇게 함으로써 해석이 까다로운 원문 구절을 수월하게 처리하는 것 외에도 역대 각 주석가들의 성과를 명확히 나열해 보일 수 있었다. 간혹 어떤 주석은 정확한 출처를 알 수 없는 사례도 있어 추가적인 검증 작업이 필요하였다. 예전 학자들의 주석서에서는 서로의 설을 그대로 차용하고는 자신의 견해와 타인의 견해를 분명히 구분하여 설명하지 않는 사례가 자주 있다. 예를 들어 청대 학자 진수창陳壽昌의 『남화진경정의南華眞經正義』에서는 자신의 독창적인 견해를 적은 부분도 있지만, 선영宣穎의 『남화경해南華經解』를 그대로 가져온 부분도 상당히 많다. 선영의 주해는 비교적 간단명료하여 근현대 학자들이 이를 높이 샀으나, 사실 그의 주해 역시 임운명林雲銘의 『장자인莊子因』과 겹치는 부분이 많으며, 다시 거슬러 올라가 보면 선영과 임운명의 설 모두 송대 학자 임희일林希逸의 저서 『남화진경구의南華眞經口義』의 영향을 많이 받았고, 『남화진경구의』를 직접 인용한 부분도 많은 것을 발견할 수 있다. 이처럼 주해를 선택하고 출처를 명시하기 위해 원문 한 단락에 상당히 많은 시간을 들이곤 하였다. 이렇게 한 땀 한 땀 공들인 그간의 노력을 통해 그야말로 수년에 걸쳐 겨우 전체 원고를 완성할 수 있었다.

4. 『장자』는 구성이 매우 복잡한데, 특히 잡편의 경우 난잡하기 그지없다. 이를 명확히 하기 위해 전체 원고에 숫자로 번호를 매겨 장절과 단락을 구분하였다.
5. 본서를 주해하고 번역할 때에 고금의 주석서를 참고한 것 외에도 영문과 일문 서적, 대륙 학자들의 『장자』 관련 해설서를 다양하게 참고하였다. 하지만 학술상의 목적에서 자구의 의미를 해석하고 고증하는 부분만을 고려하였을 뿐, 그 어떤 정치사상적 문제도 고려하지 않았다.
6. 본서를 저술하는 동안, 엄령봉嚴靈峰 선생의 『장자집성초편莊子集成初編』과 『장자집성

속편莊子集成續編』(藝文印書館 간행)이 나란히 출간되어 본서의 주해 작업에 적지 않은 도움을 주었고, 책이 출판되기 전 다시 한 번 엄령봉 선생의 검토를 받았다. 이에 심심한 감사를 표한다. 나기운羅其雲 동학 역시 원고의 교열 작업에 큰 도움을 주었다. 함께 감사의 인사를 보낸다.

진고응

1974년 대만성 대북시 경미景美의 우소寓所에서

차례_

⁝ 일러두기 ⁝

1. 번역의 底本인 中華書局本(2009년 北京 第2版)은 간체자로 되어 있으나 한국은 번체자를 사용하는 점을 고려하여 모든 한자는 번체자로 표기하였다. 번체자 표기는 원서가 저본으로 하고 있는 郭慶藩의 『莊子集釋』을 기본으로 하였다.
2. 중국 고유명사는 고대, 현대 구분 없이 모두 한글음으로 표기하고, 기타 나라의 고유명사는 현지음으로 표기하였다.
3. 원서에 약칭으로 표기된 『장자』 주해서는 모두 원제목으로 바꾸었다.
   (예: 郭象, 『注』 → 『莊子注』, 成玄英, 『疏』 → 『莊子疏』, 宣穎, 『注』 → 『南華經解』)
4. 저자의 주석(今注)은 '【길잡이】', 번역(今譯)은 '【풀이】'라는 표제어로 각각 표시하였다. 그리고 저자가 인용하고 있는 역대 주석가의 설은 원서에서 줄바꿈되어 있는 경우에 한하여 앞에 '•' 부호를 붙여 구별하였다. 또한 이들 주석들의 견해를 이어받아 저자가 자신의 견해를 나타내는 부분(본문에서 '按'으로 시작하는 부분)은 '▹ 진고응'으로 표기하여 이와 구분하였다.
5. 원서의 주석(번역서의 【길잡이】)은 참고문헌을 표기할 때 저자와 서명 모두를 표기하거나 둘 중 하나만 표기하는 등 일관성이 없는데, 번역에서도 통일하지 않고 그때그때 상황에 따라 적절히 편집하였다. 아울러 참고문헌란에 소개된 저자와 서명은 본문에서 모두 한글로 표기하였다.
6. 본문에서 괄호 속 부연 설명의 경우, '[ ]'는 저자의 부연 설명이고 '( )'는 번역자의 부연 설명이다.
7. 원서에 표기된 참고문헌의 書目과 여기에는 들어 있지 않으나 【길잡이】에서 저자가 따로 인용하고 있는 『장자』 주해서는 간략한 설명을 달아 책 말미에 일괄적으로 정리하여 붙였다. 본문에 등장하는 주해서와 저자들에 대한 정보는 이것을 참고하면 된다.
8. 모든 각주는 역자 주이다.

내편內篇

소요유逍遙遊

「소요유」의 근본 취지는 사람은 마땅히 명성과 이록利祿, 권세와 지위 등의 속박을 완전히 떨쳐 버리고, 정신활동이 유유자적하고 어디에도 구속되거나 장애받지 않는 경지에 이르도록 해야 함을 말하는 것이다.

이 편은 세 단락으로 나눌 수 있다. 첫째 단락은 먼저 하나의 광대무변한 세계를 묘사하는 것에서 시작해서 "작은 지혜는 큰 지혜에 미치지 못함"(小知不及大知)을 서술하여 '작음과 큼의 구분(小大之辨)을 드러냈고, 이어서 무공無功과 무명無名 그리고 자아의식의 해체(無己)를 통하여 천지정신과 교감하는 내용을 서술하였다. 둘째 단락은 '천하를 양위하는 것'(讓天下)을 들어 명예와 공명을 버리는 일을 서술하고, '견오와 연숙의 대화'(肩吾問連叔)를 통해 지인무기至人無己의 정신경지를 그려내었다. 마지막 단락은 혜시와 장자의 대화를 빌려 '큼을 쓰는 방법'(用大)과 '무용지용無用之用'의 의미를 설명하였다. 사람들 입에 회자되는 고사성어 가운데 이 편에 출전을 둔 것이 많다. 예를 들면, 곤붕전시鯤鵬展翅[1]과 붕정만리鵬程萬里[2], 능운지지凌雲之志[3], 부요직상扶搖直上[4], 일비중천一飛中天[5], 월조대포越俎代庖[6], 하한사언河漢斯言[7], 흡풍음로吸風飮露[8], 진구비강塵垢粃糠[9], 대이무당大而無當[10], 언서음하偃鼠飮河[11], 불근인정不

1) 鯤鵬이 날갯짓을 펼친다는 뜻. 크게 도약한다는 의미.
2) 대붕새가 만 리를 날아간다는 뜻. 계획이 원대함을 비유.
3) 구름을 뚫고 솟아오른다는 뜻. 세속을 초월하는 고고한 의지를 가리킴.
4) 회오리바람을 타고 곧바로 날아오른다는 뜻. 빠르게 성공하거나 출세하는 것을 가리킴.
5) 한 번의 비상으로 하늘에 날아오른다는 뜻. 扶搖直上과 비슷한 의미.
6) 도마를 넘어가 주방장의 일을 대신한다는 뜻. 자기 직분이나 권한을 넘어서 남의 일에 간섭하는 것을 가리킴.
7) 은하수처럼 끝없이 뻗어가는 말이라는 뜻. 과장이 심하여 허황된 말을 가리킴.
8) 바람을 호흡하고 이슬을 마신다는 뜻. 신선과 같은 삶을 비유하는 말.
9) 神人은 먼지나 쭉정이로도 요순과 같은 유가의 성인을 만들어 낼 수 있다는 뜻. 세속에 대한 관심을 초월하여 탈속적인 삶을 추구하는 신선의 삶을 비유하는 말.
10) 말의 스케일이 크기는 한데 현실에 맞아 들지는 않는다는 뜻. 황당한 말을 가리킴.

近人情[12]), 대상경정大相徑庭[13]), 심지농맹心智聾盲[14]) 등이 이에 해당한다.

11) 두더지가 황하물을 마신다 해도 자기 배만 차면 그만이라는 뜻. 분수대로 살아가는 삶을 의미.

12) 사람의 상식적인 정서에 부합하지 않는다는 뜻. 합리성을 결여한 말이나 주장을 의미.

13) 담장 안에 있는 정원과 담장 밖의 길이라는 뜻. 차이가 현격함을 의미.

14) 마음이나 지식에도 귀 멀고 눈 먼 사례가 있다는 뜻.

1.

北冥①有魚, 其名爲鯤. 鯤之大, 不知其幾千里也②. 化而爲鳥, 其名爲鵬③. 鵬之背, 不知其幾千里也; 怒而飛④, 其翼若垂天之雲⑤. 是鳥也, 海運⑥則將徙於南冥. 南冥者, 天池⑦也.

【길잡이】

① 北冥: '명冥'은 '명溟'과 통하며, 바다를 뜻한다. 유문전의 『장자보정』과 왕숙민의 『장자교석』에서는 여러 고서의 사례를 들어 '명冥'을 '명溟'으로 주석하고 있다. 아래에 나오는 '남명南冥'의 '명冥'도 같다.

- 방동미[15]: 장자의 형이상학은 도를 무궁한 시공時空 범주 속에 투사하여 그 작용이 남김없이 발휘되게 함으로써 정신생명의 궁극적인 경지를 이루었다. 이것이 『장자』「소요유」의 우언寓言 속에 들어 있는 형이상학적 의미로서, 전편에 걸쳐 시와 은유를 겸한 비유적 언어로 표현되고 있다. 마치 한 마리 대붕처럼 장자의 정신은…… "무한 가운데서 소요하고, 층층의 생명의 경지를 두루 편력한다"는 의미이니, 이것이 바로 현실생활 속에서 정신적 대해탈을 추구하는 장자 인생철학을 관통하는 핵심요지이다. 도가의 이런 정신은 일찍이 중국의 시와 예술 창작 방면에 영감의 원천이 되어 수많은 걸작의 탄생을 고무하였다.(『原始儒家道家哲學』, 제5장 「장자」 부분)

② 鯤之大, 不知其幾千里也: 전체적으로 '대大'라는 개념을 짚어 냈다. '대'는 이 편의 핵심이다.(임운명, 『장자인』)

- 왕박: 이 우화에서는 두 개의 단어를 특별히 주목하여야 하는데, 하나는 '대大'이고 다른 하나는 '화化'이다.(『장자철학』)

③ 化而爲鳥: '화化'는 『시경』과 『역경』, 『논어』에는 모두 보이지 않고, 『노자』에는 3회 나오며('自化'의 형태로 출현)[16], 『장자』의 경우는 70여 회나 등장한다. '조화造化'

---

15) 方東美(1899~1977): 현대 신유가의 한 사람. 중국 安徽省 출신으로 南京 金陵大學을 졸업하고 미국 위스콘신대학교에서 박사학위를 취득하였다. 귀국 후 남경대학, 중앙대학 등의 교수를 역임하고, 1947년 대만으로 건너가 대만대학, 보인대학 교수로 재직했다. 『생생의 덕』(生生之德), 『중국인의 생철학』(中國人生哲學), 『原始儒家道家哲學』, *Chinese Philosophy: Its Sprit and Development*(中國哲學之精神及其發展) 등의 저술이 있다.

16) 37장에 두 번, 57장에 한 번 나온다.

와 '물화物化', '변화變化' 등 우주의 큰 변화와 관련된 개념은 모두 『장자』에서 비롯되었다. 이 밖에 '만물화생萬物化生', '여시구화與時俱化'(때와 함께 변화하다)와 같은 철학적 명제들도 마찬가지로 『장자』에 뿌리를 두고 있는데, 이는 『역전』의 사상이 직접적으로 계승된 것이다.

④ 怒而飛: '노怒'는 '노努'와 같다. '분발하다'라는 뜻이다. 여기서는 힘차게 날갯짓하는 모습을 형용한 것이다.

- 왕박: '비상'(飛)과 이것이 표상하는 상승은 바로 「소요유」의 주제이다. 이와 같은 비상은 우리로 하여금 잠시 이 세계를 벗어나 내려다보게 함으로써 그 속에서와는 다른 또 하나의 시각을 갖게 한다.

⑤ 垂天之雲: '수垂'는 '변邊'과 같다.(최선의 『장자주』. 『경전석문』에 인용되어 있음)

- 장석창: 『설문해자』에서는 "수垂는 먼 변경(遠邊)을 뜻한다"고 풀이하였다. 통속적으로는 변경이라는 의미의 '수垂'를 '수陲'로 쓴다. 『광운』에서는 "수陲는 변경이다"라고 하고 있다. 이는 그 날개의 크기가 마치 하늘가의 구름과 같이 거대함을 말한 것이다.(『莊子哲學 · 逍遙遊校釋』)

⑥ 海運: 해풍의 움직임을 말한다.(진계천, 『장자천설』)

- 임희일: '해운'이란 바다가 움직이는 것이다. 바닷가 마을의 노래 속에 "6월에 바다가 움직인다"(六月海動)는 가사가 있는 것과 같다. 바다가 움직일 때면 반드시 큰 바람이 일어나 바닷물이 해저로부터 솟구쳐 오르는데 그 소리가 몇 리를 퍼져나간다.(『남화진경구의』)
- 왕개운: 해운은 오늘날의 태풍이다.(『王湘綺全集』 속의 『장자내편주』)

⑦ 天池: 천연의 큰 못.

【풀이】

북쪽 바다에 고기가 하나 있는데 이름은 곤이다. 곤은 아주 커서 크기가 몇천 리가 되는지 알 수 없다. 이것이 변화하여 새가 되니, 이름을 붕이라 한다. 붕의 등은 몇천 리나 되는지 알 수 없고, 힘차게 날아오르면 날개는 마치 하늘가에 드리운 구름과 같다. 이 새는 바다가 움직여 바람이 일면 남쪽 바다로 옮겨간다. 남쪽바다란 곧 천연의 큰 못이다.

『齊諧』①者, 志怪者也. 『諧』之言曰: "鵬之徙於南冥也, 水擊②三千里, 搏③扶搖④而上者九萬里. 去以六月息者也⑤." 野馬也, 塵埃也, 生物之以息相吹也⑥. 天之蒼蒼, 其正色邪? 其遠而無所至極邪? 其視下也, 亦若是則已矣⑦.

【길잡이】

① 齊諧: 사람 이름이라는 설과(사마표, 최선, 유월 등) 책 이름이라는 설이 있다.(梁簡文帝. 『경전석문』에 인용되어 있음) 마땅히 뒤의 설을 따라야 한다. 다음 구절의 "지괴자야志怪者也"에서 '지志'는 곧 '지誌'(기록하다)의 뜻이니, '제해'란 곧 괴이한 것을 기록한 책임을 의미한다.

- 임서: 해諧라는 이름이 기록(志)이라 설명된 만큼, 책을 가리키는 것이 맞다.(『장자천설』)
- 주계요: 해諧는 곧 은讔이며, 은隱으로도 쓴다. 『문심조룡』에 「해은諧讔」이 있다. 문장 형식 중에 은유로 에둘러 의미를 전달하는 유형이 있다고 판단한 것이니, 비유하자면 제자백가 9대 학파(九流) 가운데 소설가小說家와 같다.17) 『한서』「예문지藝文志」도 잡부雜賦 말미에 『은서』 18편을 배열하고 있는데, 대체로 그 내용이 과장되고 허탄하여 부賦에 가깝다고 여겼다. '『제해』'는 아마 제齊나라의 해은류 책일 것이다.(『장자내편증보』)

② 水擊: '수격水激'(물이 솟구치다)과 통한다.

- 마서륜: '격擊'은 '격激'의 의미를 차용한 것이다. 음은 '견見'을 대표 자음으로 하는 성모聲母와 같다. 『한서』「가의전賈誼傳」에 '요증격遙增擊'(날개를 크게 젓다)이라는 표현이 있는데, (같은 글이 들어 있는) 『문선』「복조부鵩鳥賦」에는 이 '격擊'이 '격激'으로 되어 있는 것이 그 증거이다.
- 주계요: 격擊은 보통 격激과 통한다. 『회남자』「제속훈齊俗訓」의 "수격즉파흥水擊則波興"(물이 솟구치면 파도가 인다)이라는 구절이 『군서치요』에는 '수격水激'으로 되어 있다. '수격삼천리水擊三千里'란 물을 삼천리를 차고 오른다는

17) 九流: 중국 한나라 때 제자백가의 유파를 아홉 가지로 분류한 용어. 儒家者流, 道家者流, 陰陽家者流, 法家者流, 名家者流, 墨家者流, 縱橫家者流, 雜家者流, 農家者流가 그것이다. 여기에 '小說家者流'를 포함하여 諸子十家라고도 부른다. 『漢書』「藝文志 · 諸子略」에서는 이 가운데 볼 만한 것은 九家라고 하였는데, 이 '구가'를 다른 말로 '구류'라고 한다. 여기에서 보듯이, 소설가는 주계요의 말과는 달리 '구가'에서 제외된다.

말과 같다.

- 왕숙민: 『일체경음의』 제78권과 『태평어람』 제927권에서는 '격擊'을 인용하면서 모두 '격激'으로 표기하고 있다. 이백의 「대붕부大鵬賦」에 있는 "격삼천이굴기激三千以崛起"(날개로 삼천리 바다를 쳐서 솟구치다)라는 구절은 곧 이 문장을 차용한 것인데, 역시 '격激'으로 되어 있다.(『장자교석』)

③ 搏(중국음은 bó[帛]): '박拍'의 뜻을 차용한 것이다. 곽상본郭象本과 통행본은 '단摶'으로 되어 있는데, 세덕당본世德堂本에 따라 '박搏'으로 하는 것이 옳다. 아래 구절의 '박부요搏扶搖'와 같다.

- 장병린: 이 글자는 당연히 '박搏'이어야 한다. 최선의 설이 옳다. 『고공기주』에 "박지언박야搏之言拍也"(搏의 뜻은 拍이다)라고 하고 있다. '단摶'으로 쓴 것은 모양이 비슷하여 생긴 오류이다. 바람은 '뭉쳐질'(摶) 수 없다.(『장자해고』)
- 장석창: 장병린의 설이 옳다. 『사부총간』에 영인되어 있는 세덕당본과 『태평어람』 천부天部의 구풍九風에는 모두 '박搏'으로 되어 있는 것이 증거이다. 육덕명은 최선을 인용하면서 "날개를 치며 올라간다"(拊翼徘徊而上)고 하고 있는데, 최선본도 '박搏'으로 되어 있는 까닭에 '부拊'(치다)로 풀이한 것이다.
- 왕숙민: 『경전석문』에 '단摶은 또 다른 음이 박博이다'라고 하였으므로 글자는 마땅히 '박搏'이 되어야 한다. 조간의본趙諫議本과 세덕당본도 나란히 '박搏'으로 되어 있다.
  - ▷ 진고응: 장병린, 왕숙민 등의 설을 따라 '단摶'을 '박搏'으로 고치는 것이 옳다.

④ 扶搖: 바다의 태풍을 가리킨다. 장자가 새로 만든 명사이다.(장묵생, 『장자신석』)

- 육덕명: 사마표는 "위로 불어 오르는 바람을 부요라고 한다"고 하였고, 『이아』에서는 "부요는 표飆(폭풍, 회오리바람)를 말한다"고 하였으며, 곽박郭璞은 "폭풍은 아래에서 위로 불어 오른다"고 하였다.

⑤ 去以六月息者也: 유월의 바람을 타고 간다. '거去'는 날아서 남쪽 바다로 가는 것을 가리킨다. '유월식六月息'은 곧 6월의 바람이다. '식息'은 바람을 말한다. 6월 중에 부는 바람이 가장 거세므로 붕이 이 대풍을 타고 남쪽으로 날아가는 것이다.

▷ 진고응: '식息'에 대해서는 두 가지 풀이가 있다. 첫째는 '쉬다', '멈추다'로 풀이하는 것이다. 곽상의 주는 "큰 새는 한 번에 반년을 날아가

천지에 가서 쉰다"고 하였고, 성현영의 소疏에서는 "(날아가는) 시간이 반년이나 걸리므로 바야흐로 쉰다고 말한다"고 하였다. 둘째는 '바람'의 의미로 푼 것이다. "주周나라의 6월은 곧 하夏나라의 4월이니, 왕성한 양陽의 기운이 발동함에 바람이 비로소 커져서 힘을 갖추게 되면 이에 힘입어 그 날개를 펄럭일 수 있음을 말한 것이다. 따라서 식은 곧 '바람(風)이다"라고 한 감산덕청의 풀이가 이에 해당한다. 선영은 "'식'은 기식氣息의 의미로, 대지가 기를 내뿜는 것이니 곧 바람이다. 6월은 기가 왕성하여 바람이 많으므로 대붕이 이에 편승하여 날개를 퍼덕인다. 이것은 바로 위에서 6월에 바닷바람이 일면 옮겨간다는 말의 의미를 밝힌 것이다."(『남화경해』) 또 곽숭도도 "'거이유월식去以六月息'은 강한 바람을 타는 것과 같은 말이다"라고 하였다.(곽경번, 『장자집석』에 인용되어 있음) 생각해 보건대, 곽상의 주를 많이 따르지만 이는 타당치 않고, 덕청과 선영 등의 설을 따라야 한다. 아래의 '생물지이식상취야生物之以息相吹也'에 나오는 '식'도 바로 바람을 가리킨다.

⑥ 野馬也, 塵埃也, 生物之以息相吹也: '야마'는 허공중에 유동하는 기氣를 가리키고, '진애'는 허공중에 떠다니는 티끌을 가리키며, '생물'은 공중에서 살아 움직이는 것들을 가리킨다. 이 구절은 공중에 유동하는 기와 티끌 그리고 살아 움직이는 것들은 모두 바람이 서로 내뿜는 것에 힘입어 운동함을 말하는 것과 같다.

⑦ 則已矣: '이이의而已矣'(~일 뿐일 것이다)이다. '즉'은 '이而'와 같다.(왕인지의 『경전석사』 참조) 진경원(陳碧虛)은 『장자궐오』에서 문여해본文如海本을 인용하여 '즉이의'를 '이이의'로 쓰고 있다.

【풀이】

『제해』라는 책은 괴이한 일들을 기록한 것이다. 『해』에서는 "붕이 남쪽 바다로 옮겨갈 때 물보라가 삼천리에 걸쳐 일어나고 날개는 회오리바람을 치며 구만리 상공으로 곧바로 솟아올라 6월의 대풍을 타고 날아간다"고 말한다. 허공중에 유동하는 기와 떠다니는 티끌 그리고 살아 움직이는 것들은 모두 이리저리 불어대는 바람에 의해 움직인다. 하늘의 색이 푸르디푸르러 아득한 것은 그것의 본래 색일까? 아니면 그것이 너무 높고 멀어 끝이 없기 때문일까? 대붕이 올라가 아래를 내려다본다면 또한 같은 모습일 뿐일 것이다.

且夫水之積也不厚, 則其負大舟也無力[①]. 覆杯水于坳堂之上[②], 則芥[③]爲之舟; 置杯焉則膠[④], 水淺而舟大也. 風之積也不厚, 則其負大翼也無力. 故九萬里, 則風斯在下矣, 而後乃今培風[⑤]; 背負靑天而莫之夭閼[⑥]者, 而後乃今將圖南.

【길잡이】

① 且夫水之積也不厚, 則其負大舟也無力: 이 문단은 '두텁게 쌓임'(積厚)의 의미를 설명하는 데 초점이 있다.

- 감산덕청: 이 문단은 곤鯤이 붕으로 변화하여 남쪽으로 가는 의미를 총결한 것이다. 이를 통해 대성大聖은 반드시 덕을 깊이 함축하고 도탑게 길러야 대용大用의 경지에 이를 수 있음을 비유하였는데, 그 의미는 다음과 같다. 북쪽 바다의 물이 두텁지 않으면 곤이라는 큰 물고기를 키울 수 없고, 곤이 붕으로 변화하여 멀리 솟아오르고자 해도 큰 바람이 떠받쳐 주지 않으면 결코 멀리 남명에 까지 이를 수 없다. 이를 통해 대도大道의 심오하고 광대함이 아니면 대성이 될 수 있는 싹을 함양하지 못함을 비유하였다. 대체大體를 함양·완성시켰다 하더라도 만약 변화하지 못하면 또한 대용에 이를 수 없고, 대성의 작용이 있더라도 만약 번갈아 흥성하는 세도世道의 큰 운세를 타지 못한다면 마찬가지로 그 운세에 호응하여 세상에 나타나 광대·광명한 사업을 이루어 내는 일을 할 수 없다. 반드시 깊이 함축하고 도탑게 길러서 때를 기다려 움직여야 대성의 체용을 바야흐로 남김없이 구현할 수 있는 것이다. 그래서 물과 바람을 통해 '두텁게 쌓임'(厚積)의 원리를 형용한 것이다. 그런데 '물의 쌓임'을 말한 것의 본뜻은 곤의 일을 가리키는 것임에도 여기서는 물고기 기르는 일을 말하지 않고 문장을 바꿔 배를 띄우는 일을 말했으니, 이는 곧 장자 문장의 묘미를 볼 수 있는 대목이다.

② 坳堂之上(坳의 중국음은 ào[傲]): 대청(堂) 마루 위의 움푹 들어간 곳.

③ 芥: 작은 풀.

④ 膠: 들러붙음.

⑤ 而後乃今培風: '이후내금而後乃今'은 곧 '내금이후乃今而後'의 도치문이다.(姚永朴) '배풍培風'은 '바람에 의지하다', '바람을 타다'라는 뜻이다. 『경전석문』에서는

'배培'를 '중重'의 뜻으로 풀이하고 있는데 잘못이다.

- 왕념손: '배'는 '빙憑'이고, '빙'은 '타다'(乘)라는 뜻이다.(『周官』 馮相氏 注에 보임) '빙'과 '배'는 음이 유사하여 의미가 서로 통한다.(『독서잡지여편』 상)
- 유문전: 왕념손의 설이 옳다. '배'와 '빙'은 자음이 일치하나 자음 외 부분들의 변화로 인해 음의 분화가 일어난 것이다. '배'의 뜻은 '승乘'(타다)이니, 또한 대붕이 바람을 타고 날아가는 모습에 딱 들어맞는다.(『莊子補正』. 아래에서의 인용도 같음)
- 호임익: 큰일을 해 나가는 데는 재능을 모이고 기氣를 모으고 세勢를 모으는 것을 요체로 삼는다. 『장자』가 말한 "그런 뒤에야 바람을 탄다"(而後乃今培風也)는 것이 그것이다.(마기창의 『장자고』에서 인용)

⑥ 莫之夭閼: 막히는 것이 없다.(포기룡, 『장자초』)

- 육덕명: '요夭'는 사마표가 '절折'(꺾다, 부러뜨리다)이라 했고, '알閼'은 이이가 '색塞'(가로막다)이라 했다.
- 주계요: '알閼'은 음이 '알遏'과 같다. 『여씨춘추』 「고악古樂」에 "백성들의 기는 막히고 정체된다"(民氣鬱閼而滯著)라는 내용이 있는데, 주에서 "('閼'은) '알지遏止'의 알遏로 읽는다"고 하였다. '요알夭閼'은 곧 '요알夭遏'이다.

【풀이】

물이 쌓인 것이 깊고 두텁지 않으면 큰 배를 띄울 충분한 힘이 없게 된다. 한 잔의 물을 당 위의 움푹 팬 곳에 붓고 작은 풀 한 포기를 거기에 놓으면 배가 될 수 있지만 잔을 올려놓으면 바닥에 붙어버리고 만다. 물은 얕고 배는 크기 때문이다. 이처럼 바람의 세기가 크지 않으면 거대한 날개를 지탱할 힘이 없게 된다. 이것이 붕이 구만리를 날아올라 두터운 바람이 그 아래 쌓인 뒤라야 비로소 풍력을 올라타는 까닭이다. 이렇게 푸른 하늘을 등에 지고 아무것도 가로막는 것이 없게 된 뒤에야 남쪽 바다로 날아갈 준비를 하는 것이다.

蜩與學鳩笑之①曰: "我決起而飛②, 搶楡枋③, 時則④不至而控⑤于地而已矣, 奚以之九萬里而南爲⑥?" 適莽蒼⑦者, 三湌而反⑧, 腹猶果然⑨; 適百里者, 宿舂糧⑩; 適千里者, 三月聚糧. 之二蟲又何知⑪!

【길잡이】

① 蜩與學鳩笑之(蜩의 중국음은 tiáo[調]): '조蜩'는 '매미'(蟬)이다. '학구學鳩'는 작은 비둘기이다.(사마표, 『장자주』) '학學'은 다른 판본에 '학鷽'으로 되어 있다. 음은 같다.(『설문해자』)

- 왕부지: 매미와 작은 비둘기의 비웃는 것은 지혜가 미치지 못하기 때문이다. (『장자해』)
- 유봉포: 두 미물의 기량은 본래 한계가 있으니, 자기들이 구만리를 오르지 못하는 것은 말하지 않고 오히려 대붕 보고 하필 구만리를 날아가려 하느냐고 비웃는 것이다. 이른바 수준 낮은 지식인의 비웃음은 쇠파리와 같다고 하는 경우이다.(『남화설심편』)
- 왕숙민: 이것은 작음으로 큼을 비웃는 것이다.(『장자교전』)
- 왕중용: 소요유가 가리키는 것은 도에 밝은 자이다. 이는 필연의 왕국으로부터 자유의 왕국으로 나아간 뒤에 갖게 되는 것은 최고의 정신경지이다. 대붕은 그러한 사람의 상징이다. 매미와 작은 비둘기와 메추라기는 세속적인 사람을 가리킨다. 장자가 볼 때 세속적인 사람은 보는 것이 협소하고 지식도 한계가 있는 까닭에 도에 밝은 사람의 정신 경지를 이해할 수 없다.(「莊子逍遙遊新探」, 『中國哲學』 제4집. 이하 같음)
- 후쿠나가 미쓰지: 매미와 비둘기는 결국 일체의 위대한 것들을 비웃는 자이니, 그들은 다만 '소인의 무리'(侏儒之群)일 뿐이다.(『莊子』, 제5장 「自由人」. 陳冠學의 중역본에 의거함)

② 決起而飛: 임희일은 '분발하여 날아감'이라 풀었고, 감산덕청은 '온 힘을 다해 날아감'(『莊子注』)이라 풀었다. '결기'는 힘을 남기지 않는다는 의미로서 앞에 나온 '힘차게 날아오르다'(努而飛)와 같다.(임운명)

③ 搶楡枋: '창搶'은 '부딪치다'(撞), '맞닥뜨리다'(碰到)라는 뜻이다. 세덕당본에는 '창槍'으로 되어 있는데, '창搶'은 『경전석문』의 원문에 의거하여 고친 것이다.(왕효어 교열) '유楡와 방枋'은 두 종의 작은 나무 이름이다. '방'은 '분枌'(흰 느릅나무)으로 읽어야 한다.(왕개운) 진경원의 『장자궐오』에 인용된 문여해본과 강남고장본江南古藏本에는 '방' 아래 '이지而止'(~하여 멈추다) 두 글자가 있다.

④ 則: '혹或'(~하기도 하다)의 뜻으로 해석한다.(유월)

⑤ 控: '던져지다'(投).

⑥ 奚以之九萬里而南爲: '이以'는 '용用'이다. '위爲'는 어조사이다.(왕인지, 『경전석사』)

▹ 진고응: 이 구절은 매미와 작은 비둘기가 대붕을 비웃는 것을 총결한 것이다. 이는 작음으로 큼을 비웃는 것인바, 실제로는 두 미물의 얕은 식견과 무지를 드러낸 것이다. 이런 까닭에 뒤에서 "저 두 미물이 또 어찌 알겠는가"(之二蟲又何知)라고 하여 '작은 지혜는 큰 지혜에 미치지 못함'(小知不及大知)을 아울러 설명하였다.

⑦ 莽蒼: 푸른 풀이 우거진 교외를 가리킨다.

⑧ 三飡而反: '손飡'은 '찬餐'(음식물)과 같고, '반反'은 '반返'(돌아오다)과 같다. 근교를 나갔다 돌아올 때에는 하루 세 끼의 먹을거리만 준비하면 된다는 의미이다.(진계천)

⑨ 果然: '배부르다'(飽然)는 뜻.

⑩ 宿舂糧: 양식을 절구질하여 하루 먹을거리를 장만하는 것.(성현영, 『장자소』) 이것은 백 리를 가는 사람은 하룻밤 묵을 양식을 찧음을 말한다. '용舂'과 '숙宿'은 도치되었다.(장석창)

⑪ 之二蟲又何知: '지之'는 '차此'(이것)이다. '이충二蟲'은 매미(蜩)와 작은 비둘기(學鳩)이다. 날짐승을 우충羽蟲이라고도 하는데, 이런 까닭에 비둘기도 '충'이라고 칭하였다.

- 진심: '두 미물이 어찌 알겠는가?'(二蟲何知)로부터 '작은 지혜'(小知)와 '큰 지혜'(大知)가 나오고, 또 '작은 지혜'와 '큰 지혜'로부터 '작은 시간'(小年)과 '큰 시간'(大年)이 나온다. 두 구절의 의미 또한 일맥상통하니, 사람들로 하여금 가슴속 식견을 넓혀 나가게 함으로써 아는 것과 경험한 것에 스스로 안주하지 않게 하려는 것이다.(『장자품절』)
- 감산덕청: 장자가 여기서 말하려는 취지는 다음과 같다. 세상 사람들의 작은 식견으로는 성인을 알 수 없다. 그 뜻이 원대하지 못한 까닭에 함축하고 있는 것도 깊고 두텁지 않아 각자 자신의 도량만 따를 뿐이다. 그러므로 만약 한 눈에 바라다 보이는 곳에 간다면 식량을 비축할 필요가 없다고 하였다. 소인은 눈앞의 일에 자족함을 비유한 것이다. 백 리를 간다면 그 뜻이 조금 원대해진 것이다. 만약 천 리를 가면 3개월의 식량을 준비한다고 함은 그 뜻이 점점 원대해지고 함양하는 것도 점점 두터워지기 때문이다. 두 미물을 비교한 것은 작은 느릅나무들 속에서 생장하여 본래 아는 바가 없고 또한 멀리 가려는 뜻도 없으므로 이들이 대붕의 비상을 비웃는 것은 당연하다는 것이다. 세상의 작은 지혜를 가진 사람은 대체로 이와 같다.
- 유봉포: 가까운 곳을 가는 자는 먼 곳을 알지 못하니, 저 두 미물이 어찌 대붕의 경지를 알 수 있겠는가? 바로 작은 지혜는 큰 지혜에 미치지 못하는

본보기이다.

- 유월: 곽상주에 "두 미물은 붕과 매미를 가리킨다"고 했는데, 이는 틀린 것이다. 두 미물은 당연히 매미와 작은 비둘기가 되어야 한다. 아래에서 "어찌 그러하다는 것을 알겠는가? 아침나절 곰팡이는 그믐과 초하루를 알지 못하고, 쓰르라미는 봄가을을 알지 못한다"라고 하였으니, 이른바 '알지 못한다'(不知)는 것은 작은 것이 큰 것을 알 수 없음을 일컫는 것이다. 따라서 여기 "저 두 미물이 또 어찌 알겠는가!"(之二蟲又何知)에서 말하는 두 미물은 매미와 비둘기를 가리키는 것이 명확하다.(『장자평의』)

【풀이】

매미와 작은 비둘기가 대붕을 비웃으며 말했다. "우리는 온 힘을 다해 날아도 느릅나무와 박달나무에 부딪쳐 멈추고 어떤 때는 더 날아오르지도 못하고 땅에 내동댕이쳐질 뿐인데, 왜 굳이 구만리를 날아올라 남쪽 바다로 가려 하는 걸까?" 가까운 교외로 가는 것은 세 끼 먹을거리만 챙기고 당일 돌아와도 아직 배가 부르고, 백 리 길 떨어진 곳으로 가려면 하룻밤 묵을 양식을 준비해야 하며, 천 리 길 먼 곳으로 가려면 3개월 식량을 준비해야 한다. 저 두 미물이 또 어찌 이 이치를 알겠는가?

小知不及大知, 小年不及大年. 奚以知其然也? 朝菌不知晦朔①, 蟪蛄不知春秋②, 此小年也. 楚之南有冥靈③者, 以五百歲爲春, 五百歲爲秋; 上古有大椿者, 以八千歲爲春, 八千歲爲秋, 此大年也④. 而彭祖⑤乃今以久特聞, 衆人匹之, 不亦悲乎!

【길잡이】

① 朝菌不知晦朔: '조균朝菌'은 『회남자』「도응훈道應訓」에 '조수朝秀'로 되어 있다. 『장자』 옛 판본은 '조수'로 되어 있다는 설들도 있다.(왕념손의 『독서잡지여편』에 있는 왕인지의 설과 곽경번의 『장자집석』, 마서륜의 『장자의증』, 왕숙민의 『장자교석』 등에 자세히 보임) 『회남자』의 고유 주注는 "조수는 아침에 생겨나 저녁에 죽는 벌레이다"라고

하고 있다. '회삭晦朔'은 달(月)의 끝과 시작으로, 한 달을 가리킨다. '삭'은 '아침'을 뜻하고(『경전석문』) '회'는 '밤'을 뜻하는(왕선겸) 것으로 보아 하루를 의미한다고 보는 견해도 있다. 여기서는 앞의 설을 따른다.

② 蟪蛄不知春秋: '혜고蟪蛄'는 쓰르라미[18]로, 봄에 태어나면 여름에 죽고 여름에 태어나면 가을에 죽는다.(사마표, 『장자주』) '혜고'는 매미의 다른 이름이다.(왕무횡, 『장자존교』)

③ 冥靈: 큰 바다에 사는 신령스러운 거북.

- 나면도: 기린, 봉황, 거북, 용을 네 가지 신령스런 동물이라 한다. '명령'은 깊은 바다의 신령스런 거북이다.(『남화진경순본』)
  - ▹ 진고응: 나면도의 설이 옳다. 이이의 주에서는 '나무 이름'이라 하였는데, 틀렸다.

④ 此大年也: 이 네 자는 통행본에 빠져 있다. 진경원의 『장자궐오』에 인용되어 있는 성현영본에는 '차대년야' 네 자가 있다. 앞의 '차소년야此小年也'와 정확히 서로 대구가 되므로 이에 의거하여 보충하는 것이 옳다.

- 유문전: '차대년야' 네 자는 예전에 없어졌다…… 생각건대, 이 네 자는 '초나라 남쪽에 명령이라는 나무가 있다'(楚之南有冥靈)는 구절의 의미를 총결하는 것으로, 앞의 '차소년야'와 곧바로 대구가 된다. 성현영의 『장자소』에는 '그러므로 이를 일러 대년이라 한다'(故謂之大年)는 구절이 있는데, 이는 성현영이 본 판본에는 분명히 '차대년야' 네 자가 분명히 있었음을 뜻한다. 이제 이에 의거하여 보충한다.
  - ▹ 진고응: 유문전의 설이 따를 만하다. 왕숙민 또한 "지금 판본은 네 자가 빠져 있어 문의文意가 완전하지 못하다"고 하였다.

⑤ 彭祖: 장수한 것으로 이름난 전설상의 인물. 칠백 세를 살았다고도 하고 팔백 세를 살았다고도 하는 등 여러 설이 있다.

【풀이】

작은 지혜는 큰 지혜에 필적할 수 없고, 짧은 수명은 긴 수명에 필적할 수 없다. 어떻게 이것을 아는가? 아침에 생겨나 저녁에 죽는 벌레는 한 달이라는 시간을

---

18) 원문은 '寒蟬'이다. 늦가을 매미를 가리킨다.

알지 못하고, 봄에 태어나면 가을에 죽고 가을에 태어나면 겨울에 죽는 쓰르라미는 일 년이라는 시간을 알지 못한다. 이것이 '작은 시간'(小年)이다. 초나라 남쪽 끝에 신령스런 거북이 있는데 오백 년이 봄이고 오백 년이 가을이며, 상고시대에 대춘이라는 나무가 있었는데 팔천 년이 봄이고 팔천 년이 가을이다. 이것이 '큰 시간'(大年)이다. 팽조는 지금까지 장수한 사람으로 세상에 이름이 전하는 바, 많은 사람들이 모두 그와 억지로라도 비교되기를 바라니 어찌 슬프지 않겠는가?

湯之問棘①也是已:

湯問棘曰: "上下四方有極乎?"

棘曰: "無極之外, 復無極也②. 窮髮③之北有冥海者, 天池也. 有魚焉, 其廣數千里, 未有知其修④者, 其名爲鯤. 有鳥焉, 其名爲鵬, 背若太山⑤, 翼若垂天之雲, 摶扶搖羊角⑥而上者九萬里, 絶雲氣, 負靑天, 然後圖南, 〔且適南冥也〕⑦. 斥鴳⑧笑之曰: '彼且奚適也? 我騰躍而上, 不過數仞⑨而下, 翶翔蓬蒿之間, 此亦飛之至也. 而彼且奚適也?'" 此小大之辯也⑩.

【길잡이】

① 湯之問棘(棘의 중국음은 jí[極]): 극棘은 탕湯임금[19] 시대의 현인이다. 탕이 극에게 물은 고사는 『열자』「탕문湯問」에 나온다. 거기에는 '극棘'이 '하혁夏革'으로 되어 있다. '혁革'과 '극棘'은 옛날에는 발음이 같아 통용되었다.(곽경번)

- 마기창: 탕이 극에게 물은 것은 『열자』「탕문」에 상세히 나와 있다. 명령冥靈과 대춘大椿, 곤붕鯤鵬 등에 대한 이야기는 총괄하면 『해』의 내용과 대체적으로 같다. 그런데도 다시 등장하는 것은 탕과 극이 모두 고대의 성인과 현인이므로 (그들의 입을 통하면) 말이 신뢰를 얻을 수 있기 때문이다. 이것이 「우언寓言」에서 말하는 이른바 중언重言의 사례이다.[20] 『해』의 내용

---

19) 湯: 殷나라의 시조. 이름은 履 또는 天乙·太乙이며, 成湯이라고도 한다. 夏나라의 폭군 桀王을 물리친 후, 亳에 도읍을 정하고 국호를 商이라 하였다. 참고로, 殷은 상왕조의 마지막 수도에서 유래한 국호이다.

20) 重言: 寓言, 卮言과 함께 『장자』의 대표적인 표현법 가운데 하나. 전달하고자 하는 내용을 직접 말하는 것이 아니라 사회적으로 명성이 공인된 사람의 입을 빌려 전달함으로써 신뢰성

의 주요 취지는 두텁게 쌓음(積厚)에 있고, 탕과 극의 문답의 주요 취지는 작음과 큼의 분별(小大之辯)에 있다.(『장자고』)

- 문일다: 이 구절과 아래 문장은 맥락이 연결되지 않는다. 탕이 극에게 질문한 단락이 빠져 있음이 분명하다. 당나라 때의 승려 신청神淸의 『북산록北山錄』을 보면, "탕이 혁에게 '상하사방은 끝이 있습니까?'라고 묻자 혁이 '끝이 없는 것의 밖은 또 끝이 없습니다'라고 대답했다"는 내용 있다. 승려 혜보慧寶는 여기에 주를 달기를, "같은 내용이 『장자』에도 있는데 『열자』와 조금 차이가 있다"고 하였다. 혁革과 극棘은 옛글자에서는 통용되었다. 『열자』「탕문」에도 '혁'으로 되어 있다. 신청이 인용한 것이 이곳의 없어진 문장임은 의심의 여지가 없지만 어구가 많이 생략되어 보충할 방법이 없어 안타깝다.(『장자내편교석』. 『古典新義』 속에 포함되어 있음)

② 湯問棘曰: "上下四方有極乎?" 棘曰: "無極之外, 復無極也": 이 스물 한 글자는 원래 빠져 있으나 문일다의 견해에 따라 당나라 승려 신청의 『북산록』에 의거하여 보충하였다.[21] 관봉의 『장자내편 역해와 비판』도 문일다의 견해를 좇아 신청의 인용문을 근거로 없어진 문장을 보충하였다. '궁발지북窮髮之北' 이하('彼且奚適也'까지의 단락)는 '부무극야' 구문을 잇는 것으로 모두 극이 한 말인데, 관봉의 표점에는 약간의 오류가 있다.[22]

③ 窮髮: 불모의 땅. '발髮'은 초목을 가리킴.

④ 修: '장長'(길이)의 의미.

⑤ 太山: 세덕당본에는 '태산泰山'으로 되어 있음. 산동성山東省 태안현泰安縣 북쪽에 있다.

⑥ 扶搖羊角: '양각羊角'은 회오리바람을 말함.

- 마서륜: 『태평어람』 9권에 이 문장이 인용되어 있는데, "부요는 양의 뿔 모양바람(羊角風)이다. 오늘날 회오리바람(旋風)이 올라가는 모습이 검은 숫양의 뿔과 비슷하다"라고 주가 달려 있다. 어떤 사람의 『장자』 주석인지

을 제고시키는 효과를 노리는 일종의 간접화법 방식이다.

21) 통행본 『장자』에는 이 스물한 글자가 없다. 한편, 『열자』「탕문」의 이 구절 후반 문장은 '無極之外, 復無無極'으로 되어 있어 문자상으로 약간의 차이가 있다. 楊伯俊, 『列子集釋』(중화서국, 新編諸子集成本), 148쪽 참조.

22) 關鋒은 '復無極也'에서 일단 큰따옴표를 마감하고 '窮髮之北'부터 새로 찍고 있다. 이렇게 되면 '궁발지북' 이하는 탕의 말이 된다. 『莊子內篇譯解和批判』(중화서국, 1961), 68쪽 참조.

알 수는 없으나, 그 의미는 '선풍'으로 '양각'을 풀이하고 '양각'으로 '부요'를 풀이한 것이다. '부요'와 '양각'은 모두 회오리바람인 바, '양각'은 옛 주석의 문장이 잘못 끼어들어가 본문이 되어 버린 듯하다. 『일체경음의』에는 사마표의 설만 인용되어 있다. 최선과 이이 등의 주에는 이 내용이 없는 듯하다.

▷ 진고응: 마서륜의 견해가 따를 만하다.

⑦ 然後圖南, [且適南冥也] : '차적남명야' 다섯 글자는 후대 사람이 성현영의 『장자소』에 있는 '도도남해圖度南海'(남쪽 바다로 건너가려 하다)라는 구절(이것은 본문 '圖南'에 대한 주석이다)에 근거하여 본문으로 잘못 끼어 넣은 것이 분명하므로 삭제하는 것이 마땅하다. 그 근거는 다음 네 가지이다. 첫째, 앞에 '남쪽 바다로 옮겨간다'(徙于南冥)는 말이 두 차례 나오지만 '남쪽으로 날아가려고 한다'(圖南)는 말은 되풀이되지 않고 있다. '남쪽으로 날아가려고 한다'는 말이 곧 남쪽 바다로 옮겨가는 것을 의미하기 때문이다. 둘째, 앞에서 '그런 뒤에야 남쪽 바다로 날아가려 한다'(而後乃今圖南)고만 했지 '남쪽 바다로 옮겨 간다'(徙于南冥)고 되풀이하지는 않았다. 셋째, '도남圖南'과 '적남명適南冥'은 의미가 중복된다. '도남'을 성현영의 『장자소』는 '도도남해圖度南海'로 풀이하고 있는데, 무슨 까닭으로 남쪽 바다로 가는 것을 반복적으로 말할 필요가 있겠는가? 넷째, 문맥상의 흐름으로 볼 때 뒤에 나오는 '저것은 또 어디로 가는 걸까'(彼且奚適也)는 바로 '도남' 이하를 잇는데, 이는 '차적남명且適南冥'과 다시 겹친다.

⑧ 斥鴳(鴳의 중국음은 yàn[燕]): 못에 사는 작은 참새를 가리킨다. '척斥'에 대해 『광아』 「석지釋地」는 '지池'(못)라 하고, 사마표의 주는 '소택小澤'(작은 늪지)이라 풀이하고 있다. '안鴳'은 『경전석문』에 '안鷃'으로도 되어 있으니, 곧 참새를 가리킨다.

⑨ 仞(중국음은 rèn[刃]): 주周나라 사람들은 7척尺을 1인仞으로 삼았다.

⑩ 此小大之辯也: 『장자』는 여러 곳에서 '변辯'(변론하다)을 '변辨'(분별하다)의 뜻으로 쓰고 있다.(해동, 『장자보주』) 다음 단락에 나오는 '변호영욕지경辯乎榮辱之境'의 변辯도 변辨의 의미를 차용한 것이다.

- 주계요: 서간徐幹은 『중론』에서 "변辯은 분별한다는 뜻이다"라고 하였다. 큼과 작음 사이에는 분별이 있다. 매미와 메추라기가 대붕의 경지를 알지 못하는 것은 바로 「추수秋水」에서 '우물 안의 개구리'(埳井之蛙)가 '동해에

사는 자라'(東海之鱉)를 알지 못하는 것과 같다. 모두 '작은 지혜는 큰 지혜에 미치지 못함'(小知不及大知)을 비유한 것이다.…… 송옥宋玉이 초나라 양왕襄王의 물음에 답하면서 또한 도롱뇽과 메추라기는 곤과 봉황의 경지를 알 수 없다는 것을 통해 세속의 백성들은 송옥 자신이 하는 바를 알 수 없음을 비유하였다.23)…… 곽상은 작고 큼도 없이 각자가 자신의 타고난 본성에 안주하는 것이 참된 소요라고 여겼는데, 이것은 장자의 의도와 정반대이다. 근본 취지에 이미 오류가 있고 헛되이 제 주장만 뽐내어 『장자』를 이해하면 할수록 더욱 어둡게 만드니, 곽상의 청담淸談사상이 저지른 잘못이다.

- 왕중용: 대붕의 형상은 고상하고 웅대하여 하늘의 바다를 날아오르지만, 매미와 비둘기, 메추라기의 모습은 미미하고 보잘 데가 없어 쑥풀 사이를 오르내린다. 이것은 명확한 '작음과 큼의 분별'(小大之辯. 辯은 辨과 같음. 구별한다는 뜻)을 통해 '작은 지혜는 큰 지혜에 미치지 못함'을 설명한 것이다. 그러나 상수와 곽상은 도리어 여기서 장자의 원래 의도를 왜곡하고 '크고 작음 사이의 분별을 없앰'(齊大小), '서로 다른 지향 간의 차이를 균일하게 함'(均異趣)이라는 이치를 억지로 갖다 붙였다.
- 왕박: 곤붕의 우언에서 관건적인 문제는 지식에 있는 것이 아니라 식견 또는 사람들이 습관적으로 말하는 경지에 있다.

【풀이】

탕湯이 극棘에게 물은 것이 이것이다.

탕이 극에게 물었다. "상하사방은 끝이 있습니까?"

극이 말했다. "끝이 없는 것 밖은 또 끝이 없습니다! 풀 한 포기 나지 않는 땅의 북쪽에 넓고 아득하여 끝이 없는 바다가 있으니, 바로 천연의 큰 못입니다. 여기에 물고기 한 마리가 사는데 너비가 몇 천 리나 되어 그 길이를 아는 사람이 아무도 없습니다. 그 이름을 곤이라 합니다. 여기에 새가 한 마리 있는데 그 이름이 붕입니다. 붕의 등은 태산처럼 커 날개가 마치 하늘가에 드리운 구름과 같습니다. 회오리바람을 타고 구만리 상공을 곧바로 비상하여 구름을 뚫고 푸른 하늘을 등에 진 뒤에 남쪽을 향해 날아갑니다. 작은 늪지에 사는 참새가 비웃으며 말했습니다. '저것은 또 어디로 가는 걸까? 나는 힘껏 뛰어올라도 불과 수 길을

23) 춘추전국시대 초나라의 시인 宋玉이 초나라 襄王이 왜 선비들이 당신을 칭송하지 않느냐고 물은 데 대하여 대답한 말 가운데 나오는 내용. 송옥은 屈原의 제자로 알려진 인물이다.

못 오르고 아래로 떨어져 쑥풀 사이를 날아다닌다. 이것 또한 날아오르는 능력을 다 발휘한 것이다. 그럼에도 저것은 또 어디를 날아간다는 말인가?" 이것이 바로 작음과 큼의 분별이다.

故夫知效一官, 行比①一鄕, 德合一君而征一國②者, 其自視也亦若此矣③. 而宋榮子④猶然⑤笑之. 且擧世而譽之而不加勸, 擧世而非之而不加沮, 定乎內外之分, 辯乎榮辱之境, 斯已矣. 彼其于世未數數然⑥也. 雖然, 猶有未樹也. 夫列子禦風而行⑦, 泠然⑧善也, 旬有五日而後反⑨. 彼于致福者, 未數數然也. 此雖免乎行, 猶有所待⑩者也.
若夫乘天地之正⑪, 而禦六氣之辯⑫, 以遊無窮者, 彼且惡乎待哉⑬!
故曰, 至人無己⑭, 神人無功, 聖人無名.

【길잡이】

① 比: '비庇'와 같다.(마기창의 『장자고』에 오여륜의 설로 인용되어 있다.) '비比'가 '비庇'의 의미로 차용된 것이다. 『설문해자』에서는 "비庇는 덮어 가리다 라는 의미이다"라고 하였다.(왕숙민, 『장자교전』)

② 德合一君而征一國: 곽경번은 '이而'를 '능能'으로 읽어야 한다고 보았다.(『장자집석』에 상세히 나와 있다.) '이'를 '능'은 옛글자에서는 통용되었다. 하지만 이곳의 '이'를 반드시 '능'으로 보아야 할 이유는 없으므로 성현영의 『장자소』에 근거하여 역접 접속사로 풀이한다.

③ 其自視也亦若此矣: 여기에서 '기其'는 앞서 등장했던 세 부류의 사람들을 가리키고, '차此'는 매미, 작은 비둘기, 참새가 편협함에 사로잡힌 채 스스로 우쭐거리는 것을 말한다.

- 곽상: 새들이 아는 바가 단편적인 측면에 그치는 것과 같은 이치다.
- 주공진: 비단 비둘기만 그런 것이 아니라 유자儒者들 가운데에도 비둘기와 같은 자들이 많다. 각자 자신이 옳다고 생각하는 바를 가지고 스스로 우쭐거리지 않는가?(『남화진경영사』)

• 후쿠나가 미쓰지: 이 사람들은 바로 느릅나무와 박달나무 위로 올랐다가 곧바로 땅으로 떨어지고 마는 작은 비둘기와 같은 자들이며, 그저 하던 대로 늘 날개만 퍼덕이는 매미와 같은 자들이다. 이들은 상식적 차원의 가치 및 규범 세계에 안주한 채, 빙산의 일각에 지나지 않는 세계를 세계의 전체로 여기며 그 속에 매몰된다. 이들은 자신이 본래 어떤 존재인지, 인간의 '마땅함'(應然)은 어떠해야 하는지, 인간의 삶의 근원적이고 참된 모습이란 어떤 것인지와 같은 문제에 관해서는 전혀 관심이 없다.

④ 宋榮子: 직하학파 초기의 인물. 제나라 위威왕 및 선宣왕의 시대에 활동했으며 생몰연대는 대략 기원전 400~320년 사이로 추정된다.(汪奠基, 『中國邏輯思想史料分析 · 宋鈃的名辯思想』, 50쪽) 『장자』「천하」와 『순자』「비십이자非十二子」에는 송견(鈃의 중국음은 jiān[堅])으로 되어 있고, 『맹자』「고자」에는 송경(牼의 중국음은 jīng[經])으로 되어 있으며, 『한비자』「현학顯學」에는 송영宋榮으로 되어 있다. 송견, 송경, 송영은 모두 동일인이다.(唐鉞, 『尹文和尹文子』. 『古史辨』 제6권에 수록) '경牼'은 '견鈃'과 음이 서로 비슷하고, '영榮' 또한 음이 비슷하다.(兪樾, 『春在堂全書 · 兪樓雜纂 · 莊子人名考』) 「천하」에 의하면, 송경학파 사상의 요점은 다음과 같다. "상하 간의 균등을 제창하며 인간 마음의 고착화된 관념을 제거하고자 하였다. '수모를 입어도 치욕스럽게 여기지 않는 것으로 백성들 간의 다툼을 해결하고자'(見侮不辱, 救民之鬪) 했고, '정욕을 줄이고 가볍게 하며'(情欲寡淺), '군사를 일으켜 남을 침략하는 것을 금했다'(禁攻寢兵)." 이를 놓고 보면 실로 걸출한 반전反戰 사상가였다고 할 수 있다.

⑤ 猶然: 기뻐하는 모습. '유猶'는 '요繇'자이니, 고금자古今字[24]에 해당한다.(郭璞 注, 『禮記』, 「樂記」) 『이아』「석고釋詁」에서는 "'요繇'는 기뻐하다는 뜻이다"라고 하였다.(마서륜과 장석창의 인용문에 등장)

⑥ 數數然: 급급한 모습(汲汲然), 급히 서두르는 모습.

⑦ 列子御風而行: 『열자』「황제黃帝」에 등장하는 고사이다. 열자는 춘추시대 정鄭나라의 사상가인 열어구列御寇를 말한다. 『장자』, 『시자』, 『한비자』, 『여씨춘추』, 『전국책』과 같은 선진시기의 서적에 나란히 그에 관한 고사가 등장한다. 『여씨춘

24) 어떤 동일한 의미를 지닌 어휘가 시대에 따라 다른 글자로 표기되는 현상을 가리키는 말. '기뻐하다'는 의미의 '說'(열)자가 후대에 와서는 '悅'(열)로 표기되는 것이 대표적인 예다.

추』「불이不二」에서는 "열자는 허무를 귀하게 여겼다"고 했고, 『한서』「예문지」 도가 항목에는 『열자』 8편이 실려 있다. 현존하는 판본은 유향이 교열한 『신서新書』에 불완전한 형태로 잡다하게 실려 있는 것이 유일하다. 비록 열어구가 직접 쓴 것은 아니며 문하의 제자들이 기술한 것이지만, 또한 완전히 후대 사람들에 의한 위작은 아니다.(엄령봉, 『列子章句新編 · 自序』)

- 엄령봉: 『열자』「황제」에서 "열자는 노상씨老商氏를 스승으로 삼고, 백고자伯高子와 벗하면서 이 둘의 도에 입문하여 바람을 타고 돌아갔다", "마치 나뭇잎이나 마른 허물과 같은 모습으로 바람을 따라 동서로 떠도니, 바람이 나를 탄 것인지 내가 바람을 탄 것인지를 알 수 없구나"라고 하였다. 이를 보면 『장자』가 『열자』의 '바람을 타다'는 구절을 인용하여 의지하는 바가 있음과 의지하는 바가 없음에 관한 이치를 밝힌 것임을 알 수 있다. 이로써 『열자』가 시간상으로 『장자』에 앞선다는 것이 충분히 증명된다.(『列子新書辨惑』 — 『辯列子書不後于莊子書』)
  - ▹ 진고응: 최근 많은 사람들은 현존하는 『열자』를 위진시대 진晉나라 때의 위작으로 여기는데, 엄령봉 선생이 그의 저작에서 충분한 논거로서 장문에 걸쳐 이를 반박하였다. 양계초, 마서륜, 호적胡適 등이 주장한 위작설이 억측임이 충분히 증명된다.

⑧ 泠然: 나풀거리며 떠도는 모습(飄然)(임희일, 『남화진경구의』), 가볍고 경쾌한 모습(곽상, 『장자주』).

⑨ 反: '반返'(돌아오다)과 같다. 『태평어람』 제9편에 '반反'을 '반返'으로 쓴 사례가 등장한다.(유문전의 『장자보정』과 왕숙민의 『장자교석』에서 확인할 수 있다.)

⑩ 有所待: 의지하는 바가 있음. 이는 즉 속박하는 것이 있어 정신이 완전히 자유롭지 못하고 마음과 영혼이 편안히 놓여 있지 못함을 의미한다.

- 서복관: 삶이 무언가의 압박을 받아 자유롭지 못하고, 이에 스스로 자신을 지배할 수 없게 되면 결국 외부의 힘에 연루될 수밖에 없다. 외부의 힘에 말려들면 결국 그것의 제약을 받고 심지어는 그 힘에 지배당하고 만다. 이처럼 외부의 힘에 말려드는 것을 '의지함'(待)이라 부른다.(『中國人性論史』, 389쪽)

⑪ 乘天地之正: 만물의 성性을 따르는 것.(郭象, 『莊子注』) 이는 스스로 그러한(自然) 도를 말한다.(장석창) '정正'(올바름)이란 스스로 그러한(自然) 성을 가리킨다.(王力, 『古代漢語』, 354쪽) 이를 통해 보면, '정正'은 지금 우리가 말하는 규율, 법칙과

같음을 알 수 있다. 따라서 '천지의 올바름'(天地之正)은 곧 천지의 법칙이며, 자연의 규율이라 할 수 있다.

- 서복관: 곽상은 '승천지지정乘天地之正'을 '만물의 성을 따르는 것'으로 보았다…… 인간이 만물의 성을 따를 수 없는 주된 이유는 물아物我 간의 대립 때문이다. 물아 간의 대립 속에서 인간은 자연스럽게 자신을 만물을 판단하는 척도로 삼기 마련이니, 이로 인해 시비오호의 감정이 생겨나고 만물에 유형무형의 간섭을 가하게 된다. 이와 동시에 스스로도 외물에 의해 이끌려 그의 속박을 받는다. 자아라는 경계선이 생기는 순간 물아 간의 대립은 발생한다. 자아라는 경계를 제거하면(즉, 無己의 상태), 물아의 경계가 불분명해져 자연스럽게 자신을 판단의 기준으로 삼는 일도 사라지고, 자아 역시 외물의 일부로 여기는 경지에 이른다. 이러한 것들이 모두 스스로 그러한 본성을 따른다는 말에 해당한다.(『中國人性論史』, 394쪽)

⑫ 六氣之辯: 여섯 가지 기(六氣)의 변화.

- 사마표 육기六氣는 음陰 · 양陽 · 풍風 · 우雨 · 회晦 · 명明을 가리킨다.
- 곽경번: '변辯'은 '변變'으로 읽는다. 『광아』에서는 "'변辯'은 변화하다(變)라는 뜻이다"라고 하였다. '변辯'과 '변變'은 옛날에는 서로 통용되었다.

⑬ 惡乎待哉: 무엇을 의지하겠는가?

- 방동미: 만약 진정으로 정신의 자유를 얻고자 한다면 반드시 '의지하는 바가 없어야' 한다. 그렇다면 어떻게 가능한가? 삶을 살아가는 인간 스스로 자신만의 사명을 가지고, 자신의 생명 공간 속에서 스스로 정신을 주재해야 한다.(『原始儒家道家哲學』, 제5장 「장자」 부분)

⑭ 無己: 아집과 편견이 없다는 의미이다. 자아라는 중심을 제거한 상태인 동시에, 공명功名에 얽매인 편협한 자아를 벗어던진 상태로서 천지의 정신과 자유롭게 왕래하는 경지이다.

- 서복관: 장자의 '무기無己'와 신도의 '거기去己'는 서로 차이가 있다. 한마디로 정리하면, 신도의 '거기'는 하나부터 열까지 모든 것을 제거(去)하는 것이고, 장자의 '무기'는 정신이 육신을 초월하여 자아와 만물이 서로 소통하는 근원의 경지로 나아가는 것을 의미한다.(『中國人性論史』, 395쪽)
- 방동미: 장자는 일반적인 세상의 영웅들과는 다르다. 그가 말하는 '진인眞人', '지인至人', '신인神人'은 어떤 정신적 우월감도 지니지 않는 한편, '편협한 자아'(小我)로서의 관점도 지니고 있지 않다. 다시 말해, 그는 어떤 경계를 그어 자신과 우주를 가르거나 자신과 보통의 사람들을 구분하지 않는다.

이것이 바로 '지인은 자아가 없고(至人無己), 신인은 공적이 없으며(神人無功), 성인은 이름이 없다(聖人無名)'는 말이다.(『原始儒家道家哲學』, 제5장 「장자」 부분)

【풀이】

그 재능과 지혜가 한 관직의 직무를 맡을 정도가 되는 사람이 있고, 그 행실이 한 고을의 습속규범에 잘 부합하는 사람이 있고, 그 덕성이 임금의 마음에 들어 일국의 신임을 받을 만한 사람이 있다. 이들이 스스로 우쭐대며 득의양양한 모습은 마치 앞에서 등장한 참새와 다를 바가 없다. 송영자가 이들을 보면 그저 실소를 금할 수 없다. 송영자는 온 세상이 그를 칭찬할지라도 그것에 고무되어 분발하지 않고, 온 세상이 그를 배척할지라도 그것으로 인해 상심하지 않는다. 그는 자아와 외물의 구분을 분명히 하고, 명예와 수치의 경계를 명확히 분별할 수 있다. 하지만 이것뿐이다. 비록 그가 세속의 영예를 좇는 것에 급급해하지는 않지만, 아직 완전히 확립되지는 않았다. 열자는 바람을 타고 떠도는데, 경쾌하기 이를 데가 없다. 그는 바람을 타고 떠돌다 15일이 지나서야 돌아온다. 그는 더 나은 것을 추구하고자 급급해하지 않는다. 이렇게 그는 땅을 딛고 걸어 다니는 일에서는 벗어났지만, 여전히 의지하는 바가 있다.
만약 자연의 법칙을 따라 여섯 가지 기의 변화를 파악하여 무궁한 경지에서 노닐 수 있다면, 무슨 의지하는 바가 있을 수 있겠는가?
따라서 "지인은 자아가 없고(至人無己), 신인은 공적이 없으며(神人無功), 성인은 이름이 없다(聖人無名)"라는 말이 바로 이러한 것이다.

2.

堯讓天下①於許由②, 曰: "日月出矣, 而爝火③不息, 其於光也, 不亦難乎! 時雨降矣, 而猶浸灌④, 其於澤也, 不亦勞乎! 夫子立⑤, 而天下治, 而我猶尸⑥之, 吾自視缺然⑦. 請致天下."
許由曰: "子治天下, 天下旣已治也. 而我猶代子, 吾將爲名乎? 名者實之賓也⑧. 吾將爲賓乎? 鷦鷯⑨巢於深林, 不過一枝; 偃鼠⑩飮河, 不過滿腹. 歸休乎君, 予無所用天下爲! 庖人雖不治庖, 尸祝⑪不越樽俎⑫而代之矣."

【길잡이】

① 堯讓天下: '요堯'는 유가의 이상적 성왕으로 호는 도당씨陶唐氏라 한다.(『漢書』 臣瓚의 注: "요는 처음에는 唐나라[25]에 머물렀고, 후에 陶나라[26]에 머물렀으므로 陶唐이라 부르게 되었다.") 요의 호인 도당에 관해서는 옛날부터 여러 가지 해석이 분분한데, 최근에는 전국시대 유가에서 멋대로 지어낸 말이라고 보는 견해가 많다. 양관의 『중국상고사도론』 제9편(『古史辨』 제7권에 수록), 동서업의 「제요도당씨명호소원帝堯陶唐氏名號溯源」(『古史辨』 제7권 하편) 등을 참고할 만하다. 고힐강의 경우, 요와 당의 관계에 대해 의문을 제기하는 것은 물론이고, 심지어 "요堯·순舜·우禹 모두 활동 무대가 불분명한 독립적인 개인으로서, 이들을 하나의 확실한 지역에 속하는 것으로 볼 수 없다"라고 하였다.(『古史辨』 제1권) 이러한 고힐강의 말은 많은 토론을 불러일으켰다. 요가 순에게 제위를 양도한 일은 『상서』「요전堯典」에 최초로 등장한다. 하지만 현재의 많은 학자들은 「요전」을 후대 유가의 위작으로 본다. 왕위 선양에 관한 내용은 일찍이 순자가 강력히 비판한 바 있으며, 현재도 그 의구심은 여전히 줄어들지 않고 있다.

- 순자: 세간의 호사가들이 흔히 "요가 순에게 제위를 선양했다"고 말하는데, 이는 그렇지 않다. 천자는 그 세력과 지위가 지극히 높아 천하에 대적할 자가 없는 존재인데, 누가 이를 사양하겠는가?…… 요가 순에게 천자의 자리를 선양했다고 하는 것은 허튼소리다. 식견이 얕고 고루한 자들이 전하는 말에 지나지 않는다.(『荀子』, 「正論」)
- 한비자: 순이 요를 핍박하고, 우가 순을 핍박하고, 탕湯이 걸桀을 내쫓고, 무왕武王이 주紂를 정벌한 네 가지 사례는 모두 신하가 그 군주를 시해한 경우지만, 천하가 모두 이를 찬양하였다.(『韓非子』, 「說疑」)
    - ▹ 진고응: 한비자는 순이 요를 핍박하여 제위를 받아낸 것일 뿐, 결코 선양한 것이 아니라고 여겼음을 알 수 있다.
- 고힐강: 『시경』에 우는 몇 차례 등장하지만, 요와 순은 보이지 않는다. 『상서』에서도 후에 발견된 「요전堯典」, 「고도모皐陶謨」를 제외하면, 우가 몇 차례 등장하지만 요와 순은 한 차례도 등장하지 않는다. 따라서 요순의 전설은 우의 일화가 있고 난 후에 나중에 생겨난 것이 분명하다.(『古史辨』

---

25) 堯가 세웠다고 전해지는 전설상의 나라.
26) 堯가 세웠다고 전해지는 전설상의 나라.

제1권, 127쪽)

- 동서업: 요·순 간의 제위 선양설은 묵가에서 이를 고취한 후에 점차 무르익어 후에 유가의 학설에까지 유입이 되었다. 유가는 본래부터 조리 있게 고사를 꾸며내는 일에 강했는데, 이들은 순과 우 간의 선양 이야기까지 각색해 내어 결국 요, 순, 우는 선양에 관한 세 명의 절대적인 우상으로 자리 잡게 되었다.(「帝堯陶唐氏名號溯源」, 『古史辨』 제7권 하편, 22쪽)

② 許由: 전설상의 인물. 은사隱士로서 기산箕山이라는 곳에 은거했다고 전해진다.(『經典釋文』) 기산은 현재 하남성 등봉현 남쪽에 자리한다. 사마천은 일찍이 기산에 오른 적이 있는데, 산 위에 허유의 묘가 있다는 말이 전해진다고 하였다.(『史記』, 「伯夷列傳」)

- 양관: 「서무귀徐無鬼」에 다음과 같은 구절이 등장한다. "설결齧缺이 허유를 우연히 만났을 때 '어디로 가는가?'라고 묻자, 허유가 '요에게서 도망치는 중이오'라고 답했다." 한편 「외물外物」에도 "요가 천하를 허유에게 물려주고자 하였는데, 허유가 이를 받아들이지 않았다"라고 하였다. 허유가 천하를 사양했다는 이야기는 이전의 기록에서는 보이지 않는다. 『장자』의 말은 우언이 십중팔구이니 학자들은 이를 우언의 일종으로 여긴다. 따라서 이 이야기는 사실이 아니다.(『中國上古史導論』 제13편, 『古史辨』 제7권 상편, 345쪽)

③ 爝火(爝의 중국음은 jué[厥]): 작은 불.

- 육덕명: 본래는 '초燋'라고도 한다. 일설에 따르면 초화燋火는 작은 불을 말한다.

④ 浸灌(浸의 중국음은 jìn[禁]): 차츰차츰 스며드는 것을 가리키는 말로(곽경번), 물을 준다는 의미.

⑤ 立: 초기 문자의 "위位"자에 해당한다.(마서륜)

⑥ 尸: 주관하다.

⑦ 缺然: 겸연쩍은 모습(歉然).(진계천)

⑧ 名者實之賓也: 이름은 실질에 대해 빈객의 지위를 지님.(장묵생, 『장자신석』)

⑨ 鷦鷯(鷦의 중국음은 jiāo[交]; 鷯의 중국음은 liáo[僚]): 작은 새.(이이, 『장자주』) 항간에서는 "굴뚝새"라고도 부른다.(성현영, 『장자소』)

⑩ 偃鼠(偃의 중국음은 yǎn[匽]): 은서隱鼠라고도 하고, 분서鼢鼠라고도 한다. 땅 속으로 다니는 두더지를 가리킨다.

- 왕숙민: 『초학기』 29권에서는 '언偃'자를 인용하면서 '언鼴'으로 썼다. '언鼴'은 '언偃'의 속자이다.

⑪ 屍祝: 신에 대한 축원을 담당하는 사람. 즉 제사를 주관하는 사람.

⑫ 樽俎(樽의 중국음은 zūn[尊]; 俎의 중국음은 zǔ[阻]): '준樽'은 술을 담는 그릇. '조俎'는 고기를 담는 그릇. '준조'는 주방의 일을 가리킨다.

【풀이】

요가 천하를 허유에게 물려주고자 말했다. "해와 달이 이미 떴는데도 작은 불이 아직 꺼지지 않고 있으면서 불빛을 비교하고자 하면 어렵지 않겠습니까? 단비가 이미 충분히 내렸는데 여전히 모에 물을 주고 있으면 이 어찌 헛수고가 아니겠습니까? 선생이 천자의 자리에 오른다면 천하가 안정될 텐데 내가 아직도 이 자리를 지니고 있으니 스스로 부끄러움을 금할 수가 없습니다. 그러니 선생께 천하를 물려줄 수 있도록 허락해 주십시오." 이에 허유가 말했다. "당신이 천하를 다스려 이미 천하가 안정되었습니다. 그런데도 내가 당신을 대신하면서 이름을 좇으려 하겠습니까? 이름은 실상에 대해 빈객의 지위를 지닐 뿐인데, 내가 설마 빈객의 자리를 얻고자 하겠습니까? 작은 새가 수풀 속에 둥지를 틀고자 하면 그저 나뭇가지 하나만 있으면 됩니다. 두더지가 강에서 물을 마실 때, 배가 찰 때까지 마시면 그만입니다. 돌아가십시오! 내가 천하를 가져서 무엇을 하겠습니까? 주방장이 요리하지 못하더라도 제주祭主가 그를 대신해 요리할 수는 없는 법입니다."

肩吾問於連叔①曰: "吾聞言於接輿②, 大而無當, 往而不反. 吾驚怖其言, 猶河漢而無極也; 大有逕庭③, 不近人情④焉."

連叔曰: "其言謂何哉?"

"曰: '藐⑤姑射之山⑥, 有神人居焉, 肌膚若冰雪, 淖約⑦若處子⑧, 不食五穀, 吸風飮露; 乘雲氣, 御飛龍, 而遊乎四海之外⑨. 其神凝⑩, 使物不疵癘⑪而年穀熟.' 吾以是狂⑫而不信也."

連叔曰: "然! 瞽者⑬無以與乎文章之觀, 聾者無以與乎鍾鼓之聲. 豈唯形骸有聾盲哉⑭? 夫知亦有之. 是其言也⑮, 猶時女⑯也. 之人也, 之德也, 將旁礴萬物以爲一[17], 世蘄乎亂[18], 孰弊弊焉以天下爲事! 之人也, 物莫之傷, 大浸稽天[19]而不溺, 大旱金石流, 土山焦而不熱. 是其塵垢粃糠, 將猶陶鑄堯舜者也, 孰肯以物爲事[20]."

【길잡이】

① 肩吾問于連叔: 견오肩吾, 연숙連叔은 모두 과거의 도사들이다. 역사적으로 실존한 인물인지는 고증할 방법이 없다. 장자의 글에 출현하는 인물들은 모두 그가 세심하게 형상화시켜 낸 인물들로서, 온전히 창조된 가공의 인물이 있는가 하면, 역사상 실존했던 인물을 각색하여 그려 낸 경우도 있다. 『장자』라는 책은 "십중팔구가 우언寓言"이라는 말이 전해질 정도로 온갖 산천과 인물, 금수와 곤충 등이 그의 손에서 소재로 재탄생하고 있다. 한편 많은 역사적 인물들도 그의 사상을 전하는 배우로서 사용되었는데, 예를 들어 유가의 거두인 공자 역시 장자에 의해 도가의 인물로 그려진 바 있다.(그래서 어떤 사람들은 실제 장자가 공자를 찬양했던 것이라 여기기도 한다.) 사실 이 모든 인물이나 사물들은 장자가 자신의 사상을 전달하기 위한 도구로서 사용한 것일 뿐이다. 이 책에 등장하는 인명은 옛 주석들에 의거하여 간단하게 소개를 할 것이니, 독자들은 그 실존 여부에 크게 유념할 필요가 없다.

- 임희일: 견오, 연숙은 모두 실제 있었던 인물이 아니며, 모두 우언에 해당한다. 따라서 지나치게 글자에 연연하여 하나하나 의미를 따질 필요가 없다. 그중에 몇 가지는 의미를 따져볼 수도 있겠으나, 실제로는 별로 의미가 없다.

② 接輿: 초나라의 은사. 『고사전』에서는 성은 육陸, 이름은 통通, 자는 접여接輿라 하였다. 『논어』 「미자微子」에 그의 언행이 기록되어 있다. 여기에서는 장자에 의해 이상적인 인물로 그려졌다.

- 성현영: 성은 육, 이름은 통, 자는 접여이며, 초나라의 현인이자 은사로 공자와 동시대의 인물이었다. 거짓으로 미친 척을 하며 벼슬을 고사하였고, 초야에 묻혀 농사를 지으며 살았다. 하루는 초왕楚王이 그가 현인이라는 것을 알고 황금 백 일鎰[27]과 마차 두 대를 보내며 등용하고자 했으나

27) 옛날의 중량 단위로 20兩에 해당. 혹은 24량이라고도 함.

한사코 받아들이지 않았다. 이후 왕을 피해 부부가 짐을 싸 길을 떠나 산천을 유랑하며 살았는데, 그 이후 누구도 그의 종적을 알 수 없었다.

③ 大有徑庭: 지나침, 예상을 크게 벗어남.

- 임희일: '경정徑庭'은 경계가 서로 멀리 떨어져 있음을 말한다. '대유大有'는 지나치게 있다는 의미다.
- 선영: '경徑'은 대문 밖의 도로이다. '정庭'은 집 앞의 뜰을 말한다. 이 둘은 서로 거리가 멀리 떨어져 있다. 여기에서 말하는 '대유경정大有徑庭'이란 서로 거리가 매우 멀다는 의미이다.(『남화경해』)

④ 不近人情: 세속의 실정에 부합하지 않음.(성현영, 『장자소』) 일상에서 늘 있는 일이 아님을 말한 것이다.(임희일)

⑤ 藐: 멀리 아득한 모습.

⑥ 姑射之山: 신화 속의 산 이름.

⑦ 綽約: 사뿐하며 부드럽게 아름다운 모습.

⑧ 處子: 처녀.

⑨ 乘雲氣, 禦飛龍, 而遊乎四海之外: 천지의 정신과 왕래함을 말함.(진계천)

⑩ 神凝: 정신을 하나로 집중함.

⑪ 疵疠: 재난, 재해.

⑫ 狂: '광誑'(속이다, 거짓말)의 의미를 차용한 것.

⑬ 瞽者(瞽의 중국음은 gǔ[古]): 안구가 없는 장님.

⑭ 豈唯形骸有聾盲哉: 『장자궐오』에서는 천태산방영관고장본天台山方瀛觀古藏本을 근거로 '맹盲'을 '고瞽'로 적었다.

- 후쿠나가 미쓰지: 육체상의 시각 기능의 장애를 고瞽라고 하고, 청각 기능의 장애를 농聾이라고 하는데, 이는 단지 육체에만 국한된 문제가 아니라 정신에도 적용이 된다…… 어떤 이들은 지극한 세계에 대해 눈이 먼 채 바라보지 못하고, 근원의 '일一'의 세계에 대해서는 귀가 먼 채 듣지 못한다. 이들은 현상의 표면에 존재하는 차별과 대립에만 사로잡혀 있고, 말의 수식과 같은 말단적인 변화에만 매여 있다.(『莊子』, 제3장 「迷惑的世人」. 陳冠學 중역)

⑮ 是其言也: 앞부분의 "심지역유농맹心智亦有聾盲"으로 시작하는 구절을 가리킨다.

• 무연서: '기其'자는 앞에서 '장님과 귀머거리'(瞽聾)에 관해 언급한 부분을 가리킨다.(『장자차기』)

⑯ 時女: '시時'는 '시是'(이것)와 같다. '여女'는 '여汝'(너)와 같다. 견오를 가리킨다.

• 임희일: '시時'는 '이것'의 의미다. '여女'는 '여汝'와 같다. 과거의 해석은 모두 '시녀時女'가 '처자處子'를 가리키는 것으로 보았으나, 이는 억지로 끼워 맞춘 것으로 의미가 통하지 않는다. 이렇게 본다면, '어찌 너와 같은 자들이 할 수 있겠는가?'라고 해석된다.

• 초횡: '시時'는 '이것'의 의미다. '여女'는 '여汝'와 같다. 육체뿐 아니라 심지의 측면에도 귀먹고 눈먼 장애가 있음을 말한 것으로, 견오가 접여의 말을 거짓이라 여겨 믿지 않는 것을 가리킨다.(『장자익』)

• 해동: 『경전석문』에 인용되어 있는 사마표의 주에서는 "'시녀時女'는 '처자處子'와 같다"고 하였고, 상수의 주에서는 "시녀는 허정하고 유순하며 조화로우며 소란스럽지 않으니, 한 번도 남을 원한 적이 없지만 사람들은 모두 그를 원했다"라고 하였다. 하지만 이 둘의 설은 모두 틀렸다. '시時'는 '지之'의 뜻을 차용한 것이고, '여女'는 '여汝'로 읽어야 한다. 바로 견오를 가리킨다. '이것이 바로 그 말이다'(是其言也)는 앞부분의 '어찌 육체에만 귀먹고 눈먼 장애가 있겠는가, 마음속 지혜에도 그것이 있다'(豈唯形骸有聾盲哉, 夫知亦有之)라는 구절이 견오(之汝)에 해당하는 말이라는 의미다. '지之'는 어조사로서 '이 말이 바로 너와 같다'는 맥락으로 사용되었다.(『장자보주』)

• 왕숙민: 『이아』「석고釋詁」에서는 "'시時'는 '이것'의 의미다"라고 하였다. 심지에도 역시 귀먹고 눈먼 장애가 있음을 말한 것으로 '시녀是汝'란 바로 견오이다.(『장자교전』)

▹ 진고응: 과거의 주석은 이를 잘못 해석한 경우가 많다. 위의 해설이 옳다.

⑰ 旁礴萬物以爲一: '방旁'은 '방磅'자로도 쓴다.(『경전석문』) 오징吳澄은 『내편정정內篇訂正』에서 역시 '방旁'을 '방磅'으로 보았다. '방박旁礴'은 한데 섞여 있음을 의미한다.(사마표) 널리 퍼져 있다는 의미로 보기도 한다.(李楨) 후대의 일부 학자들은 '방박만물위일旁礴萬物以爲一'에 이어지는 '세世'자와 붙여 '방박만물위일세旁礴萬物以爲一世'로 읽기도 하는데, 이는 타당하지 않다.

• 해동: 최근 이정이나 왕선겸과 같은 학자들은 '일세一世'를 연결하여 하나로 읽고, '위爲'를 4성의 '위爲'(위하다)[28]로 읽는 경우가 있다.(선영 역시 이렇게 읽는다.) 하지만 다음 구절에서 '어찌 어지럽게 세상의 일들에 종사하고자

하겠는가?(孰弊弊焉以天下爲事)라고 하였으므로, 앞부분을 신인이 세상을 안정되게 다스리고자 한다(神人將爲一世蘄乎亂)는 맥락으로 해석하면 앞뒤가 서로 모순된다. 곽상의 『장자주』에 '세상이 혼란 속에서 나를 원하다'(世以亂故求我)라고 했고, 『경전석문』에서는 '세기世蘄'를 함께 해석하고 있으며, 『문선』「오도부吳都賦」에서 유연림劉淵林이 이 '장방박만물위일將旁礴萬物以爲一'을 인용하여 주석을 달았다. 이것으로 보아 과거에는 '일세一世'를 함께 읽는 방법이 없었음을 알 수 있다.

▷ 진고응: 해동의 설을 받아들일 만하다. 『회남자』「숙진훈俶眞訓」에 "방박위일旁薄爲一, 이만물대우而萬物大優"라는 구절이 있는데, 바로 본문의 '방박만물이위일旁礴萬物以爲一'을 인용한 것이다.

⑱ 世蘄乎亂: '난亂'자는 곽상의 『장자주』와 같이 일반적인 의미로 해석하는 것이 타당하다. 근래 여러 학자들이 '난亂'을 '치治'로 풀이하기도 했는데, 이는 『장자』의 원의에 부합하지 않는다.(진계천) 요내의 『장자장의』, 왕선겸의 『장자집해』, 마서륜의 『장자의증』, 우성오의 『장자신증』, 장묵생의 『장자신석』 등이 모두 '난亂'을 '치治'로 풀이하였다. 하지만 일반적인 '혼란'의 의미로 해석하는 편이 의미상 장점이 있다. '세기호란世蘄乎亂'은 세상 사람들이 공명을 얻고자 다투어 어지럽고 혼란스럽다는 의미다. 각기 당파를 나누어 서로 배척하면서 다투어 대는 모습이 마치 끊임없이 혼란을 추구하는 것과 같음을 말한 것이다.

⑲ 大浸稽天: 거센 물길이 하늘까지 닿는다는 의미. '침浸'은 '물'이고 '첨稽'은 '닿다'이다.

⑳ 孰肯分分然以物爲事: '분분연分分然' 세 글자는 본래는 없었으나 『회남자』「숙진훈俶眞訓」에 의거하여 보충한다.

- 왕숙민: 이 구절과 앞의 '숙폐폐언이천하위사孰弊弊焉以天下爲事'를 대비해서 보면, '숙긍孰肯' 뒤에 누락된 글자가 있는 듯하다. 『회남자』「숙진훈俶眞訓」에 '숙긍분분연이물위사야孰肯分分然以物爲事也'라는 구절이 있는데, 이 구절에 따라 '분분연分分然' 세 글자를 보충해 넣어야 앞 구절과 동일한 구조가 된다.

  ▷ 진고응: 왕숙민의 설이 따를 만하다. 『회남자』「숙진훈」에 따라 보충해야 한다.

---

28) 爲를 2성으로 읽으면 '하다, 행하다'라는 의미가 된다.

【풀이】

견오가 연숙에게 말했다. "내가 접여가 하는 말을 들었는데, 그 말이 지나치게 과장되고 터무니없이 방대하며 한번 이야기를 내뱉으면 다시 말을 거두어들일 줄도 모르더군. 그 말이 마치 하늘의 은하수와 같이 밑도 끝도 없어 아연실색했다네. 상식과도 너무 다르고 세상의 이치와 전혀 맞지 않는 것 아니겠나."

연숙이 말했다. "그가 뭐라고 말하던가?"

(견오가 말했다.) "그가 이렇게 말하더군. '머나먼 고사산에 신인 한 명이 살고 있는데 피부는 눈꽃처럼 희고 그 자태가 처녀처럼 부드럽고 아름답다. 평소 오곡을 먹지 않고 바람과 이슬만 먹으며 살면서 구름을 타고 용을 부려 사해의 밖을 마음껏 돌아다닌다. 그가 정신을 집중하면 다른 사물로부터 어떤 해도 입지 않고 곡식이 풍요롭게 자라난다.' 나는 그 말이 허튼소리라 생각해 믿지 않았다네."

연숙이 말했다. "당연한 말일세! '맹인과는 아름다운 무늬와 색채를 함께 감상할 수 없고, 농인과는 함께 악기 소리를 감상할 수 없다. 그런데 어찌 육체에만 귀먹고 눈이 먼 장애가 있겠는가? 마음속 지혜에도 이러한 장애가 있다'라는 말이 있네. 이 말이 바로 자네를 일컫는 말이지. 그 신인으로 말하자면 그의 덕은 모든 만물과 두루 화합할 수 있을 정도지. 세상 사람들이 모두 분란 일으키기를 좋아하는데 그가 어찌 그 육체를 고생시키고 정신을 손상해 가며 세상의 일들에 관여하고자 하겠는가? 그러한 사람은 외물이 그에게 해를 입힐 수 없고 대찬 물이 차올라 하늘에 닿아도 빠져 죽지 않으며, 큰 가뭄이 들어 쇠와 돌이 녹고 산의 흙이 모두 갈라져 내려도 그는 뜨거움을 느끼지 못할 것이라네. 그의 가장 자질구레한 것으로도 요와 순처럼 사람들이 추종하는 것을 만들어 낼 수 있을 정도인데, 그가 왜 어지럽게 세상일에 힘쓰고자 하겠는가?"

宋①人資章甫②而適諸越③, 越人斷髮文身, 無所用之. 堯治天下之民, 平海內之政, 往見四子④藐姑射之山, 汾水之陽⑤, 窅然⑥喪其天下焉.

【길잡이】

① 宋: 지금의 하남성 휴현. 은나라 이후 미자微子 제후로 봉해졌다.

② 資章甫: '자資'는 '팔다', '장보章甫'는 은나라의 모자.(이이)

③ 諸越: 지금의 저장성 소흥 일대. '저諸'는 '우于'(어조사)와 서로 통한다. 월나라 사람들은 스스로 '우월于越'이라 칭했다. 『태평어람』 제685권에서는 '저諸'를 인용하여 '우于'로 썼다.(마서륜)

- 이정: '저월諸越'은 '우월于越'을 말하는 것이다. 『광아』 「석언釋言」에서는 "'저諸'는 '우于'다"라고 했고, 『예기』 「사의射義」 주注에서는 "'저'는 '우'와 같다"라고 했다. 같은 모음을 지니고 있으므로 차용한 것이다.(곽경번의 『장자집석』에서 인용문을 확인할 수 있다.)

④ 四子: 고주에서는 '사자四子'를 왕예王倪, 설결齧缺, 피의被衣, 허유許由를 가리키는 것으로 보았다.(사마표, 이이) 이는 일종의 우언으로서 특정한 인물을 가리킨다고 볼 필요는 없다.

- 이정: '사자四子'는 본래 특정인을 가리키는 것이 아니다. 이름을 취해 그 내용을 따지려고 하는 것은 지나치게 파고드는 것이다.

⑤ 汾水之陽: '분수汾水'는 현재의 태원太原 지역을 흐른다. 여기에서는 우언으로 사용되었다.(『경전석문』) 강 이름에 쓰일 경우, '양陽'은 북쪽을 가리킨다.

⑥ 窅然(窅의 중국음은 yǎo[咬]): 실망한 모습.(이이) 흐릿하고 멍한 모습.(임희일)

【풀이】

송나라 사람들이 월나라에 와서 모자를 팔려고 보니, 월나라 사람들은 모두 머리를 밀고 몸에 문신을 하고 있어 모자가 필요하지 않았다. 요임금이 천하의 백성들을 다스리고 나라의 정치를 안정시키고는 머나먼 고야산姑射山에 있는 분수汾水의 북쪽을 찾아 네 명의 득도한 인물을 만났는데, 정신이 아득하여 자신이 천자의 자리에 있다는 것조차 잊어버렸다.

3.

惠子①謂莊子曰: "魏王②貽我大瓠③之種, 我樹之成而實五石④, 以盛水漿, 其堅不能自擧也; 剖之以爲瓢, 則瓠落無所容⑤. 非不呺然⑥大也, 吾爲其無用而掊之."

莊子曰: "夫子固拙於用大矣. 宋人有善爲不龜手⑦之藥者, 世世以洴澼絖⑧爲事. 客聞之, 請買其方百金⑨. 聚族而謀曰: '我世世爲洴澼絖, 不過數金; 今一朝而鬻技百金, 請與之.' 客得之, 以說⑩吳王. 越有難⑪, 吳王使之將, 冬與越人水戰, 大敗越人, 裂地而封之. 能不龜手, 一也; 或以封, 或不免於洴澼絖, 則所用之異也. 今子有五石之瓠, 何不慮⑫以爲大樽⑬而浮乎江湖, 而憂其瓠落無所容? 則夫子猶有蓬之心⑭也夫!"

【길잡이】

① 惠子: 성은 혜惠, 이름은 시施이다. 송나라 사람으로 양혜왕 밑에서 재상을 맡은 적이 있으며 장자의 절친한 친구로 알려져 있다. 그의 사상은 다음과 같다. 우선 그는 만물은 끊임없이 변화하여 일정함이 없으므로 하나의 사물에 고정된 순간이 있을 수 없다고 여겼다. 이에 대해 그는 "해는 뜨기도 하고 저물기도 하며, 사물은 생겨나기도 하고 죽기도 한다"(日方中方睨, 物方生方死)라고 하였다. 또한 어떤 사물의 성질도 모두 상대적이므로 사물 간에는 절대적인 구별이 있을 수 없다고 하였다. "하늘과 땅만큼 낮고, 산은 호수만큼 평평하다"(天與地卑, 山與澤平)라는 말이 바로 그것이다. 그는 역설의 방식을 사용하여 천지만물이 모두 일체임을 설명하고자 했다. 그는 다음과 같이 주장한다. "널리 만물을 사랑하며 천지와 일체를 이루어야 한다." 혜시의 저작은 현재 전해지는 것이 없고, 다만 『장자』「천하天下」에 그의 열 가지 논점이 기록되어 있다. 혜시는 '명가名家'의 주요 인물로 분류되며, 『장자』에는 그와 장자 간의 다양한 논변이 자주 등장하고 있다.

② 魏王: 위나라 혜왕惠王을 가리킨다. 성은 위魏, 이름은 앵罃이다. 위나라가 도읍을 대량大梁으로 옮겼으므로 양혜왕梁惠王이라고도 부른다. 혜惠는 그의 시호다.

③ 大瓠(瓠의 중국음은 hù[戶]): 큰 조롱박.

- 왕박: 큰 나무를 말하는 것이든 큰 조롱박을 말하는 것이든, 장자가 말하고자 한 것은 바로 큰 인물, 즉 큰마음을 지닌 인물이다.

④ 石(중국음은 dàn[旦]): "석秳"의 생략형이다. 『설문해자』에서는 "석秳은 120근[29]이다"라고 하였다.

⑤ 瓠落無所容: 바가지가 너무 커서 수용할 곳이 없음을 가리킨다. '호락瓠落'은 '확락廓落'과 같으며(『경전석문』에 인용된 梁나라 簡文帝의 견해), 크다는 의미다.

⑥ 呺然(呺의 중국음은 xiāo[消]): 텅 비고 큰 모습.

- 유월: 『문선』에 실린 사령운謝靈運의 「초발도시初發都詩」에 대한 이선李善의 주注에 이 구절을 인용하면서 '효枵'라고 썼다. 이를 따른다. 『이아』 「석천釋天」에서는 "현효玄枵는 텅 빔(虛)을 말한다"라고 하였다. 텅 비었다는 것은 곧 '크다'(大)는 뜻이니, (이선의 주에서) "텅 비어 크다"라고 한 것이다. 『경전석문』에서는 이를 인용하여 "호연號然이란 텅 비고 큰 모습이다"라고 하였는데, 이는 사실 '효枵'자의 의미로 말한 것이다.

⑦ 龜手: 추위가 심하여 손의 피부가 마치 거북의 등껍질처럼 갈라진 것을 표현한 말.

⑧ 洴澼絖(洴의 중국음은 píng[瓶]; 澼의 중국음은 pì[譬]; 絖의 중국음은 kuàng[礦]): 솜과 실을 세탁함.

- 성현영: '병洴'은 '뜨다'(浮), '벽澼'은 '떠다니다'(漂), '광絖'은 솜이다.(『장자소』)
- 노문초: '병벽洴澼'은 솜을 트는 소리를 말하는 듯하다. 이 두 자는 서로 자음이 같아 그 발음 역시 비슷하다.(곽경번, 『장자집석』에서 인용함)

⑨ 請買其方以百金: 본래는 '이以'자가 빠졌다. 벽허자碧虛子가 강남고장본江南古藏本을 인용하여 '백百'자 앞에 '이以'를 추가하였다. 과거 실수로 '이以'자를 누락한 것으로 보이며, '이以'자가 있으면 글이 더욱 자연스럽다.(유문전) 보충해 넣어야 한다.

⑩ 說(중국음은 shuì[稅]): 유세하다.

⑪ 越有難: 월나라가 군사를 일으켜 오나라를 침범함.(성현영, 『장자소』) '난難'은 혼란스러운 일로 군사행동을 하는 것을 가리킨다. '월유난越有難'은 월나라가 침입해 왔다는 말과 같다.(王力, 『古代漢語』, 355쪽)

- 왕숙민: 여기에서 '유有'는 '행하다'(爲)는 뜻이다. 월나라가 군사를 일으켜 오나라를 침범했음을 말한다.(『장자교전』)

⑫ 慮: '터攄'를 간략히 표기한 것.(마서륜) 『문선』에 실린 사령운謝靈運의 「초발도시初發都

29) 1斤은 약 500그램.

詩」에 대한 주석에서 '려慮'를 인용하면서 '터攄'라고 썼다.(유문전, 왕숙민) 고서에서는 주로 '려慮'를 사용한 경우가 많다. '려慮'는 '결철結綴'과 같은 뜻으로(사마표, 『장자주』), 묶어 연결한다는 의미다. 고주에 '생각하다'(思), '모색하다'(謀)의 의미로 해석한 경우가 있는데, 옳지 않다.

- 주계요: 「천도天道」에 "지혜가 천지와 이어져 있지만 스스로 연결시키려 하지 않는다"(知雖落天地, 不自慮也)라고 했으니, 여기서의 '려慮' 또한 '락落'의 의미이며, '락落'은 '락絡'(잇다, 연결하다)과 같다.

⑬ 樽: 남방 사람들이 흔히 말하는 요주腰舟(뒤웅박의 일종).(성현영, 『장자소』)

- 사마표: '준樽'은 술을 담는 그릇의 일종이다. 몸에 차고 강을 건너면 물에 뜨므로 스스로 건너갈 수 있다.

⑭ 蓬之心: 생각이 꽉 막혀 통하지 않음을 비유한 것.

【풀이】

혜자가 장자에게 말했다. "위왕이 나에게 큰 조롱박 씨앗을 보내 주기에 내가 심어서 길렀더니 다섯 석이나 되는 열매가 열렸다네. 그것으로 물이나 담을까 했더니 그 단단함이 담은 물의 압력을 버틸 정도가 되지 못하더군. 그래서 갈라서 표주박을 만들었더니 너무 커서 둘 곳이 없었지. 널찍하지 않은 것은 아니지만 별로 사용할 만한 곳이 없는 것 같아서 결국 부숴 버렸다네."

장자가 말했다. "자네는 정말로 큰 물건을 사용할 줄을 모르는구나. 송나라 사람 중에 손이 트지 않게 하는 약을 잘 만드는 사람이 있었다네. 그의 집안 대대로 (그 약을 사용해서) 솜을 세탁하는 일을 업으로 삼았지. 어느 날 어떤 나그네가 이 약에 관한 이야기를 듣고 찾아와 백 냥의 황금을 내면서 약을 사고자 했다네. 그래서 온 집안사람들이 함께 모여 의논을 했지. '우리 집안 대대로 솜을 세탁하는 일을 해 오면서도 고작 푼돈밖에 벌지 못했는데 지금 약의 처방을 팔면 백 냥의 황금을 벌 수 있으니 팔아 버려야겠구나!' 이 나그네가 약의 처방을 얻고는 오왕에게 유세를 하러 갔다네. 당시 월나라가 침범해 온 때라 오왕이 그를 보내 군사를 거느리게끔 했지. 겨울에 월나라 군대와 수전을 벌였는데 크게 승리하여 상으로 영토를 나누어 받았다네. 똑같이 손이 트지 않게 하는 약을 가지고 누구는 영토를 받고 누구는 고작 솜이나 세탁하였으니, 바로 사용한 방법이 서로 달랐던 것이네. 자네가 지금 다섯 석이나 되는 조롱박을 가지고 있는데 어째서 몸에 묶어 요주로 만들어 강호를 유랑할 생각은 하지 않고 너무 커서 둘 곳이 없다는 걱정이나 하는 것인가? 보아하니 자네의 생각이 꽉 막혀 있는 것 같구먼!"

惠子謂莊子曰: "吾有大樹, 人謂之樗①. 其大本擁腫②而不中繩墨, 其小枝卷曲而不中規矩, 立之塗, 匠者不顧. 今子之言, 大而無用, 眾所同去也."

莊子曰: "子獨不見狸狌③乎? 卑身而伏, 以候敖者④; 東西跳梁⑤, 不避⑥高下; 中於機辟⑦, 死於罔罟. 今夫斄牛, 其大若垂天之雲. 此能爲大矣, 而不能執鼠. 今子有大樹, 患其無用, 何不樹之於無何有之鄉, 廣莫之野, 彷徨⑧乎無爲其側, 逍遙⑨乎寢臥其下. 不夭斤斧, 物無害者, 無所可用, 安所困苦哉!"

【길잡이】

① 樗(중국음은 chū[初]): 낙엽교목.[30] 목재로 만들면 표면이 거칠고 재질이 조악하다.

- 성현영: '저樗'(가죽나무)는 너도밤나무나 옻나무와 비슷한 종류의 나무로서 냄새가 심히 고약하고 목재의 재질이 좋지 않다.

② 擁腫: 나무에 혹이 뒤엉켜 있는 것.

- 해동: '옹擁'은 '옹癰'(혹)으로 보아야 한다. 『설문해자』에서는 "'옹癰'은 혹을 말한다"라고 하였다. 뒤엉켜 있는 형상이 마치 혹과 같음을 말한다.

③ 狸狌(狌의 중국음은 shēng[生]): '리狸'는 고양이다. '성狌'은 '유鼬'와 같으니 족제비를 말한다. 세간에서는 '황서랑黃鼠狼'이라고도 부른다.

- 사마표: '성狌'은 '유狖'이다.
  - ▹ 진고응: '유狖'는 바로 족제비(鼬)이다.
- 주계요: '리狸'는 고양이(貓)를 뜻하고, '성狌'이라면 '유狖'를 뜻한다. '리狸'는 '리貍'로도 쓴다. 『광아』 「석수釋獸」에서는 "'리貍'는 고양이(貓)이다"라고 하였다. 「추수秋水」에서는 "준마는 하루에 천 리를 갈 수 있지만, 쥐를 잡는 일은 고양이(貍)나 족제비(狌)보다 못하다"라고 하였다. 『태평어람』에서는 『시자』를 인용하면서 "소에게 쥐를 잡으라고 시키면 고양이(貍)나 족제비(狌)보다 날래지 못하다"라고 하였다. 따라서 '이성狸狌'은 고양이와

30) 교목 중 겨울에 잎이 떨어지는 나무.

족제비를 말한다.

④ 敖者: '오敖'는 '오遨'와 음이 같다.(사마표) '오遨'는 '오敖'의 속자이다.(왕숙민) '오자敖者'는 이리저리 돌아다니고 날아다니는 것들을 의미하니, 닭이나 쥐와 같은 것을 가리킨다.

- 양수달: 『설문해자』 6편(하) '출부出部'에서 "'오敖'는 나가서 노니는 것이다. 마음대로 나가고 마음대로 떠나는 것을 말한다"라고 하였다. 이 '오'는 이와 같은 본래의 뜻으로 사용되었다.(『장자습유』)

⑤ 跳梁: 이리저리 뛰어다님(走躑).(성현영, 『장자소』)

- 장석창: '량梁'은 '략掠'과 서로 통한다. 『상서대전』의 '고이량원故爾梁遠'이라는 구절에 대한 주석에서 "'량'은 '략'으로 읽는다"라고 한 것이 그 증거다. 『춘추좌전』 소공 12년에서는 '수략기취輸掠其聚'라는 구절에 대해 "'략'은 탈취하다는 의미다"라고 주석을 달고 있다.…… 따라서 이 말은 고양이나 족제비가 닭이나 쥐와 같은 것들을 잡으려 이리저리 뛰어다니는 것을 가리킨다.

⑥ 不辟: '벽辟'은 '피避'(피하다)와 같다.

⑦ 機辟: 짐승을 포획하는 도구.

- 성현영: 기계 장치 종류를 말한다.
- 곽경번: '벽辟'은 '벽繴(덫 혹은 그물)의 의미를 차용한 글자, 즉 가차자假借字로 짐작된다.
- 왕선겸: '벽辟'은 사물을 빠뜨리는 것이다. 『염철론』 「형법刑法」에서 "함정을 설치하여 길을 막는다"(辟陷設而當其蹊)고 하였는데, 이와 의미가 같다.(『장자집해』)

⑧ 彷徨: 배회하다, 이리저리 돌아다니며 만족하다.

- 왕숙민: 성현영의 『장자소』에서 '방황彷徨'을 '종임縱任'(제멋대로 하다)으로 해석했는데, '유희遊戲'(이리저리 노닐다)와 의미가 대략 비슷하다.(『장자교전』)

⑨ 逍遙: 유유자적하다.

【풀이】

혜자가 장자에게 말했다. "나에게 '가죽나무'라고 불리는 큰 나무 한 그루가 있다네. 이 나무의 줄기에 혹이 울퉁불퉁하여 먹줄에도 맞지 않고, 나뭇가지는 구불구불하여 그림쇠와 곱자에도 맞아들지 않네. 길가에서 자라지만 아무 목수도 거들떠보지 않지. 지금 자네의 말은 지나치게 방대할 뿐 쓸모가 없으니 사람들이 아무도 받아들이지 않는 것일세."

장자가 말했다. "자네는 고양이나 족제비를 본 적이 없는가? 몸을 낮추고 작은 동물들이 나오기만을 기다리는데, 동으로 서로 이리저리 뛰어다니며 높은 곳 낮은 곳을 가리지 않고 먹이를 얻으려 애를 쓰지. 그러다 덫을 밟거나 그물에 걸려 죽기 마련일세. 다시 검은 물소를 한번 생각해 보게. 그 덩치가 하늘의 걸린 구름처럼 거대하지. 비록 쥐는 잡지 못하지만, 훨씬 더 큰일을 해낸다네. 지금 자네는 이처럼 큰 나무를 가지고 있으면서도 쓸모가 없다고 근심하는데, 어째서 아무것도 없는 적막한 땅이나 광활한 들판에다 나무를 심어 놓고 그 곁에서 노닐다가 유유자적하게 드러눕거나 할 생각을 하지 못하는가? 그 나무는 도끼에 찍히거나 베어 갈 염려도 없고, 그 어떤 것도 나무를 해할 일이 없는데 쓸데가 없다고 해서 또 무슨 화를 입거나 하겠는가?"

제물론齊物論

「제물론」의 근본 취지는 모든 사람과 사물이 지닌 고유의 의미와 가치를 긍정하는 것이다. '제물론'의 의미는 '제-물론'과 '제물-론' 모두를 포괄한다. 전자는 사람들의 각종 논의를 평등하게 바라본다는 뜻이고, 후자는 만물이 평등하다는 관점을 펼친다는 뜻이다.

이 편은 일곱 단락으로 나눌 수 있다. 첫째 단락에서는 먼저 '오상아吾喪我'의 경지를 제시한다. '상아喪我'라는 말은 '성심成心'(成見. 구성된 마음)을 제거하고, 아집을 버리고, 자아 중심적 사고를 타파하는 것이다. 이어서 '세 종류의 퉁소'(三籟)를 말하면서 자연의 소리에 관한 논술을 펼쳤다. 둘째 단락은 '백가쟁명百家爭鳴'의 세태에 대해 평했다. 학파들 간의 쟁론은 사람들을 피폐하게 하여 결국 자아를 혼란과 상실에 이르게 만든다는 것이다. 셋째 단락은 학파 간의 논변과 인물들 간의 쟁론(이 '구성된 마음'(成心))에 의해 좌우되어, 옳고 그름에 관한 아집과 다툼이 발생하고 감정적인 의견이 난무함을 지적하는 한편, 이에 대해 '이명以明'이라는 인식 방법을 제시하였다. 또한, 사물의 상대성과 가변성 및 가치 판단의 상대성과 가변성을 논하고, '자연에 비추어 본다'(照之於天)는 인식 태도를 제시하였다. 넷째 단락의 내용은 '도는 하나로 통한다'(道通爲一)는 사상으로 귀결된다. 각 학파의 견해들은 우주의 완전함과 사물의 참된 면모를 담아내지 못하며, 다만 주관이 외부 세계를 향해 제시하는 편견일 뿐이라는 것이다. 다섯째 단락에서는 다시 한 번 '천지와 내가 함께 생겨나고, 만물과 내가 일체를 이룬다'(天地與我並生, 而萬物與我爲一)는 사상을 펼쳤고, 여섯째 단락은 세 가지 우언 고사故事를 통해 이 의미를 자세히 드러냈다. 그 첫 번째 고사는 '요堯와 순舜의 문답'으로, 자아 중심적 사고의 배타성과 개방적 정신의 포용성의 차이를 말했다. 두 번째 고사는 '설결齧缺과 왕예王倪의 문답'으로, 만물에 공통적 가치 표준이 있을 수 있는가 하는 문제를 제시하는 한편, 그 표준이 하나로 정해질 수 없음을 밝혔다. 또한, 인간은 '인간 중심주의'의 오류에 젖어 있음을 지적하였다. 세 번째 고사는 '구작자瞿鵲子와 장오자長梧子의 문답'으로, 도를 체득한 선비의 '사생일여관死生一如觀'(죽음과 삶을 하나로 여기는 관점)과 그 정신적 경지를 묘사했다. 「제물론」의 마지막 일곱 번째 단락에서는 두 가지 우언을 소개했는데, 첫 번째 '망량罔兩과 경景의 문답'은 '의지하는 바가 없음'(無待)의 취지를 비유적으로 나타낸 것이고, '호접몽胡蝶夢' 고사는 '물화物化'의 취지를 말한 것이다.

현재 잘 알려진 많은 성어가 바로 이곳에서 나왔다. 예를 들면, 고목사회槁木死灰[1], 심여사회心如死灰[2], 만규노호萬竅怒號[3], 조삼모사朝三暮四[4], 저공부서狙公賦芧[5], 십일병출十日並出[6], 허허여생栩栩如生[7], 망언망청妄言妄聽[8], 존이불론存而不論[9], 화궤휼괴恢恑憰怪[10], 침어낙안沈魚落雁[11], 맹랑지언孟浪之言[12] 등이 이에 해당한다.

---

1) 겉모습이 마른나무와 같고 마음은 불이 꺼진 재와 같다는 뜻으로, 생기와 의욕이 없는 것을 비유적으로 이르는 말.

2) 마음이 마치 불이 꺼진 재와 같다는 뜻으로, 기와 의욕이 없는 것을 비유적으로 이르는 말.

3) 바람 소리가 온갖 구멍에서 세차게 뿜어져 나온다는 뜻으로, 광풍이 몰아치는 모습을 표현하는 말.

4) 원숭이에게 먹이를 아침에는 세 개, 저녁에는 네 개를 준다는 뜻으로, 얕은꾀로 남을 속이는 것을 의미.

5) 저공이 도토리를 준다는 뜻으로, 조삼모사와 같은 의미로 사용된다.

6) 열 개의 태양이 동시에 나타난다는 뜻으로, 각종 일들이 어지럽게 동시에 일어난다는 의미.

7) 활발한 모습이 마치 살아 있는 듯하다는 뜻으로, 생동감 넘치는 모습을 표현할 때에 사용됨.

8) 멋대로 말하고 멋대로 듣는다는 뜻으로, 진지하게 대하지 않는다는 의미.

9) 아직 남아 있지만 논하지 않는다는 뜻으로, 문제가 해결되지 않고 남아 있지만 잠시 보류하여 논하지 않는다는 의미.

10) 진기하고 기괴한 것을 표현하는 말.

11) 물고기는 물속으로 깊이 숨고 기러기가 하늘에서 떨어진다는 뜻으로, 지극히 아름다운 여성을 형용하는 말.

12) 터무니없이 허무맹랑한 말을 표현하는 말.

1.

南郭子綦[①]隱機[②]而坐, 仰天而噓[③], 嗒焉[④]似喪其耦[⑤]. 顔成子游[⑥]立侍乎前, 曰: "何居[⑦]乎? 形固可使如槁木, 而心固可使如死灰乎? 今之隱几者, 非昔之隱几者也[⑧]."

子綦曰: "偃, 不亦善乎, 而[⑨]問之也! 今者吾喪我[⑩], 汝知之乎? 汝聞人籟而未聞地籟; 汝聞地籟而未聞天籟夫[⑪]!"

子游曰: "敢問其方."

子綦曰: "夫大塊[⑫]噫氣[⑬], 其名爲風. 是唯无作, 作則萬竅怒呺[⑭]. 而獨不聞之翏翏[⑮]乎? 山林之畏佳[⑯], 大木百圍之竅穴, 似鼻, 似口, 似耳, 似枅[⑰], 似圈[⑱], 似臼, 似洼[⑲]者, 似污[⑳]者; 激[㉑]者, 謞[㉒]者, 叱者, 吸者, 叫者, 譹[㉓]者, 宎[㉔]者, 咬[㉕]者. 前者唱於而隨者唱喁. 泠風[㉖]則小和, 飄風則大和, 厲風濟[㉗]則衆竅爲虛. 而獨不見之調調之刁刁乎[㉘]?"

子游曰: "地籟則衆竅是已, 人籟則比竹[㉙]是已. 敢問天籟."

子綦曰: "夫天籟者[㉚], 吹萬不同, 而使其自己也, 咸其自取[㉛], 怒者其誰邪[㉜]!"

【길잡이】

① 南郭子綦(綦의 중국음은 qí[其]): 자기子綦는 사람 이름. 성곽의 남단에 살았으므로 남곽이라 불렸다. 옛날의 사람들은 거처로 호칭을 정하는 경우가 많았다. 예를 들면, 「산목山木」의 '시남의료市南宜僚'(시장 남쪽에 사는 의료), 「전자방田子方」의 '동곽순자東郭順子'(성곽 동쪽에 사는 순자) 등이 있다. 성현영의 『장자소』에서는 자기를 초나라 사람으로 보았는데, 주계요는 「서무귀徐無鬼」를 근거로 제나라 사람임을 밝혔다.(『장자내편증보』) 장자가 득도자의 모습을 표현하기 위해 만들어 낸 가상의 인물이다.

- 왕박: '제물齊物'의 핵심은 사실 사물이 아니라 마음에 있다.…… 「소요유」가 '북쪽'(北) 바다의 이야기로 시작하는 것과는 차이가 있다. 「제물론」의 시작은 바로 '남쪽'(南) 성곽에 사는 자기라는 인물이다. 북쪽에서 남쪽으로 이어지는 것이 형체에서 마음으로 가는 길을 상징한다고 본다면, 우리는 장자가 「제물론」 첫머리에 '남곽'이라는 이름을 배치해 두면서 마음의 문제를 드러내고자 고려했음을 알 수 있다.

② 隱机: '은隱'은 '기대다', '의지하다'. '궤机'(등받이 의자)는 통행본에는 '궤几'라고 되어 있다.

- 해동: '은隱'은 '은㥯'이라고 써야 한다. 『설문해자』에 "'은㥯'은 기대는 것"이라고 하였다. 현재 '은隱'은 사용되지만, '은㥯'은 쓰이지 않는다.(『장자보주』)
- 이면: '궤机'는 등받이가 있는 의자로 침상과 비슷하게 생겼다. 등을 기대거나 비스듬히 누울 수 있다. 『예기』에서 증자曾子는 "관짝을 든 행렬을 따라가다"(遂輿机而往)라고 하였고, 성현영의 『장자소』에서는 "'궤机'는 형상이 침상과 같다"라고 하였으니 이를 근거로 삼을 수 있다.(『장자총론급분편평주』, 63쪽)

③ 噓: 천천히 숨을 내뱉다. 『경전석문』의 성현영 『장자소』에서는 '허噓'를 '탄歎'(탄식하다)으로 보았으나, 타당하지 않다. '허噓'는 천천히 입김을 내뱉는 것으로, 탄식이 아니다.

④ 荅焉(荅의 중국음은 tà[잡]): 서로 잊은 듯한 모습.(임운명, 『장자인』)

⑤ 似喪其耦: '상喪'은 '잃어버리다'(失)라는 뜻으로, '잊어버리다'(忘)와 같다. 마치 나와 외물 간의 대립을 잊어버린 것 같다는 의미다.(진계천, 『장자천설』) '우耦'는 '우偶'이며, '짝, 쌍'(匹對)의 의미다. 일반적으로 정신과 육체가 서로 짝을 이루고, 자아와 외물이 서로 짝을 이루는 것으로 이해된다. 따라서 '사상기우似喪其耦'는 마음의 활동이 형체에 이끌리지 않는다는 뜻이며, 정신 활동이 상대적인 관계를 초월하여 독립적이고 자유로운 경지에 이르렀음을 말하는 것이다.

⑥ 顔成子遊: 남곽자기의 제자, '안성顔成'은 두 글자 성씨이고, 이름은 언偃, 자는 자유子遊이다. 이이는 성을 '안顔'으로 보았으나(『경전석문』에서 인용), 옳지 않다. 『광운』 제14편 '성成'자 항목의 주석에서 '안성顔成'을 두 글자 성씨로 보았다.(유사배, 『장자각보』에서 인용) 「서무귀徐無鬼」에서는 '안성자顔成子'라고 하였다.

⑦ 何居: 무슨 이유로(何故).

- 사마표: '거居'는 '고故'(이유, 까닭)와 같다.(『경전석문』에서 인용)

⑧ 今之隱机者, 非昔之隱机者也: 두 가지로 해석이 가능하다. 한 가지 해석은 자기子綦가 '궤에 등을 대고 기대고 있는 모습'(隱机)과 이전의 다른 사람들이 그러한 모습이 같지 않다는 의미다. 곽상의 『장자주』에서 "자유子游는 (사람들이) 궤에 기대어 있는 모습을 많이 봐 왔지만, 자기의 모습과는 달랐다"라고 한 것과 같다. 다른 하나의 해석은 자기가 현재 '궤에 등을 대고 기대고 있는 모습'(隱机)이

이전에 그러했던 모습과는 다르다는 의미다. 성현영의 『장자소』에서 "자기子綦는 예전에도 앉아서 잊어버린 듯한 모습을 보여 왔는데, 온전히 현묘한 정도까지는 미치지 못했다. 그런데 지금 '궤에 등을 대고 기대고 있는 모습'(隱机)은 이전과는 사뭇 달랐다"라고 한 것과 같다. 후자의 해석이 옳다.

- 여혜경: 과거 그가 궤에 등을 대고 기대고 있었을 때(隱机)는 외부 사물에 반응을 하는 상태였지만, 지금은 사물을 모두 잊은 상태다.(『장자의』)
- 엄령봉: '지금 궤에 등을 대고 기대고 있는 모습'과 '과거 궤에 등을 대고 기대고 있는 모습'은 같은 곳에서 한 일이지만, 시간상 거리가 있다. 『장자』의 '좌망坐忘'이라는 것은 불가에서 말하는 '입정入定'(선정에 들어간 상태)의 상태와 같다. 자기는 '궤에 등을 대고 기대고 있는' 상태에서 '오상아吾喪我'(자신의 주관을 벗어난 상태)에까지 이르렀다. 마치 승려가 '가부좌'(打坐) 상태에서 '입정入定'의 상태로 돌입하는 것과 같다. 따라서 과거의 '궤에 등을 대고 기대고 있는 상태'는 '가부좌' 상태를 가리키지만, 지금 '궤에 등을 대고 기대고 있는 상태'는 '입정'의 상태로 진입한 것을 말한다.

⑨ 而: '이爾'(너), '여汝'(너)와 같다. 다음 구절 '이독불견지조조지조조호而獨不見之調調之刁刁乎'의 '이而' 역시 마찬가지로 '여汝'이다.

⑩ 吾喪我: 자신의 주관을 버리는 것. '상아喪我'의 '아我'는 편견과 아집을 지닌 나를 가리킨다. '오吾'는 말 그대로 자기 자신을 지칭한다. '자신의 견해를 버리는'(喪我) 것으로부터 자아를 잊고(忘我), 만물과 하나가 되는 경지에 이르게 된다. 이 편 후반에 등장하는 '물화物化'라는 말과 서로 대응된다.

- 감산덕청: 이 「제물론」은 '상아喪我'에서 시작하여 세상 사람들에게 옳고 그름이란 모두 자신의 견해에 지나지 않는다는 것을 보이고자 한다.(『장자내편주』)
- 방동미: 장자는 「제물론」에서 진정한 자유의 정신을 매우 광대한 평등, 보편적 정신의 평등으로 전환하고자 한다. 이를 위한 첫 번째 필요조건이 바로 그가 '오늘 나 자신을 잊었다'(今日吾喪我)라고 말한 것과 같은 상태다. 여기에서 '나'(我)란 무엇인가? 그것은 다른 의미가 있으니, 곧 '소아小我'라는 것이다. 모든 사람은 생각이나 감정의 측면에서 자신을 중심에 놓고 자신과 같으면 옳은 것, 자신과 다르면 틀린 것으로 여긴다. 이에 사람들 간에 많은 틈과 장벽이 생기게 되는데, 자신과 다른 견해는 전부 물리쳐 버리거나 혹은 스스로 장벽을 치고 스스로 옳다고 여기기 마련이다. 이 점은 도가에서

가장 기피하는 것 중 하나다. 따라서 장자가 노자의 정신을 잇는 그 첫 단계는 정신적 평등, 즉 '상아喪我'이며, 이는 바로 '소아'를 버려서 이를 잊고 '대아大我'를 이루는 것을 말한다.(『原始儒家道家哲學』, 제5장 「장자」 부분)

⑪ 汝聞人籟而未聞地籟; 汝聞地籟而未聞天籟夫: '뢰籟'는 퉁소이다. 여기에서는 텅 비어 있는 공간에서 흘러나오는 소리를 가리킨다. '사람의 퉁소 소리'(人籟)란 사람이 퉁소를 불어 내는 소리를 뜻하며, 주관과 성견成見(마음속에 이미 이루어져 있는 견해)이 없는 말을 비유한 것이다. '땅의 퉁소 소리'(地籟)란 바람이 각종 구멍을 지나며 내는 소리를 뜻하며, '하늘의 퉁소 소리'(天籟)는 만물이 각자 본래 그러한 상태로부터 스스로 내는 소리를 뜻한다. 이 세 가지 소리는 서로 다르지 않다. 이들 모두가 천지 속에서 발생하는 자연스러운 소리이다.

- 감산덕청: '물론物論을 제齊하려면'[13] 이 세 가지 퉁소 소리를 실마리로 하여 사람들로 하여금 자신의 말이 나오는 것이 '하늘의 조화'(天機)로부터 발출된 것임을 깨닫게 해야 한다. 그렇게 하여 사람들이 스스로 꾀하지 않고(忘機), 마치 바람이 불어대듯 무심無心으로서 말할 수 있다면 옳고 그름이 어디 있을 수 있겠는가?
- 선영: 바람에 의지해 소리를 내는 것이 '땅의 퉁소'(地籟)이고, 바람이 구멍으로 하여금 스스로 울리게 하는 것이 '하늘의 퉁소'(天籟)이다.(『남화경해』)

⑫ 大塊: 대지.

- 왕무횡: 장엄하고 웅장한 형상을 하고 있는 것이 바로 땅이다. 바람은 계곡의 사이에서 일어난다.(『장자존교』)
- 유월: '대괴大塊'는 땅을 말한다. '괴塊'자는 '괴凷'의 이체자다. 『설문해자』 '토부土部'에 "'괴凷'는 흙덩이(墣)이다"라는 설명이 있다. 대체로 『중용』에서 말하는 '한 줌의 흙들이 모인 듯하나 쌓여서 광대함에 이르면 결국 땅을 이루게 된다'는 것에 해당한다.[14] 따라서 땅을 대괴라고 할 수 있는 것이다. 사마표는 '대괴'를 완전히 순박한 원초의 상태(大朴之貌)라고 보았고, 곽상의 『장자주』에서는 만물로 구분되지 않은 것(無物)이라 해석했는데, 모두 뜻이 어긋난다. 여기에서는 애초에 '땅의 퉁소 소리'(地籟)를 말하고 있는데 '대괴'

---

13) 감산덕청은 '齊物論'을 '物論을 齊하다'라는 뜻으로 해석한다. '다양한 주장들'(物論)을 '가지런히 조화시킨다'(齊)는 의미이다.

14) 『中庸』 26장, "지금 땅은 한줌 흙의 많음이나, 그것이 넓고 두터움에 이르러서는 화산과 악산을 싣고 있어도 무겁지 않으며, 강과 바다를 거두어들이고 있으면서도 새지 아니하며, 만물이 실려 있다."(今夫地一撮土之多, 及其廣厚載華嶽而不重, 振河海而不洩, 萬物載焉.)

가 땅이 아니라면 대체 무엇인가?

• 해동: 유월은 "'대괴大塊'는 땅을 말한다. 여기에서는 애초에 '땅의 퉁소 소리'(地籟)를 말하고 있는데 '대괴'가 땅이 아니라면 대체 무엇인가?"라고 하였다. 『문선』에 실린 장화張華의 「답하소시答何劭詩」에 "대괴품군생大塊稟群生"이라는 구절이 등장하는데, 이에 대한 주석에서도 "'대괴大塊'는 땅을 말한다"고 하였다.

▹ 진고응: 유월의 말이 옳다. '대괴大塊'가 천지의 사이를 가리킨다고 보는 설도 있는데(임희일의 『남화진경구의』, 저백수의 『남화진경의해찬미』, 주계요의 『장자내편증보』에 나온다), 이 역시 통한다.

⑬ 噫氣(噫의 중국음은 yì[意]): 숨을 뱉어 소리를 내는 것.

• 양수달: 『설문해자』 2편 상의 '구부口部'에서 "'희噫'는 배가 불러 내쉬는 숨이다"라고 하였다. 즉, 땅이 내뱉는 숨소리를 말한다.

⑭ 呺: '호號'로 가차되어 사용되었다. 『문선』 「월부月賦」의 주석에서 이를 인용하면서 '호號'로 썼고(해동), 『태평어람』 9장에서도 역시 '호號'라고 쓴 바 있다. 『도장』에 실려 있는 임희일의 『남화진경구의』, 저백수의 『남화진경의해찬미』에서도 나란히 '호號'라 하였다.(왕숙민)

⑮ 翏翏(중국음은 liáo[僚]): 거센 바람 소리. 이이의 판본에는 '료飂'로 되어 있다. '료翏'는 '료飂'를 간략히 한 것이다.(마서륜, 『장자의증』)

⑯ 山陵之畏佳(佳의 중국음은 cuī[崔]): 산세의 높고 낮음과 굽이진 모습을 형용한 것. '능陵'은 각 판본에 '임林'으로 되어 있는데, 해동의 설에 따라 '능陵'으로 고친다. '외추畏佳'는 '고야왕顧野王'이 편찬한 『옥편』 '산부山部'에 '외최嵔崔'라고 되어 있다. '외畏'는 최선의 판본에는 '위㟪'라고 되어 있다.(『경전석문』에서 인용함)

• 해동: '임林'은 '능陵'이어야 한다. 『통전』 57장에 『육도』 「절량絶糧」 제39편에 등장하는 '의산림험조依山林險阻, 수천임목이위지고水泉林木而爲之固'라는 구절을 인용하면서 '산림山林'을 '산릉山陵'으로 바꾸어 쓴 바 있다. 이는 '능陵'을 '임林'으로 잘못 쓴 하나의 예증이다.

▹ 진고응: 해동의 설이 옳다. 문일다의 『장자내편교석』, 엄령봉의 『장자장구신편』, 가나야 오사무의 『장자』 등이 해동의 설을 따라 본문을 수정했다.

• 마서륜: '추佳'는 '최崔'를 간략히 쓴 것이다. 『설문해자』에 "'최崔'는 크고 높다는 뜻이다"라고 하였다. '외嵔'는 '외嵬'와 같은 글자다. 『설문해자』에

"'외嵬'는 '산석최외山石崔嵬'와 같은 말로 사용되니, 이는 높고 울퉁불퉁하다는 의미이다"라고 하였다. 즉 '외추畏佳'는 '평평하지 않다'는 의미를 중첩하여 말한 것이다.

- 왕숙민: 두루마리본(卷子本) 『옥편』 '산부山部'에서는 '외추畏佳'를 '최최崔嶉'라고 썼고, 사마표의 『주』를 인용하여 "산의 (평평하지 않고) 높고 낮으며 굽이진 모습을 말한다"라고 하였다.

⑰ 枅(중국음은 jī[機]): 기둥 윗부분에 들어가는 사각형의 목재.(『字林』)

⑱ 圈: 술잔.(『經典釋文』) 둥근 구멍을 뜻한다.(왕어, 『장자해』)

⑲ 窪(중국음은 wā[蛙]): 깊은 웅덩이. 심오한 요점을 의미한다.

- 주계요: 『설문해자』 '수부水部'에서 "'와窪'는 깊은 웅덩이이다"라고 하였다.

⑳ 污: 작은 웅덩이. 얕은 구멍을 가리킨다. 앞 구절의 '어떤 것은 코처럼 생겼고, 어떤 것은 입처럼 생겼고, 어떤 것은 귀처럼 생겼고, 어떤 것은 기둥 위의 사각형의 공간처럼 생겼고, 어떤 것은 둥근 잔처럼 생겼고, 어떤 것은 절구처럼 생겼고, 어떤 것은 깊은 웅덩이처럼 생겼고, 어떤 것은 작은 웅덩이처럼 생겼다'(似鼻, 似口, 似耳, 似枅, 似圈, 似臼, 似窪, 似污者)는 표현은 모두 갖가지 구멍의 형상을 묘사한 내용이다.

- 감산덕청: 얕은 구멍이 마치 작은 웅덩이(污)와 같다는 뜻이다.
- 주계요: 『설문해자』 '수부水部'에서 "'오污'는 더럽다(薉)는 뜻이다. 작은 웅덩이를 가리킨다는 설도 있다"라고 하였다...... '왜哇'와 '오污' 모두 '더럽다'(污薉), '움푹 패이다'(污下)라는 의미가 있다. 나누어 말하자면, 하나는 깊은 웅덩이를 말하고, 다른 하나는 작은 웅덩이를 말하는 것으로 볼 수 있다.
- 마서륜: 작은 웅덩이를 오污라고 하는데, 사실 이 '오污'자는 '오洿'라고 해야 한다. 『설문해자』에 "'오洿'는 물이 탁하며 흐르지 않는 웅덩이이다"라고 하였다. 이는 '와洼(깊은 웅덩이)'와도 연결되는 것으로, '오污'를 차용하여 '오洿'를 말한 것이다.

㉑ 激: 물이 세차다는 뜻.(『經典釋文』) 세찬 물길이 내는 소리.(성현영, 『장자소』) '격激'이 '교噭'로 가차되어 사용되었다는 설도 있다. 『설문해자』에 "'교噭'는 울부짖는(吼) 것이다"라고 하였다.(해동)

㉒ 謞(중국음은 xiào[效]): 화살이 날아가는 것과 같은 소리.(『經典釋文』에서 簡文帝의 설을 인용) 다른 설에 의하면 '학謞'은 '호號'(울부짖다)와 같다.(해동의 『장자보주』에 자세히

나와 있다.)

㉓ 譹: 큰소리로 울부짖는 듯한 소리.(사마표)

㉔ 宎(중국음은 yǎo[杳]): 깊은 골짜기로 바람이 불어오는 듯한 소리. '요宎'는 '소笑'(웃다)가 와전된 것이라는 설도 있다.(奚侗) 여기에서는 성현영의 『장자소』를 따른다.

- 성현영: '요宎'는 깊다는 뜻으로, 마치 깊은 골짜기와 같음을 표현한 것이다.

㉕ 咬: 애절한 소리.(성현영, 『장자소』) 앞 구절의 '세찬 물길 소리, 화살이 날아가는 듯한 소리, 숨을 들이마시는 듯한 소리, 크게 외치는 듯한 소리, 울부짖는 소리, 깊은 골짜기에 부는 바람 소리, 애절한 소리'(激者, 謞者, 叱者, 吸者, 叫者, 譹者, 宎者, 咬者)라는 표현은 모두 갖가지 구멍에서 나오는 소리를 묘사한 내용이다.

㉖ 泠風: 작은 바람.(이이, 『장자주』)

- 마서륜: '영泠'은 '영零'으로 가차되었다. 『설문해자』에 "'영零'은 느리게 내리는 비이다"라고 하였다. '영풍零風'은 느리게 부는 바람을 말한다.

㉗ 厲風濟: '여풍厲風'은 거센 바람이다.(상수 · 곽상, 『장자주』) '제濟'는 그치다 라는 뜻이다.(곽상, 『장자주』)

- 마서륜: '여厲'는 '열颲'로 가차되어 사용되었고, 이 경우 '열烈'로 읽는다. 『예기』「제법祭法」에 '여산씨厲山氏'라는 말이 나오는데, 『춘추좌씨전』 소공昭公 29년에는 '열산씨烈山氏'로 되어 있다. 『시』「사제思齊」에 '열가불하烈假不遐'(질병이 그치지 않는다)라는 말이 나오는데, 정현鄭玄이 주석에서 '열烈'을 '여厲'라고 하였으니, 이러한 것들이 바로 그 예증이다.
- 양수달: 곽상이 '제濟'를 '지止'(그치다)로 풀이했는데, 옳은 해석이다. 이 글자는 실은 '제 癠'로 가차되어 사용되었다. 『설문해자』 6편(하) '발부癶部'에서 "'제 癠'는 그치다(止)라는 의미다"라고 하였다. '제 癠'와 '제濟'는 옛날에는 음이 같았다. 따라서 '자수泲水'(물 이름)를 '제수沸水'로 쓰기도 하였다. 곽상은 '여厲'를 '열烈'로 해석했다. 이 두 자는 음이 같아 서로 통용된다.

㉘ 調調之刁刁乎: '조조調調'와 '조조刁刁'는 모두 요동치는 모습을 나타낸다.(向秀, 『莊子注』) '조조調調'는 나뭇가지가 크게 흔들리는 것을 나타내는 말이고, '조조刁刁'는 나뭇잎이 작게 흔들리는 것을 나타내는 말이다.(호문영, 『장자독견』) '조조刁刁'는 조간의본趙諫議本, 세덕당본世德堂本에 모두 '도도刀刀'라고 되어 있다.

- 감산덕청: '조조조조調調刁刁'는 초목의 흔들림이 계속해서 남아 있는 것을 말한다. 바람이 그치고 나서도 초목의 흔들림은 멈추지 않고 이어지는

것을 의미한다. 이는 세상 사람들이 옳고 그름을 따지는 말을 내세우는 것을 은유적으로 표현한 것으로서, 처음 의견을 제창한 사람이 세상을 떠나고 나서도 사람들이 계속해서 자신의 주장을 내세우면서 옳고 그름을 따지는 것을 지적하였다.

㉙ 比竹: 퉁소나 피리 같은 종류의 악기.(성현영, 『장자소』) 혹은 생황笙簧과 같은 종류의 악기.(임희일)

- 이면: '비比'는 나란히 한다는 의미다. '비죽比竹'은 여러 대나무 관을 한 줄로 나란히 묶어 퉁소와 같이 만들어 부는 것을 말한다. 옛날의 배소排簫[15] 라는 악기가 바로 이러한 형태다. 배소는 운소云簫라고도 한다. 『주자어류』에 "운소는 바로 옛날의 퉁소로서, 운소는 배소라고도 한다"라 하였다. 오늘날에는 관이 하나인 것을 퉁소(簫)라고 하지만 옛날의 퉁소는 이처럼 16개 혹은 23개의 관을 한 줄로 배열해 엮어 만들었다. 옛날의 퉁소를 배열한 형식은 『이아』「석악釋樂」의 주注에 나와 있다.

㉚ 夫天籟者: 원래 '천뢰자天籟者'가 빠져 있었으나, 왕숙민의 『장자교석』과 『세설신어』 주注에 의거하여 보충한다.

- 왕숙민: 『세설신어』「문학文學」 주석에서 이 구절을 인용한 부분을 보면 '취만부동吹萬不同' 앞에 '천뢰자天籟者' 세 글자가 있다. (이를 보충해 넣었을 때) 의미가 비교적 명확해진다.
- 엄령봉: 왕숙민의 설이 옳다. '부천뢰자夫天籟者'와 이어지는 문장은 앞에서 자유子游가 '천뢰에 관해 감히 여쭙습니다'(敢問天籟)라고 한 것에 대한 자기子綦의 대답이다. 곽상의 『장자주』에서는 (뒤 구절에 대한 주석에서) "이는 '천뢰天籟'를 말한 것이다. '천뢰라는 것은'(夫天籟者)이라는 말이 있으니 어찌 다른 것이 있을 수 있겠는가?"라고 하였다. 이를 토대로 살펴보면, 곽상의 판본에는 이 세 글자가 있었음을 알 수 있다. 이에 『세설신어』 주에 의거하여 보충한다.(『도가사자신편』, 487쪽)

㉛ 使其自己也, 咸其自取: 스스로 천차만별의 다양한 소리를 내게 한다는 의미. 이는 각 구멍의 본래 그러한 상태(自然)로부터 그렇게 된 것이다. '자취自取'는 구멍이 스스로 바람을 들이마셔 소리를 내는 것을 가리킨다.(마항군, 『장자정종』 주석)

---

15) 길이가 서로 다른 16개 혹은 23개의 대나무 관을 음률에 따라 배열해서 연결해 만든 고대의 악기.

- 임운명: 그 구멍의 모습대로 바람이 불게 하는 것이다.
- 선영: 소리가 구멍에서 스스로 나오게 하니 각 구멍이 다 각자의 소리를 낸다.
- 서복관: 각자의 사상과 주장들 모두 각자 스스로 결정한 바이다.(『中國人性論史』, 403쪽)

㉜ 怒者其誰邪: 움직이게 하는 것이 달리 무엇이 있을 수 있겠는가? 이 말은 모든 구멍이 울부짖듯 소리를 내는 것이 스스로 한 것이며, 다른 어떤 것이 이들을 움직이게 한 것이 아니라는 의미다.

- 마기창: 온갖 구멍이 울부짖듯 소리를 내는 것은 그렇게 소리를 내게 만든 것이 있어서가 아니라 다 본래 그러한 성질에 의한 것이다. 이것이 바로 '하늘의 퉁소 소리'(天籟)라는 것이다.(『장자고』)
- 풍우란: 「제물론」에서는 큰 바람이 서로 다른 소리를 내는 모습을 매우 생동감 넘치게 묘사하였다. 이는 일종의 형상화라는 방식을 통해 자연계 속의 여러 가지 현상을 설명한 것이다. 이를 총결한 한마디가 바로 '바람이 불어 각종 구멍에서 각기 다른 소리를 내는데, 이렇게 소리가 천차만별로 나는 것은 각 구멍의 원래 그러한 상태에서 기인한 것이니, 이렇게 소리를 내게 하는 것이 (스스로 그러한 것 외에) 달리 무엇이 있겠는가?(夫吹萬不同, 而使其自己也, 咸其自取, 怒者其誰邪)라는 구절이다. 여기에서 실제로 무엇이 그렇게 만드는지를 따져 물으려고 한 것이 아니라, 이 문제가 의미 없다고 여겨 문제 자체를 해소하고자 한 것이다.…… '스스로'(自己)와 '스스로 취함'(自取)이라는 말 모두 움직이게 만드는 존재가 필요하지 않음을 나타낸다.(『莊子哲學討論集』, 148쪽)

【풀이】

남곽자기가 책상에 기대어 앉아 하늘을 올려다보면서 천천히 숨을 내뱉는데, 모든 상대적인 관계를 초월하여 자아를 망각한 경지로 들어간 것 같았다. 안성자유가 앞에서 시중을 들고 있다가 그에게 물었다. "어찌 된 일입니까? 형체를 원래 이렇게 마른 나뭇가지처럼 안정되게 만들 수 있고, 정신을 원래 이렇게 불 꺼진 재처럼 고요하게 만들 수 있는 것입니까? 오늘 선생님이 궤안에 기대어 앉아 계신 기색을 보니 예전에 이렇게 앉아 계실 때와는 다른 것 같습니다."
자기가 답했다. "언아, 좋은 질문이구나! 오늘 나는 아집과 편견을 지닌 자아를 버렸는데, 무슨 말인지 알겠느냐? 너는 '사람이 내는 퉁소 소리'는 들어 보았겠지만 '땅의 퉁소 소리'는 들어 보지 못했을 것이다. 설령 '땅의 퉁소 소리'를 들어 보았어도 '하늘의 퉁소 소리'는 들어 보지 못했을 것이다!"

자유가 말했다. "세 가지 퉁소 소리에 대해 자세히 여쭙고 싶습니다."

자기가 말했다. "대지가 뿜어내는 기운을 바람이라고 부른다. 이 바람이 일어나지 않으면 (소리가 발생하지 않고) 멈추어 있지만, 바람이 일어나기 시작하면 온갖 구멍에서 세차게 울부짖기 시작한다. 너는 이런 거센 바람이 불어대는 소리를 들어본 적이 없느냐? 산세가 험준하여 굽이치는 곳이나 거목이 울창하게 들어선 골짜기에 있는 동굴을 보면, 그 모양이 어떤 것은 코처럼 생겼고, 어떤 것은 입처럼 생겼고, 어떤 것은 귀처럼 생겼고, 어떤 것은 기둥 위의 사각형의 공간처럼 생겼고, 어떤 것은 둥근 잔처럼 생겼고, 어떤 것은 절구처럼 생겼고, 어떤 것은 깊은 웅덩이처럼 생겼고, 어떤 것은 작은 웅덩이처럼 생겼다. 그 동굴에서 뿜어져 나오는 소리는 어떤 것은 세찬 물길 소리 같고, 어떤 것은 화살이 날아가는 듯한 소리 같고, 어떤 것은 숨을 들이마시는 듯한 소리 같고, 어떤 것은 크게 외치는 듯한 소리 같고, 어떤 것은 울부짖는 소리 같고, 어떤 것은 깊은 골짜기에 부는 바람 소리 같고, 어떤 것은 애절하게 부르는 소리 같지. 바람이 먼저 '우우' 하고 노래를 부르면 동굴에서도 '쉬쉬' 하고 장단을 맞춘다. 작은 바람이 불면 작은 소리로 답하고, 큰바람이 불면 큰 소리로 답하지. 큰바람이 다 지나가고 나면 모든 구멍은 다시 소리 없이 고요해진다. 그런데 이때 초목은 여전히 흔들흔들 움직이고 있는데, 너는 이를 보지 못했느냐?"

자유가 말했다. "'땅의 퉁소 소리'는 온갖 구멍에서 나오는 바람 소리고, '사람의 퉁소 소리'는 퉁소를 불어서 나는 악기 소리군요. 그러면 '하늘의 퉁소 소리'란 대체 무엇입니까?"

자기가 말했다. "이른바 하늘의 퉁소 소리라는 것은 바람이 온갖 구멍에 불어 각기 다른 소리가 나는 것을 말하는 것이니, 이들 소리가 천차만별로 다 다른 것은 각 구멍의 본래 그러한 모습에서 비롯된 것이지 이것들로 하여금 그렇게 소리를 내게 만든 다른 어떤 것이 있겠느냐?"

2.

大知閑閑, 小知間間①; 大言炎炎②, 小言詹詹③. 其寐也魂交④, 其覺也形開⑤, 與接爲構⑥, 日以心鬪. 縵者, 窖者, 密者⑦. 小恐惴惴⑧, 大恐縵縵⑨. 其發若機栝⑩, 其司是非之謂也⑪; 其留如詛盟⑫, 其守勝之謂也; 其殺⑬如秋冬, 以言其日消⑭也; 其溺之所爲之, 不可使復之也⑮; 其厭也如緘⑯, 以言其老洫⑰也; 近死之心, 莫使復陽⑱也. 喜怒哀樂, 慮嘆變慹⑲, 姚佚啓態⑳; 樂出虛, 蒸成菌㉑. 日夜相代乎前, 而莫知其所萌. 已乎, 已乎! 旦暮得此㉒, 其所由以生乎!

【길잡이】

① 大知閑閑, 小知間間: '한한閑閑'은 넓고 해박한 모습이다.(『경전석문』에 인용된 簡文帝의 설) '간간間間'은 세세하게 따지는 모습이다.

- 풍우란: '대지한한大知閑閑, 소지간간小知間間'부터는 새로운 단락이 시작된다. 이 단락과 앞 단락은 차이가 있으면서도 서로 연관된다. 앞에서 큰바람에 대해 말한 단락은 형상화 방식을 사용하여 자연계 속 사물의 다양한 변화를 묘사했다면, 이 단락에서는 심리현상의 다양한 변화를 형상화하여 그리고 있다. 앞 단락이 객관세계를 말한 것이라면 이 단락은 주관세계를 말한 것이다.(『莊子哲學討論集』에 수록된 「三論莊子」 참조)
- 진심: 아래에서는 인간 마음의 다양한 변화를 본떠 표현하였다. 앞에서 바람과 나무의 소리와 형상을 말한 것과 근본적으로 동일한 취지다.(『莊子品節』)
- 선영: 이 구절은 '땅의 퉁소 소리'(地籟)를 말한 부분과 서로 호응된다. '대지大知', '소지小知'부터 차례대로 열세 종류의 형태가 등장하는데, 앞의 온갖 구멍이 울부짖는 것을 표현한 구절과 서로 대응하여 읽을 수 있다.
  - ▷ 진고응: 앞 단락 '땅의 퉁소 소리'의 '만규노호萬竅怒呺' 부분이 이 단락의 '대지大知', '소지小知' 등의 백가쟁명 상황에 관한 맥락을 반영하고 있지만, 다른 점은 '구멍'은 공허하여 바람이 그치면 다시 고요한 상태로 돌아가지만 실제 백가들은 '성심成心'(구성된 마음)이 있어서 끊임없이 논쟁을 이어 나간다는 것이다.
- 감산덕청: 이 구절에서는 세상 사람들의 경우를 들어 대도大道를 얻지 못하고 무심無心의 경지로 나아가지 못하는 것을 묘사하였다. 사람들은 자신들의 작은 지식을 옳다고 자만하면서 인의를 말하거나 옳고 그름을 말하곤 하는데, 이러한 말들은 모두 간교한 마음에서 나온 것임에도 사람들

은 이를 고집하면서 죽을 때까지 깨어나지 못한다. 사람들의 형체는 온갖 구멍의 모습이 제각각인 것과 유사하지만 그 말은 또한 그 구멍들이 내는 온갖 소리의 모습과는 다르니, '땅의 퉁소 소리'는 무심하지만 사람들의 말은 유심有心하다. 따라서 뒷부분에서 '사람들의 말과 주장은 바람이 부는 것과는 다르다(言非吹也)라고 한 것이다. 각기 자신의 견해를 부여잡고 있으니 옳고 그름의 차이가 생기게 될 따름이다.

▹ 진고응: 감산이 '땅의 퉁소 소리'는 무심하지만, 사람들의 말은 유심하다'고 한 것은 앞뒤 맥락에서 다르게 사용된 문자의 핵심을 짚은 것이다. '사람들의 말은 유심하다'라고 할 때의 '유심'이란 뒤에 등장하는 '성심成心'을 말하는 것이다. '성심' 즉 성견成見은 바로 각종 의론(物論)을 일으키는 근원이다.

② 炎炎: 기세가 등등함.

- 성현영: 염염炎炎은 맹렬하다는 의미다.(『장자소』)

③ 詹詹: 말이 끊이지 않음.

- 주계요: 『설문해자』 '팔부八部'에 "'첨詹'은 말이 많은 것이다"라고 하였다.

④ 魂交: 정신이 서로 왔다갔다 뒤섞이다.

⑤ 形開: 형체가 평온하지 않음을 가리킨다.

- 장석창: '형개形開'는 대체로 의식이 지나치게 긴장된 상태에 있을 가리킨다.

⑥ 與接爲構: 외부 세계와 접촉하여 서로 얽힘(交構)이 발생한다는 의미.

- 감산덕청: '접接'은 마음이 '경境'(불교용어로서 마음이 만나는 대상 세계를 말함)과 만나는 것을 말한다. 마음과 세계가 만나는 안팎으로 서로 얽힘이 발생하여 각종 호오와 취사의 구분이 생겨나는데, 이를 멈출 수 없으면 마음과 세계가 서로 충돌하게 된다.

⑦ 縵者, 窖者, 密者: '만縵'은 '만慢'으로 가차되면서 느리다는 의미로 사용되었다. '교窖'는 함정을 설치하는 것을 가리킨다. '밀密'은 신중하고 치밀하다는 뜻이다.

- 임희일: '만縵'은 느릿느릿 일을 처리하는 사람을 가리킨다. 또 어떤 사람들은 말을 할 때, 그 속에 어떤 간교나 함정이 있으므로 이러한 사람을 '교窖'라고 부른다. 또 어떤 사람들은 앞뒤로 치밀하게 생각하여 실오라기 한 올도 빠뜨리지 않으니 이를 '밀密'이라고 한다. 이것들은 모두 세상 사람들이 사물에 응하여 마음을 쓰는 것을 말한 것인데, 하나같이 자유롭지 못하며 근심하고 걱정하는 마음이 있는 상태들이다. '소인들은 항상 걱정을

한다'(小人長戚戚)는 말이 바로 이러한 것이다.

- 감산덕청: 여기에서는 마음이 대상과 서로 얽혀 있는 마음 상태를 표현하였다. '만縵'은 여유롭고 느린 것을 말하는 것으로, 겉으로는 부드럽지만 속은 교활한 사람을 가리킨다. '교窖'는 땅을 파 함정을 만들어 사람을 가두는 것을 말하며, 음험한 사람을 가리킨다. '밀密'은 생각이 치밀하여 빈틈이 없는 것을 말한다.
- 이면: '만자, 교자, 밀자'는 변론을 하는 사람들에게 생겨나는 세 가지의 불안한 감정 상태를 비유한 것이다. '만縵'과 '망茫'은 모음전변(一音之轉[16])을 통해 서로 가차하여 사용되었으니, 망연자실함을 말한다. '교窖'는 '욱郁'과 같으며, 마음에 근심이 있는 것을 말한다. 『설문해자』와 『월령』의 풀이 모두 그 의미를 이렇게 확장하여 이해할 수 있다. '밀密'은 '묵默'과 같으며 모음전변(一音之轉)으로서 가차하여 사용할 수 있다. 마음이 답답한 것을 말한다. 이 세 가지 상태로 말미암아 '크게는 망연자실한 상태에서 작게는 근심 걱정하는 상태에 빠지는 것이다'(大恐縵縵, 小恐惴惴).
  - ▹ 진고응: 대략 위와 같은 설들이 있다.

⑧ 惴惴(중국음은 zhuì[贅]): 걱정하고 두려워하는 모습.

⑨ 縵縵: 멍하니 정신을 잃음. 깜짝 놀라 정신이 어리둥절해진 것을 말함.

⑩ 其發若機栝: 논변하는 자들이 쏜살같이 말을 내뱉는 것을 표현한 것. 그 빠르기가 마치 화살과 같다는 의미. '괄栝'은 화살.

- 성현영: '기機'는 쇠뇌의 방아쇠, '괄栝'은 화살이다. 마음에서 튀어나와 밖으로 좇아 나가는 것이 빠르기가 화살과 같음을 말한 것이다.

⑪ 其司是非之謂也: '사司'는 살피다, 관찰하다.

- 주공신: 앞에서 묘사한 여러 가지 바람 소리는 모두 시시비비가 뒤엉키며 나타나는 모습을 나타낸 것이고, 이 단락은 시시비비의 갖가지 모습들을 그려 낸 것인데 바람 소리와 아주 비슷하다. '사시비지위司是非之謂'라는 것은 시비가 생겨나는 근원을 지적한 것이다. 사람들은 시비가 생겨나는 근원을 잘 알지 못하기 때문에 생기면 생길수록 혼란스럽고, 금하면 금할수록 많아져 그칠 줄 모르게 된다. 대지大知, 소지小知, 대언大言, 소언小言은 시비를 따지는 나라 안 사람들을 모두를 가리킨다.(『남화진경영사』)

⑫ 其留如詛盟: 마치 주문을 외우며 굳게 다짐하는 것처럼 마음속에 갖추고 있는

---

16) 자음이 같고 모음이 다른 글자끼리 서로 의미를 공유하며 차용되는 현상.

자기 주관을 내보이려 하지 않는 모습을 형용한 것.

- 임운명: 단단히 붙잡아 바꾸지 않는다.
- 왕어: 자신의 견해를 굳게 유지하다.

⑬ 殺(중국음은 shài[晒]): '쇠衰'(쇠퇴하다)와 같다. 시들어 떨어지는 모습을 비유한 말이다.

⑭ 日消: 본래의 참된 모습(天眞)을 날로 잃어감.

⑮ 其溺之所爲之, 不可使復之也: 인위적으로 하는 것에 빠져 참된 본성을 회복할 수 없음.

- 오여륜: 왕백신王伯申은 "지之는 어於와 같다"라고 하였다. 따라서 여기에서 '약지溺之'는 '약어溺於'(~에 빠지다)로 보아야 한다.(『장자점감』)

⑯ 其厭也如緘: '염厭'은 막히다(塞), 닫아 감추다(閉藏)라는 뜻. '함緘'은 밀봉한 상자를 말한다. 마음이 마치 줄에 묶이고 실로 봉해지듯이 닫혔음을 나타낸 것이다.

- 임운명: 심사가 복잡하여 서로 다투니, 마음이 마치 줄에 묶이고 실로 봉해지듯이 닫히게 되는 것이다.

⑰ 老洫: '혁洫'은 고갈되었다는 뜻이다. 늙고 썩고 시들고 마른 것을 말한다.(黃錦鋐[17], 『注譯』)

- 임희일: 노쇠하여 더 이상 되돌릴 수 없는 경지에 이른 것을 '노혁老洫'이라 한다. '혁洫'은 구렁텅이에 빠진 것과 같은 상태를 말하는 것이다.
- 호문영: '노혁老洫'은 '구혁舊洫'과 같으니, 물이 있지만 흐르지 않고 고여 있는 것을 가리킨다.
- 양수달: '노혁老洫'은 뜻을 밝히기 힘들다. '혁洫'은 '혹或'으로 보아야 할 듯하다. 『설문해자』 12편(상) '문부門部'에서 '역閾'을 '역 閾'이라 하였는데, 이것이 바로 '혹或'과 '혁洫'이 서로 통한다는 증거다. 옛날 '혹或'과 '혹惑'은 글자가 같았으므로 '노혁老洫'은 '노혹老惑'과 같으니, 이는 곧 늙어서 망령이 드는 것(老悖)을 말한다.
  - ▹ 진고응: 양수달의 견해는 일단 하나의 설로 둔다.

⑱ 莫使復陽: 생기를 다시 회복할 수 없음.

- 성현영: '막莫'은 없음을 말하며, '양陽'은 생명, 생기를 말한다. 침체된 마음이

---

17) 원문은 '黃鉉鐵《注譯》'으로 오자로 보인다. 원서의 참고문헌에는 '黃錦鋐, 『新譯莊子讀本』'만 보인다. 이에 의거하여 바로 잡는다.

죽음에 근접하였으니, 다시 삶의 길로 나가고자 하지만 그렇게 될 수 없다는 뜻이다.(『장자소』)

⑲ 慮歎變慹: 우려함, 탄식함, 마음이 뒤바뀜, 두려워함을 각각 의미한다. 논변하는 자들이 보이는 정서적 반응을 형용한 것이다.

- 저백수: '집慹'은 두려워서 감히 움직일 수 없는 것을 말한다.
- 선영: '여慮'는 생각이 많은 것이다. '탄歎'은 슬픔이 지나친 것이다. '변變' 계속 뒤바뀌는 것이다. '집慹'은 두려워하는 것이다.

⑳ 姚佚啓態(佚의 중국음은 yì[意]): 경박함, 오만방자함, 요란하게 떠벌임, 짐짓 꾸며 냄을 각각 의미한다. 논변하는 자들의 여러 가지 행동 양태를 형용한 것이다.

- 성현영: '요姚'는 경박한 행동을 말하며, '일佚'은 오만방자함을 말한다.
- 임희일: '계啓'는 떠벌리기만 하고 주워 담지 않는 모습이다. '태態'는 어떤 형태를 꾸며 만들어 내는 것이다.

㉑ 樂出虛, 蒸成菌: 소리는 악기의 빈 공간으로부터 나오고, 버섯균은 땅의 습기가 솟아 나오면서 생겨난다.

- 육서성: 악기 소리가 빈 공간에서 나올 때 잠시 생겼다가 다시 사라지며, 습기에서 버섯이 자라날 때 일시에 자라났다 일시에 죽는다.(『남화진경부묵』)
- 왕어: 고정된 것이 없고 근원이 없음을 말한 것이다.
- 방잠: 악기가 빈 공간에서 나오는 것은 환청과 같고, 습기에서 버섯이 생겨나는 것은 환상과 같다.(『남화경해』)
- 유무: 이 두 구절은 서로 연결되어 삽입된 비유로서, 앞서 사례로 든 여러 가지 복잡한 심사의 모습이 마치 음악 소리가 빈 곳에서 나오는 것처럼 형태가 없고, 습한 기운이 솟아 나와 버섯을 만드는 것처럼 근원이 없음을 표현하였다.

㉒ 此: 앞서 언급한 여러 가지 상황이 계속해서 뒤바뀌면서 일정한 모습이 없는 상태를 가리킨다.

【풀이】

대지大知는 넓고 해박하고 소지小知는 세밀하여, 대언大言은 기세가 남을 짓누르는 듯하고 소언小言은 논변이 그치지 않는다. 이들은 잠을 잘 때는 정신이 서로 어지럽게 뒤섞여 있고 깨어 있을 때는 형체가 편안하지 않으니, 외부 세계와 접촉하여 서로 분간할 수 없이 얽혀 있어 온종일 심사가 복잡하고 생각이 서로 다툰다. 어떤 이들은 하는 말이 느리고, 어떤 이들은 말에 함정이 있으며, 어떤 이들은 생각하고 표현하는 바가 매우 엄밀하다. 논변 중에 작게 놀랄 때는 의기소침한 정도이지만 크게 놀라면 정신이 망연자실한 상황에 놓이기도 한다. 이들이 말을 할 때는 마치 화살처럼 쏘아대면서 오로지 타인의 옳고 그름을 살펴서 공격하는 데 여념이 없다. 반면 말을 하지 않을 때는 마음속으로 다짐을 되새기듯 입을 꾹 닫고 오로지 반격한 기회만 기다린다. 이들이 몰락하는 것은 마치 가을 겨울에 온갖 사물이 시드는 것과 같이 급격하니, 하루 사이에 몰락하여 사라지는 일이 흔하다. 이들은 항상 논변하는 일에만 탐닉해 있어 본래 모습으로 되돌릴 방법이 없고, 마음과 정신은 마치 밧줄로 꽁꽁 묶인 듯이 닫혀 있으니 가면 갈수록 스스로 벗어날 수 없게 된다. 이처럼 죽은 것이나 다를 바 없는 길로 향해 가는 마음은 더는 생기를 회복시킬 방법이 없다. 이들은 때로는 기뻐하고, 때로는 분노하며, 때로는 슬퍼하고, 때로는 즐거워하고, 때로는 우려하고, 때로는 탄식하고, 때로는 마음을 뒤집고, 때로는 두려워하고, 때로는 경박하게 행동하고, 때로는 오만방자하고, 때로는 요란스럽게 떠벌이고, 때로는 짐짓 꾸며 내니, 마치 음악이 악기의 빈 공간에서 나오고 버섯이 땅의 습한 기운이 솟아나면서 생겨나는 모습과도 같다. 이런 상태들이 마음속에서 밤낮으로 쉼 없이 갈마들지만 정작 그것들이 어떻게 생겨나는지는 알지 못한다. 그만두어라! 그만두어라! 이렇듯 아침저녁으로 뒤바뀌는 상태들을 만들어 내는 근원을 어떻게 찾아낼 수 있겠는가?

非彼無我①, 非我無所取②. 是亦近矣, 而不知其所爲使. 若有眞宰③, 而特不得其眹④; 可行已信⑤; 而不見其形⑥. 有情而無形.

百骸, 九竅, 六藏⑦, 賅而存焉, 吾誰與爲親? 汝皆說⑧之乎? 其有私⑨焉? 如是皆有爲臣妾乎? 其臣妾不足以相治乎? 其遞相爲君臣乎? 其有眞君⑩存焉? 如求得其情與不得, 無益損乎其眞.

一受其成形, 不亡以待盡⑪. 與物相刃相靡⑫, 其行進如馳⑬, 而莫之能止, 不亦悲乎! 終身役役而不見其成功, 苶然⑭疲役而不知其所歸, 可不哀邪! 人謂之不死, 奚益! 其形化, 其心與之然, 可不謂大哀乎? 人之生也, 固若是芒⑮乎?

其我獨芒, 而人亦有不芒者乎?

【길잡이】

① 非彼無我: '피彼'는 앞 구절의 '이것'(此)과 같으며(선영, 『남화경해』), 앞서 말한 각종 상태를 가리킨다. 많은 해석들이 '피彼'를 '자연自然'이라 풀이한 곽상의 『장자주』를 따랐는데, 이는 옳지 않다. 영역본 역시 상당수가 잘못 해석했는데, 각각 "these emotions"와 "these feelings mentioned above"라고 옮긴 Herbert. A. Giles(*Chuang Tuz*, p.14)와 진영첩(*A Source Book of Chinese Philosophy*, p.181)의 경우가 바르게 번역하였다.

② 非我無所取: '취取'는 의지하는 바(資)의 뜻이다.(장석창)

③ 眞宰: '진심眞心'(몸의 주재자)을 말한다. 이는 바로 '진아眞我'(참된 자아)를 가리킨다. 여러 학자가 '진재眞宰'를 '조물주'(造物), '자연自然' 혹은 '도道'라고 해석하는데, 이는 틀렸다. 바로 앞 '비피무아非彼無我'에서의 '아我'는 여러 가지 감정의 상태가 만들어 내는 자아로서, 거짓된 자아(假我)다. 뒤 문장에 나오는 '평생 수고롭게 움직인다'(終身役役)는 것은 바로 거짓된 자아의 활동이다. '오상아吾喪我'에서 말하는 상아喪我는 바로 이러한 거짓된 자아를 버리고 참된 마음(眞心), 참된 자아(眞我: '吾'에 해당)의 존재를 추구한다는 것이다.

④ 眹(중국음은 zhèn[振]): 조짐, 실마리.

⑤ 可行已信: 실천을 통해 검증할 수 있음.

⑥ 有情而無形: '정情'은 '실實'을 가리킨다. 실제로 존재하지만 그 형체를 볼 수 없음을 말한다.

⑦ 六藏: '장藏'은 '장臟'(장기)으로도 쓰인다. 심장, 간, 비장, 폐, 신장이 오장五臟인데, 신장은 두 개이므로 합쳐서 육장이라고도 한다.

- 이정: 『경전석문』에서는 "여기에서 말한 육장은 출처를 본 적이 없다"라고 하였다. 성현영 『장자소』는 억지로 육六자에 맞춰 이를 육부六腑[18]로 보았다. 『난경』[19] 「39난難」에서는, "오장도 사실 여섯 개가 있으니, 신장이 두 개인

---

18) 대장, 소장, 위, 쓸개, 방광, 三焦를 가리키는 동양의학의 용어.

19) 중국 秦·漢代의 醫書. 작자 미상이며, 원명은 『黃帝八十一難經』이다. 의학의 기초 이론을

것을 말하는 것이다. 왼쪽은 신腎이라 하고 오른쪽은 명문命門이라 한다. 이 명문은 정신이 모이는 곳을 말하는데, 그 기가 신腎과 서로 통해 있어 결국 여섯 개의 '장藏'이 있다고 하는 것이다"라고 하였다.

⑧ 說: '열悅'(기쁘다)과 같다.

⑨ 私: 편애하다.

⑩ 眞君: 진심眞心, 진아眞我와 같다. '참된 주재자'(眞宰)와 같은 의미다. 『관자』「심술상心術上」에서 "마음은 신체에 있어서 군주의 지위이다"(心之在體, 君之位也)라고 한 것을 그 증거로 삼을 수 있다.

- 풍우란: '진재眞宰' 혹은 '진군眞君'은 인간의 주관세계를 말한 것이다. 선진시대 철학에서는 종교에서 말하는 자연 세계의 주재라고 할 만한 것이 없었다. '군주'(君)나 '재상'(宰) 등으로 쓴 것은 일반적으로 주재하는 역할을 하는 인간을 '천天'이나 '제帝'라고 불렀기 때문이다. '심心'을 인간 신체의 '재상'이나 '군주'라 부르는 것은 일상적인 용법이다. 순자 역시 인간의 마음을 '천군天君'이라 칭한 바 있다.(「天論」) 하지만 뒤에서 '그 형체가 변화(노쇠)해 가면, 그 마음 또한 함께 그렇게 되어간다'(其形化, 其心與之然)라고 한 것을 보면, 「제물론」이 심心을 영원히 존재하는 것으로는 보지 않았음을 알 수 있다.
- 방동미: 진실한 자아라고 부르는 또 하나의 자아가 있다. 장자는 이를 '진군眞君'이라고 불렀다. '진군'이란 근대철학의 용어를 가지고 말하자면, 정신의 보편위격(universal persons of mind), 혹은 헤겔의 용어를 빌리자면 '보편정신'(universal mind) 혹은 절대정신(absolute mind)이라 할 수 있다. 이러한 정신적 상태는 우주 속에서 단순히 주관에 머무르지 않고, 주체들 사이(intersubjective)를 서로 오간다. 이러한 정신의 상태는 인간이라면 누구나 도달하여 경험할 수 있으며, 우리가 이러 보편정신을 체험하거나 논급하는 순간 우주의 모든 형상과 존재는 모두 이 보편정신 속에 있게 된다. 다시 말하면, 보편정신을 통해 비로소 우주 모든 형상과 존재가 드러나게 되는 것이다. 이러한 종류의 진실한 자아는 주체들 사이를 오갈 수 있는 정신(intersubjective mind)이다. 가령 사람들 모두가 이 공통의 정신을 공유할 수 있다면, 그 어떤 사견과 오만과 다툼, 주관 등은 일시에 제거될 것이다. 장자가 말하는 '진군眞君'은 플라톤이 말하는 물질세계 혹은 정신세계 속의 '영적인 빛'(exhilarating light)에 해당하는 것으로 볼 수 있는데, 이것은 서서히 우주의 모든 단계를 관통하여

문답 방식으로 설명한 내용이다.

우주의 모든 비밀을 드러내는 동시에 어둠을 몰아내고 보편적인 진리를 밝게 비추어 낸다.(『原始儒家道家哲學』, 제5장 「장자」 부분)

⑪ 不亡以待盡: 성현영의 『장자소』에서는 "도중에 잃어버리지 않는다"(不中途亡失)라고 하였다. 이는 천지로부터 품부받은 기가 일단 형성이 되면 천수를 다할 때까지 참된 본성(眞性)을 잃지 않음을 말한 것이다. 뒤에서 '돌아갈 곳을 모른다'(不知其所歸)라고 한 것은 그 참된 본성을 잃었음을 가리킨다.

- 유사배: 「전자방田子方」에서는 '불화不化'라고 썼다. '망亡'은 '화化'가 와전된 것으로 보인다. '불화不化'는 불변함을 말한다. 아래에서 '그 형체가 변화하다'(其形化)라고 한 것은 이 말을 받은 것이다. 곽상의 주석에는 '도중에 그 본성을 바꾸다'(中易其性)라는 해설이 등장하는데, '역易'은 '화'와 같은 의미다. 곽상본 또한 '망'으로 되어 있지 않았다는 증거이다. '화'자 가운데 '비匕'가 '망'과 모양이 비슷하여 '망'으로 와전된 것이다. 세간의 통행본에서는 이에 의거하여 마침내 '망忘'으로 바뀌었다.(『장자각보』)
  - ▹ 진고응: 엄령봉의 『장자장구신편』과 가나야 오사무의 『장자』 역시 유사배의 설을 따라 「전자방」에 의거하여 '불망不亡'을 '불화不化'로 고쳤다.

⑫ 相靡: '미靡'는 '마礳'를 가차하여 쓴 것이다. 『설문해자』에서 "'마礳'는 돌로 가는 것이다"라고 하였다. 현재는 이를 줄여 '마磨'(마찰하다, 갈다)로 적는다.(해동) 이 구절은 앞의 '심투心鬪'와 서로 대응된다.(유무)

⑬ 其行進如馳: '진進'은 원래는 '진盡'으로 되어 있다. 고서에 '진進'과 '진盡'은 서로 통용되었다. 엄령봉의 설을 따라 고친다.

- 엄령봉: 마서륜은 "'진盡'자는 앞 구절과 관련되어 덧붙여진 것이다"라고 하였다. 생각건대, '진盡'은 특별한 뜻이 없다. 『열자』 「천서天瑞」의 '종진호부지야終進乎不知也'라는 구절에 대해 장담張湛의 『열자주』는 "'진進'은 '진盡'으로 보아야 한다. 이 책 여러 곳에서 '진盡'이 '진進'으로 되어 있다"라고 하였다. 또 '진호본불구進乎本不久'라는 구절에 대해서도 '무유고부진無有故不盡'이라고 주석을 달았다. 「황제黃帝」의 '내외진의內外進矣'라는 구절에 대해서도 "따라서 '내외진의內外盡矣'라 한다"라는 주석이 있다. 『열자』에 '진盡'과 '진盡'이 서로 통용된 사례가 있으므로, 이곳의 '진盡'의 의미는 '진進'으로 보아야 한다. '기행진여치其行進如馳'는 앞의 '기발약기괄其發若機栝'에 대응되는 것으로 『장자』 「천하天下」에서 말한 '축만물이불반逐萬物而不反'(만물을 좇다가 돌아오지 못한다)과 같은 맥락이다. 『열자』의 사례에 의거하여 '진盡'을

'진進'으로 고친다.

⑭ 苶然(苶의 중국음은 nié): 피로에 지치고 병든 모습.(『경전석문』에서 簡文帝의 설을 인용)

⑮ 芒: 모호하고 분명하지 않음.(『경전석문』) 혼미함, 정신이 흐릿함.

- 마서륜: '망芒'은 '몽懜'을 가차하여 쓴 것이다. 『설문해자』에서는 "'몽懜'은 뚜렷하지 않다는 뜻이다"라고 하였고, 『주례』「수인遂人」의 주석에서는 "백성들은 몽매하니, 무지한 모습을 하고 있다"라고 하였다. 증거로 삼을 만하다.
- 진심: '망芒'은 우매하고 분별력이 없다는 뜻이다. 이 단락에서는 사람들이 '진군眞君'을 잃어버림으로 인해 죽음에 이르러도 돌아갈 곳을 알지 못한다는 것을 말했다. 사람들로 하여금 삼가며 깊이 성찰하게 만드는 대목이다.

【풀이】

그것(여러 가지 감정 상태)이 없으면 내가 없고, 내가 없으면 그것은 드러날 곳이 없다. 나와 그것은 서로 매우 가깝지만, 무엇이 그렇게 만든 것인지는 알 수 없다. '참된 주재자'(眞宰)가 있는 듯하지만 그 실마리를 찾을 수가 없고, 실천을 통해 검증할 수는 있으나 그 형체를 볼 수는 없다. 그것은 본래 진실로 존재하지만 구체적인 형상은 지니고 있지 않은 것이다.

백 마디 뼈와 아홉 가지 구멍과 여섯 가지 장기가 모두 우리 몸에 갖추어져 있는데, 나는 그중 어떤 것과 가장 가깝다고 할 수 있을까? 너는 그 모든 것을 똑같이 좋아하는가? 아니면 편애하는 것이 있는가? 만약 동등하게 여긴다면, 이들 모두를 신臣이나 첩妾과 같은 종복으로 여기는가? 종복이라면 누구도 서로를 지배할 수 없는 것 아닌가? 아니면 서로 돌아가면서 주종 관계를 이루는가? 혹시 그 가운데 '참된 군주'(眞君)가 존재하는가? '참된 군주'라는 진실된 상태를 얻을 수 있든 없든, 그것이 실제로 존재한다는 것에 대해서는 어떠한 영향도 미치지 못한다.

인간으로 일단 형체를 부여받으면 천수를 다하도록 그 참된 본성을 잃지 않아야 하는 법인데, 외물과 접촉하는 와중에 서로 부딪히고 손상하며 끝없이 치달으니, 이 얼마나 슬픈 일인가? 평생 수고롭게 움직이는데도 그 어떤 것도 이룰 수 없고, 피로하고 병들어도 대체 무엇을 위해 그러는 것인지도 알지 못하니, 이 얼마나 처량한가? 이런 인생이 비록 죽지 않는다고 한들 또 무슨 의미가 있겠는가?

인간의 형체는 점점 고갈되고 노쇠해 가며, 인간의 정신은 또 형체에 얽매여 있으면서 이를 따라 소멸되어 가니, 이 얼마나 커다란 비극이 아니겠는가? 인간의 삶이란 원래 이다지도 혼미하고 우매한 것인가? 아니면 나 한 사람만 이러하고 다른 이들은 그렇지 않은가?

3.

夫隨其成心①而師②之, 誰獨且無師乎③? 奚必知代④而心自取者有之? 愚者與有焉. 未成乎心而有是非, 是今日適越而昔至⑤也. 是以無有爲有. 無有爲有, 雖有神禹, 且不能知, 吾獨且柰何哉!
夫言非吹也⑥. 言者有言, 其所言者特未定也⑦. 果有言邪? 其未嘗有言邪? 其以爲異於鷇音⑧, 亦有辯⑨乎, 其無辯乎?
道惡乎隱⑩而有眞僞? 言惡乎隱而有是非? 道惡乎往而不存? 言惡乎存而不可? 道隱於小成⑪, 言隱於榮華⑫. 故有儒墨之是非, 以是其所非而非其所是⑬. 欲是其所非而非其所是, 則莫若以明⑭.

【길잡이】

① 成心: 고정관념(成見)으로 이루어진 마음. '성심成心'은 「제물론」의 중요한 개념 가운데 하나다. 사사물물에 대한 논의(物論)란 항시 자기중심적이므로 주관적인 시시비비에 관한 논쟁과 충돌이 끊임없이 발생하며, 독단적이고 배타적인 태도가 생겨나게 된다. 이 모든 것은 '성심'의 소치로 귀결된다. 하지만 역대 해석가들의 상당수가 이를 잘못 해석하고 있다. '천리天理와 혼연히 하나된 마음'(임희일), '본래의 참된 마음이 이루어진 것'(감산덕청), '현묘한 도가 담겨 있는 마음'(선영), '참된 군주(眞君)가 이룬 마음'과 '천연 그대로 저절로 이루어진 마음'(장석창) 등이 그것인데, 모두 크게 잘못 되었다. 성현영의 『장자소』가 정확하다.

- 성현영: 여러 감정과 분별하는 마음으로 꽉 막혀 있으며, 한 가지 치우친 생각에 집착하는 것을 일러 '성심成心'이라 한다.
- 임운명: '성심'은 인간의 마음이 이르는 곳이면 가슴속에 고정된 견해가 자리 잡음을 말한 것으로서 확고하여 무너뜨릴 수 없으니, 무지하고 우매한 자들은 대개 그러하다.

• 왕개운: '성심'이란 스스로 옳다고 생각하는 견해를 말한다.

② 師: 따르다, 본받다.

③ 誰獨且無師乎: '차且'는 어조사로 쓰였다.(왕인지, 『경전석사』) 뒤에 나오는 '과차유피시호재果且有彼是乎哉? 과차무피시호재果且無彼是乎哉?', '과차유성여휴호재果且有成與虧乎哉? 과차무성여휴호재果且無成與虧乎哉?'의 '차且' 또한 어조사로 사용된 것이다.

④ 知代: '대代'는 자연 변화가 서로 번갈아드는 것을 가리킨다.

• 임희일: '지대知代'는 옛날의 현인들을 일컫는 말이다. '대代'는 변화이니, 변화하는 이치를 안다는 것을 뜻이다.

⑤ 今日適越而昔至: 오늘 월나라로 가는데 어제 이미 도착함. 이 구절은 두 가지 해석이 가능하다.

(1) 혜자惠子(惠施)의 말로 보는 해석이다.(「천하」의 "惠施多方……今日适越而昔來" 구절 참조) 혜자의 이 말은 오늘과 어제라는 구분 자체를 없애려는 의도인데, 장자는 이 말을 빌려 현재 존재하는 시비의 구분이 성심成心에 의해 과거에 이미 이루어진 것임(昔至)을 비유하였다. 즉, 성심이 과거에 이미 형성되었으므로 현재의 시비를 구분하는 마음은 과거 형성된 성심이 드러난 것일 뿐이라는 것이다.

(2) 장자가 '오늘 월나라로 가는데 어제 이미 도착함'(今日適越而昔至)을 절대로 존재할 수 없는 일('無를 有라고 하는'(以無爲有) 격)로 보았다고 하는 해석이다. 즉, 성심이 없다면 시시비비는 생겨나지 않을 것이니, 인간의 시시비비는 모두 성심에 의해 이미 형성되어 있을 수밖에 없다는 뜻이다.

⑥ 言非吹也: 사람의 말과 주장은 바람이 부는 것과 같지 않다. 사람의 말과 주장은 성견成見에서 비롯하지만, 바람이 부는 것은 저절로 그러한 것(自然)이라는 뜻이다.

• 나면도: 사람의 말은 하늘의 퉁소(天籟)가 한결같이 무심한 태도로 만물을 불어대는 것과는 사뭇 다르다.(『남화진경순본』)

• 감산덕청: 세상 사람들의 말은 계교의 마음(機心)에서 나오는 것으로서 바람이 빈 구멍을 불어대는 것과는 다르다.

• 왕어: (말이) 내뱉어져도 울려 퍼지지 않는 것은, 이미 구성된 마음(成心)에 의거하여 주장을 세우기 때문이다.

⑦ 言者有言, 其所言者特未定也: 논변자들이 각기 말하는 바가 있지만 그 어떤 것도 정해진 표준이 될 수 없음을 말한다.(진계천, 『장자천설』) '특미정特未定'이란

표준으로 삼을 수 없다는 뜻이다.(나면도, 『남화진경순본』)

⑧ 鷇音(鷇의 중국음은 kòu[扣]): '구鷇'는 갓 태어난 새를 가리킨다.(진수창) 새가 알에서 나오며 울 때의 울음소리를 '구음鷇音'이라고 한다.(성현영, 『장자소』)

⑨ 辯: '변辨'과 통한다. 분별하다의 뜻이다.

⑩ 隱: 은폐되다.

- 감산덕청: '은隱'은 어두워 분명치 않은 것을 말한다.

⑪ 小成: 단편적인 성취, 국한적인 인식에서 얻어 낸 성과.

- 성현영: 작은 이치로 이루어 낸 것을 일러 '소성小成'이라 한다.
- 임운명: '소성小成'은 어떤 하나의 관찰에 안주하여 스스로 만족함을 말한다.

⑫ 言隱於榮華: 말이 화려한 수식에 의해 가리어짐.

- 노사광: '언은어영화言隱於榮華'는 겉만 화려한 말들은 그 내용을 가리기 위해 겉을 화려하게 꾸며 대는 것에서 생겨난다는 의미다. 이는 이론상 '도는 단편적인 성취로 가리어진다'(道隱於小成)는 말과 비슷한 것처럼 보이지만 서로 층차가 다르다. 후자는 지식이 지니는 불가피한 문제라고 볼 수 있기 때문이다. 하지만 '말이 화려한 수식에 의해 가리어지는 것'(言隱於榮華)은 다만 일부의 말에 해당하는 문제이다. 옳고 그름의 구별과 교묘하고 꾸며 대는 변론 간의 관계 또한 어떤 특수한 상황에서만 성립한다. 하지만 장자는 인지 활동의 의미를 부정하는 과정에서 특히 '변론'(辯)이라는 것에 초점을 맞추고 있다. 이는 장자가 살았던 당시의 시대 상황과 관련이 있다. 당시 명가名家나 묵가墨家의 무리는 모두 궤변을 사용하여 그 지식을 뽐내기를 즐겼다. 따라서 장자는 '변론'을 대단히 큰 지적 장애로 여긴 것이다.

⑬ 有儒墨之是非, 以是其所非而非其所是: 유가와 묵가의 시비 쟁론은 모두 각자의 주관적 성견成見에서 출발하니, 이들은 상대방이 아니라고 하는 것을 맞다고 하고, 상대방이 맞다고 하는 것을 아니라고 한다.(關鋒)

- 장석창: 여기에서 말하는 유가와 묵가는 기타 각 학파의 변론자들을 통칭한다. 그 두 학파의 세력이 가장 크기 때문에 이를 대표로 적은 것이다. 각 학파에는 각자의 옳고 그름의 판단이 있어 남이 틀리다고 하는 것을 옳다고 하고, 옳다고 하는 것을 틀리다고 하니, 이러한 논쟁은 영원히 통일될 수 없을 것이다. 이 구절이 바로 이 「제물론」을 지은 주된 동기이다.
- 노사광: 모든 이론상의 긍정과 부정은 결코 절대성을 지닐 수 없다. 따라서

'시비'란 하나의 성견成見에 속하게 된다. 장자는 유가와 묵가와 같은 학파의 학설 모두가 일정한 한계를 지닌 성견이라고 여겼다. 흔히 '그르다', '옳다'고 주장하는 것은 결국 주관적인 성견에 의한 말이다.

⑭ 莫若以明: 밝고 고요한 마음으로 관조하는 것이 좋다.

- 왕선겸: '막약이명莫若以明'이라는 것은 본연의 밝음(本然之明)으로써 비춘다는 뜻이다.(『장자집해』)
- 당군의: 성심成心을 제거함으로써 나와 타인 간 서로 뜻을 통하게 만드는 도리를 장자는 '이명以明'이라 불렀다.(『中國哲學原論』, 제8장 「原辯與默」, 238쪽)
- 노사광: 장자는 유가와 묵자가 모두 각자의 성견成見에 사로잡혀 있다고 여겼다. 또한 그러한 성견을 타파하는 것은 허정한 마음을 통해 관조하는 것으로만 가능하다고 하였다.
- 방동미: '막약이명莫若以明'이라는 것은 철학에서 진리를 말하는 일체의 주장들은 상대적인 체계라는 것을 말한다. 이러한 상대적 체계 속에서 '이것'을 가지고 '저것'을 부정하거나 '저것'을 가지고 '이것'을 부정하는 것은 불가능하다. 자신과 마찬가지로 타인 또한 어떤 문제에 대해 표현하고 이론을 형성할 권리와 자유가 있음을 인정하고 용인해야 한다.(『原始儒家道家哲學』, 제5장 「장자」 부분)

【풀이】

만약 자신의 성견成見을 판단의 기준으로 삼으면 그 누군들 판단 기준이 없겠는가? 어찌 반드시 자연 변화의 이치를 이해하면서 마음에 견해를 지니는 자만이 판단의 기준을 가질 수 있겠는가? 어리석은 자 역시 그러할 수 있다. 만약 아직 어떤 견해가 세워지지 않은(成見) 상황에서도 옳고 그름이 이미 존재한다고 말한다면, 이는 마치 "오늘 월나라로 떠나는데, 어제 이미 도착했다"라는 말이나 다름이 없으니, 존재하지 않는 것을 존재하는 것으로 가정하는 꼴이다. 이렇게 말한다면 신명을 갖춘 위대한 우임금조차 이해하지 못할 것인데, 난들 어떻게 하겠는가? 인간의 말이나 주장은 바람이 부는 것과는 달라서 말하는 사람마다 모두 각기 다른 의견을 지니고 있다. 다만 이 중 어떤 것도 확실히 정해진 표준을 지닐 수 없을 뿐이다. 그렇다면 이는 말을 한 것으로 보아야 하는가, 말을 하지 않은 것으로 보아야 하는가? 이들 모두 자신들이 하는 말은 갓 태어난 새의 울음소리와는 다르다고 여기는데, 과연 둘 간에는 차이가 있는가, 차이가 없는가?

도道는 어떻게 은폐되어 참된 도와 거짓된 도의 구별이 생기는가? 말은 어떻게 은폐되어 옳고 그름의 논쟁이 생겨나는가? 도는 어떻게 나와서 다시 보이지 않게 되는가? 말은 어떻게 드러나서 또 받아들여지지 않게 되는가? 도는 작은 성취에 의해 가려지고 말은 화려한 수식에 의해 가려진다. 따라서 유가와 묵가의 시비 논쟁이 있는 것이니, 이들은 상대방이 틀렸다고 하는 것을 옳다고 하고 상대방이 옳다고 하는 것을 틀렸다고 한다. 만약 상대방이 틀렸다고 하는 것을 옳다고 하고 상대방이 옳다고 하는 것을 틀렸다고 하려면 텅 비어 밝은 마음에 비추어 사물 본래의 모습을 관조하는 것보다 나은 것은 없다.

物無非彼, 物無非是①. 自彼則不見, 自是則知之②. 故曰彼出於是, 是亦因彼. 彼是方生③之說也, 雖然, 方生方死, 方死方生④; 方可方不可, 方不可方可⑤. 因是因非, 因非因是⑥. 是以聖人不由⑦, 而照之於天⑧, 亦因是也⑨.
是亦彼也, 彼亦是也. 彼亦一是非, 此亦一是非⑩. 果且有彼是乎哉? 果且無彼是乎哉? 彼是莫得其偶, 謂之道樞⑪. 樞始得其環中, 以應無窮⑫. 是亦一無窮, 非亦一無窮⑬也. 故曰莫若以明.

【길잡이】

① 物無非彼, 物無非是: 사물과 현상(物象)은 타자인 '저것'(彼)이나 자신인 '이것'(此)이라는 위치로 존재하지 않는 것이 없다.(관봉, 『장자내편역해화비판』) '피彼'는 '저러한 측면'이고 '시是'는 '이러한 측면'이다. 모든 사물은 '이러한 측면'과 '저러한 측면'을 동시에 지니고 있다.(장석창)

- 왕선겸: 대립하는 것에는 모두 이것과 저것의 구분이 있다.
- 진계천: '피'와 '시'는 저것과 이것(彼此) 혹은 타인과 나(人我)를 말하는 것으로 서로 대립하는 양측을 가리킨다.

② 自彼則不見, 自是則知之: '시是'는 여러 판본에는 '지知'로 되어 있다. 엄령봉의 『장자장구신편』에 의거하여 '시'로 고친다.

- 엄령봉: '시是'자는 원래 '지知'로 되어 있다. 하지만 '지'라고 하면 뜻이 맞지 않는다. 이 구절의 앞뒤 문장에서 모두 '피彼'와 '시'가 서로 대구를

이루고 있는데, 이곳에서만 '지'라고 할 수는 없다. 다음에 나오는 '지'로 인해 오기한 것으로 보인다. 앞 구절이 '자피즉불견自彼則不見'이므로 뒤 구절은 '자시즉지지自是則知之'가 되어야 '저것'(彼)과 '이것'(是)이 서로 대응하고, '보다'(見)와 '알다'(知)가 서로 대응되어 문법상 조리가 있다. 이에 앞뒤 문장에 근거하여 수정한다.

▹ 진고응: 앞뒤 문장을 보면 엄령봉의 설이 타당하므로, 이에 따라 수정할 수 있다. 다만 '스스로 알다'(自知)라고 하더라도 역시 뜻은 통한다.

- 진계천: '자시自是'는 원래 '자지自知'로 되어 있는데, 엄령봉의 설에 따라 수정한다. '자피즉불견自彼則不見, 자시즉지지自是則知之'는 스스로 저쪽 편이라고 여긴다면 이쪽이 옳다고 여기는 것이 보이지 않을 것이고, 스스로 이쪽 편이라고 여기면 이쪽이 옳은 줄 안다는 뜻이다.
- 장석창: '저러한 측면'의 관점에서 보면 모든 것이 '저러한 측면'으로 보이고, '이러한 측면'의 관점에서 보면 모든 것이 '이러한 측면'으로 보인다. 어느 한쪽을 살펴볼 때는 다른 한쪽은 보이지 않는 법이다. 하지만 사람들은 자신이 아는 측면을 항상 참된 측면이라고 여긴다.

③ 彼是方生: 『설문해자』에서는 "'방方'은 배를 나란히 이은 것이다"라고 하였다.(마서륜, 『장자의증』에서 인용) '방'에는 '병並'(나란히 하다)의 뜻이 있으니, '방생方生'은 두 측면이 나란히 생긴다는 뜻이다.(장묵생, 『장자신석』) 따라서 '피시방생彼是方生'이란 '저것'(彼)과 '이것'(此)이라는 관념은 서로 상대적으로 생겨나며 상호 의존한다는 것을 말한다.

④ 方生方死, 方死方生: 금방 생겨났다가 금방 사라지고, 금방 사라졌다가 금방 생겨난다.(선영) 생성과 소멸이 끝이 없다.(마기창, 『장자고』) 이곳의 '방方'자는 진행형을 나타내는 동사로 볼 수 있다. 대체로 상반되는 이론 가운데 어느 하나가 생겨나는 동안 다른 하나는 쇠퇴해 가며, 그 반대의 경우도 마찬가지임을 말한다.(勞思光)

▹ 진고응: 이는 혜시의 철학 명제 가운데 하나인데(「천하」에 보임), 이곳에서는 상대주의적 관점으로 사물의 상대적 전환 과정을 설명하였다.

- 왕선겸: 금방 생겨났다고 금방 사라지고, 금방 사라졌다가 금방 생겨나니, 일정하지 않다는 뜻이다. 곽상은 이를 죽음과 삶의 변화를 가리키는 것이라 보았는데, 옳지 않다.

▹ 진고응: 왕선겸의 설이 옳다. 곽상의 『장자주』는 분명히 틀렸다. 옛 주석 가운데는 이것을 『장자』에 윤회사상이 들어 있는 것으로 보는 시각도 있는데, 더욱 거리가 멀다.

⑤ 方可方不可, 方不可方可: '가可'는 '옳다'(是), '불가不可'는 '그르다'(非)는 뜻. 이 명제는 가치 판단의 무한한 상대성을 설명한다.

⑥ 因是因非, 因非因是: 옳고 그름은 상호의존적으로 생겨난다는 것을 말한다. 옳은 것이 있으면 그른 것이 있고, 그른 것이 있기에 옳은 것이 있다.(진계천)

• 왕선겸: 어떤 이유로 그러한 것은 바로 그 이유에서 그렇지 않기도 하며, 어떤 이유로 그렇지 않은 것은 바로 그 이유에서 그렇기도 하다. 이것과 저것의 구분이 있으므로 옳고 그름(혹은 그렇고 그렇지 않음)이 무한히 발생한다.

⑦ 不由: 옳고 그름(是非)의 대립이라는 길을 가지 않음.

• 선영: 시비의 길을 따르지 않는 것이다.

⑧ 照之於天: 사물의 본래 그러함에 비추어 보다.

⑨ 亦因是也: 바로 이것을 따른다. 여기에서 '시是'는 앞 구절 '조지어천照之於天'을 가리키며, '역인시亦因是'라는 것은 본래 그러한 도리에 맡기는 것을 말한다.

⑩ 是亦彼也, 彼亦是也, 彼亦一是非, 此亦一是非: 상대적인 쌍방이 서로 바뀔 수 있으니, 이쪽은 저쪽이 될 수 있고 저쪽 또한 이쪽이 될 수 있음 말한다. 이쪽의 옳고 그름이 있듯, 저쪽에도 옳고 그름이 있다.(진계천)

⑪ 彼是莫得其偶, 謂之道樞: '저것'(彼)과 '이것'(此)이 상대적인 관계를 이루지 않는 것이 바로 '도道'의 관건이라는 의미. '추樞'는 지도리[20]를 뜻하는 것으로 중요하고 핵심적이라는 의미를 표현한 것이다. '도추道樞'는 세계의 실제 모습, 사물의 본래 그러한 모습을 가리킨다. '저것'(彼)과 '이것'(此), '옳다'(可), '옳지 않다'(不可)의 구별과 대립 및 분쟁은 바로 인간의 주관에 의한 것으로서 객관적 대상의 실재가 아님을 말한다.

• 마항군: 대립하는 쌍방을 통일시키는 것이 바로 도의 핵심이다.(『장자정종』 注釋)

---

20) 돌쩌귀. 여닫이문에서 문짝의 문설주 쪽 가장자리 아랫부분에 장부(한쪽 끝을 다른 쪽 구멍에 맞추기 위하여 얼마쯤 가늘게 만든 부분)를 끼워 넣어 문의 회전을 가능하게 해 주는 장치.

- 방동미: 이 모든 관점과 각도(all of perspectives)로부터 우리는 공통된 초점을 찾을 수 있고, 다시 이 초점 위에서 모든 대립하는 사상의 차이를 하나의 공통된 초점으로 모아 낼 수 있다. 그런 다음 이 공통점을 바탕으로 다시 각종 이론 체계를 살핀다면, 각종 이론 체계는 모두 각자의 존재 가치가 있고 나름의 상대적인 이유를 지니고 있으며, 따라서 서로 다른 체계의 견해를 이해하고 수용할 수 있다는 것을 발견하게 된다. 이러한 원리를 장자가 상대적인 측면에서 말한 것이 '양행兩行'이고, 공통의 진리라는 부분에 초점을 맞추어 말한 것이 바로 '도추道樞'이다.(『原始儒家道家哲學』, 제5장 「장자」 부분)

⑫ 樞始得其環中, 以應無窮: 도의 핵심에 들어맞는 것은 마치 고리의 중심으로 들어가는 것과 같으니, 무궁한 변화에 순응할 수 있다.

- 장석창: '환環'은 문의 위아래에 가로로 걸친 문지방에 있는 구멍을 말한다. 둥근 공간이 마치 고리와 같아서 문의 지도리가 그 속으로 회전할 수 있다. 문의 지도리가 '환' 속으로 들어갈 수 있으면 자유롭게 그 속에서 회전할 수 있어 무궁한 변화에 대응할 수 있다.(『장자철학』, 「齊物論校釋」)
- 마항군: '환중環中'은 도의 중심을 말한다. 장자는 도의 운행 방식이 시작도 끝도 없이 무궁하게 이어지는 나선형 순환이라고 보았다. 이 순환의 중심이 바로 '환중'이다.

⑬ 是亦一無窮, 非亦一無窮: '저러한'(彼) 혹은 '이러한'(此) 인물, 환경, 현상, 사태 등이 전환되며 대립하는 와중에 발생하는 끝없는 시비 판단을 가리킨다.

- 유무: 세상의 옳고 그름은 이 두 가지가 서로 맞물려 돌아가면서 순환적으로 상생한다. 옳다고 여기는 사람이 있으면 이를 그르다고 여기는 사람이 있기 마련이다. 오늘 옳다고 여긴 것을 다른 날에 그르다고 여기기도 하며, 다른 날에 그르다고 여긴 것을 오늘 옳다고 여기기도 한다. 따라서 옳음이 무궁하다면 그름 또한 무궁하다.

【풀이】

세상의 사물은 '저것'이 아닌 것이 없고, '이것'이 아닌 것도 없다. 저쪽 측면에서 보면 이쪽 측면을 볼 수 없지만, 이쪽 측면에서 보면 이해가 된다. 따라서 저것은 이것에 대응하여 생겨나고 이것은 저것에 대응하여 생긴다. 즉 저것과 이것은 상대적으로 생기는 것인데, 그러함에도 불구하고 모든 사물은 생겨나면서도 사라지고, 사라지면서도 생겨난다. 방금 그렇다고 말하다가도 금세 다시 그렇지 않다고 말하고, 방금 그렇지 않다고 말하다가도 금세 다시 그렇다고 말한다. 어떤 이유로 그러한 것은 바로 그 이유에서 그렇지 않기도 하며, 어떤 이유로 그렇지 않은 것은 바로 그 이유에서 그렇기도 하다. 따라서 성인은 이러한 방식의 길을 가지 않고, 사물의 본래 그러함에 비춘다. 이것이 바로 스스로 그러함의 이치에 맡기는 것이다.

'이것'은 '저것'이며, '저것'은 또한 '이것'이다. 저것은 저것의 옳고 그름이 있고, 이것은 이것의 옳고 그름이 있다. 그렇다면 저것과 이것의 구분이 있다고 해야 할까, 구분이 없다고 해야 할까? 저것과 이것이 상대적인 관계를 이루지 않는 것이 바로 도의 핵심이다. 도의 핵심에 부합하는 것은 마치 고리의 중심으로 들어가는 것과 같으니, 무궁한 변화에 순응할 수 있다. '옳음'이 상황에 따라 끝없이 변화하고, '그름' 역시 상황에 따라 끝없이 변화한다. 따라서 고요하고 밝은 마음의 경지에서 사물의 실제 모습을 관조하는 것보다 나은 것이 없다.

4.

以指喻指之非指, 不若以非指喻指之非指也; 以馬喻馬之非馬, 不若以非馬喻馬之非馬也①.

天地一指也, 萬物一馬也②.

【길잡이】

① 以指喻指之非指, 不若以非指喻指之非指也; 以馬喻馬之非馬, 不若以非馬喻馬之非馬也: (구조상) 서로 대등한 이 두 개의 구절은 의미 역시 서로 비슷하다. 우선 두 번째 구절인 '이마유마지비마以馬喻馬之非馬, 불약이비마유마지비마야不若以非馬喻馬之非馬也'부터 해석해 보도록 하겠다. 이 두 문장 가운데 '마馬'라는 형식의 기호는 총 여섯 차례 등장한다. 하지만 그 의미가 모두 같지는 않다. 이 가운데 네 개의 '마'는 백마白馬에서 '백白'자를 생략한 것이다. 즉 이렇게 전체 문장을 해석해 보면, '백마를 가지고 백마는 말이 아니라고 말하는 것은, 백마가 아닌 것을 놓고 백마는 말이 아니라고 말하는 것보다 못하다'는 것이 된다. 이러한 방식으로 앞부분 '이지유지지비지以指喻指之非指, 불약이비지유지지비지야不若以非指喻指之非指也' 역시 다음과 같이 해석할 수 있다. '엄지손가락을 가지고 엄지손가락

은 손가락이 아니라고 말하는 것은, (엄지손가락이 아닌) 손가락을 놓고 엄지손가락은 손가락이 아니라고 말하는 것보다 못하다.'(이는 '백마'는 '말'이 아니라는 논변과 같은 이치로, '엄지손가락'과 '손가락'이라는 두 가지 유개념의 내포와 외연이 서로 같지 않음을 의미한다. 그런데 공손룡이 말한 '指'는 '개념'의 의미로 사용된 것이지만, 여기에서 나는 '지'를 '엄지손가락'과 '손가락'이라는 구체적인 사례로 해석하여 양자의 유개념이 서로 같지 않음을 설명하였다.) 만약 위 문장의 내용을 기호로 대체하여 설명하자면 조금 더 명확하게 살펴볼 수 있다. 그 의미는 다음과 같다. 'A의 관점에서 A는 B가 아니라고 말하는 것은 B의 관점에서 A는 B가 아니라고 말하는 것보다 못하다.' 앞의 문장을 놓고 보면, A는 '이것'(此) 혹은 자아, B는 '저것'(彼) 혹은 타인으로 볼 수 있다. 그렇다면 장자의 이 말은 '이것'(此)을 판단의 출발점으로 삼는 것은 '저것'(彼)을 판단의 출발점으로 삼는 것보다 못하다는 것으로서, 마치 곽상의 주석과 같이 저것과 이것의 입장이 '서로 뒤바뀌어 가면서 이해를 밝힐 수 있다면'(反覆相明) 수많은 논쟁을 감소시킬 수 있을 것이라는 의미로 볼 수 있다. '지指', '마馬'는 당시 논변자들이 토론했던 중요한 주제 가운데 하나였다. 특히 공손룡公孫龍의 지물론指物論과 백마론白馬論이 가장 잘 알려져 있다. 장자의 경우 '지'와 '마' 개념을 비유적인 용법으로 사용하면서 세상 사람들에게 중요한 깨우침을 전하고자 했다. 저것과 이것을 구분해 가면서 세세하게 따지는 일, 자自-타他 간의 시비 논쟁, 한 가지 관점에 치우친 채 그것으로 타인을 판단하는 일에서 벗어나야 한다는 것이다. 이 구절에 관한 역대의 여러 주석가들의 해석이 서로 뒤섞여 분분한데, 아래에서 참고로 몇 가지의 주석을 살펴보도록 한다.

- 곽상: 자신을 옳다고 여기고 남을 그르다고 여기는 것은 자타(彼我) 간의 인지상정이다. 따라서 나의 손가락을 가지고 남의 손가락을 (손가락이 아니라고) 가리키면 나의 손가락의 입장에서 남의 손가락은 손가락이 아닌 것이 된다. 이것이 바로 '손가락을 가지고서 손가락이 손가락이 아님을 가리킨다'(以指喩指之非指也)는 구절의 의미다. 만약 다시 남의 손가락을 가지고 나의 손가락을 (손가락이 아니라고) 가리키면 나의 손가락 역시 남의 손가락의 입장에서는 손가락이 아닌 것이 된다. '손가락이 아닌 것을 가지고 손가락이 손가락이 아님을 가리킨다'(以非指喩指之非指也)는 구절이 바로 이것이다. (고정된) 옳고 그름이 없음을 밝히고자 한다면, 반복적으로 서로 가리키는 것만 한 것이 없다.

- 임희일: 자신을 기준으로 타인을 그르다고 하는 것은 타인의 입장에서 헤아리는 것보다 못하다. 타인 역시 나를 그르다고 여길 것이니, 나와 외물이 서로 대립하는 상황에서 옳고 그름이란 하나로 확정될 수 없다.
- 조이부趙以夫: '손가락'(指)과 '말'(馬)은 형체가 있는 것이고, '손가락이 아님'(非指)과 '말이 아님'(非馬)은 형체가 없는 것이다. 즉, 이 구절은 형체가 있는 것을 가지고 형체가 형체가 아님을 설명하는 것은 형체가 없는 것을 가지고 형체가 형체가 아님을 설명하는 것보다 못하다는 뜻이다.(초횡의 『장자익』에서 인용)
- 감산덕청: 나의 촉지觸指[21]를 놓고 다른 사람의 중지가 나의 촉지가 아니라고 말하는 것은, 다른 사람의 중지를 놓고 나의 촉지는 다른 사람의 중지가 아니라고 설명하는 것보다 못하다.…… 만약 남의 흑마를 가지고 나의 백마가 남의 흑마가 아님을 가리킨다면, 거꾸로 남의 흑마를 가지고 나의 백마가 또한 남의 흑마가 아님을 가리키는 것만 못하다.[22]
  이 구절은 성인이 조파照破[23]하면 시비가 없어짐을 나타냈다.
- 왕선겸: 지금 손가락은 손가락이 아니고 말은 말이 아니라고 말한다면 사람들이 이를 받아들이려 하지 않을 것이다. 따라서 손가락과 말을 가지고 이를 설명하면 이해시킬 수 없다. 각각 손가락이 아닌 것과 말이 아닌 것을 가지고 손가락은 손가락이 아니고 말은 말이 아님을 설명한다면 깨우칠 수 있다.
- 전목: '손가락'(指)은 신체의 여러 부위 가운데 하나고, '말'(馬)은 만물 가운데 하나다. 여기에서는 손가락과 말을 대표로 사용하여 이치를 설명하고 있다. 즉 나를 가지고 남이 내가 아니라고 말하는 것은 남을 가지고 내가 남이 아니라고 하는 것보다 못함을 말한 것이다.(『장자찬전』)
- 왕숙민: 전목은 "공손룡은 장자 이후의 인물이므로 이를 공손룡의 말로 보아서는 안 된다. '손가락'(指)은 신체의 여러 부위 가운데 하나고, '말'(馬)은 만물 가운데 하나다.(이 두 구절은 원래 馬其昶이 말한 것이다.) 여기에서는 손가락과 말을 대표로 사용하여 이치를 설명하고 있다. 즉 나를 가지고 남이 내가 아니라고 말하는 것은 남을 가지고 내가 남이 아니라고 하는 것보다 못함을

---

21) 불교에서 네 번째 손가락과 다섯 번째 손가락을 가리키는 말.
22) 원문은 "若以彼黑馬, 喻我之白馬非彼之黑馬, 不若以彼黑馬, 倒喻我之白馬又非彼之黑馬矣"이다. 감산 주 본문 또한 이렇게 되어 있으나 인쇄 과정에서 오류가 있는 듯하다. 문맥상으로 볼 때, "若以彼黑馬, 喻我之白馬非彼之黑馬, 不若以我之白馬, 倒喻彼之黑馬又非我之白馬矣"라고 되는 것이 타당해 보인다.
23) 불교에서 부처가 밝은 지혜로서 중생의 無明을 깨우치는 것.

말한 것이다"라고 하였다. 하지만 「추수秋水」에 등장하는 "공손룡이 위모魏牟에게 물었다"(公孫龍問於魏牟曰)라는 구절에 대해서 전목 선생은 "공손룡은 그래도 장자를 만날 수는 있었다. 이는 내가 쓴 『선진제자계년』에 자세히 나와 있다"라고 했으니, 이것은 "공손룡은 장자 이후의 인물이다"라고 한 것과는 서로 맞지 않는다. 「추수」에서 한 말이 옳다. 『한비자』 「외저설좌상外儲說左上」에서 백마비마 논변을 들어 말을 했고, 『전국책』 「조책趙策」에서도 소자蘇子(蘇秦)가 "형명가刑名家의 사람들은 모두 백마비마와 같은 논변을 말한다"라고 한 바 있다. 이를 토대로 장자의 손가락과 말의 비유를 검증해 보면, 당시 널리 사용되었던 말에 속함을 알 수 있다. 하지만 『장자』에 등장하는 이러한 글들이 반드시 『공손룡자』에서 나온 것이라 볼 수는 없다.(현재 전하는 『공손룡자』는 후대에 나온 책이다.) 장자는 손가락과 말의 비유를 빌려 유가와 묵가의 시비 논쟁을 말하고자 했다. 유가에서 옳다고 하는 것을 가지고 묵가에서 옳다고 하는 것이 옳지 않다고 말하는 것은, 묵가에서 옳다고 하는 것이 아닌 것을 가지고 유가에서 옳다고 하는 것이 옳지 않다고 말하는 것보다 못하다는 의미다. 반대로 보면, 묵가에서 옳다고 하는 것을 가지고 유가에서 옳다고 하는 것이 옳지 않다고 말하는 것은 유가에서 옳다고 하는 것이 아닌 것을 가지고 묵가에서 옳다고 하는 것이 옳지 않다고 말하는 것보다 못하다는 의미이기도 하다.

- 진계천: 『장자』에서 말하는 것을 기준으로 해석하면 이곳의 '지指'는 손가락을 말한다. '이지유지지비지以指喩指之非指, 불약이비지유지지비지야不若以非指喩指之非指也'라는 구절은 이 손가락을 가지고 저 손가락이 이 손가락이 아니라는 것을 설명하는 것은 이 손가락이 아닌 것을 가지고 저 손가락이 이 손가락이 아니라는 것을 설명하는 것보다 못하다는 의미다. '이마유마지비마以馬喩馬之非馬, 불약이비마유마지비마야不若以非馬喩馬之非馬也'는 백마를 가지고 백마는 말의 통칭이 아니라고 설명하는 것은 백마가 아닌 것을 가지고 백마는 말의 통칭이 아니라고 설명하는 것보다 못하다는 뜻이다. 저것과 이것의 구분이라는 측면에서 말하자면 손가락과 손가락이 아닌 것, 말과 말이 아닌 것 사이의 구분이 있을 수 있다. 하지만 이를 대도大道의 관점에서 보면 천지는 모두 하나의 손가락(一指)이고 만물은 모두 하나의 말(一馬)이니 이를 구분할 수 없다.

② 天地一指也, 萬物一馬也: '하나의 손가락'(一指), '하나의 말'(一馬)은 천지만물의 동질적인 공통 개념을 대표하여 표현한 말이다. 서로 같다는 관점에서 보면, 천지만물은 모두 공통성을 지닌다는 뜻이다. 「덕충부」에서 "동일하다는 관점에

서 보면 만물은 모두 하나이다"(自其同者視之, 萬物皆一也)라고 한 것이 바로 이러한 뜻이다.

【풀이】

엄지손가락을 가지고 엄지손가락은 손가락이 아니라고 설명하는 것은 엄지손가락이 아닌 것을 가지고 엄지손가락이 손가락이 아니라고 설명하는 것보다 못하다. 백마를 가지고 백마는 말이 아니라고 설명하는 것은 백마가 아닌 것을 가지고 백마는 말이 아니라고 설명하는 것보다 못하다. [사실 같다는 관점에서 보면,] 천지는 마치 '하나의 손가락'과 같고, 만물은 '하나의 말'과 같다.

道行之而成, 物謂之而然. 有自也而可, 有自也而不可. 有自也而然, 有自也而不然. 惡乎然? 然于然. 惡乎不然? 不然于不然. 恶乎可? 可于可. 恶乎不可? 不可于不可. 物固有所然, 物固有所可. 無物不然, 無物不可①. 故爲是舉莛與楹②, 厲③與西施, 恢恑憰怪④, 道通爲一. 其分也, 成也; 其成也, 毁也⑤. 凡物無成與毁, 復通爲一.

唯達者知通爲一, 爲是不用⑥而寓諸庸⑦; 因是已⑧. 已而不知其然⑨, 謂之道. 勞神明⑩爲一, 而不知其同也, 謂之朝三. 何謂朝三? 狙公⑪賦芧⑫曰: "朝三而莫四." 眾狙皆怒. 曰: "然則朝四而莫三." 眾狙皆悅. 名實未虧而喜怒爲用, 亦因是也. 是以聖人和之以是非而休乎天鈞⑬, 是之謂兩行⑭.

【길잡이】

① 道行之而成, 物謂之而然. 有自也而可, 有自也而不可. 有自也而然, 有自也而不然. 惡乎然? 然于然. 惡乎不然? 不然于不然. 惡乎可? 可于可. 惡乎不可? 不可于不可. 物固有所然, 物固有所可. 無物不然, 無物不可: 이 구절은 현재 판본에는 '가호가可乎可, 불가호불가不可乎不可. 도행지이성道行之而成, 물위지이연物謂之而然. 오호연惡乎然? 연우연然于然. 오호불연惡乎不然? 불연우불연不然于不然. 물고유소연物固有所然, 물고유소가物固有所可. 무물불연無物不然, 무물불가無物不可'라고 되어 있는데, 빠진

글자가 많고 글이 뒤섞여 있어 뜻을 이해하기 힘들다. 육덕명의 『경전석문』에서는 "최선崔譔 판본에는 이 구절 아래에 '가우가이불가우불가可于可而不可于不可, 불가우불가이가우가야不可于不可而可于可也'가 더 적혀 있다"라고 주석이 달려 있다. 현재 판본에 오탈자가 있음을 알 수 있다. 이에 엄령봉의 교정에 따라 바로잡는다.

- 엄령봉: 왕선겸은 "「우언寓言」에도 보인다. 이 단락에서는 옳고 그름, 긍정과 부정을 나란히 들어서 설명하고 있다. 「우언」을 통해 교정해 보자면, '불연우불연不然于不然' 구절 뒤에 '오호가惡乎可? 가우가可于可. 오호불가惡乎不可? 불가우불가不可于不可' 네 구절이 더 있는데 현재의 판본에는 빠졌다"라고 하였다. 왕선겸의 설이 옳다. '도행지이성道行之而成' 앞의 '가호가可乎可, 불가호불가不可乎不可' 여덟 글자는 원래대로라면 '불연우불연不然于不然' 뒤에 있어야 하고, '가호가可乎可, 불가호불가不可乎不可' 앞의 '오호연惡乎然', '오호불연惡乎不然' 일곱 글자가 빠졌기 때문에 이 단락 첫머리에 잘못 섞여들었다. 또 '오호연惡乎然' 앞에 '유자야이가有自也而可, 유자야이불가有自也而不可. 유자야이연有自也而然, 유자야이불연有自也而不然' 스물두 글자가 현재 판본에 빠져 있어 더욱 해석하기 어렵게 되었다. 다행히 온전한 문장이 「우언」에 실려 있어 오탈자가 없는 완전한 형태를 확인할 수 있다. 따라서 이에 근거하여 교정한다.(『도가사자신편』, 532쪽)
    - ▷ 진고응: 유문전과 왕숙민 등이 최선의 판본을 근거로 이 단락의 문구를 교정한 바 있는데, 그중 엄령봉의 설이 가장 훌륭하다.

② 莛與楹(莛의 중국음은 ting[廷]): '정莛'은 풀의 줄기. '영楹'은 나무기둥. 줄기는 작고 기둥은 크니, 옛날 사람들은 풀줄기와 나무기둥을 각기 작고 큰 것을 의미하는 비유로 즐겨 사용했다.

- 유월: 사마표는 '정莛'을 집의 대들보, '영楹'을 기둥으로 보았다. 따라서 곽상이 이를 따라 '정'은 가로로 된 것, '영'은 세로로 된 것이라 하였다. 『설문해자』에서는 "'정'은 풀의 줄기다"라고 했으니, 집의 대들보를 말하는 것이라는 설은 글자의 본래 뜻과 다르다. 『한서』 「동방삭전東方朔傳」에는 '정'으로 종을 쳤다고 하는 내용이 있다. 『문선』 「답객난答客難」에서는 '정'을 '정筳(작은 막대)'으로 적었다. 이면은 『설원』을 인용하여 "(『설원』에) '천하에 울리는 종을 만들어 놓고 작은 막대(筳)로 이를 치면, 어떻게 소리를 낼 수 있겠는가!'라고 하였다. 여기에서 '정筳'은 '정莛'과 통용된다"라고 주석을 달았다. 이를 보면 고서에서 '정莛'이 작음을 의미했다는 것을 알 수 있다. '정莛'과 '영楹'이 각각 작고 큰 것을 대표하고, '여厲'와 '서시西施'가 각각

추하고 아름다운 것을 대표하였으니, 옛날의 설들은 옳지 않다.

▹ 진고응: 고주는 모두 틀렸다. 유월의 설을 따른다.

③ 厲: '여癘'로 가차되어 사용되었다.(주준성) 나병을 뜻한다.(사마표)

④ 恢恑憰怪: 천태만상을 가리키는 말.(호방, 『장자변정』) 혹은 각종 괴이한 것을 가리키는 말.(진계천) '회궤恢恑'는 뒤에 나오는 '적궤弔恑'[24]('恢'는 簡文帝本에는 '弔'으로 되어 있음)로서 '휼괴憰怪'와 같은 뜻이다. 모두 기이하고 괴상하다는 의미이다.

- 왕박: '회궤휼괴恢恑憰怪, 도통위일道通爲一'은 각양각색의 차별, 이것과 저것을 서로 구분하는 각종 차이와 다름이 도 속에서 하나로 관통된다는 것을 말한다.

⑤ 其分也, 成也; 其成也, 毁也: 사물이 분리될 때는 반드시 생성되는 바가 있고(새롭게 어떤 사물이 생겨남), 사물이 생성될 때는 반드시 소멸하는 바가 있다(본래의 상태가 사라짐). 예를 들어, 목재를 가르고 쪼개어 기물을 만들 경우, 기물이 만들어지면 (목재의 입장에서 보면) 또한 파괴되는 부분이 생기는 것과 같다.

⑥ 不用: 자신의 성견成見을 고집하지 않음. 혹은 '분리'(分)와 '생성'(成)의 관념을 서로 구분하지 않음.

⑦ 寓諸庸: 원래는 뒤에 '용야자庸也者, 용야用也; 용야자用也者, 통야通也; 통야자通也者, 득야得也, 적득이기의適得而幾矣'라는 내용이 더 있었으나, 이 스무 글자는 잘못 끼어들어 간 것으로 보여 엄령봉의 설을 따라 삭제하였다. '우저용寓諸庸'은 각 사물의 쓰임에 맡긴다는 뜻이다.

- 서복관: 『장자』는 분리, 생성, 소멸이라는 분별·변화의 관점에서 사물을 바라보지 않고, '쓰임'(用)이라는 측면에서 사물을 파악한다. 사물은 각자의 쓰임이 있고 또 그에 따라 각자의 본성을 지니니, 모든 것은 평등한 상태로 귀결된다. 이것을 가리켜 '우저용寓諸庸'이라 한다. 「추수」에서는 "공능(功[25])의 관점에서 보면, 사물에 있는 어떤 측면에 의거하여 있다고 여긴다면

---

24) 이 편 후반부에 있는 瞿鵲子와 長梧子의 대화에 등장하는 용어이다. 판본에 따라 '弔詭'로 되어 있기도 하다. 저자는 簡文帝本에 의거하여 '弔恑'로 쓰고 있다. 그런데 瞿鵲子와 長梧子의 대화 부분에서는 또 이 '弔恑'를 '弔詭'라고 표기하면서, 이곳에 나오는 "'恢恑'·'憰怪'와 같은 뜻"이라고 설명하고 있다. 일반적으로 '恑'와 '詭'는 의미가 통용된다고 보는 데에 근거한 것으로 보인다.

25) '功能'. 어떤 것이 지니고 있는 본연의 기능(function)을 가리킨다.

세상에 있지 않은 사물이란 존재하지 않고, 사물에 없는 어떤 측면에 의거하여 없다고 여긴다면 없지 않은 사물이란 존재하지 않는다. 동쪽과 서쪽은 서로 반대되지만 서로 없어서는 안 된다는 사실을 안다면, 공능의 나뉨은 확정할 수 있을 것이다"라고 하였다. 「추수」에서 말하는 '공功'이 바로 「제물론」에서 말하는 '용庸'이고, '공능의 관점에서 본다'(以功觀之)가 바로 '각 사물의 쓰임에 맡긴다'(寓諸庸)이다.(『中國人性論史』, 402쪽)

▹ 진고응: 고주는 의미가 불분명한 것이 많다. 현대의 많은 학자들이 선영과 왕선겸을 따라 해석하였다. 선영은 '용用'을 '무용지용無用之用(쓸모없음의 쓸모)'으로 보았고, 왕선겸은 '우저용寓諸庸'을 '항상된 이치에 처하다'(寓諸于尋常之理)라고 보았다. 하지만 『장자』에서 원래 말하고자 한 것은 각 사물의 서로 같은 쓰임새(功分)에서 보면, 모두 하나로 통할 수 있다는 것이다. 따라서 (「추수」의) '공능의 나뉨'(功分)이라는 의미로 '용庸'을 해석하는 것이 비교적 원의에 부합한다.

• 엄령봉: '불용이우저용不用而寓諸庸' 뒤에 '용야자庸也者, 용야用也; 용야자用也者, 통야通也; 통야자通也者, 득야得也, 적득이기의適得而幾矣' 스무 글자가 더 있다고 보는 판본도 있으나, 이는 선대의 학자들이 '용用'에 대해 남긴 주석이 본문으로 잘못 들어간 것으로 보인다. 본 편 뒷부분에서 '위시불용이우저용爲是不用而寓諸庸; 차지위이명此之謂以明'이라는 구절이 다시 등장하는데, 여기에는 이 스무 글자가 없다. 이에 따라 삭제한다.(『도가사자신편』, 536쪽)

▹ 진고응: 이 스무 글자를 삭제하면 '위시불용爲是不用, 이우저용而寓諸庸; 인시이因是已'라는 문장이 되는데, 이는 앞 단락의 '성인불유聖人不由, 이조지어천而照之於天; 역인시야亦因是也'와 뒤 단락의 '위시불용爲是不用, 이우저용而寓諸用; 차지위이명此之謂以明'과 문장 구조상 대구를 이룬다.

⑧ 因是已: '인因'은 사물의 본래 그러함을 따르는 것을 말한다. '시是'는 여기에서 동사로 쓰였다. '이已'는 문장 끝에 오는 어조사이다.(진계천)

⑨ 已而不知其然: '이已'는 앞 문장을 받아서 말한 것이다. '이와 같은데도 그러한 줄을 모른다'라는 뜻이다.(왕인지)

• 장석창: '이已'는 앞 문장을 이어받으면서 '인시因是' 두 글자를 생략해서 말한 것이다. '사물의 본래 그러함을 따르면서 그러한 줄을 모르는 것을 일러 도라고 한다'라는 말이다. 이는 『장자』에서 즐겨 사용하는 생략법이다. 「양생주」에 나오는 '유애수무애有涯隨無涯, 태이殆已; 이이위지자已而爲知者, 태이이의殆而已矣'를 '태이이위지자殆已而爲知者, 태이이의殆而已矣'라고 할 수

도 있는데, 이와 같은 사례다.

⑩ 神明: '정신精神'과 같다.(임희일) 마음 상태, 정신을 가리킨다.

⑪ 狙公(狙의 중국음은 jū[居]): 원숭이를 기르는 사람. 이 고사는 『열자』「황제黃帝」에서도 나온다.

⑫ 芧(중국음은 xù[序]): 도토리.

- 임희일: 서芧는 도토리를 말한다. 상수리(橡)라 부르기도 한다.

⑬ 天鈞: 두 가지 해석이 가능하다. 하나는 자연의 운행·변화로 보는 것이고(이 경우 '鈞'을 도공이 도자기를 빚을 때 사용하는 회전판으로 해석), 다른 하나는 저절로 균형을 잡아 가는 자연의 이치로 보는 것이다.(「우언」에서는 이를 '天均'으로 썼다. '鈞'은 '均'과 통한다. 『道藏』의 성현영 『장자소』, 임희일의 『남화진경구의』, 저백수의 『남화진경의해찬미』, 나면도 『남화진경순본』, 오징의 『장자내편정정』 등의 판본에서는 모두 '均'으로 썼다.) 여기서는 후자의 해석을 따른다.

- 성현영: '천균天均'이란 자연이 균형을 잡아가는 이치이다.
- 풍우란: '천균天鈞'은 「우언寓言」에는 '천균天均', '천예天倪'라고도 하였다. '천균'과 '천예' 모두 만물의 스스로 그러한 변화를 말한다. '천균 속에서 쉰다(休乎天鈞)'는 구절은 바로 만물의 스스로 그러함을 따른다는 것을 의미한다.(『中國哲學史』, 291쪽)
- 서복관: '천균天鈞'은 자연의 운행 및 변화를 말한다. '휴호천균休乎天鈞'의 '휴休'는 자신의 지혜를 '천균'과 '도추道樞'에 융합시키는 것을 의미한다.(『中國人性論史』, 402쪽)

⑭ 兩行: 양극단을 모두 행할 수 있음. 즉 양극단을 모두 살필 수 있다는 뜻이다.

- 왕선겸: 외물과 자아가 각기 제 위치를 얻는 것을 양행兩行이라고 한다.
- 마항군: '양행兩行'이란 대립하는 쌍방을 함께 행하여도 서로 어긋남이 없음을 말한다.
- 방동미: 모든 사람의 관점은 자타의 구분이라는 한계를 지니고 있다. 각자가 자신의 논점을 가지고 있는 만큼, 각자 서로의 의견을 포용하고 용인해야 한다. 이것이 바로 장자가 말한 '양행兩行'설이다. '양행'이란 진리에 관한 일체의 주장이나 진술을 끝없는 상대성의 체계 속에 놓는 것을 말한다. 이 무한한 상대성의 체계 속에서 모든 이론은 자신의 독특한 관점과 그 성립 이유를 가지며, 각기 진리의 한 측면을 담지할 수 있게 된다. 우리가

이러한 방식으로 생각할 수 있다면, 예컨대 학술 토론에 참여할 때 '사심私心'이 아닌 '공심公心'을 견지하면서 자신의 편견을 드러내지 않을 수 있다. 즉, 타인의 입장과 견해를 수용하고, 다른 의견의 존재 이유를 인정하며 받아들일 수 있어야 한다.(『原始儒家道家哲學』, 제5장 「장자」 부분)

【풀이】

길은 사람이 걸어가면서 생겨난 것이고, 사물의 명칭은 사람이 불러서 그렇게 된 것이다. 가능한 것에는 그것이 가능한 원인이 있고, 불가능한 것에는 그것이 불가능한 원인이 있다. 그러한 것에는 그것이 그러한 원인이 있고, 그렇지 않은 것에는 그것이 그렇지 않은 원인이 있다. 왜 그러한가? 스스로 그러한 이치를 지니고 있어서이다. 왜 그렇지 않은가? 스스로 그렇지 않은 이치를 지니고 있어서이다. 왜 가능한가? 스스로 가능한 이치를 지니고 있어서이다. 왜 불가능한가? 스스로 불가능한 이치를 지니고 있어서이다. 모든 사물은 본래부터 그것이 그러한 부분이 있고, 또 모든 사물은 본래부터 그것이 가능한 부분이 있다. (이런 이치에서) 항상 그렇지 않은 사물이란 존재하지 않으며, 항상 가능하지 않은 사물이란 존재하지 않는다. 따라서 작은 풀과 큰 나무 혹은 추한 용모의 여성과 아름다운 서시를 함께 놓고 보거나, 그 어떤 희귀하고 괴상한 사물을 놓고 보더라도 도의 관점에서 본다면 이 모든 것은 하나로 통할 수 있다. 모든 사물과 현상은 분리되는 것이 있으면 반드시 생겨나는 것도 있기 마련이다. 생겨나는 것이 있으면 반드시 사라지는 것도 있다. 따라서 모든 사물은 그것이 이루어지든 소멸하든 결국에는 하나의 온전함으로 돌아간다.

이러한 이치에 통달한 자만이 하나로 관통시키는 이치를 이해할 수 있다. 그는 이러한 이치에 통달하였기 때문에 자신의 견해를 고집하여 내세우지 않고 각 사물의 고유한 본분에 맡긴다. 이것이 바로 스스로 그러한 도리를 따른다는 것이다. 스스로 그러한 길을 따라가면서 그것이 왜 그러한지를 의식하지도 못하는 것을 바로 '도道'라고 부른다.

논변자들은 온갖 정신을 다 기울여 하나로 일치됨을 추구해 나간다. 하지만 그것이 본래부터 서로 같다는 사실은 결코 알지 못한다. 이러한 것을 가리켜 조삼모사朝三暮四라고 한다. 조삼모사란 무엇인가? 어떤 원숭이를 기르는 사람이 원숭이에게 도토리를 먹이로 먹이는데, 하루는 원숭이들에게 "아침에는 도토리를 세 홉을 주고, 저녁에는 네 홉을 주겠다"라고 말했다. 이 말을 들은 원숭이들은 크게 화를 냈다. 그러자 그는 다시 "그러면 아침에 도토리 네 홉을 주고, 저녁에 도토리 세 홉을 주겠다"라고 말했다. 이 말을 들은 원숭이들은 크게 기뻐하며 만족했다. 명분과 실상 모두 변한 것이 없는데도 원숭이들은 때로는 기뻐하고 때로는 슬퍼하며 서로 다른 모습을 보이니, 이는 결국 원숭이의 주관적인 심리작용에 의한 것일 뿐이다. 따라서 성인은 시비의 논쟁에 집착하지 않으며 자연의 균등한 이치에 따르니, 이를 '양행兩行'이라 한다.

古之人, 其知有所至矣. 惡乎至? 有以爲未始有物者, 至矣, 盡矣, 不可以加矣. 其次, 以爲有物矣, 而未始有封①也. 其次, 以爲有封焉, 而未始有是非也. 是非之彰也, 道之所以虧也. 道之所以虧, 愛之所以成②. 果且有成與虧乎哉? 果且無成與虧乎哉? 有成與虧, 故昭氏之鼓琴也; 無成與虧, 故昭氏之不鼓琴也③. 昭文之鼓琴也, 師曠④之枝策⑤也, 惠子之據梧⑥也, 三子之知, 幾乎皆其盛者也⑦, 故載之末年⑧. 唯其好之也, 以異於彼⑨; 其好之也, 欲以明之. 彼非所明而明之⑩, 故以堅白之昧終⑪. 而其子又以文之綸終⑫, 終身無成. 若是而可謂成乎? 雖我無成, 亦成可謂成矣⑬. 若是而不可謂成乎? 物與我無成也. 是故滑疑之耀, 聖人之所圖也⑭. 爲是不用而寓諸庸, 此之謂以明.

【길잡이】

① 封: 경계, 영역.

② 愛之所以成: 앞에서 등장한 '도는 작은 성취로 인해 가려짐'(道隱于小成)을 말한다.(왕숙민, 『장자교전』) '애愛'는 사사로운 사랑 즉, 편애함을 말한다.

③ 有成與虧, 故昭氏之鼓琴也; 無成與虧, 故昭氏之不鼓琴也: '고故'는 '즉則'과 같다.(왕인지, 『경전석사』) '소씨昭氏'는 금을 잘 켰던 인물로 성은 소昭이며, 이름은 문文이다.

- 곽상: 소리라는 것은 이루 다 헤아릴 수 없다. 따라서 관을 불고 현을 뜯어 악기를 연주할 때에는 아무리 손이 바쁘게 움직여도 남는 소리가 있게 된다. 피리를 불고 금을 켜는 자들은 모두 소리를 드러내려 하지만, 소리를 내면 남겨지는 소리가 있고, 소리를 내지 않으면 소리는 온전할

수 있다. 그러므로 이루려고 하여 훼손시키는 것은 소문이 거문고를 타는 것이요, 이루지 않아 훼손이 없는 것은 소문이 거문고를 타지 않는 것이다.

- 풍우란: 곽상이 주석에서 말하는 바는,…… 아무리 규모가 큰 관현악단이라고 할지라도 한 번에 모든 소리를 완전히 연주해 낼 수는 없으며, 언제나 일정한 부분의 소리는 남겨진다는 것이다. 연주해 내는 소리는 이루어진 것에 해당하고, 남겨진 소리는 잃은 것에 해당한다. 따라서 금琴을 켜면 반드시 이루어지는 것과 잃은 것이 있고, 금을 켜지 않으면 이루어지는 것도 없고 잃는 것도 없다. 곽상이 말한 것처럼, 악기를 연주하는 것은 소리를 실현하려는 것이지만(彰聲), 소리를 실현하면 그로 인해 남겨지는 소리가 생기고 소리를 실현하려 하지 않으면 소리는 온전해진다. 옛날 도연명陶淵明은 자신의 방안에 줄이 없는 금을 걸어 두었다고 한다. 그의 의도는 대략 곽상이 말한 바와 같았을 것이다.(『莊子哲學討論集』, 124쪽)

④ 師曠: 진晉나라 평공平公의 악사.

⑤ 枝策: 막대기를 잡고 두드리며 박자를 맞춤.(『경전석문』에서 최선의 설을 인용함)

- 임희일: '책策'은 악기를 연주하는 도구이다. 지금은 말채찍 역시 '책'이라고 부른다. '지枝'는 '쥐다'는 뜻이다. 쥐고 치는 것을 '지'라고 한다. '사광지책師曠枝策'은 사광이 악기를 연주한다는 말이다.
- 장석창: '지枝'는 '지支'로 가차되어 사용되었다. 『세설신어』 25장의 주석에 '지枝'를 인용하면서 '지支'라고 하였으니, 참고할 만하다. 『설문해자』에서는 "'지支'는 대나무(竹)의 가지(枝)를 떼어 내는 것이다. 반으로 자른 대나무를 손으로 잡은 모습을 따랐다"(支, 去竹之枝也, 從手持半竹)라고 하였다. 이를 보면 '지支'에 '쥐다'(持)의 의미가 있으므로, 그에 따라 풀이한다.

⑥ 據梧: 고주古注에 두 가지 종류의 해석이 있다.

(1) '오梧'를 금琴으로 보는 것이다. 대표적으로 사마표는 "'오'는 금을 말한다"라고 하였다.

(2) '거오據梧'를 오동나무 탁자에 기대는 것으로 보는 해석이다. 성현영 『장자소』에서는 "소문昭文이 금을 이미 켤 수 있는데, 어찌 두 사람이 같은 재주를 함께하는 것을 허용하겠는가? 옛 문헌을 살펴보았지만, 혜자가 금을 잘 켰다는 글을 찾을 수 없었다. 따라서 '거오據梧'라는 것은 오동나무 탁자에 기대어 대화를 나누는 것을 말한다. 오동나무 탁자는 앞에서 나온 '은궤隱几'[26]와 같은 것으로

---

26) '책상에 기대어'라는 뜻으로, 「제물론」 첫머리에 등장하는 南郭子綦의 일화에 나온다.

볼 수 있다"라고 하였다.

▹ 진고응: '거오據梧'는 '오동나무에 기대다'로 해석해야 한다.

- 유사배: 「덕충부德充符」를 보면, 장자가 혜자에게 "지금 그대는 정신이 바깥으로 흩뜨리고 형체를 수고롭게 하여, 나무에 기대어 웅얼거리거나 오동나무에 의지하여 졸고만 있구려"(今子外乎子之神, 勞乎子之形, 倚樹而吟, 據槁梧而瞑)라고 하는 내용이 있는데, 이 구절과 서로 의미가 부합한다. '고오槁梧'라는 말이 '나무'(樹)와 나란히 나오는 것으로 보아 악기는 아닌 듯하다.…… 「천운天運」에 "'고오槁梧'에 기대어 노래를 읊조리다"(倚于槁梧而吟)라는 구절이 나오는데, 이 역시 금琴이나 슬瑟과 같은 악기를 말하는 것이 아님을 알 수 있다.
- 유무: 「덕충부」의 말을 근거로 하면, '오梧'의 의미는 저절로 드러난다. 즉 웅얼거릴 때 이미 '나무'(樹)에 기댔으니, 졸 때는 저절로 '오동나무'(梧)에 의지하게 되는 것이다.

▹ 진고응: '의수倚樹'와 '거오据梧' 두 가지는 사실 서로 같은 것이다.(엄령봉)

⑦ 三子之知, 幾乎皆其盛者也: 세 사람의 기예가 최고 수준에 이르렀음. 이 구절에 관해서는 두 가지 끊어 읽기 방법이 있어 왔다.

(1) '삼자지지기호三子之知幾乎, 개기성야皆其盛也'로 끊어 읽는 방법. 곽상의 주에서 "'기幾'는 '다하다'는 뜻이다"라고 하였다. 이 세 사람의 기예가 정점에 다다랐다는 뜻으로 풀이할 수 있다. 이처럼 곽상 『장자주』에 근거하면 '기호幾乎' 뒤에서 끊는다.

(2) '삼자지지三子之知, 기호개기성자야幾乎皆其盛者也'로 끊어 읽는 방법. '무연서'는 "'기호幾乎' 두 글자는 아래 문장과 연결해서 읽어야 한다"라고 하였다. 감산덕청본과 임운명 주석본 등에서 바로 이처럼 '기호幾乎'를 아래 문장과 연결하여 읽었다. 곽상 『장자주』를 따라 독해하면 앞뒤 문장의 의미가 중복이 되므로 (2)의 견해를 따라야 한다.

⑧ 載之末年: 이 구절에는 여러 가지 해석이 있다.

(1) 후대에 전한다는 의미로 해석하는 방법. 최선의 『장자주』에 "책이 오늘날에 전하는 것을 말한다"라고 한 것이 그 사례다.

(2) 어떤 일에 평생토록 종사한다는 의미로 해석하는 방법. 임희일은 "'재載'는 '일하다'(事)의 의미다. 말년末年은 노년을 가리킨다. 이 일에 평생 종사하는 것을

말한다"라고 하였다. 감산덕청은 "평생 종사함을 말한다"라고 하였고, 임운명은 "세 사람 모두 그 앎이 정수精髓에 가까워 평생토록 이를 돈독히 즐겼다"라고 하였다.

(3) '재載'를 영예를 지닌다는 뜻으로 해석하는 방법. 이면은 "'재'는 말년이 영예로운 것을 말한다. 그 지식이 드높아 말년에 영예를 얻을 수 있었다. 하지만 장자는 이를 세속의 헛된 명예에 지나지 않는다고 여겼다"라고 하였다.

▹ 진고응: (2), (3)의 설이 모두 통한다.

⑨ 異於彼: 남에게 뛰어난 것을 뽐내다. '피彼'는 타인 혹은 사람들을 가리킨다.

⑩ 彼非所明而明之: 다른 사람이 꼭 알고자 하지 않는데도 억지로 함께 알고자 함.(왕선겸) 자신의 선호를 그러한 선호가 없는 타인에게 알려 주고자 하는 것.(진계천) 여기에서는 혜자를 지칭한다.

⑪ 以堅白之昧終: 혜자가 평생 견백설堅白說[27]에 빠졌음을 말하는 것.(진계천) '매昧'는 고집스럽고 닫혀 있음을 의미한다.

- 왕숙민: '이견백지매종以堅白之昧終'은 혜시를 짚어 말한 것이다. 「덕충부」에서도 장자가 혜시에게 '견백설로 떠들고 다닌다'(以堅白鳴)고 말한 적 있다. 견백설이란 백마비마론白馬非馬論과 비슷한 종류의 논변으로서 굳이 공손룡을 언급할 것도 없이 전국시대 제자백가에 그러한 변론자들이 적지 않았다. (『장자교전』)

⑫ 其子又以文之綸終: '윤綸'에 관해서 두 가지 해석이 있다. 첫 번째는 금슬琴瑟과 같은 악기의 현으로 보는 해석이고(崔譔), 두 번째는 사업, 위업으로 보는 해석이다(成玄英). '기자其子' 또한 두 가지 해석이 있다. 첫 번째는 앞에서 등장한 소문昭文의 아들로 보는 해석이고, 두 번째는 혜시의 아들이라고 보는 해석이다. James Legge는 *The writings of Chuang Tze*에서 이를 "그들의 아들"(즉, 소문, 광사, 혜시 세 명의 아들)이라 번역하고, 다시 "여기에서는 혜시의 아들을 가리키는 것일

27) 白馬非馬 논변과 더불어 전국시대 名家학파의 학설로 전해지는 유명한 논변의 일종. '딱딱함'(堅)이나 '흼'(白)과 같은 사물의 속성은 독립적으로 실재한다는 것이 요지이다. 명가의 일파인 공손룡에 따르면, '흼과 딱딱함과 돌'은 셋이라고 하면 안 되고 둘이라고 해야 옳다. '돌'은 구체적인 사물이므로 반드시 어떤 속성과 결합해야 하는데, '흼'이라는 속성과 '딱딱함'이라는 속성은 서로 독립적인 실재성을 지니므로 동시에 '돌'이라는 한 대상의 속성이 될 수 없기 때문이라는 것이 그 이유이다.

수도 있다"라고 주석을 달았다. 따라서 이 구절에 대해서는 서로 다른 해석이 존재할 수 있다.

(1) 소문의 아들이 평생 그가 남긴 사업에 종사한다는 해석으로, 곽상의 『장자주』에서 "소문의 아들이 소문의 남은 사업을 평생토록 한다"라고 한 것이 이에 해당한다.

(2) 혜시의 아들이 혜시의 학문적 과업을 이어받는다는 해석으로, 임운명이 "혜시가 세상을 떠나고 그의 아들이 견백설을 책으로 남겨 그의 남은 사업을 이었지만 결국 얻는 바가 없었다"라고 한 것이 그 경우이다.

일반적으로 학자들은 곽상의 해석을 따르는 경우가 많다. 여기에서도 이를 따르기로 한다.

⑬ 雖我無成, 亦可謂成矣: 원래는 '수아역성야雖我亦成也'라고 되어 있지만 진경원의 『장자궐오』에 따라 수정하였다.

- 왕숙민: 진경원의 『장자궐오』에서는 강남고장본江南古藏本을 인용하여 '수아역성야雖我亦成也'를 '수아무성雖我無成, 역가위성의亦可謂成矣'로 고쳤다. 이 경우 의미가 비교적 완전해지므로 이를 따른다. 한편 곽상의 『장자주』에서도 '즉수아지불성則雖我之不成, 역가위성야亦可謂成也'라고 하였으니, 곽상의 판본에서도 '수아역성야雖我亦成也'의 '역亦'자 앞에 원래 '무성無成' 두 글자가 있고, '역亦'자 뒤에 '가위可謂' 두 글자가 있었음을 알 수 있다.
  - ▹ 진고응: '수아무성雖我無成'의 '아我'는 일인칭을 뜻하는 통칭으로서 장자만을 특정하는 말이 아니다.

⑭ 滑疑之耀, 聖人之所圖也(滑의 중국음은 gǔ[骨]): '도圖'는 '제거하다'의 의미다. 『좌전』 은공원년隱公元年에 "덩굴(蔓)은 제거하기 어렵다(難圖)"라고 한 것과 같은 용법이다.(조초기, 『장자천주』) 이 구절에는 두 개의 서로 대립하는 해석이 존재한다. 정리하면 다음과 같다.

(1) '빛을 함축하고 있는 것이 바로 성인이 추구하는 바이다'라는 해석이다. 이는 감산덕청이 "'골의지요滑疑之耀'란 은은한 빛을 감추고 있음을 말하는 것으로 자신의 견해를 내세우지 않는다는 뜻이다. 따라서 이 구절은 빛이 겉으로 드러나지 않는 것이 성인이 추구하는 바임을 말한 것이다"라고 말한 것이 이에 해당한다.

(2) '사람의 마음을 어지럽게 만드는 현란함은 바로 성인이 없애고자 한 것이다'라

는 해석이다. 이에 대해 장석창은 다음과 같이 설명하였다.

"『경전석문』에 '골滑은 어지러운 것이다'라고 한 사마표의 말이 나온다. '골의滑疑'는 논변자들을 가리켜 말한 것으로, 변론자들의 말이 사람들의 마음을 혼란스럽게 만들 수 있다는 의미이다. 이 외에도 비슷한 용법의 사례가 『장자』에 등장하는데, 이 편 뒷부분에서 '치기골혼置其滑涽'이라고 했고, 「서무귀徐無鬼」에서는 '힐골유실頡滑有實'이라 했다. 전자의 '골혼滑涽'에 대해 곽상 주석에서는 '골혼(滑涽)은 분란을 뜻한다'라고 하였고, 후자의 '힐골頡滑'에 대해서는 상수의 주석에서 '힐골頡滑은 착란을 뜻한다'라고 하였다. 이 두 가지 모두 '골의滑疑'와 같은 뜻임을 알 수 있다. '도圖'는 '비啚'로 가차되어 사용된다. 『설문해자』에서는 '비啚'를 '색嗇'으로 보았다. '색嗇'은 '인색하다', '아끼다'의 의미다. 곽상 『장자주』에서는 '도이역지圖而域之'라고 하였는데, 이때의 '도圖' 역시 '인색하다'의 뜻이다. 즉, 이 구절 전체는 성인은 변설을 화려하게 꾸미는 것에 인색하다는 의미로 해석된다. 뒤에 이어지는 '사용하지 않음'(不用)이라는 말 역시 이 '도圖'자를 받아서 말한 것이다. 따라서 '도圖'가 인색함 혹은 사용하지 않음의 의미라는 것을 알 수 있다."

문일다의 경우 "비鄙는 과거에 '비啚'로만 쓰였는데, 교열하는 자들이 이를 잘못하여 '도圖'자로 쓴 것을 좇아 본문을 '도圖'로 바꾼 것이다"라고 하였고(『장자내편교석』), 마서륜 또한 "'도圖'자는 잘못 가차한 것이다"라고 하였다.

▹ 진고응: (2)의 설을 따른다. 뒤에서 '이를 사용하지 않는다'(爲是不用)라고 한 것이 바로 이 구절에서 말한 '인간의 마음을 어지럽히는 변설'을 이어받아 말한 것이다.

【풀이】

옛날의 사람들은 그 지혜가 지극한 데까지 이르렀다. 어디까지 도달했는가? 우주의 태초에는 만물이 존재하지 않았다고 여긴 이들이 있었으니, 이것은 곧 지식의 궁극으로서 이미 지극한 곳까지 도달하여 그 이상 더할 것이 없다. 다음 단계의 사람들은 우주의 태초에 만물이 존재했으나 아직 만물 사이에 엄격한 구분이나 경계는 있지 않았다고 여겼다. 그다음 단계의 사람들은 우주의 태초에 만물이 존재했고 이들 사이에 구분 또한 있다고 여겼지만, 그 옳고 그름의 우열을 따지지는 않았다. 옳고 그름을 구분하게 되면 도道는 훼손된다. 도의 훼손은 사사로운 호오好惡에 의해 생겨난다. 과연 완성과 훼손은 있는 것일까, 아니면 완성과 훼손은 없는 것일까? 완성과 손실이 있는 것은 마치 소문昭文이 금을 켜는 것에 비유할 수 있고, 완성과 손실이 없는 것은 소문이 금을 켜지 않는 것에 비유할 수 있다. 소문이 금을 켜는 것, 사광이 막대를 쥐고 박자를 치는 것, 혜자가 오동나무 아래에 기대어 서서 변론을 하는 것, 이 세 가지는 그 기예가 모두 절정에 달한 것으로서 이들은 이것으로 말년에 큰 영예를 얻을 수 있었다. 이들은 각자 좋아하는 것으로서 다른 사람에게 그 남달리 뛰어남을 자랑하였고, 각자 좋아하는 것으로서 다른 사람에게 기량을 드러내고자 했다. 남들이 반드시 알아야 하는 것이 아닌데도 이를 남에게 알도록 강요하였으니, 이로 인해 평생을 '견백론堅白論'의 고집 속에 갇혀 살았다. 그리고 소문의 아들 또한 평생 소문이 남긴 과업에 종사했지만, 결국 평생 아무것도 성취할 수 없었다. 이러한 것을 과연 성취한 바가 있다고 할 수 있겠는가? 만약 그렇다면 우리는 실제로 성취한 것이 없지만 성취한 것이 있다고 말할 수 있다. 그런데 만약 이런 것을 성취라고 할 수 없다면 그 누구도 어떠한 성취도 논할 수 없을 것이다. 따라서 남에게 과시하고 자랑하는 것은 사람들을 어지럽게 만드는 것이므로 성인은 이를 버리고자 한다. 따라서 성인은 (어떤 견해와 변설을 사용하여) 사람들에게 과시하지 않고 그저 각자 자신의 본분과 역할에 처할 뿐이니, 이를 '밝음으로써 한다'(以明)라고 말한다.

5.

今且有言於此, 不知其與是類乎? 其與是不類乎? 類與不類, 相與爲類, 則與彼無以異矣.

雖然, 請嘗言之. 有始也者①, 有未始有始也者②, 有未始有夫未始有始也者③. 有有也者, 有無也者④, 有未始有無也者⑤, 有未始有夫未始有無也者⑥. 俄而有無矣, 而未知有無之果孰有孰無也. 今我則已有謂矣, 而未知吾所謂之其果有謂乎, 其果無謂乎?

天下莫大於秋豪之末, 而大山爲小; 莫壽乎殤子, 而彭祖爲夭⑦. 天地與我並生, 而萬物與我爲一. 旣已爲一矣, 且得有言乎? 旣已謂之一矣, 且得無言乎? 一與言爲二, 二與一爲三. 自此以往, 巧歷⑧不能得, 而況其凡⑨乎! 故自無適有⑩以至於三, 而況自有適有乎! 無適焉⑪, 因是已.

【길잡이】

① 有始也者: 우주에 시작이 있음.

② 有未始有始也者: 아직 시작되지 않은 것의 시작이 있음.

③ 有未始有夫未始有始也者: '아직 시작되지 않은' 것조차 시작되지 않은 시작이 있음.(관봉, 『장자내편역해화비판』) 이는 천지의 시작 이전보다 더 이전을 가리킨다.(장석창)

- 진계천: 우리가 천지의 시원에 관해 사고할 때에는 물아 간의 대립을 떠올리지 않는다. 만약 사고가 천지 시원의 이전, 그리고 그보다 더 이전으로까지 거슬러 올라가면 점차 무한한 경지로 나아가게 되는데, 시시비비라는 것이 어떻게 있을 수 있겠는가?

④ 有有也者, 有無也者: 우주에는 '유有'가 있고, '무無'도 있음. '무無'와 '유有' 개념은 『노자』에서 온 것으로, 『노자』 1장과 40장에 나온다.

⑤ 有未始有無也者: 아직 '무無'조차 없던 '무無'가 있음.

⑥ 有未始有夫未始有無也者: 아직 '무無'조차 없던 '무無'마저도 없는 '무無'가 있음.(관봉, 『장자내편역해화비판』)

- 진계천: 우리가 만물로부터 도道에까지 사고해 나가면, 만물은 이미 하나로 통하게 된다. 만약 사고가 도가 있기 이전 그리고 그보다 더 이전으로까지 거슬러 올라가면 점차 무한한 경지로 나아가게 되는데, 역시 시시비비라는 것은 말할 것도 없게 된다.

⑦ 天下莫大于秋毫之末, 而大山爲小; 莫壽于殤子, 而彭祖爲夭: 천하에 가을철에 털갈이하여 가늘어진 짐승의 털끝보다 더 큰 것이 없으니, 태산조차 이보다 더 작고, (천하에) 요절한 갓난아이보다 더 장수하는 것이 없으니, 팽조조차 이보다 더 명이 짧음. 장자가 볼 때, 크고 작음, 길고 짧음은 상대적이며 비교적이지 절대적인 것이 아니다. 모든 것은 그보다 작은 것보다는 반드시 크기 마련이고 또 그보다 큰 것보다는 반드시 작기 마련이다. 따라서 모든 것은 큰 것이기도 하고 작은 것이기도 하다. 이러한 논리에 따라 위와 같은 궤변이 나온 것이다. 경험세계 속에서 일반적으로 지극히 크다고 여겨지는 것은 더욱 큰 공간에서 보면 지극히 경미한 것에 지나지 않는다. 반대로 일반적으로 지극히 작다고 여겨지는 것 역시 바싹 다가가서 관찰하면 그 속에 무한히 많은 내용이 담겨

있음을 발견하게 될 것이다. 장자가 상대되는 사물 간의 절대성(특정한 관계로 한정하면 그 크고 작은 차이는 절대적일 수 있다. 마치 개와 모기라는 특정한 관계로 한정한다면 개가 크고 모기가 작은 것은 절대적이다)에 대해서는 의도적으로 간과하는 모습을 보이기는 하지만, 장자의 목적이 현상계를 구분하는 데 있지 않고 인간의 시야를 확장하려는 것인 만큼 그는 이를 바탕으로 현상계 속의 시공간적 경계를 타파하려 했음을 알 수 있다. 만약 그것이 가능하다면 정신은 비로소 폐쇄된 구역에서 벗어나 자유로워질 수 있을 것이다.

- 엄북명: '천하에 가을철에 털갈이하여 가늘어진 짐승의 털끝보다 더 큰 것이 없으니, 태산조차 이보다 더 작고, (천하에) 요절한 갓난아이보다 더 장수하는 것이 없으니, 팽조조차 이보다 더 명이 짧다'라는 구절은 상대주의를 말할 뿐 아니라 심지어는 궤변처럼 보인다. 하지만 장자가 이 말을 한 의도는 감각적 인지에 국한된 채 사물 표면의 양적 차이를 가지고 사물을 비교해서는 안 되며, 추상적 사유를 통해 일체의 공간적 크고 작음이 상대적인 것이 지나지 않음을 인식해야 함을 논증하려는 것이다. 오직 무한대와 무한소만이 절대적일 수 있으며, 이는 공간뿐만 아니라 시간에서도 마찬가지다. 이러한 견해는 충분히 합리적인 요소를 포함하고 있다.(「從道家思想演變看莊子哲學」, 『社會科學戰線』 1981년 1기)

⑧ 巧曆: 계산을 잘하는 사람.

⑨ 凡: 범부, 보통 사람.

⑩ 自無適有: '무無'(언어에 입각한 분별심(機心)이 없음)에서 '유有'(언어에 입각한 분별심(機心)이 있음)로 나아감.

⑪ 無適焉: 가려고 하지 않음. 미리 앞서 계산하지 않음을 가리키며, 언어에 입각한 분별심을 없애 버려야 함을 뜻한다.

【풀이】

지금 여기서 몇 가지 말을 하려 하는데, 다른 사람들이 하는 말과 내가 하는 말이 같은 부류의 것인지 다른 부류의 것인지 알 수 없다. 같은 부류의 것이든 다른 부류의 것이든, 말하는 순간 모두 같은 부류로 여겨지게 되면 다른 사람들의 말과 차이가 없게 될 것이다.

이왕 그렇다면 내가 한번 말해 보겠다. 우주에는 '시작'이 있고, 아직 그 어떤 것도 시작되지 않은 '시작'이 있고, 또 '그 어떤 것도 시작되지 않은' 것조차 시작되지 않은 '시작'이 있다. 우주 최초의 형태에 그 '있음'(有)이 있었고, 그 '없음'(無)이 있었고, 또 아직 그 '없음'조차 있지 않았던 '없음'이 있었고, 또 그 '없음조차 있지 않았던 없음'조차 있지 않았던 '없음'도 있었다. 그러다가 홀연히 '있음'과 '없음'이 생겨났으니, 이 '있음'과 '없음'이 과연 '있음'인지 과연 '없음'인지 알 수 없다. 지금 내가 이미 이렇게 말을 했지만, 내가 말을 한 것이 정말로 말을 한 것인지 하지 않은 것인지 모르겠다.

천하에 가을철에 털갈이하여 가늘어진 짐승의 털끝보다 더 큰 것이 없으니, 태산조차 이보다 더 작고, 요절한 갓난아이보다 더 장수하는 것이 없으니, 팽조조차 이보다 더 명이 짧다. 천지와 나는 함께 존재하고 만물과 나는 서로 일체를 이루고 있다. 이미 하나가 되었는데 달리 어떤 말이 필요한가? 그런데 이미 서로 일체를 이루고 있다고 말을 했는데, 어떤 말도 없다고 할 수 있는 것일까? 이미 하나를 이룬 만물에다 만물이 하나를 이룬다고 한 말 하나를 더하면 벌써 둘이 되고, 둘에서 하나를 더하면 셋이 된다. 이런 방식으로 계속해서 더해 나가면 아무리 계산을 잘하는 자라고 할지라도 그 최후의 수를 알 수 없을 것이니, 하물며 보통 사람들은 어떠하겠는가? 무에서 출발해서 유까지 왔는데도 이미 (하나, 둘, 셋이라는) 세 가지 명칭이 생겼는데, 하물며 유에서 시작하여 유로 나아간다면 어떠하겠는가? 그러니 미리 계산하지 말고, 그저 저절로 그러함을 따라가면 될 일이다.

夫道未始有封①, 言未始有常②, 爲是而有畛③也. 請言其畛: 有左, 有右, 有倫, 有義, 有分, 有辯, 有競, 有爭, 此之謂八德④. 六合⑤之外, 聖人存而不論; 六合之內, 聖人論而不議. 春秋經世先王之志⑥, 聖人議而不辯. 故分也者, 有不分也; 辯也者, 有不辯也. 曰: 何也? 聖人懷之⑦, 衆人辯之以相示⑧也. 故曰辯也者, 有不見也⑨.

夫大道不稱, 大辯不言, 大仁不仁⑩, 大廉不嗛⑪, 大勇不忮⑫. 道昭而不道, 言辯而不及, 仁常而不周⑬, 廉淸而不信⑭, 勇忮而不成. 五者無棄而幾向方矣⑮. 故知止其所不知, 至矣. 孰知不言之辯, 不道之道? 若有能知, 此之謂天府⑯.

注焉而不滿，酌焉而不竭，而不知其所由來，此之謂葆光⑰.

【길잡이】

① 道未始有封: 도道는 어디에나 있으며 이것과 저것, 자타 간의 구분이 이루어져 있지 않음을 말한다.(진계천)

- 최선: 「제물론」 7장[28]에는 이것은 앞 장과 연결되어 있다. 그러나 반고班固는 이를 원래 외편外篇에 있던 것이라고 하였다.(『경전석문』에서 인용)

② 言未始有常: 말에는 어떤 정해진 설이 있지 않음을 말한다.(진계천) '상常'은 시비판단의 기준이다.

③ 爲是而有畛: 두 가지 해석이 있다.

(1) 이것으로 인해 시비의 구별이 생긴다.(진계천) 이 경우 '위시爲是'는 '이 때문에', '이것으로 말미암아'라고 풀이한다.

(2) '옳음'(是)이라는 한 글자를 놓고 다투면서 경계를 구분한다. 이 경우 '위시爲是'는 '옳음(是)을 위해'라고 풀이한다.

앞 구절의 맥락을 고려하면 두 번째 해석이 더 좋다.

- 감산덕청: '옳음'(是)이라는 한 글자에 집착하므로 시시비비의 분별의 생겨나게 된다.
- 장석창: 유가와 묵가는 '옳음'(是)이라는 글자를 놓고 서로 다툰다. 이에 이것과 저것, 타인과 자아라는 구분이 발생하고 서로 간의 논쟁이 끊이지 않는다.

④ 有左, 有右, 有倫, 有義, 有分, 有辯, 有競, 有爭, 此之謂八德: 이는 유가, 묵가 등의 학파가 일삼는 논쟁 여덟 가지 종류를 가리킨다. '윤倫'은 기강(紀)과 같으며, '의義'는 의례(儀)로서 예의 법도를 가리킨다. 즉 '윤의倫義'는 기강과 법도를 말한다.

- 성현영: '덕德'은 각종 공용功用의 이름이다. 간략히 말해 이와 같은 여덟 가지의 덕이 있다는 뜻이다.
- 임희일: 이 단락에서는 '옳음'(是)이라는 글자에서 출발하여, 경계가 생겨나고 또 자타의 구분이 생겨남을 말하고 있다. 지극한 도와 지극한 말에는

---

28) 班固가 보았던 『장자』 판본에는 내편, 외편, 잡편의 구분뿐 아니라, 편별로 다시 장의 구분이 있었던 것을 유추할 수 있다.

본래 자타의 구분이 없지만, 인간 마음의 사사로움으로 인해 '옳음'(是)이라는 말이 생겨나고, 따라서 많은 경계와 구분이 생겨났다는 것이다. 여덟 가지 덕의 명칭은 외물과 자아의 대립을 뜻하는 것일 뿐이지만, 이를 좀 더 풍부하게 표현하기 위해 뒤의 네 구절을 만들어 냈다.

- 나면도: '윤倫'은 차례, 순서이다. '의義'는 합당함이다. 즉 차례를 정하고 또 거기에 따라 합당하게 해야 한다는 뜻이다. '분分'은 구별하는 것이고, '변辯'은 상세히 하는 것이다. '경競'은 마음을 위주로 말한 것이고, '쟁爭'은 힘을 위주로 말한 것이다. 『좌씨전』에서 "마음을 겨루고(競), 힘을 다툴(爭) 필요가 없다"라고 한 것이 바로 그것이다.(『남화진경순본』)
- 장석창: '좌左'는 비천함 혹은 아래를 가리켜 말한 것이고, '우右'는 존귀함 혹은 위를 가리켜 말한 것이다. '윤倫'은 (관계의) 소원하고 가까움에 관해 말한 것이고, '의義'는 (지위의) 귀천에 관해 말한 것이다. 이는 유가에서 말하는 인간의 관계를 지칭하는 것으로 이처럼 크게 네 가지로 나뉜다…… '분分'은 만물을 분석하는 것을 말하고, '변辯'은 어떤 것이 옳다고 변론하는 것을 말한다. '경競'은 쉬지 않고 설전을 주고받는 것이고, '쟁爭'은 승리를 쟁취하는 것을 말한다. 이는 묵가(기타 학파의 논변자들 포함)의 (논쟁) 기법으로 이처럼 크게 네 가지로 나뉜다. 이들은 바로 유가와 묵가의 '구분 짓기'(畛)로 모두 합하면 여덟 가지가 된다.

⑤ 六合: 천지와 동서남북 사방을 가리킴.

⑥ 春秋經世先王之志: 고대의 역사 가운데 선왕들의 치세에 관련된 기록.

- 왕선겸: '춘추경세春秋經世'란 옛 시기 세상의 일들을 기획하고 정했던 것을 말한다. 공자가 지은 『춘추』를 가리키는 것이 아니다.
- 장석창: '춘추경세선왕지지春秋經世先王之志'는 '춘추선왕경세지지春秋先王經世之志'와 같다. 이는 앞에서 등장한 '대목백위지규혈大木百圍之竅穴'이 실은 '백위대목지규혈百圍大木之竅穴'인 것과 같은 사례로서 모두 『장자』에서 사용하는 도치 구문에 해당한다. 모든 고대의 역사는 선왕의 자취가 세상에 행해진 것에 대한 기록임을 의미한다.

⑦ 懷之: 말이 없이 잠잠하게 일체의 도리를 체득하는 것을 가리킨다.

- 곽상: 논변하지 않고 마음속에 품는 것이다.
- 왕선겸: 마음속에 담아 두는 것이다.

⑧ 相示: 서로 과시함.

⑨ 辯也者, 有不見也: 논쟁과 변론을 일삼는 자들은 항상 자신을 옳다고 여기고

자신이 틀렸다고 여기지 않음을 말한다.(진계천)

⑩ 大仁不仁: 진정한 인(大仁)은 편애가 없는 것이다. 『노자』 5장에 등장하는 '천지는 불인하다'(天地不仁), 「경상초庚桑楚」에 등장하는 '지극한 인에는 친함이 없다'(至仁無親)와 같은 뜻이다.

- 임희일: 인仁으로 행하는 자취가 없는 후에야 참된 인(大仁)을 이룬다.

⑪ 大廉不嗛(嗛의 중국음은 qiǎn[遣]): 진정으로 청렴한 것은 겸손한 척 사양하지 않는 것이다.

- 마기창: '겸嗛'은 '엄隒'과 같다. 『설문해자』에 "'엄隒'은 언덕(崖)이다"라고 하였으니, 겸손한 자는 스스로 고고함을 드러내지 않음을 말한다.
- 이면: '겸嗛'은 '염嗛'으로 보아야 한다. '염嗛'은 '입 구'(口)의 의미를 따른 글자로서 입으로 스스로 청렴하다고 말하는 것을 가리킨다. '대렴불겸大廉不嗛'이란 진실로 청렴한 사람은 스스로 자신이 청렴하다고 말하면서 영예를 바라거나 하지 않는다는 것이다. 마치 '채采'를 '채採'로 쓰면서 손으로 채취한다는 의미를 드러낸 것과 같은 방식이다.[29] 그런데 이는 모두 한대漢代 이후에 바뀐 글자들이므로 원래 글자는 '염廉', '채采'라고 보아야 한다. 따라서 이 구절은 본래 '대렴불렴大廉不廉'으로 앞의 '대인불인大仁不仁'과 같은 용법이며, 두 번째의 '염廉'은 동사로 보아야 한다. 즉, 진정한 청렴함은 스스로 자신이 청렴하다고 말하지 않는다는 뜻이다. 위진시대의 주석가들이 이 글자에 '口'변을 추가하고, 다시 이를 '겸嗛'으로 잘못 썼다.

⑫ 大勇不忮(忮의 중국음은 zhì[致]): 진정한 용기는 해를 입히지 않는 것이다. '기忮'는 해치다 라는 뜻이다.(『경전석문』)

⑬ 仁常而不周: '상常'은 한 방향으로 고정이 되어 있음을 가리킨다. '주周'는 원래 '성成'으로 되어 있었으나, 강남고장본江南古藏本에 따라 수정하였다. 이 구절은 '인仁'이 한 곳에만 정체되면 두루 미칠 수 없음을 말한 것이다.

- 해동: 『장자궐오』에서 "강남고장본에는 '주周'로 되어 있다"라고 하였는데, 이 설이 옳다. 곽상의 『장자주』에서도 "사물에는 편애가 없으니, 한쪽에 고정되면 두루(周) 살필 수 없다"라고 하였으니, '성成'이 아니라 '주周'로 쓰고 있음을 알 수 있다. 뒤에 나오는 '용기이불성勇忮而不成'의 '성成'으로

29) 기존의 '采'자에 '채집하다'의 의미를 분명하게 드러내기 위해 손을 뜻하는 '扌'를 추가하여 '採'로 쓰게 된 것을 말한다.

인해 잘못 바뀐 것이다.

⑭ 廉清而不信: 청렴함이 지나쳐 진실하지 않음.

- 감산덕청: 고고한 척 스스로 깨끗하다고 이름을 내세우니, 실질적인 덕이 없다.

⑮ 五者無棄而幾向方矣: 본래는 '오자원이기향방五者圓而幾向方'으로 되어 있었으나 해동의 설과 『회남자』에 따라 수정하였다.

- 해동: 『회남자』「전언훈詮言訓」에는 이 구절이 '오자무기이기향방의五者無棄而幾向方矣'라고 되어 있다. 『회남자』에 대한 고유의 주석에서는 "방方은 도道이니 도에 가까워진다는 뜻이다"라고 하였고, 『이아』「석고釋詁」에서는 "'기棄'는 '잊다'라는 뜻이다"라고 하였다. 즉 '이 다섯 가지를 잊지 않는다면 도에 가까워질 수 있다'는 의미다. 옛 판본 『장자』에는 '무無'가 '무无'로 되어 있고, '기棄'는 글자가 지워져 있어 판별하기가 어려워 옮겨 적은 이는 이것을 '□'로 표시하였다. 그런데 후대 사람들의 불찰로 '무无'가 '원元'으로 잘못 전해졌고, 또 이것이 '□' 표시와 결합하여 최종적으로 '원园'이 되었다. 해설하는 자들은 이 '원园'을 '원圓'의 속자로 보고, '방方(사각형)과 '원圓'(원형)이 서로 대구를 이룬다고 여겼는데, 이로써 책의 내용이 매우 불분명해지게 되었다. 따라서 『회남자』에 근거하여 이를 교정해야 한다.

⑯ 天府: 자연의 보물창고. 정신이 포섭하는 범위가 매우 드넓음을 형용하는 표현.

⑰ 葆光: 감추어진 빛.

- 임희일: '보葆'는 '감추다'라는 뜻이다. 그 빛을 감추어 밖으로 드러내지 않는 것을 일러 '보광葆光'이라고 한다.
- 노사광: 온갖 설이 분분한 것은 모두 '말'(言)이라는 것에서 기인한다. '말'은 실상에 다가갈 수 없으니 그 자체의 제약으로 인해 혼란이 가중되는 것이다. 도가의 사상은 말이나 주장을 그치고 허령한 지각을 길러야 한다는 것이니, '보광葆光'이 바로 이를 가리킨다.

【풀이】

도道에는 원래부터 경계가 나뉘어 있지 않다. 말에는 원래부터 정해진 설이 없다. 서로 '옳음'(是)이라는 말을 쟁취하기 위해 수많은 경계와 구분이 생겨났으니, 이에 좌와 우, 순서와 등급, 분별과 논변, 말다툼과 기싸움 같은 것들이 있게 되었다. 이는 모두 경계와 구분이 나타나는 여덟 가지 모습이다. 천지 밖의 일에 대해 성인은 그 존재는 긍정하되 논하려 하지 않고, 천지 안의 일에 대해서는 논하기는 해도 평가하려 하지 않는다. 춘추에 기록된 역사적 사실들은 선왕의 치세에 대한 기록들인데, 여기에 대해 성인은 다만 평가만 할 뿐 논쟁은 하지 않는다. 천하의 일의 이치는 분별하면 곧 분별되지 않음이 있게 되고, 논변하면 곧 논변되지 않음이 있게 된다. 이것은 어떻게 말해야 할까? 성인은 그저 묵묵히 모든 이치를 체득하지만, 일반 사람들은 시끄럽게 논쟁하고 서로 과시하며 드러내고자 다툰다는 것이다. 이런 까닭에 논쟁에는 보아도 도달할 수 없는 부분이 있기 마련이다.

진정한 도는 이름 지어질 수 없고, 진정한 변론은 말로 나타낼 수 없고, 진정한 인은 편애하는 바가 없고, 진정한 청렴함은 겸손한 척 사양하지 않으며, 진정한 용기는 해를 끼치지 않는다. '도道'라고 언급되는 것은 진정한 도가 아니고, 말로 논쟁하면 미치지 못하는 바가 있고, '인仁'을 한 곳에만 부여잡고 있으면 두루 미칠 수 없고, 청렴함이 지나치면 진실하지 않으며, 용기가 남을 해치려는 마음을 품고 있으면 용기라고 할 수 없다. 이 다섯 가지를 소홀히 하지 않는다면 도에 가까워질 수 있을 것이다. 자신이 알 수 없는 경지에 이르러 그치는 정도만 되어도 이미 지극한 지점에 이른 것이다. 그 누가 말을 사용하지 않는 논변과 칭해질 수 없는 진정한 도에 대해서 알 수 있겠는가? 만약 이를 안다면 자연의 보물창고라도 불러도 좋을 것이다. 이곳에는 그 얼마를 넣어도 넘치지 않고, 그 얼마를 빼내도 고갈되지 않으며, 그 원류가 어디에서 오는지조차 알 수 없다. 그저 속에 감추어진 빛이라고 부를 수 있을 것이다.

6.

故①昔者堯問於舜曰: "我欲伐宗, 膾, 胥敖②, 南面而不釋然③. 其故何也?" 舜曰: "夫三子者④, 猶存乎蓬艾之間⑤. 若⑥不釋然, 何哉? 昔者十日並出⑦, 萬物皆照, 而況德之進⑧乎日者乎!"

【길잡이】

① 故: 발어사. '부夫'와 비슷한 역할을 한다.

• 장묵생: ‘고故’는 ‘부夫’와 같은 역할로 쓰인다. 고서에 이러한 용법이 있다.

② 宗, 膾, 胥敖(膾의 중국음은 kuài[快]): 소국 세 곳의 명칭. 「인간세」에서는 총叢, 지枝, 서오胥敖라고 되어 있다.

• 임희일: 종宗, 회膾, 서오胥敖에 관한 고사는 경서에 보이지 않는다. 우언寓言일 뿐이다.

③ 不釋然: 항상 속에 품고 있음, 마음에 맺혀 있음.

④ 三子者: 종宗, 회膾, 서오胥敖 세 나라의 군주를 가리킴.

⑤ 存乎蓬艾之間: 쑥밭 속에서 살아감.

• 임운명: ‘봉애지간蓬艾之間’이란 나라가 보잘것없고 협소한 지역에 놓여 있음을 말하는 것으로, 비할 바가 못 된다는 뜻이다.

• 선영: 좁은 곳에 의탁하여 살아간다.

⑥ 若: ‘여汝’(2인칭 명사)와 같다. 여기에서는 요堯임금을 가리킨다.

⑦ 十日並出[30]: 이 역시 우언으로서 빛이 광대하여 만물을 두루 비춘다는 것을 비유한다.

• 임희일: ‘십일병출十日並出’은 『회남자』에서도 등장한다. 이는 장자가 지어낸 우언이지만 『회남자』에서는 이를 가지고 사실처럼 꾸며서 썼다.

⑧ 進: ~보다 더 낫다, ~보다 더 우수하다.

【풀이】

옛날 요가 순에게 물었다. “나는 종宗, 회膾, 서오胥敖 세 나라를 토벌하고자 합니다. 나랏일을 볼 때마다 늘 이 세 나라가 마음에 걸려 안심이 되지 않는데 왜 그런 것일까요?”

순이 말했다. “이 세 소국의 군주는 마치 쑥밭 속에서 살아가는 것과 다를 바가 없습니다. 왜 이들을 마음에 담아 두려고 하는 것입니까? 예전에 열 개의 태양이 동시에 나타나자 만물이 두루 비추어졌는데, 하물며 도와 덕의 빛으로 세상을 비춘다면 고작 태양에 비기겠습니까?”

30) 옛날 요임금 때 하늘에 열 개의 태양이 동시에 나와 백성들이 뜨거움으로 고통을 겪자 신궁인 羿가 활로 쏘아 아홉 개를 떨어뜨렸다는 고사.

齧缺問乎王倪[①]曰: "子知物之所同是[②]乎?"

曰: "吾惡乎知之!"

"子知子之所不知邪?"

曰: "吾惡乎知之!"

"然則物無知邪?"

曰: "吾惡乎知之! 雖然嘗試言之. 庸詎知[③]吾所謂知之非不知邪? 庸詎知吾所謂不知之非知邪? 且吾嘗試問乎女: 民溼寢則腰疾偏死[④], 鰌[⑤]然乎哉? 木處則惴慄恂[⑥]懼, 猨猴然乎哉? 三者孰知正處? 民食芻豢[⑦], 麋鹿食薦[⑧], 蝍且甘帶[⑨], 鴟[⑩]鴉耆鼠, 四者孰知正味? 猨猵狙[⑪]以爲雌, 麋與鹿交, 鰌與魚游. 毛嬙, 西施[⑫], 人之所美也; 魚見之深入, 鳥見之高飛, 麋鹿見之決驟[⑬]. 四者孰知天下之正色哉? 自我觀之, 仁義之端, 是非之塗, 樊然殽亂[⑭], 吾惡能知其辯!"

齧缺曰: "子不知利害, 則至人固不知利害乎?"

王倪曰: "至人神矣! 大澤焚而不能熱, 河漢沍[⑮]而不能寒, 疾雷破山而不能傷, 飄風振海而不能驚[⑯]. 若然者, 乘雲氣, 騎日月, 而遊乎四海之外. 死生無變於己, 而況利害之端乎!"

【길잡이】

① 齧缺問乎王倪(齧의 중국음은 niè[聂]): '설결齧缺', '왕예王倪'는 모두 지어낸 이름이다.(임희일) 「천지天地」에서는 "설결의 스승이 왕예다"라고 하였다.

- 왕방: '설결齧缺'은 도가 완전하지 않고, '왕예王倪'는 도가 바르다. 장자는 도의 완전함과 불완전함에 관해 밝혀 근본을 바로잡고자 하였다. 따라서 이 둘에 관한 우언을 지은 것이다.(『남화진경신전』)

② 同是: 공통적으로 인정하는 것, 공통의 기준.

③ 庸詎知: 어찌 알겠는가, 어떻게 알겠는가.

- 왕인지: '용庸'은 '하何', '안安', '거詎'와 같다.(모두 '어찌', '어떻게'의 의미) '용'과 '거'는 같은 뜻이므로 합쳐서 '용거庸詎'라고도 한다.(왕인지, 『경전석사』)

④ 偏死: 반신불수.

- 마서륜: '편偏'은 '편扁'의 가차자로 사용되었다. 『설문해자』에서는 "'편扁'은 반쯤 마른 것이다"라고 하였다.

⑤ 鰌(중국음은 qiū[秋]): 미꾸라지.

⑥ 恂: 정신이 어지럽다, 떨리다.

- 주계요: 『이아』에서는 "전율(恂慄)의 의미다"라고 하였다. 순恂은 어지럽고 아찔함을 말한다.

⑦ 芻豢(豢의 중국음은 huàn[患]): 풀을 먹이로 먹이는 것을 '추芻'라고 부른다. 즉 소나 양을 가리킨다. 곡식을 먹이로 먹이는 것을 '환豢'이라고 한다. 즉 가축을 가리킨다.

- 사마표: 소와 양을 '추芻'라고 부르고, 개나 돼지를 '환豢'이라고 부른다. 이는 먹이에서 이름을 딴 것이다.

⑧ 荐: 좋은 풀.(사마표)

⑨ 蝍蛆甘帶(蛆의 중국음은 jū[居]): 지네는 뱀 먹는 것을 좋아함. '즉저蝍蛆'는 지네다. '대帶'는 작은 뱀이다.

- 장석창: 『본초』「오공蜈蚣」 하편 주석에서는 "'즉저蝍蛆'라고도 부른다. 그 성질이 뱀을 제압할 수 있을 정도이니, 큰 뱀을 보면 타고 올라 그 뇌를 먹는다"라고 하였다.
- 주계요: 『관윤자』「삼극三極」에서 "『태평어람』이 『춘추고春秋考』「이우異郵」를 인용하여 '흙이 물을 이기는 법이니 지네(蝍蛆)가 뱀을 잡는다'라고 하였고, 『회남자』「설림훈說林訓」에서는 "'등사螣蛇'[31]가 안개 속을 거닐면 지네(蝍蛆)에 의해 위험에 처하게 된다"라고 하였다. 여기에서의 '대帶'는 뱀을 말한다.

⑩ 鴟(중국음은 chī[吃]): 부엉이.

⑪ 猵狙: 원숭이와 유사한 동물로, 형태는 같으나 종류가 다름.

⑫ 毛嬙, 西施(嬙의 중국음은 qiáng[牆]): 고대의 미인. '서시'는 현재의 판본에 '여희麗姬'라고 되어 있으나, 주계요의 설과 최선의 판본에 따라 '서시西施'로 고쳤다.

- 주계요: 고서에 '모장毛嬙'과 '서시西施'를 함께 언급한 것은 많지만 '모장'과 '여희麗姬'를 함께 언급한 것은 드물다. 『관자』「소칭小稱」 제33장의 "모장과 서시는 천하의 미인이다"(毛嬙西施天下之美人也), 『한비자』「현학顯學」의 "모장과 서시의 아름다움을 찬양하다"(故善毛嗇西施之美), 『회남자』「본경훈本經訓」

31) 고서 속에 등장하는 전설의 뱀. 안개를 일으키며 몸을 감춘다고 전해진다.

의 "모장과 서시의 아름다움에도 그 즐거움을 모른다"(雖有毛嬙西施之色不知悅也), 『회남자』「수무훈修務訓」의 "지금 모장과 서시가 천하의 미인이다"(今夫毛嬙西施天下美人), 『회남자』「제속훈齊俗訓」의 "서시와 모장만을 기다려 짝을 맺으려 하면 평생토록 가정을 이루지 못할 것이다"(待西施毛嬙而爲配, 則終身不家矣)와 그 주석 "서시와 모장은 옛날의 미인이다"(西施毛嬙古好女也), 『설원』「존현尊賢」의 "옛날에는 모장과 서시가 있었지만, 지금은 없다"(古者有毛嬙西施今無有), 『문선』「신녀부神女賦」의 주석에서 인용한 『신자』의 "모장과 선시(서시)는 천하의 요염한 미녀다"(毛嬙先施天下之姣也)와 그 주해 "선시는 서시를 말한다. '장嬙'은 '장牆'으로 읽는다"(先施西施一也, 嬙音牆), 『태평어람』 제77장에서 인용한 『시자』의 "사람들이 모장과 서시를 보고 싶어 하는 것은 그 외모를 아름답다 여기기 때문이다"(人之欲見毛嬙西施, 美其面也) 등이 그것이다. 여기에서 '모장毛嬙'과 '여희麗姬'를 함께 말한 것은 뒤에 등장하는 '여지희麗之姬, 애봉인지자艾封人之子'라는 구절로 말미암아 잘못 적은 것일 뿐이다.

▷ 진고응: 주계요의 설이 따를 만하다. 최선의 판본 역시 '서시西施'로 썼다.

⑬ 決驟: 빠르게 달아남.

- 최선: 뒤도 돌아보지 않고 빠르게 달아나는 것을 '결決'이라고 한다.

⑭ 樊然殽亂: 분란스럽고 어지러움.

⑮ 沍(중국음은 hù[互]): 얼다.

⑯ 疾雷破山而不能傷, 飄風振海而不能驚: 현재 판본에는 '질뢰파산疾雷破山, 풍진해風振海, 이불능경而不能驚'이라고만 되어 있고, '이불능상표而不能傷飄' 다섯 글자가 빠져 있다. 왕숙민 선생의 설에 따라 보충해 넣는다.

- 해동: '풍風' 앞에 '표飄'자가 빠져 있다. 『장자궐오』에서 인용한 강남이씨본江南李氏本에 따라 이를 보충해 넣는다. '거센 천둥이 산을 흔들다'(疾雷破山), '광풍이 바다를 일렁이게 하다'(飄風振海)라는 두 구절은 서로 짝을 이룬다. 성현영의 『장자소』에서는 이 구절을 '뇌정분발이파산雷霆奮發而破山, 표풍도탕이진해飄風濤蕩而振海'라고 하였는데 역시 '표풍飄風'이라고 한 것을 알 수 있다.
- 왕숙민: 『회남자』「정신훈精神訓」에 "드넓은 늪지가 전부 타올라도 뜨겁게 할 수 없고, 강과 하천이 얼어붙어도 차갑게 할 수 없고, 큰 벼락이 산을 무너뜨려도 놀라게 할 수 없고, 거센 바람이 태양을 꺼뜨려도 해를 입힐 수 없다"(大澤焚而不能熱, 河漢涸而不能寒也, 大雷毁山而不能驚也, 大風晦日而不能傷也)라는

구절이 있는데, 바로 이 단락을 가져다 쓴 것이다. 앞뒤 두 구절의 격식이 서로 잘 맞는 만큼, '질뢰파산疾雷破山' 뒤에 빠진 문구가 있음을 알 수 있다. 원래는 '질뢰파산이불능상疾雷破山而不能傷, 표풍진해이불능경飄風振海而不能驚'이었을 것이다. 현재 판본에는 '이불능상표而不能傷飄' 다섯 글자가 빠져 있어 이어지는 두 구절(風振海, 而不能驚)이 서로 대응하지 않는다.

【풀이】

설결이 왕예에게 물었다. "만물이 공통으로 지니고 있는 표준에 대해 아십니까?"
왕예가 말했다. "내가 어떻게 알겠는가!"
설결이 다시 물었다. "당신께서는 스스로 잘 알지 못한다는 것에 대해서는 아십니까?"
왕예가 말했다. "내가 어떻게 알겠는가!"
설결이 다시 물었다. "그렇다면 만물에 대해서는 알 수 있는 방법이 없습니까?"
왕예가 말했다. "내가 어떻게 알겠는가? 그렇더라도 한번 시험 삼아 말해 보겠다. 내가 '안다'(知)고 하는 것이 '모르는 것'(不知)이 아님을 어떻게 알겠는가? 반대로, 내가 '모른다'(不知)고 하는 것이 '아는 것'(知)이 아님은 또 어떻게 알겠는가? 내가 다시 너에게 물어보겠다. 사람이 습한 곳에서 잠을 자면 요통이 생기거나 심하면 반신불수가 되기도 한다. 그런데 미꾸라지도 그러한가? 사람이 높은 곳에 올라가면 두려워서 마음이 편안하지 않을 것인데, 원숭이들도 그러한가? 그렇다면 사람, 미꾸라지, 원숭이 이 세 동물 가운데 도대체 어떤 것의 생활 습속이 표준에 들어맞는다고 할 수 있는가? 사람은 고기를 먹고 사슴은 풀을 먹고 지네는 작은 뱀을 즐기고 부엉이나 까마귀는 쥐를 좋아한다. 이 네 동물 가운데에서 도대체 어떤 것의 식성이 표준에 들어맞는다고 할 수 있겠는가? 암수 원숭이가 서로 짝을 맺고, 암수 사슴이 서로 하나가 되며, 미꾸라지와 물고기가 서로 어울리는 법이다. 모장과 서시는 세상 사람들이 가장 아름답다고 여기는 미인들인데, 만약 물고기가 이들과 마주친다면 물속 깊은 곳으로 들어가 버릴 것이고, 새들이 이들을 보면 높은 곳으로 날아가 버릴 것이고, 사슴이 이들을 본다면 황급히 도망가 버릴 것이다. 이 네 가지 동물 가운데 과연 어떤 종의 아름다움이 가장 표준이 된다고 할 수 있겠는가? 내가 볼 때, 인의仁義의 논점과 옳고 그름(是非)의 길이 모두 어지럽게 뒤섞여 있는데, 내가 무슨 방법으로 이를 분별할 수 있겠는가?"

설결이 말했다. "당신께서는 이로움과 해로움을 돌보지 않으시는군요. 그렇다면 지인至人 또한 그러합니까?"
왕예가 말했다. "아! 지인의 신묘함은 궁극의 경지에 달했다. 산림이 전부 타올라도 그를 뜨겁게 만들 수 없으며, 강과 하천이 얼어붙어도 그를 차갑게 만들 수 없을 것이다. 거센 천둥이 온 산을 뒤흔들어도 그를 다치게 할 수 없으며, 광풍이 몰아쳐 온 바다가 일렁여도 그를 두렵게 만들 수 없다. 이러한 지인은 구름을 타고 해와 달을 몰아 사해의 밖에서 노닌다. 생사의 변화조차 그에게 영향을 줄 수 없는데, 어찌 이해관계를 따지겠느냐?"

瞿鵲子問乎長梧子①曰: "吾聞諸夫子②; '聖人不從事於務, 不就利, 不違害, 不喜求, 不緣道③; 無謂有謂④, 有謂無謂⑤, 而遊乎塵垢之外.' 夫子以爲孟浪⑥之言, 而我以爲妙道之行也. 吾子以爲奚若?"
長梧子曰: "是黃帝之所聽熒⑦也, 而丘也何足以知之! 且女亦大早計, 見卵而求時夜⑧, 見彈而求鴞炙⑨.
予嘗爲女妄言之, 女以妄聽之奚? 旁日月, 挾宇宙, 爲其脗合⑩, 置其滑涽⑪, 以隸相尊⑫. 衆人役役, 聖人愚芚, 參萬歲而一成純⑬. 萬物盡然, 而以是相蘊⑭. 予惡乎知說生之非惑邪! 予惡乎知惡死之非弱喪⑮而不知歸者邪! 麗之姬, 艾封人⑯之子也, 晉國之始得之也, 涕泣沾襟; 及其至於王所, 與王同筐床, 食芻豢, 而後悔其泣也. 予惡乎知夫死者不悔其始之蘄生乎!
夢飮酒者, 旦而哭泣; 夢哭泣者, 旦而田獵. 方其夢也, 不知其夢也. 夢之中又占其夢焉, 覺而後知其夢也. 且有大覺而後知此其大夢也. 而愚者自以爲覺, 竊竊然⑰知之. 君乎, 牧乎, 固哉⑱! 丘也與女, 皆夢也; 予謂女夢, 亦夢也. 是其言也, 其名爲吊詭⑲. 萬世之後而一遇大聖, 知其解者, 是旦暮遇之也."

【길잡이】

① 瞿鵲子問乎長梧子: '구작자瞿鵲子'와 '장오자長梧子'는 모두 지어낸 사람 이름이다.

② 夫子: 공자를 가리킨다.(임희일)

• 유월: '부자夫子'에게 묻는다는 것은 공자에게 묻는 것을 말한다. 뒷 구절에서 장오자가 '이는 황제黃帝조차 듣고 알 수 없었던 것인데, '구丘'가 어떻게 이를 알 수 있겠는가?'(是黃帝之所聽熒也, 而丘也何足以知之)라고 했는데, 여기에서 '구丘'는 바로 공자의 이름이다. 구작자가 공자의 말을 펼쳤기 때문에 장오자가 이렇게 이야기한 것이다. '구丘'를 장오자가 자신을 칭하는 이름으로 보면 그 뜻이 잘 와닿지 않는다.

③ 不緣道: 도를 행하는 자취가 없음.(임희일) 도에 얽매이지 않음.

④ 無謂有謂: 말이 없지만, 말이 있는 것과 같음(말을 하지 않았지만, 말을 한 것과 같음). 즉 「우언寓言」에서 "평생 말을 하지 않았지만, 한 번도 말을 하지 않은 적이 없다"(終身不言, 未嘗不言)라고 한 것이 바로 이러한 의미이다.

⑤ 有謂無謂: 말이 있지만, 말이 없는 것과 같음(말을 했지만, 말을 하지 않은 것과 같음). 즉 「우언」에서 "무언의 말을 하니, 평생 말을 했지만 한 번도 말을 한 적이 없다"(言無言, 終身言, 未嘗言)라고 한 것이 바로 이러한 의미이다.

⑥ 孟浪: 이리저리 흩어져 있음, 부실함의 의미.

⑦ 聽熒(熒의 중국음은 yíng[營]): 의문스러움.(상수, 『장자주』)

⑧ 時夜: 밤을 알리는 것(司夜), 닭을 가리킨다.

⑨ 鴞炙(鴞의 중국음은 xiāo[消]; 炙의 중국음은 zhì[擲]): 올빼미나 작은 새를 구워 먹음.

• 사마표: 작은 비둘기를 말한다. 구이로 먹을 수 있다.

⑩ 爲其吻合: 우주만물과 일체를 이룸.

• 성현영: '문吻'은 구별이 없는 모습을 말한다.

⑪ 置其滑涽: 어지러움을 내버려둔 채 돌아보지 않음.

• 성현영: '치置'는 내버려두다(任)의 뜻이다. '골滑'은 어지러움을 뜻한다. 어지럽고 혼잡함을 그대로 내버려둔다는 말이다.

• 선영: 옳고 그름(是非)이 뒤섞인 채로 두고 따져 묻지 않음.

⑫ 以隸相尊: 세속의 존귀함과 비천함을 같은 것으로 여긴다는 뜻.

• 성현영: '예隸'는 하인과 같은 부류를 말하며, 비천함을 칭하는 것으로 쓰였다. '이례상존以隸相尊'은 귀천을 하나로 여긴다는 의미다.

⑬ 參萬歲而一成純: '참參'은 섞다, 혼합하다는 뜻이다. '만세萬歲'는 고금의 무수한 변화를 가리킨다. 고금의 무수한 변화를 뒤섞어 순수한 일체를 이루어 냄을

말한다.

⑭ 相蘊: 순수하고 혼돈 · 질박함(精純渾朴) 속에서 서로 포개져 깃들어 있음을 뜻함.

⑮ 弱喪: 어려서부터 쓸쓸히 타향을 떠돌다.

⑯ 艾封人: '애艾'라는 지역의 국경 관리인.

⑰ 竊竊然: 밝게 아는 모습, 스스로 깨달은 모습.

⑱ 君乎, 牧乎, 固哉: 임금이니, 신하니 하는 것은 천박하고 고루하기 짝이 없다.

- 임희일: '군君'은 귀한 것을 뜻하며, '목牧'은 마부이니, 비천한 것을 가리킨다. 어리석은 자들은 세상 속에서 마치 잠에서 깨어나지 못한 것처럼 귀천을 구분하는 데 목을 매니, 어찌 고루하지 않겠는가?

⑲ 吊詭: 괴의함. 앞에 등장하는 '회궤恢恑', '휼괴憰怪'와 같은 뜻이다.

【풀이】

구작자가 장오자에게 물었다. "공자가 이렇게 말을 하는 것을 들은 적이 있습니다. '성인은 세속의 일들을 도모하려 하지 않고, 이익을 탐하지 않고, 위험을 피하려 하지 않고, 헛된 바람을 좋아하지 않고, 도에 얽매이지 않는다고 한다. 말을 하지 않았지만 마치 말을 한 것과 같고, 말을 했지만 또한 말을 하지 않은 것과 같으니, 정신과 마음이 세속 세계 밖에서 자유롭게 노닌다고 한다.' 공자는 이를 진실하지 않은 황당무계한 말로 여겼습니다. 하지만 나는 이것이 바로 현묘한 도의 행실이라고 생각합니다. 당신께서 보시기에는 어떻습니까?"

장오자가 말했다. "지금 이 말은 그 옛날의 황제黃帝라 할지라도 잘 이해를 못할 것인데, 공구 따위가 어떻게 이해를 하겠느냐? (반면에) 너는 너무 서두른다. 계란을 보고 이미 새벽을 알리는 수탉을 떠올리는 격이며, 새총의 탄환을 보고 이미 새를 구워 먹을 생각을 하는 격이다. 지금 내가 시험 삼아 말해 볼 터이니, 네가 한번 들어 보도록 해라. 어떠하냐? 성인은 해와 달과 같이 밝으며 우주를 품고 만물과 일체를 이룬다. 옳고 그름이 뒤섞여 혼란스러운 것은 내버려두고 따지지 않으며, 세속의 존비와 귀천의 구분을 모두 하나로 여긴다. 사람들은 항상 시끌벅적 소란스럽지만 성인은 그저 소박하게 화목함을 유지하니, 그는 고금의 무수한 변화를 뒤섞어 순수한 일체로 만들어 낸다. (그 속에서) 만물은 모두 같아서 순수하고 혼돈 · 질박한 상태 속에 서로 포개져 깃들어 있을 뿐이다.

삶을 탐하는 것이 미혹된 일이 아님을 내가 어떻게 알겠는가? 죽음을 두려워하는 것이 마치 어려서부터 타향을 떠돌면서 고향으로 돌아갈 줄 모르는 그러한 상태와 같다는 것을 내가 어떻게 알겠는가?
여희는 애艾 땅 국경 관리인의 딸인데 진晉나라 임금이 그를 아내로 데려갔을 때 옷이 다 젖을 정도로 하염없이 울기만 했다. 하지만 그녀가 진왕의 궁궐에 들어가서 왕과 하룻밤을 보내고 왕과 함께 온갖 맛있는 고기와 생선을 맛보고 난 후에는 울지 말 걸 하고 후회를 하였다. (이렇듯) 내가 죽은 뒤에 삶에 연연하지 말았어야 했다고 후회하지 않으리라는 것을 어떻게 알겠는가?
꿈속에서 음주가무를 즐기던 사람이 깨어난 후에 여의치 않은 일을 만나 구슬피 울게 되기도 하고, 반대로 꿈에서 상심하여 통곡하던 사람이 태어난 다음에 즐겁게 사냥을 나가기도 한다. 꿈속에서는 그것이 꿈인지 생시인지를 분간할 수 없다. 때로 꿈속에서 다시 꿈을 꾸기도 하는데, 꿈에서 깨고 나서야 비로소 그것이 꿈인 줄 아는 법이다. 오직 크게 깨어 있는 자만이 깨어 있지 않은 삶이란 그저 한바탕 긴 꿈과 같음을 안다. 하지만 어리석은 자들은 스스로 깨어 있다고 여기고, 자신이 무엇이든 알고 있다고 여긴다. 무슨 임금이니, 신하니 하는 것들은 천박하고 고루하기 짝이 없다! 내가 공구와 너를 보니 모두 여전히 꿈속에 있는 것으로 보이는 구나. 내가 너보고 꿈을 꾸고 있다고 하는 것 또한 꿈속일 수 있다. 이런 말을 기이한 이야기(吊詭)라고 부른다. 혹여 만세萬世 뒤에라도 위대한 성인을 만나 이 이치를 깨닫는다면 아침저녁으로 만나는 일상처럼 흔한 일일 것이다."

"旣使我與若①辯矣, 若勝我, 我不若勝, 若果是也? 我果非也邪? 我勝若, 若不吾勝, 我果是也, 而果非也邪? 其或是也, 其或非也邪? 其俱是也, 其俱非也邪? 我與若不能相知也, 則人固受其黮闇②. 吾誰使正之? 使同乎若者正之, 旣與若同矣, 惡能正之! 使同乎我者正之, 旣同乎我矣, 惡能正之! 使異乎我與若者正之? 旣異乎我與若矣, 惡能正之! 使同乎我與若者正之? 旣同乎我與若矣, 惡能正之! 然則我與若與人俱不能相知也, 而待彼也邪?"
"化聲之相待③, 若其不相待. 和之以天倪④, 因之以曼衍⑤, 所以窮年也⑥. 何謂和之以天倪? 曰: 是不是, 然不然. 是若果是也, 則是之異乎不是也, 亦無辯; 然若果然也, 則然之異乎不然也亦無辯. 忘年忘義⑦, 振於無竟⑧, 故寓諸無竟."

【길잡이】

① 我與若: '아我'는 장오자가 자신을 칭하는 말이다. 뒤의 구절도 마찬가지다. 약若은 2인칭 대명사인 '너'(汝)를 뜻한다.

② 黮闇(黮의 중국음은 dǎn[膽]): 우매하여 밝지 못함. 자신의 견해에 갇혀 있음을 말한다.

- 주계요: '담黮'에는 검다는 의미가 있다. '암闇'은 '암黯(깊은 어둠)', '암黤'(어슴푸레함)과 같다. 모두 검다는 뜻을 지니는 말이다.

③ 化聲之相待: 시비是非에 관한 논변이 서로 상대를 이루어 성립함을 말함.

- 곽상: 시비是非에 관한 논변을 '화성化聲'이라 한다.

④ 天倪: 자연적인 구분과 경계.

⑤ 曼衍: 제멋대로 흐름. 일정한 규칙에 얽매이지 않음을 뜻함.

⑥ 化聲之相待, 若其不相待, 和之以天倪, 因之以曼衍, 所以窮年也: 이 다섯 구절은 원래 뒤에 나오는 '망년망의忘年忘義' 구절 앞에 있었다. 여혜경본呂惠卿本과 선영본宣穎本에 따라 지금과 같이 수정하였다.

- 장석창: 여혜경본에서는 '하위화지이천예何謂和之以天倪'부터 '즉연지이호불연야역무변則然之異乎不然也亦無辯'까지의 단락을 '소이궁년야所以窮年也' 뒤로 옮겼다. 이를 따르는 것이 옳다. 이는 뒷사람들이 잘못 바꾸어 놓은 것이다.
- 왕숙민: 이 스물다섯 글자는 앞뒤 문맥이 서로 잘 연결되지 않는다. 저백수 『의해찬미』에서는 여혜경의 주를 인용하면서 덧붙여 다음과 같이 말하였다. "'화성지상대化聲之相待'부터 '소이궁년야所以窮年也'까지는 '하위화지이천예何謂和之以天倪' 앞에 놓여야 한다. 죽간을 엮은 것이 탈락되면서 여기에 잘못 배열되었다"라고 하였는데, 그 설이 매우 타당하다. 선영의 『남화진경해』에서도 이 스물다섯 글자를 '하위화지이천예何謂和之以天倪' 앞에 두었고, 왕선겸의 『장자집해』 또한 이를 따르고 있다.

⑦ 忘年忘義: 삶과 죽음을 잊고 옳고 그름을 잊음.

▹ 진고응: 편안히 맞아 듦이 지극한 것을 일러 '망忘'이라고 한다.

- 곽상: 세월을 잊음으로써 죽음과 삶을 서로 같은 것으로 여기며, 올바름(義)에

관해 잊음으로써 옳고 그름을 완전히 하나로 관통하다.

⑧ 振于無竟: 무궁한 경지에서 노닒. '경竟'은 최선본崔撰本에는 '경境'으로 되어 있다.(『경전석문』) '경竟'과 '경境'은 고금자古今字[32]인데, '경竟'으로 되어 있는 것이 고서이다.(왕숙민)

- 임희일: 무물無物의 경지에서 춤추고 노닒. 이 '진振'은 바로 '노닐다(逍遙)'의 뜻이다.
- 감산덕청: '무경無竟'이라는 것은 경계와 구분이 없는 곳을 말한다. 즉 대도의 참된 모습을 말하는 것으로 '광막지향廣莫之鄕', '광은지야曠垠之野'라고 말하는 것 모두 '무경無竟'과 같은 의미다.

【풀이】

"가령 너와 내가 논쟁을 벌여 네가 이기고 내가 졌다고 하자. 그렇다면 이때 네가 맞고 나는 틀린 것일까? 반대로 내가 논쟁에서 이기고 네가 졌다면, 과연 내가 맞고 내가 틀린 것일까? 우리 둘 가운데 어느 하나가 맞고 다른 하나가 틀린 것일까, 아니면 우리 둘 다 맞거나 둘 다 틀린 것일까? 너와 나 모두 이를 모르고, 사람들은 모두 편견을 지니고 있는데, 과연 누구에게 옳고 그름의 판단을 맡겨야 할까? 만약 너와 의견이 같은 자에게 판단을 맡긴다면, 그는 이미 너와 이미 같을 텐데 어떻게 판단을 할 수 있을까? 만약 나와 의견이 같은 자에게 판단을 맡긴다고 하더라도 마찬가지로 그는 나와 이미 같을 텐데 어떻게 판단을 할 수 있겠는가? 만약 우리 둘과 모두 다른 의견을 가진 사람에게 판단을 맡기는 경우 역시 그가 이미 우리 둘 모두와 의견이 다른데 어떻게 우리 둘의 의견을 판단할 수 있겠는가? 그렇다고 해서 우리 둘 모두와 같은 의견을 지닌 사람에게 판단을 맡긴다면, 그는 이미 우리 모두와 같은데 또한 어떻게 판단을 할 수 있겠는가? 그렇다면 나와 너 그리고 다른 어떤 사람이라도 누가 옳고 누가 그른지를 판단할 수 없을 텐데, 더 누구를 기대할 수 있을까?"

"변화하는 소리는 상대적인 관계 속에서 생겨난다. 만약 이를 상대적인 관계 속에 있지 않게 하려면, 자연적인 구분과 경계로 이를 조화시켜야 한다. 내가 하는 말은 [일정한 규칙에 얽매이지 않고] 제멋대로 흘러가니, 평생 사물의 변화에

32) 같은 뜻을 지닌 글자가 시기적으로 먼저 생기고 나중에 생긴 관계에 있을 때 古今字라고 한다.

따라 자유롭게 노닐 수 있다. '자연의 구분과 경계'를 통해 일체의 시시비비를 조화시킨다는 것은 대체 무슨 말인가? 모든 것에 '옳음'이 있으면 '옳지 않음'이 있기 마련이고, '그러함'이 있으면 '그렇지 않음'이 있기 마련이다. 만약 '옳음'이 진정으로 '옳은 것'이라면 '옳지 않음'과는 분명히 구별될 것이다. 그렇다면 논변의 과정이 왜 필요할까? 만약 '그러한 것'이 진정으로 '그러하다면' '그렇지 않은 것'과는 분명히 구별될 것인데, 이 경우 역시 논변의 과정이 필요하지 않을 것이다. 시간의 흐름을 따지지 않고 인의仁義를 초월하여 무궁한 영역에서 자유롭게 노닌다면 어떤 경계도 없는 무궁의 경지에 자신을 의탁할 수 있을 것이다."

7.

罔兩[①]問景[②]曰: "曩子行, 今子止; 曩子坐, 今子起, 何其無特操與?"
景曰: "吾有待而然者邪? 吾所待又有待而然者邪? 吾待蛇蚹蜩翼[③]邪? 惡識所以然! 惡識所以不然[④]!"

【길잡이】

① 罔兩: 그림자 바깥의 미세한 어둠.(곽상, 『장자주』) 『설문해자』에서 이를 "산천 속의 정령이다"라고 해석하였는데, 이를 근거로 '전설상의 요괴의 일종'(蝄蜽)으로 보기도 한다.(장석창)

② 景: '영影'(그림자)의 옛 글자. '영影'으로 쓴 판본도 있다.(『경전석문』)

③ 待蛇蚹蜩翼(蚹의 중국음은 fù[付]; 蜩의 중국음은 tiáo[條]): 뱀(蛇)은 배 아랫부분의 비늘에 의지하여 기어가고, 매미(蜩)는 날개를 통해 날아다닌다는 뜻.

④ 惡識所以然, 惡識所以不然: 그것이 왜 그러한지, 왜 그렇지 않은지를 알지 못함. 즉 옳고 그름을 구분할 필요가 없음을 말한 것이다.(진계천)

【풀이】

그림자 외곽의 희미한 그늘이 그림자에게 물었다. "너는 방금 움직이다가 지금은 다시 멈추었고, 방금은 앉아 있더니 지금은 다시 일어났다. 어찌하여 나름의 의지도 없이 왔다갔다 하는 것인가?"

그림자가 대답했다. "내가 무엇인가에 의지하여 이렇게 하는 것일까? 내가 의지하는 것은 또 무엇인가에 의지하여 그렇게 하는 것일까? 내가 무언인가에 의지하는 것은 마치 뱀이 배 아래의 비늘에 의지하여 기어 다니고, 매미가 날개에 의지하여 날아다니는 것과 마찬가지인가? 내가 어찌하여 이러는지 어떻게 알겠으며, 또 어찌하여 이렇지 않은지는 어떻게 알 수 있겠는가?"

昔者①莊周夢爲胡蝶, 栩栩②然胡蝶也, 自喩適志與③! 不知周也. 俄然覺, 則蘧蘧然④周也. 不知周之夢爲胡蝶與, 胡蝶之夢爲周與? 周與胡蝶, 則必有分矣. 此之謂'物化⑤'.

【길잡이】

① 昔者: '석자夕者'(저녁)와 같다.

- 왕숙민: '석자昔者'는 '야자夜者'(밤)와 같다. 옛날에는 '야夜'를 '석昔'이라고 하였다. 「전자방田子方」에서 "과인이 '석자昔者'에 현명한 자를 만났다"(昔者寡人夢見良人)라고 했는데, 『장자소』에서 이를 "내가 어젯밤 꿈에서 현명한 자를 만났다"(我昨夜夢見賢良之人)라고 풀이하였으니 서로 같은 사례다.

② 栩栩: '훨훨'(翩翩)과 같다. 나비가 날갯짓하는 모습을 형용한 것이다. 최선본崔譔本에서는 '허栩'가 '편翩'으로 되어 있다.

③ 自喩適志與: '유喩'는 '유愉'(유쾌하다)와 같음. '적지適志'는 즐겁다는 뜻.

- 유문전: '자유적지여自喩適志與' 다섯 글자는 전체적인 맥락과 의미가 동떨어져 있다. '여與'는 '여歟'(의문, 반문을 나타내는 어기 조사)와 같다. 그 의미를 자세히 살펴볼 때, 아마도 후대의 사람들이 본문에 끼워 넣은 것으로 보인다. 『예문류취』「충치蟲豸」 항목과 『태평어람』 '945'에 인용된 부분에는 이 다섯 글자가 포함되어 있지 않으나 『태평어람』 '397'의 인용에는 포함되어 있다. 당대唐代의 판본에는 다섯 글자가 있는 경우도 있고 없는 경우도 있었음을 알 수 있다.
  - ▹ 진고응: 유문전의 설이 보존할 만하다.

④ 蘧蘧然: 곧게 굳어 있는 모습(임희일), 뻣뻣하게 누워 있는 모습(감산덕청).

⑤ 物化: 만물의 전화轉化.

【풀이】

예전 장주가 나비로 변하는 꿈을 꾸었다. 훨훨 날갯짓을 하는 한 마리 나비가 되어 이곳저곳을 자유롭게 날아다니면서 자신이 원래 장주인지조차 알지 못했다. 홀연히 잠에서 깨어나 보니 자신은 분명 장주가 맞았다. 과연 장주가 나비가 되는 꿈을 꾼 것인가, 아니면 나비가 장주가 되는 꿈을 꾼 것인가? 장주와 나비 사이에는 분명 구별되는 바가 있을 것이다. 이러한 (사물들 간의) 전화轉化를 일러 '물화物化'라고 한다.

양생주養生主

「양생주」의 근본 취지는 삶을 기르는 주체인 정신에 대해 논하는 것으로, 자연에 따르는 것이 정신을 기르는 최선의 방법이라 말하고 있다. 외편 「달생」 역시 전편을 통틀어 정신을 기르는 이치를 드러내 보이고 있다.

이 편은 총 세 단락으로 나눌 수 있다. 첫째 단락에서는 '자연에 따르는 것을 근본 법칙으로 삼아야 한다'(緣督以爲經)는 것을 말했다. 이는 전편을 총괄하는 이치이기도 하다. 인생에는 끝이 있지만 앎에는 끝이 없는 만큼, 중中과 허虛를 지키는 도, 즉 자연의 이치를 따라야 한다는 것이다. 둘째 단락에서는 '포정해우庖丁解牛'의 고사를 통해 복잡한 사회의 모습을 얽히고설킨 소의 근육과 힘줄에 비유하여 논하였다. 여기에서도 마찬가지로 세상의 일을 처리할 때 '본래 그러함을 따르고'(因其固然), '하늘의 이치에 근거해야 함'(依乎天理)을 말했다.[즉, 자연의 결을 그대로를 따름] 또한 항상 '두려운 듯 경계하는'(怵然爲戒) 신중하고 사려 깊은 태도를 지니고, (포정이 칼을 씻고 갈무리하듯) '감추고 사리는'(善刀而'藏'之) 처세의 원칙을 고수할 것을 강조했다. '포정해우庖丁解牛'가 말하고자 하는 함의는 「인간세」에서 더 구체적이고 자세히 펼쳐진다. 셋째 단락은 총 세 가지의 비유로 이루어져 있다. 첫 번째는 발이 하나인 우사右師라는 관리에 관한 이야기이다. 그의 외발은 인위적으로 만들어진 결과가 아니라 자연에 속하는 모습이다. 이 비유에서는 형체의 온전함과 불온전함에 관한 관념을 타파하고자 하였다. 이 주제는 「덕충부」에서 다시 자세히 다루어진다. 두 번째는 늪지대에 사는 꿩에 관한 이야기이다. 야생에서는 자유롭게 노닐 수 있지만, 새장 속에 갇히게 되면 비록 정신은 활발할지 몰라도 자유를 잃어버리게 된다는 내용을 다루고 있다. 마지막은 '진일이 노담을 조문하는'(秦失吊老聃) 이야기이다. 인간은 살아가면서 '때를 편안히 여기고, 자연의 변화를 받아들여'(安時處順) 삶과 죽음을 하나로 여기며, 슬픔과 즐거움의 감정에 사로잡히지 말아야 한다는 것을 말한다. 편의 마지막에서는 "등불의 기름은 다 타더라도 그 불은 옮겨붙어 영원히 타오른다"(指窮于爲薪, 火傳也)는 한마디로 전체를 결론지었다. 바로 정신 생명은 인간의 역사 속에서 끊임없이 이어지고 전개되는 의미와 가치를 지님을 비유한 것이다.

잘 알려진 많은 성어成語들이 바로 이 편에 출처를 두고 있다. 포정해우庖丁解牛[1], 목무전우目無全牛[2], 비극도관批郤導窾[3], 유인유여遊刃有余[4], 회회유여恢恢有余[5], 인발약신刃發若新[6], 주저만지躊躇滿志[7], 일음일탁一飮一啄[8], 관지신행官止神行[9], 택치탁음澤雉啄飮[10], 안시처순安時處順[11], 신진화전薪盡火傳[12] 등이 그것들이다.

---

1) 포정이 소를 해체하다. 반복된 실천을 통해 사물의 이치를 파악하면 일을 자유자재로 처리할 수 있음을 비유하는 말.
2) 눈앞에 완전한 소의 모습이 없음. 기예가 최고의 경지에 올라 자유자재로 다룰 수 있음을 비유하는 말.
3) 뼈를 가르고 살을 바르다. 사물의 이치를 파악하여 적절하게 일을 처리함을 비유하는 말.
4) 자유롭게 칼을 움직여도 공간에 여유가 있음. 힘들이지 않고 능숙하고 여유 있게 일을 처리함을 비유하는 말.
5) 칼을 크게 휘둘러도 공간에 여유가 있음. 능력이 뛰어나 일을 손쉽게 처리함을 비유하는 말.
6) 칼날을 아무리 써도 항상 새것과 같음. 능력이 뛰어나 일을 손쉽게 처리함을 비유하는 말.
7) 자신이 한 일에 굉장히 만족해하는 모습을 표현하는 말.
8) 열 걸음에 한 번 마시고, 백 걸음에 한 번 먹음. 정해진 분수 속에서 자유롭게 살아감을 비유하는 말.
9) 감각은 멈추어도 정신은 움직인다. 어떤 사물에 대해 완전히 이해함을 비유하는 말.
10) 야생에 사는 꿩의 소박한 식사. 비록 화려하지는 않지만 정해진 상황에 따라 자유롭게 살아감을 비유하는 말.
11) 적절한 시기를 따르고 변화에 순응해야 한다는 말.
12) 땔감이 다해도 불은 이어진다. 스승에서 제자로 학문이나 기예가 계속해서 전수되는 것을 비유하는 말.

1.

吾生也有涯①, 而知②也無涯. 以有涯隨無涯, 殆已③; 已而爲知者④, 殆而已矣. 爲善無近名, 爲惡無近刑⑤. 緣督以爲經⑥, 可以保身, 可以全生⑦, 可以養親⑧, 可以盡年.

【길잡이】

① 涯: 본래는 '애崖'로도 쓴다. 한계, 경계의 의미다.

② 知: '바라다'(愿望)와 같다.(임서, 『장자천설』)

▷ 진고응: '지知'는 '지智'의 뜻이다. '생각하다'로 해석한다.

- 임희일: '지知'는 '생각하다'(思)의 뜻이다. 생각은 끝없이 이어지는 것이니, 끝이 있는 몸이 끝이 없는 생각을 따르니 그 혼란스러움이 언제 그치겠는가.(『남화진경구의』)
- 선영: 생각이 외물을 따라 끝없이 이어진다.

③ 殆已: '태의殆矣'(矣는 추측과 단정의 의미를 나타내는 어조사)와 같음. 피곤함을 표현한 말이다.

④ 已而爲知者: '차이위지자此而爲知者'와 같다.(왕인지, 『경전석사』) 『이아』「석고釋詁」에서는 "'이已'는 '이것'(此)의 의미다"라고 하였다. '이이위지已而爲知'는 '여차이위지如此而爲知'와 같은 말이다.(양수달, 『장자습유』) 즉 '이와 같은데도 앎을 추구하고자 한다'라는 뜻이다.

⑤ 爲善無近名, 爲惡無近刑: [세상 사람들이] 선하다고 여기는 일을 하더라도 명예를 얻으려 해서는 안 되고, [세상 사람들이] 악하다고 여기는 일을 하더라도 형벌의 해를 입어서는 안 된다.

- 성현영: 선을 행함에 명예를 가까이하지 않는 법이 없고, 악을 행함에 형벌에 가까워지지 않는 법이 없다. 이는 세속의 지혜와 세속의 배움을 아는 것으로는 예견된 바를 구제해 낼 수 없고 그저 정신을 힘들게 할 뿐이니 더욱 위태로움만 가중될 뿐이라는 뜻이다.(『장자소』)
- 왕숙민: 이 두 구절은 선과 악을 나란히 말한 것이다. 그런데 앞의 구절은 이해하기가 비교적 간단하지만, 뒤의 구절은 이해하기가 아주 힘들다. 마치 사람들에게 악을 하라고 인도하는 것처럼 보이기 때문이다. 곽상과

사마표의 주석 이후로 이를 억지로 끼워 맞추거나 멋대로 뜻을 보태 이해하려는 경향이 강했다. 하지만 이는 장자의 본래 취지에 맞지 않는 듯하다. 이에 여기에서 새로운 해석을 제시하면 다음과 같다. 우선 '선', '악'이라고 하는 것은 양생養生을 가지고 말한 것이다. '위선爲善'은 '양생을 잘함'을 뜻하고, '위악爲惡'은 '양생을 잘하지 못함'을 뜻한다. 그렇다면 '위선무근명爲善無近名'은 '양생을 잘하는 것은 허무의 도리(浮虛)에 가까이 가지 않는 것이다'라고 해석할 수 있다. (자연적) 삶에 억지로 보태고(益生[13]), (자연의 이치를 거슬러) 장수를 추구하는 것 등이 모두 '허무의 도리'에 해당한다. 한편, '위악무근형爲惡無近刑'은 '양생을 잘하지 못하면 해를 입는 일이 없다'고 해석할 수 있다. 형체를 수고롭게 하고 정신을 소모하는 일들이 바로 '해를 입는 것'(傷殘)이다. 이렇게 해석해야 비교적 의미가 적절하다. 「양생주」라는 편명을 고려하면 선善과 악惡이라는 글자 모두 양생과 관련해서 말한 것으로 보아야 한다. 그렇지 않으면 곡해하고 오해하는 부분이 많아진다.

- 왕박: 명성을 가까이하지 말고 형벌이 없도록 하라고 한 것은 이들이 모두 생명과 관계된 것이기 때문이다. 형벌이 생명을 해치는 일임은 당연하다. 그런데 명성 또한 언제 그렇지 않은 적이 있었던가? 여기서 우리는 도덕[예를 들어, 선악의 구분]이 생명 앞에서 퇴장, 또는 적어도 뒤로 물러나는 것을 확인할 수 있다.

⑥ 緣督以爲經: 허虛를 따르는 것을 항상된 법칙(常法)으로 삼는다는 의미. '연독緣督'에는 자연의 도에 따른다는 의미가 포함되어 있다.

- 임운명: '연독이위경緣督以爲經'은 모든 일에는 본래 그러한 이해의 방식(自然之理解) 있음을 비유한 것이다.(『장자인』)
- 곽숭도: 선산船山은 "인체의 기경팔맥奇經八脈[14]에서 임맥任脈과 독맥督脈이 호흡을 주관한다. 몸 앞쪽 가운데를 흐르는 맥을 '임맥任脈'이라 하고 몸 뒤쪽 가운데를 흐르는 맥을 '독맥督脈'이라 한다"라고 하였다. '연독緣督'이라는 것은…… 허를 따라 행한다는 뜻이다.(곽경번의 『장자집석』에서 인용)
- 장묵생: '독督'에는 '속이 비다'(中空)라는 의미가 있다. 따라서 '연독이위경緣督以爲經'은 모든 일은 허虛의 도리로 처리해야 하며, 이를 양생의 항상된 법칙으로 삼아야 한다는 것이다.(『장자신석』)

---

13) 『老子』 55장, "…… 자연적 삶에 무엇을 덧붙이는 것은 재앙이라 하고, 마음이 氣를 부리는 것을 강함이라 한다. 사물이 강성하면 늙나니, 이를 일러 도에 부합하지 않다고 한다. 도에 부합하지 않으면 일찍 소멸될 뿐이다."(益生曰祥, 心使氣曰强. 物壯則老, 謂之不道. 不道早已.)

14) 동양의학에서 말하는 인체 경맥 가운데 한 종류.

- 왕효어: 독맥督脈은 몸 뒤쪽에 있는 것으로 정신의 흐름과 출입을 관장하는 중추이다. 즉 '연독緣督'은 인간의 행위가 정신의 인도를 따라야 한다는 의미이다.(『장자내편신해』)

⑦ 生: '성性'으로 읽음.(오여륜, 『장자점감』)

⑧ 可以養親: '친親'은 「제물론」에 등장한 '진군眞君'으로, 즉 정신을 뜻한다고 보는 설이 있다.(조초기) 근래 학자 가운데는 '친親'을 「제물론」의 "백해구규육장百骸九竅六藏, 해이존언賅而存焉, 오수여위친吾誰與爲親"에 나오는 '친親'으로 보아, '양친養親'은 '정신을 기르다'(養精神)라는 의미로 해석해야 한다고 하는 이도 있다.(황금횡, 『신역장자독본』의 注) 하지만 「인간세」에서는 "자식이 부모(親)를 사랑하는 것은 타고난 것(命)이니 마음에서 내려놓을 수 있는 것이 아니다"(子之愛親, 命也, 不可解于心)라고 하였다. 이를 보면 '부모를 봉양한다'(養親)라는 덕목 역시 장자의 사상에 들어맞음을 알 수 있다.

【풀이】

우리의 생명에는 한계가 있지만, 지식에는 한계가 없다. 한계가 있는 생명을 가지고 한계가 없는 지식을 추구하려고 하면 지칠 수밖에 없다. 그런데도 계속해서 지식을 추구하기에 급급하다면 그 피곤은 이루 말할 수 없을 것이다.
세상 사람들이 선하다고 여기는 일을 하더라도 명예를 얻으려 해서는 안 되고, 세상 사람들이 악하다고 여기는 일을 하더라도 형벌의 해를 입어서는 안 된다. 자연의 이치를 따르는 것을 항상된 법칙으로 삼는다면 신체를 보호하고 천성을 보전하며 양친을 봉양하고 천수를 다할 수 있을 것이다.

2.

庖丁[①]爲文惠君[②]解牛, 手之所觸, 肩之所倚, 足之所履, 膝之所踦[③], 砉[④]然嚮然, 奏刀騞[⑤]然, 莫不中音; 合於「桑林」[⑥]之舞, 乃中「經首」[⑦]之會[⑧].
文惠君曰: "譆, 善哉! 技蓋至此乎?"
庖丁釋刀對曰: "臣之所好者道也, 進乎技矣. 始臣之解牛之時, 所見無非牛者[⑨]. 三年之後, 未嘗見全牛也. 方今之時, 臣以神遇而不以目視, 官知止而神欲行[10]. 依乎天理[11], 批大郤[12], 導大窾[13], 因其固然[14]. 技經肯綮之未嘗微礙[15], 而況大軱[16]乎! 良庖歲更刀, 割也; 族庖[17]月更刀, 折[18]也. 今臣之刀十九年矣, 所解數千牛矣, 而刀刃若新發於硎. 彼節者有間, 而刀刃者無厚, 以無厚入有間, 恢恢乎其於遊刃必有餘地矣, 是以十九年而刀刃若新發於硎[19]. 雖然, 每至於族[20], 吾見其難爲, 怵然爲戒, 視爲止[21], 行爲遲. 動刀甚微, 謋[22]然已解, 牛不知其死也[23], 如土委地. 提刀而立, 爲之四顧, 爲之躊躇滿志, 善刀[24]而藏之."
文惠君曰: "善哉! 吾聞庖丁之言, 得養生焉."

【길잡이】

① 庖丁: 정丁이라는 이름의 요리사를 가리킨다고 하는 설과 주방을 관장하는 일에 종사하는 사람을 가리킨다고 하는 설이 있다.

- 왕효어: '포정해우庖丁解牛'는 「소요유」의 대붕이 높이 날아오르는 이야기와 「제물론」의 바람이 온갖 구멍으로 부는 이야기와 더불어 『장자』 내편 가운데 가장 유명한 세 가지의 우언 가운데 하나로, 고대로부터 지금까지 끊이지 않고 전해지고 있다.

② 文惠君: 사람 이름. 어떠한 사람인지는 정확히 알려진 바가 없다. 고주古注에는 양혜왕梁惠王을 가리킨다고 하였으나, 왕무횡은 이를 억지로 끼워 맞춘 해석이라 보았다.

- 왕무횡: 신원미상의 인물이다. 주석에는 양혜왕이라고 하였으나, 이는 '혜惠'자만 가지고 억지로 끼워 맞춘 것이다.(『장자존교』)

③ 踦(중국음은 yǐ[椅]): '기倚'(의지하다, 기대다)와 서로 통한다.

- 임운명: 한 발로 무릎을 꿇어 몸을 낮추는 것을 말한다.
- 마기창: '슬지소기膝之所踦'란 한쪽 무릎을 굽혀 그것에 기대는 것을 말한다.(『장자고』)

④ 砉(중국음은 huò[惑]): 뼈와 살이 분리될 때 나는 소리.

⑤ 騞: '획砉'과 같다. 모두 칼로 사물을 벨 때 나는 소리를 표현하는 말이다. '획騞'이 '획砉'보다 더 큰 소리를 가리킨다는 설도 있다.

- 최선: '획騞'은 '획獲'과 비슷한 발음의 소리로서 '획砉'보다는 더 큰 소리를 말한다.

⑥ 「桑林」: 은나라 탕임금의 악곡 이름.

⑦ 「經首」: 요임금 시대의 악곡 이름. 「함지咸池」는 그 가운데 한 악장의 이름이다.

⑧ 會: 운율, 박자.

⑨ 所見無非全牛者: '전全'자는 원래 빠져 있었다. 하지만 뒤에 나오는 '삼년지후三年之後, 미상견전우야未嘗見全牛也'라는 구절에는 '전全'자가 있다. 따라서 조간의본趙諫議本에 따라 '우牛' 앞에 '전全'을 보충해 넣었다.

⑩ 官知止而神欲行: 감각기관의 작용을 멈추고 오직 정신만 운용함. '관官'은 눈과 귀와 같은 감각기관을 가리킨다. '신욕행神欲行'은 정신이 스스로 움직이면서 마음이 하고자 하는 대로 따라가는 것을 말한다.

⑪ 天理: 자연스러운 결.

⑫ 批大郤: '비批', '(칼을) 대다, 부딪히다(擊)'의 의미. '극郤'은 뼈와 힘줄 사이의 틈을 가리킨다.

⑬ 導大窾(窾의 중국음은 kuǎn[款]): '도導'는 칼을 밀어 넣는 것을 뜻한다. '관窾'은 비어 있음의 의미이니, 뼈와 관절 사이의 공간을 가리킨다.

⑭ 因其固然: 소의 본래 그러한 구조에 따름.

⑮ 枝經肯綮之未嘗微礙(綮의 중국음은 qìng[慶]): '지枝'는 지맥枝脈을 말한다. 원래는 '기技'로 잘못 쓰여 있었으나 유월의 설에 따라 고쳤다. '경經'은 경맥經脈을 말한다. 따라서 '지경枝經'은 경락을 말하는 것과 같다. '긍肯'은 뼈에 붙은 살을 말한다.(『경전석문』) '계綮'는 얽혀 있는 부분을 가리킨다. '미애微礙' 두 글자는 원래 빠져 있었으나 엄령봉의 설과 곽상의 『장자주』, 성현영의 『장자소』에 따라 보충해 넣었다.

- 유월: 곽상의 『장자주』에서는 '기경技經'을 '기술의 근본이 되는 것'(技之所經)이라고 하였으나, 뜻이 전혀 통하지 않는다.[15] '기경긍계技經肯綮' 네 글자는 병렬 관계로 보아야 한다. 『경전석문』에는 "'긍肯'은 『설문해자』와 『자림字林』에 모두 '긍肎'으로 되어 있으니, 뼈에 붙은 살이라는 뜻이다. 그러나 뼈에는 살이 없다고 보는 설도 있다. '계綮'는 사마표가 '뭉쳐 있는 곳(結處)과 같다'라고 하였다"고 되어 있다. '긍계肯綮'가 소의 몸에 대해 말하고 있는 것이기 때문에 '기경技經' 역시 그러한 것으로 보아야 한다. '기技'는 '지枝'를 잘못

15) 통행본 곽상 『장자주』에는 이 구절이 없다.

쓴 것으로 보인다. 『황제내경』의 「소문素問 · 삼부구후론三部九候論」에 '그 경락을 다스린다'(治其經絡)라는 구절이 있는데, 이에 대해 왕빙王氷 『황제내경』 주석은 「영추靈樞」를 인용하여16) "'경맥經脈'은 안에 있는 것이고 그 곁에서 가로로 뻗어나가는 것은 '락絡'이라고 한다"라고 하였다. '지支'와 '지枝'는 옛날 서로 통용되었다. '지枝'는 지맥枝脈을 말하고 '경經'은 경맥經脈을 말하니, '지경枝經'은 곧 경락을 말하는 것이다. 경락이 서로 이어지는 부분에서는 칼을 자유롭게 움직이는 데 지장이 있다. 하지만 포정은 오직 그것의 본래 그러함에 따르기에 한 번도 막힌 적이 없다.(『제자평의』)

- 이정: 유월은 '기技'를 '지枝'로 고치고, '지경枝經'을 경락으로 풀이했다. 그의 설이 확실히 맞다. '미상未嘗' 두 글자는 의미가 더 보충되어야 한다.(곽경번의 『장자집석』에서 인용)
- 엄령봉: '미애微礙' 두 글자는 원래 빠져 있었다. '미상未嘗' 두 글자만으로는 그 의미가 부족하니 뒤에 글자가 빠진 것이 분명하였다. 곽상의 『장자주』에서는 "늘 빈 곳으로 칼을 놀리니 미세하게 엉켜 있는 부분이라도 무리하게 지나간 적이 없다"라고 하였고, 성현영의 『장자소』에서는 "빈 곳으로 칼을 놀리니 미세하게 엉켜 있는 부분이라도 일찍이 지나간 적이 없다"라고 하였다. 이에 의거하면 '미상未嘗' 다음에 반드시 '미애微礙' 두 글자가 있어야 한다. 그렇지 않으면 말이 통하지 않는다.(『도가사자신편』, 670쪽)

⑯ 軱: '고孤'라고 발음한다. 큰 뼈를 말한다.

⑰ 族庖: 일반적인 요리사를 가리킨다.

- 최선: '족族'은 '무리'(衆)를 의미한다.

⑱ 折: '작斫'(자르다)과 같다.(감산덕청)

- 유월: 곽상의 『장자주』에서는 "뼈에 부딪쳐 칼이 부러진다"(中骨而折刀也)라고 하였는데, 이는 본문의 뜻과 잘 맞지 않는다. 앞에서 "좋은 요리사는 일 년에 한 번 칼을 바꾼다. (살과 힘줄을) 베기 때문이다"(良庖歲更刀, 割也)라고 하였는데, 이때 '할割'(베다)은 칼을 사용해서 베는 것을 말한 것이므로 '절折' 역시 칼을 사용해서 자르는 것이라 보아야 한다. 즉 '절折'은 뼈를 자르는 것을 말하지 칼이 부러지는 것을 말하지 않는다. 『좌전』 애공哀公 원년元年에 "뼈를 자르는 법이 없다"(無折骨)라고 한 것과 같다.

⑲ 新發于硎(硎의 중국음은 xing[刑]): '발發'은 '갈다'(磨)의 뜻이다.(진계천) '형硎'은 숫돌이다.

---

16) 「素問」과 「靈樞」는 『황제내경』의 편명이다. 『황제내경』은 이 두 부분으로 구성되어 있다. 王氷은 『황제내경』의 대표적인 주석가로, 당나라 때 사람이다.

(곽상, 『장자주』) 음은 '형刑'이고, 숫돌을 말한다.(『경전석문』)

⑳ 族: 서로 교차하며 얽혀 있는 것을 '족族'이라고 한다.(곽상, 『장자주』)

㉑ 視爲止: 눈빛을 집중하는 것을 비유한 말.

㉒ 謋(중국음은 huò[霍]): 흩어지다.

- 왕개운: '획謋'은 '책磔'(찢어서 가르다)으로 보아야 한다.(『장자내편주』)
- 해동: '획謋'은 '책磔'을 잘못 쓴 것으로 보인다. 『광아』「석고釋詁 3」에서는 "찢어서 펼치다"(磔開)라고 하였는데, 이어지는 '해체되었다'(已解)는 말과 서로 호응된다.(『장자보주』)
- 양수달: '획謋'은 '혁捇'으로 가차된 것으로 보인다. 『설문해자』 12편(상) 「수手」부部에서 "'혁捇'은 '찢다'(裂)라는 뜻이다. 의미 부분은 '손'(手)을, 소리 부분은 '적赤'을 따른다"라고 하였다. 『공양전』 선공宣公 6년에 "조순趙盾이 가까이 가서 보니, 갈가리 찢겨 죽은 사람이었다. 조순이 물었다. '이것은 무엇인가?' '왕의 요리사입니다. 곰발바닥 요리가 제대로 익지 않아 선공께서 분노하신 나머지 그를 때려죽이시고는 사지를 찢어 저에게 버리도록 시키셨습니다'"(趙盾就而視之, 則赫然死人也. 趙盾曰: "是何也?" 曰: "膳宰也. 熊蹯不熟, 公怒, 以鬥摮而殺之, 支解, 將使我棄之.")라는 구절이 있다. 여기에 나오는 '혁赫' 역시 '혁捇'의 가차자이다. 하휴何休의 주석에서 "혁연赫然은 사지가 찢긴 모습이다"(已支解之貌)라고 한 것이 이를 말해 준다. '혁연赫然'을 '사지가 찢긴 모습'이라고 볼 때, 장자가 말한 '획연이해謋然已解'와 뜻이 정확히 일치한다.

㉓ 牛不知其死也: 이 구절은 통행본에는 빠져 있다. 진경원의 『장자궐오』에서 문여해文如海, 유득일劉得一의 판본에 있는 '우부지기사야牛不知其死也' 여섯 글자를 인용하였다. 이에 따라 보충해 넣으면 문장의 의미가 더 완전해진다.

㉔ 善刀: '선善'은 '식拭'(닦다)과 같다. 그 칼을 잘 닦아 간수해 두는 것을 말한다.(임희일)

【풀이】

포정이 문혜군을 위해 소를 잡는데, 손을 대고 어깨로 기대고 발로 밟고 무릎으로 받치는 곳마다 획획 하는 소리가 들리고, 칼을 넣어 가르고 벨 때마다 서걱거리는 소리가 났다. 그 소리가 하나도 어긋나는 법이 없이 「상림」의 춤사위와 「경수」의 음률에 들어맞았다.

문혜군이 이를 보고 말했다. "아! 참으로 대단하구나, 기술이 어떻게 이러한 경지까지 도달할 수 있는가?"

포정이 칼을 놓고 문혜군에게 답했다. "소인이 좋아하는 것은 도道입니다. 기술의 차원은 이미 초월하였습니다. 소인이 처음 소를 잡을 때는 보이는 것은 온전한 한 덩어리 소였습니다. 삼 년이 지나고 나서야 더 이상 한 덩어리의 소로 보이지 않게 되었습니다. 지금은 그저 정신을 이용해서 느끼기만 할 뿐 눈으로 보지는 않습니다. 감각기관의 작용을 멈추고 그저 정신만 움직입니다. 소의 몸에 있는 본래의 결을 따라 살과 힘줄 사이를 가르고 뼈와 관절 사이의 공간으로 칼을 집어넣어 소 본래의 구조에 맞게 칼을 쓰면 경락이 서로 얽히고설킨 부분까지도 전혀 거리낌이 없습니다. 그러니 큰 뼈들이야 말할 것이 있겠습니까? 좋은 요리사는 일 년에 한 자루씩 칼을 바꿉니다. 칼로 살과 힘줄을 베기 때문입니다. 평범한 요리사는 한 달에 한 자루씩 칼을 바꿉니다. 칼로 뼈를 자르기 때문입니다. 지금 소인의 칼은 사용한 지 19년째이고 잡은 소도 몇천 마리이지만 칼날은 방금 숫돌에서 갈아 낸 것만큼 예리합니다. 소의 뼈와 관절 사이에는 틈이 있지만 칼날은 두께가 없기 때문입니다. 두께가 없는 칼날을 뼈와 관절의 틈 사이로 밀어 넣으니, 당연히 칼날을 자유로이 놀리고도 여유가 남습니다. 이 때문에 19년 동안이나 사용하였지만 여전히 새것과 같은 것입니다. 하지만 비록 그렇더라도 힘줄과 뼈가 어지럽게 얽혀 있는 곳을 만나면 소인 또한 여전히 쉽게 손을 댈 수 없음을 압니다. 이럴 때는 마음을 신중하게 하고 시선을 집중하여 손과 발에 힘을 풀고 천천히 칼을 움직입니다. 그러면 마치 흙이 쏟아지듯 소가 털썩하고 잘려 나가는데 소조차 자신이 이미 죽었다는 것을 알아차리지 못할 정도입니다. 그제야 저는 칼을 들고 일어서서 주위를 둘러보며 흡족한 기분을 느끼면서 다시 칼을 닦아 넣습니다."

문혜군이 말했다. "좋구나! 요리사의 이 말을 듣고 내 양생의 이치를 얻었도다."

3.

公文軒①見右師②而驚曰: "是何人也? 惡乎介也③? 天與, 其人與④?"

曰⑤: "天也, 非人也. 天之生是使獨也, 人之貌有與也⑥. 以是知其天也, 非人也."

【길잡이】

① 公文軒: 성은 공문公文, 이름은 헌軒, 송나라 사람이다.(『경전석문』에서 사마표의 설 인용)

② 右師: 관직의 명칭.(『經典釋文』에서 簡文帝의 설 인용) 여러 역사서에 따르면 관직의 명칭인 것이 분명하다. '좌사左師', '우사右師'라는 명칭이 『좌전』에 여러 차례 등장한다.(관봉)

③ 是何人也? 惡乎介也: '개介'는 발이 하나인 것을 가리킨다. '야也'는 '야邪'(의문을 나타내는 어조사)와 같다.(왕인지, 『경전석사』)

- 임운명: '개介'는 단독(特)을 뜻한다. 발이 하나이므로 '개'라고 하였다.

④ 天與, 其人與?: 태어나면서부터 그렇게 된 것인가, 인위적인 이유로 그렇게 된 것인가? '기其'는 '억抑'(아니면, 혹은)과 같다. '여與'는 '여歟'(의문을 나타내는 어조사)로 읽는다.(진계천)

⑤ 曰: 공문헌이 스스로 답한 말이다.(憨山德淸의 주석에서는 "스스로 답하여 말한 것이다"라고 하였다.) 우사가 대답한 것이 아니다.

- 장묵생: '왈曰'은 우사의 답변이 아니다. 공문헌이 의아해한 다음 스스로 깨닫고 나서 한 말이다.(『장자신석』)

⑥ 人之貌有與也: 인간의 용모는 하늘로부터 부여받은 것이라는 말. '여與'는 부여하다의 의미다. 과거의 해석들은 대개 곽상의 『장자주』에서 "두 발로 함께 걷는 것을 '유여有與'라고 한다"라고 한 것을 따랐는데, 이는 완전히 틀린 해석이다.

- 마기창: 형체가 온전하거나 형체가 온전하지 않은 것 모두 하늘이 부여한 것이다. 「덕충부」에서 "도道가 그에게 모습을 주고, 하늘이 그에게 형체를 주었다"(道與之貌, 天與之形)라고 한 것과 같다.(『장자고』)
- 유무: 『주례』「춘관春官 · 태복太卜」의 주注에서 "'여與'는 사람에게 물건을 주는 것이다"라고 하였고, 「덕충부」에서는 "도道가 그에게 모습을 주고, 하늘이 그에게 형체를 주었다"[17]라고 하였으니, 이 구절은 인간의 용모는 하늘이 부여한 것이지 인간이 그렇게 만든 것이 아님을 말한 것이다.
  - ▹ 진고응: 엄령봉의 『장자장구신편莊子章句新編』, 이면의 『장자총론급분

17) 原書의 이 구절의 본문은 "道與之貌, 天與之行"라고 되어 있는데, '行'은 '形'의 오자로 보인다. 「덕충부」에는 '天與之行'이라는 표현이 없다.

편평주莊子總論及分篇評注』, 일본학자 후쿠나가 미쓰지의 『장자』, 가나야 오사무의 『장자』에서 각각 해석한 '여與'자 모두가 유무의 설과 같다. 이 설이 옳다.

【풀이】

공문헌이 우사를 보고 놀라서 말했다. "어떻게 된 사람인가? 왜 발이 하나만 있는가? 태어날 때부터 이랬는가, 아니면 인위적으로 이렇게 된 것인가?" 그가 다시 [자문자답하며] 말했다. "태어날 때부터 이랬던 것이지 인위적으로 이렇게 된 것이 아니겠구나. 태생적으로 한쪽 다리밖에 없었던 것이었겠지, 인간의 용모란 하늘이 부여하는 것이니. 이 때문에 태생적인 것이지 인위적인 것이 아님을 알겠도다."

澤雉①十步一啄, 百步一飮, 不蘄②畜乎樊中. 神雖王③, 不善④也.

【길잡이】

① 澤雉: 늪지에 사는 꿩.

- 『한시외전』: 그대는 넓은 늪지에 사는 꿩을 보지 못했습니까? 다섯 걸음을 가서야 겨우 한 번 먹이를 쪼아 먹으니, 온종일 걸려야 겨우 배가 부릅니다. 그런데도 깃털은 광택이 나며, 햇빛과 달빛을 받으며 마음껏 날아다니며 지저귀는데, 그 울음소리가 온 언덕과 늪지에 울려 퍼지는 것은 왜일까요? 아마도 자신이 하고 싶은 대로 하기 때문일 것입니다. 하지만 이 꿩을 잡아다 곡식 창고에다 가두어 두면 매일 같이 수수와 좁쌀을 쪼아 먹을 수 있어 늘 배를 채울 수 있습니다. 하지만 깃털은 오히려 초췌해지고 의기가 더욱 꺾여 고개를 떨구고 잘 울지도 않습니다. 먹는 것이 부실해서일까요? 자기 뜻대로 할 수 없어서겠지요.[18]

  ▹ 진고응: 『한시외전』의 이 구절을 본문의 주해로 삼을 수 있다.

18) 출처는 『韓詩外傳』 卷九이다. 原書에 인용되어 있는 원문은 다음과 같다. "君不見大澤中雉乎? 五步一啄, 終日乃飽; 羽毛澤悅, 光照于日月, 奮翼爭鳴, 聲響于陵澤者何? 彼樂其志也. 援置之囷倉中, 常啄粱粟, 不旦時而飽; 然獨羽毛憔悴, 志氣益下, 低頭不鳴, 夫食豈不善哉? 彼不得其志故也."

② 蘄(중국음은 qí[其]): 기원하다, 바라다.

③ 王: '왕旺'으로 발음한다.(임희일)

- 주계요: '왕王'은 '왕旺'의 뜻으로 보아야 한다. 과거에는 '왕旺'자가 없었다.

④ 不善: 즐겁지 않음.(임희일) 자유롭지 못함.(임운명)

【풀이】

늪지에 사는 꿩은 열 걸음에 겨우 한 번 먹이를 쪼아 먹고, 백 걸음에 겨우 한 모금의 물을 마실 수 있다. 하지만 결코 새장 안에 갇혀 살기를 바라지 않을 것이다. [새장 속에서 길러지면] 몸과 마음은 왕성해질 수 있을지 몰라도 자유롭지 못할 것이기 때문이다.

老聃[①]死, 秦失[②]弔之, 三號而出.
弟子曰: "非夫子之友邪?"
曰: "然."
"然則弔焉若此, 可乎?"
曰: "然. 始也吾以爲至人[③]也, 而今非也. 向吾入而弔焉, 有老者哭之, 如哭其子; 少者哭之, 如哭其母. 彼其所以會[④]之, 必有不蘄言而言, 不蘄哭而哭者[⑤]. 是遁天[⑥]倍情[⑦], 忘其所受, 古者謂之遁天之刑. 適來, 夫子時也; 適去, 夫子順也[⑧]. 安時而處順, 哀樂不能入也, 古者謂是帝之縣解[⑨]."
指窮於爲薪[⑩], 火傳也, 不知其盡也.

【길잡이】

① 老聃: 노자를 말한다. 사마천에 따르면, 노자는 초楚나라 고현苦縣[지금의 하남성 녹읍현 동쪽] 여향厲鄕의 곡인리曲仁里 마을 사람이다.(『史記』, 「老莊申韓列傳」) 『장자』 「천하」에서는 관윤關尹과 노담의 사상을 동일한 학파로 여기고 논평을 하고 있다.

② 秦失: '일失'은 판본에 따라 '일佚'로 되어 있는 경우도 있다. 모두 '일逸'로 발음한다.

(『경전석문』) ‘일失’은 ‘일佚’의 초기 형태이다.(마서륜) ‘진일秦失’은 노담의 친구로 등장하는데, 장자가 지어낸 인물일 가능성이 높다.

③ 至人: 원래는 ‘기인其人’으로 되어 있다. ‘기其’는 ‘지至’를 잘못 쓴 것으로 보인다. 『장자궐오』에서는 문여해文如海의 판본을 인용하여 ‘기其’를 ‘지至’라고 하였다.(왕효어의 교열) 이에 근거하여 바로잡는다.

④ 會: 감회.

⑤ 必有不蘄言而言, 不蘄哭而哭者: ‘언言’은 일반적인 ‘말하다’의 의미라고 해석하지만, ‘언唁’(조문하다)으로 가차된 것으로 보기도 한다.(高亨이 王念孫의 『疏證』과 章炳麟의 『文始』 1권을 인용하여 ‘言’과 ‘唁’이 서로 통용되었음을 밝혔다.)

⑥ 遁天: 자연으로부터 벗어남.

⑦ 倍情: 두 종류의 해석이 있다. 첫 번째는 ‘인정人情을 더하다’라는 해석이다. 성현영의 『장자소』에서 “세속의 정을 더하는 것이다”라고 한 것과 같다. 두 번째는 ‘실정에 위배되다’라는 해석이다. 임희일이 “실제의 정을 위반하는 것이다. ‘배倍’는 ‘배背’(위반하다)와 같다”라고 한 것이 그 경우이다.

▹ 진고응: 고서에 ‘배倍’는 ‘배背’와 서로 통용되었다. 따라서 두 번째 설을 따르는 것이 옳다.

⑧ 適來, 夫子時也; 適去, 夫子順也: 두 군데의 ‘부자夫子’는 잘못 들어간 글자로 보인다. 혹은 진일이 그의 제자에게 노자를 지칭하여 한 말로 볼 수도 있다. 선생이 마침 온 것도 (그렇게 될) 때였고, 선생이 마침 간 것도 (그렇게 될) 순서였기 때문이라는 뜻이다.(왕무횡)

⑨ 帝之懸解: 거꾸로 매달려 있는 속박(倒懸)에서 자연적으로 벗어남.

- 성현영: ‘제帝’는 ‘천天’을 말한다.…… 자연스러운 해탈이라는 뜻이다.
- 진심: ‘현懸’은 ‘도현倒懸’(거꾸로 매달리다)이라고 할 때의 ‘현’과 같다. ‘속박’의 의미이다.
- 선영: 인간은 생사로부터 고통을 받으니, 마치 거꾸로 매달려 있는 것과 같다. 생사를 잊어버리면 그러한 속박의 상태로부터 벗어나게 된다.

⑩ 指窮于爲薪: 등불이 타오르는 것은 끝이 있음. ‘지指’는 ‘지脂’(기름)로 보아야 한다. ‘궁우위신窮于爲薪’은 ‘땔감에 불이 다 타올라 끝이 나다’라는 뜻이다.

- 주계요: '지指'는 '지脂'를 잘못 적은 것이거나, 가차된 것이다.(『장자내편증보』)
- 문일다: 옛날 '땔감'(薪)이라고 하는 것은 부뚜막의 땔감(爨薪)이 있고, 등불의 땔감(燭薪)이 있었다. 부뚜막의 땔감은 열을 내기 위한 것이고 등불의 땔감은 빛을 내기 위한 것이다. 옛날 양초가 없었을 때, 동물의 지방덩어리를 싸매서 그것을 태워 불을 피웠다. 이를 '촉燭' 혹은 '신薪'이라 불렀다. '촉燭'을 켜는 것을 '불을 밝히다, 불을 비추다(照)'라고 말하니, 사물을 비추는 것이 바로 '촉'인 것이다. 여기서 지궁우위신指窮于爲薪이라고 말한 것은 등불의 땔감(燭薪)을 말한다.(『장자내편교석』)

  ▹ 진고응: 주계요와 문일다의 설이 옛날 주석들보다 낫다. 이를 따른다.
- 진계천: '지指'는 '지脂'로 읽어야 한다. '지脂'는 지방을 말하니, 불을 태울 수 있다. 옛 주석에서는 모두 '지指'를 '손가락'(手指)으로 풀이했는데, 이는 타당하지 않다. '궁窮'은 불이 다 타올라 끝난 것을 말한다.…… 이 구절은 지방으로 등불을 피우는데 그것이 다 타오른다고 할지라도 다른 형태로 전화轉化될 뿐 완전히 소멸한 것은 아니라는 의미다. 인간이 태어나 다시 죽는 것 역시 일종의 전화이니만큼 슬퍼할 필요가 없다는 것을 비유적으로 표현하였다. 이렇게 해석하면 앞에 나오는 '때를 편안히 여기고, 변화에 순응한다'(安時處順)는 말과도 서로 호응된다.(『장자천설』)
- 이존산李存山: 지궁우위신指窮于爲薪은 개체의 생명[개체의 정신도 포함]의 종결을 가리킨다. 이어지는 '불은 옮겨붙으며 끝날 줄을 모른다'(火傳也, 不知其盡也)라는 구절은 우주의 거대한 변화가 계속해서 이어지는 것을 가리키는 것이지 개체의 정신이 끝나지 않고 남아 계속 전해진다는 의미가 아니다. 바꾸어 말하면, 횃불의 비유는 형체와 정신의 관계에 대해서 논한 것이 아니라 개체 생명과 우주의 거대한 변화 간의 관계에 관해 말한 것이다. 따라서 '거꾸로 매달린 것에서 벗어나다'(懸解)라는 말의 궁극적인 의미는 개체 생명(小我)이 전체 우주의 변화 과정(大我) 속으로 융화되어 들어간다는 것이다. 이를 통해 '천지와 내가 나란히 살아가고, 만물과 내가 하나가 되는'(天地與我並生, 而萬物與我爲一, 「제물론」) 사상적 경지에 도달하게 되면, '때를 편히 여기고 변화에 순응하여 슬픔과 기쁨이 끼어들 수 없으니'(安時而處順, 哀樂不能入), '삶과 죽음에 연연하지 않게 된다'(不爲生死所系).(「莊子的薪火之喩與"懸解"」, 진고응 주편, 『道家文化硏究』, 6권에 수록)

【풀이】

노담이 죽어 진일이 조문하러 갔는데, 곡을 딱 세 번 하고 금세 나왔다.

제자가 이를 보고 물었다. "스승님의 친구분이 아니십니까?"
"맞다."
"그런데 이렇게 조문하여도 괜찮습니까?"
진일이 말했다. "괜찮다. 원래 나는 그가 지인至仁의 경지에 이른 줄 알았다. 그런데 지금 보니 그렇지 못하구나. 방금 내가 조문하러 들어갔을 때, 늙은이 하나가 곡을 하는 것을 보았다. 마치 제 아들인 것처럼 곡을 하더구나. 또 어떤 젊은이는 제 모친이 돌아가신 것처럼 곡을 하였다. 이들은 모두 이렇게 슬픔을 느끼지만 실은 [감정의 집착으로 인해] 울 필요가 없는데도 우는 것이다. 이는 자연을 벗어나고 실정을 위반한 것으로서 우리가 부여받은 생명의 길고 짧음을 잊어버렸기 때문이다. 옛날에는 이를 자연을 거스른 형벌이라고 불렀다. 바로 올 때가 되었기에 노담은 그 때에 부응하여 태어난 것이고, 바로 갈 때가 되었기에 노담은 그 이치에 따라 죽은 것이다. 때에 마음을 편히 하고 변화에 순응하면 슬픔과 기쁨의 감정이 마음속에 끼어들 수가 없다. 옛날에는 이것을 거꾸로 매달린 속박에서 벗어난 것이라 불렀다."
등불의 땔감이 타는 것은 다함이 있지만, 그 불은 계속 옮겨붙어 다함이 없다.

인간세人間世

「인간세」의 근본 취지는 인간관계의 여러 갈등과 분쟁, 그리고 올바른 처세와 처신의 도리를 서술하는 데 있다. 권모술수가 횡행하던 혼란의 시대, 죄 없는 자가 무참히 살육당하고 사회가 온통 비인간화의 길로 빠져들던 시기, 차마 눈 뜨고 볼 수 없었던 선혈 낭자한 역사 앞에 서서 장자는 '인간세'의 험악하고 추악한 면모를 폭로하고자 했다. 그가 제시한 처세와 처신의 도리 또한 부득이한 것일 수밖에 없었다.

이 편은 총 일곱 단락으로 나눌 수 있다. 첫째 단락에서는 안회顔回와 공자孔子의 대화를 빌려, 통치자를 대하는 것의 어려움을 논했다. 여기에서 그려지는 위衛나라의 혼란은 인간 사회의 분쟁을 비유하고 있는데, 장자는 위나라 군주의 모습을 통해 권력자가 독단과 전횡을 일삼으며 타인의 충고를 받아들이지 않는 것의 위험성을 지적하고자 하였다. '나라를 가볍게 운용하고'(輕用其國), '백성의 죽음을 가볍게 여겨'(輕用民死) 온 나라를 전쟁의 위험에 빠지게 함으로써 백성들의 시체가 잡초처럼 온 들판을 가득 메우던 참상은 당시 흔히 목격할 수 있는 일이었다. 이러한 군주를 마주하였을 때의 방법으로 안회는 '단정한 모습과 겸손한 태도로 일에 집중할 것'(端虛勉一), '마음을 곧고 바르게 가지면서도 겉으로는 공경하는 자세를 지닐 것'(內直外曲), '통설通說을 가져와 옛사람들에 빗대어 말할 것'(成而上比)이라는 세 가지 원칙을 제시한다. 하지만 공자는 이러한 방법 모두 위나라 군주를 감화시키기에는 부족하다고 지적하며, 결국 '마음의 재계'(心齋)라는 방법을 제시한다. 인간의 여러 분쟁과 갈등의 근원을 따져 보면 결국 명성을 바라고 지모를 사용하는 것에서 기인한다. 이러한 '명성'(名)과 '지모'(智)에 대한 관념을 제거하고 마음을 텅 비워 명철하게 만드는 것이 바로 '마음의 재계'이다. 둘째 단락은 섭공자고葉公子高가 제나라 사신으로 가는 일화를 통해 신하가 군주를 대하는 것의 어려움을 말했다. 신하가 군주를 대면하였을 때 걱정과 두려움을 겪게 되고, 왕의 명령을 받아 임무를 수행할 때, (임무를 제대로 수행하지 못한 데 따른) 형벌을 맞이하게 되거나(人道之患) (임무를 수행하느라 너무 애를 쓴 나머지) 음양의 기운을 다스리지 못해 병(陰陽之患)을 얻게 될 수 있음을 차례로 서술하였다. 나아가 왕의 사자로 서신을 전달할 때에 처하게 되는 어려움과 신중하지 못한 언어를 사용했을 때 초래되는 위험에 대해서 말했다. (이에 대해 공자는) '음양의 우환'(陰陽之患)을 없애려면 그저 마음을 비우고 명령에 따르는 태도를 지녀야 한다고 하며 '자신의 몸을 잊어야 한다'(忘身)는 원칙을 소극적으로 제시하였다. 둘째 단락의 마지막에서는 '군주의 형벌'(人道之患)이라는 문제에서 출발하여 '마음과 정신이 외물의 변화를 그대로 따르며 자유롭게 노닐고'(乘物以遊心), '심성을 보존하고 기를 것'(養中)을 그 방안으로 제시하였는데, 이 모두가 '부득이함에 따르는 일'(托不得已)임을 강조하였다. 앞서 말한 '양중養中'과 '유심遊心'의 핵심은 바로 본래 그러함(自然)에 따르는 것이다. 셋째 단락에서는 안합顔闔이 위령공衛靈公 태자의 스승이 되는 일화를 통해 황태자를 대할 때의 어려움에 대해 말하면서, 인도하고(達之) 타이르는(順) 교육 방식을 제시하였다. 넷째 단락에서는 신목神木의 비유를 통해 재능 있는 자가 '바로 그 능력으로 인해 삶이 괴로움에 처할 수 있음'을 말했다. 만일 나무가 도끼에 베어져 나가는 것과 같은 해를 입지 않고 온전히 삶을 보존하려면 무용無用을 대용大用으로 삼아야 한다는 것이다. 여기에서 '무용'이 비유하는 것은 바로 집권자에게 쓰이지 않는 것을 말한다. 도구로 소모되지 않으면 온전히 자신을 보존하고 자신을 더욱 발전시켜 나갈 수 있다. 이 단락의 내용은 「소요유」 말미에서 '함정'(機辟)에 걸리고 '도끼'(斤斧)에 잘려 나가는 화를 당하지 않으려면 쓸모없음(無所可用)을 추구하라고 한 내용과 비슷하다. 모두 '고난'(困苦)의 상황과 그 비통함을 담아내고 있다. 다섯째 단락은 특별한 나무의 이야기를 통해 '재목'(材)으로서 '쓸모'(用)가 있는 것이 '베어져'(斬) 나가 삶을 다하지 못하고 중도에 요절하게 된다는 것(夭于斧斤)을 말했으니, 세상에 시사하는 바가 매우 깊다. 여섯째 단락은 신체가 온전하지 못한 지리소支離疏의 이야기를 통해 신체가 장애가 있는 자는 집권자에게는 쓸모가 없어 오히려 화를 면하고 삶을 보전할 수 있음을 말했다. 마지막 단락에서는 초나라의 광인 접여接輿의 이야기를 통해 난세의 상황을 생생히 그려 냈다. '지금의 시대는 오직 형벌을 피하면 그만이다'라는 말은 과도한 세금과 고된 노역에 시달리는 백성들에게는 형벌이라도 피할 수 있다면 다행이라는 것으로 이해할 수 있다. '재앙이 대지보다 무겁다'(禍重于地), '위험하도다, 위험하도다'(殆乎殆乎)라는 말에서 역시 백성들이 과도한 압박과 위기에 처해 있었음이 잘 드러난다. 이 외에도 '온통 가시밭길이로다'(迷陽迷陽(荊棘滿地)), '가는 길에 가시에 찔리지 않도록 하고'(無傷吾行), '가시에 발을 다치지 않도록 할지어다'(無傷吾足)라는 구절 또한 세상을 살아가는 어려움을 말하고 있으니, 항상 염두에 두고 신중히 살펴야 할 것이다.

현재 잘 알려진 성어 중 본 편에 출처를 두고 있는 성어에는 다음과 같은 것들이 있다. 당비당거螳臂擋車[1], 이화구화以火救火[2], 이수구수以水救水[3], 길상지지吉祥止止[4], 여고위도與古爲徒[5], 허실생백虛室生白[6], 집이불화執而不化[7], 교언편사巧言偏辭[8], 화지이추畫地而趨[9], 무용지용無用之用[10], 종기천년終其天年[11], 산목자구山木自寇[12], 고화자전膏火自煎[13].

---

1) 사마귀가 수레를 막아섬. 분수를 모르고 덤벼드는 무모한 행동을 가리키는 말. '螳螂拒轍'이라고도 쓰인다.
2) 불로 화재를 막음. 잘못된 방법을 사용하여 역효과를 불러오는 것을 비유하는 말.
3) 물로 수재를 막음. 잘못된 방법을 사용하여 역효과를 불러오는 것을 비유하는 말.
4) 상서로움이 그치지 않고 계속 머물러 있음. 경축의 의미로 사용되는 말.
5) 옛사람과 벗을 이룸. 옛 현인들을 추존하는 말.
6) 빈방이라야 빛이 들어올 수 있음. 청명하고 밝은 마음의 경지를 가리키는 말.
7) 자신의 의견을 고집하여 바꾸지 않는 것을 가리키는 말.
8) 입에 발린 화려한 말.
9) 땅에 금을 긋고 달리게 함. 사람을 어떠한 범위 내에서만 움직일 수 있도록 몰아넣는다는 뜻으로, 속박을 받아 괴로움을 비유하는 말.
10) 쓸모없어 보이는 것이 실제로 큰 쓸모가 있음을 가리키는 말.
11) 천수를 다 누리며 장수하는 것을 가리키는 말.
12) 산의 나무가 자신의 쓸모로 인해 베어짐. 자신의 재능과 쓸모로 인해 오히려 화를 입는 것을 비유하는 말.
13) 기름이 자신을 태워 불을 피움. 자신의 재능과 쓸모로 인해 오히려 화를 입는 것을 비유하는 말.

1.

顔回見仲尼①請行.

曰: "奚之?"

曰: "將之衛."

曰: "奚爲焉?"

曰: "回聞衛君②, 其年壯, 其行獨③, 輕用其國, 而不見其過; 輕用民死, 死者以〔國〕量乎澤, 若蕉④, 民其無如矣⑤. 回嘗聞之夫子曰: '治國去之, 亂國就之, 醫門多疾.' 願以所聞, 思其則所行, 則庶幾其國有瘳乎⑥!"

仲尼曰: "譆! 若殆⑦往而刑耳! 夫道不欲雜, 雜則多, 多則擾, 擾則憂, 憂而不救. 古之至人, 先存諸己而後存諸人. 所存於己者未定, 何暇至於暴人之所行! 且若亦知夫德之所蕩而知之所爲出⑧乎哉? 德蕩乎名, 知出乎爭. 名也者, 相軋也; 知也者, 爭之器也. 二者凶器, 非所以盡行也.

且德厚信矼⑨, 未達人氣, 名聞不爭, 未達人心. 而强以仁義繩墨之言衒暴人之前者⑩, 是以人惡育其美也⑪, 命之曰菑⑫人. 菑人者, 人必反菑之, 若殆爲人菑夫! 且苟爲悅賢而惡不肖, 惡用而⑬求有以異? 若唯無詔⑭, 王公必將乘人而鬭其捷. 而目將熒⑮之, 而色將平之, 口將營之⑯, 容將形之, 心且成之. 是以火救火, 以水救水, 名之曰益多. 順始無窮, 若殆以不信厚言, 必死於暴人之前矣!

且昔者桀殺關龍逢⑰, 紂殺王子比干⑱, 是皆修其身以下傴拊⑲人之民, 以下拂其上者也, 故其君因其修以擠之. 是好名者也. 昔者堯攻叢, 枝, 胥敖⑳, 禹攻有扈㉑, 國爲虛厲㉒, 身爲刑戮, 其用兵不止, 其求實無已㉓. 是皆求名實者也㉔. 而獨不聞之乎? 名實者, 聖人之所不能勝也, 而況若乎! 雖然, 若必有以也, 嘗以語我來㉕!"

【길잡이】

① 顔回見仲尼: 안회는 공자가 제일 아꼈던 제자이다. 그의 언행은 『논어』의 「공야장公冶長」, 「술이述而」, 「자한子罕」, 「선진先進」, 「안연顔淵」, 「위령공衛靈公」 등에 나와 있다. 이 단락에 등장하는 안회와 공자 간의 대화는 당연히 허구이다. 여기에서

공자라는 유가의 거두는 장자의 학설을 찬양하는 도가의 인물로 변모하여 등장하고 있다.

② 衛君: 위衛나라의 장공莊公인 괴외蒯聵(蒯의 중국음은 kuǎi)를 가리킨다는 설이 있다.(사마표) 한편, 위나라 장공은 노나라 애공哀公 15년 겨울에 위나라로 돌아왔는데, 당시는 안회가 이미 세상을 떠난 이후이므로 여기에서 가리키는 위나라 군주는 장공莊公이 아니라 그의 아들인 출공出公 첩輒이라고 하는 설도 있다.(『경전석문』)

▹ 진고응: 장자는 특정 인물이나 고사를 빌려와 당시 군주들의 폭정을 비판하는 경우가 많다. 이 역시 그러한 우언의 일종으로, 등장인물과 그 시기를 반드시 고증해야 할 필요는 없다.

- 요내: '위나라 군주'라는 말은 당시 왕들이 백성을 유린하던 것을 나타내기 위해 가탁하여 사용한 명칭이다.(『장자장의』)

③ 行獨: 독단적으로 행동함.

④ 死者以 〔國〕 量乎澤, 若蕉: 온 나라에 죽은 자가 가득하니, 들에 버려진 채 장례 지내지 않는 시체들이 마치 빼곡히 쌓인 파초 잎처럼 셀 수 없이 많음.(호문영, 『장자독견』), 죽은 사람이 들판의 삼(麻)과 같이 많음을 이르는 말.(장병린, 『장자해고』) '이以'는 '이已'(~정도이다)와 통용된다. '양量'은 '만滿'(가득하다)으로 읽는다.(주계요의 『장자내편증보』에 상세히 나옴) '국國'은 해동의 설을 따르면 불필요한 글자이다.

- 해동: '국國'자는 앞의 '경용기국輕用其國'의 '국國'자로 인해 잘못 들어간 것이다. '사자이량호택死者以量乎澤'을 한 문장으로 보아야 한다. '이以'는 '이已'(~정도이다)와 같다. 『여씨춘추』「기현期賢」에 '사자량어택의死者量於澤矣'라는 구절이 등장하는데, 이에 대한 고유의 주석에서 "'양量'은 '만滿'(가득하다)과 같다"라고 하였다. 즉 죽은 자가 늪지를 가득 메울 정도라는 뜻으로 『장자』의 구절과 같은 의미다. '약초若蕉'는 두 글자가 한 구절을 이룬다.(『장자보주』)

⑤ 民其無如矣: 의지할 곳이 없음.(곽상, 『장자주』)

⑥ 願以所聞, 思其所行, 則庶幾其國有瘳乎: 통행본에는 '사기思其' 뒤에 '소행所行' 두 글자가 빠져 있으나, 진경원의 『장자궐오』에서 인용한 강남이씨본江南李氏本에는 이 두 글자가 들어가 있고, (원래 앞 문장에 붙어 있던) '즉則'자 역시 뒤 문장과 함께 있다. 이에 따라 수정한다.

- 유문전: 진경원은 강남이씨본을 인용하여 '사기思其' 뒤에 '소행所行' 두

글자가 있어야 한다고 보았다. '들은 바를 가지고 실행하고자 한다'(願以所聞, 思其所行)라고 했을 때 그 문장의 의미가 분명해진다. '즉則'의 경우 뒤 문장에 속하는 것으로 읽어야 한다. 최선과 이이는 '사기즉思其則'을 한 문장으로 끊어 읽었으나, 이는 글자가 빠진 판본으로 읽어 뒤에 탈자가 있는 것을 몰랐던 것일 뿐이다.(『장자보정』)

⑦ 殆: 아마 ~일 것이다, ~하려고 하다.

⑧ 出: 밖으로 드러남.

⑨ 信矼(矼의 중국음은 gāng[剛]): 신망이 두터움. '강矼'은 견실하다는 뜻이다.

⑩ 衒暴人之前者: '현衒'은 고본에는 '술術'로 잘못 적혀 있다. '현衒'자가 옳다.(감산덕청) 진경원의 『장자궐오』에서는 강남고장본江南古藏本을 인용하여 '술術'을 '현衒'으로 보았다. 이에 따라 수정한다.

- 유문전: '술폭인지전자術暴人之前者'는 의미가 통하지 않는다. '술術'을 '현衒'으로 보면 의미가 비교적 살아난다. 현재의 판본에 '술'로 적혀 있는 것은 글자의 형태가 비슷하여 잘못 적은 것으로 보인다.

⑪ 是以人惡育其美也: 다른 사람의 과오를 가지고 자신의 미덕을 자랑하는 것을 말함. '기其'는 '자신'(己)을 가리킨다. '육育'은 원래 '유有'라고 되어 있으니, 유월의 설과 최선본崔譔本에 따라 수정하였다.

- 유월: '유有'는 '육育'을 잘못 쓴 것이다. 『경전석문』에 "최선의 판본에는 '육育'으로 되어 있다. '자랑하다'(賣)의 뜻이다"라고 하였다. 『설문해자』 '패貝' 항목에 "'매賣'는 '육'으로 읽기도 한다"라는 설명이 있다. 이 '육'은 '매'의 가차자로서 『경전』에는 이를 '육鬻'으로 썼다. '육鬻'역시 '육育'으로 발음한다. 따라서 '이인오육기미以人惡育其美'라는 말은 다른 사람의 과오를 가지고 자신의 미덕을 자랑한다는 뜻이다.
- 해동: '육育'은 '현炫'(자랑하다)에 상응한다.

⑫ 菑: '재災'(재앙)로 발음한다.

⑬ 惡用而: '어찌 너를 쓰겠는가?'라는 뜻. 뒤 구절 '이목장형지而目將熒之', '이색장평지而色將平之'의 '이而' 역시 '여汝'(너, 2인칭 대명사)와 같다.

⑭ 若唯無詔: '약若'은 '여汝'(너, 2인칭 대명사)와 같다. '조詔'는 최선본에는 '액詻'(중국음은 luò[洛])으로 되어 있다. '간언하며 논쟁하다'의 뜻이다.

⑮ 熒(중국음은 yíng[瑩]): '미혹되다'(眩)의 뜻.(성현영, 『장자소』)

• 곽경번: '형熒'은 '요瞀'자의 가차자이다. 『설문해자』에서 "'요瞀'는 '미혹되다' 라는 의미다"라고 하였다.(『장자집석』)

⑯ 口將營之: 입으로 오직 자신을 구하기에만 급급함.

⑰ 關龍逢: 하나라 걸왕桀王 때의 어진 신하. 충성을 바치다 결국 참수를 당했다.

⑱ 王子比幹: 은나라 주왕紂王의 숙부. 간언을 고하다 심장이 갈라지는 형을 받았다.

⑲ 傴拊(傴의 중국음은 yǔ[語]): 아끼며 보살피다.(성현영, 『장자소』)

⑳ 叢·枝·胥敖: 세 소국의 이름. 「제물론」에서는 종宗·회膾·서오胥敖라고 하였다.

㉑ 有扈: 나라 이름. 지금의 섬서성陝西省 호현戶縣 일대.

㉒ 國爲虛厲: 국토가 황폐해지고 백성들이 망자가 됨(백성들이 죽어 사라짐).

• 이이: 집에 사람이 없는 것을 '허虛'라고 하고, 죽어서 후대가 없는 것을 '여厲'라고 한다.(『경전석문』에서 인용)

㉓ 求實無已: 이익을 탐하는 것을 그치지 않는다.(관봉, 『장자내편역해화비판』) '실實'은 이익을 말한다.(진계천)

㉔ 是皆求名實者也: '이 모든 것이 명성과 이익을 탐하는 것이다'라는 의미.

• 이면: 요·우임금 모두 명성과 이익을 좇은 것임을 말한 것이다. '명실名實'은 '명성과 이익'(名利)을 말한다. 왕선겸, 소여 등은 '(총·지·서오) 세 나라가 명성과 실리를 좇아 끊임없이 군사를 일으킨다'라고 해석했는데, 큰 오류가 있다. 이는 세 나라가 아니라 요·우임금을 가리킨 것으로 요·우임금이 명성과 실리를 좋아해 끊임없이 군사를 일으킨 것을 말했다.

㉕ 若必有以也, 嘗以語我來: '이以'는 '말하다'(謂)의 의미다.(왕인지, 『경전석사』) 이 구절은 '너는 분명 너의 견해를 지니고 있다'라고 해석할 수 있다. '내來'는 어말조사語末助詞(문장 끝에 붙는 조사)다.(왕인지, 『경전석사』) 『맹자』 「이루離婁」의 '어찌 돌아가지 않겠는가!'(盍歸乎來)라는 구절의 '내來' 역시 어말조사로 특별한 뜻이 없다.

【풀이】

안회가 공자를 찾아뵙고 작별인사를 하였다.
공자가 물었다. "어디로 가려고 하느냐?"
안회가 말했다. "위나라로 가려고 합니다."

공자가 물었다. "무엇을 하러 가느냐?"

안회가 말했다. "제가 듣기로 위나라의 군주가 혈기가 왕성하고 성미가 급하며 행실이 독단적이고 나랏일을 처리하는 데 경거망동을 일삼는데도, 본인의 잘못을 깨닫지 못하고 있다고 합니다. 백성들의 목숨을 아끼지 않고 가벼이 군사를 일으켜 죽은 자들이 온 산천을 마치 마른풀처럼 뒤덮고 있으니 백성들이 의지할 곳이 없습니다. 저는 일찍이 선생님이 '안정된 나라는 떠나도 좋으나 혼란에 빠진 나라를 찾아가야 하니, 이는 의원의 문 앞에 많은 환자가 줄지어 기다리고 있는 것과 같다'라고 말씀하신 것을 기억합니다. 저 역시 선생님의 말씀을 따라 실행하고자 합니다. 이 나라가 고난에서 빠져나올 수도 있지 않겠습니까?"

공자가 말했다. "아! 네가 가면 그저 죽임을 당하고 말게 될까 걱정이구나! '도道'는 소란스러운 것에 어울리지 않는다. 소란스러우면 일이 많이 생기고, 일이 많으면 여러 가지 방해를 받는다. 방해를 받게 되면 각종 우환이 생기니, 우환이 닥치면 살아나고자 해도 이미 늦다. 옛날의 '지인至人'은 자신을 확실히 구한 뒤에 남을 도왔다. 만약 자신도 제대로 서 있지 못한다면 어찌 포악한 자의 행동을 바로잡을 수 있겠는가?

너 역시 '덕德'이 본래의 모습을 잃어 '지모'(智)가 드러나게 된 이유를 알고 있을 것이다. '덕'이 본래의 모습을 잃게 된 것은 명성을 좋아하기 때문이고, '지모'가 드러나게 된 것은 다투어 이기고자 하기 때문이다. '명성'(名)이란 사람들을 서로 배척하게 만드는 원인이며, '지모'는 사람들이 서로 다툴 때 사용하는 도구이다. 이 둘은 모두 흉기로 세상에서 사용되어서는 안 되는 것들이다.

게다가 혼자서 덕이 두텁고 신망이 돈독하다고 할지라도 다른 사람이 모두 이를 알아주는 단계에 이르지 못한다면 그들과 명예를 다투려 하는 것이 아니라고 할지라도 사람들은 결코 그것을 알지 못할 것이다. 만약 네가 굳이 인의를 내세우며 포악한 자 앞에서 너 자신을 뽐낸다면 그는 네가 다른 사람의 과오를 폭로하여 자신의 미덕을 자랑하고자 하려는 것으로 받아들일 것이며, 남을 해치려는 의도라고 생각할 것이다. 남을 해치려고 하면 반드시 앙갚음하려고 들 것이니, 너는 결국 해를 입고 말 것이다! 만약 위나라 군주가 현자들을 좋아하고 불초한 무리를 싫어한다고 한들, 네가 어떻게 남과 다르다는 것을 보일 것이냐? 네가 만약 그에게 간언을 올리고자 하면 그는 반드시 너의 말 속에서 허점을 찾아 자신의 말재주를 펼쳐 보이려 할 것이다. 그러면 너는 눈은 어지러워지고 안색은 가라앉아 입으로는 자신의 안위를 돌보는 데만 급급하게 될 것이다. 결국 겉으로 타협하고 마음속에서는 그의 주장에 저절로 순종하게 될 것이니 이는 불로 불을 끄고, 물로 물을 막는 것과 같은 이치로서 흉악한 자를 돕는 격이라 할 수 있다. 처음부터 그에 따르기 시작하면 결국 영원히 끝도 없을 것이다. 그런데 만약 그가 너의 돈독한 간언을 받아들이지 않는다면 너는 그의 앞에서 죽음을 면치 못할 것이다!

옛날 걸왕은 관룡봉을 죽였고 주왕은 비간을 죽였다. 이들은 모두 그 덕을 수양하여 신하의 위치에서 군주의 백성들을 돌보고 어루만졌는데, 그로 인해 군주의 시기와 질투를 초래하고 말았다. 군주는 그들이 가진 덕으로 인해 그들을 해친 것이다. 이것이 바로 명성을 좇은 결과다. 옛날 요임금은 총, 지, 서오 세 나라를 공격했고, 우임금은 유호를 공격하였다. 공격을 받은 이 나라들은 모두 폐허로 변하고 백성들은 죽었으며, 국왕 또한 주살되었다. 요임금과 우임금이 끊임없이 군사를 일으켜 이익을 탐했기 때문이니, 역시 명성과 이익을 좇은 결과라 할 수 있다. 너는 이러한 일들을 들어 보지 못한 것이냐? 명성과 이익을 좇는 마음은 성인조차도 쉽게 극복할 수 없는 것인데, 너는 어떻겠느냐?

하지만 비록 그렇더라도 너 역시 너만의 생각이 있을 터이니, 한번 말해 보거라!"

顔回曰: "端而虛[①], 勉而一[②], 則可乎?"

曰: "惡! 惡可? 夫以陽爲充孔揚[③], 采色不定[④], 常人之所不違, 因案人之所感[⑤], 以求容與其心[⑥]. 名之曰日漸之德[⑦]不成, 而況大德乎! 將執而不化, 外合而內不訾[⑧], 其庸詎可乎!"

"然則我內直而外曲, 成而上比[⑨]. 內直者, 與天爲徒[⑩]. 與天爲徒者, 知天子之與己皆天之所子[⑪], 而獨以己言蘄乎而人善之, 蘄乎而人不善之邪? 若然者, 人謂之童子, 是之謂與天爲徒. 外曲者, 與人之爲徒[⑫]也. 擎跽曲拳[⑬], 人臣之也, 人皆爲之, 吾敢不爲邪! 爲人之所爲者, 人亦無疵焉, 是之謂與人爲徒. 成而上比者, 與古爲徒. 其言雖教, 讁之實也. 古之有也, 非吾有也. 若然者, 雖直不爲病, 是之謂與古爲徒. 若是則可乎?"

仲尼曰: "惡! 惡可? 大多政法而不諜[⑭], 雖固亦無罪. 雖然, 止是耳矣, 夫胡可以及化! 猶師心[⑮]者也."

【길잡이】

① 端而虛: 겉으로는 단정하고 삼가며, 속으로는 겸허한 마음을 지님.

② 勉而一: 뜻을 하나로 모아 열심히 일에 종사함.

③ 以陽爲充孔揚: '양陽'은 오만한 기세. '충充'은 가득차다. '공孔'은 정도가 심함을 말하며, '공양孔揚'은 매우 득의양양하다는 뜻. 즉 이 구절은 오만한 기세가 마음속에 가득하여 득의양양한 모습으로 드러난다는 의미.

- 곽상: 위나라 군주의 교만한 성격이 마음에 가득하여 밖으로 심하게 드러남을 말한 것이다.

④ 采色不定: 기뻐하고 성내는 것이 일정하지 않음.

⑤ 案人之所感: 타인의 간언을 억압함.

- 성현영: '안案'은 '억압하다(抑)'라는 뜻이다. 다른 사람이 충고를 통해 감화시키고자 하지만, 군주는 이를 무시하고 억누르고자 한다.

⑥ 求容與其心: 자신의 마음이 후련해지기를 바람. '용여容與'는 스스로 즐거워한다는 의미이다.(임희일)

⑦ 日漸之德: 작은 덕(小德). 조금씩 깨우치게(漸悟) 하는 가르침을 말함. 뒤 구절의 큰 덕(大德)은 한 번에 깨우치게(頓悟) 하는 가르침을 가리킨다.

- 마기창: '일점日漸'이란 나날이 쌓인다는 뜻이다. 사소한 실천을 가리킨다. (『장자고』)

⑧ 外合而內不訾(訾의 중국음은 zī[資]): 겉으로는 영합하는 듯 보이지만 속으로는 받아들이지 않음.

- 요내: '자訾'는 '헤아리다(量)'라는 뜻이다. 군주의 말을 듣고 겉으로는 거스르지 않지만, 속으로 그 뜻을 헤아려보지 않는 것을 말한다.
- 왕개운: '자訾'는 '자資'의 가차자이다. 겉으로는 그와 부합하는 듯 보이지만 속으로는 받아들이지 않는 것을 말한다.(『장자내편주』)

⑨ 成而上比: 기존의 통설을 이야기하며 옛사람들에 빗대어 말함.

- 임희일: 자기의 통설(自己之成說)을 옛사람의 말과 합치되게 함. 옛사람을 논거로 삼는 것을 말한다.

⑩ 與天爲徒: 자연과 함께 무리를 이룸.

⑪ 天之所子: 천생天生에 속함.

• 왕효어: '여천위도與天爲徒'에서 이미 사람과 사람 간의 평등사상의 모습이 드러나고 있다.(『장자내편신해』)

⑫ 與人爲徒: 통행본에는 '여인지위도與人之爲徒'라고 되어 있다. 앞뒤 문장을 고려하면 '지之'는 불필요한 것으로 보인다. 조간의본趙諫議本에는 '지之'자가 없다.(왕효어, 『장자집석점교』) 문일다의 설과 조간의본을 따라 이를 삭제한다.

• 문일다: '지之'는 불필요한 글자이다. '여인위도與人爲徒'와 앞의 '여천위도與天爲徒', 뒤의 '여고위도與古爲徒'는 모두 동일한 구조의 사례들이다. 뒤에서 '시지위여인위도是之謂與人爲徒'라고 한 것이 확실한 증거이다.(『장자내편교석』)

⑬ 擎跽曲拳(擎의 중국음은 qíng[情]; 跽의 중국음은 jì[技]): '경擎'은 홀笏[14]을 쥐는 것, '기跽'는 무릎을 꿇고 엎드려서 하는 절, '곡권曲拳'은 선 채로 허리를 굽혀서 하는 절.

⑭ 大多政法而不諜: 법칙이 지나치게 많은 것은 온당하지 않은 것과 마찬가지이다.(감산덕청) '대大'는 '태太'로 본다. 『경전석문』에서는 최선본崔譔本을 인용하여 '태太'로 썼다. '정政'은 '정正'(바로잡다)과 같다.(선영, 왕선겸) '첩諜'은 '당當'(온당하다)의 뜻이다.

⑮ 師心: 자신의 성심成心을 따르고 자신의 주관적 견해를 고수함.

【풀이】

안회가 말했다. "겉으로는 단정하고 엄숙한 태도를 갖추고 마음속으로는 겸허한 자세로 뜻을 하나로 집중하여 열심히 일에 종사한다면 어떻겠습니까?"
공자가 말했다. "아! 어떻게 가능하겠느냐? 위나라 군주는 교만함이 넘쳐흐르며 성내고 기뻐하는 것이 일정치 않아 평소 사람들이 감히 그를 거스를 수가 없다. 항상 다른 사람의 충고를 묵살하고 오직 스스로 마음이 후련하기만을 바란다. 이러한 사람은 매일 조금씩 작은 덕을 통해 감화시키려고 해도 할 수 없는데, 어떻게 큰 덕으로 한 번에 깨우치게 할 수 있겠는가? 그는 절대 자신의 고집을 꺾고 변하려 하지 않을 것이다. 설사 겉으로는 따르는 듯 보일 수 있어도 속으로는 절대 그렇지 않을 것인데, 네가 무슨 방법이 있겠느냐?"
안회가 말했다. "그럼 저는 '마음은 바르고 곧게 가지면서도 겉으로는 공경하는 태도를 지니고', '기존의 통설을 가져와 옛사람들에 빗대어 말한다면' 어떻겠습니까? '마음을 바르고 곧게 한다'(內心誠直)는 것은 자연과 함께 무리를 이르는 것을

14) 신하가 임금을 알현할 때 예를 갖추기 위해 손에 들었던 手板을 가리킨다.

말합니다. 자연과 함께 무리를 이루게 되면 임금과 나의 본성은 모두 하늘로부터 받은 것임을 알 수 있습니다. 그렇게 되면 제가 굳이 다른 사람들이 찬성하는 바를 옳다고 여기고 다른 사람들이 질책하는 것을 틀렸다고 여길 필요가 있겠습니까? 또한, 사람들은 모두 저를 순수한 의도를 가졌다고 여길 것입니다. 이를 '자연과 함께 무리를 이룬다'라고 부를 수 있겠습니다. '겉으로 공경하는 태도를 지닌다'(外表恭敬)는 것은 다른 사람들과 같게 행동하는 것입니다. 홀을 쥐고 엎드려 절하는 것은 신하가 갖추어야 할 예절입니다. 모두가 이렇게 하는데, 제가 감히 이렇게 하지 않을 수 있겠습니까? 사람들이 모두 하는 대로 한다면 남들이 저를 질책하는 일이 없을 것이니, 이를 '사람들과 함께 무리를 이룬다'고 할 수 있겠습니다. '기존의 통설을 가져와 옛사람들에 빗대어 말한다'는 것은 옛사람들과 무리를 이루는 것입니다. 제가 가져다 쓰는 기존의 말들은 모두 교훈이지만 이는 분명한 근거를 지니고 있습니다. 옛날부터 있었던 말이지 제가 스스로 만든 것이 아닙니다. 이렇게 한다면 그 말은 분명 직설적이지만 어떤 원한을 초래하지는 않을 것이니, 이는 옛사람들과 무리를 이루는 것이라 할 수 있겠습니다. 이렇게 하면 어떻습니까?"

공자가 말했다. "아! 어떻게 가능하겠느냐? 남을 바로잡는 방법이 지나치게 많은 것 또한 절대 온당하지 못하다. 이런 방법들이 비록 고루하기는 하나 분명 죄를 면할 수는 있다. 그런데 그것뿐이지, 어찌 임금을 감화시킬 수 있겠느냐? 너는 지나치게 너의 주관적 견해에 집착하고 있구나."

顔回曰: "吾無以進矣, 敢問其方."

仲尼曰: "齋, 吾將語若! 有心①而爲之, 其易邪? 易之者, 皞天不宜②."

顔回曰: "回之家貧, 唯不飮酒不茹葷者數月矣. 如此, 則可以爲齋乎?"

曰: "是祭祀之齋, 非心齋也."

回曰: "敢問心齋."

仲尼曰: "若一志, 無聽之以耳而聽之以心, 無聽之以心而聽之以氣③! 耳止於聽④, 心止於符. 氣也者, 虛而待物者也. 唯道集虛⑤. 虛者, 心齋也."

顔回曰: "回之未始得使⑥, 實有⑦回也; 得使之也, 未始有回也; 可謂虛乎?"

夫子曰: "盡矣. 吾語若! 若能入遊其樊而無感其名⑧, 入則鳴, 不入則止⑨.

無門無毒[10], 一宅[11]而寓於不得已[12], 則幾矣.
絶迹易, 無行地難[13]. 爲人使易以僞, 爲天使難以僞. 聞以有翼飛者矣, 未聞以無翼飛者也; 聞以有知知者矣, 未聞以無知知者也. 瞻彼闋者[14], 虛室生白[15], 吉祥止止[16]. 夫且不止, 是之謂坐馳[17]. 夫徇[18]耳目內通而外於心知[19], 鬼神將來舍, 而況人乎! 是萬物之化也, 禹舜之所紐也[20], 伏戲幾蘧[21]之所行終, 而況散焉者[22]乎!"

【길잡이】

① 心: 현재 판본에는 '심心'자가 빠져 있다. 곽상 『장자주』에서 "(이미 이루어진) 마음을 가지고 그렇게 하는 것이라면(夫有其心而爲之者) 진실로 쉽지 않다"라고 하였는데, 이를 보면 곽상이 본 판본에는 원래 '심心'자가 있었음을 알 수 있다. 이에 『장자궐오』에서 인용한 장군방본張君房本 및 그 주석에 따라 보완한다.(곽경번, 『장자집석』)

② 皞天不宜(皞의 중국음은 gāo[高]): 자연의 이치에 부합하지 않음.(阮毓崧) '호천皞天'은 자연自然을 가리킴.(상수, 『장자주』)

③ 氣: 여기에서의 '기氣'는 마음의 활동이 지극히 순수하고 정미한 경지에 다다른 것을 가리키는 말이다. 즉, '기'는 고도로 수양 된 경지에 이르러 허령하고 밝은 상태를 유지하는 마음(心)을 가리킨다. 따라서 '기라는 것은 텅 비운 채 사물을 기다리는 것이다'(氣也者, 虛而待物者也)라고 하였다. '텅 비운 채 사물을 기다리는 것'은 명백히 '마음'(心)을 지칭한다.

- 서복관: (장자의) '기氣'는 마음의 특정한 상태를 비유해서 말하는 용어일 뿐, 『노자』에서 말하는 순수한 생성이치로서의 '기氣'와는 같지 않다. (『中國人性論史』, 제12장 「莊子的心」, 382쪽)

④ 耳止於聽: 현재 판본에는 '청지어이聽止於耳'로 되어 있는데, 이는 옮기는 과정에서 거꾸로 적은 것이다. '이지어청耳止於聽'과 뒤의 '심지어부心止於符'는 서로 대구를 이루는 구절이다. 성현영 『장자소』에 "성진聲塵15)에 집착하지 않고 듣기를 그친

15) 불교에서 중생의 마음을 더럽히는 여섯 가지 티끌(六塵) 가운데 하나. 耳根(귀)을 통해 들어온다.

다. 이는 귀로 듣지 않는다는 말로 풀이된다"라고 하였다. 이를 보면, 성현영이 보았던 판본에는 원래 '이지어청耳止於聽'으로 되어 있었음을 알 수 있다. 유월의 설에 따라 수정한다.

• 유월: '청지어이聽止於耳'는 '이지어청耳止於聽'로 보아야 한다. 옮기는 과정에서 거꾸로 적은 것이다. 귀로 듣지 않는다는 의미다.

⑤ 虛: 텅 비어 밝은 마음의 상태를 비유함.

⑥ 得使: 깨우침을 얻는 것을 말함.(임희일)

• 왕무횡: '사使'자가 잘 어울리지는 않는다. 임희일은 "'득사得使'는 깨우침을 얻는 것을 말한다"라고 했으나, 의역한 것일 뿐이다.

⑦ 有: 현재 판본에는 '자自'로 되어 있으나, 이는 '유有'의 오자이다. 해동에 설에 따라 수정한다.

• 해동: '자自'를 '유有'로 잘못 적은 것은 글자의 형태가 비슷하기 때문이다. 뒤에서 '득사지야得使之也, 미시유회야未始有回也'라고 한 것이 바로 이 구절을 받아서 말한 것이다.

⑧ 無感其名: 명성이나 지위를 위해 행동하지 않음.

⑨ 入則鳴, 不入則止: 의견이 받아들여질 수 있는 상황이면 말하고, 그렇지 않으면 말하지 않음.

⑩ 無門無毒: '독毒'자의 해석은 여러 가지로 나뉜다. 고주古注에는 몇 가지의 해석방식이 있다.

(1) 곽상 『장자주』에서는 '독毒'을 '치治'(다스리다)로 보았다.

(2) 임희일은 '독毒'을 '약藥'으로 풀이했다.(감산덕청, 임운명, 선영 등이 이를 따랐다.)

(3) 이정은 '독毒'을 '도壔'의 가차자로 보았다. '도壔'는 연락을 취하기 위해 흙을 쌓아 만든 대臺로서 방어의 역할을 하는 장소이다.(곽경번, 『장자집석』에서 상세히 인용하여 설명하고 있다.)

▹ 진고응: 고주의 해석은 모두 타당하지 않다. 근래 학자들의 해석 역시 여러 가지가 있다.

(1) 사람들을 태울 수 있는 틈이 없음.(섭옥린이 이처럼 풀이하고 관봉이 이를 따랐다.)

(2) 문을 세우지 않고, 누벽을 설치하지 않음.(이종예의 해석)

(3) 굳게 닫혀 있지 말고 격노하지 말 것.(양류교, 『장자역고』)
여기에서는 양류교의 설을 따른다.

- 섭옥린: '문門'은 행로라는 뜻으로 연역하여 생각할 수 있다. '독毒'은 표시하다(標)의 의미로 볼 수 있다. '무문무독無門無毒'이란 사람들이 찾아서 가리킬 수 없도록 한다는 뜻이다.(『백화장자독본주』)
  - ▹ 진고응: 섭옥린은 이정의 설에 따라 해석하였는데, 『장자』의 원뜻과는 다른 것으로 보인다.
- 해동: '독毒'은 '두竇'로 보아야 한다. 발음이 유사하여 가차되었다. 『좌전』 양공襄公 10년 전傳에서 왕숙王叔의 가신이 '사립문 작은집에 사는 사람'(篳門閨竇之人)이라고 하였는데, '문門'과 '두'를 나란히 쓰고 있음을 알 수 있다. 「지북유」에 나오는 '무문무방無門無房'이라는 구절이 바로 '무문무독無門無毒'과 같은 뜻이다.
- 진계천: '무문無門'은 연줄을 통해 꾀하려 하지 않음을 말한다. '독毒'은 '도纛'로 보아야 하며, '도道'와 같이 발음한다. 고대에 관리들 앞에 세우던 큰 의장기를 말한다. '무독無毒'은 깃발을 내세워 과시할 필요가 없음을 말하는 것이다.
- 양류교: 『백호통』 「오사五祀」에서는 "'문門'은 스스로 굳게 닫아 감추는 것이다"라고 하였고, 『광아』에서는 "'문門'은 지키는 것이다"라고 하였다. 왕일王逸의 『초사주』에서는 "'독毒'은 성내는 것(恚)이다"라고 하였고, 위소韋昭 『국어』 주석에서는 "'독毒'은 '폭暴'(사납다)과 같다"라고 하였다. 즉 '무문무독無門無毒'은 '굳게 닫혀 있지 말고 격노하지 말 것'을 뜻한다.(『장자역고』)
  - ▹ 진고응: 여러 가지 설 가운데 양류교의 설이 가장 낫다.

⑪ 一宅: 마음의 위치를 가리킴. '일一'은 마음이 하나로 응집해 있는 상태를 형용하는 말이다.

- 감산덕청: '일택一宅'은 마음이 한곳에 머물러 있어, 두 가지 생각을 하지 않는 것을 말한다.

⑫ 寓於不得已: 일에 응할 때 어쩔 수 없는 상황에 맡김.

- 감산덕청: 어쩔 수 없는 상황에 따라 응하고, 결코 어떤 마음이나 의도를 지니고 억지로 행해서는 안 된다.

⑬ 絶迹易, 無行地難: 길을 가지 않기는 쉬워도 길을 가면서 행적을 남기지 않는 것은 어렵다.

- 감산덕청: 사람들을 피해 세상을 떠나기는 쉽다. 하지만 무심無心의 태도로

세상과 교류하면서 어떤 행적에도 집착하지 않는 것은 어렵다.

⑭ 瞻彼闋者: '첨瞻'은 '살피다, 관조하다', '결闋'은 '비어 있음'. 텅 비어 밝은 마음을 살핀다는 의미다.

⑮ 虛室生白: 텅 비어 맑은 마음의 상태에서 밝은 빛이 나옴.

- 사마표: '실室'은 마음(心)을 비유해서 말한 것이다. 마음을 비울 수 있으면 순백純白의 상태가 홀로 생겨난다.(『경전석문』에서 인용)

⑯ 吉祥止止: '지지止止' 두 글자 가운데 앞의 '지止'는 동사이고, 뒤의 '지止'는 명사로서 고요히 안정된 마음을 비유하는 말이다. 즉 이 전체 구절은 '상서로움이 고요히 안정된 마음에 머무른다'라는 뜻이다.(성현영, 『장자소』)

- 유월: '지지止止'는 중복된 글자로 별다른 뜻이 없다. 『회남자』「숙진훈俶眞訓」에서는 '허실생백虛室生白, 길상지야吉祥止也'로 되어 있는 것으로 보아 이 구절의 두 번째 '지止'는 '야也'를 잘못 적은 것으로 보인다. 『열자』「천서天瑞」에 대한 노중원盧重元의 주석에서도 '허실생백虛室生白, 길생지이吉祥止耳'라고 적고 있다. 이 역시 '지지止止'가 중복된 글자라는 것을 말해 주는 증거이다.
    - ▹ 진고응: 유월의 설 역시 참고로 삼을 수 있다.
- 해동: 두 번째의 '지止'는 대명사인 '지之'로 보아야 한다. '지止'와 '지之'는 형태가 비슷하여 쉽게 틀리는 글자이다. 『시경』「진풍陳風」의 '가이신지歌以訊止'라는 구절 역시 현재 판본에는 '지止'가 '지之'로 와전된 것을 볼 수 있다. 『시경』「소아小雅」의 '고산앙지高山仰止, 경행행지景行行止'라는 구절의 '지止' 역시 『사기』「공자세가孔子世家」에서 이를 인용하면서 '지之'로 적었으니, 모두 증거로 삼을 수 있다.
    - ▹ 진고응: 해동의 설이 따를 만하다. '길상지지吉祥止止'라고 해도 의미가 통한다.[16]

⑰ 坐馳: 외형은 앉은 상태이지만 마음은 이리저리 치달음.(성현영, 『장자소』)

⑱ 徇: '사使'(~하게 하다)의 의미.(이이)

⑲ 外於心知: 계산하고 생각하는 마음(心機)을 버림.

⑳ 紐: 중추, 핵심.

㉑ 几蘧: 전설 속에 등장하는 고대의 제왕.

---

16) 奚侗의 설을 좇아 두 번째 '止'를 '之'로 본다면 '吉祥止止' 그대로 두어도 의미가 통한다는 의미인 듯하다.

- 성현영: 삼황三皇 이전의 임금으로 칭호가 존재하지 않는다.
- 문일다: 고대의 제왕 가운데 그 칭호가 없는 '궤거几蘧'라는 인물은 원래는 '수인遂人'이라고 하였다. '수遂'가 '거蘧'로 와전되고(『左傳』 桓公 13년에 '수가 초나라 임금을 만났다'(遂見楚子)라고 한 것이 『漢書』 「五行志」에는 '蘧'라고 적힌 것을 확인할 수 있다), '인人'은 '궤几'로 와전되었다가 다시 그 앞뒤가 뒤바뀌어 결국 '궤거几蘧'가 된 것이다. 이제 다시 바로잡는다. '수인遂人'은 '수인燧人'이다. (『路史』[17] 「前紀」 5권의 주석에 『尸子』 및 『禮含文嘉』를 인용한 부분에서 모두 '遂人'이라 적었다.) 외편의 「선성」에서 "수인과 복희에 이르러 처음으로 천하를 다스리기 시작했다"(及燧人伏羲始爲天下)라고 하였는데, 이 역시 두 임금을 나란히 열거한 것으로 이 구절과 같은 사례이다.(『장자내편교석』)

㉒ 散焉者: 흩어져 있는 사람들. 평범한 일반인을 가리킨다.

【풀이】

안회가 말했다. "저는 더 이상의 방법이 없으니, 그 방법을 여쭈어봅니다."
공자가 말했다. "우선 깨끗이 재계하도록 하여라. 그러면 내가 다시 알려 주겠다. 네가 성심成心을 지닌 채 행하려 하면 그것이 쉽게 되겠느냐? 만약 쉽게 될 것이라 여긴다면 이는 자연의 도리에 부합하지 않는다."
안회가 말했다. "저희 집이 가난하여 벌써 몇 달째 술도 마시지 않고 육식을 하지 않았습니다. 이러한 것도 재계라고 볼 수 있겠습니까?"
공자가 말했다. "그것은 제사 지낼 때 하는 재계이지, '마음의 재계'(心齋)가 아니다."
안회가 말했다. "'마음의 재계'란 무엇입니까?"
공자가 말했다. "마음을 한곳으로 모아 귀로 들으려 하지 말고 마음으로 듣고, 마음으로 듣지 말고 기氣로써 감응하도록 하여라. 귀의 작용은 외물을 듣는 것에 그치고, 마음의 작용은 현상에 감응하는 것에 그친다. 기氣야말로 텅 비어 밝은 것으로서 외물을 받아들일 수 있으니, 도는 오직 맑고 텅 빈 기 속에서만 모일 수 있다. 이처럼 맑고 텅 빈 마음의 상태를 '마음의 재계'라 한다."
안회가 말했다. "'마음의 재계'라는 것을 듣지 못했을 때는 분명 저 자신을 완전히 잊어버리지 못했습니다. 그런데 '마음의 재계'라는 도리를 듣고 나니, 일순간

17) 중국 남송시대 인물 羅泌(1131~1189?)이 상고시대의 역사를 기록한 책. 전체 47권으로 되어 있다.

자신을 잊어버린 듯합니다. 이제 텅 비어 밝은 마음의 상태에 이르렀다고 할 수 있겠습니까?”

공자가 말했다. “그렇다. 이제 너에게 알려 주겠다. 그 울타리 안에 들어가서도 그저 유유자적하면서 명성이나 지위를 바라며 행동하지 말며, 만약 네 의견이 받아들여지면 말하고, 그렇지 않으면 말하지 말도록 하여라. 또한, 스스로 굳게 닫혀 있지 말고 격노하지 말아라. 여러 가지 생각을 버리고 마음을 한데 모으고, 일을 처리할 때는 부득이한 상황에 따라서 하도록 하여라. 이렇게 한다면 거의 문제가 없을 것이다.

길을 아예 가지 않는 것은 쉽지만, 길을 가면서 행적을 남기지 않는 것은 어려운 법이다. 욕심에 이끌려 가면 억지로 일을 꾸미게 되기에 십상이고, 자연에 따라 행동하면 쉽게 그렇게 될 수 없다. 날개가 있어서 날 수 있다는 말은 들어 보았어도 날개가 없는데도 날 수 있다는 말은 들어 보지 못했을 것이다. 지모를 사용하여 지식을 얻는다는 말은 들어 보았어도, 지모를 사용하지 않고서 지식을 얻는다는 말은 들어 보지 못했을 것이다. 마음이 텅 비어 밝은 상태를 관조하면 그곳에서 밝은 빛이 나오는 것을 볼 수 있을 것이다. 상서로운 일은 고요히 안정된 마음에 머무른다. 마음이 안정되지 못한 상태를 ‘(몸은 앉아 있어도) 마음이 치달리는 상태’(坐馳)라고 부른다. 감각기관이 밖이 아닌 안을 향하게 하고 계산하는 마음을 배제하면 귀신도 찾아와 머무를 것인데 하물며 사람들이랴? 이처럼 만물을 모두 감화시키는 것이 바로 우임금과 순임금이 세상을 다스리던 핵심이고 복희씨와 수인씨가 행동의 준칙으로 삼던 바인데, 하물며 보통 사람이야 더 말할 게 있겠느냐?”

2.

葉公子高①將使於齊, 問於仲尼曰: “王使諸梁也甚重, 齊之待使者, 蓋將甚敬而不急. 匹夫猶未可動, 而況諸侯乎! 吾甚慄之. 子常語諸梁也, 曰: ‘凡事若小若大, 寡不道以懽成②. 事若不成, 則必有人道之患③; 事若成, 則必有陰陽之患④. 若成若不成而後無患者, 唯有德者能之.’ 吾食也執粗而不臧, 爨無欲淸之人⑤. 今吾朝受命而夕飮冰, 我其內熱與⑥! 吾未至乎事之情, 而旣有陰陽之患矣; 事若不成, 必有人道之患. 是兩也, 爲人臣者不足以任之, 子其有以語我來!”

仲尼曰: "天下有大戒[7]二: 其一, 命也; 其一, 義也[8]. 子之愛親, 命也, 不可解於心; 臣之事君, 義也, 無適而非君也, 無所逃於天地之間. 是之謂大戒, 是以夫事其親者, 不擇地而安之, 孝之至也; 夫事其君者, 不擇事而安之, 忠之盛也; 自事其心者, 哀樂不易施乎前, 知其不可奈何而安之若命, 德之至也. 爲人臣子者, 固有所不得已. 行事之情而忘其身, 何暇至於悅生而惡死! 夫子其行可矣!

丘請復以所聞: 凡交近則必相靡[9]以信, 交遠則必忠之以言[10], 言必或傳之. 夫傳兩喜兩怒之言, 天下之難者也. 夫兩喜必多溢美之言, 兩怒必多溢惡之言. 凡溢之類妄, 妄則其信之也莫[11], 莫則傳言者殃. 故法言[12]曰: '傳其常情, 無傳其溢言, 則幾乎全.'

且以巧鬥力者, 始乎陽, 常卒乎陰[13], 泰至則多奇巧; 以禮飮酒者, 始乎治, 常卒乎亂, 泰至則多奇樂. 凡事亦然. 始乎諒, 常卒乎鄙[14]; 其作始也簡, 其將畢也必巨.

言者, 風波也; 行者, 實喪[15]也. 夫風波易以動, 實喪易以危. 故忿設無由, 巧言偏辭. 獸死不擇音, 氣息茀然, 於是並生厲心[16]. 剋核太至[17], 則必有不肖之心應之, 而不知其然也. 苟爲不知其然也, 孰知其所終! 故法言曰: '無遷令, 無勸成[18]. 過度益[19]也.' 遷令勸成殆事, 美成在久, 惡成不及改, 可不愼與!

且夫乘物以遊心[20], 託不得已以養中[21], 至矣. 何作爲報也[22]! 莫若爲致命[23], 此其難者[24]."

【길잡이】

① 葉公子高: 초나라의 대부로 섭현의 현령을 지냈고 스스로 공이라 참칭했다. 성은 심沈, 이름은 제량諸梁, 자는 자고子高이다.(『경전석문』)

② 寡不道以懽成: 도에 따르지 않고도 훌륭한 성취를 이루는 경우는 없음.(유진웅, 『장자남화진경점교』. 초횡의 『장자익』에서 인용) '환성懽成'은 진경원의 『장자궐오』에서 강남고장본江南古藏本을 인용하여 '성환成懽'으로 적었다.

③ 人道之患: 인위에 의한 환란. 군주가 내리는 형벌을 가리킨다.

④ 陰陽之患: 음양의 기가 격동하여 조화를 잃었을 때 생기는 병.

- 이면: 상소가 받아들여지면, 가슴 속의 음양의 기가 기쁨으로 인해 격동하여

평정을 이루지 못하고 정신이 쉽게 상하게 되니, 이 또한 하나의 병이라 할 수 있다. 따라서 '음양지환陰陽之患'이라고 한 것이다. 음양陰陽이라는 것은 인체 내의 음양의 기를 가리킨다. 여러 주석가들이 이 구절을 기쁨과 두려움이 가슴 속에서 서로 충돌한다고 해석했다. 그런데 일이 이루어지면 기쁨이 생기지 어떻게 두려움이 있겠는가? 따라서 이를 기쁨과 두려움이 가슴 속에서 충돌하는 것으로 해석하는 것은 타당하지 않다.

▹ 진고응: 이면의 설이 옳다. 여러 주석가들이 곽상 『장자주』와 성현영 『장자소』를 따르고 있으나 타당하지 않다.

⑤ 吾食也執粗而不臧, 爨無欲淸之人(爨의 중국음은 cuàn[竄]): 『경전석문』에 따르면, 두 가지로 끊어 읽는 방법이 존재한다. '장臧' 뒤에서 끊어 읽는 방법과 '찬爨' 뒤에서 끊어 읽는 방법이다. 통행본에는 '집조이부장執粗而不臧'을 한 구절로 보았다. 이를 따른다.

• 이면: 섭공이 좋은 음식을 바라지 않고 소박한 음식을 먹으며 산다는 것을 말한 것이다. 섭공이 좋은 음식을 바라지 않기 때문에 그의 요리사는 특별히 대단한 요리를 만들 필요가 없고, 뜨거운 열기를 받을 일도 없기에 열기를 식혀야 하는 자가 없는 것이다.

⑥ 內熱: 마음이 초조함.

• 성현영: 두려움과 근심이 마음속에서 불타오르는 것을 말한다.

⑦ 大戒: '계戒'는 법도를 말한다.(성현영, 『장자소』) 인생에서 계율로 삼을 수 있는 큰 법도.

⑧ 其一, 命也; 其一, 義也: '명命'은 '천성天性'과 같다.(이면) '의義' 사회생활 속에서 마땅히 따라야 하는 존재 규범을 가리킨다.(가나야 오사무)

⑨ 靡: '미縻'와 서로 통한다. '유지하다'의 뜻이다.(왕어)

⑩ 交遠則必忠之以言: '교交'자는 원래는 빠져 있었다. 『태평어람』 430에서 이 구절을 인용한 것에는 '원遠'자 앞에 '교交'자가 있다. '교원交遠'과 '교진交近'은 서로 대구를 이루어 말한 것이다.(왕숙민, 『장자교석』) 이에 따라 보충한다.

• 무연서: '충忠'은 '고㐌'로 보아야 할 것이다. '고㐌'는 '고固'의 옛글자이다.(『장자차기』)

▹ 진고응: 무연서의 설 또한 참고로 삼을 수 있다.

⑪ 信之也莫: '막莫'은 두텁지 않다(薄)는 뜻이다. '신지야막信之也莫'은 믿음이 돈독하지

않음을 말한다.(해동)

⑫ 法言: 두 가지 해석이 있다.

(1) 격언. 성현영은 『장자소』에서 "선왕의 격언은 후대의 사람들이 따라가야 하는 흔적이다"라고 하였다.

(2) 고서. 임희일은 "옛날 『법언法言』이라는 책이 있었다"라고 하였다.

여기에서는 (1)의 해석을 따른다.

⑬ 始乎陽, 常卒乎陰: 기교를 가지고 서로 다투는 자들은 처음에는 공명정대하게 겨루지만 결국에는 음모를 일삼게 된다는 의미.

- 곽숭도: 드러나 보이는 것을 '양陽'이라고 부르고, 속에 감추어진 것을 '음陰'이라고 한다. 기교를 다투는 자들은 대개 음모를 사용하기 마련이니, 수많은 지모와 계략을 사용하여 서로 이기고자 한다.(곽경번, 『장자집석』에서 인용)

  ▹ 진고응: 고주에는 '양陽'과 '음陰'을 '기쁨'(喜)과 '분노'(怒)로 풀이한 것이 많은데, 곽상의 설이 의미상 더 적합하다. 『회남자』「숙진훈俶眞訓」에서 "기교를 가지고 서로 다투는 경우 처음에는 '양陽'을 사용하지만, 결국에는 '음陰'을 사용하게 되기 마련이다. 지혜로 나라를 다스리는 경우 처음에는 나라가 잘 다스려지지만 결국에는 혼란에 빠지기 마련이다"(故以巧斗力者, 始於陽, 常卒於陰, 以慧治國者, 始於治, 常卒於亂)라고 하였는데, 허신許愼의 주에서 이를 "지모와 기교를 펼칠 때, 처음에는 공명정대하게 경쟁하지만, 결국에는 음험하고 사악한 방법으로 빠지게 된다"(言知巧之所施, 始於陽善, 終於陰惡也)라고 해석하였으니, 곽상과 해석이 같다. '음陰'을 '음모', '음험하고 사악함'으로 풀이한 것은 뒤에 등장하는 '기묘한 계교가 많음'(多奇巧)이라는 구절과도 정확히 호응한다.

⑭ 始乎諒, 常卒乎鄙: 처음에는 진실하지만, 나중에 가서는 저열해지게 된다. '양諒'은 이해와 신뢰를 받는다는 뜻이다. '비鄙'는 속이는 것이다. 유월은 '양'은 '도都'를 잘못 쓴 것으로 '도'와 '비'가 서로 대응한다고 하였다.(『장자평의』에 자세히 나온다.)

  ▹ 진고응: '도都'와 '비鄙'는 각각 아름다움, 추악함의 의미를 지니고 있다.(진계천)

⑮ 實喪: 득실을 말함.(곽숭도)

⑯ 厲心: 흉폭한 마음. '여심厲心'은 원래 '심려心厲'로 되어 있었으나 무연서의 설에 따라 수정하였다.

- 무연서: '심려心厲' 두 글자는 서로 뒤바뀌었다. '여심厲心'으로 보아야 한다. 뒤에서 말하는 불초한 마음(不肖之心)과 같다.
    - ▹ 진고응: 무연서의 설을 따른다.

⑰ 克核太至: 핍박이 매우 심함.

⑱ 無遷令, 無勸成: 받은 사명을 바꾸지 말고, 일의 성공을 억지로 추구하지 말 것.

⑲ 益: '일溢'의 초기 형태.(마서륜)

- 유사배: '익益'은 '일溢'자를 줄인 것이다. 앞에서 '일미溢美', '일오溢惡', '일지류망溢之類妄', '무전기일無傳其溢' 등 '일溢'자가 여러 차례 등장하는데 이때의 '일溢'은 모두 '과도함'(過度)의 의미로 풀이된다. 따라서 성현영은 본 구절(過度益)의 '익益'을 '과도함'(過度)이라 해석하지 않고 '더하다'(添益)라는 뜻으로 해석했지만, 이는 옳지 않다.(『장자각보』)

⑳ 乘物以遊心: 마음과 정신이 외물의 변화를 그대로 따르며 자유롭게 노닒.(조초기, 『장자천주』) '유심遊心'은 장자의 사상적 특색을 가장 잘 보여 주는 개념으로 이곳에서 처음 등장하였다. 이는 정신적 자유를 표현하는 것일 뿐만 아니라 예술적 인격을 드러내 주는 말이기도 하다. '승물유심乘物遊心'이라는 명제는 고전 미학에서 말하는 '신여물유神與物遊'(정신이 만물과 함께 노닒)의 효시라고 할 수 있다.

㉑ 托不得已以養中: 심성은 보존하고 기름.(조초기)

㉒ 何作爲報也: '왜 굳이 임금에게 보답하고자 스스로 애를 써 가며 하는가?' '야也'는 '야耶'(의문, 반문을 나타내는 어조사)와 같다.

- 초횡: 돌아가 보고하기 위해 굳이 무언가를 만들어서 할 필요가 있겠는가?(『장자익』)
- 방잠: 돌아가 보고하기 위해 굳이 애를 써 가며 할 필요가 있겠는가?(『남화경해』)

㉓ 致命: 군주의 명을 전함.(임희일) 망령되지 않고 진실하게 군주의 명령을 전달하는 것을 가리킨다. 성현영의 『장자소』에서는 "솔직한 감정을 그대로 전하는 것으로 천명을 따르는 것이다"라고 하였다. '치명致命'을 자연의 본분을 따른다는 의미로 해석했음을 알 수 있다. 제임스 레게(James Legge)의 영역본은 이를 '목숨을 희생할 각오를 하다'(to be prepared to sacrifice your life)라고 해석했는데, 옳지 않다.

㉔ 此其難者: 군주의 사명을 완수하는 것이 어렵겠는가?

【풀이】

섭공자고가 사신으로 제나라에 가게 되자 공자에게 찾아와 물었다. "초나라 임금이 내게 중대한 사명을 내렸습니다. 그런데 듣자 하니 제나라에서는 사신을 대할 때 겉으로는 매우 정중하게 보이지만 실제로는 심드렁하게 대한다고 합니다. 평범한 사람이라도 경거망동해서는 안 되는데 제후의 입장이라면 어떻겠습니까. 매우 걱정됩니다. 선생이 예전에 나에게 '큰일이든 작은 일이든 도에 부합하지 않는데도 결과가 좋은 경우는 거의 없다. 일이 성공하지 못한다면 반드시 형벌을 당하게 될 것이고, 일을 성공시킨다면 음양의 기가 격동하여 조화를 잃고 병을 얻게 될 것이다. 일이 성공했을 때나 성공하지 못했을 때 화를 입지 않는 것은 오직 덕이 훌륭한 자일 경우에만 가능할 것이다'라고 말씀하신 적이 있습니다. 나는 평소에 좋은 음식을 바라지 않고 소박한 음식만을 먹습니다. 그래서 집안에 열기를 식혀야 하는 자가 없습니다. 그런데 내가 오늘 아침에 사명을 받고 와서는 저녁이 되도록 냉수를 들이켜려 합니다. 마음이 초조하기 때문이겠지요. 나는 아직 일의 실상을 제대로 알기도 전에 이미 음양의 기운이 격동하여 병을 일으킨 듯합니다. 그런데 만약 일까지 성공하지 않는다면 반드시 형벌을 당하고 말 것입니다. 이러한 두 가지 우환이 내게 닥쳐오니 신하의 임무를 제대로 감당하지 못할 것 같습니다. 그러니 선생께서 내게 가르침을 줄 수 있겠습니까?"

공자가 말했다. "세상에 교훈으로 삼을 만한 두 가지 큰 법도가 있습니다. 하나는 (자연의) '명命'이고, 다른 하나는 (인위의) '의義'입니다. 자식이 부모를 사랑하는 것은 모두 인간의 천성으로 달리 해석할 수 있는 것이 아닙니다. 신하가 군주를 섬기는 것 역시 어찌할 수 없는 일입니다. 어느 나라든 군주가 없는 곳이 없으니, 이는 피할 수 없는 일입니다. 이것이 바로 교훈으로 삼을 만한 큰 법도입니다. 따라서 자녀가 부모를 봉양하여 어떤 상황에서도 부모를 편안하게 거처하도록 한다면 효를 행함이 지극하다고 말할 수 있습니다. 한편 신하가 군주를 섬기면서 어떤 일이든 순탄하게 처리한다면 충성을 다함이 지극하다고 할 수 있겠습니다. 마음의 수양이 잘 된 자들은 기쁨이나 슬픔과 같은 감정의 영향을 받지 않으며, 일이 어찌할 도리가 없이 어렵다는 것을 알아도 그저 편안한 마음으로 일에 종사합니다. 이는 바로 덕이 지극한 것입니다. 신하로서 부득이하게 해야만 하는 일이 반드시 존재하기 마련입니다. 그런데 그저 있는 그대로 받아들이고 자신마저 잊고 일에 종사한다면 삶을 바라고 죽음을 두려워하는 생각이 어디에 있을 수 있겠습니까? 이렇게만 하면 될 것입니다.

다시 한 번 들어온 바를 말씀해드리겠습니다. 대개 나라와 나라가 서로 교섭할 때 가까운 나라는 신용으로 왕래하고 거리가 먼 나라는 진실한 말로 관계를 맺습니다. 말로 관계를 수립하는 과정은 오직 사신에게 의지하여 말을 전달하는 수밖에 없습니다. 두 나라 군주의 희로애락이 담긴 말을 전하는 것은 천하에서 가장 어려운 일일 것입니다. 두 나라 군주의 기쁨이 담긴 말을 전할 때는 분명 과도하게 좋은 말을 더하여 전할 것이고, 분노가 담긴 말을 전할 때에는 분명 과도하게 나쁜 말을 더하여 전하게 될 것입니다. 이처럼 과도하게 더한 말은 모두 진실함을 잃은 것이니, 진실함을 잃게 되면 양측 모두가 서로 불신하게 되고, 서로 불신하게 되면 말을 전한 사신이 화를 당하게 될 것입니다. 따라서 옛말에 이르기를 '진실한 말만을 전하고, 과장되게 말을 전하지 말라. 이렇게 한다면 자신을 보전할 수 있을 것이다'라고 하였습니다.

기교를 다투는 자들은 처음 시작할 때는 공명정대하게 하지만 나중으로 갈수록 점차 음모를 일삼다가 지나친 경우에는 온갖 모략과 술수를 부리게 됩니다. 예를 갖추고 술을 마시는 자들이 처음에는 법도에 맞게 행동하지만, 나중으로 갈수록 점차 취하여 혼미하게 되고, 정도가 심한 경우 온갖 주사와 난동을 부리게 되는 것과 마찬가지 이치입니다. 모든 일이 이렇습니다. 시작할 때는 서로 신뢰하고 이해하지만, 나중에 가서는 서로 기만을 일삼습니다. 이처럼 많은 일이 처음 시작할 때는 단순해도 나중에 가서는 어려워지는 법입니다. 말이란 풍파와도 같습니다. 말을 전달하는 과정에는 더해지고 빠지는 것이 있기 마련인데, 말이 풍파와 같이 함부로 일어나면 (말을 온전히 전할 수 없어) 말을 더하고 빼는 과정에서 위험이 발생하게 됩니다. 따라서 분노가 일어나는 것에는 다른 이유가 없습니다. 바로 각종 감언이설로 교묘하게 꾸며 대는 말이 온당함을 잃기 때문입니다. 짐승이 죽음을 맞이하게 되면 날카로운 비명을 지르며 호흡 또한 가빠집니다. 그 순간에 이르면 사람을 공격하려는 악한 생각이 생겨납니다. 이처럼 남을 몰아세우는 것이 지나치면 당하는 사람에게 악한 생각이 생겨나 보복을 하려 들 것인데, 정작 자신은 남이 왜 보복을 하려 드는지조차 알 수 없을 것입니다. 자신조차도 어떻게 된 일인지 알 수 없는데, 그가 과연 어떤 일을 당하게 될지 그 누가 알 수 있겠습니까? 따라서 옛말에 이르기를 '받은 사명을 바꾸려 하지 말고, 억지로 일을 성공시키려고 하지 말라. 과도하면 넘치게 된다'라고 하였습니다.

정해진 명령을 바꾸어 가며 억지로 일을 성공시키고자 하면 실패하게 될 것입니다. 한 가지 좋은 일을 이루려면 오랜 시간을 들여야 하지만, 나쁜 일을 만들면 후회를 해도 이미 돌이킬 수가 없습니다. 그런데도 신중하지 않을 수 있겠습니까? 마음과 정신이 외물의 변화를 따라 유유자적하며, 부득이하게 해야만 하는 상황에 맞추어 가며 자신의 심성을 보전하고 길러 나간다면 가장 좋을 것입니다. 왜 굳이 군주가 어떤 반응을 보일지를 걱정하면서 스스로 애를 쓰십니까? 그저 군주의 지시를 여실히 전달하면 될 뿐인데, 이것이 어렵습니까?"

3.

顔闔[①]將傅衛靈公大子, 而問於蘧伯玉[②]曰: "有人於此, 其德天殺[③]. 與之爲無方, 則危吾國; 與之爲有方, 則危吾身. 其知適足以知人之過, 而不知其所以過. 若然者, 吾奈之何?"

蘧伯玉曰: "善哉問乎! 戒之, 愼之, 正汝身也哉! 形莫若就[④], 心莫若和[⑤]. 雖然, 之二者有患. 就不欲入[⑥], 和不欲出[⑦]. 形就而入, 且爲顚爲滅, 爲崩爲蹶. 心和而出, 且爲聲爲名, 爲妖爲孽[⑧]. 彼且爲嬰兒, 亦與之爲嬰兒; 彼且爲無町畦[⑨], 亦與之爲無町畦; 彼且爲無崖[⑩], 亦與之爲無崖. 達之, 入於無疵.

汝不知夫螳蜋乎? 怒其臂以當車轍, 不知其不勝任也, 是其才之美者也. 戒之, 愼之! 積伐而美者[⑪]以犯之, 幾[⑫]矣.

汝不知夫養虎者乎? 不敢以生物與之, 爲其殺之之怒也; 不敢以全物與之, 爲其決之之怒也; 時其飢飽, 達其怒心. 虎之與人異類而媚養己者, 順也; 故其殺之[⑬]者, 逆也.

夫愛馬者, 以筐盛矢[⑭], 以蜄盛溺. 適有蚉虻僕緣[⑮], 而拊之不時, 則缺銜毀首碎胸[⑯]. 意有所至而愛有所亡, 可不愼邪!"

【길잡이】

① 顔闔: 성은 안顔, 이름은 합闔, 노나라의 현인.

② 蘧伯玉(蘧의 중국음은 qú[渠]): 성은 거蘧, 이름은 원瑗, 자는 백옥伯玉, 위나라의 현인이자 대부.

③ 其德天殺: 천성이 각박한 자.(劉涓溪) 타고난 자질이 박약한 자.(포기룡) '쇄殺'는 '쇠衰'로 읽는다.

④ 形莫若就: 겉으로는 친근한 태도를 보이는 것이 좋다.

⑤ 心莫若和: 마음속으로 권유하려는 뜻을 담아 두는 것이 좋다.

- 임희일: '화和'는 '조화시키다'의 뜻. 권유하고 유도하는 것을 의미한다.

⑥ 就不欲入: 지나치게 친근하게 들러붙지 말 것.

⑦ 和不欲出: 권유하려는 뜻을 지나치게 드러내지 말 것.

⑧ 爲妖爲孽: '얼孽'은 재앙, 화. 화를 불러오게 된다는 뜻.

⑨ 町畦(町의 중국음은 tǐng[挺]; 畦의 중국음은 qí[其]): 모두 밭의 구역을 가리키는 말.(진수창) 구분과 경계를 뜻한다.

⑩ 無崖: 속박이 없음.

⑪ 積伐而美者: '적積'은 '여러 번, 자주'(屢), '벌伐'은 '칭찬하다'(誇).(임희일) '이而'는 '여汝'(너, 2인칭 대명사)와 같다.(성현영, 『장자소』)

⑫ 幾: 위태함.(곽상, 『장자주』)

- 마서륜: '기幾'는 '위危'의 뜻으로 가차假借18)되었다. 『이아』「석고釋詁」에 "'기幾'는 '위危'와 같다"라고 하였다. 즉 '기幾'를 가차하여 '위危'를 말한 것이다.

⑬ 殺之: '지之'는 현재 판본에는 빠져 있으나, 『열자』「황제黃帝」에 따라 보충해 넣는다.

- 왕숙민: 『열자』「황제黃帝」에서 '살자殺者'를 '살지殺之'로 썼다. 종합하면 이 구절은 원래 '고기살지자역야故其殺之者逆也'인 것으로 보인다. 현재의 판본에는 '지之'자가 빠져 있고, 『열자』「황제」에는 '자者'자가 빠져 있어 문장의 의미가 완전하지 않다.

⑭ 矢: '시屎'(대변)와 같다.

⑮ 仆緣: 부착함.

- 왕념손: '부仆'는 '부附'(부착)의 의미다. 이 구절은 모기가 말의 몸에 달라붙는

---

18) 한자가 만들어지는 여섯 가지 원리(六書) 가운데 하나로, 어떤 뜻을 나타내는 한자가 없을 때 본래 뜻과 상관없이 다른 한자를 빌려 쓰는 방법을 말한다.

것을 말한다. '부仆'와 '부附'는 서로 음이 비슷하여 같은 뜻으로 사용되었다.

⑯ 毁首碎胸: 입에 물린 재갈을 떼어 내고 가슴에 매단 고삐를 뜯어냄.

【풀이】

안합이 명을 받아 위령공의 태자의 스승을 맡게 되었다. 이에 거백옥을 찾아 가르침을 청했다. "지금 이 자는 천성이 잔혹하여 가만히 두었다가는 우리나라에 해를 끼칠 것이 분명한데, 그렇다고 법도로 훈계하려 들면 나 자신에게 해가 미치게 될 것 같습니다. 그는 다른 사람의 잘못은 충분히 알아차릴 수 있지만, 자신이 무슨 잘못을 했는지는 알아채지 못합니다. 이러한 경우에 나는 어떻게 하면 좋겠습니까?"

거백옥이 말했다. "좋은 질문입니다. 신중하고 조심해야 합니다. 우선 본인을 바로 세워야 합니다. 겉으로는 친근한 태도를 보이면서 마음속으로 권유하고 인도하려는 뜻을 품고 있는 것이 가장 좋습니다. 그렇지만 이렇게 하더라도 우환이 생길 수 있습니다. 지나치게 친근하게 들러붙어서는 안 되며, 권유하고 인도하려는 뜻을 지나치게 드러내서도 안 됩니다. 겉으로 친근함이 지나치면 일이 엎어져 수포가 될 것이고, 그를 권유하고 인도하려는 뜻이 지나치게 드러나면 그대가 명성을 얻고자 한다고 여길 것이니 역시 화를 초래하게 됩니다. 만약 그가 어린아이처럼 산만하다면 그대 또한 임시방편으로 그와 같이 어린아이처럼 산만하게 대하고, 그가 만약 어떤 구분도 없이 대한다면 그대 또한 임시방편으로 어떤 구분도 없이 대하며, 만약 그가 아무런 구애와 속박도 받지 않는 듯이 행동하면 그대 역시 임시방편으로 아무런 구애와 속박도 받지 않는 듯하게 행동하면 됩니다. 이렇게 그를 끌어들여서 과실이 없는 올바른 길로 들어서게 하면 됩니다.

사마귀에 대해서 잘 아시겠지요? 사마귀는 수레가 지나가면 자신이 감당할 수 없다는 것도 모르고 성난 듯이 앞발을 들며 수레 앞을 막아섭니다. 자신의 능력을 지나치게 높게 여기기 때문입니다. 조심하고 신중해야 합니다! 만약 자신의 장점을 지나치게 자랑하면서 그를 거스르게 되면 위험에 빠지고 말 것입니다.

저 호랑이를 기르는 자의 이야기를 모르십니까? 호랑이에게 먹이를 먹일 때 감히 살아 있는 동물을 먹이로 주지 못한다고 합니다. 호랑이가 살아 있는 동물을 잡아먹을 때 그의 잔혹한 천성이 깨어날까 두렵기 때문입니다. 온 덩어리의 먹이를 주는 것 또한 꺼립니다. 호랑이가 먹이를 찢어 먹을 때 역시 그 천성이 되살아날까 걱정되기 때문입니다. 우리는 호랑이가 굶주린 순간에 기뻐하고 분노하는 성정을 그대로 따른다는 것을 잘 알고 있습니다. 호랑이는 사람이 아닌데도 기르는 자에게 복종할 수 있습니다. 그 성정에 맞추어 주기 때문입니다. 호랑이가 사람을 해친다면 그의 성정을 거슬렀기 때문입니다.

말을 좋아하는 자는 특별한 광주리를 사용하여 말의 대변을 받고 진귀한 그릇에다 말의 소변을 받습니다. 모기가 말 몸에 붙으면 말을 좋아하는 자는 몰래 말 등에 붙은 모기를 내려치는데, 그러면 말은 놀라 재갈을 떼어 내고 고삐를 뜯어 버립니다. 말을 사랑하는 뜻으로 한 일이 반대의 결과를 낳게 되었으니, 신중하지 않을 수 있겠습니까?"

4.

匠石之齊, 至乎曲轅, 見櫟社樹①. 其大蔽數千牛, 絜之百圍②, 其高臨山, 十仞而後有枝③, 其可以爲舟者旁④十數. 觀者如市, 匠伯⑤不顧, 遂行不輟. 弟子厭觀⑥之, 走及匠石, 曰: "自吾執斧斤以隨夫子, 未嘗見材如此其美也. 先生不肯視, 行不輟, 何邪?"

曰: "已矣, 勿言之矣! 散木也, 以爲舟則沈, 以爲棺槨則速腐, 以爲器則速毁, 以爲門戶則液樠, 以爲柱則蠹. 是不材之木也, 無所可用, 故能若是之壽."

匠石歸, 櫟社見夢曰: "女將惡乎比予哉? 若將比予於文木邪? 夫柤梨橘柚, 果蓏之屬⑦, 實熟則剝, 剝則辱⑧; 大枝折, 小枝泄⑨. 此以其能苦其生者也, 故不終其天年而中道夭, 自掊擊於世俗者也. 物莫不若是. 且予求無所可用久矣, 幾死, 乃今得之, 爲予大用. 使予也而有用, 且得有此大也邪? 且也若與予也皆物也, 奈何哉其相物也⑩? 而幾死之散人, 又惡知散木!"

匠石覺而診⑪其夢. 弟子曰: "趣取⑫無用, 則爲社何邪?"

曰: "密! 若無言! 彼亦直寄焉, 以爲不知己者詬厲⑬也. 不爲社者, 且幾有翦乎! 且也彼其所保與衆異, 而以義喻⑭之, 不亦遠乎!"

【길잡이】

① 櫟社樹(櫟의 중국음은 li[曆]): 상수리나무를 신목으로 삼음.

- 임운명: 상수리나무를 토지신으로 여기고 제사를 올리는 것이다. 스물다섯 가구가 하나의 신목을 섬긴다.
- 주계요: 고대에는 나무 중에 크기가 큰 것을 골라 신목으로 삼고 제사를 올리곤 하였다.

② 絜之百圍: '혈絜'은 '헤아리다'(量), '위圍'는 한 척의 둘레를 나타낸다.

- 이이: 지름 한 척을 '위圍'라고 한다. (百圍는) 대략 열 장丈[19] 정도이다.(『경전석문』에서 인용)
    - ▷ 진고응: '위圍'가 한 아름을 뜻한다고 보는 설도 있다. '백위百圍'는 나무의 거대한 크기를 형용한 것이다.

③ 其高臨山, 十仞而後有枝: 나무의 높이가 산꼭대기까지 다다를 만큼 높고, 나무의 몸통이 칠팔십 척이 될 정도로 자라서야 가지가 자라남. 이는 나무의 거대한 크기를 형용한 것이다.

④ 旁: 곁가지.(『경전석문』에서 최선의 설을 인용하여 설명)

⑤ 匠伯: '백伯'은 『경전석문』에서 최선본崔譔本을 인용하여 '석石'으로 썼다. '석石'은 공인의 이름이며, '백伯'은 공인들의 우두머리임을 가리키는 말이다.

⑥ 厭觀: 실컷 보다.

⑦ 果蓏之屬(蓏의 중국음은 luǒ[裸]): 과일과 박 등의 종류.

- 성현영: 나무 위에서 열리는 것을 '과果'라고 한다. 산사나 배와 같은 종류이다. 땅에서 열리는 것은 '나蓏'라고 한다. 수박이나 호박과 같은 각종 박류가 그것이다.

⑧ 辱: 비틀어 꺾음.

- 장병린: 『석명』에서 "'욕辱'은 육衄과 같다"라고 하였다. 즉, 비틀어 꺾는 것(折衄)을 말한다. 여기에서 '욕'자는 육의 의미를 가차한 것으로 비틀어 꺾는다는 의미다.

⑨ 泄: '설抴'로 읽어야 한다. 끌어당기다 라는 뜻이다.(유월)

⑩ 奈何哉其相物也: '왜 나를 쓸모 있는 나무(文木)에다 비교하려 하는가?' 앞 구절의 '약장비여우문목사若將比予于文木邪'를 그대로 받아서 말한 것이다. '상相'은 '서로'의 뜻, '물物'은 '종류'(類)이다.(『춘추좌씨전』의 '與吾同物'이라는 구절에 대한 주석에서 "'物'은

19) 길이를 나타내는 단위. 1丈은 10尺과 같다.

종류(類)이다"라고 하였다.) '상물相物'은 서로 비슷한 것으로 놓고 비교하는 것을 말한다.

⑪ 診: '진畛'과 서로 통한다. '알리다'라는 뜻이다.

- 왕념손: 상수와 사마표가 나란히 "'진診'은 해몽하는 것이다"라고 하였다. 뒷부분은 공인 '석'이 그의 제자와 신목에 관한 일을 논하는 내용이 전부이고 해몽에 관한 일은 나오지 않는다. 따라서 '진診'은 '진畛'으로 읽어야 한다. 『이아』에서는 "'진畛'은 '알리다(告)라는 뜻이다"라고 하였다. 곽상의 『장자주』에서는 『예기』의 '귀신에게 알리다(畛於鬼神)라는 구절을 인용하여 설명하였다. '진診'과 '진畛'은 과거 서로 통용되었다. 이 구절은 석이 깨어나 그가 꿈꾼 것을 제자에게 알려 주었다는 뜻으로, 해몽을 말한 것이 아니다.

⑫ 趣取: ~하려는 것에 뜻을 둠.

- 감산덕청: '취趣'는 '의취意趣'와 같으며, 의도, 뜻을 말한다.

⑬ 詬厲: 모욕하다.

⑭ 義喻: '의義'에는 두 가지 해석이 있다. 한 가지는 '의儀', 즉 '외관'으로 풀이하는 것이고, 다른 한 가지는 '상식적인 도리'로 풀이하는 것이다.(선영, 『남화경해』) '유喻'는 통행본에 '예譽'라고 되어 있으나, 세덕당본世德堂本과 노문초의 설에 따라 고쳤다. '의유義喻'는 (1) 외관을 통해 이해하다, (2) 상식적인 도리로 헤아리다라는 두 가지 해석이 가능하다. 여기에서는 후자의 해석을 따른다.

【풀이】

석이라는 이름의 목공이 제나라로 갔다. 제나라 곡원 땅에 이르렀을 때, 그곳에서 신목을 담당하는 상수리나무 한 그루를 보게 되었다. 이 나무는 그 크기가 수천 마리 소에게 그늘을 만들어 줄 만큼 컸고, 그 나무 몸통은 둘레가 백 척이나 될 만큼 넓었다. 높이는 산꼭대기에 닿을 정도였고, 수십 척이 될 정도로 자라야 겨우 가지를 맺기 시작했으며, 배를 만들 수 있을 정도의 곁가지만 십여 개가 되었다. 매번 이 나무를 구경하는 사람들로 문전성시를 이루었으나 이 목공은 눈길조차 주지 않은 채 그냥 지나쳐 갔다. 그의 제자가 그 앞에 서서 나무를 실컷 감상하고는 스승을 좇아와 말했다. "제가 도끼를 들고 선생님을 따른 이후로 이렇게 거대한 재목은 본 적이 없습니다. 그런데 선생님은 쳐다볼 생각도 않고 그냥 지나쳐 가셨는데, 어찌하여 그러십니까?"

"그만두어라, 말도 꺼내지 말거라! 그것은 쓸모없는 나무다. 그 나무로 배를 만들면 금세 침몰해 버리고, 관을 짜면 금세 썩어 버리고, 무기를 만들면 금세 부러져 버리고, 문을 만들면 금세 더러운 진액이 흐르게 되고, 집의 기둥을 만들면 금세 벌레가 생겨 좀먹게 된다. 이 나무는 재목으로 쓸 수 있는 나무가 아니다. 조금도 쓸모가 없으니 이렇게 장수할 수 있었다."

목공 석이 집으로 돌아온 후 꿈에서 그 나무를 보았는데, 나무가 다음과 같이 말했다. "너는 대체 무슨 물건을 나에게 갖다 대는가? 나를 쓸모가 있는 나무와 서로 비교하는 것인가? 산사, 배, 귤, 유자나 수박, 참외 등의 경우 열매가 익으면 그 열매부터 따는데, 열매를 따면 가지를 비틀어 꺾게 되니, 큰 가지는 부러지고 작은 가지는 뽑혀 나온다. 이 모두 자신의 재능 때문에 삶이 고달프게 된 것이니, 결국 부여받은 천수를 다 누리지 못하고 중도에 요절하고 만다. 스스로 쓸모 있음을 드러내다 세상의 공격을 받은 것이 아니겠는가. 세상 모든 일이 이렇지 않은 것이 없다. 나는 이미 오래전부터 아무런 쓸모가 없는 처지가 되고자 해 왔다. 베어 나갈 위기에 처하기도 했지만, 결국 여기에까지 이르러 자신을 보전할 수 있었다. 이것이 바로 나의 큰 쓸모(大用)가 아닌가. 내가 만약 쓸모 있는 나무였다면 이렇게까지 자랄 수 있었겠는가? 너와 나는 같은 사물(物)인데, 어찌 나를 쓸모 있는 나무(文木)에다가 비교하려 하는가? 너는 곧 죽어 없어질 쓸모없는 인간인데, 어찌 쓸모없는 나무(散木)의 이치에 대해 알 수 있겠는가?"

목공 석이 깨어나 제자에게 자신의 꿈 이야기를 해 주었다. 제자가 말했다. "자신이 쓸모없음에 뜻을 두고 있다고 말하면서 신목은 왜 하고 있는 것입니까?"

목공 석이 말했다. "허, 그만두거라. 신목이 사당에 의지하고 있으니, 그를 이해하지 못하는 자들이 그것을 헐뜯고 마는 것이다. 만일 그것이 신목이 아니었다면 어찌 벌목을 당하지 않을 수 있었겠는가? 그것이 자신을 보전하는 방법은 보통과는 다른데 너는 그저 상식적인 도리를 가지고 판단하고 있으니, 서로 차이가 크지 않겠느냐?"

5.

南伯子綦①遊乎商之丘②, 見大木焉, 有異, 結駟千乘, 隱將芘其所藾③. 子綦曰: "此何木也哉? 此必有異材夫?" 仰而視其細枝, 則拳曲而不可以爲棟梁;

俯而視其大根, 則軸解[④]而不可爲棺槨; 咶其葉, 則口爛而爲傷; 嗅之, 則使人狂酲[⑤], 三日而不已.

子綦曰: "此果不材之木也, 以至於此其大也. 嗟乎神人, 以此不材!

宋有荊氏者[⑥], 宜楸柏桑. 其拱把[⑦]而上者, 求狙猴之杙[⑧]者斬之; 三圍四圍, 求高名之麗者[⑨]斬之; 七圍八圍, 貴人富商之家求樿傍[⑩]者斬之. 故未終其天年, 而中道已夭於斧斤, 此材之患也. 故解之[⑪]以牛之白顙[⑫]者, 與豚之亢鼻[⑬]者, 與人有痔病者不可以適河[⑭]. 此皆巫祝以知之矣, 所以爲不祥也, 此乃神人之所以爲大祥也."

【길잡이】

① 南伯子綦: 장자가 지어낸 인물로서 「제물론」에 등장하는 남곽자기南郭子綦를 가리킨다.

- 이이: 남곽자기를 말한다. '백伯'은 장자를 가리킨다.

② 商之丘: 지금의 하남성 상구현商丘縣 일대.

③ 將隱芘其所藾: '장은將隱'은 현재 판본에는 '은장隱將'으로 뒤바뀌어 있다. 장군방본張君房本에 따라 수정한다. '뇌藾'는 '그늘지다'(蔭)의 의미다.

- 해동: 이 문장은 '장은비기소뢰將隱芘其所藾'로 보아야 한다. '비芘'는 '비庇'(덮다, 가리다)로 가차되어 사용되었다. '은隱'과 '비庇'는 서로 같은 뜻으로 중첩되어 쓰였다. 이 구절은 대략 나무 그늘에 사두마차 천 대가 다 가리어진다는 뜻이다. 곽상 『장자주』에 "그 나뭇가지가 만드는 그늘은 천 대의 마차를 가릴 수 있다"(其枝所陰, 可以隱芘千乘)라고 하였으니, 곽상이 본 판본에서는 '장은비기소뢰將隱芘其所藾'로 되어 있음을 알 수 있다. 『장자궐오』에서도 장군방본張君房本을 인용하여 '장은비기소뢰將隱芘其所藾'로 쓰고 있다. 따라서 현재의 판본은 '장은將隱'을 뒤집어 적은 것으로 이를 다시 수정한다.
  - ▹ 진고응: 원래는 '장비기소뢰將比其所藾'였을 것으로 추측된다. '비比'는 '비庇'와 통한다. 『장자』에 주석을 적는 과정에서 '비比'자 옆에 '은隱'이라고 주석을 달았던 것이 후에 잘못하여 본문으로 들어간 듯하다.

④ 軸解: 나무의 중심이 갈라짐.(진계천)

- 진수창: '축해軸解'는 나무의 결이 뒤틀리고 흩어진 것을 말한다.
- 엄복: '축해軸解'라는 것은 나무를 가로로 잘랐을 때, 중심부가 갈라져 밖으로

나와 있는 것을 말한다.

⑤ 酲(중국음은 chéng[城]): '정呈'으로 발음한다. 술에 취하다 라는 뜻이다.

⑥ 荊氏: 땅 이름. 송나라의 영지 내에 있다.

⑦ 拱把: 두 손을 맞잡는 것을 '공拱', 한 손으로 쥐는 것을 '파把'라고 한다.

⑧ 杙(중국음은 yì[意]): 말뚝(栓).

⑨ 高名之麗: '고명지가高名之家'와 같다. 화려한 저택을 가리킨다. '여麗'는 '여欐'와 같다. 가옥의 마룻대를 가리킨다.

⑩ 樿傍: 합치지 않고 온전하게 하나로 만들어진 관.(사마표) 하나의 판으로 이루어진 관.(이종예의 번역)

⑪ 解之: '양제禳除'와 같다.(왕무횡) 신에게 제사를 지내 복을 구하고 죄를 없애고자 하는 것을 말한다.

⑫ 白顙: 흰 이마. 단일한 색을 띠지 않는 제물로서 제사에 참여하지 못함을 의미한다.

⑬ 亢鼻: 들창코. 콧구멍이 솟구친 형태이다.

⑭ 適河: 남자아이와 여자아이를 강물에 빠트려 신에게 제사를 지내는 것.

- 성현영: 고대 사람들은 사람을 강물에 빠뜨려 하백河伯에게 제사를 지냈다. 서문표西門豹라는 자가 업鄴 지역을 다스리는 관리로 부임한 뒤 이러한 전통을 단절시킨 바 있다. 여기에서는 바로 이러한 풍습을 말하고 있다.

【풀이】

남백자기가 상구 지역에 여행을 갔다가 거대한 나무 한 그루를 보았는데, 크기가 남달라 그 그늘이 천 대의 사두마차를 뒤덮을 정도였다.

"이것은 대체 무슨 나무인가? 분명 대단히 특출난 재질을 지니고 있을 것이다." 남백자기가 이렇게 말하며 나무를 올려다보았는데, 작은 나뭇가지는 온통 구불구불하여 대들보로 삼을 수 없었고, 나무 몸통을 살펴보니 나뭇결이 뒤틀어지고 흩어져서 관으로 만들 수 없었다. 다시 나뭇잎을 핥아 보니 독이 올라 입이 헐었고, 냄새를 맡아 보니 사람을 취하게 만들어 사흘이 지나도 깨어나지 못했다. 남백자기가 말했다. "이는 재목으로 쓸 수 없는 나무로구나. 그래서 이렇게 크게 자랄 수 있었다. 아! 신인神人 또한 이처럼 재능이 없는 면을 스스로 드러내는 것이로다!
송나라 형씨라는 지역은 가래나무, 오동나무, 뽕나무 등을 심기에 적합했다. 그중에 한 손이나 두 손에 쥘 수 있을 만한 굵기가 된 것은 원숭이를 묶을 말뚝이 필요한 자들이 전부 베어 가 버렸고, 서너 아름드리 정도가 되는 나무는 집의 마룻대로 쓰고자 하는 사람들이 전부 베어 갔으며, 일고여덟 아름드리 정도의 나무는 부유한 집안에서 관으로 쓰고자 전부 베어 갔다. 부여받은 천수를 다 누리지 못하고 중간에 도끼에 잘려 나가고 만 것이 바로 쓸모 있는 재목이기에 당하게 된 재앙이다. 옛날 죄를 씻고 복을 바라기 위해 지냈던 제사에서 이마 부분이 흰 소나 들창코를 가진 돼지, 치질이 있던 사람 등은 제물로 쓰일 수 없었다. 무당이 이를 보고는 상서롭지 못하다고 여겼기 때문이다. 하지만 바로 이러한 것을 신인神人은 가장 상서롭다고 여긴다."

6.

支離疏[①]者, 頤隱於臍, 肩高於頂, 會撮[②]指天, 五管[③]在上, 兩髀爲脅[④]. 挫鍼治繲[⑤], 足以餬口; 鼓筴播精[⑥], 足以食十人. 上徵武士, 則支離攘臂而遊於其間; 上有大役, 則支離以有常疾不受功; 上與病者粟, 則受三鍾[⑦]與十束薪. 夫支離其形者, 猶足以養其身, 終其天年, 又況支離其德者[⑧]乎!

【길잡이】

① 支離疏: 특정한 의미를 담아 지은 인물의 이름.

- 감산덕청: 지어낸 인물의 이름이다. '지리支離'는 형체가 훼손된 것을 말하고, '소疏'는 지모를 잃은 것을 말하니, '지리소支離疏'는 형체를 잊고 지모를 버린 것을 비유한다.

② 會撮: 상투(髻).

- 사마표: '회촬會撮'은 상투(髻)를 말한다. 옛날 사람들은 정수리까지 머리를 틀어 올리고 다녔는데, 곱추는 머리가 땅으로 향하니 반대로 상투가 하늘을 향했다.
- 이정: …… '회촬會撮'은 상투(髻)를 말하는 것인데, 상투는 머리를 작게 움켜쥐어(撮持) 만든 머리이므로 이와 같은 이름이 붙었다…… '회會'와 '계髻' 역시

서로 통한다. 『집운集韻』에 '촬鬠'이라는 글자가 나오는데, '촬撮'과 같이 발음하고 '상투'(髻)라는 뜻을 지녔다. 세간에서는 '회촬會撮'을 상투머리를 전문적으로 지칭하는 용어로 사용하였다.(곽경번의 『장자집석』에서 인용)

③ 五管: 오장五臟의 경혈. '오관五管'이 다섯 가지 감각기관(五官)을 가리킨다고 보는 설도 있다.(고형, 『장자신전』)

④ 兩髀爲脇(髀의 중국음은 bi[必]): '비髀'는 '고股'(넓적다리)와 같으며, 무릎 위의 대퇴골을 가리킨다. '협脇'은 '협脅'과 같으며, 갈비뼈를 가리킨다.

- 감산덕청: '비髀'는 넓적다리이다. 넓적다리가 양쪽 갈비뼈가 되었다는 것으로, 심히 굽은 형태임을 알 수 있다.

⑤ 挫鍼治繲: 옷을 꿰매고 옷을 빨다. 침鍼은 '침針'(바늘)과 같다.

- 사마표: '좌침挫鍼'은 옷을 꿰매는 것이고, '치해治繲'는 옷을 빠는 것이다.

⑥ 鼓筴播精: '고鼓'는 '파簸'(곡식을 켜다)와 같다. 곡식을 켜는 작은 키를 '협夾'이라고 부르고, 쌀을 골라내는 것을 '정精'이라고 부른다. 즉, 키로 쌀을 쳐서 겨를 걸러내는 것을 말한다. 최선은 '고협鼓筴'을 시초풀과 거북껍질을 가지고 점을 치는 것(揲蓍鑽龜), '파정播精'을 점을 쳐서 나온 점괘를 가지고 징조를 읽는 것(卜卦占兆)으로 보았으나, 옳지 않다. '파정播精'은 『문선』의 주석에 '파서播糈'라고 되어 있다.(왕응린)

- 곽경번: '정精'은 '서糈'를 잘못 쓴 것으로 보아야 한다. 『설문해자』에 "'서糈'는 곡식을 말한다"라고 하였다.
- 해동: '정精'은 '서糈'로 보아야 한다. 『설문해자』에 "'서糈'는 곡식을 말한다"라고 하였고, 『왕주초사』에서는 "'서糈'는 잘 골라낸 쌀(精米)로 신에게 바칠 수 있다"라고 하였다. '정精'과 '서糈'는 형태가 비슷하여 혼동하는 경우가 많다. 『문선』에서 하후효약夏侯孝若 역시 『동방삭화찬』의 주석을 인용하면서 이 구절을 '서糈'로 썼다.
  - ▹ 진고응: '서糈'로도 볼 수 있다. '정精'으로 보아도 역시 통한다.

⑦ 鍾: 곡식을 세는 단위. 6곡斛 4두斗가 1종鍾에 해당한다.[20] 고대에 관리의 봉록은 대개 종鍾을 사용해서 계량하였다.

⑧ 支離其德: 덕을 잊음(忘德).(성현영, 『장자소』) 실은 덕을 지니고 있으나 부덕함을

---

20) '斗'는 '말'에 해당하는 단위로, 10되가 1두이다. '斛'은 '휘'에 해당하는 단위로, 10두가 1곡이다.

빌려 자신을 숨긴다.(주진공)

- 임희일: 지인至人의 덕 역시 이처럼 온전하지 않은 것(支離)으로 보이지만, 실은 그 쓸모없음을 큰 쓸모로 삼는 것이다. 이 우화와 재목으로 사용되지 않는 나무의 우화는 같은 의미이다.

【풀이】

어떤 지리소(형체가 온전하지 못한 사람) 한 명이 살았다. 그의 얼굴은 배꼽 아래까지 내려와 가려져 있었고, 어깨가 머리보다 높이 있었으며, 머리 뒤에 틀어 올린 상투가 하늘을 바라보고 있었다. 오장의 경혈이 위를 향해 있었고 두 넓적다리는 가슴팍의 갈비뼈와 나란히 붙어 있었다. 그는 사람들의 옷을 꿰매 주고 빨래를 해 주며 생계를 이어 갔는데, 살아가기에 충분했고, 사람들을 대신해 쌀을 쳐서 겨를 거르며 식량을 벌었는데, 열 식구를 부양하기에 충분했다. 나라에서 들이닥쳐 병사를 징집해 갈 때도 그는 거드름을 피우며 그 사이를 지나다녔고, 나라에서 노역할 인부를 징집해 갈 때도 그는 장애로 인해 부역을 피할 수 있었다. 나라에서 병들고 가난한 자들을 구제하려 물자를 내렸을 때는 세 가지 곡식과 열 묶음의 땔감을 모두 받아 챙길 수 있었다. 형체에 장애가 있어 온전하지 못한 자조차 스스로 부양하면서 천수를 다 누릴 수 있었는데, 그 덕을 모두 잊은 사람이야 어떠하겠는가?

7.

孔子適楚, 楚狂接輿遊其門曰:

“鳳兮鳳兮, 何如德之衰也!

來世不可待, 往世不可追也.

天下有道, 聖人成①焉;

天下無道, 聖人生②焉.

方今之時, 僅免刑焉.

福輕乎羽, 莫之知載; 禍重乎地, 莫之知避.

已乎已乎, 臨人以德!

殆乎殆乎, 畫地而趨!

迷陽迷陽[③], 無傷吾行!

郤曲郤曲[④], 無傷吾足!"

【길잡이】

① 成: 사업을 이룸.

② 生: 삶을 추구하고, 생명을 보전하려 함.

③ 迷陽: 가시나무.

- 왕응린: 호명중胡明仲이 말하기를 "형초荊楚 지역에 풀 하나가 있는데, 무성하게 자라나 가지를 길게 드리운다. 사계절 내내 싹을 틔우는데 봄과 여름 사이에 꽃이 실로 화려하게 피어난다. 그중 가지가 굵은 것은 엄지손가락만 했는데, 껍질을 벗겨서 먹으면 맛이 아주 달았다. 그 지역의 사람들은 이를 '미양迷陽'이라고 부르면서, 껍질에는 가시가 많이 있다"라고 하였다. (해동, 『장자보주』 및 마서륜, 『장자의증』에서 인용하고 있다.)
- 왕선겸: 가시나무를 말한다. 산과 들판에서 자라며, 밟으면 발을 다친다. 초나라 출신 가마꾼을 만났을 때 물어보았더니, 그가 이를 '미양迷陽'이라고 불렀다.

④ 郤曲郤曲: 어려운 것을 피하고 쉬운 것을 골라함(回護避就).(임희일) '극곡郤曲'은 '극행곡행郤行曲行'과 같으며, 길을 돌아서 간다는 뜻이다. '극곡극곡郤曲郤曲'은 현재 판본에는 '오행극곡吾行郤曲'이라고 되어 있으나, 『장자궐오』에서 인용한 장군방본張君房本을 따라 수정한다.

- 초횡: '오행극곡吾行郤曲'은 벽허碧虛를 따라 '극곡극곡郤曲郤曲'이라고 해야 한다. 이렇게 해야 앞 구절과 서로 어울린다. 옮겨 적는 자가 앞 구절 무상오행無傷吾行의 '오행吾行' 두 글자를 중복해서 적은 것이다.
- 왕숙민: 진경원의 『장자궐오』에서는 장군방본張君房本을 인용하여 '오행극곡吾行郤曲'을 '극곡극곡郤曲郤曲'으로 적었다. 『고사전』에도 이처럼 적혀 있다. '극곡극곡郤曲郤曲, 무상오족無傷吾足'과 앞 구절 '미양미양迷陽迷陽, 무상오행無傷吾行'은 서로 구조가 같아 대구를 이룬다. 현재 판본에 '극곡郤曲' 두 글자가 빠져 있고 '오행吾行'으로 적혀 있는데, 이는 앞 구절로 인해 중복하여 적힌 글자이다.

【풀이】

공자가 초나라에 왔을 때, 초나라의 광인 접여라는 자가 공자가 집 앞에 찾아와 다음과 같이 노래를 불러댔다.

"봉황이여, 봉황이여! 그대의 덕행은 왜 그렇게 쇠퇴해 가는가!
기대할 만한 장래도 없고, 돌아볼 만한 과거도 없구나!
천하에 도가 있으면 성인은 일을 이룰 수 있지만
천하에 도가 없으면 성인은 그저 목숨을 보전하는 일만 할 수 있다.
오늘날 이러한 시대에는 화를 면하고 형벌을 피하기만을 바랄 뿐이다.
행복이란 깃털보다 가볍지만 어떻게 잡아챌 수 있을지 알 수 없고
재앙이란 대지보다 무겁지만 어떻게 피할 수 있을지를 알 수 없다.
끝이로다, 끝이로다! 사람들 앞에 덕으로 자신을 뽐내니,
위험하도다, 위험하도다! 길을 가려서 밟을지어다.
가시밭길이구나, 가시밭길이구나! 가는 길에 찔리지 않도록 할지어다.
돌아서 가거라, 돌아서 가거라, 발이 찔리지 않도록 할지어다!"

山木自寇①也, 膏火自煎也. 桂可食②, 故伐之; 漆可用, 故割之. 人皆知有用之用, 而莫知無用之用也.

【길잡이】

① 自寇: 스스로 벌목을 초래하다.

② 桂可食: 계피는 약으로 쓸 수 있으므로 먹을 수 있다(可食)고 하였다.

【풀이】

산속의 나무는 스스로 벌목을 초래하고, 기름 등불은 스스로 태움을 초래한다. 계피나무는 먹을 수 있어 도끼에 베이고, 옻나무는 목재로 쓸 수 있어 칼에 잘린다. 세상 사람들이 쓸모 있는 것의 쓸모(有用之用)는 알지만, 쓸모없는 것의 쓸모(無用之用)는 알지 못한다.

덕충부德充符

「덕충부」의 근본 취지는 외형이 온전하거나 온전하지 않다고 하는 관념을 타파하고 인간 내적 본성의 중요성을 강조하려는 것이다. 이를 위해 각종 형태의 장애와 기형을 지닌 자들의 이야기를 빌려 이들이 덕을 행하는 일에서만은 결코 부족함이 없이 완전하다는 것을 증명해 보인다. 우주와 인생의 근원성과 일체성을 나타내 줄 수 있는 것이 바로 '덕德'이다. '덕'을 지닌 자는 그 생명에서 저절로 정신적 힘이 분출되어 나와 다른 사람들을 끌어당길 수 있다.

이 편은 총 여섯 단락으로 나눌 수 있다. 첫째 단락에서는 외발인 왕태가 무언의 가르침을 행하면서 은연중에 사람들을 감화시키는 이치에 대해서 말했다. 왕태의 제자 수는 공자와 비슷하고 심지어 공자조차도 그에게 가서 가르침을 청하고자 한다. 왕태는 '근본을 지키고'(守宗) '최초의 근원을 보전하며'(保始) 사물의 본질을 파악한다. 그는 '서로 동일한 측면을 통해 만물을 바라봄으로써'(物視其所一) 만물을 구분되지 않은 하나의 전체로서 바라본다. 이 과정에서 정신은 전체를 두루 관조하며 어느 한쪽 측면에 구애받지 않는다. 왕태가 보통의 사람들보다 뛰어난 점이 바로 그가 가진 통일적 세계관이다. 둘째 단락은 외발인 신도가가 자산과 함께 스승을 모시며 같이 수학을 하는 우화이다. 이 우화 속에서 집정 대신으로 등장하는 자산은 장애가 있는 자를 이해하고 동정하기는커녕 자신의 높은 지위를 내세우며 오만한 태도로 일관한다. 이는 권력을 지닌 자가 백성들에게 군림하는 일반적인 세태를 잘 나타내 준다. 신도가의 장애는 형벌을 당해 얻어진 것으로, '활의 사정거리 한가운데에서 노닐었기 때문인데 한가운데는 화살이 명중하는 곳'이다. '활의 사정거리 한가운데'(彀中), '화살이 명중하는 곳'(中地)이란 인간의 세상이 마치 하나의 형벌의 그물망과도 같음을 비유하는 말이다. 다시 형체의 완전함과 불완전함의 문제에서, 비록 그 형체가 완전하지 않지만 마음은 제대로 갖추어진 사람들도 있고, 형체는 완전히 갖추어져 있지만 마음은 완전하지 않은 사람들도 있다. 자산과 신도가는 서로 같은 스승에게서 배우는 동문으로 '형체의 내부에서 노닐면서' 덕과 학문을 닦고자 한다. 하지만 자산은 여전히 외형으로 사람을 판단하면서 위세로 남을 업신여기고 '형체의 외부'에서 인간의 가치를 찾고자 하는데, 이러한 가치는 지극히 얕고 가벼운 것이다. 셋째 단락은 외발인 숙산무지가 공자를 찾아가는 이야기이다. 이 이야기와 앞선 신도가의 이야기는 구성이 비슷하다. 공자는 그의 형체에 가려 덕을 제대로 알지 못하고, 숙산무지가 형벌을 당해 장애를 입게 된 것을 보고는 그를 경시하는 데 그친다. 하지만 숙산무지는 자신이 비록 발을 잃었지만, '발보다 더욱 귀중한 것은 남아 있다'(猶有尊足者存)고 하며, '기만스럽고 황당무계한 명성으로 천하에 알려지기를 바라는'(蘄以諔詭幻怪之名聞) 공자를 질책한다. 죽음과 삶을 하나로 보고, 옳고 그름을 같게 여기는 이치를 알지 못한다는 것이다. 넷째 단락은 권세도, 봉록도, 뛰어난 용모도, 어떤 주장도 지니지 않는 애태타의 이야기를 그렸다. 그는 내면의 덕이 충실하면서도 그것을 밖으로 드러내지 않는 사람인데, 이른바 '내면의 마음을 지극히 고요한 상태로 유지하여 외부에 의해 흔들리지 않는'(內保之而外不蕩) 상태가 바로 이를 가리키는 것이다. 다섯째 단락은 인기지리무신과 옹앙대영에 관한 것으로, 역시 기괴한 형상을 한 자들을 가리킨다. 이들은 모두 덕이 훌륭하여 그 형체의 결함이 잊힌 자들이다.(德有所長, 而形有所忘) 마지막 단락에서는 장자와 혜시의 대화를 통해 인간의 감정 문제에 관해 논했다. '호오의 감정으로 자신의 타고난 본성을 해쳐서는 안 된다'(無以好惡內傷其身)는 장자의 말은 감정과 욕망을 함부로 사용하고 정신을 수고롭게 하여 생명을 상하고 본성을 소멸케 하는 것을 비판하는 것이다. 장자는 사람들이 '항상 본래 그러함'(常因自然)에 따라 욕정이 함부로 사용되는 것을 막고 나아가 이를 통해 천지의 큰 미덕을 깨달아 나가기를 바란다.

현재 잘 알려진 여러 성어가 바로 이 편에서 나왔다. 예를 들어, '간담초월肝膽楚越'[1], '허왕실귀虛往實歸'[2], '무가내하無可奈何'[3], '폐연이반廢然而反'[4], '무형심성無形心成'[5],

---

1) 간과 쓸개처럼 서로 가깝다가 초나라와 월나라처럼 멀어짐. 서로 밀접한 관계를 유지하던 양측이 무관심하거나 적대시한 관계로 변함을 이르는 말.

2) 아무것도 모른 채로 갔다가 많은 것을 얻어서 돌아옴.

3) 어찌할 도리가 없음. 다른 방법이 없이 부득이함.

'사생일조死生一條'[6], '화이불창和而不唱'[7] 등이 그것이다.

4) 실망스러운 마음을 안고 돌아옴.
5) 드러남이 없이 은연중에 남을 감화시킴.
6) 삶과 죽음을 하나로 여김.
7) 남과 조화를 이루며 자신의 의견을 주장하지 않음.

1.

魯有兀[①]者王駘[②], 從之遊者, 與仲尼相若, 常季[③]問於仲尼曰: "王駘, 兀者也, 從之遊者, 與夫子中分魯. 立不敎, 坐不議, 虛而往, 實而歸. 固有不言之敎, 無形而心成[④]者邪? 是何人也?"

仲尼曰: "夫子, 聖人也, 丘也直後而未往耳. 丘將以爲師, 而況不若丘者乎! 奚假[⑤]魯國! 丘將引天下而與從之."

常季曰: "彼兀者也, 而王[⑥]先生, 其與庸[⑦]亦遠矣. 若然者, 其用心也獨若之何?"

仲尼曰: "死生亦大矣, 而不得與之變, 雖天地覆墜, 亦將不與之遺[⑧]. 審乎無假[⑨]而不與物遷, 命物之化[⑩]而守其宗[⑪]也."

常季曰: "何謂也?"

仲尼曰: "自其異者視之, 肝膽楚越也; 自其同者視之, 萬物皆一也. 夫若然者, 且不知耳目之所宜[⑫]而遊心乎德之和; 物視其所一而不見其所喪[⑬], 視喪其足猶遺土也."

常季曰: "彼爲己[⑭], 以其知得其心, 以其心得其常心[⑮], 物何爲最[⑯]之哉?"

仲尼曰: "人莫鑑於流水, 而鑑於止水, 唯止能止衆止[⑰]. 受命於地, 唯松柏獨也正, 在冬夏靑靑; 受命於天, 唯堯舜獨也正, 在萬物之首[⑱]. 幸能正生[⑲], 以正衆生. 夫保始之征[⑳], 不懼之實. 勇士一人, 雄入於九軍[㉑]. 將求名而能自要者, 而猶若是, 而況官天地, 府萬物[㉒], 直寓六骸[㉓], 象耳目[㉔], 一知之所知[㉕], 而心未嘗死者[㉖]乎! 彼且擇日而登假[㉗], 人則從是也. 彼且何肯以物爲事乎!"

【길잡이】

① 兀(중국음은 wù[悟]): '개介'와 통한다. 외발을 뜻한다.

② 王駘(駘의 중국음은 tái[抬]): 장자가 특정한 의미를 담아 만들어 낸 이상적 인물. '왕王'은 사람들에 의해 존숭을 받는다는 의미를 가져온 것이고, '태駘'는 '노駑(굼뜬 말, 우둔함을 비유)를 가리킨다. '위대한 지혜란 마치 어리석음과 같다'라는 뜻을 담고 있다.

③ 常季: 공자의 제자.

④ 無形而心成: 은연중에 남을 감화시킴.

- 임희일: '무형無形'은 보이는 것이 없음. '심성心成'은 마음으로 느껴서 스스로 변화함.(『남화진경구의』)
- 감산덕청: 언어를 사용하여 사람을 가르치지 않는데도 마음에서 서로 일치하여 이루어지는 것을 말한다.

⑤ 奚假: '어찌하여 단지 ~인가?'(何但)(성현영, 『장자소』), '어찌 ~에 그치는가?'라는 뜻.

- 오여륜: 『이아』에 "'가假'는 '이已'와 같다. '이已'는 '그치다'(止)의 뜻이다"라고 하였다.

⑥ 王: '왕旺'으로 읽는다. '더 낫다'(勝)라는 뜻이다.

⑦ 庸: 보통 사람.

⑧ 不與之遺: 그것을 따라서 사라지지 않을 것이다.

⑨ 審乎無假: 어떤 것도 의지하지 않는 경지에 머무름. '심審'은 '처하다'(处), 무가無假는 '가탁하는 바가 없음'(無所假借). 즉 의지하는 바가 없다는 뜻.

⑩ 命物之化: 사물의 변화에 그대로 따름.

⑪ 守其宗: 사물의 핵심을 고수함.

⑫ 不知耳目之所宜: 눈과 귀에 합당한 소리와 색의 옳고 그름을 알지 못함을 가리킴.

- 진계천: 이렇게 사물을 바라보는 자는 눈과 귀로 보고 들은 것 중에 무엇이 옳고 무엇이 그른지를 알고자 하지 않는 뜻이다.

⑬ 物視其所一而不見其所喪: 만물을 일체로 바라보기 때문에 어떤 것도 빠뜨리는 법이 없음. '물시物視'는 '시물視物'(만물을 바라보다)과 같다.

⑭ 彼爲己: '피彼'는 왕태를 가리킨다. '위기爲己'는 '수양'(修身)의 뜻으로, 왕태가 자신을 수양한다는 말이다.

⑮ 以其知得其心, 以其心得其常心: 지혜로 자신의 '마음'(心)을 깨닫고, 이 '마음'을 통해 '항상된 마음'(常心)으로 돌아감. '마음'이란 주체의 정신의식을 가리키고, '항상된 마음'은 보편의 정신의식을 가리킨다.(마항군)

- 부패영: '마음'(心)은 인식작용의 주체이고, '항상된 마음'(常心)은 주체라는 한정과 제약이 해제된 후 사람들과 함께 통할 수 있게 된 '마음'을 말한다.

'항상된 마음'은 도道를 체득한 이후의 허령한 마음의 상태를 가리키는 것이므로 '멈추어 있는 물'(止水)로 비유한 것이다.(『해독장자』)

⑯ 最: 모이다(聚).(사마표, 『장자주』) 따르다, 귀의하다.

⑰ 唯止能止衆止: 정지해 있는 것만이 정지하고자 하는 것들을 정지시킬 수 있음.

⑱ 受命於地, 唯松柏獨也正, 在冬夏青青; 受命於天, 唯堯舜獨也正, 在萬物之首: 현재의 판본에는 '수명어지受命於地, 유송백독야재唯松柏獨也在, 동하청청冬夏青青; 수명어천受命於天, 유순독야정唯舜獨也正'이라고 되어 있으나, 진경원이 인용한 '장군방본張君房本'에 따라 보충 및 수정하였다.

- 초횡: '수명어지受命於地'부터 '유순독야정唯舜獨也正'은 문장이 완전하지 않으니 빠진 글자가 있는 것으로 보인다. 장군방이 교열한 판본에서는 빠진 일곱 글자를 추가하여 '수명어지受命於地, 유송백독야정唯松柏獨也正, 재동하청청在冬夏青青; 수명어천受命於天, 유요순독야정唯堯舜獨也正, 재만물지수在萬物之首'라고 하였다. 바로 곽상의 『장자주』에 '하수유송백下首唯松柏, 상수유성인上首唯聖人'이라는 구절이 있기 때문이다.(『장자익』)
- 유월: '재在'는 '정正'을 잘못 쓴 것으로 보인다.(『제자평의』)
    - ▹ 진고응: 유월의 설이 옳다. 장군방본에 따라 수정한다. 기타 누락된 글자 역시 함께 보충해 넣는다.

⑲ 正生: '정성正性'과 같다. 요순이 스스로 성性과 명命을 바로잡은 것을 가리킨다.

- 임희일: 여기에서의 '생生'은 바로 '성性'을 말한다.
- 육서성: '생을 바로잡는다'(正生)는 것은 '성을 바로잡는다'(正性)는 것이다. '성을 바로잡는다(正性)는 것은 '근본을 지킨다(守宗)는 것이다. '근본을 지킨다'(守宗)는 것은 '최초의 근원을 보전한다'(保始)는 것이다.(초횡, 『장자익』에서 인용)

⑳ 保始之征: 최초의 근원을 보전함으로써 얻어지는 징험.

- 선영: '최초의 근원을 보전한다'(保始)는 것은 '근본을 지킨다'(守宗)는 것이다. 최초의 근원을 보전하는 자에게는 반드시 어떤 징험이 있을 것이니, 마치 용기를 기름으로써 두려움을 느끼지 않는 효과가 생기는 것과 같다.

㉑ 雄入於九軍: '웅입雄入'은 뛰어드는 것을 말하고, '구군九軍'은 대군을 말한다.(진계천) 구군은 천자의 육군六軍과 제후의 삼군三軍을 합한 것이며, 하나의 군대는 12,500명으로 이루어져 있다.(가나야 오사무)

㉒ 官天地, 府萬物: 천지를 통솔하고 만물을 품다. '관官'과 '부府'는 동사의 역할을 한다.

㉓ 直寓六骸: 신체(六骸)를 잠시 머무르는 거처로 삼음.

- 선영: '직直'은 '특特'(다만)과 같다. 신체를 자신의 거처로 삼는다는 말이다.

㉔ 象耳目: 귀와 눈의 감각활동을 흔적과 같은 것으로 여김.

㉕ 一知之所知: 보편적인 지능에 의한 인식을 모든 것을 동일하게 여기는 도의 관점 속으로 통일시킴.(마항군)

- 성현영: '일지一知'는 '인식능력'(智)이고, '소지所知'는 '인식대상'(境)이다. 인식능력으로 인식대상을 비추는 것이다.
- 조초기: '일一'은 '동일하게 여기다'라는 뜻으로, 동사로 쓰였다. '일지一知'의 '지知'는 '지智'와 통한다. '일지지소지一知之所知'란 인간의 각종 인식과 견해들 동일한 것으로 여긴다는 뜻이다.(『장자천주』)

㉖ 心未嘗死者: 아직 마음속에 생사 변화에 대한 관념이 있지 않음.(『제자평의』)

- 감산덕청: '사死'는 '상실하다'의 뜻이다. 사람들은 본연의 참된 심성을 상실하였고, 오직 성인만이 본래의 것을 잃지 않았으므로 만물을 일체로 여길 수 있다는 뜻이다.

㉗ 彼且擇日而登假: '차且'는 '~하려고 하다'(將), '택일擇日'은 '날을 고름', 일정한 시간이 필요하다는 뜻이다.(조초기) '등가登假'는 '높은 곳에 오름'. 이 구절은 세속을 초월한 정신을 형용한 것이다.

- 감산덕청: '가假'는 '하遐'와 같다. '그는 날을 골라 세상을 떠나(登遐) 속세를 벗어나고자 한다'는 뜻이다.
- 해동: '가假'는 '하遐'의 뜻을 가차하여 쓰였다. 『이아』「석고釋詁」에서 "'하遐'는 멀다는 뜻이다"라고 하였다.…… 「대종사」에 나오는 '등가어도登假於道'라는 구절에 나오는 '가假'는 '이르다'(至)는 의미로, 여기에서의 '가假'와는 다르다.

【풀이】

노나라에 (형벌을 받아) 한쪽 발이 잘린 왕태라는 자가 살았는데, 그에게 배움을 청하는 제자들의 수가 공자와 대등한 정도였다. 공자의 제자인 상계가 공자에게 물었다. "왕태는 한쪽 발이 잘린 자인데도 불구하고 배움을 청하는 노나라의 학생들을 선생님과 양분하고 있습니다. 그는 서서 가르치지도 않고 앉아서 토론하지도 않는데, 그에게 배우러 간 자들은 아무것도 없는 상태로 갔다가 가득 배움을 안고 돌아온다고 합니다. 정말로 언어를 사용하지 않는 가르침이라는 것이 있는 것입니까? 보이지는 않아도 은연중에 저절로 감화시키는 방법이 있는 것입니까? 대체 그는 어떠한 자입니까?"

공자가 말했다. "그분은 성인聖人이시다. 나 또한 그분보다 뒤처져 있으면서 아직 가서 가르침을 구하지 못했다. 나도 그를 스승으로 모시려고 하는데, 나의 제자들이야 말할 것이 있겠느냐? 어찌 노나라에 그치겠느냐? 나는 천하의 사람들을 인도하여 그를 따르도록 하려 한다."

상계가 말했다. "그는 한쪽 발이 잘린 자인데도 선생님보다 더 뛰어나다고 한다면, 보통 사람들과는 감히 비교할 수도 없겠습니다. 그렇다면 대체 그의 정신의 활동에는 어떤 특별한 점이 있는 것입니까?"

공자가 말했다. "죽음과 삶이라는 것은 지극히 큰일임에도 결코 그를 변하게 할 수 없다. 설령 하늘이 무너지고 땅이 꺼진다고 하더라도 그는 이를 따라 함께 소멸하거나 하지 않을 것이다. 그는 어떤 것도 의지하지 않는 경지에 있기에 외물의 변화에 의한 영향을 받지 않는다. 사물의 변화를 주재하면서 그 근본을 굳게 지키고 있을 뿐이다."

상계가 말했다. "그 말씀은 어떤 뜻입니까?"

공자가 말했다. "서로 다른 측면에 초점을 맞추어 만물을 바라보면 서로 붙어 있는 간과 쓸개도 마치 초나라와 월나라처럼 멀리 떨어져 있는 것으로 볼 수 있다. 하지만 서로 동일한 측면에 초점을 맞추어 바라본다면 만물은 모두 하나일 수 있다. 이러한 점을 이해한다면 눈과 귀가 어떤 소리와 색에 끌리는지에는 관심을 두지 않고 오직 마음을 조화로운 덕의 경지에 두고자 할 것이다. 서로 동일한 측면에 초점을 맞추어 만물을 하나로 관조할 때, 그 어떤 것도 빠뜨리는 것이 있을 수 없다. 따라서 마치 자신의 잘린 발을 보더라도 그저 한 줌의 흙이 빠져나간 것처럼 여길 것이다."

상계가 말했다. "그렇다면 왕태가 자기 자신을 수양하는 방식은 우선 자신의 지혜로 자신의 마음을 깨닫고, 다시 그 마음을 이끌어 모든 것에 통할 수 있는 '항상된 마음'(常心)을 파악하는 것이라 할 수 있겠군요. 그런데 어찌하여 사람들이 그를 따르고자 하는 것입니까?"

공자가 말했다. “인간은 고요히 멈추어 있는 물에 자신의 모습을 비추어 보지, 흐르는 물에 자신의 모습을 비추어 볼 수는 없는 법이다. 오직 정지해 있는 것이라야 다른 것을 정지시킬 수 있다. 땅으로부터 생명을 받은 것 가운데 오직 소나무와 잣나무만이 자연의 올바름을 부여받아 사시사철 푸름을 유지할 수 있다. 하늘로부터 생명을 받은 것 가운데 오직 요순 임금만이 성性과 명命의 올바름을 얻어 만물을 다스리는 우두머리가 된 것이다. 이들이 성性과 명命을 스스로 바로잡을 수 있었기 때문에 사람들을 인도할 수 있었다. 근원을 보전하는 자에게는 어떤 징험이 있을 것이니, 마치 용기를 지닌 자에게 두려울 것이 없는 것과 같다. 용감한 무사는 혼자서 천만 대군 속으로 돌진한다. 공명을 좇는 자 또한 이러한데, 천하를 주재하고 만물을 품에 담으며 육신을 잠시 머무르는 거처로 삼고 귀와 눈의 감각활동을 일시적인 흔적으로 여기며 하늘로부터 부여받은 지혜로 인식작용에 의한 경계와 구분을 밝게 비추어 생사라는 관념조차 지니고 있지 않은 자라면 어떻겠는가? 그는 느긋하게 날을 골라 세속을 등지고 떠날 수 있는 자이니 모두가 그를 따르고자 하는 것이다. 설마 그가 사람들을 끌어당기고자 달리 어떤 일을 하겠는가?”

2.

申徒嘉①, 兀者也, 而與鄭子産同師於伯昏無人②. 子産謂申徒嘉曰: “我先出則子止, 子先出則我止.” 其明日, 又與合堂同席而坐. 子産謂申徒嘉曰: “我先出則子止, 子先出則我止. 今我將出, 子可以止乎, 其未邪? 且子見執政③而不違④, 子齊執政乎?”

申徒嘉曰: “先生之門, 固有執政焉如此哉? 子而悅子之執政而後人⑤者也? 聞之曰: ‘鑒明則塵垢不止, 止則不明也. 久與賢人處則無過.’ 今子之所取大者⑥, 先生也, 而猶出言若是, 不亦過乎!”

子産曰: “子旣若是矣, 猶與堯爭善, 計子之德, 不足以自反邪?”

申徒嘉曰: “自狀其過, 以不當亡者衆⑦, 不狀其過, 以不當存者寡, 知不可奈何, 而安之若命, 唯有德者能之. 遊於羿⑧之彀中⑨. 中央者, 中地也; 然而不中者, 命也. 人以其全足笑吾不全足者多矣, 我怫然而怒; 而適先生之所, 則廢然而反⑩. 不知先生之洗我以善⑪邪? 吾與夫子遊十九年矣, 而未嘗知吾兀者也. 今子與我遊於形骸之內, 而子索我於形骸之外, 不亦過乎!"
子產蹴然[12]改容更貌曰: "子無乃稱[13]!"

【길잡이】

① 申徒嘉: 성은 신도申徒, 이름은 가嘉, 정鄭나라의 현인.

② 伯昏無人: '혼昏'이란 도가에서 추종하는 인생의 경지를 가리키는 말이다. '무인無人'이라는 이름 역시 장자가 특정한 의미를 담아내고자 만든 것임을 알 수 있다.

③ 執政: 자산子産이 정나라의 정사를 돌보는 대신(執政大臣)이었으므로 자산이 자신을 칭하는 말로 사용하였다.

④ 不違: 피하지 않음.

⑤ 後人: 다른 사람들을 업신여김.

⑥ 所取大者: '취取'는 '바라다'(求)의 의미, '대大'는 학문과 덕성을 가리킨다. 즉 식견을 넓히고 덕을 기르고자 한다는 뜻이다.

⑦ 自狀其過, 以不當亡者衆: 자신의 잘못을 변명하면서 손상된 신체를 받는 것이 마땅하지 않다고 여기는 자가 많음.

⑧ 羿: 상고시대의 인물. 활에 능통하여 백발백중 빗나가는 법이 없었다.

⑨ 彀中(彀의 중국음은 gòu[構]): 활시위를 당기는 사정거리 내.

- 임희일: '구중彀中'은 화살이 반드시 명중하는 지역을 의미한다. 세상의 위험이 이와 같음을 비유한 말이다. 당시 전국시대의 상황에 이 말이 매우 적절하게 들어맞는다.
- 왕선겸: '예羿의 활'이란 법망(刑網)을 비유한 말이다. 형벌의 울타리 속에서는 그 누구도 자신이 죄가 없으며 형벌을 받지 않을 것이라고 확신할 수 없으니 그저 운명에 맡길 수밖에 없다는 것이다.

⑩ 廢然而反: 분노가 완전히 사라짐.

- 곽상: 종전의 분노가 사라져 평상으로 돌아오다.

⑪ 洗我以善: '선善을 내세우는 도리로써 나를 가르치다'라는 뜻. 진경원의 『장자궐오』에서는 장군방본張君房本에 따라 이 구절 뒤에 '내가 스스로 깨닫도록 하려는 것인가'(吾之自寤邪)라는 구절을 보충해 넣었다.

⑫ 蹴然(蹴의 중국음은 cù[醋]): 부끄럽고 면목이 없어 어쩔 줄 모르는 모습.

⑬ 子無乃稱: '내乃'는 '잉仍'으로 읽는다. '내칭乃稱'은 '다시 말하다'라는 뜻이다.(왕개운, 『장자내편주』)

【풀이】

신도가는 (형벌을 받아) 한쪽 발이 잘린 자로, 정자산과 더불어 백혼무인의 제자로 있었다. 어느 날 자산이 신도가에게 말했다. "내가 먼저 나가면 자네는 잠시 남아 있게. 자네가 먼저 나가면 내가 남아 있겠네." 다음 날, 이들이 다시 한 방에서 나란히 앉게 되었는데, 자산이 신도가에게 또 이렇게 말했다. "내가 먼저 나가면 자네는 잠시 남아 있고, 자네가 먼저 나가면 내가 잠시 남아 있기로 하지 않았나. 지금 내가 먼저 나갈 테니 자네는 잠시 기다릴 수 있겠나? 아니면 그렇게 못하겠나? 자네는 나 같은 집정 대신을 보고도 자리를 피하지 않는데, 본인을 나와 같다고 여기는 것인가?"

신도가가 말했다. "스승님의 문하에 어떻게 이러한 집정 대신이 있습니까? 지금 집정 대신이라는 지위를 뽐내면서 사람을 업신여기는 것입니까? '거울이 밝게 비추면 티끌이 앉지 않고, 티끌이 앉으면 밝게 비추지 못하는 법이니, 오래도록 현인과 함께 머물러도 과실이 생기지 않는다'라고 하였습니다. 지금 스승님께 배움을 구하고 덕을 닦고자 오셨을 텐데도 아직도 이처럼 말씀하시는 것은 너무 심하지 않습니까?"

자산이 말했다. "자네는 지금 그러한 처지이면서도 여전히 요임금처럼 선을 논하려 하는구먼. 스스로 덕을 헤아려 본다면 스스로 반성을 해야 하지 않겠는가?"

신도가가 말했다. "자신의 잘못을 변명하면서 신체에 가해지는 형벌을 마땅하지 않다고 여기는 자들은 많고, 신체가 손상된 이후에 자신의 잘못에 대해 변명하지 않고 자신이 온전한 신체를 누리기에 마땅하지 않다고 여기는 자들은 적습니다. 일의 어찌할 수 없는 상황을 알고 마치 자연의 운명을 따르듯이 마음을 맡기는 것은 오직 덕을 지닌 사람만이 가능한 일입니다. 예羿의 활이 닿는 사정거리 가운데의 위치는 화살이 반드시 명중하게 되는 지역입니다. 가끔 화살이 맞지 않을 때가 있다면 그 또한 운명일 뿐입니다. 그런데 사람들은 자신이 두 다리를 (운 좋게) 온전히 지녔다고 해서 나의 장애를 비웃는 경우가 많습니다. 과거에는 그런 말을 들으면 몹시 화가 났습니다만, 지금 스승님의 문하에 들어온 이후에는 화가 모두 사라지고 정상의 상태로 돌아오게 되었습니다. 이 모든 것이 스승님이 선으로써 저를 교화한 일임을 아직도 모르신단 말입니까? 제가 스승님의 문하에 들어온 지 어언 19년이 되었습니다만 그분은 아직도 제가 발이 잘린 사람이라는 것을 알지 못합니다. 지금 우리가 '형체의 내부'에서 노닐면서 덕으로서 서로 교류하려는데 당신은 여전히 '형체의 외부'에서 외형을 가지고 저를 판단하려고 하시니, 이는 큰 잘못이 아니겠습니까?"

자산이 크게 부끄러움을 느껴 얼른 낯빛을 바꾸고 말했다. "그만 말씀하시게."

3.

魯有兀者叔山無趾[①], 踵見[②]仲尼, 仲尼曰: "子不謹, 前旣犯患若是矣. 雖今來, 何及矣!"

無趾曰: "吾唯不知務而輕用吾身, 吾是以亡足. 今吾來也, 猶有尊足者存焉[③], 吾是以務全之也. 夫天無不覆, 地無不載, 吾以夫子爲天地, 安知夫子之猶若是也!"

孔子曰: "丘則陋矣. 夫子胡不入乎, 請講以所聞!"

無趾出. 孔子曰: "弟子勉之! 夫無趾, 兀者也, 猶務學以復補前行之惡, 而況全德[④]之人乎!"

無趾語老聃曰: "孔丘之於至人, 其未邪? 彼何賓賓以學子爲[⑤]? 彼且蘄以諔詭幻怪[⑥]之名聞, 不知至人之以是爲己桎梏邪?"

老聃曰: "胡不直使彼以死生爲一條, 以可不可爲一貫者, 解其桎梏, 其可乎?"

無趾曰: "天刑之[⑦], 安可解!"

【길잡이】

① 叔山無趾: '숙산叔山'은 자字. 발가락이 잘리는 형벌을 당했으므로 '무지無趾'(발가락이 없음)라는 이름을 붙인 것이다. 역시 허구의 인물이다.

② 踵見: 발뒤꿈치로 걸어가서 뵙기를 청하다.

③ 猶有尊足者存焉: '존족尊足'은 발을 존귀하게 여기다 라는 뜻으로, 발을 귀하게

여기다(貴足) 라는 뜻과 같다.(진계천) '언焉'자는 원래 빠져 있었으나, 유문전의 설에 따라 보충하였다.

- 유문전: 『태평어람』 607에서 이 구절을 인용하였는데, '존存'자 뒤에 '언焉'자가 들어가 있다. 이 경우 문장의 의미가 비교적 완전해진다. 『태평어람』은 글자를 생략하여 인용하는 경우는 많지만 없는 글자를 더하는 경우는 적으므로, 과거의 판본에 '언焉'자가 있었음이 분명하다.

④ 全德: 신체가 온전함.(憨山德清) 도와 덕이 갖추어져 있고, 내면의 덕이 충족되어 있음을 말한다.

- 장묵생: '덕德'은 '얻음'(得)이다. 여기서 말하는 '덕이 온전한 사람'(全德之人)은 '형체가 온전한 사람'(全形之人)을 뜻하는 것과 같다.(『장자신석』)

⑤ 賓賓以學子爲: 늘 자신을 학자로 여김. '빈빈賓賓'은 '빈빈頻頻'(빈번함), '빈빈繽繽'(왔다 갔다 하는 모습)과 같다. '학자學子'는 「도척盜跖」에 등장하는 '학사學士'(학문하는 선비)와 같다. '위爲'는 어조사로 쓰였다.

- 유월: '빈빈賓賓'의 뜻을 살펴보면, 『경전석문』에 인용된 사마표의 주석은 '공손한 모습'이라고 하였고, 장張[8]은 '어진이를 어질게 대함(賢賢)과 같음', 최선은 '관계의 친소가 있음', 간문제는 '명성을 좋아하는 모습'이라고 하였다. 모두 글자에 따라 표면적으로 뜻을 짐작한 것으로 제대로 된 풀이에 도달하지 못하였다. '빈빈賓賓'은 '빈빈頻頻'(빈번함)과 같다. 『한서』 「사마상여전司馬相如傳」에 "인빈仁頻(나무 이름)이 나란히 모여 있다"라고 하였는데, 안사고顔師古가 이에 대해 "'빈頻'자는 '빈賓'으로도 쓴다"라고 한 것이 바로 이러한 사례다.
- 주계요: '빈賓'은 '빈繽'자와 같다. '빈빈繽繽'은 왔다 갔다 하는 모습을 말한다. '빈빈繽繽'은 '분분紛紛'과도 서로 비슷하다. 『한서』 「양웅전揚雄傳」에 '빈분왕래繽紛往來'라는 구절이 있는데, 바로 '빈繽'을 왔다 갔다 하는 모습으로 본 것이다.

⑥ 諔詭幻怪: 기이하고 황당무계함. 「제물론」의 '회궤휼괴恢恑憰怪'와 같은 의미.

⑦ 天刑之: 하늘의 형벌. 공자의 타고난 근기가 이와 같음을 가리킨다.

- 임운명: 명성을 좋아함으로 인해 받는 고난이 마치 하늘이 형벌을 가한

---

8) 『경전석문』 서문(書錄)의 차례(次第) '莊子' 항목에서 언급되고 있는 주석가에는 張氏 성을 가진 사람이 없다. 누구를 말하는지 불분명하다.

것과 같다는 뜻이다.

• 왕선겸: 타고난 근기가 이와 같음을 말한다.

【풀이】

노나라에 (형벌을 받아) 발가락이 잘린 숙산무지라는 사람이 살았다. 그가 발뒤꿈치로 걸어 공자를 찾아가 뵙기를 청했다. 공자가 말했다. "자네가 조심하지 않아서 이미 이러한 잘못을 범했는데, 지금 이렇게 찾아와 가르침을 청하는 것은 이미 늦은 일이 아니겠는가?"

숙산무지가 말했다. "저는 때를 가리지 않고 열심히 일하면서 제 한 몸을 가볍게 썼기에 발이 잘리고 말았습니다. 제가 지금 이곳을 찾은 것은 발보다 더욱 귀중한 것이 있기 때문입니다. 저는 그것을 온전하게 보존하고자 합니다. 하늘은 덮어주지 않는 것이 없고, 땅은 싣지 않는 것이 없습니다. 저는 선생님을 하늘과 땅 같은 존재로 여겨왔는데, 고작 이런 분인지는 몰랐습니다."

공자가 말했다. "내가 참으로 식견이 좁았구나. 어서 들어오지 않고 무엇을 하는가? 와서 자네의 생각을 말해 보거라."

하지만 숙산무지는 그대로 떠나 버렸다. 공자가 말했다. "더욱 노력하거라, 제자들이여! 숙산무지는 (형벌을 받아) 발가락이 잘린 자임에도 부단히 배움을 청하면서 과거의 잘못을 씻고자 하는데, 잘못을 저지른 적이 없어 온전한 형체를 지닌 자들은 어떠해야 하겠는가?"

숙산무지가 노담에게 가서 말했다. "공자는 아직 '지인至人'의 경지에는 이르지 못한 것 같습니다. 그는 왜 여전히 자신을 학자라고 여기는 것일까요? 왜 그 괴상한 명성이 천하에 알려지기를 바라는 것일까요? 지인은 명성을 그저 하나의 굴레로 여긴다는 것을 그는 아직 모릅니다."

노담이 말했다. "자네는 왜 그에게 죽음과 삶이 하나이고, 옳고 그름이 서로 같은 것임을 깨우치게 하여 그가 속박과 굴레에서 벗어날 수 있게 하지 않는가? 그래도 되는가?"

숙산무지가 말했다. "이는 하늘이 그에게 가한 형벌인데, 어떻게 벗어날 수 있겠습니까?"

4.

魯哀公問於仲尼曰: "衛有惡①人焉, 曰哀駘它②. 丈夫與之處者, 思而不能去也. 婦人見之, 請於父母曰'與爲人妻, 甯爲夫子妾'者, 十數而未止也. 未嘗有聞其唱者也, 常和人而矣. 無君人之位以濟乎人之死, 無聚祿以望③人之腹. 又以惡駭天下, 和而不唱, 知不出乎四域④, 且而雌雄合乎前⑤. 是必有異乎人者也. 寡人召而觀之, 果以惡駭天下. 與寡人處, 不至以月數, 而寡人有意乎其爲人也; 不至乎期年, 而寡人信之. 國無宰, 寡人傳國焉. 悶然而後應, 氾然而若辭⑥. 寡人醜乎⑦, 卒授之國. 無幾何也, 去寡人而行, 寡人恤⑧焉若有亡也, 若無與樂是國也. 是何人者也?"

仲尼曰: "丘也嘗使⑨於楚矣, 適見㹠子⑩食於其死母者, 少焉眴若⑪皆棄之而走. 不見己焉爾, 不得類焉爾⑫. 所愛其母者, 非愛其形也, 愛使其形者⑬也. 戰而死者, 其人之葬也不以翣資⑭; 刖者之屨, 無爲愛之; 皆無其本矣⑮. 爲天子之諸禦⑯, 不翦爪⑰, 不穿耳; 取妻者止於外, 不得復使. 形全猶足以爲爾, 而況全德之人乎! 今哀駘它未言而信, 無功而親, 使人授己國, 唯恐其不受也, 是必才全⑱而德不形⑲者也."

哀公曰: "何謂才全?"

仲尼曰: "死生存亡, 窮達貧富, 賢與不肖毁譽, 饑渴寒暑, 是事之變, 命之行也; 日夜相代乎前, 而知不能規⑳乎其始者也. 故不足以滑和㉑, 不可入於靈府㉒. 使之和豫通㉓而不失於兌㉔; 使日夜無郤㉕而與物爲春㉖, 是接而生時於心者也㉗. 是之謂才全."

"何爲德不形?"

曰: "平者, 水停之盛也. 其可以爲法也, 內保之而外不蕩也. 德者, 成和之修㉘也. 德不形者, 物不能離也."

哀公異日以告閔子㉙曰: "始也吾以南面而君天下, 執民之紀而憂其死, 吾自以爲至通矣. 今吾聞至人之言, 恐吾無其實, 輕用吾身而亡其國. 吾與孔丘, 非君臣也, 德友而已矣."

【길잡이】

① 惡: 추함(醜).

② 哀駘它: 허구의 인명.

- 선영: '애태哀駘'는 추한 용모를 나타내는 말이다. '타它'는 이름이다. '태駘'는 둔하고 열등함(駑劣)을 줄여서 말한 것이고, 여기에 '애哀'자를 더하였으니 불쌍하고 열등한 자(可哀之劣人)를 가리킨다. '타它'는 '그'(他)와 같다. 모두 허구의 대상을 지칭하고 있다.

③ 望: 보름달(月望)을 말한다. 가득 차다는 의미이다.

④ 不出乎四域: 사람 사는 세상을 벗어나지 않음.

⑤ 雌雄合乎前: '자웅雌雄'은 각각 부녀자와 사내를 가리킨다. 성현영의 『장자소』에서는 "'자웅'은 금수를 가리킨다"라고 하였는데, 곽상의 『장자주』와 성현영의 『장자소』 모두 잘못 해석하였다.

- 저백수: '자웅雌雄'의 의미는 해석이 여러 가지이다. 우선 이를 금수로 보는 해석이 있다. 『열자』의 "암컷과 수컷 짐승이 서로 교미하여 무리를 이룬다"(雌雄在前, 孳尾成群)라는 구절을 근거로 하는 설이다. 대략 내용을 뜻을 고찰해 보면, 사내들은 애태타와 함께 즐겁게 어울리며 떠나는 것을 아쉬워하고, 부녀자들은 그의 첩이라도 되고자 한다는 내용이다. 즉, '자웅합호전雌雄合乎前'은 사내와 부녀자들이 모두 그를 따르고자 한다는 말이다.
- 임운명: 앞 구절에서 말한 사내들이 애태타를 그리워하고, 부녀자들이 애태타의 첩이 되고자 청한다고 한 말을 받은 것이다. '자웅雌雄'은 새로운 비유적 표현이다.
- 선영: 사내들과 부녀자들이 그와 가까이하고자 한다는 뜻.

⑥ 泛然而若辭: '범연泛然'은 전혀 마음에 담아 두지 않는 모습을 표현하는 말이다. '범泛'자 뒤에 원래 '연然'자가 빠져 있었으나 무연서의 견해에 따라 보충하였다.

- 무연서: '범泛'자 뒤에 '연然'자가 있었던 것으로 보인다.(『장자차기』)
  - ▹ 진고응: 무연서의 설을 따른다. '범연이약사泛然而若辭'는 앞의 '민연이후응悶然而後應'과 서로 대구를 이루고 있다.

⑦ 寡人醜乎: '추醜'는 부끄러움을 말한다. 노나라 애공이 스스로 남보다 못하다고 여겨 부끄럽다고 느낀 것을 비유하여 말한 것이다.

⑧ 恤: 우울하고 근심스러운 모습.

• 주계요: '휼恤'에는 '잃어버림'(亡失)의 의미가 있다.

⑨ 使: '유游'(여행하다)로 읽는다.

• 육덕명: '유游'로 보아야 한다.

• 마서륜: 공자는 초나라에 사신으로 간 일이 없다. 본래는 '유游'로 되어 있는 것이 옳다.(『장자의증』)

⑩ 㹠子: 작은 돼지. '돈㹠'은 '돈豚'(돼지)이다. 임희일의 판본에서는 '돈豚'으로 되어 있다.

⑪ 眴若: 놀라 당황한 모습.

• 유월: '현약眴若'은 '현연眴然'과 같다. 「서무귀」에 "모든 원숭이가 그를 보고 놀라서 버리고 달아났다"(衆狙見之, 恂然棄而走)라고 하였는데, 여기에서 말한 '순연恂然'이 바로 본 구절의 '현약眴若'과 같다. 서로 글자는 다르지만 의미는 같다.

⑫ 不得類焉爾: 서로 다른 종류. 살아 있지 않은 것 같음을 뜻한다.

⑬ 使其形者: 형체를 주재하는 정신을 가리킴.

⑭ 戰而死者, 其人之葬也不以翣資(翣의 중국음은 shà[厦]): 전장에서 죽어 매장하는 자들은 관이 없으니, 관을 장식하여 장례를 행할 일이 없음을 말함.(진계천) '삽翣'은 옛날 관 위에 놓던 장식품으로, 사립문과 비슷한 형태이다. '자資'는 '보내다'(送)라는 뜻이다.

• 주계요: 전장에서는 얼마든지 죽을 수 있으니, '무훈이 없다'(無武)고 말할 수 없다. 따라서 곽상의 설은 옳지 않다.[9] 과거 '삽翣'이 '무훈 장식'(武飾)이었던 경우는 없었다. 『설문해자』 '우羽'부에 "'삽翣'은 관의 깃털 장식이다. 천자는 여덟 개, 제후는 여섯 개, 대부는 네 개, 사는 두 개를 달았다"라고 하였다…… '삽翣'은 천자와 제후에서 대부와 사에 이르기까지 빠짐없이 사용되었으며, 무인에게만 사용한 것이 아니다. 따라서 옛사람들은 '관의 장식'(棺飾)이라고 하였지 '무훈 장식'(武飾)이라고 하지 않았다.

▷ 진고응: 주계요가 곽상의 주석을 반박한 것이 지극히 타당하다.

⑮ 刖者之屨, 無爲愛之; 皆無其本矣: 발이 잘리는 월형刖刑을 당한 자들은 발이

9) 이 구절에 대한 곽상의 주석은 다음과 같다. "翣은 武勳의 장식을 다는 바탕이다. 전쟁에서 죽은 자는 무훈의 장식을 하지 않으니, 翣을 어디에 쓰겠는가!"(翣者, 武所資也. 戰而死者無武也, 翣將安施!)

없으므로 신발에 대한 애착심이 없다는 뜻. 관이 있어야 관의 장식이 필요하고, 발이 있어야 신발이 필요한 법이다. 전쟁에서 죽은 자들은 관이 없고 형벌을 당해 발이 잘린 자들은 발이 없으므로 '근본이 되는 것이 없다'(皆無其本)고 한 것이다.(진계천)

⑯ 諸禦: 궁녀를 가리킴.

⑰ 不翦爪: 현재 판본에는 '부조전不爪翦'으로 되어 있다. 과거에도 도치구문을 사용하였으나, 그렇게 본다면 뒤의 구절과 서로 대구를 이루지 않으므로 무연서의 설에 따라 수정한다.

- 무연서: '조전爪翦'은 '전조翦爪'로 보아야 한다. 뒤의 '천이穿耳'와 서로 대구를 이룬다. 후대의 사람들이 『예기』에 근거해 '조전'으로 바꾸었다.
  - ▹ 진고응: 무연설의 설을 따른다. '전翦'과 '천穿'은 동사이며, '조爪'와 '이耳'는 명사로서 서로 구조상 대구를 이룬다.

⑱ 才全: 재질이 완비되어 있음. 재능이 훌륭함. '재才'에 관한 논의는 맹자와 장자에서 시작되어 동한시기의 왕충이 '재'와 '성性'에 관해 명확한 해석을 제시하였다. 삼국시대 위나라 말기의 여러 사상가는 '재'와 '성'의 관계에 대해서 깊이 토론하면서 '재'와 '성'이 서로 같은 것(同)이라거나, 다른 것(異)이라거나, 합하여 있는 것(合)이라거나, 분리된 것(離)이라는 네 가지 주장, 즉 '재성사본才性四本설'을 내놓기도 하였다.

- 임희일: '재전才全'은 그 본성의 자질이 완전함을 말한다.
- 감산덕청: '재전'은 외물에 의해 그 본성이 손상되지 않은 것, 즉 천성이 훼손되지 않은 온전한 상태임을 말한 것이다. 따라서 온전하다(全)고 표현하였다.

⑲ 德不形: 덕이 드러나지 않음.

⑳ 規: '규窺'를 생략한 글자이다.(마서륜) '규規'는 '규揆'로 읽어야 하며, 추측하다, 헤아리다의 뜻이다.

㉑ 滑和: '골滑'은 어지럽다는 뜻이다. 본성의 평화로움을 어지럽히는 것을 말한다.

- 왕효어: 「제물론」에서 기쁨(喜), 분노(怒), 슬픔(哀), 즐거움(樂), 근심(慮), 한탄(歎), 변심(變), 두려움(慹)이라는 인간 심리의 여덟 가지 감정 상태를 들면서, '밤낮으로 서로 번갈아들어 어디서 시작되는지조차 알 수 없다'(日夜相代乎前而

莫知其所萌)라고 말한 바 있다. 여기에서는 인간이 살아가면서 겪게 되는 외부적인 열여섯 가지 사태들의 변화에 대해 말했다. 이 열여섯 가지는 각각 죽음과 삶(死生), 생존과 패망(存亡), 실패와 성공(窮達), 빈곤과 부유(貧富), 현명함과 어리석음(賢不肖), 비방과 칭찬(毁譽), 기아와 갈증(饑渴), 추위와 더위(寒暑) 등인데, 이에 대해 역시 '밤낮으로 서로 번갈아들어 어디서 시작되는지조차 알 수 없다'(日夜相代乎前而莫知其所始)라고 말하고 있다. 작문이나 수사 방식이 「제물론」과 완전히 일치하는 것을 볼 수 있다.…… 장자는 이러한 열여섯 가지 외부적인 사태들의 변화로 말미암아 우리의 본래의 마음이나 본연의 조화로운 상태가 어지럽혀져서는 안 된다고 보았다.

㉒ 靈府: 마음(心靈)을 가리킨다.

- 곽상: '영부靈府'는 정신의 거처다.

㉓ 和豫通: 쾌적하고 잘 소통함. '화예和豫'는 화목하고 즐거움(和樂)을 말한다.(왕박)

㉔ 兌: '열悅'(즐거워하다)과 같다.(『경전석문』에 있는 이이의 설 인용)

㉕ 日夜無郤: 밤낮으로 틈이 없음. 항상 즐거운 마음을 유지한다는 의미. '극郤'은 '극隙'(틈, 사이)과 같다.(왕무횡)

㉖ 與物爲春: 사물에 응하는 순간, 기가 부드럽게 조화를 이루다.(감산덕청) 사물이 있는 곳에 따라가며 조화 속에서 함께 노닐다.(선영) '춘春'은 기가 조화를 이루는 순간을 가리키며, 만물이 활기차게 생동한다는 뜻을 나타낸다.(王治心)

- 임희일: '여물위춘與物爲春'은 머무르는 곳을 따라 항상 즐겁게 여기는 것이다. '춘春'은 '열兌'(즐거워하다)과 같다.
- 장병린: 『설문해자』에 "'춘春'은 '추推'(이동하다)와 같다"라고 하였다. 여물위춘與物爲春은 사물과 함께 바뀌어 나간다는 의미다.
  - ▹ 진고응: 장병린의 견해 역시 한 가지 설로 참고할 수 있다.

㉗ 是接而生時於心者也: 사물을 접하여 생겨나 시간의 흐름과 함께 변화해 가는 마음을 말함.(진계천)

㉘ 成和之修: 완전하고 조화롭게 수양된 상태.

㉙ 閔子: 공자의 제자 민자건閔子騫.

【풀이】

노나라 애공이 공자에게 물었다. "위나라에 애태타라고 하는 매우 추한 용모를 지닌 사람이 하나 살고 있습니다. 그런데 사내들이 그와 어울리고 나서는 모두 아쉬워하며 그를 떠나지 않으려 하고, 부녀자들은 그를 만나고 나면 부모에게 '다른 사람의 아내가 되느니 이분의 첩이 되겠습니다'라고 말하는데, 그런 여자만 해도 벌써 십수 명이라고 합니다. 그는 별다른 주장을 내세우는 일이 없이 그저 남들에게 맞추어 호응만 할 뿐입니다. 어떤 권위를 앞세워 남의 어려움을 돕는 것도 아니요, 돈을 내서 남을 배부르게 해 주는 것도 아닙니다. 또 외모만 놓고 보면 세상에 그를 보고 놀라지 않을 사람이 없을 정도로 추합니다. 그저 남들에게 호응만 하고 자신의 주장을 내세우지 않으며 특별히 세상을 넘어서는 식견을 가진 것도 아닌데도 부인들과 사내들이 모두 그에게 가까이 다가가고자 하니, 분명 남들보다 뛰어난 곳이 있지 않겠습니까? 그리하여 내가 그를 초대하여 직접 만나 보았더니 과연 외모는 세상 사람들을 놀라게 할 정도로 추했습니다. 하지만 그와 함께 지내다 보니 채 한 달이 되기도 전에 과연 남들보다 뛰어난 점이 있음을 알게 되었고, 일 년이 채 가기도 전에 나는 그를 대단히 신뢰하게 되었습니다. 마침 나라에 재상 자리가 비어 있어 나라의 정사를 그에게 맡기고자 하였는데, 그는 그저 무덤덤한 태도로 받아들이려고 나서지도 않고, 아무래도 좋다는 듯이 극구 사양하고 나서지도 않았습니다. 나는 그 모습을 보고 부족함을 뉘우치면서 끝내 그에게 모든 국사를 맡겼는데, 그는 얼마 지나지 않아 떠나가 버렸습니다. 그 후 나는 무언가를 잃어버린 듯하고 이제는 더는 나를 즐겁게 해 줄 사람이 없을 것 같아서 마음이 울적하기 그지없습니다. 대체 그는 어떤 사람일까요?"

공자가 말했다. "제가 일찍이 초나라를 방문한 적이 있는데, 새끼 돼지가 막 세상을 떠난 어미 돼지 품에서 젖을 빨고 있는 모습을 우연히 보게 되었습니다. 그런데 그렇게 얼마가 지난 후 새끼 돼지들이 놀란 듯이 어미 곁을 떠나 도망가 버렸습니다. 아마도 어미 돼지가 이미 모든 감각을 잃어버렸기에 살아 있지 않은 것을 실감했기 때문일 것입니다. 이를 보면, 새끼 돼지가 제 어미를 사랑한 것은 형체를 사랑한 것이 아니라 형체를 주재한 정신을 사랑한 것임을 알 수 있습니다. 전쟁터에서 전사한 자를 매장할 때는 관을 쓰지 않으니 관을 장식하는 도구가 필요 없고, 발이 잘린 사람은 발이 없으니 신발에 대한 애착을 지니지 않습니다. 모두 그 근본이 되는 바를 잃었기 때문입니다. 천자의 후궁이 되면 손톱을 자르지 않고 귀를 뚫지 않습니다. 새로 아내를 맞이한 자는 궁 밖에 머무르게 하고 더는 노역을 시키지 않습니다. 육체가 온전하기를 바라는 경우조차도 이러한데, 덕이 온전한 사람들은 어떠하겠습니까? 지금 애태타는 입을 열지도 않는데 사람들의 신임을 얻고, 어떤 공적도 없는데 사람들의 존경을 받으며, 심지어는 그에게 국사를 맡기고자 하는데 그가 받아들이지 않을 것을 걱정하는 판국입니다. 분명 그는 '자질이 온전하고(才全), 덕이 겉으로 드러나지 않는(德不形)' 사람일 것입니다."

애공이 말했다. "'자질이 온전하다'(才全)는 것은 무엇입니까?"

공자가 말했다. "죽음과 삶, 얻음과 잃음, 실패와 성공, 빈곤과 부유함, 현명함과 어리석음, 비방과 칭찬, 기아와 갈증, 추위와 더위, 이 모든 것은 일과 사물의 변화를 말하는 것이며, 운명의 흐름을 가리키는 것들입니다. 낮과 밤이 번갈아 찾아오듯 끊임없이 변하지만, 인간의 지각으로는 그 시작을 헤아릴 수 없습니다. 만약 이 점을 이해한다면 이 변화로 인해 고요하고 조화로운 본성의 상태를 해치는 일도 없고, 이러한 변화가 마음을 침범하는 일도 없을 것입니다. 그저 마음을 본래에 상태에 맡겨 둔 채 본연의 즐거움을 잊어버리지 않으며, 사물의 끊임없는 변화를 그대로 따라가며 조화로운 기운을 유지하니, 이렇게 되면 마음은 외물과 접촉하면서 그에 따라 자연스럽게 변화해 나갈 수 있습니다. 이것이 바로 '자질이 온전한 것'입니다."

애공이 말했다. "그렇다면 '덕이 겉으로 드러나지 않는다'는 것은 무엇입니까?"

공자가 말했다. "물이 수평을 이루는 것은 지극히 고요한 상태임을 말합니다. 그것을 우리는 본받을 기준으로 삼을 수 있습니다. 내면의 마음을 지극히 고요한 상태로 유지한다면 외부에 의해 흔들리지 않을 수 있습니다. 덕은 가장 완전하고 조화롭게 수양된 상태를 말합니다. 덕이 겉으로 드러나지 않으니 만물이 저절로 다가와 떠나려 하지 않는 것입니다."

하루는 애공이 공자의 제자 민자건을 불러 말했다. "처음에 나는 군주의 자리에서 천하를 다스리고자 하여 법도와 기강을 장악하고 백성들의 죽음을 걱정하였다. 이에 나는 스스로 선과 미덕을 다한다고 여겼다. 그런데 지금 지인에 대한 이야기를 들어 보니 나는 실제로 한 것이 없고 그저 내 한 몸을 가볍게 사용하면서 나라를 위험에 빠뜨린 것 같구려. 나와 공자는 임금과 신하의 관계가 아니라 덕으로 교류하는 벗 사이이다."

5.

闉跂支離無脤[①]說衛靈公, 靈公說之; 而視全人, 其脰肩肩[②]. 甕大癭[③]說齊桓公, 桓公說之; 而視全人, 其脰肩肩.

故德有所長, 而形有所忘. 人不忘其所忘, 而忘其所不忘, 此謂誠忘.

故聖人有所遊, 而知爲孽[④], 約爲膠[⑤], 德爲接[⑥], 工爲商[⑦]. 聖人不謀, 惡用知? 不斫, 惡用膠? 無喪, 惡用德? 不貨, 惡用商? 四者, 天鬻[⑧]也; 天鬻者, 天食[⑨]也. 旣受食於天, 又惡用人!

有人之形, 無人之情. 有人之形, 故群於人, 無人之情, 故是非不得於身. 眇乎小哉, 所以屬於人也! 謷[⑩]乎大哉, 獨成其天!

【길잡이】

① 闉跂支離無脤(闉의 중국음은 yīn[因]): 발이 굽고, 등이 휘었으며, 입술이 없음.('脤'은 입술을 가리키는 '脣'과 같다.) 신체의 장애로 인해 용모가 추한 사람을 표현하는 말.

- 사마표: '인闉'은 '굽다', '기跂'는 '발돋움하다'(企)이다. '인기지리闉跂支離'는 발이 항상 굽어 있어 길을 걸어갈 때 오므라든 신체를 바르게 펼 수 없음을 말한다.

② 其脰肩肩: '두脰'는 목. '견견肩肩'은 가는 모습을 표현하는 말.

③ 甕大癭: 목에 있는 혹이 마치 항아리와 같이 큼.

④ 知爲孽: 지모와 기교는 재화와 같음.

⑤ 約爲膠: 약속은 마치 아교와 옻으로 붙인 것과 같음.

- 선영: 약속의 예란 마치 아교와 옻으로 붙인 것과 같으니, 자연적으로 합쳐진 것이 아니다.

⑥ 德爲接: '덕德'은 작은 은혜를 남에게 베푸는 것. '접接'은 교제함. 작은 은혜를 베푸는 것을 사람들을 사귀는 수단으로 삼음.(왕치심)

- 감산덕청: 작은 은혜로 사람들의 환심을 사고자 하는 것을 '덕德'이라고 한다. '접接'은 사람들을 대하는 것이다.

⑦ 工爲商: 공교함은 상인의 행위에 해당함.

- 왕효어: 열거한 '지知', '약約', '덕德', '공工' 네 가지는 유가의 성인이 내세우는

'지智', '예禮', '인仁', '의義'를 암시한다. '지知'는 '지智'와 같으며 달리 설명이 필요가 없다. '약'은 약속을 말하는 것으로 '예'에 해당한다. 여기에서의 '덕'은 앞서 등장한 '재전이덕불형才全而德不形'의 '덕'과는 달리 특정한 함의를 지닌 '덕'이 아닌, 일반적인 의미로 사용되는 '덕', 즉 어진 덕(仁德)이라고 할 때의 '덕'이다. '공'은 공교하다고 할 때의 '공'이다. '공위상工爲商' 세 글자 때문에 일반적으로 말하는 상공商工의 '공'으로 오해해서는 안 된다. 공교한 마음으로 세상의 일들을 대하면 받아들여질 수도 있고 받아들여지지 않을 수도 있으니, 이는 '의로써 판단한다'(制之以義)라고 할 때의 '의'에 해당한다. 장자는 유가의 지智를 마치 초목의 곁가지(支孽)와 같이 큰 쓸모가 없는 것으로 여겼다. 또한 장자에 따르면 유가의 예는 아교와 옻을 사용하여 억지로 붙여 놓는 것과 같으니 크게 의지할 것이 못된다. 유가의 인은 잘려나간 나무를 억지로 이어붙이는 것과 같아서 겉보기만을 중시하는 것이며, 유가의 의는 독점하여 폭리를 노리는 상인과 같이 교묘하게 수단을 쓰면서 물건이 팔려 나가기만을 바라는 것과 같다.(『장자내편신해』)

⑧ 天鬻: '천天'은 자연. '육鬻'은 '육育'으로 읽으며, 기른다는 뜻이다.

⑨ 天食: 저절로 그러함에 의해 길러짐.('食'의 음은 '사'이다.)

⑩ 謷(중국음은 áo[熬]): 높고 큰 것을 형용함.

【풀이】

옛날 어떤 한 사람이 살고 있었는데, 절름발이에다 꼽추에 언청이였다. 어느 날 그 자가 위나라 영공을 찾아와 유세를 하였다. 영공은 그를 매우 마음에 들어 하면서, 오히려 형체가 온전한 사람들을 보고는 (꼽추의 목이 짧은 것이 아니라) 이들의 목이 지나치게 가늘고 긴 것이 아닌가 하고 여겼다. 또 목에 큰 혹이 달린 사람 하나가 제나라 환공을 찾아 유세를 하였는데, 환공 역시 그를 좋아하며 오히려 형체가 온전한 사람들을 보고는 (목에 혹이 난 자의 목이 굵은 것이 아니라) 이들의 목이 지나치게 가늘고 작은 것이 아닌가 하고 여겼다. 따라서 한 인간에게 덕성이 있다면 형체가 지닌 결손과 장애는 다른 사람들이 잊는 법이다. 만약 마땅히 잊어야 하는 것[형체의 결함]은 잊지 않고, 잊어서는 안 되는 것[덕성의 부족]을 잊는 것이야말로 참으로 잊는 것이다.

따라서 성인은 유유자적하며 지모를 재앙으로 여기며, 약속을 아교를 통해 억지로 붙이는 것으로 보며, 은혜를 베푸는 것은 사람을 사귀기 위한 거짓수단으로 여기고, 공교함은 상인이 하는 짓으로 치부한다. 성인은 별달리 어떠한 것을 꾀하고자 하지 않는데 지모가 왜 필요한가? 분리시키지 않는데 왜 아교로 붙여 대는가? 타고난 천성을 잃지 않는데 왜 달리 은덕이 필요한가? 이익을 꾀하지 않는데 왜 판촉의 수단이 필요한가? 이 네 가지 덕목은 하늘이 길러 주는 것이다. 하늘이 길러 준다는 것은 저절로 그러함에 의해 길러진다는 것을 말한다. 저절로 그러함에 의해 길러지는데 왜 억지로 인위를 가하고자 하는가?

(성인은) 인간의 형체를 지니고 있지만, 인간의 편벽된 감정은 지니지 않는다. 인간의 형체가 있으므로 사람들과 함께 살지만, 편벽된 감정이 없으므로 옳고 그름이 그를 침범할 수 없다. 자그맣도다, 사람들과 한 무리를 이루니. 위대하도다, 사람의 무리를 초월하여 올라가 자연과 한 몸을 이루니!

6.

惠子謂莊子曰: "人故無情乎?"

莊子曰: "然."

惠子曰: "人而無情, 何以謂之人?"

莊子曰: "道與之貌, 天與之形, 惡得不謂之人?"

惠子曰: "旣謂之人, 惡得無情?"

莊子曰: "是非吾所謂情也. 吾所謂無情者, 言人之不以好惡內傷其身①, 常因自然而不益生也."

惠子曰: "不益生, 何以有其身?"

莊子曰: "道與之貌, 天與之形, 無以好惡內傷其身. 今子外乎子之神, 勞乎子之精, 倚樹而吟, 據〔槁〕梧而瞑②. 天選③之形, 子以堅白鳴④!"

【길잡이】

① 吾所謂無情者, 言人之不以好惡內傷其身: '무정無情'이란 생명을 귀중히 하는 태도를 대표하는 말이다. 장자는 '무정'이란 바로 호오好惡와 같은 감정으로 자신의 내면을 훼손하지 않는 것임을 거듭하여 강조한다. 이는 또한 그러한 감정으로 인해 자신의 생명을 해치지 않음을 말하는 것이기도 하다.(왕박, 『장자철학』)

② 據［槁］梧而瞑: 글자의 표면적 의미에 따르면 '고오槁梧'는 마른 오동나무를 말한다. 하지만 왕숙민은 여러 고서를 인용하면서 이 판본들 가운데 '고槁'자가 있지 않음을 밝혔으니, 이를 따르기로 한다. '명瞑'은 '면眠'(잠자다)의 옛글자이다.

- 왕숙민: 『사류부』[10] 25 '목木'부 2에서 인용한 이 구절에는 '오梧'자 앞에 '고槁'자가 없다. 『예문류취』 88, 『태평어람』 956, 『사문류취후집』 23, 『합벽사류별집』 52 등에서 인용한 것에서도 역시 '고槁'자가 없다. 곽상의 『장자주』에 "앉으면 오동나무에 기대어 잠을 청한다"(坐則據梧而睡)라고 하였는데, 역시 '고槁'자가 없었음을 알 수 있다. 「제물론」의 "혜시가 오동나무에 기대다"(惠子之據梧也)라는 구절에 대해서도 『장자주』에서 "오동나무에 기대어 잠을 청하거나 한다"(或據梧而瞑)라고 하였는데, 역시 '고槁'가 없다. '의수이음倚樹而吟, 거오이명據梧而瞑' 두 구절은 서로 대구를 이룬다.

③ 天選: 하늘이 부여함.

④ 堅白鳴: 혜시가 내세우는 '견백설堅白說'을 가리킨다. 견백설은 「제물론」에 등장한 바 있다.

【풀이】

혜자가 장자에게 말했다. "사람은 본래 감정이 없어야 하는가?"

장자가 말했다. "그렇다."

혜자가 말했다. "감정이 없으면 어떻게 사람이라고 할 수 있는가?"

장자가 말했다. "도道가 사람에게 용모를 부여하고 하늘이 사람에게 형체를 부여했는데, 어찌 사람이라고 할 수 없는가?"

혜자가 말했다. "이미 사람이라고 했는데, 어떻게 감정이 없겠는가?"

장자가 말했다. "그것은 내가 말하는 감정이 아니다. 내가 '감정이 없다'(無情)고 말하는 것은 호오의 감정으로 자신의 본성을 해치지 않는 것으로서, 언제나 자연에 따르며 인위로써 무언가를 더하지 않음을 말한다."

혜자가 말했다. "인위로써 더하지 않으면 어떻게 자신의 신체를 온전히 보존할 수 있는가?"

장자가 말했다. "도道가 사람에게 용모를 부여하고 하늘이 사람에게 형체를 부여했

---

10) 중국 송대의 문헌학자 吳淑이 쓴 類書. 총 30권으로 이루어 있다.

으니, 그저 호오의 감정으로 자신의 본성을 해치지 않으면 될 일이다. 지금 자네는 자신의 마음을 어지럽게 만들고 정신을 힘들게 하면서, 나무에 기대 노래를 부르고 탁자에 기대어 쉬고 있을 뿐이지. 하늘이 자네에게 형체를 부여했는데도, 견백설 따위나 우쭐대며 떠들어 대고 있지 않은가."

대종사大宗師

「대종사」의 근본 취지는 도를 체득한 진인의 경지에 관해 논하는 것이다. '대종사大宗師'라는 말은 위대한 도를 스승으로 추종한다는 뜻이다. 우주는 생명이 쉼 없이 창출되는(生生不息) 하나의 거대한 생명이고, 그런 정체성整體性으로서의 우주가 바로 도이니, 도 또한 우주의 대생명大生命이 발산된 만물의 생명이다. '천일합일天人合一'의 자연관, '죽음과 삶을 하나로 보는'(死生一如) 인생관, '변화에 순응하는'(安化) 삶의 태도, '서로를 잊는'(相忘) 인생의 경지 등이 이 편의 핵심이 되는 사상이다.

이 편은 총 열 단락으로 나눌 수 있다. 첫째 단락에서는 천인 관계를 제시하면서 자연自然과 인간의 관계에 대해 토론하였다. 주된 관점은 천인 간의 작용은 본래 구분될 수 없다는 것이다. '하늘과 인간은 서로 다투지 않는다'(天與人不相勝)는 말에서 이러한 가치관이 잘 드러난다. 인간과 자연은 하나의 불가분한 총체로서 서로 끊임없이 관계를 주고받으며 서로 친화적 관계를 맺고 있다. 장자의 천인일체天人一體 관념은 인간과 우주 간의 일체감, 우주에 대해 인간이 지니는 동질감과 융화감 등을 표현한 것이다. 이러한 인간과 자연 간의 관계를 온전히 이해하는 자가 바로 진인眞人이다. 이 단락에서는 진인의 이와 같은 정신적 면모가 여러 차례 묘사되고 있다. 둘째 단락에서는 죽음과 삶이란 자연적인 것으로 피할 수 없는 일임을 깨달아야 한다는 점을 말하였다. 이는 마치 낮과 밤에 교차하는 것처럼 자연스러운 법칙이다. 인간은 육체라는 측면에 속박되어서는 안 되며, 거대한 변화와 함께 흐르며 자연의 온갖 조화 속에서 생명의 안식을 추구해 나가야 한다. 셋째 단락에서는 도道에 대해 말하면서 도의 본체가 지닌 무형·항상성·무한성 등의 성질에 대해 간략히 묘사하였다. 넷째 단락에서는 남백자규와 여우女偊와의 대화를 통해 도를 배우는 과정에 관해서 서술하였다.

다섯째 단락은 자사, 자여, 자리, 자래 네 사람이 서로 벗이 되어 '생사와 존망은 모두 하나'라는 점에 대해 깊이 체득하는 이야기를 다루고 있다. 여섯째 단락에서는 자상호, 맹자반, 자금장 세 사람이 서로 벗이 되어 "생사를 잊고 다함이 없는 경지"(相忘以生, 無所終窮)에 노닐면서 삶과 죽음의 감정에 얽매이지 않았다. 태어나서 다시 죽음으로 돌아가는 것은 자연스러운 변화이고 필연적인 현상으로서, 그러한 변화에 순응할 수 있다면 정신은 완전한 해방을 얻을 수 있게 된다. 특히 여기에서는 삶에 구애받지 않는 태도와 죽음을 두려워하지 않는 자세에 대해 다양하게 서술하였다. 예를 들어, 자상호가 죽음을 맞이하자 그의 두 친구는 '주검을 앞에 두고 노래를 부르는'(臨屍而歌) 태연한 모습을 보였는데, 예교에 얽매인 유가의 시선에서 이는 굉장히 놀라운 모습으로 여겨진다. 하지만 유가에서 행하는 '번잡한 세속의 예절'(憒憒然爲世俗之禮)이란 사람들의 시선을 꾸며 대는 일에 지나지 않으므로, 이 둘은 그저 유자를 향해 "어떻게 예의 진정한 뜻을 알겠는가"(惡知禮意)라며 냉소를 보낼 뿐이다. 일곱째 단락에서는 장례에 밝은 맹손재가 등장한다. 맹손재는 유가의 복잡한 예절에 얽매이지 않으며, 삶과 죽음의 참된 모습을 깨닫고 변화의 이치를 체득한 인물로 그려진다. 여덟째 단락에서는 의이자와 허유가 서로 대화를 나누며 요임금이 인의와 시비의 가치로서 사람들에게 묵형을 가했다고 비판하였다. 이는 곧 유가의 전통주의적 도덕규범과 이론가치에 대한 비판이다. 유가의 도덕규범과 이론가치가 인간에게 가하는 속박 속에서 인간의 정신은 자유롭게 활동할 수 없다는 것이다.

아홉째 단락에서는 '좌망坐忘'에 대해 이야기했다. '형체와 지모를 잊고 도와 소통하는 것을 바로 좌망'(離形去知, 同於大通, 此謂坐忘)이라고 한다. '형체를 떠난다'(離形)는 것은 생리적으로 생겨나는 탐욕을 없앤다는 뜻이며, '지모를 버린다'(去知)는 것은 지적 작용이 일으키는 작위를 없앤다는 뜻이다. 이를 통해 마음은 그 어떤 장애와 속박도 없이 광활한 상태가 되어 드넓은 외부 세계와 자유롭게 소통할 수 있게 된다. 마지막 단락에서는 자상의 곤궁한 삶을 통해 '안명安命' 사상을 말했다. '명命'이란 자연의 변화를 가리키며, '안명'이란 바로 자연의 변화와 흐름에 따르는 것을 말한다.

심오한 이치를 담은 여러 성어가 바로 이 편에서 나왔다. 예를 들어, 천학지어泉涸之魚[1], 상유이말相濡以沫[2], 상망강호相忘江湖[3], 자적기적自適其適[4], 장주어학藏舟於壑[5], 장산어택藏山於澤[6], 선시선종善始善終[7], 막역지교莫逆之交[8], 유방지외遊方之外[9], 불생불사不生不死[10], 상시막역相視莫逆[11], 결환궤옹決疣潰癰[12], 식경보의息黥補劓[13], 서간충비鼠肝蟲臂[14] 등이 있다.

1) '마른 연못의 물고기'라는 의미로, '相濡以沫'과 함께 쓰인다. 곤경에 처해 있으면서 미약한 힘으로나마 서로 돕는다는 뜻을 나타냄.
2) 물고기들이 거품으로 서로 적셔 줌. '泉涸之魚'와 나란히 등장하는 말로, 역시 곤경에 처해 미약한 힘으로나마 서로 돕는다는 뜻.
3) 물과 호수에서 서로를 잊고 지냄. 가장 편안하고 적합한 상태에 처하여 어떤 집착과 속박도 지니지 않는다는 말.
4) 자신에게 가장 적합한 삶 속에서 편안하고 안락하게 지냄.
5) 배를 골짜기에 감춤. 만물은 끝없이 변화하므로 어느 한 가지에 집착해서는 안 된다는 뜻. 藏山於澤과 같은 말.
6) 산을 연못에 감춤. 만물은 끝없이 변화하므로 어느 한 가지에 집착해서는 안 된다는 뜻. 藏舟於壑과 같은 말.
7) 처음부터 끝까지 한결같이 잘함. 일을 잘 완수한다는 뜻으로도 사용됨.
8) 뜻이 잘 맞아 서로 거스르지 않는 관계. 매우 가까운 친구 사이를 나타내는 말.
9) 세상의 예법이나 규범을 떠나서 살아감을 이르는 말.
10) 삶과 죽음의 경계를 초월함. 반신불수의 상태를 가리키는 말로도 사용됨.
11) 서로 뜻이 잘 맞아 거스름이 없음. 매우 가까운 관계를 나타내는 말.
12) 혹이 생기고 종기가 터짐. 부패가 심각한 수준에 이르렀음을 나타내는 말.
13) 결함을 고쳐 본래의 모습을 되찾음. 개과천선의 의미로도 사용됨.
14) 쥐의 간과 벌레의 날갯죽지. 극히 사소하고 보잘것없음을 나타내는 말.

1.

知天之所爲, 知人之所爲者, 至矣. 知天之所爲者, 天而生也①; 知人之所爲者, 以其知之所知, 以養其知之所不知②, 終其天年而不中道夭者, 是知之盛也. 雖然, 有患③. 夫知有所待④而後當, 其所待者特未定也. 庸詎知吾所謂天之非人乎? 所謂人之非天乎?

且有眞人而後有眞知. 何謂眞人? 古之眞人, 不逆寡, 不雄成, 不謨士⑤. 若然者, 過而弗悔, 當而不自得也; 若然者, 登高不栗, 入水不濡, 入火不熱. 是知之能登假⑥於道者也若此.

古之眞人, 其寢不夢, 其覺無憂, 其食不甘, 其息深深. 眞人之息以踵, 衆人之息以喉. 屈服者, 其嗌言若哇⑦. 其耆欲深者, 其天機⑧淺.

古之眞人, 不知說生, 不知惡死; 其出不訢⑨, 其入不距⑩; 翛然⑪而往, 翛然而來而已矣. 不忘其所始, 不求其所終; 受而喜之, 忘而復之, 是之謂不以心捐⑫道, 不以人助天. 是之謂眞人.

若然者, 其心忘⑬, 其容寂, 其顙頯⑭; 淒然似秋, 暖然似春, 喜怒通四時, 與物有宜而莫知其極.

〔故聖人之用兵也, 亡國而不失人心; 利澤施乎萬世, 不爲愛人, 故樂通物, 非聖人也; 有親, 非仁也; 天時, 非賢也; 利害不通, 非君子也; 行名失己, 非士也; 亡身不眞, 非役人也. 若狐不偕, 務光, 伯夷, 叔齊, 箕子, 胥余, 紀他, 申徒狄, 是役人之役, 適人之適, 而不自適其適者也.〕⑮

古之眞人, 其狀義而不朋⑯, 若不足而不承; 與乎其觚而不堅也⑰, 張乎其虛而不華也⑱; 邴乎其似喜也⑲! 崔乎其不得已也⑳! 滀乎進我色也㉑, 與乎止我德也㉒; 厲乎其似世也㉓! 謷乎其未可制也㉔; 連乎㉕其似好閉也, 悗乎其忘言也㉖. 〔以刑爲體, 以禮爲翼, 以知爲時, 以德爲循. 以刑爲體者, 綽乎其殺也; 以禮爲翼者, 所以行於世也; 以知爲時者, 不得已於事也; 以德爲循者, 言其與有足者至於丘也; 而人眞以爲勤行者也.〕㉗ 故其好之也一, 其弗好之也一㉘. 其一也一, 其不一也一㉙. 其一與天爲徒, 其不一與人爲徒. 天與人不相勝也, 是之謂眞人.

【길잡이】

① 知天之所爲者, 天而生也: 하늘이 행한 바를 아는 것은 자연을 따라서 생겨난 것이다.

- 곽상: '천天'은 저절로 그러함(自然)을 말한다.
- 진계천: 하늘이 행한 바(天之所爲)란 무엇인가? 바로 무위無爲와 자연自然을 말하는 것일 뿐이다. 따라서 곽상의 『장자주』에서 '저절로 그러함'(自然)으로 '천天'을 해석하였다. '지천지소위자知天之所爲者, 천이생야天而生也'란 '하늘이 무위하여 저절로 그러하다는 이치를 아는 자 또한 무위자연으로 생겨났다'는 뜻이다.(『장자천설』)

② 以其知之所知, 以養其知之所不知: '기지其知'의 '지知'는 '지智'로 읽는다. '기지지소지其知之所知'는 인간의 지력智力을 통해 알 수 있는 것을 말한다. '기지지소부지其知之所不知'는 인간의 지력이 알기 어려운 것을 말하는 것으로, 곧 인간의 지력으로 알기 어려운 자연의 법칙과 생사 변화의 이치를 가리킨다.

③ 雖然, 有患: '이렇게 말하더라도 병폐가 있다'는 뜻.(진계천) 앞뒤 구절을 고려하면, '이러한 관점 역시 여전히 문제점이 있다'는 말로 이해할 수 있다.(관봉)

④ 所待: 인식의 대상(對境).(성현영, 『장자소』) 혹은 의지하는 대상.(장묵생) 혹은 조건을 갖춤.(진계천)

- 가나야 오사무: '소대所待'라는 것은 인식의 필요조건이 되는 것으로 이 조건이 없으면 인식이 성립될 수 없다. 이는 또한 인식과 판단의 준칙이 된다.(『莊子』 1권, 174쪽, 『岩波文庫』)

⑤ 謨士: '모사謀事'(일을 꾀하다)와 음이 같은 가차자.

- 임희일: '사士'와 '사事'는 음이 같아 옛글자에서는 서로 통용되었다. 『시경』 「빈풍豳風·동산東山」에 "군사를 사용하지 말라"(勿士行枚也)라고 한 바 있다. '모謨'는 '꾀하다'(謀)라는 뜻이다. 무심의 태도로 행하므로 '일을 꾀하지 않는다'(不謨事)라고 말한 것이다.(『남화진경구의』)
- 주계요: '불모사不謨士'는 '일을 꾀하지 않음'(不謨事)을 말한 것이다. 『관자』 「군신상君臣上」의 '관모사官謀士'라는 구절에 대해 주석에서 "'사士'는 '사事'와 같다. 관리는 각각 그 직책에 맞는 일을 도모한다는 뜻이다"라고 하였다. '사士'와 '사事'는 뜻이 서로 통한다. 『설문해자』의 '사士' 항목에서도 "'사士'는 '사事'이다"라고 하였다.…… '모謨'는 '모謀'(꾀하다, 도모하다)와 통한다. 『이아』 「석고釋詁」에서 "'모謨'는 '모謀'와 같다"라고 하였다.(『장자내편증보』)

• 왕효어: 일이 자신에게 이로운지 아닌지를 따져 가며 자신의 세력을 확장하고자 하지 않음을 말한다.

▹ 진고응: 왕효어의 설을 따른다.

⑥ 登假: '~까지 나아감'(登至), '가假'는 '이르다'(至)는 뜻. '등가登假'는 「덕충부」에서 이미 등장한 바 있다.

• 임희일: '지지능등가어도知之能登假於道'는 그 식견의 깊이가 도에 이르렀음을 말한 것이다.

⑦ 其嗌言若哇(嗌의 중국음은 ài[艾]; 哇의 중국음은 wā[窪]): '익嗌'은 '목구멍', '왜哇'는 '방해하다'이다. 말을 할 때 목구멍이 방해를 받은 것과 같음을 뜻한다.

▹ 진고응: 이 단락에는 다른 곳의 글이 잘못 섞여든 것으로 보인다. 앞 구절 '진인지식이종眞人之息已踵, 중인지식이후衆人之息以喉'는 후대 양생 사상을 신봉하는 자가 끼워 넣은 구절로 의심된다. 이 구절을 빼고 보면 문맥이 매끄럽다.

⑧ 天機: 자연의 생기生機.(진계천) 타고난 근기를 가리킨다.

⑨ 訢: '흔欣'(기쁘다)과 같다. '흔欣'의 옛글자이다.

• 주계요: '흔訢'은 '흔欣'과 같다. 『한서』 「만석군전萬石君傳」의 '아랫사람들이 모두 기뻐하였다(僮仆訢訢然也)'라는 구절에 대해 진작晉灼은 "허신許愼에 따르면 '흔訢'은 '흔欣'의 옛글자이다"라고 주석을 달았다.

⑩ 距: '거拒'(항거하다)와 같다.

• 주계요: '거距'는 '거拒'와 같다. 『순자』 「중니仲尼」에 '그에게 서사書社[15] 삼백을 주었으니, 그 어떤 부자도 감히 그에 맞서지 못했다(與之書社三百而富人莫之敢距也)'라는 구절이 있는데, 양경楊倞의 주에 "'거距'는 '거拒'와 같다"라고 하였다. 또 『한서』 「양웅전揚雄傳」의 '거연권距連卷'이라는 구절에 대해 안사고顔師古는 "'거距'는 '거拒'자를 말한다"라고 하였다.

⑪ 翛然(翛의 중국음은 xiāo[逍]): 묶이지 않은 모습.(성현영, 『장자소』) 속박이 없는 모습.

• 육덕명: '소翛'는 '소蕭'와 같이 발음한다. 이궤李軌의 『장자음莊子音』에서는 이것을 '유悠'로 음을 달았다. 상수는 "'소연翛然'은 무심한 본래 그대로의 모습을 가리키는 말이다"라고 하였다.

---

15) 고대 중국의 호적 단위. 25가구가 하나의 '社'를 이루었다. '書社'는 하나의 社에 속한 사람들을 기록한 장부로서, 해당 범위 내의 인구와 토지를 가리키는 말로도 쓰였다.

⑫ 損: 현재 판본에는 '연捐'으로 잘못 적혀 있다.

- 무연서: '연捐'은 '손損'자가 와전된 것으로, 원래는 뒤의 '조助'와 서로 대비되어 쓰인 것이다. 왕본王本에서도 '손損'으로 썼다.
- 주계요: '연捐'은 '손損'을 잘못 적은 것이다. 「칙양」의 곽상 『장자주』에서 '그 이름을 해친다'(損其名也)라고 하였고, 『경전석문』에서도 "'연捐'은 본래 '손損'으로도 쓴다"라고 하였다. 노문초盧文弨는 "현재 판본의 '연捐'자는 '손損'으로 읽는다"라고 하였다. 『순자』 「대략大略」에 "이는 나라를 버리고 몸을 해치는 도리이다"(是異國捐身之道也)라는 구절이 나오는데, 송본宋本에는 '연捐'이 '손損'으로 되어 있다. 즉 '불이심손도不以心損道'는 마음을 써서 도道를 해치지 않는다는 뜻과 같다.
- 왕숙민: '연捐'은 '손損'을 잘못 적은 것이다. 뒤에 '인위로 하늘을 돕지 않는다'(不以人助天)라는 구절이 등장하는데, '해치다'(損)와 '돕다'(助)는 서로 대구를 이루는 말로서 의미가 분명하다. 『사기색은史記索隱』도 『사기』 「가의열전賈誼列傳」의 이 구절을 인용하면서 '손損'으로 썼다. 「산목」에 나오는 '하늘에 의해 해를 입지 않는 것은 쉽다'(無受天損易)라는 구절의 '손損'을 당사본唐寫本에서는 '연捐'이라고 썼는데, 바로 이 구절과 같은 사례라고 할 수 있다.

⑬ 忘: 통행본에는 글자를 혼동하여 '지志'로 썼다. 저백수 등의 설과 조이부趙以夫의 교열에 따라 수정한다.

- 저백수: '지志'자에 대한 여러 해석은 대부분 견강부회한 것으로 의미가 잘 통하지 않는다. 조이부는 이를 '망忘'자로 고쳤는데, 이어지는 '용모가 고요하다'(容寂)는 구절과 잘 어울리고 내용 역시 잘 이어진다. 따라서 원본은 '망忘'이었음이 분명하며, 옮겨 쓰는 과정에서 작은 착오가 있었던 것으로 보인다.(『남화진경의해찬미』)
- 임운명: '기심망其心忘' 세 글자는 이 편을 관통하는 핵심어이다. 통행본에는 '지志'로 되어 있으나 옳지 않다.(『장자인』)
- 육수지: '망忘'자는 앞의 '이기지지소지以其知之所知, 이양기지지소부지以養其知之所不知' 두 구절을 포괄하고, 아래의 '좌망坐忘' 단락과 연결되는 것으로, 이 편 전체의 요지라고 할 수 있다.(『장자설』)
- 왕무횡: '지志'는 '망忘'으로 읽어야 한다. 곽상의 해석이 틀렸다. '그 마음은 잊은 듯하고, 용모는 고요하다'(其心忘, 其容寂)라고 하였을 때 문장의 의미가 분명해지니, '지志'자는 명백히 잘못 쓴 글자이다.

- 왕숙민: 「서무귀徐無鬼」의 '상망이하반上忘而下畔'이라는 구절의 '망忘'을 『여씨춘추』「귀공貴公」에서는 '지志'로 썼다. '망忘'과 '지志'의 형태가 유사하여 발생한 오류를 나타내는 예증이라 할 수 있다.
  - ▹ 진고응: '지志'는 '망忘'을 잘못 적은 글자임이 확실하다. 현재 많은 판본에서 이를 수정하였다.

⑭ 頯(중국음은 kuí[葵]): '괴魁'와 같이 발음한다. 드넓은 모습을 나타내는 말이다.

⑮ [故聖人之用兵也……而不自適其適者也] : 이 백한 자는 다른 곳에서 잘못 끼어든 것으로 삭제해야 한다.

- 문일다: 본 편의 첫머리부터 '천여인불상승야天與人不相勝也, 시지위진인是之謂眞人'까지 '고지진인古之眞人'이라는 구절이 총 네 번 등장하고, '시지위진인是之謂眞人'이라는 구절이 총 두 번 등장하는데, 글의 의미가 일관되므로 이것을 기준으로 단락을 구분한다. 그런데 이 백한 자는 앞뒤 구절과 가리키는 바가 같지 않아 편집하는 과정에서 잘못 들어간 것으로 의심된다. 우선 '성인은 군사를 사용하여 적국을 멸망케 하면서도 사람들의 마음을 잃지 않는다'(聖人之用兵也, 亡國而不失人心)라는 구절은 장자의 말로 보기에는 무리가 있다. 또한 무광務光은 허유許由와 마찬가지로 양위를 고사한 인물로 그려졌는데, 허유는 「소요유」에서 성인으로 등장하는 반면 여기서 무광은 '남에게 부림을 받는 자들이며 남을 안락하도록 하는 자들이지, 스스로 안락함을 추구하는 자가 아니다'(役人之役, 適人之適, 而不自適其適者)라고 조롱당하고 있는 것 또한 의문이 제기되는 부분이다.…… '은덕을 온 세상에 베푼다'(利澤施於萬世)는 구절은 「천운」에 다시 등장하고, '남을 안락하도록 하는 자들이지, 스스로 안락함을 추구하는 자가 아니다'(適人之適而不自適其適者也)라는 구절은 「변무」에 다시 등장한다. 이는 모두 외편에 속한다. 이를 사례로 살펴보면 이곳의 백한 글자는 장자 후학의 말로서 외편으로 옮기는 것이 옳다.
  - ▹ 진고응: 문일다의 설을 따른다. 앞뒤 단락에서 모두 진인에 관해 서술하고 있는데, 갑작스럽게 이 단락이 삽입되어 내용상 일관성을 해치고 있으니 삭제하는 것이 옳다. 이 단락에 대한 해석은 【풀이】 부분에 추가하지 않고 아래에 싣는다.

    "따라서 성인은 군사를 사용하여 적국을 멸망케 하면서도 사람들의 마음을 잃지 않는다. 그 은덕을 온 세상에 베풀지만 사람에 대하여 편향된 마음을 지니지 않는다. 따라서 편향된 마음을 가지고 사람들과 교류하면 성인이라 할 수 없으며, 사사로운 사랑을 지니는 것은 진정으로 사람에게 인仁을 베푸는 것이라 할 수 없다. 때를 헤아리며 짐작하고자 하면 현인이라 할 수 없으며, 이해관계에 하나로 통할 수 없다면 군자라 할 수 없다. 명성을 좇으며 자신을 상실한다면 배움을 구하는 선비라 할 수 없고, 타고난 신체를 잃고 본성을 망각한다면 세상 사람들을 주재하는 자라 할 수 없다. 호불해狐不偕, 무광務光, 백이伯夷, 숙제叔齊, 기자箕子, 서여胥余, 기타紀他, 신도적申徒狄과 같은 자들은 남에게 부림을 받는 자들이며 남을 안락하게 한 자들이지, 스스로 안락함을 추구하는 자가 아니다."

⑯ 義而不朋: 위풍당당하며 위축되지 않음. 성현영의 『장자소』에서 이를 '사물에 따라 움직이며 치우치는 바가 없다'(隨物所移而無偏倚)라고 보았는데, 【풀이】에서는 이 해석을 따랐다.

- 유월: 곽상의 『장자주』에 '의義'를 '의宜'(적합하다)로 풀이하고, '붕朋'을 '당黨'(무리)으로 풀이하였다. 문맥을 고려하여 풀이하고자 한 것이나, 의미가 크게 어긋났다. 이는 그 형상을 말한 것이지 어찌 그 덕에 관해 말한 것이겠는가? '의義'는 '아峨'로 보아야 한다. '아峨'와 '의義'는 모두 '아我'자의 발음을 따르고 있으니 서로 통용될 수 있다. 「천도」에 있는 '이형의연而狀義然'이라는 구절의 '의연義然'이 바로 '아연峨然'을 가리키는 것이다. '붕朋'은 '붕崩'으로 읽는다. 『주역』 복괘復卦 「상전象傳」의 '붕래무구朋來無咎'가 『한서』 「오행지五行志」에는 '붕래무구崩來無咎'로 인용된 것이 바로 그것이다. '기상아이불붕자其狀峨而不崩者'라는 말은 그 형상이 드높아 고고하여, 무너지지 않는다는 뜻이다.
  - ▹ 진고응: 유월의 설명이 타당하다.
- 진계천: '상狀'은 진인의 정신적 태도를 말하는 것이지, 그 신체의 형상을 말하는 것이 아니다. 이 단락에서는 '기상의이불붕其狀義而不朋' 외에도 진인의 정신적 태도에 관해 논하고 있는 구절이 많이 등장한다. '기상의이불붕其狀義而不朋'이란 진인의 정신적 태도가 비할 바 없이 드높음을 의미한다.

⑰ 與乎其觚而不堅也: '여호與乎'는 너그럽고 여유로운 모습(임희일), 자연스러운 모습이다(임운명). '여與'자에는 별다른 뜻이 없다고 보는 설도 있다.(왕무횡) '고觚'는 '고孤'로 발음한다.(『경전석문』) 무리를 이루지 않고 홀로 있음을 가리키는 말이다. (『경전석문』에서 왕숙지의 설 인용)

- 곽상: 늘 홀로 자적하면서도 고집하지 않음.

• 이정: 곽상의 『장자주』와 성현영의 『장자소』에 따라 '고觚'는 '독獨(홀로)'으로 읽는다.…… 이들이 참고한 판본에는 분명 '고孤'로 되어 있었을 것이다. '고觚'는 바로 '고孤'의 가차자이다.…… '여호與乎'는…… 곽상의 『장자주』에서 '늘 홀로 자적하면서도 고집하지 않음'(常遊於獨)이라고 하였는데, '유遊'의 의미를 따져 보면 원래는 '여趣'자였을 가능성이 있다. 『설문해자』에 "'여趣'는 편안히 걷는 것이다"라고 하였으니 바로 '유遊'와 의미가 부합한다.

⑱ 張乎其虛而不華也: 진인의 정신은 드넓고 텅 비어 고요하여 번잡하거나 사치스럽지 않음을 말함.(진계천)

⑲ 邴乎其似喜也: 진인의 정신이 희색이 있는 듯 명랑함을 말한다.(진계천) '병호邴乎'는 기뻐하는 모습이다. 원래는 '병邴'자가 중첩되어 쓰여 있었으나 옮겨 적는 과정에서 잘못 더해진 것으로 보인다. 엄령봉의 설에 따라 이를 삭제한다. '희야喜也'는 과거의 판본에는 '희호喜乎'라고 되어 있었으나 이 경우 앞뒤 문장의 운율이 일치하지 않는다. 진경원의 『장자궐오』에서 인용한 문여해文如海, 성현영, 장군방張君房 등의 판본에 따라 이를 수정한다. 뒤의 '최호기부득이야崔乎其不得已也', '여호기사세야厲乎其似世也' 역시 마찬가지이다. 유문전의 『장자보주』, 왕숙민의 『장자교석』 역시 『장자궐오』에서 인용한 바에 따라 수정한다고 밝혔다.

• 엄령봉: '병邴'자는 원래 앞에 '병邴'자가 중첩되어 '병병邴邴'으로 적혀 있었다. 하지만 앞뒤 구절 '여호與乎', '최호崔乎', '축호滀乎', '여호厲乎', '오호謷乎', '연호連乎', '만호悗乎' 등을 살펴보면 어느 것도 중첩되어 있지 않으므로 '병邴' 역시 마찬가지로 짐작된다. 이에 의거하여 중첩된 글자 하나를 삭제한다.
  ▹ 진고응: 엄령봉의 설을 따른다.

⑳ 崔乎其不得已也: 말과 행동을 부득이한 상황에 따라 함.

• 성현영: 어쩔 수 없게 된 이후에 행동하니, 부득이한 상황에 따라 응하는 것이다.
• 상수: '최호崔乎'는 움직이는 모습이다.
• 진계천: '최崔'는 '최催'로 읽어야 하며, '재촉하다', '강요하다'라는 뜻이다.

㉑ 滀乎進我色也: 마음이 충실하고 낯빛은 가까이 다가갈 만하다. '축滀'은 '모이다'(聚)의 의미다.(『경전석문』에서 간문제의 설 인용)

• 감산덕청: 마음이 차분히 침잠해 있어 조화로운 기운이 늘 안면으로 드러난다.

㉒ 與乎止我德也: '여與'는 '예豫'와 통하며 느긋하고 편안한 모습을 말한다. '지止'는

'귀결되다', '귀의하다'의 뜻이다. 너그럽고 관대한 덕행이 사람들을 그에게로 귀의하게 만든다는 뜻이다.

㉓ 厲乎其似世也: '여厲'는 엄숙하다는 뜻이다. 하지만 '광廣'을 '여厲'로 잘못 적은 것이라 보는 설도 있다. 바로 최선본崔譔本이 이를 '광廣'으로 되어 있는데, '포괄하고 망라하는 것은 드넓다'(苞羅者廣)라고 하였다. '광호기사세야廣乎其似世也'는 진인의 정신이 세상과 같이 드넓음을 말한다.(진계천)

- 곽경번: '여厲'는 최선의 판본을 따라 '광廣'으로 보는 것이 옳다. 곽상의 『장자주』에서 이를 '세상과 함께 행한다(與世同行)라고 풀이하였으니, 역시 광대하다는 의미가 있다. 경전 속에서 '여厲'와 '광廣'은 종종 혼동되어 쓰였다. 예를 들어 『예기』「월령月令」의 '천자내려식天子乃厲飾'이라는 구절이 『회남자』「시칙훈時則訓」에서는 '여식厲飾'이 아니라 '광식廣飾'으로 쓰였다. 『사기』「평진후전平津侯傳」의 '여현여록厲賢予祿'이라는 구절에 대해 서광徐廣이 "'여厲'는 '광廣'으로도 쓰인다"라고 하였다. 또한 『사기』「유림전儒林傳」의 '이광현재以廣賢材'라는 구절을 『한서』에서는 '광廣' 대신 '여厲'로 썼다. 『한서』「지리지地理志」에 제군齊郡 광廣이라는 지역명이 등장하는데, 『설문해자』'탁濁' 부에서는 이를 '여厲'가 와전된 것으로 설명하였다. 이 모든 것이 '여厲'와 '광廣'이 혼용된 사례이다.(『장자집석』)
- 마서륜: '여厲'와 '광廣'의 모양이 서로 비슷하여 와전되었다.

㉔ 謷乎其未可制也: 고매하고 호방하여 억제할 수 없음.

- 곽상: 거리낌 없이 자득함을 말한다.
- 주계요: '오謷'는 '오敖'의 가차자이다. '오敖'는 '방放'과 같은 뜻이다. 홀로 거리낌이 없으니 그를 억제할 수 없다는 뜻이다.

㉕ 連乎: 말하지 않고 침묵하는 모습을 표현하는 말.

- 임희일: '연連'은 '봉합하다'(合), '은밀하다'(密)는 뜻이다. 말하고 싶지 않은 듯이 침묵하는 것을 말한다.
- 감산덕청: '연連'은 삼가고 단속한다는 뜻이다.

㉖ 悗乎其忘言也: 무심하여 말을 잊은 모습을 표현한 말. 현재 판본에는 '만호망기언야悗乎忘其言也'라고 되어 있으나, 고형高亨은 이를 '만호기망언야悗乎其忘言也'로 읽어야 한다고 보았다. 고형의 설이 옳다.

- 성현영: '만悗'은 무심한 모습이다.

㉗ [以刑爲體……而人眞以爲勤行者也] : 이 열세 구절이 '형벌을 몸통으로 하고 예를 날개로 삼을 것'(以刑爲體, 以禮爲翼)을 주장한다고 본다면, 장자의 사상과는 지극히 차이가 나고 「대종사」의 주제와도 더욱 어긋난다. 따라서 마땅히 삭제해야 한다.

- 장묵생: '이형위체以刑爲體'부터 '이인진이위근행자야而人眞以爲勤行者也'까지의 몇 개 구절은 억지로 끼워 맞추어 해석할 수는 있지만, 결국 장자의 사상과는 같은 부류라고 보기 힘들다. 당시에 이미 이러한 의혹이 제기하는 사람들이 있어 이를 편집 과정에서 잘못 삽입된 것으로 보았다. 만약 이 구절들을 삭제하면 앞뒤 문맥이 매우 매끄러워진다.
  - ▹ 진고응: 장묵생의 설이 매우 타당하다.

㉘ 其好之也一, 其弗好之也一: 하늘과 사람이 합일하여 하나가 됨. 사람들이 좋아하든 싫어하든, 그것들이 모두 합일되어 하나를 이루는 것이다.

㉙ 其一也一, 其不一也一: 사람들이 천天과 인人이 합일의 관계라고 여기든 그렇지 않든, 하늘과 사람은 모두 합일의 관계를 이룬다는 것이다.

【풀이】

자연에 속하는 것인지 인위에 속하는 것인지를 아는 것은 사리事理를 통찰하는 가장 지극한 경지이다. 하늘이 행한 바를 아는 것은 자연에 의해 가능한 것이다. 인간이 작위한 바를 아는 것은 그 지적 능력을 통해 아는 것이다. 지적 능력으로 알 수 없는 바를 잘 길러 나가 자신이 부여받은 천수를 누리고 중도에 요절하는 일이 없도록 하는 것이 앎이 할 수 있는 가장 훌륭한 일이다.

비록 그렇지만, 여전히 문제는 있다. 앎은 반드시 기다리는 대상이 있은 후에야 그것이 올바른지 아닌지를 판정할 수 있다. 그러나 앎이 기다리는 대상은 늘 변화하여 정해진 것이 없다. (그렇다면) 내가 자연에 속한다고 하는 것이 또한 인위에 속하지 않으리라는 것은 어떻게 알겠는가? 반대로 인위에 속한다고 하는 것이 또한 자연에 속하지 않으리라는 것은 어떻게 알겠는가?

오직 진인眞人이 있은 후라야 참된 앎(眞知)이 있게 된다. 그러면 진인이란 무엇인가? 옛날의 진인들은 하찮은 것이라도 거부하지 않고, 성공을 스스로 뽐내지 않았으며, 일을 꾀하고자 하지 않았다. 이렇게 한다면 설령 일의 시기를 놓치더라도 후회하지 않고, 스스로 얻고자 하지 않으며, 그저 순리대로 마땅한 바를 얻는다. 또한,

높은 곳에 올라도 두려워 떨지 않고, 물에 들어가도 습하다고 여기지 않으며, 불에 들어가도 뜨거운 줄 모른다. 그 앎이 도와 서로 하나가 되는 경지에 이른 자만이 이렇게 할 수 있다.

옛날의 진인들은 잠을 잘 때도 꿈을 꾸지 않고, 깨어나서도 근심하는 일이 없다. 먹을 때 좋은 음식을 찾지 않고, 호흡은 항상 깊다. 진인의 호흡은 발밑에서부터 운기조식을 하고, 보통 사람들은 그저 목구멍을 통해 숨을 들이마시고 내뱉을 뿐이다. 남과 토론하여 굴복을 당했을 때는 말을 할 때 마치 목이 막힌 듯하였다. 이는 욕망이 깊은 자들로서 타고난 자질이 본래부터 깊지 않다.

옛날의 진인들은 삶을 좋아하거나 죽음을 미워할 줄을 몰랐다. 태어남을 즐거워하지 않았고 죽음에 들어가는 것을 거부하지 않았으니, 아무것에도 얽매이지 않고 왔다가 아무것에도 얽매이지 않고 돌아갈 뿐이었다. 자신이 어디서 왔는지를 잊고 어디로 돌아갈지를 추구하지 않았다. 일이 닥치면 흔연히 받아들이고, 죽음과 삶조차 잊고 그저 본래 그러함으로 돌아가 그에 따랐다. 이것이 바로 지모를 사용하여 도를 해치지 않고 인위로 자연을 보조하려 하지 않는 것이니, 진인은 바로 이러한 사람이다.

이처럼 그의 마음은 모든 것을 잊어버렸고, 용모는 고요하고 차분했으며, 이마는 드넓었다. 엄숙한 모습은 흡사 가을과 같았고, 온화한 모습은 봄과 같았다. 기뻐하고 성내는 감정은 사시가 변화하는 것처럼 자연스러웠으며 그 어떤 사물과도 서로 부합하였으니, 그 누구도 그 깊이를 헤아려 짐작할 수 없을 정도였다.

옛날의 진인들은 그 행적이 오직 일의 적합함을 따라 치우치는 법이 없었으니, 부족한 듯하면서도 받아들이지 못하는 것이 없었다. 무리를 이루지 않은 채 항상 고고함을 유지했으나 고집스럽지는 않았다. 넓은 포부를 지녔으면서도 번잡하거나 사치스럽지 않았고, 항상 즐거운 듯이 여유롭게 유유자적하였으며, 모든 행동은 어쩔 수 없는 상황에 따라 행하였다. 내면은 충실하였고 낯빛은 친근하였으며 덕행이 두터워 남들이 모두 그를 따랐다. 정신은 마치 온 세상과 같이 드넓었고, 아무 거리낌이 없이 세상을 초월하여 예와 법에 얽매이지 않았다. 어떤 말도 없이 굳게 닫힌 듯 침묵하였으며 기교와 지모를 사용하지 않아 마치 말하는 것조차 잊어버린 듯한 모습이었다.

[하늘과 인간은 합일의 관계이다.] 사람들이 이를 좋아하든 좋아하지 않든, 하늘과 사람은 모두 합일을 이룬다. 인간이 이를 합일의 관계로 생각하든 그렇지 않든,

하늘과 사람은 합일을 이룬다. 하늘과 인간이 합일의 관계라고 여기는 자들은 자연과 동류이고, 하늘과 인간이 합일의 관계가 아니라고 여기는 자들은 인간과 동류이다. 하늘과 인간을 서로 대립하는 것으로 보지 않는 사람이 바로 진인이다.

2.

死生, 命①也, 其有夜旦之常, 天②也. 人之有所不得與, 皆物之情也. 彼特以天爲父, 而身猶愛之, 而況其卓③乎! 人特以有君爲愈乎己, 而身猶死之, 而況其眞④乎!

泉涸, 魚相與處於陸, 相呴⑤以濕, 相濡⑥以沫, 不如相忘於江湖, 與其譽堯而非桀也, 不如兩忘而化其道. [夫大塊載我以形, 勞我以生, 佚我以老, 息我以死. 故善吾生者, 乃所以善吾死也.] ⑦

夫藏舟於壑, 藏山⑧於澤, 謂之固矣. 然而夜半⑨有力者負之而走, 昧者不知也⑩. 藏小大⑪有宜, 猶有所遁⑫. 若夫藏天下於天下而不得所遁, 是恒物之大情也. [特犯人之形而猶喜之. 若人之形者, 萬化而未始有極也, 其爲樂可勝計邪!] ⑬ 故聖人將遊於物之所不得遁而皆存. 善夭⑭善老, 善始善終, 人猶效之, 又況萬物之所系, 而一化之所待⑮乎!

【길잡이】

① 命: 저절로 그러하여 피할 수 없는 것이다.(감산덕청)

- 임희일: 인간의 힘으로 어찌할 수 없는 것이 바로 천지만물의 실제 이치이다. '명命'이나 '천天'이라고 부르는 것이 바로 이러한 실제 이치를 말한다.

② 天: 자연의 법칙.(장묵생)

③ 卓: 홀로 이루어짐(獨化).(곽상, 『莊子注』) 즉, '도道'를 가리킨다.

④ 眞: '도道'를 가리킨다.

⑤ 呴(중국음은 xū[需]): 호흡하다.

⑥ 濡(중국음은 rú[儒]): 습하다.

⑦ [夫大塊載我以形……乃所以善吾死也] : 이 여섯 구절을 삽입하면 앞뒤 문맥이 잘 연결되지 않는다. 뒤에 나오는 자래子來의 말 속에 이 여섯 구절이 포함되어

있는데, 왕무횡은 이를 편집상의 오류로 인해 중복된 것으로 보았다. 이에 근거하여 삭제한다.

- 왕무횡: '대괴재아이형大塊載我以形'으로 시작하는 여섯 구절은 뒤에 자사子祀가 나오는 대목에서도 보인다. 편집하는 과정에서 잘못하여 중복된 것이 분명하다.
- 마서륜: 이 구절은 뒤의 글이 잘못 들어간 것으로 보인다. 교열하는 자가 중복된 판본과 그렇지 않은 판본을 놓고 서로 대조하다가 함부로 삭제하지 못한 것이 후에 점차 정착되어 지금에 이르렀다.
- 왕효어: 앞에서부터 서른 자까지는 자사子祀, 자여子輿, 자리子犁, 자래子來의 대화가 이루어지는 대목에 다시금 등장한다. 이 구절들을 이곳에 두면 전후 맥락이 잘 연결되지 않으므로 삭제하고, '부장주어학夫藏舟於壑, 장산어택藏山於澤'부터 다시 이어 나간다. 뒷면의 '특범인지형이유희지特犯人之形而猶喜之'부터 이어지는 스물아홉 자 역시 마찬가지로 이곳에 두면 문맥이 잘 맞지 않으므로 함께 삭제하고, 자사子祀, 자여子輿, 자리子犁, 자래子來의 대목으로 옮긴다.
    - ▹ 진고응: 위의 설들이 매우 옳다. '특범인지형이유희지特犯人之形而猶喜之'부터 이어지는 스물아홉 자 역시 왕효어의 설에 따라 이동시켜야 한다.

⑧ 山: '산汕', 즉 '물고기를 잡는 그물'을 뜻하는 글자여야 한다는 설도 있다.

- 유월: '산山'은 '산汕'으로 읽어야 한다. '배에 감추고 그물에 감춘다'(藏舟藏汕)라는 말은 모두 어부의 말로서, 도둑맞을 염려가 있으므로 감춘다고 한 것이다. 이는 일상에서 흔히 있는 일을 장자가 비유하여 말한 것이다.
    - ▹ 진고응: 유월의 설을 참고할 만하다. 하지만 【풀이】에서는 '산山'의 의미로 해석하였다.

⑨ 夜半: 심야. 여기에서는 '부지불식간에'라는 의미로 확장되어 사용되었다.

⑩ 昧者不知也: '매昧'는 우매함. '매寐'(잠을 자다)로 읽어야 한다는 설도 있다. 『회남자』「숙진훈俶眞訓」에는 '매寐'로 되어 있다.

- 양수달: 곽상의 『장자주』에서는 '매昧'를 글자 그대로 읽었으나, 옳지 않다. '매昧'는 '매寐'로 읽어야 한다. 원문에 따르면, 한밤중에 짐을 짊어지고 달아나므로 누워서 자는 이들이 알 수가 없다. 이렇게 하면 의미가 잘 통한다. '매昧'와 '매寐'는 발음이 같아서 서로 통용되었다. 만일 글자 그대로 읽는다면 뜻을 잃어버리게 된다. 또한 『회남자』「숙진훈」에 '매寐'로 되어

있는 것 역시 하나의 증거로 삼을 수 있다.(『장자습유』)

▹ 진고응: 의미를 따져 보았을 때 곽상의 『장자주』와 성현영의 『장자소』처럼 글자 그대로 읽는 방식이 더 깊이가 있다. 양수달의 설 또한 참고로 삼을 수 있다.

⑪ 藏小大: 작은 것을 큰 것에 감춘다.

• 임희일: 여기에서 작은 것과 큰 것(小大)이란, 각각 배와 골짜기, 산과 연못을 가리킨다. 골짜기의 크기는 배를 감출 수 있고, 연못의 크기는 산을 감출 수 있다. 모두 큰 것에 작은 것을 감추는 이치를 말했다.

⑫ 遁(중국음은 dùn[盾]): 잃어버리다.

⑬ [特犯人之形而猶喜之. 若人之形者, 萬化而未始有極也, 其爲樂可勝計邪] : 이 스물아홉 자는 뒤의 자사, 자여, 자리, 자래의 장절에 있어야 할 것이 잘못 삽입되었다. 현재 앞뒤 문맥의 일관성을 해치고 있으며, 이를 삭제하면 문맥이 매끄럽게 통한다. 왕효어의 『장자내편신해莊子內篇新解』에 따라 삭제한 후 원래의 장소로 옮긴다.

• 주계요: 『회남자』「숙진훈」에 "일범인지형이유희一範人之形而猶喜"라고 하였는데, 고유의 주석에서 "'범範'은 '만나다', '조우하다'라는 뜻이다"라고 하였다.

⑭ 夭: 진경원의 『장자궐오』에 인용된 장군방본張君房本에는 '소少'라고 되어 있다.

⑮ 一化之所待: 모든 변화가 의지하고 있는 바, 즉 도道를 가리킴.

• 임희일: '일화지소대一化之所待'는 바로 도道로서 이른바 '대종사大宗師'라고 하는 것이 그것이다.

【풀이】

인간의 죽음과 삶은 결코 피할 수 없는 것으로, 마치 밤과 낮이 영원히 이어지는 것과 같은 자연적인 법칙이다. 이처럼 많은 일이 인간의 힘으로는 어찌할 수 없는데, 사물의 실제 이치가 바로 이러하다. 사람들은 하늘을 생명을 부여해 주는 아버지와 같이 여기면서 평생 그것을 경배하는데, 하물며 홀로 서서 모든 것을 초절超絶한 도에는 어떠해야 하겠는가? 사람들은 군주의 위세를 드높이 여겨 그에게 몸을 바쳐 충성하는데, 하물며 스스로 홀로 서서 모든 것을 초절超絶한 도에는 어떠해야 하겠는가?

샘물이 마르면 물고기들은 모두 땅 위에서 고통스러워하며 서로의 물기를 통해 호흡하고, 입으로 거품을 뿜으며 서로를 적셔 준다. 하지만 이는 강과 바다에서 서로의 존재를 잊고 사는 것만 못하다. 마찬가지로 요임금을 찬양하고 걸임금을 비난하며 사는 것보다 둘의 시시비비를 잊고 위대한 도에 융화되는 것이 더 낫다.

배를 산속 골짜기에 감추고, 산을 깊은 연못 속에 감춘다면 매우 든든하다고 말할 것이다. 하지만 야밤 고요한 때에 조화자造化者의 공력을 지닌 큰 장사가 이를 업고 가 버리면 잠들어 있던 사람들은 조금도 알아차릴 수가 없을 것이다. 작은 물건을 큰 곳에 감추는 것이 합당하다고 생각하겠지만, 종국엔 잃어버리는 것을 피할 수 없다. 하지만 만약 천하를 천하에 그대로 맡겨 둔다면 잃어버릴 일이 없게 된다. 이것이 바로 만물의 참된 실상이다. 따라서 성인은 잃어버리는 바가 없는 경지에 노닐며 위대한 도와 함께 머문다. 젊음과 늙음, 죽음과 삶의 문제를 편안히 순응하는 사람만 하더라도 사람들은 모두 그를 본받고자 하는데, 만물의 생성변화를 결정하는 도道에 대해서는 어떠해야 하겠는가?

3.

夫道, 有情有信, 無爲無形; 可傳而不可受, 可得而不可見①; 自本自根, 未有天地, 自古以固存; 神鬼神帝②, 生天生地; 在太極之上而不爲高, 在六極之下而不爲深③, 先天地生而不爲久, 長於上古而不爲老④. 〔狶韋氏得之, 以挈天地; 伏戱氏得之, 以襲氣母; 維斗得之, 終古不忒; 日月得之, 終古不息; 堪壞得之, 以襲昆侖; 馮夷得之, 以遊大川; 肩吾得之, 以處大山; 黃帝得之, 以登雲天; 顓頊得之, 以處玄宮; 禺強得之, 立乎北極; 西王母得之, 坐乎少廣, 莫知其始, 莫知其終; 彭祖得之, 上及有虞, 下及五伯; 傅說得之, 以相武丁, 奄有天下, 乘東維, 騎箕尾, 而比於列星.〕⑤

【길잡이】

① 可傳而不可受, 可得而不可見: '수受'는 '수授'(주다)와 통한다. 도道는 마음으로 전할 수는 있어도 말로 전해 줄 수는 없으며, 마음으로 체득할 수는 있어도 눈으로 볼 수는 없음을 말한다.(진계천)

- 감산덕청: 마음으로 마음에 새겼으므로(以心印心) 전하여 체득할 수 있다. 언어를 버리고 현묘한 이치로써 서로 부합하니, 전해 받은 것도 없고 보이는 것도 없다.

② 神鬼神帝: '신神'은 '생生'과 뜻이 같다.(장병린)

- 장병린: '신神'은 '생生'과 뜻이 같다. 『설문해자』에 "'신神'은 천신天神이 만물을 끌어내는 것을 말한다. '신귀神鬼'라는 말은 귀신을 끌어낸다는 뜻이고, '신제神帝'는 상제를 끌어낸다는 뜻이다"라고 하였다.(『장자해고』)
- 주계요: 장병린의 설이 옳다. '신神'은 '신申'과 같다. 『풍속통』「괴신怪神」에 "'신神'은 '신申'을 뜻한다"라고 하였고, 『백호통』「오행五行」의 '석명석천釋名釋天' 항목에서는 "'신申'은 '신身'이다"라고 하였다. 『광아』「석고釋詁 4」에서는 "'신身'은 '신傦'이다"라고 하였는데, 이는 잉태함을 뜻하니, '생生'의 뜻이 있다.

③ 在太極之上而不爲高, 在六極之下而不爲深: 도道는 온 사방에 가득하여 없는 곳이 없다.(진계천) '태극太極'은 통상적으로 천지가 형성되기 이전 음양이 분화되지 않았을 때의 원기를 가리키며, 여기에서는 하늘(天)을 가리키는 것으로 보기도 한다. '육극六極'은 육합六合[16]을 말한다. '태극지상太極之上'은 원래 '태극지선太極之先'으로 되어 있었으나, 유월의 설에 따라 수정하였다.

- 유월: 다음 구절에서 '(도는) 육합의 아래에 있지만 깊은 것이 아니다'(在六極之下而不爲深)라고 하였으니, 이 구절은 '태극의 위에 있다'(在太極之上)라고 해야 '높다'(高)는 말과 의미상 서로 호응된다. '태극보다 앞선다'(在太極之先)라고 할 경우 '높다'(高)는 말과 호응되지 않는 데다가 이어지는 '(도는) 천지가 존재하기 이전부터 있었지만, 오래된 것이 아니다'(先天地生而不爲久)라는 구절과 의미가 서로 중복된다. 『주역』「계사전」에서 "변역 가운데 태극이 있다"(易有太極)라고 하였고, 『경전석문』에서는 "태극太極은 하늘(天)을 말한다"라고 하였다. 그렇다면 『장자』 원문은 원래 '재태극지상在太極之上'으로서, 하늘의 위에 있음을 말한 것으로 볼 수 있다. 후대에 『주역』을 논하는 자들이 모두 태극太極을 천지가 분화되기 이전의 상태를 가리킨다고 해석하게 되자, 이에 따라 태극은 선후로 말해야지 상하로 말하면 안 되게 되었고, 마침내 '태극지상 太極之上'이 '태극지선太極之先'으로 바뀌어 의미가 통하지 않게 된 듯하다. 하지만 이렇게 보면 뜻이 통하지 않는다. 『회남자』「남명훈

16) 천(상)·지(하) 및 동·서·남·북 사방을 합쳐 이르는 말.

覽冥訓」에도 "태극 위에서 동류同類를 끌어들인다"(引類于太極之上)라는 구절이 있다.

▹ 진고응: 유월의 설을 따른다. 가나야 오사무의 『장자』 역시 유월의 설에 따라 '태극지상太極之上'으로 수정하였다.

- 마서륜: 곽상의 『장자주』에서 "상하에 이르지 않는 곳이 없으니, 높고 낮다는 말로 칭할 수 없다"(且上下無不格者, 不得以高卑稱也)라고 하였고, 성현영의 『장자소』에서는 "도는 오기五氣의 위에 있지만 높은 것이 아니다"(道在五氣之上, 不爲高遠)라고 하였으니, 곽상과 성현영의 판본에는 '선先'이 '상上'이라 되어 있었음을 알 수 있다.
- 왕효어: 태극太極과 육극六極을 나란히 언급한 것으로 보아 '태극太極' 두 글자는 『주역』「계사전」에서 온 것이 아님을 알 수 있다. 하지만 그 반대의 상황은 가능하다. 즉 「계사전」의 '태극太極'이 『장자』를 따른 것이라 보는 것이다. 그렇다면 「계사전」은 『장자』 이후에 출현한 것으로 볼 수 있다.

④ 先天地生而不爲久, 長於上古而不爲老: 도道는 고금을 관통하며 없던 적이 없음을 말한다.(진계천)

⑤ [狶韋氏得之……而比於列星] : 이 구절은 신화에 해당하며, 후대의 사람들이 추가한 것으로 보인다. 특별히 깊은 뜻이 없으므로 삭제해도 무방하다. 시천모施天侔의 『장자의검莊子疑檢』에서도 이를 장자의 학설이 아니라고 여겼다.

- 선영: 이상의 여러 신에 관한 이야기는 대부분 황당무계한 것으로 장자는 그저 우언의 의미를 취한 것일 뿐, 특별히 이를 논의하려고 한 것이 아니다.
- 엄복: '부도夫道'부터 시작하는 수백여 글자는 모두 도의 현묘함을 칭송한 말들이다. 하지만 핵심이 없으므로 깊이 살펴볼 필요는 없다.

▹ 진고응: '시위씨득지狶韋氏得之, 이설천지以挈天地'부터 '비어열성比於列星'까지 이어지는 이 단락은 특별히 깊은 뜻이 없다. 하지만 '부도夫道'에서 '장어상고이불위로長於上古而不爲老'까지의 한 단락은 노자의 '도道'를 계승한 내용으로서 그 의미가 매우 깊다. 따라서 핵심이 없다고는 할 수 없다.

- 전목: 이 장절에서 등장하는 '복희伏羲', '황제黃帝', '전욱顓頊' 등은 더 늦은 시기에 나온 말이다.(『장자찬전』)

【풀이】

도는 진실로 믿을 만한 증험이 있는 것이지만 작위와 자취가 없다. 마음으로 전해질 수는 있으나 입으로 전달할 수는 없고, 마음으로 체득할 수는 있지만 눈으로 확인할 수는 없다. 도는 달리 근원을 지니지 않고 스스로 근원이 되는데, 천지가 생겨나기 이전 아득한 옛날부터 이미 있었다. 도는 귀신과 상제를 낳으며, 천지를 생성한다. 도는 태극의 위에 있지만 오히려 높지 않고, 육합의 아래에 있지만 오히려 깊지 않다. 천지가 존재하기 이전부터 있었지만 오히려 오래되지 않고, 아득한 상고 시절보다 오래되었지만 오히려 늙지 않다.

[시위씨狶韋氏는 이를 얻어 천지를 바르게 정돈시켰고, 복희씨伏羲氏는 이를 얻어 원기元氣를 조화시켰다. 북두칠성은 이를 얻어 그 방향이 영원토록 변하지 않게 되었고, 해와 달은 이를 얻어 영원히 쉬지 않고 운행하게 되었다. 감괴堪壞(山神)는 이를 얻어 곤륜산을 다스리게 되었고, 풍이馮夷(河神)는 이를 얻어 큰 하천을 유랑할 수 있었으며, 견오肩吾(山神)는 이를 얻어 태산을 주관하게 되었고, 황제黃帝는 이를 얻어 높은 하늘로 오를 수 있었으며, 전욱顓頊은 이를 얻어 현궁玄宮에서 거처할 수 있었고, 우강禺強(북해의 신, 사람 얼굴에 새의 몸을 하고 있다)은 이를 얻어 북극에 자리할 수 있었고, 서왕모西王母는 이를 얻어 소광산少廣山 위에서 아무도 그가 얼마나 살았는지를 알 수 없을 정도로 편안히 거처할 수 있었고, 팽조彭祖는 이를 얻어 그의 수명이 위로는 유우有虞의 시대부터 아래로는 춘추시대 오백五伯의 시대에까지 이를 수 있었고, 부열傅說은 이를 얻어 무정武丁의 재상을 맡아 천하의 일들을 다스리고 사후에는 천상의 별자리가 되어 동유성東維星과 기미성箕尾星에 올라타 항상 사람들의 삶과 함께할 수 있었다.]

4.

南伯子葵①問乎女偊②曰: "子之年長矣, 而色若孺子, 何也?"

曰: "吾聞道矣."

南伯子葵曰: "道可得學邪?"

曰: "惡! 惡可! 子非其人也. 夫蔔梁倚有聖人之才而無聖人之道, 我有聖人之道而無聖人之才, 吾欲以敎之, 庶幾其果爲聖人乎! 不然, 以聖人之道告聖人之才, 亦易矣. 吾猶告而守之③, 三日而後能外天下④; 已外天下矣, 吾又守之,七日而後能外物; 已外物矣, 吾又守之, 九日而後能外生; 已外生矣, 而後能朝徹⑤; 朝徹, 而後能見獨⑥; 見獨, 而後能無古今; 無古今, 而後能入於不死不生⑦. 殺生者不死, 生生者不生⑧. 其爲物, 無不將也, 無不迎也; 無不毁也, 無不成也⑨. 其名爲攖寧⑩. 攖寧也者, 攖而後成者也."

南伯子葵曰: "子獨惡乎聞之?"

曰: "聞諸副墨之子⑪, 副墨之子聞諸洛誦⑫之孫, 洛誦之孫聞之瞻明⑬, 瞻明聞之聶許⑭, 聶許聞之需役⑮, 需役聞之於謳⑯, 於謳聞之玄冥⑰, 玄冥聞之參寥⑱, 參寥聞之疑始⑲."

【길잡이】

① 南伯子葵: 「제물론」에서는 '남곽자기南郭子綦'라고 하였고, 「인간세」에서는 '남백자기南伯子綦'라고 하였다. '백伯'은 존칭이다. '규葵'에 대해 이이는 발음이 같아 와전된 것으로서 '기綦'로 읽어야 한다고 보았다. 『장자』에 등장하는 인물 가운데는 실존한 인물도 있지만, 장자가 지어낸 허구의 인물도 있다. '자기子綦' 혹은 '자규子葵'는 행적이 알려지지 않은 인물로서 가공의 인물일 가능성도 있다. 따라서 '자규'라고 해도 말하려는 바는 다르지 않다.

- 임희일: '자규子葵', '자기子綦'는 모두 가탁하여 말한 것이다.

② 女偊: 가탁하여 지어낸 득도한 선비이다.

③ 告而守之: 현재 판본에는 '수이고지守而告之'로 되어 있으나, 문일다의 설에 따라 수정하였다.

- 문일다: 성현영의 『장자소』에는 "알려 주기는 쉽지만 이를 반드시 닦고 지켜 나가야 하므로 이루기가 어렵다"(告示甚易, 爲須修守, 所以成難)라고 하였고, 또 "알려 주고자 해도 스스로 이를 지켜 나가야 한다"(今欲傳告, 猶自守之)라고 하였는데, 이를 보면 그의 판본에는 '고이수지告而守之'라고 되어 있었음을 알 수 있다. 이를 근거로 수정한다.

④ 外天下: 세상사를 잊음.(선영) '외外'는 '버리다'(遺), '잊다'(忘)와 같다.

⑤ 朝徹: 마음이 맑고 명철한 상태임을 표현하는 말.

- 성현영: 죽음과 삶을 하나로 보고 외물과 자신의 구분을 망각하니, 그 지혜가 마치 아침 해가 밝아 오듯 탁 트여 환하다. 따라서 '아침 해와

같이 명철하다'(朝徹)라고 표현한 것이다.

- 임희일: '조철朝徹'이라는 것은 가슴속이 맑고 활기찬 상태임을 말하는 것으로 마치 해 뜰 무렵 하늘의 맑고 청명한 기운과 같음을 표현하였다.

⑥ 見獨: 홀로 의지하는 바 없는 도道를 통찰함. '도道'는 상대하는 바도 없고 의지하는 바도 없으므로 '홀로'(獨)라는 말로 칭하였다.

- 서복관: 『장자』에서는 '독獨' 개념을 가장 중시하였다. 노자가 도道를 '홀로 서서 바뀌지 않는다'(獨立而不改)라고 표현하였는데, 여기에서 '독립獨立'이란 일반적인 인과 관계를 넘어서 있으며 타자와 서로 상대적인 관계에 있지 않으므로 자신이 아닌 기타 요소의 영향을 받지 않음을 말하는 것이다. 다만 노자가 말한 것은 객관적 도道이지만 장자가 가리킨 것은 도道를 통찰한 인간이 지니는 정신적 경지이다.(『中國人性論史』, 390쪽에서 인용)

⑦ 無古今, 而後能入於不死不生: '무고금無古今'은 시간의 제약을 돌파하는 것을 가리킨다. 시간이라는 제약을 돌파해야만 생사의 관념에 속박 받지 않는 정신적 경지에 들어갈 수 있게 된다.

⑧ 殺生者不死, 生生者不生: '살생자殺生者'(생명을 사멸시키는 것)와 '생생자生生者'(생명을 낳는 것) 모두 '도道'를 가리킨다. '도道' 그 자체는 태어나지도 않고 죽지도 않음을 말한 것이다.

⑨ 其爲物, 無不將也, 無不迎也; 無不毁也, 無不成也: '장將'은 '보내다'(送)라는 뜻이다. 도道는 만물에 대해 한편으로는 보내 주고 또 한편으로는 맞이하며, 한편으로는 무너뜨리고 또 한편으로는 이루어 준다.(진계천)

▹ 진고응: 정체整體적인 우주의 측면에서 말하면 만물은 한시도 생성하고 왕래하는 운동변화 속에 있지 않음이 없음을 가리킨다.

⑩ 攖寧: 어지러움 속에서 안정을 유지함.

- 임희일: '영攖'은 '흔들리다'(拂)라는 뜻이다. 어지럽게 흔들리는 가운데 안정된 것이 항상 존재한다는 뜻이다. '녕寧'은 '안정'(定)을 뜻한다. 어지럽게 흔들린 이후에 그 속에서 안정됨을 발견하니, '영녕攖寧'이라고 하였다.
- 감산덕청: '영攖'은 복잡하고 어지러운 세속의 일들로 인해 고뇌와 근심이 찾아들어 마음을 요동치게 함을 뜻한다. '영攖'이라고 한 것은 도道를 배우는 자들은 각기 좋고 나쁜 환경 속에 처해 있음을 말한 것인데, 어떠한 환경도 그 마음을 움직일 수 없게 되면 안정과 고요함이 찾아오게 된다. 이것이 '영녕攖寧'이다.

- 양문회: 앞 구절에 등장하는 '보내 주고(將), 받아들이고(迎), 무너뜨리고(毁), 이루어 주는(成) 것을 합쳐서 표현한 것이 '영撄'이고, 조철朝徹, 견독見獨, 무고금無古今, 불사생不死生 네 구절을 합쳐서 표현한 것이 바로 '녕寧'이다.(장묵생의 『장자신석』에서 인용)

⑪ 聞諸副墨之子: '부묵副墨'은 문자를 가리킨다. '자子', '손孫'은 대를 이어 전해지는 것을 상징하니, 본문에서는 후대로 전해진다는 의미를 차용하였다. '문저부묵지자聞諸副墨之子'는 도道가 문자를 통해 전해진다고 들었음을 말한다.(진계천)

- 임희일: '부묵副墨'은 문자를 말한다. 말이 있고 난 뒤에 이를 책으로 편찬하는 것이므로 '부묵'이라고 하였다. 몸에서 나온 말은 '정正'이고, 책에 쓰인 문자는 '부副'이다.
- 진수창: 문자는 말에서 나오는 것이니, 책에 적힌 글을 '부副'라고 여겼다.

⑫ 洛誦: 통독함.

- 왕선겸: 연결하여 통하게 한다는 뜻으로, 반복하여 읽는 것을 말한다. '락洛'과 '락絡'은 발음이 같아 서로 가차되어 사용되었다.
- 진계천: '낙송洛誦'은 암송하는 것이니, 말을 의미한다. '부묵지자문저락송지손副墨之子聞諸洛誦之孫'은 문자로 전하는 것은 말로 전해진 것에서 이루어진다는 뜻이다.

⑬ 瞻明: 견해가 확연히 밝음.(왕선겸) '첨瞻'은 '보다'의 뜻이다.

- 진계천: '낙송지손문지첨명洛誦之孫聞之瞻明'은 말로 전하는 것은 눈으로 본 것에서 이루어진다는 뜻이다.

⑭ 聶許(聶의 중국음은 niè[涅]): 눈으로 말하고(目聶) 마음으로 받아들임.(임운명)

- 진계천: '섭허聶許'는 귀로 듣는 것이다. '첨명문지섭허瞻明聞之聶許'는 눈으로 보는 것은 귀로 들은 것에서 이루어진다는 뜻이다.

⑮ 需役: '수需'는 '반드시~해야 한다'(須)는 뜻이다. '역役'은 '행함'(行)을 말하며, 게으르지 않게 성실히 행한다는 뜻이다.(성현영, 『장자소』) '수역需役'은 실천하다라는 뜻이다.(가나야 오사무)

- 진계천: '수역需役'은 수행修行을 말한다. '섭허문지수역聶許聞之需役'은 귀로 들은 것은 수행에서 이루어진다는 뜻이다.

⑯ 於謳(謳의 중국음은 ōu[歐]): 읊조리며 노래함.(선영) '오於'는 '오烏'와 같이 발음한다. '구謳'는 노래를 뜻한다.

⑰ 玄冥: 심원하고 고요함.

- 진계천: 형체도 없고 적막한 혼연일체의 경지로부터 찬탄함이 가능하다는 뜻이다.
- 왕효어: '현명玄冥'이란 바로 도道를 구하는 과정에서 흔히 말하는 '밝은 깨달음'(慧悟)을 말한다.

⑱ 參寥: 광활함.(陸長庚, 『副墨』) '참요參寥'라는 것은 허무를 깨닫는 것으로, 「인간세」에서 말하는 '집허集虛'와 같은 맥락이다.(왕효어)

- 이이: '참參'은 높다는 뜻이다. 높고 광활하여 달리 이름을 붙일 수 없음을 말하는 것이다.(『경전석문』에서 인용)
- 진계천: 끝없이 광활한 경지로부터 심원하고 고요한 경지에 도달할 수 있음을 말한 것이다.

⑲ 疑始: 아득하고 망망한 시원.(나면도, 『남화진경순본』)

- 노중현: '의疑'는 말로써 심오하고 현묘한 것을 밝히고자 하지 않는 것이다.(『列子解』. 『列子』 「天瑞篇」의 '疑獨'에 대한 해석 부분)
- 선영: 시작된 것 같기도 하고 시작되지 않은 것 같기도 함.
- 조초기: 천지만물의 기원을 추측함. 이는 철학자가 우선적으로 대답해야 하는 가장 기본적인 문제이다.

【풀이】

남백자규가 여우女偊에게 물었다. "그대는 나이가 매우 많은데도 얼굴빛은 마치 아이와 같은데 어찌하여 그렇습니까?"

여우가 말했다. "내가 도道를 들었기 때문이다."

남백자규가 말했다. "도道 역시 배워서 얻어지는 것입니까?"

여우가 말했다. "아니, 그럴 수 없다. 너는 도道를 배울 수 있는 자가 아니다. 복량의卜梁倚는 성인의 재능은 지녔지만 성인으로서 타고난 근기는 지니지 못했고, 나는 성인으로서 타고난 근기는 지녔지만 성인의 재능은 지니지 못했다. 나는 그를 가르치려 하는데 아마 성인이 될 수 있겠지! 그렇지 않더라도 성인의 재능을 지닌 자에게 성인의 도를 알려 주면 쉽게 깨달을 수 있을 것이다. 내가 그에게 성인의 도를 알려 주고 이를 지켜 나가도록 하면, 3일을 지켜 나가자 세상일을 잊어버릴 것이다. 계속 그것을 지켜 나가도록 하여 7일이 지나면 더는 외물에 의해 이끌리는 일이 없을 것이다. 마음이 외물에 이끌리지 않게 된 후에 내가 계속해서 그것을 지켜 나가도록 하면 9일이 지나면 더 이상 생사로 인해 근심하는 일이 없게 될 것이다. 생사의 문제를 염두에 두지 않게 되면 마음은 맑고 명철한 상태가 된다. 마음이 맑고 명철한 상태가 된 후에는 상대적인 관계를 초월해 있는 절대의 도를 깨달을 수 있다. 절대의 도를 깨닫고 나면 더는 시간의 제약을 받지 않을 수 있다. 시간의 제약을 받지 않게 되면 죽음과 삶이라는 관념 자체가 사라지게 된다. 대도大道의 운행이 만물을 생성하고 소멸하게 하지만, 정작 도 자체는 죽지도 않고 태어나지도 않는다. 도는 만물에 대해 한편으로는 보내 주면서 한편으로는 받아들이고, 한편으로는 무너뜨리면서 한편으로는 이루어 준다. 이것을 바로 '영녕攖寧'이라 부른다. '영녕攖寧'이란 바로 만물의 생성과 소멸이 어지럽게 교차하는 가운데에서 안정된 마음의 상태를 유지하는 것을 의미한다."

남백자규가 말했다. "그대는 어디에서 도를 들었습니까?"

여우가 말했다. "나는 부묵副墨[문자]의 아들에게서 얻었고, 부묵의 아들은 낙송洛誦[암송]의 손자에게서 얻었고, 낙송의 손자는 첨명瞻明[명철한 견해]을 통해 얻었고, 첨명은 섭허聶許[마음으로 체득함]를 통해 얻었고, 섭허는 수역需役[실천]을 통해 얻었고, 수역은 오구於謳[읊조리며 노래함]를 통해 얻었고, 오구는 현명玄冥[고요와 침묵]에서 얻었고, 현명은 참료參寥[높고 멀며 광활함]에서 얻었고, 참료는 의시疑始[아득하고 망망한 시원]에서 얻었다."

5.

子祀 · 子輿 · 子犁 · 子來①四人相與語曰: "孰能以無爲首, 以生爲脊, 以死爲尻②, 孰知死生存亡之一體者, 吾與之友矣." 四人相視而笑, 莫逆於心③, 遂相與爲友. 俄而子輿有病, 子祀往問之. 曰: "偉哉夫造物者④, 將以予爲此拘拘也⑤!" 曲僂發背⑥, 上有五管, 頤隱於齊⑦, 肩高於頂, 句贅⑧指天. 陰陽之氣有沴⑨, 其心閑而無事, 跰⑩而鑑於井, 曰: "嗟乎! 夫造物者又將以予爲此拘拘也!"

子祀曰: "女惡之乎?"

曰: "亡, 予何惡! 浸假⑪而化予之左臂以爲雞, 予因以求時夜⑫; 浸假而化予之右臂以爲彈, 予因以求鴞炙⑬; 浸假而化予之尻以爲輪, 以神爲馬, 予因以乘之, 豈更駕哉! 且夫得者, 時也, 失者, 順也; 安時而處順, 哀樂不能入也. 此古之所謂縣解也. 而不能自解者, 物有結之. 且夫物不勝天久矣, 吾又何惡焉!"

俄而子來有病, 喘喘然將死, 其妻子環而泣之. 子犁往問之, 曰: "叱! 避! 無怛⑭化!" 倚其戶與之語曰: "偉哉造化⑮! 又將奚以汝爲, 將奚以汝適? 以汝爲鼠肝乎? 以汝爲蟲臂乎?"

子來曰: "父母於子⑯, 東西南北, 唯命之從. 陰陽於人, 不翅於父母⑰; 彼⑱近吾死而我不聽, 我則悍矣, 彼何罪焉! 夫大塊載我以形, 勞我以生, 佚我以老, 息我以死. 故善吾生者, 乃所以善吾死也. 今之大冶鑄金, 金踴躍曰'我且必爲鏌鋣', 大冶必以爲不祥之金. 今一犯人之形⑲, 而曰'人耳人耳', 夫造化者必以爲不祥之人. [特犯人之形而猶喜之. 若人之形者, 萬化而未始有極也, 其爲樂可勝計邪?] ⑳17) 今一以天地爲大爐, 以造化爲大冶㉑, 惡乎往而不可哉!" 成然寐㉒, 蘧然覺.

【길잡이】

① 子祀, 子輿, 子犁, 子來: 우언의 일종으로 허구의 인물이다.

② 尻(중국음은 kāo): 말미(尾), 끝(終)의 의미. 등뼈가 끝나는 지점을 가리킨다.

③ 莫逆於心: 마음이 서로 부합함. '막역지교莫逆之交'라는 성어가 여기에서 나왔다.

④ 造物者: 도道를 가리킴. 뒤에 나오는 '조화造化' 역시 도道를 가리킨다. 도道가 만물을 낳고 이룰 수 있기 때문이다. '조화造化'와 '조물자造物者'는 현재 철학에서 자주 사용되는 용어로, 바로 여기에서 나왔다.

⑤ 拘拘也: 곧지 않고 굽어 있는 모습을 표현하는 말. '야也'는 '야邪'(감탄을 나타내는 어조사)와 같다. 『회남자』 「정신훈精神訓」에서도 '야也'를 '야邪'로 썼다.(왕인지, 『경전석사』)

⑥ 曲僂發背: 허리와 등이 굽은 모습을 표현하는 말.

17) 원서에는 본문에 대괄호가 없으나 아래 【길잡이】 ⑳에 따라 추가한다.

⑦ 齊: '제臍'(배꼽)의 옛글자.

⑧ 句贅: 상투머리. 「인간세」에서는 '회촬會撮'이라 표현되어 있다. '췌贅'자와 '촬撮'자는 과거에 통용되었다.(무연서) '구句'는 '계髻'(상투)와 음과 뜻이 같다.

⑨ 沴(중국음은 lì[厲]): 난잡하고 무질서함.(곽상, 『장자주』)

- 해동: 『한서』 「오행지五行志」에는 "'기'가 서로 해치는 것을 '려'라고 한다(氣相傷謂之沴)라고 하였다. '려沴'는 무질서하고 조화롭지 않다는 뜻이다."

⑩ 跰: 비틀거리며 걷는 모습을 표현하는 말.

⑪ 浸假: 가령假令(성현영, 『장자소』), 설사(假使)(선영).

⑫ 時夜: '사야司夜'(밤의 시간을 알리는 것을 담당함)로 읽으며, 수탉이 새벽을 알리는 것을 가리킨다.

⑬ 鴞炙(鴞의 중국음은 xiāo[肖]; 炙의 중국음은 zhì[治]): 산비둘기 구이.

⑭ 怛(중국음은 dá[達]): 놀라 들썩이게 하다.

⑮ 造化: 창조하고 변화생성시킴. 즉 도道를 이르는 말.

⑯ 父母於子: 도치구문. '자어부모子於父母'(자식은 부모에 대해)로 읽는다.(선영)

⑰ 不翅於父母: '어於'는 '여如'(같다)와 같고, '시翅'는 '시啻'(~뿐)와 같다. '부모와 같을 뿐이다'(不啻如父母)라는 뜻이다.(왕인지)

⑱ 彼: 앞에 나오는 '음양陰陽'을 가리킨다.(진계천)

⑲ 今一犯人之形: '지금 조화자가 막 인간의 형체를 빚기 시작했다'라는 뜻. '일一'은 '시始'(시작하다)와 같다.

⑳ [特犯人之形而猶喜之. 若人之形者, 萬化而未始有極也, 其爲樂可勝計邪] : 이 스물아홉 자는 원래는 앞 문단 두 번째 단락에 있었으나 왕효어의 『장자내편신해莊子內篇新解』의 설에 따라 이곳으로 옮겼다. 전후 맥락이 더 잘 통한다.

㉑ 以天地爲大爐, 以造化爲大冶: 후대에(대표적으로 북송의 張載와 程頤 등) '조화가 기를 낳는다'(造化生氣)라는 명제와 관련된 철학적 논의가 있었는데, 바로 여기에서 시작된 것이다.

㉒ 成然寐: 깊이 잠들다. '성成'은 '숙熟'(깊이)의 뜻이다.

【풀이】

자사, 자여, 자리, 자래 네 명이 서로 이야기를 나누고 있었다. "누가 '없음'(無)을 머리로 삼고, '삶'(生)을 등뼈로 삼으며, '죽음'(死)을 꼬리뼈로 삼을 수 있을까? 누가 생사와 존망이 모두 한가지라는 것을 알 수 있을까? 만약 그러한 자가 있다면 필시 그와 벗이 되어야 할 것이네!"

이렇게 말하고 네 명은 서로를 돌아보면서 함께 웃음을 터뜨렸다. 서로 마음이 통한 것을 느낀 이들은 기꺼이 벗이 되었다.

얼마 후, 자여가 병에 걸려 자사가 병문안을 왔다. 자여가 말했다. "조물자란 참으로 위대하구나! 나를 한순간에 이렇게 곱사등이로 만들어 버리다니!" 자여의 모습은 등허리가 굽어 오장과 혈관이 거꾸로 향했고, 양 볼이 배꼽 아래로 파묻혔으며, 어깨가 정수리 위에 솟아 있었고, 뒤로 상투를 틀어 올린 머리가 하늘을 향해 있었다. 그는 음양의 기가 서로 어지럽게 흩어져 조화를 이루지 못했으나, 마음만은 여유롭고 평온하여 마치 아무런 일도 없는 듯한 모습을 하고 있었다. 몸을 일으킨 자여가 비틀거리며 우물로 걸어가 자신의 모습을 비추어 보고는 또 이렇게 말했다. "아하! 조물자가 나를 이런 곱사등이로 만들어 버렸구나!"

자사가 말했다. "자네는 그 모습이 싫은가?"

자여가 말했다. "아닐세. 내가 왜 싫어하겠는가? 만일 내 왼팔을 닭으로 만들어 버린다면 나는 그것을 새벽을 알리는 데 쓰겠네. 만일 내 오른팔을 탄궁으로 만들어 버린다면 나는 그것을 써서 산비둘기를 잡아 구워 먹겠네. 만일 내 꼬리뼈를 수레바퀴로, 내 정신을 말로 만들어 버린다면 나는 이에 올라타고 다닐 것이니, 그렇게 되면 달리 수레가 필요하겠는가? 게다가 인간의 삶이란 그저 때에 부합하여 생겨난 것일 뿐이고, 죽음 또한 응당한 질서에 순응하는 것에 지나지 않네. 때에 부합하는 것에 마음을 편안히 하고 변화에 순응한다면 기쁨과 슬픔과 같은 감정이 마음에 끼어들지 않을 것이네. 이것이 바로 예로부터 말하는 속박에서 벗어난다고 하는 것이네. 이처럼 스스로 속박에서 벗어날 수 없는 자들은 외물에 의해 얽매이게 되네. 사람의 힘이 자연의 질서를 이길 수 없는지는 오래인데, 내가 또 무엇을 싫어하겠는가?"

얼마 후에는 자래가 큰 병을 얻어 몸져눕게 되었다. 호흡이 거칠어지고 숨이 가빠 와 당장이라도 목숨이 끊어질 것 같았다. 그의 아내와 자식들이 그를 둘러싸고 소리 높여 울었다. 자리가 그 소식을 듣고 자래를 찾아왔다가 자래의 식솔들을 보고 이야기했다. "저리 물러가거라! 변화를 맞이하려는 자를 괜히 놀라게 하지 말아라!" 그는 다시 자래 곁으로 다가와 말했다. "조물자란 참으로 위대하구나! 자네를 또 어떻게 만들려고 하는 것인가? 자네를 어디로 보내려고 하는가? 자네를 생쥐의 간으로 만들어 버리려고 하는 것일까? 아니면 자네를 벌레의 날갯죽지로 만들어 버리려고 하는 것일까?"

자래가 말했다. "자식은 어디에 있든 그 부모의 분부를 잘 들어야 하는 법이다. 음양의 기운과 인간의 관계 또한 자식과 부모와의 관계와 다를 바가 없다. 음양의 기운이 나를 죽음에 이르게 하는데도 이를 따르지 않는다면 내가 이를 크게 어긴 것인데, 음양이 무슨 죄가 있겠는가? 대자연이 나에게 형체를 부여하였고, 삶을 통해 활동하게 하고, 노화를 통해 한적한 상태에 이르도록 하고, 죽음을 통해 나에게 안식을 주려 한다. 삶을 좋은 것으로 여겼다면, 죽음 또한 좋은 것으로 여겨야 하지 않겠는가? 예를 들어, 어떤 대장장이가 쇠붙이를 녹여 기물을 만드는데, 갑자기 쇠붙이가 용광로에서 뛰어나오면서 '나를 꼭 막야鏌鋣와 같은 보검으로 만들어 주게'라고 말한다면 대장장이는 분명 이를 불길한 것으로 여길 것이다. 마찬가지로 조화자가 인간의 형체를 빚어내려는데 그 모형이 '인간의 형태로 만들어 주게, 인간의 형태로 만들어 주게!'라고 외친다면, 조화자는 분명 이를 불길한 인간으로 여길 것이다. 사람들은 단지 그 형체만 얻어도 만족하면서 기뻐하는데, 사실 인간의 형체라는 것이 무한히 변화하여 끝을 모르는 것임을 깨닫는다면 그 기쁨이라는 것이 따질 만한 것이 못 됨을 알 수 있을 것이다. 만약 천지를 거대한 용광로로 삼고, 조화자를 위대한 대장장이로 삼는다면 이르지 못할 데가 어디 있겠는가!" 말을 마친 자래는 깊이 잠에 빠졌다가, 다시 편안히 깨어났다.

6.

子桑戶 · 孟子反 · 子琴張[①]三人相與語[②]曰: "孰能相與於無相與[③], 相爲於無相爲[④]? 孰能登天遊霧[⑤], 撓挑無極[⑥]; 相忘以生, 無所終窮?" 三人相視而笑, 莫逆於心, 遂相與爲友.

莫然有間[⑦]而子桑戶死, 未葬. 孔子聞之, 使子貢往侍事[⑧]焉. 或編曲[⑨], 或鼓琴, 相和而歌曰: "嗟來[⑩]桑戶乎! 嗟來桑戶乎! 而已反其眞[⑪], 而我猶爲人猗[⑫]!"

子貢趨而進曰: “敢問臨尸而歌, 禮乎?”

二人相視而笑曰: “是惡知禮意!”

子貢反, 以告孔子, 曰: “彼何人者邪? 修行無有⑬, 而外其形骸, 臨尸而歌, 顔色不變, 無以命之⑭, 彼何人者邪?”

孔子曰: “彼, 遊方之外⑮者也; 而丘, 遊方之內者也. 外內不相及, 而丘使女往吊之, 丘則陋矣. 彼方且與造物者爲人⑯, 而遊乎天地之一氣. 彼以生爲附贅縣疣, 以死爲決潰癰⑰, 夫若然者, 又惡知死生先後之所在! 假於異物, 托於同體⑱; 忘其肝膽, 遺其耳目; 反覆終始, 不知端倪; 芒然⑲彷徨乎塵垢之外, 逍遙乎無爲之業. 彼又惡能憒憒⑳然爲世俗之禮, 以觀㉑衆人之耳目哉!”

子貢曰: “然則夫子何方之依?”

孔子曰: “丘, 天之戮民也. 雖然, 吾與汝共之.”

子貢曰: “敢問其方.”

孔子曰: “魚相造乎水, 人相造乎道. 相造乎水者, 穿池而養給; 相造乎道者, 無事而生定㉒. 故曰, 魚相忘乎江湖, 人相忘乎道術.”

子貢曰: “敢問畸人㉓.”

曰: “畸人者, 畸於人而侔於天. 故曰, 天之小人, 人之君子; 天之君子, 人之小人㉔也.”

【길잡이】

① 子桑戶, 孟子反, 子琴張: 속세를 떠난 도사들로, 장자가 지어낸 우언의 인물들이다.

② 相與語: 원래는 ‘상여우相與友’로 되어 있었다. 앞장을 근거로 살펴보면, ‘우友’는 ‘어語’를 잘못 적은 것임을 알 수 있다.(가나야 오사무) 앞장에서 ‘네 명이 서로 이야기를 나누고 있었다’(四人相與語曰)라고 하였으니, 이 장에서도 마찬가지로 “‘세 명이 서로 이야기를 나누고 있었다.’(三人相與語曰) 서로 바라는 바가 마음에 잘 들어맞아 ‘서로 벗이 되었다’(遂相與爲友)”라고 해야 글의 구조가 일치한다. 가나야 오사무의 『장자』에 따라 수정한다.

③ 相與於無相與: 자연스러움에서 우러나와 서로 교유하는 것을 표현한 말.

④ 相爲於無相爲: 자취를 남기지 않고 서로 돕는 것을 표현한 말.

⑤ 登天遊霧: 정신이 만물의 세계 밖으로 초월했음을 표현하는 말.

⑥ 撓挑無極: 가없는 경지에서 뛰어놂.

- 임희일: '요도撓挑'는 껑충껑충 뛰어다닌다는 뜻.

⑦ 莫然有間: '막연莫然'은 '덤덤하다'(漠然)라는 뜻.

- 성현영: 고요히 아무 말이 없다가 일순간에.
- 선영: '막연莫然'은 '덤덤하다'(漠漠然)라는 뜻. 덤덤하게 교류하는 것을 표현하는 말이다.
- 진계천: 해동은 "'막莫'은 '막漠'과 같으니 '막연莫然'은 말없이 적막함(寂漠無言)을 뜻한다"라고 하였다. '막연유간莫然有間'은 '세 사람이 고요히 말없이 있다가 오래 지나지 않아'라는 의미이다.

⑧ 侍事: 장례일을 돕다.(선영) 세덕당본世德堂本에는 '시侍'를 '대待'(접대하다)로 적었다.(왕효어의 교열)

⑨ 編曲: 만가挽歌(죽은 이를 떠나보내는 노래)를 짓다.(진계천)

- 선영: 곡을 편집한다는 뜻이다. 고주에는 '장부를 엮음'(織簿)이라 하였으나, 옳지 않다.

⑩ 嗟來: '래來'는 문장 가운데 들어가는 어조사이다. '차래嗟來'는 '차호嗟乎'(감탄사)와 같다.(왕인지, 『경전석사』)

- 양수달: 장자는 '래來'를 문장을 끝맺는 말로 즐겨 사용하였다. 「인간세」에서 '시험 삼아 말해 보겠다(嘗以語我來)', '선생께서 내게 해 줄 말이 있습니까?(子其有以語我來)'라고 한 것이 바로 이러한 사례다.
  - ▹ 진고응: '차래嗟來'는 혼백을 가리키는 말로 보인다.

⑪ 而已反其眞: '그대는 이미 자연으로 돌아갔다'(爾已反歸自然)라는 의미. '진眞'은 '도道' 혹은 '자연自然'을 말한다.(진계천)

⑫ 我猶爲人猗(猗의 중국음은 yi(衣)): '우리는 여전히 보통 사람과 같이 행동하는구나!'라는 뜻. 만가를 짓고 노래를 불러 혼을 달래는 일을 가리킨다. '의猗'는 '혜兮'와 같다. 어조사이다.

⑬ 修行無有: 예의로 꾸미지 않음을 말함.(유봉포, 『남화설심편』)

⑭ 無以命之: 이름으로 나타낼 수 없음(無以名之).

⑮ 方之外: 세상 밖(方域之外). 예법을 초월하여 그 속박을 받지 않음을 표현한 말.

⑯ 爲人: 짝(偶)을 만들다.

- 왕인지: 「응제왕」에 '여방장여조물자위인予方將與造物者爲人'이라는 구절에 대해 곽상은 "인간의 스스로 그러함을 따른다"(任人之自爲)라는 주석을 남겼고, 「천운」의 '구의부久矣夫, 구불여화위인丘不與化爲人'에 대해서는 "변화와 더불어 인간을 이루는 자는 자연스러운 변화에 맡긴다"(夫與化爲人者, 任其自化者也)라고 주해하였다. 하지만 곽상은 '인人'자의 의미를 제대로 이해하지 못했다. '인人'이란 짝, 배필(偶)을 말하며, '위인爲人'이란 짝을 이룬다(爲偶)는 뜻이다. 『중용』의 '인자인야仁者人也'라는 구절에 대해 정현鄭玄은 "'상인우相人偶'[18]의 '인人'과 같은 의미로 읽어야 한다. 인정으로 서로 살피고 안부를 물으며 벗 삼는 것을 말한다"(讀如相人偶之人, 以人意相存偶之言)라고 주해하였다. 『시경』「비풍匪風」의 전箋에 "사람들이 짝하여 잘 잘라서 삶는 것, 사람들이 짝하여 주나라의 도를 도와 백성을 잘 다스리는 것"(人偶能割亨者, 人偶能輔周道治民者)이라 하였고, 『의례』「빙례聘禮」의 주에 "매번 문에서 잠시 읍을 하는 것은 사람이 서로 친애하는 것을 경敬으로 여겼다"(每門輒揖者, 以相人偶爲敬也)라고 하였으며, 『의례』「공식대부례公食大夫禮」의 주에서도 "매번 곡읍曲揖을 하니, 비 앞에서 서로 읍을 하여 친교를 맺었다"(每曲揖及當碑揖相人偶)라고 하였으니, '인人'과 '우偶'는 같은 뜻이다. 한나라 때에도 '상인우相人偶'라는 말이 있었다. 『회남자』「원도훈原道訓」에 '조화자와 서로 짝을 이룬다'(與造化者爲人)라는 구절이 등장하는데, 의미가 같다.(高誘의 주석에서는 '다스리는 것'(爲治)으로 주해하고 있으나 옳지 않다.) 『회남자』「제속훈齊俗訓」에서도 "위로는 신명과 벗을 맺고, 아래로는 조화와 짝을 이룬다"(上與神明爲友, 下與造化爲人)라고 하였다. 이러한 사례들이 그 증거이다.

⑰ 決疣潰癰(疣의 중국음은 huán[環]; 癰의 중국음은 yōng[擁]): '환疣'은 '피부에 딱딱하게 부풀어 오르는 종기(疽)', '옹癰'은 '피부에 고름이 생겨 붉게 부풀어 오르는 종창(瘡)'.

⑱ 假於異物, 托於同體: 서로 다른 형질을 빌려, 취합하여 하나의 형체를 이루어 냄.

- 성현영: 수水, 화火, 금金, 토土와 같이 다른 형질을 빌려 한데 모아 하나의 몸을 이루어 내는 것이다.

⑲ 芒然: '넓고 아득한 모습'(茫然)과 같다.

- 이이: 얽매이지 않는 모습.(『경전석문』에서 인용)

⑳ 憒憒: 번잡함.

---

18) 『儀禮』「聘禮」에 등장하는 말로, 서로 인사하며 친애와 존경을 표하는 것을 가리킨다.

㉑ 觀: 드러내 보임(示). 뽐내다는 뜻.

㉒ 生定: '생生'은 '성性'과 통한다. '생정生定'은 천성이 안정되어 안락함을 말함.(성현영, 『장자소』) '정定'을 '족足'의 오자로 보는 설도 있는데, '생족生足'으로 하면 천성에 스스로 만족한다는 뜻이 된다.

- 유월: '정定'은 '족足'을 잘못 쓴 것이다. '착지이양급穿池而養給'과 '무사이생족無事而生足' 두 구절이 서로 대구를 이룬다. '급給' 또한 '족足'(만족)의 의미이다. '족足'과 '정定'은 서로 형태가 비슷하여 와전된 것이다.
  - ▹ 진고응: 유월의 설이 일리가 있다. 【풀이】에서는 이 해석에 따른다.

㉓ 畸人(畸의 중국음은 ji[基]): '기인奇人'과 같다. 세속에 부합하지 않는 사람을 가리킨다.

㉔ 天之君子, 人之小人: 현재 판본에는 '인지군자人之君子, 천지소인天之小人'라고 되어 있다. 하지만 앞 구절에서 '천지소인, 인지군자'라 하였으므로 이는 중복이 된다. 왕선겸은 "이는 중복된 말로 특별한 의미가 없으니, '천지군자天之君子, 인지소인人之小人'으로 읽어야 한다"라고 하였다. 왕선겸의 설에 따라 수정한다.

- 해동: 이 네 구절은 의미가 중복된다. 아래 두 구절의 '인人'과 '천天'이 서로 뒤바뀐 것이다.
- 왕숙민: 『문선』에서 강문통江文通이 「잡체雜體」시에 남긴 주석에서 이 구절을 인용하였는데, 아래 두 구절을 바로 '천지군자天之君子, 민지소인民之小人'이라고 썼다. '민民'자는 현재 판본에는 '인人'으로 썼는데, 당 태종의 이름을 피하여 피휘한 것이다.[19]

【풀이】

자상호, 맹자반, 자금장, 세 사람이 함께 이야기를 나누고 있었다. "그 누가 무심한 마음으로 남들과 교류하며, 그 어떤 자취도 없이 서로 도울 수 있겠는가? 그 누가 만물의 세계를 초월하여 가없는 경지(無極) 속에서 뛰놀며, 생사를 잊고 한계가 없는 삶을 살 수 있을까?" 이렇게 말하고 세 명은 서로를 돌아보면서 함께 웃음을 터뜨렸다. 서로 마음이 통한 것을 느낀 이들은 기꺼이 벗이 되었다. 그런데 오래 지나지 않아 자상호가 세상을 떠나고 말았다. 아직 장례를 치르지 않았기에 공자가 이 소식을 듣고는 자공을 보내 장례일을 돕게 하였다. 자공이

---

19) 당태종 이름 '李世民'에 '民'자가 들어 있음을 말한다.

부름을 받아 가 보니, 한 사람은 노래를 짓고 한 사람은 금琴을 켜면서 나란히 합창을 하고 있었다. "아아, 상호여! 아아, 상호여! 너는 이제 참된 본원으로 돌아갔는데, 우리들은 아직도 세상사에 머물러 있구나!"

자공이 그 모습을 보고 다가가 물었다. "지금 주검을 앞에 두고 노래를 하는 것이 예에 맞는 일입니까?"

두 사람이 서로 보며 웃으며 말했다. "이 사람이 예의 진정한 의미를 어떻게 알겠는가!"

자공이 돌아와 보고 들은 바를 공자에게 말하며 물었다. "그들은 대체 어떤 자들입니까? 예의로서 덕행을 가다듬으려 하지 않고 자신의 몸뚱이는 어떠해도 좋다는 듯이 주검을 앞에 두고 노래를 하는데, 별달리 슬퍼하는 기색도 보이지 않았습니다. 정말이지 도저히 표현할 방법이 없는데, 그들은 대체 어떠한 자들입니까?"

공자가 말했다. "그들은 세상 밖에서 노니는 사람이고, 우리는 세상 안에서 노니는 사람이다. 세상의 안과 밖은 서로 아무 관계가 없는데, 너를 보내 조문하게 했으니 내 식견이 짧았구나! 그들은 조물자와 벗을 이루며 천지의 사이에서 노니는 사람들이다. 이들은 생명을 그저 기가 응축된 것으로서 마치 우리 몸에 난 혹과 같은 것으로 보며, 죽음을 [기가 흩어지는 것으로 여겨] 마치 농창이 터진 것과 같이 취급한다. 그런데 어떻게 삶이 먼저인지 죽음이 먼저인지를 구분할 줄 알겠는가? 서로 다른 형질들이 모여 하나의 형체를 이루고 있는 것일 뿐이니, 안으로는 간과 쓸개를 잊고 밖으로는 눈과 귀를 잊으며, 생명으로 하여금 자연을 따라 순환변화하게 하여 그들의 경계를 따지지 않고, 편안히 아무것에도 얽매이지 않은 채 정신이 세속의 밖에서 노닐면서 자연의 경지에서 소요하며 스스로 만족할 따름이다. 그런 그들이 왜 굳이 세속의 예절에 얽매여 가면서 사람들을 신경 쓰고 보여 주고자 행동하겠는가?"

자공이 말했다. "그렇다면 선생님은 어느 쪽에 속하십니까?"

공자가 말했다. "자연의 도리는 관점에서 보면 나는 형벌을 받은 자와 같다. 하지만 비록 그렇더라도 우리는 함께 세상 밖의 도를 좇아가야 할 것이다."

자공이 말했다. "어떤 방법이 있겠습니까?"

공자가 말했다. "물고기는 물속에서 사는 것에 적합하고, 사람은 도에서 사는 것에 적합하다. 물에 살기 적합한 것은 연못을 파서 길러야 하고, 도에 살기 적합한 것은 무사안일함 속에서 타고난 본성에 자족하도록 해야 한다. 그래서 물고기는 강과 호수 속을 떠돌아다니면서 모든 것을 잊고 유유자적하며, 사람은 위대한 도의 속에서 모든 것을 잊고 소요한다."

자공이 말했다. "세속에 부합하지 않는 기인이란 어떠한 자들입니까?"

공자가 말했다. "기인이란 세속의 사람들과는 달리 자연에 호응한다. 따라서 자연의 관점에서 볼 때 소인은 인간의 관점에서는 군자가 되며, 자연의 관점에서 볼 때 군자는 인간의 관점에서 보면 소인이 된다."

7.

顏回問仲尼曰: "孟孫才①, 其母死, 哭泣無涕, 中心不戚, 居喪不哀. 無是三者, 以善處喪蓋魯國. 固有無其實而得其名者乎? 回壹怪之②."

仲尼曰: "夫孟孫氏盡之矣, 進於知矣, 唯簡之而不得, 夫已有所簡矣. 孟孫氏不知所以生, 不知所以死; 不知孰先, 不知孰後③; 若化爲物, 以待其所不知之化④已乎! 且方將化, 惡知不化哉? 方將不化, 惡知已化哉? 吾特與汝, 其夢未始覺者邪! 且彼有駭形⑤而無損心, 有旦宅而無耗精⑥. 孟孫氏特覺⑦. 人哭亦哭, 是自其所以乃⑧. 且也相與吾之耳⑨矣, 庸詎知吾所謂吾之非吾乎⑩? 且汝夢爲鳥而厲⑪乎天, 夢爲魚而沒於淵. 不識今之言者, 其覺者乎, 其夢者乎? 造適不及笑⑫, 獻笑不及排⑬, 安排而去化⑭, 乃入於寥天一⑮."

【길잡이】

① 孟孫才: 성은 맹손孟孙, 이름은 재才. 노나라 사람이다.

② 回壹怪之: '일壹'은 어조사이다.(왕인지, 『경전석사』)

③ 不知孰先, 不知孰後: '선先', '후後'는 '각각 태어나기 전'과 '죽은 후'를 가리킨다. '숙孰'은 현재 판본에는 '취就'라고 되어 있으나, 이는 형태가 유사하여 와전된 것이다.

- 임운명: '취就'는 '숙孰'을 잘못 적은 것이다.
  - ▹ 진고응: 임운명의 설이 옳다. 두 '취就'자는 모두 '숙孰'으로 보아야 한다.

④ 以待其所不知之化: 알 수 없는 변화에 대응함.

⑤ 有駭形: '해駭'는 '개改'로 읽어야 한다. 형태가 변화한다는 뜻이다.(양수달)

⑥ 有旦宅而無耗精: '단旦'은 '선嬗', '선禪' 등의 글자의 뜻을 가차한 것이다.(장병린) '단택旦宅'은 형체의 변화를 말한다.(곽상, 『장자주』)

> ▹ 진고응: '단旦'은 '선嬗'의 가차자로서 '변화'라는 의미가 있다. '택宅'은 '정신의 거처'(神之舍)로서(성현영, 『장자소』) 신체를 가리키는 말이다. '모정耗精'은 현재 판본에는 '정사情死'라고 되어 있으나 유사배의 견해와 『회남자』「정신훈精神訓」에 따라 수정하였다.

- 유사배: 『회남자』「정신훈」의 '형체는 변화해도 마음이 손상되지 않고, 몸은 죽어도 정신은 소모되지 않는다'(有戒形而無損於心, 有綴宅而無耗精)라는 구절은 바로 『장자』에서 온 것이다. '손상되다'(損)와 '소모되다'(耗), '마음'(心)과 '정기'(精)는 각각 나란히 짝을 이룬다. '모耗'는 옛 서적에서 대개 '모眊'로 쓰였다. '모眊'와 '사死', '정精'과 '정情'은 형태가 비슷해 자주 혼동되었다. 따라서 이를 뒤집어 보면 '정사情死'가 된다.

> ▹ 진고응: 유사배의 설을 따른다. '유단택이무모정有旦宅而無耗精'은 앞 구절 '유해형이무손심有駭形而無損心'과 서로 대구를 이룬다.

⑦ 特覺: 스스로 진리를 깨달음.

⑧ 是自其所以乃: '이것이 바로 그가 이렇게 한 까닭이다'라는 뜻. 맹손재가 사람들과 같이 세속의 실정에 따라 울면서 곡을 했지만, 눈물을 흘리지 않았던 것을 가리킨다.

- 임희일: 간소하게 하고 싶지만 그럴 수 없어 그저 사람들을 따라서 곡을 한 것이다. 사실 이 구절은 해석이 난해하여 여러 판본에서는 앞 구절의 '내乃'자와 뒤 구절의 '차且'자를 합쳐서 '의야宜也'(알맞다)라고 읽기도 했는데, 상당히 우스꽝스럽다.
- 선영: '내乃'는 '그렇게'라는 의미다. 맹손씨가 울며 곡했던 것은 남들이 그렇게 하는 것을 보고 따라서 한 것일 뿐이라는 뜻이다.
- 장병린: '내乃'(nǎi)는 성모聲母(중국어에서 음절의 첫머리에 있는 자음)의 유사성으로 인해 '연然'의 뜻으로 가차되어 쓰였다. '이렇게'(如此)라는 뜻이다.

⑨ 相與吾之耳: 서로 이것이 나라고 칭함.

- 선영: 세상 사람들은 그저 하나의 '나'(我)만을 안다.
- 왕선겸: 사람들은 일시적으로 신체를 지닌 자신의 모습만을 보기 때문에

그것을 나라고 여기는 것이다.

⑩ 庸詎知吾所謂吾之非吾乎: 원래 '비오非吾' 두 글자가 없었으나 주계요 등의 설에 따라 보충하였다.

- 주계요: 이 구절은 말이 잘 성립되지 않으니, '지之' 뒤에 '비오非吾'자가 빠진 것으로 보인다. 본문을 '용거지오소위오지비오호庸詎知吾所謂吾之非吾乎'라고 본다면, 앞의 '용거지오소위천지비인호庸詎知吾所謂天之非人乎', 「제물론」의 '용거지오소위지지비부지사庸詎知吾所謂知之非不知邪'와 문장 구조가 일치한다.
    - ▹ 진고응: 주계요의 설이 옳다. 유문전의 『장자보정』, 왕숙민의 『장자교석』에서도 역시 같은 사례를 들어 논증하였다.

⑪ 厲: '려戾'와 음이 같아 서로 통용되었다. '이르다'(至)라는 뜻이다.(왕선겸, 『장자집해』) 『회남자』 「숙진훈俶眞訓」에서는 '비飛'라고 썼다.

⑫ 造適不及笑: 마음속으로 가장 만족한 경지에 이르렀음을 표현하는 말.(이면)

- 임희일: 마음에 흡족함이 있을 때 웃음조차 나지 않는 경우가 있다는 것은 그 만족감이 매우 큰 것을 말한다. 마치 '놀라움 가시자 벅찬 눈물 훔친다'(驚定乃拭淚[20])라고 한 두보杜甫의 시구와 같다. 낙헌선생樂軒先生 또한 "내가 울 수 있게 되자 놀라움이 진정되었다"(及我能哭, 驚已定矣)라고 하였다. 여기에서는 놀라움을 말했으나, '조적造適'은 기쁨을 말한다. 놀라움과 기쁨이 다른 감정이기는 하지만 모두 미치지 못한다는 의미는 같다.
- 왕효어: 이 구절의 의미는 이런 것이다. 기쁘면 원래 웃음이 나오기 마련이지만 자득의 여유로움(自適之適)을 누리는 자는 홀연히 그런 상황을 만나면 마음속으로 그 즐거움을 만끽하는 것이지 반드시 웃음이 먼저 있은 뒤에 즐거움이 따르는 것이 아니다.

⑬ 獻笑不及排: 마음속에서 만족하여 절로 웃음이 드러남.

- 임희일: 이 구절의 '배排'자와 뒤 구절의 '배排'는 같은 글자이기는 하나 맥락상 의미가 다르므로 서로 연결 지어서 해석할 수 없다.
- 왕효어: 이 구절의 의미는 이런 것이다. 웃음이 나와 사람들이 기뻐하는 과정은 먼저 인위적으로 어떤 조치를 취하여 그를 웃게 만드는 것이 일반적이다. 하지만 자득의 여유로움과 즐거움(自適之適, 自樂之樂)을 누리는 자의

---

20) 세 수로 이루어진 杜甫의 「羌村」이라는 시의 첫 수에 있는 구절이다. 대구는 "妻孥怪我在"(처자식들 나를 보고 머뭇거리더니)이다.

경우는 그 모든 것이 무심無心의 상태에서 저절로 나오지 따로 어떤 조치가 있고 난 뒤에 웃음이 나오는 것이 아니다.

⑭ 安排而去化: 자연의 질서와 변화에 순응함.

⑮ 寥天一: 도道를 가리킴.(선영)

【풀이】

안회가 공자에게 물었다. "맹손재의 모친이 세상을 떠났는데, 그는 곡을 하면서 눈물도 흘리지 않고, 마음속으로도 별로 슬퍼하지 않는 것처럼 보였으며, 상을 치르는 동안에도 그리 애통해하지 않았습니다. 눈물도 흘리지 않고, 슬퍼하지도 않고, 상을 치르는 동안 애통해하는 모습도 없었는데, 상을 잘 치른 것으로 노나라에 명성이 자자합니다. 어떻게 해서 사실이 그렇지 않은데도 허명을 얻었던 것입니까? 참으로 이상합니다."

공자가 말했다. "맹손씨는 이미 장례의 도道가 지극한 경지에 이르렀다. 그는 장례의 예절에 밝은 자들보다 훨씬 더 높은 경지이다. 상을 치르는 일은 간략히 해야 마땅하나, 사람들은 서로 답습하면서 그렇게 하지 못한다. 하지만 맹손씨는 이미 간략히 하였다. 그는 삶이 무엇인지, 죽음이 무엇인지를 알지 못하며, 무엇을 앞에 두고, 무엇을 뒤로 두어야 할지를 알지 못한다. 그는 그저 자연의 변화에 순응하는 것으로 알 수 없는 변화에 대처할 따름이다. 만약 지금 변화하려고 한다면 변화하지 않는 것에 대해서는 어떻게 알겠는가? 반대로 변화한 적이 없다면 이미 변화한 것에 대해서는 또 어떻게 알겠는가? 너와 나는 아직 꿈에서 깨어나지 못한 것과 같다. 맹손씨는 사람의 형체가 변화해도 마음은 손상되지 않고, 몸은 죽어도 정신이 죽는 일은 없음을 안다. 특히 그는 사람들이 곡을 하고 울기에 그 역시 사람들을 따라서 그렇게 한 것임을 스스로 잘 깨닫고 있었다. 세상 사람들은 모두 나 자신을 가리켜 나라고 칭한다. 그런데 마치 자신이 꿈에서 새가 되어 하늘을 날고, 물고기가 되어 물속을 떠도는 것처럼, 우리가 나라고 말하는 것이 실은 내가 아닐지 또 어떻게 알겠는가? 지금 이렇게 대화를 나누고 있는 우리는 깨어 있는 것일까 아니면 꿈을 꾸고 있는 것일까? 문득 마음속에 흡족한 경지에 이르면 미처 웃음조차 나오지 않고, 사전에 준비하지 않아도 마음속에서 저절로 웃음소리가 들려온다. 자연의 질서와 변화에 순응한다면 아득히 먼 순수의 경지에 들어갈 수 있다."

8.

意而子[①]見許由. 許由曰: "堯何以資[②]汝?"

意而子曰: "堯謂我: '汝必躬服仁義而明言是非.'"

許由曰: "而奚來爲軹[③]? 夫堯旣已黥[④]汝以仁義, 而劓[⑤]汝以是非矣, 汝將何以遊夫遙蕩恣睢轉徙[⑥]之塗乎?"

意而子曰: "雖然, 吾願遊於其藩."

許由曰: "不然. 夫瞽者無以與乎眉目顔色之好, 盲者無以與乎靑黃黼黻之觀[⑦]."

意而子曰: "夫無莊[⑧]之失其美, 據梁[⑨]之失其力, 黃帝之亡其知, 皆在爐捶[⑩]之間耳. 庸詎知夫造物者之不息我黥而補我劓, 使我乘成[⑪]以隨先生邪?"

許由曰: "噫! 未可知也. 我爲汝言其大略. 吾師乎[⑫]! 吾師乎! 整萬物而不爲義[⑬], 澤及萬世而不爲仁, 長於上古而不爲老, 覆載天地刻雕衆形而不爲巧. 此所遊已[⑭]."

【길잡이】

① 意而子: 가탁하여 지어낸 우언의 인물.

② 資: 제공하다, 교훈을 얻다.

③ 而奚來爲軹: '이而'는 '여汝'(2인칭 대명사)와 같다. '지軹'는 '지只'와 같으며 종결을 나타내는 어조사이다.

④ 黥(중국음은 qíng[晴]): 이마에 먹물로 글자를 새기는 고대의 형벌의 일종이다. 묵형墨刑이라고도 부른다.

⑤ 劓(중국음은 yì[義]): 코를 베는 형벌.

- 진계천: 경黥과 의劓는 각각 신체에 가하는 형벌의 일종을 가리키는 것으로, 여기에는 이를 빌려 본래 그러함(自然)을 훼손한다는 의미로 사용하였다.

⑥ 遙蕩恣睢轉徙: '요탕遙蕩'은 '자유롭게 소요함'(逍遙放蕩)을 뜻하고, '자휴恣睢'는 속박을 받지 않고 자득自得하는 모습을 나타낸다. '전사轉徙'는 변화를 가리킨다.

⑦ 瞽者無以與乎眉目顔色之好, 盲者無以與乎靑黃黼黻之觀: 각 판본에는 '고瞽'와 '맹盲'의 위치가 바뀌어 있으나, 의미상 적합하지 않다. '고瞽'는 장님을 뜻하므로 '아름다운 용모를 감상할 길이 없다'(無以與乎眉目顔色之好)고 한 것이다. 반면 '맹盲'에

는 두 가지 의미가 있는데, 하나는 장님이라는 뜻이고(『설문해자』에서는 "'盲'은 눈에 눈동자가 없음을 뜻한다"라고 하였다), 다른 하나는 색맹이라는 눈의 질병을 가리킨다. 『한비자』「해로解老」에 "눈으로 검고 흰 색깔을 구분하지 못하는 것을 '맹盲'이라 한다"라고 하였고, 『논형』「별통別通」에서는 "눈으로 푸르고 노란 것을 보지 못함을 일러 '맹盲'이라고 한다"고 하였다. '보불黼黻'은 고대의 예복으로, 화려하고 아름다운 장식을 비유한다.

⑧ 無莊: 고대의 미인. '무장無莊'이라는 이름에는 장식하지 않았다는 의미가 담겨 있다.

⑨ 據梁: 고대의 역사力士. '거양據梁'이라는 이름에는 '거세고 사납다'(強橫)라는 의미가 담겨 있다.

- 왕무횡: '무장無莊'과 '거양據梁' 모두 고증된 바가 없다. 역시 우언으로 보아야 한다.

⑩ 爐捶: 질그릇을 굽고, 쇠를 제련함.

⑪ 乘成: '승乘'은 '재載'(싣다)와 같고, '성成'은 '비備'(갖추다)와 같다.(곽경번) '승성乘成'은 형체를 온전하게 보존하는 것을 뜻하며, 경黥과 의劓에 대비하여 말한 것이다.(장묵생)

⑫ 吾師乎: 장자는 도道를 종사로 삼았다. 따라서 도道를 나의 스승이라고 칭한 것이다.

⑬ 齏萬物而不爲義(齏의 중국음은 ji(雞)): 만물과 조화를 이루면서도 '의義'롭다고 여기지 않음.(왕치심, 『장자연구급천석』)

- 육수지: '제齏'는 조화(和)를 뜻한다. 일반적으로 식초와 장류가 알맞게 빚어진 것을 '제'라고 이른다. 여기에서는 이를 만물과 조화를 이룬다는 뜻으로 차용하였다.

⑭ 此所遊已: '유遊'자는 앞 문장 '유부요탕자휴전사지도遊夫遙蕩恣睢轉徙之塗'를 받은 것이다.

- 임희일: '내가 노니는 바가 바로 이와 같다'라는 뜻이다.

【풀이】

의이자가 허유를 만나러 갔다. 허유가 그를 보고 말했다. "요임금이 무슨 가르침을 주던가?"
의이자가 말했다. "그는 내가 인의를 행하고 시비를 밝게 판별할 수 있을 것이라 말했습니다."
허유가 말했다. "그러면 여기는 무엇 하러 왔는가? 그는 인의라는 명분으로 자네에게 묵형墨刑을 가하고, 시비판단이라는 명분으로 자네에게 의형劓刑을 가한 셈인데, 자네가 어떻게 자유롭게 소요하고, 어떤 속박도 없이 변화 속을 노닐 수 있겠는가?"
의이자가 말했다. "그렇기는 하나, 여전히 그 경계에서 머물고 싶습니다."
허유가 말했다. "그럴 수 없다. 장님은 아름다운 용모를 감상할 길이 없으며, 색맹은 오색찬란한 비단의 화려함을 감상할 길이 없는 법일세."
의이자가 말했다. "무장無莊은 자신의 아름다움 자체를 망각하였고, 거양據梁은 자신의 힘 자체를 망각하였으며, 황제黃帝는 자신의 총명한 자체를 망각하였으니, 모두 위대한 도리는 용광로 속에서 한데 어우러짐으로 인해 가능했습니다. 조물자가 내 묵형의 상흔을 어루만지고 베어진 코를 매만져 온전한 형체로 회복시켜 주어 선생을 따르도록 할지 어떻게 알겠습니까?"
허유가 말했다. "아, 알 수 없네! 내 자네에게 그 대략을 알려 주겠네. 참으로 위대한 나의 스승이시여! 나의 위대한 스승이시여! 만물과 조화를 이루면서도 의롭다 여기지 않고, 온 세상을 윤택하게 만들면서도 어질다고 여기지 않는다네. 상고 이래로 오랫동안 이어져 왔으면서도 노쇠하다고 할 수 없고, 온 천지를 뒤덮으며 만물의 형상을 빚어내지만 재주가 뛰어나다고 여기지 않는다네. 이것이 바로 마음이 자유롭게 노니는 경지다!"

9.

顏回曰: "回益矣."
仲尼曰: "何謂也?"
曰: "回忘禮樂[①]矣."
曰: "可矣, 猶未也."
他日, 復見, 曰: "回益矣."
曰: "何謂也?"
曰: "回忘仁義矣."

曰: "可矣, 猶未也."

他日, 復見, 曰: "回益矣."

曰: "何謂也?"

曰: "回坐忘矣."

仲尼蹴然[2]曰: "何謂坐忘?"

顏回曰: "墮肢體, 黜聰明, 離形去知[3], 同於大通[4], 此謂坐忘."

仲尼曰: "同則無好[5]也, 化則無常[6]也. 而果其賢乎! 丘也請從而後也."

【길잡이】

① 回忘禮樂: '망忘'은 편안하고 한적한 마음의 상태에 도달함. '예악禮樂'은 현재 판본에는 원래 '인의仁義'로 되어 있다. 유문전 등의 견해와 『회남자』「도응훈道應訓」에서 인용한 구절에 '인의'와 뒤의 '예악'이 서로 바뀌어 있는 것을 근거로 수정한다.

- 유문전: 『회남자』「도응훈道應訓」에서는 이 부분의 '인의仁義'가 '예악禮樂'으로 되어 있고 뒤 구절의 '예악'은 '인의'로 되어 있으니, 이에 따라야 한다. '예악'은 형체가 있는 것이므로 이를 먼저 잊고, '인의'는 형체가 없는 것이므로 그다음에 잊는 것이 맞다. 그 후 좌망坐忘에 도달하는 것이 최상의 경지다. 현재 판본에는 '인의'와 '예악'의 순서가 뒤바뀌어 있는데, 이는 도가의 취지와 맞지 않는다.
- 왕숙민: 『회남자』「도응훈」에는 '인의仁義'와 '예악禮樂'이 서로 뒤바뀌어 있다. 의미를 살펴볼 때, 이를 따르는 것이 옳다. 『노자』에서 "도를 잃은 후에 덕이 나오고, 덕을 잃은 후에 인이 나오고, 인을 잃은 후에 의가 나오고, 의를 잃은 후에 예가 나오게 된다"(失道而後德, 失德而後仁, 失仁而後義, 失義而後禮. 38장)라고 하였고, 『회남자』「본경훈本經訓」에서 "도와 덕을 알고 나면 인의는 행할 가치가 없는 것임을 알게 된다. 인의를 알고 나면 예악은 닦을 가치가 없는 것임을 알게 된다"(知道德, 然後知仁義之不足行也; 知仁義, 然後知禮樂之不足修也)라고 하였다. 이처럼 도가에서는 예악을 인의의 다음으로 여겼다. 예악은 외부外에 속하는 것이고, 인의는 내면內에 속하는 것이기 때문이다. 우선 외면을 잊고 다시 내면을 잊고 결국 좌망에 이르게 된다. 따라서 만일 '인의'를 먼저 잊는다고 하면 본 취지를 거스르게 된다.

② 蹴然(蹴의 중국음은 cù[醋]): 놀라서 편안하지 않은 모습.

③ 墮肢體, 黜聰明, 離形去知: 신체와 지모의 속박을 받지 않는다는 뜻.

- 서복관: '타지체墮肢體'와 '이형離形'이 실제 가리키는 것은 생리적인 욕망을 벗어나는 것이고, '출총명黜聰明'과 '거지去知'가 실제 가리키는 것은 일반적으로 말하는 지식활동을 벗어나는 것이다. 장자의 '이형'은 욕망을 근본적으로 부정한 것이 아니라, 욕망이 지식에 의해 조장되어 자신의 타고난 본성을 넘어서는 일이 없어야 함을 말한 것이다. 장자는 타고난 본성을 넘어서지 않는 욕망에 대해서는 이 역시 타고난 본성의 일부로서 인정되어야 한다고 보았다. 따라서 좌망의 경지 속에서는 '지식을 잊는 것'(忘知)이 가장 핵심이 된다. 지식을 잊는다는 것은 분절적이고 개념적인 지식 활동을 망각하는 것과 같다.(『中國藝術精神』, 72~73쪽)

④ 大通: 그 어떤 장애도 없음.(유봉포)

⑤ 同則無好: 만물과 하나로 화합하면 치우친 호오의 감정이 없게 된다.

- 유봉포: 만물과 현동玄同의 상태를 이루면 알맞지 않은 것이 없게 된다. 알맞지 않은 것이 없으면 알맞음 그 자체를 잊어버리게 되니, 어디에 좋고 싫음이 있을 수 있겠는가?

⑥ 化則無常: 변화에 참여하여 머물러 있지 않음. '상常'은 여기에서 집착하고 머물러 있어 변통하지 못함을 뜻한다.

【풀이】

안회가 말했다. "저는 더 발전하였습니다."
공자가 말했다. "어떻게 발전했다는 것이냐?"
안회가 말했다. "예악禮樂을 잊고 편안한 상태가 되었습니다."
공자가 말했다. "좋구나. 하지만 아직 멀었다."
며칠이 지나, 안회가 다시 공자를 찾아와 말했다. "더욱 발전하였습니다."
공자가 말했다. "어떻게 발전했느냐?"
안회가 말했다. "인의仁義를 잊고 편안한 상태가 되었습니다."
공자가 말했다. "좋구나. 하지만 아직 멀었다."
며칠이 지나, 안회가 다시 공자를 찾아와 말했다. "더욱 발전하였습니다."
공자가 말했다. "어떻게 발전했느냐?"
안회가 말했다. "좌망坐忘의 경지에 이르렀습니다."
그 말을 듣고 공자가 놀라며 물었다. "좌망은 무엇을 말하는가?"
안회가 말했다. "제 자신의 몸뚱이에 뜻을 두지 않고, 자신의 총명함을 뽐내지 않으며, 형체로부터의 집착에서 벗어나고, 지모의 속박을 탈피한 채, 위대한 도와 하나로 융합하는 것이 바로 좌망입니다."

공자가 말했다. "만물과 하나로 화합하면 치우친 호오의 감정이 없게 되고, 만물의 변화에 참여하면 한 가지 이치에 집착하지 않게 된다. 너는 진정으로 현인이로구나! 내가 너를 뒤따라가야겠다."

10.

子輿與子桑友, 而霖雨[①]十日. 子輿曰: "子桑殆病矣!" 裹飯而往食之. 至子桑之門, 則若歌若哭, 鼓琴曰: "父邪! 母邪! 天乎! 人乎!" 有不任其聲[②]而趨擧其詩焉[③].

子輿入, 曰: "子之歌詩, 何故若是?"

曰: "吾思夫使我至此極者而弗得也. 父母豈欲吾貧哉? 天無私覆, 地無私載, 天地豈私貧我哉? 求其爲之者而不得也. 然而至此極者, 命也夫!"

【길잡이】

① 霖雨: 삼일 이상 내리는 비를 '림霖'이라고 부른다.(『春秋左氏傳』, 隱公 九年)

② 不任其聲: '불임不任'은 '할 수 없음'(不堪), '다하지 못함'(不勝)의 뜻으로, 마음이 지치고 피로하여 부르는 노랫소리가 매우 약함을 의미한다.

③ 趨擧其詩: 노래하는 시구가 급하여 곡조에 맞지 않음. '촉趨'은 '촉促'(급하다)과 통한다.

- 최선: '촉거기시趨擧其詩'는 노래에 곡조가 없음을 뜻한다.
- 임희일: '촉거기시趨擧其詩'란 흔히 '정취가 궁색하고 가사가 급박하다(情隘而其詞蹙)'라고 말하는 것을 가리킨다. 즉 노래의 두서가 없음을 말하는 것으로 따라서 '급하게 하다'(趨擧)라고 하였다.

【풀이】

자여와 자상은 서로 벗으로 지내고 있었다. 한때 장맛비가 장장 열흘간 쉬지 않고 내리자 자여가 비를 보며 걱정하며 말했다. "자상이 굶주려 병에 걸릴지도 모르겠구나!" 그러고는 음식을 싸 들고 자상을 찾아갔다. 그가 자상의 집 문 앞에 도착했을 때, 안에서 금을 켜며 소리 높여 외치는 소리가 들렸는데, 노랫소리 같기도 하고 울음소리 같기도 했다. "아버지시여! 어머니시여! 하늘이시여, 사람들이시여!" 노랫소리는 매우 미약했고 읊조리는 구절도 급하기 그지없었다.
자여가 집 안으로 들어가 그를 찾아 물었다. "지금 자네가 부르는 시가의 곡조가 대체 왜 이런가?"
자상이 말했다. "나도 마침 무엇이 나를 이렇게 궁색한 처지로 만들었는가를 생각하고 있었는데, 알 수가 없었네. 설마 부모가 나를 곤궁하게 만들었겠는가? 하늘은 사사로이 세상을 품지 않고 땅은 사사로이 세상을 받치지 않는다. 천지가 어떻게 오직 나만을 곤궁하게 만들겠는가? 그러니 내가 곤궁하게 된 이치를 이리저리 궁리해 보아도 알아내지 못했다. 그런데도 내가 이러한 궁지에 빠지고 말았다면 이는 그저 타고난 명이 아니겠는가!"

응제왕應帝王

「응제왕」의 핵심은 무위정치의 당위성을 논하는 것이다. 이 편에서는 장자의 무위지치無爲之治 사상을 다양하게 서술하였다. 장자가 주장하는 올바른 통치의 도리란, 사람들의 본성을 간섭하지 않고 그대로 따르며, 백성의 뜻을 통치의 뜻으로 삼는 것이다.

이 편은 총 일곱 단락으로 나눌 수 있다. 첫째 단락에서는 포의자라는 가상의 인물을 빌려 이상적인 통치자에 대해 말하고 있다. 이에 따르면 이상적 통치자는 그 마음의 기상이 넓고 느긋하며, 소박하고 참된 본성을 지녀야 한다. 또한, 기교와 지모를 사용하지 않고 인의와 같은 명목을 내세우며 사람들의 마음을 옭아매고자 해서는 안 된다.

둘째 단락은 광접여와 견오의 대화로서 '임금이 스스로 법도를 제정하여 사용하는 것'(君人者以己出經式義度)이 '덕을 속이는'(欺德) 행위에 지나지 않음을 말했다. 여기에서는 독재자가 자신의 사사로운 뜻(以己)으로 법률(經式義度)을 제정하는 행위를 맹렬히 비판하였다. 법과 규칙은 반드시 백성들의 이익을 준칙으로 삼아야 하며 백성들의 의견을 따라서 제정되어야 한다. 그런데 만약 통치자가 자신과 자신의 권력 및 이익을 목적으로 한다면 설령 무력을 사용해서 누구도 따르지 않을 수 없게끔(孰敢不聽) 만들더라도 결국 사람들의 마음만은 복종시킬 수 없을 것이다. 이러한 방식으로 나라를 다스리는 것은 마치 '바닷속에 강을 파고, 모기에게 산을 짊어지게 하는 것'(猶涉海鑿河, 而使蚊負山)처럼 터무니없는 일이니, 반드시 실패할 수밖에 없다. 통치의 올바른 도리는 '먼저 자신을 바로잡은 뒤에 실행하며 그 일을 할 수 있는 자에게 맡기는 것'(正而後行, 確乎能其事者)이라 할 수 있다. 각자 할 수 있는 소임에 따라 맡기며 억지로 남을 부리지 않아야 한다는 것이다.

셋째 단락은 천근이 무명인을 만나서 '천하를 다스리는'(爲天下) 도道에 관해 묻는 내용이다. 무명인은 그의 질문에 "그만 가거라! 자네처럼 도량이 좁은 자가 왜 이렇게 적합하지 않은 질문을 하는가!"라며 정치권력에 대한 혐오감을 남김없이 드러냈다. 이 대목에서는 통치에 대한 관념이 철저히 폐기되는 것을 엿볼 수 있다. 사람을 다스리려 하는 것은 차라리 아무것도 하지 않는 것만 못하며, 천하를 다스리려 하지 않을 때 오히려 천하는 안정을 찾게 된다는 것이다. 사실 사람들을 다스리고자 했던 역사란 살육의 역사와도 같아서, 피를 튀기는 참혹한 광경이 역사를 통해 끊임없이 펼쳐져 왔던 것이 사실이다. 천근이 다시 한 번 통치에 대해 질문하자 무명인이 마지막으로 대답한다. "통치자가 만물의 스스로 그러함(自然)에 따른 채, 어떤 사사로움도 배제한다면 천하는 다스려지게 될 것이다."(順物自然而無容私焉, 則天下治矣) '만물의 스스로 그러함에 따르게 되면'(順物自然) 백성들은 자유로운 삶을 누릴 수 있게 된다. 통치자는 사사로움을 버려야(無容私) 오로지 백성들을 위하는 공정한 길로 나아갈 수 있다.

넷째 단락은 명왕의 통치에 대해 말했다. 명왕은 겉으로 자랑하거나 뽐내지 않아서 '만물에 교화를 베풀어 주지만, 정작 백성들은 자신이 무엇에 의지하는지를 깨닫지 못한다'(化貸萬物而民弗恃). 제왕이 어떻게 힘을 쓰는지 백성들이 알지 못하게 한다는 것이다.

다섯째 단락은 신무가 호자의 관상을 점치는 이야기로 '허무'(虛)와 '감춤'(藏)의 이치를 주제로 삼았다. 이를 정치에 관한 담론으로 확장해 보면, 통치자가 자신을 비우고 무위를 실천해야 백성의 삶이 방해받지 않을 수 있으며, 자신의 뜻을 숨기고 사사로움을 없앨 때 백성은 편안히 거처할 수 있다는 내용으로 이해할 수 있다.

여섯째 단락은 '이름의 주인이 되지 말 것'(無爲名尸)을 논한 단락으로 정사를 행함에 전횡과 독단을 일삼지 말고, 지모와 기교로 백성들을 헤아리지 말 것을 다시 한 번 제시하였다. 마지막에는 결국 '허무'(虛)의 경지를 강조하는 것으로 되돌아간다. '지인至人의 마음은 마치 거울과 같다'(至人用心若鏡), '허무'란 마치 거울처럼 텅 비어 밝은 마음의 경지를 표현하는 말이다. 이러한 경지에서는 외부 사물의 객관적인 모습을 그대로 비칠 수 있다. 이를 정치에 비유하면, 백성들의 뜻을 그대로 반영할 수 있다는 것으로 이해할 수 있다. '허무'의 이치로 정사를 행한다면, 즉 통치자가 사사로움을 버린다면 백성들의 의견을 널리 받아들일 수 있게 되며,

나아가 백성들의 이익을 확대할 수 있는 전제로 작용할 수 있게 된다.

마지막 단락은 잘 알려진 혼돈의 고사이다. 혼돈은 소박한 삶을 누리는 백성에 비유할 수 있다. '하루에 하나씩 구멍을 뚫어 주었는데 일곱 번째 되는 날 혼돈은 죽어 버리고 말았다'(日鑿一竅, 七日而渾沌死)라는 구절은 통치자가 오늘 한 가지 법을 만들고 다음 날 또 한 가지 정책을 세우면서 복잡하고 혼란스럽게 정사를 행하여 백성들을 사지로 몰아가는 것을 비판한 것이다. 장자가 목도한 전국시대의 참상은 혼돈의 죽음이라는 가히 예술적인 필치로 묘사되고 있는데, 이를 통해 '유위有爲'의 정치가 백성들에게 얼마나 재앙을 가져다주는지 생생하게 표현되고 있다.

현재 자주 사용되는 여러 성어가 바로 이 편에서 나왔다. 예를 들어, 문역부산蚊力負山[1], 섭해착하涉海鑿河[2], 허여위사虛與委蛇[3], 용심약경用心若鏡[4], 혼돈착규混沌鑿竅[5] 등이 있다.

---

1) 모기의 힘으로 산을 짊어짐. 능력이 없으나 중책을 맡고자 한다는 말.
2) 바다를 건너고자 바닷속에 강을 팜. 일이 성공할 수 없음을 이르는 말.
3) 마음을 비우고 변화에 따라 움직임. 사람을 대할 때 짐짓 체하며 겉으로만 따르는 것을 말함.
4) 마음이 마치 거울과 같음. 마음을 비움으로써 있는 그대로의 모습을 받아들일 수 있음.
5) 혼돈에게 구멍을 뚫어 줌. 각자의 타고난 본성을 고려하지 않고 천편일률적으로 대하는 것을 말함.

1.

齧缺問於王倪, 四問而四不知①. 齧缺因躍而大喜, 行以告蒲衣子②. 蒲衣子曰: "而乃今知之乎? 有虞氏不及泰氏③. 有虞氏, 其猶藏仁以要④人; 亦得人矣, 而未始出於非人⑤. 泰氏, 其臥徐徐⑥, 其覺於於⑦; 一以己爲馬, 一以己爲牛; 其知情信, 其德甚眞, 而未始入於非人⑧."

【길잡이】

① 四問而四不知: 「제물론」에 관련된 이야기가 나온다. 여기서 말하는 '네 가지 질문'(四問)이란 각각 '만물이 공통으로 지니고 있는 표준에 대해 아는가?'(知物之所同是乎), '네가 잘 알지 못하는 것에 대해서 아는가?'(知子之所不知邪), '사물에 대해서는 알 수 없는가?'(物無知邪), '이해관계에 대해서 아는가?'(知利害乎)를 말한다. 왕예는 이에 대해 모두 알지 못한다고 답하였다.

② 蒲衣子: 우언 속의 인물.

- 임희일: 포의蒲衣 혹은 피의被衣라고 부른다. 장자가 말하는 인물들의 이름은 대다수가 허구이다. 오유烏有, 망시공亡是公[6] 등과 같은 사례로, 특별히 분석할 필요는 없다.

③ 有虞氏不及泰氏: 유우씨有虞氏는 순임금을 말한다.(성현영, 『장자소』) 태씨泰氏는 상고시대의 제왕으로(『경전석문』에서 사마표의 설을 인용) 무명의 임금이다(『경전석문』에서 이이의 설을 인용). 순임금은 유가에서 성왕으로 상정되지만, 장자는 의도적으로 이를 다른 형태의 인물로 창조해 내면서 세속의 정치관을 타파하고자 하였다.

- 여혜경: '유우有虞'는 '우려, 근심'(憂虞)의 뜻으로도 풀이할 수 있다. '태씨泰氏' 또한 '태평, 안정'(泰定)의 뜻을 지닌다. 즉, 지식이 있으면 근심이 있고, 지식을 지니지 않으면 태평스럽다는 의미이다.(『장자의』)
- 왕무횡: 이는 모두 임의로 지어내서 말한 것으로, 근거를 따질 필요가 없다.

④ 要: '요邀'와 같이 발음하며, '결합하다, 맺다'(要結)라는 뜻이다.

---

6) 중국 漢나라 司馬相如의 「子虛賦」에 등장하는 허구의 인물. 子虛, 烏有, 亡是公 세 사람이 나란히 등장한다.

⑤ 非人: 두 가지 설이 있다. 첫 번째는 '천天'을 가리킨다고 보는 것이고(임희일, 『남화진경구의』), 다른 하나는 '물物'을 가리킨다고 보는 것이다(선영). 여기에서는 후자를 따른다.

- 선영: '비인非人'은 '물物'을 가리킨다. 특정한 마음으로써 사람들을 결합하고자 하니 마치 외물에 속박된 듯이 이를 결코 벗어날 수 없다.

⑥ 徐徐: 편안하고 느긋함.

⑦ 於於: '우우迂迂'의 가차자이다. '우우迂迂'는 느긋함을 뜻하며(호회침, 『장자집해보정』), 자득한 모습을 표현하였다.

⑧ 未始入於非人: 외물에 의해 얽매이고 연루된 적이 없음.

- 선영: 자연과 혼연히 일체를 이루며 조금도 외물에 의해 얽매이지 않으니, 한 번도 외물의 세계 속에 빠진 적이 없다.

【풀이】

설결이 왕예에게 질문을 하였는데, 네 차례의 질문에 왕예가 네 번 모두 알 수 없다고 답했다. 설결이 그 답변을 듣고 뛸 듯이 기뻐하며 포의자에게 달려가 이야기를 전했다.

포의자가 설결에게 말했다. "이제는 알겠는가? 유우씨는 태씨에 미치지 못한다. 유우씨는 인의를 내세우며 사람들의 마음을 묶어 대는데, 사람들의 마음을 얻을 수 있을지는 몰라도 외물의 얽매임에서는 결코 벗어나지 못했다. 반면 태씨는 잠을 잘 때는 편안하고 느긋하며, 잠에서 깨면 유유자적한다. 사람들이 자신을 말이라고 부르든 소라고 부르든 마음대로 놓아둔다. 그의 식견은 신실하고 덕성은 진실하니, 한 번도 외물에 의해 이끌린 적이 없다."

2.

肩吾見狂接輿, 狂接輿曰: "日中始①何以語女?"

肩吾曰: "告我君人者以己出經式義度②, 人孰敢不聽而化諸③!"

狂接輿曰: "是欺德④也. 其於治天下也, 猶涉海鑿河, 而使蚊負山也. 夫聖人之治也, 治外⑤乎? 正而後行⑥, 確乎能其事者⑦而已矣. 且⑧鳥高飛以避矰弋⑨

之害, 鼷鼠深穴乎神丘[10]之下, 以避熏鑿[11]之患, 而曾二蟲之無如[12]!"

【길잡이】

① 日中始: 가탁하여 지어낸 우언의 인물. 이에 관해서는 두 가지의 설이 있다. 하나는 '일중시日中始' 자체가 사람의 이름이라고 보는 설이다.(이이) 다른 하나는 '중시中始'가 사람의 이름이며 '일日'은 '일자日者'를 말하는데(유월의 『장자평의』에 상세하다), '지난날'을 의미한다고 보는 설이다(주계요, 『장자내편증보』). 두 가지 설이 모두 가능한데, 여기에서는 전자를 채택한다.

② 經式義度: '의義'는 '의儀'로 읽어야 한다. '경식經式'과 '의도義度'는 모두 법도를 가리킨다.

- 왕념손: '의義'는 '의儀'로 읽어야 한다.('義'와 '儀'는 옛글자에서는 서로 통용되었다. 『설문해자』에 "'義'는 자신의 엄숙한 용모와 태도(威儀)를 말한다"라고 하였다.) '의'는 '법法'이다.(『周語』 注, 『淮南子』 「精神訓」 注, 『楚詞』 「九歎」 注 등에 보인다.) '경식經式'과 '의도義度'는 모두 법도를 가리킨다.(『讀書雜志余編』)

③ 諸: '호乎'와 같으며, 문장 끝에 오는 어조사이다.(가나야 오사무)

④ 欺德: 거짓된 덕.(성현영, 『장자소』) 진실하지 않은 언행을 가리킨다.

⑤ 治外: '외外'는 앞에서 말한 '경식의도經式義度'를 가리키는 것으로 '치외治外'는 이러한 '법도로 외물을 통제하다'라는 뜻.

⑥ 正而後行: 스스로 바르게 한 후 행함.

- 진심: '인위적으로 하지 않는 것'(無事)을 '정正'이라 하고, 저절로 그렇게 되는 것(自然)을 '행行'이라 한다.

⑦ 確乎能其事者: 사람들이 각자의 능력을 다 발휘하도록 함.

- 성현영: 실제의 본성에 맞추어 어떤 일에 대해 능력을 지닌 자에게 그 일을 맡김.
- 선영: 본성적으로 할 수 없는 것을 억지로 시키지 않음.

⑧ 且: 『태평어람』에서는 이를 인용하면서 '백百'으로 썼다.

- 왕숙민: 『태평어람』 '911'항에 '차且'를 인용하면서 '백百'으로 썼다. 따라서 '차且'는 '백百'을 잘못 쓴 것으로 보인다.
  - ▹ 진고응: 이 설을 따를 만하다.

⑨ 矰弋(矰의 중국음은 zēng[增]; 弋의 중국음은 yì[意]): 옛날 날짐승을 사냥하는 데 사용한 도구. 화살을 생실에 묶은 형태를 하고 있다.

⑩ 神丘: 신에게 제사를 지내던 제단.

⑪ 熏鑿: 연기가 파고들다.

⑫ 無如: 현재 판본에는 '무지無知'라고 되어 있지만, 의미상 '무여無如'로 읽어야 한다. 형태가 근접하여 '여如'를 '지知'로 잘못 적은 것으로 보이며, 해동의 설에 따라 이를 수정한다.

- 해동: '지知'는 '여如'로 읽어야 의미가 더 살아난다. '무여無如'는 '불여不如'(~보다 못하다)와 같은 뜻이다. 곽상의 『장자주』에서도 '이 두 미물이 어떤 교화에도 의지하지 않고 각자 살아가는 것만 못하다는 것이냐?(曾不如此二蟲之各存而不待敎乎)[7]'라고 하였는데, 역시 그의 판본에 '지知'가 '여如'로 되어 있음을 알 수 있다.

【풀이】

견오가 광접여를 만났다. 광접여가 그에게 물었다. "일중시가 자네에게 뭐라고 하던가?"

견오가 말했다. "우리나라의 임금이 자기 뜻대로 법도를 제정하고 있는데, 백성들이 어떻게 그의 말을 따르지 않고 받아들이지 않을 수 있겠느냐고 하더군."

광접여가 말했다. "완전히 사람들을 기만하는 자로다. 그렇게 천하를 통치하는 것은 드넓은 바다 한가운데 강을 뚫는 것이나 같고, 모기에게 삶을 짊어지도록 하는 것과 마찬가지다. 성인이 천하를 통치할 때 법도로 외물을 통제하려 하겠는가? 성인은 우선 자신의 타고난 성性과 명命을 바로잡은 뒤에 남들을 감화시키며, 그저 사람들이 그 능력을 다 발휘할 수 있도록 할 뿐이다. 한낱 새조차 높이 날아 그물과 새총의 위협을 피할 줄 알고, 생쥐조차 제단 밑으로 깊이 파고들어 쥐를 잡으려 피워 대는 연기의 위협을 피할 줄 안다. 그런데 사람이 이 두 미물만도 못하단 말인가?"

---

7) '不如'로 되어 있는 판본은 世德堂本이다. 통행본은 '不知'로 되어 있다. '不知'로 하면 "이 두 미물이 어떤 교화에도 의지하지 않고 각자 살아가는 것을 모른다는 것이냐?"(曾不知此二蟲之各存而不待敎乎)가 된다.

3.

天根[①]遊於殷陽[②], 至蓼水[③]之上, 適遭無名人而問焉, 曰: "請問爲天下."

無名人曰: "去! 汝鄙人也, 何問之不豫[④]也! 予方將與造物者爲人[⑤], 厭, 則又乘夫莽眇之鳥[⑥], 以出六極之外, 而遊無何有之鄕, 以處壙埌之野[⑦]. 汝又何帠[⑧]以治天下感予之心爲?"

又復問.

無名人曰: "汝遊心於淡, 合氣於漠[⑨], 順物自然而無容私[⑩]焉, 而天下治矣."

【길잡이】

① 天根: 뒤에 등장하는 무명인無名人과 마찬가지로 지어낸 우언의 이름.

② 殷陽: 은산殷山의 남쪽.(성현영, 『장자소』) 음양의 주재를 비유하여 말한 것으로(유봉포) 장자가 지어낸 허구의 지명이다.

③ 蓼水: 장자가 스스로 설정한 강 이름.

④ 何問之不豫: '예豫'는 '열悅'(기뻐하다)과 같다.(『경전석문』에서 간문제의 설을 인용) '예豫'는 '적適'과 같으며, 적합하다는 뜻이다. '하문지불예何問之不豫'는 질문이 적절하지 않음을 말한 것이다.

⑤ 予方將與造物者爲人: '그대는 위대한 도를 벗으로 삼으려 하는구나'라고 해석된다. 위대한 도와 함께 노닐고자 한다는 뜻이다. '위인爲人'은 '벗으로 삼다'(爲偶)라고 풀이한다. 「대종사」에 이미 등장한 바 있다.

⑥ 莽眇之鳥(眇의 중국음은 miǎo[秒]): 텅 비어 경쾌한 상태.(『경전석문』) 맑고 텅 빈 기운을 새가 드넓은 공간을 날아다니는 것에 비유하여 표현한 말.

⑦ 壙埌之野: '광壙'은 '광曠'(드넓다)과 같다. '은垠'은 '랑浪'으로 읽으며, '광壙'과 같은 뜻이다. '광은지야壙垠之野'와 「소요유」에 나온 '광막지야廣莫之野'는 서로 같은 뜻으로, 모두 장자가 만들어 낸 말이다.(장묵생)

⑧ 何帠(帠의 중국음은 yì[義]): '예帠'는 자전字典에 나오지 않는 말로, '가叚'자로 보아야 한다.(孫詒讓) '하가何叚'는 '하가何假', '하가何暇'와 같다.(주계요) '가叚'는 '가暇'를 가차한 것이다.(왕숙민) 다른 설에 의하면, '예帠'는 '얼臬'자를 잘못 쓴 것이며,

'얼臬'은 '침寢'으로 읽어야 한다. 『일체경음의一切經音義』에서 『통속문通俗文』[8]을 인용하면서 "잠꼬대를 '침寢'이라고 부른다"라고 하였다. 무명인無名人이 천근天根의 질문이 마치 잠꼬대와 같다고 말한 것이다.(유월) 이상의 두 가지의 설이 모두 가능하다. 최선의 판본에는 '예帛'가 '위爲'로 되어 있는데, 이 역시 통한다.

⑨ 遊心於淡, 合氣於漠: '담淡', '막漠'은 모두 청정무위를 말한다.

- 성현영: 마음과 정신을 고요한 평안한 곳에서 노닐게 하고, 형체와 기운을 적막한 땅에 들어맞도록 함.

⑩ 無容私: 사사로운 뜻을 개입시키지 않음.

【풀이】

천근天根이 은산의 남쪽을 여행하다가 육수의 위쪽에까지 이르게 되었는데, 우연히 무명인無名人을 만나게 되어 그에게 물었다. "천하를 다스리는 방법을 묻습니다." 무명인이 말했다. "그만 가거라! 자네처럼 도량이 좁은 자가 왜 이렇게 적합하지 않은 질문을 하는가! 나는 이제 조물자와 어울리려는 참인데, 참으로 귀찮게 하는구나! 나는 망묘莽眇의 새를 타고 천지 사방으로 날아올라, 아무것도 없는 땅을 여행하면서 끝없이 드넓은 광야에서 머물 것이다. 그런데 왜 이런 잠꼬대 같은 질문으로 나의 마음을 어지럽히려고 하는가?"

천근이 아랑곳하지 않고 재차 물었다.

무명인이 말했다. "마음을 고요하고 한적한 상태에 머무르게 하여 청정무위淸靜無爲를 실천하면서, 사물의 본래 그러한 본성에 따라 그 어떠한 사사로운 뜻도 개입시키지 않는다면 천하는 저절로 다스려질 것이다."

4.

陽子居①見老聃, 曰: "有人於此, 向疾強梁②, 物徹疏明③, 學道不倦. 如是者, 可比明王乎?"

老聃曰: "是於聖人也, 胥易技系④, 勞形怵心者也. 且也虎豹之文來田, 猿狙之便來藉⑤. 如是者, 可比明王乎?"

8) 중국 東漢 말기 服虔이 쓴 중국 최초의 구어 사전이다.

陽子居蹴然曰: "敢問明王之治."

老聃曰: "明王之治: 功蓋天下而似不自己, 化貸萬物而民弗恃⑥; 有莫擧名⑦, 使物自喜; 立乎不測, 而遊於無有者也⑧."

【길잡이】

① 陽子居: '거居'는 이름. '자子'는 남성에 대한 통칭.(『경전석문』에서 이이의 설을 인용) 장자가 우언의 뜻을 담아 지어낸 이름이다.(왕방) 예로부터 양자거陽子居를 양주楊朱로 여겨 왔다. 하지만 근래의 학자 당월唐鉞이 지은 『양주고楊朱考』에 따르면 양자거陽子居와 위아주의爲我主義를 주장하는 양주楊朱는 일말의 관계도 없다.(『古史辨』 제4권 하편에 상세히 나온다.) 양주는 '자신을 귀하게 여길 것'(貴己. 『呂氏春秋』, 「不二」)을 말했고, '사물을 가벼이 하고 삶을 중시하는 선비'(爲輕物重生之士. 『韓非子』, 「顯學」)로 묘사되었으며, '삶을 온전히 하고 참된 본성을 보전하며, 외물이 형체를 수고롭게 만들지 않도록 할 것'(全生保眞, 不以物累形)을 주장하였다. 『장자』에 나타난 양자거의 언행을 살펴보면 양주의 사상과 다른 것을 넘어 상반되기까지 한다. 따라서 당월의 문제 제기를 고려해 볼 만하다.

② 向疾强梁: 민첩하고 과감함. '향질向疾'은 마치 메아리처럼 민첩함을 뜻한다.(이이) '향向'은 '향響'(메아리)과 통한다. '강량强梁'은 과감하고 결단력이 있음을 말한다.(성현영, 『장자소』)

③ 物徹疏明: 사물을 밝게 살피고 명민하게 소통함.(성현영, 『장자소』)

- 이면: 『시경』에 이르기를 "천명은 궤적을 남기지 않는다"(天命不徹)라고 했다. 『모전』에는 이를 "'철徹'은 '길'(道)이다"라고 풀이했고, 『이아』 「석훈釋訓」에서는 "'불철不徹'은 '길을 남기지 않음'(不道)을 말한다"라고 하였다. '철徹'을 '길'(道)이라고 풀이하는 것에는 문제가 없다. '철徹'은 '철轍'과 통하며, 수레가 다니는 길을 말한다. 따라서 '물철物徹'이란 '물도物道'와 같으며, '물도'는 '물리物理'와 같다. 따라서 '물철소명物徹疏明'이란 사물의 이치에 밝게 통함을 말한다. '소명疏明'은 바로 밝게 통한다는 뜻이다.
  - ▹ 진고응: '물철소명物徹疏明'이라는 말에서 '철소명徹疏明' 세 글자를 형용사로, '물物'을 명사로 보는 것은 다소 의심의 여지가 있다. 일설에 따르면 '물'은 '순侚'이 와전된 것으로 본다.(무연서) 또 다른 설에서는 '물'을 '역易'의 오자로 보기도 한다.(장병린) 만일 '순철소명侚徹疏明'(투철

하게 소통함)이라고 보아도 역시 뜻이 통한다. 옛글자에서 '순徇'은 '준濬'의 가차자로 쓰였다.(孫詒讓, 『墨子間詁』, 「公孟」 注)

④ 胥易技系: '서역胥易' 두 글자는 해석하기가 까다롭다. 고주古注에서는 '서胥'를 '서도胥徒'(부역을 하는 백성)로 보고, '이易'는 '고치다'(改易) 혹은 '수월하다'(輕易)라고 풀이하였으나, 모두 타당하지 않다. 근래의 해석은 대략 두 가지로 나뉜다. 첫 번째는 '서胥'를 '서諝', 즉 재지才智로 보고, '이易'를 '다스리다'(治)의 뜻으로 해석하는 것이다. '서이胥易'는 '관리들이 바꾸어 가며 일을 함'으로 해석된다.(孫詒讓) 이에 따르면, '서이기계胥易技系'는 관리들이 그 재주로 인해 얽매이고 속박된다는 의미로 이해할 수 있다. 두 번째는 '서胥'를 '대서大胥'라는 관리를 가리키는 것으로, '역易'을 점을 관장하는 관리의 명칭으로 보는 해석이다. 『예기』에서 그 근거를 확인할 수 있다. '서'의 직책에 있는 자는 반드시 음악과 춤 등의 기능에 정통해야 하며, '역'의 직책에 있는 자는 반드시 점괘를 보는 기능에 정통해야 하니, 이들은 한 가지 직책에 묶여 있어 다른 곳으로 이동할 수 없다.(劉武) 이에 따르면, '서이기계胥易技系'란 악무를 관장하는 관리인 '서'와 점괘를 관장하는 관리인 '역'은 그 재주로 인해 묶이게 된다는 뜻이다. 이 두 가지 설이 모두 통하지만, 여기에서는 일단 전자를 따른다.

⑤ 虎豹之文來田, 猿狙之便來藉: '내전來田'은 '사냥을 하도록 불러온다'는 뜻이다. '내적來藉'는 '구금되다'라는 뜻이다.(최선의 주에서 "'藉'은 '系'와 같다"라고 하였다.) 현재 판본에는 '원저지변猿狙之便' 뒤에 '집리지구執斄之狗'(斄는 '貍'로 발음) 네 자가 더 있으나, 왕숙민의 『장자교석』에 따라 삭제하였다.

- 왕숙민: '집리지구執斄之狗' 네 자는 「천지」의 문구가 잘못 삽입된 것으로 보인다. '호표지문래전虎豹之文來田, 원저지변래자猿狙之便來藉'라고 하면 문장이 서로 잘 대구를 이룬다. 『회남자』 「무칭훈繆稱訓」에 "호랑이와 표범은 무늬로 인해 사냥을 당하고, 원숭이는 민첩함 때문에 칼에 찔린다"(虎豹之文來射, 猿狖之捷來措)라고 하였고(주석에 따르면 "'措'은 '刺'(찌르다)와 같다."), 「전언훈詮言訓」에는 "호랑이와 표범은 그 강함으로 인해 사냥을 당하고, 원숭이는 민첩함 때문에 칼에 찔린다"(故虎豹之強來射, 猿狖之捷來措)라고 하였으며, 「설림훈說林訓」에서는 "호랑이와 표범은 무늬로 인해 사냥을 당하고, 원숭이는 민첩함 때문에 공격을 받는다"(虎豹之文來射, 猿狖之捷來乍)라고 하였다.(王念孫에 따르면 '措'과 '乍'는 발음이 같아 서로 통용되었으며, 모두 '藉'의 가차자이다.) 이상의 세 군데에서

본 단락을 인용하였지만 모두 '집리지구執斄之狗' 네 자는 보이지 않으므로, '집리지구'가 잘못 삽입된 것임을 알 수 있다.

⑥ 化貸萬物而民弗恃: 만물에 교화를 베풀어 주지만, 정작 백성들은 자신이 무엇에 의지하는지를 깨닫지 못함. '대貸'는 '베풀다'(施)의 뜻이다.(임희일)

- 성현영: 백성들이 모두 임금의 능력에 의지하지 않고 스스로 그렇게 한 것이라고 말함.
- 임희일: 조정의 신하들과 백성들 모두 천자의 힘이 어떻게 미쳤는지를 알지 못한다는 뜻이다.
- 엄복: '이민불시而民弗恃'란 통치의 핵심이 되는 부분으로, 흔히 말하는 것과 같이 '의존하는 마음을 버리도록 한다'라는 뜻이다.

⑦ 有莫擧名: 공덕은 있으나 어떤 명칭을 사용하여 부를 수 없음.

⑧ 立乎不測, 而遊於無有者也: 명왕明王은 고요하고 그윽하여 잘 드러나지 않으며 자연무위의 경지에서 마음을 노닐게 함. '유어무유遊於無有'란 억지로 일을 행하지 않는다는 뜻이다.(선영)

【풀이】

양자거가 노담을 만나러 가서 그에게 물었다. "자 여기에 민첩하고 과감하며 사리에 투철하고 밝은 데다 지칠 줄 모르고 성실하게 도를 정진하는 자가 있다고 하겠습니다. 이러한 자라면 명왕과 견줄 만하겠습니까?"
노담이 말했다. "성인의 관점에서 보면, 관리들은 자신의 재주로 인해 오히려 일에 속박되어, 자신의 몸을 고생시키고 정신이 어지러워진다. 호랑이와 표범은 가죽의 무늬 때문에 사람들에게 사냥을 당하고, 원숭이는 그 민첩함 때문에 사람에게 잡혀 갇히고 만다. 그런데 어떻게 명왕에 견줄 수 있겠는가?"
양자거가 부끄러운 듯이 말했다. "그렇다면 명왕은 어떻게 정사를 다스리는지 여쭙고자 합니다."
노담이 말했다. "명왕이 정사를 다스리는 방법은 이와 같다. 그는 공적이 온 천하를 뒤덮으면서도 자신을 드러내지 않는다. 만물을 교화시키면서도 백성들은 정작 자신이 무엇에 의지하는지조차 깨닫지 못한다. 명왕은 공덕이 있지만 어떤 이름을 사용해서 그를 칭할 수 없다. 그는 만물이 각자의 소임을 다할 수 있게 만들어 주지만, 정작 자신은 헤아릴 수 없는 위치에 서서 억지스럽지 않고 자연스럽게 일을 행한다."

5.

鄭有神巫[①]曰季鹹[②], 知人之死生存亡, 禍福壽夭, 期以歲月旬日, 若神[③]. 鄭人見之, 皆棄而走[④]. 列子見之而心醉, 歸, 以告壺子[⑤], 曰: "始吾以夫子之道爲至矣, 則又有至焉者矣."

壺子曰: "吾與汝旣其文, 未旣其實[⑥], 而固得道與? 衆雌而無雄, 而又奚卵焉[⑦]! 而以道與世亢, 必信[⑧], 夫故使人得而相汝. 嘗試與來, 以予示之."

明日, 列子與之見壺子. 出而謂列子曰: "嘻! 子之先生死矣! 弗活矣! 不以旬數矣! 吾見怪焉, 見濕灰[⑨]焉."

列子入, 泣涕沾襟以告壺子. 壺子曰: "鄕[⑩]吾示之以地文[⑪], 萌乎[⑫]不震不止[⑬]. 是殆見吾杜德機[⑭]也. 嘗又與來."

明日, 又與之見壺子. 出而謂列子曰: "幸矣, 子之先生遇我也! 有瘳矣, 全然有生矣! 吾見其杜權[⑮]矣."

列子入, 以告壺子. 壺子曰: "鄕吾示之以天壤[⑯], 名實不入, 而機發於踵. 是殆見吾善者機[⑰]也. 嘗又與來."

明日, 又與之見壺子. 出而謂列子曰: "子之先生不齊[⑱], 吾無得而相焉. 試齊, 且復相之."

列子入, 以告壺子. 壺子曰: "鄕吾示之以太衝莫勝[⑲]. 是殆見吾衡氣機[⑳]也. 鯢桓之審[㉑]爲淵, 止水之審爲淵, 流水之審爲淵. 淵有九名, 此處三焉[㉒]. 嘗又與來."

明日, 又與之見壺子. 立未定, 自失而走. 壺子曰: "追之!" 列子追之不及. 反, 以報壺子曰: "已滅矣, 已失矣, 吾弗及已."

壺子曰: "鄕吾示之以未始出吾宗[㉓]. 吾與之虛而委蛇[㉔], 不知其誰何[㉕], 因以爲弟靡, 因以爲波流, 故逃也[㉖]."

然後列子自以爲未始學而歸, 三年不出. 爲其妻爨[㉗], 食豕如食人[㉘]. 於事無與親[㉙], 雕琢復朴[㉚], 塊然獨以其形立[㉛]. 紛而封哉[㉜], 一以是終[㉝].

【길잡이】

① 神巫: 무술巫術과 관상술(相術)에 능통한 자.

② 季咸: 이 이야기는 『열자』에도 등장한다. 『열자』 「황제黃帝」에 "제나라에서 온 어떤 신무神巫가 정나라에 머물렀는데, 그 이름을 계함季咸이라 하였다"라는 구절이 있다.

③ 期以歲月旬日, 若神: 연, 월, 순, 일의 날짜를 예언했는데, 마치 신과 같이 정확하였음.

④ 鄭人見之, 皆棄而走: 정나라 사람들이 불길한 예언을 들을까 두려워 버리고 달아남.

⑤ 壺子: 정나라 사람. 이름은 임林, 호는 호자壺子. 열자列子의 스승으로 『열자』에서도 수차례 등장한다.

⑥ 吾與汝旣其文, 未旣其實: '내가 너에게 도의 개념(名相)에 대해서는 가르쳤지만 아직 도의 궁극에 대해서는 말하지 않았다'라는 뜻이다.(진계천) '기旣'는 '지극히 하다'(盡)(이이, 『장자주』), '문文'은 겉모습, 형식.

- 왕숙민: 『열자』 「황제黃帝」에서 안회가 사공이 배를 젓는 일에 관해 물은 대목에 "너와 함께 그 외면의 형식을 다룬 지 이미 오래인데, 아직 그 실상에 도달하지 못했다"(與若玩其文也久矣, 而未達其實)라는 구절이 있는데, 바로 이곳의 본문을 가져다 옮긴 것이다. 여기에서 사용한 '완玩'(깊이 다루다) 자를 사용한 것이 의미상 더 적절하며, '기旣'는 '완玩'을 잘못 쓴 것으로 보인다.

⑦ 衆雌而無雄, 而又奚卵焉: 암컷만 있고 수컷은 없으면 알을 낳지 못함. 외면의 형식만 있고, 실제의 내용이 없으면 도道라고 할 수 없음을 비유한 말이다.(진수창)

⑧ 而以道與世亢, 必信: 여기에서의 '도道'는 실제의 도道를 가리키는 것이 아니다. 열자는 '그 외면의 형식만을 궁리하여'(旣其文) 단지 도道의 겉모습만을 얻을 수 있었기 때문이다. '항亢'은 '항抗'(맞서다)과 같으며, 『열자』 「황제黃帝」에도 '항抗'으로 되어 있다.

- 선영: 이 '도道'자는 열자가 할 수 있는 것을 말한다. 자신의 얕은 능력을 내보이면서 사람들의 신임을 얻고자 하니, 스스로 앞선다고 자처하는 순간 이미 그 얕음이 드러남을 말했다.
- 왕선겸: '이而'는 '여汝'(2인칭 대명사)와 같다. '신信'은 '신伸'(펼치다)으로 읽는다.

'너의 도가 얕은데도 그것으로 세상을 대하며 도를 펼치고자 한다'라고 해석할 수 있다.

⑨ 濕灰: 조금의 생기生氣도 없음을 비유한 말.

- 임운명: 불이 꺼진 재는 간혹 타오르는 경우가 있으나, 물에 젖은 재는 불가능하다.

⑩ 鄕: 판본에 따라 '향嚮'이라고도 하고 '향向'이라고도 한다.(『경전석문』)

⑪ 地文: 땅덩어리처럼 덩그러니 있음.(張湛의 『列子注』에서 向秀의 설을 인용) '문文'은 형상을 뜻한다. '움직이지 않음'이 바로 땅의 형상으로서(성현영, 『장자소』), 대지는 꿈쩍하지 않고 있음을 말한 것이다(임운명). '지문地文'은 마음의 상태가 고요한 것을 표현하는 말이다.

⑫ 萌乎: '맹萌'은 '망芒'과 같다.(주계요) 어둡고 혼미한 모습을 비유한 말.

⑬ 不震不止: 움직이지도 않고, 멈추어 있지도 않음. '진震'은 '움직이다'(動)라는 뜻. '지止'는 현재의 판본에 '정正'이라고 되어 있으나 유사한 형태로 인해 잘못 쓴 것으로 보인다. 『경전석문』에서는 최선의 판본을 인용하면서 '부진부지不誫不止'로 썼다. 『장자궐오』에서는 강남고장본을 인용하면서 '정正'을 '지止'로 썼다. 『열자』 「황제黃帝」에서도 역시 '지止'로 되어 있다.

⑭ 杜德機: 생명의 기미(生機)가 막힘. '두杜'는 막히다(閉藏), '덕기德機'는 '생기生機'와 같다.

⑮ 杜權: '권權'은 변하다(變), 움직이다(動). 막힘 속에 변동이 있음.

- 임운명: 막힘 속에 변화와 움직임의 실마리가 어렴풋이 드러나는 것이다.

⑯ 示之以天壤: 천지 사이의 생기生氣를 드러내 보임.(이면) '양壤'은 땅을 말한다.

⑰ 善者機: 생명의 기미(生機). '선善'은 생명의 기운(生意)을 가리킨다.(선영)

⑱ 不齊: 고정되어 있지 않고 변화하여, 정신이 아득하고 황홀한 것을 표현하는 말.

- 왕숙민: 『경전석문』에서는 "'제齊'는 '측側'과 '개皆'의 반절음[9]으로 읽는다. 판본에 따라 '재齋'라고 쓴 경우도 있다. 뒤의 '제齊'자 역시 마찬가지이다"라

---

9) 反切은 한자의 음을 표시하기 위하여 두 한자의 음을 반씩 합치는 표기법이다. 따라서 '側과 皆의 반절'(側皆反)은 '側'의 중국음 cè의 자음부와 '皆'의 중국음 jiē의 모음부를 합쳐서 발음하는 것을 말한다.

고 하였다. 그러나 문장의 의미를 살펴보면 '제齊'로 보는 것이 옳다. 어떤 고정된 형상의 흔적이 없으므로 '가지런하지 않다'(不齊)라고 말한 것이다. 유월 역시 "상수와 곽상이 모두 '제齊'자를 '측側'과 '개皆'의 반절자로 보았으나, 옳지 않다"라고 하였다. 유월의 설이 옳다.

▷ 진고응: '제齊'는 '제濟'로 읽으며, '멈추다'(止)라는 뜻이다. '부제不齊'는 형체와 정신이 고정되지 않고 변화한다는 것을 말한다.

⑲ 鄉吾示之以太衝莫勝: '향오鄉吾'는 현재 판본에는 '오향吾鄉'으로 순서가 잘못 뒤바뀌어 있다. 앞 구절 '향오시지이지문鄉吾示之以地文', '향오시지이천양鄉吾示之以天壤', 뒤 구절 '향오시지이미시출오종鄉吾示之以未始出吾宗' 등에 모두 '향오'로 되어 있는 것이 이를 증명해 준다. 『열자』「황제黃帝」에서는 '향오시지이태충막짐向吾示之以太衝莫朕'이라고 되어 있다. 여기에서 '향向'과 '향鄉'은 서로 같으며(본래의 글자는 '曏'이다), '승勝'과 '짐朕' 역시 서로 통한다.(왕숙민) 즉, '태충太衝'은 '태허太虛'를 말하고, '막승莫勝'은 '조짐이 없음'(無朕)을 뜻하니, '태충막승太衝莫勝'이란 허무하여 어떤 기미나 조짐이 드러나지 않는 형상을 비유한 것이다.

⑳ 衡氣機: '형衡'은 '평平'과 같다. 평온한 기운의 조짐을 유지함.

㉑ 鯢桓之審(鯢의 중국음은 ní[尼]): 큰 고래가 맴돌며 머무는 깊은 곳. 옛글자에서 '환桓'과 '선旋'(맴돌다)은 서로 음이 비슷하였다. 『열자』에서도 이를 '선旋'이라고 썼다. '심審'은 '심瀋'을 생략한 글자로 '침沈'으로 가차되어 깊다는 의미로 쓰였다.

- 해동: '심瀋'은 '침沈'의 가차자로서, 의미를 확장하면 '깊다'라는 뜻을 지닌다. 따라서 '심위연沈爲淵'이라는 말은 '심연과 같이 깊다'(深爲淵)는 말이다.(楊伯峻의 『列子集釋』에서 인용)
- 이면: '심審'은 깊다는 뜻이다. 심연을 이룰 정도로 깊음을 말한 것으로, 호자壺子의 도가 심연과 같이 깊음을 비유한 말이다.

㉒ 淵有九名, 此處三焉: 아홉 가지 연못(九淵)의 이름은 『열자』「황제黃帝」에 보인다. "큰 고래가 맴돌며 머무는 곳이 심연을 이루고, 물이 멈추어 있는 곳이 심연을 이루고, 물이 흐르는 곳이 심연을 이루고, 물이 범람하는 곳이 심연을 이루고, 물이 옥토로 흘러들어 가는 곳이 심연을 이루고, 물이 샘솟아 나오는 곳이 심연을 이루고, 물줄기가 만나는 곳이 심연을 이루고, 물이 막혀 쌓인 곳이 심연을 이루고, 물줄기가 왕성한 곳이 심연을 이룬다. 이것이 바로 아홉 가지 연못이다."(鯢旋之潘爲淵, 止水之潘爲淵, 流水之潘爲淵, 濫水之潘爲淵, 沃水之潘爲淵, 氿水之潘爲

淵, 雍水之潘爲淵, 汧水之潘爲淵, 肥水之潘爲淵, 是爲九淵焉)

- 진심: '세 가지 상황'(此三處焉)이란 '생기가 막혀 있는 조짐'(杜德機), '생동하는 기운의 조짐'(善者機), '평온한 기운의 조짐'(衡氣機)으로, 세 가지 모두 심연의 상태에 비유되고 있다. '연淵'은 도道가 깊고 고요하여 감히 헤아릴 수 없음을 말한다.
- 진수창: 큰 고래가 맴도는 물은 정지해 있지도 않고 크게 요동치지도 않으니, '평온한 기운의 조짐'(衡氣機)을 비유한 것이다. 고인 물은 멈추어 있으니, '생기가 막혀 있는 조짐'(杜德機)을 비유한 것이다. 흐르는 물은 움직이니, '생동하는 기운의 조짐'(善者機)을 비유한 것이다. 이 세 가지는 비록 다르지만, 그 심연의 깊이를 짐작할 수 없다는 점에서는 같다.

㉓ 未始出吾宗: 자신의 근본의 도道를 드러내 보인 적이 없음. '종宗'은 근본의 도道.(감산덕청)

㉔ 虛而委蛇: '허虛'는 집착하거나 뜻하는 바가 없음을 말한다.(진계천) '사蛇'는 '이移'(움직이다)로 읽는다. '위사委蛇'는 변화에 따른다는 뜻이다.

㉕ 不知其誰何: 자신이 어떻게 된 것인지 알 수 없음.

- 임운명: 서로 짐작하여 헤아릴 수 없음.

㉖ 因以爲弟靡, 因以爲波流, 故逃也: '제弟'는 '제稊'와 같으며, 띠풀의 일종이다. '제미稊靡'는 『열자』 「황제黃帝」에는 '모미茅靡'로 되어 있다. '제미弟靡', '파류波流'는 모두 집착이 없음을 표현한 것으로, 변화에 순응하는 상태를 묘사한 것이다.

- 선영: '제미弟靡'는 조금도 의지하는 바가 없음을 뜻한다. '파류波流'는 조금도 정체되는 바가 없음을 뜻한다.
- 호문영: '제미弟靡', '파류波流' 모두 계함季咸의 눈에 보이는 호자壺子의 변화무상한 모습이다.
- 진계천: 자신의 모습이 마치 풀이 바람에 따라 흔들리고, 물이 파도에 따라 흘러가는 것과 같다는 것으로, 어떤 고정된 형상을 지니지 않음을 비유하였다.

㉗ 爨(중국음은 cuàn[竄]): 밥을 지음(炊).

㉘ 食豕如食人: '사食'는 '사飼'(먹이다)로 읽는다. '사람을 먹이듯이 돼지를 먹이다'(飼豕如飼人)라는 뜻으로, 귀천을 잊는 것을 의미한다.(곽상, 『장자주』) 구분하거나 자만하지 않는다는 의미도 있으며(임운명), 인간과 사물을 평등하게 바라본다는 의미로도

해석할 수 있다(진수창).

- 진임중: '시豕'는 '아我'로 써야 한다. '豕'[10]와 '시豕' 두 글자는 전서, 예서, 장초서章草書(초서에 예서가 가미된 서체) 등이 모두 형태가 비슷하여 혼동한 것이다.(呂惠卿 『莊子義』에 보인다.)
    - ▹ 진고응: 진임중의 설 역시 참고로 삼을 수 있다.

㉙ 於事無與親: 치우침이나 사사로움이 없이 일을 행함.(진계천)

㉚ 雕琢復朴: 꾸며 댄 것을 제거하여 본래의 소박한 상태로 돌아감.

- 성현영: 갈고 닦으며 화려하게 꾸며 대는 일들을 전부 제거하고, 참된 본성(眞)에 그대로 맡겨 소박(朴素)한 도로 돌아감.
- 선영: 장식과 기교를 버리고 참된 본성(眞)으로 돌아감.
- 이면: '조雕'는 잘못 쓴 것으로, '거去'라고 해야 한다. 쪼개고 다듬는 일들은 모두 폐기하고 본래의 소박한 상태로 돌아가야 함을 말한 것이다.

㉛ 塊然獨以其形立: '괴연塊然'은 마치 땅덩어리와 같음을 말하며, 꾸며 대는 것들을 제거하고 본래의 소박한 상태를 되찾았음을 표현하는 말이다.

㉜ 紛而封哉: 어지럽고 분분한 세상사 속에서 참되고 소박한 본성의 모습(眞朴)을 유지함. '봉封'은 '지키다, 고수하다'(守)의 의미.(성현영, 『장자소』)

㉝ 一以是終: 평생토록 늘 이와 같다. '일一'은 항상 이와 같음을 말한다.(임희일)

【풀이】

정나라에 계함이라고 하는 관상에 능한 무당 한 명이 있었다. 그는 생사화복을 점쳐 정확한 연도와 날짜까지 맞추어 낼 수 있었으니, 마치 신과 같이 정확했다. 정나라 사람들이 그에게 점을 치러 가서는 모두 놀라며 도망치기 일쑤였다. 하루는 열자가 그를 만났다가 감복하고는 돌아와서 호자에게 말했다. "저는 원래 선생님의 도道가 가장 깊은 줄로만 알았습니다. 그런데 더 깊은 자가 있었습니다."

호자가 말했다. "내가 너에게 가르친 것은 그저 도道의 개념에 지나지 않는다. 실질적인 도의 이치는 아직 너에게 전수해 주지 않았는데, 네가 어떻게 도를 얻을 수 있었겠는가? 암컷 새만 있고 수컷 새가 없다면 어떻게 알을 낳을 수

10) 한글음이 확인되지 않는다.

있겠는가? 너는 도道의 외면만 가지고 세상 사람들을 만나며 신임을 얻고자 바라니, 남들에게 마음을 쉽게 간파당하는 것이다. 어디 한번 그를 데려와 나의 관상을 점쳐 보도록 하거라."

다음 날, 열자가 계함을 모셔와 호자의 관상을 점치도록 하였다. 계함이 점을 치고 나와서 열자에게 말했다. "아! 자네의 스승은 곧 돌아가시겠구나. 살아날 방법이 없다. 열흘을 넘기지 못할 것이다! 내가 그의 형색을 보니 마치 물에 젖어 완전히 꺼진 잿빛처럼 매우 괴기했다."

열자가 그 말을 듣고 들어가 옷이 다 젖도록 통곡을 하며 호자에게 들은 바를 알려 주었다. 호자가 말했다. "방금 나는 계함에게 고요하고 적막한 마음의 상태를 보여 주었다. 이는 움직이는 것도 아니고 그렇다고 멈추어 있지도 않은 상태이다. 그는 나를 보고 생명의 기미가 완전히 막힌 것으로 여겼을 것이다. 어디 다시 한 번 그를 불러와 보거라."

다음 날, 열자가 다시 계함을 모셔와 호자의 관상을 보게 하였다. 이번에는 계함이 점을 치고 나와 이렇게 말했다. "자네의 스승이 운 좋게 나를 만나 겨우 살아나게 되었다. 완전히 생기가 되살아났다. 전날에는 생명의 기미가 완전히 막힌 것으로 보았는데, 이제는 다시 기운이 생동하기 시작했다."

열자가 호자에게 가서 다시 들은 바를 알려 주었다. 호자가 말했다. "방금은 내가 그에게 천지지 사이의 온갖 생기를 그에게 드러내 보였다. 그 어떤 명예와 실리도 마음에 들어오지 않았으니, 한 줄기 생명의 조짐이 발끝부터 온몸을 타고 흘렀다. 그는 이 생명의 기미를 보았던 것이다. 그럼 다시 그를 불러와 보거라."

다음 날, 열자가 다시 계함을 모셔와 호자의 관상을 보게 하였다. 계함이 점을 치고 나와서는 이렇게 말했다. "자네 스승의 정신은 정말로 황홀하고 아득하구나. 나는 도저히 그의 관상을 볼 수가 없다. 그의 마음과 정신이 안정된 후에 다시 찾아와 관상을 보겠다."

열자가 들어가서 계함의 말을 호자에게 알려 주었다. 호자가 그 말을 듣고 말했다. "방금 내가 그에게 보여 준 모습은 바로 그 어떤 조짐도 발견할 수 없는 태허의 경지이다. 그는 어떤 조짐도 없이 평온한 기운을 보았을 것이다. 큰 고래가 맴돌며 머무르는 심연, 멈추어 있는 물이 이루어 낸 심연, 흐르는 물이 만들어 낸 심연 등등, 원래 아홉 가지의 심연이 있지만, 나는 그에게 이 세 가지 모습만을 보여 주었다. 다시 그를 불러와 보거라."

다음 날, 열자가 다시 계함을 모셔와 호자의 관상을 보게 하였다. 그런데 계함이 제대로 서서 관상을 보기도 전에 아연실색하며 도망쳐 버렸다. 호자가 말했다. "그를 쫓아가라!"

열자가 얼른 그를 뒤쫓아 갔다가 다시 돌아와 호자에게 말했다. "도무지 그의 종적을 찾을 수 없습니다. 어디로 갔는지 알 수가 없어 뒤쫓을 수 없습니다."

호자가 말했다. "방금 내가 보여 준 모습은 (모든 형상이 사라진 경지로) 정작 나의 근본의 도는 미쳐 내보이지도 않았다. 나는 마치 풀이 바람에 흔들려 쓰러지고 물이 파도에 따라 흘러가듯이 그를 따라 자연스럽게 변화하였으니, 그는 도저히 나를 헤아릴 수 없었다. 그러니 도망쳐 버렸던 것이다."

열자는 그제야 자신이 실은 아무것도 배우지 못했음을 깨닫고 집으로 돌아와 삼 년 동안 문밖을 나서지 않았다. 그는 부인을 대신해 밥을 지어 마치 사람에게 먹이듯 돼지를 먹였다. 그 어떤 치우침도 없이 사물을 대했으며, 겉치레를 모두 버리고 참되고 소박한 본성으로 돌아와 그저 아무것도 모르는 듯, 어지러운 세상사 속에서 본래의 것을 지키며 평생을 보냈다.

6.

無爲名尸①, 無爲謀府②; 無爲事任③, 無爲知主④. 體盡無窮, 而遊無朕⑤; 盡其所受乎天⑥, 而無見得⑦, 亦虛⑧而已. 至人之用心若鏡, 不將不迎, 應而不藏⑨, 故能勝物而不傷.

【길잡이】

① 無爲名尸: 이름의 주인이 되지 말 것. '시尸'는 주인을 뜻한다.

② 無爲謀府: 책략의 거처가 되지 말 것. 책략이 한 사람에 의해 독단적으로 결정되어서는 안 됨을 말한 것이다.(진계천)

- 감산덕청: 지모가 모이는 곳을 '모부謀府'라고 한다.

③ 無爲事任: 억지로 일을 처리하지 말 것.(감산덕청)

④ 無爲知主: '지주知主'는 지혜와 계교를 주로 삼음. 즉, '무위지주無爲知主'란 지혜와

계교를 위주로 하지 말라는 뜻이다.(감산덕청)

- 진계천: 이상의 네 구절에서는 제왕은 사물의 자연에 따르며, 명성에 마음을 두지 말고, 억지로 일을 처리하지 않으며, 지모를 사용하지 말아야 함을 말했다.

⑤ 體盡無窮, 而遊無朕: 끝없이 광대한 도의 경지를 깨달아, 억지로 일을 행하는 법이 없음.(진계천)

- 감산덕청: '체體'는 도를 체득하는 것이며, 무궁한 변화에 응한다는 뜻이다. '짐朕'은 '조짐'을 말하며, 만물의 구분이 생겨나기 이전의 최초 상태에서 노닌다는 의미다.

⑥ 盡其所受乎天: 자연의 본성을 받아들임.

⑦ 無見得: 자신이 지닌 것을 스스로 드러내지 않음. 즉 스스로 자랑하지 않는다는 뜻.

⑧ 虛: 텅 비어 맑은 마음의 상태를 나타내는 말.

⑨ 不將不迎, 應而不藏: 자연을 그대로 따르며 사사로운 뜻을 품지 않음.

- 성현영: '장將'은 '보내다'(送)이다. 외물이 왕래해도 거울은 이를 특별히 맞이하거나 배웅하지 않는다. 그저 사물을 있는 그대로 비출 뿐, 어떤 것도 감추지 않는다.

【풀이】

명성을 바라는 마음을 버리고, 모략을 꾀하려는 사고를 버리며, 독단적인 행위를 버리고, 지모를 사용한 작위를 버려라. 무궁한 도를 체득하여 적막하고 고요한 마음의 경지에서 노닐고, 자연의 본성을 받아들이되 스스로 뽐내지 않는다면 텅 비어 맑은 마음의 상태에 도달했다고 할 수 있다. 지인의 마음씀은 마치 거울과 같아서 외물이 오고 가는 것을 그대로 맡길 뿐 맞이하거나 배웅하지 않고, 있는 그대로를 비출 뿐 갈무리하지 않는다. 이 때문에 사물을 극복하면서도 그에 의해 손상을 입지 않는다.

南海之帝爲儵, 北海之帝爲忽, 中央之帝爲渾沌①. 儵與忽時相與遇於渾沌之地, 渾沌待之甚善. 儵與忽謀報渾沌之德, 曰: "人皆有七竅②以視聽食息,此獨無有, 嘗試鑿之." 日鑿一竅, 七日而渾沌死.

【길잡이】

① 南海之帝爲儵, 北海之帝爲忽, 中央之帝爲渾沌(儵의 중국음은 shū[抒]): '숙儵', '홀忽', '혼돈渾沌'은 모두 우언 속 인물이다.(임희일) 혼돈 우언의 함의는 매우 풍부하다. 첫째, 이는 순박한 본래 그대로를 미덕으로 한다는 것을 비유한다. 둘째, 각자 자신의 본성에 알맞게 해야 함을 비유한다.(「至樂」에서 말하는 '적합한 것에 뜻을 두다'(義設於適)라는 것이 그것이다.) 혼돈의 죽음은 마치 노나라 임금이 새를 기르던 우화를 떠올리게 한다. '노나라 임금이 새를 잡아 길렀는데, 사흘이 지나자 새가 그만 죽어 버렸다. 새가 자라는 방식대로 기른 것이 아니라 자신의 방식대로 새를 길렀기 때문'(三日而死, 此以己養養鳥也, 非以鳥養養鳥也. 「至樂」)이라는 것이다. 셋째, 남해는 양을 뜻하고, 북해는 음을 뜻하며, 중앙은 음양의 합을 뜻한다. '한 번 음하고 한 번 양하는 것을 일러 도라고 한다'(一陰一陽之謂道)라는 『주역』「계사전繫辭傳」의 구절이 바로 이것이다.

- 간문제: '숙儵', '홀忽'은 매우 빠르다는 의미로 이름을 붙인 것이다. 혼돈渾沌은 화합한 모습을 나타낸다. 매우 빠르다는 것은 유위有爲를 비유하며, 화합한 모습은 무위無爲를 비유한다.
- 주계요: '숙홀儵忽'은 같은 소리를 나란히 연결한 말이다. 이이는 두 자를 나누어 다르게 풀이했는데, 이는 옳지 않다. 『초사』「원유遠遊」의 "정신이 홀연히 빠져나가 돌아오지 않네"(神儵忽而不反兮), 『초사』「구변九辯」의 "휙 하고 지나가니 마주치기 힘들다"(羌儵, 忽而難當), 『초사』「구가九歌」의 "쉭 하고 왔다가 휙 하고 돌아간다"(儵而來兮忽而逝), 『초사』「구장九章」의 "돌연히 손을 뻗어 하늘을 어루만지네"(遂儵忽而捫天)와 "'숙儵'은 '숙叔'으로 발음한다"라고 한 이에 대한 주석, 『초사』「초혼招魂」의 "쏜살같이 오간다"(往來儵忽)와 "'숙홀儵忽'은 빠르고 갑작스러운 모습이다"(儵忽, 疾忽貌也)라고 한 이에 대한 주석, 『초사』「구회九懷」의 "엎치락뒤치락 파도가 일렁이네"(儵忽兮容裔)와 "이리저리 움직이는 모습이 귀신처럼 지극히 급하고 빠름"(儵忽往來亟疾若鬼神也)이라고 한 이에 대한 주석 및 "'숙儵'은 '숙叔'으로 발음한다"라고 한 홍흥조洪興祖의 보충설명, 『초사』「천문天問」의 "숙홀은 어디에 있는가"(儵忽焉在), 『초사』「천대天對」의 "숙홀이 각자 남해와 북해로 돌아가 머물렀다"(儵忽之帚居南北海), 『여씨춘추』「결승決勝」의 "비겁함과 용감함이 일정치 않으니,

문득문득 뒤바뀐다”(德勇無常, 儵忽往來), 『여씨춘추』「군수君守」의 “따라서 지인과 신인은 홀연히 소요하니, 그 모습을 볼 수 없다”(故至神逍遙, 儵忽而不見其容) 등의 구절 모두가 ‘숙홀儵忽’을 연결하여 사용한 사례들이다.

- 왕숙민: ‘숙儵’은 ‘숙倏’으로 가차되어 사용되었다. 『예문류취』 8에서는 이를 인용하면서 ‘숙倏’으로 썼다. ‘숙倏’은 ‘숙倐’을 잘못 적은 것이다. 『설문해자』에 “‘숙倐’은 개가 질주하는 것을 말한다”라고 하였다.
  - ▹ 진고응: ‘숙儵’에는 매우 빠르다는 의미가 있다. ‘홀忽’ 역시 빠르다는 의미를 가차하였다. 즉, 간문제와 주계요의 설이 옳다. 이이의 『장자주』와 성현영의 『장자소』에서는 ‘숙儵’과 ‘홀忽’을 서로 다르게 풀이하였으나, 옳지 않다.
- 이면: ‘숙儵’과 ‘홀忽’은 모두 민첩함, 유위有爲라는 의미를 취한 것으로 ‘혼돈渾沌’과는 정반대이다. ‘혼돈渾沌’은 순수하고 소박한 본래 그러한 모습을 비유한 말이다. ‘숙홀儵忽’이 유위有爲하였기 때문에, 오히려 ‘혼돈渾沌’의 본래 그러함(自然)을 해치게 되었다.
- 진심: 이 세 가지는 각각 제왕을 가리키는데, 순수하고 소박한 상태를 유지하며 본래 그러함을 해치지 않는 것이 가장 훌륭한 제왕의 도임을 말했다.

② 七竅: 한 개의 입, 두 개의 귀, 두 개의 눈, 두 개의 콧구멍 등 총 일곱 개의 구멍을 가리킨다.

【풀이】

남해의 제왕의 이름은 ‘숙儵’이라고 하고, 북해의 제왕의 이름은 ‘홀忽’이라고 하며, 중앙의 제왕의 이름은 ‘혼돈渾沌’이라 한다. 숙과 홀이 늘 혼돈의 땅을 찾아 서로 만났는데, 혼돈은 매번 이들을 극진하게 대접하였다. 하루는 숙과 홀이 어떻게 혼돈의 호의에 보답할지를 고민하다가 이렇게 이야기했다. “사람의 몸에는 모두 일곱 개의 구멍이 있어서 이를 통해 보고 듣고 먹고 숨을 쉬는데 오직 그만이 구멍이 없다. 그러니 우리가 그를 대신해 구멍을 뚫어 주도록 하자.” 그러고는 하루에 하나씩 구멍을 뚫어 마침내 칠 일째에 이르자 혼돈은 죽고 말았다.

외편外篇

변무駢拇

「변무」의 취지는 인간의 행위가 자연에 합치되고, 인정人情의 보편성에 따라야 함을 밝히는 것이다. '변무駢拇'란 발가락이 나란히 붙어서 생겨난 것을 뜻한다. 글 첫머리의 두 글자를 따와 편명으로 삼았다.

이 편의 주된 논지는 다음과 같다. 우선 전반부에서는 총명함을 남용하고, 인의仁義를 꾸며대는 행위가 자연의 올바른 도리가 결코 아님을 지적하였다. 자연의 올바른 도리란, '타고난 성명性命의 참모습을 잃어버리지 않는 것'(不失其性命之情)에 있다. 인의의 행위는 반드시 인정에 부합해야 하는데, 만약 그렇지 않을 경우, 마치 '노끈으로 묶고 아교와 옻칠로 붙이듯'(纆索膠漆) 인간의 행위를 속박하게 된다. 후반부에서는 과거 삼대三代 이래 '목숨을 바쳐 인의를 행하고'(奔命於仁義), '인의를 내세워 천하를 어지럽히며'(招仁義以撓天下), 인의의 명예를 추구하느라 '생명을 해치고 본성을 훼손시킨'(殘生傷性) 일들은 모두 '타고난 성명의 실정'(性命之情)에 어긋나는 것이라고 비판하였다.

본 편에서 유래한 잘 알려진 성어에는 병무지지駢拇枝指[1], 누와결승累瓦結繩[2], 학장부단鶴長鳧短[3] 등이 있다.

1) 붙어 있는 발가락과 곁으로 덧난 손가락. 쓸모없는 여분의 것들을 비유하는 말.
2) 기와를 포개고 노끈을 이어 묶음. 불필요한 말을 늘어놓는 것을 비유하는 말.
3) 학의 다리는 길고 청둥오리의 다리는 짧음. 사물에 각자의 고유한 특징이 있음을 나타내는 말.

1.

駢拇[①]枝指[②], 出乎性哉[③]! 而侈於德[④]. 附贅縣疣[⑤], 出乎形哉! 而侈於性. 多方[⑥]乎仁義而用之者, 列於五藏哉! 而非道德之正[⑦]也. 是故駢於足者, 連無用之肉也; 枝於手者, 樹無用之指也; 駢枝於五藏之情者[⑧], 淫僻於仁義之行, 而多方於聰明之用也.

是故駢於明者, 亂五色[⑨], 淫文章[⑩], 青黃黼黻[⑪]之煌煌[⑫]非乎? 而離朱是已[⑬]. 多於聰者, 亂五聲[⑭], 淫六律[⑮], 金·石·絲·竹·黃鍾·大呂[⑯]之聲非乎? 而師曠[⑰]是已. 枝於仁者, 擢德塞性[⑱]以收名聲, 使天下簧鼓[⑲]以奉不及之法非乎? 而曾史[⑳]是已. 駢於辯者, 累瓦結繩[㉑]竄句棰辭[㉒], 遊心[㉓]於堅白同異之間, 而敝跬譽[㉔]無用之言非乎? 而楊墨是已. 故此皆多駢旁枝之道, 非天下之至正[㉕]也.

【길잡이】

① 駢拇: 엄지발가락과 검지발가락이 붙어 있는 것을 말함.(『경전석문』에서 사마표의 설을 인용) '변駢'은 '합치다'(幷)라는 뜻.(『경전석문』에서 이이의 설을 인용) '무拇'는 '모母'와 같이 발음하며, 엄지발가락을 가리킨다.(『경전석문』)

② 枝指: 곁에 덧붙여 난 손가락.

- 최선: '지枝'는 '기歧'로 발음하며, 곁으로 덧붙여 난 손가락을 말한다.(『경전석문』에서 인용)

③ 出乎性哉: 본성에서 나온 것일까?

- 이면: 이 구절은 의문을 제기하는 문장으로 자연스러운 본성에서 나온 것이 아님을 말한 것이다. 한 손에 다섯 개의 손가락이 있는 것이 자연스러운 본성인데, 이제 손가락이 여섯 개라면 자연스러운 본성에서 나온 것이 아니다. 이른바 기형이라는 것이다.

④ 侈於德: '치侈'는 많음, 남음의 뜻이다. '덕德'은 '득得'과 통한다.

- 임희일: 사람이 공통으로 타고난 것을 '덕德'이라고 한다.(『남화진경구의』)
- 선영: 사람들이 공통으로 타고난 것에 비해 여분이 더 있음.(『남화경해』)

⑤ 附贅縣疣: 몸에 달려 있는 췌우贅疣. 췌우란 몸에 난 혹이나 종기를 말한다. 「대종사」에 등장한 바 있다.

⑥ 多方: '방方'은 곁(旁). '다방多方'은 곁가지인 것(枝節)이 많이 자라남.(조초기)

⑦ 正: '스스로 그러함'(自然), '본래 그러함'(本然)이라는 뜻이 있음.

⑧ 駢枝於五藏之情者: 원래 '변지駢枝' 앞에 '다방多方' 두 글자가 더 있었으나, 초횡의 설에 따라 삭제하였다.

- 초횡: '다방변지어인의지정多方駢枝於仁義之情'에서 '다방多方'은 불필요한 글자이다.
  - ▹ 진고응: 주득지朱得之 역시 이 설을 지지하였고(후쿠나가 미쓰지, 『莊子』 외편에서 인용), 선영 또한 이를 따랐다. '다방多方' 두 글자를 삭제할 경우, 뒤의 두 구절과 서로 잘 대구를 이룬다.

⑨ 五色: 청색, 황색, 적색, 백색, 흑색.(성현영, 『장자소』)

⑩ 淫文章: 청색과 적색을 '문文'이라고 하고, 적색과 백색을 '장章'이라고 한다.(성현영, 『장자소』) 화려하고 아름다운 색채에 탐닉함을 말한다.

⑪ 黼黻: 백색과 흑색을 가리켜 '보黼'라고 하고, 흑색과 청색을 가리켜 '불黻'이라고 한다.(『경전석문』에서 『周禮』를 인용) '보불黼黻' 두 글자는 「대종사」에 등장한 바 있다.

⑫ 煌煌: 휘황찬란한 모습을 표현한 말.

⑬ 而離朱是已: '이而'와 '여如'(마치 ~와 같다)는 과거 서로 통용되었다. '이이주시이'는 '여이주시이如離朱是已'와 같다. 뒤에 나오는 '이사광而師曠', '이증사而曾史', '이양묵而楊墨' 모두 마찬가지다.(유월) 이주離朱는 『맹자』에서는 '이루離婁'라고 하였다. 『회남자』「원도훈原道訓」에 "이주의 밝은 눈은 백 보 밖에 있는 바늘 끝을 살필 수 있을 정도였다"(離朱之明, 察箴末於百步之外)라는 설명이 나온다.

⑭ 五聲: 궁宮, 상商, 각角, 치徵, 우羽. 고대 음악에서 사용한 다섯 가지 음.

⑮ 六律: 황종黃鍾, 대려大呂, 고선姑洗, 유빈蕤賓, 무역無射, 협종夾鍾. 고대 음악에서 사용한 여섯 가지 화음.

⑯ 金, 石, 絲, 竹, 黃鍾, 大呂: 모두 고대 음악에서 사용한 음조이다.

⑰ 師曠: 중국 춘추시대 진晉나라 평공平公의 악사로 음률에 정통하였다. 「제물론」에 등장한다.

⑱ 擢德塞性: 덕행을 뽐내고, 본성을 덮어 가림. '탁擢'은 '요耀'(뽐내다)로 읽어야

한다.

⑲ 簧鼓: 생황을 불고, 북을 두드림. '소란스럽게 하다'(喧嚷)는 뜻.

⑳ 曾史: 증삼曾參과 사추史鰌를 가리킨다. 사추史鰌는 중국 전국시대 위衛나라 영공靈公의 신하인 사어史魚를 말한다.

㉑ 累瓦結繩: 기와를 쌓고, 노끈을 서로 연결하는 것처럼 쓸모없는 말을 계속 이어 나감.

- 임희일: 논변자들이 말을 끊임없이 이어 가고 더하는데 정작 그 말에 아무런 의미가 없으니, 이를 기와를 쌓고 밧줄을 연결하는 것에 비유하였다.
- 진수창: '누와累瓦'란 같은 말을 다른 방식으로 수식하는 기교를 비유한 것이다. '결승結繩'은 말을 이어 나가는 기술을 비유한 것이다.

㉒ 竄句棰辭: '찬구竄句'는 억지로 이치에 맞지 않는 말을 함.(사마표) '추사棰辭' 두 글자는 원래 빠져 있었으나, 왕숙민의 『장자교석』에 따라 보충하였다.

- 왕숙민: 『경전석문』에는 '찬구竄句' 다음에 '추사棰辭' 두 글자가 들어가 있다. 이를 따라야 한다. '누와결승累瓦結繩, 찬구추사竄句棰辭'라고 써야 문장이 서로 호응된다. 이어지는 '유심遊心' 두 글자는 뒤 구절에 붙여서 읽는다. 『후한서』「장형전張衡傳」 주석에서 이 구절을 인용하면서 '찬구적사竄句籍辭'로 썼는데, 이 역시 현재 판본에 탈자가 있다는 증거가 된다.(『장자교석』)

㉓ 遊心: 마음을 헤매게 하다(선영), 마음을 내몰다(유봉포).

㉔ 跬譽: 일시적인 명예.

- 곽숭도: 『경전석문』에 "'폐규敝跬'는 본분을 벗어나는 일에 힘쓰는 모습이다"라고 하였다. '규예跬譽'는 짧음을 말한 것이다. 『방언』에서는 "반걸음을 '규跬'라고 한다"라고 하였고, 『사마법』에는 "한 걸음을 내딛는 거리를 '규'라고 한다"라고 하였다. '규'는 세 척의 거리를 뜻하므로, '규예跬譽'란 일시적으로 명예를 얻음을 말한다.(곽경번, 『장자집석』에서 인용)

㉕ 至正: 지극하고 올바른 도리.(성현영, 『장자소』) 본래 그러한 이치.(임희일)

【풀이】

하나로 붙어서 난 발가락과 따로 갈라져서 난 손가락이 본성에서 나온 것이겠는가? 이는 마땅히 얻어야 하는 바를 넘어선 것이다. 몸에 자라난 혹과 종기가 본래의 형체에서 나온 것이겠는가? 이는 본성을 넘어선 것이다. 복잡하고 불필요하게 인의仁義를 사용해 대는 것을 우리 몸에 원래 오장이 있는 것에 빗대어 말할 수 있겠는가? 이는 도와 덕의 본래 그러한 모습이 아니다. 따라서 발가락이 서로 붙어 있는 것은 그저 쓸모없는 덩어리가 연결되어 있는 것에 불과하며, 곁으로 덧붙여 난 손가락은 그저 쓸모없는 손가락 하나가 더 자란 것일 뿐이니, 모두 내면의 참된 본성을 벗어난 것이다. 인의로 꾸며 대는 행위는 총명함을 이리저리 남용하는 것이다.

그러므로 시각을 제멋대로 방종하게 하면 오색에 미혹되고 아름다운 문채에 휘둘리니, 어찌 색채가 화려한 옷이 사람의 눈을 현혹시키는 것과 같지 않겠는가? 이주離朱와 같은 자가 바로 그러한 자이다. 또한, 청각을 제멋대로 방종하게 하면 오음과 육률에 어지럽게 빠져드니, 어찌 금, 석, 사, 죽, 황종, 대려 등의 음조가 바로 이러한 것들이 아니겠는가? 사광師曠과 같은 자가 바로 그러한 자이다. 인의를 표방하는 자는 덕행을 뽐내고 본성을 덮어 가리면서 명예만 좇으니, 이 어찌 천하 사람들을 소란스럽게 하면서 따를 수 없는 법도만 받들고 고수하는 짓이 아니겠는가? 증삼曾參과 사추史鰌가 바로 이러한 자들이다. 궤변을 일삼는 자들은 크게 허황된 말과 견강부회로 견백론과 동이론의 문제에 마음을 헤매게 하니, 이 어찌 일시적인 명성을 위해 정신을 피폐하게 만들고, 무익한 주장만을 고집하는 꼴이 아니겠는가? 양주楊朱와 묵적墨翟이 바로 이러한 자들이다. 그러므로 이 모든 것은 삐뚤어진 길로서 결코 천하의 올바른 도리가 아니다.

彼至正①者, 不失其性命之情. 故合者不爲駢, 而枝者不爲岐②; 長者不爲有余, 短者不爲不足. 是故鳧脛③雖短, 續之則憂; 鶴脛雖長, 斷之則悲. 故性長非所斷, 性短非所續, 無所去憂也④. 意仁義其非人情乎⑤! 彼仁人何其多憂也? 且夫駢於拇者, 決之則泣; 枝於手者, 齕⑥之則啼. 二者, 或有余於數, 或不足於數, 其於憂一也. 今世之仁人, 蒿目⑦而憂世之患; 不仁之人, 決性命之情而饕貴富⑧. 故曰仁義其非人情乎⑨! 自三代以下者, 天下何其囂囂⑩也?

【길잡이】

① 至正: 통행본에는 '정정正正'으로 되어 있으나, 저백수 등의 설에 따라 수정하였다.

- 저백수: '피정정자彼正正者'는 앞 구절을 고려하면 '지정至正'이 옳다.(『남화진경의해찬미』)
- 선영: 앞의 '지정至正'을 받아서 나온 것이다. 과거에는 모두 '지至'를 '정正'으로 잘못 써 왔다.
    - ▹ 진고응: 선영의 판본에는 이미 '지정至正'으로 수정되어 있다. 청나라 사람 유봉포의 『남화설심편』 역시 이를 '지정至正'으로 썼다.
- 유월: '정正'자는 '지至'를 잘못 적은 것이다. 앞에서 "그러므로 이 모든 것은 삐뚤어진 길로서 결코 천하의 올바른 도리가 아니다"(故此皆多駢旁枝之道, 非天下之至正也)라고 했고, 여기서 "이 올바른 도리는 타고난 성명의 모습을 잃지 않는 것이다"(彼至正者, 不失其性命之情)라고 했으니, 두 구절이 서로 이어진다. 지금처럼 '정정正正'으로 잘못 쓰면 뜻이 통하지 않는다. 곽상은 억지로 뜻을 끼워 맞추어 풀이했는데, 옳지 않다.

② 枝者不爲岐: 과거에는 '지岐'를 '지跂'로 잘못 썼다.(선영) 진경원(碧虛子)은 강남고장본을 인용하면서 '지跂'를 '지岐'로 썼는데, 뜻이 비교적 잘 통한다.(유문전, 『장자보정』)

③ 鳧脛(鳧의 중국음은 fú[浮]): 청둥오리의 짧은 다리.

④ 無所去憂也: 그 어떤 근심거리도 없음. '거去'는 일반적인 의미로 해석하기도 하고, '겁怯'의 가차자로 보기도 한다.(고형)

- 임희일: 길고 짧은 것은 본성에서 비롯된 것이다. 길고 짧은 것이 본성에 맞으니 달리 없애야 할 근심이 없다.
- 선영: 본래 그러함에 따르면 저절로 근심이 사라지니, 따로 없앨 것이 없다.
- 오여륜: '거去'는 '운云'(이르다)으로 보아야 한다.(『장자점감』)
    - ▹ 진고응: 오여륜의 설을 참고할 만하다.

⑤ 意仁義其非人情乎: '의意'는 성현영의 『장자소』에는 '희噫'로 되어 있다. 탄식하는 소리를 뜻한다. 일본 만지(萬治) 4년(1661)에 간행된 성현영의 『장자소』의 판본에 '희噫'로 되어 있다.(엄령봉, 『도가사자신편』, 595쪽) '인정人情'이란 '타고난 성명性命의 참모습'(性命之情)을 가리키며, 본래의 면목을 의미한다.(호문영)

⑥ 齕(중국음은 hē[喝]): 물어뜯다.

⑦ 蒿目: '호蒿'는 '모眊'의 의미로 가차되었다. 『설문해자』에서는 "'모眊'는 눈에 정기가 적은 것이다"라고 하였다.(마서륜의 『장자의증』에서 주준성의 설을 인용)

• 임희일: '호목蒿目'이란 눈을 반쯤 감은 것이다. 눈을 감은 듯 감지 않은 듯하니, 속눈썹이 파르르 떨리는 것을 말한다. 즉 '호목'은 홀로 앉아 근심에 빠진 것을 의미한다.

• 선영: 근심에 찬 듯 바라보니, 그 속눈썹이 마치 풀이 흔들리듯 파르르 떨리는 것이다.

▹ 진고응: '몽용蒙茸'이란 어지럽게 흩어지는 모습을 표현한 말이다.

• 오여륜: 최선은 "세상을 근심하는 모습(憂世之貌)이다"라고 하였으니, '호목蒿目'에 대한 주해로 삼을 수 있다.

⑧ 決性命之情而饕貴富(饕의 중국음은 tāo[滔]): '결決'은 '어지럽게 흩어짐'(潰亂)을 뜻한다. '도饕'는 '탐하다'(貪)의 뜻이다.

⑨ 故曰仁義其非人情乎: '왈曰'은 원래 '의意'라고 되어 있었으나, 엄령봉의 설에 따라 수정하였다.

• 엄령봉: 성현영의 『장자소』에서는 "이는 앞의 논지를 다시 한 번 맺은 것이다"(此重結前旨也)라고 하였는데, 앞에서 "아! 인의仁義란 인간의 참모습에 부합하지 않는단 말인가!"(意! 仁義其非人情乎!)라고 한 것과 연결하면 여기에서 말한 앞의 논지란 바로 '인의는 사람의 타고난 성명의 참모습이 아니다'(仁義非人之情)라는 말이다. '의意'는 감탄사이므로 앞에 '고故'자가 올 수 없다. 그러므로 '의意'자는 '왈曰'자를 잘못 적은 것으로 보인다. 교열하는 자가 『장자소』의 '중결전지重結前旨' 부분을 참고하여 기록하다가 '의意'자를 잘못 집어넣어 결국 뜻이 통하지 않게 된 것이다. 의미상 '의意'는 '왈曰'로 고쳐야 한다.

⑩ 囂囂: 떠들썩함(嘈雜), 소란스러움(喧囂).

【풀이】

사물의 본연의 상황에 부합하는 것은 타고난 성명의 참모습을 잃지 않는 것이다. 따라서 합쳐진 것이 억지로 뭉쳐진 것은 아니고, 나누어진 것이 여분의 것은 아니며, 긴 것이 넘치는 것이 아니고, 짧은 것이 부족한 것이 아니다. 따라서 청둥오리의 다리가 짧지만 혹여 다리를 이어 붙여 길게 만들고자 하면 더욱 고통스럽고, 두루미의 다리가 길지만 이를 잘라 내고자 한다면 더욱 슬프게 된다. 따라서 원래 긴 것은 잘라 낼 수 없고, 원래 짧은 것은 길게 덧붙일 필요가 없으니, 아무런 근심거리도 되지 않는다. 아! 인의仁義란 사람의 참된 성정에 부합하지 않는 것이 아닌가! 인자仁者들이란 왜 저리도 근심이 많은 것인가? 붙어서 자란 엄지발가락을 가르고자 하면 통곡하며 눈물을 흘릴 것이고, 곁으로 덧 자라난 손가락을 물어서 뜯어내려고 하면 구슬피 울 것이다. 이 두 가지는 각각 본래 있어야 하는 숫자보다 더 많거나 본래 있어야 하는 숫자보다 부족함에도 고통스러운 것은 매한가지다. 지금 세상을 살아가는 사람들 속에 인仁한 자는 세상의 환란을 근심하고, 불인不仁한 자들은 사람의 타고난 성명性命의 참모습을 흐트러뜨리며 부귀만을 탐한다. 그러니 인의를 주장하는 것은 사람의 참모습에 부합하지 않는 것이 아닌가? 그럼에도 삼대三代(하·은·주) 이래로 천하는 왜 이렇게 소란스러울까?

2.

且夫待鉤繩規矩而正者, 是削其性者也; 待僂索膠漆而固者①, 是侵其德者也; 屈折②禮樂, 呴俞③仁義, 以慰天下之心者, 此失其常然也. 天下有常然. 常然者, 曲者不以鉤, 直者不以繩, 圓者不以規, 方者不以矩, 附離④不以膠漆, 約束不以僂⑤索. 故天下誘然皆生而不知其所以生, 同焉皆得而不知其所以得. 故古今不二, 不可虧也. 則仁義又奚連連如膠漆僂索而遊乎道德之間爲哉, 使天下惑也!

【길잡이】

① 待僂索膠漆而固者: '누삭僂索'은 현재 판본에는 '승약繩約'으로 되어 있으나, 마서륜의 『장자의증莊子義証』에 따라 수정하였다.

- 마서륜: 아래 구절에서 "서로 붙은 것은 아교와 옻칠로 그렇게 만든 것이 아니고, 묶인 것은 밧줄로 그렇게 만든 것이 아니다"(附離不以膠漆, 約束不以僂索)라고 했고, 또 "그런데도 마치 아교와 옻칠 혹은 밧줄로 도와 덕 사이를 옭아매듯 인의를 계속해서 사용해야 하겠는가?"(仁義又奚連連如膠漆僂索而遊乎道德之間爲哉)라고 하였다. 이를 보면 '교칠膠漆'과 '누삭僂索'이 서로 대구를 이루는 것을 알 수 있다. 따라서 이 구절 역시 마찬가지로 해야 한다. 또 앞에서 이미 "구鉤, 승繩, 규規, 거矩를 사용해 바로잡으려 하면"(待鉤繩規矩而正)이라고 하였으므로, 여기에서는 '승繩'자가 아니라는 점이 더욱 분명하다.
  - ▹ 진고응: 마서륜의 설이 옳다. '승약繩約'으로 해도 역시 통하기는 하지

만, 문장 구조상 일관되지 않으므로 마서륜의 설에 따라 고친다. '승약繩約'은 '밧줄'(繩索)을 말하며, '약約'은 '승繩'과 서로 통한다. 성현영의 『장자소』에는 '약約'을 '속박束縛함'의 뜻으로 풀이했으나, 옳지 않다.

② 屈折: 사지와 몸을 구부림. '굴절예악屈折禮樂'이란 예악을 거행하는 모습을 형상화하여 표현한 말이다.(조초기, 『장자천주』)

- 마서륜: '굴屈'은 최선본에 따라 '굴詘'(구부리다)로 써야 한다. '절折'은 '힐詰'의 뜻을 가차한 것이다.…… '힐'은 '묻다'(問)라는 뜻이다.

③ 呴俞(呴의 중국음은 xū[虛]): 사랑하여 어루만짐.

- 성현영: '구유呴俞'는 '할머니의 보살핌'(嫗撫)을 말한다.

④ 附離: '리離'는 '려麗'(붙다)와 서로 통하며, '의지하다'(依)라는 뜻이다.

- 성현영: '리離'는 '의지함'(依)이다. 따라서 『한서』에 "애제의 시기에 동씨를 의지하는 자들이 모두 가세를 번창시켜 태수 자리에 이르렀다"(哀帝時附離董氏者, 皆起家至二千石)라고 하였고, 주석에서 "'리離'는 그에게 의지한다는 뜻이다"라고 하였다.

⑤ 僂: '삭索'과 같다. 세 가닥으로 묶은 밧줄을 말한다.

【풀이】

구鉤, 승繩, 규規, 거矩[4]를 사용해 바로잡으려 하면 오히려 사물의 본성을 해치고 만다. 밧줄이나 아교와 옻칠로 부착시키고자 하면 오히려 사물의 본연의 덕을 침범하게 된다. 예악으로 교제하고 인의를 권면하면서 천하의 인심을 달래고자 하는 것은 사물의 참된 본성을 어기는 일이다. 천하의 모든 사물에는 본래 그러한 참된 본성이 있다. 본래 그러하다는 것은, 굽은 것은 걸음쇠(鉤)를 사용해서 그렇게 만든 것이 아니고, 곧은 것은 먹줄(繩)을 사용하여 그렇게 만든 것이 아니고, 둥근 것은 그림쇠(規)를 사용하여 그렇게 만든 것이 아니고, 네모난 것은 곱자(矩)를 사용하여 그렇게 만든 것이 아니고, 서로 붙은 것은 아교와 옻칠로 그렇게 만든 것이 아니고, 묶인 것은 밧줄로 그렇게 만든 것이 아니라는 뜻이다. 따라서 천하의 사물은 저절로 자라나지만 어떻게 해서 자라나는지는 알 수 없으며, 마찬가지로

4) 모두 사물을 측정하거나 재단할 때 기준으로 삼는 도구로서 차례로 걸음쇠(양각기), 먹줄(직선을 그리는 도구), 그림쇠(컴퍼스), 곱자(기역자)에 해당한다. 통상 '規矩準繩'이라 칭한다.

각자 지닌 바가 있지만 어떻게 해서 이를 지니게 되었는지는 알 수 없다. 고금의 이치는 조금도 다를 바 없으니, 억지로 힘을 가하여 손상해서는 안 된다. 그런데도 마치 아교와 옻칠 혹은 밧줄로 도와 덕 사이를 옭아매듯 인의를 계속해서 사용해야 하겠는가? 이는 천하의 사람들을 현혹시키는 일이다!

夫小惑易方①, 大惑易性. 何以知其然邪? 有虞氏招仁義以撓天下②也, 天下莫不奔命於仁義, 是非以仁義易其性與? 故嘗試論之, 自三代以下者, 天下莫不以物易其性矣. 小人則以身殉利, 士則以身殉名, 大夫則以身殉家, 聖人則以身殉天下. 故此數子者, 事業不同, 名聲異號, 其於傷性以身爲殉, 一也. 臧③與穀④二人相與牧羊而俱亡其羊. 問臧奚事, 則挾筴⑤讀書; 問穀奚事, 則博塞⑥以遊. 二人者, 事業不同, 其於亡羊均也. 伯夷死名於首陽⑦之下, 盜跖⑧死利於東陵⑨之上, 二人者, 所死不同, 其於殘生傷性均也. 奚必伯夷之是而盜跖之非乎! 天下盡殉也, 彼其所殉仁義也, 則俗謂之君子; 其所殉貨財也, 則俗謂之小人. 其殉一也, 則有君子焉, 有小人焉; 若其殘生損性, 則盜跖亦伯夷已, 又惡取君子小人於其間哉!

【길잡이】

① 小惑易方: '혹惑'은 미혹되다(迷). '방方'은 동서남북의 사방. 적게 미혹되는 경우는 동서남북의 위치를 뒤바꾸어 생각함.(임희일)

② 有虞氏招仁義以撓天下: '유有'는 원래 '자自'로 되어 있으나, 엄령봉의 설에 따라 수정하였다. '유우씨有虞氏'라는 이름은 『장자』에 자주 등장하는데, 설에 따르면 이는 순임금을 가리킨다. 그런데 만약 이를 '우씨虞氏'라고 본다면 책 전체의 사례들과 일치하지 않는다.

- 엄령봉: 성현영의 『장자소』에 "'우씨虞氏'는 순임금을 말한다"라고 하였다. 그런데 『장자』 문헌 속에 순임금을 '우씨'라고 칭한 사례는 없다. 「응제왕」에서는 "유우씨는 태씨에 미치지 못한다"(有虞氏不及泰氏)라고 하였고, 또 "유우씨는 인의를 내세워 사람들의 마음을 옭아매려 한다"(有虞氏其猶藏仁以要人)라고 하였다. 「천지」에서는 "유우씨보다 못하구나!"(不及有虞氏乎), "천하가 잘

다스려졌는데도 유우씨가 이를 다스리려고 하는 것인가?"(天下均治而有虞氏治之邪), "왜 유우씨를 필요로 하겠는가?"(而何計以有虞氏爲), "유우씨가 종기를 고치는 방법"(有虞氏之藥瘍也)과 같은 구절이 있다. 「전자방」에서는 "유우씨는 삶과 죽음에 관한 생각이 마음속에 침입하지 않았다"(有虞氏死生不入於)라고 하였고, 「지북유」에서는 "유우씨의 궁궐"(有虞氏之宮)이라는 구절이 있다. 모두 '유우씨有虞氏'라고 칭하고 있으니, 이곳에서만 '우씨'라고 한다면 책의 다른 사례와 맞지 않는다. 다만 『열자』 「설부說符」에 "우씨는 양나라에 사는 부자이다"(虞氏者, 梁之富人也)라는 구절이 있는데, 이는 다른 사람을 가리키는 것이다. 원래의 '자自'자는 '유有'를 잘못 쓴 것으로, 뒤 구절 '자삼대이하자自三代以下者'로 인해 와전된 것으로 보인다. 따라서 전체 책의 사례에 따라 '자'를 '유'로 수정해야 한다. 한편, 이를 '자' 뒤에 '유'자가 빠진 것으로 볼 수도 있다. 이 경우 '자유우씨초인의이요천하야自有虞氏招仁義以撓天下也'가 된다. 하지만 「재유」에서 "옛날 황제가 처음 인의를 통해 사람들의 마음을 어지럽히기 시작했다. 이에 요와 순임금이 허벅다리가 마르고 정강이에 털이 없을 정도로 고생하며 인의로 천하의 형체를 길렀고, 애간장을 태워 가며 인의를 실행하였다"(昔者黃帝始以仁義攖人之心, 堯·舜於是股無胈, 脛無毛, 以養天下之形, 愁其五藏以爲仁義)라고 하였으니, 이는 '인의'가 요나 순임금으로부터 시작하지 않았음을 가리킨다.(『도가사자신편』, 596쪽)

③ 臧: 옛날 북쪽 지방의 풍습으로, 계집종을 아내로 맞은 남자를 '장臧'이라고 불렀다.

- 육덕명: 『방언』에 따르면, 제나라 북쪽 국경 지역과 연나라의 북쪽 외곽 지역에서 양민 남자이면서 계집종의 남편이 된 자를 '장臧'이라고 불렀다.

④ 穀: 어린 종.

- 육덕명: 최선본崔譔本에는 '구觳'라고 되어 있다. 어린아이를 '구觳'라고 부른다.

⑤ 挾筴: 책을 쥐다.(임희일)

- 육덕명: '협筴'은 '책策'으로도 쓴다. 이이는 "죽간을 말한다. 옛날에는 여기에 글을 썼다. 길이는 대략 2척 4촌 정도이다"라고 하였다.

⑥ 博塞: '박새簙簺'를 생략한 글자. 주사위를 던진다는 뜻.

- 임희일: '경瓊'을 던지는 것을 '박博', 던지지 않는 것을 '새塞'라고 한다. '경'이란 지금의 주사위와 같다.

⑦ 首陽: 산 이름. 하동부河東府 포판현蒲坂縣[5]에 있다.(『경전석문』)

⑧ 盜跖(跖의 중국음은 zhí[植]): 춘추시대의 큰 도둑. 잡편에 「도척」이 있는데, 도척에 대해 "유하계柳下季의 아우가 있었는데 이름을 도척盜跖이라 하였다. 그를 따르는 부하가 구천 명이나 되었다"라고 설명하였다. 아마도 우언으로 짐작된다. 하지만 '척跖'이라는 이름의 반역자를 도적(盜)이라고 부른 것이라면 실제로 그러한 인물과 일이 있었을 수도 있다. 그 밖에도 여러 문헌에서 도척에 관한 내용이 등장한다. 『맹자』「진심盡心」의 "쉬지 않고 이익을 탐하는 자가 바로 척跖의 무리들이다"(孳孳爲利者, 跖之徒也), 『순자』「불구不苟」의 "도척의 이름이 항상 사람들의 입에 오르내리니 그 명성이 마치 해와 달과 같이 널리 비추었고, 순임금과 우임금의 명성과 함께 끊임없이 후대에 전해졌다"(盜跖吟口, 名聲若日月, 與舜禹俱傳而不息), 『여씨춘추』「당무當務」의 "도척은…… 다섯 명의 패자(五霸)와 여섯 명의 임금(六王)[6]을 두루 비판하기를, 요임금에게는 자애롭지 않다는 평판이 있고, 순임금에게는 불효한 행적이 있고, 우임금은 주색을 탐하려는 생각이 있었고, 탕왕과 무왕은 각각 자신의 군주를 쫓아내고 시해한 일이 있으며, 춘추 오패五霸 역시 횡포를 일삼은 바 있다고 하였다. 그런데도 세상에서는 오히려 이들을 찬양하고 사람들이 그들의 죄악을 말하기를 꺼리니 참으로 알 수가 없는 일이라고 생각하였다. 그래서 자기가 죽은 후에 철퇴를 같이 묻어달라고 하고는 '내가 하직을 해서 이들을 만나면 머리를 깨부수어 버리겠다'라고 하였다"라고 한 내용들이 대표적인 사례다.

⑨ 東陵: 무덤의 이름. 제남濟南 경내에 있다.

【풀이】

작은 미혹은 방향을 헷갈리는 정도이지만, 큰 미혹은 본성을 흐트러뜨리는 데 이른다. 어떻게 이러함을 아는가? 유우씨는 인의를 표방하면서 천하를 소란스럽게 만들었으니, 천하에 인의에 목매달지 않는 자들이 없게 되었다. 이 어찌 인의를 사용하여 본성을 흐트러뜨린 것이 아니겠는가? 한번 시험 삼아 말해 보겠다. 삼대 왕조 이래, 천하에 외물을 통해 본성을 흐트러뜨리지 않는 자들이 없다.

---

5) 지금의 중국 산시성 運城 인근.

6) 堯·舜·禹·湯·文·武 여섯 임금을 가리킴.

소인은 이익을 바라며 목숨을 바치고, 선비는 명성을 바라며 목숨을 바치고, 대부는 일가를 위해 목숨을 바치고, 성인은 천하를 위해 목숨을 바친다. 이러한 자들은 서로 하는 일이 다르고 불리는 이름도 다르지만, 본성을 해쳐 가면서 자신의 목숨을 바친다는 점에서는 서로 같다. 이렇게 비유해 볼 수 있다. 어느 남자 하인과 어린 종이 함께 양을 치러 가서는 그 양들을 전부 잃어버렸다. 남자 하인에게 무엇을 하고 있었느냐 물었더니, 그는 손에 책을 들고 읽었노라고 답했다. 어린 종에게 무엇을 하고 있었느냐 물었더니, 그는 주사위 놀이를 했다고 하였다. 이 둘이 한 행동은 서로 다르지만, 결국 양을 잃어버렸다는 점에서는 같다. 백이는 명예를 위하다가 수양산에서 죽었고, 도척은 이익을 위하다가 동릉산에서 죽었다. 이 둘이 죽은 까닭은 서로 다르지만, 자신의 생명을 해치고 본성을 손상했다는 점에서는 같다. 그런데 왜 하필 백이는 옳고 도척은 그르다고 하는가? 천하 사람들이 모두 각기 제 한 목숨을 바친다. 그런데 인의를 위해 목숨을 바치는 자를 세상에서는 군자라고 하고, 재물을 위해 목숨을 바치는 자를 세상에서는 소인이라고 부른다. 모두 목숨을 바쳤다는 점에서는 같지만, 누구는 군자라 하고 누구는 소인이라고 하는 것이다. 자신의 생명을 해치고 본성을 손상했다는 점에서 보면 백이나 도척은 서로 같은데, 어떻게 군자와 소인을 구분할 수 있겠는가?

且夫屬其性乎仁義者, 雖通如曾史, 非吾所謂臧[①]也; 屬其性於五味, 雖通如兪兒[②], 非吾所謂甘[③]也; 屬其性乎五聲, 雖通如師曠, 非吾所謂聰也; 屬其性乎五色, 雖通如離朱, 非吾所謂明也. 吾所謂臧者, 非仁義之謂也, 臧於其德而已矣; 吾所謂臧者, 非所謂仁義之謂也, 任其性命之情而已矣; 吾所謂聰者, 非謂其聞彼也, 自聞而已矣; 吾所謂明者, 非謂其見彼也, 自見而已矣. 夫不自見而見彼, 不自得而得彼者, 是得人之得而不自得其得者也, 適人之適而不自適其適者也[④]. 夫適人之適而不自適其適, 雖盜跖與伯夷, 是同爲淫僻也. 余愧乎道德, 是以上不敢爲仁義之操, 而下不敢爲淫僻之行也.

【길잡이】

① 臧: 좋음, 훌륭함(善).

② 兪兒: 맛에 관해 잘 알았던 고대의 인물.

③ 甘: 통행본에는 '장臧'이라고 되어 있으나, 원래 '감甘'인 것으로 추측되며, 앞 구절의 '장'자로 인해 잘못 적은 것으로 보인다. '감'은 맛을 안다는 뜻이다. 「외물外物」에 "눈이 밝은 것을 '명明'이라 하고, 귀가 밝은 것을 '총聰'이라 하고, 입이 밝은 것을 '감'이라 한다"(目徹爲明, 耳徹爲聰, 口徹爲甘)라고 한 것이 그 증거이며, 이 구절과 완전히 일치하는 사례이다.

④ 適人之適而不自適其適者也: 「대종사」에 등장한 구절이다.

【풀이】

본성을 바꾸어 가면서 인의를 좇는 자는, 비록 증삼曾參과 사어史魚만큼 정통했다고 하더라도 내가 생각하는 좋음과는 거리가 멀다. 본성을 바꾸어 가며 오미五味를 좇는 자는, 비록 유아兪兒만큼 맛에 정통했다고 하더라도 내가 생각하는 좋음과는 거리가 멀다. 본성을 바꾸어 가며 오성五聲을 좇는 자는, 비록 사광師曠만큼 귀가 밝다고 하더라도 내가 생각하는 명민함과는 거리가 멀다. 본성을 바꾸어 가며 오색五色을 좇는 자는, 비록 이주離朱와 같이 눈이 밝다고 하더라도 내가 생각하는 명철함과는 거리가 멀다. 내가 생각하는 좋음은 인의를 이르는 것이 아니라, 본래 타고난 것에 대해 좋음을 말한다. 내가 생각하는 좋음은 인의를 이르는 것이 아니라, 타고난 성정에 대해 좋음을 말한다. 내가 생각하는 명민함이란 남을 잘 듣는 것이 아니라 자신의 목소리를 잘 듣는 것일 뿐이다. 내가 생각하는 명철함이란 남을 잘 보는 것이 아니라 자신의 내면을 잘 들여다보는 것일 뿐이다. 타인만 잘 보고 자신의 내면을 제대로 보지 않는 자, 타인을 선망하면서 자신의 것을 즐기지 못하는 자는 타인이 얻은 바를 바라면서 스스로 지닌 것은 즐기지 못하는 자이며, 타인에게 적합한 것을 따르며 정작 자신에게 적합한 것을 추구하지 않는 자이다. 타인에게 적합한 것을 따르면서 정작 자신에게 적합한 것을 추구하지 않는 것은 도척盜跖이든 백이伯夷든 막론하고 모두 편벽된 행위이다. 나는 '도와 덕' 앞에 면목이 없으니, 위로는 감히 인의의 절조를 행하지 못하고, 아래로는 감히 편벽된 행위를 일삼을 재간이 없다.

마제馬蹄

「마제」의 핵심 취지는 정치권력이 빚어내는 폐해를 규탄하고, 타고난 바탕에 그대로 맡기는 삶의 적합성을 그려 내는 데 있다. '마제馬蹄'란 말의 발굽이라는 뜻으로, 글 첫머리의 두 글자를 따 편명으로 삼았다.

본 편의 요점은 다음과 같다. 첫째 단락에서는 '천하를 다스리는 자들의 잘못'(治天下者之過)에 대해 지적하였다. 형법으로 인간을 주살하고 각종 규범으로 사람들을 속박하는 것은 마치 말을 불에 지지고 털을 깎고 발굽을 갈고 낙인을 찍는 것과 같으며, 정치권력을 백성들에게 적용하는 것은 말에게 '재갈을 물리고'(橛飾之患), '채찍으로 위협하는 것'(鞭筴之威)이나 다름이 없다.

이처럼 각종 정치적 조치는 '참된 본성'(眞性)을 위배하기 마련이다. 사람은 타고난 그대로의 상태에 맡기고(天放), '항상된 본성'(常性)에 따라 살아가야 한다. 계속해서 '지덕지세至德之世'라는 이상적 사회의 모습이 등장하는데, 이는 예교禮教에 거부하는 자유로운 삶의 모습에 대한 일종의 동경이라고 할 수 있다.

본 편에서 유래한 잘 알려진 성어에는 백락치마伯樂治馬[1], 궤함절비詭銜竊轡[2], 고복이유鼓腹而遊[3] 등이 있다.

---

1) 백락이 말을 길들임. 타고난 본성이나 자질을 거슬러 가르치는 것을 비유하는 말.
2) 재갈을 뱉고 고삐를 끊음. 속박이나 구속으로부터 자유로워짐을 비유하는 말.
3) 배를 두드리며 노닒. 한가로이 유유자적함을 나타내는 말.

1.

馬, 蹄可以踐霜雪, 毛可以禦風寒, 齕草飮水, 翹足而陸①, 此馬之眞性也. 雖有義台路寢②, 無所用之. 及至伯樂③, 曰: "我善治馬." 燒之, 剔之④, 刻之⑤, 雒⑥之, 連之以羈馽⑦, 編之以皂棧⑧, 馬之死者十二三矣; 饑之, 渴之, 馳之, 驟之, 整之, 齊之, 前有橛飾之患⑨, 而後有鞭筴⑩之威, 而馬之死者已過半矣. 陶者曰: "我善治埴⑪, 圓者中規, 方者中矩." 匠人曰: "我善治木, 曲者中鉤, 直者應繩." 夫埴木之性, 豈欲中規矩鉤繩哉? 然且世世稱之曰"伯樂善治馬, 而陶匠善治埴木", 此亦治天下者之過也.

【길잡이】

① 陸: 뛰다(跳).(『경전석문』에서 사마표의 설을 인용)

- 왕숙민: 『문선』「강부江賦」의 주석에서는 이를 인용하면서 '륙踛'으로 썼다. 곽경번과 해동은 '륙陸'을 '륙踛'의 오자라고 하였으나, 옳지 않다. '륙陸'에도 '뛰다'의 의미가 있다.

② 義台路寢: 높은 누대와 큰 전각.(성현영, 『장자소』) '의義'는 '외巍'의 의미를 가차한 것이다. 『설문해자』에서 "'외'는 높다는 뜻이다"라고 하였다.(장병린, 『장자해고』) '의'자는 과거 '아峨'자와 서로 통용되었으며, 높다는 뜻을 지니고 있다. '로路'는 크다는 뜻이다.(『경전석문』)

- 이면: '로路'는 '크다'(大)는 뜻이다.(『爾雅』「釋詁」에 등장) '대침大寢'이란 침상이 크고 넓어 잠자리가 편안함을 말한다. '대침大寢'과 '고대高台'는 서로 대구를 이루는 말이다.

③ 伯樂: 성은 손孫, 이름은 양陽, 진나라 목공 때의 인물로, 말을 잘 가려내는 것으로 유명하였다.

④ 剔(중국음은 tī[踢]): 말을 털을 자름.

⑤ 刻之: 말의 발굽을 갈고 다듬음.

⑥ 雒(중국음은 luò[洛]): '낙인'(印烙)을 말함.(곽숭도. 곽경번의 『장자집석』에서 인용)

- 왕념손: 이 구절에서는 각각 '소지燒之', '척지剔之', '각지刻之', '낙지雒之'라고 하였는데, 그 의미가 서로 비슷하다. 사마표는 '락雒'을 '재갈(羈絡)을 물리는 것'으로 보았으나, 옳지 않다. '재갈(羈絡)은 뒤의 '연지이기칩連之以羈馽'에서

처음으로 이야기한 것이다.

⑦ 羈馽(馽의 중국음은 zhí[直]): 머리에 감는 것을 '기羈'라고 하고, 발에 감는 것을 '칩馽'이라고 한다.(임운명, 『장자인』) '칩'은 '계'(縶, 매다), '반絆'(걸다)의 뜻으로 읽는다.

⑧ 皁棧(皁의 중국음은 zào[灶]): '조皁'는 외양간(槽櫪).(성현영, 『장자소』) '잔棧'은 습기를 막기 위해 나무판자를 침상과 같이 만든 것으로(『경전석문』), 말의 침대(馬床)라고 할 수 있다(성현영, 『장자소』).

⑨ 橛飾之患: '궐橛'은 '재갈'(銜). '식飾'은 '재갈'(馬鑣)에 장식하는 것을 말한다.(사마표)

⑩ 鞭筴: 가죽이 달린 것을 '편鞭'이라고 하고, 가죽이 없는 것을 '협筴'이라고 한다. 모두 말채찍을 가리킨다.(성현영, 『장자소』)

⑪ 埴: 점토.

【풀이】

말은 발굽으로 서리와 눈을 밟을 수 있고 털로 찬바람을 막을 수 있으며 풀을 먹고 물을 마시며 발돋움하며 껑충거린다. 이것이 바로 말의 참된 본성이다. 설사 높은 누대와 큰 전각이 있다고 하더라도 말에게는 아무런 쓸모가 없다. 하지만 백락이 등장하여 "나는 말을 잘 다룰 수 있다"라고 하며 불로 지지고, 털을 깎고, 발굽을 갈고, 낙인을 찍으며, 머리와 발을 줄로 감아 온몸을 묶어 외양간으로 몰아넣으니, 열에 둘 셋은 죽어 버리고 만다. 그러고는 말을 굶주리게 하고 물도 주지 않은 채, 이리저리 몰아대고 달리게 하면서 훈련을 시키고 몸을 장식하니, 처음에는 재갈을 무는 정도의 화를 입지만 나중에는 채찍으로 위협을 당하기에 이르러 결국 말은 태반이 죽어 버리고 만다. 도공들은 "나는 흙을 잘 빚을 수 있다. 둥근 것은 모두 그림쇠에 들어맞고, 네모난 것은 모두 곱자에 들어맞는다"라고 말하고, 목공들은 "나는 나무를 잘 깎을 수 있다. 굽은 것은 모두 걸음쇠에 들어맞고, 곧은 것은 모두 먹줄에 들어맞는다"라고 말한다. 흙과 나무의 성질이 어떻게 본래부터 그림쇠, 곱자, 걸음쇠, 먹줄에 들어맞을 수 있겠는가? 그런데도 사람들은 대대로 이들을 칭송하면서 "백락은 말을 잘 다루고, 도공은 흙을 잘 다루며, 목공은 나무를 잘 다룬다"라고 말한다. 천하를 다스리는 자들의 과오가 바로 이런 것이다.

吾意善治天下者不然. 彼民有常性, 織而衣, 耕而食, 是謂同德①; 一而不黨②, 命曰天放③. 故至德之世, 其行塡塡④, 其視顚顚⑤. 當是時也, 山無蹊隧⑥, 澤無舟梁; 萬物群生, 連屬其鄕; 禽獸成群, 草木遂長. 是故禽獸可系羈而遊, 鳥鵲之巢可攀援而窺⑦.

夫至德之世, 同與禽獸居, 族與萬物並, 惡乎知君子小人哉! 同乎無知, 其德不離; 同乎無欲, 是謂素樸; 素樸而民性得矣. 及至聖人, 蹩躠爲仁, 踶跂爲義⑧, 而天下始疑矣; 澶漫⑨爲樂, 摘僻⑩爲禮, 而天下始分矣. 故純樸不殘⑪, 孰爲犧樽⑫! 白玉不毁, 孰爲珪璋⑬! 道德不廢, 安取仁義⑭! 性情不離, 安用禮樂! 五色不亂, 孰爲文采! 五聲不亂, 孰應六律! 夫殘樸以爲器, 工匠之罪也; 毁道德以爲仁義, 聖人之過也.

【길잡이】

① 同德: 공통적인 본능.

- 성현영: '덕德'은 '득得'과 같다. 참되고 항상된 본성에 따라 각자 타고난 바에 자족하니, '공통적인 본능'(同德)이라고 하는 것이다.

② 一而不黨: 혼연일체를 이루어 치우침이 없음. '당黨'은 '치우침'(偏)을 뜻한다.(성현영, 『장자소』)

- 선영: 한데 섞여 치우침이 없는 것이다.

③ 命曰天放: '명命'은 '명名'과 같다. '천방天放'은 타고난 그대로의 상태에 맡기는 것이다.

- 임희일: 본래 그러함 속에서 자유롭고 거침없이 스스로 즐기는 것이다. 「제물론」의 '천행天行', '천균天鈞', '천유天遊'와 이곳의 '천방天放'은 모두 장자가 본래 그러함(自然)에서 오는 즐거움을 표현하기 위해 만들어 낸 말이다.

④ 塡塡: 질박하고 돈후한 모습.(『경전석문』)

⑤ 顚顚: 순일함.(『경전석문』에서 최선의 설을 인용)

- 임희일: '전전顚顚'은 곧게 보는 모습을 말한다. 사람됨이 소박하고 진솔하여 사사로운 마음을 지니지 않음을 표현한 것이다.

- 이면: '전전塡塡'과 '전전顚顚'은 압운한 것으로 같은 의미이다. 당시 일상적으로 사용되었던 말로서 자적하고 만족함을 뜻하는 단어이다. 여기에서는 백성들의 참된 본성을 나타낸다.

⑥ 蹊隧: '혜蹊'는 좁은 길. '수隧'는 통로.

⑦ 鳥鵲之巢可攀援而窺: 서진西晉시기에 '반원작소攀援鵲巢'라는 고사가 있었다. 사마팔달八達[4]의 한 명인 왕징王澄(자는 平子)이 형주의 장관으로 부임하게 되어 사람들이 그를 환송하고자 찾아온 적이 있었다. "당시 뜰에 나무 한 그루가 있었는데 그 위에 까치둥지가 있었다. 이를 본 평자가 겉옷과 두건을 벗고 곧바로 나무 위로 올라가 까치를 잡고자 하였다. 그런데 속옷이 나뭇가지에 걸리자 다시 그 옷마저 벗어 던지고는 까치를 잡아서 내려와서 가지고 놀았는데, 그 기색이 태연자약하고 방약무인하였다."(時庭中有大樹, 上有鵲巢, 平子脫衣巾, 徑上樹取鵲子; 涼衣拘閡樹枝, 便復脫去. 得鵲子還, 下弄, 神色自若)(『세설신어』, 「簡傲」)

⑧ 蹩躠爲仁, 踶跂爲義(蹩의 중국음은 bié[別]; 躠의 중국음은 xiè[屑]; 踶의 중국음은 zhì[至]): '별설蹩躠', '제기踶跂'는 억지로 행하는 모습을 표현하는 말이다.

- 이이: '별설蹩躠', '제기踶跂'는 모두 마음을 써서 인의仁義를 행하는 모습을 뜻한다.(『경전석문』에서 인용)
- 유사배: '제기踶跂'는 '제결踶趹'로 읽어야 한다. 쏜살같이 빠른 모습을 나타내는 것으로, 재빠르게 질주한다는 뜻이다. 뒤에 나오는 '분배상제分背相踶'의 '제踶' 역시 이와 같은 뜻이다. 또한, 뒤 구절 '이민내시제기호지而民乃始踶跂好知'에서의 '기跂' 역시 '결趹'로 읽어야 한다. 백성들이 외부의 지식으로 치달음을 말한 것이다.(『장자각보』)

⑨ 澶漫(澶의 중국음은 dàn[但]): 느긋하고 편안함(縱逸).(이이, 『장자주』)

⑩ 摘僻: 번잡함.

- 곽숭도: '적벽摘僻'은 '적벽摘擗'으로 써야 한다. 왕일王逸의 『초사』 주석에서 "'벽擗'은 '쪼개다'(析)라는 뜻이다"라고 하였다. '적摘'은 골라내는 것을 뜻하고, '벽擗'은 가르는 것을 뜻하니, 번잡함을 깨부수는 것을 말한다.
- 이면: '적벽摘僻'이란 괴벽한 행실만을 골라서 하면서 명예를 바라는 것을 뜻한다.

---

4) 西晉시기 司馬氏 가문의 京兆尹(수도를 다스리는 관리)이었던 司馬防의 여덟 아들을 가리키는 말.

▹ 진고응: 우선 곽숭도의 설을 따른다. 이면의 설 역시 참고할 만하다.

⑪ 純樸不殘: '순박純樸'은 통나무, '부잔不殘'은 조각하지 않았음을 뜻함.(성현영, 『장자소』)

⑫ 犧樽: 술을 담는 그릇.

• 사마표: 제물로 바치는 소의 형상으로 잔을 꾸민 것을 말한다.

⑬ 珪璋: 옥으로 만든 기물. 윗부분이 날카롭고 아래가 네모난 형태의 기물을 '규珪'라고 하고, 이를 반으로 가른 형태를 '장璋'이라고 한다.

⑭ 道德不廢, 安取仁義: 『노자』 18장에 "큰 도가 무너지자 인의가 생겨났다"(大道廢, 有仁義)라는 말이 있다.

【풀이】

내가 생각하는 천하 통치는 이러하지 않다. 백성들은 참되고 항상된 본성을 지니고 있다. 옷감을 짜고 식량을 경작하는 것은 모든 백성이 지닌 공통된 본능이니, 이와 혼연히 일체를 이루어 그 어떤 사사로움도 없도록 하는 것을 '타고난 그대로의 상태에 맡긴다'(天放)라고 말한다. 덕이 성행하던 시대(至德之世)에는 백성들의 행실이 질박하고 순수하여 다른 마음을 품지 않았다. 당시에는 산에 어떤 통로도 나 있지 않았고, 물 위에 배나 다리가 있지 않았다. 만물이 함께 모여 서로 이웃하며 살았고 각종 금수가 무리를 이루니, 초목이 이에 무성히 자라났다. 이런 까닭으로 짐승들을 데려와 함께 어울릴 수 있었고, 나무 위로 올라가 까치의 둥지를 살펴볼 수도 있었던 것이다.

덕이 성행하던 시대에는 금수들과 함께 머물고 만물과 함께 어울릴 수 있었으니, 군자와 소인의 구별이 어떻게 있을 수 있었겠는가? 누구도 지모와 기교를 사용하지 않아 본성을 잃는 법이 없었으며, 누구도 탐욕을 부리지 않아 소박하고 순수한 상태를 유지할 수 있었다. 소박하고 순수한 상태에서는 백성들의 본성을 지킬 수 있다. 그런데 성인이 출현한 뒤부터는 모두 인과 의를 추구하는 데 급급하였으니 비로소 천하가 어지러워지기 시작했다. 방탕하게 악을 추구했으며, 번잡하게 예를 실행하면서 비로소 천하에 구분이 생겨났다. 온전한 통나무를 깎아 내지 않고 어떻게 술잔이 있을 수 있으며, 순백의 옥을 깨부수지 않고 어떻게 규장珪璋과 같은 기물을 만들 수 있겠는가! 마찬가지로 도와 덕이 무너지지 않았는데 어떻게 인의가 생겨날 수 있으며, 참된 본성에서 벗어나지 않고 어떻게 예악을 행할 수 있을 것이며, 다섯 가지 색이 서로 흩어져 섞이지 않고 어떻게 각종 무늬가 있을 수 있으며, 다섯 가지 음이 뒤섞이지 않고 어떻게 여섯 가지 화음이 있을 수 있겠는가? 온전한 통나무를 깨뜨려 각종 기물을 만드는 것이 공인工人의 죄라고 한다면, 도와 덕을 무너뜨리고 인의를 추구한 것은 성인의 잘못이라 할 수 있다.

2.

夫馬, 陸居則食草飮水, 喜則交頸相靡①, 怒則分背相踶②. 馬知已此矣. 夫加之以衡扼③, 齊之以月題④, 而馬知介倪⑤, 闉扼⑥, 鷙曼⑦, 詭銜⑧, 竊轡⑨. 故馬之知而態至盜者⑩, 伯樂之罪也.
夫赫胥氏⑪之時, 民居不知所爲, 行不知所之, 含哺而熙⑫, 鼓腹而遊, 民能以此矣⑬. 及至聖人, 屈折禮樂以匡天下之形, 縣跂⑭仁義以慰天下之心, 而民乃始踶跂好知⑮, 爭歸於利, 不可止也. 此亦聖人之過也.

【길잡이】

① 靡: '마摩'(문지르다)와 통하며, 친근하다는 의미로 사용되었다.

② 踶: 발길질하다(踢), 밟다(蹋).

③ 衡扼: 수레에 연결하는 횡목과 목에 거는 멍에.

- 육덕명: '형衡'은 끌채 앞에 가로로 연결된 나무로 멍에에 묶어 매단다. '액扼'은 말의 목덜미에 거는 것이다.

④ 月題: 말 이마에 매다는 장식으로 달과 같은 형상을 하고 있다.

- 임희일: '월제月題'는 지금의 이마거울(額鏡)에 해당한다.

⑤ 介倪: 여러 가지 해석이 있다.

(1) 성난 듯 노려봄. 이이는 "'개예介倪'란 상대를 흘겨보는 것(睥睨)을 말한다"라고 하였고, 진수창은 "'개介'는 '홀로'(獨)라는 뜻이다. 말이 홀로 서서 성난 듯 노려보는 것을 말한다"라고 하였다.

(2) 말의 갑옷을 입힘. 곽숭도에 따르면, "『좌전』 성공成公 2년에 '말에 갑옷을 씌우지 않은 채 달린다'(不介馬而馳之)는 구절이 있는데, 두예杜預가 '개介는 말의 갑옷이다'라고 주석을 달았다. 『설문해자』에서 '비俾는 더하다(益)라는 뜻이다'라

고 하였다. '예倪'와 '비俾'는 같은 의미이니, '개예介倪'는 말이 자신의 몸에 갑옷을 입히는 것을 안다는 뜻이다."

(3) 마서륜에 따르면, "손이양은 '예倪'는 예輗(끌채를 고정하는 쐐기)로 가차되었다'라고 하였다. '개介'자는 '올兀'자가 와전된 것이고, '올'은 '올杌'(요동치다)을 생략하여 쓴 것이니, 이는 결국 '올예杌輗'와 같으며 끌채의 쐐기를 뜯는 것을 말한다." 일반적으로 (1)의 설을 따르는 경우가 많으나, 뒤에서 말이 속박에서 벗어나고자 하는 모습을 묘사하고 있으므로 여기에서는 (3)의 설을 따른다.

⑥ 闉扼(闉의 중국음은 yīn[因]): '인闉'은 굽히다(曲).(이이, 『장자주』) '액扼'은 '액軛'(멍에)자와 서로 통한다. '인액闉扼'은 목을 구부려 멍에를 벗어던진다는 뜻이다.

⑦ 鷙曼(鷙의 중국음은 zhí[擲]): '지鷙'는 들이받다(抵).(이이, 『장자주』) '지鷙'는 '격擊'(치다)으로 가차되어 사용되었다. 『설문해자』에 "'격擊'은 '들이받다'(抵)라는 뜻이다"라고 하였다.(마서륜, 『장자의증』) '만曼'은 '만幔'을 생략한 글자이다.(주준성) 『설문해자』에 "'만幔'은 수레의 덮개를 덮는 것이다"라고 하였다. '지만鷙曼'이란 수레의 덮개를 들이받는 것을 말한다.

⑧ 詭銜: '함銜'을 뱉어 냄.(『경전석문』) 재갈을 뱉어 내는 것을 말한다.

⑨ 竊轡: 고삐를 물어뜯음.(『경전석문』) '절竊'은 '설齧'의 가차자이다. 음은 '지脂' 부류와 같다.(마서륜)

- 손이양: '끌채의 쐐기'(倪), '멍에'(扼), '차양'(曼), '재갈'(銜), '고삐'(轡)는 모두 수레와 말에 착용하는 물건이다. 말이 이것들을 뜯어내고, 벗어던지고, 들이받고, 뱉어 내고, 물어뜯는 것이다.
- 이면: '예倪'는 '예輗'로 가차되었다. 큰 수레의 균형을 유지해 주는 도구이다. '액扼'은 '액軛'과 통하며 말의 목에 거는 물건이다. '만曼'은 '만幔'으로 가차되었다. 차양을 말한다. '함銜'은 말의 입을 가로로 묶는 것이다. '비轡'는 고삐로서 말을 통제하는 것이다. '개介', '인闉', '지鷙' 세 글자는 서로 의미가 비슷하며, 모두 저항한다는 뜻을 지닌다. 각각 끌채의 쐐기, 멍에, 차양에 저항하는 것을 말한다.

⑩ 馬之知而態至盜者: 사람들과 함께 적에게 맞서는 것이 '도盜'이다. 말의 지모가 적군에게 맞서는 데에 이르렀음을 말한다.(임희일) '지知'는 '지智'로 읽는다.

⑪ 赫胥氏: 『열자』에 등장하는 화서씨華胥氏를 지칭하는 것으로 보인다.(유월) 가탁하여

지어낸 고대의 인물이다.

⑫ 煕: '희嬉'(기쁘다)와 같다.

⑬ 民能以此矣: 백성들의 편안하고 만족스러운 생활이 태도와 행동거지에서 드러남을 말한다. '능能'은 '태態'로 읽어야 한다. '능'과 '태'는 예전에 서로 통용되었다.

⑭ 縣跂: 높이 내걸어 드러냄.(임희일) 물건을 높이 내걸어 보여 주면 사람들이 발돋움하여 이를 쳐다보는 것과 같다.(진수창)

⑮ 踶跂好知: 서로 경쟁하고 뽐내면서 자신의 지모를 드러내고자 함.(진수창)

【풀이】

말은 육지에서 풀을 먹고 물을 마시며 살아간다. 기분이 좋으면 서로 목을 맞대며 비비고, 화가 나면 몸을 돌려 서로 발길질을 한다. 말이 아는 바는 그저 이런 것에 지나지 않았다. 그런데 말에 멍에를 씌우고 수레를 연결하고 이마에 장식을 부착하고 나서는 말은 수레를 연결하는 쐐기를 부수고, 멍에를 벗어던지고, 차양을 들이닫고, 재갈을 뱉어 내고, 고삐를 끊어 낼 줄을 알게 되었다. 말에게 지모가 생겨 사람에게 대적할 줄 알게 되었으니, 이를 초래한 것은 백락의 잘못이다. 상고시대의 제왕인 혁서씨의 시대에는 백성들이 편안히 살면서 따로이 굳이 해야 할 바가 없었고, 유유자적하며 어디를 굳이 갈 일이 없었다. 입에 음식을 가득 머금고 놀이를 즐겼으며, 가슴을 펴고 부른 배를 두드리며 마음껏 노닐었다. 백성들이 편안하고 여유로운 모습이 실로 이와 같았다. 그런데 성인이 나타나서 예악으로 천하 사람들의 모습을 바로잡고 인의를 표방하여 천하 사람들의 마음을 위무하자 백성들이 서로 너 나 할 것 없이 지모를 다투고 이익에 급급하기 시작하였지만 이를 제지할 수 없었다. 이것 또한 성인의 잘못이다.

거협胠篋

「거협」은 성인의 지혜와 예법이 만들어진 것은 본래 도적의 발생을 막기 위한 것이었으나, 오히려 도적이 이를 가로채 자신을 방어하는 명분으로 삼고 욕망을 제멋대로 분출하여 백성들에게 위해를 가하게 된 과정을 묘사하였다. 이 때문에 이 편에서는 성인의 지혜와 예법을 버림으로써 대도大盜가 이에 편승하는 일이 없도록 해야 한다고 주장한다. '거협胠篋'이란 '상자를 연다'는 뜻이며, 글 첫머리의 두 글자를 따 편명으로 삼았다.

이 편은 우선 큰 도둑과 작은 도둑이 성인의 지혜와 예법을 훔쳐 사용하는 것을 묘사하면서 논의를 시작한다. 가장 대표적인 사례가 바로 전성자田成子와 같은 무리로, 이들은 국가를 훔쳤을 뿐만 아니라 '성인의 지혜가 만든 법도'(聖知之法) 역시 함께 훔쳤다. "허리띠의 장식을 훔친 자들은 잡혀서 형벌을 받지만, 나라를 훔친 자들은 오히려 제후가 되니, 제후의 문하에 인의가 있게 되었다."(彼竊鉤者誅, 竊國者爲諸侯, 諸侯之門而仁義存焉) 예법은 결국 힘 있는 자들에 의해 독점되어 겉치레를 장식하고, 이익을 수호하는 데 사용된다는 것이다. 예법은 힘없는 백성들을 속박하기에는 충분하지만, 큰 도둑을 막기에는 부족하다. 이 편은 '이는 곧 성인의 잘못이다'(是乃聖人之過)라는 말로 첫 한 단락이 끝이 나는데, 거침없는 언사를 펼치며 한껏 격앙된 논조를 내세운다. 그 나머지 부분은 이를 반복하는 내용이다. 이 편 중에 '성인이 나타나니 큰 도둑이 따라서 일어나게 되었다'(聖人生而大盜起), '성인이 사라지지 않는다면 도둑은 그치지 않을 것이다'(聖人不死, 大盜不止) 등과 같은 유명한 구절이 있다. 글을 따라 읽다 보면 이러한 것들이 단지 사람들을 놀라게 하고자 일부러 과장되게 쓴 것이 아니라, 심오한 의미를 담고 있음을 발견하게 될 것이다.

이 편에서 유래한 잘 알려진 성어에는 도역유도盜亦有道[1], 순갈치한唇竭齒寒[2],

---

1) 도둑에게도 도가 있음. 그 누구에게도 자신만의 행동방식과 이유가 있음을 나타내는 말.

절구절국竊鉤竊國[3], 절성기지絶聖棄智[4], 부두절형掊斗折衡[5], 연경거종延頸擧踵[6] 등이 있다.

---

2) 입술이 없으면 이가 시리다. 이해관계가 밀접하여 똑같이 영향을 받는 것을 비유하는 말.
3) 허리띠의 장식을 훔친 작은 도둑은 형벌을 당하지만, 나라를 훔친 도둑은 제후가 됨. 법의 허구성과 불합리를 풍자하여 이르는 말.
4) 지혜와 재지를 버리고 타고난 순수함으로 돌아가야 함.
5) 사람들을 다투게 만드는 말(斗)이나 저울을 부수어 버림. 인위적인 예법을 거부하고 자연에 따를 것을 강조하여 이르는 말.
6) 목을 길게 빼고 발돋움하면서 기다림. 간절히 기다리고 바라는 모습을 나타내는 말.

1.

將爲胠篋[1]探囊發匱[2]之盜而爲守備, 則必攝緘縢[3]固扃鐍[4], 此世俗之所謂知也. 然而巨盜至, 則負匱揭[5]篋擔囊而趨, 唯恐緘縢扃鐍之不固也. 然則鄕[6]之所謂知者, 不乃爲大盜積者也?

故嘗試論之, 世俗之所謂知者, 有不爲大盜積者乎? 所謂聖者, 有不爲大盜守者乎? 何以知其然邪? 昔者齊國鄰邑相望, 雞狗之音相聞[7], 罔罟之所布[8], 耒耨[9]之所刺, 方二千余里. 闔四竟之內[10], 所以立宗廟社稷[11], 治邑屋州閭鄕曲[12]者, 曷嘗不法聖人哉! 然而田成子[13]一旦殺齊君而盜其國. 所盜者豈獨其國邪? 並與其聖知之法而盜之. 故田成子有乎盜賊之名, 而身處堯舜之安, 小國不敢非, 大國不敢誅, 專有齊國[14]. 則是不乃竊齊國, 並與其聖知之法以守其盜賊之身乎?

【길잡이】

① 胠篋(胠의 중국음은 qū[區]; 篋의 중국음은 qiè[妾]): 옆으로 여는 것을 '거胠'라고 한다.(『경전석문』에서 사마표의 설을 인용) '협篋'은 상자이다.

② 探囊發匱: 포대자루를 꺼내고, 궤짝을 열다. '궤匱'는 '궤櫃'(궤짝)와 같다.

③ 攝緘縢: '섭攝'은 묶다(結)(『경전석문』에서 이이의 주석 인용), 둘둘 감다(纏繞)(임희일, 『南華眞經口義』). '함緘', '등縢'은 모두 밧줄이다.(『경전석문』에서 『廣雅』를 인용)

④ 固扃鐍(扃의 중국음은 jiōng[坰]; 鐍의 중국음은 jué[決]): 견고한 경근扃鐍. '경扃'은 문을 여는 손잡이, '근鐍'은 자물쇠를 뜻한다.(성현영, 『장자소』)

⑤ 揭: 들어 올리다.

⑥ 鄕: 판본에 따라 '향向'이라고도 하고, '향曏'이라고도 한다. 모두 같은 의미이다.(『경전석문』) '향曏'으로 쓰는 것이 가장 정석이다.(왕숙민, 『장자교석』)

⑦ 鄰邑相望, 雞狗之音相聞: 『노자』 80장의 "이웃 나라가 서로 바라다보고, 닭과 개가 짖는 소리를 서로 들린다"(鄰國相望, 雞犬之聲相聞)라는 구절과 비슷하다.

⑧ 罔罟之所布: 그물이 미치는 곳. 수면의 넓이를 가리킴.(황금횡) '망罔'은 '망網'(그물)과 같다. '고罟'는 그물의 총칭이다.

⑨ 耒耨(耒의 중국음은 lěi[儡]; 耨의 중국음은 nòu[槈]): '뢰耒'는 쟁기, '누耨'는 호미를 말한다.

⑩ 闔四竟之內: '합闔'은 뒤덮다. '사경四竟'은 사방의 변경.

⑪ 宗廟社稷: '종묘宗廟'는 선조에게 제사를 지내는 장소. '사직社稷'은 토지신과 오곡신에게 제사를 지내는 장소.

⑫ 邑屋州閭鄉曲: 모두 크기가 서로 다른 고대의 행정구역을 가리킴.

- 성현영: 『사마법司馬法』에서는 "6척을 '보步'라고 하고, 100보를 '무畝'라고 하고, 100무를 '부夫'라고 하고, 3부를 '옥屋'이라고 하고, 3옥을 '정井'이라고 하고, 4정을 '읍邑'이라고 한다"라고 하였고, 또 "5가家를 '비比'라고 하고, 5비를 '려閭'라고 하고, 5려를 '족族'이라고 하고, 5족을 '당黨'이라고 하고, 5당을 '주州'라고 하고, 5주를 '향鄉'이라고 한다"라고 하였다. 정현은 "25가家를 '려閭'라고 하고, 2,500가를 '주州'라고 하고, 12,500가를 '향鄉'이라고 한다"라고 하였다.(『장자소』)

⑬ 田成子: 제나라의 대부인 진항陳恒. 노나라 애공哀公 14년에 제나라 간공簡公을 주살하고 제나라를 탈취하였다.

⑭ 專有齊國: 현재 판본에는 '십이세유제국十二世有齊國'이라고 되어 있으나, 유월은 이를 '세세유제국世世有齊國'이라고 보았다. 여기에서는 엄령봉의 설에 따라 '전유제국專有齊國'으로 고쳤다.

- 유월: 『경전석문』에서는 "경중敬仲에서 장공(莊子)까지의 9대는 제나라의 정사를 주관하였고, 태공太公에서 위왕威王까지 3대는 제나라의 제후가 되었다. 따라서 12대라고 한 것이다"라고 하였는데, 이 설은 틀렸다. 본문에서 전성자를 언급했으므로, 경중에서부터 숫자를 따지는 것은 타당하지 않다. 『장자』 원본에는 '세세유제국世世有齊國'이라고 되어 있었을 것으로 추측된다. 이는 전성자의 후대가 대대로 제나라를 소유했음을 말한다. 고서에는 중복되는 글자가 있으면 글자 아래에 '이二'자를 넣어 표시하였다. 그렇다면 이는 '세이유제국世二有齊國'이 된다. 다시 옮겨 적은 자가 이를 잘못 뒤집어써서 '이세유제국二世有齊國'이 되었는데, 이렇게 되면 뜻이 통하지 않는다. 마침 전성자부터 경중까지 따지면 12대가 되므로 이에 자의적으로 '십十'자를 앞에 추가하여 현재에 이르게 된 것이다.(『제자평의』 가운데 『장자평의』)
  - ▹ 진고응: 유월의 설이 따를 만하다.
- 엄령봉: 앞에서 분명 "전성자가 어느 날 제나라 군주를 시해하고 그 나라를

훔쳤다"(田成子一旦殺齊君而盜其國)라고 하였다. 그가 일을 벌인 '어느 날'(一旦)이란 즉 간공이 시해되고 진항이 나라를 뺏은 때를 말하는데, 어찌 '12대'라는 오랜 시간이 필요하겠는가? 『열자』 「양주楊朱」에 "전항이 제나라를 독차지했다"(田恒專有齊國)라는 구절이 있는데, 이 구절을 인용한 것이 분명하다. 따라서 『장자』의 원본 역시 '전專'으로 되어 있었을 것이다. 그러나 원본의 상태가 분명치 않거나 결손으로 말미암아 다음과 같은 세 단계, 즉 교열하는 자가 제대로 살피지 못했고, 이에 유사한 형태의 글자로 쓰이다가, 마침내 '십이세十二世'로 점차 바뀐 것으로 짐작된다. 그런데 '십이세'라고 하면 역사적 사실에 어긋나므로, 『열자』에 근거해 임의로 이를 수정한다.(『도가사자신편』, 579쪽)

▷ 진고응: 앞에서 "전성자가 어느 날 제나라 군주를 시해하고 그 나라를 훔쳤다"(田成子一旦殺齊君而盜其國)라고 한 것은 전성자가 군주를 시해하고 나라를 훔친 후 그가 '제나라를 독차지하였음'(專有齊國)을 뜻한다. 따라서 '12대'라는 긴 시간이 필요하지 않다. 엄령봉의 견해가 일리가 있으므로 『열자』에 근거하여 글을 수정한다.

【풀이】

상자를 뜯고 포대 자루를 꺼내고 궤짝을 열어 물건을 훔치는 작은 도둑을 막기 위해 이를 밧줄로 둘둘 묶고 자물쇠를 단단히 채워 놓는다. 세상에서 흔히 말하는 지혜란 바로 이런 것들이다. 하지만 큰 도둑이 오면 궤짝을 둘러메고 상자를 들어 올리고 포대 자루를 걸머진 채 그대로 달아나 버리니, 오히려 도둑이 밧줄이나 자물쇠가 단단하지 않을까 걱정하게 된다. 그렇다면 앞에서 말한 지혜로움이란 도둑을 위해 물건을 모아 준 격이 되지 않은가?

이야기를 더 이어 나가 보자. 세상에서 흔히 말하는 지혜로움이 큰 도둑을 대신해 재물을 모아 주지 않는 경우가 있는가? 마찬가지로, 세상에서 흔히 말하는 성스러움이 큰 도둑을 지켜 주지 않는 경우가 있는가? 어떻게 이를 아는가? 예전의 제나라는 이웃끼리 서로 집을 바라다보고 닭과 개가 짖는 소리를 이웃이 서로 들을 수 있었다. 그물을 펼쳐 물고기를 잡고 쟁기와 호미로 밭을 가는 경계가 장장 이천리에 달했고, 사방의 변경을 통괄하여 제사를 지내는 종묘사직을 세우고 크고 작은 행정구역을 구분하였으니 성인을 본받지 않은 바가 어디 있었겠는가? 그런데 전성자가 제나라 군주를 시해하고 나라를 탈취한 순간, 이는 나라만 훔쳐 간 것이 아니라, 제나라에 시행된 성인의 지혜와 예법까지도 훔쳐 간 꼴이 되었다.

이 때문에 전성자는 도적이라는 이름이 있었음에도 오히려 몸은 요와 순임금처럼 편안할 수 있었다. 소국이 감히 그를 비난하지 못하고 대국 역시 감히 그를 토벌하지 못하여 제나라를 독차지할 수 있은 것이다. 따라서 이 어찌 단순히 제나라만을 훔쳐 간 것이겠는가? 성인의 지혜와 예법까지 훔쳐 그것으로 도적인 자신을 보호한 형국이 아닌가?

嘗試論之, 世俗之所謂至知者, 有不爲大盜積者乎? 所謂至聖者, 有不爲大盜守者乎? 何以知其然邪? 昔者龍逢斬, 比幹剖, 萇弘胣, 子胥靡, 故四子之賢而身不免乎戮①. 故跖之徒問於跖曰: "盜亦有道乎?" 跖曰: "何適而無有道邪! 夫妄意②室中之藏, 聖也; 入先, 勇也; 出後, 義也; 知可否, 知也; 分均, 仁也. 五者不備而能成大盜者, 天下未之有也." 由是觀之, 善人不得聖人之道不立, 跖不得聖人之道不行; 天下之善人少而不善人多, 則聖人之利天下也少而害天下也多. 故曰, 脣竭則齒寒③, 魯酒薄而邯鄲圍④, 聖人生而大盜起. 掊擊聖人, 縱舍⑤盜賊, 而天下始治矣. 夫谷虛而川竭⑥, 丘夷而淵實. 聖人已死, 則大盜不起, 天下平而無故矣.

聖人不死, 大盜不止. 雖重聖人而治天下, 則是重利⑦盜跖也. 爲之斗斛⑧以量之, 則並與斗斛而竊之; 爲之權衡⑨以稱之, 則並與權衡而竊之; 爲之符璽⑩以信之, 則並與符璽而竊之; 爲之仁義以矯之, 則並與仁義而竊之. 何以知其然邪? 彼竊鉤者誅, 竊國者爲諸侯, 諸侯之門而仁義存焉⑪, 則是非竊仁義聖知邪? 故逐於⑫大盜, 揭諸侯⑬, 竊仁義並斗斛權衡符璽之利者, 雖有軒冕⑭之賞弗能勸, 斧鉞之威⑮弗能禁. 此重利盜跖而使不可禁者, 是乃聖人之過也.

【길잡이】

① 龍逢斬, 比幹剖, 萇弘胣, 子胥靡, 故四子之賢而身不免乎戮(胣의 중국음은 chǐ[尺]): '용봉龍逢'과 '비간比幹'은 이미 「인간세」에 등장한 바 있다. '장홍萇弘'은 춘추시기 주나라 영왕靈王의 신하로 군주에 의해 죽임을 당했다. 이 고사는 『좌전』 애공哀公 3년에 실려 있다. '이胣'는 사지를 찢는 거열형을 말하는데, 창자를 파내는 형벌이라

는 설도 있다. '자서미子胥靡'는 오자서伍子胥가 오왕 부차夫差에게 간언하다가 죽임을 당한 뒤 시신이 강물에 버려진 일을 가리킨다.

- 이면: '신불면호륙身不免乎戮'이란 폭군이 현인을 죽이지만 그 누구도 감히 저항할 수 없음을 말한 것이다. 이는 모두 공자가 내세운 성인의 법도에서 군주를 존경하라고 했기 때문이니, 성인의 법도의 죄라고 할 수 있다. 성인의 법도가 없었다면, 걸왕과 주왕 같은 폭군이 자리를 지키며 악을 행하는 일도 없었을 것이다. 따라서 황종희黃宗羲는 '천하에 큰 해를 끼치는 것은 임금뿐이다'라고 하였는데, 하물며 폭군이라면 그 해가 얼마나 크겠는가? 성인의 법도에서는 임금을 하늘이나 어버이로 칭하며 백성들이 감히 그의 방탕무도함을 징벌하지 못하도록 하였다. 임금은 이를 빌미로 어진 신하들을 도륙하게 되었으니, 이 또한 성인의 법도의 죄악이라 할 수 있다.

② 妄意: 추측하다.

③ 唇竭則齒寒: 두 가지의 해석이 있다.

(1) '갈竭'은 『전국책』에 따라 '게揭'로 본다.(손이양, 『장자차이』) 이에 따르면, '진갈唇竭'은 입술을 위로 뒤집어 올리는 것을 의미한다.(유월)

(2) 『춘추좌전』의 '순망치한唇亡齒寒'이라는 구절의 의미로 볼 수도 있다. '갈竭'은 '망亡'과 의미가 통하며, '순망唇亡'은 입술이 없다(唇缺)는 뜻이다. 입술이 없으면 이가 시리게 된다.(이면)

이 두 가지 설 모두 가능하다.

④ 魯酒薄而邯鄲圍: 이 일에 관해서는 두 가지 설명이 있다.

(1) 전국시대 초나라 선왕宣王이 제후들을 불러 모은 적이 있었다. 노나라 공공恭公이 나중에 도착하여 술을 선왕에게 바쳤다. 그런데 그가 가져온 술의 맛이 깊지 않아 선왕은 이를 탐탁지 않게 여기고 공공에게 모욕을 주고자 하였다. 이를 전해들은 공공은 "나는 주공周公의 후예로 늘 천자의 예악을 행한다. 지금 내가 술을 바친 것이 이미 예에 어긋나는데 가져온 술이 좋지 않다고 탓하기까지 하니, 너무 지나친 것이 아닌가?"라고 말하며 그대로 알리지도 않고 떠나 버렸다. 선왕이 이를 알게 되자 화를 내며 군사를 일으켜 노나라로 쳐들어갔다. 예전부터 양혜왕이 조나라를 정벌하고 싶어 하였으나, 혹시 초나라가 조나라를 구원하러 오지 않을까 걱정하여 군사를 일으키지 않았었다. 하지만 초나라가 노나라와

전쟁을 벌이는 기회를 틈타 그는 그대로 조나라의 수도 한단으로 진격하였다.(성현영, 『장자소』)

(2) 초나라가 제후들과 회동하였는데, 노나라와 조나라에서 모두 초나라 임금에게 술을 바쳤다. 노나라의 술은 깊이가 없었던 반면 조나라의 술은 깊이가 깊어 맛이 좋았다. 이에 초나라에서 술을 관장하던 자가 조나라 측에 술을 더 보내달라고 요청했으나 조나라에서 이를 거부하자, 그는 앙심을 품고 조나라의 좋은 술과 노나라의 술을 서로 뒤바꾸어 버렸다. 초나라 왕이 술을 맛본 후 조나라의 술이 좋지 않음을 알고는 조나라 한단으로 쳐들어갔다.(許愼의 『淮南子注』[7]에 나오는 이야기)

⑤ 縱舍: 석방하다. '사舍'는 '사捨'(버리다, 포기하다)와 같다.

⑥ 谷虛而川竭: 원래는 '천갈이곡허川竭而谷虛'라고 되어 있으나, '곡허이천갈谷虛而川竭'로 읽어야 뒤 구절 '구이이연실丘夷而淵實'과 서로 대구를 이룬다. 골짜기가 비면 하천이 역시 마른다고 한 것은 하천이 골짜기에서 흘러나오는 것을 말한 것이다.(이면)

⑦ 重利: 이익을 증가시킴. 『한서』「문제기文帝紀」의 '시중오부덕야是重吾不德也'라는 구절이 있는데, 주석에서 "중重은 증가시킨다는 뜻이다"라고 하였다.(도홍경, 『독장자차기』)

⑧ 斛(중국음은 hú[胡]): 양을 헤아리는 데 쓰는 그릇. 다섯 말을 담을 수 있다.

⑨ 權衡: '권權'은 저울추.(이이) '형衡'은 저울대.(성현영, 『장자소』)

⑩ 符璽(璽의 중국음은 xǐ[喜]): 인장.

- 성현영: '부符'는 두 쪽으로 나누어지며, 합치면 하나가 된다. 동어銅魚나 목계木契와 같은 것들이다. '새璽'는 임금의 옥새를 말하는 것으로, 이를 손에 쥐면 천하를 가져올 수 있다.

⑪ 彼竊鉤者誅, 竊國者爲諸侯, 諸侯之門而仁義存焉: 잡편 「도척」에 "작은 도둑은 붙잡히고 말지만 큰 도둑은 제후가 되니, 제후의 문하에 의로운 선비들이 있다"(小盜者拘, 大盜者爲諸侯, 諸侯之門, 義士存焉)라는 구절이 있다. 『사기』「유협전遊俠傳」에서

---

7) 『說文解字』의 저자인 중국 후한대 경학자 許愼이 지은 『회남자』의 주석. 『隋書』「經籍志」에는 『회남자』의 주석으로 許愼의 주와 高誘의 주 2종이 실려 있는데, 이 가운데 허신의 주는 현재 輯逸本만 전한다.

는 "허리띠의 장식고리를 훔치면 벌을 받지만 나라를 훔치면 제후가 되니, 제후의 문하에 인의가 자리한다"(竊鉤者誅, 竊國者侯, 侯之門, 仁義存)라고 하였다. '구鉤'는 허리띠를 장식하는 고리이다.

⑫ 逐於: ~에 따르다.(성현영, 『장자소』) '축逐'은 '쟁爭'(다투다), '어於'는 '위爲'(~를 위하여)로 볼 수 있다.

⑬ 揭諸侯: '게揭'는 「달생」의 '해와 달이 높이 떠서 운행한다'(揭日月而行)의 '게'(높이 들다)와 용법이 같다. 깃발을 높이 들어 제후로 자리하는 것을 말한다.

⑭ 軒冕: 높은 수레와 면류관. '헌軒'은 옛날에 대부보다 높은 지위에 있는 자들이 타던 수레이고, '면冕'은 대부보다 높은 지위에 있는 자들이 쓰던 모자이다.

⑮ 斧鉞之威(鉞의 중국음은 yuè[月]): 사형의 위협을 말한다. '월鉞'은 큰 도끼이다.

【풀이】

이야기를 더 이어 나가 보자. 세상에서 말하는 지극한 지혜로움이 큰 도둑을 대신해 재물을 모아 주지 않은 경우가 있는가? 세상에서 말하는 지극한 성스러움이 도둑을 지켜 주지 않은 경우가 있는가? 어떻게 이를 아는가? 옛날 관용봉은 참수를 당했고, 비간은 심장이 잘렸으며, 장홍은 창자가 뽑혔고, 오자서는 시신이 강물에 내던져져서 썩고 말았다. 이 네 사람은 지극히 현명했으나 죽음을 피할 수는 없었다. 이에 도척의 부하 하나가 도척에게 물었다. "도적에게도 도가 있습니까?" 도척이 말했다. "어디엔들 도가 없는 곳이 있겠느냐? 집안 어디에 재물이 숨겨져 있을지를 추측할 수 있는 것이 '성聖'이고, 남들보다 먼저 들어가는 것이 '용勇'이며, 가장 나중에 나오는 것이 '의義'이고, 상황을 따져서 착수 여부를 판단하는 것이 '지智'이고, 훔친 물건을 공평하게 나누는 것이 '인仁'이다. 이 다섯 가지 덕목을 지니지 않고 큰 도둑이 된다는 것은 천하에 결코 있을 수 없는 일이다." 이렇게 본다면, 선한 자가 성인의 도를 얻지 못했다면 세상에 설 수 없었을 것이고, 도척이 성인의 도를 얻지 못했다면 세상에 횡행할 수 없었을 것이다. 그런데 천하에 선한 자는 적고 선하지 않은 자는 많으니, 성인이 천하에 도움을 준 것은 적고 해를 끼친 것은 크다고 할 수 있다. 따라서 입술을 뒤집어 올리면 이가 시리고, 노나라 제후가 바친 술의 맛이 깊지 않아 조나라의 한단이 곤경에 빠진 것처럼, 성인이 나타나니 큰 도둑이 따라 일어나게 된 것이다. 그러니 성인을 물리치고 도적을 풀어 주어야 천하가 평화로워질 것이다. 골짜기가 비면 하천 또한 마르기 마련이고, 언덕이 평탄하면 심연 또한 가득 차기 마련이다. 성인이 사라져 큰 도적들이 일어나지 않게 되어야 천하가 비로소 평화로워질 것이다. 성인이 사라지지 않는다면 큰 도둑은 끊이지 않을 것이다. 성인의 힘을 빌려 천하를 다스린다고 하더라도, 이는 결국 도척의 이익을 증가시켜 주는 것에 지나지 않는다. 두斗와 곡斛을 만들어 곡식의 양을 재면 두곡까지 훔쳐 갈 것이고, 저울을 만들어 사용하면 그 저울조차 훔쳐 갈 것이며, 도장을 새겨서 사용하면 그 도장마저도 훔쳐 갈 것이다. 만약 인의를 내세워서 세상을 바로잡으려고 하면 도둑은 그 인의마저 훔쳐 갈 것이다. 어떻게 이를 아는가? 허리띠의 장식을 훔친 자들은 잡혀서 형벌을 받지만, 나라를 훔친 자들은 오히려 제후가 되니, 제후의 문하에 인의가 있기 마련이다. 이것이 곧 인의와 성인의 지혜를 훔친 것이 아닌가? 따라서 큰 도둑이 하는 방식에 따라 제후의 자리를 차지하고 인의를 훔치고, 두곡과 저울, 인장을 훔쳐 이득을 보는 자는 높은 수레나 면류관을 상으로 주어도 달랠 수 없고, 도끼로 위협을 해도 막을 수 없다. 이처럼 도척에게 아주 크게 이익이 되게 하여 도저히 막을 수 없게 만든 이 모두가 성인의 잘못이다.

故曰: "魚不可脫於淵, 國之利器不可以示人①." 彼聖人者②, 天下之利器也, 非所以明天下也. 故絶聖棄知③, 大盜乃止; 擿④玉毁珠, 小盜不起; 焚符破璽, 而民朴鄙; 掊斗折衡, 而民不爭; 殫殘⑤天下之聖法, 而民始可與論議. 擢亂六律⑥, 鑠絶竽瑟⑦, 塞師曠之耳⑧, 而天下始人含其聰矣; 滅文章, 散五采, 膠離朱之目, 而天下始人含其明矣; 毁絶鉤繩而棄規矩, 攦工倕之指⑨, 而天下始人含其巧矣⑩. 削曾史之行, 鉗楊墨之口, 攘棄仁義, 而天下之德始玄同⑪矣. 彼人含其明, 則天下不鑠⑫矣; 人含其聰, 則天下不累矣; 人含其知, 則天下不惑矣; 人含其德, 則天下不僻矣. 彼曾, 史, 楊, 墨, 師曠, 工倕, 離朱, 皆外立其德而以爚亂⑬天下者也, 法之所無用也.

【길잡이】

① 魚不可脫於淵, 國之利器不可以示人: 같은 말이 『노자』 36장에 보인다. '이기利器'는

권세, 금령, 인의, 성인의 지혜(聖智) 등을 가리킨다.

② 彼聖人者: '성인聖人'은 '성지聖知'로 써야 한다.(저백수)

③ 絶聖棄知: 같은 말이 『노자』 19장에 보인다.

④ 擿(중국음은 zhì[智]): 의미상 '척擲'(내던지다)과 같은 말이다.(『경전석문』) '내던지다'(投棄)라는 뜻이다.(최선)

⑤ 殫殘(殫의 중국음은 dān[丹]): 모조리 훼손됨(盡毁).(성현영, 『장자소』)

⑥ 擢亂六律: '탁擢'은 '교攪'(뒤섞다)의 뜻으로 가차되었다.(마서륜)

⑦ 鑠絶竽瑟: '삭鑠'은 '삭爍'(빛나는 모습)과 같다.(이면) '삭절鑠絶'이란 타오름이 멈추는 것을 말한다.(崔譔) '우竽'는 생황과 비슷한 모양의 악기이다. '슬瑟'은 길이가 8척 1촌, 넓이가 1척 8촌, 줄이 27개로(성현영, 『장자소』), 금琴의 일종이다.

⑧ 塞師曠之耳: '사광師曠'은 현재 판본에 '고광瞽曠'으로 되어 있으나, 왕숙민의 설에 따라 수정하였다.

- 왕숙민: 이 구절은 뒤의 '교이주지목膠離朱之目'과 서로 대구를 이룬다. 세덕당본에는 '고瞽'자가 없으나 보충해 넣는 것이 맞다. 그런데 문제는 『장자』에는 '고광瞽曠'과 '이주離朱'를 서로 대비하여 말하는 사례가 없다는 점이다. 뒤에서 '증삼, 사추, 양주, 묵적, 사광, 공수, 이주와 같은 자'(彼曾, 史, 楊, 墨, 師曠, 工倕, 離朱者)라는 구절이 나오는데, 사광師曠은 문맥상 이 구절을 받아서 말한 것이다. 따라서 '고광'은 '사광'을 잘못 쓴 것이 분명하다.(「변무」에 '師曠'과 '離朱'를 나란히 말한 경우가 두 번 등장하는데, 이 역시 증거로 삼을 수 있다.) 아마도 사광이 눈이 멀었으므로(瞽) 옮겨 적는 이가 이를 '고광'으로 잘못 적은 것으로 보인다. 『갈관자』「태홍泰鴻」 주석에서도 이 구절을 인용하면서 '색사광지이塞師曠之耳'라고 썼다.

⑨ 攦工倕之指: '려攦'는 단절함. '공수工倕'는 과거 기예가 뛰어난 자들을 일컫는 말이다.

⑩ 而天下始人含其巧矣: '함含'은 원래 '유有'라고 되어 있다. '유'는 '함'을 잘못 쓴 것이다. 이 구절은 앞의 '이천하시인함기총의而天下始人含其聰矣', '이천하시인함기명의而天下始人含其明矣'와 문장 구조상 서로 대구를 이룬다. 또 뒤에서 '인함유지人含有知, 즉천하불혹의則天下不惑矣'(이 구절의 '知' 또한 앞 문장을 이어받아 '巧'라고 하는 것이 타당하다)라고 하였는데, 바로 이 구절을 이어받은 것이니 더욱 확실히 증명된

다.(왕숙민, 『장자교석』) 또한 의미상으로도 '함含'으로 하는 것이 맞다. 이는 '포함하다', '함축하다'의 뜻이다. 한편 이 구절 뒤에는 본래 '따라서 진정한 기교는 오히려 조잡하게 보인다'(故曰大巧若拙)라는 여섯 글자가 더 있었는데, 이는 군더더기 말로서 삭제할 때 앞뒤 문장이 더 매끄럽게 연결된다. 왕무횡은 "이 구절은 잘못 끼어들어 갔다"(『장자존교』)라고 하였는데, 그 말이 옳다.

⑪ 玄同: 같은 말이 『노자』 56장에 보인다.

⑫ 不鑠(鑠의 중국음은 shuò[朔]): 뽐내지 않음.

- 이면: '삭鑠'은 '밝게 빛나다'(炫)라는 의미이다. '불삭不鑠'이란 사람들이 자신의 밝음을 속으로 간직한 채 겉으로 드러내지 않는다면 자신을 뽐내고 자랑하는 일이 없으니, 본래의 참된 상태로 돌아갈 수 있음을 말한 것이다.

⑬ 爚亂(爚의 중국음은 yuè[月]): '탁란擢亂'과 같으며, '탁擢'은 '교攪'(뒤섞다)의 뜻으로 가차되었다.(마서륜)

- 임희일: '약란爚亂'이란 불이 기세등등하고 어지럽게 타오르는 것을 말한다.

【풀이】

따라서 "물고기는 연못을 떠날 수 없고 나라의 이기는 사람들에게 함부로 내보여서는 안 된다"라는 말이 있는 것이다. 성인이란 비유하자면 천하의 이기와 같은 존재이므로 이를 천하에 드러내서는 안 된다. 따라서 성인의 지혜와 기교를 버려야 큰 도둑 또한 그치게 되고, 진주와 옥을 내버려야 작은 도둑 또한 사라지게 되며, 인장을 불태워 버려야 백성들이 순박해지고, 곡식을 계량하는 말과 저울을 부수어야 백성들이 다투지 않고, 천하의 성법聖法을 모조리 없애야 백성들이 논의에 참여할 수 있게 된다. 육률의 화음을 뒤섞고, 생황과 금琴과 같은 악기를 불사르고, 사광의 귀를 막아야 천하 사람들이 자신의 귀밝음을 안으로 거두어들이게 된다. 화려한 무늬와 장식을 없애고, 오색을 흐트러뜨리고, 이주의 눈을 붙여 버려야 천하 사람들이 자신의 눈밝음을 속으로 갈무리게 된다. 걸음쇠와 먹줄을 부수고, 그림쇠와 곱자를 내다 버리고, 공수의 손가락을 잘라 버려야 천하 사람들이 자신의 기교를 숨기게 된다. 증삼과 사추의 행실을 막고, 양주와 묵적의 입을 봉하며, 인의를 내버려야 사람들의 덕이 오묘하게 하나가 되는 경지에 이를 수 있게 된다. 사람들이 자신의 명민함을 속에 감춘다면 천하는 어지럽지 않게 될 것이다. 사람들이 자신의 총명함을 속으로만 간직한다면 천하에 우환거리가 사라지게 될 것이다. 사람들이 지모와 기교를 속으로만 품는다면 천하는 현혹되는 일이 없을 것이다. 사람들이 자신의 덕을 속으로만 모아 둔다면 천하에 사악함이 사라질 것이다. 증삼, 사추, 양주, 묵적, 사광, 공수, 이주와 같은 사람들은 모두 밖으로 자신의 재능을 드러내고 뽐내면서 천하를 어지럽게 만든 자들이니, 올바른 법도라면 이를 따를 수 없다.

2.

子獨不知至德之世乎? 昔者容成氏, 大庭氏, 伯皇氏, 中央氏, 栗陸氏, 驪畜氏, 軒轅氏, 赫胥氏, 尊盧氏, 祝融氏, 伏犧氏, 神農氏①, 當是時也, 民結繩而用之, 甘其食, 美其服, 樂其俗, 安其居, 鄰國相望, 雞狗之音相聞, 民至老死而不相往來②. 若此之時, 則至治已. 今遂至使民延頸擧踵曰, "某所有賢者", 贏糧而趣之③, 則內棄其親而外去其主之事, 足迹接乎諸侯之境, 車軌結乎千裏之外. 則是上好知之過也.

【길잡이】

① 容成氏, 大庭氏, 伯皇氏, 中央氏, 栗陸氏, 驪畜氏, 軒轅氏, 赫胥氏, 尊盧氏, 祝融氏, 伏犧氏, 神農氏: 이 열두 명은 전설 속에 등장하는 고대의 제왕이다.

- 임희일: 이 열두 명 가운데 헌원軒轅, 복희伏犧, 신농神農만이 경전에 등장하며, 그 이외는 고서에 이름이 등장하지 않는다. 더 이전의 상고시대로부터 전해진 것인지 아니면 장자가 스스로 만들어 낸 것인지는 알 수 없다.

② 民結繩而用之, 甘其食, 美其服, 樂其俗, 安其居, 鄰國相望, 雞狗之音相聞, 民至老死而不相往來: 이 구절은 『노자』 80장에서 인용한 것이다.

③ 贏糧而趣之(贏의 중국음은 yíng[營]): '영贏'은 '싸매다'(裹)(최선), '취趣'는 '~로 향하다'(趨).

【풀이】

덕이 성행하던 시대를 알지 못하는가? 옛날 용성씨, 대정씨, 백황씨, 중앙씨, 율륙씨, 여축씨, 헌원씨, 혁서씨, 존로씨, 축융씨, 복희씨, 신농씨가 살았던 시대에는 백성들이 매듭을 묶어 일을 기록하고, 자신들이 먹고 마시는 음식을 달다고 여겼으며, 입은 옷을 아름답다고 여겼으며, 습속을 즐겁다 여겼으며, 머무르는 거처를 편안하다고 여겼다. 이웃 나라끼리 서로 훤히 들여다볼 수 있었고 닭 울고 개 짖는 소리를 서로 들을 수 있었지만, 백성들은 태어나서 죽을 때까지 서로 왕래하는 일이 없었다. 이와 같은 시대가 진정으로 태평한 시대이다. 그런데 지금은 사람들이 '어느 지방에 현인이 있다고 한다'는 말을 희망으로 삼아 양식을 둘러매고 그를 향해 떠나기 일쑤다. 안으로는 부모를 버려두고 떠나고 밖으로는 임금의 일을 모두 버리고 떠나니, 발자국이 각 나라의 영내로 끊임없이 이어지고 수레 자국이 천 리 밖으로 종횡무진 어지럽게 이어진다. 이 모두가 높은 자리에 있는 자들이 지모를 좋아한 잘못이다.

上誠好知而無道, 則天下大亂矣. 何以知其然邪? 夫弓弩畢弋①機辟②之知多, 則鳥亂於上矣; 鉤餌罔罟罾笱③之知多, 則魚亂於水矣; 削格羅落④罝罘⑤之知多, 則獸亂於澤矣; 知詐漸毒⑥頡滑⑦堅白解垢⑧同異之變多, 則俗惑於辯矣. 故天下每每大亂, 罪在於好知. 故天下皆知求其所不知而莫知求其所已知者, 皆知非其所不善而莫知非其所已善者, 是以大亂. 故上悖日月之明, 下爍⑨山川之精, 中墮⑩四時之施; 惴耎⑪之蟲, 肖翹⑫之物, 莫不失其性. 甚矣夫好知之亂天下也! 自三代以下者是已, 舍夫種種⑬之民而悅夫役役⑭之佞, 釋夫恬淡無爲而悅夫啍啍⑮之意, 啍啍已亂天下矣.

【길잡이】

① 弓弩畢弋(弋의 중국음은 yi[亦]): '노弩'는 각종 장치가 있는 활. '필畢'은 새를 잡는 그물. '익弋'은 화살.

- 성현영: 그물이 작고 손잡이가 있는 모습이 마치 필성畢星[8]과 유사하므로 '필畢'이라고 부르고, 줄로 묶어 화살을 쏘는 것을 가리켜 '익弋'이라고 한다.

8) 二十八宿의 열아홉째 별자리에 있는 별들.

- 곽숭도: 『설문해자』에서 "솔率은 새를 잡는 그물(畢)이다"라고 하였다. 『시』 「소아小雅」에서는 "그물을 드리운다"(畢之羅之)라고 하였다. 새를 잡는 그물 역시 '필畢'이라고 하는 것을 알 수 있다. 이이는 "토끼 잡는 그물을 '필畢'이라 한다"라고 하였는데, 옳지 않다.(곽경번, 『장자집석』에서 인용)

② 機辟: 쇠뇌의 방아쇠를 '기機'라고 부른다.(이이) '벽辟'은 원래 '변變'이라고 되어 있었으나, 무연서의 설에 따라 수정하였다.

- 무연서: '변變'은 '벽辟'으로 읽어야 한다. '벽辟'은 '벽辥'자와 같다. 「소요유」에서 "기벽에 걸리다"(中於機辟)라고 하였고, 「산목」에서 "기機, 벽辟, 망罔, 고罟의 재난을 피할 수 없었다"(然且不免於機, 辟, 罔, 罟之患)라고 한 것이 그 증거이다. 여기에서 '변變'으로 쓴 것은 '벽辟'과 '변辯'자가 서로 비슷하여 처음에 '변辯'으로 와전되었다가 '변辯'과 '변變'이 비슷하여 다시 '변變'으로 와전된 것이다. '기변機變'이라는 말은 자주 볼 수 있으므로 이에 따라 그대로 '변變'으로 썼던 것으로 보인다. 그런데 '변變'이 와전된 글자임을 알 수 있는 까닭은 앞뒤 글자들이 모두 사물을 말하고 있는데 오직 '변變'만 사물이 아니기 때문이다. 주석에서도 '변變'에 대한 풀이가 없는 것 역시 이를 와전된 글자로 여겼기 때문이다. '기벽機辟'을 나란히 쓴 사례는 이미 「소요유」와 「산목」에서 등장한다. 게다가 앞뒤 글자들이 모두 사물을 말하는데, '변變'만 사물이 아니다.
  - ▹ 진고응: 무연서의 말이 옳다. 뒤에 등장하는 '구鉤, 이餌, 망罔, 고罟, 증罾, 구笱', '삭격削格, 나락羅落, 저부罝罘' 모두 포획하는 도구로서 명사에 해당한다. 따라서 '기변機變'은 '기벽機辟'을 잘못 쓴 것이 분명하다.

③ 罾笱(罾의 중국음은 zēng[增]; 笱의 중국음은 gǒu[狗]): '증罾'은 어망, '구笱'는 통발로, 물고기를 잡는 대나무 바구니를 말한다.

④ 削格羅落: 모두 짐승을 잡는 덫이나 함정이다.

- 임희일: '삭격削格'은 『한서』에서는 '저서儲胥'라고도 하였다. 오늘날의 목책에 해당한다.
- 곽숭도: 『설문해자』에서 "'격格'은 나무가 긴 모습을 말한다"라고 하였고, 서개徐鍇에 대해서는 "긴 나뭇가지를 '격格'이라고 한다"라고 하였다. '삭격削格'은 이를 날카롭게 깎은 것을 말한다.…… '삭격', '나락羅落' 모두 짐승을 막아 가두는 것이다.

⑤ 罝罘(罝의 중국음은 jū[居]; 罘의 중국음은 fú[浮]): 토끼를 잡는 그물.

⑥ 漸毒: 속이다, 기만하다.

- 곽경번: '점漸'은 '속이다(詐)'라는 뜻이다. 『순자』「의병議兵」에서 "시점지야是漸之也"라는 구절이 있고, 「정론正論」에서 "상흉험上凶險, 즉하점사의則下漸詐矣"라는 구절이 있는데, 모두 속인다는 뜻으로 쓰였다.(이이는 이를 독이 스며드는 것(漸漬之毒)이라 하였는데, 크게 벗어난다.)(곽경번, 『장자집석』)
- 도홍경: '점漸'은 '속이다(欺)'라는 뜻이다. 『순자』「불구不苟」의 "소인지즉영도이점小人知則攫盜而漸, 우즉독적이란愚則毒賊而亂"[9]에 대해…… 왕인지는 모두 '속이다'의 의미로 해석한 바 있는데, 이 문장을 인용하여 그 증거로 삼았다.(『독장자찰기』)

⑦ 頡滑: 간교함(機巧), 교활함(狡黠). '힐頡'은 '힐黠'(교활함)의 뜻을 가차하였다.

⑧ 解垢: 거짓되고 그릇된 말.(『경전석문』)

⑨ 爍(중국음은 shuò[朔]): 불사르다.

⑩ 墮: 깨부수다.

⑪ 惴耎(耎의 중국음은 ruǎn[軟]): '꿈틀거리다'(蠕動)라는 의미. 연동蠕動운동을 하는 작은 벌레를 가리킨다. '천惴'은 조간의본趙諫議本에는 '천喘'으로 되어 있다.(왕효어의 교열) '연耎'은 '연輭'을 생략한 글자이다.

- 육덕명: '천惴'은 본래 '천蝡'으로 되어 있고, 또 '천喘'으로도 되어 있다. 최선은 "'현蠉'은 움직이는 벌레이다"라고 하였고, "'천연惴耎'은 발이 없는 벌레를 가리킨다"라는 말도 있다.
- 임희일: '천연喘耎'은 미약하게 움직이는 물체로, 달팽이와 같이 땅에서 기어 다니는 것들을 말한다.
- 이면: '연耎'은 '연輭'을 생략한 글자로, 꿈틀거리면서 부드러운(惴輭) 벌레를 가리킨다. 벌레의 몸통이 부드러우므로 '연輭'이라고 부른 것이다. '천惴'은 안정되지 않은 모습을 말한다.

⑫ 肖翹: 작은 날벌레.

- 임희일: '초肖'는 작다는 뜻이고, '교翹'는 가볍다는 뜻. 벌이나 나비와 같이 날아다니는 것을 가리킨다.

⑬ 種種: 순박함(淳厚).(『경전석문』)

---

9) 원문은 "小人則不然,大心則慢而暴, 小心則淫而傾,知則攫盜而漸, 愚則毒賊而亂"이다. "(군자와 대비하여) 소인은 그렇지 않으니, 마음이 크게 트였을 때는 오만하여 사납고, 마음이 위축되었을 때는 사악하여 남을 음해하며, 지혜로울 때는 남의 것을 훔쳐 기만하고, 어리석을 때는 남을 해쳐 혼란을 일으킨다"는 뜻이다.

- 호문영: '종종種種'은 '소박함'(朴)을 뜻한다. 지금 오와 초 지방의 속담에 소박하고 진실한 것을 가리켜 '종종타종종種種打種種'이라고 표현하는데, 바로 이러한 의미이다.
- 마서륜: '종種'은 '종憧'으로 가차되었다. 『설문해자』에 "'종憧'은 둔하다는 뜻이다"라고 하였다. 바로 '중후重厚하다'는 말의 '중重'과 같다.

⑭ 役役: 분주하게 권세에 빌붙어 다니는 모습을 표현하는 말.

⑮ 啍啍(중국음은 tūn[吞]): 말이 많은 것이다.(임운명, 『장자인』) 곽상이 "나를 남을 깨우치다"(以己誨人)라고 풀이한 것은 틀렸다.

- 호문영: '순순'(啍啍)을 '말이 많은 것'(多言)으로 풀이하는 경우가 있는데, 이는 앞에서 '세상 사람들이 많은 논변에 의해 미혹된다'(俗惑於辯)라고 한 것을 받아서 해석한 것이다. 그런데 '열悅'자가 '높은 지위에 있는 자가 지모를 좋아한다'(上誠好知)라는 말을 받은 것이라 본다면, '순순'(啍啍)은 '지모가 많은 것'(多智)을 뜻한다고 보는 것이 타당하다.

【풀이】

높은 지위에 있는 자가 도道가 없이 지모만을 사용하기 좋아하면, 천하가 크게 혼란스러워진다. 어떻게 이를 아는가? 활, 그물, 쇠뇌와 같은 것에 대한 지모가 많아지면 하늘 위의 새들은 혼란에 빠지게 될 것이다. 미끼, 어망, 통발과 같은 것에 대한 지모가 많아지면 물 아래의 물고기들은 혼란에 빠지게 될 것이다. 목책, 울타리, 토끼그물과 같은 것에 대한 지모가 많아지면 산천에 사는 들짐승들은 혼란에 빠지게 될 것이다. 속임수, 허위, 교활함, 왜곡, 견백堅白, 동이同異와 같은 언변들이 많아지면 세상 사람들은 혼란에 빠지게 될 것이다. 따라서 천하에 늘 일어나는 큰 혼란은 지모를 좋아하기 때문에 생겨난다. 세상 사람들이 모두 자신이 알지 못하는 것만 추구하고, 자신이 이미 알고 있는 것을 찾으려 하지 않으며, 자신이 좋지 않다고 여기는 것을 비난할 줄만 알지 자신이 좋다고 여기는 것을 비난할 줄은 모른다. 이 때문에 천하가 크게 어지러워지는 것이다. 이에 따라 위로는 해와 달의 빛이 가려지고, 아래로는 산천의 정수가 사그라들며, 가운데에서는 사시의 운행이 무너져 발 없이 기어다니는 벌레와 미세한 날벌레들조차 모두 그 본성을 잃어버리고 만다. 지모를 좋아하여 일으킨 천하의 혼란이 이러한 지경에까지 이르게 되는 것이다. 과거 삼대(하·은·주) 이후부터 늘 이와 같아서 소박하고 진실한 백성은 버려두고 교활하여 아첨하는 자들만 좋아하고, 무위에 의해 자연스럽게 백성들을 인도하려 하지 않고 떠들썩한 말들로 교화하기를 좋아하였으니, 이 시끄러운 교화가 이미 천하를 모두 어지럽혔다.

재유在宥

「재유」의 주요 내용은 타인에 의한 지배와 간섭을 반대하는 것이다. 인간 본성의 측면에서 인간은 타고난 그대로를 좋아하며 간섭을 싫어한다고 말한다. '재유在宥'는 '자유롭게 놓아둔다'(自在寬容)는 의미로, 글 첫머리의 두 글자를 따 편명으로 삼았다

이 편의 핵심 단락의 내용은 다음과 같다. 첫째 단락에서는 '천하통치'(治天下)의 결과로 '천하를 소란스럽게 만들어 사람들의 본성을 괴롭게 하였다'(使天下瘁瘁焉人苦其性)고 비판하면서, 삼대 이래 '온갖 소란을 떨며 상벌을 일삼아'(匈匈焉終以賞罰爲事) 사람들이 타고난 성명性命의 모습대로 편안히 머물 수 없도록 만들었다고 지적하였다.

둘째 단락에서는 최구와 노담의 대화를 빌려 '황제黃帝가 처음으로 인의로 사람들의 마음을 어지럽히고'(黃帝始以仁義攖人之心) 요순이 '심혈을 기울여 법도를 제정함'(矜其血氣以規法度)에 따라 온갖 형벌과 예교가 뒤이어 생겨났고, 그에 따라 '천하가 크게 혼란스러워졌음'(天下脊脊大亂)을 지적하였다. 작금의 세태는 더욱 참혹해져 족쇄와 수갑을 찬 자들의 수를 헤아릴 수조차 없고 형벌에 희생당한 자들이 사방에 즐비한데 인의와 성인의 지혜가 다시 통치의 수단으로 자리하여 사람들을 옥죄고 있다고 하면서, 이런 참담한 상황 속에서 다시금 '절성기지絶聖棄知'를 소리 높여 외친다.

셋째 단락에서는 광성자와 황제의 대화를 빌려 지극한 도의 정수는 바로 치신治身에 있음을 논했다.

넷째 단락에서는 운장과 홍몽 간의 우언이 등장하는데, 다스림의 행적을 그치고 '마음의 수양'(心養)에 임할 것을 말했다.

다섯째 단락의 전반부에서는 당시의 제후가 나라와 백성이라는 명분을 빌려 자신의 이익을 도모하여 결국 백성들에게 원망을 사고 말았음을 지적하였고, 후반부에서는 지인의 정신세계가 광활하여 '천지와 벗을 이룬다'(天地之友)고 묘사하였다. 그런데 이 단락은 「재유」의 주제와 맞지 않아 편집상의 과정에서 잘못 삽입된

것으로 보인다. 마지막 '천이불가불임자賤而不可不任者'에서 '불가불찰야不可不察也'까지의 한 단락은 이 편의 핵심 내용과 서로 어긋나며 장자학파의 정신과도 일치하지 않는다. 황로학파의 저작이 삽입된 것이거나 장자의 후학 가운데 황로사상에 물든 자가 지은 것으로 보인다.

이 편에서 유래한 잘 알려진 성어에는 시거용현尸居龍見[1], 작약불이雀躍不已[2], 독왕독래獨往獨來[3] 등이 있다.

---

1) 가만히 있을 때는 죽은 듯하지만, 움직이기 시작하면 마치 용과 같음. 갑자기 등장하여 이름을 날린다는 의미.

2) 참새와 같이 뛰어다니면서 멈출 줄 모름. 매우 기뻐하며 흥분한 모습을 표현하는 말.

3) 홀로 오고 홀로 감. 행동이 자유로워 그 누구도 막을 수 없음.

1.

聞在宥[①]天下, 不聞治[②]天下也. 在之也者, 恐天下之淫其性也; 宥之也者, 恐天下之遷其德也. 天下不淫其性, 不遷其德, 有治天下者哉! 昔堯之治天下也, 使天下欣欣焉人樂其性, 是不恬也; 桀之治天下也, 使天下瘁瘁焉人苦其性, 是不愉也. 夫不恬不愉, 非德也. 非德也而可長久者, 天下無之.

人大喜邪? 毗[③]於陽; 大怒邪? 毗於陰. 陰陽並毗, 四時不至, 寒暑之和不成, 其反傷人之形乎! 使人喜怒失位, 居處無常, 思慮不自得, 中道不成章[④], 於是乎天下始喬詰卓鷙[⑤], 而後有盜跖 · 曾 · 史之行[⑥]. 故擧天下以賞其善者不足, 擧天下以罰其惡者不給[⑦], 故天下之大, 不足以賞罰. 自三代以下者, 匈匈[⑧]焉終以賞罰爲事, 彼何暇安其性命之情哉!

【길잡이】

① 在宥: 자유롭게 놓아둠(自在寬容).

- 임희일: '재在'는 '유유자적한다는 뜻이고, '유宥'는 스스로 하도록 허용한다는 뜻이다.(『남화진경구의』)
- 나면도: '재유在宥'는 당시에 사용되던 말로, 지금 사람들이 읽는 것과는 차이가 있었을 것이다.(『남화진경순본』)
- 이면: 전문을 살펴보면, '재유在宥'는 '임유任宥'를 잘못 쓴 것이 분명하다. '임任'자와 '재在'자는 서로 형태가 비슷하여 착란이 생겼다. '임'자는 내버려 둔다는 뜻이며, 내버려둔다는 것은 규범으로 속박하지 않고 자유에 맡긴다는 의미이다. '유'자는 허용한다는 뜻이며, 허용한다는 것은 제한을 두지 않는다는 것이니 역시 자유에 맡기는 것을 말한다.
  - ▹ 진고응: 이면의 설이 따를 만하다.

② 治: 통솔하다.

- 성현영: 자유롭게 내버려두면 천하는 고요할 것이다. 하지만 교화를 내세워 창생들을 몰아세우면 그 본성을 잃어버리고 만다.(『장자소』)

③ 毗(중국음은 pí[琵]): 손상하다. 『회남자』「원도훈原道訓」에서는 이 구절을 인용하면서 '파破'로 썼다.

- 임희일: '비毗'는 더하는 것이다. 의서醫書에서 말하는 과하여 생기는 병이

바로 이것이다.

- 유월: 『경전석문』에서 "비毗는 여자如字[4]이다. 사마표는 '조助'(돕다)로 풀이하였고, 일설에 따르면 '병並'(나란히)으로 풀이한다"라고 하였다.…… 하지만 이를 '조助'로 해석하면 뜻이 잘 통하지 않으며, '병並'으로 본다면 더욱 어긋나게 된다. '비毗'는 '비류박락毗劉暴樂'의 '비'자로 읽는다. '비류毗劉'는 '박락暴樂'과 같은 뜻이고, '박락暴樂'은 『모공전毛公傳』에는 '박삭爆爍'으로 되어 있으며,…… 벗겨져 떨어진다는 뜻이다. 기쁨은 양陽에 속하며, 분노는 음陰에 속하니, 지나치게 분노하면 음기를 상하게 한다. '비양비음毗陰毗陽'이란 음양의 조화를 해친다는 뜻이다.…… 『회남자』 「원도훈」에서 "사람이 지나치게 분노하면 음기를 해치고, 지나치게 기뻐하면 양기를 상하게 한다"(人大怒破陰, 大喜破陽)라고 하였으니, 바로 이와 같은 의미이다.(『장자평의』)

④ 成章: 조리가 있음.(임희일, 『남화진경구의』)

⑤ 喬詰卓鷙: 어긋나고 삐뚤어짐(矯拂悖戾).(호문영, 『장자독견』) '교힐喬詰'은 뜻이 평범하지 않음을 뜻하고, '탁지卓鷙'는 행실이 평범하지 않음을 뜻한다.(『경전석문』에서 최선의 설 인용)

- 임희일: '교喬'는 남의 위에 서기를 지나치게 좋아하는 것이다. '힐詰'은 토론하면서 서로 힐책하는 것이다. '탁卓'은 홀로 있는 것이다. '지鷙'는 맹렬한 것이다. 이 네 가지는 모두 조화를 이루지 못함을 표현한다.
- 우성오: '교힐喬詰'은 '교힐狡黠'(교활하다)로 읽어야 한다. '교喬'와 '교狡'는 쌍성첩운자雙聲疊韻字[5]이다. '힐詰'과 '힐黠'은 모두 '길吉'과 음이 유사하여 서로 통용된다.(『장자신증』)

⑥ 有盜跖·曾·史之行: 뒤에 나오는 "아래로는 걸왕과 도척이 있고, 위로는 증삼과 사추가 있다"(下有桀跖, 上有曾史)라는 구절을 가리킨다.

- 마서륜: '도盜'는 '걸桀'로 읽어야 한다. 옮겨 쓰는 과정에서 와전된 것이다. 뒤에 나오는 "아래로는 걸왕과 도척이 있고, 위로는 증삼과 사추가 있다"(下有桀跖, 上有曾史)라는 구절이 그 증거이다.(『장자의증』)
  - ▹ 진고응: 마서륜의 설이 따를 만하다.

---

4) 한 글자에 여러 가지 음이 있을 때, 가장 기본적인 음을 가리켜 如字라고 한다.
5) 일반적으로 한 단어가 한 음절로 이루어지는 중국어에서 예외적으로 2음절로 구성된 낱말들이 있는데, 이때 聲母(음절 첫머리에 나타나는 자음)가 같은 경우를 雙聲, 韻母(음절에서 성모를 제외한 나머지 부분)가 같은 경우를 疊韻이라 한다.

⑦ 不給: 부족함.

⑧ 匈匈: 소란스러움.

- 성현영: '흉흉匈匈'은 시끄럽게 떠드는 것으로, 서로 다투며 각축하는 것을 말한다.
- 마서륜: '흉匈'은 '흉訩'(와자지껄함)으로 가차되었다.

【풀이】

천하를 편안히 그대로 놓아둔다는 말은 들어 보았어도 천하를 다스린다는 말은 들어 본 적이 없다. 사람들을 자유롭게 두고 천하가 그들의 본성을 어지럽히지 않을지를 걱정하며, 사람들을 편안하게 두고 천하가 그들의 덕을 변하게 만들지 않을까를 걱정해야 할 따름이다. 천하가 그들의 본성을 어지럽히지 않고 덕을 변하게 만들지 않으면 그뿐인데, 천하를 다스리는 것이 무슨 소용이 있겠는가? 옛날 요임금이 천하를 다스렸을 때는 세상 사람들이 떠들썩하게 그 본성을 즐기도록 만들었으니, 이는 안정되지 않은 것이다. 걸왕이 천하를 다스렸을 때는 사람들이 몸과 마음을 수고롭게 하여 그 본성을 괴롭혔으니, 이는 즐겁지 않은 것이다. 본성이 안정되지 못하고 즐겁지 않은 것은 모두 덕에 어긋나는 일이다. 덕을 어기고서도 오랫동안 지속될 수 경우는 천하에 결코 있을 수 없다.

사람이 지나치게 기뻐하면 양기를 손상시키고, 지나치게 분노하면 음기를 손상시킨다. 음양의 기운이 서로 침범하며 사시의 운행이 질서를 잃고 추위와 더위가 조화를 잃게 되니, 어찌 도리어 사람의 신체를 상하게 하지 않겠는가! 사람으로 하여금 기쁨과 분노가 정상적인 상태를 벗어나게 하면 행실이 망령되고 생각이 걷잡을 수 없어져 일을 실행하는 데 조리가 없어지게 되니, 이에 천하가 어긋나고 삐뚤어지게 되어 도척과 증삼, 사추와 같은 무리가 생겨난다. 이렇게 되면 온 천하의 힘을 다 써서 선행을 포상하려고 해도 부족하고 온 천하의 힘을 다 써서 악행을 벌하려고 해도 미치지 못하여, 천하의 거대함으로도 상벌을 다 처리하지 못한다. 그런데도 삼대 이래로 온갖 소란을 떨며 상벌을 일삼았으니 어찌 천하 사람들이 타고난 성명의 참모습을 여유롭게 안정시킬 수 있었겠는가?

而且說[①]明邪? 是淫於色也; 說聰邪? 是淫於聲也; 說仁邪? 是亂於德也; 說義邪? 是悖於理也; 說禮邪? 是相於技也[②]; 說樂邪? 是相於淫也; 說聖邪? 是相於藝也; 說知邪? 是相於疵也. 天下將安其性命之情, 之八者, 存可也, 亡可也; 天下將不安其性命之情, 之八者, 乃始臠卷[③]獊囊[④]而亂天下也. 而天下乃始尊之惜之, 甚矣天下之惑也! 豈直過也而去之邪! 乃齋戒以言之, 跪坐以進之, 鼓歌以儛[⑤]之, 吾若是何哉!

故君子不得已而臨莅天下, 莫若無爲. 無爲也而後安其性命之情. 故曰: "貴以身爲天下, 則可以托天下; 愛以身爲天下, 則可以寄天下."[⑥] 故君子苟能無解[⑦]其五藏, 無擢[⑧]其聰明; 尸居而龍見[⑨], 淵默而雷聲[⑩], 神動而天隨[⑪], 從容無爲而萬物炊累[⑫]焉. 吾又何暇治天下哉!

【길잡이】

① 說: '열悅'(기쁘다)과 같다.

② 相於技也: '상相'은 '돕는다'(助)는 뜻. 기교에 도움을 준다는 의미이다.

③ 臠卷: 펼치지 못하는 상태.(『경전석문』에서 사마표의 설을 인용) 구속받는 모습.(임희일)

④ 獊囊: 어지럽고 혼란스러움(搶攘).(최선) 다사다난한 모습.(임희일)

⑤ 儛: '무舞'(춤추다)의 속자.(마서륜)

⑥ 故曰: "貴以身爲天下, 則可以托天下; 愛以身爲天下, 則可以寄天下": 『노자』 13장의 문구를 인용하였다. '고故'자 뒤에 원래는 '왈曰'자가 없었으나, 도홍경의 설에 따라 보충하였다. '신身' 다음에 두 개의 '어於'자가 있었으나 불필요한 글자이므로(왕선겸의 『장자집해』에서 蘇輿[6])의 설을 인용) 『노자』 원문에 따라 삭제하였다.

- 도홍경: 이것은 『노자』의 말이다. '고故'자 '왈曰'자가 있어야 하는데, 옮겨 적는 이가 이를 빠뜨렸다. 『장자』에서 『도덕경』의 글을 인용한 부분은 「거협」에 두 번, 「지북유」에 세 번, 그리고 이 편에 한 번 등장하는데, 모두 '고왈故曰'이라는 말로 시작하고 있다.(『독장자찰기』)

---

6) 蘇輿(1873~1914): 자는 嘉瑞, 호는 厚庵. 중국 청대의 고문경학자. 『春秋繁露義證』과 『晏子春秋校本』 등의 저서가 있다.

⑦ 解: 펼쳐 보이다. 방종의 뜻을 포함하고 있음.

⑧ 擢: 드러내다. 과시하다.

⑨ 尸居而龍見: 편안히 거처하며 움직이지 않지만 그 정신작용이 활기참.

⑩ 淵默而雷聲: 고요하게 침묵하지만 깊이 사람을 감화시킴.

- 임희일: '연淵'은 깊고 고요함을 뜻한다. '묵默'은 말이 없는 것이다. '뇌성雷聲'은 사람을 감동시키는 것이다. 말을 하지 않아도 덕으로 사람을 움직이는 것을 뜻한다. 흔히 불교에서 '말을 하지 않아도 그 소리가 우레와 같다'라고 하는 것이 바로 이것이다.

⑪ 神動而天隨: 정신의 움직임이 모두 자연에 들어맞음.

- 임희일: '신神'은 정신을 가리킨다. '천天'은 하늘의 이치이다. 거동과 처신이 하늘의 이치가 아닌 것이 없으니, '정신의 움직임이 모두 자연에 들어맞는다'(神動而天隨)라고 하였다.

⑫ 萬物炊累: '취루炊累'는 '상승함'(動升)을 뜻한다. 만물의 번식이 마치 열기가 쌓여서 상승하는 것과 같음을 표현한 말이다.

【풀이】

눈밝음을 좋아한다고 하는가? 색채를 어지럽게 만들 뿐이다. 귀밝음을 좋아하는가? 소리를 어지럽게 만들 뿐이다. 인仁을 좋아하는가? 덕을 어지럽게 만들 뿐이다. 의義를 좋아하는가? 항상된 이치에 어긋날 뿐이다. 예禮를 좋아하는가? 기교를 조장할 뿐이다. 악樂을 좋아하는가? 정도를 벗어난 소리를 조장할 뿐이다. 성인의 자취를 좋아하는가? 기예를 조장할 뿐이다. 지모를 좋아하는가? 각종 폐단을 조장할 뿐이다. 세상 사람들이 타고난 성명의 모습에 편안히 따르고자 하면 이 여덟 가지는 있을 수도 있고, 없을 수도 있다. 하지만 타고난 성명의 모습대로 편안히 따르고자 하지 않는다면 이 여덟 가지가 얽히고설켜 천하를 혼란스럽게 만들고 말 것이다. 그런데 오히려 사람들이 이 여덟 가지를 추종하면서 아낀다면 천하의 혼란은 지극한 경지에 이르고 말 것이다. 이 여덟 가지가 어찌 시간이 지남에 따라 저절로 사라지겠는가? 그런데 사람들은 심지어 재계하며 신중히 이를 논하고, 공손히 예를 다해서 이를 전수하며, 북치고 노래하며 이를 모시니 참으로 어찌할 방법이 없구나!

그러므로 군자가 부득이하게 천하에 군림하게 된다면, 우선 가장 최선은 자연에 그대로 맡기는 것이다. 자연에 그대로 맡기면 사람들은 타고난 성명의 참모습에 편안히 처할 수 있게 된다. 따라서 "생명을 존중하는 태도로 천하에 임한다면, 천하를 그에게 의탁할 수 있다. 생명을 아끼는 자세로 천하에 임한다면 천하를 그에게 맡겨 둘 수 있다"라고 하였다. 군자가 만일 감정의 욕구를 내키는 대로 뻗어 가게 하지 않고 자신의 총명함을 드러내 뽐내지 않으면, 움직이지 않고 편안히 머무르면서도 정신의 작용이 활기차고, 말없이 고요한 채로 있어도 남을 깊이 감화시킬 수 있으며, 정신의 활동이 모두 자연에 들어맞고, 느긋하게 무위의 태도를 유지함에도 만물은 열기가 쌓여 오르듯 활발히 번식할 것이다. 그런데 내 어찌 또 천하를 다스릴 필요가 있겠는가?

2.

崔瞿[1]問於老聃曰: "不治天下, 安臧[2]人心?"

老聃曰: "女愼無攖[3]人心. 人心排下而進上[4], 上下囚殺[5], 淖約[6]柔乎剛強. 廉劌雕琢[7], 其熱焦火, 其寒凝冰[8]. 其疾俛仰之間[9]而再撫四海之外, 其居也淵而靜, 其動也縣而天. 僨驕[10]而不可系者, 其唯人心乎!

昔者黃帝始以仁義攖人之心, 堯舜於是乎股無胈, 脛無毛[11], 以養天下之形, 愁其五藏以爲仁義, 矜其血氣[12]以規法度. 然猶有不勝也, 堯於是放讙兜於崇山, 投三苗於三峗, 流共工於幽都[13], 此不勝天下也. 夫施及三王而天下大駭矣. 下有桀跖, 上有曾史, 而儒墨畢起. 於是乎喜怒相疑, 愚知相欺, 善否相非, 誕信相譏[14], 而天下衰矣; 大德不同, 而性命爛漫[15]矣; 天下好知, 而百姓求竭[16]矣. 於是乎僆鋸制焉, 繩墨殺焉, 椎鑿決焉[17]. 天下脊脊[18]大亂, 罪在攖人心. 故賢者伏處[19]大山嵁岩[20]之下, 而萬乘之君憂栗乎廟堂之上.

今世殊死[21]者相枕也, 桁楊[22]者相推也, 刑戮者相望也, 而儒墨乃始離跂[23]攘臂乎桎梏之間. 噫[24], 甚矣哉! 其無愧而不知恥也甚矣! 吾未知聖知之不爲桁楊接槢[25]也, 仁義之不爲桎梏鑿枘[26]也, 焉知曾史之不爲桀跖嚆矢[27]也! 故曰: '絶聖棄知而天下大治.'"

【길잡이】

① 崔瞿(瞿의 중국음은 qū[圖]): 가공의 인명.

- 성현영: 성은 최崔, 이름은 구瞿. 어떠한 인물인지는 알 수 없다.

② 臧: 선함(善). 현재 판본에는 '장藏'으로 잘못 썼다.

- 왕선겸: '장藏'은 '장臧'을 잘못 쓴 것이다. 옛글자에서는 오직 '장臧'으로만 썼다. '안장인심安臧人心'은 사람의 마음을 선하게 할 수 없다는 의미를 담고 있다.(『장자집해』)

③ 攖: 어지럽히다.

④ 人心排下而進上: 사람의 마음은 억누르면 가라앉고, 밀고 나가면 높이 치켜 오른다.

- 곽상: 누르면 내려가고, 밀면 올라간다는 것은 곧 쉽게 요동친다는 뜻이다.
- 임희일: '배하排下'란 뜻을 얻지 못했을 때는 점점 의기소침해지고, 반대로 뜻을 얻었을 때는 끝없이 고조된다는 뜻이다.
- 임운명: 사람의 마음이란, 타인에 의해 억눌리면 넋이 나가고 의기가 소침해지기 마련이고, 타인에 의해 고취되면 높은 곳을 향해 상승하게 된다.(『장자인』)

⑤ 上下囚殺: 의지가 오르내리는 것이 마치 감옥에 갇혀 죽임을 당할 때와 같은 상태임을 표현하는 말.

- 임희일: '상上'은 마음이 위로 향하는 것이고, '하下'는 마음이 아래로 향하는 것이다.
- 곽숭도: '상하수살上下囚殺'은 마음이 오르락내리락하는 것이 마치 감옥에 갇혀 죽임을 당할 때의 마음과 같이 편안하지 않음을 말한 것이다.

⑥ 淖約: 부드럽고 아름다움. 「소요유」에 나온다.

⑦ 廉劌雕琢(劌의 중국음은 guì[貴]): '렴廉'은 '릉棱'(모서리)으로 가차되었다. '귀劌'는 상처를 입힌다는 뜻이다. 『노자』 58장에 "염이불귀廉而不劌"라는 구절이 있는데, 날카롭되 상처를 입히지 않는다는 뜻이다. 따라서 '염귀조탁廉劌雕琢'이란 고통을 크게 받는 것을 표현하는 말이다.

- 임희일: 이른 시기에 뜻을 이룬 자는 그 예봉이 드러나기 마련이므로 세상의 간섭을 더욱 많이 받아 결국 소모되고 만다. 따라서 '튀어나온 모서리는 깎이고 만다'(廉劌雕琢)라고 표현한 것이다.

⑧ 其熱焦火, 其寒凝冰: 초조하고 떨리는 마음의 상태를 표현하는 말.

• 임희일: 마음이 뜨거운 순간에는 마치 불처럼 타오르고, 두려워 떨리는 순간에는 마치 얼음처럼 굳는다. 이는 사람의 마음이 성내거나 두려워하는 순간을 나타낸 것이다.

⑨ 俛仰之間: 짧은 시간을 가리킴. '면俛'은 '부俯'(구부리다)와 같다.

⑩ 僨驕: 막을 수 없는 위세.(곽상, 『장자주』) '분僨'은 '분憤'(분노)과 같다.

⑪ 股無胈, 脛無毛: 허벅다리에 살이 없고, 정강이에 털이 자라지 않음. 힘들게 고생하는 것을 표현한 말.

⑫ 矜其血氣: 심혈을 기울임.

• 곽경번: '긍기혈기矜其血氣'는 맹자가 말한 '고심하다'(苦其心志)와 같은 뜻이다. '긍矜'은 '고생하다'(苦)의 뜻이다. 『이아』「석언釋言」에 풀이가 보인다.(『장자집석』)

⑬ 放讙兜於崇山, 投三苗於三峗, 流共工於幽都(兜의 중국음은 dōu): 『상서』「요전堯典」에 등장하는 말이다. '환두讙兜'는 요임금 시대의 인물이다. 요임금의 적으로 숭산(현재의 호남성 대강현 서남부)으로 유배된 바 있다. '투投'는 『상서』에는 '찬竄'으로 되어 있으며, 『사기』에는 이를 인용하면서 '천遷'으로 썼다. '삼묘三苗'는 이름이 '도철饕餮'이며, 요임금에 의해 '삼묘三苗'국의 제후로 봉해졌다. '삼위三峗'는 현재의 감숙성 돈황현 남부 지역이다. '공공共工'은 관직명이며, 요임금의 밑에서 관개를 담당하던 관리로서 이름은 궁기窮奇라고 하였다. '유도幽都'는 『상서』에 '유주幽州'라고 되어 있으며, 지금의 하북성 밀운현 지역이다.

⑭ 喜怒相疑, 愚知相欺, 善否相非, 誕信相譏: 자신은 옳고 남은 그르다고 하는 심리와 행위를 표현하는 말들이다.

• 임희일: 자신에 대해서는 너그럽고 남에 대해서는 분노하며, 스스로는 잘 안다고 여기고 남은 어리석다고 여기며, 스스로 좋다고 여기며 남은 그르다고 여기며, 스스로는 믿을 만하다고 여기며, 남은 믿을 수 없다고 여기는 것은 너나 할 것 없이 모두 그러하다. 따라서 서로 의심하고 서로 속이고 서로 비난하고 서로 조롱하는 것이다. 「제물론」에서 "저것은 저것의 옳고 그름이 있고, 이것은 이것의 옳고 그름이 있다"(彼亦一是非, 此亦一是非)라고 한 것과 같은 맥락이다.

⑮ 爛漫: 어지럽게 흩어짐.(성현영, 『장자소』)

⑯ 求竭: '교갈膠葛'(뒤섞여 있음)과 같다. 현재 판본에는 '규갈糾葛'로 되어 있다.(장병린,

『장자해고』) '구갈求竭'은 곽상의 『장자주』에서는 일반적인 의미로 '그 요구를 제공할 수 없다'(無以供其求)라고 풀이하였다. 하지만 앞뒤 문맥을 살펴보면 이 장의 전체적인 의미에 따라 해석해야 한다. 이 구절의 '천하호지이백성구갈의天下好知而百姓求竭矣'와 앞의 '대덕부동이성명난만의大德不同而性命爛漫矣'는 서로 대구를 이룬다. 그러므로 '구갈求竭'과 '난만爛漫'은 같은 의미로서, 갈등과 혼란을 뜻한다.

⑰ 鋸鋸制焉, 繩墨殺焉, 椎鑿決焉: '연거鋸鋸', '승묵繩墨', '추착椎鑿'은 모두 형벌의 도구를 지칭한다. '살殺'은 '설設'로 읽어야 한다.(오여륜, 『장자점감』)

- 왕선겸: 공인工人은 승묵으로 목재를 바로잡고, 군주는 예법으로 사람들을 바로잡는다. 공인은 도끼와 톱, 망치와 끌로 목재를 해치며, 군주는 형법으로 사람들을 해친다.

⑱ 脊脊: '적적籍籍'(난잡함)과 같다.(임희일, 『남화진경구의』) '분분紛紛'함과 같은 뜻이다.

- 육덕명: '척척脊脊'은 '적籍'으로 발음하며, 서로 짓밟는 것을 뜻한다.

⑲ 伏處: 은둔, 은거.

⑳ 嵁岩: 깊은 산골짜기.

- 유월: '감嵁'은 '담湛'(깊다)으로 읽어야 한다. '담암湛岩'은 깊은 산골짜기(深岩)를 뜻한다. 산골짜기를 말하고 있으므로 글자가 물수변의 '담湛'에서 뫼산변의 '감嵁'으로 바뀐 것이다.

㉑ 殊死: 사형.

- 육덕명: 『광아』에서 "'수殊'는 자른다는 뜻이다"라고 하였다. 사마표는 "절단하는 것(決)이다"라고 하였고, 일설에는 "베는 것(誅)이다"라고도 하였다.
- 이면: '수殊'는 '다르다'는 뜻이다. '수사殊死'는 서로 다른 종류의 죽음을 말한다. 성인이 법을 설치하고 다섯 가지 형벌을 시행하였는데, 이 다섯 가지 형벌로 말미암아 죽음에 이르는 것을 가리켜 '수사'라고 하니, 사형의 방법이 다른 것을 가리킨다.

㉒ 桁楊(桁의 중국음은 héng[衡]): 발과 목에 씌우는 고대의 형벌 도구.

㉓ 離跂: 발돋움하다. 애쓰는 모습을 표현하는 말.

- 마서륜: '리離'는 '리攡'를 생략한 글자이다. 『설문해자』에서 "'리攡'는 느긋함(舒)을 뜻한다"라고 하였다.(『장자의증』)

㉔ 噫: 여러 판본에는 '의意'라고 되어 있으나, 『도장』 찬미본纂微本에 따라 '희噫'로

수정하였다.(呂惠卿, 『莊子義』)

㉕ 接槢: 형틀과 쐐기(械楔).(사마표) 죄인에게 씌우는 칼(枷)을 잠그는 쐐기로, '설楔'이라고도 한다.(임희일, 『남화진경구의』)

㉖ 鑿枘: 수갑을 고정하는 홈과 쐐기. '둥근 구멍에 네모난 쐐기'(鑿圓方枘)[7]라는 말이 바로 이를 가리킨다.

㉗ 嚆矢(嚆의 중국음은 hāo[蒿]): 소리를 내는 화살.(상수, 『장자주』) 지금의 '향전響箭'[8]과 같다.(임희일) '앞장서다'(先聲)는 의미를 비유한 것이다.(진수창)

【풀이】

최구가 노담에게 물었다. "천하를 다스리지 않고 어떻게 사람들의 마음을 선으로 향하게 할 수 있습니까?"

노담이 말했다. "사람들의 마음을 어지럽히지 않도록 주의하여라. 사람들의 마음은 억누르면 가라앉고 추켜세우면 한껏 들뜨게 되니, 가라앉고 들뜨는 것을 반복하는 마음의 상태는 마치 감옥에 갇히고 죽임을 당하는 것과 같이 편안하지 못하다. 부드럽고 아름다운 마음의 상태를 유지하면 굳세고 강한 것을 부드럽게 달랠 수 있다. 모난 사람은 반드시 고난을 겪기 마련이다. 성미가 초조할 때는 마치 불같이 타오르고 두려울 때는 마치 얼음처럼 차가워지는 것이 바로 사람의 마음이니, 그 변화가 눈 깜짝할 사이에 세상 밖을 오갈 정도로 빠르다. 안정되었을 때는 깊이 침잠하여 고요하지만, 요동칠 때는 곤두박질하거나 솟구쳐 올라 그 오만함을 붙들어 맬 수 없는 것이 바로 사람의 마음이다.

옛날 황제黃帝가 처음으로 인의로 사람들의 마음을 어지럽혀 놓았고, 뒤이어 요순이 허벅다리의 살이 마르고 정강이의 털이 닳도록 고생하면서 천하 사람들의 형체를 기르고자 하였고, 항상 근심하면서 마음을 써가며 인의를 실행하였으며, 심혈을 기울여 법도를 제정하였다. 그런데도 여전히 부족함이 있었는지 요는 환두를 숭산으로 추방하였고, 삼위 지역에 삼묘국을 만들어 두었고, 공공을 유주로 유배를 보냈다. 이는 오히려 천하가 다스려지지 않았다는 것을 증명해 주는 것이다. 삼대의 제왕시대에 이르러 천하에는 다시 큰 소동이 일어났다. 아래로는

7) 서로 어울리지 않는다는 뜻의 사자성어.
8) 전쟁에서 개전의 신호로 쏘는 화살로서 우는 소리가 난다.

걸왕과 도척이 일어나고 위로는 증삼과 사추가 나타났다. 유가와 묵가의 논쟁이 분분하게 발생하면서 자신의 편을 좋아하고 상대방에게 분노하면서 서로 시기하였고, 스스로 지혜롭다고 여기고 남을 어리석다고 하면서 서로 모욕하였으며, 스스로는 선하고 남은 선하지 않다고 하면서 서로를 비난하였고, 자신의 의견만 믿을 만하고 남의 의견은 허황하다고 서로 조롱하였다. 천하의 기운이 이로부터 점차 쇠퇴해졌고, 큰 덕은 갈라지고 타고난 성명의 도리가 흩어져 어지러워졌다. 세상에 지모와 기교가 난무하니 백성들 사이에는 더욱 갈등이 심해졌다. 이에 도끼와 톱으로 제재하고, 예법으로 척살하고, 형벌로 처결하게 되었다. 이처럼 천하가 크게 분분하며 혼란스러워진 것은 사람들의 마음을 어지럽힌 잘못이다. 따라서 현자는 높은 산 깊은 골짜기에 은둔하는데, 만승의 군주는 조정의 높은 자리에 있으면서 항상 두려움에 떤다.

지금 사형에 처한 자가 산더미처럼 쌓여 있고, 수갑을 차고 갇힌 자는 줄줄이 이어져 있으며, 형벌을 당하는 자들은 어디를 둘러보아도 가득하다. 그런데 유가와 묵가는 그 칼과 족쇄 속에서 분발하며 아우성을 치고 있으니, 아, 참으로 심각하구나! 이들은 어찌 수치심이 없고 부끄러움을 모르는 것인가! 나는 성인의 지혜가 족쇄를 채우는 쐐기가 아니며 인의가 형틀을 고정하는 자물쇠가 아니라고는 한 번도 생각해 본 적이 없다. 증삼과 사추가 실은 걸왕과 도척의 부류의 출현을 인도하는지 그 누가 알겠는가? 따라서 '성인의 지혜를 버려야 천하가 태평스러워진다'라고 한 것이다."

3.

黃帝立爲天子十九年, 令行天下, 聞廣成子①在於空同之山②, 故往見之, 曰: "我聞吾子達於至道, 敢問至道之精. 吾欲取天地之精③, 以佐五谷, 以養民人, 吾又欲官陰陽④, 以遂群生, 爲之奈何?"

廣成子曰: "而⑤所欲問者, 物之質⑥也; 而所欲官者, 物之殘也. 自而治天下, 雲氣不待族⑦而雨, 草木不待黃而落, 日月之光益以荒矣. 而佞人之心翦翦⑧者, 又奚足以語至道哉⑨!"

黃帝退, 捐天下, 築特室, 席白茅, 閑居三月, 復往邀之.

廣成子南首而臥, 黃帝順下風⑩膝行而進, 再拜稽首而問曰: "聞吾子達於至道, 敢問, 治身奈何而可以長久?' 廣成子蹶然而起, 曰: "善哉問乎! 來! 吾語汝至道. 至道之精, 窈窈冥冥[11]; 至道之極, 昏昏默默[12]. 無視無聽, 抱神以靜, 形將自正. 必靜必淸, 無勞汝形, 無搖汝精, 乃可以長生. 目無所見, 耳無所聞, 心無所知, 汝神將守形, 形乃長生. 愼汝內, 閉汝外[13], 多知爲敗. 我爲汝遂於大明[14]之上矣, 至彼至陽之原也; 爲汝入於窈冥之門矣, 至彼至陰之原也. 天地有官[15], 陰陽有藏[16], 愼守汝身, 物將自壯. 我守其一以處其和, 故我修身千二百歲矣, 吾形未常衰."

黃帝再拜稽首曰: "廣成子之謂天矣!"

廣成子曰: "來! 余語汝. 彼其物[17]無窮, 而人皆以爲有終; 彼其物無測, 而人皆以爲有極. 得吾道者, 上爲皇而下爲王; 失吾道者, 上見光而下爲土[18]. 今夫百昌[19]皆生於土而反於土, 故余將去汝, 入無窮之門, 以遊無極之野. 吾與日月參光, 吾與天地爲常. 當我, 緡乎! 遠我, 昏乎[20]! 人其盡死, 而我獨存乎!"

【길잡이】

① 廣成子: 자연무위의 도를 체득한 우언 속 인물.

② 空同之山: 지어낸 가상의 지명. '공空' 텅 비어 허무함(空虛), 텅 비어 밝음(空明)의 뜻을 지닌다. '동同'은 하나로 뒤섞여 있음(混同), 뒤섞여 어두컴컴함(冥同)의 뜻을 담고 있다. '산山'자는 통행본에는 '상上'으로 되어 있으나 『장자궐오』에서 인용한 장군방본張君房本과 성현영의 『장자소』에 따라 수정하였다.(왕효어의 교석)

③ 天地之精: 천지자연의 정기.(후쿠나가 미쓰지)

④ 官陰陽: '관官'은 관리하다, 다스리다. 음양을 조화시키는 것을 말한다.

- 임희일: 음양이 조화를 이루게 하는 것을 말한다. '관官'은 각자의 직책에 맡기는 것이다. 음양이 서로 어긋나지 않고 각자 그 직무를 담당하므로 '관'이라고 하였다.

⑤ 而: '여汝'(2인칭 대명사)와 같다. 뒤에 나오는 '자이치천하自而治天下', '이녕인지심而佞人之心'의 '이而' 역시 '여汝'로 읽는다.

⑥ 質: 원래의 자질(原質), 참된 자질(眞質).

- 임희일: 사물의 본래 그러함을 '질質'이라고 한다. 앞에서 말한 '지극한

도'(至道)를 가리킨다.

⑦ 族: 모이다(聚).(사마표)

⑧ 翦翦: 얕음(淺淺).(임희일, 『남화진경구의』)

⑨ 又奚足以語至道哉: '재哉'자는 원래 없었다. 하지만 『태평어람』 624항에서 인용한 부분에는 '도道'자 뒤에 '재'가 있다. 이를 넣으면 문장의 의미가 더욱 완전해진다.(왕숙민, 『장자교석』)

⑩ 順下風: 아래쪽 방향을 따르다.

- 이면: '풍風'은 '방方(방향)의 뜻이다. 고대에는 '풍'과 '방'은 음이 같아 서로 통용되었다. 「천운」의 '웅명어상풍雄鳴於上風, 자응어하풍雌應於下風', 「천지」의 '우추취하풍禹趨就下風', '원선생언기풍願先生言其風', 「어부」의 '절대어하풍竊待於下風'의 '풍風'자는 모두 '방方'의 뜻이다.

⑪ 窈窈冥冥: 깊고 어두컴컴함. '요窈'는 볼 수 없을 만큼 미세함. '명冥'은 헤아릴 수 없을 만큼 깊음. 『노자』 21장에 "요혜명혜窈兮冥兮"라는 구절이 등장한 바 있다.

⑫ 昏昏默默: 깊고 고요함을 비유한 말.(이면)

⑬ 愼汝內, 閉汝外: '신여내愼汝內'는 마음을 흔들지 않음. '폐여외閉汝外'는 외물이 자신의 마음을 흔들게 하지 않음.(임희일, 『남화진경구의』)

⑭ 遂於大明: '대명大明'은 태양을 가리킴. 『예기』 「예기禮器」에서 "대명은 동쪽에서 뜨고, 달은 서쪽에서 뜬다"(大明生於東, 月生於西)라고 하였다.(후쿠나가 미쓰지)

⑮ 天地有官: '관官'은 직책(職). 천지가 각기 그 직무를 담당한다는 뜻.(임희일)

⑯ 陰陽有藏: '장藏'은 모이는 장소(府). 음양은 각자 모이는 곳에 머무른다는 뜻.(임희일)

⑰ 彼其物: '도道'를 가리켜 말함.(임운명, 『장자인』)

⑱ 上見光而下爲土: 위로는 해와 달의 빛을 보고, 아래로는 땅의 흙이 됨.

- 임희일: '상견광上見光'이란 해와 달을 말하고, '하위토下爲土'는 땅을 말한다. 천지의 사이에 머무르면서 멍한 듯 아무것도 알지 못하며, 고개를 들어 그저 해와 달을 보고, 고개를 숙여 땅 아래를 볼 뿐이라는 말이다.(『남화진경구의』)

⑲ 百昌: 만물이 창성함(百物昌盛).(성현영, 『장자소』) 혹은 만물(百物).(사마표)

⑳ 當我, 緡乎! 遠我, 昏乎: '당아當我'는 내게로 옴. '원아遠我'는 나를 등지고 감.(임희일)

'민호緡乎'는 뒤섞여 합함(泯合).(『경전석문』) '민緡', '혼昏'은 모두 무심無心의 상태를 가리킨다.(사마표)

【풀이】

황제黃帝가 19년간 천자에 자리에 있으면서 각종 교령을 천하에 실시하였다. 하루는 광성자라는 인물이 공동산에 산다는 소식을 듣고는 특별히 그를 만나러 가서는 이렇게 물었다. "내가 듣기로 선생은 '지극한 도'를 깨우쳤다고 하는데, 지극한 도의 정수에 대해 여쭙고자 합니다. 나는 천지의 정기를 받아들여 오곡이 자라는 것을 돕고 백성들을 양육하고자 합니다. 또한 음양을 다스려 만물을 따르고자 하는데, 어떻게 하면 되겠습니까?"

광성자가 말했다. "그대가 묻고자 하는 것은 바로 사물의 참된 바탕이요, 그대가 다스리고자 하는 것은 사물의 찌꺼기에 지나지 않습니다. 그대가 천하를 관리하고 다스린 이후부터 구름이 채 모이기도 전에 비로 내리고, 초목은 낙엽이 들기도 전에 떨어지고, 해와 달의 빛은 갈수록 그 색을 잃어 갔습니다. 그대 입에 발린 말을 하는 사람의 마음이 이렇듯 가벼운데 어떻게 '지극한 도'를 논할 수 있겠습니까?"

황제가 물러가서는 천하를 돌보는 일을 그만두고 별실 한 칸을 짓고, 그 안에 띠풀로 자리를 깔고는 삼 개월 동안 나오지 않고 머물렀다. 그러고는 다시 광성자를 찾아 가르침을 청했다.

그를 만나러 들어가니 광성자는 남쪽을 향해 누워 있었다. 황제는 아래쪽으로 고개를 숙이고 기어가 머리를 조아려 절을 하고는 물었다. "선생께서 '지극한 도'를 깨우쳤다고 들었습니다. 그에 관해 여쭙고자 합니다. 어떻게 몸을 수양해야 오래도록 살아갈 수 있습니까?"

광성자가 돌연 몸을 일으키며 말했다. "좋은 질문입니다. 자, '지극한 도'에 대해 알려드리겠습니다. '지극한 도'의 정수란 심오하고 불분명합니다. '지극한 도'의 극치는 고요히 침잠해 있습니다. 바깥의 일을 보거나 듣지 말고 정신의 평정을 유지한다면 형체는 자연히 건강해질 것입니다. 생각을 비우고 정신을 맑게 하고, 형체를 수고롭게 하지 말며, 정신을 소모하지 않는다면 장생을 이룰 수 있습니다. 눈이 현혹되지 않게 하고, 귀가 소란스럽지 않게 하며, 마음속에 사려를 없애고 정신이 형체를 지키도록 한다면 형체는 장생하게 될 것입니다. 마음을 텅 비워 고요하게 만들고 외부의 소란을 끊어 내십시오. 지모와 기교가 많으면 실패할 것입니다. 내가 그대를 도와 대명大明의 경지에 이르게 하고 '지극한 양'의 근원에 도달할 수 있도록 하겠습니다. 또한 심원의 문으로 들어가 '지극한 음'의 근원에 도달할 수 있도록 하겠습니다. 천지가 각기 그 직무를 맡고 음양이 각기 그 있어야 할 곳에 머물러 있으며, 그대가 몸을 신중하게 지켜 갈 수 있다면 도는 저절로 창성하게 될 것입니다. 나는 '지극한 도'의 순일함을 지켜 그 조화로움을 유지합니다. 따라서 몸을 수양하여 천이백 살에 이르게 되었는데도 신체가 여전히 노쇠하지 않는 것입니다."

황제가 다시 머리를 조아려 절을 하고는 말했다. "광성자께서는 하늘과 합일을 이룬다고 할 수 있겠습니다."

광성자가 말했다. "자, 그대에게 말해드리겠습니다. '지극한 도'는 무궁무진하지만, 사람들은 모두 그것에 끝이 있다고 여깁니다. '지극한 도'는 깊어 헤아릴 수 없지만, 사람들은 모두 그것에 끝이 있다고 여깁니다. 나의 '도'를 얻는다면 위로는 황제皇帝가 될 수 있고, 아래로는 왕이 될 수 있습니다. 하지만 나의 '도'를 잃는다면 위로는 그저 해와 달의 빛만 바라볼 수 있고, 아래로는 땅의 흙이 되어 버릴 것입니다. 만물은 모두 흙에서 나서 다시 흙으로 돌아가기 마련입니다. 따라서 나는 곧 그대를 떠나 무궁의 문으로 들어가 무극의 광야에서 노닐 것입니다. 해와 달과 함께 빛나고 천지와 서로 벗을 이룰 것이니, 내게 가까이 와도 알아채지 못할 것이요, 내게서 멀어져도 눈치채지 못할 것입니다. 사람은 죽음을 피할 수 없지만, 나는 홀로 존재할 것입니다."

4.

雲將①東遊, 過扶搖②之枝而適遭鴻蒙③. 鴻蒙方將拊脾④雀躍而遊. 雲將見之, 倘然止⑤, 贄然立⑥, 曰: "叟何人邪? 叟何爲此?"

鴻蒙拊脾雀躍不輟, 對雲將曰: "遊!"

雲將曰: "朕願有問也."

鴻蒙仰而視雲將曰: "籲!"

雲將曰: "天氣不和, 地氣郁結, 六氣不調, 四時不節. 今我願合六氣之精以育群生, 爲之奈何?"

鴻蒙拊脾雀躍掉頭曰: "吾弗知! 吾弗知!"

雲將不得問. 又三年, 東遊, 過有宋之野而適遭鴻蒙. 雲將大喜, 行趨而進曰: "天⑦忘朕邪? 天忘朕邪?"

再拜稽首, 願聞於鴻蒙.

鴻蒙曰: "浮遊, 不知所求; 猖狂⑧, 不知所往; 遊者鞅掌, 以觀無妄⑨. 朕又何知!"

雲將曰: "朕也自以爲猖狂, 而民隨予所往; 朕也不得已於民, 今則民之放⑩也. 願聞一言."

鴻蒙曰: "亂天之經, 逆物之情, 玄天弗成⑪; 解獸之群, 而鳥皆夜鳴; 災及草木, 禍及止蟲⑫. 噫⑬, 治人之過也!"

雲將曰: "然則吾奈何?"

鴻蒙曰: "噫, 毒哉! 僊僊乎歸矣⑭."

雲將曰: "吾遇天難, 願聞一言."

鴻蒙曰: "噫! 心養⑮. 汝徒處無爲, 而物自化. 墮爾形體, 黜爾聰明⑯, 倫與物忘⑰; 大同乎涬溟⑱, 解心釋神, 莫然無魂⑲. 萬物云云, 各復其根⑳, 各復其根而不知; 渾渾沌沌㉑, 終身不離; 若彼知之, 乃是離之. 無問其名, 無窺其情, 物固自生."

雲將曰: "天降朕以德, 示朕以默; 躬身求之, 乃今也得." 再拜稽首, 起辭而行.

【길잡이】

① 雲將: 구름의 주관자라는 의미. 우언寓言이다.

② 扶搖: 신목.(이이, 『장자주』) 일설에 따르면 '부요扶搖'는 '부상扶桑'으로 읽는다. '부상扶桑'이라는 말은 『산해경』 「해외동경海外東經」에 등장하며, 신화 속의 거목이다.(후쿠나가 미쓰지)

③ 鴻蒙: 자연의 원기(自然元氣).(사마표)

④ 拊脾: '비脾'는 '비髀'(허벅지)로 읽는다. 허벅다리를 두드린다는 뜻.

⑤ 倘然止: 멈추어 있는 모습.

- 사마표: '당倘'은 멈추고자 하는 모습이다.
- 마서륜: '당倘'은 '창堂'의 가차이다. 『설문해자』에 "'창'은 '거歫'와 같다"라고 하였다. '거'는 '멈추다'(止)의 뜻이다.
- 이면: '당倘'은 '당躺'과 통한다. '당연躺然'은 몸을 뒤로 눕힌 채 멍하니 있는

모습을 나타낸다.

⑥ 贄然立: 서서 움직이지 않는 모습.

- 이이: '지贄'는 움직이지 않는 모습이다.
- 임운명: 손을 맞잡고 공손히 서 있는 모습을 말한다.
- 장병린: 『설문해자』에는 '지贄'자가 없고, '지埶'라고 되어 있다. 이에 따르면 "'지埶'는 '지至'와 같다. '지至'의 뜻을 해석해 보면, '안정'(底定)이라는 의미가 있다. 따라서 '지연립埶然立'이라고 한 것이다.

⑦ 天: 홍몽鴻蒙을 높여 부르는 말. 앞에서 황제黃帝 역시 광성자廣成子를 이렇게 높여 칭한 바 있다.

⑧ 猖狂: 마음속에서 하고 싶은 바를 따라 자유분방한 모습을 나타내는 말.

⑨ 遊者鞅掌, 以觀無妄: '유자앙장遊者鞅掌'은 온 세상의 분분히 많은 사물 가운데에서 노닌다는 뜻이다.(황금횡, 『신역장자독본』) '자者'는 '저諸'와 통하며, '~에서'라는 뜻이다. '무망無妄'은 진실함을 뜻하며, 사물의 참된 모습을 가리킨다. 일설에는 무궁함을 뜻한다고 보기도 한다.

- 성현영: 홍몽은 마음이 매우 드넓은 곳에 머물고, 지극히 많은 사물을 살피며, 그 지혜로 사물의 참된 모습을 관조할 수 있다. '앙장鞅掌'은 매우 많음을 뜻한다.

⑩ 民之放: 백성들의 본보기가 됨.(곽상, 『장자주』)

- 후쿠나가 미쓰지: '방放'은 '의依'(의거하다)와 같다. 『논어』「이인里仁」에 "이익에 따라 행하니 원한이 많다"(放於利而行, 多怨)라고 하였는데, '방'은 '의'로 풀이한다.(『莊子外篇』, 122쪽)

⑪ 玄天弗成: 자연 그대로의 상태를 보전할 수 없음.(이면)

- 성현영: 자연의 변화가 이루어지지 않음.

⑫ 止蟲: 판본에 따라 '곤충昆蟲'이라고 되어 있는 경우도 있다. 조간의본趙諫議本에는 '지止'가 '곤昆'으로 되어 있다.(왕효어의 교석) '지止'는 '치豸'(발이 없는 벌레)와 같다.(蘇輿[9]. 왕선겸의 『장자집해』에서 인용)

⑬ 噫: 여러 판본에서는 '의意'라고 썼다. 『도장』에 실린 각 판본과 조간의본趙諫議本에

9) 「在宥」 각주6) 참조.

서는 모두 '희噫'라고 쓰고 있다. '의'와 '희'는 서로 통한다.(왕숙민, 『장자교석』)

⑭ 毒哉! 僊僊乎歸矣: "사람들에게 해를 끼치는구나! 얼른 돌아가라"라는 뜻.

- 곽상: '독재毒哉'는 사람들을 다스리려는 정도가 지나침을 말한다.
- 성현영: '선선僊僊'은 가볍게 움직이는 모습. 돌아갈 것을 권고한 것이다.

⑮ 心養: 「인간세」편에 나오는 '심재心齋'와 같은 뜻. 곽상의 『장자주』와 성현영의 『장자소』에는 모두 '양심養心'으로 되어 있다.

⑯ 墮爾形體, 黜爾聰明: '출黜'은 원래 '토吐'라고 되어 있었으나, 「대종사」에 따라 수정하였다.

- 왕인지: '토吐'는 '돌咄'(꾸짖는 소리)로 읽어야 한다. '돌咄'은 '출黜'과 같다.(왕념손, 『독서잡지여편』에 보임)
- 유월: '토吐'는 '두杜'로 읽어야 한다. 총명함을 막는다는 뜻이다.(『장자평의』)
- 유문전: '토이총명吐爾聰明'은 뜻이 성립하지 않는다. '토吐'는 '출絀'이 와전된 것으로 보인다. 『회남자』「남명훈覽冥訓」에서는 이를 인용하면서 '휴지체隳肢體, 출총명絀聰明'이라고 하였으니, 확실한 증거로 삼을 수 있다. 「대종사」에서는 '타지체墮肢體, 출총명黜聰明'이라고 했으며, '출黜'과 '출絀'은 음과 뜻이 서로 같다.
    - ▷ 진고응: 유문전의 설을 따른다. 여기에서는 「대종사」에 따라 '출黜'로 수정한다.

⑰ 倫與物忘: '윤倫'은 '윤淪'과 같으며, '없어지다'(沒)의 뜻이다. 만물과 함께 서로를 잊은 채 사라진다는 뜻.(임희일, 『남화진경구의』)

⑱ 涬溟: 자연의 기(自然氣).(사마표)

⑲ 莫然無魂: 마음의 지모와 기교를 버림.

- 성현영: '혼魂'은 앎을 좋아하는 것이니, '막연무혼莫然無魂'은 '막연히 무지함'이라는 뜻이다.

⑳ 萬物雲雲, 各復其根: 『노자』 16장에 이와 비슷한 '부물운운夫物芸芸, 각복귀기근各復歸其根'이라는 구절이 등장한다.

㉑ 渾渾沌沌: '진실 소박하고 자연스러움'을 뜻함. 「응제왕」에 나오는 '혼돈渾沌'과 같은 의미이다.

【풀이】

운장이 동쪽 지방을 여행하다가 한 신목의 나뭇가지를 지나가던 중에 우연히 홍몽을 만나게 되었다. 홍몽은 자신의 허벅지를 두드리며 정처 없이 뛰어다니고 있었다. 운장이 그를 보고는 급히 멈추어 공손하게 서서 말을 걸었다. "선생께서는 어떤 분이십니까? 어찌하여 이곳으로 오게 되셨습니까?"

홍몽이 허벅지 두드리기를 멈추지 않고 운장에게 말했다. "노닐어라!"

운장이 말했다. "자세히 여쭙고 싶습니다."

홍몽이 고개를 들어 운장을 보더니 말했다. "허!"

운장이 말했다. "하늘의 기운이 적합하지 않고 땅의 기운이 엉켜 있으며, 육기가 조화를 이루지 않고 사시의 운행이 질서를 잃었습니다. 육기의 정수를 한 곳으로 모아 만물을 길러나가고자 하는데, 어찌하면 좋겠습니까?"

홍몽이 허벅지를 두드리며 뛰면서 고개를 돌리고는 이렇게 말했다. "나는 모른다! 나는 모른다!"

운장이 답을 구하지 못한 채 삼 년이 지나 다시 동쪽으로 여행을 떠나게 되었다. 이번에는 송나라의 벌판을 지니다가 우연히 홍몽을 만나게 되었다. 운장은 뛸 듯이 기뻐하며 재빨리 앞으로 달려가 물었다. "저를 잊으셨습니까? 저를 잊으셨습니까?" 그러고는 고개를 조아려 예를 올리면서 다시 한 번 홍몽에게 가르침을 청했다.

홍몽이 말했다. "바라는 바 없이 유유자적하고, 향하는 바 없이 마음 가는 대로 한다. 마음을 분분한 현상 속에 자유롭게 노닐게 하면서 사물의 참된 모습을 바라보는 것인데, 네가 무엇을 알겠는가?"

운장이 말했다. "저 또한 그저 마음이 가는 대로 자유롭게 행한다고 하지만, 백성들은 모두 저를 따라옵니다. 부득이한 태도로 백성들을 대한다고 하지만, 지금 백성들은 모두 저를 본보기로 삼으며 따릅니다. 이에 대해 가르침을 받고자 합니다."

홍몽이 말했다. "자연의 항상된 도리를 어지럽히고, 만물의 참된 실정을 어겼으며, 자연 그대로의 상태를 보전하지 못하였도다. 무리를 이루던 짐승이 서로 흩어지고, 날짐승이 밤에 울어 대니, 초목에게 재앙이 미치고 곤충에게 화가 이르렀다. 아, 이 모든 것이 백성들을 다스리려고 한 죄로다!"

운장이 말했다. "그러면 저는 어떻게 해야 하겠습니까?"

홍몽이 말했다. "허! 사람들에게 해를 끼치는구나! 얼른 돌아가라."
운장이 말했다. "선생님을 어렵사리 우연히 뵙게 되었으니, 부디 가르침을 주십시오."
홍몽이 말했다. "어허, 마음을 수양하거라. 그저 자연에 따라 무위에 처한다면 만물은 스스로 자라고 스스로 이루어질 것이다. 자신의 형체를 모두 잊고 자신의 총명함을 버리고, 외물과 하나되어 모든 것을 버리고 자연의 원기와 하나로 뒤섞이며, 마음과 정신을 놓아두고 멍하니 아무것도 헤아려 들지 말거라. 그러면 만물은 분연히 각자 자신의 근본으로 돌아가게 될 것인데, 각자 근본으로 돌아가면서도 왜 그렇게 되는지 그 까닭조차 알지 못한다. 마음을 혼연한 상태로 두고 그 어떤 지모도 사용하지 않아야 평생 근본을 떠나지 않을 수 있다. 만약 지모를 사용한다면 근본을 잃어버리고 말 것이다. 그 명칭을 묻지도 말고, 그 실상을 살피려 할 필요도 없다. 만물은 그저 스스로 자라날 뿐이다."
운장이 말했다. "선생께서 이렇게 은덕을 베풀어 주시니, 이제 제가 침묵해야 한다는 것을 똑똑히 알게 되었습니다. 스스로 도를 구한 끝에 지금에서야 겨우 얻은 바가 생겼습니다." 말을 마친 운장이 머리를 조아려 예를 올리며 작별 인사를 하고는 돌아갔다.

5.

世俗之人, 皆喜人之同乎己而惡人之異於己也. 同於己而欲之, 異於己而不欲者, 以出乎衆爲心也. 夫以出乎衆爲心者, 曷常①出乎衆哉! 因衆以甯所聞, 不如衆技衆矣. 而欲爲人之國者, 此攬②乎三王之利而不見其患者也. 此以人之國僥幸也, 幾何僥幸而不喪人之國乎! 其存人之國也, 無萬分之一; 而喪人之國也, 一不成而萬有余喪矣. 悲夫, 有土者③之不知也!
夫有土者, 有大物④也. 有大物者, 不可以物⑤; 物而不物, 故能物物⑥. 明乎物物者之非物也, 豈獨治天下百姓而已哉! 出入六合⑦, 遊乎九州⑧, 獨往獨來, 是謂獨有⑨. 獨有之人, 是謂至貴.

【길잡이】

① 曷常: 어찌 ~인 적이 있겠는가?(何嘗). '상常'은 '상嘗'(어찌~)과 같다.

② 攬: '람覽'과 같이 발음하며, '람覽'으로 되어 있는 판본도 있다.(『경전석문』)

③ 有土者: 나라를 소유한 자. 당시의 제후를 가리킨다.

④ 大物: 드넓은 땅과 백성을 가리킨다.

⑤ 有大物者, 不可以物: 천하를 소유한 자는 반드시 천하를 넘어서 있음을 말함.(마기창, 『장자고』)

⑥ 物而不物, 故能物物: 이 구절과 「산목」의 '물물이불물어물物物而不物於物'은 서로 같은 뜻이다. '물이불물物而不物'은 '위이불위爲而不爲'와 같은 맥락이다. 어떤 자리에 있으면서 그에 합당한 일을 관장은 하지만 함부로 간섭하고 침범하지 않고 만물이 스스로 행하도록 맡겨 둔다는 뜻이다.

- 곽상: 물物을 쓰는 자는 물에 의해 쓰이지 않는다. 물에 의해 쓰이지 않는 것이 바로 '사물이 되지 않음'(不物)이다. '사물이 되지 않기 때문에 천하 사물을 사물답게 하여 각자 자득하게 한다.

⑦ 六合: 천지와 사방. 「제물론」에 같은 말이 등장한 바 있다.

⑧ 九州: 옛날 중국의 영토를 구분하던 아홉 개의 큰 행정구역. 기주冀州, 연주兗州(兗의 중국음은 yǎn), 청주青州, 서주徐州, 양주揚州, 형주荊州, 예주豫州, 양주梁州, 옹주雍州를 말한다. 한편 옛날의 사람들은 전 세계 역시 다음의 아홉 구역으로 구분하였는데, 신주神州(동남), 차주次州(정남), 융주戎州(서남), 엄주弇州(정서), 기주冀州(정중), 태주台州(서북), 제주泲州(정북), 박주薄州(동북), 양주陽州(정동)가 그것이다.(『淮南子』「墬形訓」에 보인다. 이러한 설의 기원은 대략 전국 말기까지 거슬러 올라간다.)

⑨ 獨有: 자신만의 내적인 인격 세계를 지니고 있어, 정신적으로 홀로 존재할 수 있음을 말한다.

【풀이】

세상 사람들은 모두 남들이 자신과 같으면 좋아하고 남들이 자신과 다르면 싫어한다. 남들이 자신과 같기를 바라고 남들이 자신과 다르기를 바라지 않는다. 이는 남들보다 뛰어나기를 바라는 마음이다. 남들보다 뛰어나기를 바라는 마음을 지니고 있다면, 언제 남들보다 뛰어난 적이 있었을까?(그런 적이 없다는 것을 뜻한다.) 그저 남들의 인정을 받아야 마음이 편안해진다면, 사실 이것은 남들보다 재주가 별로 뛰어난 것이 아니다. 그런데도 나라를 탐하고자 하는 자가 있다면, 이는 삼대의 제왕들이 누렸던 이익만을 바라고 그들의 재난은 보지 못한 것이다. 이것은 나라를 이용하여 자신의 요행을 도모하는 것이니, 그런 요행으로 나라를 잃지 않았던 적이 과연 얼마나 되겠는가? 그렇게 하여 나라를 보존할 수 있는 경우는 만에 하나도 없다. 반면에 나라를 잃어버리는 것은 단 한 번의 성공 기회도 없이 만 번도 더 잃어버리고 만다. 슬프도다, 나라를 가진 자들이 이렇게도 모른단 말인가!

나라를 가진 자들은 땅과 백성을 가지고 있다. 땅과 백성을 가진 자들은 외물의 지배를 받지 않는다. 외물의 지배를 받지 않고 외물에 의해 부림을 받지 않아야 비로소 외물을 주재할 수 있다. 외물을 주재하는 것은 물物이 아닌데, 어찌 단순히 천하의 백성을 다스리는 것에 그치겠는가? (그러한 자의 정신적 경지는) 천지사방을 왕래하고 정신이 구주에서 노닐면서 홀로 오고 홀로 간다. 이것을 '독유獨有' 한다고 말한다. 이처럼 독립하여 홀로 활동할 수 있는 사람은 그보다 더 존귀한 것이 없다.

大人①之教, 若形之於影, 聲之於響. 有問而應之, 盡其所懷, 爲天下配②. 處乎無響, 行乎無方③. 挈汝適復之撓撓④, 以遊無端, 出入無旁⑤, 與日無始⑥; 頌論形軀, 合乎大同⑦, 大同而無己. 無己, 惡乎得有有⑧! 睹有者, 昔之君子; 睹無者, 天地之友⑨.

【길잡이】

① 大人: 지인至人, 앞에서 등장하는 '독유獨有'하는 인물을 가리킨다.

② 配: 대답함. 묻는 자가 주도하고, 답하는 자가 그에 호응하는 것이다.(선영)

③ 無方: 자취가 없음(無迹).(임희일)

④ 挈汝適復之撓撓: 번잡한 사람들의 무리를 인도함.

- 임희일: '요요撓撓'는 끊임없이 움직이는 무리의 모습을 나타내는 말. '적適'은 '가다'(往). '설挈'은 '이끌다'(提). '여汝'는 온 세상 사람들을 가리킨다.

⑤ 出入無旁: 의지하는 바가 없이 홀로 오고 홀로 감.(임운명)

⑥ 與日無始: 나날이 새로워짐(與日俱新).(곽상, 『장자주』)

⑦ 頌論形軀, 合乎大同: 용모와 형체가 천지자연과 합치됨.

- 곽상: 그 형상(形容)이 천지와 다를 바 없다.
- 이면: '송頌'은 '용容'과 같다. 『장자』에 여러 번 언급된 적이 있다. 「천하」의 "신명의 용모라고 칭한다"(稱神明之容)라는 구절의 '용' 역시 '송'과 서로 통한다. 안사고顔師古는 『한서』「유림전儒林傳」의 주석에서 '송'은 '용'과 같다고 하였고, 소림蘇林 역시 '송모위의頌貌威儀'를 이어서 말한 바 있으니, 이때의 '송모頌貌'는 '용모容貌'와 같음을 알 수 있다. 장태염章太炎은 "'론論'은 '류類'와 서로 가차하여 쓸 수 있다"(論, 與類可互借)라고 하였다. 『광아』에 이르기를 "'류類'는 '상像'(형상)과 같다"라고 하였는데, '상像'은 바로 '모貌'와 같다. 따라서 '송론형구頌論形軀'는 용모와 형체라는 뜻으로, 용모와 형체가 대동大同에 들어맞음을 말한 것이다. '합호대동合乎大同'이란 사물과 혼연히 동화되어 물아 간의 구분을 잊고 형체를 잊어버리는 것을 의미한다.

    ▹ 진고응: 곽상은 '형상'(形容)으로 '송론형구頌論形軀'를 주해하였다. 성현영의 『장자소』에서는 "'론論'은 말(語)을 뜻한다"라고 하였고, 왕선겸은 "모습을 논하다"(論其形貌)라고 하였으나, 모두 옳지 않다. 이면의 설에 따라 '송론頌論'을 '용모容貌'로 풀이해야 한다.

⑧ 有有: 형상이 있음. 형상에 집착하는 것을 뜻하는 말. 두 번째 '유有'자는 명사로서 현상의 사물을 가리킨다.

⑨ 睹無者, 天地之友: '무無'는 바로 『노자』 1장 "무無는 천지의 시원이라 이름한다"(無, 名天地之始)라는 구절의 '무無'로서 도道를 가리킨다.

▹ 진고응: 본 편은 여기에서 끝이 나야 한다. 원래는 다음에 아래와 같은 한 단락이 이어진다.

> 賤而不可不任者, 物也; 卑而不可不因者, 民也; 匿而不可不爲者, 事也; 粗而不可不陳者, 法也; 遠而不可不居者, 義也; 親而不可不廣者, 仁也; 節而不可不積者, 禮也; 中而不可不高者, 德也; 一而不可不易者, 道也; 神而不可不爲者, 天也. 故聖人觀於天而不助, 成於德而不累, 出於道而不謀, 會於仁而不恃, 薄於義而不積, 應於禮而不諱, 接於事而不辭, 齊於法而不亂, 恃於民而不輕, 因於物而不去. 物者莫足爲也, 而不可不爲. 不明於天者, 不純於德; 不通於道者, 無自而可; 不明於道者, 悲夫! 何謂道? 有天道, 有人道. 無爲而尊者, 天道也; 有爲而累者, 人道也. 主者, 天道也; 臣者, 人道也. 天道之與人道也, 相去遠矣, 不可不察也.

하찮지만 쓰지 않을 수 없는 것이 바로 '사물'(物)이다. 신분이 낮아도 따르지 않을 수 없는 것이 바로 '백성'(民)이다. 번거롭지만 하지 않을 수 없는 것이 '일'(事)이다. 조악해도 시행하지 않을 수 없는 것이 '법法'이다. 먼 것이지만 지켜 나가지 않을 수 없는 것이 '의義'이다. 가까운 것이지만 넓혀 나가지 않을 수 없는 것이 '인仁'이다. 절목을 세세히 따지지만 익히지 않을 수 없는 것이 '예禮'이다. 타고나 지니고 있는 것이지만 높이지 않을 수 없는 것이 '덕德'이다. 일자一者이지만 때에 따라 변하지 않을 수 없는 것이 '도道'이다. 신묘하지만 따르지 않을 수 없는 것이 '천天'이다. 따라서 성인은 하늘의 이치를 살피되 조장하지 않고, 덕을 이루되 억지로 하지 않으며, 도에 따라 행하되 꾀하지 않고, 인에 합치하되 남에게 의지하지 않으며, 의에 의탁하되 쌓아두지 않고, 예에 부응하되 금기에 얽매이지 않으며, 일을 처리하되 말을 늘어놓지 않고, 법으로 다스리되 난삽하지 않으며, 백성에 의지하되 가벼이 대하지 않고, 사물의 원래 그러한 바에 따라 쓰되 버리지 않는다. 사물이란 추구할 만한 것은 아니지만 또한 하지 않을 수는 없는 것이다. 하늘의 이치에 밝지 않으면 덕이 순일하지 않고, 도에 통하지 못하면 저절로 되지 않으니, 도에 밝지 않은 것은 얼마나 슬픈 일인가! 무엇을 도라고 하는가? 천도가 있고, 인도가 있다. 무위하면서도 존귀한 것이 천도이고, 유위하면서 수고로운 것이 인도이다. 군주는 천도이고, 신하는 인도이다. 천도와 인도는 서로 멀리 떨어져 있으니, 잘 살피지 않을 수 없다.[10)]

이 단락의 의미는 본 편의 핵심 내용과는 서로 어긋나며, 장자 학파의 사상과도 일치하지 않는다. 선영은 "이 단락은 내용이 번잡하고 본 편의 의미와 서로 어울리지 않으니, 장자가 쓴 것으로 결코 볼 수 없다"라고 하였다. 유봉포는 "위의 단락은 장자의 필치와 어울리지 않는다.…… '도유睹有', '도무睹無'의 두 구절로 끝맺음하여 멈추어야 한다. 이 단락은 의미가 얕고 천박하니, 사족에 지나지 않는다"라고 하였다. 호문영은 "'천불가불임賤不可不任'부터 이어지는 단락은 별다른 정미한 의미가 담겨 있지 않다…… 위조한 자에 의해 작성된 것이다"라고 하였다. 마서륜은 "'세속지인世俗之人'부터 이 단락까지는 「재유」의 글이 아닌 것으로 보인다"라고 하였다. 풍우란은 "이 단락은 본 편

10) 원서에 이 단락에 대한 번역이 없다. 여기서는 안병주 · 전호근, 『장자 2』(전통문화연구회, 2007)의 번역을 참고하였다.

마지막 부분에 놓여 있는데, 본 편의 앞부분과는 그 정신이 부합하지 않는다. 앞부분은 비교적 이른 시기에 작성된 것이고, 뒷부분은 후에 더해진 것이다"라고 하였다. 이면은 "이 단락은 의미가 속되고 조잡하며 모순되는 구절이 많으니, 평범한 유자가 끼워 넣은 것으로 보인다. 앞에서는 '무심의 태도로 그대로 따르니, 사물에 참여하여 서로의 구분을 망각한다'(無心因任, 與物俱忘)라고 하였다가 여기에서는 '하찮아도 그대로 맡겨 두지 않을 수 없는 것이 바로 '사물'(物)이다. 신분이 낮아도 따르지 않을 수 없는 것이 바로 '백성'(民)이다. 드러나지 않아도 하지 않을 수 없는 것이 '일'(事)이다. 조악해도 베풀지 않을 수 없는 것이 '법法'이다.…… '라고 말했다. 이는 모두 무심하고 무위할 수 없음을 말한 것이므로 앞부분과 모순을 이룬다. 어찌 장자의 도라고 할 수 있겠는가? 예와 법을 존숭하고 인과 의를 따르는 것은 공맹의 도인데, 장자가 어찌 이처럼 할 수 있겠는가? 따라서 이 부분은 후대에 공명심에서 장자를 공격하고자 한 자가 멋대로 끼워 넣은 것으로 볼 수 있다"라고 하였다. 이상의 여러 설이 모두 옳다. 하지만 무위의 천도를 높이고 있는 것은 '공맹지도'와는 맞지 않으니, 황로학파의 사상에 속하는 것으로 볼 수 있다.

【풀이】

지인의 교화란 마치 형체와 그림자의 관계와 같고, 소리와 메아리의 관계와 같다. 물음이 있으면 답을 하듯, 할 수 있는 바를 다하여 사람들에게 답을 줄 뿐이다. (지인은) 소리 없는 곳에 거처하며, 어떤 흔적도 없는 경지를 왕래한다. 번잡하게 움직이는 사람들을 인도하며 시작도 끝도 없는 영역에서 노닐며, 홀로 오고 홀로 가며, 나날이 새롭게 변화한다. 그 용모와 형체는 대동大同과 합치되니, 크게 하나를 이룸으로써(大同) 개아個我의 차원에 국한되지 않는다. 개아에 국한되지 않는데 어떻게 형상에 집착하겠는가? 형상에 집착하는 자들은 종전의 군자들이고, 근원을 깨달은 자들은 천지의 벗이다.

천지天地

「천지」는 열다섯 개의 단락이 복잡하게 엮여 있다. 각 단락의 의미가 서로 밀접하게 연결되지 않으므로 잡기雜記 형식에 속한다고 하겠다. '천지天地'는 하늘과 땅을 말하며, 첫머리의 두 글자를 따서 편명으로 삼았다.

본 편의 첫 단락에서는 천지의 변화와 운행이 자연自然에 근본을 두고 있으며, 군주는 무위無爲하는 천지자연의 법칙에 따라 일을 실행해야 한다고 적고 있다.

둘째 단락은 도에 관해 논했다. 도를 얻고자 하면 반드시 '고심刳心'해야 한다. '고심'이란 마음을 씻는 것, 즉 탐욕과 지모의 마음을 씻어 내는 것을 의미한다.

셋째 단락은 도道에서 나오는 무성無聲의 음악에 관해 묘사하였다.

넷째 단락은 황제黃帝가 현주를 잃어버린 우화로, 도道는 감각의 대상이 아니므로, 감각기관과 언사를 통해 얻을 수 없음을 비유하였다. '상망이 현주를 찾았다'(象罔得之)라는 말은 무심無心으로서 도를 얻을 수 있음을 말한 것이다. 이는 기교와 지모를 버리고 마음을 고요한 상태로 유지하였을 때 도를 체득할 수 있다는 의미를 지닌다.

다섯째 단락은 허유가 요임금을 훈계하는 내용으로, '다스림'(治)이 '혼란을 초래한다'(亂之率)고 보았다.

여섯째 단락은 국경 관리인이 요임금을 깨우쳐 주는 내용으로, 어떠한 상황에서도 평안을 유지하려면, 마치 새가 날아간 뒤에 흔적이 남지 않는 것처럼 무심한 태도로 저절로 그러함에 따라야 함을 말했다.

일곱째 단락에서는 백성자고가 우임금이 형벌로 정사를 행하는 것을 질책하였다.

여덟째 단락에서는 태초에 '무無'가 있었음을 말하며 우주 창조의 과정을 묘사하였다.

아홉째 단락은 공자가 노담에게 통치의 도를 묻는 내용으로, 노담은 통치자가 '자아를 버릴 것'(忘己)을 말했다.

열 번째 단락은 장여면과 계철의 대화로, 위정자는 백성을 해치려는 마음을 버리고 백성들의 독립적인 인격의 의지를 증진해 나가야 함을 말했다.

열한 번째 단락은 위정자는 '기심機心'을 버리고 소박하고 참된 본성을 지켜나가야 함을 말했다.

열두 번째 단락은 순망과 원풍의 만남을 그린 내용으로, '성인의 통치'(聖治), '덕인德人', '신인神人'에 관해 자세히 묘사하였다.

열세 번째 단락은 문무귀와 적장만계의 우화를 통해 백성들이 본래 그러한 자연 상태에서 서로 사랑하면서 살아가는 '지덕지세至德之世'에 관해 묘사하였다.

열네 번째 단락은 충신과 효자를 '아첨하는 인간'(阿諛之人)이라 풍자하면서, 사람들을 회유하여 맹종하게 만드는 부류라고 평하였다.

마지막 단락에서는 명성과 여색을 좇는 자들이 겉모습을 화려하게 꾸며 대는 것을 말하며, 이러한 사람들의 삶은 마치 우리에 갇힌 짐승과 다를 바 없음을 지적하였다.

'상망이 현주를 얻는다'(象罔得玄珠)라는 유명한 고사가 바로 본 편에서 나왔다. 그 외에도 신호기신神乎其神[1], 화봉삼축華封三祝[2], 순거구식鶉居鷇食[3], 독현애가獨弦哀歌[4], 변용실색變容失色[5], 대혹불해大惑不解[6], 이부종혹二缶鍾惑[7] 등 많은 잘 알려진 성어가 본 편에 출처를 두고 있다.

---

1) 지극히 신비하고 기묘함을 표현하는 말.
2) 華 지역의 국경 관리인이 세 가지 복을 축원함. 타인의 복을 기원할 때 쓰는 말.
3) 메추라기처럼 자유롭게 거주하고 새끼 새처럼 먹이를 받아먹음. 별다른 즐거움을 추구하지 않은 채 소박하게 살아가는 것을 나타내는 말.
4) 홀로 악기를 연주하면서 슬픈 곡조를 노래함. 남들과 다르다는 것을 일부러 드러내면서 명성을 추구하려는 모습을 비유한 말.
5) 두려움과 부끄러움 등으로 새파랗게 질린 모습을 나타내는 말.
6) 크게 미혹되어 도저히 이해할 수 없음.
7) 缶와 鍾의 용량을 구분해 낼 수 없음.(缶와 鍾은 옛날에 용량을 재는 데 사용하던 그릇) 옳고 그름을 헤아릴 수 없음을 비유하는 말.

1.

天地雖大, 其化均也; 萬物雖多, 其治一也①; 人卒②雖衆, 其主君也. 君原於德而成於天③, 故曰, 玄古之君天下, 無爲也, 天德④而已矣.

以道觀言, 而天下之名正⑤; 以道觀分, 而君臣之義明; 以道觀能, 而天下之官治; 以道泛觀, 而萬物之應備⑥. 故通於天者, 道也; 順於地者, 德也; 行於萬物者, 義也⑦; 上治人者, 事也⑧; 能有所藝者, 技也. 技兼於⑨事, 事兼於義, 義兼於德, 德兼於道, 道兼於天, 故曰: 古之畜天下者, 無欲而天下足, 無爲而萬物化, 淵靜而百姓定⑩. 記曰⑪: "通於一而萬事畢, 無心得而鬼神服."

【길잡이】

① 其治一也: '치治'는 조리條理.(이종예의 번역)

- 곽상: 한결같이 '자득自得'을 다스림의 요체로 삼는다.
- 엄령봉: '치治'는 '시始'로 읽어야 한다. 형태가 유사하여 잘못 쓴 것이다.
    - ▹ 진고응: 엄령봉의 설 또한 참고할 만하다.

② 人卒: 민중. 「추수」, 「지락」, 「도척」 등에 등장한다.

③ 原於德而成於天: '덕德'은 본래부터 지닌 것(自得)이다. '천天'은 저절로 그러함(自然)을 말한다.(왕무횡, 『장자존교』)

④ 天德: 천지자연의 법칙을 체현한 일종의 존재 방식.(후쿠나가 미쓰지)

⑤ 以道觀言, 而天下之名正: '명名'은 원래 '군君'으로 되어 있었으나 엄령봉의 설에 따라 수정하였다.

- 엄령봉: 전목은 "'군君'은 '명名'자가 와전된 것이다"라고 하였는데, 그의 설이 옳다. 『논어』에서 "명칭이 바르지 않으면, 말이 순조롭지 않다"(名不正, 則言不順)라고 하였다. 이를 반대로 하면, '말'(言)이 순조로우면 '명칭'(名) 또한 바르다는 것이다. 따라서 '도의 관점에서 말을 살피면 천하의 명칭은 바르게 된다'(以道觀言, 而天下之名正)라고 한 것이다. '언言'과 '정正'이 앞뒤로 서로 연결되니, 전목의 설과 문장의 맥락에 따라 '군君'을 '명名'으로 고친다.

⑥ 以道泛觀, 而萬物之應備: 도의 관점에서 넓게 보자면, 만물 간의 대응 관계가 잘 갖추어져 있음.

- 임희일: 만물 간에는 서로 대응되지 않는 것이 없다. 추위가 있으면 더위가 있고, 암컷이 있으면 수컷이 있고, 위가 있으면 아래가 있고, 앞이 있으면 뒤가 있고, 왼쪽이 있으면 오른쪽이 있다. 이처럼 각각이 서로 대응되는데, 이 모두가 저절로 그러한 것(自然)이다. 따라서 '도의 관점에서 넓게 보자면, 만물 간의 대응 관계가 잘 갖추어져 있다'(以道泛觀, 而萬物之應備)라고 하였다.

⑦ 故通於天者, 道也; 順於地者, 德也; 行於萬物者, 義也: 현재 판본에는 '고통어천지자故通於天地者, 덕야德也; 행어만물자行於萬物者, 도야道也'라고 되어 있으나 진경원의 『장자궐오』에서 인용한 강남고장본에 따라 수정하였다.

- 유문전: 진경원은 강남고장본을 인용하면서 '고통어천자도야故通於天者道也; 순어지자덕야順於地者德也; 행어만물자의야行於萬物者義也'라고 썼는데, 그의 설이 옳다. 뒤의 '사겸어의事兼於義; 의겸어덕義兼於德; 덕겸어도德兼於道'는 앞의 '도道', '덕德', '의義'를 받아서 말한 것이다. 현재의 판본에는 한 구절이 빠져 있고, '의'를 '도'로 잘못 적었는데, 앞뒤 구절과 잘 상응되지 않는다.(『장자보주』)
  - ▹ 진고응: 왕숙민의 『장자교석』의 주장 또한 이와 같다.
- 후쿠나가 미쓰지: 천지자연의 질서는 모든 질서의 근본이다. 천지우주 사이의 보편적 질서가 바로 '도道'이다. 천지만물 속에 존재하는 보편적 가치로서, '도'를 기본적인 존재 방식으로 삼는 것이 바로 '덕德'이다.(『莊子』 外篇 해설, 144쪽)

⑧ 上治人者, 事也: 윗자리에 있는 사람이 백성을 다스리는 방법은 각자의 일에 맡기는 것이다.

- 곽상; 사람들이 각자의 일을 하도록 함.
- 성현영: 백성들을 다스리더라도 그 본성에 따라 만물이 각자 그 능력을 발휘하도록 하여, 사람들이 모두 적합하다고 여기게 해야 한다.(『장자소』)

⑨ 兼於: ~에 통속되다(統屬於).

⑩ 無欲而天下足, 無爲而萬物化, 淵靜而百姓定: 『노자』 57장에서는 "내가 무위하니 백서들이 저절로 감화되고, 내가 고요함을 좋아하니 백성들이 저절로 바르게 되고, 내가 무욕하니 백성들이 저절로 순박해진다"(我無爲而民自化, 我好靜而民自正, 我無欲而民自樸)라고 하였다.

⑪ 記曰: '기記'는 고서의 기록을 말하며, 특정한 책을 지칭하지는 않는다.(이면) 『경전석문』에서는 "노자가 지은 것을 말한다"(云老子所作)라고 하였고, 성현영의

『장자소』에서는 "『서승경』에 나오는 말이다"(語在『西升經』)라고 하였으나, 모두 옳지 않다.

【풀이】

천지가 비록 거대하나 그 변화는 모두 균일하다. 만물이 비록 다양하나 그 질서는 모두 일치한다. 백성은 비록 많으나 정사를 주관하는 것은 군주이다. 군주가 할 일은 '덕德'에 의거하여 타고난 것을 온전히 이루어 주는 것이다. 그러므로 상고시대 군주의 천하 다스림은 모두 무위에 기반하여 자연에 그대로 따랐다. '도道'의 관점에서 말을 살피면, 천하의 명칭은 모두 이치에 들어맞는다. '도'의 관점에서 신분을 살피면, 임금과 신하 간의 본분이 매우 분명하다. '도'의 관점에서 재능을 살피면, 천하의 관리들이 모두 그 직무를 다할 수 있다. '도'의 관점에서 넓게 살피면, 만물 간의 대응은 모두 잘 갖추어져 있다. 따라서 하늘에 통달한 것을 '도'라고 하고, 땅에 순응하는 것을 '덕德'이라고 하고, 만물에 맞게 운행하는 것을 '의義'라고 한다. 윗자리에 있는 사람이 백성을 다스리는 방법은 것은 각자의 일에 맡기는 것이다. 재능이 정통한 것을 '기예'(技)라고 한다. 기예는 일에 통속되고, 일은 마땅한 이치에 통속되고, 마땅한 이치는 덕에 통속되고, 덕은 도에 통속되고, 도는 천에 통속된다. 따라서 옛날 백성을 길렀던 방식은 (군주가) 욕심을 내지 않아 천하가 풍족하였고, 자연무위하여 만물이 저절로 변화하였고, 고요한 상태를 유지하고 간섭하지 않아 백성이 안정되었다. 옛날의 책에서도 "도에 통달하면 만사가 이루어진다. 무심한 상태를 얻으면 귀신도 탄복하게 된다"라고 하였다.

2.

夫子①曰: "夫道, 覆載萬物者也, 洋洋乎大哉! 君子不可以不刳心②焉. 無爲爲之之謂天, 無爲言之之謂德, 愛人利物之謂仁, 不同同之之謂大, 行不崖異③之謂寬, 有萬不同之謂富. 故執德之謂紀, 德成之謂立, 循於道之謂備, 不以物挫志之謂完. 君子明於此十者, 則韬乎其事心之大也④, 沛乎其爲萬物逝⑤也. 若然者, 藏金於山, 沈珠於淵⑥, 不利貨財, 不近貴富; 不樂壽, 不哀夭; 不榮通, 不醜窮; 不拘一世之利⑦以爲己私分, 不以王天下爲己處顯. [顯則明] ⑧, 萬物一府, 死生同狀⑨."

【길잡이】

① 夫子: 장자를 가리킴.(『경전석문』에서 사마표의 설을 인용) 문하의 인물이 장자의 말을 기록한 것임.(진수창, 『남화진경정의』) 성현영은 노자를 가리킨다고 보았고, 선영은 공자를 가리킨다고 보았으나, 모두 옳지 않다.

- 엄령봉: 필치를 살펴보자면 장자와 비슷하다. 하지만 그 외의 문자를 살펴보면 유가나 「천하」와 유사한 점이 있다. 따라서 장자의 후학에게서 나온 것으로 보아야 할 것이다. 사마표의 설을 따라 '부자夫子'는 장자를 가리키는 것으로 본다.

▹ 진고응: 엄령봉의 설이 옳다.

② 刳心(刳의 중국음은 ku[枯]): 지각하는 마음을 제거함.(임희일, 『남화진경구의』) 사사로움을 버리고 자연으로 들어감.(임운명, 『장자인』)

- 왕무횡: '각심刻心'으로 풀이해야 한다. 마음을 도에 지극히 쏟는다는 뜻이다.

▹ 진고응: 왕무횡의 설 또한 참고할 만하다.

③ 崖異: 괴팍함.

④ 韜乎其事心之大也: '도韜'는 '도滔'(물이 넘치다)로 가차되었다.(마서륜, 『장자의증』) 성대하다는 뜻이다. '사심事心'은 '마음을 세우다'(立心)는 뜻이니, 마음을 성대하게 세우는 것을 말한다.(유월, 『장자평의』)

⑤ 爲萬物逝: 만물이 스스로 가도록 내버려둠.(곽상, 『장자주』) '서逝'는 '가다'(往).(성현영, 『장자소』)

⑥ 藏金於山, 沈珠於淵: '침沈'은 여러 판본에 '장藏'으로 되어 있다. 『장자궐오』에서 인용한 장군방본에는 '장藏'을 '침沈'으로 썼다.(마서륜, 유문전, 왕숙민의 『장자교석』) 이에 따라 수정한다.

⑦ 不拘一世之利: '구拘'는 '취取'로 가차되었다.

- 장병린: '구拘'는 '구鉤'와 같다. 「천운」의 "일군무소구용一君無所鉤用"이라는 구절에 대해 『경전석문』에서 "'구鉤'는 '취하다'(取)라는 뜻이다"라고 하였다. 이 구절의 '구拘' 역시 '취取'의 뜻으로 풀이한다.(『장자해고』)

⑧ 顯則明: 이 세 글자는 식견이 부족한 자가 함부로 삽입한 것으로 글의 필치와 어긋나므로 삭제해야 한다.

⑨ 萬物一府, 死生同狀: '만물일부萬物一府'는 「덕충부」의 '부만물府萬物'과 같은 구절이

며, '사생동상死生同狀'은 「덕충부」의 '이사생위일조以死生爲一條'에 해당한다.

【풀이】

선생께서 말씀하셨다. "도는 만물을 덮고 실으니, 한없이 드넓도다! 군자는 자신의 성심成心을 없애지 않으면 안 된다. 무위의 태도로 하는 것을 도라고 하며, 무위의 방식으로 표현하는 것을 덕이라고 한다. 인간을 사랑하고 만물을 이롭게 하는 것을 인仁이라고 하며, 서로 다른 것을 한곳에 융합하는 것을 크다(大)고 한다. 행위가 괴팍하지 않은 것을 너그럽다(寬)고 하고, 삼라만상을 포괄하는 것을 부유하다(富)고 한다. 따라서 덕행을 지키는 것을 기강을 다스린다(紀)고 하고, 덕행을 실천하는 것을 확립한다(立)고 말한다. 도에 따르는 것을 완비하다(備)라고 하고, 외물에 의해 마음이 꺾이지 않는 것을 완전하다(完)라고 한다. 군자가 이 열 가지 항목에 밝으면 만물을 포용하는 마음이 드넓은 것이니, 만물이 그에게 왕성하게 돌아오게 된다. 이러한 사람은 마치 금을 깊은 산에 감추어 두고 진주를 깊은 못에 숨겨 두듯이, 재물을 꾀하지 않고, 부귀를 추구하지 않고, 장수하는 것을 기뻐하지 않고, 요절하는 것을 슬퍼하지 않고, 성공하는 것을 영예롭다고 여기지 않고, 곤궁한 것을 수치로 여기지 않고, 세상의 이익을 취하여 자신이 차지하려 하지 않고, 천하의 제왕이라 칭하며 자신을 드러내지 않는다. [드러내는 것은 과시하는 것이다.] [8] 이러한 사람은 만물과 일체를 이루며 죽음과 삶을 한 가지로 여긴다.

3.

夫子曰: "夫道, 淵乎其居也, 漻①乎其淸也. 金石②不得, 無以鳴. 故金石有聲, 不考不鳴③. 萬物孰能定之④!

夫王德之人⑤, 素逝而恥通於事⑥, 立之本原而知通於神⑦. 故其德廣, 其心之出, 有物采之⑧. 故形非道不生, 生非德不明. 存形窮生, 立德明道, 非王德者邪! 蕩蕩乎! 忽然出, 勃然動, 而萬物從之乎! 此謂王德之人.

8) 원서에는 대괄호가 없다. 그러나 【길잡이】에서 '顯則明' 세 글자는 문맥에 부합하지 않으므로 삭제되어야 한다고 한 데 따라 번역문을 별도 표시하였다.

視乎冥冥! 聽乎無聲. 冥冥之中, 獨見曉焉; 無聲之中, 獨聞和焉. 故深之又深而能物焉, 神之又神而能精焉⑨; 故其與萬物接也, 至無而供其求⑩, 時騁而要其宿⑪ [大小, 長短, 修遠] ⑫."

【길잡이】

① 漻: 맑고 깨끗함.

② 金石: 종경鍾磬, 고대의 악기의 일종.

③ 不考不鳴: '고考'는 '치다'(擊).(성현영, 『장자소』) 『회남자』「전언훈詮言訓」에는 '불고불명不考不鳴'을 '불고불명弗叩弗鳴'으로 썼다. '고考'와 '고叩'는 음이 같아 서로 바꾸어 쓴 글자이다.(왕숙민, 『장자교석』)

④ 萬物孰能定之: 만물의 감응을 그 누가 특성을 확정할 수 있겠는가 라는 뜻이다.

⑤ 王德之人: '왕王'은 '왕旺'과 같으며, 성대하다는 뜻이다.(후쿠나가 미쓰지) '왕덕지인王德之人'은 덕이 왕성한 인물을 말한다.

⑥ 素逝而恥通於事: '소素'는 '진眞', '서逝'는 '가다'(往).(성현영, 『장자소』) '소서素逝'는 소박함을 품고 감.

- 엄령봉: '소서素逝' 두 글자는 해석하기가 까다롭다.…… 이 두 글자는 원래 '소박素樸'이었을 것으로 보인다. 이 구절은 '소박이치통어사素樸而恥通於事' 라고 해야 한다.
  - ▹ 진고응: 엄령봉의 설을 참고로 삼을 수 있다.

⑦ 知通於神: '지知'는 '지智'로 발음한다. '신神'은 변화를 헤아릴 수 없는 경지를 나타내는 말이다.

⑧ 其心之出, 有物采之: 그의 마음이 작용을 일으킨 것은 외물과의 교감으로 말미암은 것이다.

- 임희일: 내가 물物을 느낀 후에 마음이 그에 응한다. '채采'는 '감感'과 같고, '출出'은 '응應'과 같다.

⑨ 深之又深而能物焉, 神之又神而能精焉: '능물能物'이란 물物이 이로부터 생겨난다는 뜻이니(선영), 물物을 생성할 수 있음을 말한다. '정精'은 참된 실재의 본질이다.(후쿠나가 미쓰지)

- 이면: 『노자』 21장에 "황혜홀혜恍兮惚兮, 기중유물其中有物, 절혜명혜竊兮冥兮, 기중유정其中有精"이라는 구절이 등장한다. 이에 근거하면 '능能'자는 '유有' 자를 잘못 쓴 것이다. 이 구절은 도는 깊고 깊은 곳에 자리를 하지만 그 속에 사물이 존재하고(도의 質이 있음), 도는 신묘하고 신묘하지만 그 속에 정수가 있다(도의 精이 있음)는 것을 뜻한다.

⑩ 至無而供其求: 도의 본체는 지극히 텅 빈 상태이지만 오히려 만물의 요구에 응할 수 있다.

⑪ 時騁而要其宿: 도는 끊임없이 움직이지만 오히려 만물이 돌아갈 곳이 있도록 해 준다.

⑫ 大小, 長短, 修遠: 이 여섯 글자는 의미가 완전하지 않다. 곽상의 주석이 본문으로 잘못 삽입된 것으로 보인다.

- 오여륜: '대소장단수원大小長短修遠' 여섯 글자는 곽상의 주석으로 보아야 한다. 곽상의 『장자주』에서 "대소大小, 장단長短, 수원修遠을 마음대로 내버려 두어도 결국 지극한 곳에 이르러 만나게 된다"(大小長短修遠皆恣而任之, 會其所極而已)라고 하였으니, 바로 '시빙이요기숙時騁而要其宿'의 뜻을 풀이한 것이다. 그런데 현재 판본의 주석에는 위 여섯 글자가 없고 본문에 들어가 있다.[9] 또한 『회남자』 「원도훈原道訓」에서도 '대소수단大小修短, 각유기구各有其具'라는 내용이 있다. 요내姚鼐가 주해에 빠진 부분이 있다고 한 것이 바로 이것이다.(『장자점감』)
  - ▹ 진고응: 오여륜의 설이 옳으니, 이 여섯 글자는 삭제해도 될 듯하다.

【풀이】

선생이 말했다. "도는 깊고 그윽하며 깨끗하고 맑다. 종경이 도를 얻지 못하면 소리를 울릴 수 없다. 따라서 종경이 소리를 지니고 있다 하더라도 두드리지 않으면 울리지 못하니, 만물의 감응을 그 누가 확정할 수 있단 말인가?
덕이 왕성한 자는 순박한 참된 정을 품은 채 세상을 살아가며, 세속의 일에는 응하고자 하지 않는다. 본원에서 처신하니 그 지혜가 신명과 서로 통한다. 따라서 그의 덕행이 광대하고 그의 마음이 작용을 일으킬 수 있는 것은 외물의 교감에

---

9) 곽상 『장자주』에는 "大小長短修遠皆恣而任之"에서 앞에 있는 '大小長短修遠' 여섯 글자가 없으니, 이것이 본문에 잘못 끼어들어 갔다는 뜻이다.

말미암은 것이다. 그러므로 형체는 도道가 아니면 생겨날 수 없고, 생명은 덕德이 아니면 밝게 드러날 수 없다. 형체를 보존하고 생명을 충실히 하며 덕을 세우고 도를 밝힌다면 이 어찌 덕이 왕성한 것이 아니겠는가? 참으로 거대하구나! 홀연히 나타났다가 돌연히 움직이니, 만물이 이를 따르는구나! 이것이 바로 덕이 왕성한 자이다.

(도는) 보고자 하여도 심원하여 잘 보이지 않고, 듣고자 하여도 소리가 없다. 심원함 속에 다만 그 자취를 엿볼 수 있으며, 무성無聲 가운데 그 조화로운 음을 들을 수 있을 뿐이다. 깊고 또 깊지만 만물을 낳을 수 있고, 현묘하고 현묘하지만 정기를 생성할 수 있다. 따라서 도와 만물이 접응함에 있어서 비록 도의 본체는 허무하고 적막하지만 만물의 요구에 응할 수 있고, 끊임없이 움직이며 치달아도 만물이 돌아갈 귀숙처가 된다."

4.

黃帝遊乎赤水①之北, 登乎昆侖之丘而南望, 還歸遺其玄珠②. 使知③索之而不得, 使離朱索之而不得, 使吃詬④索之而不得也. 乃使象罔⑤, 象罔得之. 黃帝曰: "異哉! 象罔乃可以得之乎?"

【길잡이】

① 赤水: 지어낸 가상의 지명.

- 곽경번: 『문선』에 실린 유효표劉孝標의 「광절론廣絶論」 주석에서 인용한 사마표의 설에 "'적수赤水'는 가상의 명칭이다"라고 하였다.

② 玄珠: '도道'를 비유하는 말.(사마표)

③ 知: '지智'로 발음한다. 우언에 속하는 이름이다.

④ 吃詬: '언변言辯'.(성현영, 『장자소』) 우언에 속하는 이름이다.

⑤ 象罔: '무심無心'을 이르는 말.(성현영, 『장자소』) '상象'은 '형상, 자취'(形蹟). '망罔'은 없음(無), 잊음(忘). 따라서 '상망象罔'은 형상이나 자취가 없음을 비유하는 말로, 역시 우언에 속하는 이름이다.

- 왕숙민: 복송본覆宋本에는 '상망象罔'을 '망상罔象'으로도 쓰고 있다. 『태평어

람』 803항에서도 이와 같이 인용하였다. 이백李白의 『대렵부大獵賦』의 '사망상철현주어적수使罔象掇玄珠於赤水', 『금문답소수재金門答蘇秀才』의 '현주기망상玄珠寄罔象', 백거이白居易의 『구현주부求玄珠賦』의 '여망상이동귀與罔象而同歸' 등에서 모두 이를 '망상罔象'으로 쓰고 있다.

▷ 진고응: '망상罔象'과 '상망象罔' 모두 통한다.

【풀이】

황제黃帝가 적수의 북쪽을 여행하고 곤륜산의 구릉에 올라 남쪽을 둘러보고는 돌아오다가 현주玄珠를 잃어버렸다. 지知를 시켜 찾아보게 했으나 찾지 못했고, 이주離朱를 시켜 찾아보게 했으나 찾지 못했고, 흘후吃詬를 시켜 찾아보게 했으나 역시 찾지 못했다. 그런데 상망象罔에게 부탁해 찾게 하였는데, 상망이 찾아냈다. 황제가 말했다. "참으로 기이하구나, 상망만이 이를 찾아낼 수 있단 말인가?"

5.

堯之師曰許由, 許由之師曰齧缺, 齧缺之師曰王倪, 王倪之師曰被衣①.
堯問於許由曰: "齧缺可以配天②乎? 吾藉王倪以要③之."
許由曰: "殆哉圾④乎天下! 齧缺之爲人也, 聰明睿知, 給數以敏⑤, 其性過人, 而又乃以人受天⑥. 彼審乎禁過⑦, 而不知過之所由生. 與之配天乎? 彼且乘人而無天⑧, 方且本身而異形⑨, 方且尊知而火馳⑩, 方且爲緖使⑪, 方且爲物絯⑫, 方且四顧而物應⑬, 方且應衆宜, 方且與物化而未始有恒⑭. 夫何足以配天乎? 雖然, 有族, 有祖⑮, 可以爲衆父⑯, 而不可以爲衆父父⑰. 治, 亂之率也, 北面之禍也, 南面之賊也⑱."

【길잡이】

① 齧缺, 王倪, 被衣: 모두 도道를 구하는 선비이다. 「응제왕」에 등장한 바 있다. 피의는 「응제왕」의 포의자蒲衣子를 말한다. 「제물론」에도 '설결이 왕예에게 질문'(齧缺問乎王倪)하는 단락이 있고, 「지북유」에도 '설결이 피의에게 도를 묻는'(齧缺問道乎被衣) 내용이 있다. 모두 장자가 지어낸 허구의 인물이다.

② 配天: 천자가 되다.

③ 要: 초청함(邀).

④ 圾: '급岌'이라고 쓴 판본도 있다. '위급함'(危)을 뜻한다.

⑤ 給數以敏: '급給'은 '재빠름'(捷)(성현영, 『장자소』), '삭數'은 '속速'의 뜻을 가차한 것으로, '급삭'은 신속하다는 뜻이다. 따라서 '급삭이민給數以敏'은 기민하고 민첩함을 말한다.

⑥ 而又乃以人受天: '내乃'는 '능能'자와 같다.(오여륜, 마서륜)

⑦ 審乎禁過: 잘못을 막는 것에 밝음.

⑧ 乘人而無天: 인위를 의지하고 자연을 버림.

⑨ 本身而異形: 자신을 근본으로 삼아 천하를 변형시킴.(성현영, 『장자소』) 자신을 기준으로 남과 나를 구분하는 것을 말한다. 선영은 "자신과 타인을 구분하는 것이다"(分己分人)라고 하였다.

⑩ 尊知而火馳: 지식을 숭상하고, 꾀를 먼저 사용함.

- 임희일: '화치火馳'는 불이 치닫는 것과 같은 것으로, 급히 하는 것을 뜻한다. 스스로 지식을 숭상하여 이를 급히 사용한다는 뜻이다.
- 임운명: 지모와 계략이 재빠른 것이다.

⑪ 緖使: 세세한 일에 수고를 들임.(선영)

- 우성오: 『이아』「석고釋詁」에 "'서緖'는 일(事)이다"라고 하였다. '방차위서사方且爲緖使'는 게다가 일로 수고롭게 된다는 뜻이다. 뒤에 '외물에 의해 속박을 받는다'(方且爲物絯)라고 했으니, '사事'와 '물物'이 대구를 이룬다.(『장자신증』)

⑫ 物絯: '해絯'는 구애받음(礙)을 뜻한다.(곽상, 『장자주』) '물해物絯'는 외물에 의해 속박을 받는 것이다.

⑬ 四顧而物應: 사방을 돌아보며 외물을 응접함.

- 선영: 외물과 접하는 데 겨를이 없음.

⑭ 與物化而未始有恒: 외물의 영향을 받아 정해진 법칙이 없음.

⑮ 有族, 有祖: 일족이 모이면 반드시 그 조상을 높이기 마련이다.(林希逸) 사람들이 모이면 반드시 그 무리의 일을 주관하는 자가 있음을 가리킨다.

⑯ 衆父: 일족의 조상.(馬其昶, 『莊子故』) 여기에서는 백성들의 관리를 가리킨다.

⑰ 衆父父: '일족의 조상(祖)'이 기원한 곳. 하늘에 부합하는 자(配天, 즉 천자)를 가리킨다.

(마기창)

⑱ 北面之禍也, 南面之賊也: 정치가 신하의 재난과 군주의 재난을 초래함을 말한다. 옛날의 제왕은 남쪽을 향해 앉았고, 신하는 군주를 알현할 때 북쪽을 향해 예를 올렸다. 따라서 '남면南面'은 군주를 비유하고, '북면北面'은 신하를 비유한다.

【풀이】

요임금의 스승은 허유이고, 허유의 스승은 설결이고, 설결의 스승은 왕예이고, 왕예의 스승은 피의이다.

요임금이 허유에게 물었다. "설결은 천자로 적합합니까? 왕예께 부탁하여 설결을 불러들이고자 합니다."

허유가 말했다. "위험하다! 천하를 위험에 빠뜨리려고 하는구나! 설결의 사람됨은 총명예지하고 지모와 계략에 빠르다. 천성이 남보다 뛰어남에도 인간세상의 이치로 자연의 일에 대처한다. 그는 잘못을 막는 일에는 뛰어나지만, 그 잘못의 근본 원인이 무엇인지는 알지 못한다. 그를 천자로 삼으려고 하는가? 그는 인위에 따라 자연을 버릴 것이고, 자신을 기준으로 삼으면서 남과 나를 구분하려 들 것이다. 지모와 기교를 숭상하고 계책을 우선으로 사용할 것이고, 자질구레한 일에 수고를 들일 것이며, 외물에 의해 속박을 받을 것이고, 사방을 접대하느라 겨를이 없을 것이고, 하는 일마다 알맞은 방법을 따져 댈 것이고, 외물에 영향을 받아 일정한 법도를 세우지 못할 것이다. 어찌 천자를 맡을 수 있겠는가? 그렇기는 하지만 사람의 무리에는 그 우두머리가 있는 법이니, 그는 백성들의 관리가 될 수는 있을 것이다. 하지만 한 나라의 군주는 될 수 없다. 정치가 혼란을 야기하는 원인이 되고, 정치가 신하의 재앙과 군주의 화근의 근본 원인이 될 것이다."

6.

堯觀乎華①. 華封人②曰: "嘻, 聖人, 請祝聖人."

"使聖人壽." 堯曰: "辭." "使聖人富." 堯曰: "辭." "使聖人多男子." 堯曰: "辭."

封人曰: "壽, 富, 多男子, 人之所欲也, 女獨不欲, 何邪?"

堯曰: "多男子則多懼, 富則多事, 壽則多辱. 是三者, 非所以養德也, 故辭."

封人曰: “始也我以女爲聖人邪, 今然君子也[③]. 天生萬民, 必授之職, 多男子而授之職, 則何懼之有? 富而使人分之, 則何事之有! 夫聖人, 鶉居而鷇食[④], 鳥行而無彰[⑤], 天下有道, 則與物皆昌; 天下無道, 則修德就閑; 千歲厭世[⑥], 去而上仙; 乘彼白雲, 至於帝鄕[⑦]; 三患[⑧]莫至, 身常無殃, 則何辱之有!”

封人去之. 堯隨之, 曰: “請問?”

封人曰: “退已!”

【길잡이】

① 華: 지명. 지금의 섬서성 화현.

② 封人: 국경을 지키는 자. 「제물론」에 등장한 바 있다.

③ 今然君子也: ‘연然’은 ‘내乃’로 가차되었다.(장병린의 『장자해고』. 양수달의 『장자습유』)

④ 鶉居而鷇食(鶉의 중국음은 chún[淳]; 鷇의 중국음은 kòu[叩]): ‘순거鶉居’란 일정한 거처가 없음을 말한다.(『경전석문』) ‘구식鷇食’은 음식을 달리 바라는 마음이 없음을 뜻한다.

- 임희일: ‘구鷇’는 갓 태어난 새다. 어미가 입으로 먹이를 물어다 주면 먹지만 스스로 먹이를 바라지는 않는다. 음식에 무심함을 말한다.

⑤ 無彰: 자취가 없음.

⑥ 厭世: ‘염厭’은 ‘진세盡世’와 같으며, 일생을 다하다는 뜻이다.

⑦ 帝鄕: 천지의 고향.(성현영, 『장자소』) 도연명陶淵明의 시 「귀거래사歸去來辭」에 “부귀는 내가 바라는 것이 아니요, 제향帝鄕은 기대하지도 않는다”(富貴非吾願, 帝鄕不可期)라는 구절이 있는데, ‘제향’이라는 말은 바로 이 「천지」가 그 유래이다.

⑧ 三患: 병듦, 늙음, 죽음의 세 가지 우환.

- 임운명: ‘삼환三患’은 병들고, 늙고, 죽는 것을 말한다. 수재, 화재, 풍재를 가리킨다는 설도 있으나, 반드시 타당하다고 볼 수는 없다.

【풀이】

요임금이 화 지역을 여행하러 갔다가 그 지역의 국경 관리인을 만났다. 그가 요임금에게 말했다. “아, 성인이시여! 성인에게 축복을 올리고 싶습니다.” 그러고는 말했다. “성인께서 장수하시기를 기원합니다.”

"사양하겠네."
"성인께서 부유해지기를 기원합니다."
"사양하겠네."
"그렇다면 성인께서 사내아이를 많이 가질 수 있도록 기원하겠습니다."
하지만 이번에도 요임금은 "사양하겠네"라고 말했다.
국경 관리인이 말했다. "장수와 부유와 사내자식은 모든 사람들이 다 원하는 것인데, 어찌 성인께서는 원하지 않으십니까?"
요임금이 말했다. "사내자식이 많으면 두려워할 일만 많아지고, 부유해지면 복잡한 일들이 많아지고, 장수하게 되면 곤욕스러운 일이 많아질 뿐이다. 이 세 가지는 덕을 기르는 데 적합하지 않아 사양한 것이다."
국경 관리인이 말했다. "저는 처음에 당신을 성인으로 여겼는데, 지금 보니 그저 군주에 지나지 않는군요. 하늘이 만백성을 낳을 때는 반드시 그 소임을 부여하기 마련이니, 사내자식이 많아도 각기 그 맡은 바가 있다면 두려워할 것이 무엇이겠습니까? 부를 다른 사람들과 함께 나눈다면 복잡한 일이 어디 있겠습니까? 성인은 어디에서나 편하게 거하면서 달리 음식을 바라지 않으니, 마치 새가 날아가도 흔적이 남지 않는 것과 같습니다. 천하가 궤도에 오르면 사람들과 함께 번성하고, 천하가 혼란스러우면 그저 덕을 닦으며 은거합니다. 그러다 천 년이 지나 생을 다하게 되면 세상을 떠나 신선이 되어 올라 구름을 타고 제향으로 향합니다. 그러니 앞에서 말한 세 가지 근심거리가 찾아오지 않아 화를 입지 않을 것인데, 대체 무슨 곤욕이 있겠습니까?"
말을 마친 국경 관리인이 자리를 떠났다. 요임금이 그를 따라가 물었다. "그러면 어찌해야 하는가?"
국경 관리인이 말했다. "그만 물러가십시오!"

7.

堯治天下, 伯成子高[①]立爲諸侯. 堯授舜, 舜授禹, 伯成子高辭爲諸侯而耕. 禹往見之, 則耕在野. 禹趨就下風[②], 立而問焉, 曰: "昔堯治天下, 吾子立爲諸侯. 堯授舜, 舜授予, 而吾子辭爲諸侯而耕, 敢問, 其故何也?"
子高曰: "昔堯治天下, 不賞而民勸, 不罰而民畏. 今子賞罰而民且不仁, 德自此衰, 刑自此立, 後世之亂自此始矣. 夫子闔[③]行邪? 無落吾事[④]!" 俋俋[⑤]乎耕而不顧.

【길잡이】

① 伯成子高: '백성伯成'은 복성複姓(두 글자 성씨)이다. 『광운』에 보인다.(이면) 지어낸 허구의 인물로 여겨진다.

② 趨就下風: '하풍下風'은 아래 방향을 뜻한다. '풍風'과 '방方'은 고대에 음과 뜻이 서로 통했다. 우임금이 감히 위쪽에 거하지 못하고 아래쪽으로 향한 것을 가리킨다. 스스로를 낮추는 것을 나타내는 말이다.(이면)

③ 闔: 판본에 따라 '합盍'이라고도 쓴다.(『경전석문』) '어찌 ~가 아닌가'(何不)라는 뜻이다.

④ 無落吾事: '락落'은 '망치다'(廢)의 뜻.(『경전석문』) 『여씨춘추』에서는 '락落'을 '려慮'로 썼는데, 고유高誘의 주석에서는 '려慮'를 '란亂'과 같다고 하였다.(오여륜)

- 우성오: '락落'과 '격格'은 과거에 서로 통용되었다. '격格'은 '지止', '거拒'로 풀이하니, '무격오사無格吾事'란 '나의 일을 막지 말라'라는 뜻이다.

⑤ 俋俋: 고개를 숙이고 밭을 가는 모습.(임희일, 『남화진경구의』)

【풀이】

요임금이 천하를 다스릴 때, 백성자고가 제후의 자리에 있었다. 요임금이 순에게 제위를 물려주고, 순임금이 다시 우에게 제위를 물려주자 백성자고는 제후의 자리에서 물러나 밭을 갈며 살았다. 어느 날 우임금이 그를 만나러 갔는데, 그는 여전히 밭을 갈고 있었다. 우임금이 그의 아래쪽으로 가서 겸손히 서서 물었다. "예전 요임금이 천하를 다스렸을 때 선생께서는 제후의 자리에 계셨습니다. 요임금이 순에게 양위하고 순임금이 다시 저에게 양위하니 선생께서는 제후를 사직하고 물러나셨는데, 어찌 된 일인지 여쭙고 싶습니다."

백성자고가 말했다. "예전 요임금이 천하를 다스릴 때는 상을 행하지 않아도 백성들이 부지런했으며, 형벌을 행하지 않아도 백성들이 두려워했습니다. 지금 그대가 상벌을 행하는데도 백성들은 어질지 않고, 오히려 덕행은 이로 인해 쇠퇴해져 형벌만 일어나고 있습니다. 후대의 환란이 모두 이로부터 시작된 것입니다. 얼른 돌아가지 않고 무엇을 하십니까? 저의 일을 망치지 마십시오!" 말을 마치고 고개를 숙여 다시 일을 시작하고는 돌아보지도 않았다.

8.

泰初有無①, 無有無名②; 一③之所起, 有一而未形. 物得以生, 謂之德; 未形者有分④, 且然無間⑤, 謂之命⑥; 留動而生物⑦, 物成生理⑧, 謂之形; 形體保神, 各有儀則, 謂之性. 性修反德, 德至同於初. 同乃虛, 虛乃大. 合喙鳴⑨; 喙鳴合, 與天地爲合. 其合緡緡⑩, 若愚若昏, 是謂玄德, 同乎大順⑪.

【길잡이】

① 泰初有無: 우주의 시원은 바로 '무無'임. 「열어구」에서는 '태초太初'로 되어 있다.

- 성현영: '태泰'는 '태太'와 같고, '초初'는 '시始'와 같다. 원기가 싹트기 시작하는 것을 일러 '태초太初'라고 한다.
- 임희일: '태초泰初'는 조화의 시작을 말하니, 모든 것이 단지 '무無'의 상태에 지나지 않는다.

② 無有無名: 두 가지 해석이 있다. 첫째는 무유'무'명無有'無'名으로 읽어서 '무無라는 이름이 없었다'라고 풀이하는 것이고, 둘째는 무'유'무'명'無'有'無'名'으로 읽어서 '유有도 없고 명名도 없다'라고 풀이하는 것이다. 여기에서는 후자로 해석한다.

- 성현영: 태초의 시기에는 오직 이 '무無'만이 있고, '유有'는 아직 있지 않았다. '유有'가 있지 않은데, 이름이 어디에 놓일 수 있겠는가? 따라서 '유有도 없고 명名도 없다'(無'有'無'名')고 한 것이다.

③ 一: 도('無')의 창생 활동 가운데 다음 아래 차원을 형성하는 미분화 상태를 표현하는 말.

④ 未形者有分: '미형未形'은 형질形質이 아직 있지 않음.(성현영, 『장자소』) '유분有分' 양陽과 음陰이 분화됨.(선영)

⑤ 且然無間: 유행하되 뒤섞여 간극이 없음.

- 임희일: 마치 구분이 있는 듯하나, 구분하려고 하면 할 수 없다. 따라서 '차연무간且然無間'이라고 한 것이니, 여기서 '차연且然'은 '여전히'(猶且)의 뜻이다. '무간無間'은 혼연한 상태를 말한다.

- 선영: 비록 음양의 구분은 있지만, 여전히 양기가 변동하며 음기와 합하니, 유행함에 간극이 없다.
- 조초기: '무간無間'은 나눌 수 없이 유기적으로 연결되어 있는 것이다.

⑥ 命: 만물의 선천적인 존재 조건을 말함.(후쿠나가 미쓰지)

⑦ 留動而生物: 두 가지 해석이 있다. 첫째는 '[원기가 그치지 않고 운동하는데] 운동이 일시적으로 정체되면 사물을 낳게 된다'라는 해석이다. 성현영은 "'류留'는 멈추어 있는 것(靜)이다. 양기는 움직이고(動) 음기는 멈추어 있으면서(靜) 만물을 이룬다"라고 하였다. 임희일은 "원기의 운동이 멈추지 않고 이어지다가 사물을 낳아 이루는 순간, 움직이던 것이 여기에서 멈추게 된다. 이를 '유동이생물留動而生物'이라고 하였다. 이 '유동留動' 두 글자는 매우 정미한 뜻을 담아 쓴 것이니, 절대 대충 살펴서는 안 된다. '동動'은 '양陽'이지만, '유동留動'은 '정靜'이다. '정靜'은 곧 '음陰'이다. 이 구절은 바로 '양陽'이 생겨나고 '음陰'이 이루어지는 것에 대해 말한 것이다"라고 하였다. 선영은 "'동動'은 조화와 유행을 말한다. 그 과정에서 잠시 멈추는 순간 하나의 사물이 생겨나게 된다"라고 하였다. 둘째는 유동流動(의 과정에서) 사물을 생성한다는 해석이다. 육덕명은 "'류留'는 '류流'(흐르다)로 볼 수 있다"라고 하였다. 서복관은 "'유동流動'은 분화하여 사물을 이루는 과정의 활동 양태를 표현하는 말이다"(『中國人性論史』, 373쪽)라고 하였다. 두 해석이 모두 가능한데, 여기서는 첫 번째 해석을 따랐다.

⑧ 物成生理: 만물이 생성되면서 각기 다른 모습을 갖춤.

- 서복관: '물성생리物成生理'는 사물이 이루어진 후에 갖추게 되는 생명 혹은 질서를 말한다.
- 후쿠나가 미쓰지: '물성생리物成生理'는 만물이 생성된 후에 각각의 사물이 각기 다른 모습으로 드러나는 것을 말한다. '리理'는 모양을 뜻한다.

⑨ 合喙鳴: 무심하게 하는 말과 구분되지 않음. '훼喙'는 새의 부리이다.(성현영, 『장자소』)

- 곽상: 말을 함에 있어 무심하게 하여 저절로 말하는 것이니, 새의 울음과 같다.
- 임희일: '합훼合喙'는 말하지 않는 것(不言)이고 '명鳴'은 말하는 것(言)이니, '말하지 않음으로써 하는 말'(不言之言)이다.

⑩ 緡緡: '민민泯泯'과 같으며, 흔적이 없음을 뜻한다.

⑪ 大順: 저절로 그러함(自然). 『노자』 65장에 "내지대순乃至大順"이라는 말이 등장하니, 이와 같은 말이다.

- 임희일: '대순大順'은 태초부터 본래 그러한 이치(太初自然之理)이다.

【풀이】

우주의 시원은 '무無'로서 '유有'도 없고 명칭도 없었다. [도의 활동은] 혼일의 상태로 나타나는데, 혼일의 상태에는 아직 형체가 이루어지지 않았다. 그런데 만물이 도를 얻어 태어나면 이는 '덕德'이라고 한다. 아직 형체가 이루어지지 않았을 때도 음양의 분화는 있지만, 유행함에 여전히 간극이 없는 것을 일러 '명命'이라고 한다. [도가] 운행하는 가운데 잠시 멈추면 물物이 생겨나는데, 만물이 이루어지면서 갖추게 되는 각각의 모습을 '형形'이라고 한다. 형체가 정신을 보유하여 각자의 법칙을 지니게 되면 이를 '성性'이라고 한다. '성'이 수양을 통해 다시 '덕'으로 돌아가면, '덕'은 태초와 같은 상태에 이르게 된다. 태초와 같아지면 텅 비어 널찍해지고, 텅 비어 널찍해지면 광대하게 포용할 수 있다. (이러한 차원에서는) 무심하게 하는 말과 하나가 되니, 무심하게 하는 말과 하나가 되면 곧 천지와 융합하게 된다. 이렇게 융합된 상태는 어떤 흔적도 사라져 마치 순박한 듯 혼미한 듯하니 이를 '현덕玄德'이라고 하며, 자연과 하나된 상태이다.

9.

夫子①問於老聃曰: "有人治道若相放②, 可不可, 然不然③. 辯者有言曰: '離堅白若縣宇④.' 若是則可謂聖人乎?"

老聃曰: "是胥易技系, 勞形怵心者也⑤. 執狸之狗來田, 猿狙之便來藉⑥. 丘, 予告若, 而所不能聞與而所不能言, 凡有首有趾⑦無心無耳⑧者衆, 有形者⑨與無形無狀⑩而皆存者盡無. 其動止也, 其死生也, 其廢起也⑪, 此又非其所以也⑫. 有治在人⑬, 忘乎物, 忘乎天, 其名爲忘己, 忘己之人, 是之謂入於天."

【길잡이】

① 夫子: 공자를 가리킴.(『경전석문』)

② 有人治道若相放: '약상방若相放'은 '마치 서로를 본보기로 삼는 듯하다'라고 해석하기도 하고(곽상, 『장자주』), '마치 서로 어긋나는 듯하다'(우성오, 『장자신증』)라고 해석하기도 한다. 글의 맥락상 후자를 따라야 한다.

- 우성오: 곽상의 『장자주』에서는 "마치 서로를 본보기로 삼는 듯하다"(若相放效)라고 해석하였는데, 옳지 않다. '방放'은 『경전석문』에서는 '방方'으로 썼다. 『맹자』「양혜왕梁惠王」의 '방명학민方命虐民'이라는 구절에 대해 조기趙岐의 주석에서는 "'방方'은 '역逆'(거스르다)과 같다"라고 하였다. 따라서 '방명方命'은 '역명逆命'을 뜻하며, '유인치도약상방有人治道若相放' 역시 '어떤 사람이 도를 닦는 것은 마치 서로 거역하는 듯하다'라는 뜻으로 해석된다. 이어지는 '가불가可不可, 연불연然不然'을 곽상 『장자주』에서는 "옳지 않은 것을 옳은 것으로 여기고, 그렇지 않은 것을 그러한 것으로 여긴다"(以不可爲可, 不然爲然)라고 풀이했는데, 이 또한 '서로 거스르다'라는 의미로 적은 것이다.
  - ▹ 진고응: 이어지는 구절을 고려하면, 우성오의 설이 더 적합하다.
- 이면: '방放'과 '반反'(반하다)은 서로 비슷하여 와전된 것이니, '반反'으로 써야 한다. 이어지는 구절은 "불가능한 것을 가능한 것으로 삼고, 그렇지 않은 것을 그러한 것으로 여긴다"(以不可爲可, 不然爲然)는 말로, 상반된다는 뜻을 담고 있다.
  - ▹ 진고응: 이면의 설 역시 참고할 만하다.

③ 可不可, 然不然: 옳지 않은 것을 옳은 것으로 삼고, 그렇지 않은 것을 그러한 것으로 여김(以不可爲可, 不然爲然).(곽상, 『장자주』) 같은 말이 「추수」에도 보인다.

④ 離堅白若縣宇: 견백과 동이를 분석한 것이 마치 하늘에 높이 매달아 놓은 것과 같음.

- 임희일: 견백, 동이 등의 설이 세상에 분분하게 일어나지만, 나는 그것을 분석하여 마치 하늘에 매달아 놓듯이 할 수 있다는 뜻이다. 사람들이 볼 수 있도록 분명하게 내걸 수 있음을 말한다. '리離'는 분석하는 것이다.

⑤ 胥易技系, 勞形怵心者也: 「응제왕」에 같은 말이 등장한다.

⑥ 執狸之狗來田, 猿狙之便來藉: '리狸'는 각 판본에는 '류留'로 되어 있으나, 사마표, 조간의, 성현영의 판본에는 '리狸'로 되어 있다. 이에 근거하여 수정하였다.

'내전來田'은 현재 판본에는 '성사成思'라고 되어 있다. '성사'는 '내전'이 와전된 것으로 보아야 한다. '성成'과 '래來'는 초서에서는 그 형태가 비슷하다.(오여륜) '전田'은 '사냥하다'(獵)의 뜻이다. '원저지변래적猿狙之便來藉'는 현재 판본에는 '원저지변자산림래猿狙之便自山林來'라고 되어 있으나, 의미가 완전하지 않다. '자산림래自山林來'는 '내적來藉'이 와전된 것으로 보아야 한다.(吳汝綸) 「응제왕」에 따라 '원저지변래적猿狙之便來藉'으로 수정해야 한다.

- 손이양: '사思'는 '루累'를 잘못 적은 것이다. '성루成累'는 견해가 얽매여 있음을 말한다.
    - ▹ 진고응: 손이양의 설을 참고할 만하다. 원문은 오여륜, 해동, 장병린의 설과 「응제왕」에 따라 수정하였다.

⑦ 有首有趾: 신체를 지닌 사람.(임운명, 『장자인』)

⑧ 無心無耳: 알지 못하고, 듣지 못함.

⑨ 有形者: 사람을 지칭함.

⑩ 無形無狀: '도道'를 지칭함.

⑪ 其動止也, 其死生也, 其廢起也: '동지動止'는 일상적 활동(起居), '폐기廢起'는 실패와 성공(窮達). 기거함, 죽음과 삶, 실패와 성공 사이에는 모두 저절로 그러한 것이 있음을 말한다.(임희일)

⑫ 此又非其所以也: 성현영의 『장자소』에서는 "이 여섯 가지는 자연의 이치로, 왜 그러한지를 알 수 없다"(此六者, 自然之理, 不知所以然也)라고 하였다.

⑬ 有治在人: 인사人事에는 다스림의 자취가 있음.

- 후쿠나가 미쓰지: '유치재인有治在人' 다음에 '무치재천無治在天'(천도에는 다스림의 자취가 없음)이라는 말을 보충해 넣으면 의미가 더욱 완전해진다.(『莊子』 外篇 해설, 180쪽)
    - ▹ 진고응: 후쿠나가의 설 역시 참고할 수 있다.

【풀이】

선생께서 노담에게 물었다. "어떤 자는 도를 닦는 것이 마치 서로 거역하는 듯합니다. 옳지 않은 것을 옳다고 말하고, 그렇지 않은 것은 그렇다고 말합니다. 논변하는 자들은 '견백과 동이를 분석하여 하늘에 명명백백하게 내걸어 보일 수 있다'고 말하는데, 이러한 자들을 성인이라고 할 수 있겠습니까?"

노담이 말했다. "이러한 자들은 마치 관리가 일을 할 때 자신의 재주로 인해 얽매이게 되듯, 신체를 수고롭게 만들고 정신을 어지럽힐 따름이다. 살쾡이를 잡는 개는 사람에게 구금되고, 원숭이는 민첩함으로 인해 산속에 있다가 사람에게 붙잡히고 만다. 공구여, 그대에게 알려 주겠다. 네가 들을 수 없는 것과 네가 말해 낼 수 없는 것은 신체를 지닌 사람이란 알지 못하고 듣지 못하는 것이 많기 때문이다. 형체를 지닌 사람과 그 어떤 형상도 없는 도道가 함께 있는 것은 절대 있을 수 없는 일이다. 일상적 활동, 죽음과 삶, 실패와 성공 등은 모두 저절로 그렇게 되는 것으로 왜 그러한지를 알 수 없다. 인사人事에는 다스림의 자취가 있다. 사물에 얽매이지 않고, 원래 그러한 것에 얽매이지 않으면 자신에게 얽매이지 않는다고 할 수 있다. 자신에게 얽매이지 않는 자를 하늘과 하나로 융합된다고 말한다."

10.

蔣閭葂見季徹①曰: "魯君謂葂也曰: '請受教.' 辭不獲命, 旣已告矣, 未知中否, 請嘗薦之. 吾謂魯君曰: '必服恭儉, 拔出公忠之屬而無阿私, 民孰敢不輯②!'"

季徹局局然③笑曰: "若夫子之言, 於帝王之德, 猶螳螂之怒臂以當車軼, 則必不勝任矣④. 且若是, 則其自爲處危, 其觀台多物, 將往投迹者衆⑤."

蔣閭葂覤覤然⑥驚曰: "葂也汒若⑦於夫子之所言矣. 雖然, 願先生之言其風也⑧."

季徹曰: "大聖之治天下也, 搖蕩民心⑨, 使之成教易俗, 擧滅其賊心⑩而皆進其獨志⑪, 若性之自爲, 而民不知其所由然. 若然者, 豈兄堯舜之教民, 溟涬然弟之哉⑫? 欲同乎德而心居⑬矣!"

【길잡이】

① 蔣閭葂見季徹: '장여蔣閭'와 '계季'는 성, '면葂'과 '철徹'은 이름. 어느 지역의 인물인지는 알려진 바 없다.(성현영, 『장자소』)

- 이면: 『광운』에서는 『한서』「예문지藝文志」를 인용하여 '려閭'자를 다음과 같이 주해하였다. "옛날 장여자蔣閭子라는 자가 있었다. 이름을 '면葂'이라 하였으며, 학문을 좋아해 책을 남겼다."

• 마서륜: 계철季徹은 「칙양」의 계진季眞을 말하는 것으로 보인다.

② 輯: 조화를 이루다(和).

③ 局局然: 웃는 모습을 나타내는 말.

④ 螳螂之怒臂以當車軼, 則必不勝任矣: 「인간세」에 비슷한 구절이 등장한다. "사마귀에 대해서 잘 아시겠지요? 사마귀는 수레가 지나가면 자신이 감당할 수 없다는 것도 모르고 성난 듯이 앞발을 들며 수레 앞을 막아섭니다."(汝不知夫螳螂乎, 怒其臂以當車轍, 不知其不勝任也) '질軼'은 '철轍'(수레바퀴 자국)과 같으며, 과거에는 서로 통용되었다.

⑤ 則其自爲處危, 其觀台多物, 將往投迹者衆: '처위處危'는 위험한 상황에 처함. '관대다물觀台多物'은 조정에 일이 많음을 비유하는 말. 이 구절은 각 주석가마다 끊어 읽는 법이 다르다. 곽상은 '기자위처위기관태其自爲處危其觀台, 다물장왕多物將往, 투적자중投迹者衆'으로 읽었고, 곽경번은 '즉기자위처위則其自爲處危, 기관태다其觀台多, 물장왕物將往, 투적자중投迹者衆'으로 읽었다. 여기에서는 왕선겸의 독법에 따랐다.

• 왕선겸: '관대觀台'는 임금이 거하는 장소이다. '물物'은 일(事)이다. 임금이 거처하는 곳에는 이로 말미암아 일이 많음을 말한 것이다.

⑥ 覤覤然: 놀란 모습을 나타내는 말.

⑦ 汒若: 망연茫然한 모습.

⑧ 言其風: 대략을 말함.(言其略) '풍風'은 '범凡'으로 읽어야 한다. 대강을 말한다는 뜻이다.(유월) '풍風'을 '방方'과 통한다고 보는 설도 있다.(해동)

⑨ 搖蕩民心: '요탕搖蕩'은 「대종사」에 등장한 '요탕遙蕩'과 같다. 마음이 가는 대로 자유로이 함을 의미한다.

• 조수곤: '요탕민심搖蕩民心'은 사람들의 마음을 해방하여 자유롭게 생각하도록 하는 것이다.(『장자철학』)

⑩ 賊心: 지모와 기교가 마음을 해침.(진수창)

⑪ 獨志: 독창적인 의지.

• 조수곤: '독지獨志'는 개인의 본능적인 독창성이 활성화되는 것이다.

⑫ 豈兄堯舜之敎民, 溟涬然弟之哉: 왜 요순이 백성을 교화하는 방식을 높이며 망연히 이들을 따르려고 하는가?

- 임희일: 요순을 높이고 자신을 다음에 두니, "요순의 교화 방식을 형으로 삼고 스스로 아우가 되고자 한다"(兄堯舜之教而弟之)라고 말한 것이다. 이는 즉 '요순이 어찌 자신을 이길 수 있겠는가?' 혹은 '자신은 요순의 아래에 있지 않다'라는 뜻으로 해석할 수 있다. '명행溟涬'은 고개 숙여 원한다는 뜻을 지닌다. 즉 이는 '어찌 기꺼이 요순의 교화를 따르면서 자신을 아래에 두고자 하는가?'라는 말이다.
- 선영: 요순을 앞에 두고 자신을 뒤에 두지 않으려 함을 말한 것이다.
- 이면: 이 구절은 곽상의 『장자주』와 성현영의 『장자소』의 해설을 취할 만하다. 그러나 '명행溟涬'을 매우 귀하게 여긴다는 뜻으로 본 것만은 옳지 않다. '명행' 두 글자는 이미 「재유」에 등장한 바 있는데, '몽매하고 우둔하여(冥冥愚沌) 무지한 모습'을 가리킨다. '형兄', '제弟' 두 글자에는 문제가 없다. 손이양은 '형'은 '황況'의 오자, '제'는 '이夷'의 오자라고 하면서 '평등'의 의미라고 보았는데, 이 해석은 매우 잘못된 것이다. 문맥을 살펴보면, '위대한 성인의 다스림은 백성들의 본성에 따라 그 마음을 소요하는 데 놓여 있어 백성의 본성에 저절로 들어맞고 풍속이 저절로 이루어지는데, 왜 굳이 요순을 형으로 삼으며 그들의 교화를 따르려고 하는가?'라는 것으로 이해할 수 있다. '명행'은 무지하여 무턱대고 따르는 모습을 말하니, '명행제지재溟涬弟之哉'는 '왜 무턱대고 이를 따르려 하는가?'라는 말이다. '제'는 동사의 용법으로 사용되었다. 아우(弟)는 형을 따라야 하는 법이니, '제지弟之'는 '따르다'는 의미로 해석할 수 있다. 위대한 성인의 다스림은 요순을 넘어서므로 자신을 이들보다 낮은 위치로 여기며 이들을 따를 필요가 없음을 말한 것이다.
  - ▹ 진고응: 앞뒤 문맥을 살펴보면, 이면의 설이 옳다. 장병린, 우성오, 왕숙민 등은 손이양이 글자를 고쳐서 해석한 설을 따랐으나, 이 설은 장자의 원의에 부합하지 않는다.

⑬ 心居: '거居'는 '안정安定'을 말함.(성현영, 『장자소』) '심거心居'는 마음의 안정을 의미한다.

【풀이】

장여면이 계철을 만나서 말했다. "노나라 제후가 나에게 '가르침을 바랍니다'라고 하기에 사양하지 못하고 일러 주었는데, 제대로 일러 주었는지 아닌지 모르겠습니다. 노나라 제후에게 '정사를 펼칠 때는 반드시 공경하고 검약하며 공정하고 충직한 자를 발탁하여 치우침이 없게 한다면, 백성들이 어찌 평화롭지 않겠습니까?

라고 하였는데, 어떻습니까?"

계철이 껄껄 웃으며 말했다. "제왕의 덕업에 비유하자면 선생의 말은 마치 수레를 막아서는 사마귀와 같은 꼴이니, 결코 감당해 내지 못할 것입니다. 그런데도 그렇게 하고자 한다면 스스로 위험한 상황으로 들어가는 것이나 다름이 없어 조정에 많은 일이 생기고 출세를 위해 서로 다투는 자들이 몰려들 것입니다."

장여면이 놀라며 말했다. "선생의 말씀을 들으니 정신이 멍해집니다. 그래도 간단하게나마 한 말씀 부탁드립니다."

계철이 말했다. "위대한 성인이 천하를 다스리는 방식은 이러합니다. 사람들이 자유롭게 생각할 수 있게 하고, 저절로 교화를 이루도록 하며, 풍속이 자유롭게 변화하도록 놓아둡니다. 그렇게 하여 해치려는 마음을 완전히 없애고 독화獨化의 의지를 북돋지만 백성들은 어떻게 그렇게 되었는지조차 알지 못합니다. 그렇게 한다면 요순의 교화 방식을 높이고 머리 숙여 그들을 따를 필요가 어디에 있겠습니까? 성인은 [백성들이] 타고난 덕과 합치하여 마음을 편안히 할 수 있도록 해줄 뿐입니다."

11.

子貢南遊於楚, 反於晉, 過漢陰①, 見一丈人②方將爲圃畦③, 鑿隧而入井, 抱甕而出灌, 搰搰然④用力甚多而見功寡. 子貢曰: "有械於此, 一日浸百畦, 用力甚寡而見功多, 夫子不欲乎?"

爲圃者仰而視之曰: "奈何?" 曰: "鑿木爲機, 後重前輕, 挈水若抽; 數如泆湯⑤, 其名爲槔." 爲圃者忿然作色而笑曰: "吾聞之吾師, 有機械者必有機事, 有機事者必有機心. 機心存於胸中, 則純白不備; 純白不備, 則神生⑥不定; 神生不定者, 道之所不載也. 吾非不知, 羞而不爲也."

子貢瞞然⑦慚, 俯而不對. 有閑, 爲圃者曰: "子奚爲者邪?" 曰: "孔丘之徒也."

爲圃者曰: "子非夫博學以擬聖, 於於以蓋衆⑧, 獨弦哀歌以賣名聲於天下者乎? 汝方將忘汝神氣, 墮汝形骸, 而庶幾乎⑨! 汝身之不能治, 而何暇治天下乎? 子往矣, 無乏吾事⑩!"

子貢卑陬⑪失色, 頊頊然⑫不自得, 行三十裏而後愈.

其弟子曰: "向之人何爲者邪? 夫子何故見之變容失色, 終日不自反邪?"

曰: "始吾以夫子爲天下一人耳⑬, 不知復有夫人也. 吾聞之夫子, 事求可, 功求成. 用力少, 見功多者, 聖人之道. 今徒不然⑭. 執道者德全, 德全者形全, 形全者神全. 神全者, 聖人之道也. 托生與民並行而不知其所之, 汒乎⑮淳備哉! 功利機巧必忘夫人之心. 若夫人者, 非其志不之, 非其心不爲. 雖以天下譽之, 得其所謂, 謷然⑯不顧; 以天下非之, 失其所謂, 儻然⑰不受. 天下之非譽, 無益損焉, 是謂全德之人哉! 我之謂風波之民⑱."

反於魯, 以告孔子, 孔子曰: "彼假修渾沌氏之術者也⑲, 識其一, 不知其二⑳; 治其內, 而不治其外㉑. 夫明白太素㉒, 無爲復朴, 體性抱神, 以遊世俗之間者, 汝將固驚邪? 且渾沌氏之術, 予與汝何足以識之哉!"

【길잡이】

① 漢陰: 한수의 음(漢水之陰). 강의 남쪽을 '음陰'이라고 한다.(성현영, 『장자소』)

② 丈人: 노인, 연장자를 칭하는 말.

③ 圃畦(畦의 중국음은 qí[旗]): 채소를 심는 정원을 '포圃'라고 부르고, 벼를 심는 논을 '휴畦'라고 한다. 여기에서 '포휴圃畦'는 동사로 사용되어, 채소와 벼를 심으려 함을 말했다.(이면)

④ 搰搰然: 물을 주는 소리. '골搰'의 반쪽을 따라 '골骨'로 읽는다.(이면) 『경전석문』에는 '힘쓰는 모습'(用力貌)이라고 하였으나, 옳지 않다.

⑤ 數如泆湯: 물이 끓어넘치는 것과 같이 급속함.(이이) '삭數'은 '속速'과 통한다. '일泆'은 '일逸'과 같이 발음하며, 판본에 따라 '일溢'로 쓰기도 한다.(『경전석문』)

⑥ 生: '성性'으로 읽는다.(오여륜)

⑦ 瞞然: 부끄러워하는 모습.(성현영, 『장자소』)

⑧ 於于以蓋衆: '어우於于'는 뽐내며 허세를 부리는 모습이다.(사마표) 『회남자』「숙진훈俶眞訓」에서는 이를 '화무華誣'로 썼다.(유문전)

- 이면: 「제물론」에 "앞서서 바람이 먼저 '우우' 하고 노래를 부르면 뒤따라 구멍은 '웅웅' 하고 장단을 맞춘다"(前者唱于, 而隨者唱喁)라는 구절이 등장하는데, 이때 '우우于喁'는 호응한다는 의미를 지닌다. 여기에서 '어우於于'는 바로 '우우'와 같다. 자공이 세상과 영합하여 윗사람에게 아첨하고 세상을

기만하면서, 높은 지위에 올라 사람들을 압도하는 것을 말한다.

▹ 진고응: 이면의 설이 따를 만하다.

⑨ 而庶幾乎: '기幾'는 가까움. 도道에 거의 가까워지게 된다는 뜻.(성현영, 『장자소』) 왕선겸은 '이而'를 '여汝'(2인칭 대명사)로 풀이했으나 옳지 않다. 문맥을 전환하는 접속사이다. 뒤에 등장하는 두 개의 '이而'자는 '여汝'로 볼 수 있다.(이면)

⑩ 無乏吾事: '핍乏'은 '폐廢'(망치다)와 같다.(『경전석문』)

⑪ 卑陬(陬의 중국음은 zōu[鄒]): 부끄러워 어쩔 줄 모르는 모습(愧懼貌).(이이) 부끄러워 참담한 모습(慚怍之貌).(성현영, 『장자소』)

- 장병린: '비추卑陬'는 '근심하여 얼굴을 찌푸리는 것'(顰蹙)을 말함. 『설문해자』에 "'빈顰'은 '비卑'의 음을 따른다"라고 하였으니, '비卑'는 '빈顰'의 뜻으로 가차된 것이다. '추陬'는 '취趣'의 가차자이고, '취趣'와 '축蹙'은 음과 뜻이 유사하다.

⑫ 頊頊然(頊의 중국음은 xū[虛]): 망연자실한 모습(自失貌).(이이) '규규規規'를 잘못 쓴 것으로 보인다. 「추수」에 '규규연자실야規規然自失也'라는 구절이 등장한다.(왕숙민, 『장자교석』)

⑬ 始吾以夫子爲天下一人耳: 원래는 '부자夫子' 두 글자가 빠져 있었다. 『사문류취속집』 9, 『합벽사류별집』 21에 인용된 구절에는 '오이吾以' 뒤에 '부자夫子' 두 글자가 들어 있어 이를 따랐다. 주석에서는 "공자를 말한다"라고 하였다.(왕숙민, 『장자교석』)

⑭ 今徒不然: '도徒'는 '단지'(但), '다만'(乃)의 뜻이다.(왕인지, 『경전석사』)

⑮ 汒乎: 몽매하고 심원함(芒昧深遠).(성현영, 『장자소』) '망연茫然'과 같다. 사려분별을 잊는다는 의미이다.(후쿠나가 미쓰지)

⑯ 謷然: 높고 거대한 정신적 태도. '오謷'는 '오傲'와 서로 통한다. 「덕충부」의 "고고하고 거대하구나!"(謷乎大哉), 「대종사」의 "억누를 수 없으니 참으로 고고하도다!"(謷乎其未可制也)라는 구절과 서로 뜻이 같다.

⑰ 侻然: 무심한 모습.(성현영, 『장자소』)

⑱ 風波之民: '풍파風波'는 세상의 일에 얽혀들어 스스로 안정될 수 없음을 말한다.(임희일)

⑲ 假修渾沌氏之術者也: 혼돈씨의 도술을 수련함.

- 이면: '가假'는 '빌리다'의 뜻. 혼돈씨의 도술을 빌려 몸을 수양하는 것을 말한다. '혼돈씨의 도술'(渾沌氏之術)이란 앞에서 언급한 정신과 기운을 잊고,

형체를 버리며, 기교를 부리는 마음(機心)을 사용하지 않는 것을 말한다. 이는 공자와 자공의 말을 빌려 노인을 찬양하면서 이들을 풍자한 것이다. 곽상의 주에서는 '가假'를 참과 거짓의 '가假'로 보았는데, 이는 공자가 노인을 비웃은 말로 풀이한 것이다.

⑳ 識其一, 不知其二: '식기일識其一'은 순일함을 지키는 것을 말하고, '부지기이不知其二'란 마음에 구분이 없음을 말한다.(임희일) 그 마음을 단순히 하고, 기교를 부리는 마음(機心)을 사용하지 않는다는 뜻이다.(이면)

㉑ 治其內, 而不治其外: '내內'는 본심本心, '외外'는 외물外物을 가리킨다. 혼돈씨의 도술은 근본을 다스릴 뿐 외면을 다스리지 않음을 말한다. 겉으로 드러나는 것을 바라지 않고, 오직 마음속에 기교가 없도록 한다는 뜻이다.(이면)

㉒ 明白太素: '태太'자는 원래 '입入'으로 되어 있었으나, 양수달의 설과 『회남자』「정신훈精神訓」에 따라 수정하였다.

- 양수달: '입入'자는 아무런 의미가 없으며, '태太'자로 읽어야 한다. 형태가 유사하여 와전된 것이다. 『회남자』「정신훈」에서 이 구절을 차용하면서 "처기일부지기이處其一不知其二, 치기내불식기외治其內不識其外, 명백태소明白太素, 무위복박無爲復朴, 체본포신이유어천지지번體本抱神以遊於天地之樊"[10] 이라고 썼는데, 여기에서는 '태太'라고 하였다.(『장자습유』)

【풀이】

자공이 남쪽으로 길을 떠나 초나라를 여행하고는 진晉나라로 돌아오다가 한음이라는 지방을 지나면서 노인 한 명이 밭에서 채소를 재배하는 모습을 보았다. 노인은 도랑을 파서 우물에 흘러들게 하고는 독에 물을 받아 안고 관개를 하였는데, 물이 콸콸 밭고랑으로 흘러 들어갔다. 자공이 이를 보고 말했다. "여기에 어떤 기계가 있는데 하루에 백 뙈기밭에 물을 댈 수 있습니다. 힘을 들이지 않아도 큰 효과를 볼 수 있는데 선생은 사용하지 않으십니까?"

밭에 물을 대던 노인이 자공을 보고 말했다. "어떻게 그렇게 되는 것입니까?"

---

10) 진인의 특징을 말한 내용으로, 대략 다음과 같은 의미이다. "절대인 경지(一)에 자리하고 분별적인 상태(二)는 알지 못하며, 내면(內)을 다스리고 외물(外)을 의식하지 않는다. 환하게 밝고 크게 소박하며, 무위하여 질박한 데로 돌아가며, 근본을 체득하고 신묘함을 품으니, 그렇게 함으로써 천지의 끝에서 노닌다."

자공이 말했다. "나무를 파서 만든 기계로 뒤는 무겁고 앞은 가벼운 형태입니다. 마치 실을 뽑아내듯 물을 끌어올리는데, 그 빠르기가 마치 물이 끓어 넘치는 듯합니다. 이 기계를 길고桔槔(두레박질을 쉽게 할 수 있도록 만든 장치)라고 부르지요."

그 말을 들은 노인이 얼굴에 노기를 띤 채, 자공에게 냉소하듯 말했다. "나는 내 선생으로부터 기계가 있으면 반드시 기교를 부리는 일이 있게 되고, 기교를 부리는 일이 있으면 반드시 기교를 생각하는 마음이 생기기 마련이라고 들었습니다. 기교를 부리는 마음이 가슴에 있으면 순결하고 청허한 상태를 보전할 수 없게 되고, 순결하고 청허한 상태를 보전할 수 없으면 마음과 정신이 안정을 잃으며, 마음과 정신이 안정을 잃으면 도道를 담을 수 없게 됩니다. 내가 기계를 몰라서 안 쓰는 것이 아니라 부끄러워서 쓰지 않을 뿐입니다."

자공이 부끄러움에 고개를 떨구고 아무 말도 하지 못하였다. 잠시 후 노인이 자공에게 말을 하였다. "당신은 무엇을 하는 분입니까?"

자공이 말했다. "저는 공구의 제자입니다."

노인이 말했다. "그대는 박학다식함을 성인에 빗대면서 남들보다 뛰어나다고 허세를 부리고, 슬픈 곡조를 홀로 연주하며 천하를 향해 명성을 파는 자가 아닙니까? 만일 그대가 정신을 모두 잊고 형체에 집착을 버린다면 도에 가까워질 수 있을 것입니다. 자신의 한 몸조차 제대로 수양을 하지 못하는데 어떻게 천하를 다스릴 수 있겠습니까? 내 농사일을 망치지 말고 그만 돌아가십시오."

자공이 부끄럽고 참담하여 얼굴이 새파랗게 질렸다가 삼십 리를 가서야 겨우 안정을 되찾았다.

자공의 제자가 말했다. "방금 그자는 어떤 사람입니까? 스승께서는 어찌하여 그를 만나고 나서 새파랗게 질리시더니 온종일 원기를 찾지 못하는 것입니까?"

자공이 말했다. "나는 처음에는 나의 스승만이 유일무이한 인물인 줄 알았는데, 또 이런 분이 세상에 있을 줄은 정말 몰랐다. 나의 스승님은 이렇게 말씀하셨다. '일이 실행되고 업적이 완수되기를 바라되, 힘을 적게 들이고도 큰 효과를 거둘 수 있는 것이 바로 성인의 도이다.' 그런데 이제야 그렇지 않다는 것을 알게 되었다. 위대한 도를 지니고 있는 자는 덕행을 갖추게 되고, 덕행을 갖춘 자는 형체를 온전히 세울 수 있으며, 형체를 온전히 세운 자는 정신이 충만하다. 정신이 충만한 것이 바로 성인의 도이다. 이러한 자들은 세상 속에 의탁하여 사람들과 함께 행하면서도 어디로 나아갈지조차 생각하지 않는다. 그 도가 막막할 정도로 아득히 깊고, 덕성은 두텁고 온전히 갖추어져 있으며, 공명과 이익과 기교 따위가 그의 마음속으로 들어오지 못한다. 이러한 자들은 자신의 의지가 아닌 것은 바라지 않고 자신의 마음이 원하지 않는 것은 행하지 않는다. 설령 온 세상이 그를 칭찬하고, 그것이 실제 사실에 부합한다 해도 그는 고고한 듯 상관하지 않는다. 설사 온 세상이 그를 비난하고, 그것이 설령 사실에 부합하지 않는다고 하더라도 역시 그는 개의치 않는다. 어떤 세상의 비난과 영예도 그에게 이익을 주거나 손실을 끼칠 수 없다. 이것이 바로 덕이 완전한 인간이라 할 수 있다. 이에 비하면 나는 여전히 세속의 인간에 지나지 않는다."

노나라로 돌아와 공자에게 그간 있었던 일들을 아뢰었다. 공자가 말했다. "그는 혼돈의 도술로 수양을 한 사람이다. 마음속의 순일함을 지키고 정신과 마음이 밖으로 흩어지지 않도록 하고, 오직 내면을 수양할 뿐 외부의 것을 다스리고자 하지 않는다. 이처럼 명철하고 순수하며 자연 그대로 질박하여 본성을 깨우쳐 정신을 지키면서 세상 속에서 자유롭게 거닐 수 있는 사람이니, 참으로 놀랍지 않은가? 그런데 혼돈씨의 도술을 나와 네가 어떻게 이해할 수 있겠느냐?"

12.

諄芒①將東之大壑②, 適遇苑風③於東海之濱. 苑風曰: "子將奚之?"

曰: "將之大壑."

曰: "奚爲焉?"

曰: "夫大壑之爲物也, 注焉而不滿, 酌焉而不竭, 吾將遊焉."

苑風曰: "夫子無意於橫目之民④乎? 願聞聖治."

諄芒曰: "聖治乎? 官施而不失其宜, 拔擧而不失其能, 畢見情事而行其所爲, 行言自爲而天下化, 手撓顧指⑤, 四方之民莫不俱至, 此之謂聖治."

"願聞德人."

曰: "德人者, 居無思, 行無慮, 不藏是非美惡. 四海之內共利之之謂悅, 共給之之爲安⑥; 怊乎⑦若嬰兒之失其母也, 儻乎⑧若行而失其道也. 財用有余而不知其所自來, 飮食取足而不知其所從, 此謂德人之容."

"願聞神人."

曰: "上神乘光⑨, 與形滅亡⑩, 此謂照曠⑪. 致命盡情, 天地樂而萬事銷亡⑫,

萬物復情, 此之謂混冥."

【길잡이】

① 諄芒: 가탁하여 지어낸 우언의 인물. 앞의 "도가 아득히 깊고 덕을 온전히 갖추고 있다"(汇乎淳備哉)라는 구절에서 그 의미를 가져온 것이다.

- 이이: 곡진하게(諄諄) 바라보고 아득하게(芒芒) 살피므로 '순망諄芒'이라고 하였다.
- 진수창: 재차 타일러 말하는 것을 '순諄'이라고 한다. '망芒'은 '망茫'과 통한다. 순망諄芒은 말로써 가르치지 않는다는 뜻이다.

② 大壑: 바다.

③ 苑風: 작은 바람.(성현영, 『장자소』) '순망諄芒'과 '원풍苑風'은 모두 우언이다.

④ 橫目之民: 인간을 가리킨다. 인간의 눈이 얼굴에 가로로 나 있는 데에서 붙여진 말이다.(임운명)

⑤ 手撓顧指: 손짓하고 눈으로 본다는 뜻. '요撓'는 움직이다(動).(사마표) '초招'(부르다)의 뜻으로 가차되었다.(마서륜, 『장자의증』) '수요手撓'는 손짓하다의 의미. '고지顧指'는 눈으로 의사를 표현하는 것이다.(이면)

- 성현영: 손을 흔들어 지휘하고 눈을 들어 돌아보는 것이다.
- 곽경번: '고지顧指'는 눈을 돌려 사람을 바라보며 그에게 지시하는 것이다.

⑥ 共利之之謂悅, 共給之之爲安: '공리共利', '공급共給' 모두 사람들과 함께 즐거워한다는 말로(임희일), 호혜의 뜻이다. '위謂'는 '위爲'와 같다. 예전에 '위謂'와 '위爲'는 같은 의미로 서로 통용되었다.(곽경번)

⑦ 怊乎: '초怊'는 '창悵'(낙담하다).(『경전석문』에서 『字林』[11]을 인용) '초怊'자는 『설문해자』에 등장하지 않으므로 '추惆'(실망하다)의 의미로 가차된 것으로 볼 수 있다.(마서륜, 『장자의증』)

⑧ 儻乎: '당儻'은 '창悵'(낙담하다)의 뜻으로 가차되었다.(마서륜, 『장자의증』)

⑨ 上神乘光: 신인이 광명을 다루다.

---

11) 중국 위진시대 晉나라의 呂忱이 편찬한 字書. 모두 12,824자가 수록되어 있으며, 『隋書』「經籍志」에는 7권으로 되어 있다.

- 임희일: 신인이 위로 약동하여 천지 밖을 벗어나면 해와 달의 빛조차 모두 그의 아래에 있으므로 '승광乘光'(빛을 타다)이라 한 것이다.
- 이면: 지극한 신인이 빛과 융화되는 것을 말한다.

⑩ 與形滅亡: 형체와 흔적이 보이지 않음.(왕선겸)

⑪ 照曠: 밝게 비추며 텅 비어 광활함(照徹空曠).(임운명) 『문선』에 실린 사령운謝靈運의 「부춘저시富春渚詩」에 대한 주석에서는 이를 인용하면서 '조照'를 '소昭'로 썼다.(마서륜)

⑫ 天地樂而萬事銷亡: '만사소망萬事銷亡'은 외물에 의해 얽매이지 않는다는 뜻.
- 선영: 천지와 함께 즐거우니 외물에 얽매이는 것조차 모두 버린 것이다.

【풀이】

순망이 동쪽의 큰 바다를 향해가다가 해안에 다다랐는데, 우연히 원풍을 만났다.
원풍이 말했다. "그대는 어디로 가려고 하십니까?"
순망이 말했다. "큰 바다로 가려고 합니다."
원풍이 말했다. "무엇을 하러 가십니까?"
순망이 말했다. "큰 바다란 물이 흘러들어도 넘치지 않으며 물을 퍼내도 고갈되지 않는 법이니, 나는 큰 바다로 가서 노닐고자 합니다."
원풍이 말했다. "선생은 사람들의 문제에는 관심을 두지 않습니까? 성인의 다스림에 대해 여쭙고 싶습니다."
순망이 말했다. "성인의 다스림 말입니까? 관청을 두어 교화를 베풀면서 적합함을 벗어나지 않고, 관리를 뽑아 쓰는데 그 재능을 벗어나지 않게 하며, 일을 밝게 살펴 마땅한 바를 실행한다면, 언행이 저절로 실행되고 천하가 잘 화육하게 될 것입니다. [이렇게 하면] 손을 흔들고 눈만 들어도 사방의 백성들 가운데 따르지 않는 자가 없을 것이니, 이것이 바로 성인의 다스림입니다."
원풍이 말했다. "덕을 지닌 자(德人)에 대해 말씀해 주십시오."
순망이 말했다. "덕을 지닌 자는 어떠한 생각도 없이 편안히 머무르고, 행동에 그 어떤 꾀하는 바도 없으며, 시비나 미추를 따지지 않습니다. 온 사방 안에서 함께 나누어 즐겁고 함께 베풀어 안락하며, 그 모습은 적적하기가 마치 어린아이가 제 어미를 잃은 듯하고 막막하기가 마치 길을 잃은 듯이 합니다. 재물이 넉넉해도 어디에서 왔는지를 알지 못하고, 음식이 충분해도 어디로 나가는지 알지 못합니다. 이것이 바로 덕을 지닌 자의 모습입니다."

원풍이 말했다. "신인에 대해 말씀해 주십시오."

순망이 말했다. "지극히 높은 신인은 빛에 올라타서 이를 몰고 다니는데, 그 자취를 찾아볼 수 없습니다. 이를 '환히 밝고 광활한 경지'(照曠)라고 합니다. 타고난 성명과 실정을 지극히 다 발휘하고 천지와 함께 즐거워하면서 만사에 얽매이지 않으니, 만물 또한 참된 모습을 모두 회복합니다. 이를 '분별되지 않은 그윽한 경지'(混冥)라고 합니다."

13.

門無鬼與赤張滿稽①觀於武王之師. 赤張滿稽曰: "不及有虞氏乎! 故離②此患也."

門無鬼曰: "天下均治而有虞氏治之邪? 其亂而後治之與?"

赤張滿稽曰: "天下均治之爲願, 而何計以有虞氏爲! 有虞氏之藥瘍③也, 禿而施髢④, 病而求醫. 孝子操藥以修慈父, 其色燋然, 聖人羞之⑤.

至德之世, 不尙賢⑥, 不使能; 上如標枝⑦, 民如野鹿, 端正而不知以爲義, 相愛而不知以爲仁, 實而不知以爲忠, 當而不知以爲信, 蠢動⑧而相使⑨, 不以爲賜. 是故行而無迹, 事而無傳."

【길잡이】

① 門無鬼與赤張滿稽: 사마표의 판본에서는 '무귀無鬼'를 '무외無畏'로 썼다. 각각 '문門'은 성, '무외無畏'는 자, '적장赤張'은 성, '만계滿稽'는 이름이다.(이이) 지어낸 우언의 인물로 보인다.

② 離: '리罹'와 같다. '조우하다'(遭)의 뜻이다.

③ 藥瘍(瘍의 중국음은 yáng[羊]): '약藥'은 과거에는 '요曜'로 읽었다. '요療'와 음이 서로 비슷하다.(왕인지) '양瘍'은 두창頭瘡이다.(성현영, 『장자소』) '약양藥瘍'은 두창을 치료하는 것을 말한다.

④ 髢(중국음은 dí[敵]): '모髦', '발髮'.(이이)

⑤ 孝子操藥以修慈父, 其色燋然, 聖人羞之: '수修'는 '다스리다'(治), '초연燋然'은 초췌함(憔悴).

- 임운명: '수修'는 '다스리다'(治)의 뜻이다. 효자가 약으로 아버지의 병을 다스릴 수는 있지만, 애초에 병이 없게 할 수는 없었다. 이는 세상을 혼란스럽게 만들어 놓은 뒤에 다시 이를 다스린 것을 비유한 것이다. 따라서 성인이 이를 한심하다고 여긴 것이다.

⑥ 不尙賢: 『노자』 3장에 같은 말이 나온다.

⑦ 上如標枝: 나뭇가지의 끝부분의 잔가지들이 무심히 매달려 있는 것을 말한다.(『경전석문』) '지枝'는 나뭇가지의 끝부분을 가리킨다.

- 성현영: 임금이 백성 위에 군림하면서 담백하고 사욕을 잊은 것이 마치 높은 나무의 가지와 같다는 뜻이니, 영예와 귀함에 무심한 것이다.
- 이면: '표標'는 '양揚'(내걸다)과 같다. '표지標枝'는 나무의 곁가지들이 자유롭게 걸려 있는 것을 가리킨다. 통치자가 백성들이 스스로 행하는 바를 따르고 구속하지 않아 백성이 유유자적 소요하게 할 뿐 백성들을 정치권력을 통하여 억압적으로 다스리려 하지 않는다는 것을 말한다.

⑧ 蠢動: 움직임이 단순함을 가리키는 말.

⑨ 相使: 서로 돕다.(임희일)

【풀이】

문무귀와 적장만계가 주왕을 토벌하러 온 무왕의 군대를 보게 되었다. 적장만계가 말했다. "(무왕이) 유우씨(禹王)에는 미치지 못하구나! 그러니 이러한 환난을 만나게 된 것이지."

문무귀가 말했다. "유우씨는 천하가 태평하게 다스려진 뒤에 이를 다스렸던 것인가, 아니면 천하가 혼란하니 이를 다스린 것인가?"

적장만계가 말했다. "천하가 태평하기를 바라는 것은 모두의 염원인데, 왜 굳이 유우씨가 필요하겠는가? 유우씨는 마치 두창을 치료하는데 머리가 벗겨진 뒤에 가발을 쓰고, 병에 걸리고 나서 의원을 찾는 것과 같다. 효자가 약으로 아버지의 병을 치료하더라도 여전히 기색이 초췌한 격이니, 성인은 [부친이 병에 걸리지 않도록 하지 못했다고 생각하여] 그를 한심하게 여길 것이다.

덕이 지극한 시대에는 현능함을 모범으로 삼지 않고, 재능을 발휘하도록 시키지 않는다. 임금은 그저 높은 곳의 나뭇가지와 같으며, 백성들은 들판의 사슴과 같을 뿐이다. 행실은 단정하지만 의義가 무엇인지는 알지 못하고, 서로 친애하지만 인仁이 무엇인지는 알지 못하고, 마음이 충실하지만 충忠이 무엇인지는 알지 못하고, 언행이 합당하지만 신信이 무엇인지는 알지 못하고, 서로 도와주면서 순수하게 행동하지만 은혜를 베푼다고 생각하지 않는다. 따라서 행실에 어떤 흔적이 남지 않으며, 그 어떤 치적도 전해지지 않는다."

14.

孝子不諛其親, 忠臣不諂其君, 臣子之盛也. 親之所言而然, 所行而善, 則世俗謂之不肖子; 君之所言而然, 所行而善, 則世俗謂之不肖臣. 而未知此其必然邪? 世俗之所謂然而然之, 所謂善而善之, 則不謂之道諛①之人也. 然則俗故嚴於親②而尊於君邪? 謂己道人③, 則勃然作色, 謂己諛人, 則怫然作色. 而終身道人也, 終身諛人也, 合譬飾辭④聚衆也, 是終始本末不相罪坐⑤. 垂衣裳, 設采色, 動容貌, 以媚一世, 而不自謂道諛; 與夫人之爲徒, 通是非, 而不自謂衆人, 愚之至也. 知其愚者, 非大愚也; 知其惑者, 非大惑也. 大惑者, 終身不解; 大愚者, 終身不靈⑥. 三人行而一人惑, 所適者猶可致也, 惑者少也; 二人惑則勞而不至, 惑者勝也. 而今也以天下惑, 予雖有祈向⑦, 不可得也. 不亦悲乎!

大聲⑧不入於里耳⑨, 「折楊皇荂」⑩, 則嗑⑪然而笑. 是故高言不止於衆人之心, 至言不出, 俗言勝也. 以二垂踵惑, 而所適不得矣⑫. 而今也以天下惑, 予雖有祈向, 其庸可得邪! 知其不可得也而強之, 又一惑也, 故莫若釋之而不推⑬. 不推, 誰其比憂⑭? 厲之人⑮夜半生其子, 遽取火而視之, 汲汲然唯恐其似己也.

【길잡이】

① 道諛: '도유諂諛'(아첨하다)와 같다. '도諂'와 '도道'는 음이 같아 서로 바꾸어 쓴 것이다.

② 俗故嚴於親: '고故'는 '고固'와 같다.(吳汝綸) '엄嚴'은 '공경하다'(敬)의 뜻이다.(성현영, 『장자소』)

③ 道人: 남에게 아첨함(諂人). 「어부」에 "다른 사람의 뜻에 영합하여 말하는 것을 '도諂'라고 한다. '도道'와 '도諂'는 같은 의미이다.(곽경번)

④ 合譬飾辭: 비유와 수사.

- 임희일: '합기비合其譬'는 천하에 맞추어 비유함으로써 자신의 설을 세우는 것을 말한다. '식사飾辭'는 말을 수식하는 것을 말한다.

⑤ 終始本末不相罪坐: 현재 판본에는 '좌坐' 앞에 '죄罪'자가 빠져 있으나, 진경원의 『장자궐오』에 인용된 장군방본에 따라 보충하였다.

- 유문전: '좌坐' 앞의 '죄罪'자는 옛 판본에는 없었으나, 진경원이 인용한 장군방본에는 '죄罪'자가 있다. 장군방본이 옳다. 곽상의 『장자주』에서는 '응수도유지죄應受道諛之罪, 항불견죄좌야恒不見罪坐也'[12]라고 하였으니, 곽상이 본 판본에도 '죄罪'자가 있었음을 알 수 있다. 이에 근거하여 보충한다.

⑥ 靈: '이해하다'(曉)(사마표), '알다'(知)(성현영, 『장자소』).

⑦ 祈向: 안내하다, 인도하다의 뜻.

- 장병린: 『시경』 「대아大雅 · 전傳」에 "'기祈'는 '보고하다'(報)의 뜻이다"라고 하였고, 『석고釋詁』에 "'기祈'는 '알리다'(告)의 뜻이다"라고 하였다. '향向'은 지금의 '안내자'(向導)라는 말에 해당한다. 안내자는 길을 인도하면서 사람들에게 알려주므로 '기향祈向'이라고 한 것이다.

⑧ 大聲: 위대한 음악, 고아한 음악.

⑨ 里耳: 『기찬연해記纂淵海』 78에서 인용한 구절에는 '리里'를 '리俚'로 썼다. '리里'와 '리俚'는 서로 통한다.(왕숙민)

⑩ 「折楊皇荂」: 옛날 세간에서 유행하던 악곡.(성현영, 『장자소』) '황과皇荂'는 『도장』에 수록된 각 판본에는 '황화皇華'로 되어 있다. '화化'와 '화華'는 음과 뜻이 서로 같다.(왕숙민)

⑪ 嗑(중국음은 hé[何]): 웃음소리.

⑫ 以二垂踵惑, 而所適不得矣: '이수종二垂踵'은 여러 판본에는 '이부종二缶鍾'으로

---

12) 원문은 "夫合譬飾辭, 應受道諛之罪, 而世復以此得人以此聚衆, 亦爲從俗者, 恆不見罪坐也"이다. "세상에 부합되게 비유하고 말을 꾸미는 것은 마땅히 아첨의 죄를 받아야 하지만 세상에서는 오히려 이로 인해 사람을 얻고 이로 인해 대중을 모으니, 또한 세속에 영합하는 자이지만 항상 죄에 걸려들지는 않는다."

되어 있다. 『경전석문』 판본과 『도장』에 실린 성현영 『장자소』 판본, 저백수의 『의해찬미』 판본, 복송본覆宋本 등에는 모두 '수종垂踵'으로 되어 있어, 이에 따라 수정하였다. '이수종二垂踵'의 의미 해석에 대해서는 의견이 분분하나 비교적 취할 만한 설에는 두 가지가 있다.

(1) '수종垂踵'을 '다리를 늘어뜨린 채 움직이지 않음'(垂腳不行)으로 보는 해석으로, 성현영과 임희일 등이 이 설을 주장한다.

(2) '이수二垂'를 '갈림길'(歧路)로 보는 해석으로, 마기창이 이 설을 주장한다. 그 외에 유월, 곽숭도, 우성오 등은 모두 글자를 고쳐 풀이하였거나, 지나치게 곡해하였다.

- 성현영: '종踵'은 다리를 뜻한다. 방향을 잃은 나그네는 북쪽을 가리키며 남쪽이라 하니, 보고 생각하는 것에 이미 의혹이 생겨 다리를 늘어뜨리고 움직이지 못한다. 한 명도 또한 혼자서는 전진할 방도가 없는데, 앞으로 나아가고자 한들 어떻게 가능하겠는가? 이는 앞서 언급한 각종 미혹에 대해 다시 한 번 풀이한 것이다.
- 임희일: '수종垂踵'은 다리를 늘어뜨리고 앉은 채 걸어가려고 하지 않는 것을 말한다. '이수종혹二垂踵惑'은 앞에서 말한 '두 사람이 헤맨다'(二人惑)는 구절을 가리킨다. '소적부득所適不得'은 앞에서 말한 '고생하지만 이르지 못한다'(勞不至)는 구절을 가리킨다. 필사하는 과정에서 '수垂'가 '부缶'로, '종踵'이 '종鍾'으로 와전되어 해석할 수 없게 되었다.
  - ▹ 진고응: 임희일의 설은 성현영의 『장자소』를 따르고 있다. 성현영의 설에 의하면, '이수종二垂踵'은 두 사람이 길을 헤매게 되어 서로 어찌할 바를 몰라 앞으로 나갈 수 없다는 뜻으로 해석된다.
- 유사배: 『경전석문』에서는 "사마표의 판본에는 '이수종二垂鍾'으로 되어 있다", "'종鍾'은 '주의를 기울이다'라는 뜻이다"라고 하였다. 사마표의 설에 따르면 '수垂'는 '변邊(방향, 쪽)으로 해석된다…… 그렇다면 '이수二垂'는 '두 방향'(二方)과 같다고 볼 수 있다. 즉 '이수종혹二垂鍾惑'은 두 가지 방향에 어찌할 바를 모르고 마음이 흔들리는 것이니, 따라서 '가야 할 바를 알지 못한다'(所適不得)고 한 것이다.
  - ▹ 진고응: 마기창은 '이수二垂'를 '갈림길'(歧路)로 해석하였다. 유사배의 설과 유사하다.

⑬ 不推: 따지려 하지 않음(不推究).

⑭ 誰其比憂: '비比'는 '여與'(함께하다)와 같다. '근심이 누구와 함께하겠는가?'라는 뜻이다.(성현영, 『장자소』)

⑮ 厲之人: 추하고 병든 자.(성현영, 『장자소』) '려厲'는 '뢰賴'로 발음하며(『경전석문』), '려癘'자를 줄인 것이다(마서륜).

【풀이】

효자는 자신의 부모에게 아부하지 않고, 충신은 자신의 군주에게 아첨하지 않는다. 이것이 신하와 자식된 도리로서 할 수 있는 최선이다. 부모가 하는 말을 모두 그렇다고 여기고 부모가 행하는 것을 모두 옳다고 한다면, 세상에서는 그를 불초한 자식이라 부를 것이다. 마찬가지로 군주가 하는 말을 모두 그렇다고 여기고 군주가 행하는 것을 모두 옳다고 한다면, 세상에서는 그를 불초한 신하라 부를 것이다. 응당 그러할 것이란 사실을 정말로 모른단 말인가? 세상 사람들이 다들 그렇다고 여기는 것을 그렇다고 여기고 세상 사람들이 다들 옳다고 하는 것을 옳다고 해도 아첨하는 사람이라고 부르지는 않는다. 그렇다면 세상 사람들이 과연 부모보다 더 공경할 만하고, 군주보다 더 존경할 만하다는 말인가? 누군가 자신을 아첨하는 사람이라고 하면 발끈하며 안색이 변하고, 누군가 자신을 아부하는 사람이라고 하면 성내며 낯빛이 일그러지는데, 정작 평생토록 남에게 아첨하고 아부하며 온갖 비유와 수사로 사람들을 모으면서도 끝끝내 자신의 잘못을 알지 못한다. 또한 의복을 갖추고 아름다운 무늬를 수놓아 화려하게 용모를 꾸며 일생을 아첨하면서도 스스로는 결코 아첨한다고 여기지 않는다. 이런 자는 세속의 무리와 함께 대오를 이루고 [세속과 부화뇌동하며] 시비 판단을 함께하는데도 정작 자신이 세상의 보통 사람들과 다를 바 없다는 것은 모르니, 실로 우매하기 그지없다. 자신이 우매하다는 것을 안다면 진정으로 우매한 것은 아니다. 자신의 미혹됨을 안다면 진정으로 미혹된 것이 아니다. 진정으로 미혹된 자는 평생토록 깨닫지 못한다. 진정으로 우매한 자는 평생토록 스스로 자각하지 못한다. 세 사람이 함께 길을 가다가 한 사람이 길을 헷갈렸을 때는 여전히 가고자 하는 곳에 이를 수 있다. 헷갈린 자가 적기 때문이다. 그런데 두 사람이 헷갈린다면 고생만 할 뿐 원하는 곳에 도착할 수 없을 것이다. 헷갈린 자가 많기 때문이다. 지금 천하에는 온통 미혹된 자들뿐이니, 내가 가고자 하는 방향이 있어도 사람들을 도와줄 방법이 없다. 이 얼마나 슬픈 일이 아니겠는가!

비속한 자들은 고상한 음악은 이해하지 못하지만, 뒷골목에서 유행하는 노래를 들으면 듣자마자 즐거워하며 웃는다. 따라서 숭고한 말은 세속 군중들의 마음에 들어가지 못하고 지극한 이치는 드러나지 않지만, 세속에 유행하는 말은 금세 사람들의 마음을 뒤덮는다. (앞에서 말했듯 세 사람 가운데) 두 사람이 길을 잃으면 앞으로 나아가지 못하고 가려는 곳에 도달할 수 없는데, 지금은 천하 사람들이 모두 길을 잃었으니 내가 가고자 하는 방향이 있어도 어떻게 도달할 수 있을 것인가! 갈 수 없다는 것을 알고서도 억지로 가고자 한다면 이 역시 길을 잃은 것이나 다름이 없다. 그러니 손을 놓고 따지려 들지 않는 것이 좋다. 굳이 따지려 하지 않는다면 또 무슨 근심이 있겠는가? 추하고 병든 자가 한밤중에 아이를 낳으면 황급히 등을 켜고 살피면서 혹시나 자신을 닮았을까 봐 마음을 졸인다.

15.

百年之木, 破爲犧樽①, 靑黃而文之, 其斷在溝中. 比犧樽於溝中之斷, 則美惡有間矣, 其於失性一也. 桀跖與曾史②, 行義有間矣, 然其失性均也. 且夫失性有五: 一曰五色亂目, 使目不明; 二曰五聲亂耳, 使耳不聰; 三曰五臭③薰鼻, 困惾④中顙⑤; 四曰五味濁口, 使口厲爽⑥; 五曰趣舍⑦滑心⑧, 使性飛揚. 此五者, 皆生之害也. 而楊墨乃始離跂⑨自以爲得, 非吾所謂得也. 夫得者困, 可以爲得乎? 則鳩鴞⑩之在於籠也, 亦可以爲得矣. 且夫趣舍聲色以柴其內⑪, 皮弁鷸冠⑫縉笏紳修⑬以約其外, 內支盈於柴柵⑭外重纆繳⑮, 睆睆然⑯在纆繳之中而自以爲得, 則是罪人交臂歷指⑰而虎豹在於囊檻⑱, 亦可以爲得矣.

【길잡이】

① 犧樽: 제사에 사용하는 술그릇. 이 말은 「마제」에 이미 등장한 바 있다.

② 桀跖與曾史: 원래 '척跖' 앞에 '걸桀'자가 빠져 있었으나, 유사배의 설에 따라 보충하였다.

- 유사배: '척여증사跖與曾史'에서 '척跖'자 앞에 '걸桀'자가 빠졌다. 성현영의 『장자소』에 "걸과 척이 흉악함을 일삼음"(桀跖之縱凶殘)이라고 한 것을 보면,

『장자소』가 의거한 판본에는 '걸척桀跖'으로 되어 있었음을 알 수 있다. 「재유」에서도 "위로는 걸왕과 도척이 있고, 아래로는 증삼과 사추가 있다"(上有桀跖, 下有曾史)라고 하였고, "증삼과 사추가 걸왕과 도척을 있게 한 효시가 아니라는 것은 또 어떻게 알겠는가"(焉知曾史之不爲桀跖嚆矢也)라고 하였으니, '증사曾史'와 '걸척桀跖'은 나란히 쓰이는 말이다. 이 편 역시 이렇게 보아야 한다.

▹ 진고응: 유사배의 설이 따를 만하다. 성현영 『장자소』에 근거하여 '걸桀'자를 보충해 넣는다.

③ 五臭: '전羶'(누린내), '훈薰'(훈연한 냄새), '향香'(고소한 냄새), '성腥'(비린내), '부腐'(부패한 냄새)를 '오취五臭'라 칭한다.

④ 困惾: 사람에게 거슬러 엄습함.(임희일) '수惾'는 '충沖'으로 읽으며, 습격하다는 뜻이다.

⑤ 中顙: 코에서 이마까지 통함.(임희일)

⑥ 厲爽: 병들어 상하다.

- 곽경번: 『시경』 「대아大雅 · 사제思齊」의 전箋에서 "'려厲'는 '병들다'(病)라는 뜻이다"라고 하였고, 『일주서逸周書』 「시법편諡法篇」에서는 "'상爽'은 '상하다'(傷)라는 뜻이다"라고 하였다.(『廣雅』의 설명 또한 같다.) '사구려상使口厲爽'은 미각을 해친다는 뜻이다.

⑦ 趣舍: 취사선택.

- 성현영: '취趣'는 취하다는 뜻이니, 마음에 들면 취하고, 정을 거스르면 버리는 것을 말한다.
- 임희일: '취사趣舍'란 시비와 호오의 판단을 말한다.

⑧ 滑心: 마음을 어지럽힘. '골滑'은 '어지럽히다'(迷亂)라는 뜻으로 풀이하며, 이 경우 「제물론」의 '골의지요滑疑之耀', 「서무귀」의 '힐골유실頡滑有實'의 '골滑'과 같은 의미이다.

⑨ 離跂: 발돋움함. 남보다 뛰어나고자 애쓰는 것을 표현하는 말. '리기離跂'는 「재유」에 등장한 바 있다.

⑩ 鳩鴞: 「제물론」과 「대종사」에 '효적鴞炙'이라는 말이 나온 적 있다. '효鴞'는 작은 비둘기(小鳩)를 가리킨다.

⑪ 柴其內: 마음속에 막히다.

• 임운명: '시柴'는 가로막히다의 뜻이다. 가슴속에 응어리지는 것을 말한다.

• 선영: 마치 나뭇가지가 가슴속에 막히는 것과 같음을 말한 것이다.

⑫ 皮弁鷸冠(弁의 중국음은 biàn[卞]; 鷸의 중국음은 yù[玉]): 고대에 사용하던 면류관.

• 성현영: '피변皮弁'이란 가죽으로 만든 관이다. '휼鷸'은 새 이름으로, 야생오리(鶩)와 닮았으며 군청색을 띠고 있다. 이 새의 깃털로 관을 장식하였으므로, '휼관鷸冠'이라 하였다.

⑬ 搢笏紳修: 고대에 사용하던 조정의 예복.

• 성현영: '진搢'은 '꽂다'(插)의 뜻이고 '홀笏'은 '규珪'(서옥)와 같다. 서옥을 꽂는다는 뜻이다. '신紳'은 큰 띠이고, '수修'는 긴 치마를 말하니, 서옥을 꽂아 조정에서 입는 예복을 장식하는 것을 말한다.

⑭ 內支盈於柴柵: '지支'는 '막히다'(塞), '영盈'은 '가득 차다'(滿).(성현영, 『장자소』) '시柴'는 '잔棧'(울타리)과 통한다. 나무를 쌓아 사방을 둘러싸는 것을 말한다.(유사배) '내지영어시책'은 내면의 마음이 울타리로 꽉 막혀 있음을 뜻한다.

⑮ 僂繳: 밧줄. 「변무」의 '누삭僂索'과 같은 의미이다.

⑯ 睆睆然(睆의 중국음은 huǎn[緩]): 눈길이 닿는 곳까지 멀리 바라보는 모습을 표현하는 말.

• 이이: '환환睆睆'은 지극히 바라보는 모습이다.

⑰ 交臂歷指: 손을 뒤로 묶음.

• 사마표: '교비交臂'는 거꾸로 묶는 것이다.

• 임희일: '역지歷指'는 손을 묶었으나 손가락으로 셈은 할 수 있음을 말한 것이다.

• 마서륜: '역歷'은 '역櫪'을 생략한 글자이다. 손가락을 옥죄는 것이다.

⑱ 囊檻: 동물을 가두는 우리.

• 마서륜: '낭囊'에는 호랑이나 표범을 기를 수 없다. 본래는 '주𣓀'였을 것으로 보인다. 『설문해자』에서 "'주𣓀'는 '낭囊'과 같다"라고 하였으니, 교열하는 자가 '낭'으로 풀이하였고, 필사의 과정에서 '낭'으로 와전된 것으로 볼 수 있다. '주𣓀'는 '권圈(우리)'의 의미를 가차한 것이다. 『회남자』「주술훈主術訓」에 "우리를 둘러 표범을 기르고 코끼리를 가둔다"(故夫養豹屏象者爲之圈檻)라고 한 것이 그 사례다. 『설문해자』에 "'권'은 짐승을 가두는 목책이다"라고 하였다.

【풀이】

백 년 된 나무를 쪼개서 '희준犧樽'을 만들고 청색과 황색으로 채색하여 장식하는데, 만들고 남은 목재는 도랑에 버려진다. 희준과 도랑에 버려진 나뭇조각을 서로 비교했을 때, 아름답고 못난 것은 차이가 있을지 몰라도 본성을 잃었다는 점에서는 서로 같다. 걸왕과 도척, 증삼과 사추의 행위 또한 마찬가지로, 좋고 나쁨의 차이는 있을 수 있지만 본성을 잃었다는 점에서는 서로 같다. 본성을 잃어버리는 사례로 다섯 가지를 들 수 있다. 첫째는 오색이 시각을 어지럽혀 눈이 밝게 볼 수 없도록 만드는 것이다. 둘째는 오성이 청각을 어지럽혀 귀가 밝게 들을 수 없도록 만드는 것이다. 셋째는 오취가 후각을 자극하여 비강을 전부 마비시키는 것이다. 넷째는 오미가 혀를 상하게 하여 미각을 상실하게 만드는 것이다. 다섯째는 호오의 판단이 사람의 심금을 어지럽혀 성정을 요동치게 만드는 것이다. 이 다섯 가지 모두는 생명을 해치는 일이다. 양주와 묵적은 남보다 더 뛰어나고자 하여 스스로 이룬 바가 있다고 생각했지만 그런 것은 결코 내가 말하는 자득이 아니다. 이룬 바가 있는데도 오히려 곤경에 처했다면 어떻게 이를 이루었다고 할 수 있겠는가? 그렇다면 산비둘기가 새장에 갇힌 것도 무언가를 이룬 것이라 말해야 할 것이다. 게다가 호오의 판단이나 감각을 자극하는 것들이 마음속에 가득 차 있고 면류관과 복식이 겉으로 몸을 속박하며, 내면이 울타리로 꽉 막혀 있고 몸이 밧줄로 속박되어 있어 눈으로 밧줄에 묶인 것을 바라보면서도 스스로 득의만만하다면, 손이 밧줄에 묶이고 형틀에 손가락이 옥죄여 있는 죄수나 우리에 갇힌 호랑이나 표범 역시 무언가를 이루었다고 해야 할 것이다.

천도天道

「천도」에서는 '자연自然'의 의미를 주로 밝히고 있다. 여덟 번째 단락부터는 글이 잡다하게 뒤섞여 이루어져 있다. 이 편은 각 단락의 의미가 서로 밀접하게 연결되지는 않아 일종의 잡기雜記로 볼 수 있다. '천도天道'란 자연의 법칙을 말하며, 글 첫머리의 두 글자를 따 편명으로 삼았다.

본 편 셋째 단락 '부제왕지덕夫帝王之德'부터 '비상지소이축하야非上之所以畜下也'까지는 장주의 본지와 차이가 있다. 따라서 왕부지 이래 여러 학자가 이를 황로학파의 저작에 속하는 것으로 보았다. 여기에서는 우선 남겨는 두지만, 특별히 해석하지는 않기로 한다. 본 편 기타 여러 단락의 주요 내용은 다음과 같다.

첫째 단락에서는 자연법칙의 운행이 쉬지 않고 계속 이어진다는 것을 말했다. 자연 세계 속에서 만물은 스스로 운동하고 스스로 행위한다. 성인은 자연의 법칙에 따라 밝고 고요한 상태의 마음을 통해 만물을 관조한다.

둘째 단락에서는 '하늘의 즐거움'(天樂)에 대해 말하고 있다. 하늘의 즐거움을 깨우친 자는 자연에 따라 행동하여 온갖 변화와 함께할 수 있다.

셋째 단락에서는 요와 순의 대화를 통해 천하를 다스릴 때는 천지의 저절로 그러한 모습을 본받아야 함에 대해 논했다.

넷째 단락은 공자가 노담에게 가르침을 청하는 내용으로, 노담은 『육경六經』의 내용이 번잡하고 거추장스러우며 인의仁義는 인간을 단절시킨다고 비판하였다. 나아가 천지만물의 본성과 자연성에 관해 논하며 사람들의 실정과 세상의 가르침은 마땅히 자연을 그대로 따라야 하며 사람들의 본성을 방해해서는 안 된다고 하였다.

다섯째 단락에서는 자성기와 노자의 대화를 빌려 오만한 태도로 지모와 기교를 내세우는 자들을 비판하고, 무심한 태도로 자연에 따르는 자세를 찬양하였다.

여섯째 단락은 인의를 물리치고, 예악을 버려야 함을 말했다. 도를 체득한 자는 드넓게 모든 것을 포용할 수 있다.

일곱째 단락에서는 '의미가 지향하는 바는 언어로 전해질 수 없으므로'(意之所隨者, 不可以言傳) 세상에서 귀하다고 여기는 책들은 결코 귀한 것이 아님을 말했다.

여덟째 단락은 윤편과 환공의 대화로 진리는 언어로 전달될 수 없음에 관해 서술하였다.

본 편에서 유래한 성어에는 육통사벽六通四辟[1], 수정촉미水靜燭眉[2], 교교요요膠膠擾擾[3], 호우호마呼牛呼馬[4], 불가언전不可言傳[5], 득심응수得心應手[6] 등이 있다.

---

1) 상하와 동서남북 그리고 춘하추동 사계절. 사방팔방 통하지 않는 곳이 없음을 나타내는 말.
2) 물이 고요하면 눈썹과 수염을 비출 수 있음. 고요하고 안정된 마음의 상태를 비유하는 말.
3) 평온하지 않고 혼란스러움을 나타내는 말.
4) 자신을 소라고도 부르고, 말이라고도 부름. 남이 뭐라고 하든 개의치 않는다는 뜻.
5) 이치는 깨달을 수만 있을 뿐 언어로는 전달할 수 없다는 뜻.
6) 마음먹은 대로 손이 호응함. 어떤 기술이 경지에 올라 매우 익숙한 것을 나타내는 말.

1.

天道運而無所積①, 故萬物成; 帝道運而無所積, 故天下歸; 聖道運而無所積, 故海內服. 明於天, 通於聖, 六通四辟②於帝王之德者, 其自爲也, 昧然③無不靜者矣. 聖人之靜也, 非曰靜也善, 故靜也; 萬物無足以鐃④心者, 故靜也. 水靜則明燭須眉, 平中准, 大匠取法焉. 水靜猶明, 而況精神! 聖人之心靜乎! 天地之鑒也, 萬物之鏡也⑤. 夫虛靜恬淡寂漠無爲⑥者, 天地之本⑦, 而道德之至⑧, 故帝王聖人休焉⑨. 休則虛, 虛則實⑩, 實者備矣⑪. 虛則靜, 靜則動, 動則得矣. 靜則無爲, 無爲也則任事者責⑫矣. 無爲則俞俞⑬, 俞俞者憂患不能處, 年壽長矣. 夫虛靜恬淡寂漠無爲者, 萬物之本也. 明此以南鄕⑭, 堯之爲君也; 明此以北面, 舜之爲臣也. 以此處上, 帝王天子之德也; 以此處下, 玄聖素王之道也⑮. 以此退居而閑遊, 則江海山林之士服⑯; 以此進爲而撫世, 則功大名顯而天下一也. 靜而聖, 動而王, 無爲也而尊, 樸素而天下莫能與之爭美.

【길잡이】

① 天道運而無所積: 자연법칙의 운행은 중단되지 않음.

- 성현영: '운運'은 '움직이다'이고, '적積'은 '멈추다'의 이다. 천도가 운행하면서 해와 달로 빛을 비추고 비와 이슬로 세상을 적셔 한시도 멈추는 법이 없으니, 이로 말미암아 사계절의 질서가 순환하고 만물이 생겨남을 말한다.
- 엄북명: '천도天道'의 내용은 이른 시기 천문학자들이 천체 운행의 궤도를 헤아리던 것과 점성술을 이용해 길흉화복을 점치던 것, 이 두 가지 요소를 동시에 포함한다. 이는 각각 과학과 미신이라는 두 요소로 볼 수 있다. 자연 세계에 대한 사람들의 인식이 제고되고 원시 종교적 미신이 흔들림에 따라 '천도' 관념 가운데의 미신적 성분 또한 점차 퇴색되어 갔다. 한편 진보적인 사상가들은 '천도'를 통해 천체의 운용이라는 객관적 법칙성을 설명하기 시작하였다.

② 六通四辟: 육합이 서로 통하고, 사시가 순조롭게 흘러감. '육六'은 '육합六合'으로 동서남북의 사방과 천지의 상하를 합하여 말하는 것이고, '사四'는 '사시四時'를 가리킨다. 전자는 공간에 해당하고 후자는 시간에 해당한다. '벽辟'은 '벽闢'(열다)과 같다. '육통사벽六通四辟'이라는 말은 「천하」에도 등장한다.

③ 昧然: '명연冥然'과 같다. 부지불식의 뜻이다. '매연昧然'이라는 말은 「전자방」과 「지북유」에도 등장한다.

④ 鐃: '요撓'(교란하다)와 같다.(임희일, 『남화진경구의』) 『태평어람』 67에서 인용한 구절에는 '요鐃'를 '요撓'로 썼다.(마서륜의 교석)

⑤ 聖人之心靜乎! 天地之鑒也, 萬物之鏡也: 후에 불교에서 말하는 깨달음의 경지, 즉 '명경지수明鏡止水'라는 관념이 바로 이곳에서 유래하였다.(후쿠나가 미쓰지)

⑥ 虛靜恬淡寂漠無爲: '허虛'와 '정靜'은 『노자』 16장, '염담恬淡'은 『노자』 31장에 각각 등장하며, '적막寂漠'은 『노자』 25장에 나오는 '적요寂寥'와 같은 의미이다.(후쿠나가 미쓰지)

⑦ 天地之本: '본本'은 현재 판본에 '평平'으로 잘못 적혀 있어 마서륜의 설에 따라 수정하였다.

- 마서륜: '평平'은 「각의」에는 '본本'으로 되어 있으나, 이곳 「천도」에는 '평平'이라고 되어 있다. 「각의」를 따라야 한다. 뒤 구절에서 '부허정념담적막무위자夫虛靜恬淡寂漠無爲者, 만물지본야萬物之本也'라고 한 것이 그 증거이다. '평平'은 '본本'자와 형태와 음이 유사하여 와전된 것이다.

⑧ 道德之至: '지至'는 '질質'과 같다. 실질이라는 뜻이다. 「각의」에는 바로 '도덕지질道德之質'로 되어 있다.(곽경번) 진경원의 『장자궐오』에서 인용한 장군방본에는 '지至' 다음에 '야也'자가 더 들어 있다.

⑨ 休焉: 사려와 생각을 멈춤(休慮息心).(성현영, 『장자소』)

⑩ 虛則實: 불교의 이른바 '진공眞空이 있는 뒤라야 실유實有가 있다'(眞空而後實有)라는 말과 같은 의미이다.(임희일)

⑪ 實者備矣: '자者'는 '즉則'으로 읽는다.(마서륜, 『장자의증』) '비備'는 현재 판본에 '륜倫'으로 되어 있다. 『장자궐오』에서 인용한 강남고장본에서는 이를 '비備'로 썼는데, 이 경우 의미가 더욱 적절하다.(해동, 『장자보주』) '실자비의實者備矣'는 뒤의 '동즉득의動則得矣'와 서로 운율을 이룬다. 형태의 유사성으로 인하여 '비備'가 '륜倫'으로 와전된 것이다.(유문전, 『장자보정』)

⑫ 責: 각자 그 책무를 다하는 것을 가리킨다.

⑬ 兪兪: '유유愉愉'와 같다.(임운명, 『장자인』) 편안하고 한가로운 모습을 나타내는

말이다.

⑭ 南鄕: '남향南向'과 같다. '남쪽을 바라보다'(南面)라는 뜻이다. '남면南面'과 '북면北面' 이라는 말은 「천지」에도 등장한다.

⑮ 玄聖素王之道也: '소왕素王'이라는 말이 바로 여기에서 유래하였다.(호문영, 『장자독견』)

⑯ 則江海山林之士服: '즉則'자는 통행본에 빠져 있으나, 무연서의 설에 따라 보충하였다.

- 무연서: '강江' 앞에 '즉則'자가 빠진 것으로 보인다.
- 엄령봉: 무연서의 말이 옳다. 뒤의 '즉공대명현이천하일야則功大名顯而天下一也'와 서로 대구를 이루므로 이에 근거하여 보충해야 한다.

【풀이】

자연법칙의 운행은 멈추는 법이 없으니, 만물이 그로부터 생겨난다. 제왕의 도의 운행은 멈추는 법이 없으니, 천하가 그에게로 귀의한다. 성인의 도의 운행은 멈추는 법이 없으니, 온 천하가 그에게 복종한다. 자연의 법칙에 밝고, 성인의 도에 통하고, 육합과 사시 언제 어디에서나 제왕의 덕과 원활히 소통하는 자는 만물 각자의 움직임에 맡길 뿐이니, 이에 만물은 고요히 스스로 생겨나고 자라난다. 성인이 고요하다고 하는 것은 성인이 고요함을 좋아하기 때문에 그러한 것이 아니라 만물이 그의 마음을 동요하지 못하기 때문에 고요하다고 하는 것이다. 물이 고요하면 수염과 눈썹마저도 밝게 비출 수 있고, 수면의 평평함이 규구준승規矩準繩에 들어맞으니 훌륭한 장인이 이를 표준으로 삼을 수 있다. 물이 고요하면 맑게 비추는데, 하물며 정신은 어떻겠는가? 성인의 고요한 마음은 천지의 귀감이 되고, 만물을 비추는 거울이 된다. 허정虛靜, 염담恬淡, 적막寂漠, 무위無爲가 바로 천지의 본원이자 도덕의 극치이다. 따라서 제왕과 성인은 이러한 경지에서 머문다. 마음과 정신이 고요히 정지하면 텅 비어 밝아지고, 텅 비어 밝아지면 충실함을 이루게 되고, 충실해지면 완비된다. [마음의 경지가] 텅 비어 밝으면 청정한 상태에 이르고, 청정한 상태에 이른 후에 활동한다면 저절로 얻지 못함이 없게 된다. 마음이 청정함은 곧 무위이니, 무위란 각자 그 책무를 다하도록 맡겨 두는 것을 말한다. 무위를 행하면 편안하고 한가로울 수 있고, 편안하고 한가로운 자는 걱정과 근심에 방해받지 않아 장수를 누릴 수 있다. 허정, 염담, 적막, 무위는 만물의 본원이다. 이 도리를 잘 알고 군주의 자리에 임하면 마치 요와 같은 임금이 될 수 있고, 이 도리를 잘 알고 신하의 자리에 임하면 순과 같은 신하가 될 수 있다. 높은 위치에 처함에 이러한 도리로써 하는 것이 바로 제왕과 천자가 지녀야 할 변치 않는 덕이고, 낮은 위치에 처함에 이러한 도리로써 하는 것이 바로 현성玄聖과 소왕素王이 지녀야 할 원칙이다. 이러한 도리를 지니고 한가로이 은거하면 강호와 산림의 숨어 사는 선비들이 모두 복종하게 되며, 나아가 이러한 도리로 세상을 어루만지면 큰 업적을 남겨 이름을 드날리며 천하의 통일을 이룰 수 있게 된다. 고요히 있을 때는 현성이 되고, 행동하면 제왕이 되며, 무위를 행하면 만물이 모두 우러러 존경하며, 소박함을 유지하면 온 천하가 찬미한다.

2.

夫明白於天地之德者, 此之謂大本大宗, 與天和者也; 所以均調天下, 與人和者也. 與人和者, 謂之人樂; 與天和者, 謂之天樂.

莊子曰: "吾師乎! 吾師乎! 鳌萬物而不爲義, 澤及萬世而不爲仁, 長於上古而不爲壽, 覆載天地刻雕衆形而不爲巧①, 此之爲天樂. 故曰: '知天樂者, 其生也天行②, 其死也物化. 靜而與陰同德, 動而與陽同波③.' 故知天樂者, 無天怨, 無人非, 無物累, 無鬼責. 故曰: '其動也天, 其靜也地, 一心定而天地正④; 其魄不祟⑤, 其魂不疲⑥, 一心定而萬物服.' 言以虛靜推於天地, 通於萬物, 此之謂天樂. 天樂者, 聖人之心, 以畜天下也⑦."

【길잡이】

① 吾師乎! 吾師乎! 鳌萬物而不爲義, 澤及萬世而不爲仁, 長於上古而不爲壽, 覆載天地刻雕衆形而不爲巧(鳌의 중국음은 jī[基]): 이 구절은 「대종사」에서 등장한 바 있다. "나의 스승이시여"(吾師乎)라는 말은 '도道'를 가리켜 말한 것이다. '의義'는 현재 판본에 '려戾'로 되어 있으나, 「대종사」에 따라 수정하였다.

- 임희일: 이 구절은 「대종사」와 같으나 여기에는 "장자왈莊子曰"이라는 말이 있다. 「대종사」에서는 허유의 말이라고 하였다가 지금은 다시 자신의 말이라고 하였으니, 지어낸 우언임이 분명하다. 이것이 어찌 실화일 수 있겠는가?
- 유함흔: 「대종사」에는 허유의 말이라고 되어 있다. 그런데 여기에서 이를

그대로 인용하면서 '장자'의 말이라고 하였으니, 이는 분명 후대 사람이 쓴 것이다.(엄령봉, 『도가사자신편』, 719쪽에서 인용)

② 天行: 자연에 따라 운행함.

- 임희일: '천행天行'은 천리의 저절로 그러함에 따라 운행한다는 뜻이다.

③ 同波: 함께 흐름(同流).

④ 一心定而天地正: '천지정天地正'은 원래 '왕천하王天下'로 되어 있었으나, 무연서의 설에 따라 수정하였다.

- 무연서: '왕王'은 '정正'자가 와전된 것으로 보인다. 원래는 문장 뒤에 있었으나 후대의 사람이 와전된 것을 알아채지 못한 채 뜻이 맞지 않는다고 여겨 이를 '천하天下'의 앞으로 옮긴 것이다. '천하' 또한 '천지天地'로 보아야 한다. '천지정天地正'과 '만물복萬物服'은 서로 대구를 이룬다. 뒤의 '추어천지推於天地, 통어만물通於萬物'이 바로 이 구절을 받아서 말한 것이다.
- 엄령봉: 무연서의 설이 옳다. 뒤에 나오는 '승천지乘天地, 치만물馳萬物' 또한 '천지天地'와 '만물萬物'을 대비하여 말하고 있다.
  - ▹ 진고응: 무연서와 엄령봉의 설 모두 따를 만하다.

⑤ 其魄不祟: 형체에 질병이 없음. '백魄'은 현재 판본에는 '귀鬼'로 되어 있으나, '백'자로 보아야 한다. 뒤의 '혼魂'자와 서로 대구를 이룬다. '백'은 형체를 가리키고, '혼'은 정신을 가리킨다. '수祟'는 '병病'으로 해석한다.

- 왕무횡: '귀鬼'는 '백魄'으로 보아야 한다.
- 마서륜: '수祟'는 '올疻'을 가차한 것이다. 『설문해자』에서 "'올疻'은 병을 말한다"라고 하였다.

⑥ 其魂不疲: 정신이 피로하지 않음.(임희일, 『남화진경구의』) 같은 말이 「각의」에도 보인다.

⑦ 聖人之心, 以畜天下也: '휵畜'은 '기르다'라는 뜻.

▹ 진고응: 이어지는 '부제왕지덕夫帝王之德'부터 '비상지소이축하야非上之所以畜下也'까지의 단락은 장자의 학설과 일치하지 않는다. 구양수歐陽修는 "이 아래 전부는 장자와는 다르다"라고 하였다.(유봉포의 『남화설심편』, 오여륜의 『장자점감』에서 인용) 이 단락의 원문은 다음과 같다.

夫帝王之德, 以天地爲宗, 以道德爲主, 以無爲爲常. 無爲也, 則用天下而有余;

有爲也, 則爲天下用而不足. 故古之人貴夫無爲也. 上無爲也, 下亦無爲也, 是下與上同德, 下與上同德則不臣; 下有爲也, 上亦有爲也, 是上與下同道, 上與下同道則不主. 上必無爲而用天下, 下必有爲爲天下用, 此不易之道也. 故古之王天下者, 知雖落天地, 不自慮也; 辯雖雕萬物, 不自說也; 能雖窮海內, 不自爲也. 天不産而萬物化, 地不長而萬物育, 帝王無爲而天下功. 故曰莫神於天, 莫富於地, 莫大於帝王. 故曰帝王之德配天地. 此乘天地, 馳萬物, 而用人群之道也. 本在於上, 末在於下; 要在於主, 詳在於臣. 三軍五兵之運, 德之末也; 賞罰利害, 五刑之辟, 敎之末也; 禮法度數, 形名比詳, 治之末也; 鍾鼓之音, 羽旄之容, 樂之末也; 哭泣衰絰, 隆殺之服, 哀之末也. 此五末者, 須精神之運, 心術之動, 然後從之者也.

末學者, 古人有之, 而非所以先也. 君先而臣從, 父先而子從, 兄先而弟從, 長先而少從, 男先而女從, 夫先而婦從. 夫尊卑先後, 天地之行也, 故聖人取象焉. 天尊, 地卑, 神明之位也; 春夏先, 秋冬後, 四時之序也. 萬物化作, 萌區有狀, 盛衰之殺, 變化之流也. 夫天地至神, 而有尊卑先後之序, 而況人道乎! 宗廟尙親, 朝廷尙尊, 鄕黨尙齒, 行事尙賢, 大道之序也. 語道而非其序者, 非其道也; 語道而非其道者, 安取道!

是故古之明大道者, 先明天而道德次之, 道德已明而仁義次之, 仁義已明而分守次之, 分守已明而形名次之, 形名已明而因任次之, 因任已明而原省次之, 原省已明而是非次之, 是非已明而賞罰次之. 賞罰已明而愚知處宜, 貴賤履位; 仁賢不肖襲情, 必分其能, 必由其名. 以此事上, 以此畜下, 以此治物, 以此修身, 知謀不用, 必歸其天, 此之謂大平, 治之至也.

故書曰: "有形有名." 形名者, 古人有之, 而非所以先也. 古之語大道者, 五變而形名可擧, 九變而賞罰可言也. 驟而語形名, 不知其本也; 驟而語賞罰, 不知其始也; 倒道而言, 迕道而說者, 人之所治也, 安能治人! 驟而語形名賞罰, 此有知治之具, 非知治之道; 可用於天下, 不足以用天下, 此之謂辯士, 一曲之人也. 禮法數度, 形名比詳, 古人有之, 此下之所以事上, 非上之所以畜下也.

이 단락의 의미에 대해서는 주석가들의 의견이 다양한데, 몇 가지를 살펴보면 다음과 같다.

- 왕부지: 이 편의 학설은 장자의 주된 논지와 멀어 서로 일치하지 않는다. 대체로 진나라와 한나라 교체기에 황로술을 배워 군주에게 간한 자의 저작인 듯하다.…… 무위無爲를 군주의 도로 삼고 유위有爲를 신하의 도로 삼는 것은 곧 도를 나누어 둘로 만드는 것이다. 또한 유위를 신하의 도라고 하고서는 또 말하기를 "이로써 남향을 하는 것이 요가 군주가 된 이치이고,

이로써 북면을 하는 것이 순이 신하가 된 이치이다"라고 했으니, 서로 모순된다.…… 분명히 장자의 저술이 아닐뿐더러 장자를 제대로 배운 자가 본떠서 지은 것도 아니다. 독자가 응당 분별해야 한다. [왕부지는 이 단락 끝에서 또 이렇게 평하였다.] 그 취지는 군사, 형벌, 법도, 예악 등을 아래로 둔 채, 주어진 책무(分寸)를 살피고 명법名法에 따라 그 공과 과를 살핀다는 것이니, 이는 형명가形名家의 말로서 호해胡亥가 사용했던 '독책지술督責之術'[7]이 바로 이를 본받은 것이다. 그 요점이 장자의 취지와는 다르다.(『장자해』)

- 호문영: 논의가 한비자와 신도愼到에 뿌리를 두고 있는 것으로 보인다.(『장자독견』)
- 전목: 이는 모두 후대의 유가가 지은 말일 뿐이다. 어찌 장자가 지은 말일 수 있겠는가?(『장자찬전』)
- 관봉: 여기에서 표현하고자 하는 사상은 윤문자尹文子와 완전히 일치한다.…… 통치에 있어 형명지학의 작용을 받아들이면서 '정명正名', '정분定分', '명분明分'(혹은 '守分')을 주장하니, 양자의 사상이 완전히 같다고 볼 수 있다. 이는 노자나 장자 유파의 주장이 아니며, 유가의 주장도 아니다.(「莊子外雜篇初探」[8])
- 풍우란: 이는 직하학파의 말로 이 구절의 주요 목적은 '어리석은 자와 지혜로운 자가 적절한 곳에 있게 하고, 귀한 자와 천한 자가 제자리에 있게 하며, 어진 자와 불초한 자가 그 실정에 맞게 하는 것'(愚, 知處宜, 貴賤履位, 仁賢, 不肖襲情)이다. 이는 봉건사회의 차등과 질서를 엄격히 유지하려는 것이니, 노자의 사상과 같지 않으며 장자의 사상과는 더욱 다르다.(『中國哲學史新編』 제2권, 136쪽)
- 이면: 존비와 선후에 관해 말한 것은 노장의 취지와는 다르다.(『장자총론급분편평주』)

▹ 진고응: 이상 각 학자의 설이 모두 지극히 옳다. 그러나 장주의 여러 후학 가운데 일부 황로사상에 물든 자들이 있다고 보는 것도 불가능하지는 않다.

【풀이】

천지의 상덕常德에 밝은 것을 '대본大本' 혹은 '대종大宗'이라고 하니, 이는 곧 하늘과

7) 신하를 독촉하고 책임을 묻는 통치술. 秦나라 2세 황제 胡亥의 폭정을 바로잡기 위해 승상 李斯가 올린 간언 속에 나오는 말이다. 『史記』「李斯列傳」 참조.
8) 중국사회과학원에서 펴내는 『哲學研究』(1961年 02期)에 실려 있다.

그윽하게 합일하는 것을 말한다. 이를 통해 천하를 고르게 다스리는 것은 사람들과 그윽하게 합일하는 것이다. 사람들과 그윽하게 합일하는 것을 '사람의 즐거움'(人樂)이라고 부르고, 하늘과 그윽하게 합일하는 것을 '하늘의 즐거움'(天樂)이라고 부른다. 장자가 말했다. "나의 위대한 스승이시여! 만물과 조화를 이루면서도 의롭다 여기지 않고, 온 세상을 윤택하게 만들면서도 어질다고 여기지 않는다. 상고 이래로 오랫동안 이어져 왔으면서도 노쇠하다고 할 수 없고, 온 천지를 뒤덮으며 만물의 형상을 빚어내지만, 재주가 뛰어나다고 여기지 않는다. 이것이 바로 '하늘의 즐거움'이다. 따라서 '하늘의 즐거움을 체득한 자는 살아서는 자연에 따라 행하고 죽어서는 외물과 함께 융합하며, 멈추어 있을 때는 음기와 같이 은밀하고 적막하며 움직일 때는 양기와 같이 흐른다'라고 한 것이다. 하늘의 즐거움을 체득한 자는 하늘을 원망하지 않고 사람들을 탓하지 않으며, 외물에 의해 이끌리지 않고 귀신으로부터 벌을 받지 않는다. 따라서 '움직일 때는 하늘처럼 운행하고, 멈추어 있을 때는 땅처럼 고요하다. 마음을 하나로 하여 안정되고 천지가 각각의 위치에 있게 되면 형체에 질병이 없고 정신이 피로하지 않게 되니, 마음을 하나로 하여 안정시키면 만물이 그를 따르게 된다'라고 하였다. 즉 적막하고 고요한 상태를 천지에 미치게 하면 만물에 통달할 수 있다는 것으로, 이것이 바로 하늘의 즐거움이다. 하늘의 즐거움이란 바로 성인이 사랑하는 마음으로 천하를 기르는 것과 같다."

3.

昔者舜問於堯曰: "天王①之用心何如?"

堯曰: "吾不敖②無告③, 不廢窮民, 苦④死者, 嘉⑤孺子而哀婦人. 此吾所以用心已."

舜曰: "美則美矣, 而未大也."

堯曰: "然則何如?"

舜曰: "天德而土寧⑥, 日月照而四時行, 若晝夜之有經, 雲行而雨施矣."

堯曰: "膠膠⑦擾擾乎! 子, 天之合也; 我, 人之合也."

夫天地者, 古之所大也, 而黃帝堯舜之所共美也. 故古之王天下者, 奚爲哉? 天地而已矣.

【길잡이】

① 天王: '천자天子'와 같다.(성현영, 『장자소』)

② 敖: 오만함.(성현영, 『장자소』)

③ 無告: 호소할 곳이 없음, 의지할 곳이 없음을 가리킨다.

④ 苦: 불쌍히 여김.

⑤ 嘉: 좋아함.

⑥ 天德而土寧: '덕德'은 '성成'으로 풀이한다.(장병린) '토土'는 현재 판본에는 '출出'로 되어 있으나, 손이양의 설에 따라 '토土'로 수정하였다.

- 손이양: '출出'은 '토土'로 보아야 한다. 형태가 비슷하여 와전된 것이다. 『묵자』「천지天志」에 "군림하토君臨下土"라는 구절이 있는데, 현재 판본에는 '토土'가 '출出'로 잘못 적혀 있는 것이 그 사례이다. '천天'과 '토土', '일월日月'과 '사시四時'는 각각 병렬 관계로 볼 수 있다.
- 장병린: '덕德'은 '등登'으로 읽는다. 『설문해자』에 "'덕德'은 '승升'과 같다"라고 하였다. '승升'은 바로 '등登'의 의미를 가차한 것이다. 『춘추공양전』 은공 5년에서는 '등래登來'를 '득래得來'로 쓰기도 하였다. 따라서 '덕德'은 '등登'의 의미를 가차한 것이다. 『석고釋詁』에서는 "'등登'은 '이루다'(成)의 뜻이다"라고 하였다. '천등이토녕天登而土寧'이란 이른바 '땅은 평온하고 하늘은 이루어져 있다'(地平天成)는 말과 같으며, 뒤의 '해와 달이 비추고 사시가 운행한다'(日月照而四時行)라는 구절과 서로 대구를 이룬다.

⑦ 膠膠: '요요擾擾'와 같은 의미로, 교란하는 모습을 나타내는 말.

【풀이】

옛날에 순이 요에게 질문을 던진 적이 있다. "천왕께서는 어떻게 마음을 쓰십니까?"
요가 말했다. "나는 의지할 곳 없는 이들을 가볍게 여기지 않고 빈궁한 자들을 버리지 않으며, 죽는 자들을 불쌍하게 여기고 어린이들을 사랑하고 아녀자들을 동정한다. 이것이 바로 내가 마음을 두는 곳이다."
순이 말했다. "좋기는 합니다만, 최선이라고는 할 수 없습니다."
요가 말했다. "그러면 어떻게 해야 하는가?"
순이 말했다. "하늘은 이루고 땅은 안정되어 해와 달은 밝게 비추어 사계절이 운행하니, 밤과 낮이 일정하고 구름이 일어 비가 내리는 것과 같습니다."

요가 말했다. "내가 많은 일을 어지럽히고 있었도다! 그대는 자연에 그윽이 합일하지만, 나는 그저 인간사에 적합할 따름이구나."
천지는 예로부터 가장 위대한 것으로 황제黃帝와 요순이 모두 함께 찬양하던 것이다. 자고로 천하를 다스리려면 어떻게 해 왔던가? [천지의 법칙에 따르면 그만이다.]

4.

孔子西藏書於周室. 子路謀曰: "由聞周之征藏史①有老聃者, 免而歸居, 夫子欲藏書, 則試往因焉."
孔子曰: "善."
往見老聃, 而老聃不許, 於是繙六經②以說.
老聃中其說③, 曰: "大謾④, 願聞其要."
孔子曰: "要在仁義."
老聃曰: "請問, 仁義, 人之性邪?"
孔子曰: "然. 君子不仁則不成, 不義則不生. 仁義, 眞人之性也, 又將奚爲矣?"
老聃曰: "請問, 何謂仁義?"
孔子曰: "中心物愷⑤, 兼愛無私, 此仁義之情也."
老聃曰: "意, 幾乎後言⑥! 夫兼愛, 不亦迂乎! 無私焉, 乃私也. 夫子若欲使天下無失其牧乎? 則天地固有常矣, 日月固有明矣, 星辰固有列矣, 禽獸固有群矣, 樹木固有立矣. 夫子亦放德⑦而行, 循道而趨, 已至矣; 又何偈偈乎⑧揭仁義, 若擊鼓而求亡子⑨焉? 意, 夫子亂人之性也!"

【길잡이】

① 征藏史: '정征'은 '전典'(서적)의 뜻이니, '정장征藏'은 서고를 가리키며, 지금의 도서관에 해당한다. 소장된 전적을 관리하는 사관을 바로 '정장사征藏史'라고 부른다.

② 六經: 원래는 '십이경十二經'으로 되어 있었으나 엄령봉의 설에 따라 수정하였다.

- 엄령봉: 『경전석문』에서 여러 설들을 인용하면서 "『시』, 『서』, 『예』, 『악』, 『역』, 『춘추』가 육경六經이며 여기에 이 육경에 대한 각각의 위서緯書 여섯

가지(六緯)를 합하여 십이경十二經이라고 한다"라고 하면서, 일설에는 『역』 상하경上下經과 『십익』을 합쳐 십이경十二經이라고도 하고, 또 일설에는 "『춘추십이공경春秋十二公經』[9])을 가리킨다"라고 하였다. 이 모든 설이 다소 억지스러운 측면이 있다. 공자의 시기에는 위서緯書가 존재하지 않았으며, 『십익』 역시 아직 생겨나지 않았다. 「천운」에서 "저는 『시』, 『서』, 『예』, 『악』, 『역』, 『춘추』의 육경六經을 익혔습니다"(丘治『詩』, 『書』, 『禮』, 『樂』, 『易』, 『春秋』六經)라고 하였고, "육경六經은 선왕의 옛 자취를 가리킨다"(夫六經先王之陳迹也)라고 하였다. 또한 「천하」에서는 "『시』는 뜻을 말하고, 『서』는 일을 말하고, 『예』는 행위를 말하고, 『악』은 조화를 말하고, 『역』은 음양을 말하고, 『춘추』는 명분을 말한다"(『詩』以道志, 『書』以道事, 『禮』以道行, 『樂』以道和, 『易』以道陰陽, 『春秋』以道名分)라고 하였다. 모두 육경六經만을 들 뿐, 육위六緯를 언급하지는 않았다. 즉 '십이경十二經'이라는 말은 선진시기에는 아직 있지 않았다. 「천운」의 "조화와 벗을 이루지 않는다"(不與化爲人)라는 구절에 대해 곽상의 『장자주』에서 "육경六經을 전하면서 유세하고자 한다면 가능하지 않을 것이다"(若播六經以說則疏也)라고 하였다. 곽상이 『장자』를 주해했을 시기에도 역시 육경六經을 말했음을 알 수 있다. '십이十二' 두 글자는 우선 '육六'자가 어그러져 두 글자로 나뉜 후, 검토하는 자의 불찰로 인해 '십이十二'로 바뀌게 된 것이다. 이에 「천운」에 따라 글자를 수정한다.

▹ 진고응: 엄령봉의 설이 타당하다. '십이경十二經'은 '육경六經'으로 고쳐야 한다.

③ 中其說: 도중에 그의 말을 끊음.

- 임희일: '중기설中其說'이란 말이 절반에 이르렀다는 뜻이다.
- 엄령봉: '중中'은 절반을 말한다. 공자가 아직 말을 다 마치지 않았는데 노자가 이를 중지시킨 것을 말한다.

④ 大謾: 지나치게 장황함. 조간의본趙諫議本에는 '대大'가 '태太'로 되어 있다. '대大'와 '태太'는 서로 통한다.

- 성현영: '대만大謾'이라고 한 것은 말이 번잡하고 장황한 것을 싫어한 것이다.

⑤ 中心物愷: '개愷'는 '즐겁다'는 뜻이다.(『경전석문』에서 사마표의 설 인용) '물物'은 '이易'자가 와전된 것이라는 설(오여륜)과 '화和'자를 잘못 쓴 것이라는 설(이면)이 있다. 두 가지 설이 모두 가능하다.

---

9) 『春秋』의 별칭. 魯나라 12 군주(公)의 역사를 기록하고 있기 때문에 붙여진 이름이다.

- 장병린: '물物'은 '이易'를 잘못 쓴 것이다. '이개易愷'라는 말은 '개제豈弟'라는 말과 같다. 『주어』「모전毛傳」에서는 '개제豈弟'를 '즐겁고 화락함'(樂易)으로 풀이하였다.(『장자해고』)
- 이면: '물物'은 '화和'자를 잘못 쓴 것이다. '물物'과 '화和' 두 글자의 형태가 유사하여 혼동이 생긴 것이다. '물개物愷'는 화락하다는 뜻이다.

⑥ 幾乎後言: '기호幾乎'는 '위태함'을 말한다. '후언後言'은 '나중에 말한 말'을 가리킨다.

- 엄령봉: 성현영의 『장자소』에서 '후언後言'을 '나중에 한 말'(後發之言)이라 하였는데, 이 설이 옳다. 앞에서 '그의 말을 중지시켰다'(中其說)라고 하였는데, 그가 중지시킨 이전의 말을 '전언前言'이라고 하면, 후반부에 말한 것은 '후언後言'이 된다. '기幾'는 위태하다는 뜻으로, 나중에 이어서 한 말이 위태하다는 것을 나타낸다.
- 도홍경: 본문의 '후後'는 '복復'자를 잘못 쓴 것이다. '기호복언幾乎復言'은 네 글자가 한 구절을 이룬다. 여기에서 '기幾'는 위태하다는 뜻이고, '복復'은 반복의 뜻이다. 그 말에 문제가 있음을 나타낸다.(『독노장찰기』)
  - ▹ 진고응: 도홍경의 설 또한 참고할 만하다. 노문초 역시 "고본에서는 '후後'를 '복復'으로 썼다"라고 한 바 있다.

⑦ 放德: 자연의 덕에 따름.(임희일)

- 엄령봉: 『논어』「이인里仁」의 "방어리이행放於利而行"(자기의 이익에 의거하여 행동하다)이라는 구절에 공안국孔安國이 "'방放'은 '의거하다'(依)의 뜻이다"라고 설명한 바 있다.

⑧ 偈偈乎(偈의 중국음은 jié[詰]): 애쓰는 모습을 나타내는 말.

⑨ 亡子: 잃어버린 사람.

【풀이】

공자가 경서를 주 왕실에 맡겨 두고자 서쪽으로 여행을 떠나려 했다. 자로가 곰곰이 생각해 보고는 이렇게 말했다. "제가 듣기로 주나라 왕실에서 전적을 관리하던 노담이라고 하는 사관이 있는데, 지금은 은퇴하여 집에 머물고 있다고 합니다. 스승님께서 책을 보관하고자 하신다면 그를 찾아 도움을 청하는 것이 좋겠습니다."

공자가 말했다. "좋다."

그 후 공자가 노담을 찾아가서 그에게 도움을 요청했는데, 노담은 이를 받아들이지 않았다. 이에 공자는 육경의 말을 펼치며 그에게 설명하였는데, 노담은 공자의 말을 중간에 끊고 이렇게 말했다. "너무 장황하니 요점만 간단히 듣고 싶습니다."

공자가 말했다. "내용의 요점은 바로 인의仁義입니다."

노담이 말했다. "그렇다면 인의가 인간의 본성입니까?"

공자가 말했다. "그렇습니다. 군자가 불인하면 성장할 수 없고, 불의하면 생존할 수 없으니, 인의는 분명 인간의 본성이라 할 수 있습니다. 달리 하실 말씀이라도 있습니까?"

노담이 말했다. "그렇다면 인의란 무엇입니까?"

공자가 말했다. "마음을 바로 하여 마음이 온화하고 화락하며, 겸애를 실천하여 사사로움을 지니지 않는 것이 바로 인의의 실정입니다."

노담이 말했다. "허, 방금 한 말은 참으로 위험합니다. 겸애 역시 어찌 왜곡된 것이 아니겠습니까? 사사로움이 없다고 말하는 것 자체가 이미 사사로움으로 치우친 것입니다. 선생은 천하 사람들이 잘 길러지기를 바라겠지요? [선생이 알고자 하는 바는 다음과 같습니다.] 천지는 본래부터 항상 그러하게 존재하며, 해와 달은 본래부터 빛나며, 별들은 본래부터 늘어져 놓여 있으며, 짐승들은 본래부터 무리를 이루며, 초목은 본래부터 무럭무럭 성장하는 법입니다. 선생은 그저 이러한 덕에 따라 행하며 도에 따라 해 나가면 더할 나위가 없습니다. 어찌 마치 징을 치고 북을 울리며 길 잃은 아이를 찾듯이 인의를 내세우는 데 급급하십니까? 지금 선생이 바로 사람들의 본성을 어지럽히고 있습니다."

5.

士成綺①見老子而問曰: "吾聞夫子聖人也, 吾固不辭遠道而來願見, 百舍重趼②而不敢息. 今吾觀子, 非聖人也. 鼠壤有余蔬③, 而棄妹④之者, 不仁也, 生熟⑤不盡於前, 而積斂無崖."

老子漠然不應.

士成綺明日復見, 曰: "昔者, 吾有刺於子, 今吾心正卻矣⑥, 何故也?"

老子曰: "夫巧知神聖之人, 吾自以爲脫⑦焉. 昔者子呼我牛也而謂之牛, 呼我馬也而謂之馬⑧. 苟有其實, 人與之名而弗受, 再受其殃⑨. 吾服也恒服, 吾非以服有服⑩."

士成綺雁行避影⑪, 履行遂進⑫而問: "修身若何?"

老子曰: "而容崖然⑬, 而目衝然⑭, 而顙頯然⑮, 而口闞然⑯, 而狀義然⑰, 似系馬而止也. 動而持⑱, 發也機⑲, 察而審⑳, 知巧而睹於泰㉑, 凡以爲不信㉒. 邊竟㉓有人焉, 其名爲竊."

【길잡이】

① 士成綺: 성은 사士, 이름은 성기成綺, 어떤 인물인지 밝혀진 바 없다.(성현영, 『장자소』)

② 百舍重趼(趼의 중국음은 jiǎn[減]): 먼 길을 걸어 발꿈치에 두꺼운 굳은살이 생긴 것을 표현한 말. '백사百舍'는 백일을 여행했다는 뜻이다. '견趼'은 '견繭'과 같으며 발꿈치의 굳은살을 가리킨다.

- 사마표: '백사百舍'는 여행 중 숙박한 날이 백일에 달함을 말한다.
- 곽경번: '견趼'은 '견繭'으로도 읽는다. 『순자』 「권학勸學」에 '백사중견百舍重繭'이라는 말이 나오며, 『전국책』 「송책宋策」에도 묵자가 '백사중견百舍重繭'한다는 말이 나온다. 모두 '견繭'자를 빌려 '견趼'의 뜻을 나타낸 것이다.

③ 鼠壤有余蔬: 쥐구멍에 곡식이 남아 있음. '서양鼠壤'은 땅속에 있는 쥐구멍을 말한다.(성현영, 『장자소』) '소蔬'는 곡물을 가리킨다.

- 왕념손: 『춘추곡량전』 소疏에 다음과 같은 미신糜信의 말이 인용되어 있다. "제나라와 노나라에서는 땅을 파서 흙을 퍼낸 것, 쥐가 땅굴을 파서 흙을 퍼낸 것을 모두 '양壤'이라고 부른다."(齊魯之間謂鑿地出土, 鼠作穴出土, 皆曰壤)
- 사마표: '소蔬'는 '서糈'로 읽는다. '서糈'는 곡식의 낱알을 뜻한다.

④ 棄妹: '매妹'는 '매昧'와 같다.(성현영, 『장자소』) 물건을 아끼지 않는 것이다.(임희일, 『남화경진경구의』)

- 마기창: 『석명釋名』에서 "'매妹'는 '매昧'와 같다"라고 하였다. 『주역약례』에 '명매明昧'라는 말이 등장하는데, 『경전석문』에서는 '매妹'라고도 쓴다. '기棄'와 '매昧'는 같은 뜻이다. 『순자』 양경주楊倞注에 "'매昧'는 '멸蔑'과 같다"라고 하였다.(『장자고』)
  - ▹ 진고응: 마기창의 설이 옳다. '기매棄妹'는 '기멸棄蔑'과 같으니, '가볍게 여겨 버리는 것'을 말한다.
- 선영: 물건을 아까워하지 않고 버리는 것이다.
  - ▹ 진고응: 선영의 설은 임희일의 해석을 이어받은 것으로, 타당한 설이

다. 영역본(James Legge, Herbert A. Giles, James R. Warf, Burton Watson 등의 번역본)에서는 모두 글자 그대로의 뜻으로 '기매棄妹'를 '여동생을 버리다(遺棄妹妹)라고 풀이했으나, 옳지 않다.

⑤ 生熟: 생물과 익힌 음식을 가리킨다.

- 성현영: '생生'은 곡식과 직물을 말하고, '숙熟'은 음식을 말한다.

⑥ 吾心正卻矣: '각卻'은 '극隙'(틈)과 통한다. '정극正隙'이란 '생각이 트이고 있음'을 말하며, '깨달음이 있다'는 의미이다.(조초기)

⑦ 脫: 지나쳐 벗어나다(過免)(성현영, 『장자소』), 떠나다(離)(임희일).

⑧ 呼我牛也而謂之牛, 呼我馬也而謂之馬: 성심成心을 지니지 않은 채 자연을 따름. 「응제왕」의 "자신을 말이라고도 하고, 소라고도 한다"(一以己爲馬, 一以己爲牛)라는 구절과 의미가 서로 같다.

⑨ 苟有其實, 人與之名而弗受, 再受其殃: 만일 실제 그러한 사실이 있어서 사람들이 그것으로 나를 조롱하는데 내가 이를 받아들이지 않으면 이는 이중으로 잘못을 하는 것이다.(임희일)

- 곽상: 실상이 있으면 비방이나 칭찬을 마음에 담아 두지 않는다. 만일 비방이나 칭찬을 마음속으로 받아들인다면 명과 실에 동시에 얽매이게 되는 꼴이니, 결국 다시 재앙을 받아들이는 것이나 다름이 없다.

⑩ 吾服也恒服, 吾非以服有服: '복服'은 복종하고 받아들이는 것을 말한다. 즉, 내가 (타인이 나에게 부여한 명칭을) 받아들이는 것은 항상 자연스럽게 받아들이는 것이지, (어떤 마음을 가지고) 받아들이고자 하여 받아들이는 것이 아님.

- 이면: '복服'은 '따르다'는 뜻이다. 나는 항상 자연에 따를 뿐으로서 굳이 따르고자 하여 무엇을 따르는 것이 아님. 즉 자연스럽게 따르는 것이지 따르려는 의도를 가지고 따르는 것이 아니라는 말이다. 마음을 두지 않는 것을 의미한다. 이는 곧 본성에 따라 저절로 그러한 대로 한다는 뜻이다.

⑪ 雁行避影: 마치 기러기가 대각선으로 비스듬히 비행하듯 몸을 기울여 그림자를 피함. 몸을 기울인 채 걷는 모습을 표현한 말이다.

- 후쿠나가 미쓰지: 『예기』「왕제王制」에 "아버지뻘 되는 사람과 걸을 때는 뒤를 따라가고, 형님뻘 되는 사람과 걸을 때는 비스듬히 뒤처져 걷는다"(父之齒隨行, 兄之齒雁行)라는 구절이 있다. '안행雁行'이란 높은 이에 대한 예를 나타낸다.

⑫ 履行遂進: 걸음을 뒤따라 앞으로 나아감.(임운명, 『장자인』)

• 임희일: '이행履行'은 한걸음씩 뒤따라가는 것이다. '이행수진履行遂進'은 걸음을 따라 조금씩 앞으로 나아가는 모습을 표현한 말이다.

⑬ 而容崖然: '이而'는 '여汝'와 같다. 뒤 네 구절의 '이'자 역시 '여'로 읽는다. '애연崖然'은 오만한 태도를 말하는 것으로, 남보다 낫다고 우쭐대는 모습을 나타낸다.

• 왕선겸: '안연岸然'은 스스로 특별하다고 여기며 고고한 것을 말한다.

⑭ 衝然: 눈을 부릅뜬 모습을 표현하는 말.

⑮ 頯然(頯의 중국음은 kuí[葵]): 드넓고 우람한 모습을 표현하는 말. 「대종사」에 '기상규其顙頯'라는 말이 등장한 바 있다.

⑯ 闞然(闞의 중국음은 kàn[看]): 입을 열어 스스로 변호하는 모습을 표현하는 말.(진수창, 『經解』)

• 장병린: '감闞'은 '감凵'의 의미를 가차한 것이다. 『설문해자』에서는 "감凵은 '입을 열다'라는 뜻이다"라고 하였다.

⑰ 義然: 우뚝 솟은 모습을 표현하는 말. '의義'는 '아峨'(험준하다)의 의미를 가차한 것이다. 자세한 내용은 「대종사」의 주해에 나온다.

⑱ 動而持: 움직이고자 하여도 억지로 억제함.(선영)

⑲ 發也機: 마치 쇠뇌를 쏘는 것처럼 발동함. 쾌속한 모습을 표현한 것이다. 「제물론」에 나오는 '기발약기괄其發若機栝'과 같은 뜻이다.

⑳ 察而審: 밝고 정밀하게 살핌.(임희일) 일을 상세하게 살핌.(왕선겸)

㉑ 知巧而睹於泰: 지혜롭고 기민하여 오만방자한 모습으로 나타남.(왕선겸) '도睹'는 겉으로 드러남. '태泰'는 오만방자함.

㉒ 凡以爲不信: 이 모두 진실한 본성이 아님.

• 곽숭도: 곽상은 "이 열 가지는 타고난 성명에 충실하지 못하여 비방과 명예에 흔들린 것이다"라고 하였다. 그런데 이는 원문을 지나치게 벗어난 해석이다. '범이위불신凡以爲不信'은 모든 행동이 억지로 꾸며 낸 것으로서 자연스러운 본성과는 맞지 않음을 말한 것으로 이에 '신실하지 않다'(不信)라고 한 것이다. 용모, 눈, 이마, 입, 태도에 하나같이 스스로 뽐내는 모습이 있는데 정작 마음속으로는 받아들여지지 않으니, 마치 말을 묶어 질주하지 못하게 하듯 부자연스러움을 말한 것이다. 한편 움직이고 발휘한다는 것은 모두 기지로써 대응하여 지모와 기교를 다투는 것이니, 역시 외부의

것을 믿고 받아들일 수 없다. 이처럼 자세히 살피면 크게 두 가지 의미로 나뉘며, 열 가지 사항으로 볼 수 없다.(곽경번, 『장자집석』에서 인용)

㉓ 竟: '경境'과 같다. 조간의본趙諫議本에는 '경境'으로 되어 있다.

【풀이】

사성기가 노자를 만나 물었다. "선생께서 성인의 경지에 이르렀다고 들어 먼 길을 마다하고 이렇게 찾아왔습니다. 백일 동안 여행하면서 발에 굳은살이 다 박이면서도 걸음을 멈추지 않았습니다. 그런데 지금 선생을 뵈니 성인은 아닌 듯 보입니다. 쥐구멍에 곡식이 남아 있는데도 이를 아까워하지 않으니 이는 불인不仁한 것입니다. 그런데도 각종 물건과 익힌 음식들이 눈앞에 가득하면 여전히 거두어들이기를 그치지 않으시는군요."

노자는 그 말을 듣고도 묵묵부답 아무 말도 하지 않았다.

다음 날 사성기가 다시 노자를 찾아뵈었다. "제가 어제 선생께 몇 마디 말씀을 올렸는데, 오늘 마음속에 깨달은 바가 있는 것 같습니다. 왜 그렇습니까?"

노자가 말했다. "기지가 뛰어나다거나 신성하다고 하는 말에 대해서는 스스로 그렇다고 여기지 않는다. 그대가 먼저 나를 소라고 부르면 나 역시 이를 따라 소라고 하고, 그대가 나를 말이라고 부르면 나 역시 이를 따라 말이라고 할 뿐이다. 만약 내게 그런 사실이 있어서 다른 사람이 그런 이름으로 부르는데[조롱하는데] 이를 거부하고 받아들이지 않는다면 이는 이중으로 잘못을 하는 것이다. 나는 [남이 부르는 명칭을] 항상 그저 자연스럽게 받아들일 뿐이지, 결코 [어떤 마음을 가지고] 받아들이고자 하여 받아들이는 것이 아니다."

그 말을 들은 사성기가 몸을 비스듬히 하여 조심히 걸어와 공손히 다시 물었다. "그렇다면 어떻게 자신을 수양해야 합니까?"

노자가 말했다. "그대는 스스로 잘났다고 우쭐대는 모습으로 눈을 부릅떠 남을 흘겨보며 이마를 한껏 쳐들어 뽐내고 입으로는 자신을 포장하며 말하면서 고고하고 오만한 태도를 취하니, 마치 묶인 채로 질주하는 말과 같다[몸은 묶여 있으나 마음속에서는 질주함]. 꿈틀대며 움직이고자 하나 이를 억지로 억제하며, 매사에 쇠뇌처럼 급히 튀어 나가려 하며, 일을 꼼꼼하게 세세하게 따져 살피니, 그 지모와 기교가 오만방자한 기색으로 드러난다. 이 모두 참된 본성이 아니다. 변경 지역에 이런 자가 하나 있는데 그 이름을 교활(竊)이라고 한다.

6.

夫子曰[①]: "夫道, 於大不終[②], 於小不遺, 故萬物備, 廣廣乎其無不容也, 淵淵乎[③]其不可測也. 形德仁義[④], 神之末也, 非至人孰能定之! 夫至人有世[⑤], 不亦大乎[⑥]! 而不足以爲之累. 天下奮棅[⑦]而不與之偕, 審乎無假而不與利遷[⑧], 極物之眞, 能守其本, 故外天地, 遺萬物, 而神未嘗有所困也. 通乎道, 合乎德, 退仁義, 賓[⑨]禮樂, 至人之心有所定矣."

【길잡이】

① 夫子曰: 「천지」의 '부자왈夫子曰'로 시작하는 두 인용문과 같은 용법으로, 장자의 후학이 지은 것임을 알 수 있다.(후쿠나가 미쓰지) 성현영은 '부자夫子'가 노자를 지칭하는 것이라 보았으나 옳지 않다.

② 終: 다하다(窮).(성현영, 『장자소』)

③ 淵淵乎: 현재 판본에는 '연호淵乎'라고 되어 있으나, 진경원의 『장자궐오』에서 인용한 강남고장본에는 '연淵'자가 중첩되어 있으므로 이에 따라 보충해야 한다. 이 경우 앞 구절 '광광호廣廣乎'와도 서로 대구를 이룰 수 있다. '연연호淵淵乎'라는 말은 「지북유」에도 등장한다.

④ 形德仁義: '형形'은 '형刑'의 가차자이다. '형덕刑德'이란 상벌을 말한다.(후쿠나가 미쓰지)

⑤ 有世: 천하를 지님.(임희일) 『논어』 「태백泰伯」에 "순과 우가 천하를 지닌 모습은 참으로 숭고하다"(巍巍乎, 舜, 禹之有天下也)라는 구절이 등장한다. '유세有世'와 '유천하有天下'는 같은 의미다.

⑥ 不亦大乎: [책임이] 크지 않겠는가?

- 제임스 레게(James Legge): 지인은 세상을 책임진다.—그 책무는 대단하지 않은가?(The perfect man has (the charge of) the world;—is not the charge great?)(James Legge의 영역본 390쪽에서 인용)

⑦ 奮棅: 권력을 다투다. '병棅'은 '병柄'(쥐다)과 같으니, 권력을 손에 쥐는 것을 가리킨다.

- 육덕명: '병棅'은 '병柄'으로 읽는다. 사마표는 이를 '권력과 위세'(威權)로

보았다.

⑧ 審乎無假而不與利遷: '무가無假'는 가탁함이 없음을 말한다. '심호무가審乎無假'란 아무것에도 의지하지 않는다는 뜻이다. 해동에 따르면 '리利'는 '물物'의 오자이며, '리利'로 쓰는 것 역시 가능하다. 「덕충부」에서는 '심호무가이불여물천審乎無假而不與物遷'라고 하였다.

- 해동: '리利'는 '물物'로 읽어야 한다. 고문에서는 '리利'를 '물物'로도 썼으며, 형태의 유사성으로 인해 쉽게 와전된다. 「덕충부」에서 '심호무가이불여물천審乎無假而不與物遷'이라고 쓴 것이 그 증거이다.
- 마서륜: '리利'는 「덕충부」에 따라 '물物'로 써야 한다. 고문에서는 '리'를 '물'로 쓰기도 한다. '리'자와 '물'자의 형태가 비슷하여 잘못 쓴 것이다.
  - ▹ 진고응: 양수달의 『장자습유』에서도 해동, 마서륜과 같은 설을 주장하였다.

⑨ 賓: '빈擯'과 같다.

- 유월: '빈賓'은 '빈擯'으로 읽어야 한다. 예악을 배척하는 것을 말한다. 윗구절 '인의를 물리치다(退仁義)'와 같은 맥락이다. 「달생」의 "마을에서 버림받고 주부州部에서 쫓겨나다"(賓於鄕里, 逐於州部)라는 구절에서 '빈賓'이 '빈擯'의 의미로 가차된 것 역시 이와 같은 사례이다.

【풀이】

선생이 말했다. "도는 어떠한 거대한 것에 대해서도 고갈되지 않고, 어떠한 작은 것에도 빠뜨리는 일이 없다. 따라서 세상 모든 만물에 갖추어져 있다. 참으로 광대하여 포용하지 못하는 것이 없고, 참으로 심원하여 헤아릴 수조차 없다. 형벌, 상賞, 인, 의 등은 정신의 말단에 해당하는 일이니, 지인至人에 경지에 이른 자가 아니라면 그 누가 이를 확정할 수 있겠는가? 지인은 천하를 맡아 그 책무가 막중한데도 그를 얽매이게 하기에는 부족하다. 천하가 모두 권력을 다투기에 급급한데도 그는 마음이 동요되지 않는다. 아무것도 의지하는 바가 없는데도 그 어떤 이익의 유혹에도 흔들리지 않는다. 지인은 그저 사물의 참된 본성을 다하고 본원을 지키기 때문에 천지를 보지 않고 만물을 잊을 수 있으며, 따라서 정신의 방해를 받지 않는 것이다. 도에 관통하고 덕과 융합되며 인의를 물리치고 예악을 배척함으로써 지인의 마음은 안정과 고요함을 유지한다.

7.

世之所貴道者書也, 書不過語, 語有貴也. 語之所貴者意也, 意有所隨. 意之所隨者, 不可以言傳也①, 而世因貴言傳書. 世雖貴之, 我猶不足貴也, 爲其貴非其貴也. 故視而可見者, 形與色也; 聽而可聞者, 名與聲也. 悲夫, 世人以形色名聲爲足以得彼之情! 夫形色名聲果不足以得彼之情, 則知者不言, 言者不知②, 而世豈識之哉!

【길잡이】

① 意之所隨者, 不可以言傳也: 「외물」의 "물고기를 잡고 나면 사용한 그물을 잊는다"(得魚忘筌), "토끼를 잡고 나면 사용한 그물을 잊는다"(得兔忘蹄)라는 구절과 의미가 상통한다.

② 知者不言, 言者不知: 『노자』 56장에 나오는 말이다.

【풀이】

세상 사람들이 진귀하게 여기는 도는 책에 실려 있다. 그런데 책이란 말에 지나지 않는다. 말에는 중요한 부분이 있기 마련이니, 말에서 중요한 부분이란 바로 뜻이다. 뜻에는 지향하는 바가 있는데, 정작 의미가 지향하는 바는 말로는 표현될 수 없다. 그런데도 사람들은 말을 귀하게 여기면서 책을 통해 이를 전한다. 사람들은 책을 귀하다고 여기지만 나는 그렇게 여기지 않는다. 사람들이 귀하게 여기는 것들은 결코 진정으로 귀한 것이 아니기 때문이다. 눈으로 볼 수 있는 것은 형태와 색깔이고, 귀로 들을 수 있는 것은 이름과 소리인데, 참으로 슬픈 것은 세상 사람들이 이러한 형태와 색깔, 이름과 소리를 통해 사물과 현상의 실상을 알 수 있다고 생각한다는 점이다. 만일 형태와 색깔, 이름과 소리를 통해 사물과 현상의 실상을 알 수 없다고 한다면, 이를 아는 자는 말하지 않을 것이며, 말하는 자는 사실은 알지 못하는 것이다. 그런데 세상 사람들이 이러한 이치를 어떻게 알 수 있겠는가?

8.

桓公讀書於堂上, 輪扁①斲②輪於堂下, 釋椎鑿而上, 問桓公曰: "敢問, 公之所讀者何言邪?"

公曰: "聖人之言也."

曰: "聖人在乎?"

公曰: "已死矣."

曰: "然則君之所讀者, 古人之糟魄③已夫!"

桓公曰④: "寡人讀書, 輪人安得議乎! 有說則可, 無說則死."

輪扁曰: "臣也以臣之事觀之. 斲輪⑤, 徐則甘而不固, 疾則苦而不入⑥. 不徐不疾, 得之於手而應於心, 口不能言, 有數⑦存焉於其間. 臣不能以喩臣之子, 臣之子亦不能受之於臣, 是以行年七十而老斲輪. 古之人與其不可傳也死矣, 然則君之所讀者, 古人之糟魄已夫!"

【길잡이】

① 輪扁: 수레바퀴를 만드는 인물. 이름이 '편扁'이다.

② 斲(중국음은 zhuó[啄]): '작斫'(도끼질하다)과 같다.

③ 糟魄: 술지게미(糟粕). '백魄'은 '백粕'의 가차자이다.

- 성현영: 술지게미를 '조糟'라 하고, 지게미를 담근 것을 '백粕'이라 한다.

④ 桓公曰: 『회남자』 「도응훈道應訓」에 기록된 구절에는 '환공桓公' 뒤에 '발연작색이노悖然作色而怒'(발끈하며 안색을 바꾸고 화를 내다) 여섯 글자가 더 있다.

⑤ 斲輪: 『후한서』 「장형전張衡傳」의 주석에서 인용한 구절에는 '착륜斲輪' 뒤에 '지법之法' 두 글자가 더 있다.

⑥ 徐則甘而不固, 疾則苦而不入: '감甘'은 부드러움(滑), '고苦'는 매끄럽지 못함(澀), '서徐'는 널찍함(寬), '질疾'은 팽팽함(緊). 널찍하게 만들면 원활히 잘 들어가지만 견고하지 않고, 꽉 조이도록 팽팽하게 만들면 매끄럽지 않아 잘 끼워 넣을 수 없다는 뜻.(임희일)

- 정전성: '착륜斲輪'이란 수레바퀴 구멍을 뚫는 것을 말한다. 『설문해자』에 이르기를 "살이 있는 바퀴를 '륜輪'이라고 하고, 살이 없는 바퀴를 '전輇'이라

고 하였다"라고 하였다. '서즉감이불고徐則甘而不固'란 수레바퀴의 구멍이 크면 바큇살이 쉽게 빠진다는 뜻이다.…… '서徐'는 여유가 있다는 뜻이니, 수레바퀴 구멍이 넓은 것을 말한다. '질즉고이불입疾則苦而不入'은 수레바퀴 구멍이 좁아 바큇살이 잘 들어가지 않는 것을 말한다.

▹ 진고응: 정전성의 설 또한 참고할 수 있다.

⑦ 數: 술법(術).(이이)

【풀이】

환공이 대청 위에서 책을 읽고 있었다. 수레바퀴를 만드는 윤편이라는 자가 대청 아래에서 나무를 깎아 수레바퀴를 만들다가 도구를 내려놓고 환공에게로 건너와 말했다. "공께서 읽으시는 책은 어떤 책인지 여쭈어 보아도 되겠습니까?"

환공이 말했다. "성인의 말씀이다."

윤편이 말했다. "성인께서 살아 있습니까?"

환공이 말했다. "이미 돌아가셨다."

윤편이 말했다. "그렇다면 공께서 읽으시는 것은 옛사람의 찌꺼기가 아닙니까?"

환공이 말했다. "과인이 읽는 책에 대해 어찌 바퀴를 만드는 자 따위가 함부로 입을 놀리느냐? 네가 그렇게 여긴 이유를 말할 수 있다면 괜찮지만, 그렇지 못하면 죽음을 맞이하게 될 것이다."

윤편이 말했다. "제가 하는 일을 가지고 한번 살펴보도록 하겠습니다. 수레바퀴를 만들 때, 바퀴의 구멍을 널찍하게 만들면 부드럽게 돌아가지만 견고하지 않습니다. 반대로 바퀴의 구멍을 팽팽하게 만들면 매끄럽지 않아 잘 끼워 넣을 수 없습니다. (저는) 느슨하지도 빡빡하지도 않도록 마음먹고 손이 가는 대로 만들 수 있지만, 말로는 설명해 낼 수 없습니다. 심오한 기술은 바로 그 사이에 존재할 따름입니다. 저는 이를 저의 자식에게 물려줄 수도 없고, 자식 또한 저에게 이를 물려받을 수 없습니다. 따라서 저는 70살이 되도록 여전히 이 일을 하고 있는 것입니다. 옛사람들은 이미 죽어 사라졌고, 그들이 남에게 전해줄 수 없었던 것들도 이미 사라졌습니다. 그렇다면 공께서 읽고 있는 것들은 모두 옛사람의 찌꺼기가 아니겠습니까?"

천운天運

「천운」의 일곱 번째 단락부터는 글이 잡다하게 뒤섞여 이루어져 있다. 이 편은 각 단락의 의미가 서로 밀접하게 연결되지는 않아 일종의 잡기雜記로 볼 수 있다. '천운天運'이란 자연의 운행을 뜻하며, 글 첫머리의 '천기운호天其運乎'에서 두 글자를 따 편명으로 삼았다.

본 편의 첫째 단락에서는 우주만물의 운행에 대해 말했다. 이는 곧 다섯 가지의 원인이 공간 속에서 운동한 결과로 나타난 것이다.

둘째 단락은 재상(大宰) 탕蕩과 장자가 인仁에 대해 논하는 내용으로, '지극한 인은 친함이 없다'(至仁無親)라는 뜻을 펼쳤다.

셋째 단락은 북문성北門成과 황제黃帝가 악樂에 대해서 논하는 내용으로, 음악을 들을 때 나타나는 심경의 변화를 말했다.

넷째 단락은 사금師金이 안연顔淵에게 공자의 복례(극기복례)사상을 비평하는 내용이다. 그는 '예의법도禮義法度'란 시간에 따라 변해야 하는 것으로, 옛 시기의 예禮를 그대로 고수하고 밀고 나가는 것은 마치 '배를 육지까지 밀고 가는 격'(推舟於陸)이니, 결코 통할 수 없다고 하였다.

다섯째 단락은 노담이 공자에게 도道에 관해 말하는 내용으로, '참된 바를 찾아 나가는 여행'(采眞之遊)에 관해 논했다.

여섯째 단락에서는 노담이 공자에게 인의仁義가 사람의 마음을 어지럽힌다는 것을 일깨워 주었다.

일곱째 단락에서는 육경은 선왕이 남긴 진부한 흔적일 뿐으로서, '그 흔적을 만들어 낸 근원'(所以迹)을 담고 있지는 못함을 지적하였다.

본 편에서 유래한 성어에는 부주고상不主故常[1], 재곡만곡在谷滿谷[2], 만갱만곡滿阬

1) 낡은 틀에 얽매이지 않음.

(坑)滿谷[3], 추주어륙推舟於陸[4], 노이무공勞而無功[5], 서자봉심西子捧心[6], 서시봉심西施捧心[7], 동시효빈東施效顰[8], 파강미목播糠眯目[9] 등이 있다.

---

2) 음악 소리가 모든 골짜기를 가득 메움. 도는 없는 곳이 없음을 가리키는 말. 사람이 매우 많음을 나타내는 말로 쓰이기도 함.

3) 음악 소리가 모든 구덩이를 가득 메움. '재곡만곡'과 같은 의미로 사용된다.

4) 땅 위에서 배를 밀고 감. 쓸데없는 일을 억지로 하는 것을 비유하는 말.

5) 힘만 들 뿐 이루어지는 일이 없음. 무리하게 일을 밀고 나가는 것을 비유하는 말.

6) 서시가 가슴을 움켜쥠. 미녀의 병태가 오히려 그 아름다움을 더함.

7) 서자봉심과 같은 말.

8) 미녀 서시가 가슴 통증 때문에 눈썹을 찌푸리는 행동을 하자 마을의 추녀가 그대로 따라함. 맥락도 모른 채 덩달아 따라하는 것을 비유하는 말.

9) 키질한 겨가 눈을 상하게 함. 조그마한 일이 큰 해를 끼치는 상황을 비유하는 말.

1.

"天其運乎? 地其處乎①? 日月其爭於所乎? 孰主張②是? 孰維綱是? 孰居無事而推行是③? 意者④其有機緘而不得已邪? 意者其運轉而不能自止邪? 雲者爲雨乎? 雨者爲雲乎? 孰隆施⑤是? 孰居無事淫樂⑥而勸是⑦? 風起北方, 一西一東, 在上彷徨⑧, 孰噓吸⑨是? 孰居無事而披拂⑩是? 敢問何故?"

巫咸祒⑪曰: "來! 吾語女. 天有六極五常⑫, 帝王順之則治, 逆之則凶. 九洛之事⑬, 治成德備, 監照下土, 天下戴之, 此謂上皇."

【길잡이】

① 天其運乎, 地其處乎: 「천운」에 나오는 '기동야천其動也天, 기정야지其靜也地'와 같은 의미이다. '천운天運'이란 일월성신의 운행 및 바람이 불고 구름이 드리우며 비가 내리는 등의 현상을 가리킨다.

② 主張: 주재하여 실행함.(성현영, 『장자소』)

③ 而推行是: 원래는 '추이행시推而行是'로 되어 있었으나, 해동의 설에 따라 수정하였다.

- 해동: '추推'자는 '이而'자 다음에 와야 한다. '추행推行'이 하나의 연결된 단어를 이루며, '주장主張', '강유綱維'와도 서로 대응된다.
- 도홍경: 곽상의 『장자주』에는 "무칙무능추無則無能推, 유칙각유사有則各有事; 연즉무사이추행자수호재然則無事而推行者誰乎哉? 각자행이各自行耳"라고 되어 있다.[10] 이에 따르면 곽상이 보았던 판본에는 '추이행시推而行是'가 '이추행시而推行是'로 되어 있었음을 알 수 있다. '추행推行'은 '주장主張', '강유綱維'와 구조가 일치한다. 현재의 판본은 교열한 자가 『경전석문』에 따라 고친 것이다.
- 왕숙민: 곽상의 『장자주』에는 "연즉무사이추행자수호재然則無事而推行者誰乎哉?"라고 되어 있으니, 곽상의 판본에는 '추推'자가 '이而'자 다음에 오는 것을 알 수 있다. 담연湛然의 『보행기』 13[11], 『주자어류』 125에서도 역시

---

10) 郭象注의 이 구절은 『莊子集釋』본과 약간의 차이가 있다. 『莊子集釋』의 곽상주는 "無則無所能推, 有則各自有事. 然則無事而推行是者誰乎哉? 各自行耳."로 되어 있다. "無라면 추동시킬 수가 없고, 有라면 각자 일삼음이 있다. 그렇다면 일삼음이 없으면서도 이들을 추동시키는 것은 누구인가? 각자 스스로 운행할 뿐이다"라는 뜻이다.

11) 湛然(711~782)이 지은 『止觀輔行搜要記』를 말한다. 담연은 법호가 荊溪이고, 중국 천태종의

동일하게 인용되어 있다. 현재의 판본은 순서가 잘못 뒤바뀌어 있는 것이다.

▹ 진고응: 각 설이 모두 옳다.

④ 意者: '혹자或者'(혹은)와 같다.

⑤ 隆施: '륭隆'은 '일어나다'(興)의 뜻이다.(성현영, 『장자소』) 일설에서는 '륭'을 '강降'으로 보기도 한다. '륭'과 '강'은 옛글자에서는 서로 통용되었다.(유월의 『장자평의』에 상세히 나온다.) 담연湛然의 『보행기』 40에서 인용한 구절에서도 '강'으로 썼다.(왕숙민, 『장자교석』)

⑥ 淫樂: 즐거움과 기쁨을 지나치게 추구함.

- 임운명: 구름과 비는 음양이 조화를 이루어 생겨나는 것이므로 '음락淫樂'이라고 하였다.

⑦ 勸是: '권면勸勉'을 말함. 장려하고 돕는다는 의미이다.

⑧ 在上彷徨: 현재 판본에는 '재在'가 '유有'로 되어 있다. '유有'는 '재在'를 잘못 쓴 것이다. 『장자궐오』에서 인용한 장군방본張君房本에는 '유有'를 '재在'로 썼다. 이에 따라 수정해야 한다.(해동, 『장자보주』) 당사본唐寫本에도 역시 '재在'라고 되어 있다.(왕숙민, 『장자교석』) '방황彷徨'은 회전하는 모습(성현영, 『장자소』), 혹은 왔다 갔다 하는 모습이다(임희일, 『남화진경구의』).

⑨ 嘘吸: '호흡呼吸'과 같다. 옛 시기에는 바람을 '크게 내뱉는 기운'(大塊噫氣. 「제물론」에 등장)이라 여겼다.

⑩ 披拂: (바람이) 불어서 흔들다.

⑪ 巫咸祒: 지어낸 우언의 인물.

- 호문영: '무함초巫咸祒'에 대해서는 '초祒'를 '초招'(부르다)로 해석하는 경우도 있고, '무함'의 이름을 '초祒'라고 해석하는 경우도 있다.[12] 모두 근거가 없으니 사용할 수 없다.(『장자독견』)

⑫ 六極五常: '육극六極'은 육합六合이라고도 하며, 동·서·남·북·상·하를 가리킨다. '오상五常'은 금·목·수·화·토를 말한다.

제5조인 左溪玄朗(673~754)의 제자이다. '天台宗'이라는 명칭을 처음 사용한 사람으로 알려져 있다.

12) 巫咸은 중국 고대의 전설상의 인물로 알려져 있다.

⑬ 九洛之事: 두 가지 해석이 있다. 첫 번째 해석은 '아홉 개 주의 취락의 일'로 풀이하는 것이고(성현영, 『장자소』), 두 번째 해석은 『낙서洛書』와 구주九疇의 일을 가리키는 것으로 보는 것이다(楊愼, 『注』13)). 이 가운데 '구주九疇'란 아홉 가지 큰 법도를 가리킨다. 각각은 다음과 같다. 첫째 오행五行, 둘째 오사五事, 셋째 팔정八政, 넷째 오기五紀, 다섯째 황극皇極, 여섯째 삼덕三德, 일곱째 계의稽疑, 여덟째 서징庶征, 아홉째 오복육극五福六極.(자세한 내용은 『尙書』「洪範」에 나옴)

【풀이】

"하늘은 운행하고 있는가? 땅은 머물러 있는가? 해와 달은 번갈아 비추는가? 누군가 이를 주재하고 있는가? 누군가 이를 유지하고 있는가? 누군가 아무 일 없이 편안히 있으면서 이를 추동시키고 있는가? 혹시 어떤 기계에 의해 부득이하게 발생하는 것인가? 아니면 스스로 멈출 수 없이 저절로 운행하는 것인가? 구름이 일어나는 것은 비를 내리기 위한 것인가? 비가 내리는 것은 구름을 일으키기 위한 것인가? 구름을 일으키고 비를 내리게 하는 자가 있는가? 누군가 아무 일 없이 편안히 있으면서 지나치게 즐거움을 바라며 이를 조장하는가? 북쪽에서 바람이 동서로 불어대며 상공에서 회전하며 왔다 갔다 하는 것은 누가 불어대는 것인가? 누가 아무 일 없이 편안히 있으면서 이를 불어 흔드는가? 대체 이유가 무엇인가?"

무함초가 말했다. "자, 내가 말해 주겠다. 하늘에는 육합과 오행이 있다. 제왕이 이에 따라 다스림을 행하면 평화롭게 다스릴 수 있지만, 이를 어기면 재난을 초래하게 된다. [이러한 자연의 이치에 따르면] 아홉 주의 모든 일이 잘 이루어지고 덕을 갖추게 되며, 이로써 인간을 비추면 천하가 모두 그를 떠받들 것이다. 이것을 바로 '상황上皇'의 다스림이라고 한다.

2.

商大宰蕩①問仁於莊子. 莊子曰: "虎狼, 仁也."

---

13) 楊愼(1488~1559)의 『장자』 관련 저술은 『莊子解』, 『莊子闕誤』, 『莊子難字』 세 가지이다. 이 중 어느 것을 말하는지 불분명하다.

曰: "何謂也?"

莊子曰: "父子相親, 何爲不仁?"

曰: "請問至仁."

莊子曰: "至仁無親②."

大宰曰: "蕩聞之, 無親則不愛, 不愛則不孝. 謂至仁不孝, 可乎?"

莊子曰: "不然. 夫至仁尙矣, 孝固不足以言之. 此非過孝之言也, 不及孝之言也. 夫南行者至於郢③, 北面而不見冥山④, 是何也? 則去之遠也. 故曰: 以敬孝易, 以愛孝難; 以愛孝易, 以忘⑤親難; 忘親易, 使親忘我難; 使親忘我易, 兼忘天下難; 兼忘天下易, 使天下兼忘我難. 夫德遺堯舜而不爲也⑥, 利澤施於萬世, 天下莫知也, 豈直太息而言⑦仁孝乎哉! 夫孝悌仁義, 忠信貞廉, 此皆自勉以役其德⑧者也, 不足多⑨也. 故曰, 至貴, 國爵並焉⑩; 至富, 國財並焉; 至願⑪, 名譽並焉. 是以道不渝⑫."

【길잡이】

① 商大宰蕩: '상商'은 송宋나라를 가리킨다. 주나라 왕실이 은대 왕조의 후예를 송의 제후로 봉했으므로 '상商'이라고 칭한 것이다. '대재大宰'는 관직의 명칭이며, '탕蕩'은 그의 자字이다.

② 至仁無親: 지극한 인은 사사로움이 없다. 지극히 인한 자는 모든 것을 똑같이 인하게 대하므로 편애하는 바가 없음을 말한 것이다. 『노자』 79장의 '천도무친天道無親'이라는 구절과 구조가 서로 같고, 「제물론」의 '대인불인大仁不仁'과도 의미가 일치한다.

③ 郢(중국음은 yǐng[影]): 초楚나라의 수도. 지금의 호북성 강릉현.

④ 冥山: 우언의 의미를 담아 지어낸 산 이름.

- 이면: '명冥'은 감감하고 아득한 것을 말한다. '명산冥山'은 작자가 지어낸 산으로, 심원하고 아득하다는 의미를 비유적으로 표현한 것이다. 최북단에 자리하고 있다고 하였지만, 실제로 이런 산이 있는 것은 아니다. '명산'이 이미 그 자체로도 잘 보이지 않는데, 남쪽으로 더 내려가 '영郢'에 이르러 산을 바라보면 더욱 보기 힘들다는 말이다. 효성스러우면 효성스러울수록 지극한 인과는 멀어지게 된다는 도리를 비유한 것이다.(『장자총론급분편평주』)

⑤ 忘: 마음이 어떤 적합한 경지에 도달했음을 표현하는 말.

⑥ 德遺堯舜而不爲也: '유遺'는 '잊어버리다'라는 뜻. 요와 순을 잊고 무위를 행한다는 말.(임희일, 『남화진경구의』)

⑦ 太息而言: 탄식하며 스스로 자랑함.(임희일, 『남화진경구의』) 근심의 표현.(조초기)

⑧ 役其德: '덕德'은 참된 본성(眞性)이니, 그 본성을 수고롭게 한다는 뜻이다.(성현영, 『장자소』)

⑨ 不足多: 숭상하기에 부족함.

⑩ 至貴, 國爵並焉: '병並'은 '병屛'으로 읽으며, '버리다'의 뜻이다.

- 임희일: 지극히 귀한데 어찌 (고작) 나라의 작위를 취하겠는가?

⑪ 至顯: 원래는 '지원至願'으로 되어 있었다. '원願'자는 '현顯'자를 잘못 쓴 것으로, 해동의 설에 따라 이를 수정하였다.

- 해동: '원願'은 '현顯'이 와전된 것이다. 본 편의 뒷부분에 나오는 '이현위시자以顯爲是者, 불능양명不能讓名'과 「경상초」에 나오는 '귀貴, 부富, 현顯, 엄嚴, 명名, 리利, 육자발지야六者勃志也' 등에서 모두 '현顯'으로 썼으니, 본문의 '원願'을 '현顯'으로 읽어야 한다는 증거가 된다.

⑫ 是以道不渝: '투渝'는 '변하다'의 뜻이다.(성현영, 『장자소』)

- 마서륜: 본문에 빠진 것이 있다.
- 이면: 앞에서 각각 '지인至仁', '지귀至貴', '지부至富', '지현至顯'이라 하였으니 여기에서도 '지도至道'라고 해야 하는 것이 맞다. '지至'자가 빠진 것이다. '투渝'는 '유喩'로 읽어야 한다. '~라고 칭하다'라는 뜻이다. 즉 '지도불투至道不渝'란 지극한 도는 스스로 그 도에 대해 칭찬하여 말하지 않는다는 뜻이니, 이른바 '위대한 도는 칭하지 않는다'(大道不稱)는 말이 바로 이를 가리키는 것이다.
  - ▹ 진고응: 이면의 설 또한 참고할 만하다.

【풀이】

송나라의 대재인 탕이 장자에게 인仁에 관해 물었다. 장자가 말했다. "호랑이나 이리에게도 인仁한 본성이 있습니다."

대재가 말했다. "왜 그러합니까?"

장자가 말했다. "아비와 자식이 서로 친한데, 어떻게 인仁이 아니겠습니까?"
대재가 말했다. "그렇다면 지극한 인仁이란 어떠한 것입니까?"
장자가 말했다. "지극한 인은 친애함을 넘어섭니다."
대자가 말했다. "내가 듣기로 친함이 없으면 사랑하지 않고, 사랑하지 않으면 효도하지 않는다고 들었습니다. 그렇다면 지극한 인은 불효한 것이라 말해도 되겠습니까?"
장자가 말했다. "아닙니다. 지극한 인은 최고의 경지니, 효를 가지고 이를 설명할 수 없습니다. 그대가 말한 것은 효를 넘어선 것이 아니라 정작 효의 경지에는 이르지도 못한 것입니다. 남쪽으로 향해 수도인 영郢에 이르러 북쪽의 명산을 바라보면 보이지 않을 것입니다. 왜 그러하겠습니까? 거리가 매우 멀기 때문입니다. 따라서 공경함으로 효를 행하는 것은 쉬울 수 있어도 사랑으로 효를 행하는 것은 어렵습니다. 사랑으로 효를 행하는 것은 쉬울 수 있어도 부모의 마음을 편안히 만드는 것은 어렵습니다. 부모의 마음을 편하게 만드는 것은 쉬울 수 있어도 부모가 자신을 걱정하지 않게 하는 것은 어렵습니다. 부모가 자신을 걱정하지 않게 하는 것은 쉬울 수 있어도 천하를 편안히 만드는 것은 어렵습니다. 천하를 편하게 만드는 것은 쉬울 수 있어도 천하가 자신을 잊어버리게 하는 것은 어렵습니다.
지극한 덕이라고 하는 것은 요순을 잊고 허정무위를 실천하는 것입니다. 이렇게 한다면 천하의 사람들이 깨닫지는 못하지만, 그 은택이 온 세상을 뒤덮을 것입니다. 그런데도 굳이 온갖 근심을 일삼으며 인仁과 효孝를 내세워야 하겠습니까? 효제孝悌와 인의仁義, 충신忠信과 정렴貞廉 등의 가치는 모두 스스로 권면하도록 하는 것으로, 인간의 본성을 수고롭게 만들 뿐이니 내세울 만한 것이 못됩니다. 따라서 지극히 존귀하면 한 나라의 작위조차 버릴 수 있고, 지극히 부유하면 한 나라의 재물조차 버릴 수 있고, 지극히 영예로우면 그 어떤 명예도 버릴 수 있습니다. 이것이 바로 도에 따라 일을 행하는 까닭입니다."

3.

北門成①問於黃帝曰: "帝張「咸池」②之樂於洞庭之野③, 吾始聞之懼, 復聞之怠, 卒聞之而惑; 蕩蕩默默④, 乃不自得."

帝曰: “汝殆其然哉! 吾奏之以人, 徽[5]之以天, 行之以禮義, 建之以太淸[6]. 四時迭起, 萬物循生; 一盛一衰, 文武倫經[7]; 一淸一濁, 陰陽調和, 流光其聲; 蟄蟲始作, 吾驚之以雷霆; 其卒無尾, 其始無首; 一死一生, 一僨[8]一起; 所常無窮[9], 而一不可待[10]. 汝故懼也.

吾又奏之以陰陽之和, 燭之以日月之明; 其聲能短能長, 能柔能剛, 變化齊一, 不主故常[11]; 在谷滿谷, 在阬滿阬; 塗郤[12]守神, 以物爲量[13]. 其聲揮綽[14], 其名[15]高明. 是故鬼神守其幽, 日月星辰行其紀. 吾止之於有窮, 流之於無止. 子欲慮之而不能知也, 望之而不能見也, 逐之而不能及也; 儻然立於四虛之道[16], 倚於槁梧而吟[17]. 心窮乎所欲知, 目窮乎所欲見, 力屈乎所欲逐[18], 吾旣不及已夫! 形充空虛, 乃至委蛇[19]. 汝委蛇, 故怠.

吾又奏之以無怠之聲, 調之以自然之命[20], 故若混逐叢生[21], 林樂而無形[22]; 布揮而不曳[23], 幽昏而無聲. 動於無方[24]居於窈冥[25]; 或謂之死, 或謂之生; 或謂之實, 或謂之榮; 行流散徙, 不主常聲. 世疑之, 稽於聖人. 聖也者, 達於情而遂於命也. 天機不張而五官皆備, 無言而心說, 此之謂天樂[26]. 故有焱氏[27]爲之頌曰: ‘聽之不聞其聲, 視之不見其形, 充滿天地, 苞裹六極.’ 汝欲聽之而無接焉, 而[28]故惑也.

樂也者, 始於懼, 懼故祟. 吾又次之以怠, 怠故遁; 卒之於惑, 惑故愚[29]; 愚故道, 道可載而與之俱也.”

【길잡이】

① 北門成: 성은 북문北門, 이름은 성成. 황제黃帝의 신하이다.(성현영, 『장자소』) 황제와 북문성의 대화는 지어낸 우언이다.

② 「咸池」: 고대의 악장樂章 이름.

③ 洞庭之野: 광활한 들판(廣漠之野).

- 성현영: ‘동정지야洞庭之野’는 천지 사이를 지칭하는 것으로, 동정호洞庭湖를 말하는 것이 아니다.

④ 蕩蕩默默, 乃不自得: ‘탕탕蕩蕩’은 정신이 흐트러지는 것이다.(임희일) ‘탕탕묵묵蕩蕩默默’은 흔들흔들하여 혼미한 것이다. ‘부자득不自得’은 마음이 공허하고 의혹이

일어나지만 왜 그러한지를 알지 못하는 것이다.(이면)

⑤ 徽: 현재 판본에는 '정征'이라고 되어 있으나, 옛 판본에는 '휘徽'로 쓴 경우가 많다.(『경전석문』) '휘揮'와 같으며(마서륜, 『장자의증』), '음악을 연주하다'라는 뜻이다.

⑥ 建之以太淸: '태청太淸'은 천도를 가리킨다.(성현영, 『장자소』) 통행본에는 '건지이태청建之以太淸' 뒤에 '부지락자夫至樂者, 선응지이인사先應之以人事, 순지이천리順之以天理, 행지이오덕行之以五德, 응지이자연應之以自然, 연후조리사시然後調理四時, 태화만물太和萬物'[14] 35자가 더 있으나, 곽상의 주석이 본문으로 잘못 삽입된 것으로 보인다.

- 소여: '부지락자夫至樂者'부터 이어지는 35자는 주석의 글이 삽입된 것이다.
- 마서륜: 소여의 설이 옳다. 이는 당연히 곽상의 『장자주』의 글이다. 아래 본문의 '유광기성流光其聲'은 곽상의 주석인 '자연율려自然律呂'로 시작하는 부분 앞에 놓여야 한다.
- 우성오: 소여는 "'부지락자夫至樂者'부터 이어지는 35자는 주석의 글이 삽입된 것이다"라고 하였다. 그의 설이 옳다. 곽경번의 『장자집해』에서는 이 설을 싣지 않았으니, 부족함이 있다. 이를 증명하는 다섯 가지 사례가 있다. 우선, 돈황고초본敦煌古鈔本에 이 35자가 없는 것이 첫 번째 증거다. '선응지이인사先應之以人事, 순지이천리順之以天理'와 본문 앞 구절 '주지이인奏之以人, 정지이천征之以天'의 문구가 중복되는 것이 그 두 번째 증거다. '조리사시調理四時, 태화만물太和萬物'과 본문 뒤 구절 '사시첩기四時疊起, 만물순생萬物循生'의 문구가 중복되는 것이 그 세 번째 증거다. 앞에서 '행지이예의行之以禮義, 건지이태청建之以太淸'이라고 했는데, 이 구절의 '청淸'자는 본문 뒤에 나오는 '생生', '경經'과 서로 운율을 이룬다. 그런데 중간에 35자가 들어가면 '청'은 운율을 잃게 된다. 이것이 네 번째 증거다. 마지막으로 곽상이 이 35자에 대해 주석을 남기지 않은 것이 다섯 번째 증거다.
- 왕숙민: 당사본唐寫本, 조간의본趙諫議本, 『도장』의 성현영본成玄英本, 왕원택(왕방)본王元澤(王雱)本, 임희일 『구의』본 등에 모두 이 35자 보이지 않는다. 따라서 성현영 『장자소』의 글이 본문으로 잘못 삽입된 것이다.
    - ▹ 진고응: 유문전의 『장자보정』[15] 역시 왕숙민의 설과 같다.

---

14) 무릇 지극한 음악이란 사람의 일로 먼저 응하고, 하늘의 이치로 따르고, 오덕으로 행하고, 스스로 그러함의 질서에 따라 응하며, 그런 뒤에 사시를 조절하고 만물을 크게 조화시킨다.

15) 원서에는 "『補注』"라고 되어 있으나 『莊子補注』는 奚侗의 저작이고 劉文典의 장자 주석은

⑦ 文武倫經: '윤경倫經'은 '경륜經綸'과 같다.(호문영, 곽숭도, 장병린)

- 임희일: 생겨나는 것을 '문文'이라 표현했고, 소멸하는 것을 '무武'라고 표현하였다. '윤경倫經'은 차례대로 이어진다(次序)는 뜻이다.
- 조초기: '경륜經綸'은 정치상의 분화와 화합을 말한다. '문무윤경文武倫經'이란 악곡이 문치와 무공의 각종 변화를 표현했음을 가리킨다.(『장자천주』)

⑧ 僨: '쓰러지다'(仆)의 뜻.(사마표)

⑨ 所常無窮: '상常'은 과거에 '당當'과 통용되었다. 『관자』 「주합宙合」에서 '응변불실지위당應變不失之謂當'이라 하였는데, 이 구절은 변화에 무궁하게 대응한다는 의미이다.

⑩ 一不可待: 어느 것도 기대할 수 없음.(유월, 『장자평의』)

- 조초기: '일불가대一不可待'는 하나도 예상할 수 없음을 말한다. 이상 네 구절의 의미는 악곡의 곡조가 높았다가 낮았다가 고요했다가 울렸다가 하는데, 이 모두 만물의 생성소멸하는 것을 표현한 것으로서 이러한 무궁한 변화가 일상적 상태이므로 듣는 이들이 예상할 수 없다는 것이다.

⑪ 不主故常: 고정된 것에 얽매이지 않음.

- 임희일: '고故'는 '구舊'(옛)와 같다. '부주고상不主故常'이란 (소리를) 내면 낼수록 새롭다는 뜻이다.

⑫ 塗郤: '도塗'는 '두杜'의 의미를 가차한 것으로, '막다'의 뜻이다. '극郤'은 '극隙'과 같으며, 여기에서는 일곱 개의 구멍을 가리킨다. '도극塗郤'은 『노자』 56장의 '색기태塞其兌'라는 말과 같은 의미이다.

⑬ 以物爲量: 사물에 따르는 것을 원칙으로 삼음.

- 임희일: 만물에 따라 헤아린다는 뜻으로, 음악을 만들어 낼 때 지모나 기교를 사용하지 않고 자연에 따르는 것을 말한다.

⑭ 揮綽: 점차 은은히 퍼져 나감.(임운명)

⑮ 名: '박자'로 풀이함.

- 임운명: '명名'은 박자를 어떤 형태로 나타낸 것을 말한다.

⑯ 四虛之道: 사방에 한계가 없는 위대한 도.

⑰ 倚於槁梧而吟: 「덕충부」에 나오는 "나무에 기대 노래를 부르거나 탁자에 기대어

『莊子補正』이므로 바로잡는다.

쉬다”(倚樹而吟, 據槁梧而瞑)라는 구절과 같다. ‘고오槁梧’는 탁자를 말한다.

⑱ 心窮乎所欲知, 目窮乎所欲見, 力屈乎所欲逐: 이 세 구절은 앞의 ‘욕려지이불능지야欲慮之而不能知也, 망지이불능견야望之而不能見也, 축지이불능급야逐之而不能及也’를 받아서 나온 것이다. 현재 판본에는 오탈자가 있어 ‘목지궁호소욕견目知窮乎所欲見, 역굴호소욕축力屈乎所欲逐’이라고 되어 있으나, 마서륜의 설에 따라 이를 수정하였다.

- 마서륜: 이 구절에는 오탈자가 있다. 앞에서 ‘자욕려지이불능지야子欲慮之而不能知也, 망지이불능견야望之而不能見也, 축지이불능급야逐之而不能及也’라고 하였는데, ‘목궁호소욕견目窮乎所欲見’이 ‘망지이불능견야望之而不能見也’를 받은 것이고 ‘역굴호소욕축力屈乎所欲逐’은 ‘축지이불능급야逐之而不能及也’를 받은 것이므로 앞에 ‘여지이불능지慮之而不能知’를 받은 구절이 나와야 한다. 그리고 ‘목目’자 뒤의 ‘지知’자는 누락된 글의 흔적으로서 이를 찾을 수 있게 해 주는 증거다. 하지만 지금은 ‘목目’자 뒤에 있어 글의 의미가 잘 통하지 않는다. 원래는 ‘구궁호소욕지口窮乎所欲知’라는 구절이 있었으나, 현재의 판본에는 빠져 있다.
  - ▹ 진고응: 마서륜의 설이 옳다. 다만 ‘구궁호소욕지口窮乎所欲知’는 ‘심궁호소욕지心窮乎所欲知’로 보아야 할 것이다. (앞에 나오는) ‘지知’와 ‘려慮’는 모두 ‘심心’의 작용이기 때문이다. ‘심지心知’, ‘심려心慮’가 연결되어 쓰이는 것은 이미 관례가 되었다.

⑲ 委蛇: 변화에 순응하다. 「응제왕」에 등장한 바 있다.

⑳ 自然之命: ‘명命’은 ‘령令’의 뜻으로 가차되었다. ‘령’은 ‘박자’(節奏)를 가리킨다.(마서륜, 『장자의증』)

㉑ 混逐叢生: 한데 뒤섞여 서로 따르며 나란히 생겨남.(임운명, 『장자인』)

- 마서륜: ‘축逐’은 ‘둔遯’을 생략한 글자이다. ‘혼둔混遯’은 ‘혼돈混沌’과 같다.
  - ▹ 진고응: 마서륜의 설 또한 참고로 삼을 수 있다.

㉒ 林樂而無形: ‘임락林樂’은 여러 음악이 함께 들리는 것을 비유한 말이다.

- 임희일: ‘임락林樂’은 무성하게 음악이 들려온다는 뜻이다. 사방에 음악이 온통 무성하고 왁자지껄하지만 그 형체는 보이지 않는다는 말이다.
- 임운명: 무성하게 음악이 동시에 울리지만 형상은 없는 것이다.
- 곽숭도: 『설문해자』에 “나무가 무성한 것을 수풀(林)이라고 한다”라고 하였다. ‘임락林樂’이란 함께 모여서 곡을 연주하는 것이다. 오음이 한데 어우러져 있으니, 각각의 소리가 어디서 나오는지를 판별할 수 없다. 따라서 ‘형상이

없다(無形)고 하였다. 즉 '임락이무형林樂而無形'이란 소리가 함께 어우러진 것을 말한다.(곽경번, 『장자집석』에서 인용)

- 장병린: '림林'은 '륭隆'의 뜻으로 가차되었다. 한漢나라 때는 피휘避諱로 인해 '융려隆慮'를 '임려林慮'로 썼다. 옛날에는 '륭隆'과 '림林'의 발음이 비슷했음을 알 수 있다. 『설문해자』에 "'륭隆'은 풍성한 것이다"라고 하였다.
    - ▹ 진고응: 장병린의 설 또한 참고할 수 있다.

㉓ 布揮而不曳: '포휘布揮'는 음악 소리가 널리 은은하게 울려 퍼지는 것을 표현한 것이다.

- 임운명: 음악 소리가 퍼져 나가며 일어나는데, 비록 남김없이 퍼져도 자취를 남기지 않는다.
- 곽숭도: '휘揮'는 흔들며 휘날리게 하는 것으로, 마치 천을 잡아당겨서 늘어뜨리는 것과 비슷하나 잡아당기는 자가 따로 있는 것은 아니다. '포휘이불예布揮而不曳'는 그 소리가 은은히 퍼지는 것을 말한다.

㉔ 動於無方: '방方'은 한정의 뜻을 지닌다.(후쿠나가 미쓰지)

㉕ 窈冥: 『노자』 21장에 나오는 말로, 「재유」에도 보인다.

㉖ 無言而心說, 此之謂天樂: 원래는 '차지위천악此之謂天樂, 무언이심열無言而心說'로 되어 있었으나, 글귀가 뒤바뀐 것으로 보인다. 글의 맥락을 통해 살펴보면 '이를 하늘의 음악이라고 한다'(此之謂天樂)라고 한 다음에, 이를 이어받아 '말이 없어도 마음은 즐겁다'(無言而心說)라고 끝맺어야 한다.

- 왕무횡: '무언이심열無言而心說'은 '차지위천악此之謂天樂' 앞에 놓여야 한다.
    - ▹ 진고응: 왕무횡의 설이 옳다.

㉗ 有焱氏(焱의 중국음은 yàn[咽]): 신농神農을 가리킴.(성현영, 『소』)

㉘ 而: '여汝'(2인칭 대명사)와 같다.

㉙ 愚: 임희일은 "'우愚'는 의식이 모두 없어져 완전한 공능(大用)이 행해지지 않는 때이다"라고 하였다.

【풀이】

북문성이 황제黃帝에게 물었다. "폐하께서 드넓은 들판에서 「함지」라는 곡을 연주하도록 하였을 때, 저는 처음 그것을 듣고 매우 놀랐습니다. 다시 들었을 때는 기분이 나른해지더니 마지막에는 어지러워지고 말았습니다. 온통 정신이 황홀하여 자신을 붙잡을 수조차 없을 정도였습니다."

황제가 말했다. "아마 그랬을 것이다. 나는 인간의 일을 가지고 곡을 연주하고 하늘의 도리를 통해 반주하며 인의로써 운행하고 자연의 원기로써 호응한다. 이에 사시가 서로 이어지며 일어나고 만물이 순서대로 생겨난다. 왕성해졌다가 다시 쇠퇴해지니 순서대로 생성되고 소멸한다. 또한 맑은 기운이 일어났다가 다시 탁한 기운이 일어나니 음양이 서로 조화를 이루고 소리와 빛이 서로 교류한다. 칩거하던 미물들이 일어나고자 하면 나는 우레와 같은 소리로 이들을 흔들어 깨우는데, [음악 소리가] 끝나도 끝을 종잡을 수 없고 시작해도 그 기원을 찾을 수 없으니, 갑작스럽게 사라졌다 갑작스럽게 일어나고 갑자기 멈추었다 갑자기 솟아오른다. 이처럼 변화에 무궁무진하게 대응하니, 전혀 예상하고 기대할 수 없어 네가 이를 듣고 놀랐던 것이다.

게다가 나는 음양의 조화를 통해 연주하고, 해와 달의 광명을 통해 빛을 비춘다. 곡조가 짧기도 하고 길기도 하며, 부드럽기도 하고 굳세기도 한데, 이러한 변화에는 일정한 법칙이 있으면서도 옛것을 뒤엎고 새것을 내기도 하니, 음악 소리가 골짜기의 빈틈을 모두 메우게 된다. 정욕을 절제하고 정신을 하나로 모으며 자연에 따른다. (이렇게 하여) 음악은 은은히 이어지지만 박자는 명쾌하다. 그러므로 귀신은 숨어서 드러나지 않고, 일월성신이 올바른 궤도에 따라 운행하게 된다. 만일 연주가 잠시 멈춘다고 하더라도 그 메아리는 끊임없이 널리 흘러 퍼져 나간다. 너는 아마 이에 대해 생각해 보고자 해도 알 수 없을 것이며, 살펴보고자 해도 볼 수 없을 것이고, 좇아가고자 해도 이를 수 없을 것이다. 그저 사방으로 끝없이 펼쳐지는 위대한 도에 몸을 맡기고, 멍하니 탁자에 기대어 노래를 흥얼거리면 될 뿐이다. 그런데 마음을 다 써 가면서 알고자 하고 눈을 다 써 가면서 보고자 하고, 정기를 다 소모해 가며 좇으려 한다면 나를 좇아올 수 있겠는가! 형체는 충만하되 내면의 마음은 텅 비어 밝은 상태를 유지해야 변화에 순응할 수 있다. 그대는 변화에 순응했기에 느긋하다고 느낀 것이다.

나는 또한 힘을 들이지 않는 소리로 연주를 하며, 자연의 장단으로 조화를 이룬다. 따라서 음조가 한데 뒤섞여 서로를 따라 나란히 생겨나니, 소리가 함께 울려 그 흔적을 분별해 낼 수 없으며, 널리 흩날려 퍼져 나가지만 머무르지 않으니 깊고 그윽하여 들을 수가 없다. 실로 그 변화가 무쌍하여 현묘한 경지에 이른다.

마치 갑자기 사라지는 것 같고, 갑자기 일어나는 듯하며, 갑자기 끝이 나는 것 같기도 하고, 갑자기 피어나는 것 같기도 하다. 이는 정해진 바 없이 계속해서 흘러가 어떤 틀에 박힌 소리에 머무르지 않는다. 세상 사람들이 의혹을 가지면 성인을 찾기 마련이다. 성인이란 바로 실정實情에 통달하고 자연에 따르는 것을 말한다. 본성을 흔들지 않고서도 오관의 감각을 모두 갖추고 있으며, 말이 없어도 마음은 즐겁다. 이것이 바로 하늘의 음악(天樂)이다. 따라서 신농씨가 이를 칭송하여 말하기를 '그 소리를 들을 수 없고 형상을 볼 수 없으나, 천지를 가득 채우고 있고 육극을 감싸고 있다'라고 하였다. 그대가 이를 듣고자 하여도 들을 수 없으니 그래서 혼미해진 것이다.

이러한 음악을 들으면 처음에는 두렵고 놀라게 된다. 두렵고 놀라면 이를 불길하다고 여기게 된다. 그러면 나는 다시 사람의 마음을 느긋하게 만드는 곡조를 연주한다. 마음이 느긋해지면 두렵고 놀랍게 만든 감정이 사라지고 혼미한 상태에 이르게 된다. 혼미한 상태에 이르면 아무런 인식도 없이 순박함을 유지할 수 있다. 마음에 어떤 인식도 없이 순박한 상태에 이르면 도와 합치될 수 있다. 이러한 경지에서 도와 서로 융합하고 회통하게 된다."

4.

孔子西遊於衛. 顔淵問師金①曰: "以夫子之行爲奚如?"

師金曰: "惜乎, 而夫子其窮哉!"

顔淵曰: "何也?"

師金曰: "夫芻狗②之未陳也, 盛以篋衍③, 巾④以文繡, 尸祝齊戒以將⑤之. 及其已陳也, 行者踐其首脊, 蘇者⑥取而爨之而已. 將復取而盛以篋衍, 巾以文繡, 遊居寢臥其下⑦, 彼不得夢, 必且數眯⑧焉. 今而夫子, 亦取先王已陳芻狗, 聚弟子遊居寢臥其下. 故伐樹於宋⑨, 削迹於衛⑩, 窮於商周⑪, 是非其夢邪? 圍於陳蔡之間⑫, 七日不火食, 死生相與鄰, 是非其眯邪?

夫水行莫如用舟, 而陸行莫如用車. 以舟之可行於水也而求推之於陸, 則沒世不行尋常⑬. 古今非水陸與? 周魯非舟車與? 今蘄行周於魯, 是猶推舟於陸也, 勞而無功, 身必有殃. 彼未知夫無方之傳⑭, 應物而不窮者也.

且子獨不見夫桔槔⑮者乎? 引之則俯, 舍之則仰. 彼, 人之所引, 非引人也,故俯仰而不得罪於人. 故夫三皇五帝[16]之禮義法度, 不矜[17]於同而矜於治, 故譬三皇五帝之禮義法度, 其猶柤梨橘柚[18]邪! 其味相反而皆可於口.

故禮義法度者, 應時而變者也. 今取猨狙[19]而衣以周公之服, 彼必齕齧挽裂, 盡去而後慊[20]. 觀古今之異, 猶猨狙之異乎周公也. 故西施病心而矉[21]其裏, 其裏之醜人見之而美之, 歸亦捧心而矉其裏. 其裏之富人見之, 堅閉門而不出, 貧人見之, 挈妻子而去走. 彼知矉美, 而不知矉之所以美. 惜乎, 而夫子其窮哉!"

【길잡이】

① 師金: 노나라의 태사. 이름은 금金.

② 芻狗: 풀을 엮어 만든 개. 제사에 사용되었다. 『노자』 5장 "천지불인天地不仁, 이만물위추구以萬物爲芻狗"(천지는 어질지 않나니, 만물을 풀로 만든 개로 여긴다)라는 구절에서 등장한 바 있다.

- 이이: 풀(芻)을 엮어 개를 만들어 제사에 사용하였다.

③ 篋衍: '협篋'은 대나무 바구니를 가리킨다. '연衍'은 (밥이나 옷 등을 담는) 대나무 상자(笥)를 가리킨다.(이이, 『장자주』)

- 주준성: '연衍'은 '단簞'의 의미를 가차하였다. 『설문해자』에서는 "'단'은 '대나무 상자'(笥)를 말한다"라고 하였다.(마서륜, 『장자의증』에서 인용)

④ 巾: '복覆'(덮다)과 같다.(성현영, 『장자소』)

- 곽경번: '건巾'자는 '식飾'(장식하다)자를 잘못 쓴 것이다. 『태평어람』에서 『회남자』의 '견이기수絹以綺繡'라는 구절을 인용하면서 이를 '식이기수飾以綺繡'라고 썼다.
  - ▹ 진고응: 곽경번의 설은 단지 참고로 삼는다.

⑤ 將: '송送'(보내다)과 같다. 「응제왕」의 '보내지도 않고 맞이하지도 않는다'(不將不迎)라는 구절의 '장將'과 같은 용법이다.

⑥ 蘇者: 나무꾼.(왕어의 주석)

- 육덕명: 이이는 "'소蘇'는 풀을 말하니, 풀을 모은 것으로 불을 피워 밥을 짓는다"라고 하였다. 『방언』에서는 "강江, 회淮, 남초南楚 일대를 '소'라고 부른다"라고 하였고, 『사기』 '초소후찬樵蘇後爨'이라는 구절의 주석에서는

"'소'는 풀을 모으는 것이다"라고 하였다.

⑦ 寢臥其下: 「소요유」에 등장하는 말.

⑧ 眯(중국음은 mi[泌]): 가위에 눌리다.

- 성현영: '미眯'는 가위에 눌리는 것(魇)을 말한다.

⑨ 伐樹於宋: 공자가 천하를 주유하다가 송나라 경내에 이르게 되었다. 제자들과 함께 큰 나무 한 그루 아래에서 잠시 휴식을 취하고 있다가, 제자들을 불러 모아 배운 예절을 다시 복습하도록 하였다. 제자들이 한창 예절을 시연하고 있을 때, 송나라에서 사마司馬 벼슬을 하던 퇴魋라는 자가 한 무리의 사람들을 이끌고 와서는 공자가 쉬고 있던 나무를 베어 넘기고는 공자까지 죽이려고 하였다. 이에 공자는 제자들을 이끌고 황급히 도망쳤다. 이 환퇴桓魋라는 자는 본래 사치스러운 인물로, 그는 석공들에게 자신을 위한 석곽을 하나 만들게 한 적이 있었는데, 삼 년이 지나도록 석곽은 완성되지 못하였고 석공들이 전부 몸져눕고 말았다. 공자가 예전에 이 일을 크게 비판한 적이 있었기에 환퇴의 원한을 샀던 것이다.

⑩ 削迹於衛: 공자가 노나라를 떠나 위나라[지금의 하남성 북부]에 도착했을 때였다. 위나라의 영공靈公이 그를 경계하여 공손여가公孫余假를 보내 공자를 감시하게 했다. 이에 공자가 어쩔 수 없이 위나라를 떠나기에 이르렀는데, 위나라를 떠나는 도중에 광匡이라는 지역을 지나게 되었다.[이 지역은 위령공에 의해 추방된 귀족 公孫戌이 점령하고 있었다.] 그런데 광성의 사람들이 공자를 노나라의 양호陽虎라는 인물로 착각을 하여 그를 포위하였다. 양호가 과거에 군사를 이끌고 이 지역을 어지럽힌 적이 있었던 것이다. 결국 5일 동안 공자를 포위하고서는 겨우 그를 풀어 주었다. 광성을 다스리던 공손술은 공자를 풀어 주며 다시는 위나라를 찾지 않을 것을 경고하였다.

⑪ 窮於商周: '궁窮'은 뜻을 얻지 못함. 상商은 은나라 지역이며, '주周'는 '동주東周'를 말한다.(성현영, 『장자소』) '주周'는 송나라와 위나라를 가리키는 것으로 보아야 한다.

⑫ 圍於陳蔡之間: '진채지간陳蔡之間'이란 부함負函[현재의 하남성 信陽縣]이라는 지역을 가리킨다. 공자가 송나라에서 환퇴를 만나 위험에 빠질 뻔하였는데, 다시 그를

만나게 될까 두려워 몸을 숨기기 위해 '휘복微服'[즉 평상복. 『孟子』「萬章上」에 나옴]으로 갈아입고 송나라를 빠져나왔다. 공자가 송나라를 떠나 진나라로 오게 되었지만, 당시 진나라 역시 정세가 매우 혼란했다. 이에 공자는 진나라를 떠나 초나라로 향하고자 했고, 진나라와 채나라 사이의 부함이라는 지역을 지나다가 그만 오나라와 초나라 간의 교전을 맞닥뜨리고 말았다. 군사들 사이에 갇혀서 이러지도 못하고 저러지도 못한 채 가진 양식까지 다 떨어져 버렸다. 이에 공자는 자공을 보내 초나라 군대와 교섭을 하도록 했고, 가까스로 교섭에 성공하여 겨우 포위를 벗어날 수 있었다.

⑬ 尋常: 짧은 거리를 가리키는 말. 팔 척의 길이를 '심尋'이라고 하고, 일 장 육 척을 '상常'이라고 한다.

- 마기창: '심상尋常'은 '척촌尺寸'(짧은 거리 혹은 소량)과 같다. 『좌전』 '쟁심상이진기민爭尋常以盡其民'라는 구절에 대한 주석에서 "한 뼘만큼의 땅을 놓고 다투는 것이다"(爭尺寸之地)라고 풀이하였다.

⑭ 無方之傳: 한정되지 않은 변화. '무방無方'이라는 말은 위에서 이미 등장한 바 있다.

- 곽경번: '전傳'은 '전轉'(회전하다)으로 읽는다. 끝이 없이 전환한다는 뜻이다. 『여씨춘추』「필기必己」에 '약부만물지정若夫萬物之情, 인륜지전人倫之傳'이라는 구절이 등장하는데, 고유高誘의 『주』에서 "전傳은 전轉과 같다"라고 풀이하였다.

⑮ 桔槔: 물을 퍼 올리는 기구. 「천지」에서는 '고槔'라고 하였다.

⑯ 三皇五帝: '삼황三皇'의 의미 관해서는 두 가지 설이 있다. 첫 번째는 천황天皇, 지황地皇, 인황人皇으로 보는 설이다.(『河圖』, 「三五曆」) 두 번째는 수인燧人, 복희伏羲, 신농神農을 가리킨다고 보는 설이다.(『尙書大傳』) '오제五帝'의 의미 역시 두 가지 설이 있다. 첫 번째는 황제黃帝, 전욱顓頊, 제곡帝嚳, 요堯, 순舜을 가리킨다고 보는 설이다.(『史記』, 「五帝本紀」) 두 번째는 소호少昊, 전욱顓頊, 고신高辛, 요堯, 순舜을 가리킨다고 보는 설이다.(孔安國, 『尙書序』)

⑰ 矜: 숭상하다(尙).(임운명, 『장자인』)

⑱ 柤梨橘柚: 「인간세」에 등장한다.

⑲ 猨狙(狙의 중국음은 jū[居]): '원猨'은 '원猿'(원숭이)과 같다. '저狙'는 원숭이와 그 모습이

비슷하다. '원저猨狙'라는 말은 「제물론」, 「응제왕」, 「천지」 등에 등장한 바 있다.

⑳ 慊(중국음은 qiàn[欠]): 만족하다.

㉑ 矉: '빈顰'과 같다. 미간을 찌푸리는 것을 말한다.

【풀이】

공자가 서쪽으로 여행을 떠나 위나라에 이르게 되었다. 안연이 사금에게 물었다. "저희 스승님의 법도에 대해 어떻게 생각하십니까?"

사금이 말했다. "안타깝지만, 자네 스승의 도리는 통할 수 없다."

안연이 말했다. "왜 그렇습니까?"

사금이 말했다. "제사에 올리기 전에 제사에 바칠 추구芻狗를 대나무 바구니에 담아 천으로 덮어 두면, 제주가 삼가 이를 받아든다. 그런데 제사에 올리고 난 뒤에는 길 가던 사람들에게조차 함부로 밟히고, 심지어 나무꾼은 이를 주워 불 피우는 데 사용한다. 만일 어떤 이가 이를 다시 주워 담아 바구니에 넣고 천으로 고이 덮어 가지고 다니면서 잠잘 때도 곁에 둔다면, 악몽을 꾸지는 않더라도 분명 성가시다고 여길 것이다. 지금 자네의 스승은 마치 선왕들이 이미 사용한 추구芻狗를 가져와 제자들을 모아 사방을 돌아다니며 잠잘 때까지 항상 곁에 두고 있는 꼴이다. 그러니 일전에 송나라에서 나무에 깔릴 뻔한 모욕을 당하고, 위나라에 머물지 못하도록 제재를 당했으며, 상나라나 주나라에서 역시 뜻을 이루지 못했던 것이 아닌가? 이것이 바로 악몽이 아니면 무엇이겠는가? 진나라와 채나라 사이에서 포위당해 이레를 굶주리고 죽은 뻔한 상황에서 가까스로 탈출한 것이 성가신 일이 아니면 무엇이겠는가?

물 위를 갈 때는 배보다 나은 것이 없고, 땅 위를 갈 때는 수레보다 나은 것이 없다. 배가 물 위를 다닐 수 있으니 땅 위에서도 갈 수 있을 것이라 기대한다면, 평생 얼마 가지 못할 것이다. 비유하자면 옛날과 지금이 마치 물과 땅처럼 서로 완전히 다르지 않은가? 주나라와 노나라 역시 배와 수레처럼 서로 완전히 다르지 않은가? 그런데 지금에 와서 주나라의 법도를 노나라에서 시행하고자 한다면, 이 어찌 배를 땅 위로 가져와 타고 가려는 격이 아니겠는가? 이렇게 한다면 힘만 들 뿐 이루는 바가 없고, 그 자신 또한 화를 당하고 말 것이다. 그런데도 그는 고정되지 않은 변화에 따를 줄을 모르며, 사물에 따르고 무궁히 변화하는 도리에 순응할 줄을 모르는구나.

자네는 물을 퍼 올리는 길고桔槔라는 기구를 보지 못했는가? 사람이 이 기구를 잡아당기면 아래로 내려가고, 손을 놓으면 위로 올라간다. 이 기구가 사람에 의해 잡아당겨지는 것이지, 기구가 사람을 잡아당기는 것이 아니다. 따라서 올라가든 내려가든 기구는 죄가 없다. 이처럼 삼황오제의 예의법도도 천하를 태평하게 만들 수 있는 점이 귀한 것이지, 그 자체로 귀한 것이 아니다. 마치 산사, 배, 귤, 유자 등이 맛은 모두 달라도 전부 맛이 있어 먹을 수 있는 것과 같은 이치다. 그러므로 예의법도는 시대에 따라 변화한다는 것을 알 수 있다. 만약 지금 원숭이에게 주공의 예복을 입힌다면, 분명 갈가리 물어뜯고 옷을 다 벗어 던져야 편안해할 것이다. 옛날과 지금의 상황이 다른 것은 원숭이와 주공이 서로 다른 것과 같다. 옛날 미녀 서시가 가슴속에 병이나 눈썹을 찌푸리고 아파하고 있었는데, 이웃에 사는 추녀가 이를 보고 그 모습이 아름답다고 여겨 마을로 돌아와 똑같이 가슴을 움켜쥐고 눈썹을 찌푸린 일이 있었다. 마을의 부자들은 이 모습을 보고 집 문을 걸어 닫고 밖으로 나오지 않았고, 가난한 자들은 처자식을 데리고 도망가 버렸다. 그녀는 눈썹을 찌푸린 모습이 아름답다는 것만 알았지, 그 모습이 왜 아름다운지는 몰랐다. 자네의 스승의 도 역시 통하지 않을 것이니, 참으로 애석하구나!"

5.

孔子行年五十有一而不聞道, 乃南之沛①見老聃.

老聃曰: "子來乎? 吾聞子, 北方之賢者也, 子亦得道乎?"

孔子曰: "未得也."

老子曰: "子惡乎求之哉?"

曰: "吾求之於度數②, 五年而未得也."

老子曰: "子又惡乎求之哉?"

曰: "吾求之於陰陽, 十有二年而未得."

老子曰: "然. 使道而可獻, 則人莫不獻之於其君; 使道而可進, 則人莫不進之於其親; 使道而可以告人, 則人莫不告其兄弟; 使道而可以與人, 則人莫不與其子孫. 然而不可者, 無它也, 中無主而不止③, 外無正④而不行. 由中出者,不受於外, 聖人不出; 由外入者, 無主於中, 聖人不隱. 名, 公器也, 不可多取. 仁義, 先王之蘧廬⑤也, 止可以一宿而不可久處, 覯⑥而多責.
古之至人, 假道於仁, 托宿於義, 以遊逍遙之墟, 食於苟簡⑦之田, 立於不貸之圃. 逍遙, 無爲也; 苟簡, 易養也; 不貸, 無出⑧也. 古者謂是采眞⑨之遊. 以富爲是者, 不能讓祿; 以顯爲是者, 不能讓名; 親權者, 不能與人柄. 操之則栗, 舍之則悲, 而一無所鑒, 以窺其所不休者⑩, 是天之戮民也. 怨恩取與諫敎生殺, 八者, 正之器也, 唯循大變無所湮者爲能用之. 故曰, 正者, 正也⑪. 其心以爲不然者, 天門⑫弗開矣."

【길잡이】

① 沛: 강소성 패현.

② 度數: 제도와 예법(名數).(임운명, 『장자인』) '도수度數'라는 말은 「천도」에 이미 등장한 바 있다.

③ 中無主而不止: 마음속으로 스스로 터득하지 못하면 도道가 머물러 있을 수 없다.

- 곽상: 마음속에 도를 받아들일 자질이 없으면 도를 듣더라도 지나치게 된다.
- 임희일: '중무주이부지中無主而不止'란 스스로 보고 스스로 깨닫지 못한 것이다. 도를 구하는 자가 밖에서 도를 들었어도 마음속에서 스스로 이를 따르지 않는다면 스스로 얻는 바가 없으니 머무르게 하고자 해도 할 수 없다.

④ 正: 증험하다(證).(왕어의 주석)

- 임희일: 불교에서 '인증印證하다'라고 말하는 것과 같다.

⑤ 蘧廬: 여관, 숙소.

- 임희일: '거려蘧廬'는 초가집을 말한다.

⑥ 覯(중국음은 gòu[購]): 보이다, 나타나다(見).

⑦ 苟簡: 간략함.

- 왕목야: '구苟'는 '구차함'(且), '간簡'은 '소략함'(略)을 말한다.(『경전석문』에서 인용)

⑧ 無出: 힘들이지 않음, 힘들지 않음.(임희일, 『남화진경구의』)

⑨ 采眞: 내면의 참된 바를 탐구함. '채采'는 '채採'(취하다)와 같다.

- 여길보: 취한 것에 진실되지 않음이 없는 것이다.(초횡, 『장자익』에서 인용)
- 저백수: '채진지유采眞之游'라는 말은 거짓되고 사사로운 바를 조금도 용납하지 않음을 말한다. 마치 자연으로부터 이루어지는 하늘의 운행이 항상 쉬지 않고 살아 움직이는 것과 같은 모습이다.(『남화진경의해찬미』)

⑩ 一無所鑒, 以窺其所不休者: 자신의 끊임없는 추구를 비추어 반성할 통찰력이 없음을 가리킨다.

- 임희일: '규窺'는 '보다', '소불휴所不休'는 미혹되어 돌아올 줄 모름을 말한다. 마음속에 밝은 식견이 없어 미혹된 것을 돌이켜 볼 수 없음을 말한 것이다.

⑪ 正者, 正也: 스스로 바로잡을 수 있어야 남을 바로잡을 수 있음.

- 임희일: 나에게 있는 것을 바로잡은 뒤에 외물을 바로잡을 수 있다.

⑫ 天門: 마음(心)을 가리킴.(성현영, 『장자소』) 『노자』 10장에 '천문개합天門開闔'이라는 용례가 있다.

- 육서성: '천문天門'은 '영부靈府'와 같은 말이다.(陸長庚의 저서 『南華副墨』을 초횡의 『장자익』에서 인용함)

【풀이】

공자의 나이 51세에 아직 도를 얻지 못해, 남쪽 패 땅으로 가서 노자를 찾았다. 노자가 말했다. "오셨습니까? 듣자 하니 북방의 현인이라고 하는데, 도를 얻었습니까?"

공자가 말했다. "아직 도를 얻지 못했습니다."

노자가 말했다. "어떻게 도를 얻고자 하였습니까?"

공자가 말했다. "제도와 예법을 통해 구하고자 하였는데, 5년이 지나도 아직 도를 얻지 못했습니다."

노자가 말했다. "또 어떻게 도를 얻고자 하였습니까?"

공자가 말했다. "음양의 변화로부터 구하고자 하였는데, 12년이 지나도 아직 도를 얻지 못했습니다."

노자가 말했다. "그렇습니다. 만약 도를 바칠 수 있다면, 신하는 군주에게 도를 가져다 바칠 것입니다. 만약 도를 드릴 수만 있다면, 자식은 부모에게 도를 드릴 것입니다. 만약 도를 남에게 알려 줄 수 있다면, 사람들은 모두 형제들에게 도를 알려 줄 것입니다. 만약 도를 남에게 전달해 줄 수 있다면, 사람들은 모두 자손에게 도를 전해 줄 것입니다. 하지만 이는 불가능합니다. 다른 바가 없습니다. 마음속에서 스스로 깨닫지 못하면 도는 머무르지 않으며, 바깥에서 이를 증험하지 못하면 도는 통하지 않습니다. 마음속에서 깨달은 바가 외부로부터 받아들여지지 않는다면 성인은 이를 내보이지 않습니다. 그리고 바깥에서 내면으로 들어온 것이 깨달음을 통해 받아들여질 수 없다면, 성인은 이를 남겨 두지 않습니다. 명예는 천하가 함께 사용하는 것이므로 지나치게 취할 수 없습니다. 인의는 선왕이 머무른 거처이므로 그저 하룻밤 머무르는 것은 가능하지만, 그 이상 오래 머무를 수는 없습니다. 자취가 뚜렷이 드러나면 그만큼 비난도 많아지는 법입니다.
옛날의 지인은 인仁을 빌리고 의義에 가탁한 채, 소요의 경지에서 노닐었습니다. 간소한 들판에서 살고, 은혜를 베풀지 않는 농원에서 뜻을 세웠습니다. 이렇게 함으로써 소요와 무위를 실천할 수 있었으며, 간소함을 추구하였기에 쉽게 만족할 수 있었고, 은혜를 베풀고자 하지 않았기에 스스로 소모되는 일이 없었습니다. 예전에는 이를 '참된 바를 찾아 나가는 여행'(采眞之遊)이라고 불렀습니다.
부를 추구하고자 하는 자는 남에게 이익이나 관록을 양보하지 못합니다. 세상에 드러나기를 추구하는 자는 남에게 명예를 양보하지 못합니다. 권세에 빠진 자는 남이 권력을 쥐도록 하지 못합니다. 자신이 추구하는 바를 손에 넣으면 전율을 일으키지만, 놓치면 근심에 빠집니다. [이러한 자들은] 마음속에 밝은 식견이 없어 오직 끊임없이 추구할 줄만 아는데, 자연의 도리로 살펴보면, 이들은 마치 형벌을 받는 형국이나 다름이 없습니다. 원망하고(怨), 은혜를 베풀고(恩), 취하고(取), 주고(與), 간하고(諫), 가르치고(教), 살리고(生), 죽이는(殺) 여덟 가지는 사람을 바로잡는 방법인데, 자연의 변화에 따를 줄 알아서 외물에 의해 얽매이지 않는 자만이 이 방법을 사용할 수 있습니다. 따라서 말하기를, 스스로 바로잡을 수 있는 자만이 남을 바로잡을 수 있다고 하였습니다. 만약 마음속에서 이 점을 제대로 인식하지 못한다면 정신의 활동이 순조롭게 이루어지지 않을 것입니다."

6.

孔子見老聃而語仁義. 老聃曰: "夫播穅①眯目, 則天地四方易位矣; 蚊虻噆, 則通昔②不寐矣. 夫仁義憯③然乃憒吾心④, 亂莫大焉. 吾子使天下無失其朴,吾子亦放風而動[⑤], 總[⑥]德而立矣, 又奚傑傑然揭仁義[⑦], 若負建鼓[⑧]而求亡子者邪? 夫鵠[⑨]不日浴而白, 烏不日黔[⑩]而黑. 黑白之朴, 不足以爲辯; 名譽之觀, 不足以爲廣. 泉涸, 魚相與處於陸, 相呴以濕, 相濡以沫, 不若相忘於江湖[⑪]!"

孔子見老聃歸, 三日不談, 弟子問曰: "夫子見老聃, 亦將何規[⑫]哉?" ·

孔子曰: "吾乃今於是乎見龍! 龍, 合而成體, 散而成章, 乘雲氣而養[⑬]乎陰陽. 予口張而不能嗋[⑭], 予又何規老聃哉!"

子貢曰: "然則人固有尸居而龍見, 淵默而雷聲[⑮], 發動如天地者乎? 賜亦可得而觀乎?" 遂以孔子聲見老聃.

老聃方將倨[⑯]堂而應, 微曰: "予年運而往矣[⑰], 子將何以戒[⑱]我乎?"

子貢曰: "夫三皇[⑲]五帝之治天下不同, 其係[⑳]聲名一也. 而先生獨以爲非聖人, 如何哉?"

老聃曰: "小子少進! 子何以謂不同?"

對曰: "堯授舜, 舜授禹, 禹用力而湯用兵, 文王順紂而不敢逆, 武王逆紂而不肯順, 故曰不同."

老聃曰: "小子少進! 余語汝三皇五帝之治天下. 黃帝之治天下, 使民心一, 民有其親死不哭而民不非也. 堯之治天下, 使民心親, 民有爲其親殺其殺[㉑]而民不非也. 舜之治天下, 使民心競, 孕婦十月而生子[㉒], 子生五月而能言, 不至乎孩而始誰[㉓], 則人始有夭矣. 禹之治天下, 使民心變, 人有心而兵有順[㉔], 殺盜非殺人, 自爲種而天下耳[㉕], 是以天下大駭, 儒墨皆起. 其作始有倫, 而今乎婦, 女何言哉[㉖]! 余語汝, 三皇五帝之治天下, 名曰治之, 而亂莫甚焉. 三皇之知, 上悖日月之明, 下睽山川之精, 中墮四時之施[㉗], 其知憯於蠆蠆[㉘]之尾, 鮮規之獸[㉙], 莫得安其性命之情者, 而猶自以爲聖人, 不亦可恥乎[㉚], 其無恥也?"

子貢蹴蹴然立不安.

【길잡이】

① 播糠: '파播'는 '파簸'(까부르다)의 의미를 가차한 것이다.(마서륜, 『장자의증』) '강糠'은 '강糠'(겨)과 같다.

② 通昔: '통석通夕'(온밤)과 같다. '석昔'과 '석夕'은 과거 서로 통용되었다. 『도장』의

성현영본에는 '석昔'을 '석夕'으로 썼다.

- 임희일: '석昔'은 '석夕'을 말한다. 『좌전』의 "머무르려면 하룻밤의 방책을 준비한다"(居則備一昔之衛[16])라는 구절이 바로 이러한 사례이다.
- 곽경번: '석昔'은 '석夕'과 같다. '통석通昔'은 온밤을 뜻한다.
- 엄령봉: 『열자』「주목왕周穆王」에 '석석몽위국군昔昔夢爲國君'이라는 구절이 나오는데, 은경순殷敬順은 『열자석문列子釋文』[17]에서 "'석석昔昔'은 '밤마다'(夜夜)라는 뜻이다"라고 하였다.(『도가사자신편』, 774쪽)

③ 憯(중국음은 cǎn[慘]): '참慘'과 통한다.

- 임희일: '참연憯然'은 해를 끼치는 모습을 말한다.

④ 憒吾心: '궤憒'는 현재 판본에는 '분憤'으로 되어 있다. 형태의 유사성으로 인해 와전된 것이다.

- 곽경번: '분憤'은 『경전석문』에는 "원래는 '궤憒'라고도 쓴다"라고 하였다. 이를 따른다. '분賁'과 '귀貴'는 형태가 유사하다. 따라서 '분賁'과 '귀貴'가 포함된 글자는 혼동되는 경우가 많았다.
- 엄령봉: 『설문해자』에는 "'궤憒'는 어지러움(亂)을 말한다"라고 하였으니, 아래에서 '이보다 어지러운 것이 없다'(亂莫大焉)라고 한 것과 서로 대응된다. 이에 곽경번의 설에 따라 이를 수정해야 한다.

⑤ 放風而動: '방放'은 의지하다(依)의 뜻이다.(사마표, 『장자주』)

- 임희일: '방풍放風'은 변화에 따르는 것이다. 변화에 따라 나아가는 것을 '바람을 타고 나아간다'(放風而動)라고 말한 것이다.

⑥ 總: '집執'(붙잡다)의 의미이다.(임희일, 『남화진경구의』)

⑦ 又奚傑傑然揭仁義: '걸걸연傑傑然'은 애쓰는 모습을 말한다.(성현영, 『장자소』) 현재의 판본에는 '걸연傑然'으로 되어 있으나, 진경원의 『장자궐오』에서 인용한 장군방본에는 '걸傑'자가 중첩되어 있다. 조간의본 역시 동일하다.(왕효어의 교열) 이에 따라 보충한다. 한편 현재 판본에는 '게인의揭仁義' 세 글자 역시 빠져 있으므로 유사배 등의 설에 따라 이를 보충한다.

- 유사배: 「천도」에 서술된 노담의 말은 다음과 같다. "선생은 그저 이러한

---

16) 『춘추좌씨전』의 원래 구문은 "居則具一日之積, 行則備一夕之衛."로 되어 있다. 僖公 33年條 참조.

17) 당나라의 殷敬順이 짓고 송나라의 陳品卿이 빠진 부분을 보완한 『列子』 주석서이다.

덕에 따라 행하며 도에 따라 해 나가면 더할 나위가 없습니다. 어찌 마치 징을 치고 북을 울리며 길 잃은 아이를 찾듯이 인의를 내세우는 데 급급하십니까?'(子亦放德而行, 循道而趨, 已至矣, 又何偈偈乎仁義, 若擊鼓而求亡子焉) 이 구절과 본문의 구절의 내용이 대략 일치하며, '걸연傑然'과 '게호偈乎'는 서로 음과 뜻이 부합한다.…… 본문의 '약부若負' 앞부분은 '게인의揭仁義' 세 글자로 총괄될 수 있다. 한편 곽상은 "인과 의에 급급하면서 도와 덕을 벗어난다"(揭仁義以趦道德之鄕)라는 주석을 달았다. 이러한 것들을 근거로 삼을 수 있다.(『장자각보』)

- 우성오: 「천도」의 "어찌 마치 징을 치고 북을 울리며 길 잃은 아이를 찾듯이 인의를 내세우는 데 급급하십니까?"(又何偈偈乎仁義若擊鼓而求亡子焉)라는 구절에서 '게게偈偈'가 바로 '걸걸傑傑'과 같다. 「경상초」에서 "마치 부모를 잃은 것과 망연자실하고, 깃대를 높이 들고 바다를 찾아 떠나는 것과 같다"(若規規然若喪父母, 揭竿而求諸海也)라고 하였는데, 이 구절과 용례가 비슷하다.(『장자신증』)
- 왕숙민: 유사배는 「천도」와 곽상의 『장자주』를 근거로 '걸연傑然' 다음에 내용을 총괄하는 '게인의揭仁義'가 있어야 한다고 보았는데, 이 설이 옳다. 한편 '걸연'은 '걸걸연傑傑然'으로 써야 「천도」의 '게게호揭揭乎'와 같은 구조를 이룬다.('傑'과 '偈'는 서로 음과 뜻이 같다.) 당사본唐寫本, 조간의본趙諫議本, 진경원의 『장자궐오』에 인용된 장군방본張君房本에서도 '걸傑'자를 중첩하여 썼다.

⑧ 負建鼓: 큰 북을 치다.

- 유사배: '부負'는 '부掊'로 읽는다. '부掊'는 '격擊'(치다)과 같다.
- 마서륜: '건建'은 '동冬'의 뜻을 가차한 것이다. 『설문해자』에 "'동冬'은 큰 북이다"라고 하였다.

⑨ 鵠: 원래 '학鶴'으로도 쓴다.(『경전석문』) 당사본唐寫本에서도 '학鶴'으로 썼다. '곡鵠'과 '학鶴'은 과거 혼용되는 경우가 많았다.(왕숙민)

⑩ 黔(중국음은 qián[拑]): 검게 물들이다.

⑪ 泉涸, 魚相與處於陸, 相呴以濕, 相濡以沫, 不若相忘於江湖: 이 다섯 구절은 「대종사」의 구절을 그대로 가져온 것이다.

⑫ 規: 간언하다(諫).

⑬ 養: '상翔'(빙빙 돌며 날다)의 뜻을 가차하였다.

- 유사배: '양養'과 '상翔'은 과거 서로 통용되었다. 『월령』의 '군조양수群鳥養羞'라는 구절이 『회남자』 「시칙훈時則訓 · 하」에서 '군조상群鳥翔'으로 쓰인 것이 그 사례이다.

⑭ 口張而不能嗋(嗋의 중국음은 xuē[薛]): '협嗋'은 '모으다'(合)의 뜻이다.(『경전석문』) 진경원의 『장자궐오』에 인용된 장군방본張君房本에는 '협嗋' 뒤에 '설거이불능인舌擧而不能訒' 여섯 자가 더 들어가 있다.(해동, 마서륜 등의 교열)

⑮ 尸居而龍見, 淵默而雷聲: 「재유」에 나오는 말. 현재 판본에는 '연묵이뇌성淵默而雷聲'이 '뇌성이연묵雷聲而淵默'으로 뒤바뀌어 있으나, 「재유」에 따라 이를 수정하였다.

⑯ 倨: 걸터앉다(踞).(성현영, 『장자소』)

⑰ 予年運而往矣: '운運'은 '때'(時)를 말함. 나이가 들어 쇠약해졌음을 말한다.(성현영, 『장자소』) 노자가 자신을 낮추어 말한 것으로 나이가 연로하여 옛일들이 모두 흘러갔음을 뜻한다.(육서성)

⑱ 戒: '계誡'(훈계하다)와 같다.

⑲ 三皇: 원래는 '삼왕三王'으로 되어 있었다. 진경원의 『장자궐오』에는 '왕王'이 '황皇'으로 되어 있다. 임희일본에서도 역시 '황皇'으로 썼다. 다음에 '삼황三皇'이라는 글자가 세 차례 등장하는 것 역시 하나의 증거로 볼 수 있다. 이에 『장자궐오』에 따라 글을 수정한다.

⑳ 係: '계繫'(맺다)와 같다.

㉑ 民有爲其親殺其殺: '쇄殺'자는 '차差'(다르다)의 뜻으로 가차되었다.(마서륜, 『장자의증』) 친함에는 차등이 있음을 가리키는 말이다. 『중용』에 나오는 '친함의 차등'(親親之殺)이라는 구절이 하나의 증거가 된다. 요임금이 천하를 다스린 방식은 백성들이 각자 가까운 것을 가깝게 대하도록 한 것으로서, 진정한 친함에는 차등이 있으니 백성들도 이를 비난하지 않았다는 뜻이다. 이 구절에서는 황제와 요임금의 다스림에 각기 치우친 바가 있음을 지적하고 있다.

- 이면: '민유위기친民有爲其親, 쇄기쇄殺其殺, 이민불비야而民不非也'에서 '쇄殺'자는 '차差'와 같다.

㉒ 孕婦十月而生子: '잉孕'자 앞에 원래 '민民'자가 더 들어가 있었으나, 불필요한 글자이므로(마서륜, 『장자의증』) 삭제할 수 있다. '이而'자는 원래 없었으나 『태평어람』 360항에서 인용한 구절에서는 '월月'자 다음에 '이而'자가 있으므로(왕숙민, 『장자교석』) 이에 따라 보충하였다.

㉓ 不至乎孩而始誰: 아직 유아기에도 채 이르지 못했는데 벌써 사람을 보고 누구인지

질문을 던짐. '시始'는 '벌써'(早)의 뜻.(임희일) '해孩'는 '기期'로 읽어야 한다. 아직 만 일 년에 채 되지 않았는데 사람을 알아본다는 말이다.(우성오, 『장자신증』)

㉔ 人有心而兵有順: 사람들 모두 사심을 지니고 있어 군사를 사용하는 일에 거리낌이 없음.(임희일)

- 우성오: '순順'은 '순巡'으로 읽어야 한다. 『설문해자』에 따르면 "'순巡'은 살피는 모습이다"라고 하였다. '병요순兵有巡'이란 군대에 순찰이 있음을 말하는 것이다.

    ▹ 진고응: 우성오의 설 또한 참고할 수 있다.

㉕ 殺盜非殺人, 自爲種而天下耳: 예전 주석에는 '살도비살殺盜非殺' 앞에서 문장을 끊어 읽었다. 현재에는 손이양 등의 설에 따라 '인人'자 뒤에서 끊어 읽는다. '자위종이천하이自爲種而天下耳'는 의미가 난해하다. 곽상의 『장자주』에서는 "만물을 크게 하나로 보지 못하고, 각기 스스로 다르다고 구별한다"라고 하였고, 장병린은 "천하 사람들이 모두 각기 자신의 뜻을 행하는 것을 말한다"라고 하였다.

- 유문전: 손이양은 "곽상은 '비살非殺' 뒤에서 문장을 끊었다. 그런데 『순자』「정명正名」에 '살도비살인殺盜非殺人'이라는 구절이 등장하며, 양경楊倞의 『순자주荀子注』에서는 이를 "'살도비살인'은 『장자』에도 등장한다"라고 풀이하였다. 양경 역시 '인人'자 뒤에서 문장을 끊어 읽은 것이니, 이 역시 통한다"라고 하였다. 손이양의 설이 옳다. 『묵자』「소취小取」에도 '살도비살인야殺盜非殺人也'라는 구절이 있으니, '살도비살인'을 하나의 구절로 보았음을 알 수 있다. 곽상의 『장자주』와 성현영의 『장자소』 모두 '인人'자 뒤에서 문장을 끊어 읽었는데, 이는 잘못된 독법이다.

    ▹ 진고응: 마서륜의 『장자의증』, 왕숙민의 『장자교석』 역시 '인人'자를 기준으로 문장을 끊었다. 이 설 역시 따를 만하다.

- 이면: '자위종이천하이自爲種而天下耳'의 '이而'자 뒤에는 '역役'자가 누락되었다. '종種'은 '근본'(本)의 뜻이다. '자위종自爲種'은 자신을 근본으로 삼는다는 말로서, 자신을 높이면서 천하의 사람들을 부린다는 뜻이다. 즉 자신을 높이면서 독재를 일삼는 것으로 볼 수 있다. 자신에게 복종하지 않는 자들을 주살하는데 이들을 죽이면서 도적이라 칭하니, 사람들이 감히 그에게 항거하지 못한다는 말이다.

    ▹ 진고응: 이면의 설은 글자를 더해 풀이한 것으로 그 근거가 부족하기는

하지만 고주에 비해 뜻이 더 잘 통한다. 따라서 우선 여기에서는 이 설에 따라 해석한다.

㉖ 而今乎婦, 女何言哉: '부婦'와 '부否'는 과거에 서로 통용되었다. 『역』 비괘否卦에 '비지비인否之匪人'이라는 구절이 등장하는데, 마왕퇴 출토 백서본에는 '비否'가 '부婦'로 되어 있다. 또한 '휴비休否', '경비傾否'라는 말의 '비否' 역시 백서본에는 '부婦'로 되어 있다. 과거 '비否'자는 많은 경우 '부婦'자로 가차되었다. '기시작유륜其始作有倫, 이금호비而今乎否'의 의미는 매우 분명하다. 처음에는 질서가 있었으나 지금은 없어졌다는 뜻이다.

㉗ 上悖日月之明, 下睽山川之精, 中墮四時之施: 이 세 구절은 「거협」에 등장한 바 있다. 「거협」에서는 '규睽'를 '삭爍'으로 썼다.

㉘ 蠣蠆(蠣의 중국음은 li[厲], 蠆의 중국음은 chài[瘥]): 모두 전갈의 다른 명칭이다.(왕인지. 왕념손의 『讀書雜志余編』 상권에 나온다.) 독충에 속한다.

㉙ 鮮規之獸: 작은 짐승.(『경전석문』)

- 임희일: '선鮮'은 적음(少), '규規'는 바라다(求)의 뜻. 작은 짐승들이 바라는 바가 많지 않다는 뜻이다. 여기서 말하는 작은 짐승들은 여우와 같은 것들을 가리킨다.
- 마서륜: '선鮮'과 '규規'는 운모가 같은 부류에 속하는 첩운연면사疊韻連綿詞[18]이다. '선규지수鮮規之獸'란 작은 동물을 말한다.

㉚ 不亦可恥乎: 『태평어람』 974항에 인용된 구절에는 '불不' 뒤에 '역亦'자가 더 들어가 있다. 이 경우 문장의 의미가 더욱 완전해진다.(왕숙민, 『장자교석』) 이에 따라 보충한다.

【풀이】

공자가 노담을 만나 인의仁義에 관해 논하였다. 노담이 말했다. "키질한 겨가 눈으로 들어가면 마치 천지 사방이 거꾸로 뒤집혀 보이는 것과 같다. 모기가 살갗을 물어 대면 밤새 편안히 잠들 수 없다. 인의가 사람의 마음을 해치고 어지럽히면 이보다 더 큰 화가 있을 수 없다. 만약 천하가 그 본래의 소박한

18) 두 글자가 함께 하나의 단어를 이루는 것을 '連綿詞'라고 하며, '疊韻'은 그 가운데소리를 나타내는 글자를 겹친 유형을 말한다.

모습을 잃지 않게만 한다면, 선생은 변화에 따라 행하면서 덕을 잡고 일어설 수 있을 것이다. 그런데 어찌 마치 징을 치고 북을 울리며 길 잃은 아이를 찾듯이 인의를 내세우는 데 급급한가? 흰 두루미는 매일같이 씻어 대지 않아도 희며, 까마귀는 매일같이 검게 물들이지 않아도 검다. 흑과 백의 본질은 따질 만한 가치가 없으며, 명예라는 칭호는 자랑할 만한 가치가 없다. 샘물이 마르면 물고기는 다 함께 땅 위에서 괴로워하며, 서로 습기를 불어넣으며 숨을 쉬고 거품으로 서로를 적셔 준다. 하지만 결국 물속에서 서로의 존재를 잊고 지내는 것보다는 못하다."

공자가 노담과 만난 후 돌아와서는 삼 일간 어떤 말도 하지 않았다. 제자들이 그에게 물었다. "스승님께서는 노담을 만나 어떤 충고를 해 주셨습니까?"

공자가 말했다. "내가 용을 만나게 될 줄은 몰랐구나! 용은 한 몸을 이루며 합쳐졌다가 다시 화려한 문양으로 흩어지는데, 구름을 타고 음양의 기운 속을 선회하는 그 모습에 나는 입을 다물지 못했다. 그런데 내가 노담에게 무슨 충고를 하겠는가?"

자공이 말했다. "그렇다면 그는 움직이지 않고 편안히 머무르면서도 그 기세가 등등하고 말없이 고요한 채로 있어도 남을 깊이 감화시킬 수 있지만, 한번 움직이면 그 모습이 천지와 같다는 말씀입니까? 제가 가서 그를 만나 보아도 되겠습니까?"

이에 자공이 공자의 이름을 빌려 노담을 만나러 갔다. 노담이 대청 위에 앉아 있다가 나지막한 목소리로 자공에게 말했다. "내가 이미 이렇게 연로하였으니, 내게 무언가 해 줄 가르침이 있겠는가?"

자공이 말했다. "삼황오제가 천하를 다스린 방법은 서로 다르지만, 그 명성은 하나와 같습니다. 그런데 오직 선생께서만 그들을 성인으로 여기지 않는데, 왜 그렇습니까?"

노담이 말했다. "젊은이여, 이리 올라오게. 자네는 왜 그 방법이 다르다고 말하는가?"

자공이 답했다. "요임금이 순에게 제위를 물려주고, 순임금이 이를 다시 우임금에게 물려주었습니다. 우임금은 (치수를 하며) 수고를 다했고, 탕왕은 무력을 사용하였습니다. 문왕은 걸왕을 감히 거스르지 못하고 순종하였으며, 무왕은 걸왕을 거스르고 그를 따르고자 하지 않았습니다. 따라서 모두 다르다고 한 것입니다."

노담이 말했다. "젊은이여, 더 가까이 오게나. 내가 자네에게 삼황오제가 천하를 다스린 일에 대해 말해 주겠다. 황제黃帝는 백성들의 마음을 순일하게 만들었으니, 누군가가 죽었을 때 그의 친족들이 그를 위해 곡을 하지 않아도 아무도 이를 비난하는 일이 없었다. 요가 천하를 다스렸을 때는 백성들이 마음속으로 서로 가깝게 여기도록 만들었다. 따라서 누군가 자신과 가까운 사람을 가깝게 대하고자 예절을 줄여도 아무도 이를 비난하지 않았다. 순이 천하를 다스렸을 때는 백성들이 마음속으로 서로 경쟁하도록 만들었다. 임산부는 열 달이 되면 출산하고 태어난 아기는 다섯 달이 지나면 말을 하며, 유아기에 접어들기도 전에 사람들을 구분하기 시작한다. (이처럼 모든 일에 촉급해져) 이에 사람들이 점차 단명하기 시작했다. 우임금이 천하를 다스렸을 때는 백성들의 마음을 크게 바꾸어 놓았는데, 사람들이 각기 다른 마음을 품어 군사를 사용하는 일에 거리낌이 없었다. 살인을 하면서 이를 살인이라 여기지 않고 도적을 죽이는 것으로 여겼으며, 스스로 천하에 독존하다고 여기면서 천하의 사람들을 마음대로 부렸다. 이에 천하가 두려움에 떨어 유가와 묵가 등의 가르침이 일어나게 되었다. 처음에는 그래도 질서가 있었으나 지금에 이르러서는 전혀 그렇지 않는데, 자네가 무슨 할 말이 있는가! 내가 자네에게 분명히 말해 주겠다. 삼황오제가 천하를 다스렸다고 하는데, 말은 다스림이라고 하지만 실은 폐단만 늘어났을 뿐이다. 삼황의 지모는 위로는 해와 달의 밝은 빛을 가리고, 아래로는 산천의 정화를 어겼으며, 가운데로는 사시의 운행을 무너뜨렸다. 이들의 지모는 마치 전갈의 꼬리에 든 독과 같아서, 작은 동물들조차 편안히 그 실정에 맞게 살아갈 수 없었다. 그런데도 그들이 스스로 성인이라고 여긴다면 얼마나 부끄러운 일이 아니겠는가? 그들이 이렇게도 부끄러움을 모른단 말인가?"

자공이 두려워 안절부절하지 못했다.

7.

孔子謂老聃曰: "丘治『詩』·『書』·『禮』·『樂』·『易』·『春秋』六經, 自以爲久矣, 孰知其故矣①; 以奸者七十二君②, 論先王之道而明周召③之迹, 一君無所鉤④用. 甚矣夫! 人之難說也! 道之難明邪?"

老子曰: "幸矣子之不遇治世之君也! 夫六經, 先王之陳迹也, 豈其所以迹哉! 今子之所言, 猶迹也. 夫迹, 履之所出, 而迹豈履哉! 夫白鶂⑤之相視, 眸子不運⑥而風化⑦; 蟲, 雄鳴於上風, 雌應於下風而風化⑧; 類⑨自爲雌雄, 故風化. 性不可易, 命不可變, 時不可止, 道不可壅. 苟得於道, 無自而不可; 失焉者,無自而可.”

孔子不出三月, 復見曰: “丘得之矣. 烏鵲孺[10], 魚傅沫[11], 細要[12]者化, 有弟而兄啼[13]. 久矣夫丘不與化爲人[14]! 不與化爲人, 安能化人!”

老子曰: “可. 丘得之矣!”

【길잡이】

① 孰知其故矣: ‘숙孰’은 ‘숙熟’(익숙하다)과 같다. 임운명의 판본에는 ‘숙熟’으로 되어 있다. ‘고故’는 전고典故.(임희일)

② 以奸者七十二君: ‘간자奸者’는 ‘간저干諸’로 읽는다. ‘간干’은 ‘구하다’(求)의 뜻이다. ‘저諸’는 ‘지어之於’와 같다. ‘간저’란 누군가에게 봉록을 바라는 것이다. ‘칠십이군七十二君’은 많은 군주를 의미한다. ‘칠십이七十二’는 실제 의미가 없는 허수로서 과거에 관용적으로 사용되었다. ‘칠십이찬七十二鑽’(「외물」), ‘칠십이행七十二行’ 등이 그 사례이다.

- 엄령봉: 『사기』「공자세가孔子世家」에 따르면 공자가 거쳐 간 나라는 노魯, 제齊, 송宋, 위衛, 진陳, 채蔡 등 총 여섯 개 나라이고, 만난 군주는 제나라 경공景公, 노나라 정공定公, 노나라 애공哀公뿐이며 그 외에는 사서에 기록이 남아 있지 않다. 춘추시기에는 오직 열두 명의 제후만 있었으며 칠십두 개나 되는 나라가 있지는 않았다. 경전에 기록된 것도 노나라의 열두 명의 군주뿐이므로, 공자가 칠십 두 명이나 되는 군주를 만날 수는 없었을 것으로 보인다.

③ 周召: 주공周公과 소공召公을 가리킨다. 모두 무왕武王의 아우이다.

④ 鉤: 취하다(取).(『경전석문』)

⑤ 白鶂: 물새의 일종. ‘역鶂’은 ‘익鷁’이라고도 한다. 가마우지와 같이 생겼고 털이 희고 높이 날 수 있었으며 바람을 만나도 피하지 않았다. 옛사람들이 이 ‘익鷁’이라는 새를 그릴 때, 마치 뱃머리와 같은 모습으로 그렸으므로 흔히 뱃머리를 ‘익두鷁頭’라고 부르기도 한다.

- 마서륜: ‘역鶂’은 『태평어람』에 인용된 구절에서는 ‘익鷁’이라고 되어 있다. 『설문해자』에서는 ‘역鶂’에 대해 풀이하면서 『춘추전春秋傳』의 ‘육역퇴비六鶂退飛(익조 여섯 마리가 거꾸로 날았다)’라는 구절을 인용하였는데, 이 구절이 『좌전』에서는 ‘익鷁’자로 쓰였다. 모두 ‘역鶂’이 ‘익鷁’임을 말해 주는 증거이다.

⑥ 不運: 눈동자를 멈추고 주시함.(선영, 『남화경해』)

⑦ 風化: 생물을 의미함.

- 곽상: 서로 화합하지 않고도 자식을 낳으니, 이를 '풍화風化'라고 한다.
- 왕선겸: '풍風'은 '우마기풍牛馬其風'이라는 성어에서의 '풍風'과 같이 읽으며, 암수가 서로 유혹하는 것을 말한다. '화化'는 서로 교감하여 잉태하는 것을 말한다.

⑧ 蟲, 雄鳴於上風, 雌應於下風而風化: 수컷 벌레가 위쪽에서 소리를 내어 울면, 암컷이 아래쪽에서 이에 응하고 교감하여 자식을 낳음.

⑨ 類: 허구의 동물로서 한 몸에 두 개의 성별을 동시에 지니고 있다. 『산해경』에 등장한다.

- 육덕명: 『산해경』에 따르면 "단원亶爰이라는 산에 짐승 하나가 살고 있었는데, 그 모습이 여우와 같이 온몸이 털로 뒤덮여 있었다. 이 동물의 이름을 '사류師類'라고 한다. '대산帶山'에는 한 새가 살고 있었는데, 봉황과 같이 오색찬란한 모습을 하고 있었다. 그 이름을 '기류奇類'라고 한다. 이 동물은 모두 자웅동체였다"(亶爰之山有獸焉, 其狀如狸而有髮, 其名曰'師類'. 帶山有鳥, 其狀如鳳, 五采文, 其名曰'奇類', 皆自牝牡也)라고 하였다.

⑩ 烏鵲孺: '유孺'는 껍데기를 깨고 태어나는 것이다.(『경전석문』에서 이이의 설을 인용) 까마귀와 까치가 알에서 부화하면서 태어나는 것을 말한다.

⑪ 魚傅沫: '부傅'는 '부付'(주다)와 같다. 물고기가 거품을 내뿜어 알을 낳는 것을 말한다.

⑫ 細要: 벌을 가리킴. '요要'는 '요腰'(허리)와 같다.

⑬ 有弟而兄啼: 동생이 생기면 형은 사랑을 잃어 운다는 뜻.

- 곽상: 인간은 나이 많은 자식을 버려두고 어린 자식을 가깝게 대하기 마련이니, (나이 많은 자식이) 우는 것이다.
- 임희일: 형제의 어미가 같으면, 반드시 형이 젖을 끊고 난 뒤에 아우를 낳아야 한다. 형이 젖을 얻지 못했는데 아우가 있으므로 '형이 운다(兄啼)'라고 한 것이다.…… 불경에서 말하는 태생胎生, 난생卵生, 화생化生, 습생濕生, 진락眞樂 등의 말이 모두 여기에서 나왔다.
- 당순지唐順之: '오작유烏鵲孺'는 난생, '어부말魚傅沫'은 습생, '세요자細要者'는 화생, '유제이형제有弟而兄啼'는 태생을 각각 의미한다. 불교에서 말하는

'네 가지 탄생'(四生)이 바로 여기에서 나왔다.(왕선산의 『장자해』와 왕어의 주석 등에서 인용)

⑭ 與化爲人: 조화자와 벗을 이룸. 「대종사」의 '여조물자위인與造物者爲人'과 같은 뜻이다. '인人'은 '벗'(偶)으로 풀이한다. '위인爲人'은 '벗을 이루는 것'(爲偶)이다.

【풀이】

공자가 노담에게 말했다. "제가 『시』, 『서』, 『예』, 『악』, 『역』, 『춘추』 등 여섯 가지 경전을 연구한 지가 어느덧 오랜 시간이 되었습니다. 이 경전 속의 도리를 어느 정도 숙지했다고 여겨 칠십 두 명의 군주를 만나 선왕의 도리를 설명하고, 주공과 소공의 업적을 알리고자 하였습니다. 그런데 단 한 명의 군주도 이를 받아들이지 않았습니다. 참으로 어렵습니다. 사람을 설득시키는 것이 이렇게 어려운 일이란 말입니까, 그것이 아니면 도리를 설파하는 것이 어려운 것입니까?"

노자가 말했다. "다행히도 그대가 세상을 다스릴 줄 아는 군주를 만나지 못했구려. 육경이라고 하는 것은 그저 선왕의 케케묵은 족적에 지나지 않으니, 족적의 근원이 되는 것이 어디 있을 수 있겠는가? 그대가 지금 말한 것들이 바로 족적과 같은 것이다. 족적이란 신발로 밟은 흔적일 뿐인데, 그것을 어찌 신발이라 할 수 있겠는가? 백역白鶂은 암수가 서로를 바라보며 눈동자를 멈추고 응시하면서 번식한다. 곤충은 수컷이 위에서 울면, 암컷이 아래에서 호응하여 번식한다. '류類'라고 부르는 동물은 한 몸에 암수의 두 가지 성별을 동시에 품고 있어 스스로 번식할 수 있다. 본성이란 바꿀 수 없고, 타고난 명 역시 바꿀 수 없다. 시간은 멈추게 할 수 없으며, 도를 막아 가릴 수는 없다. 만약 도를 얻는다면 어떻게 해도 다 가능하지만, 만약 도를 잃는다면 어떻게 하더라도 불가능하다."

이 말을 듣고 공자가 돌아와 석 달 동안 문밖을 나서지 않았다. 그 후 다시 노담을 찾아가 말했다. "이제 알겠습니다. 까마귀와 까치는 알에서 태어나고, 물고기는 거품을 내뿜어 생겨나고, 벌은 스스로 생겨납니다. 아우가 태어나면 형은 사랑을 잃어 울기 마련입니다. 참으로 오래되었지만, 저는 아직도 조화자와 벗을 이루지 못했습니다. 조화자와 벗을 이루지도 못했는데 어떻게 사람들을 교화할 수 있겠습니까?"

노자가 말했다. "좋다, 이제 공구가 도를 깨달았구나."

각의刻意

「각의」의 근본 취지는 정신수양에 관해 논하는 것이다. '각의刻意'란 마음의 의지를 갈고 닦는다는 뜻으로, 글 첫머리의 두 글자를 따 편명으로 삼았다.

본 편의 첫 단락에서는 세상에서 볼 수 있는 다섯 가지 종류의 인격에 관해서 묘사하였고, 계속해서 성인의 덕에 관해 서술하였다. 천지의 도를 체득한 성인은 끝없이 태연하며 무심한 태도를 유지한다는 것이다. 나아가 성인의 덕의 형상을 통해 '정신을 수양하고'(養神) '정기를 귀하게 여기는 것'(貴精)에 대해 말했다.

본 편에 출처를 두고 있는 성어에는 이세이속離世異俗[1], 토고납신吐故納新[2], 웅경조신熊經鳥申[3] 등이 있다.

1) 세속을 초탈하는 것을 가리키는 말.
2) 탁한 기를 내뱉고 새로운 기를 들여 마심. 오래된 것을 버리고 끊임없이 새로움을 추구하는 것을 비유하는 말.
3) 곰과 같이 목을 늘어뜨리고 새와 같이 몸을 펼침. 양생법의 일종.

1.

刻意[①]尙行, 離世異俗, 高論怨誹[②], 爲亢[③]而已矣; 此山谷之士, 非世[④]之人, 枯槁赴淵者[⑤]之所好也. 語仁義忠信, 恭儉推讓[⑥]爲修而已矣; 此平世之士[⑦], 敎誨之人, 遊居學者之所好也. 語大功, 立大名, 禮君臣, 正上下, 爲治而已矣; 此朝廷之士, 尊主強國之人, 致功並兼[⑧]者之所好也. 就藪澤[⑨], 處閑曠, 釣魚閑處, 無爲[⑩]而已矣; 此江海之士, 避世之人, 閑暇者之所好也. 吹呴呼吸, 吐故納新[⑪], 熊經鳥申[⑫], 爲壽而已矣; 此導引[⑬]之士, 養形之人, 彭祖壽考者之所好也.

若夫不刻意而高, 無仁義而修, 無功名而治, 無江海而閑, 不導引而壽, 無不忘也, 無不有也, 澹然無極而衆美從之. 此天地之道, 聖人之德也.

【길잡이】

① 刻意: 의지를 갈고 닦음.

- 사마표: '각刻'은 '깎는다(削)'는 뜻. 그 뜻이 서슬 퍼런 칼날과 같이 날카로움을 이르는 말.

② 怨誹: 세상에 도가 없음을 비난함(非世無道).(『경전석문』에서 이이의 설을 인용) 세상에 분노하고 사악한 것을 혐오함(憤世嫉邪).(임희일, 『남화진경구의』)

③ 亢: 고고함.

④ 非世: 세상의 시시비비에 관해 논함.(임희일) 여기에서 '비非'는 동사로 사용되었다. 혼탁한 세상을 그르다고 여기며 이를 꾸짖어 말한다는 뜻이다.(이면, 『장자총론급분편평주』) 『태평어람』 501항에서 인용한 구절에는 '비非'를 '비誹'로 썼다. '비誹'와 '비非'는 서로 통한다.(왕숙민, 『장자교석』)

⑤ 枯槁赴淵者: 각고의 노력으로 스스로 갈고닦는 자, 자아를 희생하는 자를 가리킴.

- 사마표: '말라죽은 자'(枯槁)는 포초鮑焦나 개자추(介推)와 같은 인물을 가리키며, '연못으로 뛰어든 자'(赴淵)는 신도적申徒狄과 같은 인물을 가리킨다.
  - ▷ 진고응: 『사기』「굴원열전屈原列傳」에서는 "굴원이 강기슭에 이르러 머리를 산발한 채 강을 따라 걸으며 노래를 읊조렸다. 그 모습이 초췌하여 마치 마른 나무와 같았다"(屈原至於江濱, 被髮行吟澤畔, 顔色憔悴,

形容枯槁라고 하였다. 굴원이 멱라강汨羅江에 뛰어든 것이 '고고부연자枯槁赴淵者'에 해당하는 것이라 할 수 있다.

- 호문영: '고고枯槁'는 의지가 맑고 담백한 것을 말하며, '부연赴淵'은 몸을 청결하게 유지하는 것을 말한다.(『장자독견』)

⑥ 語仁義忠信, 恭儉推讓: '인의충신仁義忠信'이라는 말은 『맹자』「고자상告子上」에 나온다. '공검추양恭儉推讓'은 『논어』「학이學而」에 나온다.[4)]

⑦ 平世之士: 태평한 시기에 세상을 다스리는 선비.(성현영, 『장자소』)

⑧ 並兼: 적국의 영토를 합병하는 것을 가리킴.

⑨ 藪澤: '산택山澤'과 같은 뜻.

⑩ 無爲: 하는 일이 없음. 유유자적함을 뜻함.

- 해동: 앞에서 '위항이이의爲亢而已矣', '위수이이의爲修而已矣', '위치이이의爲治而已矣'라고 하였고, 뒤에서 '위수이이의爲壽而已矣'라고 하였는데, 모두 '하는 것'에 대해 말했다. 따라서 이 구절에서만 '하지 않음'(無爲)을 말하는 것은 옳지 않으므로 이를 '무위無爲'는 '위무爲無'로 읽어야 한다. 『설문해자』에서 "'무無'는 '망亡'과 같다. '망亡'은 달아나는 것(逃)이다"라고 하였으니, '위무爲無'는 '위도爲逃'로서 '세상으로부터 도피하다'는 뜻으로 이해할 수 있다.(『장자보주』)
  - ▹ 진고응: '무위無爲'는 한가로이 자적한다는 뜻으로, 앞의 "광야에서 한가로이 머물며 물고기를 잡으며 여유롭게 지낸다"(處閒曠, 釣魚閒處)라는 구절에서 충분히 설명되었다. 해동은 글자를 거꾸로 뒤집어 풀이하여, 그 해석이 원의에 들어맞지 않게 되었으나 참고삼아 소개한다.

⑪ 吹呴呼吸, 吐故納新(呴의 중국음은 xū[虛]): '구呴'는 숨을 마시고 내뱉는 것. '취구吹呴'와 '호흡呼吸'은 서로 같으며, 차례대로 공기를 마시고 내뱉는 것을 가리킨다. '토고납신吐故納新'이란 오래된 공기를 내뱉고 새로운 공기를 마신다(吐故氣納新氣)는 뜻이다.(이이)

⑫ 熊經鳥申: 곰이 나무를 타는 것처럼 하며 기를 모으는 자세(사마표), 하늘을 나는 새의 모습처럼 다리를 펴는 자세(성현영, 『장자소』). 이는 모두 건강을 위한 체조의 일종으로, 곰처럼 목을 늘어뜨리고, 새처럼 몸을 펼치는 동작을 표현한 것이다.

---

4) 각각 『孟子』「告子上」과 『論語』「學而」에 나온다. 「학이」의 원문은 "溫良恭儉讓"이다.

'경經'은 곧게 선다는 뜻이며, '신申'은 '신伸'(펴다)과 같다.

⑬ 導引: 기혈을 통하게 인도함. '도導'는 원래 '도道'라고 되어 있었다. '도導'와 '도道'는 과거 서로 통용되었다. 조간의본趙諫議本에서는 '도道'를 '도導'라고 썼으므로 이에 따라 수정하였다.

- 엄령봉: 『경전석문』에서는 "'도道'는 '도導'라고 읽는다. 아래 역시 같다. 이이는 '도기령화導氣令和, 인체령유引體令柔'라고 하였는데, 이이의 판본에도 역시 '도導'라고 썼음을 알 수 있다. 돈황사본敦煌寫本에서도 '도導'라고 썼으며, 아래 역시 같다. '도道'와 '도導'는 서로 통용되기는 하나, 이상에 근거하여 수정하도록 한다.

【풀이】

의지를 갈고 닦고 품행을 고상하게 하며 세속을 초탈한 채 세상일에 불만을 표출하면서 고고함을 유지하는 자들을 산림의 은사들이라고 한다. 세상에 불만이 많은 자, 각고의 노력으로 자신을 수양하는 자, 자아를 희생하는 자들이 이를 추구한다. 인·의·충·신을 논하고 공손과 검약, 추천과 양보의 덕목을 실천하며, 청결하게 몸을 수양하는 자들은 바로 치세의 선비들이다. 교화를 베풀고 학문으로 설교하는 자들이 이를 추구한다. 큰 공을 논하고 큰 명성을 세우고자 하며 군신의 질서를 유지하고 상·하의 관계를 바로잡고자 하며, 다스림의 도리를 생각하는 자들은 바로 조정의 선비들이다. 군주를 높이고 나라를 강하게 만들고자 하는 자, 영토를 넓혀 공을 세우고자 하는 이들이 이를 추구한다. 산천에 은거한 채 광야에서 물고기를 낚으며 아무런 일도 하지 않은 채 유유자적하는 자들은 바로 강과 바다에서 노니는 선비들이다. 세속을 떠나 한가로이 숨어 지내고자 하는 자들이 이를 추구한다. 호흡을 통해 공기를 들이마시고 내뱉으며, 마치 곰처럼 목을 늘어뜨리고 날아가는 새처럼 날개를 펼치면서 장수를 추구하는 자들은 몸을 수양하는 자들이다. 팽조彭祖와 같이 장수한 자들이 이를 추구한다.

그런데 의지를 갈고 닦지 않으면서도 고상하고, 인의를 따지지 않으면서도 몸을 잘 수양하며, 공명을 추구하지 않으면서도 세상을 다스리고, 강과 바다에 머물지 않으면서도 여유로울 수 있고, 인도술을 행하지 않고도 오래 살며, 잊지 않는 바가 없지만 지니지 않는 것이 없으며, 끝없이 태연하고 무심한 태도를 유지하지만 군중들이 찬양하며 모여드는 경우도 있다. 이것이 바로 천지의 위대한 도이며,

바로 성인의 참된 덕이다.

2.

故曰, 夫恬惔寂漠虛無無爲, 此天地之本而道德之質也①. 故聖人休焉, 休則平易矣②, 平易則恬惔矣. 平易恬惔, 則憂患不能入, 邪氣不能襲, 故其德全而神不虧.

故曰, 聖人之生也天行, 其死也物化; 靜而與陰同德, 動而與陽同波③; 不爲福先, 不爲禍始; 感而後應, 迫而後動, 不得已而後起. 去知與故④, 循天之理. 故曰⑤無天災, 無物累, 無人非, 無鬼責⑥. 不思慮, 不豫謀. 光矣而不耀⑦, 信矣而不期. 其寢不夢, 其覺無憂⑧. 其生若浮, 其死若休⑨. 其神純粹, 其魂不罷⑩. 虛無恬惔, 乃合天德.

故曰, 悲樂者, 德之邪; 喜怒者, 道之過; 好惡者, 心之失⑪. 故心不憂樂, 德之至也; 一而不變, 靜之至也; 無所於忤, 虛之至也; 不與物交, 惔之至也; 無所於逆, 粹之至也.

【길잡이】

① 夫恬惔寂漠虛無無爲, 此天地之本而道德之質也: 「천도」에 나오는 말이다. '본本'은 현재 판본에는 '평平'으로 되어 있으나 이는 형태의 유사성으로 인해 와전된 것이다. '질質'은 과거에는 '지至'와 서로 통용되었다. 여기에서는 '질質'로 보아도 역시 뜻이 통한다.

- 마서륜: 『예문류취』에서 인용한 구절에서는 '평平'을 '본本'으로 썼다. 이에 따라야 한다.(『장자의증』)
- 유월: '질質'은 '지至'로 읽어야 한다. 『사기』 「소진전蘇秦傳」에 '이득강어위已得講於魏, 지공자연至公子延'이라는 구절이 있는데, 『사기색은』에서 이 구절에 대해 "'지至'는 '질質'로 보아야 한다. 공자연公子延을 인질(質)로 삼았음을 말한다"라고 하였다. 즉, 과거에 '지至'와 '질質'이 서로 통용되었음을 알 수 있다. '지至'는 '질質'로 사용될 수 있고, '질質 역시 '지至'로 사용될 수 있다. 따라서 '도덕지질道德之質'은 '도덕지지道德之至'와 같다.

② 故聖人休焉, 休則平易矣: 현재 판본에는 '고왈성인휴휴언즉평이의故曰聖人休休焉則

平易矣'라고 되어 있으나, '왈曰'은 불필요한 글자이다. 앞에 나온 '고왈故曰'이라는 말로 인하여 잘못 들어간 것이다.(도홍경, 『독장자찰기』) '휴언休焉' 두 글자는 옮겨 쓰는 과정에서 잘못 뒤집어 적은 것이다. 진경원의 『장자궐오』에서 인용한 장군방본張君房本에는 '휴휴언休休焉'이 '휴언휴休焉休'라고 되어 있다.

- 유월: '휴언休焉' 두 글자는 옮겨 쓰는 과정에서 잘못 뒤집어 적은 것으로 본래는 '고성인휴언故聖人休焉, 휴칙평역의休則平易矣'이다. 「천도」의 '고제왕성인휴언故帝王聖人休焉, 휴즉허休則虛'라는 구절이 이와 비슷한 구조를 지니고 있으므로 이를 근거로 바로잡을 수 있다.
  - ▹ 진고응: 유월의 설이 신빙성이 있다.
- 왕선겸: 곽상의 『장자주』, 성현영의 『장자소』, 육덕명의 『경전석문』 모두 첫 번째 '휴休'자에서 문장을 끊었으니, 유월의 설이 옳다. 후대에 책을 간행하는 과정에서 와전이 일어난 것이다.

③ 聖人之生也天行, 其死也物化; 靜而與陰同德, 動而與陽同波: 이 네 구절은 「천도」에서 인용한 것이다. '천행天行'에 대해 곽상은 "자연에 따라 운행하는 것이다"(任自然而運動)라고 풀이하였다.

④ 去知與故: '고故'는 '교巧'와 같이 풀이한다.

- 곽경번: '고故'는 '기만하다(詐)'의 뜻이다. 『국어』「진어晉語」의 '다위지고多爲之故, 이변기지以變其志'라는 구절에 대해 위소韋昭의 주석에서 이를 "계책을 많이 펼쳐 그 뜻을 바꾸었다"(謂多作計術以變易其志)라고 풀이하였다. 『여씨춘추』「논인論人」의 '거교고去巧故'에 대해 고유의 주에서 "'교고巧故'는 속이는 것(僞詐)이다"라고 하였다. 『회남자』「주술훈主術訓」의 '상다고즉하다사上多故則下多詐'에 대해 고유의 주에서는 "'고故'는 기교(巧)를 뜻한다"라고 하였다. 이러한 것이 모두 그 사례이다. 한편 『관자』「심술心術」의 '거지여고去智與故'에 대해 윤지장尹知章은 "'고故'는 일(事)을 뜻한다"라고 풀이하였는데, 이는 옳지 않다.(『장자집석』)

⑤ 故曰: 원문에는 '왈曰'자가 빠져 있다. 이 구절은 「천도」를 인용한 것이므로 '왈曰'자가 있어야 한다. 앞뒤 문맥에 따라 보충하였다.(엄령봉, 『도가사자신편』, 94쪽)

⑥ 無天災, 無物累, 無人非, 無鬼責: 「천도」의 '무천원無天怨, 무인비無人非, 무물루無物累, 무귀책無鬼責'을 인용한 것이다.

⑦ 光矣而不耀: 『노자』 58장의 '광이불요光而不耀'를 인용한 것이다.

⑧ 其寢不夢, 其覺無憂: 「대종사」에 나오는 말이다.

⑨ 其生若浮, 其死若休: '부생浮生'(덧없는 인생)이라는 말이 바로 이 구절에서 나왔다.(호문영) 이 두 구절은 원래 '무귀책無鬼責' 구절 아래에 놓여 있었으나, 엄령봉의 설에 따라 위치를 수정하였다.

- 엄령봉: 이 여덟 글자는 원래 '무귀책無鬼責' 구절 아래에 놓여 있었다. 돈황사본 『열자초잔권』에서는 '기침불몽其寢不夢, 기각불우其覺不憂; 성인야聖人也, 기생약부其生若浮, 기사약휴야其死若休也'라고 하였으니, 이 여덟 자가 '기각불우其覺不憂' 다음에 놓여 있는 것을 알 수 있다. 앞의 '고무천재故無天災, 무물루無物累, 무인비無人非, 무귀책無鬼責' 모두 세 글자가 하나의 구절을 이루고 있으므로, '불사려不思慮, 불예모不豫謀'의 앞에서 서로 연결되어야 한다. 따라서 이 여덟 글자를 현재의 위치로 옮기면 '기침불몽其寢不夢, 기각무우其覺無憂; 기생약부其生若浮, 기사약휴其死若休; 기신순수其神純粹, 기혼불파其魂不罷'가 되며, 모두 네 글자가 하나의 구절을 이루므로 문장의 구조 역시 같아지게 된다.

⑩ 其魂不罷: 「천도」에는 '기혼불피其魂不疲'라고 되어 있다. '파罷'와 '피疲'는 서로 같다.(임희일, 『남화진경구의』)

⑪ 悲樂者, 德之邪; 喜怒者, 道之過; 好惡者, 心之失: '심지실心之失'은 현재 판본에 '덕지실德之失'로 잘못 적혀 있다. 『회남자』 「정신훈精神訓」과 「원도훈原道訓」 및 『문자』 「구수九守」 등을 통해 '덕德'이 '심心'의 오자라는 사실을 검증할 수 있다. 이 구절에서는 '덕德', '도道', '심心'을 나누어 말하고 있다. 현재 판본에 '심心'을 '덕德'으로 잘못 쓴 것은 앞에 나오는 '덕지사德之邪'로 인해 혼동이 생긴 것이다.(유문전, 『장자보정』과 왕숙민, 『장자교석』 등에 자세한 설명이 나온다.)

【풀이】

그러므로 염담恬惔, 적막寂漠, 허무虛無, 무위無爲가 바로 천지의 본원이자 도덕의 극치라고 하였다. 따라서 성인은 이러한 경지에서 마음을 편안히 쉬며, 마음이 휴식을 취하면 안정되고 안정되면 염담의 상태를 이룰 수 있다. 마음이 안정되어 염담한 상태가 되면 어떤 근심도 마음속으로 들어올 수 없고, 사악한 기운이 마음을 침범할 수 없으니, 정신이 손상되는 일이 없이 덕이 완전해질 수 있다.

그러므로 성인이 살아 있을 때는 자연에 따라 행하고 죽었을 때는 외물과 서로 융합되며, 멈추어 있을 때는 음기와 같이 고요함을 유지하지만 움직일 때는 양기와 같이 흐른다고 하였다. 굳이 행복을 일으키는 일이나 화를 불러오는 일을 억지로 하지 않는다. 그저 교감한 후에 그에 반응하고 재촉을 받은 후에야 움직이니, 부득이한 상황에 이르러 일어나며 지모와 간교함을 버리며 자연의 일정한 도리에 따른다. 그러므로 하늘로부터 화를 입지 않고, 외물에 의해 얽매이지 않으며 사람들에게 비난과 멸시를 받지 않으며 귀신에 의해 책망을 받지 않는다고 하였다. 어떤 사려도 사용하지 않고 계책도 꾸미지 않는다. 빛나되 눈부시지 않고, 신실하여 믿을 수 있지만, 반드시 기대할 수는 없다. 잠이 들었을 때는 꿈을 꾸지 않고 깨어나서는 근심하지 않는다. 삶은 마치 떠도는 여행과 같고, 죽음은 편안한 휴식과 같다. 마음과 정신이 순일하며 정기를 소모하지 않는다. 이처럼 허무하고 담연한 상태를 유지하므로 자연의 덕에 합치될 수 있다. 그러므로 슬픔과 기쁨은 덕이 바르지 못해 생겨나는 것이고, 기쁨과 분노는 도를 놓쳐서 생겨나는 것이고, 좋아하고 싫어함은 마음을 잃어서 생겨나는 것이다. 마음에 근심이나 즐거움이 없는 상태가 덕의 극치이며, 마음이 하나로 집중되어 변하지 않는 것이 고요함의 극치이며, 그 어떤 저촉되는 바도 없는 것이 허무의 극치이며, 외물과 서로 접촉하지 않는 것이 담연함의 극치이며, 그 어떤 거슬리는 바도 없는 것이 순수함의 극치이다.

3.

故曰, 形勞而不休則弊, 精用而不已則竭①. 水之性, 不雜則淸, 莫動則平; 郁閉而不流, 亦不能淸; 天德之象②也. 故曰, 純粹而不雜, 靜一而不變, 惔而無爲, 動而天行③, 此養神之道也. 夫有幹越之劍者, 柙而藏之, 不敢輕用也④, 寶之至也. 精神四達並流, 無所不極, 上際於天, 下蟠於地⑤, 化育萬物, 不可爲象, 其名爲同帝⑥.

純素之道, 唯神是守; 守而勿失, 與神爲一; 一之精通, 合於天倫⑦. 野語有之曰: "衆人重利, 廉士重名, 賢人尙志, 聖人貴精." 故素也者, 謂其無所與雜也; 純也者, 謂其不虧其神也. 能體純素, 謂之眞人.

【길잡이】

① 形勞而不休則弊, 精用而不已則竭: '정용이불이즉갈精用而不已則竭'은 원래 '정용이불이즉로精用而不已則勞, 노즉갈勞則竭'로 되어 있었으나, 왕숙민의 설에 따라 수정하였다.

- 왕숙민: '갈竭' 앞의 '노로즉勞勞則' 세 글자는 옮겨 적는 과정에서 잘못 더해진 것이거나 식견이 짧은 자가 함부로 더한 것으로 보인다. 이미 정기를 그침 없이 다 써 버렸는데 굳이 수고롭다는 말이 더 필요하겠는가? 『회남자』「정신훈精神訓」에 이 구절을 차용하여 '형로이불휴즉궐形勞而不休則蹶, 정용이불이즉갈精用而不已則竭'이라고 썼는데, 여기에는 '노로즉' 세 글자가 들어 있지 않다.

② 天德之象: 자연적 현상.

③ 動而天行: '이而' 뒤에는 원래 '이以'자가 들어 있었으나, 불필요한 글자이므로 무연서, 엄령봉의 설에 따라 삭제하였다.

- 무연서: '이以'는 불필요한 글자이다.
- 엄령봉: 무연서의 설이 옳다. '동이천행動而天行'과 앞의 '담이무위淡而無爲'는 서로 대구를 이루므로 무연서의 설에 따라 이를 삭제해야 한다.

④ 干越之劍者, 柙而藏之, 不敢輕用也: '간월干越'은 오吳나라와 월越나라를 가리킨다. 원래는 '경輕'자가 빠져 있었으나 곽상의 『주』와 성현영의 『소』에 따라 보충하였다.(왕숙민, 왕효어의 교열)

- 육덕명: 사마표는 "'간干'은 '오吳'를 말한다. 오나라와 월나라에서는 좋은 검이 생산되었다"라고 하였다. 이이는 "간계干溪와 월산越山에서 명검이 생산되었다"라고 하였다. 오나라에는 간계라는 이름의 계곡이 있었고, 월나라에는 약야若耶라는 이름의 산이 있었는데 모두 좋은 철이 생산되어 훌륭한 검을 만들 수 있었다.

⑤ 下蟠於地: '반蟠'은 '파播'(뿌리다) 혹은 '포布'(뿌리다)로 읽어야 한다. 마왕퇴 백서 『십대경十大經』[5] 「삼금三禁」의 '파어하토播於下土'와 같은 구절이다.

⑥ 同帝: 공능(功用)이 천지와 같음.

---

5) 『十六經』이라고도 부른다. 1973년 중국 河南城 長沙市 馬王堆에 있는 한나라 때 묘에서 발굴된 『黃老帛書』(일명 『黃帝四經』)에 들어 있는 단편이다.

⑦ 天倫: '륜倫'은 이치(理)를 뜻하니, '천륜天倫'이란 자연의 이치를 말한다.(성현영, 『장자소』)

【풀이】

그러므로 형체를 수고롭게 하면서 쉬지 않으면 곧 피로해지고, 정기를 그치지 않고 사용하면 곧 고갈된다고 하였다. 물의 본성이란 섞여 드는 것이 없으면 투명함을 유지하며, 뒤흔들지 않으면 고요함을 유지한다. 막혀서 흐르지 못하게 되면 청정함을 유지할 수 없다. 이것이 바로 자연적인 현상이다. 순수하게 어떤 것과도 섞이지 않고, 하나로 고요함을 유지하면서 변하지 않으며, 담연하고 무위하며 자연에 따라 행동하는 것이 바로 정신을 수양하는 도리이다. 오나라와 월나라의 명검은 궤짝에 보관한 뒤 함부로 사용하지 않는다. 가장 귀하게 여기는 것이기 때문이다. 정신이 사방으로 통달하면 이르지 못하는 곳이 없다. 위로는 하늘에 닿고 아래로는 땅에 이르러 만물을 화육하는데, 그 흔적조차 발견할 수 없지만 그 공능은 천지와 같다.

순정하고 소박한 도리란 오직 정신을 보존하는 것에 다름 아니다. 보존하여 잃어버리지 않으면 정신과 응결되어 하나가 될 수 있고, (그렇게 이루어진) 순일함이 (만물에) 온전히 통하면 자연의 이치와 합일된다. 속담에서 이르기를 "보통 사람들은 이익을 중요시하고, 청렴한 선비들은 명성을 중시하며, 현인들을 의지와 절개를 숭상하며, 성인은 정신을 가장 귀하게 여긴다"라고 하였다. 따라서 소박하다(素)는 것은 곧 잡스러운 것이 없음을 말한다. 순수하다(純)는 것은 정신이 손상받지 않은 것을 말한다. 순수함과 소박함을 체득한 이들을 바로 진인이라고 일컫는다.

선성繕性

「선성」의 핵심 내용은 '담박함으로 지혜를 기르는 것'(以恬養知)으로 요약할 수 있다. '선성繕性'이란 본성을 닦아 다스린다는 뜻으로, 첫머리의 두 글자를 따 편명으로 삼았다.

본 편의 첫 단락에서는 우선 세속의 학문과 사상이 인간의 정신을 멀게 한다고 비판하면서 '담박함으로 지혜를 기를 것'을 제시하였다. 이는 내면의 마음을 고요하고 담박하게 함으로써 생명의 지혜를 길러 나가는 것을 의미한다.

본 편의 후반부에서는 '부귀영화나 높은 지위를 위해 함부로 마음을 쓰지 말고, 곤궁하다고 해서 세상에 아부하지 말아야 한다'(不爲軒冕肆志, 不爲窮約趨俗)고 주장하며, 부귀영화를 추구하는 자들이 '물욕에 자신을 잃어버리고'(喪己於物), '겉치레가 본래의 소박한 상태를 망가뜨리는'(文滅質) 세태를 꼬집으며 신랄한 비판을 가했다.

본 편에 출처를 두고 있는 성어에는 당래지물儻來之物[1], 심근녕극深根寧極[2], 낙전득지樂全得志[3], 헌면사지軒冕肆志[4], 궁약추속窮約趨俗[5], 실성어속失性於俗[6] 등이 있다.

1) 우연히 혹은 본분에 맞지 않게 얻은 재물을 가리키는 말.
2) 깊이 감추어진 곳을 뜻하는 말. 뿌리가 튼튼하다는 의미로 사용되기도 한다.
3) 온전한 본성을 즐거움으로 여기며 스스로 만족함.
4) 부귀영화 속에서 마음을 방종케 함.
5) 곤궁함을 벗어나기 위해 세상에 아부함.
6) 세속의 일에 빠져 본분을 잃어버림.

1.

繕性於俗學①, 以求復其初; 滑欲於俗思②, 以求致其明; 謂之蔽蒙之民. 古之治道者, 以恬養知③; 知生而無以知爲也④, 謂之以知養恬. 知與恬交相養, 而和理出其性. 夫德, 和也; 道, 理也. 德無不容, 仁也; 道無不理, 義也; 義明而物親, 忠也; 中純實而反乎情, 樂也; 信行容體而順乎文, 禮也. 禮樂偏行, 則天下亂矣⑤. 彼正而蒙己德, 德則不冒, 冒則物必失其性也⑥.

【길잡이】

① 繕性於俗學: '선성繕性'은 본성을 닦아 다스린다는 의미이다. '속俗'자는 원래 중첩되어 있었으나, 진경원의 『장자궐오』에 인용된 장군방본張君房本에는 '속俗'자가 중첩되어 있지 않다. 소여蘇輿는 "'속俗'자 하나가 더 삽입되었다"라고 하였다.(왕선겸, 『장자집해』에서 인용) 불필요한 '속俗'자를 뺀 '선성어속학繕性於俗學'은 이어지는 '골욕어속사滑欲於俗思'와 문장 구조가 일치한다.(유문전, 『장자보정』) 『도장』에 실린 나면도 『남화진경순본』, 초횡 『장자익』 등의 판본에는 모두 '속俗'자가 빠져 있다.(왕숙민, 『장자교석』)

- 임희일: '선성어속학繕性於俗學'은 당시 유가와 묵가가 본성(性)에 관해 논한 것을 풍자한 것이다.(『남화진경구의』)
- 임운명: 본성은 배우지 않으면 밝아질 수 없으나, 세속의 학문은 본성을 가로막을 뿐이다.(『장자인』)

② 滑欲於俗思: '골滑'은 '란亂'(어지럽히다)으로 풀이한다.(「제물론」 '滑疑之耀' 주석을 참조할 것)

- 초횡: '선성어속학繕性於俗學'과 '골욕어속사滑欲於俗思'는 하나의 구절로 보아야 한다. 이를 분리한 옛 주석의 해석에는 오류가 있다. 본성은 배우지 않으면 회복할 수 없으나, 세속의 학문으로는 본성을 회복할 수 없으며, 사려를 통하지 않으면 밝음의 상태에 이를 수 없으나, 세속의 사상으로는 밝음의 상태를 얻을 수 없다.

③ 以恬養知: 담박함과 고요함으로 마음의 지혜를 함양함.

④ 知生而無以知爲也: 앞의 '지知'는(『장자궐오』에는 이 '知' 자가 없다) '이해하다'의 뜻으로 풀이하고, 뒤의 '지知'는 '지혜'(智)로 풀이한다. '무이지위無以知爲'란 지모와 기교를 사용하지 않는다는 뜻으로, 담박하고 고요한 본래의 소박한 자질을 스스로

지켜 나가는 것을 말한다.

⑤ 夫德, 和也; 道, 理也,……則天下亂矣: 이 구절들은(총 54글자) 장자의 후학 가운데에서 황로사상에 물든 자가 지은 글로 보인다.

⑥ 彼正而蒙己德, 德則不冒, 冒則物必失其性也: '몽기덕蒙己德'은 자신의 덕행을 거두어들여 감추는 것이다. '불모不冒'는 드러내 보이지 않는 것이다.

- 임희일: '몽蒙'은 '감추다'(晦)라는 뜻이다. 덕이 자신의 안에 쌓여도 이를 스스로 드러내지 않아야 한다. 만일 덕을 스스로 감추지 않고 남에게 자신의 덕을 가하고자 하면 이들은 자연스러운 성질을 잃고 만다.
- 이면: '몽蒙'은 '가리다'(蔽)라는 뜻이다. '모冒'는 '드러내다'(露)라는 뜻이다. 만일 그 덕을 바로 지키고 잘 감추어 나가면 덕이 밖으로 드러나지 않는다. 만약 덕이 밖으로 드러나면 그 본성을 잃어버리게 된다. 이는 위대한 덕은 (자신의) 덕을 내세우지 않으므로 만물이 모두 자신의 본성을 온전히 갖출 수 있음을 말했다. 그런데 억지로 자신의 덕을 만물에게 가하고자 한다면 만물은 자신의 본성을 잃어버리게 된다. 앞에서 '염담恬淡'을 말했고, 뒤에서 '담막澹漠'을 말했는데, 이는 모두 덕을 드러내 남을 통제하려고 해서는 안 된다는 의미를 담고 있다.

【풀이】

세속의 학문을 사용하여 본성을 닦고 다스리면서 본래의 상태로 돌아가고자 하며, 세속의 사상을 통해 정욕을 어지럽히면서 사리에 통달하고자 하는 자들은 무지몽매한 자들이다.

옛날 도를 닦던 사람들은 담박하고 고요함을 유지하면서 지혜를 함양해 나갔는데, 지혜를 이루어도 함부로 밖으로 사용하지 않았다. 이를 '담박함으로 지혜를 기른다'(以恬養知)라고 하였다. 지혜와 담박함이 서로 함양하면 화순한 이치가 본성으로부터 나오게 된다. 덕은 조화로움(和)이며, 도는 이치(理)이다. 덕은 포용하지 못하는 것이 없으니 이것이 바로 인仁이라 할 수 있다. 도는 이치에 들어맞지 않은 것이 없으니 이것이 바로 의義라고 할 수 있다. 의리義理가 분명해진 것이 바로 충忠이다. 마음이 소박하며 타고난 성명의 참된 실정으로 돌아가는 것이 바로 악樂이다. 행위가 믿음직스럽고 생각이 너그러우며 자연의 절도에 들어맞는 것이 바로 예禮이다. 예악을 억지로 똑같이 실행하고자 하면 천하가 크게 혼란스러워진다.

각자가 스스로 바로잡으면서 자신의 덕을 감추고 드러내지 말아야 한다. 만일 억지로 이를 남에게 가하고자 한다면 이들은 자연의 본성을 잃어버리고 만다.

2.

古之人, 在混芒[①]之中, 與一世而得澹漠[②]焉. 當是時也, 陰陽和靜, 鬼神不擾, 四時得節[③], 萬物不傷, 群生不夭, 人雖有知, 無所用之, 此之謂至一[④]. 當是時也, 莫之爲而常自然[⑤].

逮德下衰, 及燧人伏羲始爲天下, 是故順而不一. 德又下衰, 及神農黃帝始爲天下, 是故安而不順. 德又下衰, 及唐虞始爲天下, 興治化之流, 澆淳散朴[⑥], 離道以爲, 險德以行[⑦], 然後去性而從於心. 心與心識知, 而不足以定天下[⑧], 然後附之以文[⑨], 益之以博. 文滅質, 博溺心, 然後民始惑亂, 無以反其性情而復其初.

由是觀之, 世喪道矣, 道喪世矣. 世與道交相喪也, 道之人何由興乎世, 世亦何由興乎道哉! 道無以興乎世, 世無以興乎道, 雖聖人不在山林之中, 其德隱矣. 隱, 故不自隱. 古之所謂隱士者, 非伏身而弗見也, 非閉其言而不出也, 非藏其知而不發也, 時命大謬也. 當時命而大行乎天下, 則反一無迹[⑩]; 不當時命而大窮乎天下, 則深根寧極[⑪]而待; 此存身之道也.

【길잡이】

① 混芒: 뒤섞여 어둑함.

- 임희일: '혼망지중混芒之中'은 감추어 스스로 드러내지 않는다는 뜻.

② 澹漠: '담막淡漠'과 같다.

- 성현영: 어두컴컴하여 흔적을 찾아볼 수 없다는 뜻이다. 임금과 신하 상하 간에 서로 왕래가 없이 염담恬澹, 적막寂漠, 무위無爲의 도를 지키는 것을 말한다.
- 임희일: 담연하고 막연하다(澹然漠然)는 것은 상하 간에 서로 바라거나 요구하는 일이 없음을 뜻한다.

③ 四時得節: '득得'은 『장자궐오』에서 인용한 장군방본에는 '응應'으로 되어 있다.(마서륜, 유문전의 교열)

④ 至一: 완전하고 순일한 경지. 제임스 레게(James Leege)의 영역은 '완벽한 통일성의 상태'(The State of Perfect-Unity)인데, 매우 타당하다.

- 곽상: 사물이 모두 스스로 그러한 것(自然)을 '지일至一'이라고 한다.

⑤ 莫之爲而常自然: 『노자』 51장의 '막지명이상자연莫之命而常自然'과 같은 뜻.

⑥ 澆淳散朴: '요澆'는 원래 '요澆'라고도 쓴다.(『경전석문』) 성현영의 판본에서 바로 '요澆'라고 썼다. 『회남자』 「숙진훈俶眞訓」에도 역시 '요澆'라고 하였다. '박朴'은 '박樸'의 가차자이다.(왕숙민, 『장자교석』) '요순산박澆淳散朴'이란 순박함을 잃어 각박해지고, 본래의 소박함이 흩어진 것을 뜻한다.

⑦ 離道以爲, 險德以行: '위爲'는 원래 '선善'으로 되어 있었으나 곽경번의 설 및 『회남자』 「숙진훈俶眞訓」에 따라 수정하였다. '험險'은 '검儉'과 통하며, '적게 하다'라는 뜻이다. '험덕險德'이란 바로 '과덕寡德'을 말한다.

- 곽경번: '선善'자는 '위爲'자를 잘못 쓴 것으로, 하는 바가 위대한 도에 어긋나고 행하는 바가 위대한 덕에 어긋남을 말한 것이다. 『회남자』 「숙진훈」에 나오는 '잡도이위雜道以僞('雜'은 '離'를 잘못 쓴 것이며, '僞'는 과거에 '爲'로 썼다. '爲'는 '行'과 같다), 검덕이행儉德以行('儉'과 '險'은 옛글자에서는 서로 통했다)'이라는 구절이 바로 여기에서 나온 것이다.

⑧ 心與心識知, 而不足以定天下: 두 가지의 독법이 있다.

(1) '심여심식心與心識' 뒤에서 문장을 끊어 읽는 방법이다. 곽상의 『장자주』에서는 "너와 나의 마음이 서로 식견을 경쟁한다"라고 하였고, 임희일은 "내가 유심의 태도로 행하면 상대방 역시 유심의 태도로 응한다. 따라서 '심여심식'이라고 한 것이다. '식識'은 서로 살펴보는 것이다. 여기에서의 '심心'자는 마음(心)을 뜻한다"라고 하였다.

(2) '심여심식지心與心識知'에서 문장을 끊어 읽는 방법이다. 유신옹劉辰翁[7]은 "'심여심식지'까지 구절이 이어지며 '서로 간파하다'라는 뜻이다"라고 하였고(『莊子點校』), 유월은 "'식識'과 '지知'는 연결된 말이다. 『시경』에서 '불식부지不識不知'라고 하였으니, '식識'과 '지知'는 같은 뜻이다. 따라서 이를 연결하여 '식지識知'라고 한 것이다. '심여심식지心與心識知, 이부족이정천하而不足以定天下'는 '불식부지不識不知'

7) 劉辰翁(1232~1297): 중국 남송 말기의 애국시인이자 문학평론가.

의 상태에서 (천하를) 안정시키는 것이 가능하다는 뜻이다. 각 주석가들은 '식識'자 뒤에서 문장을 끊어 읽었는데, 이는 옳지 않다. 한편 상수의 판본에는 '식識'이 '직職'으로 되어 있는데, 이는 더욱 맞지 않는다"라고 하였다.

여기에서는 (2)의 설을 따르기로 한다.

⑨ 附之以文: '문文'은 앞에서 말한 세속의 학문을 가리킨다.(이면)

⑩ 反一無迹: 지일至一의 상태로 돌아와 그 어떤 유위의 흔적을 찾아볼 수 없음.(임운명, 『장자인』)

⑪ 深根宁極: 깊이 감추어 침묵함.(이종예의 번역)

- 임희일: '심근深根'이란 '은밀하게 감추어 드러내지 않는다'(退藏於密)는 말과 같은 뜻이다. '영극宁極'이란 '안정되고 편안하다'(安汝止)는 말과 같은 뜻이다.
- 조초기: '심근深根'은 뿌리가 깊이 자라나도록 한다는 말이다. '근根'은 근본을 뜻한다. '영극宁極'이란 근본을 튼튼하고 안정되게 한다는 말이다.

【풀이】

옛 시대의 사람들은 혼돈망매混沌芒昧한 상태에 머물렀으니, 온 세상이 담담한 태도로 서로에게 무언가를 요구하지 않았다. 당시에는 음양의 기운이 유순하게 조화를 이루어 안정되었으며, 귀신이 찾아와 훼방을 놓는 일이 없었으며, 사시가 모두 절도에 들어맞았고, 만물이 해를 입지 않았다. 모든 생명이 요절하지 않았고, 사람들에게 지모가 있어도 쓸 일이 없었다. 이를 '완전하고 순일한 경지'(至一)라고 부른다. 당시에는 그 어떤 작위하는 바 없이 만물이 본래 그러함(自然)에 따를 수 있도록 하였다.

그런데 덕이 쇠퇴하고 수인燧人과 복희伏羲가 천하를 다스린 시기에 접어들면서 백성들의 마음을 따르기는 하지만 이전과 같은 완전하고 순일한 경지로는 돌아갈 수 없었다. 덕이 더욱 쇠락하여 신농神農과 황제黃帝가 천하를 다스린 시기에 이르러서는 천하를 안정시킬 수는 있었지만, 백성의 마음을 따를 수는 없었다. 덕이 더욱 쇠락하여 요와 순이 천하를 다스린 시기에 이르면, 교화가 크게 일어나 순박함이 사라지고 본래의 소박함이 흩어졌으며, 도를 버리고 작위를 행하고 부족한 덕으로 일을 실행하였다. 그런 다음에는 본성을 버리고 간교한 마음을 따르면서 상대방의 마음을 살펴대기에 바빴으니, 천하가 안정될 수 없었다. 그런 다음에는 겉치레를 더하고 학문을 넓혀갔는데, 겉치레는 본래의 소박한 상태를 망가뜨렸으며, 학문은 마음을 파묻었다. 그러고 난 후 백성들은 혼란에 빠졌고 다시는 담담하고 소박한 성정으로 돌아올 수 없었고, 본래 그러한 처음의 상태를 회복할 수 없게 되었다.

이렇게 본다면 세상은 위대한 도를 상실했고, 위대한 도는 세상을 상실했다고 할 수 있다. 세상과 위대한 도가 서로 상실된 상태에서 도를 지닌 인간이 어떻게 세상에 일어날 수 있으며, 세상이 어떻게 위대한 도를 일으킬 수 있겠는가? 위대한 도는 세상에서 일어날 수 없고, 세상이 위대한 도를 일어나게 할 수 없으니, 성인이 산림 속에 파묻혀 있지 않는다 하더라도 그 덕은 감추어질 수밖에 없다. 감추어져 있지만, 이는 스스로 감춘 것이 아니다. 옛 시대에 은사隱士라고 불리던 자들은 사람들을 피해 세상을 벗어나 숨어 살지 않았고, 입을 닫은 채 아무 말도 할 수 없던 것도 아니었으며, 지혜를 감추고 드러낼 수 없지도 않았다. 그러니 시기가 얼마나 크게 어긋난 것이겠는가? 시기를 잘 만나면 천하에 나서서 도를 실행하여 '지극한 합일'(至一)의 경지를 회복시키되 그 어떠한 자취도 남기지 않겠지만, 천하가 곤궁에 빠져 좋은 시기를 만나지 못하면 그저 깊이 숨어들어 침묵을 지키면서 기다릴 뿐이다. 이것이 바로 생명을 보전하는 방법이다.

3.

古之存身①者, 不以辯飾知, 不以知窮天下, 不以知窮德, 危然②處其所而反其性已, 又何爲哉! 道固不小行③, 德固不小識④. 小識傷德, 小行傷道. 故曰, 正己而已矣. 樂全之謂得志⑤.

古之所謂得志者, 非軒冕⑥之謂也, 謂其無以益其樂而已矣. 今之所謂得志者, 軒冕之謂也. 軒冕在身, 非性命也, 物之儻來⑦, 寄者也. 寄之, 其來不可圉⑧, 其去不可止. 故不爲軒冕肆志, 不爲窮約趨俗⑨, 其樂彼與此⑩同, 故無憂而已矣. 今寄去則不樂, 由是觀之, 雖樂, 未嘗不荒也. 故曰, 喪己於物, 失性於俗者, 謂之倒置⑪之民.

【길잡이】

① 存身: 『도장』의 성현영 『장자소』 판본, 임희일의 『남화진경구의』 판본, 조간의본

등에는 '존存'을 '행行'으로 썼다. 하지만 세덕당본에는 '행行'을 '존存'으로 썼으니, 이에 따라 수정하였다.

- 왕숙민: 저백수는 "'행신行身'은 앞 구절에 비추어 보았을 때, '존신存身'으로 읽어야 한다"라고 하였다. 그의 설이 옳다. 이 구절은 앞의 '차존신지도야此存身之道也'를 이어받아 말한 것으로, '행行'은 '존存'을 잘못 쓴 것이다.
  - ▹ 진고응: 왕숙민의 설이 옳다. 앞 구절과 일치되려면 '존신存身'으로 읽어야 한다.

② 危然: 홀로 선 모습.(사마표, 『장자주』)

③ 小行: 인의예악의 행위를 가리킴.

④ 小識: 작은 지식(小知).(성현영, 『장자소』) 시비를 구분하는 분별지.(후쿠나가 미쓰지)

⑤ 得志: 뜻대로 됨(適志), 스스로 만족함(自得).

- 임희일: '득지得志'는 '쾌적하다'(快意)라는 뜻이다.

⑥ 軒冕: '헌軒'은 수레를 말하고, '면冕'은 관을 말한다. 부귀영화와 높은 지위를 가리킨다.

⑦ 儻來: 생각지도 못하게 갑자기 찾아옴.(성현영, 『장자소』)

⑧ 圉(중국음은 yǔ[語]): 원래 '어禦'(제어하다)로도 쓴다.(『경전석문』) '어圉'와 '어禦'는 서로 통한다.

⑨ 不爲窮約趨俗: 곤궁하다고 해서 세상에 아부하지 않음.

- 마서륜: '약約'은 '폄貶'으로 가차되었다. '패貝'변에 '핍乏'으로 발음하며, 궁핍窮乏의 '핍乏'자의 본래 글자이다. 고서에서 '약約'이라고 쓴 것은 검약의 뜻으로 쓴 것은 드물고, 대개는 '폄貶'의 가차자로 쓰인 것이다.

⑩ 彼與此: '피彼'와 '차此'는 각각 앞 구절의 '헌면軒冕'과 '궁약窮約'을 지칭한다.

⑪ 倒置: 본말이 전도됨.

- 상수向秀: 외적인 것으로써 내적인 것을 바꾸는 것은 거꾸로 뒤바뀐 것(倒置)이라 할 수 있다.(『경전석문』에서 인용)

【풀이】

옛 시대에 생명을 보전하던 방법은 논변으로 지혜를 꾸며 대지 않았고, 지모를 사용하여 천하를 수고스럽게 만들지 않았으며, 지모를 사용하여 덕을 괴롭히지 않았다. 의연하게 홀로 처하면서 자연의 본성으로 돌아갔으니, 달리 무엇을 더 하겠는가? 도는 원래 [인의예지를 실천하는] 작은 행위를 필요로 하지 않으며, 덕은 본래 [시비를 분별하는] 작은 지식을 필요로 하지 않는다. 작은 지식은 덕을 훼손하고, 작은 행위는 도를 훼손한다. 따라서 스스로 바로 서면 그만이라고 하는 것이다. 이처럼 온전한 천성을 즐거움으로 여기는 것(樂全)을 일러 '뜻을 얻었다'(得志)라고 한다.

옛 시대에 '뜻을 얻는다'라는 말은 부귀영화와 높은 지위를 얻은 것이 아니라 더할 나위 없이 즐거운 것을 말한다. 하지만 지금 '뜻대로 되다'(得志)라는 말은 다만 부귀영화와 높은 지위를 가리킬 뿐이다. 부귀영화와 높은 지위를 누리는 것은 절대 진정으로 타고난 성명性命이 아니다. 잠시 물건을 맡겨 둔 것과 같이 외물이 우연히 찾아온 것이다. 맡아 둔 물건은 오는 것을 금할 수도 없고 가는 것을 막을 수도 없다. 따라서 부귀영화나 높은 지위 때문에 함부로 마음을 쓰지 말고, 곤궁하다고 해서 세상에 아부하지 말아야 한다. 부귀영화와 높은 지위를 누릴 때나 곤궁할 때나 즐거움이 같아야 근심이 없을 수 있다. 그런데 지금은 잠시 맡겨 둔 물건을 잃어버리면 이내 불쾌하다고 여기니, 설사 즐거움이 찾아온다고 하더라도 마음이 어찌 황폐하지 않다고 할 수 있겠는가? 따라서 물욕에 자신을 잃어버리고 세속의 일에 본성을 잃어버린 자들을 본말이 전도된 자라고 부른다.

추수秋水

「추수」는 가치판단의 무궁한 상대성에 관해 논하는 것이 주제이다. '추수秋水'는 가을의 빗물을 뜻하며, 첫머리의 두 글자를 따 편명으로 삼았다.

본 편은 하백河伯과 해약海若의 대화가 주된 내용을 이루고 있다. 하백과 해약 사이에서는 7번의 문답이 오간다.

첫 번째 문답에서는 '천하의 모든 미덕이 자신에게 모여들었다고 여기며 득의양양하는'(欣然自喜, 以天下之美爲盡在己) 하백의 자기중심적 마음을 그렸다. 하백은 스스로 훌륭하다고 여겼지만 해약은 그렇지 않았다. 이는 매우 선명한 대비로 나타난다. 해약은 바다의 거대함과 천지의 무궁함을 말하면서 그 사상적 시야를 마음껏 펼쳤는데, 그 드넓은 포부는 읽는 이의 가슴을 웅장하게 만들어 준다.

두 번째 문답에서는 시공간의 무한함과 사물 변화의 불확정성에 관해 논하며, 인식과 확실한 판단이란 쉽지 않음을 말했다.

세 번째 문답에서는 우주 속의 많은 사물이 '말로 논할 수 없고, 뜻으로 전달할 수 없는 것'(言之所不能論, 意之所不能致)임을 밝혔다.

네 번째 문답에서는 계속해서 대소와 귀천이라는 개념에 일정함이 없음을 논했다.

다섯 번째 문답에서는 주관의 한계와 집착을 타파하고, 열린 마음으로 만물을 관조할 것을 말했다.

여섯 번째 문답에서 하백은 '도는 무엇이 귀한 것입니까?'라는 질문을 던진다. 이에 대해 해약은 도를 안다는 것은 자연의 법칙을 아는 것이며, 자연의 법칙을 알면 사물 변화의 진상을 명료하게 이해할 수 있다고 답했다.

일곱 번째 문답에서 하백은 마지막으로 "'천天'이란 무엇이며, '인人'이란 무엇입니까?"라고 질문을 던진다. 여기에서 '천天'이란 곧 자연을 가리키며, '인人'은 곧 인위로서 함부로 행한다는 뜻을 지니고 있다. 해약은 참된 본성을 따르는 것이 바로 자연이며, 이에 어긋나는 것이 바로 인위라고 본다.

이 일곱 번째 문답까지는 글의 의미가 비교적 완전하나, 나머지 몇 개의 단락은 잡다한 내용이 삽입된 것으로 보인다. 본 편 마지막 장자와 혜자가 다리 위를 거닐며 물고기의 즐거움에 관해 논하는 단락에서는 예술적 태도로 사물을 감상하는 장자의 모습과 이성적 태도로 사물을 분석하는 혜자의 모습을 대조적으로 그렸다.

풍부한 식견을 담은 여러 성어가 본 편에서 나왔다. 망양흥탄望洋興歎[1)], 대방지가大方之家[2)], 견소대방見笑大方[3)], 태창제미太倉稊米[4)], 일일천리一日千里[5)], 비우즉무非愚則誣[6)], 해타성주欬唾成珠[7)], 정와지견井蛙之見[8)], 함정지와陷井之蛙[9)], 준순이퇴逡巡而退[10)], 문맹부산蚊虻負山[11)], 이관규천以管窺天[12)], 한단학보邯鄲學步[13)], 이도예미泥塗曳尾[14)], 원추지지鵷雛之志[15)], 호량환어濠梁歡魚[16)] 등이 있다.

---

1) 위대한 대상 앞에서 자신의 보잘것없음을 탄식함. 상황이나 능력이 받쳐 주지 못해 무력함을 느끼는 상황에서 사용하는 말.
2) 위대한 도를 이해하는 자. 박학다식하거나 뛰어난 기술을 가진 인물을 표현할 때 사용하는 말.
3) 식견이 넓은 자에게 비웃음을 삼. 전문가들의 웃음거리가 되는 상황을 나타내는 말.
4) 드넓은 곡식 창고 속의 쌀 한 톨. 위대한 도 앞에서 인간이나 사물은 보잘것없는 존재임을 비유한 것으로, 보잘것없는 존재를 비유적으로 표현하는 말.
5) 말이 하루에 천 리를 감. 일의 진행이 매우 빠른 것을 비유적으로 표현하는 말.
6) 본래 성정이 어리석은 것이 아니라면 일부러 남을 속이는 것이라는 말.
7) 뱉은 침이 구슬이 됨. 내놓는 말이나 의견이 매우 적절하고 세련된 것을 비유하는 말.
8) 우물 안 개구리. 식견이 좁음을 비유하는 말.
9) 정와지견과 같은 말.
10) 뒷걸음질 치며 물러나는 모습을 표현하는 말.
11) 모기가 산을 짊어짐. 능력이 부족한 자가 감당할 수 없는 중임을 맡는 상황을 나타내는 말.
12) 대나무 구멍으로 하늘을 바라봄. 부족한 식견이나 편협한 견해를 비유적으로 표현하는 말.
13) 연나라 소년이 조나라의 수도 한단에서 걸음걸이를 배움. 계속해서 남을 모방하려고 하여 제대로 배우지도 못한 채 본래의 것까지 잃어버리는 상황을 나타내는 말.
14) 진흙탕 속에서 꼬리를 끌고 다님. 빈곤하지만 자유롭게 사는 것을 표현하는 말. 행실이 저속한 것을 나타내는 말로도 쓰임.
15) 뜻이 마치 봉황과 같이 높고 고결함.
16) 濠江의 다리 위에서 물고기를 바라봄. 유유자적하는 초탈적인 여유로움을 나타내는 말.

1.

秋水時至, 百川灌河, 涇流①之大, 兩涘渚崖之間②不辯牛馬③. 於是焉河伯④欣然自喜, 以天下之美爲盡在己. 順流而東行, 至於北海, 東面而視, 不見水端, 於是焉河伯始旋其面目⑤, 望洋向若而歎⑥曰: "野語⑦有之曰'聞道百⑧以爲莫己若者', 我之謂也. 且夫我嘗聞少仲尼之聞而輕伯夷之義者, 始吾弗信; 今我睹子之難窮也, 吾非至於子之門, 則殆矣, 吾長見笑於大方⑨之家." 北海若曰: "井鼃⑩不可以語於海者, 拘於虛⑪也; 夏蟲不可以語於冰者, 篤於時⑫也; 曲士⑬不可以語於道者, 束於教也. 今爾出於崖涘⑭, 觀於大海, 乃知爾醜, 爾將可與語大理矣. 天下之水, 莫大於海, 萬川歸之, 不知何時止而不盈, 尾閭⑮泄之, 不知何時已而不虛; 春秋不變, 水旱不知⑯. 此其過江河之流, 不可爲量數. 而吾未嘗以此自多者, 自以比形於天地⑰而受氣於陰陽, 吾在天地之間, 猶小石小木之在大山也, 方存乎見少, 又奚以自多! 計四海之在天地之間也, 不似礨空⑱之在大澤乎? 計中國之在海內, 不似稊米之在大倉乎? 號物之數謂之萬, 人處一焉; 人卒⑲九州, 谷食之所生, 舟車之所通, 人處一焉⑳; 此其比萬物也, 不似毫末之在於馬體乎? 五帝之所運㉑, 三王之所爭, 仁人之所憂, 任士之所勞, 盡此矣. 伯夷辭之以爲名, 仲尼語之以爲博, 此其自多也, 不似爾向之自多於水乎?"

【길잡이】

① 涇流: 물의 흐름. '경涇'은 물줄기를 말한다.

- 육덕명: 사마표는 "'경涇'은 통하다(通)라는 뜻이다"라고 하였다. 최선본에는 '경徑'으로 되어 있으며, "지름을 '경徑'이라고 한다"라 하였다.
  - ▹ 진고응: 『경전석문』에서는 '경류涇流'를 인용하면서 '통류通流' 혹은 '경류徑流'로 썼다. 장병린은 이를 물의 흐름으로 풀이하였다.
- 장병린: '경涇'은 '경巠'의 뜻으로 가차되었다. 『설문해자』에서 "'경巠'은 물줄기를 뜻한다"라고 하였다.(『장자해고』)

② 兩涘渚崖之間(涘의 중국음은 sì[寺], 渚의 중국음은 zhǔ[主]): '사涘'는 '애涯'(물가).(『경전석문』) 혹은 '애崖'(물가)(성현영, 『장자소』)와 같다. 따라서 '양사兩涘'는 양쪽 물가(兩岸)를 말한다. 하천 가운데에 머무를 수 있도록 떠 있는 섬을 '저渚'라고 한다.(『경전석문』에

있는 사마표의 설을 인용) '애崖'는 '애涯'라고도 쓴다.(『경전석문』) 따라서 '저애渚崖'는 '저안渚崖'과 같으니, 하천 가운데에 있는 섬의 양변을 가리킨다.

③ 不辯牛馬: '변辯'은 '변辨'(변별하다)과 통한다. 복송본覆宋本에 바로 '변辨'으로 되어 있다. '불변우마不辯牛馬'란 강물이 넓어 물가 언덕이 멀리 있으므로 사물이 분명하지 않게 보이는 것을 말한다.(임운명, 『장자인』) 즉 강의 면적이 넓으므로 건너편이 멀어서 보이지 않는 것을 표현한 것이다.

④ 河伯: 강의 신.(성현영, 『장자소』) '백伯'은 윗사람(長者)에 대한 명칭이므로, '하백河伯'은 강의 우두머리를 뜻하는 말이다.(이면)

⑤ 始旋其面目: 부끄러워하며 태도를 바로잡는 모습을 말함.(진수창, 『남화진경정의』)

- 이면: '하백시선기면목河伯始旋其面目'에 대해 항간의 풀이를 보면 대개 '하백이 고개를 돌리려고 하였다'라고 하였다. 그런데 북쪽 바다는 사실 황하의 앞에 있으므로 하백이 바다의 신을 보려면 정면을 바라보아야 한다. 그런데 왜 고개를 돌린다고 하겠는가? 이 구절은 '하백이 그 낯빛을 바꾸었다'라고 해석해야 한다. '선旋'은 전환하다(轉)라는 뜻이다. 하백이 처음에는 황하의 물이 건너편의 소와 말을 서로 분간할 수 없을 정도로 넓어 천하의 거대함이 모두 자신 안에 있다고 여겼으나, 바다를 보고 나서는 그 드넓음에 놀라 스스로 부끄러움을 느끼고는 자만하던 면모를 바꾸게 되었다는 말이다. 따라서 '면모를 바꾸다'(旋其面目)라고 한 것이다.(『장자총론급분편평주』)
  - ▹ 진고응: 이면의 설이 매우 타당하다. 청대의 학자 진수창의 해석 역시 성현영의 『소』와는 차이가 있다.

⑥ 望洋向若而歎: '망양望洋'에는 여러 가지 해석이 있다. 옛 주석에서는 우러러보는 모습이라고 풀이하였다.(사마표, 최선) 한편 '망양望洋'에서 '양洋'을 '양陽'의 가차자로 보고, '망양望陽'을 우러러보는 것으로 풀이하기도 한다.(곽경번의 『장자집석』에 자세한 설명이 나온다.) '양洋'을 '양羊'의 가차자로 보고, '망양望羊'을 멀리 본다는 뜻으로 해석하기도 한다.(마서륜의 『장자의증』에 자세한 설명이 나온다.) 그런데 '망양望洋'은 글자 그대로 일반적인 뜻으로서 해석하면 된다. '양洋'은 해양을 말하며 앞에서 북쪽 바다(北海)를 언급한 것이 그 증거이다.(이면) '약若'은 바다의 신이다.(사마표) '망양흥탄望洋興歎'이라는 성어가 바로 여기에서 나왔다.

⑦ 野語: 세상에서 흔히 이르는 말(俗語).

⑧ 聞道百: '백百'은 과거에는 '박博'과 같이 읽었다.(곽경번) '백百'은 많다는 말이다.(곽숭도) '백百'은 많은 것을 표현하는 말로서, 이이의 주에서 '만분의 일'(萬分之一)이라고 한 것은 옳지 않다.

⑨ 大方: 위대한 도(大道).(사마표)

⑩ 鼃: '와蛙'(개구리)와 같다. 『도장』에 들어 있는 성현영 『장자소』 판본, 임희일 『남화진경구의』 판본, 저백수의 『의해찬미義海纂微』 판본에 모두 '와蛙'로 되어 있다.

- 왕인지: '와鼃'는 본래 '어魚'로 되어 있었으나, 후대 사람들이 이를 고친 것이다. 『태평어람』 시서부時序部 7항, 인개부鱗介部 7항, 충치부蟲豸部 1항에서 이 구절을 인용하면서 "우물 속의 물고기는 바다에 대해 말할 수 없다"(井魚不可語於海)라고 하였으니, 옛 판본에는 '어魚'로 되어 있었음을 알 수 있다.(왕념손, 『독서잡지여편』 상편)

⑪ 虛: '허墟'(큰 언덕)와 같다. 조간의본趙諫議本에는 '허墟'로 되어 있다. 고서에서는 '허虛'라고 썼다.(왕숙민)

⑫ 篤於時: 시간의 제약을 받음. '독篤'은 '고固'와 같으며, 구속과 제약의 뜻이 있다.

- 곽경번: 『이아』 「석고釋詁」에서 "'독篤'은 '고固'와 같다"라고 하였다. 고루하여 통하지 않는다고 말할 때의 '고固'이다. 여름철의 벌레는 시간의 제약을 받으므로 얼음에 대해 논할 수 없다. 따라서 '독어시篤於時'라고 하였다. '독篤'자는 바로 앞뒤 구절에서 언급한 구속과 제약과 같은 의미이다.(『장자집석』)

⑬ 曲士: 앎이 완전하지 못한 선비(曲知之士).(『순자』, 「解蔽」) 혹은 왜곡된 견해를 가진 선비, 편견에 사로잡힌 선비.(성현영, 『장자소』) 「천하」에 등장하는 '일곡지사一曲之士'와 같은 말이다. '곡曲'은 '일부분'이라는 뜻이다.

⑭ 今爾出於崖涘: '애사崖涘'는 앞에 나오는 '양사저애兩涘渚崖'라는 말을 받아서 나온 것이다. 강변이라는 환경에 의해 제약을 받는다는 말로, 하백의 사상이 살아가는 환경에 의해 제약을 받는 것을 가리킨다.

⑮ 尾閭: 바닷물이 빠져나가는 곳.(성현영, 『장자소』) 전설에 등장하는 상상 속의 지역이다.

- 곽경번: 『문선』에 실린 혜숙야嵇叔夜(嵇康)의 『양생론』 주석에서 사마표를 인용하면서 "'미려尾閭'란 물이 바다에서 바깥으로 나가는 곳을 말한다"(尾閭, 水之從海外出者也)라고 하였다. '미尾'는 모든 강의 하류에 있으므로 이를 '꼬리'

(尾)라고 칭한 것이다. '려閭'는 '모이다'라는 뜻이다. 물이 모이는 곳이므로 '려'라고 하였다.

⑯ 春秋不變, 水旱不知: 계절의 변화가 그 많고 적음을 바꿀 수 없으며, 장마나 가뭄이 들어도 얼마나 더하고 주는지 알 수 없음.(성현영, 『장자소』)

⑰ 比形於天地: '비比'는 '비庇'로 읽는다. 『광아』「석고釋詁」에서 "'비庇'는 '의탁하다'(寄)의 뜻이다"라고 하였다. 따라서 '비형어천지比形於天地'는 '형체를 천지에 의탁하다'(寄形於天地)라는 의미이다.(고형, 『장자신전』)

⑱ 礨空(礨의 중국음은 lěi[磊]): 최선은 '뢰礨'를 '루垒'로 읽었다. '공空'은 '공孔'으로 읽는다. '루공垒孔'은 작은 구멍을 말한다. 개밋둑(蟻冢)을 가리킨다고 보는 설도 있다.(『경전석문』)

- 이면: '뇌공礨空'은 작은 구멍이다. 해동의 『장자보주』에서는 "'뢰礨'는 '뢰罍'로 보아야 한다"라고 하였고, 『이아』에서 "'뢰罍'는 그릇(器)이다"라고 설명하였다. 글자는 '뢰罍'로 보는 것이 맞으며, 옛날 사람들은 대개 술잔으로 사용했다. 따라서 '뇌공罍空' 두 글자는 술잔 가운데에 패인 공간을 말하며, 이 공간이 넓지 않으므로 '작은 구멍'(小穴)이라고 한 것이다.

⑲ 人卒: 사람들의 무리. 「천지」에 나오는 '인졸수중人卒雖衆'이라는 말과 같은 뜻이다. 「지락」의 '인졸문지人卒聞之, 상여환이관지相與還而觀之', 「도척」의 '인졸미유불흥명취리자人卒未有不興名就利者'의 '인졸人卒' 역시 모두 사람들의 무리를 가리켜 말한 것이다. 유월은 이를 '대솔大率'(대체로)을 잘못 쓴 것으로 보았으나, 이는 옳지 않다.

- 정전성: '졸卒'은 '췌萃'(모이다)의 가차자로 보아야 한다. 사람들이 아홉 개 주에 모여 있는 것을 말하는 것이다.(『장자음의역』)

⑳ 人處一焉: 이는 인간과 만물을 대비하여 말한 것이다. 반면, 뒤에 나오는 '인처일언人處一焉'은 개인과 무리를 대비하여 말한 것이다.

㉑ 五帝之所運: 현재 판본에는 '운運'을 '연連'으로 썼다. 강남고장본江南古藏本에는 '운'이라고 되어 있다. '운'으로 보는 것이 타당하다.(곽숭도) '운'이라고 하면 '계략을 꾸미다'라는 뜻이고, '연'으로 보면, '연속'이라는 뜻이다.

- 왕숙민: '오제지소연五帝之所連'은 뜻이 잘 통하지 않는다. '연連'은 '선禪'을 잘못 쓴 것으로 보아야 한다. '선'(선양하다)과 '쟁爭'(다투다)을 대비하여 말한

것이라고 보면 의미가 분명해진다. 뒤에 나오는 '석자요순양이제昔者堯舜讓而帝', '제왕수선帝王殊禪' 등은 모두 제위를 선양한 것을 말한 것으로, 이 구절과 같은 사례로 볼 수 있다. 진경원의 『장자궐오』에 인용된 강남고장본에서는 '연連'을 '운運'으로 썼다. '운' 또한 '선'을 잘못 쓴 것이다.

▷ 진고응: 왕숙민의 설이 일리가 있다. 한편 '운運'이나 '연連'으로 보아도 역시 뜻이 통한다.

【풀이】

가을에 (끊임없이 비가 내리면) 강물이 점차 불어나게 된다. 모든 하천이 황하로 모여들어 물의 흐름이 늘어나면 양쪽 강변과 강 가운데 섬 사이의 거리가 소와 말을 구분할 수 없을 정도로 멀어진다. 이에 황하의 신(河伯)이 천하의 모든 미덕이 자신에게 모여들었다고 여기며 득의양양하였다. 그가 물줄기를 따라 동쪽으로 향하다가 결국 북쪽 바다에까지 이르게 되었다. 그런데 그가 동쪽을 바라보았을 때, 바닷물의 끝이 보이지 않았다. 이에 그는 자만하는 기색을 거두어 고치고는 바다를 바라보며 바다의 신(海若)에게 감탄하며 이렇게 말했다. "흔히 속담에 이르기를 '수많은 도리를 듣고 나면 항상 그 누구도 자신을 따라오지 못한다고 여기기 마련이다'라고 하였습니다. 바로 저를 말하는 것이 아닐까 합니다. 일찍이 공자의 식견을 낮추어 보고 백이가 했던 의로운 행동을 얕보는 자가 있다고 들었는데, 처음에는 믿지 않았습니다. 그런데 지금 끝없이 드넓은 바다의 모습을 보니, 제가 만약 여기까지 오지 않았다면 큰일 날 뻔했습니다. 아마도 저는 영원히 위대한 도를 아는 이들로부터 비웃음을 샀을 테지요."

북해의 신이 말했다. "우물 속의 물고기와는 바다를 논할 수 없습니다. 이들은 사는 장소에 의해 제약을 받기 때문입니다. 여름철의 벌레와는 얼음에 관해 논할 수 없습니다. 이들은 시간에 갇혀 있기 때문입니다. 초야의 서생과는 큰 도리를 논할 수 없습니다. 이들은 예교禮教의 속박을 받기 때문입니다. 지금 그대가 강에서 나와 바다를 바라보고 나서 자신의 비루함을 깨닫게 되었으니, 이제 그대와 함께 큰 도리를 논할 수 있게 되었습니다. 천하의 물 가운데 바다보다 큰 것은 없습니다. 모든 하류가 이곳으로 모여들기 때문입니다. (물이 흘러드는 것이) 언제 그칠지조차 알 수 없지만, 바닷물은 결코 가득 차 넘치는 법이 없습니다. 바닷물은 다시 미려尾閭로 빠져나가 그칠 줄을 모르지만, 역시 조금도 줄어들지 않습니다. 봄이든 가을이든 계절의 영향을 받지 않으며, 장마나 가뭄에도 별다른 차이를 느끼지 못합니다. 그 용량이 강과 하천의 물줄기를 뛰어넘어 그야말로 헤아릴 수조차 없을 정도입니다. 하지만 저는 한 번도 이것으로 인해 자만해 본 적이 없습니다. 저는 천지에 의해 형체를 지니게 되었으며 음양으로부터 생기를 부여받았다고 여깁니다. 제가 천지 속에 놓인 것은 마치 작은 바위나 나무가 거대한 산속에 놓인 것이나 다름이 없습니다. 이처럼 스스로 작다는 생각만이 있을 뿐인데 어찌 자만할 수 있겠습니까? 천지 가운데에서 사해를 따져 본다면 큰 못에 있는 작은 개미굴과 같지 않겠습니까? 만일 중국을 사해 속에 놓고 본다면 큰 곳간 속의 작은 알갱이나 다름이 없지 않겠습니까? 사물의 명칭의 수는 만여 가지나 됩니다. 사람이라고 하는 것은 그런 만물 가운데 한 가지 종류일 뿐입니다. 사람들이 아홉 개 주에 모여 사는데, 온갖 곡식들이 자라나고 배와 수레가 통행하는 곳입니다. 그 가운데에서 한 명의 사람은 수많은 군중 가운데 고작 하나에 지나지 않습니다. 그렇다면 한 명의 사람을 만물에 비교해 보면 말에 난 작은 터럭 하나에 지나지 않을 것입니다. 그렇다면 오제五帝가 온갖 계책을 짜내는 것, 삼왕三王이 서로 다투며 싸우는 것, 어진 이가 세상을 근심하는 것, 능력 있는 선비가 수고를 다하는 것 모두 이런 작은 일에 지나지 않습니다. 백이伯夷는 사양한 일로써 그 명성을 얻었고, 공자는 유세를 통해 박식함을 드러냈습니다. 이들이 이처럼 스스로 훌륭하다고 여기며 행동한 것은 마치 그대가 강물을 보고 자만한 것과 같지 않을까요?

河伯曰: "然則吾大天地而小毫末, 可乎?"
北海若曰: "否, 夫物, 量無窮[①], 時無止[②], 分無常[③], 終始無故[④]. 是故大知觀於遠近, 故小而不寡, 大而不多, 知量無窮; 證曏今故[⑤], 故遙而不悶[⑥], 掇而不跂[⑦], 知時無止; 察乎盈虛, 故得而不喜, 失而不憂, 知分之無常也; 明乎坦塗[⑧], 故生而不說, 死而不禍[⑨], 知終始之不可故也. 計人之所知, 不若其所不知; 其生之時, 不若未生之時; 以其至小求窮其至大之域[⑩], 是故迷亂而不能自得也. 由此觀之, 又何以知毫末之足以定至細之倪[⑪]! 又何以知天地之足以窮至大之域!"

【길잡이】

① 物量無窮: 만물은 그 양을 헤아릴 수 없음.(임희일, 『남화진경구의』) 만물 각자의 도량이 있어 그 수가 무궁한 것을 말한다.(진수창, 『남화진경정의』) '양量'은 도량의 크기를 뜻한다.(임운명, 『장자인』)

② 時無止: 시간의 흐름은 멈추는 법이 없음. 「천운」의 '유지어무지流之於無止', '시불가지時不可止'와 같은 뜻이다.

- 임희일: 겨울과 여름, 밤과 낮의 변화는 그치지 않고 계속 이어지기 마련이다.

③ 分無常: 곽상은 득과 실이 모두 '분分'이라고 풀이하였다.(『장자주』) 이는 즉 귀천과 빈부의 득실을 가리킨다. 뒤에서 '귀천에는 때가 있으니, 일정하다고 할 수 없다'(貴賤有時, 未可以爲常)라고 한 것이 바로 '분무상分無常'을 말한 것이다. '상常'은 일정함(定)을 뜻하므로, '무상無常'은 일정하지 않음을 말한다.

- 선영: 일정하지 않은 곳에 거처함.(『남화경해』)

④ 故: '고固'와 같다. '고정'의 뜻이다.

⑤ 證曏今故(曏의 중국음은 xiàng[象]): '향曏'은 '밝히다'(明)라는 뜻이다. '금고今故'는 '고금古今'과 같다. '고故'는 '고古'로 읽는다.(마서륜, 『장자의증』)

⑥ 遙而不悶: 요원한 것에 대해서 답답함을 느끼지 않음.

- 선영: 멀어서 이르지 못한다고 하더라도 답답해하지 않는다.

⑦ 掇而不跂: '철掇'은 '거두어들이다'라는 뜻으로, 여기에서는 가까움을 나타낸다. '기跂'는 '바라다'의 의미.

- 왕선겸: 가까우므로 거두어들일 수 있으나, 굳이 바라지 않는 것을 말한다.

⑧ 坦塗: '도塗'는 '도途'(길)와 같다. 명대에 간행된 숭덕서원본崇德書院本에는 '도途'로 되어 있다.

⑨ 生而不說, 死而不禍: 「대종사」에는 '부지열생不知說生, 부지오사不知惡死'로 되어 있다.

⑩ 以其至小求窮其至大之域: '지소至小'는 '앎'(智)을 가리키고, '지대至大'는 '경지'(境)를 표현하는 것이다. 한계가 있는 작은 앎을 가지고, 끝없이 넓은 경지를 추구한다는 뜻이다.(성현영, 『장자소』)

⑪ 至細之倪: '예倪'는 끝(端倪), 한계를 뜻한다.

【풀이】

황하의 신이 말했다. "그렇다면 천지를 큰 것으로 여기고 털끝을 작은 것으로 여기는 것은 괜찮습니까?"

북해의 신이 말했다. "가능하지 않습니다. 만물의 양은 끝이 없고, 시간의 흐름은 멈추지 않으며, 얻고 잃는 것에는 일정함이 없으며, 시작과 끝에는 고정된 것이 없습니다. 따라서 큰 지혜를 지닌 자는 멀든 가깝든 모두 잘 관찰할 수 있습니다. 그러므로 작지만 적다고 여기지 않고, 크지만 많다고 여기지 않습니다. 만물의 양은 끝이 없음을 아는 것입니다. 또한, 옛날과 지금이 본래 같은 것임을 알기 때문에 멀다고 해서 답답함을 느끼지 않고 가깝다고 해서 억지로 추구하려 하지 않습니다. 시간의 흐름은 멈추지 않는다는 사실을 아는 것입니다. 사물이 차고 일그러지는 도리를 통찰하므로, 얻어도 기뻐하지 않고 잃어도 괴로워하지 않습니다. 얻고 잃는 것에 일정함이 없다는 것을 아는 것입니다. 죽음과 삶이 서로 분리할 수 없는 하나의 길임을 알아서 살아남아도 특별히 더 기뻐하지 않고, 죽음을 맞이해도 화를 당했다고 여기지 않습니다. 끝과 시작은 고정불변의 것이 아님을 아는 것입니다. 계산적인 자가 아는 바는 결코 그가 모르는 것에 비할 수 없습니다. 사람에게 생명이 있던 시간은 결코 생명이 없던 시간에 비할 수 없습니다. 지극히 유한한 삶으로써 무한한 앎의 영역을 추구한다면 막연하여 얻는 바가 없을 것입니다. 이렇게 본다면, 털의 끄트머리가 가장 작음의 한계를 확정할 수 있다는 것을 어떻게 알 수 있고, 천지가 가장 큼의 영역을 다할 수 있다는 것을 어떻게 알 수 있겠습니까?"

河伯曰: "世之議者皆曰: '至精無形, 至大不可圍①.' 是信情②乎?"

北海若曰: "夫自細視大者不盡, 自大視細者不明. 故異便, 此勢之有也③. 夫精, 小之微也; 垺, 大之殷也④; 夫精粗者, 期於有形者也; 無形者, 數之所不能分也; 不可圍者, 數之所不能窮也. 可以言論者, 物之粗也; 可以意致者, 物之精也; 言之所不能論, 意之所不能致者⑤, 不期精粗焉."

〔是故大人之行, 不出乎害人, 不多仁恩; 動不爲利, 不賤門隸; 貨財弗爭, 不多辭讓; 事焉不借人, 不多食乎力, 不賤貪汙; 行殊乎俗, 不多辟異; 爲在從衆, 不賤佞諂; 世之爵祿不足以爲勸, 戮恥不足以爲辱; 知是非之不可爲分, 細大之不可爲倪. 聞曰: "道人不聞, 至德不得, 大人無己." 約分之至也.] ⑥

【길잡이】

① 至精無形, 至大不可圍: 「칙양」의 '정지어무륜精至於無倫, 대지어불가위大至於不可圍'와 같은 구절이다. 「천하」에서 혜시가 말한 '지소무내至小無內, 지대무외至大無外'와도 뜻이 비슷하다.

② 信情: 신실함(信實).

③ 夫自細視大者不盡, 自大視細者不明. 故異便, 此勢之有也: '고이편故異便'은 원래 '부정大精, 소지미야小之微也; 부垺, 대지은야大之殷也' 뒤에 놓여 있었다. 마서륜은 "이 세 글자는 앞의 '자대시세자불명自大視細者不明' 뒤에 놓여야 한다"라고 하였는데, 그의 말이 타당하다. 그런데 '이는 형세가 그러한 것이다'(此勢之有也)라는 말은 '각자 치우친 면이 있는'(異便) 원인을 설명하는 구절이므로 문맥에 맞게 자리를 이동해야 한다. '이편異便'에 대해 곽상의 『장자주』에서는 "크고 작음의 차이가 있어, 분별하는 바가 같을 수 없다"(大小異, 故所便不得同)라고 하였는데, 이는 앞의 '자세시대자부진自細視大者不盡, 자대시세자불명自大視細者不明' 두 구절을 해석한 것이다. 그런데 현재 판본에는 그 위치가 뒤바뀌어 있어 문맥이 단절되고 말았다. 뒤에 나오는 '부정조자大精粗者' 구절은 바로 앞의 '정精'과 '부垺' 두 구절을 받아서 나온 것이다. 따라서 앞뒤 문맥을 바탕으로 위치를 바로잡는다. '고이편故異便'이란 각자 불완전한 부분이 있음을 말한다. '편便'은 '편偏'으로 읽어야 한다. 『설문통훈정성說文通訓定聲』[17]에서는 "'편便'은 '편偏'의 의미로 가차되었다"라고 하였고, 『예기』「악기樂記」의 소疏에서는 "'편偏'은 다 갖추지 못한 것을 말한다"라고 하였다. 「천하」에는 '선즉불편選則不遍'이라는 구절이 나오는데, 장석창은 이에 대해 "자신의 견해를 통해 사물을 선별한다면 반드시 버리는 부분이 생기므로 두루 미칠 수 없다"라고 설명하였다. 이 역시 본문에 대한 주석으로 삼을 수 있다. 『순자』「해폐解蔽」의 '하나의 측면으로 가려진다'(蔽於一曲)는 말이 바로 이를 가리킨다. 「천하」의 "두루 모든 측면을 갖추지 못한 자를 '일곡지사一曲之士'라

17) 중국 청나라 학자 朱駿聲이 지은 文字音韻書.

고 한다"라는 구절 역시 같은 의미이다.

④ 垺, 大之殷也: '은殷'은 크다는 뜻이며, '부垺'는 매우 큼을 의미한다.

⑤ 意之所不能致者: '치致'자 앞에는 원래 '찰察'자가 있었으나, 마서륜과 엄령봉의 설에 따라 삭제하였다.

- 마서륜: '찰察'은 불필요한 글자이다.
- 엄령봉: 앞 구절 '가이언론자可以言論者, 물지조야物之粗也, 가이의치자可以意致者, 물지정야物之精也'를 살펴보면 '론論'과 '치致'가 서로 대구를 이루고 있다. 따라서 여기에서도 "언지소불능'론'言之所不能'論', 의지소불능'치'意之所不能'致'"라고 해야 맞다. 이 '치致'자는 『예기』「대학大學」에 나오는 '치지致知'의 '치致'와 같다. 앞에 '찰察'자가 더 들어가면 글에 군더더기가 생긴다. 불필요한 글자이므로 이를 삭제해야 한다.(『도가사자신편』, 563쪽)

⑥ 是故大人之行……約分之至也: 이 단락의 글(총 111자)은 앞 구절과 연결되지 않는다. 앞에서는 하백이 던진 '지극히 정미한 것에는 형태가 없고, 지극히 큰 것은 다 아우를 수 없다'(至精無形, 至大不可圍)는 문제에 관해서 논했고, 북해약이 '미세하고 거대하다는 말은 형체가 있는 것에 한정된다'(不期精粗焉)라고 답하면서 대화가 일단락이 되었고, 질문한 내용 역시 해결이 되었다. 그런데 이어지는 구절에서 갑자기 앞뒤 내용과 서로 관련이 없는 이 단락이 등장하고 있으니, 다른 글이 잘못 섞여 든 것이거나 후대의 사람들이 함부로 삽입해 넣은 것이므로 삭제해야 한다.[18)]

---

18) 내용은 다음과 같다. "그러므로 大人의 행동은 남을 해치는 데로 나아가지 않고, 어진 은혜를 베푸는 일을 대단하다 여기지도 않는다. 움직여도 이익을 좇지 않고, 천한 일을 하는 사람을 멸시하지도 않는다. 재산으로 남과 다투지 않고, 겸양의 행동을 대단하다 여기지도 않는다. 일을 할 때 다른 사람의 힘을 빌리지 않고, 자기 힘으로 먹고사는 것을 자랑하지도 않으며, 빈천하다고 하여 천시하지도 않는다. 행동이 세속과 다르지만 그 다름을 자랑하지 않고, 세상 사람들과 함께하지만 아첨하고 영합하는 것을 업신여기지도 않는다. 세상의 爵祿으로도 고무시키기에 부족하고, 형벌과 치욕으로도 욕되게 하기 어렵다. 옳고 그름은 가릴 수 없고 작음과 큼은 경계 짓기 어렵다는 것을 알기 때문이다. 듣건대, '도를 체득한 사람은 명성을 추구하지 않고, 지극한 덕을 지닌 사람은 소유하지 않고, 大人은 자기가 없다'라고 했으니, 자신의 분수를 지키는 일의 지극함이다."

【풀이】

황하의 신이 말했다. "세간에서는 흔히 '가장 정미한 것은 형체가 없고, 가장 거대한 것은 외곽이 없다'라고 하는데, 이것이 사실입니까?"

북해의 신이 말했다. "작은 것의 시각에서 큰 것을 보면 그 전체를 볼 수 없고, 큰 것의 시각에서 작은 것을 보면 분명히 보이지 않습니다. 따라서 각자가 치우친 면이 있다고 할 수 있는데, 이는 형세가 그러하기 때문입니다. '정精'이란 미세한 것 중에서도 가장 미세한 것을 말하고, '부垺'란 거대한 것 중에서도 가장 거대한 것을 말합니다. 애초에 미세하고 거대하다는 말은 형체가 있는 것에 한정됩니다. 형체조차 없는 것에 이르면 그 수량을 다시 나눌 수가 없고, 외곽이 없는 것은 그 수량에 끝이 없습니다. 언어로 논할 수 있는 것은 큰 사물이고, 뜻으로 전할 수 있는 것은 정미한 사물입니다. 언어로도 논할 수 없고 뜻으로도 전할 수 없는 것에 이르면 정미함이나 크고 작음으로 한정할 수 없습니다."

河伯曰: "若物之外, 若物之內, 惡至而倪貴賤[1]? 惡至而倪小大?"

北海若曰: "以道觀之, 物無貴賤; 以物觀之, 自貴而相賤; 以俗觀之, 貴賤不在己. 以差觀之, 因其所大而大之, 則萬物莫不大; 因其所小而小之, 則萬物莫不小; 知天地之爲稊米也, 知毫末之爲丘山也, 則差數睹矣. 以功觀之, 因其所有而有之, 則萬物莫不有; 因其所無而無之, 則萬物莫不無; 知東西之相反而不可以相無, 則功分定矣. 以趣觀之, 因其所然而然之, 則萬物莫不然[2]; 因其所非而非之, 則萬物莫不非; 知堯桀之自然而相非, 則趣操睹矣[3].

昔者堯舜讓而帝, 之噲讓而絶[4]; 湯武爭而王, 白公爭而滅[5]. 由此觀之, 爭讓之禮, 堯桀之行, 貴賤有時, 未可以爲常也. 梁麗[6]可以衝城, 而不可以窒穴, 言殊器也; 騏驥驊騮[7], 一日而馳千裏, 捕鼠不如狸狌[8], 言殊技也; 鴟〔鵂〕[9]夜撮蚤, 察毫末, 晝出瞋目[10]而不見丘山, 言殊性也. 故曰, 蓋[11]師是而無非, 師治而無亂乎? 是未明天地之理, 萬物之情者也. 是猶師天而無地, 師陰而無陽, 其不可行明矣. 然且語而不舍, 非愚則誣也[12]. 帝王殊禪[13], 三代殊繼. 差其時, 逆其俗者, 謂之簒夫; 當其時, 順其俗者, 謂之義之徒. 默默乎河伯! 女惡知貴賤之門, 小大之家!"

【길잡이】

① 惡至而倪貴賤: 무엇으로부터 귀천을 구분하는가? '예倪'는 '실마리를 잡다'(端倪)라는 말로, '구별하다'라는 뜻이 있다.

② 因其所然而然之, 則萬物莫不然: 「제물론」의 '물고유소연物固有所然, 무물불연無物不然'이라는 구절과 같다.

③ 知堯桀之自然而相非, 則趣操睹矣: '연然'은 '시是'(그렇다)와 같다.(성현영, 『장자소』) '자연이상비自然而相非'는 자신이 옳다고 여기면서 서로를 낮추는 것을 말한다. '취조趣操'는 지향과 지조.(성현영, 『장자소』) '조操'를 '사捨'(버리다)의 오자로 보는 설도 있다. 이 경우 '취사趣捨'는 '취사선택'(取舍)을 뜻하는 것으로 볼 수 있다.(유문전, 『장자보정』) 이 설 역시 참고할 만하다.

- 왕중용王仲鏞: 여기에서 장자는 의도적으로 사물의 상대성을 과장하고 상대적 사물 속의 절대성을 무시하면서, 서로 다른 지향점을 동등하게 여기고자 한다. 이른바 '서로 다른 취향을 고르게 한다'(均異趣)고 표현할 수 있을 것이다. 그런데 그 목적은 바로 사람들이 편견과 아집을 타파하여 시야를 넓히도록 만드는 것이다. 한 단락 속에 '취향의 관점에서 보면'(以趣觀之)이라는 말을 제외하고, 계속해서 '도의 관점에서 보면'(以道觀之), '사물의 관점에서 보면'(以物觀之), '세속의 관점에서 보면'(以俗觀之), '차이라는 관점에서 보면'(以差觀之), '효능의 관점에서 보면'(以功觀之) 등, 서로 다른 각도에서 문제를 바라보는 방법론이 제시되는데, 이것으로 그의 상대주의적 인식론이 이루어지고 있다. 하지만 살펴보아야 할 점은 어떤 특정한 상황 속에서는 장자 또한 사물의 절대성을 완전히 부정하지는 않는다는 것이다. 예를 들면 「소요유」의 대붕과 매미(및 메추라기와 비둘기)의 우화를 보면, 장자 역시 그들 사이에 존재하는 '크고 작음의 분별'(大小之辯)을 완전히 등한시하지는 않았음을 알 수 있다.

④ 之噲[19]讓而絕: 다음의 고사를 가리킨다. 전국시대에 연나라의 왕인 쾌噲가 소대蘇代의 의견을 받아들여, 요가 순에게 제위를 양위했던 것처럼 왕위를 재상인 자지子之에게 물려준 일이 있었다. 그런데 나라의 백성들이 이에 불만을 가지면서 내란이 일어나게 되었고, 이를 빌미로 제나라 선왕이 연나라를 침범하여 연왕과 재상

19) 본문과 주석에는 모두 '噌'(쟁)으로 되어 있으나, 이 고사와 관련된 연왕의 이름은 子噲이므로 두 곳 다 '噲'(쾌)로 바로잡는다.

자지를 살해하였다.

⑤ 白公爭而滅: 백공白公의 이름은 승勝이고, 초나라 평왕平王의 손자이며, 태자 건建의 아들이다. 나라를 얻고자 군사를 일으켰으나 섭공자고葉公子高에게 죽임을 당했다. 이 일은 『좌전』 애공 16년과 『사기』 「초세가楚世家」에 실려 있다.

⑥ 梁麗: '양려梁欐'와 같다. 가옥의 기둥을 가리킨다. '려麗'는 '려欐'로 읽으며, 「인간세」에 등장한 바 있다.('高名之麗')

- 곽경번: 사마표는 '양려梁麗'를 '작은 배'(小船)로 풀이하였으나, 이는 옳지 않다. 유월은 '누차樓車'로 보았는데, 해석에 다소 억지스러운 면이 있다. 『열자』 「탕문湯問」을 살펴보면, "옹문에서 노래를 팔며 생계를 유지했는데, 그녀가 떠나고 나서도 노랫소리가 한동안 양려梁欐에 울려 퍼져 사흘이 지나도록 그치지 않았다"(雍門鬻歌, 余音繞梁欐, 三日不絶)라고 하였는데, 이 '양려梁欐'가 바로 여기에서 말하는 '양려梁麗'와 같다.

⑦ 騏驥驊騮: 모두 이름난 준마이다. '기기騏驥'는 고대로부터 천리마[하루에 천 리를 갈 수 있음을 가리킨다]라고 불렸다. '화류驊騮'는 주나라 시기의 훌륭한 말이다.[周나라 穆公이 지닌 여덟 필의 준마 가운데 하나이다.]

⑧ 狸狌: 「소요유」에 나오는 말. '리狸'는 '고양이'(貓)를 말한다. '성狌'은 '생鼪' 혹은 '유鼬'라고도 하며, 족제비를 가리킨다.

⑨ 鴟［鵂］(鴟의 중국음은 chī[吃], 鵂의 중국음은 xiū[休]): 부엉이.

- 왕인지: '휴鵂'자는 『경전석문』에 있는 '치휴류鴟鵂鶹'라는 주해로 인해 잘못 더해진 것으로 보인다. 『경전석문』에서는 "'치鴟'는 '척尺'과 '이夷'의 반절음으로 읽는다"라고 하였는데, 최선은 '치휴류鴟鵂鶹'라고만 하고 '휴鵂'에 대해서는 음을 달지 않았다. 이것은 본문에 원래 '휴鵂'자가 없었음을 뜻한다. 『회남자』 「주술훈主術訓」에서도 역시 '치야촬조鴟夜撮蚤'로만 되어 있다.

⑩ 瞋目(瞋의 중국음은 chēn[抻]): '진瞋'은 '열다'(張)라는 뜻이다.(사마표) 『설문해자』에서는 "'진瞋'은 성난 듯이 눈을 뜨는 것이다"라고 하였다. '진목瞋目'은 곧 '장목張目'이며, 눈을 크게 부릅뜨는 것을 말한다.

⑪ 蓋: '합盍'과 같다. '어찌 ~아니겠는가?'(何不)라는 뜻.

- 양수달: '합蓋'과 '합盍'은 서로 통한다. '어찌 ~아니겠는가?'(何不)의 뜻이다. 『예기』 「단궁상檀弓上」에 '자개언자지지어공호子蓋言子之志於公乎?', '자개행호子蓋行乎?'라는 구절이 나오는데, 정현의 주석에서 이를 "'합蓋'은 '합盍'으로

읽어야 한다. '어찌 ~아니겠는가?(何不)라는 뜻이다"라고 풀이하였으니, 이 두 구절을 그 증거로 삼을 수 있다.(『장자습유』)

⑫ 語而不舍, 非愚則誣也: '사舍'는 '사捨'를 생략한 글자이다. '비우즉무非愚則誣'라는 성어가 바로 여기에서 나왔다. 『한비자』「현학顯學」에도 이 말이 등장한다.

⑬ 帝王殊禪: '제왕帝王'은 '오제五帝'로 보아야 한다.(마서륜)

【풀이】

황하의 신이 말했다. "그렇다면 만물의 외부 혹은 내부 어디에서 귀천이 구분되며, 어디에서 큼과 작음이 구분되는 것입니까?"

북해의 신이 말했다. "도의 관점에서 보면 만물에는 본래 귀천의 구분이 없습니다. 만물 그 자체의 관점에서 보면 만물은 모두 자신을 귀하다고 여기고 상대방을 비천하다고 여깁니다. 세속의 관점에서 보면 귀천은 모두 외부에서 온 것이지 그 자체에 있는 것이 아닙니다. 차이라는 관점에서 볼 때, 사물의 큰 측면에 의거하여 이를 크다고 여긴다면 크지 않은 사물이란 없고, 사물의 작은 측면에 의거하여 이를 작다고 여긴다면 작지 않은 사물이란 없습니다. 천지를 마치 한 톨의 쌀알과 같다는 이치를 깨닫고, 털 끄트머리는 마치 하나의 언덕과 같다는 이치를 깨닫는다면, 만물이 얼마나 차이가 나는지를 살펴볼 수 있게 될 것입니다. 공능의 관점에서 볼 때, 사물에 있는 어떤 측면에 의거하여 그것이 있다고 여긴다면, 세상에 있지 않은 사물이란 존재하지 않습니다. 만약 사물에 없는 어떤 측면에 의거하여 그것이 없다고 여긴다면, 없지 않은 사물이란 존재하지 않습니다. 동쪽과 서쪽은 서로 대립하고 있지만 어느 한쪽도 없어서는 안 된다는 사실을 안다면, 만물의 공능과 역량을 확정할 수 있게 될 것입니다. 취향의 관점에서 볼 때, 사물의 옳은 측면에 의거하여 그것이 옳다고 여긴다면 옳지 않은 사물이란 존재하지 않습니다. 만약 사물의 그릇된 측면에 의거하여 그것이 그르다고 여긴다면 그르지 않은 사물이란 존재하지 않습니다. 요와 걸이 각각 자신을 옳다고 여기고 서로를 낮추어 본 것을 안다면 만물의 취향과 품성을 알아낼 수 있을 것입니다.

옛날 요와 순은 선양을 통해서 제위에 올랐지만, 연왕 쾌와 재상 자지는 선양으로 인해 멸망하고 말았습니다. 상나라 탕왕과 주나라 무왕은 쟁탈을 통해 왕이 되었지만, 백공 승은 쟁탈로 인해 멸망하고 말았습니다. 이것으로 볼 때 쟁탈과 선양이라는 형식 그리고 요와 걸의 행위 가운데 무엇이 귀하고 무엇이 천한지는 시간에 따라 달라지는 것이지 고정불변의 도리로 볼 수 없습니다.

가옥의 동량을 가지고 성문을 돌파하는 것은 가능하지만, 작은 구멍을 막을 수는 없습니다. 이는 용도의 차이라고 할 수 있습니다. 기기騏驥와 화류驊騮 등의 준마는 하루에 천 리를 갈 수 있지만, 쥐를 잡는 것은 고양이나 족제비보다 못합니다. 이는 기능의 차이라고 할 수 있습니다. 부엉이는 밤에 벼룩을 잡고 가을날 짐승 터럭과 같이 작은 것까지 밝게 볼 수 있지만, 낮에는 눈을 부릅떠도 산조차 볼 수 없습니다. 이는 타고난 능력의 차이라고 볼 수 있습니다. 흔히 사람들은 '왜 옳은 것만을 취한 채 그른 것은 버리지 않고, 질서정연한 것을 본받은 채 혼란스러운 것은 버리려고 하지 않는가?'라고 말합니다. 그런데 이는 천지의 이치와 만물의 실정에 밝지 못한 것입니다. 이는 마치 하늘만 본받고 땅은 본받지 않으며, 음만 본받고 양은 본받지 않는 것과 마찬가지이니, 불가능하다는 것이 너무도 자명합니다. 그런데도 사람들은 이런 말을 그치지 않으니, 어리석은 것이거나 아니면 일부러 헛소리하는 것이 틀림없습니다.

제왕들이 선양하던 방식이 각기 다르고, 삼대의 왕조가 계승하던 방식에 각자 차이가 납니다. 시대에 들어맞지 않고, 세속과 어긋나면 흔히 왕위를 찬탈한 자라고 불리기 마련입니다. 하지만 시대에 들어맞고 세속에 어긋나지 않으면 숭고하고 의로운 자라고 불립니다. 그러니 침묵하시오, 하백이여! 그대가 어떻게 귀천의 갈림길과 큼과 작음의 구분을 알 수 있겠습니까!"

河伯曰: "然則我何爲乎, 何不爲乎? 吾辭受趣舍①, 吾終奈何?"

北海若曰: "以道觀之, 何貴何賤, 是謂反衍②; 無拘而志③, 與道大蹇④. 何少何多, 是謂謝施⑤; 無一而行, 與道參差. 嚴嚴乎⑥若國之有君, 其無私德; 繇繇乎⑦若祭之有社, 其無私福; 泛泛乎⑧其若四方之無窮, 其無所畛域. 兼懷萬物, 其孰承翼⑨? 是謂無方⑩. 萬物一齊, 孰短孰長? 道無終始, 物有死生, 不恃其成; 一虛一盈, 不位乎其形⑪. 年不可擧⑫, 時不可止; 消息盈虛, 終則有始. 是所以語大義⑬之方, 論萬物之理也. 物之生也, 若驟若馳, 無動而不變, 無時而不移. 何爲乎, 何不爲乎? 夫固將自化."

【길잡이】

① 辭受趣舍: 출처진퇴出處進退를 의미함.(후쿠나가 미쓰지) '취사趣舍'는 '취사取舍'와 같다.

② 反衍: 뒤집음(反覆).(곽상의 『장자주』) 반대 방향으로 나아가는 것을 의미하며 지금 말하는 '전환'(轉化)과 같다.(조초기)

③ 無拘而志: '이而'는 '여汝'(2인칭 대명사)와 같다.

④ 蹇(중국음은 jiǎn[減]): 위배되다.(임희일)

⑤ 何少何多, 是謂謝施: '사시謝施'는 번갈아 교체되다.

- 이면: '사시謝施'는 교체의 뜻이다. 적은 것도 많은 것이 될 수 있고, 많은 것도 적은 것이 될 수 있으므로 보이는 것에 얽매여서는 안 된다. 즉 '엎치락뒤치락함'(反覆委蛇)의 뜻이다. 사마표는 "'사謝'는 '번갈아들다'(代)의 뜻이고, '시施'는 '쓰다(用)의 뜻이다"라고 하였으니, 교대로 쓰는 것을 의미한다. 이는 적은 것이 모이면 많아지고, 많은 것이 흩어지면 적어진다는 원리를 말한 것이다.

⑥ 嚴嚴乎: 원래는 '엄嚴'자 하나가 빠져 있었으나, '엄嚴'자는 중첩되어야 한다. '엄엄호嚴嚴乎'라고 해야 '요요호繇繇乎', '범범호泛泛乎'와 서로 대구를 이룬다.(해동, 『장자보주』)

⑦ 繇繇乎: '유유悠悠'와 같다. 스스로 만족해하는(自得) 모습이다.

⑧ 泛泛乎: 널리 퍼져 있는 모습.(성현영, 『장자소』)

⑨ 承翼: 비호를 받음(承受卵翼), 도움을 받는다는 뜻.

⑩ 無方: 편향된 바가 없음.(왕선겸, 『장자집해』)

⑪ 一虛一盈, 不位乎其形: '영盈'은 원래 '만滿'으로 되어 있었으나, 양수달의 설에 따라 수정하였다. '불위호기형不位乎其形'은 형태에는 어떤 정해진 자리가 없다는 말로(선영), 고정불변의 형상이란 존재하지 않음을 말한다.

- 양수달: '만滿'은 '영盈'으로 보아야 하며, 이 경우, '생生', '성成', '형形'과 운율을 이루게 된다. 뒤의 구절에서 '소식영허消息盈虛'라고 한 것이 바로 그 증거이다. 한나라 혜제惠帝 때 피휘를 위해 '만滿'으로 고친 것이다.

⑫ 年不可擧: 세월은 머물러 있을 수 없음. '거擧'는 '거拒'로 읽어야 한다. 『예기』 「내칙內則」의 주석에서 "거擧'는 '거巨'로 볼 수 있다"라고 하였다. '연불가거年不可

拒, 시불가지時不可止'는 「달생」의 '삶은 오는 것을 막을 수도 없고, 가는 것을 멈추게 할 수도 없다'(生之來不能却, 其去不能止), 「산목」의 '오는 자를 막지 말고, 가는 자를 붙잡지 말라'(來者勿禁, 往者勿止)와 비슷한 의미를 지닌다.

• 선영: 가는 것은 머물러 있게 할 수 없다.

⑬ 大義: 위대한 도(大道)를 가리킴.(임희일, 『남화진경구의』)

【풀이】

황하의 신이 말했다. "그렇다면 저는 무엇을 하고 무엇을 하지 말아야 합니까? 일을 할 때, 어떻게 취사선택을 해야 합니까?"

북해의 신이 말했다. "도의 관점에서 보면 귀천이란 것은 없습니다. 귀천은 서로 번갈아 바뀌는 것이니, 자신의 의지에 속박됨으로써 위대한 도와 어긋나서는 안 됩니다. 한편 많고 적음의 개념 또한 없습니다. 많고 적음 또한 번갈아 바뀌는 것이니 한쪽에 치우쳐 행함으로써 위대한 도와 어긋나서는 안 됩니다. 마치 한 나라의 군주와 같이 엄중히 하여, 한쪽에 편중된 은혜가 없도록 해야 하며, 마치 제사에서 모시는 사직신과 같이 초연하게 한쪽을 편중되게 보살피는 일이 없어야 하며, 끝없이 펼쳐진 사방과 같이 드넓게 너와 나의 경계를 구분 짓지 말아야 합니다. 모든 사물을 하나로 품는다면 그 무엇이 (특별히) 도의 비호를 받겠습니까? 이것이 바로 편향됨이 없다고 하는 것입니다. 만물은 균일한 것이니 무엇이 짧고 무엇이 길겠습니까? 위대한 도에는 시작도 없고 끝도 없지만, 만물에는 죽음과 삶의 변화가 있습니다. 그러니 일시적으로 이루어진 것에 지나치게 기대서는 안 됩니다. 만물은 때로는 텅 비었다가 때로는 가득 차기도 하니, 고정불변의 형태가 없습니다. 세월은 머물러 있을 수 없고 시간은 되돌릴 수 없습니다. 소멸했다가 생성되고, 충만해졌다가 공허해지며, 끝이 나면 다시 시작이 있습니다. 이것이 바로 위대한 도의 방향을 말한 것이고, 만물의 도리를 논한 것입니다. 만물의 생성과 성장은 마치 질주하는 말과 같아서 그 어떤 움직임도 변화하지 않는 것이 없고, 매 순간 이동하지 않음이 없습니다."

河伯曰: "然則何貴於道邪?"

北海若曰: “知道者必達於理, 達於理者必明於權[①], 明於權者不以物害己. 至德者, 火弗能熱, 水弗能溺[②], 寒暑弗能害, 禽獸弗能賊. 非謂其薄之[③]也, 言察乎安危, 甯於禍福, 謹於去就, 莫之能害也. 故曰, 天在內, 人在外[④], 德在乎天[⑤]. 知乎人之行[⑥], 本乎天, 位乎得[⑦]; 蹢[⑧]而屈伸, 反要而語極[⑨].”

【길잡이】

① 權: 변화에 대응함.

② 火弗能熱, 水弗能溺: 「소요유」의 “큰물이 차올라 하늘에 닿아도 빠져 죽지 않으며, 큰 가뭄이 들어 쇠와 돌이 녹고 산의 흙이 모두 갈라져 내려도 뜨거움을 느끼지 못한다”(大浸稽天而不溺, 大旱金石流, 土山焦而不熱), 「대종사」의 “물에 들어가도 습하다고 여기지 않으며, 불에 들어가도 뜨거운 줄 모른다”(入水不濡, 入火不熱)라는 구절과 같은 의미이다.

③ 薄之: 가벼이 저촉함(輕犯)(성현영, 『장자소』), 임박하다(迫近)(임희일). ‘박薄’은 ‘박迫’(다가오다)과 같다.(왕선겸, 『장자집해』)

④ 天在內, 人在外: 천기天機는 마음속에 감추어져 있고, 인사人事는 몸 밖에 나타난다.

- 성현영: 천성은 마음속에 깃들어 있고, 인사가 의지하는 바는 외부의 형세와 관련된다.

⑤ 德在乎天: 지극한 덕(수양의 가장 높은 경지)은 자연에 부합함.

⑥ 知乎人之行: ‘호乎’자는 통행본에는 ‘천天’으로 되어 있다. 문맥을 고려하면, 강남고장본江南古藏本에 따라 ‘호乎’로 써야 한다.

- 왕숙민: “저백수는 ‘천天’은 ‘부夫’자로 보아야 하며, ‘부符’로 읽는다”라고 하였는데, 그의 설이 옳다. 진경원의 『장자궐오』에서 인용한 강남고장본에서는 이를 ‘호乎’로 썼다. ‘부夫’는 ‘호乎’와 같다.

⑦ 位乎得: 자득의 경지에 처함.

⑧ 蹢: 진퇴가 일정하지 않은 모습.

⑨ 反要而語極: 도의 중심으로 돌아가고, 도의 극치에 대해 논함.

- 임희일: 도의 핵심과 이치의 극치.
- 임운명: 도의 요점과 이치의 극치. 각각 앞에 나오는 ‘대의지방大義之方’,

'만물지리萬物之理'를 가리킴.

【풀이】

하백이 말했다. "그렇다면 도는 왜 귀하게 여기는 것입니까?"

북해약이 말했다. "도를 아는 자는 반드시 사리에 통달할 수 있습니다. 사리에 통달하는 자는 반드시 변화에 대응할 줄 압니다. 변화에 대응할 줄 아는 자는 외물에 의해 해를 입지 않습니다. 수양의 최고 경지에 이른 자는 불로도 그를 태울 수 없고, 물로도 그를 잠기게 할 수 없으며, 더위와 추위가 그를 상하게 할 수 없고, 온갖 짐승도 그를 해칠 수 없습니다. 위험이 닥쳐와도 해를 입지 않기 때문이 아니라, 안전함과 위험함의 형세를 살펴 화복의 상황 속에서 마음을 편안히 둔 채 신중하게 행동하기 때문입니다. 따라서 그에게 어떠한 화도 가할 수 없는 것입니다. 따라서 말하기를 '천기는 마음속에 감추어져 있고, 인사는 몸 밖으로 드러나며, 지극한 덕은 타고난 자연성을 벗어나지 않는 것이다'라고 하였습니다. 인간의 행위를 알고 타고난 자연성에 근본을 둔 채, 자득의 경지에 머무르면서 때에 따라 나아가고 물러서며 굽히고 펼치는 것이 바로 도의 핵심으로 돌아가 이치의 극치를 논하는 길입니다."

河伯①曰: "何謂天? 何謂人?"

北海若曰: "牛馬四足, 是謂天; 落②馬首, 穿牛鼻, 是謂人. 故曰, 無以人滅天, 無以故滅命③, 無以得殉名④. 謹守而勿失, 是謂反其眞⑤."

【길잡이】

① 河伯: 원래 '하백河伯' 두 글자가 빠져 있었으나, 앞 구절의 토대로 보충하였다.

- 엄령봉: 본 편 전체에 걸쳐 '왈曰'자 앞에 '하백河伯' 두 글자가 있으니, 이곳에서는 실수로 빠진 것으로 볼 수 있다.
  - ▹ 진고응: 엄령봉의 설이 옳다.

② 落: '락絡'(묶다)과 같다.

③ 無以故滅命: 작위적인 행위를 통해 타고난 성명을 소멸시키지 말아야 함.

- 진수창: '유심有心'을 '고故'라고 한다. '명命'은 천성을 가리킨다.
- 유사배: '무이고멸명無以故滅命'에서 '고故'는 간교와 작위(巧故)라고 말할 때의 '고故'(작위)이다. 『국어』「진어晉語」에서 "계책을 많이 꾸며 내 그 뜻을 바꾸게 한다"(多爲之故, 以變其志)라고 한 것이 바로 그 용례이다. 곽상의 『장자주』에서는 '스스로 그렇게 하는 것을 따르지 않고 함'(不因其自爲而故爲之)이라고 풀이했으나, 이는 옳지 않다.(『장자교보』)
- 서복관徐復觀: '고故'는 후에 생겨난 생활습관이다.(『中國人性論史』, 376쪽)

④ 無以得殉名: '득得'은 탐하다(貪)는 뜻이다. 『논어』의 '계지재득戒之在得'이라는 구절에 대해 주희가 이와 같이 주해한 바 있다. '순殉'은 '순徇'으로 읽어야 한다. '순명徇名'은 '명성을 바라다'(求名)라는 뜻이니(이면), 이 구절은 '탐하려는 마음으로 명성을 추구하려 하지 말라'(無以貪而徇名)는 말이다.

⑤ 反其眞: 참된 본성으로 돌아감.(성현영, 『장자소』) '반反'은 '반返'(돌아가다)과 같다.

【풀이】

황하의 신이 말했다. "'천天'(천연)이란 무엇을 가리키며, '인人'(인위)은 무엇을 가리킵니까?"

북해의 신이 말했다. "소와 말이 네 개의 다리를 지니고 태어나는 것을 '천연'이라고 하며, 말의 대가리에 굴레를 씌우고 소의 코에 고삐를 끼우는 것을 '인위'라고 합니다. 그래서 말하기를 '사람의 일(人事)로 천연을 훼손하지 말고, 작위적인 행위를 통해 타고난 성명을 소멸시키지 말고, 탐하려는 마음으로 명성을 추구하려 하지 말라'고 하였습니다. 이러한 이치를 삼가 지켜 이에 어긋나지 않는 것을 참된 본성으로 돌아가는 것이라 일컫습니다."

2.

夔憐蚿①, 蚿憐蛇, 蛇憐風, 風憐目, 目憐心.

夔謂蚿曰: "吾以一足趻踔②而行, 予無如矣③. 今子之使萬足, 獨奈何?"

蚿曰: "不然. 子不見夫唾者乎? 噴則大者如珠, 小者如霧, 雜而下者不可勝數也. 今予動吾天機④, 而不知其所以然."

蚿謂蛇曰: "吾以衆足行, 而不及子之無足, 何也?"

蛇曰: "夫天機之所動, 何可易邪? 吾安用足哉!"

蛇謂風曰: "予動吾脊脅而行, 則有似也⑤. 今子蓬蓬然⑥起於北海, 蓬蓬然入於南海, 而似無有, 何也?"

風曰: "然. 予蓬蓬然起於北海而入於南海也, 然而指我則勝我, 鰌⑦我亦勝我. 雖然, 夫折大木, 蜚⑧大屋者, 唯我能也, 故以衆小不勝爲大勝也. 爲大勝者, 唯聖人能之."

【길잡이】

① 夔憐蚿(夔의 중국음은 kuí[葵]): '기夔'는 상상 속의 동물로, 발이 하나인 형상이다. '련憐'은 선망하다는 뜻이다. '현蚿'은 발이 많이 달린 벌레이다.

- 성현영: '련憐'은 좋아하여 우러러보는 것을 말한다. '기夔'는 발이 하나인 짐승이다. 『산해경』에서 "동쪽 바다 한가운데 유파流波라는 산이 있는데, 그 산에 한 짐승이 살았다. 그 모습은 소와 같았으며 몸이 푸른빛을 띠고 뿔은 달려 있지 않았다. 하나의 발로 걸어 다녔으며 울음소리는 마치 천둥과도 같았다. 이 짐승의 이름을 '기夔'라고 한다"라고 설명하였다. '현蚿'은 발이 많이 달린 벌레이다.
- 마서륜: 『방언』에 이르기를 "'애愛'라는 말을 송나라와 노나라에서는 '련憐'이라고 썼다"라고 하였다. 이 구절의 '련憐' 역시 송나라에서 사용되던 표현이다.

② 趻踔(趻의 중국음은 chěn[磣], 踔의 중국음은 chuō[戳]): 위아래로 도약함(跳躑).(성현영, 『장자소』)

③ 予無如矣: 나보다 더 편한 것이 없음.

- 성현영: 천하에 나보다 더 간편한 것이 없다.

④ 天機: 본래 그러함(自然).

- 곽경번: 『문선』에 실린 육사형陸士衡의 『문부文賦』에서는 사마표를 인용한 의 주석에서 "'천기天機'는 '본래 그러함'(自然)을 말한다"라고 하였는데, 『경전석문』에는 이 주석이 빠져 있다.

⑤ 有似也: '사似'는 형상(像)을 뜻한다. 뱀은 발이 없지만, 형태는 있다.(성현영, 『장자소』) 『옥편』에서는 "'사似'는 '초肖'와 같다"라고 하였다. '유형有形'은 '유초有肖'와 같다.(곽숭도) 즉 '유사有似'는 형태가 있다(有形)는 말이고, 뒤에서 '사무유似無有'라고 한 것은 형태가 없음(無形)을 가리킨다. 왕선겸은 이를 '마치 발이 있는 것 같다'(似有

足)라고 풀이하였고, 마서륜, 왕숙민은 '유사有似'를 '사유似有'로 바꾸어 해석했는데, 모두 옳지 않다.

⑥ 蓬蓬然: 바람이 부는 소리.

⑦ 鰌(중국음은 qiū[鰍]): '추踏'라고도 한다.(『경전석문』) '추踏'와 같으며, '축蹴'(차다)의 의미이다.(왕어)

- 곽숭도: 『순자』「강국強國」의 '대연추오후大燕鰌吾後, 경위구오우勁魏鉤吾右'라는 구절에 대해 양경楊倞의 주석에서 "'추鰌'는 '축蹴'(밟다)과 같으니, 후미에서 쳐들어오는 것을 말한다."[20]

⑧ 蜚: '비飛'와 같다.

【풀이】

발인 하나인 '기夔'라는 짐승은 발이 많이 달린 '현蚿'이라는 벌레를 부러워하고, '현'은 뱀을 부러워하고, 뱀은 바람을 부러워하고, 바람은 눈(目)을 부러워하고, 눈은 마음(心)을 부러워하였다.

기가 현에게 말했다. "나는 발 한쪽만으로 이리저리 뛰어다니는데, 이보다 더 간편할 수가 없다. 그런데 너는 만 개나 되는 발을 가지고 있으니, 어떻게 걸어 다니는가?"

현이 말했다. "틀렸다. 너는 침을 뱉어 대는 사람을 본 적이 없느냐? 큰 방울은 마치 구슬과 같고 작은 것은 마치 자욱한 안개와 같은데, 어지럽게 섞여 내려오면 그 수를 헤아릴 수조차 없다. 지금 나는 본래 그러한 대로 걸어 다니니, 나 자신조차 왜 이러한지를 모른다."

현이 뱀에게 말했다. "나는 많은 발을 통해 걸어다니는데, 너는 발이 없는데도 나보다 더 빠르다. 왜 그러한가?"

뱀이 말했다. "나는 그저 본래 그러한 대로 움직일 뿐인데, 어떻게 이를 바꿀 수 있겠는가? 내가 어디 발이 필요하겠는가?"

뱀이 바람에게 말했다. "나는 등허리를 움직여 가며 이동하니, 마치 발이 있는 것과 같다. 너는 휙 하고 북쪽 바다에서 불어와 휙 하고 남쪽 바다로 날아가는데, 그 형태의 흔적조차 발견할 수 없다. 왜 그러한가?"

---

20) 郭慶藩의 『莊子集釋』에 수록되어 있다.

바람이 말했다. "그렇다. 나는 휙 하고 북쪽 바다에서 불어와 휙 하고 남쪽 바다로 날아가는데, 만일 사람이 나를 손으로 가리키거나 발로 차면 나는 이를 이겨 내지 못한다. 하지만 큰 나무를 부러뜨리고 큰 집을 날려 버리는 것은 나만이 가능하다. 이는 작은 승리를 바라지 않고 큰 승리를 바라는 것이라 할 수 있다. 이처럼 큰 승리를 이루는 것은 오직 성인만이 가능하다."

3.

孔子遊於匡①, 衛人圍之②數帀③, 而弦歌不惙④.

子路入見, 曰: "何夫子之娛也?"

孔子曰: "來! 吾語女. 我諱窮⑤久矣, 而不免, 命也; 求通久矣, 而不得, 時也. 當堯舜之時⑥而天下無窮人⑦, 非知得也; 當桀紂之時而天下無通人⑧, 非知失也; 時勢適然. 夫水行不避蛟龍者, 漁父之勇也; 陸行不避兕虎⑨者, 獵夫之勇也; 白刃交於前, 視死若生者, 烈士之勇也; 知窮之有命, 知通之有時, 臨大難而不懼者, 聖人之勇也. 由處⑩矣, 吾命有所制矣."

無幾何, 將甲者⑪進, 辭曰: "以爲陽虎也, 故圍之. 今非也, 請辭而退."

【길잡이】

① 匡: 위衛나라의 지명. 지금의 하북성 장원현 서남부 일대에 해당한다.

② 衛人圍之: '위衛'는 원래 '송宋'으로 되어 있었다. 글자가 와전된 것이다.(성현영, 『장자소』) '광匡'은 위나라의 영토이므로 사마표의 설에 따라 이를 수정해야 한다.

- 사마표: '송宋'은 '위衛'라고 해야 한다. '광匡'은 위나라의 도시다. 위나라 사람들이 공자를 과거 광匡 지역을 침범했던 양호陽虎로 오해하고 실수로 그를 포위한 일을 가리킨다.

③ 帀(중국음은 zā[咂]): 주위(周).

④ 惙: '철輟'과 같다. '그치다'는 뜻이다. 조간의본趙諫議本에서는 바로 '철輟'이라고 되어 있다.

⑤ 諱窮: 도가 통하지 않는 상황에서 벗어나고자 함. 여기에서 말하는 '궁窮'은 일상에서 말하는 물질적 빈곤이 아니라, 도를 펼칠 수 없음을 말한다. 성현영의

『장자소』에서 "'궁窮'은 막혀서 통하지 않는 것(否塞)이다"라고 하였는데, 이 해설이 옳다.

⑥ 當堯舜之時: 통행본에는 '지시之時' 두 글자가 빠져 있었으나, 진경원의 『장자궐오』에 인용된 장군방본張君房本에 따라 이를 보충하였다. 뒤의 '걸주桀紂' 구절 역시 마찬가지이다.

- 유문전: 원래는 '요순堯舜', '걸주桀紂' 뒤에 '지시之時' 두 글자가 빠져 있었다. …… 성현영의 『장자소』에서 '부생당요순지시이천하태평夫生當堯舜之時而天下太平; 당걸주지시이천하폭란當桀紂之時而天下暴亂'(태어나 요순의 시대를 만났다면 천하는 태평했을 것이고, 걸주의 시대를 만났다면 천하는 혼란했을 것이다)라고 한 것으로 보아 그가 본 판본에는 이 두 글자가 있었음을 알 수 있다.

⑦ 窮人: 뜻을 이루지 못한 자.

⑧ 通人: 뜻을 이룬 자.

⑨ 陸行不避兕虎(兕의 중국음은 si[寺]): 『노자』 50장에서는 '육행불우시호陸行不遇兕虎'로 되어 있다.

⑩ 處: 편안히 쉬다.(성현영, 『장자소』)

⑪ 將甲者: '장갑將甲'은 '지갑持甲'이라고도 쓴다.(『경전석문』) '장將'은 '통솔하다'(帥)라는 뜻이다.(마서륜의 『장자의증』에서 인용한 『설문해자』) '장갑자將甲者'는 군사를 통솔하는 자를 말한다.

- 이면: 부세명傅世銘은 "'장將'은 '통솔하다'(率)라는 뜻이다"라고 하였다. '갑甲'은 병사를 말한다. '장갑자將甲者'는 병사를 통솔하는 자를 말한다.

【풀이】

공자가 천하를 주유하다 위나라 광匡 땅에 이르게 되었는데, 그 지역의 사람들이 공자가 머무르는 곳을 겹겹이 포위하였다. 하지만 공자는 그런 상황 속에서도 거문고를 연주하며 노래를 부르기를 멈추지 않았다. 자로가 들어가 공자를 뵈러 가서 이렇게 물었다. "스승께서는 어찌하여 이런 상황에서도 여전히 즐거운 것입니까?"

공자가 말했다. "오너라, 내가 일러 주겠다. 나는 도가 통하지 않는 상황에서 벗어나고자 한 지 오래이건만 결국 곤궁함을 벗어나지 못했으니, 이것이 바로 명命이다. 나의 도가 통하기를 바란 지 오래이건만 결국 뜻한 바를 얻지 못했다. 이것이 바로 시운時運이다. 요순의 시대에는 천하에 뜻을 이루지 못한 자가 없었다. 그런데 이는 절대 그들의 지혜가 출중해서가 아니었다. 걸주의 시대에는 천하에 그 뜻을 이룬 자가 없었다. 이 역시 그들의 재능이 저하되었기 때문이 아니었다. 이는 시대의 형세에 따라 이루어진 것이다. 물속을 가면서도 교룡을 피하지 않는 것은 바로 어부의 용기이다. 뭍 위를 가면서 들소와 호랑이를 피하지 않는 것은 사냥꾼의 용기다. 번뜩이는 칼 앞에서도 죽음과 삶을 하나로 여기는 것은 열사의 용기다. 곤궁함이 천명에 의한 것임을 알고, 통달함이 시대의 형세로부터 말미암음을 알아서 큰 어려움을 만나도 두려워하지 않는 것이 바로 성인의 용기다. 자로야 마음을 편히 두거라! 그저 나의 명운이 제한을 받고 있을 뿐이다."

얼마 지나지 않아, 무기를 든 장수가 들어와 사과하며 말했다. "저희가 선생을 양호라고 여겨 실수로 포위했던 것입니다. 아니라는 것을 알았으니 군사들을 물리겠습니다. 송구합니다."

4.

公孫龍[1]問於魏牟[2]曰: "龍少學先王之道, 長而明仁義之行; 合同異, 離堅白[3]; 然不然, 可不可[4]; 困百家之知, 窮衆口之辯; 吾自以爲至達已. 今吾聞莊子之言, 汒焉[5]異之. 不知論之不及與, 知之弗若與? 今吾無所開吾喙[6], 敢問其方."

公子牟隱機大息, 仰天而笑曰: "子獨不聞夫埳井[7]之鼃乎? 謂東海之鼈曰: '吾樂與! 出跳梁乎井幹之上[8], 入休乎缺甃之崖[9]; 赴水則接腋持頤, 蹶泥則沒足滅跗[10]; 還視[11]虷[12]蟹與科斗, 莫吾能若也. 且夫擅一壑之水[13], 而跨跱[14]埳井之樂, 此亦至矣, 夫子奚不時來入觀乎!' 東海之鼈左足未入, 而右膝已縶[15]矣. 於是逡巡而卻[16], 告之海曰: '夫千里之遠, 不足以擧其大; 千仞之高, 不足以極其深. 禹之時十年九潦[17], 而水弗爲加益; 湯之時八年七旱, 而崖不爲加損. 夫不爲頃久推移[18], 不以多少進退者, 此亦東海之大樂也.' 於是埳井之鼃聞之, 適適然[19]驚, 規規然[20]自失也.

且夫知不知是非之竟[21], 而猶欲觀於莊子之言, 是猶使蚊虻負山, 商蚷馳河[22]也, 必不勝任矣, 且夫知不知論極妙之言而自適一時之利者, 是非埳井之鼃與? 且彼方跐[23]黃泉而登大皇[24], 無南無北, 奭然[25]四解, 淪於不測; 無東無西,始於玄冥, 反於大通. 子乃規規然而求之以察, 索之以辯, 是直用管窺天[26], 用錐指地也, 不亦小乎! 子往矣! 且子獨不聞夫壽陵[27]余子[28]之學行於邯鄲[29]與? 未得國能[30], 又失其故行[31]矣, 直匍匐而歸耳. 今子不去, 將忘子之故, 失子之業."

公孫龍口呿[32]而不合, 舌擧而不下, 乃逸而走.

【길잡이】

① 公孫龍: 조나라 사람. 조나라 평원군의 빈객이었다. 「천하」에서 그를 "공손룡은 논변을 일삼는 자(辯者)의 무리이다"라고 칭한 바 있다. 『한서』 「예문지藝文志」 명가名家 항목에 『공손룡자公孫龍子』가 포함되어 있다. 현재 『공손룡자』는 「적부跡府」, 「백마론白馬論」, 「지물론指物論」, 「통변론通變論」, 「견백론堅白論」, 「명실론名實論」 여섯 편만이 전해진다. 이 중에서 「백마론白馬論」이 가장 유명하며, 「적부」는 후대의 위작으로 여겨진다.

② 魏牟: 위나라의 공자公子. 중산中山[하북성 정현 일대] 지방에 봉해졌다.

③ 合同異, 離堅白: 사물 간의 같음과 다름을 하나로 여기며, 한 가지 사물 내에 있는 단단함과 희다는 속성을 서로 분리함.

- 풍우란: 혜시의 관점은 한 개체 사물에 주목하였다. 따라서 '만물은 모두 같기도 하고, 모두 다르기도 하다(萬物畢同畢異)'라고 하였고, 결국 '널리 만물을 사랑하여 천지를 일체로 여긴다'(泛愛萬物, 天地一體)는 사상으로 나아갔다. 반면 공손룡의 관점은 주로 보편성에 초점을 맞추고 있다. 따라서 '단단함과 흼의 속성은 서로 분리된다'(離堅白)라는 사고방식을 통해 결국 '천하사물을 모두 독립적으로 분석할 수 있을 때, 올바른 인식이 가능하다(天下皆獨而正)'라는 사상으로 나아갔다. 둘의 관점에 차이가 있으므로 그 학설 역시 완전히 달라지게 되었다. 전국시대 논변을 위주로 한 자들의 학문을 한 마디로 종합하여 말하자면 결국 '합동이合同異, 리견백離堅白'라고 할 수 있다. 혹은 그러한 학설을 가리켜 '견백동이 논변'(堅白同異之辯)이라고 부를 수도 있을 것이다. 이는 포괄하여 말한 것으로서 사실 그들은 두 학파로 구분되어야 한다. 하나는 혜시를 필두로 한 자들로 '합동이'에 해당하고, 다른 하나는 공손룡을 필주로 한 자들로서 '리견백'에 해당한다.(馮友蘭, 『中國哲學史』, 268쪽)
- 노사광: '합동이合同異'란 '같음'(同)과 '다름'(異)의 두 개념의 확정성을 부정하는 것이다. 이러한 설을 주장한 인물에는 대표적으로 장자와 동시대에

활동한 혜시를 들 수 있다.…… 어떤 한 측면에서 보면, 만물 사이에는 공통점이 있지만, 차이점도 있기 마련이다. 그 차이점에 초점을 맞추어 말하면, 만물 가운데에서 그 어떤 것도 같지 않다. 심지어 동일한 하나의 사물에서도 서로 다른 순간에는 서로 같지 않은 상태가 된다. 이 점이 바로 변화 관념과 사물 간의 동이 문제의 핵심이 되는 부분이다. 반대로, 만물은 모두 시공간을 점유하고 있는 대상이다. 즉 만물이 기본적으로 지닌 공통점을 본 것이다.…… 혜시는 이러한 이론으로부터 하나의 원칙을 이끌어 낸다. 바로 '널리 만물을 사랑하여 천지를 일체로 여긴다'(泛愛萬物, 天地一體)는 것이다. 그 근거가 바로 '합동이合同異'라는 관점에 있다. 한편 '리견백離堅白'이란 '단단함'(堅), '흼'(白), '돌'(石)이라는 속성을 각각 분별해 내는 것을 중심으로 한다. 이 설은 『공손룡자』의 「견백론堅白論」에서 차용한 것으로 원래의 구절은 다음과 같다. "'(희고 단단한 돌에서) '단단함'(堅), '흼'(白), '돌'(石)이라는 속성을 각각 세 가지로 구분해서 보는 것이 가능한가?' '불가능하다.' '그렇다면 두 가지로 구분하는 것은 가능한가?' '가능하다.' '어째서 그러한가?' "단단함(堅)이라는 속성을 빼고 '흼'(白)이라는 속성만을 보면 ('흰 돌'이 되므로) 두 가지가 되고, '흼'(白)이라는 속성을 빼고 '단단함'(堅)이라는 속성만을 보면 ('단단한 돌'이 되므로) 두 가지가 된다.'"(堅, 白, 石, 三, 可乎? 曰, 不可; 曰, 二, 可乎? 曰, 可. 曰, 何哉? 曰無堅得白, 其擧也二; 無白得堅, 其擧也二) 이 구절은 '돌'이라는 속성은 '단단함'과 '흼'이라는 속성과 동시에 분리될 수 없지만, '단단함'과 '흼'이라는 속성은 서로 분리될 수 있다는 말이다. '돌'이라는 속성과 '흼'이라는 속성을 따지면 ('흰 돌'이 되므로) 두 가지이고, '돌'이라는 속성과 '단단함'이라는 속성을 따지면 ('단단한 돌'이 되므로) 두 가지이니, '각각 두 가지 속성을 취하여 말한 것이다'(其擧也二)라고 하였다. 그렇다면 '단단함'과 '흼'이라는 속성은 어떻게 분리되는 것이 가능한가? 공손룡은 이를 감각 능력을 통해 설명한다. 즉 "보아서는 단단함을 알 수 없지만 희다는 것은 알 수 있으니, (이 경우) '단단함'이라는 속성은 없다고 할 수 있다. 만져서는 희다는 속성을 알 수 없지만 단단하다는 속성은 알 수 있으므로 (이 경우) '흼'이라는 속성은 없다고 할 수 있다."(視不得其所堅, 而得其所白者, 無堅也; 拊不得其所白, 而得其所堅, 得其堅也, 無白也) 이는 시각을 통해서는 오직 '흼'이라는 속성만 알 수 있고, 촉각을 통해서는 오직 '단단함'이라는 속성만을 알 수 있으므로, 보지 않으면 '흼'이라는 속성을 알 수 없고, 만지지 않으면 '단단함'이라는 속성은 알 수 없다는 것이다. 따라서 '흼'이라는 속성과 '단단함'이라는 속성이 반드시 감각 속에서 함께 드러날 필요는 없으므로 '흼'과 '단단함'이라는 속성은 서로 분리될 수 있다. 이들이 서로 분리될 수 있는 것은 이들은 본래 두 개의 서로 다른 성질로서, 서로 다른 감각에 파악되는 것이기 때문이다.(勞思光, 『中國哲學史』, 제5장, 234~240쪽)

④ 然不然, 可不可: 틀린 것을 옳다고 하고, 불가한 것을 가능하다고 함.

⑤ 汒焉: '망연茫然'(아득하다)과 같다. 『태평어람』 제89항에서 인용한 구절에는 '망汒'을 '망茫'으로 썼다.(유문전, 『장자보정』)

⑥ 喙(중국음은 huì[卉]): 입.

⑦ 埳井(埳의 중국음은 kǎn[砍]): 얕은 우물.(성현영, 『장자소』) '감埳'은 움푹 들어간 땅을 말한다.(후쿠나가 미쓰지) 『순자』 「정론正論」의 "얕은 우물에 사는 개구리는 동쪽 바다에 사는 즐거움을 논할 수 없다"(坎井之鼃, 不可語東海之樂)라는 구절이 바로 이곳에서 나왔다.

⑧ 跳梁乎井幹之上: '도량跳梁'은 '도약跳躍'과 같으며, 「소요유」에 나온 바 있다. '정한井幹'은 우물의 난간을 말한다.(사마표)

- 유문전: 마서륜은 "'량梁'자는 불필요한 글자이다"라고 하였으나, 그 설이 확실치는 않다. 벽허자가 교열한 강남고장본에도 '량梁'자가 없다. 하지만 「소요유」에 '동서도량東西跳梁, 불피고하不避高下'라는 구절이 등장한다. 즉 '도량跳梁'은 『장자』에서 자주 사용하는 말임을 알 수 있다.

⑨ 休乎缺甃之崖(甃의 중국음은 zhòu[胄]): '추甃'는 우물 속에 쌓인 벽돌을 말한다.(성현영, 『장자소』) 이 구절은 우물 속의 깨진 벽돌 위에서 쉰다는 뜻이다.

⑩ 跗(중국음은 fū[膚]): '부趺'와 같다. 발등을 가리킨다.

⑪ 還視: '시視'자는 원래 빠져 있었으나, 『태평어람』 제189항에 인용된 구절에는 '환還'자 뒤에 '시視'자가 있으므로 이에 따라 보충하였다.

- 마서륜: 『태평어람』에서 인용한 구절을 따라 '환還'자 뒤에 '시視'자를 보충해 넣어야 한다. 성현영의 『장자소』에는 '고첨하해지류顧瞻蝦蟹之類, 부시과두지도俯視科鬥之徒'라고 되어 있으므로 그의 판본에는 '시視'자가 있었음을 알 수 있다.
  - ▷ 진고응: 마서륜의 설을 따를 만하다. '시視'자를 보충해 넣으면 문맥이 더욱 완전해진다.

⑫ 蚶(중국음은 hán[含]): 우물 속에 사는 붉은 벌레.(『경전석문』)

⑬ 擅一壑之水: '천擅'은 '독차지하다'(專)라는 뜻이다.

⑭ 踦跱(跱의 중국음은 zhì[峙]): '자리를 잡고 틀어 앉다'(盤據)라는 뜻.

⑮ 縶(중국음은 zhí[直]): 묶다, 얽어매다.

⑯ 逡巡而卻(逡의 중국음은 qūn[困]): '준순逡巡'은 뒷걸음질하는 모습을 표현하는 말. 성현영의 『장자소』에서는 이를 '침착함'(從容)으로 풀이하였으나, 옳지 않다. 그런데 「전자방」의 '배준순背逡巡'이라는 말은 성현영의 『장자소』에서 다시 "뒷걸음질하는 것이다"라고 하였고, 「양왕」의 '자공준순이유괴색子貢逡巡而有愧色'이라는 구절 역시 "'준순'은 뒷걸음질하는 모습을 말한다"라고 올바르게 풀이하였다.

⑰ 潦: 물에 잠긴다는 뜻으로, 홍수를 가리킨다.

⑱ 頃久推移: '경頃'은 짧은 시간, '구久'는 오랜 시간을 말한다. '추이推移'는 변한다는 뜻이다.

⑲ 適適然: 놀라 두려워하는 모습.(성현영, 『장자소』)

⑳ 規規然: 망연자실한 모습.(성현영, 『장자소』)

㉑ 知不知是非之竟: 앞의 '지知'는 '지智'로 읽는다. '경竟'은 '경境'과 같다. 그 지혜가 옮고 그른 형세를 알기에 부족함을 말한다.

㉒ 蚊虻負山, 商蚷馳河: '맹虻'자는 원래 빠져 있었으나, 왕숙민의 설에 따라 보충하였다. '상거商蚷'는 노래기(馬蚿蟲)를 말한다.

- 왕숙민: '문蚊'자 뒤에 '맹虻'자가 빠져 있는 것으로 보인다. '문맹부산蚊虻負山, 상거치하商蚷馳河'라고 해야 서로 대구를 이룬다.

㉓ 跐(중국음은 zǐ[子]): 밟다(踏).

㉔ 大皇: 하늘.(성현영, 『장자소』)

- 마서륜: '황皇'은 '광光'의 다른 표현이다. '대황大皇'은 하늘을 가리킨다. 『회남자』「정신훈精神訓」의 '등태황登太皇'이라는 구절에 대해 고유의 주석에서 "'태황太皇'은 하늘을 말한다"라고 하였다.
  - ▹ 진고응: '대황大皇'은 지극히 높은 것을 표현하는 말이니, '하늘'(天)이라 풀이할 수 있다.

㉕ 奭然(奭의 중국음은 shì[式]): '석연釋然'과 같다. 조금도 구속받지 않음을 표현하는 말이다.

㉖ 用管窺天: 보는 것에 한계가 있음을 비유한 말. '이관규천以管窺天'이라는 성어가

바로 여기에서 나왔다.

㉗ 壽陵: 연燕나라의 지명.

㉘ 余子: 나이가 어린 사람.

- 사마표: 아직 나라의 부역을 받지 않은 사내를 '여자余子'라고 한다.

㉙ 學行於邯鄲: 『태평어람』 394항에 인용된 구절에는 '행行'이 '보步'라고 되어 있다. 뒤의 '고행故行' 역시 마찬가지이다.(마서륜, 유문전, 왕숙민의 교열) 한단邯鄲은 조나라의 도읍이다.

㉚ 未得國能: 아직 조나라의 기술을 얻지 못함.(성현영, 『장자소』) 그 기술이 나라의 절기임을 말한 것이다.(마기창, 『장자고』) 『태평어람』 394항에 인용된 구절에는 '국國'이 '기其'로 되어 있다.(마서륜)

㉛ 故行: 이전의 걸음걸이.

㉜ 呿(중국음은 qū[區]): 열다.

【풀이】

공손룡이 위모에게 물었다. "제가 젊어서는 선왕의 도를 배웠고, 나이가 든 이후에는 인의人義의 행위를 이해하여 사물 간의 같음과 다름을 하나로 여기며, 한 가지 사물 내에 있는 단단함과 흼이라는 속성을 서로 분리할 수 있었습니다. 틀린 것을 옳다고 하고 불가한 것을 가능하다고 하였으며, 백가의 지식을 곤궁하게 하고 여러 사람들의 논변을 굴복시켜 스스로 완전히 통달했다고 여겼습니다. 그런데 지금 장자의 말씀을 들으니 너무도 어리둥절하여 어찌할 바를 모르겠습니다. 저의 논변이 그에 미치지 못한 것입니까, 아니면 지식이 그에게 미치지 못한 것입니까? 저는 지금 입도 열지 못할 지경인데, 대체 어떻게 된 도리입니까?" 위모가 그 말을 듣고는 탁자에 몸을 기댄 채 길게 한숨을 내쉰 뒤, 하늘을 쳐다보면서 웃으며 말했다. "그대는 얕은 우물 속에 사는 개구리의 이야기를 들어보지 못했는가? 그 개구리가 동쪽 바다에 사는 자라에게 이렇게 이야기를 했다네. '나는 행복하기 그지없구나! 밖으로 나와서는 우물가에서 뛰어다니다가 돌아가서는 부서진 벽돌 위에 앉아서 휴식을 취한다. 물 위를 이리저리 헤엄치면 물이 내 두 겨드랑이와 두 뺨을 받쳐 주고 진흙 속을 뛰놀면 내 발등이 잠기니, 우물 속의 다른 장구벌레나게, 올챙이 등을 보더라도 나만큼 즐거울 수 없다. 웅덩이의 물을 독차지하고 얕은 우물에 자리를 잡고 틀어 앉아 있는 것은 그야말로 가장 즐거운 일이 아닐 수 없다. 이보시오 선생, 왜 자주 보러오지 않는 것인가?' 하지만 (자라가 우물에 들어가려고 하자) 왼쪽 다리도 다 들어가지 못했는데 오른 다리가 이미 꽉 끼어 움직일 수 없게 되어 결국 다리를 빼고 물러나는 수밖에 없었다. 자라는 바다의 상황을 개구리에게 이야기해 주었다. '바다는 천 리만큼 드넓다고 해도 그 거대함을 설명하기에 부족하고, 팔천 자로도 그 깊이를 다 헤아릴 수 없다. 우임금의 시대에 10년 중에 9년은 홍수가 일어났지만 바닷물이 더 늘어나는 일이 없었고, 탕왕의 시대에 8년에 7년은 가뭄이 들었지만 바닷물이 말라 해안이 얕게 드러나는 법이 없었다. 시간의 길고 짧음에 따라 달리 변화되는 것도 아니고 빗물의 많고 적음에 따라 달리 더해지고 줄어드는 것도 아니다. 이것이 바로 동쪽 바다의 큰 즐거움이다.' 이 말을 들은 우물의 개구리가 아연실색하여, 망연자실한 상태가 되고 말았다. 그대의 지혜로는 옳고 그름의 형세를 이해할 수 없으니, 장자의 말을 살펴보려고 해도 마치 모기가 산을 짊어지고 노래기가 강을 건너는 것과 같이 결코 감당해 내지 못할 것이다. 또한 그대의 지혜로는 지극히 미묘한 이론을 이해할 수 없는데 입을 놀리면서 그저 순간적인 승리에 만족하니 이 어찌 우물 속의 개구리와 같은 꼴이 아니겠는가? 하물며 장자의 도리는 아래로는 황천에까지 이르고 위로는 하늘에까지 올라가 닿는다. 남쪽 북쪽의 구분도 없이 사방에 통달하여 조금도 막히는 바가 없으며, 헤아릴 수 없을 만큼 깊은 경지로 나아간다. 동쪽 서쪽의 구분도 없이 아득한 곳에서 일어나 통하지 않는 것이 없는 위대한 도로 돌아온다. 그런데 그대는 여전히 옹졸하게 세세한 논변으로 이를 얻고자 하니, 이는 대나무 관으로 하늘을 바라보고 송곳으로 땅의 깊이를 재는 것이나 마찬가지다. 너무 보잘것없지 않은가? 돌아가거라! 그대는 (연나라의) 수릉壽陵에 사는 소년이 (조나라의 수도) 한단邯鄲에 가서 걸음걸이를 배운 일을 들어보지 못했는가? 그는 조나라의 걸음걸이를 채 배우기도 전에 자신의 원래 걸음걸이마저 잊어버리고 말했다. 결국, 그는 기어서 돌아올 수밖에 없었다. 그대 역시 아직도 떠나지 않고 있는데, 이제 곧 원래의 알던 것들과 본래의 학업까지 전부 잃어버리고 말겠구나."

이 말을 들은 공손룡이 놀란 입을 다물지 못하고 혀조차 움직일 수 없어 정신이 아득하여 조용히 물러가는 수밖에 없었다.

5.

莊子釣於濮水①, 楚王使大夫二人往先焉②, 曰: "願以境內累矣!"

莊子持竿不顧, 曰: "吾聞楚有神龜, 死已三千歲矣, 王以巾笥而藏之③廟堂之上. 此龜者, 寧其死爲留骨而貴乎? 寧其生而曳尾於塗中④乎?"

二大夫曰: "寧生而曳尾塗中."

莊子曰: "往矣! 吾將曳尾於塗中."

【길잡이】

① 濮水: 산동성 복현濮縣의 남쪽에 있다. 『사기』「노장신한열전老莊申韓列傳」의 정의正義에서 인용한 구절에는 '수水' 다음에 '지상之上' 두 글자가 더 있다.

② 往先焉: '선先'은 말을 알리는 것을 가리킨다.(『경전석문』) '왕선往先'이란, 미리 가서 뜻을 알리는 것을 말한다.(임희일) 『초학기』 제22항, 『태평어람』 제834항, 『후한서』「풍연전馮衍傳」의 주석에서는 이 구절을 인용하면서 '왕선언往先焉'을 '왕견往見'으로 썼다.

③ 王以巾笥而藏之: 원래는 '이以'자가 없었다. 『후한서』「풍연전」의 주석에서 인용한 구절에는 '왕王'자 다음에 '이以'자가 있다.(마서륜) '이以'자를 넣을 경우 의미가 더욱 살아난다.(유문전) '건사巾笥'는 천과 대나무 상자를 가리킨다.

④ 塗中: 진흙 속(泥中). 『예문류취』 제96항, 『사기』「노장신한열전」 정의에서 인용한 구절에는 '도塗'를 '니泥'로 썼다.(왕숙민, 『장자교석』)

【풀이】

장자가 복강에서 낚시를 하고 있었는데, 초나라 위왕이 두 명의 대부를 보내 그의 뜻을 미리 알리게 했는데, 그 말이 다음과 같았다. "나라 안의 정치를 선생에게 맡기고자 한다."

장자가 말을 듣고도 돌아보지도 않은 채 한동안 낚싯대만 쥐고 있다가 말을 이었다. "초나라에 신성한 거북 한 마리가 있는데, 이미 죽은 지 삼천 년이나 지났으나 왕이 그것을 대나무 상자에 넣고 천으로 싸서 사당에 보관해 두었다고 들었습니다. 그렇다면 이 거북은 죽어 뼈만 남은 채로 사람들에게 귀하게 여겨지는 것을 원하겠습니까, 아니면 살아서 진흙 속에서 꼬리를 끌며 기어 다니기를 원하겠습니까?"

두 대부가 말했다. "살아서 진흙 속을 기어 다니기를 바랄 것입니다."

장자가 말했다. "그렇다면 물러가십시오! 저 역시 진흙 속에서 꼬리를 끌며 기어 다니고 싶습니다."

6.

惠子相梁[1], 莊子往見之. 或謂惠子曰: "莊子來, 欲代子相." 於是惠子恐, 搜於國中三日三夜.

莊子往見之, 曰: "南方有鳥, 其名爲鵷雛[2], 子知之乎? 夫鵷雛, 發於南海而飛於北海, 非梧桐不止, 非練實[3]不食, 非醴泉[4]不飮. 於是鴟[5]得腐鼠, 鵷雛過之, 仰而視之曰: '嚇!' 今子欲以子之梁國而嚇我邪?"

【길잡이】

① 相梁: 양혜왕의 재상. '량梁'은 위나라의 수도 대량大梁을 말하며, 지금의 하남 개봉에 해당한다.

② 鵷雛(鵷의 중국음은 yuān[冤], 雛의 중국음은 chú[除]): 봉황과 같은 류의 새.

③ 練實: 대나무 열매(竹實).(성현영, 『장자소』) 『예문류취』 제88·95항, 『초학기』 제28항, 『태평어람』 제911·915·956항에서 '연실練實'을 인용하면서 모두 이를 '죽실竹實'로 썼다.(왕숙민)

④ 醴泉(醴의 중국음은 lǐ[里]): 단술과 같이 물맛이 감미로운 샘.(이이) '예醴'는 단술을 말하며, 감미로운 천연의 샘물을 표현하는 말로 쓰였다.

⑤ 鴟: 부엉이. 앞에서 등장한 바 있다.

【풀이】

혜시가 양혜왕의 재상으로 있었을 때, 장자가 그를 만나러 찾아왔다. 그때 누군가가 혜시에게 이렇게 말했다. "장자가 찾아온 것은 아마도 재상 자리를 대신하기 위해서일 것입니다." 이 말을 듣고 걱정이 든 혜시가 나라 안을 뒤져 장자를 찾도록 했는데, 꼬박 삼일 낮과 밤 동안 쉬지 않고 장자를 수색했다. 그런 뒤에 장자가 그를 찾아가서는 이렇게 말했다. "남쪽 지방에 원추라고 불리는 새 한 마리가 있는데, 자네는 이 새를 아는가? 원추는 남쪽 바다를 출발하여 북쪽 바다로 날아가는데, 오동나무가 아니면 멈추어 쉬지를 않고, 대나무 열매가 아니면 먹지 않고, 감미로운 샘물이 아니면 마시지 않는다. 어느 날 부엉이 한 마리가 썩은 쥐 한 마리를 얻어 물어다 놓고 있었는데, 마침 그 위를 원추가 날아서 지나가고 있었다. 부엉이가 고개를 들어 원추를 보고는 (원추가 자기 먹이를 노린다고 생각하여) '꽥!' 하고 소리 질렀네. 지금 자네는 양나라를 가지고 나에게 꽥 하는 것인가?"

7.

莊子與惠子遊於濠梁[①]之上. 莊子曰: "儵魚[②]出遊從容, 是魚之樂也."
惠子曰: "子非魚, 安知魚之樂?"
莊子曰: "子非我, 安知我不知魚之樂?"
惠子曰: "我非子, 固不知子矣; 子固非魚也, 子之不知魚之樂, 全矣."
莊子曰: "請循其本[③]. 子曰'汝安知魚樂'雲者, 旣已知吾知之而問我, 我知之濠上[④]也."

【길잡이】

① 濠梁: '호濠'는 강의 이름. 옛날 회남淮南 종리군鍾離郡에 위치해 있었다.(성현영, 『장자소』) 지금의 안휘성 봉양현 일대에 해당한다. '량梁'은 다리이다.

② 儵魚(儵의 중국음은 tiáo[鯈]): 백어白魚[21].(『경전석문』) '숙儵'은 '숙鯈'으로 써야 하며, 본서 내에서도 여러 차례 혼용되었다.(곽경번의 『장자집석』에서 盧文弨의 설 인용)

- 요내: '숙鯈'은 「지락」에 등장하는 '식지추조食之鰌鰷'에서 '조鰷'와 같다.(왕선겸, 『장자집해』)
- 마서륜: '함본涵本(涵芬樓 소장본), 세본世本(世德堂 판각본)'에서는 '숙儵'을 '숙鯈'으로 썼다. '숙儵'은 '숙鯈'의 의미를 가차한 것이다. 『설문해자』에서는 "'숙儵'은

21) 뱅어 과에 딸린 바닷물고기.

물고기의 이름이다"라고 하였다.

③ 循其本: '순循'은 '심尋'(찾다)과 같다. '그 근원을 찾는다'는 뜻이다.(성현영, 『장자소』)

- 저백수: 사물과 자신의 본성은 본래 같으나, 형체의 차이로 인해 이를 알지 못할 뿐이다. 만약 본성으로 서로 만난다면 그 즐거움은 피차가 서로 같을 터인즉, 사람이 편안해 하는 바에 입각하여 물고기의 즐거움을 안다.

④ 我知之濠上: 호량濠梁 위에서 이를 알았다. '호량濠梁'은 호강의 다리를 말함.

- 선영: 내가 호량 위에서 즐거이 노닐므로, 물고기 역시 호량 아래에서 즐거이 노닌다는 것을 안다.

【풀이】

장자와 혜자가 호강 위의 다리를 거닐고 있었다.

장자가 말했다. "백어가 유유자적하게 헤엄쳐 다니는구나, 이것이 물고기의 즐거움이 아니겠는가!"

혜자가 말했다. "자네가 물고기가 아닌데 어떻게 물고기의 즐거움을 아는가?"

장자가 말했다. "그렇다면 자네는 내가 아닌데 어떻게 내가 물고기의 즐거움을 모르는 것을 알겠는가?"

혜자가 말했다. "나는 자네가 아니니 당연히 자네를 알 수 없다. 그렇다면 자네 또한 (물고기가 아니니) 물고기의 즐거움을 알지 못한다는 것은 너무나 분명하지 않은가?"

장자가 말했다. "처음으로 돌아가서 이야기해 보자. '자네는 어떻게 물고기의 즐거움을 아는가?'라고 내게 말했으니, 자네는 이미 내가 물고기의 즐거움을 안다고 생각해서 그렇게 물은 것이다. [지금 내가 너에게 말해 주겠다.] 나는 이 호강 다리 위에서 알았다!"

지락至樂

「지락」에서는 인생의 즐거움과 생사를 대하는 태도에 대해 논했다. '지락至樂'이란 지극한 즐거움이라는 뜻으로, 글 첫머리의 두 글자를 따 편명으로 삼았다.

본 편은 총 일곱 단락이며, 각 단락은 모두 독립적인 내용으로 이루어져 있다.

첫 번째 단락에서는 인생에 지극한 즐거움이 있는지를 논하면서, 세속의 사람들이 관능적인 쾌락에 몰두하는 것을 비판하였다. 부귀한 자는 이러한 쾌락을 추구함으로써 삶을 해치고 생명을 소홀히 하게 된다는 것이다. 나아가 '지락무락至樂無樂'이 제시된다. 여기에서 말하는 '지극한 즐거움'(至樂)이란 욕정에 몰두하는 것에서 벗어나 내면의 편안한 즐거움을 추구하는 것을 말한다.

두 번째 단락에서는 아내가 세상을 떠난 상황에서 북을 치고 노래를 부르며 죽음에 대한 근심을 완전히 잊어버린 장자의 모습을 그렸다. 삶과 죽음이 단지 기의 이합집산에 지나지 않을 뿐이라고 여겼다.

세 번째 단락에서는 지리숙支離叔과 골개숙滑介叔이 함께 '변화를 관조하는'(觀化) 내용으로, 인간은 천지 사이에서 끝없이 펼쳐지는 변화에 처해 이를 편안히 받아들이고 따라야 한다고 하였다.

네 번째 단락은 장자와 해골이 대화를 나누는 내용으로, 해골을 통해 인생의 각종 근심과 걱정거리에 관해 말했다.

다섯 번째 단락에서는 공자와 자공이 대화를 나누며 노나라 제후가 바닷새를 기른 우화에 관해 논하는 내용으로, 노나라 제후가 '새를 기르는 방법이 아니라 자신이 바라는 방법으로 새를 대하여'(以己養養鳥, 非以鳥養養鳥) 새가 결국 죽어 버리고 말았다는 것을 이야기한다. 이 우화는 통치자가 자신의 뜻을 강제로 백성들에게 실시하여 많은 사람에게 화를 초래하는 것을 비유한다. 따라서 정치의 올바른 도리란 바로 백성들 '각자의 능력과 일을 하나로 만들지 않는 것'(不一其能, 不同其事)이다.

여섯 번째 단락은 열자가 해골을 보고 느낀 바에 대해 말했다. 그는 인간의 죽음과 삶이 근심이나 즐거움에 사로잡힐 수 없음을 깨달았다.

일곱 번째 단락에서는 생물의 종의 변화 과정에 대해 서술했다.

여러 가지 유명한 성어가 본 편에서 나왔다. 대표적으로 고분이가鼓盆而歌[1], 야이계일夜以繼日[2], 저소회대褚小懷大[3], 경단급심綆短汲深[4] 등이 있다. 이 외에도 꿈에서 해골을 만나는 이야기(髑髏見夢), 노나라 제후가 새를 기르는 이야기(魯侯養鳥) 등, 철학적 지혜가 풍부한 여러 우화가 본 편에서 등장하고 있다.

---

1) 북을 치며 노래를 부름. 생사에 대한 낙관적인 태도를 나타내는 말. 아내를 잃은 슬픔을 표현하는 말로도 쓰인다.

2) 밤낮이 계속해서 이어짐. 일이나 학업에 박차를 가하는 모습을 비유하는 말.

3) 포대가 작으면 큰 물건을 담지 못함. 맡은 바에 비해 능력이 미치지 못하는 것을 비유하는 말.

4) 두레박줄이 짧으면 깊은 우물물을 퍼 올리지 못함. 저소회대와 마찬가지로 능력이 미치지 못하지만 책임이 무거운 것을 나타내는 말.

1.

天下有至樂無有哉? 有可以活身者無有哉? 今奚爲奚據? 奚避奚處? 奚就奚去? 奚樂奚惡?

夫天下之所尊者, 富貴壽善①也; 所樂者, 身安厚味美服好色音聲也; 所下者, 貧賤夭惡也; 所苦者, 身不得安逸, 口不得厚味, 形不得美服, 目不得好色, 耳不得音聲; 若不得者, 則大憂以懼, 其爲形也, 亦愚哉!

夫富者, 苦身疾作②, 多積財而不得盡用, 其爲形也亦外矣③. 夫貴者, 夜以繼日, 思慮善否, 其爲形也亦疏矣. 人之生也, 與憂俱生, 壽者惛惛④, 久憂不死, 何苦也! 其爲形也亦遠矣. 烈士爲天下見善矣, 未足以活身. 吾未知善之誠善邪, 誠不善邪? 若以爲善矣, 不足活身; 以爲不善矣, 足以活人. 故曰: "忠諫不聽, 蹲循⑤勿爭." 故夫子胥爭之以殘其形, 不爭, 名亦不成. 誠有善無有哉? 今俗之所爲與其所樂, 吾又未知樂之果樂邪, 果不樂邪? 吾觀夫俗之所樂, 舉群趣⑥者, 誙誙然⑦如將不得已⑧, 而皆曰樂者, 吾未知之樂也, 亦未知之不樂也⑨. 果有樂無有哉? 吾以無爲誠樂矣, 又俗之所大苦也. 故曰: "至樂無樂, 至譽無譽."

【길잡이】

① 善: 명성을 좋아함.(성현영, 『장자소』) 혹은 순조로운 형세.(왕선겸, 『장자집해』)

② 疾作: 부지런히 일함.

③ 外矣: '내의內矣'와 상반되는 말이며, 이어지는 '소의疏矣'와 '원의遠矣'는 '밀의密矣'와 '진의近矣'와 상반되는 말이다. 모두 항상된 본성에 어긋난다는 뜻을 지닌다.

④ 惛惛(중국음은 mèn[悶]): '혼혼昏昏'과 같다. 정신이 흐릿한 상태를 가리킨다. 함본涵本(涵芬樓 소장본)에는 '혼혼惽惽'을 '혼혼惛惛'으로 썼다.(마서륜, 『장자의증』)

⑤ 蹲循: '준순逡巡'과 같으며, 뒤로 물러난다는 뜻이다.

- 임운명: '준순蹲循'은 양보하고 물러서는 모습을 말한다. 간언이 받아들여지지 않으면 쟁론을 벌이려 하지 말고 물러나야 한다는 것이다.(『장자인』)
- 유월: '준순蹲循'은 '준순逡巡'으로 읽어야 한다. 고서에는 '준순逡巡'을 '준둔逡遁'으로 쓰기도 했다. 중국 한漢나라 때의 정고비鄭固碑[5])에서는 "'준둔逡遁'은

물러나는 것을 말한다'라고 하였으니, 이 설명이 옳다. 또한 이를 '준순蹲循'으로도 볼 수 있는데, 『장자』 「외물」을 그 근거로 삼을 수 있다. 「외물」의 '솔제자이준어관수帥弟子而踆於竅水'라는 구절에 대해 『경전석문』에서 『자림』의 설명을 인용하여 "'준踆'은 '준蹲'의 옛글자이다"라고 하였다. 따라서 '준순蹲循'은 '준둔踆遁'과 같음을 알 수 있다. 정고비에서는 '준둔逡遁'으로 썼고 『장자』에서는 '준순蹲循'으로 썼는데, 글자는 비록 다르지만 뜻과 음은 서로 같다. '충간불청忠諫不聽, 준순물쟁蹲循勿爭'이란 군주가 충간을 받아들이지 않으면 신하된 자는 응당 물러나고 다투려 하지 말아야 한다는 뜻이다.(『제자평의』)

⑥ 擧群趣: 온 세상이 무리 지어 쫓아감.(임희일, 『남화진경구의』) 벌떼처럼 쫓아가는 모습을 표현하는 말.

⑦ 誙誙然: 반드시 취하려고 함.(임희일, 『남화진경구의』) 굳게 마음을 쏟는 모습.(선영, 『남화경해』) 집착하는 모습을 표현하는 말.

⑧ 不得已: '이已'는 '지止'(그치다)로 읽는다.

⑨ 吾未知之樂也, 亦未知之不樂也: 두 개의 '지知'자는 현재의 판본에는 빠져 있었다. 진경원의 『장자궐오』에 인용된 강남고장본江南古藏本에는 두 개의 '미未'자 다음에 '지知'자가 더 들어가 있다. 이에 따라야 한다. '오미지지락야吾未知之樂也, 역미지지불락야亦未知之不樂也'란 '그것이 즐거움인지도 알지 못하며, 즐거움이 아닌지도 알지 못한다'라는 뜻이다. '지之'는 '기其'와 같다.(왕숙민, 『장자교석』)

【풀이】

천하에 지극한 즐거움이란 과연 존재하는가? 자신의 생명을 기르는 방법이란 존재하는가? 만약 있다면 어떻게 해야 하는가? 무엇에 따라야 하는가? 무엇을 피해야 하는가? 무엇에 뜻을 두어야 하는가? 무엇을 취해야 하는가? 무엇을 버려야 하는가? 무엇을 좋아해야 하는가? 무엇을 싫어해야 하는가?

세상 사람들이 귀하게 여기는 것들에는 부유함, 존귀함, 장수, 명성 등이 있다. 세상 사람들이 즐겁다고 여기는 것들에는 몸이 안락한 삶, 풍성한 음식, 화려한

5) 중국 東漢 延熹 원년(158)에 만들어진 碑로서 정식 명칭은 '漢故郎中鄭君之碑'이다. 郎中 벼슬을 지낸 鄭固라는 인물의 생애가 새겨져 있는데, 간단히 '鄭固碑'라고도 부른다.

장식, 아름다운 용모, 아름다운 소리 등이 있다. 세상 싫어하는 것들에는 빈곤함, 비천함, 요절, 악명 등이 있다. 세상 사람들이 괴롭다고 여기는 것에는 몸이 안락하지 못하고, 맛있는 음식을 먹지 못하고, 겉에 아름다운 옷과 장식을 걸치지 못하고, 눈으로 아름다운 용모를 보지 못하고, 귀로 마음을 울리는 소리를 듣지 못하는 것 등이 있다. 사람들은 이러한 것들을 얻지 못하면 크게 근심하는데, 그 모습이란 참으로 우매하지 않은가?

부유한 사람은 몸을 수고롭게 하며 부지런히 일해서 많은 돈과 재물을 벌지만 이를 다 사용하지도 못한다. 이는 자신의 신체를 보호하고 기르는 일과 상반되는 것이 아니겠는가? 신분이 귀한 사람은 밤낮으로 끊임없이 자신의 명성이 좋은지 나쁜지를 근심한다. 이는 자신의 신체를 보호하고 기르는 일을 소홀히 하는 것이 아니겠는가? 사람은 한평생 근심과 함께 살아가게 된다. 장수하는 자들은 어떻게 하면 죽지 않을지를 오랫동안 걱정하면서 혼미한 상태로 삶을 이어 나가니, 얼마나 괴로운가? 이 또한 자신의 신체를 보호하고 기르는 일에서 멀어지는 것이 아니겠는가? 열사들은 천하의 사람들로부터 찬양을 받지만 정작 자신의 생명은 지키지 못한다. 나는 이것이 진정으로 좋은 것인지 아닌지를 알 수가 없다. 진정으로 좋은 것이라 하자니 자신의 생명조차 지키지 못하고, 진정으로 좋지 않은 것이라 하자니 다른 사람을 구한다. 따라서 세간에서 이르기를 "만약 충정을 다해 간언하되, 받아들여지지 않으면 물러나고 논쟁을 벌이려고 하지 말라"라고 하였다. 자서子胥는 간쟁을 일삼다 결국 죽임을 당하고 말았는데, 그런데 만약 그가 간쟁을 하지 않았다면 그 명성을 얻지는 못했을 것이다. 그렇다면 과연 진정으로 좋은 일이란 있는 것일까?

지금 세속에서 추구하는 것과 즐거워하는 것이 진정으로 즐거운 것인지 아닌지 나는 알 수가 없다. 내가 세속의 환락을 보건대, 사람들은 마치 벌떼처럼 몰려다니며 즐거움을 쫓는데, 쾌락에 완전히 빠져 그치고 싶어도 멈출 수가 없다. 그런데도 사람들은 이것이 즐거움이라고 말하는데, 나는 그것이 과연 진정으로 즐거운 것인지, 그렇지 않은 것인지를 알 수가 없다. 과연 즐거움이란 있는가, 없는가? 나는 청정무위의 상태에 이르는 것이 진정한 즐거움이라고 여기는데, 정작 이는 세상 사람들은 이를 괴로운 것이라 여긴다. 그래서 이렇게 말할 수 있다. "진정한 즐거움은 '즐거움이 없음'(無樂)에 있고, 가장 높은 명예는 '명예가 없음'(無譽)에 있다."

天下是非果未可定也. 雖然, 無爲可以定是非. 至樂活身, 唯無爲幾存①. 請嘗試言之. 天無爲以之淸, 地無爲以之寧②, 故兩無爲相合, 萬物皆化生③. 芒乎芴乎④, 而無從出乎! 芴乎芒乎, 而無有象乎! 萬物職職⑤, 皆從無爲殖⑥. 故曰天地無爲也而無不爲也⑦, 人也孰能得無爲哉!

【길잡이】

① 無爲幾存: '기幾'는 가까움. 『노자』 64장에 나오는 '무위고무패無爲故無敗'(작위함이 없으므로 그르침이 없음)와 비슷한 구절이다.

② 天無爲以之淸, 地無爲以之寧: 『노자』 39장에 나오는 "천득일이청天得一以淸, 지득일이녕地得一以寧"과 같은 말이다.['一'은 무위의 도를 가리킨다.]

③ 兩無爲相合, 萬物皆化生: '생生'자는 옛 판본에는 빠져 있었으나, 진경원의 『장자궐오』에 인용된 강남고장본에는 '화化'자 다음에 '생生'자가 있다. 이를 따라야 한다. '생生'과 앞 구절의 '청淸', '녕寧'은 서로 운율을 이룬다. 성현영의 『장자소』에서도 '이만물화생而萬物化生'이라고 풀이한 것으로 보아, 성현영의 판본에서도 역시 '생生'자가 있었음을 알 수 있다.(유문전, 왕숙민)

④ 芒乎芴乎: '황홀망매恍惚芒昧'의 뜻.(성현영, 『장자소』) 『노자』 21장에 나오는 '황혜홀혜恍兮惚兮'와도 유사하다.

⑤ 職職: 많고 다양함.

- 마서륜: '직職'은 '질秩'의 뜻으로 가차되었다. 『설문해자』에서는 "'질秩'은 '쌓여 있다'(積)라는 뜻이다"라고 하였다.

⑥ 無爲殖: 만물이 자연 속에서 생겨난다는 뜻.

- 곽상: 모두 저절로 번식할 따름이다.

⑦ 天地無爲也而無不爲也: 『노자』 37장의 '도상무위이무불위道常無爲而無不爲'(도는 늘 일부러 하는 것이 없지만 이루지 못하는 것이 없다)와 비슷하다.

【풀이】

천하의 모든 시비 판단은 정론을 이룰 수 없음이 분명하다. 하지만 '무위'의 태도로 시비를 판단하는 것은 가능하다. 지극한 즐거움은 심신을 길러 준다. 오직 '무위'라는 삶의 방식을 통해서만 이러한 즐거움을 얻을 수 있을 것이다. 내가 한번 말해 보겠다. 하늘은 '무위'하면서도 저절로 청정하며, 땅은 '무위'하면서도 저절로 안정된다. 천지가 '무위'하면서 서로 화합하면 만물은 변화하며 자라나게 된다. 아득하고 황홀하도다, 도대체 어디서 생겨나는지를 알 수가 없구나! 아득하고 황홀하도다! 도무지 그 흔적조차 찾아볼 수 없구나! 만물은 많고 다양한데 이는 모두 무위의 태도에서 생겨난다. 그러므로 "천지는 무심한 태도로 하는 듯 보이지만 그것으로부터 생겨나지 않는 것이 없다"라고 하였다. 대체 그 어떤 인간이 이러한 '무위'의 정신에 이를 수 있단 말인가!

2.

莊子妻死, 惠子吊之, 莊子則方箕踞①鼓盆②而歌.
惠子曰: "與人居③, 長子, 老, 身死④, 不哭, 亦足矣, 又鼓盆而歌, 不亦甚乎!"
莊子曰: "不然. 是其始死也, 我獨何能無槪⑤然! 察其始而本無生, 非徒無生也而本無形, 非徒無形也而本無氣. 雜乎芒芴⑥之間, 變而有氣, 氣變而有形, 形變而有生, 今又變而之死, 是相與爲春秋冬夏四時行也. 人且偃然⑦寢於巨室⑧, 而我噭噭然⑨隨而哭之, 自以爲不通乎命, 故止也."

【길잡이】

① 箕踞: 쭈그려 앉은 모습이 마치 곡식을 켜는 키와 같음.

② 盆: 질장구(瓦缶).[6] 고대에 사용한 악기.

③ 與人居: 여기에서의 '인人'은 장자의 아내를 가리킨다.

④ 長子, 老, 身死: 아내가 자식을 기른 다음 늙어서 세상을 떠남.(성현영, 『장자소』) 예로부터 '장자노신長子老身'까지를 한 문장으로 끊고, '사死'를 다음 문장에 속하는

6) 흙을 구워 화로 모양으로 만든 타악기의 일종.

것으로 읽은 경우가 많다. 여기에서는 선영본宣穎本의 독법에 따랐다.

⑤ 槪: '개慨'와 같다. 비통함을 느끼는 것을 말함.

⑥ 芒芴: '황홀恍惚'과 같이 읽는다.(저백수, 『남화진경의해찬미』)

⑦ 偃然: 편안히 쉬는 모습.

⑧ 巨室: 천지지간을 가리킴.

⑨ 噭噭然: 울부짖는 소리.

【풀이】

장자의 아내가 세상을 떠나 혜자가 조문을 하러 갔다. 도착해서 보니 장자가 쭈그려 앉은 채로 북을 두드리며 노래를 부르고 있었다.

이를 본 혜자가 말했다. "아내와 함께 살면서 자식을 길렀고, 이제 아내가 나이가 들어 세상을 떠났는데 울지 않는 것은 그렇다 쳐도, 북을 치고 노래까지 부르는 것은 너무 심하지 않은가?"

장자가 말했다. "그렇지 않다. 아내의 죽음이 다가왔을 때, 나 역시 어찌 슬프지 않았겠는가? 다만 아내 또한 삶이 시작되는 순간에는 본래 생명이 없었을 것이고, 생명뿐만 아니라 형체도 없었을 것이고, 신체뿐만 아니라 기도 없었을 것이다. 마치 있는 것 같기도 하고 없는 것 같기도 한 것 사이에서 변화가 일어나 기가 생겨나고, 다시 기가 변화하여 형체가 생기고, 형체가 이루어져 생명이 생겨나는데, 이제는 다시 변화하여 죽음에 이르게 된 것이다. 이처럼 태어나고 죽는 것은 마치 춘하추동 사계절이 운행하는 것과 같다. 이제 편안히 천지 사이에서 쉴 수 있게 되었는데 내가 여전히 울고불고한다면 이는 생명의 도리에 통달하지 못한 것이 아니겠는가? 그래서 울음을 그쳤던 것이다."

3.

支離叔與滑介叔①觀於冥伯之丘②, 昆侖之虛, 黃帝之所休. 俄而柳③生其左肘④, 其意蹶蹶然⑤惡之.

支離叔曰: "子惡之乎?"

滑介叔曰: "亡, 予何惡! 生者, 假借⑥也; 假之而生生者, 塵垢⑦也. 死生爲晝夜.

且吾與子觀化[8]而化及我, 我又何惡焉!"

【길잡이】

① 支離叔與滑介叔: 모두 의미를 가탁하여 지어낸 우언의 인물이다.

- 이이: '지리支離'는 형체를 망각한 것이고, '골개滑介'는 지모를 망각한 것이다. 이 두 가지는 변화를 이해하고 있음을 가리킨다.(『경전석문』에서 인용)

② 冥伯之丘: 의미를 가탁하여 지어낸 구릉의 이름.

- 이이: 구릉의 이름을 통해 깊숙하고 컴컴하다는 의미를 표현하였다.

③ 柳: '류瘤'(종기)의 뜻으로 가차되었다.

- 곽숭도: '류柳'는 '류瘤'자와 음이 같아 와전된 것이다.(곽경번의 『장자집석』에서 인용)

④ 肘(중국음은 zhǒu[帚]): 팔꿈치 관절이 접히는 부분.

⑤ 蹶蹶然: 놀라서 떠는 모습.

⑥ 假借: 신체는 외적인 물질 원소가 임시로 결합하여 이루어진 것임을 말한다.

⑦ 塵垢: 일시적으로 모인 것.(선영, 『남화경해』)

⑧ 觀化: 변화를 관찰함. '화化'는 생사의 변화를 가리킨다.

- 서복관: 이른바 '관화觀化'라는 것은 만물의 변화를 일관되게 관조하면서도 그에 의해 자신의 감정이나 판단 등의 태도가 영향을 받지 않는 것을 말한다.(『中國人性論史·莊子的心』, 392쪽)

【풀이】

지리숙과 골개숙이 함께 명백冥伯이라는 구릉과 곤륜昆侖이라는 황야로 여행을 왔다. 그곳은 일찍이 황제黃帝가 머물러 쉬던 곳이다. 그러다 갑자기 골개숙의 왼쪽 팔꿈치 부분에 종기가 자라났는데, 그는 이를 보고 두려워 불안에 떨면서 마치 싫어하는 기색을 보였다.

지리소가 그 모습을 보고 말했다. "자네는 그것이 싫은가?"

골개숙이 말했다. "그렇지 않다. 내가 왜 이를 싫어하겠는가? 신체란 외물의 원소가 임시로 결합하여 이루어진 것일 뿐이다. 외물의 원소가 임시로 결합하여 생긴 생명은 그저 일시적으로 모인 것일 뿐이다. 죽음과 삶이란 마치 밤과 낮처럼 끊임없이 번갈아 운행한다. 내가 자네와 만물의 변화를 살펴보는 중인데, 지금 그 변화가 나에게 찾아왔을 뿐이다. 그런데 왜 이를 싫어하겠는가!"

4.

莊子之楚, 見空髑髏, 髐然①有形, 撽②以馬捶③, 因而問之, 曰: "夫子貪生失理, 而爲此乎? 將子有亡國之事, 斧钺之誅, 而爲此乎? 將子有不善之行, 愧遺父母妻子之醜, 而爲此乎? 將子有凍餒之患, 而爲此乎? 將子之春秋④故及此乎?"
於是語卒, 援髑髏, 枕而臥. 夜半, 髑髏見夢曰: "子之談者似辯士. 視子所言, 皆生人之累也, 死則無此矣. 子欲聞死之說乎?"
莊子曰: "然."
髑髏曰: "死, 無君於上, 無臣於下; 亦無四時之事, 從然⑤以天地爲春秋, 雖南面王樂, 不能過也."
莊子不信, 曰: "吾使司命⑥復生子形, 爲子骨肉肌膚, 反子父母妻子閭里知識⑦, 子欲之乎?"
髑髏深矉蹙頞⑧曰: "吾安能棄南面王樂而復爲人間之勞乎!"

【길잡이】

① 髐然(髐의 중국음은 xiāo[霄]): 초췌하고 텅 빈 모습.

② 撽: 『설문해자』에는 '교擎'라고 썼으며, '옆을 치는 것'(旁擊)이라고 풀이하였다.(『경전석문』)

③ 馬捶: '추捶'는 '추箠', 즉 말채찍을 말한다.

④ 春秋: 나이.

⑤ 從然: '종從'은 '종縱'과 통한다. 느긋하고 안일한 모습을 표현하는 말이다. 『장자궐오』에 인용된 장군방본에서는 '종연從然'을 '범연泛然'으로 썼다.

⑥ 司命: 생명을 관장하는 귀신.

⑦ 知識: 지인 혹은 친구를 가리킴.

⑧ 深矉蹙頞(蹙의 중국음은 cù[醋], 頞의 중국음은 è[遏]): '빈矉'은 '빈顰'과 같다. 미간을 찌푸리는

것을 말한다. '알頞'은 '액額'과 같다. 미간 사이에 근심이 나타나는 모습을 말한다.

【풀이】

장자가 초나라로 가던 길에 해골 하나를 보게 되었는데, 초췌하고 텅 빈 형상을 하고 있었다. 장자가 채찍을 들어 해골을 두드리면서 물었다. "선생은 삶을 탐하다가 도리에 어긋나 죽음에까지 이르게 된 것입니까, 아니면 나라가 패망하여 전란 속에서 도끼에 목숨을 잃고 만 것입니까? 아니면 선하지 못한 행위를 하여 부모와 처자식을 욕되게 만든 것이 부끄러워 죽음에 이른 것입니까? 아니면 추위나 굶주림을 당해 죽음에 이른 것입니까? 그것도 아니면 수명이 다하여 자연스럽게 죽음을 맞이한 것입니까?"

이 말을 마친 장자는 해골을 가져와 베개로 삼고 잠을 청했다. 밤중에 장자가 꿈에서 이 해골을 만나게 되었는데, 해골이 장자에게 이렇게 말했다. "그대의 말은 마치 논변을 일삼는 자들이 말하는 것 같구나. 그대가 말한 것은 모두 산 사람이 하는 걱정거리들이다. 죽은 뒤에는 그런 걱정거리가 없다. 한번 죽은 자의 말을 들어 보겠는가?"

장자가 말했다. "좋습니다."

해골이 말했다. "죽은 뒤에는, 위로는 군주가 없고 아래로는 신하가 없다. 사계절의 추위와 더위 또한 존재하지 않는다. 그저 느긋하고 편안하게 천지와 함께 나이를 먹으니, 한 나라의 임금의 즐거움도 이보다 더 나을 수 없다."

장자가 그 말을 믿지 못하겠다는 듯이 말했다. "만일 내가 생명을 관장하는 귀신에게 부탁하여 선생의 형체를 회복하고, 뼈와 살과 피부를 되살려 부모와 처자식과 친구들이 사는 곳으로 돌려보내 준다고 하면 이를 원하겠습니까?"

해골이 그 말을 듣고 미간을 찌푸린 채 말했다. "내가 왜 임금과도 같은 즐거움을 버리고 인간 세상의 고통 속으로 돌아가겠는가?"

5.

顔淵東之齊, 孔子有憂色, 子貢下席而問曰: "小子敢問, 回東之齊, 夫子有憂色, 何邪?"

孔子曰: "善哉汝問! 昔者管子有言, 丘甚善之, 曰: '褚①小者不可以懷大, 綆②

短者不可以汲深.' 夫若是者, 以爲命有所成而形有所適也[3], 夫不可損益. 吾恐回與齊侯言堯舜黃帝之道, 而重以燧人神農之言. 彼將內求於己而不得, 不得則惑, 人惑則死.

且女獨不聞邪? 昔者海鳥止於魯郊, 魯侯禦[4]而觴[5]之於廟, 奏「九韶」以爲樂, 具太牢[6]以爲膳. 鳥乃眩視憂悲, 不敢食一臠, 不敢飮一杯, 三日而死. 此以己養養鳥也, 非以鳥養養鳥也. 夫以鳥養養鳥者, 宜棲之深林, 遊之壇陸[7], 浮之江湖, 食之鰌鰷[8], 隨行列而止, 委虵[9]而處. 彼唯人言之惡聞, 奚以夫譊譊[10]爲乎! 「咸池」, 「九韶」之樂, 張之洞庭之野[11], 鳥聞之而飛, 獸聞之而走, 魚聞之而下入[12], 人卒[13]聞之, 相與還而觀之. 魚處水而生, 人處水而死, 彼必相與異, 其好惡故異也. 故先聖不一其能, 不同其事. 名止於實, 義設於適[14], 是之謂條達[15]而福持[16]."

【길잡이】

① 褚: 포대.

② 綆(중국음은 gěng[梗]): 밧줄.

③ 命有所成而形有所適也: 타고난 성과 명은 각자 그것이 이루어진 이치가 있고, 형체는 각자 적합한 곳(기능)이 있음.

④ 禦: 맞이하다.

⑤ 觴(중국음은 shāng[傷]): 연회를 베풀다.

⑥ 太牢: 소, 양, 돼지를 가리킴.

⑦ 壇陸: '단壇'은 사마표의 판본에는 '단澶'으로 되어 있다.(『경전석문』) 물속의 모래를 말한다. '단육壇陸'은 곧 강변의 모래밭이다.

⑧ 鰌鰷: 작은 물고기의 이름. '추鰌'는 미꾸라지. '조鰷'는 뱅어 새끼.

⑨ 委虵: 편안히 유유자적함(寬舒自得).(성현영, 『장자소』) '위委'는 성현영 『장자소』에는 '위逶'로 되어 있다. '위委'는 '위逶'를 생략한 글자이다.(마서륜)

⑩ 譊譊(중국음은 náo[撓]): 소리가 크고 요란함.

⑪ 洞庭之野: 광활한 들판(廣漠之野). 「천운」에 등장한 바 있다.

⑫ 鳥聞之而飛, 獸聞之而走, 魚聞之而下入: 「제물론」에서는 '어견지심입魚見之深入, 조견지고비鳥見之高飛, 미녹견지결취麋鹿見之決驟'라고 하였다.

⑬ 人卒: 사람들의 무리. 「천지」와 「추수」에 나온 바 있다.

⑭ 義設於適: 일을 펼칠 때 타고난 성에 맞게 함.

- 성현영: '의義는 적합함을 말한다. 적합함에 따라 타고난 성에 맞게 실시하는 것을 말한다.
- 임희일: '의설어적義設於適'이란 사람이 각자 그 본분에 따르는 것을 말한다.

⑮ 條達: 조리에 통달함.

⑯ 福持: 복이 항상 있음.

【풀이】

안연이 제나라를 향해 동쪽으로 길을 떠나자 공자의 얼굴에 수심이 가득했다. 자공이 공자의 곁으로 다가와 물었다. "제자가 감히 말을 여쭙습니다. 안회가 제나라로 떠나고 난 후, 스승님의 안색이 어두운데 어찌하여 그렇습니까?"

공자가 말했다. "좋은 질문이다. 옛날 관자管子가 이런 말을 한 적이 있는데, 내가 보기에 참으로 좋은 말이 아닐 수 없다. '포대가 작으면 큰 물건을 담을 수 없고, 밧줄이 짧으면 깊은 우물의 물을 퍼 올릴 수 없다.' 이 말대로 보자면, 타고난 성과 명은 각자 그것이 이루어진 도리가 있고, 형체에는 각자 그 적합한 곳이 있으니, 이는 바꿀 수 없는 것이다. 나는 안회가 제나라의 제후를 만나 요순과 황제의 도리를 설파하고, 수인씨와 신농씨의 말을 강조하지는 않을까 걱정이 되는구나. 제나라 제후가 그 말을 들으면 마음속으로 곰곰이 생각해 볼 터인데, 만일 잘 이해가 되지 않는다면 의혹이 생겨날 것이고, 의혹이 생겨난다면 (안회에게) 화가 닥치게 될 것이다.

너는 이 이야기를 들어본 적이 없느냐? 옛날 바닷새 한 마리가 날아가다가 노나라 교외 지역에 내려앉게 되었다. 노나라 제후가 이 새를 맞이하여 태묘로 데려가 술을 마시도록 주고, 「구소九韶」를 연주하여 들려주며, 소와 양을 잡아 먹이로 주었다. 이에 바닷새는 앞이 어지럽고 마음이 울적하여 고기 한 점도 먹지 않고, 술 한 잔도 마시지 않다가 사흘이 지나 그만 죽어 버리고 말았다. 이는 새를 기르는 방법이 아니라 사람을 기르는 방법으로 새를 길렀기 때문이다. 새를 기르는 방법은 무엇인가? 바로 새를 깊은 숲속에 풀어 쉬게 하며, 모래밭에서 느긋하게 노닐게 하며, 강물 위를 떠다니게 하며, 작은 생선을 먹이고 새의 무리를 따라 이동하며 멈추면서 자유롭게 살아가도록 하는 것이다. 새는 인간의 소리를 듣는 것을 가장 무서워하는데 왜 그렇게 소란을 피운단 말인가? 만약 광활한 들판에서 「함지咸池」와 「구소」와 같은 곡을 연주하면 새들은 이를 듣고 날아 도망가고, 짐승들은 달아나며, 물고기들은 깊은 물속으로 숨어버릴 것이다. 하지만 사람들이 이를 듣는다면 주위를 둘러싸고 연주를 감상한다. 물고기는 오직 물속에서만 살아갈 수 있지만, 사람이 물속에 들어가면 빠져 죽고 만다. 사람과 물고기가 부여받은 본성이 서로 다르므로 서로 좋아하고 싫어하는 것 역시 다른 것이다. 따라서 옛 성인들은 그 능력이 모두 같아지기를 바라지 않았고, 사물이 모두 같아지기를 바라지 않았다. 명과 실이 서로 부합하고, 일을 시행할 때는 각자 타고난 성정에 맞게 하고자 하였다. 이러한 모습을 가리켜 '사리에 통달하니, 복이 언제나 머문다'라고 한다."

6.

列子行食於道從①, 見百歲髑髏, 攓②蓬而指之曰: "唯予與汝知而③未嘗死, 未嘗生也. 若果養④乎? 予果歡乎?"

【길잡이】

① 道從: '종從'은 도로변을 말함.(사마표, 『장자주』)

② 攓(중국음은 qiān[牽]): 뽑다.

③ 而: '여汝'(2인칭 대명사)와 같다.

④ 養: 근심하다.

- 선영: '양養'은 마음속으로 걱정하여 안정되지 못한 모습이다. 『시경』의 '마음속에 근심이 가득하다'(中心養養)라는 구절이 이에 해당한다.
- 유월: '양養'은 '양恙'으로 읽는다. 『이아』 「석고釋詁」에서 "'양恙'은 '근심하다'의 뜻이다"라고 하였다.

【풀이】

열자가 여행 중에 밥을 먹으러 길가로 들어갔다가 우연히 백 년쯤 되어 보이는 해골 하나를 발견했다. 풀숲을 헤치고 해골을 가리키더니 이렇게 말했다. "오직 너와 나만이 이해할 수 있을 것이다. 너에게는 죽음도 없고 삶도 없는 이 이치를 말이다. 그러니 네가 과연 진정으로 슬픈 것일까? 나는 진정으로 즐거운 것일까?"

7.

種有幾①, 得水則爲㡭②, 得水土之際則爲鼃蠙之衣③, 生於陵屯④則爲陵舄⑤, 陵舄得郁棲⑥則爲烏足⑦. 烏足之根爲蠐螬⑧, 其葉爲胡蝶. 胡蝶胥也⑨化而爲蟲, 生於竈下, 其狀若脫⑩, 其名爲鴝掇⑪. 鴝掇千日化而爲鳥, 其名爲乾余骨. 乾余骨之沫⑫爲斯彌⑬, 斯彌爲食醯⑭. 頤輅⑮生乎食醯; 黃軦⑯生乎九猷⑰; 瞀芮⑱生乎腐蠸⑲. 羊奚⑳比乎不箰, 久竹㉑生青寧㉒; 青寧生程㉓, 程生馬, 馬生人, 人又反入於機㉔. 萬物皆出於機, 皆入於機.

【길잡이】

① 種有幾: 여러 가지 해석이 있다.

(1) '생물의 종의 변화는 얼마나 되는가'라는 해석: 장담張湛은 "먼저 변화의 종류가 얼마나 되는지에 대해 의문을 던지고 나서 이를 설명하였다"라고 하였다. (『列子注』) 곽상은 "변화의 종류를 이루 다 헤아릴 수 없다"라고 하였다.

(2) '기幾'를 '기機'로 풀이하는 해석: 도홍경은 "'기幾'는 '기機'로 읽어야 한다. 『열자』「황제편黃帝篇」의 '두덕기杜德幾', '선자기善者幾', '형기기衡氣幾'라는 말의 '기幾'자가 『장자』에는 모두 '기機'로 적혀 있는 것이 그 사례이다. '기機'는 뒤에 나오는 '만물개출어기개입어기萬物皆出於機皆入於機'의 '기機'를 말한다"라고 하였다. (陶鴻慶의 『讀列子劄記』, 楊伯峻의 『列子集釋』에서 인용함)

(3) 생물의 종 가운데 지극히 작은 한 생물을 가리켜 '기幾'라고 부른다는 해석: 마서륜은 "「우언」에서 '만물은 모두 하나의 종이다'(萬物皆種也)라고 하였다. 이 '기幾'자는 만물의 종을 가리킨다. 『설문해자』에서는 '기幾'를 '미세하다'(微)라는 뜻으로 설명하였다. '기幾'자에는 두 개의 '요幺'자가 포함되어 있는데, 이 '요幺'는

작다(小)는 뜻이므로 '요幺'자 두 개는 '미세하다'(微)는 뜻이 되는 것이다"라고 하였다. 호적胡適은 "'종유기種有幾'의 '기幾'자는 '기미幾微'의 '기幾'로 풀이해야 한다. 『주역』「계사전繫辭傳」에서 '기幾'란 움직임의 조짐이니, 길흉을 미리 알 수 있는 것이다(幾者, 動之微, 吉凶之先見者也)라고 한 것이 바로 이 '기幾'자를 말한다. '기幾'자는 '𢆶'를 부수로 하고, '𢆶'는 '𠃛'를 부수로 한다. 이는 본래 생물이 잉태한 모습을 본떠서 만든 것이다. 따라서 이곳의 '기幾'자는 생물의 종이 시작된 최초의 종자를 가리킨다고 이해할 수 있다"(『中國哲學史』)라고 하였다.

▹ 진고응: 여기서는 (3)의 해석을 따른다.

② 㡭: 사마표의 판본에는 '계繼'로 되어 있다. 마치 실처럼 단속적 형태를 지닌 풀을 가리킨다.

- 임희일: '계繼'는 물 위의 티끌에서 이끼가 생겨나기 시작했지만, 아직 다 이루어지지 않은 것으로, 실낱같은 것이 얽혀 있다는 뜻도 있다. 하지만 이는 여전히 미미한 상태에 지나지 않는다.
- 왕선겸: 『이아』「석초釋草」에서 "'속蕒'은 우순초(牛脣)를 말한다"라고 하였다. 곽상의 『장자주』에서는 『모시전毛詩傳』을 인용하여 "'수석水舃'은 마치 끊어졌다가 이어지는 것처럼 마디마디로 연결되어 있다. 뽑으면 금세 다시 자라난다"라고 하였다. 『설문해자』에서는 "'속蕒'은 '수석水舃'을 말한다"라고 하였다. 학의행郝懿行은 "지금 '마석馬舃'이 물속에서 자라는 것을 살펴보면 그 꽃은 질경이(차전초)만 하여 크고, 풀을 뽑으면 마디마디 다시 자라난다"라고 하였다. 이에 따르면 바로 『장자』에서 말한 '계㡭'를 말하는 것임을 알 수 있다. 뽑으면 그 마디에서 다시 자라나므로 '계繼'라는 이름이 붙은 것이다.

③ 鼃蠙之衣: 푸른 이끼. 속칭 '개구리 옷'이라고 부른다.(성현영, 『장자소』)

④ 陵屯: 높은 언덕. '둔屯'은 언덕(阜)을 가리킨다.(사마표, 『장자주』)

⑤ 陵舃: 질경이.(성현영, 『장자소』)

⑥ 郁棲: 흙더미.(이이, 『장자주』)

⑦ 烏足: 풀이름.

⑧ 蠐螬(蠐의 중국음은 qí[齊], 螬의 중국음은 zāo[糟]): 풍뎅이의 유충.

- 마서륜: 『논형』「무형無形」에서 "'제조蠐螬'는 유충(復育)의 상태에서 자라다가 다시 변하여 매미가 된다"(蠐螬化而爲復育, 復育轉而爲蟬)라고 하였다. 진장기陳

藏器는 "'제조蠐螬'는 흙더미 속에 사는데, 몸은 짧고 다리는 길며 등에는 모근毛筋이 자라나 있다. 여름부터 가을이 되기까지 허물을 벗고 매미로 변한다"라고 하였다. 이시진李時珍은 "'제조蠐螬'는 크기가 누에 정도이며 몸은 짧고 여러 마디로 되어 있으며, 다리는 길고 털이 나 있다. 나무뿌리와 흙더미 속에서 사는 것들은 겉이 노랗고 속이 검으며, 오래된 초가 등지에서 사는 것들은 겉이 희고 속은 새까맣다"라고 하였다.

⑨ 胥也: '수유須臾'(잠시)와 같다.

- 유월: 『경전석문』에서는 "'호접서胡蝶胥'를 한마디로 '서胥'라고도 부른다"라고 하였으나, 옳지 않다. '호접서야胡蝶胥也'는 다음 구절까지 이어서 읽어야 한다. '호접서야화이위충胡蝶胥也化而爲蟲'은 뒤 구절 '구철천일위조鴝掇千日爲鳥'와 서로 대구를 이룬다. '천일위조千日爲鳥'는 긴 시간을 말하며, '서야화이위충胥也化而爲蟲'은 시간이 빠른 것을 의미한다. 『열자』「천서天瑞」의 해설에서 "'서胥'는 적다는 뜻이니, 짧은 시간을 말한다"라고 한 것이 바로 그러한 뜻이다.

⑩ 脫: '태蛻'(허물)의 뜻으로 가차되었다.

⑪ 鴝掇: 벌레 이름.

- 마서륜: '구철鴝掇'은 '조마竈馬'(곱등이)를 가리킨다. 『유양잡조酉陽雜俎』[7]에 따르면 "'조마竈馬'는 귀뚜라미처럼 생겼으나 조금 더 크고 다리가 길며, 아궁이 곁을 좋아한다"라고 하였다.

⑫ 沫: 입속의 침.

⑬ 斯彌: 벌레 이름.

⑭ 食醯(醯의 중국음은 xī[希]): 술독 안에 있는 눈에놀이.

⑮ 頤輅: 벌레 이름.

⑯ 黃軦: 벌레 이름.

⑰ 九猷: 벌레 이름.

⑱ 瞀芮(瞀의 중국음은 mào[冒], 芮의 중국음은 ruì[瑞]): 파리매 혹은 각다귀(蠓蚋)를 말함. '무瞀'와 '매蠓'는 서로 음이 같아 와전된 것이다.(마서륜, 『장자의증』)

---

7) 중국 당나라의 段成式이 현종 8년(854)경에 쓴 筆記小說(수필과 소설 중간 형태의 간단하고 원시적인 양식의 소설). 불멸, 불, 귀신, 인간사, 동물, 식물, 술, 음식, 사찰 등에 대한 내용을 분류하여 담았다.

⑲ 腐蠸: 반딧불이.

⑳ 羊奚: 풀이름.

㉑ 不箰, 久竹: 오래되어 죽순이 자라나지 않는 대나무. '순箰'은 『열자』에서는 '순筍'으로 되어 있다.

㉒ 青寧: 벌레 이름.

㉓ 程: 표범(豹).

- 은경순: 『시자尸子』에 따르면, "'정程'은 중국에서는 '표豹'라 부르고, 월나라 사람들은 '맥貘'이라고 부른다"라고 한다.(殷敬順, 『列子釋文』)
- 나면도: 『몽계필담夢溪筆談』에서는 "연주延州 사람들은 지금까지도 '호표虎豹'를 '정程'이라고 불렀다. 이는 모두 벌레를 말한 것이다"라고 하였다.(『남화진경순본』)

㉔ 人又反入於機: 두 가지 해석이 있다.

(1) '기機'를 천기天機, 자연自然으로 보는 해석: 성현영의 『장자소』에서는 "기미(機)는 발동하는 것이니, 이른바 조화造化이다. 조화는 무물無物이다. 인간은 무에서 유로 생겨나며, 다시 무로 돌아간다"라고 하였다.

(2) '기機'를 '기幾'로 보는 해석: 마서륜은 "'기機'는 '기幾'로 읽어야 한다. 앞의 '종유기種有幾'의 '기幾'와 같다"라고 하였다. 호적胡適은 "이 구절 마지막 세 문장의 '기機'자는 모두 '기幾'로 읽어야 하며, 앞의 '종유기種有幾'의 '기幾'와 같다. 만약 이 글자가 앞 구절을 받은 것이 아니라면, 왜 다시 '인우반입어기人又反入於機'라고 말했겠는가? '다시'(又)와 '돌아가다'(反)라고 말했으니 이는 앞의 '종유기種有幾'를 받아서 말한 것임을 알 수 있다. 『주역』 「계사전繫辭傳」에 '극심이연기極深而硏幾'라는 구절이 있는데, 『경전석문』에 따르면 어떤 판본에는 '기幾'가 '기機'로 잘못 적혀 있다. 따라서 '기幾'를 '기機'로 잘못 쓰는 것은 흔히 있는 일임을 알 수 있다"라고 하였다.

▹ 진고응: 두 가지 설이 모두 일리가 있으나, 여기에서는 (1)의 해석을 따른다.

【풀이】

생물의 종 가운데 극히 작은 한 종류의 생물이 있는데, 이를 '기幾'라고 부른다.

이것이 물을 만나면 마디마디 이어진 계繼라는 풀로 변한다. 이것이 물과 흙이 만나는 지점에서는 푸른 이끼가 되며, 고지에서 태어나면 질경이가 된다. 질경이가 흙더미를 만나면 오족烏足이라는 풀이 된다. 오족의 뿌리는 변하여 굼벵이[8]가 되고, 그 잎은 변하여 나비가 된다. 나비는 시간이 흐른 뒤 애벌레가 되고, 아궁이 아래에서 태어나면 허물을 벗은 듯한 모습을 하고 있는데, 이것의 이름을 구철鴝掇이라 한다. 구철이 벌레 상태로 있으면서 천 일이 지나면 새가 되는데, 그 새의 이름을 간여골幹余骨이라 한다. 간여골의 침은 사미斯彌라는 벌레가 되고, 사미는 눈에놀이로 변한다. 이로頤輅라는 벌레는 눈에놀이로부터 생겨나고, 황황黃軦이라는 벌레는 구유九猷라는 벌레로부터 생겨나고, 각다귀는 반딧불이에서 생겨난다. 양해초羊奚草와 오래되어 죽순이 나지 않는 대나무가 서로 결합하면 청녕靑寧이라는 벌레가 생겨나고, 청녕은 다시 정程이라는 짐승을 낳고,[9] 정程은 말을 낳고, 말은 사람을 낳고, 사람은 다시 자연으로 돌아간다. 만물은 모두 자연에서 나와서 다시 자연으로 돌아간다.

8) 원서의 번역문에는 '蝎子'(전갈)이라고 되어 있으나 해당 주석의 내용에 따라 '굼벵이'로 옮긴다.

9) 원서의 번역문에는 '程'을 '赤蟲'이라고 풀었는데, 의미가 불분명하다.

달생達生

「달생」에서는 주로 정신을 기르는 것(養神)에 관해 논하며, 인간 정신의 작용을 강조하였다. '달생達生'이란 생명에 통달했다는 뜻으로, 글 첫머리의 두 글자를 따 편명으로 삼았다.

이 편은 총 열한 가지의 우언과 고사로 이루어져 있다.

첫째 단락의 내용은 이 편 전체를 관통하는 핵심 주제이다. 생명의 실정에 통달한 자는 재물이나 명예, 지위, 권세 등을 중시하지 않음을 말하면서, 건전한 생명은 마땅히 형체가 보전되고 정신이 충만하여(形全精復) 자연과 하나를 이루는 것(與天爲一)이라고 생각하였다.

둘째 단락은 관윤과 열자의 대화로, '순기지수純氣之守'에서 시작하여 '신전神全'으로까지 논의가 이어진다. '순기지수'란 순수하고 조화로운 정신을 보전하는 것을 말하며, '신전'은 정신을 한곳에 응집시키는 것을 말한다. 이 단락에서는 주로 정신을 응집시킬 때 얻어지는 작용에 대해 논했다.

셋째 단락에서는 중니(공자)가 곱사등이 노인이 매미를 장대에 옮겨 붙이는 것을 보고, 곱사등이 노인은 '마음을 흐트러뜨리지 않아 정신을 하나로 응집시킴'(用志不分, 乃凝於神) 즉 마음을 한 대상에 집중하였기 때문에 훌륭한 기예를 펼칠 수 있었다고 말하였다.

넷째 단락은 안연과 공자의 대화로, 수영을 잘하는 자는 물을 잊는다는 일화에 대해 말했다. 이는 곧 정신이 여유롭고 마음이 하나로 집중된 상태에서 얻어지는 능력이다. 이 편에서 제시된 '외물을 중시하면 내면이 혼미해진다'(外重者內拙)라는 명제는 매우 깊은 이치를 담고 있다.

다섯째 단락은 전개지와 주나라 위공 간의 대화이다. 대화 속에 등장하는 단표는 '내면을 잘 길렀지만, 호랑이에게 외면의 형체를 잡아먹힌'(養其內而虎食其外) 인물이며,

장의는 '외면은 잘 다스렸지만, 병이 내면으로 엄습한'(養其外而病攻其內) 인물이다. 이들은 모두 치우친 면이 있다. 양생에서는 '형체'(形)와 '정신'(精) 모두 중요하게 여겨야 한다.

여섯째 단락에서는 제사관이 돼지에게 하는 말을 통해, 권력과 지위를 지닌 자가 부귀영달을 좇다 화를 당하는 현실을 풍자하였다.

일곱째 단락에서는 환공은 마음이 안정되지 못해 병에 걸렸다가, 다시 마음에 석연치 않은 부분이 걷히며 병이 사라졌다는 것을 말하였다. 이는 양신養神의 중요성을 비유한 것이다.

여덟째 단락에서는 싸움닭을 기르는 우화를 통해 양신養神의 작용에 대해 말했다.

아홉째 단락은 공자가 여량呂梁에서 수영하는 자를 만난 우화로, 습성에 따른다는 이치를 논했다.

열 번째 단락은 재경梓慶이 나무를 깎아 악기를 만드는 내용으로, 기예에 정통한 자가 정신을 가다듬고 마음을 다스리는 과정에 대해 묘사하였다.

열한 번째 단락은 동야직東野稷이 말을 부리는 이야기로, 말의 힘이 다해 제대로 실력을 발휘하지 못하는 내용을 담았다. 이는 정신을 과도하게 소모하면 힘이 다해 실패하게 된다는 뜻을 말한 것이다.

열두 번째 단락에서는 공수工倕가 그림을 그리면 '그의 손가락이 마치 사물과 합일을 이룬 듯하다'(指與物化)라는 내용이 그려진다. 이는 어떤 창조적인 기능이 정교해지고 숙련되어 창조물과 일체를 이루는 경지에 이르렀음을 나타낸 말이다. "손발을 의식하지 않는 것은 신발이 딱 맞기 때문이고, 허리를 의식하지 않는 것은 허리띠가 딱 맞기 때문이며, 시비를 의식하지 않는 것은 마음이 적합하여 편하기 때문이다"(忘足, 屨之適也; 忘腰, 帶之適也; 忘是非, 心之適也)라는 명언과 '적합하여 편안하다는 것조차 잊은 적합함'(忘適之適)이라는 철학적 명제가 바로 여기에서 비롯하였다.

이 편에서 나온 잘 알려진 성어에는 용지불분用志不分[1], 외중내졸外重內拙[2], 태약목

---

1) 정신을 하나로 집중하여 다른 것에 마음을 쓰지 않는다는 말.
2) 외부의 것을 중시하면 내면은 어리석게 된다는 말.

계呆若木雞[3], 이적망족履適忘足[4], 대적망요帶適忘腰[5], 망적지적忘適之適[6], 소연약게昭然若揭[7] 등이 있다. 이 외에도 곱사등이 노인이 매미를 잡는 이야기(痀僂承蜩), 재경이 거를 만드는 이야기(梓慶爲鐻) 등 깊은 통찰을 주는 우언이 이 편에서 등장하고 있다.

3) 멍하니 어리둥절한 모습을 표현하는 말. 놀라서 어안이 벙벙하다는 의미로 사용하기도 한다.
4) 신발이 편안하면 발을 잊는다. 매우 만족하고 편안하여 어떤 것에도 구애받지 않는 마음 상태를 비유적으로 나타내는 말.
5) 허리띠가 편안하면 허리를 잊는다. 履適忘足과 같은 의미이다.
6) 적합하고 편안하다는 생각조차 잊은 적합함. 履適忘足, 帶適忘腰와 비슷한 맥락이나, 생각을 하는 자신조차 잊은 지극한 경지를 나타낸다.
7) 진상이 낱낱이 드러남.

1.

達生之情[①]者, 不務生之所無以爲[②]; 達命之情者, 不務命[③]之所無奈何. 養形必先之以物, 物有余而形不養者有之矣; 有生必先無離形, 形不離而生亡者有之矣. 生之來不能卻, 其去不能止. 悲夫! 世之人以爲養形足以存生; 而養形果不足以存生, 則世奚足爲哉! 雖不足爲而不可不爲者, 其爲不免矣. 未欲免爲形者, 莫如棄世[④]. 棄世則無累[⑤], 無累則正平[⑥], 正平則與彼更生[⑦], 更生則幾[⑧]矣. 事奚足棄而生奚足遺? 棄事則形不勞, 遺生[⑨]則精不虧. 夫形全精復[⑩], 與天爲一. 天地者, 萬物之父母也, 合則成體, 散則成始[⑪]. 形精不虧, 是謂能移[⑫]; 精而又精, 反以相天[⑬].

【길잡이】

① 達生之情: 생명의 진정한 의미에 통달함. '정情'은 실정實情 혹은 참된 모습(眞相).

② 生之所無以爲: '무이위無以爲'는 '할 수 있는 것이 없음'의 뜻이다. 삶은 억지로 구할 수 없는 것이므로 '무이위'라고 하였다.(이면, 『장자총론급분편평주』)

- 임운명: '무이위無以爲'란 몸 밖의 외물은 소용이 없다는 뜻이다.(『장자인』)
- 선영: 무익한 양생을 행하는 것이 '생지소무이위生之所無以爲'이다.(『남화경해』)

③ 命: 통행본에는 '지知'라고 되어 있다. '지'는 '명命'자가 와전된 것이다.(무연서, 『장자차기』) 『홍명집弘明集』 「정무론正誣論」에 인용된 구절에는 '지知'를 '명命'으로 썼다. 이에 따라야 한다. 여기에 등장하는 두 개의 '명命'자는 두 개의 '생生'자와 대구로 사용된 것이다. 『회남자』 「전언훈詮言訓」과 「태족훈泰族訓」에서도 역시 이를 '명命'자로 썼다.(왕숙민, 『장자교석』) 따라서 무연서, 마서륜, 유문전, 왕숙민, 엄령봉 등의 설에 따라 이를 고친다.

④ 棄世: 세상 속 본분 이외의 일을 포기함.(성현영, 『장자소』)

- 임희일: '기세棄世'란 세상을 도피하는 것을 말한 것이 아니다. 무심의 태도로 세상에 처하여 사물이 접촉하면 응하고, 임박해지면 움직이며, 부득이해야 시작하는 것이다. 즉 나는 나 스스로 말미암고, 세상은 세상 스스로 말미암음을 말한다.

⑤ 無累: 본분 밖에 일에 얽매이지 않음.

⑥ 正平: 마음이 바르고 기가 평온함.(진수창, 『남화진경정의』) 심성이 순수하고 바르며 평화로운 것을 말함.(조초기)

⑦ 與彼更生: '갱생更生'이란 나날이 새롭다는 말이다.(곽상, 『장자주』) '피彼'는 자연을 가리킨다. '여피갱생與彼更生'이란 자연과 함께 변화하면서 낡은 것을 밀어내고 새로운 것을 드러낸다는 뜻이다.

- 조초기: '피彼'는 형체를 가리킨다. '갱생更生'은 새롭게 생겨남을 뜻한다. 마음이 순수하고 바르고 평화로우면 신체 역시 그에 따라 건강해진다는 것을 말한 것이다.

⑧ 幾: 도에 가까움.(임운명)

⑨ 遺生: '유遺'는 '잊다'. 삶에서 본분 이외의 일들을 잊는다는 뜻.

⑩ 形全精復: '복復'은 '비備'로 읽는다. 과거에는 글자가 서로 통용되었다. 『의례』 「특생特牲」에 나오는 '복復'자가 금문今文과 한간漢簡 판본에는 나란히 '비備'라고 되어 있는 것이 그 증거이다. '형전정복' 가운데에서 '정복'이란 이 편에 나오는 '신전神全'과 같으며, 또한 앞 구절의 '정불휴精不虧'와도 같다. 즉 형체와 정기가 온전히 갖추어져 있음을 말하는 것으로서 뒤에 나오는 '형정불휴形精不虧'와도 같은 말이다.

⑪ 合則成體, 散則成始: 물질 원소가 서로 결합하여 하나의 물체를 형성하고, 흩어지면 다시 다른 하나의 물체를 결합하는 시작이 됨을 가리킨다.

- 선영: 두 개의 기가 서로 합하면 사물의 형체가 생겨나고, 이것이 흩어지면 다시 다른 것을 생겨나게 하는 시작이 된다.

⑫ 能移: '이移'는 '옮겨가다'.(성현영, 『장자소』) 자연에 따라 변화하므로 새롭게 바뀌어 갈 수 있다는 뜻이다.

⑬ 相天: '상相'은 '돕다'이다.(성현영, 『장자소』) 도리어 자연을 돕게 된다는 뜻이다.(곽상, 『장자주』)

【풀이】

생명의 실정에 통달한 자는 생명이 필요로 하지 않는 것을 추구하지 않는다. 명운命運의 실정에 통달한 자는 명운이 어떻게 할 수 없는 일을 추구하지 않는다.

형체를 기를 때는 반드시 재화를 우선 사용하게 되는데, 어떤 이들은 재화가 풍부한데도 형체를 제대로 기르지 못한다. 생명을 보존해 갈 때는 반드시 형체를 우선 떠나지 않도록 해야 하는데, 어떤 이들은 형체가 흩어지지 않았는데도 생명을 잃어버리기도 한다. 생명이 찾아오는 것은 막을 수 없고, 생명이 떠나가는 것 역시 붙잡을 수 없다. 슬프구나! 세상 사람들은 형체만 기르면 생명을 잘 보존할 수 있다고 여기는데, 형체를 잘 기른다고 해서 생명을 보존할 수 있는 것은 아니다. 그렇다면 세상에 대체 어떤 일이 할 만한 것이겠는가? 할 만하지 않은데도 하지 않을 수 없다면, 수고로움에서 벗어날 수 없을 것이다.

형체의 수고로움에서 벗어나고 싶다면 세속의 일들을 벗어던지는 것이 제일이다. 세속의 일들을 벗어던지면 얽매이는 법이 없다. 얽매이는 것이 없으면 마음이 바로잡히고 기가 평온해진다. 마음이 바로잡히고 기가 평온해지면 자연과 함께 변화하며 새로워질 수 있고, 자연과 함께 변화하며 새로워지게 되면 도에 가까워지게 된다. 그렇다면 세속의 일들을 왜 벗어던져야 하며, 생명이라는 것을 왜 잊어버려야 하는가? 세속의 일을 벗어던지면 형체가 수고롭지 않게 되고, 생명을 위한 일들을 잊어버리면 정신이 손상되지 않게 된다. 형체가 건전하고 정신이 충족되면 자연과 하나를 이룰 수 있다. 천지는 만물을 낳는 근원이다. [물질적 원소가] 서로 결합하면 사물의 형체를 이루게 되고, 이것이 흩어지면 다시 다른 물체를 결합하는 시작이 된다. 형체와 정신이 손상되지 않는다면 자연에 따라 변화하며 새로워질 수 있다. (이를 통해) 정미해지고 또 정미해지면 다시 돌아와 자연(의 공능)을 돕는 데에 이르게 된다.

2.

子列子問關尹①曰: "至人潛行不窒, 蹈火不熱②, 行乎萬物之上而不栗. 請問何以至於此?"

關尹曰: "是純氣之守③也, 非知巧果敢之列. 居, 予語汝! 凡有貌象聲色者, 皆物④也, 物與物何以相遠? 夫奚足以至乎先? 是形色而已⑤. 則物之造乎不形而止乎無所化⑥, 夫得是而窮之者, 物焉得而止焉⑦! 彼⑧將處乎不淫之度⑨, 而藏乎無端之紀⑩, 遊乎萬物之所終始, 壹其性, 養其氣, 合其德, 以通乎物之所造⑪. 夫若是者, 其天守全, 其神無郤⑫, 物奚自入焉!

夫醉者之墜車, 雖疾不死. 骨節與人同而犯害與人異, 其神全也, 乘亦不知也, 墜亦不知也, 死生驚懼不入乎其胸中, 是故遻⑬物而不慴. 彼得全於酒而猶若是, 而況得全於天乎? 聖人藏於天, 故莫之能傷也."

〔復讎者不折鏌干, 雖有忮心者不怨飄瓦, 是以天下平均. 故無攻戰之亂, 無殺戮之刑者, 由此道也. 不開人之天, 而開天之天, 開天者德生, 開人者賊生. 不厭其天, 不忽於人, 民幾乎以其眞!〕⑭

【길잡이】

① 關尹: 관영윤關令尹이라는 직책을 가리킨다. 관직명을 명칭으로 삼은 것이다. 「천하」에서는 관윤과 노담의 이름을 나란히 적었다. 옛 주석에서는 관윤의 이름을 '희喜'라고 하였으나, 사실 '희喜'는 기쁘다는 의미로 사용된 것인데(『史記』「老莊申韓列傳」에 보인다), 이를 이름으로 오해한 것이다.

- 곽말약: '관영윤희왈關令尹喜曰'(『史記』)이라는 구절은 본래 '관영윤이 기뻐하며 말했다'라는 뜻이다. 『한서』「예문지藝文志」에 이르면 갑자기 "『관윤자』는 총 아홉 편이며, 그의 이름은 희喜라고 한다"라는 기록이 등장한다. 이 아홉 편의 저작이 위작임은 의심의 여지가 없다.…… 「천하」에 인용된 관윤의 말을 살펴보면, 그는 자신을 비운 채 사물을 받아들이고 마음을 명경지수와 같이 고요한 상태로 유지하며, 외물을 대할 때 마치 메아리가 소리를 따르고 그림자가 사물을 따르는 것처럼 할 것을 주장하였다.(郭沫若, 『十批判書』, 151쪽)
- 장백잠: 『한서』「예문지藝文志」 도가편에 『관윤자』 아홉 편이 기록되어 있다. 현재는 단 한 권만이 전해지는데, 과거에는 그 제목을 '주윤희찬周尹喜撰'이라 하였다. 관윤자關尹子라는 존재는 현재 남아 있는 저서도 믿을 만하지 않으며, 그 작자 또한 신뢰할 수 없다. 『경전석문』에서는 '이름은 희喜, 자는 공도公度이다'라고 기록하였는데, 근거는 알 수 없다. 이도겸李道謙의 『종남조정선진내전』에서는 "종남산의 누각(終南樓觀)이 바로 윤희의 옛 거처이다"라고 하였는데, 이 역시 도사들이 하는 근거 없는 소리에 불과하다. 관윤자는 『열선전』에서는 관영자關令子라고도 썼다. 그를 관윤자라고 칭하는 것은 그가 이전에 관영윤關令尹의 직책을 맡았기 때문이지 성이 '윤尹'이기 때문이 아니다. 어떻게 '윤희尹喜'라고 부를 수 있겠는가?(蔣伯潛, 『諸子學纂要』, 202쪽)

② 潛行不窒, 蹈火不熱: 「대종사」에서는 '입수불유入水不濡, 입화불열入火不熱'이라고 하였다.

- 성현영: 외물에 의해 방해를 받지 않음을 말한다.
- 양수달: 『설문해자』 제11편 상, 수水 항목에서 "'잠潛'은 물속을 건너가는 것이다"(涉水[8])라고 하였다. 즉 '잠행부질潛行不窒'은 물속으로 잠행하여도 숨이 막히지 않는다는 뜻이다. 이어지는 '불 위를 걸어도 뜨거워하지 않는다'(蹈火不熱)는 구절과 서로 대구를 이룬다. 성현영의 『장자소』에서는 '세상에 숨어 지내는 것이다'(潛伏行世)라고 풀이하였는데, 옳지 않다.(『장자습유』)

③ 純氣之守: 순수하고 조화로운 기를 지킴.(성현영, 『장자소』)

④ 物: 인물을 가리킴.

⑤ 夫奚足以至乎先? 是形色而已: '똑같이 형색을 지니고 있는데, 어떻게 [어떤 사람이] 남을 넘어설 수 있겠는가?'라는 뜻. '형색이이形色而已'라는 구절에는 원래 '색色'자 앞에 '형形'자가 빠져 있었으나 진경원의 『장자궐오』에 인용된 강남고장본에 따라 보충하였다. 곽상 『장자주』에도 역시 '형形'자가 있다.(해동)

⑥ 物之造乎不形而止乎無所化: '지인은 그 자취를 드러내지 않는 경지에 도달하며, 변화와 소멸이 없는 경지에 머문다'라는 뜻. 제임스 레게(James Legge)의 영역본에서는 '물物'을 '지인至人'(The perfect man)으로 번역하였는데, 매우 타당하다. '형태가 없고'(不形), '변화가 없는'(無所化) 경지에 이른 '물'은 '지인至人'을 가리키는 것으로 보는 것이 마땅하다. '조造'는 '이르다'라는 뜻이고, '불형不形'은 도를 가리킨다.

⑦ 物焉得而止焉: '지止'는 '입入'(들어가다)과 같다.(이면) '외물이 어떻게 마음속으로 들어와 혼란스럽게 할 수 있는가?'라는 뜻이다.

- 곽상: (도가) 지극한 자는 외물에 의해 속박되지 않는다.
- 성현영: 세상의 만물이 어찌 들어와 통제할 수 있겠는가?

⑧ 彼: 앞에서 말한 '득시이궁지자得是而窮之者'를 가리키는 것으로, 지인至人을 말한다.

⑨ 不淫之度: 정도에 맞음(恰如其分). 천도의 분수에 들어맞음을 말한다.(조초기)

- 임운명: 적당하여 넘어서지 않는 것이다.

⑩ 無端之紀: 순환하며 변화하는 경지를 표현하는 말.

---

8) 원서에는 '涉及'이라고 되어 있는데, 『설문해자』에는 '涉水'로 되어 있다. 오타로 보인다.

- 곽상: 그윽이 변화와 함께하며 나날이 새로워지는 것을 말한다.
- 마서륜: '기紀'는 '기基'의 뜻으로 가차되었다. 『시경』「종남終南」의 '유기유당有紀有堂'이라는 구절에 대해 『시전詩傳』에서 "'기紀'는 '기基(터)를 말한다'"라고 설명하였다. '기紀'가 '기基'의 가차라는 근거로 삼을 수 있다.

⑪ 物之所造: 자연을 가리킴.(성현영, 『장자소』)

- 왕부지: '물지소조자物之所造者'는 기氣를 말한다.…… 물物은 기가 응집된 것이다.(『장자해』)

⑫ 無郤: '각郤'은 '극隙'(틈)과 같다. 「덕충부」의 '사일야무각使日夜無郤'이라는 구절에서 등장한 바 있다.

⑬ 遻(중국음은 wù[悟]): '오迕'와 같으며, '거스르다'라는 뜻이다.

⑭ [復讎者不折鏌干,……民幾乎以其眞] : 총 72자로 이루어진 이 단락은 다른 곳의 글이 섞여든 것으로, 정신의 보전(神全)을 논한 본 편의 주제와 어울리지 않는다. 관윤이 열자의 질문에 답한 내용은 문맥상 '성인장어천聖人藏於天, 고막지능상야故莫之能傷也'에서 완전히 끝이 난다. 『열자』「황제黃帝」 역시 마찬가지로 '고막지능상야故莫之能傷也'에서 글이 끝나고 있다. 『열자』의 구절과 문맥을 고려해 보면 삭제하는 것이 바람직하다. 여기에서는 원문은 남겨 두나 주해하지는 않는다.[9]

【풀이】

열자가 관윤에게 물었다. "지인至人은 물속에서 잠행하여도 숨이 막히지 않고, 불 위를 걸어가도 뜨겁다고 여기지 않으며, 만물의 위에서 걸어 다녀도 두려움을 느끼지 않는다고 합니다. 어떻게 이러한 경지에 이를 수 있었던 것입니까?" 관윤이 말했다. "이는 순수하고 조화로운 기운을 잘 지켰기 때문이지, 지모나

9) 번역은 다음과 같다. "복수하려는 사람도 (원수가 사용한) 鏌邪나 干將 같은 명검을 부러뜨리지는 않고, 비록 남을 해치려는 마음이 있는 자라도 바람에 떨어진 기왓장을 (미워하여) 원망하지는 않는다. (이처럼 무심으로 임하므로) 이 때문에 천하가 고르게 된다. 그러므로 남을 공격하는 전쟁의 혼란이 없고 살육하는 형벌이 없게 되는 것은 모두 이 道로부터 말미암는 것이다. 인위적 자연을 계발하지 말고 자연 그대로의 자연을 계발해야 한다. 자연 그대로의 자연을 계발해 나가면 덕이 생기고, 인위를 계발해 나가면 해치려는 마음이 생긴다. 자연을 싫증내지 않고 인위의 발동을 가벼이 여기지 않으면 백성들은 그 참다움에 거의 가깝게 될 것이다."

용기를 사용하여서 한 것이 아니다. 앉거라, 내가 너에게 알려주겠다. 형상과 성색을 지닌 것이면 모두 사람인데, 사람과 사람 사이에 어찌하여 큰 차이가 있겠는가? 모두 형색을 가진 것일 뿐인데, 어떻게 누군가가 다른 누군가를 넘어설 수 있단 말인가? 하지만 지인은 자취가 드러나지 않고 변화하지 않는 경지에 이르러, 이러한 경지에서 이치를 궁구하고 본성을 다할 수 있는데 어떻게 다른 사물이 그를 막아설 수 있겠는가? 지인은 적합한 곳에 처하여 마음을 순환 변화하는 경지에 감추어 둔 채, 정신이 만물의 근원에서 노닐게 한다. 본성을 전일하게 하고, 그 정기를 함양하며, 그 덕을 융합함으로써 자연에 통할 수 있게 된다. 이러한 자는 타고난 천성을 온전히 갖추고 있고, 정신이 한곳에 응집해 있으니, 외물이 어찌 침범할 수 있겠는가?
술에 취한 자가 수레 위에서 아래로 떨어지면 다치기는 하지만 죽음에까지 이르지는 않는다. 뼈와 관절은 다른 사람들과 다를 바 없으나, 부상을 당하는 정도가 다른 사람들과 다른 까닭은 정신이 응집해 있기 때문이다. 수레에 타는 것도 모르고 떨어진 것도 모르니, 삶과 죽음에 대한 두려움이 그의 가슴속으로 들어오지 못한다. 이 때문에 외물과 접촉하더라도 두려움을 느끼지 못하는 것이다. 술에 온전히 빠진 자도 이렇게 할 수 있는데, 하물며 자연의 도에 온전히 빠진 자는 어떻겠는가? 성인은 자연에 자신을 감추기 때문에 그 어떤 것도 그를 해칠 수 없다."

3.

仲尼適楚, 出於林中, 見痀僂①者承蜩②, 猶掇③之也.
仲尼曰: "子巧乎! 有道邪?"
曰: "我有道也. 五六月④累丸二而不墜, 則失者錙銖⑤; 累三而不墜, 則失者十一; 累五而不墜, 猶掇之也. 吾處身也, 若橛株枸⑥; 吾執臂也, 若槁木之枝; 雖天地之大, 萬物之多, 而唯蜩翼之知. 吾不反不側⑦, 不以萬物易蜩之翼, 何爲而不得!"
孔子顧謂弟子曰: "用志不分, 乃凝於神, 其痀僂丈人之謂乎!"

【길잡이】

① 痀僂: 곱사등이. 「대종사」에 나오는 '곡루曲僂'와 같다. 『포박자抱朴子』「대속對俗」에 인용된 구절에는 '구痀'를 '구傴'로 썼는데, 같은 의미이다.

② 承蜩: 장대에 매미를 붙이는 것을 '승承'이라고 하였다.(임운명)

③ 掇: 줍다.

④ 五六月: 배움이 경과한 시간을 가리킴.

- 왕어: 5~6개월 간 배운 것이다.(왕부지의 『장자해』에서 인용)
- 도홍경: 『경전석문』에서는 사마표의 말을 인용하여 '매미가 붙어 있던 시간'이라고 보았으나, 이 설은 옳지 않다. '오륙월五六月'은 학습한 시간을 말하는 것이다.(『독장자차기』)

⑤ 錙銖: 고대에 사용하던 중량의 단위. 가장 작고 가벼운 것을 비유하는 말.

⑥ 橛株枸: 오늘날 말하는 말뚝(木桩)을 가리킨다.(임희일) 심신이 굳게 안정되어 있음을 표현한 말이다. 곽상의 『장자주』에서 "움직이지 않음이 지극한 것이다"(不動之至)라고 풀이한 것이 옳다. '궐橛'은 세덕당본에는 '궐厥'로 되어 있다. '궐橛'과 '궐厥'은 과거에는 통용되었다. '구枸'는 현재 판본에는 '구拘'라고 되어 있다. 『도장』에 수록된 저백수의 『남화진경의해찬미』 판본, 진경원의 『장자궐오』에 인용된 장군방본 및 강남고장본에서는 '구拘'를 '구枸'로 썼다. '구枸'와 '구拘'는 음이 같아 서로 통용되었다.(왕숙민) '구枸'는 나무의 뿌리 부분을 가리킨다.

- 곽숭도: 『산해경』「해내경海內經」의 "달목하유구구達木下有九枸"라는 구절에 대해 곽박郭璞은 "'구枸'는 나무뿌리가 뒤얽힌 것을 말한다"라고 주해하였다. 『설문해자』에서는 "'주株'는 나무뿌리이다"라고 하였다. 서현徐鉉은 "뿌리 가운데 흙 속에 있는 것을 '근根', 흙 위에 있는 것을 '주株'라고 한다"라고 하였다. 즉 '주구株枸'란 뿌리 근처에 뒤엉켜 있는 부분을 가리킨다. '궐厥'은 나무를 잘라 말뚝으로 만든 것이다. 몸은 뿌리를 잘라 만든 말뚝과 같고, 팔은 고목의 가지와 같다고 한 것은 모두 굳게 움직이지 않는다는 뜻을 나타낸다.

⑦ 不反不側: 돌이켜 생각하지 않음.(왕어) '반측反側'은 변하여 움직이는 것을 말한다.(성현영, 『장자소』) 즉 '불반불측不反不側'은 내면의 마음이 고요히 안정되어 있어 잡념이 없는 것을 표현한 것이다.

【풀이】

공자가 초나라로 가던 중, 어느 숲을 지나다가 곱사등이 하나가 장대에 매미를 붙여 잡는 광경을 보았다. 그 모습이 마치 떨어진 물건을 줍는 것처럼 수월해 보였다.

공자가 말했다. "그대는 기술이 있는 것인가? 아니면 어떤 도가 있는 것인가?"

곱사등이가 말했다. "제게는 도가 있습니다. 오륙 개월 간 [훈련하여] 장대 위에 경단 두 개를 쌓아 올려도 떨어뜨리지 않는 경지에 이르면, 실수하는 경우가 매우 적습니다. 세 개의 경단을 쌓아 올려도 떨어뜨리지 않는 정도가 되면, 실수하는 일은 열에 하나 정도입니다. 다섯 개의 경단을 쌓아 올려도 떨어뜨리지 않게 되면 이제 땅에 떨어진 물건을 줍는 것처럼 수월하게 됩니다. 마음을 마치 말뚝을 박은 것처럼 편안하게 둔 채, 고목의 가지와 같이 팔로 장대를 굳게 잡습니다. 천지가 아무리 넓고 만물이 아무리 많아도 그저 마음을 매미의 날개에 집중합니다. 그 어떤 잡념도 없으므로 외물 때문에 매미의 날개에 대한 주의력이 흐트러지는 일이 없습니다. 그러니 어찌 성공하지 못하겠습니까!"

공자가 제자들을 돌아보며 말했다. "마음이 흐트러지지 않고 정신과 정기가 한데 모인다는 말은 바로 이 곱사등이 노인을 이르는 말이 아니겠는가!"

4.

顔淵問仲尼曰: "吾嘗濟①乎觴深②之淵, 津人③操舟若神. 吾問焉, 曰: '操舟可學邪?' 曰: '可, 善遊者數能④. 若乃夫沒人⑤, 則未嘗見舟而便操之也.' 吾問焉而不吾告, 敢問何謂也?"

仲尼曰: "善遊者數能, 忘水也. 若乃夫沒人之未嘗見舟而便操之也, 彼視淵若陵, 視舟之覆猶其車卻也. 覆卻萬方陳乎前而不得入其舍⑥, 惡往而不暇! 以瓦注⑦者巧, 以鉤⑧注者憚, 以黃金注者殙⑨. 其巧一也, 而有所矜⑩, 則重外也. 凡外重者內拙⑪."

【길잡이】

① 濟: '도渡'(건너다)와 같다.

② 觴深: 연못 이름.

③ 津人: 나룻배의 사공.

④ 數能: 빠르게 이룸.(엄복) '삭數'은 '속速'(빠르다)의 뜻을 가차하였다.(마서륜) '삭數'과 '속速'은 과거 서로 통용되었다. 『노자』 5장의 '다언삭궁多言數窮' 역시 '말이 많으면 빨리 곤궁해진다'(多言速窮)는 의미이다.

⑤ 沒人: 잠수하는 사람.

⑥ 舍: 마음(心)을 가리킴.

- 임희일: 마음(心)은 신명神明의 거처이다.

⑦ 注: 활쏘기. 물건을 걸고 활을 쏘아 내기를 하는 것을 '주注'라고 부른다.(임희일)

⑧ 鉤: 허리띠의 고리. 『묵자』「사과辭過」에 "금을 녹여 '구鉤'를 만들었다"(鑄金以爲鉤)라는 구절이 있다.

⑨ 殙(중국음은 hūn[昏]): '혼惛'(흐리다)과 같다. 『열자』「황제黃帝」에서는 '혼惛'으로 썼다.

⑩ 矜: 아끼다.

- 서복관: '긍矜'은 대상이 주관과 거리를 두고 떨어져 있어, 주관이 대상의 존재를 계속해서 신경 쓰게 되는 심리상태를 말한다.(『中國藝術精神』, 124쪽)

⑪ 外重者內拙: 외물을 중시하면 내면의 마음이 우둔해짐.

- 성현영: 외물을 중시하면 내면의 마음은 혼미하고 어리석게 된다.

【풀이】

안연이 공자에게 물었다. "제가 예전에 상심이라는 연못을 건넌 적이 있는데, 그곳 나룻배 사공의 솜씨가 마치 신과 같았습니다. 그래서 제가 '배를 모는 법은 배워서 익힐 수 있습니까?' 하고 물어보았습니다. 그는 '그렇습니다. 수영을 잘하는 자는 더 빨리 배울 수 있습니다. 만약 잠수할 수 있는 자라면 배를 한 번도 본 적이 없다고 하더라도 배를 몰 수 있습니다'라고 하였습니다. 제가 재차 그에게 자세한 방법을 물어보았으나, 그는 더는 알려주지 않았습니다. 이 말이 무슨 말인지 여쭙고 싶습니다."

공자가 말했다. "수영을 할 수 있는 자가 더 빨리 배우는 것은 그가 물의 성질에 적응했기 때문이다. 잠수를 할 수 있는 자가 배를 한 번도 본 적이 없다고 하더라도 배를 몰 수 있는 것은 깊은 연못을 마치 높은 언덕처럼 여길 수 있기 때문이다.

그의 입장에서는 배가 뒤집히는 일이 고작해야 수레가 뒤로 역행하는 것에 지나지 않을 것이다. 뒤집히고 역행하는 등의 온갖 현상들이 그의 눈앞에 펼쳐져도 마음이 흔들리지 않을 것인데, 침착하지 못할 바가 어디 있겠는가? 기왓장을 놓고 활을 쏴 내기를 하면 (재밌다는 생각에) 마음에 재치가 발동할 것이고, 띠고리[10]를 놓고 내기를 하면 (잃으면 아까운 생각에) 마음에 두려움이 일어날 것이고, 황금을 놓고 내기를 하면 (잃으면 절대 안 된다는 생각에) 마음이 혼란스럽고 어지럽기까지 할 것이다. 그 기술은 같으나 아까워하는 바가 있으니 외물을 중시하게 된다. 외물을 중시하면 내면의 마음은 혼미하고 어리석게 되기 마련이다."

5.

田開之①見周威公②. 威公曰: "吾聞祝腎③學生④, 吾子與祝腎遊, 亦何聞焉?"
田開之曰: "開之操拔篲⑤以侍門庭, 亦何聞於夫子!"
威公曰: "田子無讓, 寡人願聞之."
開之曰: "聞之夫子曰: '善養生者, 若牧羊然, 視其後者而鞭之.'"
威公曰: "何謂也?"
田開之曰: "魯有單豹⑥者, 岩居而水飮, 不與民共利, 行年七十而猶有嬰兒之色; 不幸遇餓虎, 餓虎殺而食之. 有張毅⑦者, 高門縣薄⑧, 無不趨也⑨, 行年四十而有內熱之病以死. 豹養其內而虎食其外, 毅養其外而病攻其內, 此二子者, 皆不鞭其後者也⑩."
仲尼曰: "無入而藏, 無出而陽⑪, 柴立其中央⑫. 三者若得, 其名必極⑬. 夫畏塗⑭者, 十殺一人, 則父子兄弟相戒也, 必盛卒徒而後敢出焉, 不亦知乎! 人之所取畏者, 衽席⑮之上, 飮食之間; 而不知爲之戒者, 過也!"

【길잡이】

① 田開之: 성은 전田, 이름은 개지開之. 도를 배우는 자이다.(성현영, 『장자소』)

② 周威公: 동주東周의 군주.

---

10) 허리띠를 고정하는 데 쓰는 금속 고리.

③ 祝腎: 성은 축祝, 이름은 신腎, 도를 담지한 자.(성현영, 『장자소』)

④ 學生: 양생에 대해 배움.

⑤ 拔篲(篲의 중국음은 hui[惠]): 빗자루.(성현영, 『장자소』)

⑥ 單豹: 은거하는 선비의 이름.(『경전석문』에서 이이의 설 인용) 우언의 의미를 담아 지어낸 이름이다.[11]

⑦ 張毅: 이름은 장張, 성은 의毅. 노나라 사람이다.(성현영, 『장자소』) 『여씨춘추』「필기必己」와 『회남자』「인간훈人間訓」에 '장의는 남을 공손하게 대하였다'(張毅好恭)라는 설명이 있다.

⑧ 高門縣薄: 큰 집과 작은 집. '현縣'은 '현懸'(매달다)과 같다. '박薄'은 문에 거는 발을 가리킨다.(사마표, 『장자주』)

- 임운명: '고문高門'은 큰 집을 뜻한다. '현박縣薄'은 문 앞에 막을 걸어놓은 것으로, 마을의 작은 집을 가리킨다.

⑨ 無不趨也: 왕래하지 않음이 없음.[12] '추趨'는 통행본에는 '주走'라고 되어 있으나, 유월의 설과 『여씨춘추』 및 『회남자』에 따라 수정하였다.

- 유월: '무부주야無不走也'라는 구절은 의미가 불분명하다. '주走'는 '추趨'자의 획이 누락된 글자(壞字)이다. 『여씨춘추』「필기必己」에서는 '장의호공張毅好恭, 문려유박취거중무불추門閭帷薄聚居衆無不趨'(장의는 공손함을 좋아하여 집의 대문과 마을 입구의 문, 발을 드리운 문, 사람들이 많이 모여 있는 곳은 발걸음을 재촉하지 않음이 없었다)라고 적었는데, 고유高誘의 주석은 이에 대해 "그곳을 지나갈 때는 반드시 발걸음을 빨리했다"(過之必趨)라고 하였다. 『회남자』「인간훈人間訓」에서도 역시 '장의호공張毅好恭, 우궁실랑묘필추遇宮室廊廟必趨'(장의는 공손함을 좋아하여 궁실과 정사를 돌보는 곳을 만나면 반드시 바삐 지나갔다)라고 적었다. 『장자』의 문장은 온전치 않아 학자들이 그 뜻을 이해하지 못한 것이다.
  - ▷ 진고응: '주走'에도 본래 '추趨'의 뜻이 있으니, '주走'로 써도 역시 통한다. 여기에서는 유월의 설에 따라 '추趨'로 고쳤다. 이 경우 뜻이 더 분명해진다.

---

11) '單豹'는 '선표'로 읽는다. 『경전석문』에 "單豹의 (單의) 음은 善이다"(單豹音善)라고 되어 있다.

12) 아래에서 진고응이 따른다고 한 兪樾의 주석에 인용되어 있는 『여씨춘추』와 『회남자』의 예문에서 '趨'는 모두 '발걸음을 빨리하다', 즉 '빠르게 지나간다'는 뜻이다. 그런데 진고응은 '無不趨也'를 "왕래하지 않음이 없는 것이다"(沒有不往來的)라고 하여 오히려 반대의 뜻으로 풀고 있다. 착오가 있는 듯하다.

• 이면: 장의가 예를 중시했음을 말한 것이다. 귀한 집이든 가난한 집이든 찾지 않는 곳이 없다는 말은 그가 모두를 차별 없이 대했음을 보여 주는 것이다. 뒤에 나오는 '의양기외毅養其外'라는 말은 장의가 외적 측면에서 도를 잘 길렀음을 말한 것이다. 성현영은 장의가 세상의 이익을 좇았다고 풀이했으나, 옳지 않다. 만약 장의가 그러한 무리였다면, 이 편에서 그를 들어 양생의 사례로 설명하지 않았을 것이며, 뒤에서도 '의양기외毅養其外'라고 말할 수 없었을 것이다. 『여씨춘추』 「필기」와 『회남자』 「인간훈」 모두 장의가 공경을 알았다고 적은 것이 바로 그 증거이다.

⑩ 不鞭其後者也: 자신의 부족한 부분을 보완할 줄 모름.

• 곽상: '편기후자鞭其後者'는 미치지 못하는 부분을 버린다는 뜻이다.
• 임운명: '편기후자鞭其後者'는 부족한 바를 면할 수 없었다는 뜻이다.

⑪ 無入而藏, 無出而陽: 지나치게 깊은 곳으로 들어가 숨지 말고, 지나치게 노출된 곳에서 자신을 드러내지 말 것. '양陽'은 '양揚'(드러내다)의 뜻으로 가차되었다.(마서륜)

• 성현영: 들어가고 또 들어간 뒤에 다시 숨는다. 이처럼 오직 은거하는 것에 얽매인 자가 바로 단표이다. '양陽'은 '드러내다'라는 뜻이다. 내보이고 내보인 다음에 다시 드러낸다. 이처럼 내보이는 것에 얽매인 자가 바로 장의다.

⑫ 柴立其中央: 마치 마른 나무와 같이 무심한 모습으로 중앙에 위치함.

• 곽상: 마른 나무와 같이 무심한 태도로 적합함에 맞아듦.
• 임희일: '시립柴立'은 무심하게 선 모습을 말한다.
• 선영: 마치 마른 나무와 같이 무심한 태도로 움직임과 고요함 가운데에 자리함.

⑬ 其名必極: 그 이름을 지인至人이라고 부를 수 있음. '필극必極'은 '지극함'을 뜻한다.(임희일)

⑭ 畏塗: '도塗'는 도로. 길에 도적이 있어 위험하고 두려움.(성현영, 『장자소』)

⑮ 衽席: 색욕에 관한 일.

【풀이】

전개지가 주나라 위공을 알현하였다. 위공이 그에게 말했다. "축신이라는 자가 양생의 방법을 배웠다고 들었습니다. 그런데 선생이 축신을 따라 배웠지 않습니까?

그에게 무엇을 들었습니까?"

전개지가 말했다. "저는 빗자루를 들고 집안을 쓸기만 했는데, 어떻게 스승님의 가르침을 들을 수 있었겠습니까?"

위공이 말했다. "전 선생, 겸손해하지 마십시오. 말씀을 듣고 싶습니다."

전개지가 말했다. "스승께서 이렇게 말씀하시는 것을 들은 적이 있습니다. '양생을 잘한다는 것은 마치 양을 기르는 것과 같다. 뒤처진 양이 있으면 채찍질을 한다.'"

위공이 말했다. "이 말은 무슨 뜻입니까?"

전개지가 말했다. "노나라에 선표라는 자가 살았습니다. 산속에 거처하면서 샘물을 마시면서 사니, 사람들과 이익을 다투는 법이 없었습니다. 그는 나이가 일흔이 되었는데도 그 형색은 마치 갓난아이와 같았습니다. 하지만 불행하게도 굶주린 호랑이를 만나 잡아먹히고 말았습니다. 한편 장의라는 자도 있었습니다. 그는 큰 집이든 작은 집이든 가리지 않고 왕래하였는데, 고작 마흔의 나이로 속에 열병을 얻어 죽고 말았습니다. 선표는 내면의 마음을 잘 다스렸지만 호랑이에게 그 신체를 잡아먹히고 말았고, 장의는 형체는 제대로 길렀지만 병이 그 내면을 침입하고 말았습니다. 이 둘은 모두 자신의 부족한 점을 보완할 줄 몰랐던 것입니다."

공자가 말했다. "지나치게 깊은 곳으로 들어가 숨지 말고, 지나치게 노출된 곳에서 자신을 드러내지 말며, 마치 말라비틀어진 나무처럼 무심한 태도로 움직임과 고요함의 중앙에 서도록 하라. 이 세 가지를 모두 할 수 있다면, 지인至人이라 부를 수 있을 것이다. 만약 길에 도적이 출몰해 행인들을 위협하여 열 명 가운데 한 명이 그들에게 죽임을 당한다고 한다면, 아버지와 자식, 형과 동생이 모두 서로 경계를 서고, 많은 장정이 모여야 겨우 밖으로 나갈 수 있을 것이다. 이는 대단히 지혜로운 것이다. 사람이 가장 두려워해야 할 것은 사실 침상 위, 음식들 사이에 있는데[13], 정작 사람들은 이를 경계할 줄은 모르니, 옳지 않다!"

6.

祝宗人①玄端②以臨牢筴③, 說彘④曰: "汝奚惡死? 吾將三月豢⑤汝, 十日戒, 三

13) 食色의 욕망을 말한다.

日齊, 藉白茅[⑥], 加汝肩尻乎雕俎之上, 則汝爲之乎?" 爲彘謀, 曰不如食以糠糟而錯[⑦]之牢筴之中, 自爲謀, 則苟生有軒冕之尊, 死得於腞楯[⑧]之上, 聚僂[⑨]之中則爲之. 爲彘謀則去之, 自爲謀則取之, 所[⑩]異彘者何也?

【길잡이】

① 祝宗人: 제사를 관장하는 자.

② 玄端: 의관衣冠.(성현영, 『장자소』) 제사 때 입는 옷.

- 후쿠나가 미쓰지: '현단玄端'은 조정에 입는 복장(朝服)이다. '현玄'은 검은색을 말하고, '단端'은 올바른 복식 제도에 맞게 옷을 갖추는 것을 말한다(『穀梁傳』 僖公 三年 기사의 疏에 보임).(『莊子外篇』, 491쪽)

③ 牢筴: 돼지 울타리. '협筴'은 '책柵'(울타리)의 뜻으로 가차되었다.(朱駿聲) '합柙'(짐승우리)으로 읽는다.(고형)

- 이이: '뢰牢'는 돼지우리이다. '협筴'은 나무 울타리이다.

④ 彘(중국음은 zhì[智]): 돼지의 다른 명칭.

⑤ 豢(중국음은 huàn[涣]): '환豢'과 같다. '사육하다'의 뜻이다. 『장자궐오』에 인용된 장군방본에서는 '환豢'을 '환豢'으로 썼다.

⑥ 藉白茅: '자藉'는 '석席'(자리를 깔다)의 의미로 가차되었다.(마서륜, 『장자의증』) 「재유」에서는 '석백모席白茅'라고 하였다.

⑦ 錯: '조措'의 의미로 가차되었다. 『설문해자』에서는 "'조措'는 '두다'(置)라는 뜻이다"라고 하였다.(마서륜) 성현영의 『장자소』에는 '조措'로 되어 있다.

⑧ 腞楯(腞의 중국음은 zhuàn[轉], 楯의 중국음은 xún[旬]): 그림으로 장식한 영구차.

- 진수창: '전腞'은 '전篆'과 통한다. 그림으로 장식하는 것을 말한다. '순楯'은 '순輴'과 통하며, 상여를 가리킨다. 관을 실은 수레에 용을 그려 장식한 것을 '전순腞楯'이라 하였다.
- 왕념손: '순楯'은 '순輴'으로 읽는다. 관을 실은 수레를 말한다.(『독서잡지여편』)

⑨ 聚僂: 관 위의 장식.

- 왕념손: '취루聚僂'는 영구차의 장식이다. 온갖 장식을 다 모아두었기에 '취루聚僂'라고 한 것이다.
- 진수창: '취聚'는 '모아서 쌓다'라는 뜻이다. '루僂'는 '루蔞'와 통하며, '류柳'로

발음한다. 관 벽의 장식을 가리킨다. 나무를 합쳐 관을 만들고 이를 치장한 것을 '취루聚僂'라고 한다.

⑩ 所: 『장자궐오』에 인용된 장잠부본張潛夫本에는 '소所' 앞에 '기其'자가 들어 있다.

【풀이】

제관이 조복을 입고 돼지우리로 가서 돼지에게 말하였다. "너는 왜 죽음을 두려워하느냐? 나는 너를 석 달 동안 잘 기른 뒤, 열흘간 계戒의 예를 갖추고, 다시 사흘간 재계(齋)를 한 뒤, 백모 자리를 아래에 깔고 너의 몸뚱이를 화려하게 아로새긴 판 위에 올려놓을 것이다. 그렇게 하겠는가?"

돼지의 입장을 대신해서 생각해 보자면, 술지게미를 먹으면서 돼지우리에 있는 것보다 못하다고 여길 것이 분명하다. 그런데 자기를 위해 생각할 때는 살아서는 부귀영화를 바라다가 죽어서는 장식한 관 속에 담겨 화려하게 아로새긴 영구차 위에 놓이기를 바란다. 만일 돼지의 입장이었다면 백모 자리와 장식한 판을 마다할 것이면서, 왜 자기를 위해서는 부귀영화와 영구차를 바라는 것인가? 대체 돼지와 다른 까닭이 무엇인가?

7.

桓公田①於澤, 管仲禦, 見鬼焉. 公撫管仲之手曰: "仲父②何見?" 對曰: "臣無所見."

公反, 誒詒③爲病, 數日不出. 齊士有皇子告敖④者曰: "公則自傷, 鬼惡能傷公! 去忿滀⑤之氣, 散而不反, 則爲不足; 上而不下, 則使人善怒; 下而不上, 則使人善忘; 不上不下, 中身當心⑥, 則爲病."

桓公曰: "然則有鬼乎?"

曰: "有. 沈⑦有履⑧, 竈有髻⑨. 戶內之煩壤⑩, 雷霆⑪處之; 東北方之下者, 倍阿鮭蠪⑫躍之; 西北方之下者, 則泆陽⑬處之. 水有罔象⑭, 丘有峷⑮, 山有夔⑯, 野有彷徨⑰, 澤有委蛇."

公曰: "請問, 委蛇之狀何如?"

皇子曰: "委蛇, 其大如轂, 其長如轅, 紫衣而朱冠. 其爲物也, 惡聞雷車之聲, 則捧其首而立. 見之者殆乎霸."

桓公囅然[18]而笑曰: "此寡人之所見者也." 於是正衣冠與之坐, 不終日而不知病之去也.

【길잡이】

① 田: 사냥하다.

② 仲父: 제나라 환공桓公이 관중管仲을 부르던 존칭. 『전국책』 「제책齊策」에 등장하는 말이다.

③ 誒詒(誒의 중국음은 éi, 詒의 중국음은 dài[代]): 각 주석가의 해석이 일치하지 않는다. 사마표는 '게으르고 느긋한 모습'(懈倦貌)이라고 하였다. 이이는 '혼백이 빠져나간 것'(失魂魄)으로 보았다. 임운명은 "병중에 하는 헛소리(譫語) 혹은 잠꼬대(呓語)로 풀이해야 한다"라고 하였다. 호문영은 "정신이 불안정하여 허튼소리를 내뱉는 것이다"라고 하였다. 마서륜은 "'희태誒詒'는 '의이譺佁'의 뜻을 가차한 것이다. 『설문해자』에서는 "의譺'는 '흐리멍텅함'(騃)이다'라고 하였다. '이佁'는 어리석은 모습을 말하며 '애騃'와 같은 뜻으로 읽는다"라고 하였다. 종합해 보면, '희태誒詒'는 모두 말씀 언言 변이므로 '놀라 정신이 나간 상태에서 하는 헛소리'라는 의미로 볼 수 있다.

④ 皇子告敖: 성은 황자皇子, 이름은 고오告敖. 제나라의 현인이다.(성현영, 『장자소』)

- 유월: 『광운』 제6항 지止부 글자에 대한 주석에 "두 글자 성은 총 열한 가지이다. 『장자』에 '황자고오皇子告敖'라는 말이 나온다"라고 하였다. 황자皇子를 두 글자 성으로 보았음을 알 수 있다. 『열자』 「탕문湯問」 마지막 부분에 '곤오검錕鋙劍과 화완포火浣布'14)의 고사를 기록하면서 "황자皇子는 이러한 물건이 세상에 존재하지 않는다고 여겼다"15)라고 했는데, 같은 사람인 듯하다.

⑤ 忿滀: '분忿'은 가득 차다(滿). '축滀'은 결집하다(結聚)이다.(이이) '분축忿滀'은 즉 '맺히다'(郁結)는 뜻이다.(임희일)

---

14) 주나라 목공이 서쪽의 西戎라는 지방을 정벌하러 갔을 때, 서계의 우두머리가 화평을 청하면서 곤오검과 화완포라는 보물을 바친 일을 말한다.

15) 원문은 "皇子以爲此物"로 되어 있으나, 『列子』 「湯問」에는 "皇子以爲無此物"로 되어 있다. 이에 따라 '無'를 넣어 풀이한다.

⑥ 中身當心: 마음속에 침적되는 것을 말한다.

- 임희일: 병이 몸 가운데 생기면, 마음에도 영향을 미친다. 요즘 사람들이 말하는 '중관中管의 병'이라는 것이다.

⑦ 沈: 물속에 가라앉은 진창(사마표), 혹은 진흙 속(임희일).

- 유월: '침沈'은 '심煁'으로 읽는다. '심煁'은 '심甚'자를 따라 발음하고, '침沈'은 '임冘'자를 따라 발음하니, 두 음이 서로 비슷하다……『모전毛傳』에서 "'감煁'은 '조竈(아궁이)'를 말한다"라고 하였으니, '심煁'과 '조竈'는 같은 부류이다. 그러므로 원문에서도 '침유리沈有履', '조유계竈有髻'를 나란히 말하였다.
  - ▹ 진고응: 유월의 설을 참고할 만하다. '심煁'은 임시로 만든 아궁이(行竈), 즉 이동할 수 있는 아궁이를 가리킨다.

⑧ 履: 신의 이름. 사마표의 판본에는 '루漏'라고 되어 있다.

⑨ 髻: 부엌의 신. 붉은 옷을 입은 미녀의 형상을 하고 있다.(사마표)

⑩ 煩壤: 어수선하고 어지러움(煩攘).

- 장병린: '번양煩壤'은 '번낭煩孃'과 같다. 『설문해자』에서 "'낭孃'은 번잡하고 어지럽다(煩擾)는 뜻이다"라고 하였다.(『장자해고』)
- 이면: '양壤'은 '녕擰(혼란스럽다)'을 잘못 쓴 것이다. '양壤'과 '녕擰'은 형태가 비슷하여 서로 혼동되는 경우가 많다. 성현영 등은 '번양煩壤'을 '흙더미'(糞壤)로 풀이하였는데, 타당하지 않다. 집 문 안에 어떻게 흙더미가 있을 수 있겠는가?

⑪ 雷霆: 귀신 이름.

⑫ 倍阿鮭蠪: 귀신 이름.

- 사마표: '배아倍阿'는 신의 이름이다. '해롱鮭蠪'은 어린아이와 같은 형상을 하였고, 길이는 1척 4촌 정도였으며, 검은 옷에 붉은 두건에 큰 관을 썼고 칼을 차고 극을 들었다.
  - ▹ 진고응: 마서륜은 '배아倍阿'는 도마뱀류를 말하고, '해롱鮭蠪'은 개구리류를 말한다고 하였다. 이 설 또한 참고할 만하다.

⑬ 泆陽: 귀신 이름. 『국어』「주어周語」에 나오는 '이양夷羊'과 같은 것이다.(마서륜)

- 사마표: '일양泆陽'은 표범 머리에 말의 꼬리를 한 모습이다.

⑭ 罔象: 수신水神의 이름.

- 사마표: 어린아이와 같은 형상을 하였으며, 몸이 검붉은색을 띠고 붉은

손톱과 큰 귀, 긴 팔을 지녔다.

⑮ 峷(중국음은 xīn[辛]): 산의 귀신.

- 사마표: 개와 같은 형상을 하였으며, 머리에는 뿔이 달렸고, 몸에 오색의 무늬가 있다.

⑯ 夔(중국음은 kuí[奎]): 산신山神의 이름.

- 성현영: 크기는 소만 하고 북과 같은 형상을 하였으며, 한 발로 걸어 다닌다.

⑰ 彷徨: 들에 사는 신의 이름.

- 사마표: 뱀과 같은 형상을 하였으며, 머리는 두 개이고, 오색의 무늬가 있다.

⑱ 辴(중국음은 zhèn[振]): 기뻐하며 웃는 모습.

【풀이】

제나라 환공이 들판으로 사냥을 나갔다. 관중이 수레를 몰고 있었는데, 환공이 갑자기 귀신을 목격하고는 관중의 손을 붙잡고 물었다. "중부仲父, 지금 무엇을 보았습니까?"

관중이 답했다. "저는 아무것도 보지 못했습니다."

환공이 사냥을 마치고 돌아간 후, 너무 놀란 나머지 병을 얻어 며칠 동안 문밖을 나설 수 없었다.

이 소식을 들은 제나라의 선비 황자고오가 그에게 말했다. "공께서는 스스로 염려하신 것입니다. 귀신이 어떻게 공을 해칠 수 있겠습니까? 응어리진 기가 흩어진 채로 돌아오지 못하면 기력이 부족해집니다. (기가) 위로 올라갔다가 다시 아래로 통하지 않으면 사람은 쉽게 분노하게 됩니다. 반대로 아래로 가라앉았다가 다시 위로 도달하지 않으면 사람은 쉽게 무언가를 잊어버리게 됩니다. 위로 도달하지도 않고 아래로 통하지도 않으면 마음속에서 막히게 되므로 병이 생기는 것입니다."

환공이 말했다. "그렇다면 귀신은 있는가?"

황자가 말했다. "있습니다. 진흙 속에는 리履라는 귀신이 있고, 아궁이 속에는 계髻라는 귀신이 있습니다. 집안 어수선한 곳에는 뇌정雷霆이라는 귀신이 살고 있습니다. 동북쪽 벽 아래에는 배아해롱倍阿鮭蠪이라는 귀신이 머무르고 있으며,

서북쪽 벽 아래에는 일양泆陽이라는 귀신이 기거하고 있습니다. 물속에는 망상罔象이라는 귀신이 있고, 구릉에는 신峷이라는 귀신이 있고, 산속에는 기夔라는 귀신이 있고, 야외에는 방황仿徨이라는 귀신이 있으며, 넓은 호수에는 위사委蛇라는 귀신이 있습니다."

환공이 말했다. "그렇다면 그 위사라는 귀신의 모습은 어떠한가?"

황자가 말했다. "위사는 수레바퀴 통만 한 크기에, 수레의 끌채만 한 길이이며, 자색 옷을 입고 붉은 관을 쓰고 있습니다. 이 귀신은 천둥이나 수레 소리를 두려워하여, 그 소리를 들으면 머리를 받들고 멈추어 섭니다. 그런데 이 귀신을 목격한 사람은 패자가 될 수 있다고 합니다."

환공이 그 말을 듣고는 이제야 마음을 놓았다는 듯이 웃으며 말했다. "그것이 바로 내가 본 귀신이다." 그러고는 의관을 정제하고 앉아 황자고오와 이야기를 나누었다. 그 뒤 하루가 채 지나기도 전에 저절로 병이 나았다.

8.

紀渻子[①]爲王[②]養鬥雞.

十日而問: "雞可鬥已乎[③]?" 曰: "未也, 方虛憍而恃氣."

十日又問, 曰: "未也. 猶應向景[④]."

十日又問, 曰: "未也. 猶疾視而盛氣."

十日又問, 曰: "幾矣. 雞雖有鳴者, 已無變[⑤]矣, 望之似木雞矣, 其德全矣[⑥], 異雞無敢應, 見者反走矣[⑦]."

【길잡이】

① 紀渻子: 성은 기紀, 이름은 성자渻子. '성渻'은 '소消'로 쓰기도 한다.(성현영, 『장자소』)

② 王: 『열자』 「황제黃帝」에는 주周나라 선왕宣王으로 되어 있다.

③ 雞可鬥已乎: 원래는 '계이호雞已乎'라고 되어 있었으나, 『열자』 「황제」에 '계가투이호雞可鬥已乎'라고 되어 있으므로 이를 따라야 한다. 원문에는 '가투可鬥' 두 글자가 빠져 있어 의미가 불분명하다.(왕숙민)

④ 應嚮景: '향嚮'은 원래 '향響'(소리)으로도 쓴다.(『경전석문』) '향嚮'과 '향響'은 서로

같다. 소리를 듣고 그림자를 본 것은 마음이 움직인 것과 같다.(선영)

- 임희일: 소리를 듣고 반응하고 그림자를 보고 움직인다는 것은 마음이 외물에 의해 움직였다는 말과 같다.

⑤ 無變: 변동하지 않음.(선영)

⑥ 其德全矣: 정신이 고요히 응집되어 있음.(선영) 「천지」에 '집도자덕전執道者德全'이라는 구절이 있고, 「각의」에는 '덕전이신불휴德全而神不虧'라는 구절이 있다.

⑦ 異雞無敢應, 見者反走矣: 통행본에는 '이계무감응자異雞無敢應者, 반주의反走矣'라고 되어 있다. 진경원의 『장자궐오』에 인용된 문여해文如海, 유득일劉得一의 판본에는 '자者' 앞에 '견見'자가 들어 있다. 이에 따라 보충한다.

【풀이】

기성자가 주나라 선왕의 명을 받고 투계를 길렀다.
열흘이 지나 왕이 물었다. "이제 닭이 싸울 수 있는가?"
기성자가 답했다. "아직 안 됩니다. 아직 교만하고 우쭐대며 제멋대로입니다."
열흘 이후 다시 왕이 물어보자, 그는 이렇게 말했다. "아직 안 됩니다. 소리와 그림자를 보면 그에 반응을 합니다."
열흘 이후 다시 왕이 물어보자, 이렇게 말했다. "아직 안 됩니다. 여전히 매섭게 쏘아보며 분노가 가득합니다."
열흘 이후 다시 왕이 물어보자, 그는 그제야 "이제 거의 다 되었습니다. 다른 닭이 울어도 그에 흔들리지 않으니, 마치 나무로 만든 닭처럼 보입니다. 정신이 고요히 응집하여 있으니, 다른 닭들이 감히 맞서 싸우려 하지도 못하고, 이 닭을 보면 고개를 돌려 도망가 버립니다"라고 하였다.

9.

孔子觀於呂梁①, 縣水三十仞②, 流沫四十裏, 黿鼉③魚鼈之所不能遊也. 見一丈夫遊之, 以爲有苦而欲死也, 使弟子並流而拯之. 數百步而出, 被發行歌而遊於塘下④.

孔子從而問焉, 曰: "吾以子爲鬼, 察子則人也. 請問, 蹈水有道乎?"

曰: "亡, 吾無道. 吾始乎故⑤, 長乎性, 成乎命⑥. 與齊⑦俱入, 與汩⑧偕出, 從水之道而不爲私焉⑨. 此吾所以蹈之也."

孔子曰: "何謂始乎故, 長乎性, 成乎命?"

曰: "吾生於陵而安於陵, 故也; 長於水而安於水, 性也; 不知吾所以然而然, 命也."

【길잡이】

① 呂梁: 이에 대해서는 두 가지의 설이 있다. 서하西河[산서성 離石縣 일대]에 있는 지역이라는 설과 팽성彭城[강소성 銅山縣 일대]에 있는 지역이라는 설이 그것이다.

- 성현영: 풀이가 서로 다르다. 일설에 따르면 서하 이석 일대에 황하가 지나는 험준한 지역이 있는데, 이를 여량呂梁이라고 한다. 또 다른 설에 의하면 포주蒲州에서 이백 리 떨어진 용문龍門이라는 곳에 황하의 물이 지나며 폭포를 이루어 아래로 흐르는데, 이름이 또한 여량이다. 이 밖에 송나라의 팽성현彭城縣에 있는 여량을 가리킨다고 보는 설도 있다.
- 마서륜: 『설문해자』에서 "여呂'는 등뼈를 말한다"라고 하였다. '여량呂梁'은 오늘날의 '척추'(脊梁)와 같은 말이다. 강의 고지대에 우뚝 솟은 부분에 있었으므로 이러한 이름이 붙었다.

② 縣水三十仞: '현縣'은 '현懸'(매달리다)과 같다. '인仞'은 길이의 단위로 팔 척에 해당한다. 「인간세」에 등장하였다.

③ 黿鼉(黿의 중국음은 yuán[原], 鼉의 중국음은 tuó[駝]): '원黿'은 자라처럼 생겼으나, 그보다 크기가 더 크다. '타鼉'는 악어처럼 생겼고, 길이는 12장丈이나 되며, 네 개의 다리가 있다. 잠자기를 매우 좋아하며 속칭 '저파룡猪婆龍'이라 불린다. 가죽으로는 북을 만들 수 있다.

④ 塘下: 강기슭 아래.(성현영, 『장자소』)

⑤ 故: 옛날(故舊).(성현영, 『장자소』), 본래(本然).(임희일)

⑥ 命: 자연의 이치.(임희일)

⑦ 齊: 소용돌이.

- 왕어: '제齊'는 '제臍'(배꼽)와 뜻이 통한다. 물의 소용돌이가 마치 배꼽과 같음을 말한다.(왕부지, 『장자해』에 보임)

- 단옥재段玉裁: 사마표는 "물의 회전이 마치 맷돌이 돌아가는 것과 같다"라고 하였는데, 모두 '제臍'에서 파생되어 변한 것이다.(마기창의 『장자고』에서 인용)

⑧ 汩(중국음은 gǔ[骨]): 솟아나 흐르다.

⑨ 從水之道而不爲私焉: 스스로 가지 않고 물살에 따름.

- 곽상: 자신을 따르는 것이 아니라 물을 따름.

【풀이】

공자가 여량 지역에서 산수를 감상하였다. 높게 매달린 폭포는 길이가 이십여 장이나 되고 세찬 물길에 물보라가 사십 리나 되는 곳까지 튀어 올라, 원黿·타鼉와 물고기, 자라 등이 헤엄조차 칠 수 없었다. 그러던 중 공자는 어떤 남자 하나가 그곳에서 수영하는 것을 발견하였다. 곤경에 처해 스스로 목숨을 끊으려 한 것이라고 여겨 제자들을 시켜 물길을 따라가 그를 구하도록 했다. [그 사람은 물속에 가라앉은 뒤] 수백 보가 지나서야 겨우 떠올랐는데, 머리를 풀어헤친 채 노래를 흥얼거리며 여유롭게 강기슭으로 헤엄쳐 가는 것이었다.

공자가 그를 따라가 물었다. "나는 선생이 귀신인 줄로만 알았는데, 자세히 살펴보니 사람이더군요. 수영을 잘하는 특별한 방법이 있습니까?"

남자가 말했다. "다른 방법은 없습니다. 본래 타고난 것으로부터 시작하여, 습성 속에서 자라났고, 자연에 따라 이루었을 뿐입니다. 소용돌이를 따라 물속으로 들어갔다가 샘솟는 곳을 따라 떠오르며 그저 물살에 맡길 뿐 스스로 헤엄치지 않습니다. 이것이 바로 제가 수영하는 법입니다."

공자가 말했다. "본래 타고난 것으로부터 시작하여, 습성 속에서 자라났고, 자연에 따라 이루었다는 것은 무엇을 말합니까?"

남자가 말했다. "저는 높은 곳에서 태어났기에 높은 곳이 편안합니다. 이것이 바로 본래 그러한 것입니다. 또 물가에서 자랐기에 물이 편안합니다. 이것이 바로 습성입니다. 또한 저는 그렇게 하는 법을 모르는 채로 그렇게 합니다. 이것이 바로 자연에 따른다는 것입니다."

10.

梓慶①削木爲鐻②, 鐻成, 見者驚猶鬼神. 魯侯見而問焉, 曰: "子何術以爲焉?"

對曰: "臣工人, 何術之有! 雖然, 有一焉. 臣將爲鐻, 未嘗敢以耗氣也, 必齊[③]以靜心. 齊三日, 而不敢懷慶賞爵祿; 齊五日, 不敢懷非譽巧拙; 齊七日, 輒然[④]忘吾有四枝[⑤]形體也. 當是時也, 無公朝[⑥], 其巧專而外滑[⑦]消; 然後入山林, 觀天性[⑧]; 形軀至矣[⑨], 然後成見鐻[⑩], 然後加手[⑪]焉; 不然則已. 則以天合天[⑫], 器之所以疑神者, 其由是與[⑬]!"

【길잡이】

① 梓慶: '재梓'는 목공을 말한다. '경慶'은 사람 이름이다.

- 이이: 노나라의 위대한 장인(大匠)이다. '신梓'은 관직 이름이며, '경慶'은 그의 이름이다.
- 유월: 『춘추좌전』 양공襄公 4년에 나오는 '장경위계문자匠慶謂季文子'(장경이 계문자에게 말했다)라는 구절에 대해 두예杜預의 주는 "'장경匠慶'은 노나라의 위대한 장인이다"라고 하였으니, 바로 '재경梓慶'을 말하는 것이다.
- 엄령봉: 『맹자』「등문공滕文公」에 '재梓, 장匠, 윤輪, 여輿'라는 말이 나오는데, 조기趙岐의 주에서 "'재梓'는 목공을 말한다"라고 설명하였다.

② 鐻: 악기. 협종夾鍾을 닮았다.(사마표) 가대 위에 올려 두는 종고鍾鼓를 말한다.

③ 齊: '재齋'로 읽는다. 이하 동일하다.

④ 輒然: '홀연히'의 뜻이라는 설(선영)과 '움직이지 않는 모습'을 뜻한다고 하는 설(사마표)이 있다.

⑤ 四枝: '사지四肢'와 같다.

⑥ 無公朝: 조정(公朝)을 없는 것처럼 여김.(곽상, 『장자주』) 조정이 있다는 것조차 모름.(임희일)

⑦ 滑: 혼란스러움(亂). 「제물론」의 '골의지요滑疑之耀'와 '치기골혼置其滑涽', 「덕충부」의 '고부족이골화故不足以滑和', 「천지」의 '오일취사골심五日趣舍滑心', 「선성」의 '골욕어속滑欲於俗' 등에 나오는 '골滑'은 모두 '혼란스러움'(亂)으로 읽는다.

⑧ 觀天性: 나무의 성질을 관찰함.

⑨ 形軀至矣: 형태가 '거鐻'를 만들기에 지극히 적합함.

- 선영: 목질이 마치 '거鐻'를 만들기에 꼭 알맞음.

⑩ 然後成見鐻: '현見'은 '나타나다'(現)이다.

- 선영: 눈앞에 불현듯 완성된 '거鐻'의 모습이 나타나다.

⑪ 加手: 시공하다.

⑫ 以天合天: [나의] 자연自然으로 [나무의] 자연自然에 합함.

- 임희일: 자신의 자연으로써 그 사물의 자연과 합하는 것을 '이천합천以天合天' 이라고 하였다.
- 왕선겸: 나의 천성을 가지고 나무의 천성과 만나다.
- 조초기: 앞의 '천天'자는 자신의 심성의 자연을 말하는 것이고, 뒤의 '천天'자는 외부세계 금수들의 자연적인 자태를 가리킨다. 이 둘이 결합함으로써 '거鐻'의 조각이 이루어지는 것이다.

⑬ 其由是與: '유由'자는 원래 없었으나, 진경원의 『장자궐오』에 인용된 강남고장본에는 '기其' 다음에 '유由'자가 있으므로 이에 따라 보충하였다.

【풀이】

경慶이라는 이름의 목공이 나무를 깎아 거鐻라는 악기를 만들었다. 완성된 악기를 본 이들은 모두 놀라며 그의 솜씨가 마치 귀신같다고 여겼다. 노나라 제후가 이를 보고는 그에게 물었다. "그대는 어떤 기술을 사용해서 만든 것인가?" 경이 답했다. "저는 일개 목공일 뿐입니다. 어찌 기술 같은 것이 있겠습니까? 그렇지만 다만 한 가지 지키는 바가 있습니다. 제가 거를 만들고자 할 때는 함부로 정신을 소모하지 않고 반드시 재계하여 마음을 고요하고 편안하게 만듭니다. 3일간 재계를 마치면 감히 포상이나 작록을 바라는 마음을 품지 않게 됩니다. 5일간 재계를 마치면 명예나 비방, 기교의 좋고 나쁨 따위를 생각하지 않게 됩니다. 7일간 재계를 마치면 사지와 몸이 있다는 생각조차 하지 않게 됩니다. 이때에 이르면, 조정에 관해서는 완전히 잊어버리게 되므로 기술에 완전히 몰두하여 방해하는 외부의 것들이 사라집니다. 그런 뒤에 산속 숲에 들어가 나무의 성질을 잘 살피는데, 형태가 지극히 들어맞는 것을 발견하면 완성된 거鐻의 모습이 마치 눈앞에 나타나 보이는 듯합니다. 그런 다음에 그것에 맞게 작업을 시작하는 것입니다. 만약 그렇지 못하면 애초에 만들지를 않습니다. 이는 저의 자연을 가지고 나무의 자연에 맞추는 것입니다. 제가 만든 악기가 신의 솜씨로 만든 것이 아닌가 여겨지는 것은 바로 이 때문입니다."

11.

東野稷①以禦見莊公②, 進退中繩, 左右旋中規. 莊公以爲文弗過也③, 使人鉤百而反④.
顔闔⑤遇之, 入見曰: "稷之馬將敗." 公密⑥而不應. 少焉, 果敗而反. 公曰: "子何以知之?"
曰: "其馬力竭矣. 而猶求焉, 故曰敗."

【길잡이】

① 東野稷: 성은 동야東野, 이름은 직稷. 수레를 잘 모는 자이다. 『순자』「애공哀公」에는 '동야필東野畢'이라 되어 있다.

② 莊公: 노나라 장공. 『순자』「애공」에는 '정공定公'이라 되어 있다.

③ 以爲文弗過也: 그림을 그려도 이보다 못함.
- 사마표: 실로 짠 무늬를 뛰어넘는다는 말이다.
- 나면도: 그림쇠와 곱자로 그린 무늬.(『남화진경순본』)

④ 鉤百而反: '구鉤'는 회전하다. '구백鉤百'은 백 번 회전하다. '반反'은 '반返'(돌아오다)과 같다.
- 성현영: 말을 부려 회전하면 마치 갈고리와 같이 정확한 곡선을 이루었다. 백 번을 반복해도 항상 그 자국을 따라 돌 정도였다.
- 임희일: '구鉤'는 말을 몰아 원을 그리는 것이다. '구백이반鉤百而反'은 백 바퀴를 돌았음을 뜻한다.

⑤ 顔闔: 성은 안顔, 이름은 합闔. 노나라의 현인이다. 「인간세」에 등장한 바 있다.

⑥ 密: 침묵하다.

【풀이】

동야직은 수레를 잘 몰아 노나라 장공에게 등용되었다. 앞뒤로 오고 가는 것이 마치 먹줄에 들어맞듯 곧았고 좌우로 회전하는 것 역시 마치 둥근 자에 들어맞듯 정확하여 장공은 그림을 그려도 이처럼 할 수 없다고 여겼다. 이에 장공은 그에게 백 번을 회전하고 돌아오게 하였다.

안합이 이를 보고는 들어와 장공을 뵙고 말했다. "동야직의 말이 피로해 보입니다." 장공이 입을 닫고 아무 대꾸도 하지 않았다. 얼마 지나지 않아 과연 말이 지쳐 돌아왔다. 이에 장공이 안합에게 물었다. "어떻게 이를 알았는가?"
안합이 말했다. "말의 힘이 부치는데도 계속해서 질주하게 하니, 결국 실족하리라 생각했습니다."

12.

工倕①旋②而蓋③規矩, 指與物化④而不以心稽⑤, 故其靈台⑥一而不桎⑦. 忘足, 屨之適也; 忘要⑧, 帶之適也; 忘是非⑨, 心之適也; 不內變, 不外從, 事會⑩之適也. 始乎適⑪而未嘗不適者, 忘適之適也.

【길잡이】

① 工倕: 요임금 시대의 인물. 기예로 이름을 날렸다. 「거협」에 등장한 바 있다.

② 旋: 회전하다. 회전하며 원을 그리는 것을 말한다.

③ 蓋: 두 가지 해석이 있다.

(1) '초과하다'(超過)라는 해석: 임운명은 "'개蓋'는 '과過'와 같다"라고 하였다.

(2) '합치되다'(合)라는 해석: 여혜경은 "그린 것이 규구와 합치되어 드러나지 않는 것을 말한다"라고 하였다.(『장자의』) 도홍경은 "'개蓋'는 '합盍'의 가차자이다. 『이아』「석고釋詁」에서는 '개盍'는 '합合'과 같다고 하였다. 『회남자』「주술훈主術訓」에 '마치 네모와 원이 서로 들어맞지 않는 것과 같다'(譬猶方圓之不相蓋)라는 구절이 있는데, 이때의 '개蓋' 역시 '합合'의 뜻으로 읽는다"라고 하였다.(『독장자차기』) 여기에서는 전자의 해석을 따른다.

④ 指與物化: 손가락과 사물의 형상이 서로 하나를 이룸.

- 임희일: '지指'는 손가락을 말한다. '지여물화指與物化'는 『산곡논서山谷論書』에서 말하는 "손은 붓을 알지 못하고, 붓은 손을 알지 못한다"라는 것과 같은 맥락이다. 손과 사물이 서로 잊는다는 뜻이다.
- 서복관: '지여물화指與物化'란 무언가를 표현하는 능력이나 기교('指')와 그 표현되는 대상과의 사이에 이미 거리가 없어졌음을 말한다. 즉 어떤 기교가 최고로 숙련된 경지에 이르렀음을 뜻하는 것이다.(『中國藝術精神』, 제2장, 127쪽)

⑤ 稽: 헤아리다.

⑥ 靈台: 마음(心). 「덕충부」에서는 '영부靈府'라고 하였다.

⑦ 桎: '질窒'(막히다)의 뜻으로 가차되었다.(마서륜)

⑧ 要: 허리(腰).

⑨ 忘是非: 현재 판본에는 '망忘' 앞에 '지知'자가 들어가 있으나, 불필요한 글자로 보인다. 앞에서 '망족忘足', '망요忘要'라고 했으니, 여기에서도 '망시비忘是非'라고 해야 서로 대응된다. 『장자궐오』에 인용된 문여해文如海본과 장군방張君房본에 모두 '지知'자가 빠져 있으므로 이에 따라 삭제한다.

⑩ 事會: 외부세계의 현상과 접응하는 것을 가리킴.

- 임운명: '회會'는 처한 상황(處境)을 뜻한다.

⑪ 始乎適: '시始'는 '본本'을 뜻한다. '본성이 항상 맞아듦'을 말한다.(성현영, 『장자소』)

【풀이】

공수가 손을 돌리면 그 기예가 그림쇠와 곱자 같은 도구를 사용해서 그려 낸 것을 뛰어넘었다. 손가락이 마치 사용하는 사물과 합일을 이룬 듯하니, 굳이 마음을 써서 헤아릴 필요가 없었다. 이 때문에 그의 정신은 하나로 집중되어 막히는 바가 없었다. 손발을 의식하지 않는 것은 신발이 딱 맞는 것이고, 허리를 의식하지 않는 것은 허리띠가 딱 맞는 것이며, 시비를 의식하지 않는 것은 마음이 편안히 맞아드는 것이다. 안으로 마음이 변하지 않고, 밖으로 사물을 좇지 않는 것은 처한 환경이 적합하여 편하다는 말이다. 본성이 항상 적합하여 한 번도 부적합한 적이 없으니, 이것이 적합하여 편안하다는 것조차 잊은 적합함이다.

13.

〔有孫休者, 踵門而詫子扁慶子曰: "休居鄕不見謂不修, 臨難不見謂不勇; 然而田原不遇歲, 事君不遇世, 賓於鄕里, 逐於州部, 則胡罪乎天哉? 休惡遇此命也?"

扁子曰: "子獨不聞夫至人之自行邪? 忘其肝膽, 遺其耳目, 芒然彷徨乎塵垢之外, 逍遙乎無事之業, 是謂爲而不恃, 長而不宰. 今汝飾知以驚愚, 修身以明汙, 昭昭乎若揭日月而行也. 汝得全而形軀, 具而九竅, 無中道夭於聾盲跛蹇而比於人數, 亦幸矣, 又何暇乎天之怨哉! 子往矣!"

孫子出. 扁子入, 坐有間, 仰天而歎. 弟子問曰: "先生何爲歎乎?"

扁子曰: "向者休來, 吾告之以至人之德, 吾恐其驚而遂至於惑也."

弟子曰: "不然. 孫子之所言是邪? 先生之所言非邪? 非固不能惑是. 孫子所言非邪? 先生所言是邪? 彼固惑而來矣, 又奚罪焉!"

扁子曰: "不然. 昔者有鳥止於魯郊, 魯君說之, 爲具太牢以饗之, 奏「九韶」以樂之, 鳥乃始憂悲眩視, 不敢飮食. 此之謂以己養養鳥也. 若夫以鳥養養鳥者, 宜棲之深林, 浮之江湖, 食之以鰌, 委蛇而處, 則安平陸而已矣①. 今休, 款啓寡聞之民也, 吾告以至人之德, 譬之若載鼷以車馬, 樂鴳以鍾鼓也. 彼又惡能無驚乎哉!"] ②

【길잡이】

① 食之以鰌, 委蛇而處, 則安平陸而已矣: 이 세 구절은 통행본에는 '식지이위사食之以逶蛇, 즉평육이이의則平陸而已矣'로 되어 있어 그 의미가 완전하지 않으니, 빠진 부분이 있는 것으로 보인다. 이에 왕선겸의 설에 따라 빠진 구절을 보충하였다. 그리고 '즉안평육이이의則安平陸而已矣' 역시 원래는 '안安'자가 없었으나, 『장자궐오』에 인용된 유득일劉得一 본에 따라 이를 보충하였다.

- 왕선겸: 「지락」에 '부이조양양조자夫以鳥養養鳥者, 의서지심림宜棲之深林, 유지단육遊之壇陸, 부지강호浮之江湖, 식지추食之鰌, 수행렬이지隨行列而止, 위사이처委蛇而處'라는 구절이 있으므로 여기에서도 '식지이추食之以鰌, 위사이처委蛇而處'라고 써야 옳다. 옮겨 적는 과정에서 글자가 빠진 것으로 보인다. 게다가 '위사이처委蛇而處'라고 하면 뒤의 '즉안평육이이의則安平陸而已矣'와 문맥이 잘 통한다. 만약 '이처而處' 두 글자가 없다면 이 두 구절은 서로 연결되지 않는다.(『장자집해』)

② 有孫休者,……彼又惡能無驚乎哉: 이 단락은 「달생」의 내용과 부합하지 않으므로 삭제해야 한다. 그 이유로는 두 가지를 들 수 있다.

(1) 이 편 첫 단락에서 전체를 관통하는 핵심 주제를 말하며, 생명의 실정에 통달하려면 '형체가 보전되고 정신이 충족되어야 하며'(形全精復), 또 이를 통해 자연과 하나를 이룰 수 있게 된다고 하였다. 그리고 계속해서 열한 가지 우화를

지어 정기를 보전하고(全精), 정신을 기르며(養神), 기를 지킬 때(守氣) 얻어지는 신묘한 작용에 대해 설명하였다. 각 우화의 함의는 모두 '생명의 실정에 통달한다'(達生)는 주제의식을 드러내고 있다. 그런데 이 편의 마지막 한 단락만이 내용이 일치하지 않는다.

(2) 손휴와 편자의 대화를 그린 후반부의 '석자유조지어노교昔者有鳥止於魯郊' 부분은 앞서 「지락」에서 이미 등장하였다. 앞부분에도 기타 편의 말을 그대로 가져다 쓴 것이 많다. 예를 들어 '망기간담忘其肝膽, 유기이목遺其耳目, 망연방황호진구지외芒然彷徨乎塵垢之外, 소요호무사지업逍遙乎無事之業' 네 구절은 「대종사」에서 가져온 것이다. '위이불시爲而不恃, 장이부재長而不宰'는 『노자』 제10장, 제51장에서 차용한 것이다. '식지이경우飾知以驚愚, 수신이명오修身以明汙, 소소호약게일월이행昭昭乎若揭日月而行'의 세 구절은 「산목」에 나왔다.

「달생」의 글은 '공수선工倕旋' 단락의 '망적지적야忘適之適也'에서 끝이 나면 글의 분위가 매우 훌륭하며, 의미 또한 완벽해진다. 따라서 이 단락은 사족에 불과하니 삭제해야 한다. 원문은 남겨 놓되 주해하지는 않는다.[16]

---

16) 내용은 다음과 같다. "孫休라는 사람이 扁慶子 선생의 문하에 이르러 탄식하며 말했다. "저는 고향에 살면서 사람들에게 덕을 닦지 않았다는 말을 듣지 않았고, 전쟁터에서는 용기가 없다는 말을 듣지 않았습니다. 그런데도 농사를 지어도 풍년이 들지 않고 임금을 섬겨도 때를 만나지 못하여 마을에서도 버림받고 고을에서 쫓겨났습니다. 하늘에 무슨 죄를 지은 것일까요? 저는 어찌하여 이런 운명을 만나게 된 것일까요?" 扁子가 말했다. "그대만 유독 至人의 자유로운 행동을 듣지 못했단 말인가? 至人은 자기의 간과 담을 잊고 귀와 눈의 감각 작용을 도외시하여 무심히 세속의 티끌 밖에 방황하고 아무 일도 없는 경지에서 소요한다. 이것을 가리켜 이루어도 뽐내지 않고, 길러 주어도 주재하지 않는다고 한다. 그런데 지금 그대는 아는 것을 꾸며서 어리석은 이들을 놀라게 하고 몸을 닦아 다른 이들의 허물을 드러내는데, 그것이 너무나 환하여 마치 해와 달을 내걸고 걸어가는 듯하다. 그대는 형체를 온전히 하여 몸의 아홉 구멍(감각 기관)을 갖추고 중도에 귀머거리나 장님, 절름발이, 앉은뱅이처럼 되지 않고 사람들 무리 속에 있는 것만 해도 다행인데, 또 어느 겨를에 하늘을 원망하겠는가? 그대는 돌아가라." 孫子가 나갔다. 扁子는 들어와 앉아 잠깐 있다가 하늘을 우러르며 탄식하였다. 제자가 물었다. "선생님께서는 어찌하여 탄식하십니까?" 扁子가 말했다. "아까 孫休가 찾아왔기에 내가 至人의 德에 대해 말해 주었는데, 나는 아무래도 그가 놀라 결국 미혹될까 걱정이다." 제자가 말했다. "그렇지 않습니다. 만약 孫子가 말한 것이 옳고 선생님이 말씀하신 것이 그르다면 그른 것이 참으로 옳은 것을 혼란에 빠뜨릴 수 없고, 반대로 孫子가 말한 것이 그르고 선생님이 말씀하신 것이 옳다면 그는 애초부터 미혹된 상태로 찾아온 것입니다. 그러니 어찌 선생님에게 잘못이 있겠습니까." 扁子가 말했다. "그렇지 않다. 옛날 魯나라 도성 밖에 새 한 마리가 날아와 앉았다. 노나라 군주가 기뻐하여 소를 잡아 대접하고 九韶의 음악으로 즐겁게 해 주었다. 하지만 새는 처음부터 근심하고 슬퍼하며 눈이

어지러워 감히 마시지도 먹지도 못했다. 이것을 가리켜 자신(노나라 군주)을 기르는 방법으로 새를 기른 것이라고 한다. 새를 기르는 방법으로 새를 기르려면 응당 깊은 수풀 속에 둥지를 마련하고 강과 호수를 떠다니며 미꾸라지를 먹고 들판에서 유유자적하며 살게 할 것이다. 그런데 지금 孫休는 본 것이 좁고 들은 것이 적은 사람인데 내가 至人의 덕을 이야기해 주었으니, 이는 비유하면 새앙쥐를 수레나 말에 태우고 메추라기를 종과 북으로 즐겁게 해 준 셈이다. 그가 또 어찌 놀라지 않을 수 있겠는가?"

산목山木

「산목」에서는 인간 사회의 여러 가지 우환을 말하면서 이를 피하는 도리를 제시하였다. '산목山木'이란 산속의 나무를 말하며, 글 첫머리 두 번째 구절에 나오는 '산속…… 큰 나무'(山中……大木)라는 말을 취해 편명으로 삼았다.

이 편은 총 아홉 가지의 우언과 고사로 이루어져 있다. 첫째 단락은 장자와 그의 제자가 나누는 이야기이다. 큰 나무는 '쓸모없음'(無所可用)으로 인해 살아남을 수 있었지만, 거위는 그 쓸모로 인해 죽임을 당했다는 우화를 통해 장자는 몸을 온전히 보전하는 것의 어려움을 말했다. 이른바 '도와 덕을 타고 노닌다'(乘道德而浮遊), '오직 도와 덕의 고향에 머문다'(唯道德之鄕)라는 말은 어쩔 수 없는 상황 속에서 처하여 혼란스러운 현실을 극복하는 방향으로 생각을 한 차원 격상시켜야 한다는 의미가 담겨 있다. 우선 임시방편으로 정신의 자주성을 보호하여 현실적 난관을 피하는 데 주력해야 한다는 것이다.

둘째 단락은 시남의료市南宜僚가 노나라 제후의 근심에 대해 조언하는 내용으로, 통치자의 권위는 정쟁을 일으키는 발단으로 모든 화의 근원이 된다는 사실을 말했다. 노나라 제후에게 '자신을 비우고 세상을 대할 것'(虛己以遊世)을 권했는데, '자신을 비운다'(虛己)는 것은 명성과 지위를 탐하는 마음을 없앤다는 뜻이다.

셋째 단락에서는 북궁사北宮奢가 세금을 거두어 종을 만드는 이야기를 통해 정치는 오직 자연에 맡겨야 하고 백성들을 교묘한 방식으로 갈취하지 말아야 함을 말했다.

넷째 단락은 공자가 진나라와 채나라 사이에서 포위를 당했을 때, 대공임大公任이 그에게 조언의 말을 건네는 내용으로, '자신의 공과 명성을 버리고 이를 사람들에게 돌려줄 것'(去功與名而還與衆人), '행적을 지우고, 공과 명성을 추구하지 말 것'을 일렀다.

다섯째 단락에서는 공자가 자상호子桑雽에게 환난을 당했을 때 관계가 멀어지고 주변 사람들이 떠나가는 이유에 대해 묻는 내용이다. 자상호는 "이익으로 결합된 것은 핍박을 받고 환난에 처하게 되면 서로를 버리게 되지만, 천성적으로 연결된 것은 핍박을 받고 환난에 처해도 서로를 떠맡고자 한다"고 답했다.

여섯째 단락에서는 장자가 구멍을 기워 만든 거친 옷을 입고 삼끈으로 해진 신발을 묶어 신은 채 위왕魏王을 만나러 가는 내용이 그려졌다. 위왕이 장자의 삶이 고달프게 보인다고 지적하자, 장자는 '혼군이 횡행하여 혼란하기 짝이 없는 시대'(昏上亂相之間)에 삶이 어떻게 고달프지 않을 수 있느냐며 도리어 왕에게 반문하였다.

일곱째 단락은 공자가 진나라와 채나라 사이에서 포위를 당하는 역경에 빠졌음에도 불구하고 여전히 태연자약한 모습을 보이면서, 우주의 변화 속에서 인간은 편안히 그 변화에 따라야 함을 말하는 내용이다.

여덟째 단락은 장주가 교외에서 노닐다 사마귀가 매미를 잡고, 기이한 까치가 다시 사마귀를 낚아채는 모습을 발견하는 이야기이다. 이것이 바로 잘 알려진 '당랑포선螳螂捕蟬, 황작재후黃鵲在後'라는 고사이다. 이 일화는 만물이 서로 다투며 쫓듯이, 인간 사회에서도 다툼이 그치지 않고 일어난다는 점을 지적하는 것이다. '더러운 물만 살피다가 오히려 맑은 연못을 분간하지 못하게 되었다'는 말은 물욕을 추구하다가는 참된 본성을 잊어버리고 만다는 교훈이다.

아홉째 단락은 양자陽子가 여관에서 겪은 일을 통해 스스로 뽐내지 않도록 자신을 수양해야 함을 깨닫는 내용이다.

이 편에서 나온 잘 알려진 성어에는 일룡일사一龍一蛇[1], 창광망행猖狂妄行[2], 자애이반自崖而反[3], 송왕영래送往迎來[4], 직목선벌直木先伐[5], 감정선갈甘井先竭[6], 삭적연세削迹捐勢[7], 교담약수交淡若水[8], 득의망형得意忘形[9], 당랑포선螳螂捕蟬[10], 황작재후黃雀在後[11]

---

1) 때로는 용처럼 드러나고 때로는 뱀처럼 숨음. 상황과 때에 따라 모습을 다르게 한다는 뜻.
2) 마음이 하고자 하는 것을 따라 멋대로 함.
3) 해안가에서 송별하고 돌아감. 송별시에 하는 인사말.
4) 가는 사람을 배웅하고, 오는 사람을 맞이함. 손님을 접대하는 것에 바쁜 모습을 나타낸 말.
5) 곧은 나무는 먼저 베임. 재능이 있는 사람이 먼저 해를 입게 된다는 뜻.
6) 맛이 좋은 우물물이 먼저 고갈됨. 재능이 있는 사람이 먼저 쇠퇴한다는 뜻.
7) 행적을 지우고 권세를 버림. 은거한다는 뜻을 나타낸다.
8) 군자의 교제는 마치 물처럼 담담함. 도의로서 교제하는 것을 나타내는 말.
9) 도량과 식견이 좁은 자는 자그마한 성취에도 자신을 통제할 수 없을 정도로 기뻐한다는 뜻.

등이 있다.

10) 사마귀가 매미를 잡음. 黃雀在後와 함께 쓰이는 말로, 이익만을 좇고 뒤에 올 위험을 돌아보지 않는 것을 풍자하여 이르는 말.
11) 참새가 뒤에서 기다림. 螳螂捕蟬과 함께 쓰이는 말로, 의미 역시 같음.

1.

莊子行於山中, 見大木, 枝葉盛茂, 伐木者止其旁而不取也. 問其故, 曰: "無所可用." 莊子曰: "此木以不材得終其天年夫!"

出於山①, 舍②於故人之家. 故人喜, 命豎子③殺雁而烹之④. 豎子請曰: "其一能鳴, 其一不能鳴, 請奚殺?" 主人曰: "殺不能鳴者."

明日, 弟子問於莊子曰: "昨日山中之木, 以不材得終其天年; 今主人之雁, 以不材死; 先生將何處?"

莊子笑曰: "周將處乎材與不材之間. 材與不材之間, 似之而非也, 故未免乎累. 若夫乘道德⑤而浮遊則不然. 無譽無訾⑥, 一龍一蛇⑦, 與時俱化, 而無肯專爲; 一上一下⑧, 以和爲量⑨, 浮遊乎萬物之祖; 物物⑩而不物於物, 則胡可得而累邪! 此神農黃帝之法則也. 若夫萬物之情, 人倫之傳⑪, 則不然. 合則離, 成則毁; 廉則挫⑫, 尊則議⑬, 有爲則虧, 賢則謀, 不肖則欺, 胡可得而必乎哉⑭! 悲夫! 弟子志之, 其唯道德之鄕乎!"

【길잡이】

① 終其天年夫! 出於山: '부夫' 뒤에는 원래 '자子'자가 있었다. 오여륜은 '부夫'자를 앞 구절에 속하는 것으로 보았다.(『장자점감』) 또한 『경전석문』에 실린 모든 판본도 '자子'자가 없는데, 이를 따르는 것이 옳다.

- 우창于鬯12): '부夫'자가 어미조사라는 것은 매우 분명한 사실이다. 앞에서 '장자가 산속을 걸었다'(莊子行於山中)라고 했으니, '산에서 나온'(出於山) 사람 역시 장자라는 것은 굳이 말하지 않아도 알 수 있다. 그런데 다시 '부자夫子'라는 말을 적으면 군더더기가 된다.(엄령봉의 『장자장구신편』에서 인용)
  - ▹ 진고응: 우창의 설이 옳다. 마서륜, 왕숙민 역시 『경전석문』에 나온 판본들에 '자子'자가 없으므로 이에 따라야 한다고 보았다. '부夫'는 '의矣'를 잘못 쓴 것으로 보이며, 이는 『여씨춘추』 「필기必己」의 구절을 근거로 삼을 수 있다. 그러나 '부夫'를 어미조사로 보아도 통하므로 글자를 반드시 바꿀 필요는 없다.

② 舍: 쉬다.

---

12) 于鬯(1862(?)~1919): 자는 醴尊·東厢, 호는 香草. 중국 청나라 때 작가.

③ 豎子: 어린이(孺子).

④ 殺雁而烹之: '안雁'은 거위를 가리킨다. '팽烹'은 『여씨춘추』「필기必己」에서는 '향饗'으로 썼다.

- 왕념손: 이 '형亨'자는 '향享(드리다)'으로 읽어야 한다. '향지享之'는 '장자에게 드리다'(享莊子)라는 뜻이다. 장자가 찾아온 것을 기뻐하여 거위를 잡아 그에게 바친 것을 말한다. '향享'은 '향饗'(대접하다)과 통한다. 『여씨춘추』「필기」에서 '영수자위살안향지令豎子爲殺雁饗之'[13](시중드는 아이를 시켜서 거위를 잡아 대접하게 하다)라고 쓴 것이 그 증거이다. 고서에서는 '향享'을 '형亨'으로 썼고, '팽烹' 역시 '형亨'으로 썼다. 따라서 『경전석문』에서 이를 '팽烹'으로 잘못 읽었는데, 지금의 판본도 이를 따라 '형亨'을 '팽烹'으로 고쳤다.(『독서잡지 여편』)

⑤ 乘道德: 자연에 따름(順自然).(임희일, 『남화진경구의』)

⑥ 訾(중국음은 zi[子]): 헐뜯다.

⑦ 一龍一蛇: 때로는 드러나고 때로는 숨어 드러나지 않음을 뜻함.

- 임희일: 마치 '세상에 쓰일 때는 호랑이가 되고, 쓰이지 않을 때는 쥐가 된다'는 동방삭東方朔의 말과 같다. 나가고 물러섬은 그저 때에 따를 뿐이다.
- 임운명: 용과 뱀은 몸을 굽히고 펴는 것이 고정되지 않음을 말한다.
- 왕선겸: 때로는 용처럼 드러내고 때로는 뱀처럼 칩거한다.

⑧ 一上一下: 때로는 나가고 때로는 물러섬(一進一退).

⑨ 以和爲量: '화和'는 '따르다'. '량量'은 법칙(則), 법도(度). 자연을 따르는 것을 법칙으로 삼는다는 뜻.(임희일)

⑩ 物物: 물物이 외물을 부림. 즉 외물을 주재함.

⑪ 人倫之傳: 인간의 습관.

- 임희일: '전傳'은 '습習'과 같다. '인륜지전人倫之傳'은 인간이 전수하여 온 것을 말한다.

⑫ 廉則挫: '이즉좌利則挫'와 같다. '염廉'은 '이利'(예리하다/이익)의 뜻으로 가차되었다. 『국어』「진어晉語」에 '살군이위렴殺君以爲廉'이라 하였는데, 이는 군주를 시해하는

---

13) 원서에는 '命豎子爲殺雁饗之'로 되어 있다. '命'으로 써도 의미는 통하지만, 『여씨춘추』에는 '令'으로 되어 있어 바로잡는다.

것을 이익으로 여겼다는 말이다. 『여씨춘추』 「맹추孟秋」의 '기기렴이심其器廉以深' 역시 그 무기가 예리하고 깊다는 뜻이다. 『노자』 58장의 '염이불귀廉而不劌' 역시 같은 사례다. 여기에서 '염廉'은 '예리하다/이익'(利)의 뜻으로 해석하며, '청렴淸廉'의 뜻으로 풀지 않는다.

⑬ 尊則議: 존귀한 자는 이의나 비방을 만나게 됨.(성현영, 『장자소』)

- 유월: '의議'는 '아俄'로 읽어야 한다. 정현鄭玄의 『모시전毛詩箋』에서 "'아俄'는 기울어진 모습(傾貌)이다"라고 하였다. '존즉의尊則議'는 존귀해지면 반드시 치우침이 있다는 뜻이다. 고서에는 이 글자의 뜻을 '의義'나 '의儀'로 풀이하였으나, 『관자』 「법령法禁」의 '법제불의法制不議, 즉민불상사則民不相私'에 나오는 '의議' 역시 '아俄'의 의미로서 '법제가 치우지지 않음'이라는 뜻이다.
  - ▹ 진고응: 풀이에서는 유월의 설에 따른다.

⑭ 胡可得而必乎哉: 수고로움을 면할 수 없음.(선영, 『남화경해』) '어떻게 한쪽에 치우칠 수 있겠는가?'라는 뜻.(황금횡, 『신역장자독본』) '필必'은 현대어의 '반드시'에 해당한다.(왕숙민, 『장자교전』)

【풀이】

장자가 산속을 걷고 있다가 큰 나무를 발견하였는데, 가지와 잎이 매우 무성하였다. 벌목하는 사람이 나무 곁에서 쉬면서도 베지 않았다. 장자가 이를 궁금하게 여겨 그 까닭을 물었다. 그러자 그는 "조금도 쓸모가 없습니다"라고 하였다. 이에 장자가 "이 나무는 쓸모가 없어 타고난 천수를 다 누릴 수 있었던 것이로구나!"라고 탄식하였다.

장자가 산에서 내려와 친구 집을 찾았다. 친구가 매우 기뻐하면서 어린 종을 시켜 거위를 잡아 장자를 대접하고자 했다. 종이 물었다. "한 거위는 울 수 있고, 다른 한 거위는 울지 못하는데 어떤 거위를 잡을까요?" 주인이 말했다. "울지 못하는 거위를 잡아라."

다음 날, 제자가 장자에게 말했다. "어제 산속의 나무는 '쓸모없음'으로 인해 천수를 다 누릴 수 있었는데, 지금 거위는 '쓸모없음'으로 인해 죽임을 당하고 말했습니다. 스승님이라면 어떤 방식으로 처세를 하시겠습니까?"

장자가 웃으며 말했다. "나는 '쓸모 있음'과 '쓸모없음'의 사이에 처할 것이다. 그런데 이 '쓸모 있음'과 '쓸모없음'의 사이가 타당한 것처럼 보일지 몰라도,

실은 그렇지 않다. 이렇게 하여도 우환에서 벗어날 수 없다. 하지만 저절로 그러함의 이치(自然)에 따라 세상에 처한다면 가능할 것이다. 명예나 비방도 없이 마치 용이나 뱀처럼 때로는 드러내고 때로는 은거하며 시간의 흐름과 변화에 따라 어떤 고정관념도 갖지 않는 것이다. 때로는 나아가고 때로는 물러나면서 오직 자연에 따른다는 것을 원칙으로 삼아 마음을 만물의 근원에서 노닐게 한다. 이처럼 외물을 다스리되 외물에 의해 다스림을 받지 않으니, 어떻게 우환이 찾아오겠는가? 이것이 바로 신농神農과 황제黃帝의 처세 방식이다. 하지만 만물 각자의 사사로운 실정이나 인간들의 전해져 오는 습관은 그렇지 않다. 모이면 흩어지기 마련이고, 이루어지면 무너지기 마련이고, 예리하면 꺾이기 마련이고, 숭고하면 뒤집히기 마련이고, 인위적으로 하는 바가 있으면 허물어짐이 생기기 마련이고, 현능하면 음해를 당하기 마련이고, 불초하면 무시당하기 마련이니, 어떻게 한 측면에 치우칠 수 있겠는가? 개탄스럽도다! 제자들이여 기억하거라, 모든 일은 오직 저절로 그러함의 이치에 따를 뿐이다."

2.

市南宜僚[①]見魯侯, 魯侯有憂色. 市南子曰: "君有憂色, 何也?"

魯侯曰: "吾學先王[②]之道, 修先君[③]之業; 吾敬鬼尊賢, 親而行之, 無須臾居[④]; 然不免於患, 吾是以憂."

市南子曰: "君之除患之術淺矣! 夫豐狐文豹, 棲於山林, 伏於岩穴, 靜也; 夜行晝居, 戒也; 雖饑渴隱約[⑤], 猶且胥疏於江湖之上[⑥]而求食焉, 定也; 然且不免於罔羅機辟之患[⑦]. 是何罪之有哉? 其皮爲之災也. 今魯國獨非君之皮邪? 吾願君刳形去皮, 灑心去欲, 而遊於無人之野. 南越[⑧]有邑焉, 名爲建德之國. 其民愚而朴[⑨], 少私而寡欲[⑩]; 知作而不知藏, 與而不求其報; 不知義之所適, 不知禮之所將[⑪]; 猖狂妄行[⑫], 乃蹈乎大方[⑬]; 其生可樂, 其死可葬. 吾願君去國捐俗, 與道相輔而行."

君曰: "彼其道遠而險, 又有江山, 我無舟車, 奈何?" 市南子曰: "君無形倨[⑭], 無留居, 以爲君車."

君曰: "彼其道幽遠而無人, 吾誰與爲鄰? 吾無糧, 〔我無食〕, 安得而至焉[⑮]?"

市南子曰: "少君之費, 寡君之欲, 雖無糧而乃足. 君其涉於江而浮於海, 望之而不見其崖, 愈往而不知其所窮. 送君者皆自崖而反, 君自此遠矣! 故有人者⑯累, 見有於人者⑰憂. 故堯非有人, 非見有於人也. 吾願去君之累, 除君之憂, 而獨與道遊於大莫⑱之國. 方舟⑲而濟於河, 有虛船來觸舟, 雖有惼⑳心之人不怒; 有一人在其上, 則呼張歙㉑之; 一呼而不聞, 再呼而不聞, 於是三呼邪, 則必以惡聲隨之. 向也不怒而今也怒, 向也虛而今也實㉒. 人能虛己以遊世, 其孰能害之!"

【길잡이】

① 市南宜僚: 웅의료熊宜僚라는 인물. 저잣거리 남쪽(市南)에 살았으므로, 그렇게 불렀다.(『경전석문』에 인용된 사마표의 설) 『춘추좌전』에 이르기를 "저잣거리 남쪽에 웅의료라는 이가 사는데, 초나라 사람이다"라고 하였다.(『경전석문』)[14]

② 先王: 주나라 문왕文王과 그의 부친 왕계王季를 가리킴.

③ 先君: 주공周公과 그의 아들 백금伯禽을 가리킴.

④ 無須臾居: 『예기』「중용中庸」에 나오는 "도는 잠시도 떠날 수 없다"(道也者不可須臾離也)라는 말과 같다. 잠시도 쉴 수 없다는 의미다. '거居'에는 '그치다'라는 뜻이 있다. 통행본에는 '거居' 앞에 '리離'자가 있으나, 『경전석문』에 인용된 최선崔選본에는 '리離'자가 없다. 유월은 이를 불필요한 글자로 보았다.

- 유월: 최선의 판본에는 '리離'자가 없으니, 이에 따라야 한다. 『여씨춘추』「신인愼人」의 '변지불거胼胝不居'라는 구절에서 고유高誘는 '거居'를 '그치다'(止)라는 의미로 풀이하였다. '무수유거無須臾居'는 잠시도 그치지 않는다는 뜻으로, 앞 구절의 '가다'(行)라는 말과 서로 대응된다. 학자들이 '거居'자의 뜻에 주목하지 않고 『중용』의 '불가수유리不可須臾離' 구절에만 익숙하여 멋대로 '리離'자를 추가한 채 '거居'자를 아래 구절에 붙여 읽었는데, 이는 잘못된 방식이다.(『장자평의』)

    ▹ 진고응: 유월의 설 따라 '리離'자를 삭제한다.

⑤ 隱約: 다음과 같이 여러 가지 해석이 있다.

(1) '술을 따르다'(斟酌).(성현영, 『장자소』)

(2) '외딴곳에 처하다'(僻處).(임희일, 『남화진경구의』) 혹은 '숨다'(潛藏).(왕선겸, 『장자집해』)

---

14) 『경전석문』에 인용된 『춘추좌전』의 기사는 哀公 16年 조목에 나온다.

(3) '곤궁함'(窮約). (양수달, 『장자습유』)

이 가운데 마지막 해석이 가장 타당하다. '은약隱約'에는 궁핍하다는 의미가 포함되어 있다. 성현영의 해석은 옳지 않다.

- 양수달: '은약隱約'은 '곤궁함'(窮約)을 말한다. 『순자』「유좌宥坐」의 '해거지은야奚居之隱也'에 대해 양경楊倞의 주에서 "'은隱'은 곤궁함(窮約)을 말한다"라고 하였고, 『논어』「이인里仁」의 '불가이구처약不可以久處約'에 대해서도 황소皇疏는 "'약約'은 빈곤貧困하다는 뜻이다"라고 설명하였다.

⑥ 猶且胥疏於江湖之上: '차且'는 성현영의 판본에는 '단旦'으로 되어 있으나 옳지 않다. '서소胥疏'는 소원하다(疏遠)는 뜻이다. '서胥'는 '소疏'와 통한다. 사마표는 이를 '순順'으로 풀이했고, 이이는 이를 '상相'으로 풀이했으나, 모두 옳지 않다.

- 곽숭도: '서소胥疏'는 '뜸하다'(疏)는 뜻이니, 발길이 아직 미치지 않은 것을 말한다. 옛 주석의 해석은 모두 옳지 않다. (곽경번, 『장자집석』에서 인용)
- 곽경번: '서胥'와 '소疏' 두 글자는 과거 서로 통용되었다. 『춘추좌전』 선공宣公 14년의 '거급어포서지시車及於蒲胥之市'(포서의 거리에 당도하여서야 수레에 올랐다)를 『여씨춘추』에서는 '포서蒲胥'가 아니라 '포소蒲疏'로 썼고, 『사기』「소진열전蘇秦列傳」의 '동유회東有淮 · 영潁 · 자조煮棗 · 무서無胥'(대왕의 영토는 동쪽으로는 회, 영, 자조, 무서가 있다)를 『전국책』「위책魏策」에서는 '무서無胥'를 '무소無疏'로 쓴 것이 그 증거이다.
- 해동: '서소胥疏'는 '소소疏疏'로 읽어야 한다. '종적이 멀어지다'라는 말이다. (『장자보주』)

⑦ 罔羅機辟之患: '망罔'은 '망网'과 같다. '벽辟'은 '벽繴'(새그물) 자를 생략한 것이다. '기벽機辟'은 각종 새와 짐승을 잡는 도구이다. 「소요유」의 "기벽에 걸리고, 그물에 잡혀 죽는다"(中於機辟, 死於罔罟)라는 구절과 같은 뜻이다.

⑧ 南越: 매우 먼 지역을 표현하는 말.

- 임희일: 전국시대에는 아직 남월 지역이 중국과 통하지 않았다. 따라서 그 이름을 빌려 사용한 것이다.

⑨ 其民愚而朴: 『노자』 57장에 나오는 "아무욕이민자박我無欲而民自樸"과 비슷하다.

⑩ 少私而寡欲: 『노자』 19장에 나오는 "소사과욕少私寡欲"과 비슷하다.

⑪ 將: 행하다(行).

⑫ 猖狂妄行: 마음이 하고자 하는 대로 따름. (임희일) '창광猖狂'이라는 말은 「재유」와

「경상초」에도 등장한다.

⑬ 大方: 위대한 도(大道).

⑭ 形倨: 모습이 거만함.

⑮ 吾無糧, [我無食], 安得而至焉: '아무식我無食' 세 글자는 불필요한 글자로 보인다. 이를 '오아량吾我糧'으로 쓴 판본도 있고, '아무식'으로 쓴 판본도 있으나, 모두 옮겨 쓰는 과정에서 중복하여 쓴 것으로 군더더기에 해당한다. 앞 구절에서는 "나는 수레와 배가 없는데 어떻게 하는가?"라는 질문에 "거만한 태도를 버리고, 집착을 버리십시오. 이러한 태도를 군주의 수레로 삼으시면 됩니다"라고 답을 하였고, 여기에서는 "나는 양식이 없는데 어떻게 이를 수 있는가?"라는 질문에 "욕심을 줄이신다면, 양식이 없더라도 충분합니다"라고 답을 하였다. 그런데 여기에 '나는 양식이 없다'(我無食)는 말이 더 들어가면 명백히 군더더기가 된다.

⑯ 有人者: 백성을 관장하는 자.

- 곽상: '유인자有人者'란 지니고 있는 것을 자신의 사유물로 여기는 것이다.

⑰ 見有於人者: 남에게 부림을 받는 자.

⑱ 大莫: 광활함(廣漠).(선영) '막莫'은 '막漠'으로 읽는다.(양수달)

⑲ 方舟: 두 개의 배를 나란히 엮어 만든 큰 배를 '방주方舟'라고 한다.(성현영, 『장자소』) '방方'은 지금의 '방舫'(방주)과 통한다.(호회침, 『장자집해보정』)

⑳ 惼: '편褊'과 같다. 성격이 좁고 급한 것을 말한다.

㉑ 張歙(歙의 중국음은 xi[隙]): '장張'은 벌리다, '흡歙'은 물러나다.

㉒ 向也虛而今也實: '허虛'는 사람이 없는 빈 배를 가리킨다. '실實'은 사람이 있는 것을 가리킨다.

【풀이】

시남의료가 노나라 제후를 알현하였는데, 노나라 제후의 안면에 근심이 가득했다. 시남의료가 물었다. "안면에 근심이 가득해 보입니다. 무슨 일이십니까?"

노나라 제후가 말했다. "나는 앞선 왕들의 도를 배우고 앞선 군주들의 사업을 실행하면서 귀신을 공경하고 어질고 능력 있는 자들을 존중하였다. 몸소 이를 실천하면서 잠시도 쉬지 않았는데, 여전히 우환을 피할 수가 없어 이렇게 근심하는 것이다."
시남의료가 말했다. "우환을 피하는 방법이 너무 얕습니다. 풍성한 털을 지닌 여우와 아름다운 무늬를 지닌 표범은 산중에 서식하며 동굴 속에 숨어 지내니, 이는 고요한 것입니다. 밤중에 나와서 다니고 낮에는 동굴 속에 머무르니, 이는 잘 경계하는 것입니다. 배고프고 목마르며 삶이 궁핍해도 강호에서 먼 곳으로 가 먹이를 구하니 이는 매우 안정적으로 행동하는 것입니다. 그런데도 이들조차 그물이나 덫에 걸리는 화를 피할 수 없습니다. 이들이 무슨 죄가 있겠습니까? 자신의 가죽이 이런 화를 불러온 것일 뿐입니다. 그렇다면 노나라가 바로 제후의 가죽인 셈이 아니겠습니까? 저는 군주께서 형체를 가르고 모피를 벗겨 낸 뒤, 마음을 깨끗이 하고 물욕을 버린 채로 아무도 없는 광활한 땅에서 노니시길 바랍니다. 남월에 건덕지국建德之國이라는 지역이 있습니다. 이곳에 사는 백성들은 단순하고 순박하며 사사로움과 욕망이 적습니다. 농사를 지을 줄만 알지 따로 저장할 줄은 모르고, 남을 도와주지만 보답을 바라지 않습니다. 어떻게 해야 의義에 부합하는지를 모르고, 어떻게 해야 예禮라고 할 수 있는지를 모릅니다. 그저 마음이 하고자 하는 바에 따라 행하지만 모두 도에 들어맞습니다. 이렇게 하여 살아 있을 때는 충분히 즐겁고, 죽어서는 편안히 묻힐 수 있습니다. 저는 군주께서 나라와 제위를 버리고 세속의 일을 벗어던진 채 도와 서로 도와가며 나아가시기를 바랍니다."
노나라 제후가 말했다. "그곳까지는 길이 멀고 험하며 또 산과 강도 있지만, 나는 수레와 배가 없으니 어떻게 해야 하는가?"
시남의료가 말했다. "거만한 태도를 버리고, 집착을 버리십시오. 이러한 태도를 군주의 수레로 삼으시면 됩니다."
노나라 제후가 말했다. "그곳은 길이 깊어 사람들이 살지 않는데 나는 누구를 데리고 가는가? 그리고 양식이 없는데 어떻게 그곳까지 도달할 수 있겠는가?"
시남의료가 말했다. "비용을 줄이고 욕심을 버리신다면, 양식이 없더라도 충분합니다. 강을 건너고 바다로 흘러가 더 이상 해안가도 보이지 않을 정도로 점점 끝없이 가십시오. 그리하여 송별하러 나온 자들도 이미 다 돌아가 버릴 정도가 되면 멀리 떨어져 온 것이라 할 수 있습니다. 남을 부리는 자와 남에게 부림을 받는 자에게는 모두 우환과 근심이 생기기 마련입니다. 따라서 요임금은 남을 부리지 않고 남에게 부림을 받지도 않았습니다. 저는 군주께서 근심을 버리고 걱정을 벗어던진 채, 오직 위대한 도와 함께 대막지국大莫之國에서 유유자적하시기를 바랍니다. 나란히 엮은 배를 타고 강을 건너는데, 빈 배 한 척이 다가와 부딪히려고 한다면 성질이 급한 자라도 화부터 내지는 않을 것입니다. 그런데 만약 배 위에 사람 한 명이 있다고 가정해 보겠습니다. 그럼 우선 '거리를 벌리고 뒤로 물러가라!'라고 외칠 것입니다. 한 번 불렀는데도 답이 없고, 다시 한 번 불렀는데도 답이 없다면 세 번째 부를 때는 험악한 소리로 욕을 할 것입니다. 처음에는 화가 나지 않았지만 이제는 화가 난 것은 처음에는 빈 배인 줄 알았지만 지금은 사람이 타고 있기 때문입니다. 만약 '자신을 비우는' 태도로 세상 속에서 노닐 수 있다면 대체 누가 그를 해할 수 있겠습니까?"

3.

北宮奢①爲衛靈公賦斂②以爲鍾③, 爲壇乎郭門之外, 三月而成上下之縣④.
王子慶忌見而問焉, 曰: "子何術之設?"
奢曰: "一之間⑤, 無敢設也. 奢聞之: '旣雕旣琢, 復歸於朴.' 侗乎⑥其無識, 儻乎⑦其怠疑⑧; 萃乎芒乎⑨, 其送往而迎來; 來者勿禁, 往者勿止; 從其強梁⑩, 隨其曲傅⑪, 因其自窮⑫, 故朝夕賦斂而毫毛不挫, 而況有大塗⑬者乎!"

【길잡이】

① 北宮奢: 위衛나라의 대부. 북궁北宮에 기거하였으므로 그렇게 칭하였다. 사奢는 그의 이름이다.(이이)

② 賦斂: 지금 말하는 '모금'과 비슷함.(선영) 종을 만들 돈을 거두어들이는 것으로, 세금과는 별개이다.(유봉포, 『남화설심편』)

③ 鍾: 악기 이름.(성현영, 『장자소』)

④ 上下之縣: 위아래 두 개의 층으로 된 종 걸이대.

- 임희일: 종에는 이를 매다는 틀이 있다. 이 틀이 두 개의 층으로 이루어져 있으므로 '위아래로 매단다'(上下之縣)고 한 것이다. 이는 편종編鍾[15]을 말한 것이다.

---

15) 음률이 다른 16개의 작은 종을 두 층으로 매달아 만든 고대의 악기.

⑤ 一之間: '일一'은 순일함이다. 자연에 따르는 것을 의미한다.(임희일) 오로지 순일하게 자연을 따른다는 것은 그 이외에 어떤 술수도 없음을 말한다.(진수창, 『남화진경정의』) 오로지 백성의 말에 따르며, 억지로 하려고 하지 않는 것을 뜻한다.(유봉포)

▹ 진고응: '일지간'은 백성에 대한 말로 해석하자면, 백성들에게 억지로 돈을 받아내려 하지 않고 자연스럽게 하여, 백성이 스스로 돈을 내고 힘을 보태는 대로 한다는 뜻이다. 한편 스스로에 대한 말로 해석하자면, 마음을 순수하고 잡념이 없는 상태로 만들어 오로지 종을 만드는데 집중한다는 뜻으로 해석할 수 있다.

⑥ 侗乎: 순박한 모습을 표현하는 말.

⑦ 侻乎: 무심의 상태를 표현하는 말.

⑧ 怠疑: 바라는 바에 조급해하지 않는 모습을 표현하는 말.

• 임운명: 급하게 가려고 하지 않는 것이다.

⑨ 萃乎芒乎: '췌萃'는 '모으다'의 뜻.(성현영, 『장자소』) '망芒'은 구분되지 않음.(왕선겸) 하나로 모여 서로 구분되지 않음을 표현하는 것이다.

⑩ 從其強梁: 기부하기를 원하지 않는 자는 원하는 대로 내버려둠. '강량強梁'은 따르지 않는 자를 가리킨다.

• 왕선겸: '종從'은 '종縱(내버려두다)'으로 읽는다. 원하지 않는 자는 그의 뜻대로 하게 둔다는 말이다.

⑪ 隨其曲傅: '종기강량從其強梁'과 반대의 의미로, 뜻을 굽히고 따르려고 하는 자들 또한 그 뜻대로 하게 둔다는 말이다.

• 사마표: 자신의 뜻을 굽히고 따르려는 자를 가리킨다.

⑫ 因其自窮: 각기 자신의 능력에 의지함.

• 임운명: 스스로 할 수 있는 만큼에 따라하고, 감당할 수 없는 것을 억지로 시키지 않는 것이다.

⑬ 大塗: 위대한 도(大道).

【풀이】

북궁사가 위령공을 위해 종을 만들 돈을 모금하러 나섰다. 우선 성문 밖에 제단을 설치하여 삼 개월에 걸쳐 위아래 층의 종각을 완성시켰다. 이 모습을 본 왕자 경기가 북궁사에게 말했다. "어떤 방법으로 한 것인가?"
북궁사가 말했다. "종을 만드는 데 마음을 집중하였을 뿐, 다른 방법을 쓰지 않았습니다. 저는 이런 말을 들은 적이 있습니다. '이미 잘 갈고 닦았으니, 이제는 참된 소박함으로 돌아가고자 한다.' (저는) 아무것도 알지 못하는 듯이 순박하고 무심한 태도로 오는 사람은 막지 않고, 가는 사람은 붙잡지 않았습니다. 돈을 내고자 하는 자는 원하는 대로 내게 하고, 도우려 하지 않는 자 또한 원하는 대로 내버려두었습니다. 각자 자신의 능력대로 하게 하니, 아침저녁으로 모금을 했지만, 백성들은 조금도 피해를 입지 않았습니다. 하물며 위대한 도를 지닌 자는 어떻겠습니까?"

4.

孔子圍於陳蔡之間, 七日不火食.
大公任①往吊之曰: "子幾死乎?" 曰: "然." "子惡死乎?" 曰: "然."
任曰: "予嘗言不死之道. 東海有鳥焉, 其名曰意怠②. 其爲鳥也, 翂翂翐翐③, 而似無能; 引援而飛④, 迫脅而棲⑤; 進不敢爲前, 退不敢爲後; 食不敢先嘗, 必取其緖⑥. 是故其行列不斥⑦, 而外人卒不得害, 是以免於患. 直木先伐, 甘井先竭. 子其意者飾知以驚愚, 修身以明汙, 昭昭乎如揭日月而行, 故不免也. 昔吾聞之大成之人⑧曰: '自伐者無功⑨, 功成者墮, 名成者虧⑩.' 孰能去功與名而還與衆人! 道流而不明居, 德行而不名處⑪; 純純常常⑫, 乃比於狂⑬; 削迹捐勢⑭, 不爲功名. 是故無責⑮於人, 人亦無責焉. 至人不聞, 子何喜哉?"
孔子曰: "善哉!" 辭其交遊, 去其弟子, 逃於大澤; 衣裘褐⑯, 食杼栗; 入獸不亂群, 入鳥不亂行. 鳥獸不惡, 而況人乎!

【길잡이】

① 大公任: '대공大公'은 노인에 대한 호칭. '임任'은 이름이다.(성현영, 『장자소』) 지어낸 허구의 인물이다.

- 유월: 『광운』「일동一東」의 '공公'자 항목에 대한 주석에 "『세본世本』에 대공류숙大公類叔이라는 이름이 나온다. 그런데 대공大公은 두 글자 성씨를 말하는 것이며, 대부에 대한 호칭이 아니다"라고 하였다.(『兪樓雜纂』 중 『莊子人名考』)

② 意怠: 지금의 제비.(임희일) 뒤에 나오는 '의이鷾鴯'를 가리킨다.

③ 翂翂翐翐: 느릿느릿하게 날아가는 모습을 표현한 말.

④ 引援而飛: '인원引援'은 무리 지어 나는 것을 말함.(임희일)

⑤ 迫脅而棲: 무리가 내려앉은 후에 내려앉음. '박협迫脅'은 옆구리가 서로 맞닿는 것을 말한다.(진수창) 다 함께 모여서 서식하는 모습을 표현한 것이다.

- 여혜경: '박협이서迫脅而棲'는 움직이지도 못하고 멈추지도 못하며 주저하는 모습을 나타내는 말이다.(『장자의』)

⑥ 緖: 남아서 버려진 것.(임희일)

- 왕념손: '서緖'는 남은 것을 말한다. 「양왕」의 '기서여이위국가其緖余以爲國家' 라는 구절에 대해 사마표는 "'서緖'는 '잔殘'과 같다. 잔여를 말한다"라고 설명하였다.

⑦ 行列不斥: 함께 비행하는 행렬로부터 배척당하는 법이 없음.

- 소여蘇輿: 다른 새들로부터 받아들여짐.(왕선겸의 『장자집해』에서 인용)

⑧ 大成之人: 노자를 가리킴.

⑨ 自伐者無功: 『노자』 24장에 나온다.

⑩ 功成者墮, 名成者虧: 지금의 『노자』에는 이 두 구절이 없다. 다만 '공이 이루어져도 이를 차지하지 않는다'(功成而不居, 2장), '공이 이루어지면 자신은 물러난다'(功遂身退, 9장)와 같은 구절만 전해진다.

⑪ 道流而不明居, 德行而不名處: '불명거不明居'는 스스로 뽐내고 자처하지 않음. '덕德'은 세간에 통행 되는 판본에는 '득得'으로 되어 있으나, '득得'은 '덕德'으로 보아야 한다.(저백수) 저백수와 선영의 판본에 따라 이를 수정하였다. 곽상은 '도류이불명道流而不明'에서 문장을 끊고 '거居'를 다음 문장에 속하는 것으로 보았으나, 옳지 않다.

- 저백수: '도류이불명거道流而不明居, 득행이불명처得行而不名處' 두 구절을 나란히 나누어서 읽으면 그 의미가 자명하다. 곽상이 '명明'자 다음에 주석을 달았고 후대의 해석가들이 이러한 해석에서 벗어나지 못했으나, 여혜경만이 두 해석에 의문을 갖고 '거居'와 '처處'에서 문장을 끊었다. '득得'은 '덕德'으로 읽어야 하며, '명名'은 '명明'으로 읽어야 한다. 이렇게 하면 앞 구절과 의미가 서로 어울리게 된다. 이 구절은 도와 덕은 유행流行하지 않는 곳

없지만, 다만 그 도와 덕을 드러내고자 하지 않기 때문에 고갈되는 일이 없음을 말한 것이다.(『남화진경의해찬미』)

⑫ 純純常常: 순박하고 항상 일정함.

- 임운명: '순純'은 순일함을 말한다. '상常'은 평소와 같이 일정함을 뜻한다. 마음을 순일하게 하고 행동을 항상 일정하게 하는 것을 말한다.

⑬ 乃比於狂: '우매하고 분별이 없는 것과 같다'라는 의미.

⑭ 削迹捐勢: 행적을 지우고, 권세를 버림.

⑮ 無責: 바라지 않음(無求).

⑯ 裘褐: '구裘'는 가죽옷. '갈褐'은 털로 짠 천. 무명옷을 말함.

【풀이】

공자가 진나라와 채나라 두 나라의 국경 지대에서 포위를 당해 칠 일간 불에 익힌 음식을 먹지 못하였다. 이 소식을 들은 대공임이 위문차 그를 찾았다. "곧 굶주려 돌아가시겠습니다."

공자가 말했다. "그렇습니다."

대공임이 말했다. "죽는 것이 싫습니까?"

공자가 말했다. "그렇습니다."

대공임이 말했다. "그럼 제가 죽지 않는 방법을 말해 보겠습니다. 동쪽 바다에는 의태라고 하는 새들이 살고 있습니다. 이 새는 마치 힘이 없는 듯이 느릿느릿 하늘을 납니다. 무리를 따라 비행하면서 다른 새들 속에 함께 부대끼며 서식합니다. 앞으로 나아갈 때는 제일 앞에 나서 비행하고자 하지 않으며, 물러날 때는 마지막에 뒤처져 날지 않습니다. 음식을 먹을 때는 먼저 먹고자 다투지 않으며, 반드시 남은 먹이를 먹습니다. 따라서 그 새는 함께 비행하는 행렬로부터 배척당하는 법이 없고, 외부의 사람들이 결코 이 새를 해할 수 없으니, 이로써 화를 면할 수 있습니다. 곧은 나무는 베어지고, 물맛이 좋은 우물은 먼저 고갈됩니다. 선생은 마음에 겉치레(文飾)와 지식을 가지고 세속을 놀라게 만들고, 자신의 품행을 가다듬어 남의 오점을 드러내니, 그 행실이 마치 해와 달이 비추듯 밝게 드러납니다. 이 때문에 화를 면할 수가 없는 것입니다. 저는 일찍이 도를 집대성한 인물이 '자신을 뽐내는 자는 공적이 없고, 공이 이루어져도 물러나지 않는 자는 패망하며,

명성을 드러내는 자는 해를 입는다'라고 한 말을 들은 적이 있습니다. 그 누가 자신의 공과 명성을 버리고 이를 사람들에게 돌려줄 수 있겠습니까? 위대한 도는 유행하지만 스스로 뽐내며 자처하지 않습니다. 덕행은 널리 퍼지지만 스스로 명성을 바라지 않습니다. 마치 우매하고 분별이 없는 듯한 모습으로 그저 순박하고 항상 일정하게 행하며, 행적을 자우고 권세를 버리며 공과 명성을 좇지 않습니다. 이렇게 한다면 내가 사람들에게 바라는 것도 없고, 사람들이 나에게 바라는 것도 없습니다. 지인은 명성을 추구하지 않는데 선생은 어찌하여 이를 좋아하는 것입니까?"

공자가 이 말을 듣고 "지극히 옳은 말씀입니다"라는 말을 남기고는 벗과 제자들을 떠나 광야로 도망쳐갔다. 그는 무명옷을 입고 도토리를 주워 먹으며 살았는데, 짐승들의 무리로 들어가도 짐승들이 놀라 흩어지지 않았으며, 새들의 무리로 날아가도 새들이 놀라 도망가지 않았다. 새와 짐승들도 그를 싫어하지 않는데, 사람들이야 어떻겠는가?

5.

孔子問子桑雽①曰: "吾再逐於魯②, 伐樹於宋③, 削迹於衛④, 窮於商周⑤, 圍於陳蔡之間⑥. 吾犯⑦此數患, 親交益疏, 徒友益散, 何與?"

子桑雽曰: "子獨不聞假人之亡⑧與? 林回棄千金之璧, 負赤子而趨. 或曰: '爲其布⑨與? 赤子之布寡矣; 爲其累與? 赤子之累多矣; 棄千金之璧, 負赤子而趨, 何也?' 林回曰: '彼⑩以利合, 此以天屬也.' 夫以利合者, 迫窮禍患害相棄也; 以天屬者, 迫窮禍患害相收也. 夫相收之與相棄亦遠矣. 且君子之交淡若水, 小人之交甘若醴; 君子淡以親, 小人甘以絶⑪. 彼無故以合者, 則無故以離."

孔子曰: "敬聞命矣!" 徐行翔佯⑫而歸, 絶學捐書, 弟子無挹於前⑬, 其愛益加進. 異日, 桑雽又曰: "舜之將死, 乃命⑭禹曰: '汝戒之哉! 形莫若緣⑮, 情莫若率⑯. 緣則不離, 率則不勞; 不離不勞, 則不求文⑰以待形; 不求文以待形, 固不待物.'"

【길잡이】

① 子桑雽: 성은 상桑, 이름은 호雽. 은거하는 인물이다.

- 유월: 「대종사」의 자상호子桑戶를 가리킨다. '호雽'는 '호戶'로 발음하니, 분명

자상호子桑戶와 같은 인물이다.

② 再逐於魯: 노魯나라 정공定公 시기, 공자는 사구司寇라는 관직을 맡고 있었다. 제齊나라의 집정자들이 공자와 노나라 군주 간에 불화를 만들어 내고자 80명의 미녀와 124필의 준마를 노나라 군주에게 보냈다. 이러한 제나라의 이간질로 인해 공자는 정공의 냉대를 받게 되었고, 이에 어쩔 수 없이 노나라를 떠나게 되었다.

③ 伐樹於宋: 공자가 송宋나라의 영내에 도착하여 어떤 나무 아래에서 잠시 휴식을 취하고 있었을 때, 송나라의 사마司馬였던 환퇴桓魋라는 자가 공자를 쫓아와 그가 휴식을 취하던 큰 나무를 베어 넘기며 공자에게 위협을 가했다. 이 일은 「천운」에 소개된 바 있다.

④ 削迹於衛: 공자가 위衛나라 광성匡城에서 양호陽虎라는 자로 오인받아 포위를 당한 일을 말한다. 「천운」에서 이미 등장하였다.

⑤ 窮於商周: 상商(은나라 후예의 영토)과 주周(송나라와 위나라를 가리킴)에서 뜻을 이루지 못함. 「천운」에서 이미 등장하였다.

⑥ 圍於陳蔡之間: 공자가 진나라와 채나라 사이의 부함負函[하남성 信陽 일대]이라는 지역을 지나가다가 초楚나라 군대에 의해 포위를 당한 일을 말한다. 「천운」에서 이미 등장하였다.

⑦ 犯: '봉逢'(만나다)의 뜻으로 가차되었다. 「대종사」의 '범인지형犯人之形'과 같은 사례이다.(장병린, 『장자해고』)

⑧ 假人之亡: '가假'는 나라 이름. 은殷나라의 이름을 잘못 쓴 것이라는 설도 있다. '망亡'은 도망을 말한다.

- 손이양孫詒讓: 사마표는 "'임회林回'는 은나라에서 도망친 백성의 이름이다"라고 하였으니, '가인假人'은 '은인殷人'을 잘못 쓴 것으로 보아야 한다. 그런데 『문선』에 실린 왕중보王仲寶[16]의 「저연비문褚淵碑文」 주석에 인용된 사마표의 말에서는 "'가假'는 나라 이름이다"라고 하였다.
- 마서륜: 『사기』 「혹리전酷吏傳」의 '초유은중楚有殷仲'이라는 구절에 대해 서

16) 중국 南朝시대 齊나라의 王儉(452~489)을 말한다. 「褚淵碑文」은 王儉이 제나라의 개국공신 褚淵의 공훈을 기려서 쓴 비문이다.

광서광徐廣은 "'은殷'은 '가假'로도 쓴다"라고 하였다.…… 이 글자는 '은殷'으로 읽어야 하며, '은殷'은 곧 송宋을 말한다. 이는 송나라 언왕偃王의 폭정으로 인해 그 백성들이 도망친 일을 가리킨다.

⑨ 布: 재물을 가리킨다.

⑩ 彼: 벽璧(고대의 옥기)을 가리킨다.

⑪ 君子之交淡若水, 小人之交甘若醴; 君子淡以親, 小人甘以絶: 『예기』「표기表記」에는 '군자지접여수君子之接如水, 소인지접여례小人之接如醴; 군자담이성君子淡以成, 소인감이괴小人甘以壞'라고 되어 있다.

⑫ 翔佯: '상양徜徉'과 통한다.(호회침) 한가로이 유유자적하는 모습을 표현하는 말.

⑬ 無挹於前: 읍하는 예와 사양하는 예가 없음.(성현영, 『장자소』) '읍挹'은 '읍揖'으로 읽는다. 읍하는 예를 말한다.[17]

- 임운명: 공과 읍의 예절을 가리킨다. 허례허식을 제거하면 참된 뜻이 통하게 된다는 말이다.

⑭ 乃命: 현재 판본에는 '진령眞泠'이라고 되어 있어, 여러 학자가 이 의미를 모두 왜곡하여 해석하였다. 왕인지의 설에 따라 이를 '내명乃命'으로 수정한다.

- 육덕명: 사마표의 판본에는 '직直'으로 되어 있다. 그에 따르면 "'령泠'은 명령을 내리는 것이다."
- 왕인지: '직直'은 '내卥'로 읽어야 한다. '내卥'는 주문籒文체에서는 '내乃'자로 쓰며, 예서隸書체에서는 '내迺'자로 쓴다. '내卥'는 모양이 '직直'과 닮았으므로 '직直' 혹은 '진眞'으로 와전된 것이다. '명命'과 '령令'은 과거에 서로 통용되었으니, '명命' 혹은 '령令' 어느 것으로 써도 옳다. 즉 '영우令禹'는 '명우命禹'(우에게 명하다)와 같다.(왕념손의 『독서잡지여편』에 나옴)
- 임운명: '진령眞泠'은 '기명其命'을 잘못 쓴 것이다.
  - ▹ 진고응: 선영의 판본에서는 임운명의 설에 따라 '진령眞泠'을 '기명其命'으로 고쳐 썼고, 또한 "옛 판본에서는 이를 '진령'으로 잘못 썼다"라고 설명하였다.

⑮ 緣: 그것의 스스로 그러함(自然)에 따름.(임희일)

---

17) 揖讓은 손님과 주인 사이에 하는 예절이다. 揖은 손을 모아서 하는 인사를 말하고, 讓은 겸양하는 것을 말한다.

⑯ 率: 진솔하다.

- 임희일: '솔率'은 그것의 스스로 그러함(自然)을 따른다는 뜻이다.

⑰ 文: 허례허식.

【풀이】

공자가 자상호에게 말했다. "나는 노나라로부터 두 번이나 추방을 당했고, 송나라에서는 나무가 베어져 죽을 뻔한 모욕을 당했습니다. 위나라에서는 머무르는 것조차 금지 당했고, 상나라와 주나라에서는 별다른 활로를 찾지 못했으며, 진나라와 채나라 사이에서 포위를 당하기도 했습니다. 이런 환난을 겪으니 친척이나 오래 알고 지내던 이들과도 소원해졌으며, 제자와 친구들도 떠나가게 되었습니다. 어찌하여 이런 것입니까?"

자상호가 말했다. "가국假國 백성이 도망쳤던 일에 대해 듣지 못했습니까? 임회는 천금이 나가는 옥을 모두 버린 채 갓난아이를 등에 업고 도망을 쳤습니다. 누군가 그에게 이렇게 물었습니다. '재물 때문에 도망치는가? 그러기에는 갓난아이는 가치가 너무 작다. 삶이 번거롭기 때문인가? 그러기에는 갓난아이가 훨씬 짐이 된다. 그렇다면 천금의 옥을 모두 버리고 갓난아이만 등에 업고 도망친 것은 무엇 때문인가?' 그러자 임회는 '나와 옥은 이익으로 결합된 것이지만, 나와 아이는 천성적으로 연결되어 있다'라고 답하였습니다. 이익으로 결합된 것은 핍박을 받고 환난에 처하게 되면 서로를 버리게 됩니다. 하지만 천성적으로 연결된 것은 핍박을 받고 환난에 처해도 서로를 떠맡고자 합니다. 서로 떠맡으려 하는 것과 서로 버리는 것은 차이가 큽니다. 다시 말하자면, 군자의 교제는 마치 물과 같이 담담하고, 소인의 교제는 마치 단술과 같이 달콤합니다. 그러나 군자의 관계는 담담하면서도 친밀하지만, 소인의 관계는 달콤하면서도 쉽게 끊어집니다. 따라서 아무런 이유 없이 맺어지면서도 아무런 이유 없이 떠나가는 것입니다."

공자는 "그 가르침을 진심으로 받아들이겠습니다"라는 말을 남기고 느린 걸음으로 유유히 돌아갔다. 그러고는 학업을 중단하고 성인의 책들을 버렸으며 제자들에게 읍하며 절하는 등의 예절을 하지 않게 하였다. 그런데도 공자에 대한 존경심은 오히려 높아져 갔다.

하루는 자상호가 이렇게 말했다. "순임금이 죽기 전, 우禹에게 이렇게 말했습니다. '마음을 항상 조심히 써라! 형체는 그대로 따르는 것이 가장 좋고, 감정은 참된 바에 따르는 것이 가장 좋다. 그대로 따르면 잃어버리지 않고, 참됨에 따르면 수고스럽지 않다. 형체를 잃지 않고 감정이 수고스럽지 않는다는 것은 허례허식으로 형체를 꾸며대지 않는다는 것이니 이렇게 하면 외물에 의지할 일이 없다.'"

6.

莊子衣大布①而補之, 正緳系履②而過魏王. 魏王曰: "何先生之憊邪?"
莊子曰: "貧也, 非憊也. 士有道德不能行, 憊也; 衣弊履穿, 貧也, 非憊也; 此所謂非遭時也. 王獨不見夫騰猿乎? 其得柟梓豫章③也, 攬蔓④其枝而王長⑤其間, 雖羿, 蓬蒙⑥不能眄睨⑦也. 及其得柘棘枳枸⑧之間也, 危行⑨側視, 振動悼栗; 此筋骨非有加急⑩而不柔⑪也, 處勢不便, 未足以逞其能也. 今處昏上亂相之間, 而欲無憊, 奚可得邪? 此比干之見剖心征⑫也夫!"

【길잡이】

① 大布: 거친 천.

② 正緳系履: 곽숭도郭嵩燾는 '정正'을 '정整'(정돈하다)이라고 풀이하였는데, (正은) '이以'자가 와전된 것으로 보인다. '미緳'는 띠(帶)를 말한다.(사마표) 삼밧줄을 엮어 만든 띠를 가리킨다. '계系'는 '계繫'(매다)와 같다. 이 구절은 삼끈으로 [망가진] 신을 묶어서 신는다는 뜻이다.

- 곽숭도: 『설문해자』에서 "'혈絜'은 삼 한 단을 말한다"라고 하였다. 이는 '미緳'와 뜻이 서로 통한다. 즉 삼의 한 단을 모아 이것으로 신발을 묶어 맨다는 뜻이다. 신에 끈이 달려 있지 않아 삼으로 이를 묶었기에 '고달프다'(憊)라고 하였다.

③ 柟梓豫章(柟의 중국음은 nán[南], 梓의 중국음은 zǐ[子]): 모두 바르고 곧아 목재로 쓰기 좋은 나무이다.

④ 攬蔓: 붙잡다(把捉).(성현영, 『장자소』)

- 유봉포: '람攬'은 '쥐다'(把)라는 뜻이고, '만蔓'은 '감다'(纏繞)라는 뜻이다. 나뭇가지를 붙잡고 그것을 휘감은 모습이 마치 덩굴이 자라난 듯하다는 말이다.

⑤ 王長: 자득自得의 의미.(성현영, 『장자소』) '왕창旺漲'과 같은 뜻으로 볼 수도 있다.

의기가 왕성한 모습을 표현하는 말이다.(후쿠나가 미쓰지)

⑥ 羿, 蓬蒙: '예羿'는 활쏘기에 정통했던 고대의 인물이며, '봉몽蓬蒙'은 그의 제자이다.

⑦ 眄睨(眄의 중국음은 mián[棉], 睨의 중국음은 nì[膩]): 곁눈질하다.

⑧ 柘棘枳枸(柘의 중국음은 zhè[這]): 모두 가시가 달린 작은 나무이다.

⑨ 危行: 행동을 조심하고 신중하게 함.

⑩ 加急: 제한함, 단단히 조임.

⑪ 不柔: 유연하지 않음.

⑫ 征: 확실한 증거.

【풀이】

장자가 구멍을 기워 만든 거친 옷을 입고 삼끈으로 해진 신발을 묶어 신고서 위왕을 만나러 갔다. 위왕이 그를 보고 말했다. "선생은 어찌 그렇게 삶이 고달프시오?" 장자가 말했다. "빈곤한 것이지 고달픈 것이 아닙니다. 선비가 이상이 있으나 그것이 행해지지 않을 때, 고달프다고 하는 것입니다. 옷이 낡고 신발이 해진 것은 빈곤한 것이지 고달픈 것이 아닙니다. 이는 이른바 때를 만나지 못한 것일 뿐입니다. 왕께서는 뛰어다니는 원숭이를 본 적이 없으십니까? 이들이 남柟, 재梓, 예豫, 장章과 같은 큰 나무를 오르는 모습을 보면, 나뭇가지를 움켜쥐고 그 속에서 마음껏 노닙니다. 설령 활을 잘 쏘는 예羿나 봉몽蓬蒙을 데려와도 어떻게 할 수 없습니다. 그런데 이들이 자柘, 극棘, 지枳, 구枸와 같이 가시가 많은 수풀 속에 내려앉으면 신중하고 조심하면서 마음속으로 두려움을 느끼게 됩니다. 몸이 달리 속박을 받아서 자유롭지 못하게 된 것이 아닙니다. 그저 처한 형세가 불리하기 때문입니다. 그러한 환경 속에서 어떻게 그 재능을 내보일 수 있겠습니까? 바야흐로 지금은 혼군이 횡행하여 혼란하기 짝이 없는 시대인데, 고달프지 않으려 해도 어떻게 그것이 가능하겠습니까? 심장이 갈라져 죽은 비간比干이 이를 잘 말해 주고 있습니다."

7.

孔子窮於陳蔡之間, 七日不火食, 左據槁木, 右擊槁枝, 而歌猋氏[①]之風, 有其具而無其數[2], 有其聲而無宮角[3], 木聲與人聲, 犁然[4]有當於人之心.

顔回端拱還目[5]而窺之. 仲尼恐其廣己而造大[6]也, 愛己而造哀也, 曰: "回, 無受天損易[7], 無受人益難[8]. 無始而非卒[9]也, 人與天一[10]也. 夫今之歌者其誰乎?"

回曰: "敢問無受天損易."

仲尼曰: "饑渴寒暑, 窮桎不行[11], 天地之行也, 運物之泄也[12], 言與之偕逝[13]之謂也. 爲人臣者, 不敢去之. 執臣之道猶若是, 而況乎所以待天乎!"

"何謂無受人益難?"

仲尼曰: "始用四達[14], 爵祿並至而不窮, 物之所利, 乃非己也[15], 吾命其在外者也. 君子不爲盜, 賢人不爲竊. 吾若取之, 何哉! 故曰, 鳥莫知[16]於鷾鴯[17], 目之所不宜處, 不給視, 雖落其實, 棄之而走. 其畏人也, 而襲諸人間[18], 社稷存焉爾[19]."

"何謂無始而非卒?"

仲尼曰: "化其萬物而不知其禪[20]之者, 焉知其所終? 焉知其所始? 正而待之[21]而已耳."

"何謂人與天一邪?"

仲尼曰: "有人, 天[22]也; 有天, 亦天也. 人之不能有天, 性也; 聖人晏然[23]體逝而終矣!"

【길잡이】

① 猋氏(猋의 중국음은 biāo[標]): 신농을 가리킴.(성현영, 『장자소』) '표씨猋氏'는 즉 '염씨焱氏'와 같다.(왕선겸, 『장자집해』) 「천운」에 나온 바 있다.

② 有其具而無其數: 나뭇가지를 들어 나무를 두드리는데 일정한 박자가 없음.(선영) '유기구有其具'는 나무를 두드리는 도구가 있다는 뜻이다.(진수창) '수數'는 박자의 일정한 수를 가리킴.

③ 無宮角: 오음에 들어맞지 않음.(임희일) 음률을 다스리지 않음.(선영)

④ 犁然: 석연釋然함, 느긋함(悠然).

- 초횡: '이연犁然'은 마치 밭을 갈 때 흙이 파헤쳐지는 모습과 같다.

⑤ 端拱還目: '단공端拱'은 손을 모으고 곧게 서는 것을 말하며, '환목還目'은 눈을

돌리는 것을 말한다. '환還'은 '선旋'(돌다)으로 읽는다.

- 임운명: '단공端拱'은 머리를 곧게 드는 것이다. 놀란 모습으로 바라 볼 수 없으므로 눈동자를 굴려 보는 것이다.

⑥ 廣己而造大: 과장될 정도로 자신을 드러냄.

- 임운명: '조造'는 '이르다'(至)라는 뜻이다. 자신을 지나치게 높이는 것을 말한다.

⑦ 無受天損易: 자연으로부터 해를 입지 않기는 쉬움.

⑧ 無受人益難: 인간세상의 이익과 작록을 받아들이지 않는 것은 어려움.

- 임운명: 인간 사회의 이익들이 찾아오면 이를 사양하고 싶어도 할 수 없으므로 어렵다고 하였다.
- 후쿠나가 미쓰지: '인익人益'이란 인위적으로 부여된 것을 말한다.

⑨ 無始而非卒: 시작된 적이 없지만, 끝난 것 역시 아님.

- 곽상: '졸卒'은 마치다(終)이다. 오늘의 시작은 어제의 끝이니, 이른바 시작은 곧 끝이라 할 수 있다. 이는 변화의 무궁함을 말한 것이다.

⑩ 人與天一: 천인일체天人一體.(마항군) '인人'은 '인사人事'를 말하며, '천天'은 자연적 상황을 말한다. '일一'은 '하나로 일치됨'이다.

⑪ 窮桎不行: 곤궁하여 통하지 않음.

- 곽숭도: '궁질불행窮桎不行'은 기아와 갈증, 추위와 더위는 인간을 옭아매어 편하지 못하게 만든다는 말이다.

⑫ 運物之泄也: 만물의 발동(品物的發動). 『장자궐오』에 인용된 강남고장본에서는 '운물運物'을 '운화運化'로 썼다.

- 사마표: '운運'은 '움직이다'(動)라는 뜻이며, '설泄'을 '발하다'(發)라는 뜻이다.
- 장병린: '천지지행天地之行'과 '운물지설運物之泄'은 서로 짝을 이루는 구절이다. '운運'은 '원員'의 가차자이다. 『국어』「월어越語」에 나오는 '광운廣運'이라는 말이 『산해경』「서산경西山經」에는 '광원廣員'으로 되어 있는 것이 그 사례이다. 『설문해자』에서 "'원員'은 사물들(物數)을 말한다"라고 하였으니, '원물員物'은 바로 '만물'(品物)을 의미한다. '설泄'은 '동動'과 뜻이 서로 근접한다. 『한비자』「양각揚搉」의 '근간불혁즉동설불실의根幹不革則動泄不失矣'(근간을 바꾸지 않으면 행동에 실수가 없다)라는 구절에 있는 '설泄' 역시 '동動'과 같은 뜻이다.

▹ 진고응: 이전의 학자들은 모두 사마표의 주해에 따랐으나, 장병린의 해석을 따르는 것이 옳다. 뒤에 나오는 '목대운촌目大運寸' 역시 '운運'을 '원員'으로 읽어야 한다. 성현영의 『장자소』에서 "'운運'은 '원員'과 같다" 라고 한 것이 그 증거이다. '운물運物'은 앞 구절의 '천지天地'와 대구를 이루는 것으로, 모두 명사에 속한다.

• 마서륜: '세泄'는 '이迻'의 뜻으로 가차되었다. 『설문해자』에서는 "'이迻'는 '옮겨가다'(遷徙)라는 뜻이다"라고 하였다.

⑬ 偕逝: 함께 변화에 참여함.

• 성현영: '해偕'는 '함께'라는 뜻이고, '서逝'는 '가다'라는 뜻이다. 사물의 운행에 일정함이 없음을 체득했으므로 변화와 더불어 함께 가니 그 사이에 기뻐함이나 싫어함이 있을 수 없다.

⑭ 始用四達: 처음 (벼슬에) 나아갈 때는 순조로움을 말한다.(임운명)

⑮ 物之所利, 乃非己也: 외적인 이익은 자신이 본래 지닌 것이 아님.

⑯ 知: '지智'로 읽는다. '지혜/지모'(聰明)를 뜻한다.

⑰ 鷾鴯: 제비.(『경전석문』)

⑱ 襲諸人間: '습襲'은 '들어오다'의 의미. 사람들 집으로 들어와 둥지에 머문다는 뜻.

⑲ 社稷存焉爾: '사직社稷'은 새의 둥지를 말한다.(마서륜) 새가 둥지에 기거하는 것이 마치 사람이 사직에 의지하는 것과 같음을 비유하여 말한 것이다.

• 곽숭도: 토지가 있으므로 '사社'(토지신)가 있고, 밭이 있으므로 '직稷'(곡식신)이 있다. '사社'는 거처할 수 있는 근거이고, '직稷'은 먹고 살 수 있는 근거이다. 새 또한 그 거처가 있고 먹이가 있으니, 제비가 인간들 사이로 들어와도 인간의 거처를 빌리지 않고 자신의 거처에 머물고, 인간의 먹이를 빌리지 않고 자신의 먹이를 먹는 것이다.

⑳ 禪: '대체하다'(代)와 같다.

㉑ 正而待之: 자연의 변화에 따름. '정正'은 앞에서 말한 '만물의 변화'(化其萬物)를 가리킨다.

• 임운명: '정이대지正而待之'는 스스로 변화하는 것에 따른다는 말이다.

• 후쿠나가 미쓰지: '정이대지正而待之'는 「인간세」의 [공자와 안회의 대화에서 등장하는] '허이대물虛而待物'과 같은 말이다.(후쿠나가 미쓰지, 『莊子』, 564쪽)

㉒ 天: 자연自然을 가리킴.

• 곽상: 이른바 '천天'이라고 하는 것은 모두 '일부러 하지 않아도 저절로 그러함'의 의미이다.

㉓ 晏然: 편안함(安然).

• 성현영: '안연晏然'은 편안하다는 뜻이다.
• 마서륜: '안晏'은 '연宴'의 뜻으로 가차되었다. 『설문해자』에서는 "'연宴'은 편안하다(安)이다"라고 하였다.

【풀이】

공자가 진나라와 채나라 두 나라의 국경 지대에서 포위를 당해 칠 일간 불에 익힌 음식을 먹지 못하였다. 이런 상황에서도 그는 왼손으로 고목에 기댄 채 오른손으로 나뭇가지를 두드리며 신농씨 시대의 노래를 불렀다. 그가 박자를 치는 것에는 일정한 음률이 없었으나 나무를 두드리는 소리와 노랫소리가 여유롭고 듣기가 좋아 사람들의 마음을 편안하게 하였다. 안회가 그의 곁에 공손히 서서 눈을 돌려 바라보았다. 공자는 혹시나 그가 지나치게 자신을 풀어헤쳐 과대夸大해지거나 혹은 자신을 애석하게 여겨 슬픔에 빠지게 되지는 않을까 걱정하여 이렇게 말했다. "안회야, 자연으로부터 해를 입지 않기는 쉬워도 인간의 이익과 작록을 받지 않기는 어렵다. 그 어떤 시작도 끝이 아닌 것이 없다. 인위와 자연이란 결국 하나이니, 지금 노래를 부르는 것은 대체 누구이겠느냐?"
안회가 물었다. "자연으로부터 해를 입지 않기는 쉽다는 것은 어떠한 말씀입니까?"
공자가 말했다. "굶주림과 갈증, 추위와 더위, 곤궁하여 통하지 않게 되는 것 등은 천지의 운행이고 만물의 추이이니, 이는 곧 변화에 함께 참여함을 말하는 것이다. 남의 신하가 된 자는 군주가 내리는 명에서 벗어날 수 없다. 신하의 도리를 지키는 자도 이러한데, 자연을 대하는 경우라면 어떠하겠는가?"
안회가 다시 물었다. "그렇다면 인간의 이익과 작록을 받지 않기는 어렵다는 말씀은 무엇입니까?"
공자가 말했다. "처음에 등용이 되면 매우 순조로워 작록이 나란히 끝도 없이 찾아온다. 하지만 이는 외적인 이익일 뿐, 진정으로 자신에게 속하는 것이 아니다. 그저 시기상 이런 외물外物을 얻게 된 것일 뿐이다. 군자는 남의 것을 뺏지 않고 현자는 남의 것을 몰래 훔치지 않는 법이다. 그런데 내가 이를 취하고자 하면 어찌하는가? 흔히 새 중에서 제비보다 더 총명한 것은 없다고 말한다. 제비는 적합하지 않은 곳을 발견하면 두 번 다시 쳐다보지 않는다. 입에 물고 있던 먹이를 놓쳐도 이를 버리고 그냥 날아간다. 제비는 사람을 무서워하니, 사람들 집으로 들어오더라도 여전히 둥지에 기거할 뿐이다."

안회가 물었다. "그 어떤 시작도 끝이 아닌 것이 없다는 말씀은 무엇입니까?"

공자가 말했다. "만물의 변화는 누가 바뀌게 하는지조차 알 수 없는데, 어찌 그 끝을 알 수 있으며, 어찌 그 시작을 알 수 있겠느냐? 그저 자연의 변화에 따르면 될 뿐이다."

안회가 물었다. "인위와 자연은 모두 하나라는 말씀은 무엇입니까?"

공자가 말했다. "인위는 자연에서 나온 것이다. 자연의 일 역시 자연에서 나왔다. 인위가 온전히 자연을 보전할 수 없는 것은 그 본분의 제약을 받기 때문이다. 오직 성인만이 편안히 자연을 따라 변화할 수 있을 것이로다!"

8.

莊周遊於雕陵之樊①, 睹一異鵲自南方來者, 翼廣七尺, 目大運寸②, 感③周之顙而集於栗林. 莊周曰: "此何鳥哉, 翼殷④不逝⑤, 目大不睹?" 蹇裳⑥躩步⑦, 執彈而留⑧之. 睹一蟬, 方得美蔭而忘其身; 螳螂執翳⑨而搏之, 見得而忘其形; 異鵲從而利之, 見利而忘其眞⑩. 莊周怵然曰: "噫! 物固相累, 二類相召⑪也!" 捐⑫彈而反走, 虞人⑬逐而誶⑭之.

莊周反入, 三日不庭⑮. 藺且從而問之: "夫子何爲頃間甚不庭乎?"

莊周曰: "吾守形而忘身, 觀於濁水而迷於淸淵. 且吾聞諸夫子曰: '入其俗, 從其令⑯.' 今吾遊於雕陵而忘吾身, 異鵲感吾顙, 遊於栗林而忘眞, 栗林虞人以吾爲戮⑰, 吾所以不庭也."

【길잡이】

① 雕陵之樊: '조릉雕陵'은 언덕의 명칭이다. '번樊'은 울타리이다.

- 사마표: '조릉雕陵'은 언덕 이름이고, '번樊'은 울타리이다. 밤나무 숲의 울타리 안에서 노니는 것을 말한다.

② 目大運寸: 눈의 크기가 지름 1촌寸이라는 뜻.

- 성현영: '운運'은 '원員'과 같다. 눈의 둘레(眼圓)가 일 촌이라는 말이다.

• 왕념손: '운촌運寸'과 '광칠척廣七尺'은 서로 대구를 이룬다. '광廣'이 가로 너비를 말한다면, '운運'은 세로 길이를 말한다. '목대운촌目大運寸'은 눈의 크기가 지름 1촌밖에 되지 않음을 말한 것이다. 『국어』「월어越語」의 '구천지지광운백리句踐之地廣運百里'에 대해 위소韋昭의 주석에서는 "동서를 '광廣'이라 하고, 남북을 '종從'이라 한다"라고 설명하였고, 『산해경』「서산경西山經」에서는 "이 산은 광원廣員 백 리이다"라고 하였다. 즉 '원員'은 '운運'과 같다.

③ 感: 접촉하다.

④ 殷: 크다(大). 「추수」의 '대지은大之殷'과 같은 용법이다.

⑤ 逝: 가다, 날아가다.

⑥ 蹇裳(蹇의 중국음은 jiǎn[儉]): '건상褰裳'으로 읽는다. 옷을 걷어 올리는 것이다.

• 왕숙민: 진경원의 『장자궐오』에 인용된 장군방본에서는 '건蹇'을 '건褰'으로 썼다. 『도장』에 실린 왕방(왕원택)의 『남화진경신전』, 저백수의 『남화진경의해찬미』, 나면도의 『남화진경순본』 역시 동일하다. '건蹇'과 '건褰'은 서로 통한다.

⑦ 躩步(躩의 중국음은 jué[厥]): 급히 가다, 빨리 걷다.

⑧ 留: 기다리다(伺候).

⑨ 翳(중국음은 yì[意]): 은폐하다.

⑩ 忘其眞: '진眞'은 성性과 명命을 말한다.(성현영, 『장자소』)

• 곽상: 눈으로 볼 수 있고, 날개로 날아갈 수 있는 것이 바로 새의 참된 본성이다. 여기에서는 이익을 좇다 이러한 참된 본성을 망각하였다.

⑪ 二類相召: 매미는 사마귀를 부르고, 사마귀는 까치를 부른다. 각기 다른 종의 사물들이 서로 해를 부름.

⑫ 捐: 버리다.

⑬ 虞人: 동산을 지키는 사람.(임희일) 왕의 동산을 지키는 관리.(『孟子』「滕文公下」의 "招虞人以旌"에 대한 朱熹의 주석에 보임)

⑭ 誶(중국음은 suì[歲]): 꾸짖다.

⑮ 三日不庭: '삼일三日'은 통행본에는 '삼월三月'로 되어 있다. 『경전석문』에서는 "'삼월부정三月不庭'은 어떤 판본에는 '삼일三日'이라 되어 있다"라고 하였다. 왕념손의 설에 따라 이를 수정하였다. '부정不庭'은 '불령不逞'으로 읽는다. 즐겁지

않다는 뜻이다.

- 왕념손: '정庭'은 '령逞'으로 읽는다. '불령不逞'은 즐겁지 않다는 뜻이다…… "'삼월부정三月不庭'은 어떤 판본에는 '삼일三日'이라 되어 있다"라는 설이 옳다. 뒤에서 '최근 매우 즐겁지 않다'라는 말이 나오는데, 만약 이것을 삼 개월이라고 해석한다면, '최근'이라는 말을 쓸 수 없다.
- 마기창: 옛 판본에는 '삼월三月'이라고 썼으나, 뒤에서 '최근'(頃間)이라고 하였으므로 『경전석문』에서 "어떤 판본에는 '삼일三日'이라 되어 있다"라고 한 것이 옳다.

▹ 진고응: 마기창의 『장자고』의 판본은 '삼월三月'을 '삼일三日'로 고쳤다.

⑯ 夫子曰: "入其俗, 從其令": 성현영의 『장자소』에서는 "장주가 노담을 스승으로 여겼으므로 노자를 부자夫子라고 칭했다"라고 하였다.

▹ 진고응: '부자夫子'라는 말은 존칭이므로 여기에서는 반드시 노자를 가리킨다고 볼 수는 없다. 또한 통행본 『노자』에 이 두 구절이 등장하지 않으므로 뒤의 말이 반드시 노자가 한 것이라 볼 수도 없다. '장주가 노담을 스승으로 여겼다'라는 것은 계승이라는 관점에서 말한 것이다. 장주가 어떻게 노담을 스승으로 섬길 수 있었겠는가? 각 학파 가운데 장주가 비교적 노담을 추종한 것은 맞지만, 그에 대해 비판도 하였다. 따라서 이들을 사제 간이라 칭하는 것은 지나치게 세속적인 시각이다. '령令'은 통행본에는 '속俗'이라 되어 있다. 『장자궐오』에 인용된 성현영의 판본에 따라 이를 수정한다. 곽상의 『장자주』에서도 역시 이를 '령令'으로 썼다. '령令'은 금령을 말한다.

⑰ 戮: 모욕하다(辱).(왕선겸, 『장자집해』)

- 마서륜: 현재 통용되는 '욕辱'자와 같다.

【풀이】

장주가 조릉의 밤나무숲을 거닐다가 기이한 까치 한 마리가 남쪽에서 날아오는 것을 보았다. 날개를 펼친 너비가 7척에 이르고 눈은 지름이 1촌에 달했는데, 장주의 관자놀이를 스치고는 다시 밤나무숲으로 날아가 내려앉는 것이었다. 그 모습을 본 장주가 이렇게 말했다. "이 새는 대체 무슨 새인가! 날개가 저렇게 큰데도 멀리 날지 못하고, 눈이 저렇게 큰데도 제대로 앞을 보지 못할까?" 그러고는 옷을 걷어 올려 빠른 걸음으로 앞으로 걸어가 새총을 쥐고 까치의 움직임을 살피며 기다렸다. 그때 매미 한 마리가 아름다운 나뭇잎 그늘에 앉아 자신의 상황을 완전히 잊고 있는 것을 보았다. 여기에 사마귀 한 마리가 나뭇잎에 몸을 가리고 그 매미를 붙잡으려 하면서 그 또한 자신이 얻을 것만 보다가 정작 자신의 형체는 잊어버리고 있었고, 그 기이한 까치는 이 기회를 포착하여 사마귀를 낚아채려 하면서 오직 이익만을 탐하다가 정작 자신의 생명은 잊고 있었다. 장주가 이 모습을 보고 놀라며 말했다. "아! 각기 다른 종의 사물들이 서로 해를 입히는구나, 이는 서로 이익을 탐하다 화를 초래한 결과로다!" 이에 새총을 내려놓고 고개를 돌려 되돌아가려는데, 동산을 관리하는 사람이 [장주가 밤을 훔치려는 것으로 생각하고] 쫓아오며 욕을 하였다. 장주는 집으로 돌아온 후 사흘간 기분이 즐겁지 않았다. 장주의 제자인 인차藺且가 그에게 다가와 물었다. "스승님께서는 최근 왜 기분이 좋지 않으십니까?"

장주가 말했다. "나는 형체를 지키는 일에만 급급하다가 나 자신을 잊어버리고 말았다. 더러운 물만 관조하다가 오히려 맑은 연못을 분간하지 못하게 된 것이다. 일찍이 나는 선생님으로부터 '어떤 지역에 도착하면 그 지역의 풍속에 따라야 한다'라고 들었다. 지금 나는 조릉에서 거닐다가 그만 나 자신을 잊어버렸다. 이상한 까치가 날아와 관자놀이를 스치더니 밤나무숲으로 날아가 자신의 참된 본성을 잊었고, 동산 관리인이 나를 질책하였다. 이 때문에 기분이 좋지 않은 것이다."

9.

陽子①之宋, 宿於逆旅②. 逆旅人有妾二人, 其一人美, 其一人惡, 惡者貴而美者賤. 陽子問其故, 逆旅小子③對曰: "其美者自美, 吾不知其美也; 其惡者自惡, 吾不知其惡也."

陽子曰: "弟子記之! 行賢而去自賢之心④, 安往而不愛哉!"

【길잡이】

① 陽子: 『한비자』「설림상說林上」에 같은 고사가 인용되어 있는데, 여기에서는 이를 '양자楊子'로 썼다.

② 逆旅: 여관.

③ 逆旅小子: 『한비자』「설림상」에서는 이를 '역려지부逆旅之父'로 썼다.

④ 行賢而去自賢之心: '심心'은 원래 '행行'으로 되어 있었으나, 『한비자』「설림상」에 따라 수정하였다. '심心'으로 읽으면 문장의 의미가 더욱 매끄럽다.

【풀이】

양자가 송나라에 도착하여 여관에서 잠을 청했다. 여관 주인에게는 두 명의 처첩이 있었는데, 한 명은 용모가 아름다웠고, 다른 한 명은 용모가 추했다. 그런데 추한 쪽은 총애를 받고, 아름다운 쪽은 냉대를 받았다. 양자가 무슨 이유인지를 물었더니, 여관의 사내아이가 이렇게 답했다. "아름다운 부인은 스스로 아름답다고 여기지만, 저는 아름답다고 여기지 않습니다. 추한 부인은 스스로 추하다고 여기지만, 저는 추하다고 여기지 않습니다."

양자가 말했다. "제자들은 잘 기억하거라! 행실이 선량하더라도 스스로 자랑하려는 마음을 버리지 않는다면, 어디를 가도 사랑을 받지 못할 것이다!"

전자방田子方

「전자방」은 총 열한 단락의 글로 구성되었다. 각 단락의 의미가 서로 밀접하게 연결되지 않으므로 잡기雜記 형식에 속한다고 볼 수 있다. '전자방田子方'은 사람 이름으로, 위魏나라의 현자이다. 글 첫머리의 세 글자를 따서 편명으로 삼았다.

이 편의 첫째 단락은 전자방田子方과 위나라 문후文侯의 대화인데, '참된 본성'(眞)을 설명하는 데 핵심이 있다. 인간의 진실하고 소박한 면모를 긍정하는 한편, 인의성지仁義聖智가 이러한 진실된 생명을 구속한다고 비판하였다.

둘째 단락에서는 온백설자溫伯雪子의 입을 빌려 유가를 '예와 의에 밝으나 사람의 마음을 이해하는 것은 서툴다'(明乎禮義而陋乎知人心)라고 평하였다. 공자는 온백설자를 만난 뒤 '시선이 닿는 곳마다 도가 있으니, 도저히 말로는 담아낼 수가 없다'(目擊而道存矣, 亦不可以容聲矣)고 깨달았다. 이른바 '득의망언得意忘言'의 모습이다.

셋째 단락은 안연顔淵과 공자 간의 대화로, 우주는 쉬지 않고 계속해서 흘러가고, 만물은 신속하게 변화하며 나 자신도 나날이 새롭게 변화함을 말했다. 여기서 '일조日徂'라는 말이 제시되었는데, 이는 나날이 변화에 참여한다는 뜻이다. 변화에 참여하지 못하는 것은 바로 '마음이 죽은 것'(心死)이다. 세상에 '마음이 죽는 것보다 더 슬픈 일이 없으며, 몸이 죽는 것조차 그다음의 일'(哀莫大於心死, 而人死亦次之)이다.

넷째 단락은 '노담老聃이 만물의 시원에 마음을 두는'(遊心於物之初) 모습을 공자가 살펴보는 내용이다. '만물의 시원'(物之初)이란 모든 존재의 근원을 가리킨다. 존재의 근원을 알고, 자연 운행의 법칙(紀)을 알며, '천지의 온전한 면모'(天地之大全)를 아는 자가 바로 '지인至人'이다. 자연의 세계는 아름다움과 광채로 가득하다. 지인은 이러한 '지극한 아름다움을 체득하고 지극한 즐거움 속에서 노닌다'(得至美而遊乎至樂). 이 단락에서는 지인을 통해 제시되는 예술적 정신 면모를 살펴볼 수 있다.

다섯째 단락은 장자가 노나라 애공哀公을 만나는 우화로, 노나라에 유가의 복장을 한 자들이 가득하지만 실은 모두 거짓된 유자임을 말했다.

여섯째 단락에서는 백리해百里奚라는 인물에 관한 것으로, '작록에 대한 생각이 그의 마음속에 들어오지 못하고'(爵祿不入於心), '죽음과 삶의 관념이 그의 마음속에 들어오지 못한다'(死生不入於心)라고 설명하였다.

일곱째 단락에서는 '옷을 벗고 자세를 풀어헤친'(解衣槃礴) 화가의 모습을 통해 진정한 화가의 예술 창작이란 고정된 격식의 속박을 벗어나는 것임을 말했다.

여덟째 단락에서는 문왕文王이 강태공姜太公이 낚시하는 모습을 보는 장면을 그렸다. '낚으려 하지 않는 낚시'(其釣莫釣)란 정치로 비유하자면 자연무위自然無爲의 태도를 지키는 것이다.

아홉째 단락에서는 활쏘기의 비유를 통해 백혼무인伯昏無人의 굳건한 정신 태도에 관해 말했다.

열 번째 단락은 작록에 마음이 흔들리지 않았던 손숙오에 관한 일화이다.

열한 번째 단락에서는 외적인 요소에 의해 영향을 받지 않는 범凡나라 군주의 모습을 그렸다.

풍부한 철학적 지혜를 담은 성어들이 이 편에서 나왔다. 대표적으로 목격도존目擊道存[1], 역보역추亦步亦趨[2], 분일절진奔逸絶塵[3], 당호기후瞠乎其後[4], 불언이신不言而信[5], 실지교비失之交臂[6], 당사구마唐肆求馬[7], 형약고목形若槁木[8], 일개월화日改月化[9], 천고지후天高地厚[10], 천전만변千轉萬變[11], 해의반박解衣槃礴[12] 등이 있고, '예와 의에는 밝지만,

---

1) 시선이 닿는 곳마다 도가 존재함. 이해력이 뛰어난 모습을 표현하는 말.
2) 남이 걸으면 걷고 남이 뛰면 뜀. 자신의 주관이 없이 맹목적으로 남을 따라하는 것을 말함.
3) 일어나는 먼지조차 볼 수 없을 정도로 빠르게 질주함. 남이 따라잡을 수 없을 정도로 능력이 뛰어난 것을 비유함.
4) 뒤에서 바라보기만 함. 남보다 뒤처져 차이가 큰 것을 표현하는 말.
5) 말하지 않아도 남들의 신임을 받음. 위엄과 명망이 높음을 표현하는 말.
6) 평생 함께 교제하였으나 아직도 도를 얻지 못함. 좋은 기회를 눈앞에서 놓치는 상황을 나타내는 말.
7) 텅 빈 시장에서 말을 구함. 대상이나 방향이 잘못되어 노력만 들이고 얻는 것이 없음을 뜻함.
8) 겉모습이 마치 마른나무와 같이 초췌함.
9) 날로달로 변화함. 시시각각 달라지고 발전된 모습이 있음.
10) 하늘은 높고 땅은 두터움. 은혜가 크고 두터움을 비유하며, 일의 엄중함이나 관계의 복잡함 등을 나타내는 말로도 쓰임.
11) 변화가 무궁무진함. 세상사를 지칭하는 말로 사용되기도 함.

사람의 마음을 아는 것에는 서툴다'(明禮義而陋知人心), '낮은 자리에 처하여서도 힘들어 하지 않는다'(處卑細而不憊), '마음이 죽는 것보다 슬픈 일은 없다'(哀莫大於心死) 등과 같은 명언들도 있다.

12) 옷을 벗고 다리를 뻗은 채 편하게 앉음. 행동에 구애받지 않는 정신의 자유를 나타내는 말.

1.

田子方[①]侍坐於魏文侯, 數稱谿工[②].

文侯曰: "谿工, 子之師邪?"

子方曰: "非也, 無擇之里人也; 稱道數當[③], 故無擇稱之."

文侯曰: "然則子無師邪?"

子方曰: "有."

曰: "子之師誰邪?"

子方曰: "東郭順子[④]."

文侯曰: "然則夫子何故未嘗稱之?"

子方曰: "其爲人也眞, 人貌而天虛[⑤], 緣而葆眞[⑥], 淸而容物. 物無道, 正容以悟之, 使人之意也消. 無擇何足以稱之!"

子方出, 文侯傥然[⑦]終日不言, 召前立臣而語之曰: "遠矣, 全德之君子[⑧]! 始吾以聖知之言仁義之行爲至矣, 吾聞子方之師, 吾形解[⑨]而不欲動, 口鉗而不欲言. 吾所學者直土梗[⑩]耳, 夫魏眞爲我累耳!"

【길잡이】

① 田子方: 성은 전田, 이름은 무택無擇, 자는 자방子方으로, 위魏나라의 현인이다. 『경전석문』에 인용된 이이의 주석에서는 그를 위나라의 문후文侯의 스승이라고 하였다. 마서륜은 『여씨춘추』「거난擧難」과 「찰현察賢」 등을 근거로 전자방이 위나라 문후의 스승이 아니라 벗임을 증명하였다.(마서륜, 『장자의증』) 여기에서는 마서륜의 설에 따른다.

② 谿工: 성은 계谿, 이름은 공工. 위나라의 현인이다.

③ 稱道數當: 말이 늘 타당함.

- 성현영: 도를 논하면 늘 이치에 합당한 것이다.

④ 東郭順子: 동쪽 성곽에 거처하므로 이를 성으로 삼은 것이다. 이름은 순자順子이며, 자방의 스승이다.(성현영, 『장자소』)

⑤ 人貌而天虛: 인간의 용모를 하고 있으나 마음으로는 자연에 부합함. '허虛'는 의미상 '마음'(心)을 가리킨다.

- 유월: 곽상의 『장자주』에서는 '인모이천人貌而天' 네 글자를 한 구절로 읽어 제대로 해석할 수 없었다. '인모이천허人貌而天虛'를 한 구절로 읽어야 의미가 더 완전해진다. 뒤 구절 역시 '연이보진緣而保眞'을 한 구절로 보면 이어지는 '청이용물淸而容物'과 서로 대구를 이룰 수 있다. '허虛'는 구멍(孔竅)을 말한다. 『회남자』「범론훈氾論訓」의 '약순허이출입若循虛而出入'에 대해 고유는 "'허虛'는 구멍(孔竅)을 말한다"라고 풀이하였는데, '구멍'(孔竅)이라는 풀이는 곧 '마음'(心)으로도 해석될 수 있다. 「숙진훈俶眞訓」의 '허실생백虛室生白'에 대해서도 역시 "'허虛'는 '마음'(心)이다"라고 하였다.…… '인모이천허人貌而天虛'는 '인모이천심人貌而天心'과 같으니, 그 모습은 인간이지만 마음은 하늘이라는 뜻이다. 학자들은 '허虛'의 의미를 제대로 이해하지 못하여 이를 아래 구절에 붙여 해석했다. 이에 '인모이천人貌而天'을 한 구절로 끊어 읽음으로써 뜻이 완전치 못했고, 이어지는 두 구절 역시 원래 대구를 이루는 구절이나 대구가 제대로 이루어질 수 없었다.
  - ▹ 진고응: 유월의 설을 따른다.

⑥ 葆眞: 참된 것을 보전함(保眞). '보葆'는 '보保'와 같다.

⑦ 儻然: 망연자실한 모습.

- 마서륜: '당儻'은 '창悵'(실의에 빠진 모습)의 뜻으로 가차되었다.

⑧ 全德之君子: 동곽순자를 가리킴.

⑨ 形解: 형체로부터 해탈함.

- 임희일: '형해形解'는 망연자실한 것을 말한다.
- 마서륜: '해解'는 '해懈'를 생략한 글자이다. 『설문해자』에서는 "'해懈'는 '해이하다'(怠)라는 뜻이다"라고 하였다.

⑩ 土梗: 흙 인형(土人).(사마표)

- 마서륜: '경梗'은 '우偶'의 뜻으로 가차되었다. 『전국책』「조책趙策」에 다음과 같이 나온다. "토경土梗과 목경木梗이 서로 다투며 말하길 '너는 나에게 미치지 못한다. 나는 흙이니 비바람을 만나 꺾여도 여전히 흙으로 돌아갈 수 있다. 하지만 너는 비바람을 만나면 그칠 줄 모르고 날아가 버린다' 하였다."(土梗與木梗鬥, 曰: "汝不如我, 我乃土也. 逢風雨壞沮, 仍復歸土; 汝逢風雨, 泛濫無所止.") 『사기』「맹상군열전孟嘗君列傳」에서는 "나무 인형과 흙 인형의 대화가 나온다"(見木偶人與土偶人語)라고 설명하였으니, 서로 같은 말임을 알 수 있다. 즉 토경土梗과 목경木梗은 흙 인형(土偶)과 나무 인형(木偶)을 말한다.
- 임희일: 흙 인형(土梗)은 조잡하게 만들어진 것으로 정교하다고 할 수 없다.

【풀이】

전자방이 위나라 문후와 함께 앉아 여러 차례 계공을 칭송하여 말했다. 문후가 물었다. "계공이 그대의 스승인가?"

전자방이 말했다. "아닙니다. 나의 동향 사람입니다. 말과 견해가 항상 정확하여 그를 칭찬한 것입니다."

문후가 말했다. "그렇다면 그대는 스승이 없는가?" 전자방이 말했다. "있습니다." 문후가 말했다. "그대의 스승은 누군가?" 전자방이 말했다. "동곽순자입니다." 문후가 말했다. "그렇다면 왜 자네 스승은 칭찬하지 않는가?"

전자방이 말했다. "그는 참되고 순박한 인물로 보통 사람과 같은 모습을 하고 있으나, 그 마음은 자연에 들어맞습니다. 인간을 따르되 하늘로부터 받은 참된 본성을 지키고 있으며, 고고하고 강직하여 굳이 그에게 아부하지 않아도 그는 사람들을 포용합니다. 만약 무도한 자를 만나면 그는 용모를 바로 고쳐 그를 깨우쳐 주니, 사람들의 사념이 저절로 사라집니다. 그러니 내가 굳이 칭찬의 말을 더할 필요가 있겠습니까?"

전자방이 가고 나서, 문후는 허전하고 아쉬워하며 온종일 아무 말도 하지 않았다. 그러고는 곁에 서 있던 신하들에게 이렇게 말했다. "온전히 덕을 갖춘 군자는 참으로 심원하다. 나는 원래 성인의 지혜로운 말씀과 인의의 행실이 가장 훌륭하다고 생각했으나, 자방 선생의 말을 들은 뒤로는 마치 몸을 해탈하여 움직일 마음조차 들지 않았고, 입을 닫고 그 어떤 말조차 하고 싶지 않았다. 내가 배웠던 것은 조잡한 (성인의) 흔적에 지나지 않으니, 이 위나라가 나에게 짐이 되는구나!"

2.

溫伯雪子①適齊, 舍於魯. 魯人有請見之者, 溫伯雪子曰: "不可. 吾聞中國②之君子, 明乎禮義而陋於知人心, 吾不欲見也."

至於齊, 反舍於魯, 是人也又請見. 溫伯雪子曰: "往也蘄見我, 今也又蘄見我, 是必有以振③我也."

出而見客, 入而歎. 明日見客, 又入而歎. 其仆曰: "每見之客④也, 必入而歎, 何耶?"

曰: "吾固告子矣: '中國之民, 明乎禮義而陋乎知人心.' 昔之見我者, 進退一成規一成矩, 從容[5]一若龍一若虎, 其諫我也似子, 其道[6]我也似父, 是以歎也."
仲尼見之而不言. 子路曰: "吾子欲見溫伯雪子久矣, 見之而不言, 何邪?"
仲尼曰: "若夫人者, 目擊而道存矣, 亦不可以容聲矣."

【길잡이】

① 溫伯雪子: 성은 온溫, 이름은 백伯, 자는 설자雪子. 초楚나라의 인물로, 도를 체득한 사람이다.(성현영, 『장자소』)

② 中國: 중원의 나라, 여기에서는 노魯나라를 말한다.

- 성현영: '중국中國'은 노나라를 가리킨다.

③ 振: 일으키다(起), 발하다(發). 여기에서는 일깨우다 라는 의미가 있다. 일설에서는 '진振'을 '알리다'(告)라는 뜻으로 풀이하기도 한다.(고형, 『장자신전』)

④ 之客: '이 손님'(此客)이라는 말.

⑤ 從容: 거동과 용모(動容).(왕념손. 장병린의 『장자해고』에서 인용)

⑥ 道: '도導'(인도하다)와 같다. 진경원의 『장자궐오』에 인용된 강남고장본에서는 '도導'라고 되어 있다.

【풀이】

온백설자가 제나라로 가던 중에 노나라에 잠시 머무르게 되었다. 어떤 노나라의 인물이 그를 찾아와 만나기를 청하자, 그에게 이렇게 말을 전했다. "그럴 수 없습니다. 듣기로 중원의 군자들은 예와 의에 밝으나 사람의 마음을 이해하는 것은 서툴다고 하였으니, 만나고 싶지 않습니다."
그가 제나라에 도착했다가 돌아가는 길에 다시 노나라에 머물게 되었다. 이전에 그를 찾았던 자가 이번에도 다시 찾아와 만나기를 청했다. 온백설자가 말했다. "이전에 나를 만나고자 하였는데, 이번에 다시 또 이렇게 찾아왔으니 필시 나를 일깨워 줄 점이 있을 것이로다." 말을 마친 뒤 그는 나가서 손님을 접견하고는 돌아와 깊이 탄식하였다. 다음 날 또다시 그를 접견하였는데, 이번에도 돌아와 또 깊이 탄식을 하였다. 옆에서 시중들던 자가 그에게 물었다. "매번 이 손님을 만나고 돌아오셔서는 깊이 탄식하시는데, 무엇 때문입니까?"

온백설자가 말했다. "내가 원래 너에게 '중원의 사람들은 예와 의에는 밝아도 사람의 마음에 대해서는 제대로 이해하지 못한다'고 말하지 않았더냐? 방금 만났던 그 자는 나가고 물러감이 완전히 법도에 들어맞았고, 거동과 용모가 마치 용이나 호랑이와 같았다. 그가 나에게 간언을 할 때는 마치 아들이 어버이를 대하듯 했고, 그가 나를 지도할 때는 마치 어버이가 아들을 대하듯 했다. 이 때문에 내가 탄식했던 것이다."

공자가 온백설자를 만나고 난 뒤 돌아와서는 아무런 말도 하지 않았다. 자로가 이를 보고 물었다. "스승께서 오래전부터 온백설자를 만나고자 하셨습니다. 그런데 그를 만나고 나서 아무런 말씀도 하지 않는 것은 무엇 때문입니까?"

공자가 말했다. "그러한 자는 시선이 닿는 곳마다 도가 있으니, 도저히 말로는 담아낼 수가 없다."

3.

顔淵問於仲尼曰: "夫子步亦步, 夫子趨亦趨, 夫子馳亦馳; 夫子奔逸絶塵①, 而回瞠若②乎後矣!"

仲尼曰③: "回, 何謂邪?"

曰: "夫子步, 亦步也; 人子言, 亦言也; 夫子趨, 亦趨也; 夫子辯, 亦辯也; 夫子馳, 亦馳也; 夫子言道, 回亦言道也: 及奔逸絶塵而回瞠若乎後者, 夫子不言而信, 不比而周④, 無器⑤而民滔⑥乎前, 而不知所以然而已矣."

仲尼曰: "惡! 可不察與! 夫哀莫大於心死, 而人死亦次之. 日出東方而入於西極, 萬物莫不比方⑦, 有首有趾者⑧, 待是⑨而後成功, 是出則存, 是入則亡⑩. 萬物亦然, 有待也而死, 有待也而生⑪. 吾一受其成形, 而不化以待盡⑫, 效⑬物而動, 日夜無隙, 而不知其所終; 薰然⑭其成形, 知命不能規⑮乎其前, 丘以是日徂⑯.

吾終身與汝交一臂而失之⑰, 可不哀與! 女殆著乎吾所以著也⑱. 彼已盡矣⑲, 而女求之以爲有, 是求馬於唐肆⑳也. 吾服㉑女也甚忘, 女服吾也亦甚忘. 雖然, 女奚患焉! 雖忘乎故吾, 吾有不忘者存."

【길잡이】

① 奔逸絶塵: 재빠른 모습을 표현하는 말.

- 임희일: '분일奔逸'은 나는 듯 질주하는 것이다. '절진絶塵'은 먼지조차 보이지 않을 정도로 빨리 가는 것을 말한다.

② 瞠若: 직시하는 모습.

③ 仲尼曰: 원래는 '부자왈夫子曰'이라 되어 있다. 앞뒤의 문답을 보면 모두 '중니왈仲尼曰'이라고 되어 있는데 여기에는 '부자왈夫子曰'이라 하였으니, 잘못 쓴 것으로 보인다. 마서륜의 설에 따라 수정한다.

- 마서륜: 뒤에서는 '중니왈仲尼曰'로 썼다. 여기에서도 이렇게 해야 한다. 옮겨 쓰는 과정에서 잘못 적은 것이다.

④ 不比而周: '비比'는 한쪽으로 치우친 것을 말한다. '불비이주不比而周'는 두루두루 치우치지 않은 것이다. 『논어』「위정爲政」의 '군자주이불비君子周而不比'라는 구절에 대해 주희는 "'주周'는 두루 미치는 것(普遍)이고, '비比'는 한쪽으로 기울어진 것(偏黨)이다"라고 설명하였다.(『논어』, 「위정」, 주희의 注)

⑤ 器: 작위爵位.(성현영, 『장자소』)

⑥ 滔: '취聚'(모이다)와 같다.

⑦ 比方: 태양의 방향에 따름.(선영)

- 선영: 태양의 방향을 따르는 것이다.
- 마기창: '비比'는 따르다 라는 뜻이고, '방方'은 도道를 가리킨다. 만물의 변화와 생성은 모두 태양의 궤도를 따른다는 말이다.
- 후쿠나가 미쓰지: '비방比方'은 나란히 간다는 뜻이다.(『莊子』 外雜 해설, 592쪽)

⑧ 有首有趾者: 사람을 가리킴. 「천지」에 나오는 말이다. '수首'는 현재 판본에는 '목目'이라 되어 있으나, 이는 형태가 유사하여 잘못 적은 것이다. 「천지」에 따라 수정한다.

- 마서륜: '목目'은 「천지」에 따라 '수首'로 보아야 한다.

⑨ 待是: 해를 기다리다. '시是'는 해를 가리킨다.

⑩ 是出則存, 是入則亡: 해가 뜨면 일을 하고, 해가 저물면 쉼.(임희일, 『남화진경구의』)

- 왕선겸: 해가 뜨면 세상일들이 생기고, 해가 지면 세상일들이 없어진다.

⑪ 有待也而死, 有待也而生: 어떤 것은 죽음을 향해 달려가고, 어떤 것은 태어나기를 기다린다.

- 곽상: 감추어지기를 기다리는 것을 '죽음'이라 하고, 드러나기를 기다리는 것을 '삶'이라 한다.

⑫ 一受其成形, 而不化以待盡: 「제물론」에 나오는 말.

⑬ 效: 감응하다(感).

⑭ 薰然: 형태가 이루어지는 모습을 표현한 말.

- 성현영: '훈연薰然'은 스스로 움직이는 모습이다.
- 나면도: '훈연'은 마치 훈증하여 기가 생겨나는 모습과 같다.(『남화진경순본』)
- 왕어: '훈연'은 향초(芳草)가 무성히 자라나는 모습이다.

⑮ 規: '규窺'(살피다)를 생략한 글자이다.(마서륜, 『장자의증』)

⑯ 日徂: 나날이 함께 변화함. '조徂'는 '나아가다'라는 의미이다.

- 곽상: 변화와 함께 나아간다.

⑰ 交一臂而失之: '너와 나의 관계가 이렇게 가까운데도 너는 우주의 도리를 이해하지 못하고 있다'라는 뜻.

- 임희일: '교일비交一臂'는 나란히 서는 것이다. '교일비이실지交一臂而失之'란 '평생 너와 교제하였으나, 너는 아직도 도를 얻지 못했다'라는 뜻이다.

⑱ 女殆著乎吾所以著也: '너는 눈에 보이는 나의 현상적인 측면만을 볼 수 있을 뿐이다'라는 말. '저著'는 볼 수 있는 것을 가리킨다.

- 후쿠나가 미쓰지: '이以'자는 잘못 들어간 것이다. '소저所著'는 현상의 측면을 가리키고, '소이저所以著'라고 하면 현상을 이루게 하는 본질을 가리킨다.
  - ▹ 진고응: 후쿠나가 미쓰지의 설이 따를 만하다.

⑲ 彼已盡矣: '그것은 이미 소실되었음'.

- 선영: '피彼'는 '드러나는 것'(所著)을 가리킨다. 드러나는 것은 금세 지나가기 마련이니, 보이는 것에 의거할 수 없다.

⑳ 唐肆: '당唐'은 비다(空).(朱駿聲, 마기창의 『장자고』에서 인용) '사肆'는 시장(市).(성현영, 『장자소』) '당사唐肆'는 텅 빈 시장을 말한다.

- 임희일: '당唐'은 벽이 없는 집을 말한다. 『시경』에 나오는 '중당유벽中唐有甓'이 바로 그 용례다. '당사唐肆'는 현재 말하는 '길가의 정자'(路亭)를 가리킨다.

㉑ 服: 생각이 머무름(思存).(곽상, 『장자주』)

- 임의독林疑獨: '복服'은 '생각하다'(思)라는 뜻이다.(저백수, 『남화진경의해찬미』에서 인용)
  - ▹ 진고응: 나면도의 설에 따라 '탄복하다'(佩服)라는 뜻으로 풀이한 주석도 있으나, 옳지 않다.

【풀이】

안회가 공자에게 말했다. "스승께서 천천히 걸으시면 저 또한 천천히 걷고, 스승께서 빨리 걸으시면 저 또한 빨리 걸으며, 스승께서 빨리 달리시면 저 또한 빨리 달립니다. 그런데 스승께서 먼지조차 볼 수 없을 정도로 질주하시면 저는 눈을 똑바로 뜬 채 뒤에 머물러 있습니다."

공자가 말했다. "안회야, 왜 그렇게 말하느냐?"

안회가 말했다. "스승께서 천천히 걸으시면 저 또한 천천히 걷는다는 것은 스승께서 말씀하시면 저 또한 따라서 말하는 것입니다. 스승께서 빨리 걸으시면 저 또한 빨리 걷는다는 것은 스승께서 논변을 하시면 저 또한 따라서 논변을 하는 것입니다. 스승께서 빨리 달리시면 저 또한 빨리 달린다는 것은 스승께서 도를 논하시면 저 또한 따라서 도를 논하는 것입니다. 그런데 스승께서 먼지조차 볼 수 없을 정도로 질주하신다는 것은 말하지 않아도 믿음을 얻고 한쪽에 치우치지 않고 두루 살피며 작위가 없어도 백성들이 모여든다는 것이니, 저는 도저히 어떻게 이렇게 하는지를 모르겠습니다."

공자가 말했다. "아! 제대로 살피지 못한 것이로구나! 가장 슬픈 것은 마음이 죽는 것이다. 몸이 죽는 것 또한 그다음의 일이다. 태양이 동쪽에서 떠서 서쪽으로 들어가는데, 만물 가운데 이 방향을 따르지 않는 것이 없다. 머리가 달려 있고 다리가 달린 인간 역시 해가 뜬 후에 일을 할 수가 있다. 해가 뜨면 일을 하고 해가 지면 쉰다. 만물 역시 그러하다. 어떤 것은 죽음을 향해 달려가고, 어떤 것은 생명이 시작되기를 기다린다. 나는 일단 형체를 받은 이상 이를 변화시키지 않고 그 기가 다 소멸하기를 기다리는데, 외물에 감응하여 움직이는 것이 밤낮으로 끊임이 없음에도 정작 자신이 어디로 귀결되는지 알지를 못한다. 연기처럼 저절로 형성되지만 그 주어진 명운을 미리 살펴볼 수는 없다. 나는 이러한 방식으로 매일매일의 변화에 참여하고 있을 뿐이다.

나는 줄곧 너와 이렇게 가까웠는데도 너는 아직도 이 도리를 이해하지 못하니, 이 어찌 슬프지 않겠느냐? 너는 고작 눈에 보이는 나의 현상적인 측면만을 볼 수 있을 뿐이다. 이러한 것들이 이미 사라지고 난 뒤에도 너는 이를 좇으며 아직 존재한다고 여기니, 마치 텅 빈 시장 거리에서 말(馬)을 구하려는 격이로구나. 내가 마음속에서 생각하는 너의 모습은 금세 잊혀지고, 너의 마음속에서 생각하는 나의 모습 또한 금세 잊혀진다. 그런데 너는 무엇을 근심하는가? 설령 과거의 내 모습을 잊는다 하더라도 나에게는 여전히 잊혀질 수 없는 것이 남아 있을 것이다."

4.

孔子見老聃, 老聃新沐, 方將被發而乾, 慹然①似非人②. 孔子便而待之③, 少焉見, 曰: "丘也眩與, 其信然與? 向者先生形體掘若槁木④, 似遺物離人而立於獨也."

老聃曰: "吾遊心於物之初." 孔子曰: "何謂邪?"

曰: "心困焉而不能知, 口辟⑤焉而不能言, 嘗爲汝議乎其將⑥. 至陰肅肅⑦, 至陽赫赫⑧; 肅肅出乎天, 赫赫發乎地; 兩者交通成和⑨而物生焉, 或爲之紀⑩而莫見其形. 消息滿虛⑪, 一晦一明, 日改月化, 日有所爲, 而莫見其功. 生有所乎萌, 死有所乎歸, 始終相反乎無端而莫知乎其所窮. 非是也, 且孰爲之宗!"

孔子曰: "請問遊是."

老聃曰: "夫得是, 至美至樂也, 得至美而遊乎至樂, 謂之至人."

孔子曰: "願聞其方."

曰: "草食之獸不疾易藪⑫, 水生之蟲不疾易水, 行小變而不失其大常也, 喜怒哀樂不入於胸次. 夫天下也者, 萬物之所一⑬也. 得其所一而同焉, 則四支百體將爲塵垢, 而死生終始將爲晝夜而莫之能滑, 而況得喪禍福之所介⑭乎! 棄隸⑮者若棄泥塗⑯, 知身貴於隸也, 貴在於我而不失於變. 且萬化而未始有極⑰也, 夫孰足以患心! 已爲道者解乎此."

孔子曰: "夫子德配天地, 而猶假至言以修心, 古之君子, 孰能脫焉?"

老聃曰: "不然. 夫水之於汋⑱也, 無爲而才自然矣. 至人之於德也, 不修而物不能離焉, 若天之自高, 地之自厚, 日月之自明, 夫何修焉!"
孔子出, 以告顔回曰: "丘之於道也, 其猶醯雞[19]與! 微夫子之發吾覆也, 吾不知天地之大全也."

【길잡이】

① 慹然: 움직이지 않는 모습을 표현하는 말.

- 임희일: '집연慹然'은 굳은 채 서 있는 모습이다.
- 주준성: '집慹'은 '칩蟄'(잠잠하다)의 뜻으로 가차되었다.

② 非人: 흡사 나무 인형과 같음.(임희일, 『남화진경구의』)

③ 便而待之: '편便'은 '병屛'의 뜻으로 가차되었다. '둘러막다'의 뜻이다.

- 장병린: '편便'은 '병屛'의 뜻으로 가차되었다. 『한서』「장창전張敞傳」의 '자이편면부마自以便面拊馬'(스스로 말의 편면을 어루만지다)에 대해 안사고顔師古는 "'편면便面'은 얼굴을 가리는 것으로서 부채의 일종이다. '병면屛面'이라고도 부른다"라고 주해하였다. '편便'과 '병屛'의 음이 서로 같아 가차된 것이니, '병屛'은 곧 '편便'이라 할 수 있다. 『설문해자』에서 "'병屛'은 '둘러막는다(屛蔽)'는 뜻이다"라고 하였다. 노담이 산발하고 있어 바로 들어가 만날 수 없기에 문 앞에 서서 그를 기다린 것이다.(『장자해고』)

④ 掘若槁木: '굴掘'은 '올兀'의 가차자이다. 곧게 서서 움직이지 않는 모습을 표현한 말이다.

- 임희일: '굴掘'은 우뚝한 모양을 말한다.

⑤ 辟: 닫다(閉), 모으다(合).

- 사마표 '벽辟'은 모아서 열지 않는 것이다.

⑥ 議乎其將: 대략적으로 말함.

- 장병린: "상위여의호기장嘗爲女議乎其將"이란 '너에게 대략적인 내용을 말해 주겠다'라는 뜻으로 해석된다. 「지북유知北遊」의 '장위여언기애략이將爲女言其崖略耳'와 비슷하다. '장將'의 음은 '삭牄'과도 통한다. 『한서』「예문지藝文志」의 '서득조삭庶得粗牄'에 대해 안사고顔師古는 "'삭牄'은 '대략'의 뜻이다"라고 하였다.

⑦ 肅肅: 냉혹한 추위를 나타내는 말.(임희일)

⑧ 赫赫: 작렬하는 더위를 나타내는 말.

⑨ 兩者交通成和: 『노자』 24장을 참고하여 이해할 수 있다. "만물은 음을 안고 양을 품어 충기冲氣로써 조화를 이룬다."(萬物負陰而抱陽, 冲氣以爲和)

⑩ 紀: 강령, 규칙.

⑪ 消息滿虛: 각각 소멸, 생장, 충만, 공허를 가리키며, 사물 생사 성쇠의 법칙을 말한다. 「추수」에 나오는 '소식영허消息盈虛'와 같은 말이다.

⑫ 不疾易藪(藪의 중국음은 sǒu[叟]): (살고 있는) 들판이 다른 곳으로 바뀌는 것을 두려워하지 않음.

⑬ 萬物之所一: 「덕충부」의 '물시기소일物視其所一'과 같은 뜻.

⑭ 介: '제際'와 같다.(선영) 분계, 경계를 말한다.

⑮ 隷: 종, 하인. 신분의 득실得失과 화복禍福을 가리킨다.(황금횡, 『신역장자독본』)

⑯ 若棄泥塗: 「덕충부」의 '유유토야猶遺土也'와 같은 말. '도塗'는 흙을 말한다.

⑰ 萬化而未始有極: 「대종사」에 등장한 바 있다.

⑱ 汋: 물이 솟아나 흐르다.

- 곽숭도: '작汋'에서는 물이 저절로 솟아 나온다. 샘의 원천이 따로 있는 것이 아니라 계곡의 시냇물이 서로 합류하여 흐르는 것이다.
- 마기창: 『경전석문』에서는 "'작汋'은 못(澤)이다"라고 하였다. 물이 풍부한 못을 말한다.

⑲ 醯雞(醯의 중국음은 xī[希]): 술 항아리 속의 작은 날벌레인 '눈에놀이'(蠛蠓)를 가리킴.

【풀이】

공자가 노담을 만나러 갔다. 노담이 막 목욕을 하고 나와 머리를 풀어 말리고 있었는데, 굳은 채 선 모습이 흡사 나무 인형과 같았다. 공자가 물러 나와 그가 나오기를 기다렸다. 잠시 후 노자를 만나게 된 공자는 이렇게 말했다. "제가 뭔가에 홀려 잘못 본 것입니까, 아니면 제대로 본 것입니까? 조금 전 선생이 몸을 곧게 세우고 움직이지 않던 모습은 마치 마른 나무와 같아 세상의 사물을 초월하여 홀로 존재하는 듯하였습니다."

노담이 말했다. "나는 만물의 시원에서 마음을 노닐었다." 공자가 말했다. "무슨 말씀입니까?"

노담이 말했다. "마음을 막으면 이해할 수 없고, 입을 닫으면 말할 수 없다. 하지만 그대를 위해 간략히 말해 주도록 하겠다. 지극한 음기는 몹시 차고 지극한 양기가 활활 타오르는데, 냉혹한 차가움은 하늘에서 나오고 작열하는 뜨거움은 땅에서 나온다. 이 두 가지가 서로 통하고 융합하여 각각의 사물을 변화 생성시키고 만물의 법칙을 이루지만 그 형상을 볼 수는 없다. 소멸하고 생겨나고 홍성하고 쇠락하고, 때로는 숨고 때로는 드러나며, 해가 가고 달이 이동하는 것은 잠시도 멈추지 않고 작용하지만 그 공적을 볼 수는 없다. 삶은 시작되는 지점이 있고, 죽음은 귀결되는 지점이 있지만, 시종일관 서로 맞물리며 순환하니 그 끝을 알 수가 없다. 만약 그렇지 않다면, 대체 무엇이 그 근원일 수 있다는 말인가!"
공자가 말했다. "이러한 상황에 마음을 노닐게 한다는 말은 무엇입니까?"
노담이 말했다. "이 경지에 도달했다면, 지극한 아름다움과 지극한 즐거움을 얻었다고 할 수 있다. 지극한 아름다움을 체득하고 지극한 즐거움 속에서 노니는 자를 지인至人이라고 부른다."
공자가 말했다. "어떠한 방법으로 해야 하는지 여쭙고 싶습니다."
노담이 말했다. "풀을 뜯는 짐승들은 머무르는 들판이 바뀌는 것을 두려워하지 않는다. 물에 사는 벌레는 살고 있는 못이 바뀌는 것을 두려워하지 않는다. 설령 작은 변화가 있어도 근본적으로 필요한 것을 잃어버리지 않는다면, 희노애락의 감정이 마음속으로 들어오지 못할 것이다. 천하의 만물은 모두 공통의 성질을 지니고 있다. 이 공통의 성질을 이해하여 모두를 동등하게 대한다면, 사지와 백골을 티끌처럼 여길 수 있고 죽음과 삶, 끝과 시작을 밤낮의 변화와 같이 여길 수 있다. 그러면 그 어떤 혼란도 찾아오지 않을 것인데, 하물며 득실과 화복의 경계는 두말할 나위가 있겠는가! 득실과 화복 버리기를 마치 진흙 버리듯 하면 자신이 득실과 화복보다 더 귀하다는 것을 알게 된다. 귀함이 자기 자신에게 있다면 변화로 인해 잃어버리는 일은 없을 것이다. 변화무쌍함이 끝이 없이 이어지지만, 어찌 그 내면의 마음을 어지럽힐 수 있겠는가? 도를 수양한 자는 이 점을 깨닫고 있다."
공자가 말했다. "선생의 덕은 천지와 합치하고 지극한 말씀으로 [나를 가르쳐] 마음을 길러 주시니, 옛날의 그 어떤 군자들이 이를 넘어설 수 있겠습니까!"
노담이 말했다. "그렇지 않다. 마치 물이 솟아나듯 무위하니 저절로 그렇게 되는 것이다. 지인至人의 덕은 꾸미지 않아도 만물은 저절로 그 영향을 받는다. 하늘은 저절로 높고 땅은 저절로 두텁고 해와 달은 저절로 빛을 내는 것과 같으니, 달리 꾸밀 필요가 어디 있겠는가!"

공자가 물러나서 안회에게 이렇게 말했다. "내가 위대한 도를 아는 것은 고작해야 술통의 날벌레 수준에 지나지 않았도다! 만약 선생이 나의 어리석음을 일깨워 주지 않았다면 나는 결코 천지의 온전한 면모를 알지 못했을 것이다."

5.

莊子見魯哀公①. 哀公曰: "魯多儒士, 少爲先生方②者."

莊子曰: "魯少儒."

哀公曰: "擧魯國而儒服, 何謂少乎?"

莊子曰: "周聞之, 儒者冠圜③冠者, 知天時; 履句④屨者, 知地形; 緩佩玦⑤者, 事至而斷. 君子有其道者, 未必爲其服也; 爲其服者, 未必知其道也. 公固以爲不然, 何不號於國中曰: '無此道而爲此服者, 其罪死!'"

於是哀公號之五日, 而魯國無敢儒服者, 獨有一丈夫儒服而立乎公門. 公卽召而問以國事, 千轉萬變而不窮. 莊子曰: "以魯國而儒者一人⑥耳, 可謂多乎?"

【길잡이】

① 莊子見魯哀公: 장자는 육국六國시대[13]의 인물로서 위魏나라 혜왕惠王과 제齊나라 위왕威王과 같은 시기이므로 노魯나라 애공哀公과는 대략 120년 정도 뒤이다. 따라서 노나라 애공을 만났다고 하는 것은 지어낸 이야기이다.(성현영, 『장자소』)

② 方: 도道 혹은 술術.

③ 圜: '원圓'으로 읽는다.(『경전석문』)

④ 句: 네모.(이이, 『장자주』)

⑤ 緩佩玦: 오색의 실로 꿰어 만든 옥결玉玦. '완緩'은 사마표의 판본에는 '수綏'로 되어 있다. '수綏'는 실을 땋아 만든 긴 끈을 말한다.

---

13) 전국칠웅 가운데 秦을 제외한 齊, 楚, 燕, 魏, 韓, 趙 여섯 나라가 각축하던 시대. 즉 전국시대를 말함.

- 성현영: '완綬'은 오색의 끈으로 옥결을 꿰어 패佩를 장식한다.

⑥ 一人: 일설에 따르면 공자를 가리킨다. 하지만 원문의 의미를 살펴보았을 때 반드시 특정한 인물을 지칭할 필요는 없다.

- 엄령봉: 성현영의 『장자소』에서는 "공자를 말한다"라고 하였다. 그런데 이 이야기는 우언이므로 반드시 그 인물을 지칭한다고 볼 필요는 없다. 따라서 반드시 공자를 가리키는 것일 필요는 없다.(『도가사자신편』, 789쪽)

【풀이】

장자가 노나라 애공을 만나러 갔다. 애공이 말했다. "노나라에는 유가의 선비들은 많은데, 선생의 도술을 배운 자는 적습니다."

장자가 말했다. "노나라에는 유가 선비들이 많지 않습니다."

애공이 말했다. "노나라 전체가 모두 유자儒者의 복장을 하고 있는데 어찌 적다고 말하는 것입니까?"

장자가 말했다. "제가 듣기로 유자가 둥근 모자를 쓰는 것은 하늘의 때를 알고, 네모난 신을 신는 것은 땅의 형세를 알며, 오색실로 옥결을 꿰어 차는 것은 일이 이르면 판단하는 것이라 하였습니다. 그런데 군자에게 이러한 도가 있다고 해서 반드시 이러한 복장을 하는 것은 아니며, 반대로 이러한 복장을 하였다고 해서 반드시 도가 있다고 할 수도 없습니다. 공은 이미 그렇게 여기지 않으면서 왜 나라 안에 '이와 같은 도술을 모르면서 이러한 복장을 착용하는 자는 죽음에 처할 것이다'라고 명령을 내리지 않으십니까?"

이에 애공이 노나라에 그와 같은 명령을 내렸다. 그런데 명령을 내리고 5일이 지나니, 노나라에 감히 유자의 복장을 착용하는 자가 아무도 없었다. 오직 단 한 명의 사내만 유자의 복장을 하고 조정의 문 앞에 서 있었다. 애공이 그를 불러 국사에 관해 조언을 구했는데, 그의 말이 실로 끝없이 변화하여 막힘이 없었다.

장자가 말했다. "노나라 전체에 단 한 명의 유자만이 있는데, 많다고 할 수 있겠습니까?"

6.

百裏奚[①]爵祿不入於心, 故飯[②]牛而牛肥, 使秦穆公忘其賤, 與之政也. 有虞氏死生不入於心, 故足以動人.

【길잡이】

① 百裏奚: 기원전 5세기경의 이름난 인물. 성은 백리百里, 이름은 해奚. 진秦나라 사람들은 그를 오고대부五羖大夫라고 불렀다. 우虞나라[山西省 平陸縣 동북쪽 일대]에 살았으나, 후에 진나라로 옮겨와 진나라 목공穆公에 의해 중용되었다. 맹자는 그를 매우 높이 평가하였다.(『孟子』「萬章上」, 「告子下」에 등장)

② 飯: '사飼'(먹이다)와 같다.

【풀이】

백리해는 작록을 마음속에 담아두지 않았으므로 양과 소를 기르며 살았는데, 이러한 점이 목공穆公으로 하여금 비천한 신분을 잊고 그에게 정사를 맡기게 하였다. 유우씨는 죽음과 삶의 관념을 마음속에 담아두지 않았으므로 사람들을 감화시킬 수 있었다.

7.

宋元君[①]將畫圖, 衆史[②]皆至, 受揖而立[③]; 舐筆和墨, 在外者半[④]. 有一史後至者, 儃儃然[⑤]不趨, 受揖不立, 因之舍. 公使人視之, 則解衣般礴[⑥]臝[⑦]. 君曰: "可矣, 是眞畫者也."

【길잡이】

① 宋元君: 송나라 원공元公, 이름은 좌佐.(『史記』「宋微子世家」에 등장)

② 史: 화가를 가리킴.

③ 受揖而立: 고대에 신하가 임금을 알현할 때, 신하가 먼저 절을 하면 임금이 두 손을 모아 읍을 하여 답례를 한다. '수읍受揖'은 임금의 답례를 받는 것을

가리킨다. '읍揖'은 두 손을 모으는 것이다. '립立'은 '위位'의 옛 글자이다. 동사로서 '제자리로 가다'라는 뜻이다.(조초기, 『장자천주』)

④ 在外者半: 경쟁하는 자들이 많음을 말한다.(성현영, 『장자소』)

⑤ 儃儃然: 느긋하고 한가로운 모습.

⑥ 槃礴: 다리를 교차하여 앉은 것이다.

- 사마표: 다리를 뻗은 채 앉는 것이다.

⑦ 臝: '라裸'와 같다. 벌거벗는 것을 말한다.

【풀이】

송나라 원군元君이 그림을 그리고자 사람들을 불러 모으자 많은 화가가 모여들었다. 이들은 임금께 예를 올리고 답례를 받은 후 다시 자리로 돌아가서 먹을 갈고 붓에 먹물을 묻혀 그림을 그리기 시작했다. [찾아온 화가가 너무 많아서] 아직도 절반의 화가가 앉을 자리도 없이 바깥에 머무르고 있었다. 그런데 어떤 화가 한 명이 뒤늦게 도착해서는 느긋한 모습으로 천천히 걸어가 임금에게 예를 올렸는데, 답례를 받고 나서도 그림을 그리는 자리로 돌아가지 않고 그대로 숙소로 돌아갔다. 이에 원군이 사람을 보내 그를 찾아보게 하였는데, 그는 옷을 벗어 던진 채 다리를 꼬고 편하게 앉아 있었다. 이 소식을 들은 원군이 말했다. "좋구나, 그가 바로 진정한 화가다."

8.

文王觀於臧①, 見一丈人②釣, 而其釣莫釣; 非持其釣有釣者也, 常釣也③. 文王欲舉而授之政, 而恐大臣父兄之弗安也; 欲終而釋之, 而不忍百姓之無天④也. 於是旦而屬之大夫曰: "昔者⑤寡人夢見良人, 黑色而頓⑥, 乘駁馬⑦而偏朱蹄⑧, 號曰: '寓而⑨政於臧丈人, 庶幾乎民有瘳乎!'"

諸大夫蹴然曰: "先君王也." 文王曰: "然則卜之."

諸大夫曰: "先君之命, 王其無它⑩, 又何卜焉!"

遂迎臧丈人而授之政. 典法無更, 偏令無出. 三年, 文王觀於國, 則列士壞植散群⑪, 長官者不成德, 斔斛⑫不敢入於四竟. 列士壞植散群, 則尙同也; 長官者不成德, 則同務也; 斔斛不敢入於四竟, 則諸侯無二心也. 文王於是焉以爲大師, 北面而問曰: "政可以及天下乎?" 臧丈人昧然而不應, 泛然而辭[13], 朝令而夜遁, 終身無聞.

顔淵問於仲尼曰: "文王其猶未邪? 又何以夢爲乎?"

仲尼曰: "默, 汝無言! 夫文王盡之也, 而又何論刺[14]焉! 彼直以循斯須[15]也."

【길잡이】

① 臧: 지명. 위수渭水와 가깝다. 서안西安 근처에 있다.

② 丈人: 노인에 대한 존칭으로, 여기에서는 강자아姜子牙를 가리킨다. 현재 판본에는 '장인丈人'이 '장부丈夫'라고 되어 있으나, 잘못 적은 것으로 보인다. 『경전석문』에서는 "'장부丈夫'는 원래 '장인丈人'이라고도 쓴다"라고 하였다. 뒤에서 '장인丈人'이라는 말이 세 차례 등장하므로, 여기에서도 같은 사례라고 할 수 있다. 이에 따라 수정한다.

③ 非持其釣有釣者也, 常釣也: 낚싯대를 들고 있으나 낚시를 할 마음을 지니고 있지 않은 것(이른바 '무심의 낚시'를 비유)이 바로 최고 경지의 낚시이다. 해동은 '상常'을 '상尙'의 뜻으로 가차된 것으로 보았다. '상조尙釣'는 즉 낚시의 최상 등급을 말한다.

- 임희일: '상조常釣'는 낚싯대가 항상 수중에 있다는 말이다. 낚싯대를 항상 손에 쥐고 있으나, 낚시에 뜻을 두고 있지 않으므로 '비지기조유조자야非持其釣有釣者也'라 하였다.
- 왕념손: 고대에는 '조釣'를 '구鉤'로 썼다.

④ 無天: 비호를 잃음.(성현영, 『장자소』)

⑤ 昔者: '석昔'은 '석夕'(저녁)과 통한다. 「제물론」의 주석을 참고할 것.

- 곽경번: '석昔'은 '밤'(夜)을 말한다. 과거에는 '야夜'를 '석昔'으로 썼다.

⑥ 頔(중국음은 rán): '염髯'과 같다. 수염을 말한다.

⑦ 駁馬: 여러 색이 섞인 말.

⑧ 偏朱蹄: 말발굽의 반쪽이 붉은 색인 것.

⑨ 而: '여汝'(2인칭 대명사)와 같다.

⑩ 其無它: 의심할 필요가 없음.

⑪ 壞植散群: 파벌을 세우지 않음.(임희일)

- 유월: 『춘추좌전』 선공宣公 2년의 "화원위식華元爲植"이라는 구절에 대해 두예杜預는 "'식植'은 우두머리이다"라고 설명하였다. 군대는 우선 우두머리 장수가 있어야 병졸이 있을 수 있다. 따라서 무리를 해산시키려면(散群) 우선 그 우두머리를 무너뜨려야 하는 법(壞植)이다.

⑫ 斔斛(斔의 중국음은 yú[兪], 斛의 중국음은 hú[胡]): 곡물의 양을 재는 그릇. 1곡斛은 다섯 말(斗)이며, 6곡 4두를 '유斔'라고 한다.

⑬ 昧然而不應, 泛然而辭: 「덕충부」에 나오는 "민연이후응悶然而後應, 범약사泛若辭"와 의미가 비슷하다.

⑭ 論刺: 풍자.(성현영, 『장자소』)

⑮ 循斯須: '사수斯須'는 잠시, 잠깐. '순循'은 따르다.(성현영, 『장자소』) 한때의 군중들 정서에 따름을 말한다.

- 곽상: '사수斯須'는 백성들이 깨닫거나 깨닫지 못하거나 하는 상황을 말한다. 그러므로 문왕은 이에 순응하여 그들을 계발시킴으로써 백성들의 전체적인 정서에 부합한 것이다.

【풀이】

문왕이 위수渭水를 유람하던 중에 노인 한 명이 낚시를 하고 있는 모습을 보았다. 그런데 그는 낚시를 하면서도 물고기를 낚을 마음이 없어 보였다. 물고기를 낚을 마음으로 낚싯대를 쥐고 있는 것이 아니라, 그저 낚싯대를 늘 손에 쥐고 있을 뿐이었다. 문왕이 그를 발탁해 정사를 맡기고 싶었으나 한편으로는 대신들과 부형들에게 불안을 초래하지는 않을까 걱정이 일었다. 그래서 종내는 생각을 포기하려는데 백성들이 보살핌을 받지 못한다는 생각을 떨칠 수가 없어, 날이 밝자마자 대부를 불러 이렇게 말했다. "어젯밤에 내가 꿈에서 현인 하나를 만났다. 그의 얼굴은 검고 수염을 길게 길렀으며, 타고 있는 말은 발굽의 절반이 붉고 몸은 여러 가지 색이 얼룩덜룩 섞여 있었다. 그런데 그가 나에게 호령하며 말했다. '정사를 장臧 땅에 사는 노인에게 맡기면 백성들을 재난으로부터 구할 수 있을 것이다.'"

여러 대부들이 미간을 찡그리며 말했다. "꿈속에서 뵌 분은 왕의 부친이 아닐까 싶습니다."

문왕이 말했다. "그럼 한 번 점을 쳐 보거라."

대부들이 말했다. "선왕의 명령은 의심할 수 없는데, 어찌 점을 치겠습니까?"

이에 문왕은 장臧 땅에서 만난 노인을 불러 그에게 정사를 맡겼다. 그는 법과 제도를 함부로 바꾸지 않고, 편파적인 법령을 시행하지 않았다. 삼 년이 흘러 문왕이 국경지대로 시찰을 나갔는데, 병사들은 서로 파벌을 세우지 않고 장수들은 공덕을 드러내지 않았으며 다른 도량형이 국경 내로 들어오지 않았다. 병사들이 서로 파벌을 세우지 않는다는 것은 한마음으로 서로 협동한다는 말이고, 장수들이 공덕을 내세우지 않는다는 것은 함께 지혜를 모으고 힘을 합친다는 뜻이며, 다른 도량형이 국경 내로 들어오지 않는다는 것은 제후들이 다른 마음을 먹지 않았다는 뜻이다.

이에 문왕이 그 노인에게 경의를 표하며 그를 대사大師로 삼고자 북쪽을 향해 서서[14] 노인에게 말했다. "(지금과 같은) 정사를 온 천하에 미치도록 할 수 있겠습니까?" 장 땅의 노인은 조용히 응대하지 않으면서 묵묵히 아무런 대답도 하지 않았다. 그러고는 아침에는 여전히 명령을 내리며 정사를 펼치는가 싶더니 밤이 되자 자취를 감추고 말았다. 그 후 평생 그의 소식을 접할 수 없었다.

안회가 공자에게 물었다. "문왕은 사람들의 믿음을 얻지 못했던 것입니까? 왜 하필 꿈에 의탁했던 것입니까?"

공자가 말했다. "조용하거라, 아무 말도 하지 말라! 문왕은 이미 더할 나위 없이 훌륭하게 하였는데, 어찌 그를 조롱하려 하는가? 그는 당시의 사람들의 정서에 따랐던 것일 뿐이다."

9.

列禦寇爲伯昏無人①射, 引之盈貫②, 措杯水其肘上, 發之, 適矢復沓③, 方矢復寓④. 當是時, 猶象人⑤也.

伯昏無人曰: "是射之射, 非不射之射也⑥. 嘗與汝登高山, 履危石, 臨百仞之

14) 일반적으로 임금은 남쪽을 보고 자리하고, 신하는 임금이 있는 북쪽을 보고 선다. 따라서 문왕이 북쪽을 향해 섰다는 것은 아랫사람의 예를 표했음을 말한다.

淵, 若能射乎?"

於是無人遂登高山, 履危石, 臨百仞之淵, 背逡巡[7], 足二分垂在外[8], 揖禦寇而進之. 禦寇伏地, 汗流至踵.

伯昏無人曰: "夫至人者, 上窺青天, 下潛黃泉, 揮斥八極[9], 神氣[10]不變. 今汝怵然有恂目[11]之志, 爾於中[12]也殆矣夫!"

【길잡이】

① 伯昏無人: 의미를 가탁하여 지어낸 사람 이름. 「덕충부」에 등장한 바 있다. 『열자』 「황제黃帝」에는 '백혼무인伯昏瞀人'으로 되어 있다.

② 引之盈貫: 활시위를 가득 당기는 것을 말함. '인引'은 시위를 당기는 것이고, '관貫'은 활이 팽팽해질 때까지 펼치는 것을 의미한다.(『史記』 「伍子胥列傳」에 대한 司馬貞의 『史記索隱』 주석)

③ 適矢復沓(沓의 중국음은 tà(踏)): 화살 하나가 발사되자마자 곧이어 다음 화살이 이어지는 것을 표현하는 말.

- 임희일: '적適'은 '가다'. '답沓'은 '거듭', '다시'. 화살 하나가 나가자마자 곧이어 다시 화살을 활시위에 올리는 것을 말한다.
- 나면도: '적시복답適矢復沓'은 화살을 쏘고 다시 앞선 화살을 뒤따라 겹치게 하는 것이다.

④ 方矢復寓: 두 번째 화살이 날아가자마자 세 번째 화살을 활시위에 거는 것.

- 임희일: 두 번째로 활시위에 올라간 화살이 날아가자마자 다음 화살이 다시 활시위에 올라가는 것을 말한다. 이는 화살이 하나하나 이어지는 것이 매우 신속함을 말한 것이다.
- 나면도: '방시복우方矢復寓'란 화살이 막 발사된 후 화살이 다시 활시위에 올라가는 것이다.
- 선영: 두 번째 화살이 나가자마자 세 번째 화살이 이미 활시위에 올라간 것을 말한다.

⑤ 象人: 인형. 즉 나무 인형을 말한다.

⑥ 是射之射, 非不射之射也: 마음을 써서(有心) 쏜 것이지 마음을 두지 않고(無心) 쏜 것이 아님.

- 성현영: 여전히 마음을 써서(有心) 쏜 것으로, 마음을 두지 않고(無心) 잊어버린 채(忘懷) 쏜 무심의 화살(不射之射)이 아니다.
- 임운명: 기교를 사용해서 할 수는 있으나, 정신을 사용해서 할 수는 없음.

⑦ 背逡巡: 연못을 등지고도 더 물러남.(성현영, 『장자소』) '준순逡巡'이라는 말은 「추수」에 등장한 바 있다.

⑧ 足二分垂在外: 두 가지의 해석이 있다.

(1) '이분二分'을 '십분의 이'로 보는 해석. 이종예는 "발 아래 십분의 이가 공중에 뜬 것이다"라고 하였다.(이종예)

(2) '이분二分'을 '삼분의 이'로 보는 해석. 임희일은 "발의 삼분의 일이 강기슭에 걸쳐져 있고 삼분의 이는 공중에 걸쳐 있는 것이다"라고 하였다.

▹ 진고응: 후자의 설을 따른다.

⑨ 揮斥八極: '휘척揮斥'은 '방종縱放'과 같다.(곽상, 『장자주』) 정신이 자유분방함을 표현하는 말이다. '팔극八極'은 팔방을 가리킨다.

⑩ 神氣: 기색, 표정.

⑪ 恂目: '순恂'은 눈이 어지럽고 현란한 것(眩)을 말한다.(『경전석문』)

⑫ 中: 쏘아 맞히다, 명중하다.

【풀이】

열어구가 백혼무인에게 활쏘기를 선보였다. 그는 활시위를 팽팽하게 당긴 채로 팔 위에 물잔을 올려놓고 활을 쏘았다. 화살 하나를 쏘자마자 뒤이어 다른 화살을 쏘고, 두 번째 화살을 쏘자마자 세 번째 화살을 활시위에 올렸다. 이때 그의 모습은 마치 나무 인형과도 같았다.[움직이지 않고 우뚝함]

백혼무인이 말했다. "이는 마음을 써서 쏜 것이지, 마음을 비운 채 쏜 것이 아니다. 높은 산 위로 올라가 가파른 바위 위에 올라서서 백 길 낭떠러지에 가깝게 몸을 둔다면, 네가 화살을 쏠 수 있는지 보고 싶구나."

말을 마친 백혼무인이 높은 산 위로 올라가 가파른 바위 위에 올라서서 백 길 낭떠러지를 등지고 계속해서 물러나더니 발의 삼분의 이가 허공에 뜰 정도가 되어 멈추었다. 그러고는 열어구를 불렀다. 열어구는 두려워 땅바닥에 엎드리다시피 하였는데, 식은땀이 발뒤꿈치까지 흘러내렸다.

백혼무인이 말했다. "지인至人은 위로는 맑은 하늘을 살피고, 아래로는 황천黃泉에 숨으니, 팔방으로 날아올라도 그 기색은 변하지 않는다. 그런데 너는 지금 당황하여 안절부절못하고 있으니, 화살을 맞추는 것은 어렵겠구나!"

10.

肩吾①問於孫叔敖②曰: "子三爲令尹③而不榮華, 三去之而無憂色. 吾始也疑子, 今視子之鼻間栩栩然④, 子之用心獨奈何?"

孫叔敖曰: "吾何以過人哉! 吾以其來不可卻也, 其去不可止也, 吾以爲得失之非我也, 而無憂色而已矣. 我何以過人哉! 且不知其在彼乎, 其在我乎⑤? 其在彼邪? 亡乎我; 在我邪? 亡乎彼⑥. 方將躊躇, 方將四顧⑦, 何暇至乎人貴人賤哉!"

仲尼聞之曰: "古之眞人, 知者不得說⑧, 美人不得濫⑨, 盜人不得劫, 伏戲黃帝不得友. 死生亦大矣, 而無變乎己⑩, 況爵祿乎! 若然者, 其神經乎大山而無介⑪, 入乎淵泉而不濡, 處卑細而不憊, 充滿天地, 旣以與人, 己愈有⑫."

【길잡이】

① 肩吾: 은거하는 선비. 「소요유」에 등장하였다.

② 孫叔敖: 초나라의 현인. 재상의 관직을 맡은 바 있다.

③ 令尹: 재상.

④ 栩栩然: 「제물론」에 "허허연호접야栩栩然蝴蝶也"라는 구절이 나오는데, 이는 나비가 훨훨 날아다니는 모습을 표현한 것이다. 여기에서 '즐겁게 유유자적하다'라는 뜻이 파생되어 나왔다.

⑤ 且不知其在彼乎, 其在我乎: '기其'는 존귀함, '피彼'는 영윤令尹의 관직을 가리킨다.

- 선영: '귀한 것이 영윤令尹의 관직에 있는지, 나 자신에게 있는지를 알지 못한다'라는 뜻.

⑥ 其在彼邪? 亡乎我; 在我邪? 亡乎彼: [귀한 바가] 만약 영윤令尹이라는 자리에 있다고 한다면 이는 나 자신과는 무관하고, 나 자신에게 있다고 한다면 이는 영윤과는 무관하다.

- 임희일: 영윤이 귀한 까닭이 영윤 그 자체에 있다고 한다면 나 자신과는 무관하며, 내가 귀한 까닭이 나 자신에게 있다고 한다면 영윤과는 무관하다.

⑦ 方將躊躇, 方將四顧: 「양생주」 포정해우庖丁解牛 고사에 나오는 '위지사고爲之四顧, 위지주저만지爲之躊躇滿志'와 같다.

- 성현영: '주저躊躇'는 자득하여 안락한 모습을 말한다. '사고四顧'는 팔방으로 둘러보는 것이다.

⑧ 說: 유세, 변설, 설득.

- 왕어: '세說'는 '세稅'와 같이 발음한다. 기교로 현혹할 수 없다는 뜻이다.

⑨ 濫: 음란함.

⑩ 死生亦大矣, 而無變乎己: 「덕충부」의 "사생역대의死生亦大矣, 이부득여지변而不得與之變'과 같다.

⑪ 介: 저해하다(礙).(성현영, 『장자소』) '계界'(경계)의 의미로 가차되었다.(마서륜)

⑫ 旣以與人, 己愈有: 『노자』 81장에 나오는 "기이위인旣以爲人, 기유유己愈有"와 같다.

【풀이】

견오가 손숙오에게 말했다. "그대는 세 차례나 영윤의 관직을 맡았는데도 영예롭다고 여기지 않고, 세 차례나 물러났으면서 근심하는 기색을 보이지 않았습니다. 내가 처음에는 그대를 의심하였으나, 지금 그대의 코(의 숨결) 사이에서 유유자적한 모습을 보았습니다. 대체 어떻게 마음을 먹을 수 있는 것입니까?"

손숙오가 말했다. "내가 어디 남들보다 더 나은 점이 있겠습니까? 벼슬이란 오는 것을 밀쳐 낼 수도 없고 가는 것을 막을 수도 없는 것입니다. 나는 얻고 잃는 것은 나에게 달렸다고 생각하지 않기 때문에 근심이 없는 것일 뿐입니다. 내가 남보다 나은 것이 어디 있겠습니까? 하물며 저는 귀함이라는 것이 과연 영윤이라는 관직에 있는 것인지, 나 자신에게 있는 것인지를 알지 못합니다. 만약 영윤이라는 관직에 있다면 이는 나와는 무관하며, 나 자신에게 있다면 이는 영윤이라는 관직과는 무관합니다. 마음 가득히 만족하며 온 사방을 둘러보는데, 인간 세상의 귀천 따위를 돌아볼 겨를이 어디 있겠습니까?"

공자가 이 말을 전해 듣고 말했다. "옛날의 진인眞人은 총명한 자도 그를 논변으로 설득시킬 수 없었고, 미인도 그를 유혹할 수 없었고, 도적도 그를 겁박할 수 없었고, 복희伏羲와 황제黃帝도 그와 교류할 수 없었고, 죽음과 삶이라는 지극히 큰일조차 그에게 영향을 줄 수 없었다. 하물며 작록이야 어떠하겠는가? 이러한 사람은 그 정신이 거대한 산을 뚫고 나가도 아무런 저해를 받지 않고, 깊은 못에 들어가도 잠기지 않으며, 비천한 자리에 처해도 지치지 않으니, 온 천지에 충만해 있어 남을 도울수록 오히려 스스로 더욱 충만해진다."

11.

楚王[①]與凡君[②]坐, 少焉, 楚王左右曰凡亡者三[③]. 凡君曰: "凡之亡也, 不足以喪吾存. 夫'凡之亡不足以喪吾存', 則楚之存不足以存存. 由是觀之, 則凡未始亡而楚未始存也."

【길잡이】

① 楚王: 초나라 문왕文王.

② 凡君: 범凡나라의 희후僖侯.(성현영, 『장자소』)

- 육덕명: 사마표는 '범凡은 나라 이름이다. 급군汲郡 공현共縣 지역에 위치한다'라고 하였다. 『춘추좌전』에 따르면 '범凡'은 주공周公의 후예들의 땅이다.

③ 凡亡者三: 초왕의 좌우에서 범나라가 망할 것이라고 세 차례 말했음을 뜻한다.

- 유월: 초왕의 좌우에서 범나라가 망할 것이라고 말한 자가 세 명이라는 뜻이다. 곽상의 『장자주』에서는 "망국의 세 가지 징조가 있음을 말한 것이다"(言有三亡征也)라고 하였으나, 옳지 않다.
  - ▹ 진고응: 유월은 '삼三'은 '삼인三人'으로 보았으나, 이어지는 내용을 고려하면 통하지 않는다. '삼三'은 '세 차례'로 보아야 한다. 범나라가 망할 것이라고 수차례 말했다는 뜻이다.
- 정전성: '왕좌우왈범망자삼王左右曰凡亡者三'은 두 번 세 번 언급하는 것이다. (『장자음의역』)

【풀이】

초나라 왕이 범나라 군주와 함께 앉아 있었는데, 잠시 후 초왕의 좌우 신하들이 건너와 범나라가 곧 멸망할 것이라고 왕에게 수차례 아뢰었다. 범나라 군주가 말했다. "범나라가 멸망한다고 해서 나의 존재를 사라지게는 하지 못합니다. '범나라의 멸망이 나의 존재를 사라지게 하지는 못한다면' 초나라가 존재한다는 것 역시 초나라의 존재를 보장해 주지는 못할 것입니다. 이렇게 본다면 범나라는 망한 적이 없고 초나라는 존재한 적이 없다고 말할 수 있습니다."

지북유知北遊

「지북유」의 요지는 도에 관한 논의에 있다. '지북유知北遊'란 지知가 북쪽으로 여행을 떠난다는 뜻이다. '지知'는 지식, 지모 등으로 읽으며, 여기에서는 우언의 의미를 담아 지어낸 인물의 이름이다. 글 첫머리의 세 글자를 따서 편명으로 삼았다.

이 편은 총 열한 개의 우언으로 구성되어 있다.

첫째 단락에서는 우선 '아는 자는 말하지 않고, 말하는 자는 알지 못한다'(知者不言, 言者不知)라는 이치를 말하고, 이어서 '온 천하는 통틀어 하나의 기일 뿐임'(通天下一氣耳)을 말했다. 즉 기氣는 자연계의 기본 물질 입자이며, 인간의 삶과 죽음은 기가 모이고 흩어진 결과라는 것이다.

둘째 단락에서는 '천지는 큰 아름다움을 지니고 있지만 언어로 표현하지 않고, 사시는 분명한 법칙을 지니고 있지만 논하지 않고, 만물은 생성의 이치를 지니고 있지만 말하지 않는다'(天地有大美而不言, 四時有明法而不議, 萬物有成理而不說)라고 말하고 있다. 이를 통해 장자의 자연관을 생생히 엿볼 수 있다.

셋째 단락에서는 설결齧缺이 피의被衣에게 도에 관해 물은 내용이다. 피의는 생각을 하나로 집중하고, 정신을 한곳에 응집시켜야 한다고 말한다.

넷째 단락은 순이 승丞에게 질문하는 내용으로, 천지만물의 변화와 기의 이합집산에 대해 논했다.

다섯째 단락에서는 공자의 질문에 노담이 "하늘은 높지 않을 수 없고, 땅은 드넓지 않을 수 없고, 해와 달은 운행하지 않을 수 없고, 만물은 창성하지 않을 수 없다"(天不得不高, 地不得不廣, 日月不得不行, 萬物不得不昌)라고 말한 내용이다. 이는 천지만물에 각기 특별한 본연의 성질이 있음을 말한 것이다.

여섯째 단락은 동곽자東郭子가 장자에게 도道에 관해 묻는 내용으로, 장자는 "도가 없는 곳은 없다"(無所不在)라고 말했다.

일곱째 단락에서는 노룡길老龍吉을 통해 도는 말로 전해질 수 없음에 관해 적었다. 이른바 '논해지는 도는 도가 아니다'(所以論道, 而非道)라는 이치다.

여덟째 단락에서는 태청泰淸이 무시無始에게 도에 관해 물었다. 무시는 "도는 들어서 얻을 수 없으니, 들어서 얻은 것은 도가 아니다. 도는 눈으로 볼 수 없으니, 보아서 얻은 것은 도가 아니다. 도는 말할 수 없는 것이니, 말해진 것은 도가 아니다"(道不可聞, 聞而非也; 道不可見, 見而非也; 道不可言, 言而非也)라고 답하였다. '도는 이름이 있을 수 없다'(道不當名)라는 말은 도는 현상적이고 구체적인 것이 아니므로 언어로 이를 규정지을 수 없음을 나타낸다.

아홉째 단락에서는 광요光曜가 무유無有에게 도에 관해 물은 내용이다. 노자는 무無와 유有를 도의 별칭으로 삼았는데, 여기서는 '무無' 위에 다시 '무무無無'라는 개념을 제시하였다. 이는 무한함, 개방성 등의 함의를 지닌다.

열 번째 단락에서는 정신을 집중시켜 무기를 만들어 내는 대장장이(捶鉤者)의 고사를 다루었다.

열한 번째 단락에서는 염구冉求와 공자와의 대화를 통해 천지의 시작에 관한 문제를 논했다. 나아가 천지에 의해 끝없이 이루어지는 생성 작용으로부터 성인이 '인간을 사랑함에는 그침이 없음'(愛人無已)을 말했다.

열두 번째 단락에서는 안연顔淵과 공자와의 대화를 통해 변화에 편안히 순응해야 함을 말했다.

풍부한 철학적 지혜를 담은 고사와 성어가 이 편에서 나왔다. 대표적으로 삼문이부답三問而不答[1], 화취부위신기化臭腐爲神奇[2], 천지유대미이불언天地有大美而不言[3], 대성부작大聖不作[4], 불형이신不形而神[5], 초생지독初生之犢[6], 식부지미食不知味[7], 백구과극

1) 知가 無爲에게 도에 관해 세 번 물었으나 無爲가 세 번 모두 대답하지 않았다는 우화. 도는 지식이나 언어를 통해 알 수 없음을 말했다.

2) 추악한 것은 신비한 것이 되고, 신비한 것은 다시 추악한 것이 됨. 한 사물에 대한 시비와 호오는 사람들이 그것을 좋아하고 싫어하는 것에 따라 달라지게 되는 것을 말한다. 쓸모없는 것이 쓸모 있는 것으로 변한다는 말로 사용되기도 한다.

3) 천지는 큰 아름다움을 지니고 있지만, 말로 이를 표현하지 않음.

4) 위대한 성인은 작위를 행하지 않음.

5) 형상으로 드러나지 않지만 신묘한 작용이 있음.

6) 갓 태어난 송아지. 단순하거나 무모한 젊은이를 비유하여 나타내는 말.

白駒過隙[8], 변불약묵辯不若默[9], 도불가문道不可聞[10], 무소부재無所不在[11], 매하유황每下愈況[12], 도재시익道在屎溺[13], 이명동실異名同實[14] 등이 있다.

7) 음식을 먹어도 맛을 알지 못함. 마음속에 일이 있어 다른 생각이 들어오지 못한다는 말.
8) 햇빛이 빈틈을 스쳐 지나감. 세월이 빨리 흘러감을 비유하는 말.
9) 말로 논하는 것은 침묵하는 것보다 못함.
10) 도는 들어서 얻을 수 없음.
11) 없는 곳이 없음. 어디에나 있다는 말.
12) 상황이 아래로 내려갈수록 점차 명확해짐.
13) 도는 똥이나 오줌에도 있음. 도가 어디에나 있음을 비유하는 말.
14) 명칭은 다르지만 실질은 같음.

1.

知[①]北遊於玄水[②]之上, 登隱弅之丘[③]而適遭無爲謂[④]焉. 知謂無爲謂曰: "予欲有問乎若[⑤]: 何思何慮則知道? 何處何服[⑥]則安道? 何從何道則得道?" 三問而無爲謂不答也, 非不答, 不知答也.

知不得問, 反於白水之南[⑦], 登狐闋[⑧]之上, 而睹狂屈[⑨]焉. 知以之言也問乎狂屈. 狂屈曰: "唉! 予知之, 將語若, 中欲言而忘其所欲言."

知不得問, 反於帝宮, 見黃帝而問焉. 黃帝曰: "無思無慮始知道, 無處無服始安道, 無從無道始得道."

知問黃帝曰: "我與若知之, 彼與彼不知也, 其孰是邪?"

黃帝曰: "彼無爲謂眞是也, 狂屈似之; 我與汝終不近也. 夫知者不言, 言者不知[⑩], 故聖人行不言之教[⑪]. 道不可致, 德不可至. 仁可爲也, 義可虧也, 禮相僞也. 故曰: '失道而後德, 失德而後仁, 失仁而後義, 失義而後禮. 禮者, 道之華而亂之首也[⑫].' 故曰: '爲道者日損, 損之又損之以至於無爲, 無爲而無不爲也[⑬].' 今已爲物也, 欲復歸根[⑭], 不亦難乎! 其易也, 其唯大人乎!

生也死之徒[⑮], 死也生之始, 孰知其紀[⑯]! 人之生, 氣之聚也; 聚則爲生, 散則爲死. 若死生爲徒, 吾又何患! 故萬物一也[⑰], 是其所美者爲神奇, 其所惡者爲臭腐; 臭腐復化爲神奇, 神奇復化爲臭腐. 故曰: '通天下一氣耳[⑱].' 聖人故貴一."

知謂黃帝曰: "吾問無爲謂, 無爲謂不應我, 非不我應, 不知應我也. 吾問狂屈, 狂屈中欲告我而不我告, 非不我告, 中欲告而忘之也. 今予問乎若, 若知之, 奚故不近?"

黃帝曰: "彼其眞是也, 以其不知也; 此其似之也, 以其忘之也; 予與若終不近也, 以其知之也."

狂屈聞之, 以黃帝爲知言.

【길잡이】

① 知: 우언의 의미를 담아 지어낸 사람 이름. '지智'로 읽으며, 분별지를 가리킨다.

- 임희일: 앞뒤에 나오는 인명은 모두 우언이다. 분별적인 명칭이 있다는 것은 그에 대한 사유가 있다는 말이다.(『남화진경구의』)

- 선영: '지知'는 인식하는 것이다. 이러한 의미를 담아 인명으로 삼았다.(『남화경해』)

② 玄水: 강의 이름. 우언의 의미가 있다. '현玄'은 검은 색을 말하며, 심오하다는 의미를 지닌다. 『노자』 1장에 등장하는 "현지우현玄之又玄"과 같은 뜻이다.

- 저백수: 지知가 북쪽 현수玄水를 여행했다는 말은 박학다식한 선비가 본원으로 회귀하고자 함을 비유적으로 표현한 것이다.(『남화진경의해찬미』)

③ 隱弅之丘: 구릉의 이름. 우언의 의미가 있다. '분弅'은 '분湓'과 통한다. 차고 넘치는 것을 말한다.(方以智, 마기창의 『장자고』에서 인용)

- 육덕명: '분弅'은 '분紛'으로 읽는다. 이이는 "'은분隱弅'은 은밀하게 나타나면서도 왕성하게 일어난다는 뜻으로 언덕의 모습을 말하는 것이다"라고 하였다.(『경전석문』)
- 성현영: '은隱'은 심원하여 알기 어려움을 말한다. '분弅'은 무성하여 눈으로 볼 수 있는 것이다. 지극한 도의 현묘하고 절묘함을 보이고 싶으나, 드러나고 감추는 변화에 일정한 모습이 없기에 이 우언을 빌려 그 뜻을 드러내 보인 것이다.(『장자소』)
- 저백수: '은분지구隱弅之丘'는 완전히 숨길 수 없음을 말한다. 지식을 남에게 드러내는 모습을 비유적으로 표현한 것이다.

④ 無爲謂: 의미를 가탁하여 지어낸 이름.

- 임희일: '무위위無爲謂'는 본래 그대로인 것(自然)이다.
- 선영: '무위위無爲謂'란 도는 신묘하여 본래 무위無爲하고 무위無謂한 성질을 지닌다는 뜻이다. 이러한 의미를 담아 지어낸 인명이다.

⑤ 若: '여汝'(2인칭 대명사)와 같다.

⑥ 服: 행하다(行).

⑦ 白水之南: 의미를 가탁하여 지어낸 강 이름. '백白'과 '남南'은 모두 밝게 드러난다는 뜻이다.

- 성현영: '백白'은 청결하고 소박한 색이며, '남南'은 밝게 드러나는 방향이다.
- 선영: '백수白水'와 '남방南方'은 모두 뚜렷이 드러나는 장소이니, 현묘함을 얻지 못하였으므로 다시 지식의 경지로 돌아와 머물게 된 것이다.

⑧ 狐闋: 의미를 가탁하여 지어낸 구릉의 이름. '비어 있다고 의심하다'(疑心已空)라는 뜻이다.(저백수)

- 성현영: '호狐'는 의심하여 머뭇거리는 것이다. '결闋'은 아무것도 없이 텅 빈 것을 말한다.

⑨ 狂屈: 의미를 가탁하여 지어낸 사람 이름.

- 임희일: '광狂'은 방탕하고 제멋대로인 것이다. '굴屈'은 마른 나뭇가지처럼 결연히 솟아난 모습을 말한다. 『장자』에 등장하는 '광굴狂屈'은 「소요유」의 '소요浮遊'라는 말과 같은 의미로 사용되었다. 제멋대로 결연히 서 있다는 말은 지식을 잊은 무지의 상태를 표현하는 것이다.
- 선영: 방탕하고 거리낌이 없다는 뜻. 자취와 형상에 얽매이지 않는 것을 말한다. 이 역시 의미를 가탁햐여 지어낸 사람 이름이다.

⑩ 知者不言, 言者不知: 『노자』 56장에 나오는 말.

⑪ 不言之教: 『노자』 43장에 나오는 말.

⑫ 失道而後德, 失德而後仁, 失仁而後義, 失義而後禮. 禮者, 道之華而亂之首也: 『노자』 38장에서 나온 말. 『노자』에는 "부례자夫禮者, 충신지박이란지수忠信之薄而亂之首. 전식자前識者, 도지화이우지시道之華而愚之始"라고 되어 있다.

⑬ 爲道者日損, 損之又損之以至於無爲, 無爲而無不爲也: 『노자』 48장에 나오는 말.

⑭ 復歸根: 『노자』 16장에서는 "복귀기근復歸其根"으로 썼다.

⑮ 死之徒: 『노자』 50장과 76장에 나오는 말.

⑯ 紀: 법칙. 「달생」의 "무단지기無端之紀"라는 구절의 '기紀'와 같은 의미이다.

⑰ 萬物一也: 만물에 있는 공통성, 일체성을 가리킨다. 「소요유」의 "방박만물이위일旁礴萬物以爲一", 「제물론」의 "만물일마야萬物一馬也", 「덕충부」의 "자기동자시지自其同者視之, 만물개일야萬物皆一也", 「전자방」의 "만물지소일야萬物之所一也" 등과 의미가 모두 같다.

⑱ 通天下一氣耳: 진경원의 『장자궐오』에 인용된 유득일劉得一의 판본에는 '통천지지일기이通天地之一氣耳'로 되어 있다.

- 엄북명: '통천하일기이通天下一氣耳'라는 명제는 세계의 물질성을 명확히 긍정하는 한편, 송윤宋尹과 같이 '기氣'의 윤리화하려는 시도를 부정한다.(『哲學硏究』 1980년 제1기)

【풀이】

지知가 북쪽을 여행하다가 현수玄水에 이르러 은분隱弅이라는 언덕을 올랐다가 우연히 무위위無爲謂를 만났다. 지知가 무위위에게 말했다. "내가 물어보고 싶은 것이 있다. 어떻게 생각을 하고 어떻게 사고해야 도를 이해할 수 있는가? 어떻게 처신하고 어떻게 행동해야 도에서 편안히 머무를 수 있는가? 무엇을 따르고, 어떤 방법으로 해야 도를 얻을 수 있는가?" 이렇게 세 번 질문을 던졌으나, 무위위는 아무 대답도 하지 않았다. 아무 대답도 하지 않았다기보다는 답 자체를 몰랐다. 해답을 얻지 못한 지知가 백수白水의 남쪽으로 돌아가 호결狐闋이라는 언덕에 올랐다가, 이번에는 광굴狂屈을 만나게 되었다. 지知는 그에게도 똑같은 질문을 던졌다. 광굴이 말했다. "아! 내가 알고 있는 것을 막 너에게 알려주려던 참이었는데 마음속에 하려던 말을 다 잊어버렸다."

지知가 물음에 대한 답을 얻지 못하고 제궁帝宮으로 돌아갔다. 그는 황제黃帝를 만나 다시 같은 질문을 하였다. 황제가 말했다. "아무런 생각도 없고, 아무런 사고도 없어야 도를 이해할 수 있다. 아무 곳에도 거하지 않고, 어떤 행위도 하지 않아야 도에 편안히 머무를 수 있다. 아무것도 따르지 않고 어떤 방법도 사용하지 않아야 도를 얻을 수 있다."

지知가 황제에게 물었다. "나와 너는 알고 있으나, 저들은 모른다. 과연 누가 맞는가?"

황제가 말했다. "무위위가 진정 옳고 광굴은 거의 비슷하다. 하지만 우리는 아직 멀었다. 아는 자는 말하지 않고, 말하는 자는 알지 못하는 것이다. 따라서 성인은 무언의 가르침을 행한다. 도道는 불러올 수 없는 것이고, 덕德은 도달할 수 없는 것이다. 인仁은 작위할 수 있는 것이고, 의義는 훼손될 수 있는 것이고, 예는 서로 속이는 것이다. 그러므로 '도를 잃은 후에 덕이 있게 되고, 덕을 잃은 후에 인이 있게 되며, 인을 잃은 후에 의가 있게 되고, 의를 잃은 후에 예가 있게 된다. 예는 도의 겉치레에 불과한 것으로 혼란의 발단이다'라고 하였다. 또한 '도를 구하는 것은 날마다 [탐욕을] 줄여나가는 것이니, 줄이고 또 줄여서 무위의 경지에까지 이른다. 무위로써 하면 이루지 못할 일이 없다'라고 하였다. 지금 이미 도를 가지고 물物을 이루었는데, 다시 본원으로 돌아가려 하면 어렵지 않겠는가? 쉽게 할 수 있는 자는 오직 도를 얻은 대인大人일 뿐일 것이다.

삶은 죽음에서 이어지는 것이고 죽음은 삶의 시작이니, 누가 그 속의 일정한 법칙을 알 수 있겠는가? 인간의 탄생은 기가 응집되어 일어나는 것이다. 기가 응집된 것이 생명이고, 기가 흩어진 것이 죽음이다. 만약 죽음과 삶이 서로에게 속해 있는 것이라 본다면, 우리는 무엇을 걱정할 필요가 있겠는가? 그러므로 만물은 모두 하나이다. 즉 아름답다고 말해지는 것을 신기한 것으로 여기고 싫어하는 것을 추악한 것으로 여기지만, 추악한 것은 다시 신기한 것이 되고 신기한 것은 다시 추악한 것이 된다. 그러므로 '온 천하는 하나의 기로 통할 뿐이다'라고 하는 것이다. 이 때문에 성인은 [차별 없이] 모든 것을 동일하게 귀하게 여긴다."

지知가 황제에게 물었다. "내가 무위위에게 질문했을 때, 무위위는 대답을 하지 않았다. 대답을 하지 않은 것이 아니라 답 자체를 알지 못했다. 내가 광굴에게 질문했을 때, 광굴의 마음속에 하려는 말이 있었지만 말을 하지 않았다. 말을 하지 않은 것이 아니라 마음속의 말을 전부 잊어버렸던 것이다. 그런데 지금 내가 그대에게 질문했을 때, 그대는 답을 알고 있었는데 왜 우리가 아직 멀었다고 하는 것인가?"

황제가 말했다. "무위위가 진정으로 옳은 것은 그는 답 자체를 알지 못했기 때문이다. 광굴이 거의 옳다고 한 것은 그가 할 말을 잊어버렸기 때문이다. 우리가 아직 멀었다고 한 것은 바로 우리가 알고 있기 때문이다."

광굴이 이 말을 듣고는 황제黃帝가 말(의 본성)에 대해 안다(知言)고 여겼다.

2.

天地有大美而不言, 四時有明法①而不議, 萬物有成理而不說. 聖人者, 原天地之美而達萬物之理, 是故至人無爲, 大聖不作, 觀於天地之謂也.

合②彼③神明④至精, 與彼⑤百化⑥, 物已死生方圓, 莫知其根也, 扁然⑦而萬物自古以固存⑧. 六合爲巨, 未離其內; 秋毫爲小, 待之成體⑨. 天下莫不沈浮⑩, 終身不故⑪; 陰陽四時運行, 各得其序. 惛然⑫若亡而存, 油然⑬不形而神, 萬物畜而不知. 此之謂本根, 可以觀於天矣.

【길잡이】

① 明法: 밝게 드러난 법칙.

② 合: 통행본에는 '금今'이라고 되어 있다. 진경원의 『장자궐오』에 인용된 유득일劉得一의 판본에는 '금今'이 '합合'으로 되어 있다. 이에 따라 수정한다.

- 저백수: 진경원은 유득일의 판본에 따라 '금피今彼'를 '합피合彼'로 보았다. 앞의 맥락을 참고하면, '합피合彼'로 읽어야 의미가 더 살아난다.

③ 彼: 천지.(선영, 『남화경해』)

④ 神明: 천지 대자연의 영묘함을 비유적으로 나타낸 말.(후쿠나가 미쓰지)

⑤ 彼: 물物.(선영, 『남화경해』)

- 임희일: 앞의 '피彼'자는 '하늘에 있는 것'(在天底)이고, 뒤의 '피彼'자는 '사물에 있는 것'(在物底)이다.
- 왕선겸: 앞의 '피彼'는 천지天地이고, 뒤의 '피彼'는 물物이다.(『장자집해』)

⑥ 百化: 온갖 사물의 변화.(임희일)

- 성현영: '백百' 혹은 천만千萬이라고 하는 것은 대략적인 수를 들어서 말한 것일 뿐이다.

⑦ 扁然: 넘실대는 모습(翩然).(성현영, 『장자소』)

- 저백수: '편연이만물扁然而萬物'은 만물이 무성히 많다는 뜻이다.

⑧ 自古以固存: 「대종사」에 나오는 말.

⑨ 六合爲巨, 未離其內; 秋毫爲小, 待之成體: 「천도」의 "부도夫道, 어대부종於大不終, 어소불유於小不遺"와 같은 뜻이다. '육합六合', '추호秋毫' 등의 말은 「제물론」에 등장한다.

- 성현영: '육합六合'은 천지와 사방을 합쳐 말하는 것이다. 가을철이 되면 짐승들의 털끝에 가는 솜털이 자라나는데, 이는 매우 가늘고 미세하다. 이를 가리켜 '추호秋毫'라고 한다. 육합이 비록 크다고 하나 도의 범위 내에 머물고, 추호가 비록 작다고 하나 도에 의거하여 그 형체의 바탕을 이룬 것이다.

⑩ 沈浮: 오르내림.(성현영, 『장자소』) 왕래함.(임희일, 『남화진경구의』) 사물의 변화를 나타내는 말.

⑪ 終身不故: 평생 변화하지 않음. '고故'는 '고固'와 같다. '고정'의 뜻이다. 「추수」 '종시무고終始無故'의 '고故'와 같다.

- 성현영: 새로운 것이 서로 계속 이어져 본래의 것을 지킨 적이 없다.

• 조초기: 천지만물이 변화하는 과정에서 새로운 것이 낡은 것을 대신하니, 나날이 새로워지고 달라진다. '고故'는 오래되고 낡음을 말한다.(『장자천주』)

⑫ 惛然: 애매한 모습.

• 임희일: '혼연惛然'은 보이지 않는 것을 말한다.

⑬ 油然: 생의生意를 속에 품고 있음을 표현하는 말.

【풀이】

천지는 큰 아름다움을 지니고 있지만, 언어로 표현하지 않고, 사시는 분명한 법칙을 지니고 있지만 논하지 않으며, 만물은 생성의 이치를 지니고 있지만 말하지 않는다. 성인은 천지의 큰 아름다움의 근원을 추구하고 만물의 도리에 통달하다. 따라서 지인은 자연을 따르고 대성大聖은 망녕되이 스스로 작위하지 않으니, 곧 천지가 그러한 원인을 본받는 것을 말한다. 천지는 영묘하고 순수하여 사물의 온갖 변화에 참여하니, 만물은 태어나기도 하고 죽기도 하고 둥근 모습을 하기도 하고 네모난 모습을 하기도 하지만, 그 누구도 그 본원을 알지는 못한다. 만물이 무성히 자라나는 것은 옛날부터 본래 그러했을 뿐이다. 육합이 거대하여도 그것의 범위를 넘어서지는 못하고, 가을 짐승의 털이 지극히 작아도 그것에 의지하여 형체를 이룬다. 천하 만물은 변화하지 않는 것이 없으니, 그들은 언제나 고정되어 있지 않다. 음양과 사시의 운행은 각기 그 질서가 있다. [위대한 도의] 어렴풋한 모습은 마치 존재하지 않는 것 같으면서도 실은 존재하고, 저절로 생겨나 형적形迹을 볼 수 없지만 분명 신묘한 작용이 있으니, 만물은 그에 의해 길러지면서도 스스로 이를 알지 못한다. 이것이 바로 본원이라고 한다. [이 도리를 알면] 하늘의 도를 살필 수 있다.

3.

齧缺問道乎被衣, 被衣曰: "若正汝形, 一汝視, 天和①將至; 攝汝知, 一汝度②, 神將來舍. 德將爲汝美, 道將爲汝居, 汝瞳焉③如新生之犢而無求其故④!" 言未卒, 齧缺睡寐. 被衣大說, 行歌而去之, 曰: "形若槁骸, 心若死灰⑤, 眞其實知, 不以故自持⑥. 媒媒⑦晦晦, 無心而不可與謀. 彼何人哉!"

【길잡이】

① 天和: 자연의 조화로운 기.

- 임희일: '천화天和'는 원기元氣이다.

② 度: 기개 혹은 도량.(임희일)

③ 瞳焉: 제대로 바라볼 줄 모르는 모습.(성현영, 『장자소』)

④ 無求其故: 일을 따지고 궁리하지 않음.

- 임희일: '무구기고無求其故'는 볼 수 있게 만드는 것이 무엇인지를 알지 못한다는 말로, 무심無心한 모습을 나타낸다.

⑤ 形若槁骸, 心若死灰: 「제물론」에서는 "형고가사여고목形固可使如槁木, 심고가사여사회호心固可使如死灰乎"라고 하였다.

- 조초기: '고해槁骸'는 고요하고 적막한 모습이 평소와 같지 않음을 표현하며, '심약사회心若死灰'는 정신과 마음을 무한히 삼가 거두어들였음을 말한다.

⑥ 不以故自持: 일에 대해 자부하지 않음.(성현영, 『장자소』)

⑦ 媒媒: 어두컴컴한 모습.

- 이이: '매매媒媒'는 어두운 모습(晦貌)이다.(『경전석문』)
- 임운명: '매매媒媒'는 흐릿흐릿함(昧昧)이다.(『장자인』)

【풀이】

설결齧缺이 피의被衣에게 도에 관해 물었다. 피의가 말했다. "너의 형체를 단정하게 하고 시각을 한곳에 집중하면 자연의 조화로운 기가 네게 이르게 될 것이다. 너의 지모를 거두어들이고 생각을 한곳에 집중하면 정신이 응결되어 모일 것이다. 덕은 너의 완전한 아름다움이 될 것이고 도는 너의 거처가 될 것이니, 너는 갓 태어난 소와 같이 순진무구해져 그 까닭을 추구하려 들지 않을 것이다." 말이 아직 끝나기도 전에 설결은 잠이 들어 버렸다. 피의는 매우 기뻐하며 이렇게 노래를 흥얼거리며 떠났다. "형체는 마른나무와 같이 고요하고 마음은 불 꺼진 재처럼 수렴되니, 그대는 도의 참된 실상을 확연히 깨달아 자신의 고정된 견해를 뽐내지 않으며, 어둑한 모습은 마음의 미묘한 움직임도 없어 일을 꾀하지도 않는구나. 이는 과연 어떠한 사람인가!"

4.

舜問乎丞[①]曰: "道可得而有乎?"
曰: "汝身非汝有也, 汝何得有夫道?" 舜曰: "吾身非吾有也, 孰有之哉?"
曰: "是天地之委[②]形也; 生非汝有, 是天地之委和也; 性命非汝有, 是天地之委順也; 子孫[③]非汝有, 是天地之委蛻也. 故行不知所往, 處不知所持, 食不知所味. 天地之強陽[④]氣也, 又胡可得而有邪!"

【길잡이】

① 丞: 순임금의 스승. 관직명이라는 설도 있다.(『경전석문』에서 인용한 이이의 주석)

② 委: 맡기다(委托), 부속시키다(付属).

- 유월: 사마표는 "'위委'는 '쌓다(積)'의 뜻이다"라고 하였으나, 의미가 부합하지 않는다. 『전국책』 「제책齊策」 '원위지어자願委之於子'라는 구절에 대해 고유高誘의 주석은 "'위委'는 '맡기다(付)'의 뜻이다"라고 하였고, 『춘추좌전』 성공成公 이년二年 조목에 나오는 '왕사위어삼이王使委於三吏'에 대해 두예杜預의 주석은 "'위委'는 '속하다(屬)'의 뜻이다"라고 하였다. '천지지위형天地之委形'이란 '천지가 맡겨둔 형체'라는 뜻이다. 이어지는 세 개의 '위委'자 또한 같은 의미다.(『장자평의』)

③ 子孫: 통행본에는 '손자孫子'라고 되어 있으나, 『장자궐오』에 인용된 장군방본에는 '자손子孫'이라고 되어 있다. 이에 따라 수정하였다.

- 조초기: 자손을 낳고 기르는 것은 천지가 너에게 변화하고 유전하는 생명의 기틀을 부여한 결과이다.

④ 強陽: '운동運動'과 같다.(곽상, 『장자주』)

【풀이】

순이 승에게 물었다. "도는 얻어서 지닐 수 있는 것입니까?"
승이 말했다. "너의 신체조차 네가 지닌 것이 아닌데, 어떻게 도를 지닐 수 있겠는가?"
순이 말했다. "나의 신체를 내가 지니고 있지 않다면, 대체 누가 지니고 있다는 말입니까?"
승이 말했다. "천지가 맡겨 둔 것이다. 생명은 네가 지니고 있는 것이 아니라 천지가 맡겨 둔 조화로운 기이다. 성명性命은 네가 지니고 있는 것이 아니라 천지가 맡겨 둔 자연이다. 자손은 네가 지니고 있는 것이 아니라, 천지가 너를 변화시켜 위탁해 둔 것이다. 따라서 행동할 때는 가는 곳을 모르고, 머무를 때는 간직하고 있는 것을 모르며, 음식을 먹을 때는 맛을 모른다. 천지 사이에서 기가 운동하여 일어난 결과일 뿐인데, 어떻게 얻어서 지닐 수 있겠는가?"

5.

孔子問於老聃曰: "今日晏閑①, 敢問至道."

老聃曰: "汝齊戒, 疏瀹②而心③, 澡雪④而精神, 掊擊而知! 夫道, 窅然⑤難言哉! 將爲汝言其崖略⑥.

夫昭昭生於冥冥, 有倫⑦生於無形, 精神生於道, 形本生於精, 而萬物以形相生, 故九竅⑧者胎生, 八竅⑨者卵生. 其來無迹, 其往無崖, 無門無房, 四達之皇皇也⑩. 邀於此者⑪, 四肢強⑫, 思慮恂達⑬, 耳目聰明, 其用心不勞, 其應物無方. 天不得不高, 地不得不廣, 日月不得不行, 萬物不得不昌, 此其道與! 且夫博之不必知⑭, 辯之不必慧⑮, 聖人以斷之矣. 若夫益之而不加益, 損之而不加損者, 聖人之所保也. 淵淵乎其若海, 巍巍乎其若山⑯, 終則復始也, 運量萬物而不匱⑰. 則君子之道, 彼其外與! 萬物皆往資焉而不匱, 此其道與! 中國有人焉, 非陰非陽, 處於天地之間, 直且爲人, 將反於宗. 自本觀之, 生者, 喑醷⑱物也. 雖有壽夭, 相去幾何? 須臾之說也. 奚足以爲堯桀之是非! 果蓏有理, 人倫雖難, 所以相齒. 聖人遭之而不違, 過之而不守. 調而應之, 德也; 偶而應之, 道也; 帝之所興, 王之所起也.

人生天地之間, 若白駒之過郤⑲, 忽然而已. 注然勃然, 莫不出焉; 油然漻然⑳, 莫不入焉. 已化而生, 又化而死, 生物哀之, 人類悲之. 解其天弢㉑, 墮其天帙㉒, 紛乎宛乎, 魂魄將往, 乃身從之, 乃大歸乎! 不形之形, 形之不形㉓, 是人之所同知也, 非將至之所務也, 此衆人之所同論也. 彼㉔至則不論, 論則不至. 明見無値㉕, 辯不若默. 道不可聞, 聞不若塞. 此之謂大得."

【길잡이】

① 晏閑: 편안하고 한가함.

② 疏瀹(瀹의 중국음은 yuè[月]): 소통시켜 인도함(通導).(임희일) '약瀹'은 원래 '약䟮'이라고 되어 있었으나, 숭덕서원崇德書院 본에 따라 '약瀹'으로 쓴다.(마서륜, 『장자의증』)

③ 而心: '이而'는 '여汝'(2인칭 대명사)와 같다. 뒤에 나오는 '이정신而精神', '이지而知'의 '이而'자 역시 같은 용례다.

④ 澡雪: 씻어내다(洗滌).(임희일)

- 마서륜: '설雪'은 '쇄灑'의 뜻으로 가차되었다. 『설문해자』에서는 "'쇄灑'는 '씻다'(滌)라는 뜻이다"라고 하였다.

⑤ 窅然(窅의 중국음은 yǎo[咬]): 심오한 모습을 나타내는 말.(장병린, 『장자해고』)

⑥ 崖略: 대략.

- 임희일: '애崖'는 경계이다. '애략崖略'은 경계가 정교하지 않은 것을 말한다.

⑦ 有倫: '륜倫'은 '형形'의 뜻으로 가차되었다.(마서륜, 『장자의증』)

- 임희일: 눈으로 볼 수 있어 구분할 수 있는 것을 '유륜有倫'이라고 한다. 즉 '유륜'은 만물을 가리킨다.
- 조초기: '륜倫'은 결(紋理)을 뜻한다. '유륜有倫'은 결의 구조가 있는 것이니, 곧 형체가 있는 것이다.

⑧ 九竅: 인간과 들짐승류의 동물.

⑨ 八竅: 날짐승과 물고기류의 동물.

⑩ 無門無房, 四達之皇皇: 도의 통달함과 광대함을 표현한 말.

- 임희일: '사달황황四達皇皇'이란 태허太虛의 사이를 말한다. 사람이 거처하는 집에는 문과 방이 있다. 하지만 태허의 사이에서는 그 웅장한 거대함만을 확인할 수 있으니, 어디로 들어오고 어디로 나가는지를 어떻게 알 수 있겠는가?
- 장병린: '황황皇皇'이란 넓은 전당(堂皇)을 가리킨다. 『한서』 「호건전胡建傳」에서 "열좌당황상列坐堂皇上"이라고 하였는데, 안사고顔師古는 이에 대해 "사방의 벽이 없는 방을 '황皇'이라고 한다"라고 설명하였다. 따라서 이것은 사방으로 통해 있음 또는 문이 없고 방으로 구분되어 있지 않음을 말한다.(『장자해고』)

⑪ 邀於此者: '요邀'는 '순順(따르다)'과 통한다.

- 유월: 『설문해자』에는 '요邀'자가 없다. 척彳부에서 "'요徼'는 '순循'과 같다"라고 하였으니, 바로 현재의 '요邀'자를 말한다. 또한 "'순循'은 따라가는 것(行順)이다"라고 하였으니, '요邀'는 곧 '따르다(順)'의 뜻임을 알 수 있다. '요어차자邀於此者'는 '이것에 따르는 자'라는 말과 같다. 곽상의 『장자주』에서는 "인간이 태어나면 이 도를 만나게 된다"(人生而遇此道)라고 하였는데, '만나다(遇)'라는 뜻으로 '요邀'를 해석하면 뜻이 지나치게 완곡해진다. 또한 이렇게 해석할 근거가 있는 것도 아니므로 이 해석은 옳지 않다.
- 무연서: 『문자』「원도原道」에 따르면, '자者' 다음에 '오장녕五藏寧(오장이 편안하다)'이라는 세 글자가 더 있는 듯하다.(『장자차기』)
  - ▹ 진고응: 무연서의 주장을 또 다른 설로 잠시 삼아 둔다.

⑫ 四肢強: '강強' 뒤에 빠진 글자가 있는 것으로 보인다.

- 해동: 『묵자』「공맹公孟」에서는 "신체강량身體強良, 사려순통思慮徇通"(몸이 건강하고, 생각이 원활하다)이라고 되어 있으므로, 이 구절 역시 '강強' 뒤에 '량良'자가 있는 것으로 보아야 한다.(『장자보주』)
  - ▹ 진고응: 해동의 설을 참고할 만하다.

⑬ 恂達: 통달通達.(성현영, 『장자소』)

⑭ 博之不必知: 『노자』 81장에는 "지자불박知者不博"으로 되어 있다.

⑮ 辯之不必慧: 『노자』 81장에는 "변자불선辯者不善"으로 되어 있다.

⑯ 若山: 원래는 '약산若山' 두 글자가 빠져 있었으나, 마서륜의 설에 따라 보충하였다.

- 마서륜: '기其'자 뒤에는 '약산若山' 두 글자가 빠져 있는 것으로 보인다.
  - ▹ 진고응: 마서륜의 설을 따른다. '약산若山' 두 글자를 넣어 '외외호기약산巍巍乎其若山'으로 하면, 앞 구절 '연연호기약해淵淵乎其若海'와 서로 대구를 이룬다.

⑰ 運量萬物而不匱: 사물을 빠뜨림 없이 운행하게 함. 진경원의 『장자궐오』에 인용된 문여해文如海, 유득일劉得一의 판본에서는 '궤匱'를 '유遺'로 썼다.

- 임희일: '운량만물이불궤運量萬物而不匱'는 사물에 응하는 것이 무궁함으로 말한다. 사물을 운용하고 헤아리므로 '운량運量'이라 하였다.
- 우성오: 이는 사물을 빠뜨리지 않고 두루 헤아리는 것을 말한다. 만물이 모두 그의 헤아림의 범위 내에 있다는 뜻이다. 『주역』「계사전繫辭傳」의 "곡성만물이불유曲成萬物而不遺"와 같은 용례이다.

- 양유교: '운량만물이불궤'라는 구절은 아래의 '만물개자언이불궤萬物皆資焉而不匱'와 뜻이 서로 중복이 되므로 불필요한 문구가 삽입되어 있음이 분명하다. 본 단락에서는 '도의 본체'(道體)에 대해 묘사하고 있는데, 중간에 '즉군자지도則君子之道'라는 문구가 들어가 있어 뜻이 잘 맞지 않으며, 뒤 구절의 '차기도여此其道與'와도 매끄럽게 이어지지 않는다. 따라서 '운량만물이불궤運量萬物而不匱, 즉군자지도則君子之道, 피기외여彼其外與' 세 구절은 본래 옛 주석이었는데, 옮겨 쓰는 자가 원문으로 잘못 삽입한 것으로 짐작된다.(『장자역고』)

⑱ 喑醷(喑의 중국음은 yīn[音], 醷의 중국음은 yì[億]): 기가 모여 있는 모습.(이이)

⑲ 白駒之過郤: 햇빛이 빈틈을 스쳐 지나감.

- 육덕명: '백구白駒'는 '해'(日)를 말하는 것이다. '극郤'은 '극隙'으로 쓰기도 한다.

⑳ 油然漻然: 만물의 변화와 소멸을 표현하는 말. '류漻'는 '류流'(흐르다)로 읽는다.(『경전석문』) 『여씨춘추』「고악古樂」에 '강통류수이도하降通漻水以導河'(흐르는 물을 크게 소통시켜 황하로 유도한다)라는 구절이 있는데, '류漻'를 '류流'라고도 쓴다.

- 임희일: '유연류연油然漻然'이란 가는 것은 펼쳐지고, 오는 것은 움츠려든다는 것을 말한다. 『주역』에서 말하는 '만물의 신묘한 변화를 궁구하여 변화를 안다'(窮神知化)는 것이다.

㉑ 弢(중국음은 tāo[滔]): 활집.

㉒ 帙(중국음은 zhì[擲]): 칼집. '도弢'와 '질帙'은 모두 속박의 의미로 사용되었다.

㉓ 不形之形, 形之不形: 무형에서 유형이 되고, 유형에서 다시 무형이 됨.

- 저백수: '불형지형不形之形'은 생겨나는 것을 말하고, '형지불형形之不形'은 죽음에 들어가는 것이다.

㉔ 彼: 득도한 자를 가리킨다.

㉕ 値: 만나다.(성현영, 『장자소』)

【풀이】

공자가 노담에게 물었다. "오늘은 조금 한가하시니, 최상의 도에 대해 여쭈어 보고 싶습니다."

노담이 말했다. "너는 재계하여 마음이 통하도록 인도하고, 정신을 깨끗이 씻어

내어 지식과 지모를 없애야 한다. 도는 심오하여 말로 설명하기 어렵다. 너를 위해 그 대략을 말해 주겠다.

밝게 드러나는 것은 어둠 속에서 생겨나고, 형체를 지닌 것은 형체를 지니지 않는 것에서 생겨나고, 정신은 위대한 도로부터 생겨나고, 형체는 정기精氣 속에서 생겨나고, 만물은 모두 각각의 종에 따라 서로 생성한다. 따라서 아홉 개 구멍을 지닌 동물은 뱃속에서 태어나고, 여덟 개 구멍을 지닌 동물은 알에서 태어나는데, 오는 것에는 어떤 흔적도 없고, 떠나가는 것에서는 한계를 발견할 수 없다. 들어오는 문도 없고 귀결되는 지점도 없이 사방으로 드넓게 통달해 있다. 이러한 도를 따르면 사지가 강건하고 생각이 활달하고 감각이 총명해져 마음을 쓰는 데 수고롭지 않고 사물에 응하여서도 얽매이지 않는다. 하늘은 높지 않을 수 없고, 땅은 드넓지 않을 수 없고, 해와 달은 운행하지 않을 수 없고, 만물은 창성하지 않을 수 없으니, 이 모든 것이 도이다.

학문이 박식하다고 하더라도 반드시 참된 앎을 지니고 있지는 못하고, 변론에 능하다고 해도 반드시 지혜로운 식견이 있다고 볼 수 없다. 성인은 이러한 것들을 모두 버렸다. 더하고자 해도 더해지지 않고, 줄이고자 해도 줄어들지 않는 그 무엇이 바로 성인이 지니려고 하는 바이다. 도는 바다와 같이 심원하고 산과 같이 높고 크다. 두루 다하면 다시 시작되어 끊임없이 순환운행하면서 만물을 운행시키되 하나도 빠뜨리지 않는다. 이것이 바로 도이다.

온 나라 안에 사람이 있어 음과 양 어디에도 치우치지 않은 채 천지 사이에서 거처한다. 그를 잠시 인간이라고 부를 수는 있겠으나, 인간은 결국에 본원으로 돌아가게 된다. 본원의 측면에서 보면, 생명이라는 것은 기가 모여 이루어진 것이다. 그 가운데 장수하는 것도 있고 단명하는 것도 있지만, 서로 얼마나 차이가 나겠는가? 사람의 일생이란 일순간에 지나지 않는데, 요와 걸의 옳고 그름을 구분해 대는 것이 무슨 의미가 있겠는가? 박의 열매에는 그것이 자라나는 이치가 있고, 인륜 관계가 비록 복잡하기는 하나 역시 질서에 따라 서로 자리하게 된다. 성인은 인간사 속에 머물며 이에 어긋나는 법이 없고, 서로 왕래하면서도 얽매이지 않는다. 조화를 이루어 순응하는 것이 바로 덕이고, (변화의) 기틀을 따라 적응하는 것이 바로 도이다. 제帝는 이로 인해 흥하고 왕王은 이로 인해 일어난다.

사람이 천지 사이에 살아가는 것은 마치 햇빛이 틈새를 스쳐 가는 것과 같으니, 홀연히 끝날 뿐이다. 만물은 하나도 빠짐없이 무성히 자라났다가, 하나도 빠짐없이 쇠락하여 소멸한다. 변화하여 생겨났다가 다시 변화하여 죽음에 이르는 과정을 생물들은 슬퍼하고 사람들은 비통해한다. 자연의 속박에서 풀려나고 자연의 굴레에서 벗어나 변화가 진행되면 정신이 흩어지고 신체 또한 그에 따라 소멸하게 된다. 이것이 바로 위대한 근본으로 돌아가는 것이다. 무형으로부터 유형이 변화생성하고 유형에서 다시 무형으로 돌아간다는 것은 모든 사람이 다 아는 사실이다. 하지만 도를 얻은 자는 결코 이를 추구하지 않나니, 중인들이 가타부타 의논하는 것일 뿐이다. 도를 얻은 자는 논의하지 않고, 논의하는 자는 도를 얻지 못한다. 밝게 드러난 곳에서 찾으려고 하면 결코 발견할 수 없고, 논변하는 것은 침묵하는 것보다 못하다. 도는 귀로 들어서 얻을 수 없는 것이니, 귀로 듣는 것보다 귀를 막고 듣지 않는 것이 낫다. 이것이 진정으로 도를 얻는 길이다."

6.

東郭子①問於莊子曰: "所謂道, 惡乎在?" 莊子曰: "無所不在."

東郭子曰: "期而後可."

莊子曰: "在螻蟻." 曰: "何其下邪?" 曰: "在稊稗②." 曰: "何其愈下邪?" 曰: "在瓦甓."

曰: "何其愈甚邪?" 曰: "在屎溺."

東郭子不應. 莊子曰: "夫子之問也, 固不及質③. 正獲④之問於監市⑤履狶⑥也, 每下愈況. 汝唯莫必⑦, 無乎逃物. 至道若是, 大言亦然. 周遍鹹三者, 異名同實, 其指一也.

嘗相與遊乎無何有之宮⑧, 同合而論, 無所終窮乎! 嘗相與無爲乎! 澹而靜乎! 漠而淸乎! 調而閑乎! 寥已吾志⑨, 無往焉而不知其所至, 去而來而不知其所止, 吾已往來焉而不知其所終; 彷徨乎馮閎⑩, 大知入焉而不知其所窮. 物物者與物無際⑪, 而物有際者, 所謂物際者也; 不際之際⑫, 際之不際⑬者也. 謂盈虛衰殺⑭, 彼⑮爲盈虛非盈虛, 彼爲衰殺非衰殺, 彼爲本末非本末, 彼爲積散非積散也."

【길잡이】

① 東郭子: 동쪽 성곽에 사는 선비.

- 성현영: 동쪽 성곽에 거처하므로 동곽자라 칭하였다. 무택無擇의 스승인 동곽순자東郭順子를 가리킨다.

② 稊稗(稗의 중국음은 bài[敗]): 곡물을 함유하고 있는 작은 풀.

③ 質: 실질(實).(성현영, 『장자소』)

④ 正獲: 시장의 감독관. 획獲은 그의 이름이다.

- 성현영: '정正'은 관직의 호칭이다. 시장을 관리하는 '시령市令' 직책에 해당한다. 획獲은 그의 이름이다.

⑤ 監市: 시장을 감독하는 자. '도졸屠卒' 직책에 해당한다.(성현영, 『장자소』)

⑥ 履狶: 다리로 돼지의 뒷다리를 밟음.[돼지가 얼마나 기름진지를 따져 보는 것]

- 이이: '희狶'는 큰 돼지를 말한다. '리履'는 발로 밟는 것이다.

⑦ 必: 한정하다, 명확히 가리키다. 오늘날의 '분명히'(肯定)라는 말에 해당한다.(왕숙민, 『장자교전』)

⑧ 無何有之宮: 「소요유」에서는 '무하유지향無何有之鄕'이라 하였다.

⑨ 寥已吾志: '오지이요吾志已寥'를 도치한 구문이다. '나의 뜻은 적막하고 광활하다'라는 말이다.

⑩ 馮閎: 적막하고 광활한 공간.

- 곽상: '풍굉馮閎'이란 텅 비어 광활한 것(虛廓)을 이르는 말이다.

⑪ 物物者與物無際: 사물을 다스리는 것과 사물 간에 경계가 없음.

- 임희일: '물물자物物者'는 도道를 가리킨다. '여물무제與物無際'는 만물과 함께 생겨남을 말한다.

⑫ 不際之際: 경계가 없는 경계.

- 임희일: '부제지제不際之際'란 도가 흩어져 사물이 되는 것을 말한다.

⑬ 際之不際: 경계 중에 경계가 없음.

- 임희일: '제지부제際之不際'란 사물이 온전해져 도로 돌아가는 것을 말한다.

⑭ 衰殺: '쇠衰'는 '륭隆'이 와전된 글자이다.(마서륜)

- 조초기: '쇠쇄衰殺'는 '융쇄隆殺'를 잘못 쓴 것이다. 앞뒤 구절에서 말하고

있는 '가득 참(盈)과 텅 빔(虛)', '본本과 말末', '쌓임(積)과 흩어짐(散)' 모두 상반되는 말을 배합한 것이지만, '쇠衰'와 '쇄殺'는 서로 동의어이다. '융隆'은 '높이다', '쇄殺'는 '내리다'의 뜻이다.

⑮ 彼: 도道를 가리킴.

【풀이】

동곽자가 장자에게 물었다. "도라는 하는 것은 어디에 있습니까?"

장자가 말했다. "없는 곳이 없습니다."

동곽자가 말했다. "한 곳만 짚어 보십시오."

장자가 말했다. "땅강아지나 개미 속에도 있습니다."

동곽자가 말했다 "어찌 이렇게 비천한 곳에 있습니까?"

장자가 말했다. "돌피(와 같은 잡초) 속에도 있습니다."

동곽자가 말했다. "어찌 더 비천한 곳에도 있습니까?"

장자가 말했다. "기와 속에도 있습니다."

동곽자가 말했다. "어찌 점점 더 비천한 곳에까지 이르는 것입니까?"

장자가 말했다. "똥오줌 속에도 있습니다."

동곽자가 더는 아무 말도 하지 않았다. 장자가 말했다. "선생의 질문은 애초에 그 실질에 닿지 못했습니다. 옛날 획獲이라는 시장의 감독관이 그를 따르는 도졸에게 돼지가 얼마나 기름진지를 검시하는 방법에 관해 물은 적이 있습니다. 그 방법이란 바로 다리 아래로 밟아 나갈수록 점점 더 구분이 명확해진다는 것이었습니다. 선생이 뚜렷하게 지적해 내려고만 하지 않는다면, 도는 사물을 떠나지 않습니다. 최고의 경지의 도는 바로 이러하며, 가장 위대한 말 역시 바로 이러합니다. '두루'(周), '널리'(遍), '모두'(咸)라는 세 가지 말은 명칭은 다르지만 실상은 같으니, 그 가리키는 바는 하나입니다.

함께 아무것도 없는 광활한 곳에서 노닐며 혼연히 일체가 되어 말해 본다면 도란 다함이 없는 것일지니, 함께 자연에 따라 무위를 행해 볼까요! 염담하고 고요하게! 적막하고 허정하게! 조화롭고 느긋하게! 나의 뜻은 적막하고 광활하니, 가려는 곳도 없으며 어디로 갈지도 알지 못합니다. 갔다가 다시 돌아오지만 어디에서 멈추어야 할지를 알지 못합니다. 이렇게 왔다 갔다 하면서도 어디가 끝인지를 알지 못합니다. 광활하고 적막한 공간을 날아오르는 위대한 지혜를 지닌 사람은 도와 서로 부합하지만, 도의 궁극을 알지는 못합니다. 사물을 다스리는 것과 사물 사이에는 서로 경계가 없습니다. 사물에 있는 경계는 사물 간의 경계입니다. 경계가 없는 경계는 바로 경계 속에 있는 경계 없음입니다. 차고 비며 쇠퇴하고 줄어드는 이치로 말하자면, 도는 사물을 차오르게 하고 비워 내지만 정작 스스로는 차오르거나 비워지지 않습니다. 도는 사물을 쇠락하고 사라지게 만들지만 정작 스스로는 쇠락하고 사라지지 않습니다. 도는 사물을 시작하고 끝나게 하지만 정작 스스로는 시작되지도 끝나지도 않습니다. 도는 사물이 모이고 흩어지게 하지만 정작 스스로는 모이거나 흩어지지 않습니다."

7.

妸荷甘[①]與神農同學於老龍吉[②]. 神農隱几闔戶晝瞑, 妸荷甘 [日中] 奓[③]戶而入曰: "老龍死矣!" 神農擁杖而起[④], 嚗然[⑤]放杖而笑, 曰: "天[⑥]知予僻陋慢訑[⑦], 故棄予而死. 已矣! 夫子無所發予之狂言[⑧]而死矣夫!"

弇堈吊[⑨]聞之曰: "夫體道者, 天下之君子所系焉. 今於道, 秋毫之端萬分未得處一焉, 而猶知藏其狂言而死, 又況夫體道者乎! 視之無形, 聽之無聲, 於人之論者, 謂之冥冥, 所以論道, 而非道也."

【길잡이】

① 妸荷甘: 성은 아妸, 이름은 하감荷甘.(성현영, 『장자소』) 지어낸 가상의 인물.

② 老龍吉: 도를 담지한 인물.(이이, 『장자주』)

③ [日中] 奓(奓의 중국음은 zhà[乍]): '차奓'는 열다.(사마표) '일중日中'은 앞의 '주명晝瞑'과 뜻이 중복되므로, 불필요한 글자로 보인다.

④ 神農擁杖而起: '옹장擁杖' 앞에 원래 '은궤隱几'라는 두 글자가 있었으나, 불필요한 글자이므로 유월의 설에 따라 이를 삭제하였다.

- 유월: 이미 '지팡이를 짚는다'(擁杖)라고 하였으므로 '탁상에 기댄다'(隱几)라고 말해서는 안 된다. 앞의 '신농은궤합호주명神農隱几闔戶晝瞑'의 '은궤隱几'라는 말로 인해 잘못 더해진 것으로 보인다.

⑤ 嚗然: 지팡이를 내려놓는 소리.(이이)

⑥ 天: 노룡길老龍吉에 대한 존칭.

- 성현영: 그가 자연의 덕을 지니고 있음을 말하고자 그를 '천天'이라 부른 것이다.

⑦ 慢訑(訑의 중국음은 yí[夷]): '방만하다'(漫誕)라는 말로 읽는다.

⑧ 狂言: 지극한 말(至言).(성현영, 『장자소』)

- 곽상: 견오肩吾 이래로는 모두 지극한 말을 허황하다고 여겨 믿지 않았다. 따라서 노룡, 연숙 등의 무리를 제외하고는 함께 논할(言) 만한 자들이 없다.

⑨ 弇堈吊(弇의 중국음은 yǎn[演]): '엄강弇堈'은 도를 체득한 자를 뜻하고, '적吊'은 그의 이름이다.(『경전석문』에서 이이의 주석 인용) 의미를 가탁하여 지어낸 허구의 이름이다.

【풀이】

아하감婀荷甘과 신농神農이 함께 노룡길老龍吉의 문하에서 배움을 구하고 있었다. 신농이 문을 닫은 채 탁상에 기대어 낮잠을 청하던 중이었는데, 아하감이 문을 열고 들어와 이렇게 말했다. "노룡길 선생이 돌아가셨다!"
신농이 지팡이를 짚고 일어섰다가 탁하고 지팡이를 내려놓은 채 웃으며 말했다. "선생께서 내가 식견이 비루하고 방만한 것을 알아 나를 버리고 돌아가신 것이다. 끝이다! 선생께서 지극한 말씀을 남겨 나를 깨우쳐 주지 않으시고 돌아가셨구나!"
엄강弇堈이 조문하다가 이 말을 듣고 말했다. "도를 체득한 자는 천하의 군자들이 모두 그에게로 귀의한다. 지금 [노룡은] 도에 대해 털끝 한 올의 만분의 일조차도 얻지 못했음에도, 지극한 말을 마음속에 감추어야 한다는 것을 알고 죽었다. 하물며 도를 체득한 자는 어떻겠는가? 도는 보려고 해도 형상이 없고, 듣고자 해도 그 소리가 없다. 그래서 도를 논하는 자들은 이를 어둑어둑하다(冥冥)고 말하는 것이다. 논해질 수 있는 도는 도가 아니다."

8.

於是泰淸問乎無窮曰: "子知道乎?" 無窮曰: "吾不知."
又問乎無爲. 無爲曰: "吾知道." 曰: "子之知道, 亦有數乎①?"
曰: "有."

曰: "其數若何?"

無爲曰: "吾知道之可以貴, 可以賤, 可以約, 可以散, 此吾所以知道之數也."

泰淸以之言也問乎無始曰: "若是, 則無窮之弗知與無爲之知, 孰是而孰非乎?"

無始曰: "不知深矣, 知之淺矣; 弗知內矣, 知之外矣."

於是泰淸中②而歎曰: "弗知乃知乎! 知乃不知乎! 孰知不知之知?"

無始曰: "道不可聞, 聞而非也; 道不可見, 見而非也; 道不可言, 言而非也. 知形形之不形乎! 道不當名."

無始曰: "有問道而應之者, 不知道也. 雖問道者, 亦未聞道. 道無問, 問無應. 無問問之, 是問窮③也; 無應應之, 是無內也. 以無內待問窮, 若是者, 外不觀乎宇宙, 內不知乎大初, 是以不過乎昆侖, 不遊乎太虛."

【길잡이】

① 數: 하나하나 말할 수 있음(曆曆可言).(임희일)

② 中: 『경전석문』에 인용된 최선崔譔의 판본에는 '인印'으로 되어 있다. '인印'은 '앙仰'(우러르다)과 같다.

③ 窮: 비다(空).(성현영, 『장자소』)

【풀이】

이때, 태청泰淸이 무궁無窮에게 물었다. "자네는 도를 아는가?" 무궁이 말했다. "나는 알지 못한다."

다시 무위無爲에게 같은 질문을 던졌다. 무위가 말했다. "나는 도를 안다."

태청이 물었다. "자네가 아는 도에도 명수名數[15]가 있는가?"

"있다."

"그 명수란 무엇인가?"

무위가 말했다. "나는 도가 존귀할 수 있음을 알고, 비천할 수 있음을 알며,

15) '名數'는 '이름을 붙일 수 있는 특성'이라는 정도의 의미이다. 成玄英이 '數'를 이렇게 '名數'라고 풀이하였다. 진고응은 주석에서는 '하나하나 말할 수 있음'이라고 한 林希逸의 주석을 소개하고서 막상 번역에서는 '名數'라는 풀이를 따르고 있다. 林希逸의 주석 원문은 "謂可歷歷而言也"(하나하나 말할 수 있음을 가리킨다)이다.

모여서 합쳐질 수 있음을 알고, 떨어져 흩어질 수 있음을 안다. 이것이 바로 내가 알고 있는 도의 명수이다."

태청이 이 말을 가지고 다시 무시無始에게 물었다. "그렇다면 무궁은 모른다고 하고 무위는 안다고 하였으니, 대체 누가 옳고 누가 그르단 말인가?"

무시가 말했다. "모르는 것은 심오하고, 아는 것은 얕은 것이다. 모르는 것은 잘 이해하는 것이고, 아는 것은 제대로 이해하지 못하는 것이다."

이에 태청이 고개를 들고 한탄하며 말했다. "모르는 것이 아는 것이고, 아는 것이 모르는 것이로구나! 과연 그 누가 모르는 것이 실은 아는 것인 이치를 안단 말인가!"

무시가 말했다. "도는 들어서 얻을 수 없으니, 들어서 얻은 것은 도가 아니다. 도는 눈으로 볼 수 없으니, 보아서 얻은 것은 도가 아니다. 도는 말할 수 없는 것이니, 말해진 것은 도가 아니다. 유형의 것을 만들어 내는 것은 무형임을 아는가? 도에는 명칭이 있을 수 없다."

무시가 말했다. "어떤 이에게 도가 무엇인지 물었을 때 답을 한다면, 이는 도를 모르는 것이다. 도에 관해 물은 자 또한 도에 대해 듣지 못한 것이라 할 수 있다. 도는 물을 수도 없고, 물어서 답할 수도 없다. 본래 물을 수 없는데도 억지로 묻고자 한다면, 이는 공허한 질문에 지나지 않는다. 본래 답할 수 없는데도 억지로 답하고자 한다면, 이는 사실 아무런 내용도 없는 것이다. 아무런 내용도 없는 것으로 공허한 질문에 답하니, 겉으로는 우주를 살필 수 없고 안으로는 자신에게 있는 본원을 이해할 수 없다. 따라서 이러한 자는 곤륜보다 높은 곳을 넘어설 수 없고, 태허太虛의 경지에서 노닐 수 없다."

9.

光曜問乎無有①曰: "夫子有乎? 其無有乎?"

無有弗應也②. 光曜不得問, 而孰③視其狀貌, 窅然空然, 終日視之而不見, 聽之而不聞, 搏之而不得④也.

光曜曰: "至矣! 其孰能至此乎! 予能有無矣, 而未能無無也; 及爲無有矣⑤, 何從至此哉!"

【길잡이】

① 光曜問乎無有: '광요光曜', '무유無有'는 모두 의미를 가탁하여 지어낸 이름이다.

- 성현영: '광요光曜'는 볼 수 있는 지각(智)을 말하고, '무유無有'란 관찰되는 대상을 말한다. 지각을 통해 관찰할 수 있다는 의미를 가탁하여 '광요光曜'라고 하였고, 대상의 본체가 텅 비어 적막하다는 의미를 가탁하여 '무유無有'라고 하였다.

② 無有弗應也: 이 다섯 글자는 원래 빠져 있었으나, 『회남자』「도응훈道應訓」에 따라 보충하였다.

- 유월: 『회남자』「도응훈」의 '광요부득문光曜不得問' 앞에는 '무유불응야無有弗應也' 다섯 글자가 있으니, 이를 따라야 한다. 무유가 응답하지 않았으므로(無有弗應) 광요가 질문에 대한 답을 구할 수 없었던 것(光曜不得問)이다. 현재는 이 다섯 글자가 빠져 있어 의미가 온전하지 않다.

③ 孰: '숙熟'(상세히)과 같다.

④ 視之而不見, 聽之而不聞, 搏之而不得: 『노자』 40장에 나오는 말.

⑤ 及爲無有矣: '무無'에 이르러도 역시 '유有'의 상태를 면할 수 없음.(선영)

【풀이】

광요光曜가 무유無有에게 물었다. "선생은 있는 것입니까, 없는 것입니까?"
무유는 아무런 대답이 없었다. 대답을 얻지 못한 광요가 자세히 그의 모습을 살폈는데, 공허하여 온종일 관찰하여도 모습을 살필 수가 없었고, 아무리 들으려고 해도 들을 수도 없었으며, 만지고자 하여도 만질 수 없었다.
광요가 말했다. "이것이 바로 최고의 경지로구나, 대체 누가 이런 경지에 이를 수 있단 말인가! 나는 '무無'의 경지에 이를 수 있을지언정, '무無'조차 없는 경지에는 이를 수 없다. '무無'의 경지에 이르게 된다고 해도 '유有'를 도저히 면할 수 없는데, 어떻게 이런 경지에 이를 수 있는 것인가?"

10.

大馬①之捶鉤②者, 年八十矣, 而不失毫芒. 大馬曰: "子巧與? 有道與?"
曰: "臣有守③也. 臣之年二十而好捶鉤, 於物無視也, 非鉤無察也. 是用之者,假不用者也[④]以長得其用，而況乎無不用者乎！物孰不資焉!”

【길잡이】

① 大馬: 대사마大司馬. 관직의 명칭.

- 해동: 대사마를 대마로 칭한 것은, 『한서』 「식화지食貨志」에서 대사농大司農을 대농大農으로 칭한 것과 같다.

② 鉤: 칼의 이름.(임운명, 『장자인』) 『한서』 「한연수전韓延壽傳」의 ‘주작도검구심鑄作刀劍鉤鐔’이라는 구절에 대해 장회章懷의 주석은 “‘구鉤’는 병기의 일종으로 검과 같이 생겼으나 휘어진 모습을 하고 있다”라고 설명하였다.

③ 有守: 지키는 바가 있음.(성현영, 『장자소』)

- 왕념손: ‘수守’는 도道를 가리킨다. 「달생」에서 공자가 “그대는 기교가 있는 것인가, 도가 있는 것인가?”(子巧乎, 有道邪)라고 묻자, “나는 도가 있습니다”(我有道也)라고 말한 것이 그 증거이다. ‘도道’는 과거 ‘수守’로 읽기도 하였으니, ‘도道’는 ‘수守’와 서로 통한다.

④ 假不用者也: 다른 사물에 마음을 쓰지 않는 방식으로 함. 즉 마음을 다른 곳에 쓰지 않는다는 뜻.

- 성현영: 마음으로 다른 사물의 이치를 살피지 않는 데 의거하기 때문이다.

【풀이】

대사마의 집안에 갈고리창(鉤戟)을 만드는 대장장이가 있었는데, 나이가 여든에 이르렀음에도 만든 물건에 한 치의 오차도 없었다. 대사마가 말했다. “그대는 기교가 있는 것인가 아니면 도가 있는 것인가?”
그가 대답하였다. “저는 고수하는 바가 있습니다. 스무 살 때부터 쇠를 두드려 갈고리창을 만들기를 좋아했는데, 다른 물건은 거들떠보지도 않고 갈고리창이 아니면 관심을 두지 않았습니다. 제가 갈고리창을 잘 만들 수 있었던 것은 마음을 다른 곳에 두지 않아 잘하는 것에만 능력을 발휘할 수 있었기 때문입니다. 그런데 하물며 무위하여 마음을 쓰지 않는 자라면, 과연 누가 그를 돕지 않겠습니까?”

11.

冉求[①]問於仲尼曰: “未有天地可知邪?”

仲尼曰: “可. 古猶今也.”

冉求失問而退, 明日復見, 曰: “昔者吾問‘未有天地可知乎?’ 夫子曰: ‘可. 古猶今也.’ 昔日吾昭然, 今日吾昧然, 敢問何謂也?”

仲尼曰: “昔之昭然也, 神者先受之[②]; 今之昧然也, 且又爲不神者求[③]邪! 無古無今, 無始無終. 未有子孫而有子孫, 可乎?”

冉求未對. 仲尼曰: “已矣, 未應矣! 不以生生死, 不以死死生. 死生有待邪? 皆有所一體[④]. 有先天地生者[⑤]物邪? 物物者非物[⑥]. 物出不得先物也[⑦], 猶[⑧]其有物也. 猶其有物也, 無已[⑨]. 聖人之愛人也終無已者, 亦乃取於是者也.”

【길잡이】

① 冉求: 공자의 제자로, 성은 염冉, 이름은 구求이다.

② 神者先受之: 마음속에 이미 들어맞은 바가 있음.

- 임희일: '신神'은 나의 지각 속에 있는 것이다. 허령한 지각이 있으므로 받아들일 수 있게 된다.
- 임운명: 마음에는 본래 외물이 없으나, 대략적으로 느끼게 되면 한 번에 깨닫게 된다.

③ 又爲不神者求: 자취(迹象)에 얽매여 다시 답을 구함. '불신자不神者'는 외물의 형상을 가리킨다.

- 왕어: 생각이 형체에 치우쳐 정신을 상실함.
- 선영: 생각이 바뀌어 다시 자취(迹象)를 따름.
- 왕선겸: '불신자不神者'는 자취(迹象)를 가리킨다. 자취에 의해 정체되어 다시금 깨달음을 얻고자 하는 것이다.

④ 死生有待邪? 皆有所一體: '죽음과 삶은 서로 대립하는 것인가? 모두 각자 스스로 일체를 이루는 것이다'라는 뜻.

- 성현영: 죽음과 삶은 모이고 흩어지는 과정에서 각기 스스로 일체를 이루는 것으로서 서로 대립하는 것이 아니다.

⑤ 者: '지之'(소유격 대명사)와 같다.(왕선겸)

⑥ 物物者非物: 만물을 이루고 낳는 것(즉, 도)은 현상 사물이 아님.

⑦ 物出不得先物也: '만물이 유래하는 곳은 도보다 앞설 수 없다'는 말. 앞의 '물物'은 만물을 가리키고, 뒤의 '물物'은 도道를 가리킨다. 『노자』 25장 "유물혼성선천지생有物混成先天地生"의 '물物'과 같은 용법이다.

- 공낙군: '물출부득선물物出不得先物'에서 앞의 '물物'은 만물의 '물物'이고, 뒤의 '물物'은 천지天地에 앞서 생겨나는 '물物'이다. '물출物出'이라고 한 것은 '만물이 유래하는 곳'(萬物之所由出)이라는 뜻이며, '부득선물不得先物'은 '만물은 그것이 나오는 것보다 앞서 존재할 수 없다'라는 뜻이다.(龔樂群의 『莊子的宇宙觀』에서 인용, 『恒毅月刊』 제20권 6기, 29쪽)

⑧ 猶: '유由'(~로부터)로 읽는다. 『맹자』 「공손추公孫丑」의 "그런데도 문왕은 사방 백 리의 땅에서 일어났다"(然而文王猶方百里起)라는 구절과 같은 사례다. '유猶'는 '~에서'(從)라는 뜻으로 읽으며, '유由'와도 통한다.

- 저백수: '유猶'자는 '유由'로 보아야 한다.
- 선영: '유猶'는 '유由'와 같다.

⑨ 猶其有物也, 無已: 사물 세계가 생겨나면, 생성이 그치지 않고 끊임없이 일어난다.

- 임희일: 이미 '물이 있다'(有物)라고 한 이상, 물物이 다시 서로를 생기게 하는 과정이 끝없이 이어진다. 따라서 '유기유물야猶其有物也, 무이無已'라고 한 것이다.
- 임운명: '유有'는 하나에서 모든 것이 생겨나는데, 생성이 끊임없이 계속된다. 이 모든 것은 천지가 생겨난 후의 일이다.
- 호적: 서양의 종교학자들은 흔히 인과율을 통해 신의 존재를 증명한다. 어떤 원인이 있으면 반드시 결과가 있고, 어떤 결과가 있으면 반드시 그 원인이 있다는 것이다. 즉 '갑'이라는 결과를 통해 '을'이라는 원인으로 거슬러 올라가고, 다시 이 '을'을 결과로 삼아 이에 대한 '병'이라는 원인으로 거슬러 올라가는 식의 추론을 거치면, 결국에는 하나의 '최종 원인'에 도달하게 되며, 그 최종 원인이 바로 만물의 주재인 신이라는 설명이다. 그런데 신의 존재를 믿지 않는 측에서도 마찬가지로 이 인과율을 통해 반박할 수 있다. 인과율의 기본 관념은 바로 '어떤 원인이 있으면 반드시 결과가 있고, 어떤 결과가 있으면 반드시 그 원인이 있다'라는 명제이다. 만약 신이 하나의 '원인'으로 보고자 한다면, 신의 원인은 무엇인가? 만약 신을 '최종 원인'으로 보고자 한다면, 신은 '원인이 없는 결과'라고 말하는

것과 같다. 이는 인과율의 법칙에 어긋나는데, 어떻게 인과율을 가지고 신의 존재를 증명할 수 있겠는가? 만약 신에게 원인이 있다면, '신의 원인'은 대체 무엇인가? 이것이 바로 「지북유」의 "유기유물야猶其有物也, 무이無已"에서 말하는 내용과 관련이 있다. 여기서는 수학에서 말하는 무한의 수 혹은 무한한 시간을 말하고 있다. 이것이 바로 '무이無已'라는 말로 표현된다. 이를 통해 보면, 만물의 주재자로서의 천天이 있다는 설은 성립할 수 없음을 알 수 있다.(胡適, 『中國古代哲學史』(台灣商務印書局版) 제9편, 「장자」, 117쪽)

▷ 진고응: '주재자로서의 천天' 관념을 타파하는 호적의 이 단락에 대한 해석은 분명 장자의 사상과 서로 부합한다. 하지만 "유기유물야, 무이"라는 구절은 사물 세계에서 끊임없이 생성 작용이 일어난다는 것을 말한 것이지, 초월적 신의 문제를 말한 것이 아니다.

【풀이】

염구冉求가 공자에게 물었다. "천지가 아직 생겨나기 이전에 대해 알 수 있습니까?"
공자가 말했다. "알 수 있다. 옛날 역시 지금과 같았다."
염구는 무슨 말을 더해야 할지 몰라 물러났다가, 다음 날 다시 공자를 찾아와 물었다. "어제 제가 '천지가 아직 생겨나기 이전에 대해 알 수 있습니까?'라고 여쭈었을 때, 스승님께서 '알 수 있다. 옛날 역시 지금과 같았다'라고 하셨습니다. 어제는 밝게 아는 듯하였으나, 오늘은 다시 막막해졌습니다. 어떻게 된 것일까요?"
공자가 말했다. "어제 네가 밝게 알았던 것은 마음으로 먼저 깨달았기 때문이다. 오늘 다시 막막해진 것은 여전히 형상에 머무른 채 답을 구하고자 하였기 때문이다. 과거가 없다면 현재도 없고, 시작이 없으면 끝도 없다. 자손이 생기기 전에 자손이 있다고 하면 말이 되겠는가?"
염구가 미처 대답하지 못하자, 공자가 말했다. "그만두어라, 대답할 필요 없다. 본래 탄생을 위해 죽음을 태어나게 하는 것이 아니고, 죽음을 위해 삶을 멈추게 하는 것이 아니다. 죽음과 삶이란 서로 대립하는 것인가? 죽음과 삶은 하나이다. 천지보다 먼저 생겨난 사물이 있는가? 만물을 생겨나게 하는 도道는 현상의 사물이 아니다. 만물이 유래하는 곳은 도보다 앞설 수 없으니, 도에서 천지만물이 생겨난다. 천지만물이 생겨나면 각각의 사물은 끊임없이 서로를 낳게 된다. 성인이 인간을 사랑함은 영원히 그치지 않는다. 이는 바로 천지의 생성이 쉬지 않고 이어지는 것을 본받은 것이다."

12.

顔淵問乎仲尼曰: “回嘗聞諸夫子曰: ‘無有所將, 無有所迎.’ 回敢問其遊①.” 仲尼曰: “古之人, 外化而內不化②, 今之人, 內化③而外不化. 與物化者, 一不化④者也. 安化安不化⑤, 安與之相靡⑥, 必與之莫多⑦. 狶韋氏之囿, 黃帝之圃, 有虞氏之宮, 湯武之室. 君子之人, 若儒墨者師, 故以是非相鳌⑧也, 而況今之人乎! 聖人處物不傷物. 不傷物者, 物亦不能傷也. 唯無所傷者, 爲能與人相將迎. 山林與! 皐壤⑨與! 使⑩我欣欣然而樂與! 樂未畢也, 哀又繼之. 哀樂之來, 吾不能禦, 其去弗能止. 悲夫, 世人直爲物逆旅耳! 夫知遇而不知所不遇, 能能⑪而不能所不能. 無知無能者, 固人之所不免也. 夫務免乎人之所不免者, 豈不亦悲哉! 至言去言, 至爲去爲. 齊知之所知, 則淺矣.”

【길잡이】

① 其遊: ‘유遊’는 ‘마음을 노닐게 하다’(遊心)라는 뜻으로, 정신의 활동을 가리킨다. ‘기유其遊’는 정신이 외물을 맞이하지도 배웅하지도 않는(不將不迎) 경지에 들어가는 것을 가리킨다.(조초기, 『장자천주』)

② 內不化: 내면의 마음이 고요히 한곳에 모여 있음.(성현영, 『장자소』)

- 마기창: 『문자』에서 “(마음속에) 일정하게 지키는 바가 있으면 바깥으로 자유롭게 굽히고 펼치며 사물과 함께 움직일 수 있다”(有一定之操而外能屈伸與物推移)라고 말한 것과 같다.

③ 內化: 내면의 마음이 이리저리 움직임.

- 진경원: 본성을 흔들어 대는 것(蕩性)을 ‘내화內化’라고 부른다.(저백수, 『남화진경의해찬미』에서 인용)

④ 一不化: ‘내불화內不化’를 말한다.(왕어)

⑤ 安化安不化: 변화와 변화하지 않음에 모두 편안히 순응함.

⑥ 靡: 따르다(順).(성현영, 『장자소』)

⑦ 莫多: 더할 수 없음.(왕어) 함부로 자신을 높일 수 없음.

⑧ 相鳌: 서로 공격함. 곽상의 『장자주』에서는 “제鳌는 ‘조화하다’라는 뜻이다”라고 하였으나, 옳지 않다. 제임스 레게(James Leege)의 영역본에서는 “서로를 공격하

다"(to attack each other)라고 하였으니, 타당한 해석이다.

⑨ 皐壤: 들판.

⑩ 使: 진경원의 『장자궐오』에 인용된 강남고장본에는 '사使' 앞에 '여아무친與我無親' 네 글자가 더 있다.

⑪ 能能: 할 수 있는 것을 할 수 있음. 현재 판본에는 '능능能能' 앞에 '지知'자가 더 있으나, 불필요한 글자로 보인다. 돈황본에 따라 삭제한다.

- 마기창: 곽상의 『장자주』에서 지知와 부지不知, 능能과 불능不能을 나란히 말하고 있는 것으로 보아, '능능能能' 앞의 '지知'자는 불필요한 글자이다.

【풀이】

안회가 공자에게 물었다. "일전에 스승님께서 '보내는 것도 없고, 맞이하는 것도 없다'라고 하시는 말씀을 들은 적이 있습니다. 어떻게 하면 이러한 경지에 이를 수 있는지 여쭙고 싶습니다."

공자가 말했다. "옛날의 사람들은 그 행동이 사물의 변화에 따랐으니 내면의 마음이 고요히 한곳에 머무를 수 있었다. 그런데 지금의 사람들은 마음이 이리저리 움직이므로 외부에 정체되고 만다. 사물의 변화에 그대로 따르게 되면 내면의 마음은 오히려 고요히 한곳에 머물러 변하지 않는다. 변화하고 변화하지 않음에 상관없이 모두 편안하게 순응하며 외부의 상황과 서로 편안히 함께 따르니, 변화에 참여하면서 함부로 자신을 높이는 일이 없다. 희위씨狶韋氏의 동산, 황제黃帝의 농원, 유우씨有虞氏의 궁궐, 탕왕과 무왕의 가옥이 그렇다.[갈수록 점차 좁아졌다.] 군자와 같은 자들은 유가와 묵가가 스승으로 삼는 자들임에도 오히려 옳고 그름을 가지고 서로를 공격하는데, 지금의 사람들은 어떠하겠는가? 성인은 다른 것들과 함께 처하면서도 이들에게 해를 입히지 않는다. 다른 것에게 해를 입히지 않으므로, 이들 역시 그에게 해를 입히지 않는다. 그 어떤 해도 입지 않는 자만이 사람들과 서로 왕래하며 교류할 수 있다. 산림이여, 들판이여, 나를 즐겁게 만들어 주는구나! 하지만 이 즐거움이 채 가시기도 전에 슬픔이 또 연이어 일어난다. 슬픔과 즐거움의 감정이 찾아드는 것은 내가 막을 수 없고, 이 감정이 가는 것 역시 막을 수 없다. 참으로 슬프구나! 세상의 사람들이란 사물들이 잠시 머무르는 숙소와 같을 뿐이다. (사람들은) 경험한 것만을 알고 경험하지 못한 것은 모르고, 할 줄 아는 것만 할 줄 알고 할 줄 모르는 것은 할 줄 모른다. 알지 못하는 것과 할 수 없는 것은 사람이라면 피할 수 없는 것들이다. 그런데 사람이 피할 수 없는 바를 추구한다면 어찌 슬프지 않겠는가? 지극한 말은 말이 없고(無言), 지극한 행위는 함이 없다(無爲). 사람들의 앎을 모두 같게 만들고자 하는 것은 지나치게 천박하기 짝이 없다."

잡편雜篇

경상초庚桑楚

「경상초」는 모두 열두 단락의 글이 뒤섞여 이루어져 있다. '경상초庚桑楚'는 사람 이름이며, 여기에서는 노담의 제자로 등장한다. 글 첫머리에 등장하는 인물의 이름을 따서 편명으로 삼았다.

이 편 첫째 단락에서는 경상초와 그의 제자 간의 대화가 그려지고 있다. '봄기운이 왕성하면 온갖 초목이 무성하게 자라나고, 가을 날씨가 적합하면 온갖 열매가 무르익는 것'(春氣發而百草生, 秋正得而萬寶成)은 바로 자연법칙의 운행 결과인데, 정치의 도道 역시 자연무위에 따라야 한다고 하였다. 그러면서 요순 이래로 현자들을 모범으로 내세움으로써 백성들이 서로 갈등을 일으키고, 통치에 지모를 멋대로 사용하여 백성들이 서로 다투고 빼앗게 되었다고 비판한다.

둘째 단락은 남영주南榮趎가 노자에게 가르침을 구하는 내용으로, 생명을 지키고 기르는 이치에 관해 논했다.

셋째 단락에서는 마음의 상태에 관해 적었다. '마음이 평온한 자는 자연의 빛을 발할 수 있다'(宇泰定者, 發乎天光)라는 구절은 심경이 평온하게 안정된 자는 그 행적이 겉으로 드러나지 않는다는 뜻이다.

넷째 단락에서는 앎에 관한 추구가 어디에까지 이르러야 하는가를 논했다.

다섯째 단락에서는 '영대靈台', 즉 마음을 지키고 기르는 일에 관해 논했다.

여섯째 단락에서는 '우宇'와 '주宙' 그리고 '자연의 대문'(天門)이 만물의 생멸변화의 근원임을 말했다.

일곱째 단락에서는 '옛날의 사람들은 그 지식이 도달한 바가 있었다'(古之人, 其知有所至)라는 말에서 시작하여 옳고 그름이 정해지지 않은 현재 사람들에 대해서까지 언급하였다. 이 단락은 「제물론」의 내용을 베껴 온 것으로, 글이 난삽하여 이해하기 어렵다.

여덟째 단락에서는 다른 사람의 발을 밟는 비유를 통해 지극한 예는 남과 자신을 구분하지 않는 것이고, 지극한 인은 사랑하는 마음의 자취가 드러나지 않는 것임을 말했다.

아홉째 단락에서는 인간의 마음을 어지럽게 만드는 24가지의 요소를 말했다.

열 번째 단락에서는 '온전한 인간'(全人)은 자연과 잘 부합하며, 인위에도 잘 호응할 수 있음을 말했다.

열한 번째 단락에서는 사람들이 좋아하는 바에 따르면 쉽게 붙잡아 둘 수 있지만, 사람들의 본성을 거스르면 순종하게 하기 어렵다고 하였다.

열두 번째 단락에서는 '기운을 고르게 하고'(平氣), '본래의 마음을 따르는 것'(順心)에 대해 이야기하면서, 일에 대한 대응은 부득이함에서 나와야 한다고 말했다.

본 편에서 유래된 성어에는 대표적으로 탄주지어呑舟之魚[1], 수미이취數米而炊[2], 빙해동석冰解凍釋[3], 일계부족세계유여日計不足歲計有余[4] 등이 있다.

1) 배를 삼킬 수 있을 정도의 큰 물고기. 거대한 일을 비유하는 말.

2) 쌀알을 세어 밥을 지음. 불필요한 일을 하는 것 혹은 지나치게 작은 이익을 따지는 것을 비유하는 말.

3) 얼음이 녹듯 사라짐. 곤란한 일이나 오해가 일시에 해소되는 것을 비유하는 말.

4) 하루하루 따지면 적지만 한 해를 놓고 보면 많음. 적은 것이 쌓여서 많아지는 것을 비유하는 말. 오랜 시간 포기하지 않고 지속하면 어떤 일이든지 큰 성과를 얻을 수 있음을 나타내기도 함.

1.

老聃之役[①], 有庚桑楚[②]者, 偏得[③]老聃之道, 以北居畏壘[④]之山, 其臣之畫然[⑤]知者去之, 其妾之挈然仁者[⑥]遠之; 擁腫[⑦]之與居, 鞅掌[⑧]之爲使. 居三年, 畏壘大穰[⑨]. 畏壘之民相與言曰: "庚桑子之始來, 吾灑然[⑩]異之. 今吾日計之而不足, 歲計之而有余. 庶幾其聖人乎! 子胡不相與尸[⑪]而祝之, 社而稷之乎?"

庚桑子聞之, 南面而不釋然[⑫]. 弟子異之. 庚桑子曰: "弟子何異於予? 夫春氣發而百草生, 秋正得而萬寶成[⑬]. 夫春與秋, 豈無得而然哉? 天道已行矣! 吾聞至人, 屍居環堵之室[⑭], 而百姓猖狂不知所如往. 今以畏壘之細民而竊竊焉欲俎豆[⑮]予於賢人之間, 我其杓[⑯]之人邪! 吾是以不釋於老聃之言."

弟子曰: "不然. 夫尋常之溝[⑰], 巨魚無所還[⑱]其體, 而鯢鰍爲之制[⑲]; 步仞之丘[⑳], 巨獸無所隱其軀, 而侯狐爲之祥[㉑]. 且夫尊賢授能, 先善與利, 自古堯舜以然, 而況畏壘之民乎! 夫子亦聽矣!"

庚桑子曰: "小子來! 夫函[㉒]車之獸, 介[㉓]而離山, 則不免於罔罟之患; 呑舟之魚, 碭[㉔]而失水, 則螻蟻能苦之[㉕]. 故鳥獸不厭高, 魚鼈不厭深. 夫全其形生之人, 藏其身也, 不厭深眇[㉖]而已矣.

且夫二子[㉗]者, 又何足以稱揚哉! 是其於辯[㉘]也, 將妄鑿垣牆而殖蓬蒿也. 簡發而櫛, 數米而炊, 竊竊乎又何足以濟世哉! 擧賢則民相軋, 任知則民相盜. 之數物者, 不足以厚民. 民之於利甚勤, 子有殺父, 臣有殺君, 正晝爲盜, 日中穴阫[㉙]. 吾語女, 大亂之本, 必生於堯舜之間, 其末存乎千世之後. 千世之後, 其必有人與人相食者也!"

【길잡이】

① 役: 학도, 제자.(『경전석문』에 인용된 사마표의 설)

② 庚桑楚: 성은 경상庚桑, 이름은 초楚. 『열자』「황제黃帝」에는 항창자亢倉子라고 되어 있다.

③ 偏得: 홀로 얻음.

- 성현영: 문하의 사람들 가운데에서 경상초가 가장 뛰어났으므로 '홀로 얻었다'(偏得)라고 한 것이다.(『장자소』)

④ 畏壘: 노魯나라에 있는 산 이름.(성현영, 『장자소』) 장자가 지어낸 허구의 산으로도 본다.(이면)

⑤ 畫然: 밝게 비치는 모습.

⑥ 挈然仁者: 인애仁愛를 내세워 보이는 자.

- 저백수: '설연挈然'은 드러내 보이는 모습이다.(『남화진경의해찬미』)

⑦ 擁腫: 순박함을 표현하는 말.

⑧ 鞅掌: 쉬지 않고 일하는 자.(왕어) 분주하게 수고로운 사람.(왕선겸, 『장자집해』)

⑨ 大穰: 잘 익음, 풍작.

⑩ 灑然: 놀란 모습.(『경전석문』에 인용된 최선, 이이의 설)

- 주준성: '쇄灑'는 '내乃'의 뜻으로 가차되었다. 『설문해자』에서는 "놀라는 소리를 말한다"라고 하였다.(마서륜의 『장자의증』에서 인용)

⑪ 尸: 모시다(主).

⑫ 南面而不釋然: 「제물론」에 나오는 말. '불석연不釋然'은 '즐겁지 않다'라는 뜻.

⑬ 秋正得而萬寶成: 통행본에는 '춘기발이백초생春氣發而百草生, 정득추이만보성正得秋而萬寶成'라고 되어 있는데, '정득추正得秋'는 '추정득秋正得'으로 보아야 앞뒤 문장이 서로 대구를 이루게 된다. '정正'은 '정征'과 통한다. 『후한서』 「노공전魯恭傳」의 주석에도 "'삼정三正'은 '삼정三征'과 같다"라는 설명이 있다. '정征'은 '후候'(징후, 기후)와 통한다. 『열자』 「주목왕周穆王」에 "깨어 있을 때는 여덟 가지 징후(八征)가 있고, 잠들어 있을 때는 여섯 가지 징후(六候)가 있다"(覺有八征, 夢有六候)라고 하였는데, 여기에서 정征과 후候는 서로 같은 의미로서 바꾸어 써도 무방하다. '추후득秋候得'은 '춘기발春氣發'과 서로 대구를 이루는 구절이다. '추후득秋候得'은 가을의 기후가 적합하다는 말이다.

⑭ 環堵之室: 사방 1장丈의 작은 방.

- 사마표: 1장丈의 길이를 '도堵'라고 부른다. '환도環堵'는 한 면의 너비와 높이가 각각 1장인 것으로, 작은 것을 가리킨다.
- 선영: 은거하여 드러나지 않음을 말한다.

⑮ 俎豆: 제사를 받듦.(선영, 『남화경해』)

- 성현영: '조俎'는 고기를 써는 도마이고, '두豆'는 포를 담는 그릇이다. 모두

제사 등에 사용되는 그릇(禮器)이다.

⑯ 杓: '적的'(과녁, 목표)으로 읽는다.(『경전석문』) 사람들이 주목하는 존재를 가리킨다.(후쿠나가 미쓰지)

⑰ 尋常之溝: 8척尺의 길이를 '심尋'이라고 하고, 1장 6척의 길이를 '상常'이라고 한다. 「천운」에 등장한다.

- 마서륜: 『태평어람』 제75항에 인용된 구절에는 '구溝' 아래에 '혁洫'자가 더 들어 있다. 『태평어람』에 따라 '혁洫'자를 보충해 넣어야 한다. 이렇게 되면 '심상지구혁尋常之溝洫'이 이어지는 '보인지구릉步仞之丘陵'과 대구를 이룰 수 있다.
  - ▹ 진고응: 마서륜의 설 역시 참고할 수 있다. 하지만 왕숙민의 설(아래 주석 ⑳에 나옴)에 따라 '보인지구릉步仞之丘陵'의 '릉陵'자를 삭제하여 '보인지구步仞之丘'로 보는 편이 더욱 타당하다. 이 경우 역시 '심상지구尋常之溝'와 대구를 이룰 수 있다.

⑱ 還: '선旋'과 같다. '반대로 돌다'라는 뜻이다.

⑲ 鯢鰍爲之制: 미꾸라지와 같은 작은 물고기들은 자유자재로 방향을 바꿀 수 있음. '제制'는 '절折'(꺾다)과 통한다. 방향을 바꾸어 회전한다는 뜻이다.

- 육덕명: 『광운廣韻』에서는 "'제制'는 '꺾다'(折)의 뜻이다"라고 하였다. 작은 물고기들이 여러 곡절을 겪는다는 말이다. 왕념손王念孫은 "'제制'는 '멋대로 하다'라는 뜻이다. 미꾸라지들이 작은 도랑에서 전횡을 일삼는 것을 말한다"라고 하였다.
- 해동: '제制'는 '리利'로 읽어야 한다. 형태가 근접하여 와전된 것이다. 『설문해자』에서는 "'상祥'은 복福을 말한다"라고 하였다. 작은 도랑은 미꾸라지에게 이로운 것이고, 낮은 언덕은 여우에게는 복된 것이라는 말이다.
  - ▹ 진고응: 해동의 설 또한 참고할 수 있다.

⑳ 步仞之丘: 6척의 길이를 '보步', 7척의 길이를 '인仞'이라고 한다.(『경전석문』) '구丘' 뒤에 원래 '릉陵'자가 있으나, 불필요한 글자로 보인다. 이에 왕숙민의 설에 따라 삭제하였다.

- 왕숙민: 『경전석문』에 인용된 최선의 말에서 "요망한 여우는 작은 언덕을 좋다고 여긴다"(蠱狐以小丘爲善也)라고 하였으니, 최선의 판본에는 '구丘' 다음에 '릉陵'자가 없었음을 알 수 있다. '보인지구步仞之丘'와 '심상지구尋常之溝'는 서로 짝을 이룬다. 『기찬연해記纂淵海』 55권에 인용된 구절에도 '릉陵'자가

없으며, 『항창자亢倉子』「전도全道」 또한 마찬가지이다. '구릉丘陵'은 관용적으로 함께 사용되는 경우가 많으므로 옮겨 적는 과정에서 잘못 삽입된 것이다. 앞의 '심상지구尋常之溝' 역시 『태평어람』에 인용된 구절에는 '혁洫'자가 더 들어가 있는데, 본 구절에 원래 '릉陵'자가 없었다는 것을 몰랐던 후대 사람이 임의로 추가해 넣은 것으로 볼 수 있다. 『회남자』「숙진훈俶眞訓」에서 앞의 구절을 차용하여 '심상지구尋常之溝, 무탄주지어無呑舟之魚'라고 하였으니, 옛 판본에는 '구溝' 다음에 '혁洫'자가 없었음을 알 수 있다.

㉑ 祥: 좋음(善).(최선) 일이 자신의 뜻대로 됨(如意).

㉒ 函: '함含'의 뜻으로 가차되었다.

- 마서륜: '함函'은 음이 같은 '함含'의 의미를 가차한 것이다.

㉓ 介: 홀로.

㉔ 碭(중국음은 dàng[蕩]): '탕蕩'과 같다. '흘러나오다'라는 뜻이다.

- 임희일: '탕碭'은 '흘러 다니다'(流蕩)라는 뜻이다. 이름을 세상에 내보이면 자신을 해치게 될 수 있음을 비유한 것이다.

㉕ 螻蟻能苦之: '의蟻' 앞에는 원래 '루螻'자가 빠져 있었다. '누의螻蟻'는 앞의 '망고罔罟'와 서로 대구를 이룬다. 『태평어람』 제935항, 제947항 및 『문선』에 실린 가의賈誼의 『적굴원문』의 주석 등에 따라 이를 보충하였다.(자세한 내용은 마서륜의 『장자의증』, 왕숙민의 『장자교석』 참고)

㉖ 深眇: 심원함.

㉗ 二子: 앞 구절에서 말한 요와 순을 가리킨다.

㉘ 辯: '변辨'(분별하다)과 같다.

- 선영: 세상 모든 일에 분별이 필요하다. 예를 들면, 현자를 천거하고 능력 있는 자를 등용하는 일이나 선과 이익 가운데 무엇을 우선시할지를 결정하는 일과 같다.

㉙ 坏(중국음은 pēi): 담장(牆).(상수)

【풀이】

노담老聃의 제자 가운데 경상초라는 자가 있었는데, 오직 그만이 노담의 도를 완전히 체득하였다. 북쪽으로 가서 외루산 위에서 거처하였는데, 종복들 가운데 총명함을 드러내는 자는 모두 쫓겨났고, 시녀들 가운데 인의를 자부하는 자는 모두 멀리하였다. 그러고는 순박한 자들과 함께하였고, 부지런한 자들은 남게 하여 일을 시켰다. 이렇게 삼 년이 지나자 외루산에는 풍작이 들었다. 외루산의 백성들이 서로 이렇게 말했다. "경상초가 막 이곳에 왔을 때, 나는 그를 의아하게 여겼다. 잠깐의 시간 동안 그를 보았을 때는 아직 부족하다고 여겼지만, 오랜 시간 동안 살펴보니 충분하다는 것을 알겠다. 그러니 그를 성인이라 할 수 있지 않겠는가? 그런데 자네는 왜 와서 함께 그를 모시고 받들지 않는가?"

경상초가 군주로 임할 것을 권하는 말을 듣고는 기분이 매우 불쾌해졌다. 제자들이 이상하게 여겨 이유를 물었다. 경상초가 말했다. "자네들은 뭐가 그리 이상한가? 봄기운이 왕성하면 온갖 초목이 무성하게 자라나고 가을 날씨가 적합하면 온갖 열매가 무르익는다. 봄과 가을은 다른 이유가 없어도 늘 이러하지 않은가? 이는 자연의 도가 운행하고 있기 때문이다. 지인至人은 작은 방에 거할 뿐이지만, 백성들은 마음이 가는 대로 자유자적할 수 있다고 한다. 그런데 지금 외루의 백성들이 모두 나를 절절히 받들어 현인들 사이에 두고자 하니, 내가 이렇게나 사람들의 주목을 받는 사람인가! 노담의 가르침을 생각한다면 마음이 편할 수가 없다."

제자가 말했다. "그렇지 않습니다. 작은 도랑에서는 큰 물고기가 마음대로 방향을 바꿀 수 없지만, 작은 물고기는 자유자재로 움직일 수 있습니다. 작은 언덕에서는 거대한 짐승이 몸을 숨길 수 없지만, 요망한 여우가 몸을 숨기기에는 알맞습니다. 현인을 높이고 능력 있는 자를 등용하며, 선한 일에 상을 내리고 이익을 베푸는 것은 요순 이래로 늘 이러했는데, 외루의 백성들이야 어떠하겠습니까? 스승께서는 그들의 말에 따르십시오."

경상초가 말했다. "젊은이여 이리 오거라! 입으로 수레를 삼킬 수 있는 거대한 짐승이라 할지라도 홀로 산림을 떠나면 그물에 화를 입고 만다. 배를 삼킬 수 있는 거대한 물고기라 할지라도 강물 밖으로 흘러나가 물을 떠나게 되면 땅강아지나 개미로부터 고난을 당하게 된다. 따라서 새나 짐승들은 높은 곳을 싫어하지 않으며, 물고기나 자라는 깊은 곳을 싫어하지 않는다. 형체를 보전하고 삶을 기르고자 하는 자는 자신을 거두어들이고 감추니, 이 역시 심원한 곳을 싫어하지 않는 것이다.

요와 순, 이 두 사람이 무슨 칭찬할 점이 있겠는가? 그들처럼 현명하고 명망 있는 사람을 선발하고 선과 이익을 구별하는 것은 마치 멋대로 담장을 뚫어 쑥풀을 심는 것과 같다. 머리카락을 골라내서 빗고 쌀알을 하나하나 세어서 밥을 짓듯, 하나하나 따져서 어떻게 세상을 구할 수 있겠는가? 현자들을 모범으로 내세우면 백성들은 서로 갈등을 일으키고, 지모를 마음대로 사용한다면, 백성들은 서로 다투며 빼앗는 일이 많아진다. 이러한 방법으로는 백성들을 순박하게 만들 수 없다. 백성들이 이익을 탐닉하는 데 절실하면 자식이 아비를 죽이고, 신하가 군주를 죽이며, 백주대낮에 강도질을 벌이고, 한낮에 담장에 구멍을 뚫는 일들이 빈번하게 발생하게 된다. 너에게 한 가지 알려주겠다. 큰 혼란의 근원이 요순의 시대로부터 시작되어 그 폐단이 지금 천년이 지난 후에도 계속해서 이어지게 되었으니, 이는 반드시 사람이 사람을 먹는 데까지 이르게 될 것이다."

2.

南榮趎①蹴然正坐曰: "若趎之年者已長矣, 將惡乎托業②以及此言邪?"
庚桑子曰: "全汝形, 抱汝生③, 無使汝思慮營營. 若此三年, 則可以及此言矣."
南榮趎曰: "目之與形, 吾不知其異也, 而盲者不能自見; 耳之與形, 吾不知其異也, 而聾者不能自聞; 心之與形, 吾不知其異也, 而狂者不能自得. 形之與形亦辟④矣, 而物或間之⑤邪, 欲相求而不能相得? 今謂趎曰: '全汝形, 抱汝生, 勿使汝思慮營營.' 趎勉聞道耳矣!"
庚桑子曰: "辭盡矣. 奔蜂⑥不能化藿蠋⑦, 越雞不能伏鵠卵, 魯雞固能矣. 雞之與雞, 其德非不同也, 有能與不能者, 其才固有巨小也. 今吾才小, 不足以化子. 子胡不南見老子!"
南榮趎贏⑧糧, 七日七夜至老子之所.
老子曰: "子自楚之所來乎?" 南榮趎曰: "唯."
老子曰: "子何與人偕來之衆也?" 南榮趎懼然顧其後.
老子曰: "子不知吾所謂乎?"
南榮趎俯而慚, 仰而歎曰: "今者吾忘吾答, 因失吾問."
老子曰: "何謂也?"
南榮趎曰: "不知乎? 人謂我朱愚⑨. 知乎? 反愁我軀. 不仁則害人, 仁則反愁我身; 不義則傷彼, 義則反愁我己. 我安逃此而可? 此三言者, 趎之所患也, 願因楚而問之."

老子曰: "向吾見若眉睫之間, 吾因以得汝矣, 今汝又言而信之. 若規規然[10]若喪父母, 揭竿而求諸海也. 女亡人[11]哉, 惘惘乎! 汝欲反汝情性而無由入, 可憐哉!"

南榮趎請入就舍, 召其所好, 去其所惡, 十日自愁[12], 復見老子.

老子曰: "汝自灑濯, 孰哉郁郁乎[13]! 然而其中津津乎[14]猶有惡也. 夫外韄[15]者不可繁[16]而捉, 將內揵[17]; 內韄者不可繆而捉, 將外揵. 外內韄者, 道德不能持, 而況放道而行者乎!"

南榮趎曰: "裏人有病, 裏人問之, 病者能言其病, 然其病病者, 猶未病也[18]. 若趎之聞大道, 譬猶飮藥以加病也, 趎願聞衛生之經[19]而已矣."

老子曰: "衛生之經, 能抱一乎? 能勿失乎[20]? 能無蔔筮而知吉凶乎[21]? 能止乎? 能已乎? 能舍諸人而求諸己乎? 能翛然[22]乎? 能侗然[23]乎? 能兒子乎[24]? 兒子終日嘷而嗌不嗄, 和之至也[25]; 終日握而手不掜[26], 共其德[27]也; 終日視而目不瞚[28], 偏不在外[29]也. 行不知所之, 居不知所爲, 與物委蛇, 而同其波. 是衛生之經已."

南榮趎曰: "然則是至人之德已乎?"

曰: "非也. 是乃所謂冰解凍釋者, 能乎? 夫至人者, 相與交食乎地而交樂乎天[30], 不以人物利害相攖, 不相與爲怪, 不相與爲謀, 不相與爲事, 翛然而往, 侗然而來. 是謂衛生之經已."

曰: "然則是至乎?"

曰: "未也. 吾固告汝曰: '能兒子乎? 兒子動不知所爲, 行不知所之, 身若槁木之枝而心若死灰[31]. 若是者, 禍亦不至, 福亦不來. 禍福無有, 惡有人災也!"

【길잡이】

① 南榮趎(趎의 중국음은 chú[除]): 성은 남영南榮, 이름은 주趎. 경상초의 제자이다.(성현영, 『장자소』)

② 托業: 학문을 배움.(임희일)

③ 抱汝生: '포抱'는 '보保'(지키다)와 같다.

- 유월: 『석명釋名』「석자용釋姿容」에서는 "'포抱'는 '보保'와 같다. 서로 친히 보호하는 것이다"라고 하였다. '포抱'와 '보保'는 뜻이 서로 통한다. 따라서 '포여생抱汝生'은 '보여생保汝生'과 같다.

④ 辟: 열다.(『경전석문』) '벽辟'자를 빌려 '벽闢'(열다)의 의미로 사용하였다.(곽숭도)

- 마서륜: '벽辟'은 '폐嬖'자를 생략한 글자이다. '폐嬖'는 가깝다(親)는 뜻이다. 형체상으로는 매우 가깝지만 물욕으로 간극이 생기는 경우가 있다는 말이다.
  - ▹ 진고응: 마서륜의 설 역시 통한다.

⑤ 物或間之: '물物'은 물욕을 가리킨다.(선영) 물욕이 형성하는 간극.

⑥ 奔蜂: 작은 벌.(사마표) 허리가 가는 땅벌.(성현영, 『장자소』) '분봉奔蜂' 앞에 원래는 '왈曰' 자가 있었으나, 불필요한 글자로 보인다.(마서륜의 『장자의증』에 인용된 張伯禧의 설) 앞 구절에 등장하는 '왈'로 인해 잘못 더해진 것이다. 진경원의 『장자궐오』에 인용된 강남고장본, 장군방본에도 역시 '왈' 자가 없으므로 이에 따라야 한다.(왕숙민, 『장자교석』)

⑦ 藿蠋(蠋의 중국음은 zhú[燭]): 콩잎에 붙어 있는 큰 초록색의 벌레.(사마표)

⑧ 羸: '영盈'으로 읽는다. '줆어지다'의 뜻이다.

⑨ 朱愚: '마음을 집중하여도 잘 알지 못함'(專愚)을 말하며, 무지한 모습을 나타낸다. '주朱'는 '수銖'(사소함), '둔鈍'(둔함)과 통한다.(胡遠濬[5])

- 곽숭도: 『춘추좌전』 양공襄公 4년에 '주유朱儒'라는 말이 등장하는데, 이에 대해 두예杜預는 이를 "짧고 작은 것(短小)을 '주유朱儒'라고 한다"라고 풀이하였다. 즉 '주유朱儒'는 지혜가 짧고 하찮은 것을 이른다.

⑩ 規規然: 망연자실한 모습. 「추수」에 등장한 바 있다.

⑪ 亡人: 방랑하는 자.(선영)

⑫ 十日自愁: '자自'는 진경원의 『장자궐오』에 인용된 강남이씨본, 문여해본, 유득일본, 장군방본에는 모두 '식息'으로 되어 있다.(마서륜, 『장자의증』) 해동은 '자自'를 '식息'을 잘못 적은 글자로 보았다.(『장자보주』) 하지만 저백수의 설대로 여전히 '자수自愁'로 읽어야 한다.

- 저백수: '자수自愁'는 어떤 판본에는 '식수息愁'라고 하였고 또 다른 판본에서는 '수식愁息'으로 보았으나, 모두 의미가 통하지 않는다. 자세히 살펴보면, 이는 '자신을 원망하고 스스로 책망하다'(自怨自艾)라는 의미로 볼 수 있다.

---

5) 胡遠濬(1866~1931): 청말 근대시기에 활동한 학자. 중국 安徽省 懷寧 출신. 노장사상에 정통하여 『莊子詮詁』라는 주석서를 남겼다.

열흘간 물러나 머물면서 예전에 열심히 배우지 않아 도를 제대로 얻지 못한 것을 스스로 책망했다는 뜻이다.

⑬ 孰哉郁郁乎: '어찌하여 울적한가?'(何郁郁乎哉)라는 말.

- 엄령봉: 여러 가지 해석 모두 의미를 제대로 파악하지 못했다. '숙孰'은 '어찌, 어느, 무엇(何)'의 뜻이다. '숙재욱욱호孰哉郁郁乎'는 도치 구문으로서 '하욱욱호재何郁郁乎哉'와 같다. '어찌하여 울적한가? 그 속에 아직도 사악한 마음이 있는가?'라는 말이다.(『도가사자신편』, 752쪽)

⑭ 津津乎: 밖으로 넘쳐흐르는 모습을 나타내는 말.

- 임의독林疑獨[6]: '진진津津'은 겉으로 발현되는 것이 있음을 나타낸다.(저백수의 『남화진경의해찬미』에서 인용)

⑮ 韄: '획獲'으로 발음한다. '박縛'(묶다)과 같은 뜻이다.

- 임희일: '획韄'은 가죽끈으로 물건을 묶는 것을 말한다.
- 왕선겸: '외획자外韄者'란 눈과 귀의 감각이 외물에 의해 얽매이는 것을 말한다.

⑯ 繁: '무繁'로 읽어야 한다. 『광운』에서는 "'무繁'는 '무繆'로 읽는다"라고 하였다. 『옥편』에서는 "'묶다'(縛)라는 뜻이다"라고 하였다. '무繁'와 뒤의 '무繆'는 서로 대응되는 말이다.(무연서, 『장자찰기』)

⑰ 內揵: '건揵'은 '폐閉'(닫다)와 같다.

- 임희일: '건揵'은 문을 닫을 때 쓰는 잠금장치로서, '주의하여 단속하다'라는 뜻을 비유적으로 나타낸다. 외물에 응하여 스스로 주의하고 단속하고자 한다는 말이다.
- 왕선겸: 내면의 마음을 닫아 눈과 귀의 감각으로 인한 혼란을 그치게 하는 것이다.

⑱ 然其病病者, 猶未病也: 『노자』 71장에서는 "부유병병夫唯病病, 시이불병是以不病"이라고 하였다.

⑲ 衛生之經: 생명을 지키고 기르는 도리. '위생衛生'은 앞부분에서 말한 '전형포생全形抱生'과 같은 의미이다.

---

6) 林疑獨(?~?): 이름은 自, 자는 疑獨. 중국 송대의 인물로, 『莊子解』와 『周易解』 그리고 시문집인 『林疑獨詩文集』 등의 저서가 있다.

⑳ 能抱一乎? 能勿失乎?: 『노자』 10장에서는 "재영백포일載營魄抱一, 능무리호能無離乎?"라고 하였다.

㉑ 能無蔔筮而知吉凶乎: 『관자』 「심술心術」 상편에 나오는 말.

㉒ 翛然: 어디에도 속박되지 않은 모습. 「대종사」에 등장한 바 있다.

㉓ 侗然: 아는 것이 없는 모습. 「산목」에도 "동호기무식侗乎其無識"이라는 구절이 등장한다.

㉔ 能兒子乎: 『노자』 10장에서는 "능영아호能嬰兒乎?"라고 되어 있다.

㉕ 終日嘷而嗌不嗄, 和之至也(嘷의 중국음은 háo[豪], 嗄의 중국음은 shà[霎]): '호嘷'는 '호號'(부르다)와 같다. '익嗌'은 목을 말한다. '사嗄'는 목이 쉬는 것이다. 『노자』 55장에는 "종일호이불사終日號而不嗄, 화지지야和之至也"라고 되어 있다.

㉖ 終日握而手不掜(掜의 중국음은 nǐ[你]): '예掜'는 구부리는 것이다.(조초기, 『장자천주』) '불예不掜'는 구부정하지 않은 것을 말한다.(구양경현, 『장자석역』)

㉗ 共其德: 그 본성과 같게 함.(임희일) '공共'을 '공拱'(쥐다)과 같은 의미로 보는 견해도 있다.(왕어)

㉘ 瞚: '순瞬'으로도 쓴다.(『경전석문』) 『일체경음의一切經音義』 72항에 인용된 구절에서 바로 '순瞬'이라 썼다. '순瞬'은 '순瞚'의 속자이다.(왕숙민)

㉙ 偏不在外: 바깥의 일에 치우쳐 얽매이지 않음.

㉚ 相與交食乎地而交樂乎天: '교交'는 '요邀'(요청하다)와 같다.(유월) 「서무귀」에서는 이 구절을 '오여지요락어천吾與之邀樂於天, 오여지요식어지吾與之邀食於地'라고 썼다.

㉛ 身若槁木之枝而心若死灰: 「제물론」과 「지북유」에 등장한 말.

【풀이】

남영주南榮趎가 단정하게 앉아 있다가 의아해하며 말했다. "저와 같이 나이가 이미 적지 않은 사람은 어떻게 해야 말씀하신 경지에 이를 수 있습니까?" 경상초庚桑楚가 말했다. "너의 형체를 온전히 지키고 타고난 성과 명을 길러 나가되, 생각을 근심스럽게 하지 말라. 이렇게 삼 년 동안 한다면 그러한 경지에 이를 수 있을 것이다."

남영주가 말했다. "눈의 형상을 놓고 말하자면 저는 그 차이를 모르겠는데 맹인의 눈은 앞을 보지 못합니다. 귀의 형상을 놓고 말하자면 저는 그 차이를 모르겠는데 농인의 귀는 소리를 듣지 못합니다. 마음의 형상을 놓고 말하자면 저는 그 차이를 모르겠는데 광인의 마음은 스스로 체득하지 못합니다. 형체와 형체 간에는 서로 통하지만, 물욕의 차이가 서로 회통하고자 하여도 할 수 없게 만드는 것입니까? 방금 저에게 '너의 형체를 온전히 지키고 타고난 성과 명을 길러 나가되, 생각을 근심스럽게 하지 말라'라고 말씀하셨는데, 저는 도를 구하고자 노력하여도 고작 귀로 듣는 수준에 밖에 이르지 못했습니다."

경상초가 말했다. "나는 할 수 있는 말은 다 했다. 땅벌은 애벌레를 부화시키지 못하고, 월나라의 닭은 거위 알을 부화시키지 못한다. 하지만 월나라의 닭이 노나라 닭의 알을 부화시킬 수는 있다. 닭과 닭 간에 본성은 결코 다르지 않다. 따라서 할 수 있고 할 수 없고의 차이는 결국 능력이 크고 작음의 차이일 뿐이다. 지금 나는 능력이 작아 너를 가르칠 수 없구나. 너는 어찌 노자를 찾아 남쪽으로 가지 않느냐?"

이에 남영주가 양식을 짊어지고 칠 일 밤낮을 걸어 노자가 있는 곳에 이르렀다.

노자가 그를 만나 말했다. "자네는 경상초 밑에 있다가 왔는가?"

남영주가 말했다. "그렇습니다."

노자가 말했다. "자네는 왜 이렇게 많은 사람과 함께 왔는가?"

남영주가 놀라 뒤를 돌아보았다.

노자가 말했다. "내가 말하는 것을 이해하지 못하는가?"

남영주가 부끄러워 고개를 푹 숙였다가 다시 고개를 들고 탄식을 하며 말했다. "저는 지금 어떻게 대답해야 할지를 잊어버려, 질문조차 잊어버리게 되었습니다."

노자가 말했다. "무슨 말인가?"

남영주가 말했다. "제가 만약 모른다고 한다면, 사람들은 저를 우둔하다고 말할 것입니다. 만일 안다고 한다면 오히려 자신을 해치게 됩니다. 인仁을 행하지 않으면 남을 해치게 되지만, 그렇다고 인仁을 행하면 자신을 해치게 됩니다. 의義를 행하지 않으면 남을 해치게 되지만, 그렇다고 의義를 행하면 자신을 해치게 됩니다. 저는 어떻게 해야 이 문제를 피할 수 있겠습니까? 이 세 가지가 바로 제가 근심하는 바입니다. 그래서 경상초의 소개로 가르침을 구하기 위해 찾아오게 되었습니다."

노자가 말했다. "방금 내가 너의 눈초리를 살펴보고 이미 너의 생각을 알아차렸다. 지금 말하는 것을 들으니 분명하구나. 너는 망연자실한 모습이 마치 부모를 잃은 것과 같고, 지팡이를 짚으며 망망대해를 찾아다니는 듯하다. 마치 길을 잃고 이리저리 떠돌아다니는 자와 같도다. 너는 너의 타고난 성정으로 돌아가고자 하나, 어디로 가야 할지를 모르니 참으로 가련하구나!"

남영주는 그곳에 머물며 가르침을 받기를 원했다. 좋은 것을 취하고 나쁜 것을 버리며 열흘간 스스로 근심에 시달리다가 다시 노자를 찾았다.

노자가 말했다. "스스로 깨끗이 씻어 내면 될 것을 왜 아직도 안절부절못하는가? 마음속에 여전히 사념이 자리하고 있는 듯 보이는구나. 바깥 사물의 속박에 얽매이지 말고, 마음을 단속하여야 한다. 마음의 괴로움에 의해 어지럽혀지지 말고 외물의 유혹을 끊어 내야 한다. 마음 안팎이 모두 얽매여 있는 자는 이미 도와 덕을 지닌 자라고 할지라도 스스로를 제어할 수 없는데, 도를 배우고자 하는 자의 경우라면 어떠하겠는가?"

남영주가 말했다. "동네 사람이 병에 걸려 이웃이 그에게 병문안을 왔는데, 병에 걸린 자가 자신의 병을 말할 수 있고, 자신의 병이 무슨 병인지를 인식할 수 있다면, 크게 문제가 될 만한 병이라고 할 수는 없을 것입니다. 그런데 제가 지금 도를 들은 것은 마치 약을 먹고 병이 더 심해진 것과 같습니다. 저는 그저 생명을 지키고 기르는 도리를 들을 수 있다면 충분합니다."

노자가 말했다. "생명을 지키고 기르는 도리라! [정신과 형체를] 하나로 합할 수 있는가? 떨어지게 하지 않을 수 있는가? 점을 치지 않고도 길흉을 알 수 있는가? 본분 밖의 일을 추구하지 않을 수 있는가? 적절한 곳에서 그칠 수 있는가? 외적인 것에 대한 추구를 버리고 자신의 내면에 대한 추구로 돌아올 수 있는가? 그 어떤 속박도 받지 않을 수 있는가? 갓난아이와 같이 할 수 있는가? 갓난아이는 온종일 울어 대는데도 목이 상하지 않는다. 기가 조화롭고 순박한 상태를 유지하기 때문이다. 갓난아이는 온종일 손을 꽉 쥐고 있어도 (손이) 구부러지지 않는다. 이는 본성을 지키고 있기 때문이다. 갓난아이는 온종일 눈을 뜨고 있으면서도 눈을 이리저리 굴리지 않는다. 마음이 밖으로 치닫지 않기 때문이다. 아이가 움직일 때는 자유롭기 그지없고, 편안히 멈추어 있을 때는 그 어떤 근심 걱정도 없으니, 사물이 그러한 대로 함께 흘러 다닌다. 이것이 바로 생명을 지키고 기르는 도리이다."

남영주가 말했다. "그렇다면 이것을 지인至人의 경지라고 할 수 있습니까?" 노자가 말했다. "아니다. 이는 정체된 마음이 해소된 것일 뿐이니, 어찌 충분하다고 하겠는가? 지인은 땅에서 먹을 것을 구하고 하늘과 함께 즐거워한다. 다른 사람과 사물에 의해 이익을 받거나 해를 입지 않으며, 서로 얽매이지 않는다. 기이한 일을 세우지 않고, 계책을 도모하지 않고, 세속의 일에 힘을 쓰지 않으며, 어느 것에도 속박되지 않은 채 순진무구한 모습으로 오갈 뿐이다. 이것이 바로 생명을 지키고 기르는 도리이다."

남영주가 물었다. "그렇게 하면 최고의 경지에 이르렀다고 할 수 있겠습니까?" 노자가 말했다. "아직 멀었다. 내가 '갓난아이와 같이 할 수 있는가?'라고 하지 않았던가? 갓난아이의 거동은 그 어떤 의식조차 없고 행동은 자유롭다. 신체는 마치 마른나무와 같으며 마음은 불이 꺼진 재와 같다. 이렇게 하면 화도 이르지 않고, 복도 찾아오지 않는다. (자연의) 화복조차 없는데 어떻게 인간에 의한 화를 당하겠는가?"

3.

宇泰定者, 發乎天光①. 發乎天光者, 人見其人, 物見其物②. 人有修者, 乃今有恒; 有恒者, 人舍之③, 天助之. 人之所舍, 謂之天民; 天之所助, 謂之天子.

【길잡이】

① 宇泰定者, 發乎天光: '우宇'는 마음(心)을 가리킨다. '천광天光'은 자연의 빛(自然之光)을 말한다.

- 진경원: 영혼의 거처(靈宇)가 크게 평온한 자는 지혜의 빛이 안에서 드러난다. (저백수의 『의해찬미』에서 인용)
- 임운명: '우宇'는 '마음의 공간(心宇)'을 말한다. 마음이 태연하게 안정되어 있으면 지혜가 생겨나니, 자신을 밝게 비출 수 있다.
- 설선薛瑄[7]: 마음이 안정되어 있으면 밝아진다(明)는 뜻이다.(마기창의 『장자고』에서 인용)

---

7) 薛瑄(1389~1464): 중국 명대의 성리학자. 호는 敬軒, 자는 德溫. 『讀書錄』과 『薛文淸公全集』 등이 있다.

② 物見其物: 진경원의 『장자궐오』에 인용된 장군방본 및 곽상의 주석에 따라 이 구절을 보충하였다.

③ 人舍之: 사람이 찾아와 의탁함.(왕선겸) '사舍'는 '머무름'(舍止)을 말하며(성현영, 『장자소』), '의거하다'라는 뜻으로 풀이한다.

【풀이】

심경이 평온한 자는 자연의 빛을 발할 수 있다. 자연의 빛을 발하게 되면, 인간은 인간으로서의 타고난 본질을 드러낼 수 있고, 사물은 사물로서의 타고난 본질을 드러낼 수 있다. 인간이 스스로 자신을 수양할 수 있어야 항상된 덕(常德)을 길러 나갈 수 있다. 항상된 덕을 갖춘 사람은 사람들이 그에게로 모여들며, 자연 또한 그를 돕는다. 사람들이 모여드는 자를 하늘의 백성(天民)이라고 부르며, 자연이 돕는 자를 하늘의 자식(天子)이라고 부른다.

4.

學者, 學其所不能學也; 行者, 行其所不能行也; 辯者, 辯其所不能辯也. 知止乎其所不能知, 至矣[①]; 若有不卽是者, 天鈞[②]敗之.

【길잡이】

① 知止乎其所不能知, 至矣: 「제물론」에서는 "지지기소불지知止其所不知, 지의至矣"라고 하였다.

② 天鈞: 자연적 본성.(성현영, 『장자소』) 「제물론」에 나오는 말.

【풀이】

배우려는 자는 자신이 배울 수 없는 것을 배우려 하고, 행하고자 하는 자는 자신이 행할 수 없는 것을 행하며, 논변하는 자는 자신이 논변할 수 없는 것을 논변한다. 앎에 관한 탐구가 자신이 알 수 없는 것에서 그친다면 지극하다고 할 수 있다. 그렇지 않으면 자연적 본성은 손상을 입고 만다.

5.

備物以將形①, 藏〔不〕虞以生心②, 敬中以達彼③, 若是而萬惡④至者, 皆天也, 而非人也, 不足以滑成⑤, 不可內⑥於靈台⑦. 靈台者有持⑧, 而不知其所持, 而不可持者也.

不見其誠己而發⑨, 每發而不當, 業入而不舍⑩, 每更爲失. 爲不善乎顯明之中者, 人得而誅之; 爲不善乎幽閒⑪之中者, 鬼得而誅之. 明乎人, 明乎鬼者, 然後能獨行.

券內⑫者, 行乎無名; 券外者, 志乎期費⑬. 行乎無名者, 唯庸有光⑭; 志乎期費者, 唯賈人也, 人見其跂, 猶之魁然. 與物窮者, 物入焉⑮; 與物且⑯者, 其身之不能容, 焉能容人! 不能容人者無親, 無親者盡人⑰. 兵莫憯於志, 鏌鎁爲下⑱; 寇莫大於陰陽, 無所逃於天地之間. 非陰陽賊之, 心則使之也.

【길잡이】

① 備物以將形: 물자를 비축하여 몸을 봉양함.(임운명) 「달생」의 "양형필선지이물養形必先之以物"과 같은 의미이다. '장將'은 '기르다'라는 뜻으로 풀이한다.
- 해동: 『시경』「소아小雅」의 '불황장부不遑將父'(부친을 봉양할 겨를이 없네)에 대해 정현鄭玄의 『전箋』에서는 "'장將'은 '기르다'(養)라는 뜻이다"라고 풀이하였다.

② 藏〔不〕虞以生心: '생生'은 '기르다'(養)라는 뜻이다. '불不'자는 불필요한 글자로 보인다. ('不'자를 제외하면) '비물이장형備物以將形, 장우이생심藏虞以生心, 경중이달피敬中以達彼' 이 세 구절은 각각 다섯 글자로 서로 대구를 이룬다. '장우藏虞'는 생각을 그치고 바깥으로 마음을 쓰지 않음으로써 마음을 기르는 것이다.

③ 敬中以達彼: 마음속 지혜를 삼가 닦음으로써 외물에 통달함.(황금횡)
- 성현영: '중中'은 마음속의 지혜, '피彼'는 외부의 사물을 말한다.

④ 惡: 재난.(선영)

⑤ 滑成: 이루어진 덕을 어지럽힘.(임운명) '골滑'은 '어지럽히다'라는 뜻이다. '부족이골성不足以滑成'이라는 구절은 「덕충부」에는 '부족이골화不足以滑和'라고 되어 있다.

⑥ 內: '들어오다'(入)라는 뜻. '납納'(들어오다)과 같다.(왕어)

⑦ 靈台: 마음(心). 「덕충부」에서는 '영부靈府'라 하였다.

- 방동미: 장자가 말하는 '영대靈台'란 바로 일종의 자각적 자아라 할 수 있다. 이 자각적 자아란 본래는 의식의 중심이지만, 이 의식의 중심은 자신의 결점과 한계를 성찰하고 이를 제거해 나갈 수 있다. 장자는 '영대靈台'라고 하는 자아가 사유의 통일성과 연속성을 나타낼 수 있는 것이라 보았으며, 동시에 모든 사람의 인격에 공통으로 내재되어 있는 것이라 보았다. 이처럼 그는 자아의 관점을 긍정하면서도 타인 역시 자아의 통일을 나타낼 동일한 권리를 지닌다는 것을 인정하였다.(『原始儒家道家哲學』, 제5장 「장자」 부분)

⑧ 有持: 주관하는 바가 있음.(임희일)

- 곽상: '유지有持'란 외물에 의해 흔들리지 않는 것이다.

⑨ 不見其誠己而發: 자기 자신을 진실히 다하지 않은 채 외부로 망령되이 발함.

- 육덕명: 자신의 마음에 비추어 보지 않고 바깥으로 치닫는 것이다.(『경전석문』)

⑩ 業入而不舍: '업業'은 '일'(事)을 말한다.(성현영, 『장자소』) 외부의 일이 마음속에 들어와 어지럽히는데도 이를 없애지 않는 것을 말한다.(선영)

⑪ 幽閒: 원작에는 '유한幽閒'으로 되어 있다. 『태평어람』 645항에 인용된 구절에는 '한閒'이 '암闇'으로 되어 있으므로, 저백수와 마서륜 등의 설에 따라 이를 수정한다.

- 저백수: '유암幽闇'은 옛날 음이 '한閑'이다. '유암'을 옮겨 쓰는 과정에서 글자의 획을 덜 적은 것으로 보아야 한다.
- 마서륜: '한閒'은 『태평어람』에 인용된 구절에 따라 '암闇'으로 읽어야 한다. 『광홍명집』 6권에 인용된 석도항釋道恒의 「석박론釋駁論」에서는 『주역』을 인용하여 "드러나지 않는 곳에서 악을 행하면 귀신이 이를 벌할 것이다"(爲不善於幽昧之中, 鬼得而誅之)라고 하였다. '유매幽昧'와 '유암幽闇'은 서로 같은 뜻이니, 이 또한 하나의 증거로 삼을 수 있다. 육덕명의 『장자음의莊子音義』에서는 '한閒'을 '한閑'으로 읽었는데, 옳지 않다.

⑫ 券內: '권券'은 '권卷'으로도 쓴다. '권卷'은 '들어맞다'라는 뜻이니, 내면에 들어맞음을 말한 것이다.(선영)

- 임희일: '권내券內'는 자신의 본분 내의 것을 추구함을 말한다.
- 임운명: '권내券內'란 위기지학爲己之學[8])을 가리킨다.

⑬ 券外者, 志乎期費: 바깥의 일에 힘쓰는 자는 재물을 추구하는 데 뜻을 둔다는 말.

---

8) 『論語』 「憲問」에 나오는 용어로서 자신의 수양을 위해 하는 공부를 말한다. 이와 반대로 남에게 인정받기 위해 하는 공부는 '爲人之學'이라 한다.

• 유월: 『순자』에 사용된 '기綦'자는 모두 '지극하다'라는 뜻을 지닌다. 예를 들면, 「왕패王霸」의 "목욕기색目欲綦色, 이욕기성耳欲綦聲"에 대해 양경楊倞은 "'기綦'는 '궁극'(極)이라는 뜻이며, '기期'로 쓰기도 한다"라고 주를 달았다. '기期'는 '기綦'와 서로 통한다. 따라서 '기비期費'란 '극한의 비용'을 말하며, '비費'는 재물을 가리킨다.

⑭ 庸有光: 늘 광채가 있음.(왕선겸)

• 임희일: '유용유광唯庸有光'은 광채가 충실한 것을 말한다. '용庸'은 '항상'을 뜻하니, 빛이 항상 자리한다는 뜻으로 해석할 수 있다.

⑮ 與物窮者, 物入焉: '궁窮'은 '시작부터 끝까지'라는 뜻이다.(곽상, 『장자주』) '입入'은 '귀의하다'라는 뜻이다.(성현영, 『장자소』)

• 저백수: '여물궁자與物窮者'는 사물의 본성을 다한다는 말이며, '입入'은 '돌아가다'(歸)라는 말과 같다.

• 선영: '궁窮'은 처음부터 끝까지 함께하는 것이다. 사물과 늘 함께하므로 사물 역시 나에게 찾아오게 된다.

⑯ 與物且: 외물과 서로 어긋남.(저백수) '차且'는 '저阻'(막다)와 같다.

• 요영개姚永概: 『의례주儀禮注』에서는 "고문의 '차且'자는 '저阻'의 뜻으로 쓰였다"라고 하였다.(마기창의 『장자고』에서 인용)

⑰ 無親者盡人: 친애하는 것이 없으면 인간의 도리가 단절됨.(임희일) '진盡'은 '끊어지다'라는 뜻이다. '진인盡人'은 인간과 단절되는 것을 말한다.

⑱ 兵莫憯於志, 鏌鋣爲下: 마음의 뜻(志)보다 더 예리한 무기는 없으며, 막야와 같은 예리한 칼 역시 그보다 못함.

• 주준성朱駿聲: '참憯'은 '침㦛'의 의미를 가차하였다. 『설문해자』에서는 "'침㦛'은 날카롭다는 뜻이다"라고 하였고, 『회남자』의 주注에서는 "'참憯'은 예리하다는 뜻이다"라고 설명하였다.(마서륜, 『장자의증』)

• 임운명: 마음의 뜻을 무기로 삼으면 다른 사람의 마음을 해칠 수 있다. '막야鏌鋣'와 같은 칼은 사람의 형체를 해치게 하는 것일 뿐이다.

【풀이】

물자를 갖추어 형체를 봉양하고, 사려를 멈춤으로써 마음을 배양하며, 마음속 지혜를 삼가 닦음으로써 외물에 통달한다. 만일 이렇게 하는데도 여전히 재난이 찾아온다면 이는 인간의 일이 아니라 하늘의 일이다. 그러한 재난은 이미 이루어진 덕성을 어지럽히지 않고 내면을 침범하지도 않는다. 마음속에는 스스로 자각하지는 못하지만, 주관하는 바가 있다. 하지만 의도적으로 주관하고 조작하려고 해서는 안 된다.

자신을 제대로 장악하지 못하면 바깥으로 치닫게 된다. 바깥으로 치닫는 것을 억제하지 못하고, 외물이 마음속에 들어와 어지럽혀도 이를 없애지 않는다면 참된 본성을 상실하게 된다. 공공연하게 악을 행하면 대중들의 제재를 받고, 음지에서 악을 행하면 양심의 가책을 느끼게 된다. 사람들에게 떳떳하고 양심에 떳떳하게 행동한다면 어떤 것도 부끄럽지 않게 홀로 행동할 수 있다.

내면의 일에 힘쓰는 자는 그 행실에 자취가 남지 않고, 외부의 일에 힘쓰는 자는 재물을 취하는 것에 뜻을 둔다. 행위가 명성을 남기는 것에 얽매여 있지 않은 사람은 충실하여 광채가 나지만, 뜻이 재물을 추구하는 데 있는 사람은 그저 상인에 지나지 않아, 걸어가는 모습을 보면 제 딴에는 평온한 모습이다. 사물에 순응하며 늘 사물과 함께 마주하는 자는 외물도 그를 찾아와 귀의하고자 한다. 반면 사물과 서로 어긋나는 자는 자기 자신조차 받아들일 수 없는데, 어찌 남을 받아들일 수 있겠는가? 남을 받아들일 수 없는 자는 친애하는 대상이 없고, 친애하는 대상이 없으면 사람들과 단절된다. 무기 가운데 마음의 뜻보다 더 예리한 것은 없다. 막야鏌鎁와 같은 명검조차 그보다 못하다. 사람을 해치는 것에 음양의 기운보다 더 심한 것이 없으니, 이는 천지 사이에 가득 차 있다. 이는 사실 음양이 해치는 것이 아니라, 마음의 뜻이 그렇게 만든 것이다.

6.

道通. 其分也成也①, 其成也毁也. 所惡乎分者, 其分也以備; 所以惡乎備者, 其有以備. 故出而不反, 見其鬼②; 出而得, 是謂得死. 滅而有實③, 鬼之一也. 以有形者象④無形者而定矣. 出無本, 入無竅; 有所出而無竅者有實⑤. 有實而無乎處, 有長而無乎本剽⑥. 有實而無乎處者, 宇⑦也. 有長而無本剽者, 宙⑧也. 有乎生, 有乎死, 有乎出, 有乎入, 入出而無見其形, 是謂天門⑨. 天門者, 無有也, 萬物出乎無有. 有不能以有爲有, 必出乎無有, 而無有一無有. 聖人藏乎是⑩.

【길잡이】

① 其分也成也: 각 판본에는 '성야成也' 두 글자가 빠져 있다. 고산사본高山寺本의 옛 사본寫本에는 '기분야其分也' 뒤에 '성야成也' 두 글자가 들어 있으니, 이에 따라야 한다. 「제물론」에서는 '기분야성야其分也成也, 기성야훼야其成也毁也'라고 하여 서로 대구를 이루었는데, 현재 판본에는 '성야成也'[9] 두 글자가 빠져 있어 문장의 의미가 완전하지 않다.(왕숙민, 『장자교석』) 또한 앞의 '도통道通'은 「제물론」에서는 '도통위일道通爲一'이라 하였으므로, '위일爲一' 두 글자가 빠진 것으로 보인다.

② 出而不反, 見其鬼: 정신과 마음이 바깥으로 치달으면 죽음의 시기가 가까워진 것이다.(선영)

③ 滅而有實: 본성은 소멸하여 사라지고 오직 몸이라는 실질만 남아 있음.

④ 象: '법法'(본받다)과 같다.(후쿠나가 미쓰지)

⑤ 有所出而無竅者有實: 통행본에서는 이 구절이 '유장이무호본표有長而無乎本剽' 뒤에 놓여 있으나, 해동, 왕숙민 등의 설에 따라 이곳으로 옮긴다.

- 해동: '유소출이무규자유실有所出而無竅者有實'은 '출무본出無本, 입무규入無竅'의 뜻을 풀이하는 구절이므로 '유실이무호처有實而無乎處' 앞에 놓여야 한다. 그런데 본 판본에는 이 구절이 '유장이무호본표有長而無乎本剽' 뒤에 놓여 있어 앞뒤 맥락이 이어지지 않게 되었다.
- 왕숙민: 이 아홉 자는 '유실이무호처有實而無乎處' 앞으로 옮겨야 한다. 해동의 설이 옳다. 선영의 『남화경해』본에서는 이 아홉 자가 없다.

⑥ 本剽: 본말, 시작과 끝.

- 왕선겸: 『경전석문』에서는 "'표剽'는 본래 '표標'로도 쓴다. 최선은 이를 '말末'과 같은 뜻으로 보았다"라고 하였다. 나뭇가지의 끝자락을 '표標'라고 하니, 이러한 의미로 '말'이라 풀이한 것이다. 도의 원류가 매우 길어 그 본말을 확인할 수 없다는 뜻이다.

⑦ 宇: 상하 및 사방의 공간을 '우宇'라고 한다.

⑧ 宙: 과거부터 지금까지의 시간을 '주宙'라고 한다.

---

9) 원문은 '分也'로 되어 있는데, 문맥상 '成也'의 오자로 보인다.

⑨ 天門: 자연의 대문. 『노자』 1장에서 말한 '중묘지문衆妙之門'과 같은 의미이다.

⑩ 藏乎是: 마음을 '무유無有'의 경지에 감춤.

- 임희일: '장藏'은 물러나 은밀한 곳에 숨는 것이다. 성인은 마음을 '무유無有'의 경지에 감추므로 '장호시藏乎是'라 하였다.

【풀이】

도는 모든 것에 통한다. 어떤 사물이든 나누어지면 다시 합쳐지고, 합쳐지면 다시 훼손된다. 나누어지는 것을 싫어하는 까닭은 나누어진 뒤 다시 온전히 갖추어지기를 바라기 때문이다. 온전한 것을 싫어하는 까닭은 온전해진 뒤에도 계속해서 그치지 않고 온전하기를 바라기 때문이다. 따라서 정신과 마음이 바깥으로 치달으면 죽음의 시기가 가까워진 것이다. 정신과 마음이 바깥으로 치달으면서 얻는 바가 있다고 여긴다면 이는 이미 죽음에 들어선 것이라 말할 수 있다. 본성이 이미 소멸하여 오직 형체만이 남아 있다면 귀신과 다를 바가 없다. 형태를 지닌 형체가 무형의 도를 본받을 수만 있다면 안정될 수 있을 것이다.

근원이 없는 바탕에서 생겨나 보이지 않는 곳으로 사라진다. 나오는 것이 있지만 그 어떤 구멍도 없으나, 실제로는 존재한다. 실제로 존재하지만 일정한 경계가 있지는 않으며, 계속 성장해 나가지만 시작도 끝도 없다. 실제로 존재하지만 경계가 없는 것이 바로 우宇이고, 계속 성장해 나가지만 시작도 끝도 없는 것이 바로 주宙이다. 태어나는 것이 있고, 죽는 것도 있고, 나오는 것도 있으며, 들어가는 것도 있다. 들어가고 나오지만 그 형체가 보이지 않는 것을 바로 자연의 대문(天門)이라고 한다. 이 자연의 대문은 바로 '무유無有'이니, 만물은 모두 이 '무유'에서 생겨난다. '유有'에서는 '유有'가 나올 수 없고 '유'는 반드시 '무유'에서 나오니, '무유'는 바로 '무'와 '유'의 통일이다. 성인은 이러한 경지에서 마음을 노닌다.

7.

古之人, 其知有所至矣. 惡乎至? 有以爲未始有物者, 至矣, 盡矣, 弗可以加矣. 其次以爲有物矣①, 將以生爲喪②也, 以死爲反也, 是以分已③. 其次曰始有無, 旣而有生, 生俄而死; 以無有爲首, 以生爲體, 以死爲尻④; 孰知有無死生之一守⑤者, 吾與之爲友. 是三者⑥雖異, 公族也⑦. 昭景⑧也, 著戴⑨也, 甲氏⑩

也, 著封也, 非一也.

有生, 黬[11]也, 披然[12]曰移是[13]. 嘗言移是, 非所言[14]也. 雖然, 不可知者也[15]. 臘者之有膍胲[16], 可散而不可散也[17]; 觀室者周於寢廟, 又適其偃溲焉[18], 爲是舉[19]移是.

請常言移是. 是以生爲本, 以知爲師, 因以乘是非; 果有名實, 因以己爲質[20], 使人以爲己節[21], 因以死償節. 若然者, 以用爲知, 以不用爲愚[22], 以徹[23]爲名, 以窮爲辱. 移是, 今之人也, 是蜩與學鳩同於同也[24].

【길잡이】

① 古之人, 其知有所至矣……其次以爲有物矣: 이 단락은 「제물론」의 글을 그대로 가져온 것이다.

② 以生爲喪: 삶을 유랑하는 것으로 여김. '상喪'은 「제물론」에서는 '약상弱喪'으로 되어 있다.[어려서부터 떠돌아다닌다는 의미]

③ 是以分已: 이는 이미 구분된 것이다. '이以'는 '이미'(已), '분分'은 삶과 죽음을 구분하는 것을 가리킨다. '이已'는 '의矣'(종결을 나타내는 어조사)와 같다.

④ 以無有爲首, 以生爲體, 以死爲尻: 이 구절은 「대종사」의 '이무위수以無爲首, 이생위척以生爲脊, 이사위고以死爲尻'를 가져온 것이다.

⑤ 一守: '일체一體'로 읽는다.(후쿠나가 미쓰지)

⑥ 三者: 앞에서 나온 '이무유위수以無有爲首10), 이생위체以生爲體, 이사위고以死爲尻'를 가리킨다.

⑦ 公族: 본원이 동일함을 나타내는 말.

- 선영: 본원(大宗)이 동일하다는 말로서, 모두 도를 같은 마루(同宗)로 삼는다는 뜻이다.

⑧ 昭景: 초楚나라 왕족의 성씨.

⑨ 著戴: 직책을 나타낸 것. '대戴'는 '임任'(맡은 일)과 같고, '임任'은 곧 직책(職)을 말한다.(임희일)

10) 원문은 '以無爲首'로 되어 있으나, 앞 구절에 '以無有爲首'로 되어 있으므로 바로잡는다.

⑩ 甲氏: 초나라 왕족의 성씨. 소昭, 경景, 굴屈은 모두 초나라 왕족의 성씨이다. '갑甲'은 '굴屈'의 가차자로 사용되었다.(마서륜)

- 왕응린王應麟: 『초사』를 주해한 왕일王逸의 「자서自序」에서는 "삼려대부(三閭之職)는 왕족의 세 개 성씨, 즉 소昭, 경景, 굴屈씨의 사무를 관장하였다"라고 하였다. 그런데 『경전석문』에서는 "소昭, 경景, 갑甲은 모두 초나라의 동족이다"라고 하였으니, '갑씨甲氏'는 굴씨屈氏를 말하는 것이다.(『莊子逸篇』)

⑪ 黯: '암闇'으로 읽는다. 어둡고 그윽한 것을 나타내는 말로, 기가 응집된 것을 비유한다.(임희일)

⑫ 披然: 분별하는 모습을 나타내는 말.

- 임희일: 인간의 생명은 모두 이 기일 뿐으로 이를 억지로 분별하려 하는 것을 '피연披然'이라고 하였다. '피披'는 '나누다'의 뜻이다.

⑬ 移是: 옳고 그름이 정해져 있지 않음.

- 임희일: '이移'는 정해지지 않은 것이다. 저것 역시 옳기도 하고 그르기도 하며, 이것 역시 옳기도 하고 그르기도 하니, (옳고 그름이란) 바뀌는 것(移)이다. 의미는 「제물론」에 나오는 구절과 같으나, '이시移是' 두 글자를 택해 나타냈다.

⑭ 非所言: 말로 하기에 적합하지 않음.(임희일) 본래 말로 하기에 부족함.(선영)

⑮ 雖然, 不可知者也: '그렇지만 세상 사람들 역시 이를 알지 못한다'라는 뜻.(왕선겸)

⑯ 臘者之有膍胲(膍의 중국음은 pí[疲], 胲의 중국음은 gāi[該]): '납자臘者'는 큰 제사를 말한다. '비膍'는 소의 천엽을 가리키며, '해胲'는 우족을 가리킨다.(성현영, 『장자소』) 큰 제사 때 사지와 오장五臟을 제물로 바치는 것을 가리키는 말이다.

- 성현영: 납제臘祭를 지낼 때는 제물을 지나칠 정도로 준비하여, 사지와 오장을 모두를 진열해 놓는다.

⑰ 可散而不可散也: 도마 위에서 천엽과 우족 등으로 분리된 것이 '흩어질 수 있는 것'(可散)에 해당하며, 희생물의 한 본체는 '흩어질 수 없는 것'(不可散)에 해당한다.(임운명)

⑱ 周於寢廟, 又適其偃溲焉: '언偃'은 가리어진 측간(屏厠)을 말한다.(곽상, 『장자주』) 즉 '언수偃溲'는 곧 변소이다. '수溲'자는 원래 빠져 있었으나, 『장자궐오』에 인용된 강남고장본 및 장군방본에 따라 보충하였다.

• 곽상: 정침正寢과 사당은 음식으로 연회를 베푸는 곳이고 변소는 소변을 보는 곳이다. (하지만 침묘에서) 소변을 보게 되면 침묘의 가치가 변소로 바뀐다. 그러므로 시비를 가리는 일은 한 번은 저것이 옳고 한 번은 이것이 옳으니, 누가 그것을 고정시킬 수 있겠는가!

• 임희일: 하나의 집안(室)에 침실(寢)도 있고, 사당(廟)도 있고, 휴게실(偃)도 있으니, 각각은 모두 다른 곳이다. 이를 '침실'(寢), '사당'(廟), '휴게실'(偃) 등으로 부르지만 결국은 모두 하나의 집(室)이며, '집'(室)이라고 부르는 것 역시 '침실'(寢), '사당'(廟), '휴게실'(偃)이라는 다른 이름을 지닌다. 이것이 바로 옳고 그름이 정해져 있지 않고 변화하는 이치이다.

⑲ 擧: 모두.(임희일)

⑳ 質: '주인'(主).(곽상, 『장자주』)

㉑ 節: 절조.

㉒ 以用爲知, 以不用爲愚: 드러내고 내세우는 것을 지혜롭다고 여기고, 자취를 숨기는 것을 어리석다고 여김.(성현영, 『장자소』)

㉓ 徹: 통달함.

㉔ 同於同: '지금 사람들'(今之人)의 낮은 식견이 마치 매미나 작은 비둘기와 같음을 가리킨다.

【풀이】

옛날의 사람들은 그 지식이 닿은 경지가 있었다. 어디까지에 이르렀는가? 만물이 아직 형성되지 않았을 때를 아는 것이니, 곧 궁극의 경지로서 이미 끝에 다다라 앎이 더 나아갈 수 없다. 그 다음 단계의 사람들은 만물이 이미 형성된 상태를 알고, 삶을 방랑하는 과정으로, 죽음을 회귀하는 것으로 여겼으니, 이미 구분이 이루어진 상태이다. 그 다음 단계의 사람들은 본래는 공허한 무無의 상태인데, 뒤에 생명이 생겨났고 생명은 금세 죽음에 이르게 된다고 여겼다. 이들은 '무無'를 머리로, 생명을 몸통으로, 죽음을 꼬리뼈로 여겼다. 만일 유와 무, 죽음과 삶을 일체로 여길 수 있는 자가 있다면, 나는 그와 벗이 될 것이다. 이 세 가지는 비록 차이는 있지만, 모두 도에 근원하고 있다. 소씨昭氏와 경씨景氏는 직책을 가지고 칭한 것이며, 갑씨甲氏는 봉토를 가지고 칭한 것으로, 이 역시 성씨는 서로 다르지만 [결국은 동족이다.]

생명이란 기가 응집한 것이다. 이것이 확연히 구분된 상태를 옳고 그름이 정해지지 않은 상태라고 한다. 옳고 그름이 정해지지 않았다는 것은 본래 말로 설명할 수 없다. 하지만 그렇지 않고서는 이 이치를 이해하기 어렵다. 이는 마치 큰 제사에서 사지와 오장을 갈라 제물로 바치는 것과 같다. [제물을 각각 사지와 오장으로] 분해할 수 있지만 [진열된 제물은] 흩어 놓을 수 없다. 또한 마치 집을 둘러보는 사람이 사당과 침실을 둘러보고 다시 변소에 이른 것도 같은 이치다. [집이라는 동일한 본체가 서로 다른 이름을 지니는] 이러한 상황은 모두 옳고 그름이 고정되지 않고 변화하는 것을 가리킨다.
옳고 그름이 고정되지 않은 상태를 한번 말해 보겠다. 삶을 근본으로 삼고 지려智慮를 기준으로 여기므로 옳고 그름의 구분이 생겨난다. 진정으로 명名과 실實의 구분이 있다면 자신을 주인으로 삼아, 다른 사람으로 하여금 자신을 절조節操의 모범으로 여기고 죽음으로 그 절조에 보답하게 할 것이다. 이 경우 (세상에) 밝게 드러나는 것을 지혜롭다고 여기고, 은둔하여 드러나지 않는 것을 어리석다고 여기고, (세상에) 두루 현달하는 것을 명예롭다고 여기고, 곤궁해지는 것을 치욕스럽다고 여긴다. 옳고 그름이 정해지지 않았다고 하는 것은 지금의 사람들을 두고 하는 말이니, 이들은 마치 (대붕을 비웃는) 매미나 작은 비둘기와 같은 식견을 지녔을 뿐이다!

8.

蹍①市人之足, 則辭以放驁②, 兄則以嫗, 大親③則已矣. 故曰, 至禮有不人④, 至義不物⑤, 至知不謀, 至仁無親⑥, 至信辟金⑦.

【길잡이】

① 蹍: 밟다.

② 辭以放驁: 함부로 행동한 것에 대해 사죄함. 함부로 행동한 것을 자책하며 상대방에게 사과하는 것. '오驁'는 '오傲'의 생략형 글자인 '오敖'와 통한다.

③ 大親: 부모를 지칭한다.

④ 至禮有不人: '불인不人'은 남이라고 여기지 않는 것으로, 나와 남을 구분하지 않음을 가리킨다.

- 곽상: '불인不人'은 남을 자신과 같이 여기는 것이다.
- 임희일: '지례유불인至禮有不人'이란 예가 지극한 자는 남과 자신을 구분하지 않으므로 빈객과 주인 간의 예의조차 잊는다는 말이다.

⑤ 至義不物: '의義'는 '의宜'(적합하다)와 통한다. 만물의 질서가 모두 적합한 것을 가리킨다. '불물不物'은 자신과 외물 간에 구분이 없는 것을 말한다.

⑥ 至仁無親: 「천운」에 나오는 말.

⑦ 辟金: 돈으로 증빙할 필요가 없음.

- 임희일: 금은보화로서 사실을 증명할 필요가 없음을 말한다. '벽辟'은 '병屛'으로 읽으며, '면제하다'라는 뜻이다.

【풀이】

길가에서 다른 사람의 발을 밟으면, 함부로 행동한 것에 대해 사과를 한다. 만약 형이 동생의 발을 밟으면 가슴 아파하면서 위로할 것이지만, 부모가 (자식의) 발을 밟으면 굳이 사죄를 할 필요가 없다. 따라서 지극한 예禮에는 나와 남의 구분이 없고, 지극한 의義에는 나와 외물의 구분이 없으며, 지극한 앎(知)은 모략을 사용하지 않으며, 지극한 인仁은 사랑하는 마음이 겉으로 드러나지 않으며, 지극한 믿음(信)은 돈으로 증빙할 필요가 없다.

9.

徹[1]志之勃[2], 解心之謬[3], 去德之累, 達道之塞. 貴富顯嚴名利六者, 勃志也. 容動色理[4]氣意六者, 謬心也. 惡欲喜怒哀樂六者, 累德也. 去就取與知能六者, 塞道也. 此四六者不蕩[5]胸中則正, 正則靜, 靜則明, 明則虛, 虛則無爲而無不爲也. 道者, 德之欽也; 生者, 德之光也; 性者, 生之質也. 性之動, 謂之爲; 爲之僞, 謂之失. 知者, 接[6]也; 知者, 謨[7]也; 知者之所不知, 猶睨也[8]. 動以不得已之謂德, 動而[9]非我之謂治, 名相反而實相順也[10].

【길잡이】

① 徹: '철撤'(제거하다)과 같다.(임희일)

② 勃: '패悖'(어지럽다), '란亂'(혼란스럽다)과 같다.

③ 謬: '무繆'로 되어 있는 판본도 있다.(『경전석문』) '무繆'의 의미로 가차된 것이다. '묶다'라는 뜻이다.

④ 色理: 안색과 말의 조리.(성현영, 『장자소』)

⑤ 蕩: 흔들어 어지럽힘.

⑥ 接: 응접함.

- 조초기: '접接'은 접촉하는 것으로, 귀로 듣고 눈으로 보는 등의 감각지각을 가리킨다.

⑦ 謨: '모謀'(꾀하다)와 같다.

- 조초기: 사려, 사색을 말하는 것으로 이성적 인식을 가리킨다.

⑧ 猶睨也: 마치 흘겨보는 것과 같음.

⑨ 而: 원래는 '무無'로 되어 있었으나, '이而'를 잘못 쓴 것으로 보인다.(마서륜) '무無'자로 보면 장자의 원의에 어긋나게 되므로, '이而'로 보아야 한다.

⑩ 名相反而實相順也: 이름(名)을 추구하면 서로 반하게 되고, 실질(實)을 추구하면 서로 따르게 됨.

【풀이】

의지를 어지럽게 만드는 것을 제거하고, 마음을 속박하는 것을 풀어헤치고, 덕성을 옭아매는 것을 제거하고, 도를 가로막는 것을 통하게 해야 한다. 영화, 부귀, 고고한 지위, 위세, 명성, 작록 등의 여섯 가지가 바로 의지를 어지럽게 만드는 것들이다. 용모, 거동, 안색, 말의 조리, 기운, 정취 등의 여섯 가지는 마음을 속박하는 것이다. 증오, 애욕, 환희, 분노, 비애, 쾌락 등의 여섯 가지는 덕성을 옭아매는 것이다. 물러남, 나아감, 취함, 부여함, 지려, 기예 등의 여섯 가지는 도를 가로막는 것이다. 이 네 가지 상황 속의 여섯 가지 요인이 가슴 속에서 어지럽게 만들지 않는다면 평정을 찾을 수 있다. 마음이 평정을 찾으면 곧 고요히 안정된다. 마음이 안정되면 명철해진다. 명철해지면 텅 비어 밝은 상태를 이루게 된다. 텅 비어 밝은 상태를 이루면 자연에 따르면서도 이루지 못하는 바가 없다. 도는 덕이 떠받드는 것이다. 생生은 덕이 빛나는 것이다. 성性은 생生의 본질이다.

성性의 활동을 위爲라고 부른다. 이 위爲가 작위적으로 흘러갈 때, 이를 상실했다(失)고 한다. 지각(知)은 [외부세계와] 접하는 것을 말하며, 지혜(智)란 [마음속의] 사려를 말한다. 지혜에 미처 알지 못하는 부분이 있는 것은 마치 사시斜視는 보는 데 한계가 있는 것과 같다. 행동이 어쩔 수 없는 상황에 따라 자연스럽게 나오는 것을 덕德이라고 하며, 행동이 자의적으로 하지 않고 자연에 따라 하는 것을 이치에 부합한다고 말하니, 이름(名)을 추구하면 서로 반하게 되고, 실질(實)을 추구하면 서로 따르게 된다.

10.

羿①工②乎中微而拙乎使人無己譽. 聖人工乎天而拙乎人. 夫工乎天而俍③乎人者, 唯全人能之. 唯蟲能蟲, 唯蟲能天④. 全人惡天? 惡人之天? 而況吾天乎人乎⑤!

【길잡이】

① 羿: 활쏘기에 정통했던 고대의 인물 「덕충부」에 등장한 바 있다.

② 工: 기교.

③ 俍(중국음은 liáng[良]): '량良'으로 읽는다. '뛰어나다'(善)는 뜻.

④ 唯蟲能蟲, 唯蟲能天: 오직 짐승만이 짐승다울 수 있고, 오직 짐승만이 짐승의 천성에 부합할 수 있음.

- 임희일: '충蟲'은 모든 짐승을 일컫는 총칭. 각각의 생물은 비록 사소하지만, 모두 하늘로부터 천성을 부여받은 것이다. 예를 들어, 날고, 짖고, 갉아먹고, 울고, 뛰어다니는 것 모두 그 천성에 따른 것이다. 그러므로 '짐승다울 수 있고'(能蟲), '짐승의 천성에 부합할 수 있다'(能天)고 하였다.

⑤ 全人惡天? 惡人之天? 而況吾天乎人乎: 완전한 인간(全人)이 어찌 천성이라는 것을 알겠으며, 어찌 인위의 천성을 알겠는가? 하물며 멋대로 천성과 인위를 구분해 놓은 것이야 어찌 알겠는가?

- 왕어: 두 '오惡'자는 평성平聲으로 읽는다.[11] 완전한 인간(全人)에게 어디

11) '어찌', '어떻게'라는 의문사로 쓰였다는 뜻이다.

천天이라고 하는 것이 있으며, 어디 인人의 천天이라고 하는 것이 있겠는가? 하물며 내가 천과 인의 사이에 자리한다는 말이 있을 수 있겠는가?

- 요내: 완전한 인간(全人)이 어찌 천天이라는 것을 알겠으며, 어찌 인간이 천天과 다름을 알겠는가? 하물며 멋대로 천인을 구분해 놓은 것이야 어떠하겠는가? 「칙양」에서 '성인聖人은 천天에 마음을 둔 적이 없다'(聖人未始有天)라고 한 것과 같은 말이다.(마기창의 『장자고』에서 인용)

【풀이】

옛날 예羿라는 자는 아주 미세한 사물까지도 쏘아 명중시킬 수 있는 기교를 지니고 있었지만, 남들이 자신을 칭찬하지 않게 하는 것에는 서툴렀다. 성인은 자연에 부합하는 것은 잘하지만, 인위적인 것에 부합하는 것에는 서툴다. 자연에도 잘 부합하고, 인위에도 잘 호응하는 것은 오직 완전한 인간(全人)만이 가능하다. 오직 짐승만이 짐승다울 수 있고, 오직 짐승만이 짐승의 천성에 부합할 수 있다. 완전한 인간(全人)이 어찌 천성이라는 것을 알겠으며, 어찌 인위의 천성을 알겠는가? 하물며 멋대로 천성과 인위를 구분해 놓은 것이야 어떠하겠는가?

11.

一雀適羿, 羿必得之, 威也; 以天下爲之籠, 則雀無所逃①. 是故湯以庖人籠伊尹, 秦穆公以五羊之皮籠百裏奚②. 是故非以其所好籠之而可得者, 無有也.

【길잡이】

① 一雀適羿, 羿必得之, 威也; 以天下爲之籠, 則雀無所逃: 『한비자』「난삼難三」에는 "송인어왈宋人語曰: '일작과예一雀過羿, 예필득지羿必得之, 칙예무의則羿誣矣. 이천하위지라以天下爲之羅, 즉작불실의則雀不失矣"라고 되어 있다.

② 百里奚: 성은 백리百里, 이름은 해奚. 오고대부五羖大夫라 불린다. 「전자방」에 등장한 바 있다.

【풀이】

참새 한 마리가 예羿 앞으로 날아가면 그는 반드시 참새를 쏘아 맞힐 것이니,

이것은 바로 그의 위력이다. 만약 천하를 하나의 거대한 새장으로 삼는다면, 참새는 도망칠 곳이 없어진다. 따라서 탕왕은 요리사라는 그물로 이윤을 붙잡았고, 진목공은 양가죽 다섯 장으로 백리해를 붙잡았다. 그들이 좋아하는 것을 사용하지 않고 그들을 붙잡아 두는 것은 불가능했을 것이다.

12.

介①者侈畫②, 外非譽③也; 胥靡④登高而不懼, 遺死生也. 夫復謵不饋⑤而忘人, 忘人, 因以爲天人矣. 故敬之而不喜, 侮之而不怒⑥者, 唯同乎天和⑦者爲然. 出怒不怒⑧, 則怒出於不怒矣; 出爲無爲, 則爲出於無爲矣. 欲靜則平氣, 欲神則順心, 有爲也欲當, 則緣於不得已⑨, 不得已之類, 聖人之道.

【길잡이】

① 介: '올兀'과 같다. 발이 하나인 것을 말한다. 「양생주」에 등장한 바 있다.

② 侈畫: 법도에 얽매이지 않음.(최선) '치侈'는 '버리다', '화畫'는 '꾸미다'의 뜻. 자신을 꾸미는 것을 그만두는 것을 말한다.(조초기)

- 유월: 『한서』 「사마상여전司馬相如傳」의 '벽이육리䍁以陸離'라는 구절에 대해 안사고顔師古는 "'벽䍁'은 자기 멋대로 하는 것이다"라고 주해하였다. 이것이 바로 '치侈'자의 의미다. 『춘추곡량전』 환공桓公 6년의 '이기화아以其畫我'라는 구절이 『공양전』에는 '화아化我'라고 되어 있는데, 하휴何休는 이를 "행실에 과하여 예절에 맞지 않는 것을 '화化'라고 한다"라고 주해하였다. 이것이 바로 '화畫'자의 의미다. 발이 잘렸는데도 자신을 애석하게 여기지 않고 비난과 영예를 따지지 않으니 법도에 얽매이지 않는다고 할 수 있다.

③ 非譽: 비난과 영예.

④ 胥靡: 부역을 하는 사람.(성현영, 『장자소』)

⑤ 復謵不饋: 이 구절에는 두 가지 해석이 있다. 하나는 '위협을 받아도 되돌려주지 않는다'라는 해석이다.(곽숭도) 다른 하나는 '복復'은 '면제하다'라는 뜻이고, '습謵'은 '섭慴'과 통하여 '두려워하다'라는 뜻이며, '궤饋'는 '괴愧'와 통하여 '병이 들다'라는 뜻이다. 이에 따르면, 부역자(胥靡)와 같은 사람들은 두려워하는 마음을 없앨 수 있으므로 정신적으로 어떤 부담도 없다는 말로 이해할 수 있다.(조초기) 풀이에서

는 후자의 해석을 따른다.

- 곽숭도: '복습復謵'은 남이 나를 말로 위협하여 내가 이를 갚아 주는 것을 말한다.…… 물건을 남에게 주는 것을 '궤饋'라고 하고, 말(言)을 보내는 것 역시 '궤饋'라고 한다. '복습불궤復謵不饋'란 귀천을 잊는다는 뜻이다.
- 왕선겸: '복습불궤'에 관한 여러 해석이 모두 옳지 않다. 곽숭도의 설이 비교적 적합하다.

⑥ 敬之而不喜, 侮之而不怒: 「소요유」의 "온 세상이 그를 칭찬할지라도 그것에 힘입어 분발하지 않고, 온 세상이 그를 배척할지라도 그것으로 인해 상심하지 않는다"(擧世譽之而不加勸, 擧世非之而不加沮)라는 구절과 같은 맥락이다.

⑦ 天和: 만물을 만들어 내는 조화로운 기.(임희일) 자연의 충기沖氣[12].(임운명) 즉 자연의 조화로운 기운을 말한다.

⑧ 出怒不怒: 노기가 일어나지만 분노의 마음이 있어 일어난 것이 아님.

- 임희일: 분노가 비록 일어나지만 분노하지 않는다고 하는 것은 그 분노가 스스로 분노한 것이 아니라 저절로 나온 분노(自然之怒)여서 마음이 실린 분노(有心之怒)가 아니기 때문이다.

⑨ 有爲也欲當, 則緣於不得已: '부득이不得已'는 무심하게 응하는 것이다. 일에 응할 때 무심으로 하는 것을 말한다.(임희일)

- 서복관: '부득이'란 주관에 그 어떤 하고자 하는 욕망도 없이 그저 객관적으로 백성들의 자동적인 요구에 끌려 그에 따르게 되는 상황을 말한다.(『中國人性論史』, 42쪽)

【풀이】

발 하나가 잘린 자는 법도에 얽매이지 않으니, 비난과 영예를 넘어서 있다. 부역하는 자들은 높은 곳에 올라가도 두려움을 느끼지 않으니, 죽음과 삶을 넘어서 있다. 두려워하는 마음을 없앤다면 정신적으로 부담이 없으므로 남과 나 사이의 구분을 잊게 된다. 남과 나 사이의 구분을 잊는다면 바로 천인합일의 경지에 이른 것이다. 이러한 자는 존경을 해도 기뻐하지 않고 모욕을 해도 분노하지 않으니, 자연의 조화로운 기와 합치되는 상태에서만이 가능한 경지이다. 비록 노기가 일어나지만,

---

12) 음기와 양기가 합쳐진 기. 『노자』 42장에 나온다.

분노의 마음이 있어 일어난 것이 아니라 무심한 태도에서 저절로 나오는 것이다. 무위의 상태에서 무엇을 한다면, 이는 자신이 한 것이지만 실은 무위에서 나온 것이다. 고요히 안정되고자 한다면 기를 고르게 만들어야 한다. 정신을 온전하게 하고자 한다면 본래의 마음을 따라야 한다. 행위가 합당해지도록 하려면 부득이한 상황에 맞게 하면 된다. 부득이한 상황에 따라 행하는 것이 바로 성인의 도이다.

서무귀徐無鬼

「서무귀」는 모두 열다섯 개의 단락이 뒤섞여 이루어져 있으며, 각 장의 내용이 밀접하게 연관되지는 않는다. '서무귀徐無鬼'는 사람의 이름이며, 은거지사로 등장한다. 글 첫머리의 세 글자를 따 편명으로 삼았다.

이 편 첫째 단락은 서무귀가 위魏나라 무후武侯를 알현하는 내용을 그렸다. 서무귀는 무후에게 '욕망이 충만하고 호오의 감정이 깊어지면'(盈嗜欲, 長好惡) 타고난 성명性命의 참모습이 병들게 된다고 지적하였다. 가까운 신하들은 평소 무후와 『시』, 『서』, 『예』, 『악』에 관한 이야기를 나누었는데, 무후가 이에 대해 한 번도 기뻐하며 웃은 적이 없었다. 그런데 서무귀가 무후에게 말(馬)을 선별하는 이야기를 전하자 무후는 크게 기뻐하였다. 이 고사에는 깊은 풍자의 의미가 담겨 있다.

둘째 단락 역시 서무귀와 무후의 대화가 이어진다. 서무귀는 무후가 '만승의 군주로 홀로 군림하면서 일국의 백성들을 고생시키며, 귀와 눈과 코와 입의 향락만을 좇는다'(君獨爲萬乘之主, 以苦一國之民, 以養耳目口鼻)고 비판하였다. 그러면서 당시의 군주들이 '남의 백성을 도륙하고 남의 영토를 집어삼키고자'(殺人之士民, 兼人之土地) 전쟁을 일으킨다고 비판하며, 백성을 아낀다는 명분으로 온갖 작위를 일으키는 것이 실은 '백성을 해치는 일의 시작'(害民之始)임을 지적하였다.

셋째 단락은 황제黃帝가 유람을 떠나 길을 잃고 헤매다가 목동을 만나게 되는 이야기이다. 목동이 잘못 든 길을 일러 주다가 화제가 어떻게 '천하를 다스려야 하는지'(爲天下)로 옮겨 가자, 목동은 "그냥 이렇게 하면 되는데, 왜 굳이 일을 만들려고 하십니까?"(若此而已矣, 又奚事焉)라고 답했다. 이 우화는 노자의 '무사無事'와 '무위無爲'의 사상을 잘 드러내고 있다. '무사無事'란 일을 만들지 않아 일을 방해하고 어지럽게 하지 않는 것으로서 백성을 혼란스럽게 하지 말 것을 강조하는 도가사상을 나타낸 것이다.

넷째 단락에서는 권세와 재물을 좇는 무리를 비판한다. 이들은 변란을 좋아하며, 기회를 올라타 일어나고자 한다. 이들은 '자신의 몸과 마음을 마구 치닫게 하여'(馳其形性) 결국 자신을 망가뜨리고 남에게 죄를 짓게 된다.

다섯째 단락은 장자와 혜자(혜시) 간의 대화로, '각 학파가 모두 자신이 옳다고 여겨'(各是其所是) 천하에 '누구나 옳다고 여기는 것'(公是)이 없게 되었음을 비판하였다. 자식은 버려두고 정작 작은 종鐘은 애지중지하는 제齊나라 사람의 고사는 각 학파가 스스로 옳다고 여기는 상황을 비유한 것이다. 사람들은 종종 진귀한 것은 버려두고 비루한 것에 집착한다. 초楚나라 사람이 문지기를 질책하고 뱃사공의 원한을 사는 고사는 각 학파가 정작 진리는 얻지 못했으면서 서로 다투며 원한만 맺는 상황을 비유한다.

여섯째 단락에서 장자는 혜자의 묘를 지나며 장석匠石이 진흙을 떼어 내는 고사를 말했다. 그는 혜자가 죽은 이후 '상대할 사람이 없어졌다'(無以爲質)며 탄식을 했는데, 더할 나위 없이 순수하고 진실된 감정이 잘 드러나고 있다.

일곱째 단락은 관중管仲과 환공桓公이 국정을 맡길 수 있는 적합한 인재에 관해 논하는 내용이다.

여덟째 단락은 오왕吳王이 원숭이를 쏘아 맞히는 이야기로, 자신의 재주를 남에게 뽐내거나 교만한 태도로 남을 대해서는 안 된다는 교훈을 말했다.

아홉째 단락에서는 남백자기南伯子綦가 탁상에 기대어 앉아 세상 사람들이 자아를 상실한 채 헤매고 있음을 탄식하는 내용이다.

열 번째 단락에서는 초나라 왕이 공자에게 연회를 베푼 고사를 통해 '불언不言'의 의미에 대해 설명하였다.

열한 번째 단락은 구방인九方歅이 곤梱의 관상을 보는 이야기이다. 곤에게 임금과 함께 식사를 나눌 관상이므로 복의 기운이 있다고 하였는데, 곤의 부친인 자기子綦는 그 말을 듣고 눈물을 흘리면서 임금의 녹을 먹는 것은 '술과 고기를 코와 입에 넣는 일에 지나지 않을 뿐이다'(盡於酒肉, 入於鼻口)라고 하였다. 대신 자기가 바란 것은 하늘에서 즐거움을 얻고, 땅에서 먹을 것을 얻으며 자연에 따라 살아가는 삶이었다.

열두 번째 단락은 설결齧缺이 요堯에 관해 논하는 내용으로, 고관대작과 도를 공부하는 선비들이 인의仁義를 명분 삼아 이득을 취하는 일이 많음을 말하였다. '인의를 통해 이로움을 취하려는 이가 많아'(利仁義者衆) '인의의 행위에 진실함이 없어졌음'(仁義之行, 唯且無誠)을 지적하면서, 그 결과 인의의 행위는 탐욕의 도구가 되고 말았다고 평했다.

열세 번째 단락에서는 세 종류의 인물의 형태에 대해 논했다. 첫 번째는 득의양양하며 우쭐대는 자이며, 두 번째는 일시적인 안일에 만족하는 자이며, 세 번째는 몸을 수고롭게 하며 사서 고생하는 자이다. 이어서 신인神人에 대해서도 설명하였다.

열네 번째 단락은 글이 다소 산만하고 뒤섞여 있다. 첫 번째 소단락에서는 인간과 사물에 각기 그 적합한 바가 있음을 말했다. 두 번째 소단락에서는 사물의 유類들이 서로 의존적인 관계에 있음을 말했다. 세 번째 소단락에서는 감각 능력을 지나치게 함부로 사용하였을 때의 폐해에 관해 논했다.

열다섯 번째 단락에서는 알지 못하는 영역에 관해 말했다.

이 편에서 유래한 성어로는 대표적으로 초질절진超軼絶塵[1], 공곡족음空谷足音[2], 불언지변不言之辯[3], 부도지도不道之道[4], 훼장삼척喙長三尺[5], 운근성풍運斤成風[6] 등이 있다. 이 외에 유배 간 자가 고국을 그리워한다는 우화(流人思國), 자식을 송나라에 내버려두고 정작 작은 종을 애지중지한다는 우화(蹢子求鍾), 애꿎은 문지기를 질책하고 괜스레 뱃사공과 다툰다는 우화(謫閽造怨), 석공이 도끼를 휘둘러 코에 묻은 흙을 떼어 낸다는 우화(匠石斫泥), 오나라의 원숭이가 기교를 뽐내다 화살에 맞는다는 우화(吳狙現巧), 돼지 몸에 붙은 벼룩이 일시적인 안일함에 만족한다는 우화(豕虱苟安) 등도 이 편에서 나왔다.

---

1) 말이 일어나는 먼지도 볼 수 없을 만큼 빨리 달림. 매우 출중하고 비범함을 비유하는 말.
2) 인적이 드문 산골짜기에서 듣는 사람의 발소리. 매우 만나기 어려운 소식이나 기별, 만나기 힘든 인물 등을 비유하는 말.
3) 말로써 하지 않는 논변. 언어의 불완전함 또는 참된 論辯은 일상적 언어의 차원을 넘어섬을 나타내는 말.
4) 말로써 표현되지 않는 도. 언어의 불완전함 또는 도의 초월성을 나타내는 말.
5) 부리가 석 자. 언변에 능함 혹은 주둥이가 석 자나 되어도 변명의 여지가 없다는 뜻을 표현하는 말.
6) 도끼를 휘둘러 바람을 일으킴. 기술이 최고 수준에 이르렀음을 비유하는 말.

1.

徐無鬼[①]因女商[②]見魏武侯, 武侯勞之曰: "先生病[③]矣! 苦於山林之勞, 故乃肯見於寡人."

徐無鬼曰: "我則勞於君, 君有何勞於我! 君將盈耆欲, 長好惡, 則性命之情病矣; 君將黜耆欲, 掔[④]好惡, 則耳目病矣. 我將勞君, 君有何勞於我!" 武侯超然[⑤]不對.

少焉, 徐無鬼曰: "嘗語君, 吾相狗也. 下之質執飽而止, 是狸德[⑥]也; 中之質若視日[⑦], 上之質若亡其一[⑧]. 吾相狗, 又不若吾相馬也. 吾相馬, 直者中繩, 曲者中鉤, 方者中矩, 圓者中規[⑨], 是國馬也, 而未若天下馬也. 天下馬有成材, 若恤若失[⑩], 若喪其一, 若是者, 超軼絶塵[⑪], 不知其所." 武侯大悅而笑.

徐無鬼出, 女商曰: "先生獨何以說吾君乎? 吾所以說吾君者, 橫說之則以『詩』, 『書』, 『禮』, 『樂』, 從說之則以『金板六弢』[⑫], 奉事而大有功者不可爲數, 而吾君未嘗啓齒[⑬]. 今先生何以說吾君, 使吾君說若此乎?"

徐無鬼曰: "吾直告之吾相狗馬耳." 女商曰: "若是乎?"

曰: "子不聞夫越之流人[⑭]乎? 去國數日, 見其所知而喜; 去國旬月, 見所嘗見於國中者喜; 及期年也, 見似人[⑮]者而喜矣; 不亦去人滋久, 思人滋深乎? 夫逃虛空[⑯]者, 藜藋[⑰]柱乎鼪鼬之逕[⑱], 踉位其空[⑲], 聞人足音跫然[⑳]而喜矣, 又[㉑]況乎昆弟親戚之謦欬[㉒]其側者乎! 久矣夫, 莫以眞人之言謦欬吾君之側乎!"

【길잡이】

① 徐無鬼: 위나라의 은사.(『경전석문』)

② 女商: 위나라 무후가 총애하는 신하.

③ 病: 고달픔(憊).(후쿠나가 미쓰지)

④ 掔: '견牽'으로 읽는다. '끌어내다'라는 뜻.

⑤ 超然: 실의에 빠진 모습(悵然).(『경전석문』에서 사마표의 설을 인용)

⑥ 狸德: 들고양이와 같은 성질.

- 유월: 『광아』「석수釋獸」에 "'리狸'는 고양이를 말한다"라고 하였다. 고양이가 쥐를 잡을 때 배가 부르면 그만두는 것이 바로 고양이의 성질(狸德)이다.

「추수」에 '기기화류騏驥驊騮, 일일이치천리一日而馳千里, 포서불여리성捕鼠不如狸狌'이라고 하였는데, 이 책(『장자』)에서 '리狸'가 고양이의 뜻으로 사용되었다는 증거이다. 『태평어람』에 인용된 『시자尸子』에는 '사우포서使牛捕鼠, 불여묘성지첩不如貓狌之捷'(소로 하여금 쥐를 잡게 하는 것은 고양이 본성의 민첩함에 미치지 못한다)이라고 되어 있으니, 역시 『장자』에서는 말한 '리성狸狌'과 『시자』에서 말한 '묘성貓狌'이 같은 것임을 알 수 있다. 『경전석문』에서는 "'리덕狸德'이란 여우와 같이 탐욕스럽다는 뜻이다"라고 했으나, 옳지 않다.

⑦ 若視日: 태양을 응시함. '의기가 드높은 것'을 나타내는 말이다.(성현영, 『장자소』) 높은 곳을 바라보고, 밝게 살피는 것을 비유한다.(조초기)

⑧ 若亡其一: 마치 자신을 잊어버린 듯함. 마치 형체가 존재하지 않는 것처럼 여기는 것으로, 정신을 고요하게 집중한 상태를 말한다. 여기에서 '일一'은 신체를 가리킨다.(조초기)

- 육덕명: '일一'은 몸을 말한다. 정신을 움직이지 않는 모습이 마치 그 몸이 없는 듯한 것을 말한다.
- 선영: '일一'은 자신을 말한다. '약망기일若亡其一'은 정신의 집중이 지극한 상태에 달하여 자기 자신이 존재하는지조차 알지 못하는 것이다.

⑨ 直者中繩, 曲者中鉤, 方者中矩, 圓者中規: 말이 곧게 달릴 수도, 곡선을 이루며 달릴 수도, 사각형을 그리며 달릴 수도, 원을 그리며 달릴 수도 있다는 뜻으로, 제어하는 대로 순종하는 것을 말한다. '중中'은 '부합하다'라는 뜻이다.(조초기)

- 임희일: 말(馬)이 규구승묵規矩繩墨에 들어맞는다는 것은 말의 몸짓이 모두 법도에 들어맞는다는 것이다. 그러므로 방원곡직方圓曲直의 비유를 통해 이를 설명하였다. 굳이 말 몸에 묻은 흙을 보고 살필 필요가 없다.

⑩ 若恤若失: 『경전석문』에서는 "'실失'은 '일'(逸, 佚)로 읽는다"라고 하였다. 성현영의 『장자소』에서는 "천천히 느긋하게 걷는 듯하다가도 혼비백산 질주하기도 한다"(蹄足疏緩, 又如奔佚)라고 하였다. 성현영의 설이 옳다. 『한서』「위원성전韋元成傳」 집주集注에서는 "'휼恤'은 편안한 모습이다(安)"라고 하였다. 이것은 가만히 있을 때는 마치 처녀와 같고 움직일 때는 토끼가 달아나는 것과 같음을 말한다.

⑪ 超軼絶塵: 「전자방」에서는 '분일절진奔逸絶塵'으로 썼다. '일軼'은 '일逸'(질주하다)과 같다.

⑫ 『金板六弢』(弢의 중국음은 tāo[滔]): 『태공병법太公兵法』을 가리킴.

• 임희일: 『금판육도』는 『태공병법』을 가리킨다. 이 책은 조정의 장서이므로 '금판金板'이라고 하였다. '금궤석실金匱石室에 소장된 책'이라는 말이다.(『남화진경구의』)

⑬ 啓齒: 입을 열다.

• 성현영: 입을 벌리고 미소 짓는 것을 말한다.

⑭ 流人: 유배당한 사람.(성현영, 『장자소』)

⑮ 似人: 마치 아는 것 같은 사람. 마치 같은 고향인 듯한 사람을 가리킨다.

⑯ 虛空: 빈 골짜기.(임희일)

⑰ 藜藋: 잡초.

• 곽경번: 여藜와 조藋 등의 풀은 정리되어 있지 않은 땅에서 자라나며, 사람의 키보다 더 높게 자라기 때문에 베어 낸 후에야 지나갈 수 있다. 그러므로 『사기』 「중니제자전仲尼弟子傳」에서 '여조를 베다'(排藜藋)라고 한 것이다.

⑱ 柱乎鼪鼬之逕: '주柱'는 '막히다'(사마표), '생유지경鼪鼬之逕'은 산속 오솔길 사이를 말하며, 쥐가 지나다니는 곳이다(임운명, 『장자인』).

⑲ 踉位其空(踉의 중국음은 láng[狼]): 빈 들판에서 오랫동안 거주함. '량踉'은 사마표의 판본에는 '량良'으로 되어 있다. '량良'은 '길다'(長)라는 뜻을 가차한 것이다.(마서륜, 『장자의증』) 한편 '량踉'을 '양창踉蹌', 즉 비틀거리며 걷는 모습을 뜻한다고 보는 설도 있다. 이에 따르면 '양위기공踉位其空'은 도망치는 자가 비틀비틀 걸으며 수풀이 우거진 황무지로 들어가는 모습을 가리킨다.(조초기)

⑳ 跫然(跫의 중국음은 qióng[窮]): 발자국 소리.

㉑ 又: 세덕당본世德堂本에는 '이而'라고 되어 있다.

㉒ 謦欬(謦의 중국음은 qǐng[頃], 欬의 중국음은 kài[愾]): 담소를 나누는 모습을 비유하는 말.(『경전석문』에서 이이의 설 인용) 웃으면서 이야기를 나누는 모습을 가리킨다.

【풀이】

서무귀徐無鬼가 여상女商의 추천으로 위魏나라 무후武侯를 알현하였다. 무후가 서무귀를 위로하면서 말했다. "선생은 참으로 고달프시겠소! 산림에 은거하는 것이 괴롭고 힘이 드니 이렇게 나를 찾아온 것이 아니오?"

서무귀가 말했다. "제가 왕을 위로하고자 찾아왔습니다. 왕이 저를 위로할 것이 어디 있습니까? 만약 왕이 욕망으로 충만하고 호오의 감정을 늘려 간다면 타고난 성명性命의 참모습이 손상을 입게 될 것입니다. 반대로 욕망을 버리고 호오의 감정을 물리치면 향락을 누리던 감각은 괴로움을 느끼게 될 것입니다. 그래서 제가 왕을 위문하러 온 것인데, 어찌 왕이 저를 위로하십니까?" 무왕이 할 말을 잊은 채 아무 대답도 하지 못하였다.

잠시 후 서무귀가 다시 말했다. "제가 왕께 좋은 개를 선별하는 방법에 대해 알려드리겠습니다. 배가 부르면 먹는 것을 그치는 개는 하등의 개입니다. 이는 고양이와 같은 능력이라 할 수 있습니다. 중등의 개는 의기가 높고 심원합니다. 상등의 개는 자기 자신조차 잊어버립니다. 사실 제가 개를 선별하는 것은 말을 선별하는 것보다는 못합니다. 곧게 달리면 먹줄에 들어맞고, 곡선으로 달리면 걸음쇠에 들어맞고, 사각형을 그리며 달리면 곱자에 들어맞고, 원을 그리며 달리면 그림쇠에 들어맞는 말이라면 한 나라에서 으뜸가는 말이라 할 수 있습니다. 하지만 이러한 말은 천하에서 으뜸가는 말에는 미치지 못합니다. 천하에 으뜸가는 말은 타고난 자질이 있으니, 평온한 듯하면서도 때로는 쏜살같이 질주하는데, 마치 자기 자신조차 잊은 모습입니다. 이러한 말은 일어나는 먼지조차 볼 수 없을 정도로 빠르게 질주하니 어디에 이르는지도 볼 수 없습니다." 이 말을 들은 무후가 기쁜 듯 크게 웃었다.

서무귀가 물러나자 여상이 서무귀를 찾아가 말했다. "선생은 대체 어떻게 왕을 기쁘게 하신 것입니까? 저는 왕을 기쁘게 하기 위해 한편으로는 『시』, 『서』, 『예』, 『악』을 말하고, 다른 한편으로는 『태공병법』을 설하였습니다. 실제로 일을 행함에 큰 효험을 본 것이 이루 다 말할 수 없을 정도입니다. 하지만 왕께서 잇몸을 보이며 웃으시는 일이 없었습니다. 그런데 지금 선생은 무슨 말씀을 올렸기에 왕이 이토록 기뻐하시는 것입니까?"

서무귀가 말했다. "저는 다만 개를 선별하는 방법과 말을 선별하는 방법을 일러 드렸을 뿐입니다."

여상이 말했다. "그것뿐입니까?"

서무귀가 말했다. "월나라로 유배를 떠난 자의 일을 들어보지 못했습니까? 그가 본국을 떠나와 수일이 지났을 무렵, 우연히 아는 사람을 만나게 되자 매우 기뻐하였습니다. 떠나온 지 한 달이 될 무렵에는 나라 안에서 한 번 마주친 적이 있는 사람만 보아도 매우 기뻐하였습니다. 일 년이 지났을 무렵에는 마치 같은 고향인 듯한 사람만 보아도 매우 기뻐하게 되었습니다. 사람을 떠난 지가 오래되면 오래될수록 사람에 관한 생각이 깊어지는 것이 아니겠습니까? 빈 골짜기로 도망쳐 들어온 사람이 잡초 무성한 오솔길을 헤치고 사람이 살지 않는 황무지를 찾아 은거하여 오랜 시간이 지나면 사람 발자국만 들어도 뛸 듯이 기뻐하는데, 형제나 친척들과 함께 웃고 떠들 수 있다면 어떠하겠습니까? 왕의 곁에서 순수하고 참된 말을 건네줄 이가 없어진 지 참으로 오래된 탓이 아니겠습니까?"

2.

徐無鬼見武侯, 武侯曰: "先生居山林, 食芧栗①, 厭蔥韭, 以賓②寡人, 久矣夫! 今老邪? 其欲干③酒肉之味邪? 其寡人亦有社稷之福邪?"

徐無鬼曰: "無鬼生於貧賤, 未嘗敢飮食君之酒肉, 將來勞君也."

君曰: "何哉, 奚勞寡人?" 曰: "勞君之神與形."

武侯曰: "何謂邪?"

徐無鬼曰: "天地之養也一, 登高不可以爲長, 居下不可以爲短④. 君獨爲萬乘之主, 以苦一國之民, 以養耳目鼻口, 夫神者不自許也. 夫神者, 好和而惡姦; 夫姦, 病也, 故勞之. 唯君所病之, 何也?"

武侯曰: "欲見先生久矣. 吾欲愛民而爲義偃兵, 其可乎?"

徐無鬼曰: "不可. 愛民, 害民之始也; 爲義偃兵, 造兵之本也; 君自此爲之, 則殆不成. 凡成美, 惡器也; 君雖爲仁義, 幾且僞哉! 形固造形⑤, 成固有伐⑥, 變固外戰. 君亦必無盛鶴列⑦於麗譙⑧之間, 無徒驥⑨於錙壇⑩之宮, 無藏逆於得, 無以巧勝人, 無以謀勝人, 無以戰勝人. 夫殺人之士民, 兼人之土地, 以養吾私與吾神者, 其戰不知孰善? 勝之惡乎在? 君若勿已矣, 修胸中之誠, 以應天地之情而勿攖. 夫民死已脫矣, 君將惡乎用夫偃兵哉!"

【길잡이】

① 芧栗(芧의 중국음은 xù[敘]): 도토리. 「제물론」에 나온 바 있다.[7]

---

7) 정확히 말하면, 「제물론」에는 '芧栗'이 아니라 朝三暮四 일화 단락에 '芧'라는 한 글자 단어로

② 賓: '빈擯'과 같다. '물리치다'라는 뜻이다.

③ 干: 바라다.

④ 登高不可以爲長, 居下不可以爲短: 귀천의 구분이 없음을 비유하는 말.(임희일, 『남화진경구의』)

⑤ 形固造形: '형形'은 '형세'. '고固'는 '반드시'. '조造'는 '발생시키다', '초래하다'. 어떤 형세는 반드시 다른 어떤 형세를 불러오게 된다는 말이다.(조초기)

- 곽상: 인의仁義는 (특정한) 모습을 지니게 되므로 (그에 따라) 반드시 거짓된 모습이 만들어진다.
- 선영: 흔적을 남기면 이로부터 일이 생겨난다.

⑥ 成固有伐: 두 개의 대립하는 형국이 이루어지면 각각의 진영에서는 반드시 자신의 진영을 추켜세우기 마련으로, 서로 자신이 정의라고 내세우고 상대방은 불의라고 꾸짖는다. '벌伐'은 드높이고 뽐내는 것을 말한다.(조초기)

- 왕선겸: 명성이 이루어지면 공을 스스로 자랑하는 일이 있게 된다.

⑦ 鶴列: 고대의 병법 진형陣形. 마치 학이 고공에서 V자를 그리며 나는 것과 같은 형태이다.

⑧ 麗譙: 높은 누각.(곽상) 누각의 이름.(사마표)

- 마기창: 『초학기初學記』에 인용된 『석명釋名』에서 "위나라에 여초가 있다"(魏有麗譙)라고 하였는데, 주석에서 이를 '누각의 이름'이라고 풀이하였다.

⑨ 徒驥: 보병과 기병.

- 임희일: '도徒'는 보병, '기驥'는 기병을 가리킨다.

⑩ 錙壇: 궁의 이름.

【풀이】

서무귀가 위나라 무후를 알현하였다. 무후가 말했다. "선생은 도토리나 파와 부추 따위를 먹으면서 산림에 거처하였으니, 이미 과인을 떠난 지가 오래되었지 않은가? 그런데 이제 이렇게 찾아온 것은 나이가 들어서인가, 아니면 후한 봉록을 맛보고 싶어서인가? 아니면 과인의 사직에 복이라도 가져다주려고 하는 것인가?"

나온다.

서무귀가 말했다. "저는 빈천하게 태어났지만, 결코 왕께서 내리는 봉록을 바라지 않습니다. 다만 왕을 위문하러 온 것일 뿐입니다."
무후가 말했다. "무슨 말인가? 어째서 나를 위문하겠다는 것인가?"
서무귀가 말했다. "왕의 정신과 형체를 위로하려고 합니다."
무후가 말했다. "무슨 말인가?"
서무귀가 말했다. "천지의 양육은 모두에게나 균등합니다. 높은 지위에 있다고 해서 존귀하다고 여길 수 없고, 낮은 지위에 있다고 해서 비천하다고 여길 수 없습니다. 왕께서는 만승萬乘의 군주로 홀로 군림하면서 일국의 백성들을 고생시키고 있습니다. 귀와 눈과 코와 입의 향락만을 좇으시니 정신의 만족을 이룰 수가 없습니다. 정신이란 본래 조화로운 것을 좋아하고 간사한 것을 싫어하기 마련입니다. 간사한 것은 병에 걸린 것이나 마찬가지니, 제가 이렇게 위문을 온 것입니다. 오직 왕께서만 이러한 병폐를 범하는 것은 대체 어찌해서입니까?"
무후가 말했다. "사실 선생을 만나고자 한 지 오래되었소. 백성을 사랑하고 의義를 위해 전쟁을 그친다면 되지 않겠는가?"
서무귀가 말했다. "안 됩니다. 백성을 사랑한다는 것은 백성을 해치는 일의 시작입니다. 의를 위해 전쟁을 멈추는 것은 실은 군사가 일어나는 근원입니다. 왕께서 이것으로부터 해 나가고자 하신다면 아마도 성공하지 못할 것입니다. 무릇 성취와 아름다운 명성은 악을 일으키는 도구입니다. 왕께서 인의仁義를 행하고자 하지만 오히려 위선에 가까워질 것입니다. 한 가지 형세는 필연적으로 다른 한 가지 형세를 불러일으키기 마련입니다. 두 개의 대립하는 형국이 이루어지면 각기 자신의 진영을 드높이며 뽐내게 될 것입니다. 이러한 형세가 더욱 변화해 나가면 반드시 외부와 전쟁이 일어나게 됩니다. 왕께서는 높은 누각 아래에 군사들이 성대하게 진형을 갖추는 일이 없도록 하고, 치단궁錙壇宮 앞에 보병과 기병을 집합시키는 일이 없도록 하며, 도리에 어긋나는 탐욕을 추구하지 말고, 교활한 방식으로 남을 이기려고 하지 말고, 모략을 사용하여 남을 이기려고 하지 말고, 전쟁으로 남을 이기려고 하지 마십시오.
만약 남의 백성을 도륙하고 남의 영토를 집어삼켜 자신의 사욕을 채우고 자신의 기분을 만족시키려고 한다면, 그런 전쟁이 좋을 리가 있겠습니까? 대체 무엇을 이기는 일이겠습니까? 만약 왕께서 반드시 어떤 일을 해야 한다면, 우선 가슴속 진실된 바를 잘 길러 천지의 저절로 그러한 형세에 응하되, 다른 것들을 어지럽히지 않도록 하십시오. 이렇게 한다면, 백성들이 모두 죽음에 대한 위협에서 벗어날 수 있는데, 군사를 멈추는 일을 논의할 필요가 어디에 있겠습니까?"

3.

黃帝將見大隗①乎具茨②之山, 方明爲禦, 昌寓驂乘, 張若謵朋前馬, 昆閽滑稽後車③; 至於襄城④之野, 七聖皆迷, 無所問塗.

適遇牧馬童子, 問塗焉, 曰: "若知具茨之山乎?" 曰: "然."

"若知大隗之所存乎?" 曰: "然."

黃帝曰: "異哉小童! 非徒知具茨之山, 又知大隗之所存. 請問爲天下."

小童曰: "夫爲天下者, 亦若此而已矣, 又奚事焉! 予少而自遊於六合之內, 予適有瞀⑤病, 有長者敎予曰: '若乘日之車而遊於襄城之野.' 今予病少痊, 予又且復遊於六合之外. 夫爲天下亦若此而已. 予又奚事焉!"

黃帝曰: "夫爲天下者, 則誠非吾子之事. 雖然, 請問爲天下." 小童辭.

黃帝又問. 小童曰: "夫爲天下者, 亦奚以異乎牧馬者哉! 亦去其害馬者⑥而已矣!"

黃帝再拜稽首, 稱天師而退.

【길잡이】

① 大隗: '대도大道'를 말함. 의미를 가탁하여 지어낸 사람 이름.

② 具茨: 하남성 형양滎陽 밀현密縣의 동쪽 변경에 있다. 지금의 명칭은 태외산泰隗山이다.(사마표)

③ 方明爲禦, 昌寓驂乘, 張若謵朋前馬, 昆閽滑稽後車: 방명方明, 창우昌寓, 장약張若, 습붕謵朋, 곤혼昆閽, 골계滑稽 등의 사람 이름은 모두 우언이다.

④ 襄城: 하남성 양성현襄城縣.

⑤ 瞀(중국음은 mào[冒]): 눈앞이 어지럽고 흐릿함.

⑥ 害馬者: 말(馬)이 본분을 넘어서는 것을 해롭다고 여김.(곽상, 『장자주』) 본분 이외의 일을 말함.(성현영, 『장자소』)

【풀이】

황제黃帝가 대외大隗를 만나러 구자산具茨山에 올랐다. 방명方明이 수레를 몰고, 창우昌寓가 배석했으며, 장약張若과 습붕謵朋이 앞에서 길을 인도하고, 곤혼昆閽과 골계滑稽가 후미에서 따랐다. 이들이 양성襄城의 들판에 도착했을 때, 이 일곱 명의 성인이 모두 방향을 잃었는데 길을 물어볼 곳조차 없었다. 그러다 우연히 말을 치는 소년을 만나게 되어 그에게 길을 물었다. "구자산을 아느냐?" 목동이 말했다. "그렇습니다."

다시 물었다. "그렇다면 대외가 있는 곳을 아느냐?" 목동이 답했다. "그렇습니다."

황제가 말했다. "그것참 신기한 아이로다! 구자산을 아는 것도 모자라 대외가 있는 곳까지 아는구나! 그렇다면 어떻게 하면 천하를 다스릴 수 있을지를 알려 줄 수 있는가?"

목동이 말했다. "천하를 다스리는 것은 그냥 이렇게 하면 되는데, 왜 굳이 일을 만들려고 하십니까? 제가 어렸을 때, 저는 육합六合의 안을 홀로 유랑하였습니다. 그때 눈에 어지럼증이 생겨 어쩔 줄을 몰랐는데, 어떤 어른 한 분이 저에게 '태양이라는 수레를 타고 양성의 들판에 가서 노닐도록 하라'고 일러 주었습니다. 지금은 병이 다 나아 다시 육합 밖으로 나와 노닐고 있습니다. 천하를 다스리는 것도 이와 같은데, 왜 굳이 일을 만들겠습니까?"

황제가 말했다. "천하를 다스리는 것은 절대 네가 하는 일과는 같지 않다. 그래도 어떻게 천하를 다스리면 되는지 한번 물어보고 싶구나."

목동이 이에 대답하지 않았다. 황제가 다시 물으니, 목동이 이렇게 말했다. "천하를 다스리는 일이 말을 치는 것과 무엇이 다르겠습니까? 말을 해치는 것을 없애면 될 뿐입니다."

황제가 머리를 조아려 세 번 절을 하며 감사를 표하고, 그를 하늘의 스승(天師)이라 칭하며 물러났다.

4.

知士無思慮之變則不樂, 辯士無談說之序[①]則不樂, 察士無淩誶[②]之事則不樂, 皆囿於物者也.

招世[③]之士興朝, 中民之士榮官[④], 筋力之士矜難[⑤], 勇敢之士奮患, 兵革之士樂戰, 枯槁之士宿名[⑥], 法律之士廣治[⑦], 禮敎之士敬容, 仁義之士貴際. 農夫無草萊之事則不比[⑧], 商賈無市井之事則不比. 庶人有旦暮之業則勸, 百工有器械之巧則壯. 錢財不積則貪者憂, 權勢不尤[⑨]則夸者[⑩]悲. 勢物之徒[⑪]樂變, 遭時有所用, 不能無爲也. 此皆順比於歲[⑫], 不易於物[⑬]者也. 馳其形性, 潛之萬物, 終身不反, 悲夫!

【길잡이】

① 談說之序: 말에 조리가 있음.

② 淩誶(誶의 중국음은 suì[碎]): '부스러기'(零碎)와 통한다. 분석하여 따지는 것을 가리킨다.

- 임희일: 자세히 살피기를 좋아하는 선비는 사람들과 조그만 것을 가지고 다툰다.

③ 招世: 세상에 떠들썩하게 나서 자신을 드러냄.(임운명) 세속의 영예를 추구함.(왕어) 백성들에게 호소하여 세상을 구제하는 것을 자신의 소임으로 여김.(조초기)

④ 中民之士榮官: '중민中民'은 중간 등급의 백성이다.

- 왕어: '중민中民'은 백성의 칭찬에 부합하는 것이다.
- 유봉포: 중간 정도의 재능을 지닌 자는 부귀영화에만 뜻을 둔다.(『남화설심편』)

⑤ 矜難: 고난을 극복한 것에 자긍심을 지님.

- 선영: 어려움을 다스린 것에 자긍심을 지니는 것이다.

⑥ 宿名: 명성에 뜻을 둠.(임희일)

⑦ 廣治: 더 많은 일을 해결하고자 함.(임희일)

⑧ 比: 화평하고 즐거움.(성현영, 『장자소』)

- 해동: 『광아廣雅』에서는 "'비比'는 '즐겁다'라는 뜻이다"라고 하였다.

⑨ 尤: 출중함.

⑩ 夸者: 권력욕이 강한 자를 가리킴.

⑪ 勢物之徒: 권세와 재물에 정신이 팔린 자. 해동은 '물物'을 '리利'가 와전된 것으로 보았다. '세리지도勢利之徒'로 읽어도 역시 통한다.

⑫ 順比於歲: 때를 좇아 고개를 숙이고 세움.(마기창) '비比'는 '따르다', '세歲'는 '때'를 뜻함.

- 이면: 이것은 모두 시세에 아부하고 때를 좇아 기회를 노리는 자들을 말한다.

⑬ 不易於物: 각자 스스로 하나의 사물에 얽매어 서로 변하게 할 수 없음.(왕선겸) '불역어물不易於物'은 원래 '불물어역不物於易'으로 되어 있으나, 마서륜의 설에 따라 수정한다.

- 마서륜: '물物'과 '역易'은 서로 위치가 뒤바뀌었다. 다음 장절에서 '불이물역기不以物易己'라고 쓴 것이 그 증거이다.(『장자의증』)
  - ▹ 진고응: 마서륜의 설을 취할 만하다. 저백수는 "'불물어역不物於易'은 '불역어물不易於物'과 같다. 글의 순서가 뒤섞인 것이다"라고 하였다.(『남화진경의해찬미』) '불역어물不易於物'은 앞의 '순비어세順比於歲'와 서로 대구를 이루며, 이때 '세歲'와 '물物'은 모두 명사로 사용되었다. 그런데 만약 '불물어역不物於易'으로 본다면 서로 대칭을 이루지 않을 뿐 아니라 이해하기도 어렵다.

【풀이】

지모를 앞세우는 선비는 사고의 변화가 없으면 즐겁지 않고, 논변을 앞세우는 선비는 논의에 조리가 없으면 즐겁지 않으며, 자세히 살피기를 좋아하는 선비는 일의 진상을 밝게 판별하지 못하면 즐겁지 않으니, 이들 모두 외부의 속박을 받는 자들이다. 세상에 떠들썩하게 자신을 내보이는 자는 조정에 발을 담그고자 하고, 중간 정도의 재능을 지닌 이들은 작록을 영예롭다고 여기며, 기골이 장대한 자들은 고난을 극복한 것에 자긍심을 느끼고, 용감한 무사들은 환란을 물리치는 데 힘쓰고, 전쟁의 영웅들은 출정하여 싸우는 것을 즐거워한다. 산림의 은사들은 명성에 마음을 두고, 법률을 강구하는 자들은 법치를 확대하고자 하며, 예교를 중시하는 자들은 용모를 가다듬고 복식을 단정히 하는 데 힘쓰고, 인의를 숭상하는 자들은 교류하는 것을 귀하게 여긴다. 농부가 경작 일을 하지 않으면 마음이 편하지 않고, 상인이 사고파는 일을 하지 않으면 기분이 즐겁지 못하다. 사람들에게 늘 하는 일이 있으면 스스로 부지런히 일할 것이고, 모든 장인이 기계의 기술을 지니게 되면 그 기세가 장대할 것이다. 재물을 모을 수 없으면 탐욕이 많은 자는 근심에 빠질 것이고, 권세를 쥘 수 없다면 방탕한 무리는 슬퍼할 것이다. 권세와 재물에 정신이 팔린 자들은 변란을 좋아하는데, 때를 만나면 쓰일 데가 있기 때문이다. [이러한 자들은] 결코 안정을 얻을 수 없다. 이러한 자들은 때를 좇아서 고개를 숙이고 쳐드는데, 한 가지 일에 얽매여 꽉 막혀 통할 수가 없다. 몸과 마음을 치달려 외물에 빠지고서도 평생 이를 깨닫지 못하니, 참으로 슬프도다!

5.

莊子曰: "射者非前期①而中, 謂之善射, 天下皆羿也, 可乎?"

惠子曰: "可."

莊子曰: "天下非有公是②也, 而各是其所是, 天下皆堯也, 可乎?"

惠子曰: "可."

莊子曰: "然則儒墨楊秉四, 與夫子爲五, 果孰是邪? 或者若魯遽③者邪? 其弟子曰: '我得夫子之道矣, 吾能冬爨鼎而夏造冰矣.' 魯遽曰: '是直以陽召陽, 以陰召陰, 非吾所謂道也. 吾示子乎吾道.' 於是爲之調瑟, 廢④一於堂, 廢一於室, 鼓宮⑤宮動, 鼓角角動, 音律同矣. 夫或改調一弦, 於五音無當也, 鼓之, 二十五弦皆動, 未始異於聲, 而音之君已. 且若是者邪?"

惠子曰: "今夫儒墨楊秉, 且方與我以辯, 相拂以辭⑥, 相鎭以聲⑦, 而未始吾非也, 則奚若矣?"

莊子曰: "齊人蹢⑧子於宋者, 其命閽⑨也不以完, 其求鈃鍾也以束縛⑩, 其求唐子也而未始出域⑪, 有遺類⑫矣! 夫楚人寄而蹢閽者⑬; 夜半於無人之時而與舟人鬥, 未始離於岑⑭而足以造於怨也."

【길잡이】

① 前期: 미리 정해진 목표.

② 公是: 공통적으로 인정하는 것.

③ 魯遽: 주나라 초기의 인물.(이이)

④ 廢: 놓아두다(置).(『경전석문』)

⑤ 鼓宮: '고鼓'는 금을 켜는 것, '궁宮'은 오음五音 가운데 하나. 뒤에 나오는 '각角' 또한 오음 가운데 하나이다.

⑥ 相拂以辭: 언어로서 서로 대항함. '불拂'은 세덕당본에는 '배排'(배척하다)로 되어 있다.

⑦ 相鎭以聲: 소리로서 서로 굴복시킴.

⑧ 蹢: 던지다(投).(『경전석문』)

- 왕념손: '척蹢'은 '척擿'의 뜻으로 가차되었다. '척擿'은 지금의 '척擲'에 해당한다. 『설문해자』에서는 "'척擲'은 '던지다(投)'라는 뜻이다"라고 하였다.

⑨ 閽(중국음은 hūn[昏]): 문지기.

⑩ 其求鈃鍾也以束縛: 작은 종을 얻어 싸매다. '형鈃'(술그릇)은 '형刑'으로 발음하며, 목이 길며 작은 종과 같은 형태이다.(『경전석문』에서 『字林』을 인용)

- 임운명: '어찌 그 자식을 사랑하는 것이 사물을 아끼는 것만 못하는가?'라는 의미이다. 혜자가 타고난 성명性命의 참모습을 가벼이 여기고 이를 보존할 줄 모르며, 오직 논변과 명성에만 신경을 써 본말이 심히 전도되었음을 비유한 것이다.

⑪ 其求唐子也而未始出域: '당唐'은 '잃다'. 자식을 마을 밖에서 잃어버리고는 마을 안에서만 찾아다님.(임희일)

- 임운명: 혜자가 도를 어떻게 구해야 할지 모르는 것을 비유한 것이다. 유가, 묵가, 양주학파, 공손룡학파의 사이에서 서로를 이기는 것만을 추구하여 끝내 도를 얻지 못했음을 말한다.

⑫ 遺類: 서로 대략 비슷함.

- 임희일: '유遺'는 '남다' 혹은 '대략'의 뜻이고, '유類'는 '비슷하다'라는 뜻이다. 이 세 가지 일 모두 혜자와 양묵의 무리와 대략 비슷함을 말한 것이다.

⑬ 謫閽者: 문지기를 꾸짖음. '적謫'은 옛 판본에서는 '척蹢'으로 썼으나, 앞에 나오는 '척蹢'자로 인해 잘못 적은 것으로 보인다. 이에 유월과 왕선겸의 설에 따라 수정한다.

- 유월: '척蹢'은 '적謫'으로 읽어야 한다. 양웅揚雄의 『방언方言』에 따르면 "'적謫'은 성내는 것이다"라고 하였다. 장읍張揖의 『광아』「석고釋詁」에서는 "'적謫'은 꾸짖는 것이다"라고 하였다. '초인기이적혼자楚人寄而謫閽者'라는 말은 남의 집에 기거하면서 그 문지기를 꾸짖는다는 말이다. 뒤에 등장하는 '사람이 없는 한밤중에 뱃사공과 다툰다'(夜半於無人之時而與舟人鬥)라는 이야기와 더불어 모두 초나라 사람의 고사인데, 모두 스스로 옳다고 하는 모습을 비유한 말이다.
- 왕선겸: 주석가들이 본문을 해석할 때 뒤의 구절과 하나의 고사로 연결하여

읽어 왔는데, 이치가 통할 리가 만무하다. '척蹢'은 앞에 나오는 '척蹢'으로 인해 잘못 적은 것이다. 유월의 설을 따라야 한다.

⑭ 未始離於岑: '잠岑'은 강기슭(岸)을 말한다.(곽상, 『장자주』) '리離'는 '려麗'(닿다)와 통한다. 배가 아직 강기슭에 닿지 않았다는 말이다.(선영)

【풀이】

장자가 말했다. "활을 쏘는 사람이 미리 정해진 목표물에 따르지 않고 아무렇게나 쏘아도 활을 잘 쏜다고 말한다면, 천하에 예羿가 아닌 사람이 없을 것이다. 그렇지 않은가?"

혜자가 말했다. "그렇다."

장자가 말했다. "천하에 모두가 인정하는 것은 없고 각자 자신이 옳다고 여긴다면, 천하 사람들이 모두가 요와 같은 사람이 될 수 있을 것이다. 그렇지 않은가?"

혜자가 말했다. "그렇다."

장자가 말했다. "그렇다면 유가와 묵가, 양주학파, 공손룡학파에 선생까지 합하면 총 다섯 개 학파가 되는데, 도대체 그중에서 누가 옳다는 말인가? 아니면 노거魯遽와 같은 것인가? 노거의 제자가 이렇게 이야기한 적이 있다. '내가 스승님의 도를 배워 겨울에 솥에 불을 지피고 여름에 얼음을 만들어 낼 수 있게 되었다.' 이에 노거가 이렇게 말했다. '이는 양기로 양기를 부르고 음기로 음기를 부른 것일 뿐이니, 내가 말한 도가 아니다. 나의 도를 너에게 보여 주겠다.' 말을 마치고는 금의 현을 조율한 뒤, 당상에 하나를 놓고, 실내에 하나를 놓았다. 한쪽을 켜서 궁음宮音을 내자 다른 한쪽의 금 역시 똑같이 궁음을 냈고, 한쪽을 켜서 각음角音을 내자 다른 한쪽의 금 역시 각음을 냈다. 음률이 서로 같기 때문이다. 만약 금의 현 하나를 조율하여 오음 어디에도 맞지 않게 한 뒤 이를 울리면, 25개의 현 모두가 함께 울릴 것이다. 소리는 결코 다르지 않으나, 음을 바꾼 현이 다른 여러 음이 일어나도록 주도한 것일 뿐이다. 그대들도 이렇지 않은가?"

혜자가 말했다. "지금 유가, 묵가, 양주학파, 공손룡학파가 나와 변론을 벌이고 있는데, 언어로 서로 맞서며 소리로써 서로를 억눌러 댄다. 그런데 그 누구도 내가 틀렸다고는 생각하지 않으니, 이는 어찌 된 일인가?"

장자가 말했다. "제나라에 사는 어떤 사람이 자기 아들을 송나라에 보내 마치 몸이 불편한 사람처럼 하여 문지기가 되게 하였는데, 자기가 가지고 있는 작은 종은 부서질까 두려워 잘 감싸 두었다. 어떤 사람은 잃어버린 자식을 찾아다니는데도 마을 밖으로 나가서 찾아볼 생각을 하지 않는다. 이것이 각 학파가 변론을 일삼는 모습과 서로 비슷하지 않는가? 초나라에 어떤 사람이 남의 집에서 기거하면서 문지기에게 화를 내고, 야밤에 사람들이 없는 때 (도망을 쳤는데) 뱃사공과 다투게 되면 배가 기슭에 닿기도 전에 원한을 사고 만다."

6.

莊子送葬, 過惠子之墓, 顧謂從者曰: "郢[①]人堊[②]漫其鼻端, 若蠅翼, 使匠石斫之. 匠石運斤[③]成風, 聽[④]而斫之, 盡堊而鼻不傷, 郢人立不失容. 宋元君聞之, 召匠石曰: '嘗試爲寡人爲之.' 匠石曰: '臣則嘗能斫之. 雖然, 臣之質[⑤]死久矣.' 自夫子之死也, 吾無以爲質矣, 吾無與言之矣."

【길잡이】

① 郢(중국음은 yǐng[影]): 춘추시기 초나라의 도읍. 지금의 호북성 강릉현江陵縣 일대이다.

② 堊(중국음은 è[諤]): 희고 고운 흙.

③ 斤: 도끼.

④ 聽: 마음대로 함.

⑤ 質: '대對'와 같다.(성현영, 『장자소』) 즉 '대상'을 말한다.

【풀이】

장자가 장례에 가다가 혜자의 묘를 지나면서 고개를 돌려 그를 따르는 자에게 말했다. "영郢 땅에 살던 어떤 사람이 백토를 빚다가 흙 한 점이 그의 콧등에 튀었는데, 그 모습이 꼭 파리 날개와 같았다. 이에 그가 장인匠人 석石에게 그것을 떼어 달라고 부탁했다. 장석匠石이 도끼를 휙휙 하고 움직여서 손 가는 대로 가볍게 진흙 얼룩을 떼어 냈다. 작은 진흙 한 점이 완전히 떨어져 나갔는데도 코에는 조그마한 상처도 없었으며, (이를 부탁한) 영 땅 사람 또한 얼굴 색 하나 안 변했다. 송宋나라 원군元君이 이 이야기를 듣고 장석을 불러와 '내게도 한번 보여 주게'라고 말했다. 그러자 장석은 '예전이라면 할 수 있었겠지만, 지금은 시범을 보일 상대가 이미 죽어 버리고 말았습니다'라고 말했다. 선생이 세상을 떠난 뒤, 나는 상대할 사람이 사라졌다. 이제 나는 담론을 나눌 대상이 없다."

7.

管仲有病, 桓公問之曰: "仲父之病病矣①, 可不諱②雲! 至於大病, 則寡人惡乎屬國③而可?"
管仲曰: "公誰欲與?" 公曰: "鮑叔牙."
曰: "不可. 其爲人, 潔廉善士也, 其於不己若者不比之④, 又一聞人之過, 終身不忘. 使之治國, 上且鉤乎君, 下且逆乎民⑤. 其得罪於君也, 將弗久矣!"
公曰: "然則孰可?"
對曰: "勿已, 則隰朋⑥可. 其爲人也, 上忘而下不畔⑦, 愧不若黃帝而哀不己若者. 以德分人謂之聖, 以財分人謂之賢. 以賢臨人⑧, 未有得人者也; 以賢下人, 未有不得人者也. 其於國有不聞也, 其於家有不見也⑨. 勿已, 則隰朋可."

【길잡이】

① 病矣: 병이 중함을 나타냄.

② 諱: 원래는 '위謂'라고 되어 있었으나, 강남고장본 및 『열자』「역명力命」에 '휘諱'라고 되어 있으므로 이에 따라 수정한다.

③ 屬國: 국정을 맡김.

④ 不比之: 함께 병립할 수 없음.(임운명) 함께 벗이 될 수 없음. '비比'는 '친親'과 같다.

⑤ 上且鉤乎君, 下且逆乎民: 위로는 충직함으로 임금을 단속하고, 아래로는 청렴결백함으로 백성들을 거스른다.(성현영, 『장자소』)

- 임희일: '구鉤'는 단속한다는 뜻이다. '역逆'은 예의禮義를 백성에게 강요한다는 뜻이다.

⑥ 隰朋: 성은 습隰, 이름은 붕朋. 제나라의 현인이다.(성현영, 『장자소』)

⑦ 上忘而下不畔: 높은 위치에 있는 사람들과는 서로의 존재를 잊은 채 지내고, 낮은 위치에 있는 사람들은 그를 등지지 않는다. '반畔' 앞에 '불不'자가 빠져

있었으나, 『열자』 「역명力命」에 따라 보충하였다.

- 선영: 『열자』에는 '하불반下不叛'이라고 되어 있으나, 여기에서는 '불不'자가 빠져 있다. '상망上忘'이란 자신의 능력을 자랑하지 않기 때문에, 높은 위치에 있는 자들은 그와 서로 잊은 채 지낸다는 뜻이다. '하불반下不畔'은 사람들을 널리 사랑하므로 낮은 위치에 있는 자들이 그를 차마 배반하지 못한다는 뜻이다.

⑧ 以賢臨人: 현명함을 남에게 자랑함.

⑨ 其於國有不聞也, 其於家有不見也: '불문不聞', '불견不見'은 까다롭게 살피거나 간섭하지 않는 것을 비유한 말이다.

【풀이】

관중管仲이 병을 얻게 되자, 제齊나라 환공桓公 그에게 물었다. "중부仲父(관중)의 병이 위중하니 말을 삼가야 하겠으나, 말을 하지 않을 수 없습니다. 만약 병세가 위독해지면 나는 국정을 누구에게 맡겨야 하겠습니까?"
관중이 말했다. "왕께서는 누구에게 맡기려고 하십니까?"
환공이 말했다. "포숙아鮑叔牙에게 맡기고자 합니다."
관중이 말했다. "안 됩니다. 그는 사람됨이 지나치게 청렴하고 결백하니 자신보다 못한 이를 가까이하지 않고, 남의 잘못을 들으면 평생 잊지 않습니다. 만약 그에게 통치를 맡긴다면 위로는 군주를 단속하려 들고, 아래로는 백성들의 뜻에 거스르게 될 것이니, 얼마 지나지 않아 왕의 미움을 사고 말 것입니다."
환공이 말했다. "그렇다면 누가 좋겠습니까?"
관중이 말했다. "굳이 말해야 한다면, 습붕隰朋이 좋을 듯합니다. 그는 윗사람들과는 서로를 잊은 채 지내며, 아랫사람은 그를 배반하지 않습니다. 그는 자신이 황제黃帝보다 못하다는 것을 부끄러워하는 동시에, 자신보다 못한 이들을 동정합니다. 덕을 베푸는 이를 성인이라고 하고, 재물을 베푸는 이를 현인이라고 합니다. 자신의 현명함을 남에게 과시하며 남을 깔본다면 사람들의 마음을 얻을 수 없습니다. 반대로 겸허한 태도로 남을 대하면 사람들의 마음을 얻지 못하는 바가 없습니다. 그는 나랏일에 간섭하지 않을 것이며, 가문의 일을 세세히 따지지 않을 것입니다. 굳이 한 명을 선택해야 한다면 습붕이 좋을 듯합니다."

8.

吳王浮於江, 登乎狙之山. 衆狙見之, 恂然[①]棄而走, 逃於深蓁[②]. 有一狙焉, 委蛇攫搔[③], 見巧乎王. 王射之, 敏給[④]搏捷[⑤]矢. 王命相者[⑥]趨射之, 狙執[⑦]死. 王顧謂其友顔不疑[⑧]曰: "之狙也, 伐其巧, 恃其便以敖予, 以至此殛也! 戒之哉! 嗟乎, 無以汝色驕人哉!" 顔不疑歸而師董梧[⑨]以鋤[⑩]其色, 去樂辭顯, 三年而國人稱之.

【길잡이】

① 恂然: 놀라 당황한 모습.

② 蓁: 무성한 가시밭.

③ 委蛇攫搔: 뛰어올라 나뭇가지를 잡음.(임희일) '확조攫搔'는 위로 뛰어오르는 모습을 나타내는 말이다.(성현영, 『장자소』) '조搔'는 세덕당본에는 '조抓'(잡다)로 되어 있다.

④ 敏給: '민첩敏捷'과 같다.

- 유월: '민급敏給' 두 글자는 서로 같은 뜻이다. 『후한서』「역염전酈炎傳」의 '언론급첩言論給捷'에 대해 이현李賢이 "'급給'은 '민敏'과 같다"라고 주해한 것이 그 증거이다.[8)]

⑤ 搏捷: '박搏'은 '접接'(받다)과 같다.(성현영, 『장자소』) '첩捷'과 '접接'은 옛글자에서는 서로 통했다.(왕선겸)

- 유월: '첩捷'은 '접接'으로 읽는다. 『이아』「석고釋詁」에서 "'첩捷'은 '접接'과 같다"라고 하였다. '첩捷'과 '접接'은 음이 비슷하여 뜻이 서로 통했다.

⑥ 相者: '상相'은 '돕다'. 왕을 보좌하는 사람을 일컫는다.(성현영, 『장자소』)

⑦ 執: 『태평어람』 745항에 인용된 구절에서는 '집執'을 '기旣'로 썼다.

- 마서륜: 『태평어람』에서는 '집執'을 '기旣'로 썼다. '기旣'는 '즉卽'자가 와전된 것으로 보인다.

⑧ 顔不疑: 성은 안顔, 이름은 불의不疑. 왕의 벗이다.(성현영, 『장자소』)

---

8) 중국 당나라 高宗과 則天武后의 아들인 李賢(655~684)의 『後漢書』 注를 말한다.

⑨ 董梧: 성은 동董, 이름은 오梧. 오吳나라의 현인이다.(성현영, 『장자소』)

⑩ 鋤: 제거하다.

【풀이】

오吳나라 왕이 배를 띄워 강을 건너 미후산獼猴山에 올랐다. 원숭이들이 그를 보고 놀라 허둥지둥 달아나 무성한 가시밭으로 도망쳐 들어갔다. 그중 원숭이 한 마리가 이리저리 뛰어다니면서 오왕에게 자신의 교묘한 솜씨를 선보였다. 오왕이 원숭이를 쏘아 맞히려고 했으나 원숭이가 재빨리 화살을 낚아챘다. 오왕이 주위의 조수를 불러 그 원숭이를 쏘게 했고, 결국 원숭이는 화살에 맞아 죽고 말았다. 그 광경을 본 오왕이 자신의 벗 안불의顔不疑에게 이렇게 말했다. "이 원숭이는 자신의 솜씨를 자랑하고, 자신의 민첩함만 믿고 나를 깔보더니 결국 목숨을 잃는 지경에 이르고 말았다. 이를 교훈으로 삼아야 할 것이다! 교만한 태도로 남을 대하지 말라!" 이 말을 들은 안불의는 돌아가 동오董梧를 찾아뵙고 스승으로 삼았다. 그리고 자신의 교만한 태도를 고치고, 방탕한 생활을 버렸으며 부귀영화를 고사하였다. 이렇게 삼 년이 지나자 온 나라의 사람들이 모두 그를 칭찬하게 되었다.

9.

南伯子綦[①]隱幾而坐, 仰天而噓. 顏成子入見曰: "夫子, 物之尤[②]也. 形固可使若槁骸[③], 心固可使若死灰乎?"
曰: "吾嘗居山穴之中矣. 當是時也, 田禾[④]一睹我, 而齊國之衆三賀之. 我必先之[⑤], 彼故知之; 我必賣之[⑥], 彼故鬻之. 若我而不有之, 彼惡得而知之? 若我而不賣之, 彼惡得而鬻之? 嗟乎! 我悲人之自喪者, 吾又悲夫悲人者, 吾又悲夫悲人之悲者, 其後而日遠[⑦]矣."

【길잡이】

① 南伯子綦: 「제물론」에 나오는 남곽자기南郭子綦를 말함.

- 곽경번: 「제물론」에는 '남백자기南伯子綦'를 '남곽자기南郭子綦'로 썼다. '백伯'

과 '곽郭'은 과거에는 음이 서로 비슷하여 글자 또한 통용되었다.

② 物之尤: 인물 사이에서 가장 위대함.(임희일) 같은 무리 가운데에서 가장 출중함.(선영)

③ 槁骸: 백골. 「제물론」에서는 '고목槁木'으로 썼다.

④ 田禾: 제齊나라 왕의 이름. 제나라의 태공太公 화和를 가리킨다.

⑤ 我必先之: 자신의 명성을 앞세움.(성현영, 『장자소』)

⑥ 賣之: 명성을 내걸어 팜.

⑦ 日遠: 점차 자신을 과시하는 태도에서 벗어나 담백한 무심無心의 경지[槁木死灰]에 이르게 되었음을 가리키는 말.

【풀이】

남백자기南伯子綦가 탁자에 기대어 앉아 있다가 고개를 들고 천천히 한숨을 내뱉으며 탄식을 했다. 그 모습을 본 안성자顔成子가 말했다. "스승님은 참으로 위대하십니다. 형체를 마치 백골과 같은 모습으로 만들고, 마음을 마치 불 꺼진 재처럼 만드는 것이 원래 가능한 일입니까?"

남백자기가 말했다. "내가 일찍이 산속 동굴에서 은거할 때 제나라 군주인 전화田禾가 나를 찾아온 적이 있었는데, 제齊나라 백성들이 이를 알고 세 번이나 그를 축하하였다. 내가 우선 명성이 있어야 그가 나를 알 것이고, 명성을 밖으로 드러내야 그가 나를 찾아와 가까이하고자 할 것이다. 만약 내게 명성이 없다면 그가 어떻게 나를 알겠는가? 만약 명성을 밖으로 드러내지 않는다면 그가 어떻게 나를 찾아와 가까이하고자 하겠는가? 아! 나는 사람들이 모두 자아를 잃고 헤매는 것을 슬퍼하였고, 이를 슬퍼하는 것조차 또한 슬퍼하였으며, 이를 슬퍼하는 것을 슬퍼하는 것 또한 슬퍼하였다. 그런 뒤에 하루하루 자신을 과시하는 태도에서 벗어나 담백한 무심無心의 경지에 이르게 되었던 것이다."

10.

仲尼之楚, 楚王觴之, 孫叔敖[①]執爵[②]而立, 市南宜僚[③]受酒而祭曰: "古之人乎! 於此言已[④]."

曰: "丘也聞不言之言[⑤]矣, 未之嘗言, 於此乎言之. 市南宜僚弄丸而兩家之難解[⑥], 孫叔敖甘寢秉羽而郢人投兵[⑦]. 丘願有喙三尺[⑧]!"
彼[⑨]之謂不道之道, 此[⑩]之謂不言之辯, 故德總乎道之所一. 而言休乎知之所不知, 至矣. 道之所一者, 德不能同也[⑪]; 知之所不能知者, 辯不能擧也; 名若儒墨而凶矣[⑫]. 故海不辭東流, 大之至也; 聖人並包天地, 澤及天下, 而不知其誰氏. 是故生無爵, 死無謚, 實不聚, 名不立, 此之謂大人. 狗不以善吠爲良, 人不以善言爲賢, 而況爲大乎! 夫爲大不足以爲大, 而況爲德乎! 夫大莫若天地[⑬], 然奚求焉而大備矣. 知大備者, 無求, 無失, 無棄, 不以物易己也. 反己而不窮, 循古而不摩[⑭], 大人之誠.

【길잡이】

① 孫叔敖: 성은 손孫, 이름은 숙오叔敖.

- 육덕명: 『춘추좌전』에 따르면 손숙오는 초楚나라 장왕莊王의 재상으로 공자가 태어나기 전에 활동했다. 애공哀公 16년 공자가 죽고 백공白公이 난을 일으켰을 때, 의료宜僚는 아직 초나라에서 벼슬을 하지 않았다. 또한 『춘추좌전』 선공宣公 12년에 따르면 초나라에 웅의료熊宜僚라는 자가 있었다고 하였다. 그는 손숙오와 동시대의 인물이므로 공자는 더욱 거리가 멀다고 할 수 있다. 따라서 이 구절의 이야기는 지어낸 우언이다.

② 爵: 고대에 사용된 술잔.

③ 市南宜僚: 성은 웅熊, 자는 의료宜僚. 초나라의 용사로 저잣거리 남쪽(市南)에 거처하였으므로 시남자市南子라고 불렀다.

④ 古之人乎! 於此言已: '옛날 사람들이 바로 이러한 상황 속에서 담화를 나누지 않았겠는가!'라는 말.

- 임운명: 고대의 사람들은 연회가 이루어지는 가운데 늘 말로써 서로 가르침을 주고받았다. 이에 스승에게 말씀을 청한 것이다.

⑤ 不言之言: 무언無言의 말.

- 곽상: 성인聖人은 말이 없다(無言). 그가 말하는 것은 오직 백성들의 말일 뿐이다. 그러므로 '불언지언不言之言'이라고 하였다.

⑥ 市南宜僚弄丸而兩家之難解: 시남의료는 공놀이 묘기에 능하여 늘 손에 한 개를 쥐고 공중에 여덟 개를 띄워 놓을 정도였다.(나면도) 옛 주석에 따르면 '양가지난해兩

家之難解'는 시남의료가 백공白公의 반란에 참여하지 않아 반란이 성공하지 못하게 되어 양측의 위급한 상황을 해결할 수 있었음을 가리킨다.

- 성현영: 초나라의 백공 승勝이 반란을 일으켜 영윤令尹이었던 자서子西를 죽이고자 하였다. 이에 사마자기司馬子綦는 웅의熊宜가 용맹하여 홀로 능히 오백 명을 상대할 수 있으니, 그를 얻어야 한다고 말했다. 따라서 그를 설득하고자 사자를 보냈는데, 사자가 도착했을 무렵 그는 아래위로 구슬 놀이를 하며 사자와 대화를 나누지 않았다. 이에 사자가 칼을 들어 위협하였으나 그는 놀라지도 않고 명에 따르지도 않을뿐더러 말조차 섞으려 하지 않았다. 결국 백공이 의료를 얻지 못해 반란을 성공시킬 수 없었다. '양가지 난해兩家之難解'는 바로 이 일을 가리킨다.
- 왕선겸: '난해難解'라고 말하는 것은 틀렸다. 혹은 기록의 문제일 수도 있다.
  - ▹ 진고응: 양가난해兩家難解라는 말은 다소 어폐가 있다. 백공은 반란이 성공하지 않아 죽음을 맞이하게 되었는데,[9] 어떻게 쌍방의 어려움이 모두 해결되었다고 할 수 있겠는가? 왕선겸의 문제 제기에 일리가 있다.

⑦ 孫叔敖甘寢秉羽而郢人投兵: '병우秉羽'는 깃털 부채를 쥔 것을 말한다.(성현영, 『장자소』) '영郢'은 초나라의 도읍이므로, '영인郢人'은 초나라 사람을 가리킨다. '투병投兵'은 무기를 버리고 사용하지 않는 것이니, 전쟁을 멈추는 것을 뜻한다.

- 사마표: 숙오는 편안히 거처하며 묘당에서 덕을 길러 천 리 밖의 일까지 다스려 적국이 감히 침범하지 못했음을 말한다.
- 임운명: 두 사람 모두 무위의 방식으로써 어려움을 해결하고 군사를 멈추었으니, 말은 실제 필요하지 않았다.

⑧ 願有喙三尺: '훼喙'는 입, '삼척三尺'은 말이 긴 것을 가리킨다.(『경전석문』)

- 임희일: '어찌 내가 입을 놀릴 수 있겠는가?'라는 뜻으로, '삼척三尺'이란 이처럼 길게 말할 수 없다는 뜻이다.
- 엄복: 이는 문인 특유의 반어적 화법이다. '이미 무언無言의 말을 체득하였는데, 뛰어난 언변(三尺之喙)이 있다고 해서 그것이 무슨 도움이 되겠으며, 더군다나 그런 언변조차 없다면 어떻겠는가'라는 말이다.

---

9) 초나라 惠王 6년(기원전 483) 白公이 난을 일으켜 혜왕을 몰아내고 왕의 자리에 오른 후 혜왕까지 죽이려 하다가 혜왕 추종세력의 반격으로 죽은 사건을 말한다. 『史記』 「楚世家」 惠王 6年條 참조.

⑨ 彼: 앞의 두 사람을 말한다.(곽상, 『장자주』) 즉 시남의료와 손숙오를 가리킨다.

⑩ 此: 공자를 말한다.(곽상, 『장자주』)

⑪ 道之所一者, 德不能同也: '덕德'은 '득得'과 같다. '득도得道' 혹은 '견도見道'를 가리켜 말한 것이다. '동同'은 『고일총서古逸叢書』본에는 '주周'라고 되어 있다.

- 곽상: 각기 자득할 뿐이어서 서로 같지 않으나, 도는 하나이다.
- 임희일: '도지소일道之所一'은 저절로 그러한 원리(自然)를 말하며, '덕德'은 자신에게 갖추어진 것을 말한다. 만들어진 사물 가운데의 일一자는 인위에 의한 것과는 다르다. 그러므로 '덕불능동德不能同'이라고 하였다. 이 '덕德'자를 보면 이 책(『장자』) 다른 곳에 사용된 덕德과는 용법이 다른 것을 알 수 있다.

⑫ 名若儒墨而凶矣: 유가와 묵가가 서로 해치는 것은 유가와 묵가라는 명분이 있기 때문이다.(곽숭도) 서로 명분을 내걸어 보임으로써 덕을 해치게 된다.(선영)

⑬ 夫大莫若天地: '대天' 뒤에 원래 '비의備矣' 두 글자가 있었으나, 뒤 구절의 글로 인해 불필요하게 덧붙여진 것으로 보인다. 마서륜의 설에 따라 삭제한다.

- 마서륜: '비의備矣' 두 글자는 뒤 구절의 글이 불필요하게 더해진 것이니, '부대막약천지夫大莫若天地'로 읽어야 한다.

⑭ 不摩: 반복해서 따지고 헤아리느라 애쓰지 않음.(선영)

【풀이】

공자가 초나라에 도착하자 초나라 왕이 그를 연회에 초청하였다. 손숙오가 술잔을 들고 섰고, 시남의료는 술을 받아 제를 올리며 이렇게 말했다. "옛 시대의 사람들이 바로 이러한 상황 속에서 담화를 나누지 않았겠습니까!"

공자가 답했다. "무언無言의 말이라는 것을 들은 적이 있습니다. 한 번도 이에 대해 말해 본 적이 없는데, 여기에서 한번 말해 보겠습니다. 시남의료께서는 구슬을 가지고 놀면서 양측의 위급한 상황을 해결할 수 있었고, 손숙오께서는 편안히 누워 잠을 청하면서도 깃털 부채를 손에 쥐고 초나라가 군사를 거두도록 만드셨습니다. 그런데 어찌 제가 쓸데없이 말을 더하겠습니까?"

시남의료와 손숙오가 말로 하지 않는 도를 행한 것이라고 한다면, 공자는 말로 하지 않는 논변을 한 것이라 할 수 있다. 따라서 덕은 도의 동일성에 포괄된다.

말은 지식이 알 수 없는 영역에서 그치는 것이 지극한 경지이다. 도는 하나로 같게 하는 것이지만 덕은 같을 수 없고, 지식으로 알 수 없는 것은 말로 모두 설명할 수 없으며, 마치 유가와 묵가처럼 그렇게 이름을 불러 구분하는 것은 좋지 않다. 그러므로 바다는 동쪽으로 흘러가는 것을 거부하지 않으니, 이는 큰 것의 궁극이다. 성인은 천지를 아울러 그 은택이 온 천하에 미치지만, 백성들은 그가 누군지조차 알지 못한다. 따라서 생전에는 작위가 없고 죽어서는 시호가 없으며, 재화를 모으지 않고 명성이 세워지지도 않았다. 이를 대인이라고 부른다. 개는 잘 짖는다고 좋은 개가 아니고, 사람은 말을 잘한다고 해서 현명한 것이 아니다. 그러니 하물며 대업을 이루는 경우야 어떠하겠는가? 위대해지고자 바란다고 해도 위대해질 수는 없는 법이다. 하물며 덕을 닦은 일에서야 어떠하겠는가? 세상에 천지보다 거대한 것이 없다. 천지는 무언가를 바라지 않는데도 모든 것을 갖추고 있다. 모든 것을 갖추고 있음을 알면 바라는 것도 없고, 잃어버리는 것도 없고, 버리는 것도 없으며, 외물에 의해 자신을 바꾸는 일도 없다. 끊임없이 자신을 돌이켜보면서 항상된 도에 따라 스스로 꾸며대지 않는 것이 바로 대인의 참된 본성이다.

11.

子綦①有八子, 陳諸前, 召九方歅②曰: "爲我相吾子, 孰爲祥?"

九方歅曰: "梱③也爲祥."

子綦瞿然喜曰: "奚若?" 曰: "梱也將與國君同食以終其身."

子綦索然出涕曰: "吾子何爲以至於是極也!"

九方歅曰: "夫與國君同食, 澤及三族④, 而況父母乎! 今夫子聞之而泣, 是禦福也. 子則祥矣, 父則不祥."

子綦曰: "歅, 汝何足以識之, 而梱祥邪? 盡於酒肉入於鼻口矣, 而何足以知其所自來? 吾未嘗爲牧而牂⑤生於奧⑥, 未嘗好田⑦而鶉生於宎⑧, 若勿怪, 何邪? 吾所與吾子遊者, 遊於天地. 吾與之邀樂於天, 吾與之邀食於地; 吾不與之爲事, 不與之爲謀, 不與之爲怪; 吾與之乘天地之誠而不以物與之相攖, 吾與之一委蛇而不與之爲事所宜. 今也然有世俗之償焉! 凡有怪征者, 必有怪行, 殆乎, 非我與吾子之罪, 幾天與之也! 吾是以泣也."

無幾何而使梱之於燕, 盜得之於道, 全而鬻之則難[9], 不若刖之則易, 於是乎刖而鬻之於齊, 適當渠公之街[10], 然身食肉而終.

【길잡이】

① 子綦: 초나라의 사마司馬인 자기(司馬子綦)를 말한다.(성현영, 『장자소』) 남곽자기南郭子綦를 가리킨다고 보는 설도 있다.

② 九方歅: '인歅'은 '인因'으로 읽는다. 관상에 능한 자이다.

③ 梱: '곤困'으로 읽는다. 자기子綦의 아들이다.

④ 三族: 부친의 친족, 모친의 친족, 처의 친족을 가리킨다.

⑤ 牂: 양羊.(성현영, 『장자소』)

⑥ 奧: 서남쪽의 모퉁이.(『경전석문』)

⑦ 田: 사냥함.

⑧ 宎(중국음은 yǎo[夭]): 동북쪽 모퉁이.(사마표)

⑨ 全而鬻之則難: 몸이 온전한 채로 팔면 곤란함. 형체가 온전하면 도망가기가 쉬우니 붙잡아 두기가 어려운 것을 말한다.

⑩ 當渠公之街: 거공渠公을 위해 문을 지킴. '거공渠公'은 제齊나라의 재산가라는 설이 있다.(『경전석문』)

- 임희일: '거공지가渠公之街'는 거리에 인접해 있는 문을 말하니, 문지기가 된다는 뜻이다.
- 손이양: '당當'은 '장掌'(관장하다)으로 보아야 한다. '거渠'는 '강康'으로 보아야 한다. 형태가 비슷하여 잘못 쓴 것이다. 제나라 강공康公의 이름은 대貸이다. 『사기』「제세가齊世家」에 보인다. '가街'는 '규閨'(작은 문)로 읽어야 한다.

【풀이】

자기子綦에게는 여덟 명의 아들이 있었다. 이들을 앞에 세워 놓고 구방인九方歅을 불러다 관상을 살펴보게 하였다. "자식들 가운데 누가 가장 복이 많은가?" 구방인이 말했다. "곤梱이 복이 가장 많습니다."

자기가 놀라며 말했다. "어찌하여 그런가?" 구방인이 말했다. "곤은 평생 임금과 함께 식사를 할 팔자입니다."
자기가 침울한 듯 눈물을 흘리며 말했다. "내 아들이 어찌하여 이런 궁지에 처하게 되었단 말인가!"
구방인이 말했다. "임금과 함께 식사하는 위치가 되면 그 은덕이 삼족에게 미칠 터이니, 그 부모야 말할 나위가 없을 것입니다. 그런데 지금 선생께서는 말을 듣고 눈물을 흘리시니, 이는 오는 복을 거절하는 것입니다. 아드님에게는 복이 있으나 그 부친은 복이 없겠습니다."
자기가 말했다. "그것이 곤에게 진정으로 복이라는 것을 자네가 어떻게 아는가? 이는 그저 술과 고기를 코와 입에 넣는 일일 뿐인데, 자네는 그 복이 어디서 온 것인지 아는가? 기르지도 않았는데 집 서남쪽 모퉁이에서 양이 태어나고, 사냥하지도 않았는데 집 동북쪽 모퉁이에서 메추라기가 생겨나는 격이니, 이런 상황에서도 자네는 왜 이상하다고 느끼지 않는가? 내가 내 아들들과 노니는 것은 천지에서 노니는 것이다. 나는 그들과 하늘에서 함께 즐거워하고, 땅에서 함께 먹을 것을 구한다. 하지만 그들과 함께 대업을 추구하지 않고, 일을 도모하지 않으며, 괴이한 일을 만들지 않는다. 나는 그들이 천지의 실정에 따르도록 하여 외물과 서로 교란되지 않도록 하며, 일이 어떠하게 되어야 한다고 마음속에 담아 두지 말고 일이 저절로 흘러가는 바에 따르게 하였다. 그런데 지금 세속의 보상을 받게 된 것이다. 무릇 기이한 조짐이 보이면 반드시 기이한 행적이 있기 마련이니, 큰일이다! 나와 아들이 죄를 지어서 이런 결과를 낳은 것이 아니라, 하늘이 아들에게 부여한 것이라 내가 눈물을 흘렸던 것이다."
얼마 지나지 않아 곤이 사신으로 연나라에 파견되었는데, 도중에 도적을 만나 붙잡히고 말았다. 도적들은 몸이 온전한 채로 그를 팔아 버리는 것은 까다로우니 차라리 발을 잘라 버리는 것이 편하겠다고 여겨, 발을 잘라서 제나라로 팔아 버렸다. 제나라로 팔려 간 곤은 공교롭게도 거공渠公의 문지기로 일하게 되어 평생 고기를 먹으며 살았다.

12.

齧缺遇許由, 曰: "子將奚之?" 曰: "將逃堯."
曰: "奚謂邪?"

曰: "夫堯畜畜然①仁, 吾恐其爲天下笑. 後世其人與人相食與②! 夫民, 不難聚也; 愛之則親, 利之則至, 譽之則勸, 致其所惡則散. 愛利出乎仁義, 捐仁義者③寡, 利仁義者衆. 夫仁義之行, 唯且無誠, 且假夫禽貪者器④. 是以一人之斷制利天下, 譬之猶一覕⑤也. 夫堯知賢人之利天下也, 而不知其賊天下也, 夫唯外乎賢者知之矣!"

【길잡이】

① 畜畜然: 아끼고 돌보는 데 힘을 쏟는 모습.(『경전석문』에서 왕숙지의 설을 인용)

② 人與人相食與: '여與'는 '여歟'(의문, 반문을 나타내는 어조사)와 같다.

- 육덕명: 오직 인의仁義에만 빠져든 채 농사짓는 일로 돌아오지 않으니, 굶주리면 서로 잡아먹는 지경에 이르게 된다.

③ 捐仁義者: '연捐'은 '버리다'의 뜻이다. 인의를 무시하는 것을 가리킨다.

- 임운명: '연인의자捐仁義者'는 인의仁義를 잊고 지내는 자를 말하며, 뒤에 나오는 '외호현자外乎賢者'와 같은 부류이다. 이는 지극히 얻기 힘든 경지이다.

④ 禽貪者器: 탐욕의 도구.

- 임희일: 마치 짐승처럼 탐욕이 강한 자들은 인의라는 명분을 빌려 이를 사용하기도 한다.
- 해동: '금탐禽貪'이란 흉포하고 탐욕스러움(凶貪)을 말한다. 『주역』 항괘恒卦에서는 "'금禽'과 '흉凶'은 협운協韻10)을 이룬다"라고 하였다.

⑤ 覕: '별瞥'의 뜻으로 가차되었다.(마기창의 『장자고』에서 주준성의 설을 인용)

- 사마표 '별覕'은 힐끗 보는 모습이다.

【풀이】

설결齧缺이 허유許由를 우연히 만나 물었다. "그대는 어디로 가는가?"
허유가 말했다. "요임금을 피해 도망을 간다."
설결이 말했다. "왜 그러는가?"
허유가 말했다. "요임금은 부지런히 인을 행하니, 나는 그가 천하의 사람들로부터

10) 본래 같은 韻에 속하지 않는 글자를 같은 운으로 사용하는 것.

비웃음을 살까 걱정이 된다. (모두가 인의를 추구하니) 후대 사람들이 어찌 서로 잔인하게 잡아먹는 지경에 이르지 않을 수 있겠는가? 백성이란 모으는 것이 어렵지 않다. 그들을 사랑하면 가까워지고, 이롭게 해 주면 모여들고, 칭찬하면 더욱 열심히 하고, 싫어하는 바를 행하면 떠난다. (이처럼) 백성을 사랑하거나 이롭게 하는 것은 모두 인의에서 출발하니, 인의를 무시하는 이는 적고 인의를 통해 이로움을 취하려는 이는 많다. (그러므로) 인의의 행위는 거짓과 위선만을 낳으며 탐욕의 도구이다. 이것은 한 사람의 판단으로 천하를 이롭게 하고자 하는 것으로, 마치 힐끗 보고 판단하는 것이나 마찬가지이다. 요임금은 현인들이 천하에 이롭다고만 생각을 하지, 그들이 천하를 해친다고는 생각하지 못한다. 현인들을 물리치는 자만이 이러한 이치를 알 것이다!"

13.

有暖姝①者, 有濡需②者, 有卷婁③者.

所謂暖姝者, 學一先生之言, 則暖暖姝姝而私自說也, 自以爲足矣, 而未知未始有物④也, 是以謂暖姝者也.

濡需者, 豕虱是也, 擇疏鬣⑤自以爲廣宮大囿, 奎蹏⑥曲隈⑦, 乳間股腳, 自以爲安室利處, 不知屠者之一旦鼓臂布草操煙火, 而己與豕俱焦也. 此以域進, 此以域退⑧, 此其所謂濡需者也.

卷婁者, 舜也. 羊肉不慕蟻, 蟻慕羊肉, 羊肉羶也. 舜有羶行, 百姓悅之, 故三徙成都, 至鄧之虛⑨而十有萬家. 堯聞舜之賢, 擧之童土⑩之地, 曰冀得其來之澤⑪. 舜擧乎童土之地, 年齒長矣, 聰明衰矣, 而不得休歸, 所謂卷婁者也.

是以神人惡衆至, 衆至則不比⑫, 不比則不利也. 故無所甚親, 無所甚疏, 抱德煬和⑬以順天下, 此謂眞人.

於蟻棄知, 於魚得計, 於羊棄意⑭. 以目視目, 以耳聽耳, 以心復心. 若然者, 其平也繩⑮, 其變也循⑯. 古之眞人, 以天待人, 不以人入天, 古之眞人!

【길잡이】

① 暖姝(姝의 중국음은 shū[抒]): 자부하는 모습.(성현영, 『장자소』) 얕은 식견에 스스로 우쭐해

한다는 뜻.(임희일)

② 濡需: 일시적인 안일에 만족함.

- 육덕명: 일시적인 순간의 만족을 말한다.
- 임희일: '유수濡需'란 어떤 바라는 바에 마음이 머물러 있는 것이니, 권세와 이익을 탐하는 자를 가리킨다.

③ 卷婁: '구애되다'(拘攣)라는 뜻.(『경전석문』) 수고스럽고 괴로운 모습을 표현하는 말. '루婁'는 '루僂'(굽다)와 같다. 「소요유」에서는 '권곡卷曲'이라고 하였고, 「대종사」에서는 '곡루曲僂'라고 하였다. 모두 같은 뜻이다.

- 성현영: 몸이 굽고 손발이 오그라든다는 말로서 몸이 고되고 정신이 지치는 것을 의미한다.
- 임희일: '권루卷婁'는 몸이 굽고 애쓰며 고생하는 모습을 나타내는 말이다. 덕을 수양하는 자가 스스로 명성을 내세우니 사람들이 모두 그에게로 모여들지만, 오히려 그로 인해 괴로움에 처하여 평생토록 스스로 그칠 수 없음을 말한 것이다. 이는 옛날의 이름난 제왕을 풍자한 것이다.

④ 未知未始有物: 소득이 없음을 알지 못함.

- 성현영: 그 어떤 것도 배우지 못했음을 모르는 것을 일컫는다.

⑤ 疏鬣(鬣의 중국음은 liè[列]): 길고 듬성한 돼지의 털. '렵鬣'은 짐승의 머리에 난 긴 털을 말한다.

⑥ 奎蹏: '규奎'는 두 넓적다리 사이를 말한다.(『설문해자』) '제蹏'는 '제蹄'(발굽)의 본 글자이다.

⑦ 曲隈: [두 고관절 사이의] 안으로 깊게 굽어진 부분을 가리킨다.

- 곽경번: '곡외曲隈'는 사타구니 사이를 말한다. 대체로 '외隈'라고 하는 것은 모두 안쪽에 있는 것을 가리키는 명칭이다. 『회남자』「남명훈覽冥訓」의 '어자부쟁외漁者不爭隈'에 대해 고유高誘의 주석은 "'외隈'는 깊게 굽어진 장소를 말한다"라고 하였다.…… 『춘추좌전』 희공僖公 25년의 '진인과석외秦人過析隈'에 대해 두예杜預의 주석은 "'외隈'는 은밀히 감추어진 장소이다"라고 하였다. 따라서 '외隈'라고 말하는 것은 모두 안으로 깊이 굽은 것을 가리킴을 알 수 있다.

⑧ 此以域進, 此以域退: 나아가고 물러남이 환경에 구애를 받음.(선영) 환경에 의해 좌우되는 것을 가리킨다.

⑨ 鄧之虛: '등鄧'은 하남성 남양南陽 부근 지역이다. '허虛'는 조간의본趙諫議本에는 '허墟'(언덕, 터)라고 되어 있다.

⑩ 童土: 벌거숭이 땅(禿土).(마서륜의 설로, '童'을 '禿'(대머리)의 가차자로 보았다.) 황무지를 가리킨다.

⑪ 冀得其來之澤: 순임금이 와서 은덕을 베풀어 주기를 기대함.(왕선겸)

⑫ 不比: 어울리지 않음.

⑬ 煬和: 조화를 기름(養和).(임운명) '양煬'은 '양養'의 의미로 가차되었다.(해동)

⑭ 於蟻棄知, 於魚得計, 於羊棄意: 이 세 구절은 신인神人을 두드러지게 보이고자 한 구절이다.

- 임희일: 개미(蟻)는 지극히 작은 생물이지만 아직 완전히 무지無知를 실현하지 못했고, 양은 지극히 우둔하지만 완전한 무념(無意)에는 이르지 못했다. 오직 진인眞人만이 무지와 무념의 상태에 이르렀다. 이것이 바로 '어의기지於蟻棄知'와 '어양기의於羊棄意'의 뜻이다. 물고기는 물에 살면서 유유자적한다. 진인이 비록 스스로 헤아리는 바가 있지만, 그 헤아림은 마치 물고기와 같이 자연스럽다.

⑮ 其平也繩: 마치 밧줄과 같이 똑바름.

- 임희일: 밧줄의 곧음은 자연적으로 곧은 것이다.

⑯ 循: 따르다.

【풀이】

득의양양하며 우쭐대는 자(暖姝), 일시적인 안일에 만족하는 자(濡需), 몸을 수고롭게 하며 사서 고생하는 자(卷婁)가 있다.

득의양양하며 우쭐대는 자란 한 학파의 주장만을 배우고서는 마치 대단하다는 듯 우쭐거리며 자만하는 자를 말한다. 이러한 자는 스스로 충분히 배웠다고 여기지만 실제로는 아무것도 얻지 못했음을 알지 못한다. 이 같은 자들을 바로 득의양양하며 우쭐대는 자라고 말한다.

일시적인 안일에 만족하는 자는 마치 돼지의 몸에 붙은 벼룩과도 같다. 돼지 몸에 털이 길고 듬성듬성한 부분을 찾아 머무르면서 이를 넓은 궁전이나 큰 정원인 양 여긴다. 발굽에, 사타구니 속에, 젖가슴 사이에, 넓적다리 사이에 머무르면서 안전하고 편리한 곳에 있다고 여기지만, 언젠가 백정이 돼지 다리를 잘라 짚 위에 놓고 불을 질러 태우면 자신도 돼지와 함께 타 버리고 만다는 사실은 알지 못한다. 바로 환경에 따라 나아가고 환경에 따라 물러가는 이치이니, 이러한 자를 바로 일시적인 안일에 만족하는 자라고 부른다.

몸을 수고롭게 하며 사서 고생하는 자는 순舜과 같은 자라고 할 수 있다. 양고기는 개미를 좋아하지 않지만 개미는 양고기를 좋아한다. 양고기에 누린내가 있기 때문이다. 순에게도 이러한 '누린내'와 같은 행실이 있어 백성들은 그를 좋아한다. 따라서 세 번이나 도읍을 옮겼는데, 등鄧 땅의 광야에 이르자 십여 만 가구가 모여들었다. 요가 순이 현명하다는 것을 듣고 황무지에서 그를 발탁하고는 그가 와서 은택을 베풀어 주었으면 한다고 하였다. 순이 황무지에서 요에게 발탁되었을 때는 이미 나이가 지긋하여 총기도 쇠하였는데도 퇴직하여 물러나지 않았으니, 이러한 자를 바로 몸을 수고롭게 하며 사서 고생하는 자라고 부른다.

이 때문에 신인神人은 사람들을 불러들이는 것을 싫어한다. 사람들을 불러들이게 되면 불화가 일어나고, 불화가 일어나면 이롭지 못한 일이 생긴다. 따라서 과도하게 가까이하지도 않으며, 과도하게 멀어지지도 않는다. 덕을 품고 조화를 길러서 천하에 순응하니, 이러한 자를 진인眞人이라고 부른다.

개미의 경우로 비유하자면 양고기의 맛에 대한 앎을 버려야 하고, 물고기처럼 자적하며, 양처럼 생각을 버려야 한다. 눈으로 볼 수 있는 것을 보며, 귀로 들을 수 있는 것을 들으며, 마음으로 깨달을 수 있는 것을 관조해야 한다. 이렇게 한다면 그 마음은 자연스럽게 평온하고, 그 변화는 자연스럽게 순조롭다. 옛날의 진인들은 자연으로서 인간의 일을 대하였으니, 인간의 일이 자연을 침범하도록 하지 않았다. 이것이 바로 옛날의 진인의 모습이다!

14.

得之也生, 失之也死; 得之也死, 失之也生: 藥也. 其實堇[①]也, 桔梗[②]也, 雞癰[③]也, 豕零[④]也, 是時爲帝[⑤]者也, 何可勝言! 句踐也以甲楯三千棲於會稽. 唯種[⑥]也能知亡之所以存, 唯種也不知其身之所以愁. 故曰, 鴟[⑦]目有所適, 鶴脛有所節, 解之也悲.

故曰, 風之過河也有損焉, 日之過河也有損焉. 請只[⑧]風與日相與守河, 而河以爲未始其攖也, 恃源而往者也. 故水之守土也審⑨, 影之守人也審, 物之守物⑩也審.

故目之於明也殆, 耳之於聰也殆, 心之於殉也殆. 凡能其於府⑪也殆, 殆之成也不給改. 禍之長也茲萃⑫, 其反也緣功⑬, 其果也待久⑭. 而人以爲己寶, 不亦悲乎! 故有亡國戮民無已, 不知問是也.

【길잡이】

① 堇(중국음은 jin[禁]): 약초. 오두를 일컫는다. 풍냉비風冷痹[11]를 치료한다.

② 桔梗: 약초. 길이가 1척이 넘고, 꽃은 자백색이며, 뿌리는 약으로 쓸 수 있다. 심장과 배의 혈적증[12]을 치료한다.

③ 雞壅: 이삭바꽃. '옹壅'은 판본에 따라 '옹甕'으로 쓰기도 한다. 서로 음이 같다.

④ 豕零: 저령豬苓이라고도 부르며, 뿌리가 마치 돼지의 고환을 닮았다. 갈증을 치료할 수 있다.(사마표)

⑤ 時爲帝: '제帝'는 '주되다'(主)라는 뜻으로, 귀중함을 의미한다.

- 오여륜: '시위제時爲帝'는 '번갈아들며 귀중해지다'라는 말과 같다. 『회남자』「설림훈說林訓」의 '시위제자야時爲帝者也'에 대해 고유高誘의 주석은 "때때로 귀하게 보이는 것을 말한다"라고 풀이하였다.(『장자점감』)
- 곽경번: '시時'는 '번갈아든다'(更)라는 말이다. 근堇, 길경桔梗, 계옹雞壅, 시령豕零이 서로 번갈아 가며 주가 되는 것을 말한다.

⑥ 種: 문종文種을 말한다. 대부의 직책을 맡았으며 월越나라의 지략가로 월왕 구천句踐을 도와 오吳나라를 섬멸하였다.

- 사마천: 구천이 오나라를 평정하여 월나라 군대가 장강長江과 회수淮水 동쪽 일대를 주름잡았다. 이에 제후들이 모두 축하를 보내며 그를 패왕霸王으로 칭했다. 이후 범려范蠡는 월왕 구천의 곁을 떠나 제齊나라에서 월나라의 대부 문종에게 한 통의 서신을 보내 이렇게 말했다. "나는 새가 떨어지면 좋은 활은 넣어서 보관해 두고, 날쌘 토끼를 잡고 나면 사냥개는 쓸모가 없어 잡아먹히는 법입니다. 월왕 구천은 긴 목에 새부리와 같은 모진

11) 중의학에서 한기가 들어 몸이 마비되는 증상을 일컫는 말.
12) 중의학에서 일종의 혈액 순환 장애를 일컫는 말.

관상을 하고 있으니, 그와 환난을 함께할 수는 있어도 기쁨을 함께 나눌 수는 없습니다. 그런데 그대는 어찌 떠나지 않는 것입니까?" 문종이 이 서신을 보고 병을 핑계로 조정에 나가지 않았다. 이때 누군가 문종이 반란을 일으키려고 한다고 음해하였는데, 이에 월왕 구천이 문종에게 칼을 하사하며 "그대는 내가 오나라를 칠 일곱 가지 계책을 가르쳐 주었다. 과인은 그중 세 가지를 사용하여 오나라를 무찔렀는데, 나머지 네 가지는 그대가 지니고 있으니 나를 위해 선왕의 곁으로 가서 이를 시험해 보도록 하라"라고 말하니, 문종은 그 말에 따라 결국 자결하고 말았다.(『史記』 41권, 「越王句踐世家」)

⑦ 鴟(중국음은 chī[吃]): 부엉이.

⑧ 請只: 설령.(호문영, 『장자독견』)

⑨ 審: 안정되다.(성현영, 『장자소』)

- 임희일: '심審'은 '정하다'(定), '믿다'(信)라는 뜻이니, 이와 같이 결정하는 것을 말한다.
- 왕어: '심審'이란 은밀하여 소문이 나지 않음을 말한다.

⑩ 物之守物: '물은 습한 곳으로 흐르고, 불은 건조한 곳에서 연소한다'(水流濕, 火就燥)라는 말과 같은 맥락.(임희일)

⑪ 府: 오장육부(臟腑)(임희일), 궁중의 창고(內府)(선영), 재능을 숨기는 장소(임운명).

⑫ 玆萃: 많아짐. '자玆'는 '자滋'(늘다)와 같다. '췌萃'는 '모이다'라는 뜻이다.

⑬ 其反也緣功: '반反'은 '반返'(되돌아가다)과 같다. '자연으로 되돌아가다', '본성으로 되돌아가다'라는 의미이다. '공功'은 '자신의 행동을 돌아보면서 타인의 말에 경청하는'(內視反聽) 수양 방식을 가리킨다.(후쿠나가 미쓰지)

- 임운명: 그 본성을 돌이켜 지키고자 하면 반드시 그 노력이 쌓여야 한다.
- 선영: 자연으로 돌아가려고 하면 반드시 학문의 실력을 갖추어야 한다.

⑭ 其果也待久: '과果'는 스스로 수양한 성과.

- 선영: 자신을 극복하는 결실 역시 오랜 시일을 기다려야 한다는 말로, 실패하는 것은 빠르고, 이겨 내는 것은 어려움을 말한다.

【풀이】

얻으면 살아나고 없으면 죽는다. 하지만 때로는 사용하면 죽음에 이르고, 사용하지 않으면 살아나는 일도 있다. 이것이 바로 약의 작용이다. 오두, 도라지, 이삭바꽃, 저령과 같은 약초는 처방 속에서 서로 번갈아 가며 주된 역할을 하는데, 어떻게 그 신묘한 바를 다 설명할 수 있겠는가? 구천句踐은 무장 삼천과 함께 회계會稽 땅에 머물렀는데, 오직 문종文種만이 패망한 와중에서도 살길을 모색할 수 있었으나 정작 자신에게 닥칠 환난은 알지 못했다. 따라서 부엉이의 눈이 적합한 곳이 있고, 학의 긴 다리 또한 적합한 곳이 있는데, 이를 잘라 버린다면 슬픈 일이 아닐 수 없다.

그러므로 말하기를, 바람이 강을 지나가면 줄어들고, 태양이 강물을 비추면 줄어든다고 했다. 그러나 설령 바람과 태양이 함께 강물을 불어 대고 쬐인다 해도 강물은 줄어드는 법이 없다. 물이 샘솟아 나는 원천에 의지하여 끊임없이 흐르기 때문이다. 따라서 물이 흙을 단단히 지키고 있으면 굳어지고, 그림자가 사람을 단단히 지키고 있으면 사람에 의지하여 분리되지 않으며, 사물이 다른 사물을 단단히 지키고 있으면 서로 융합되어 떨어지지 않는다.

그러므로 눈이 지나치게 외부를 밝게 보려고 하면 위태로워지고, 귀가 지나치게 외부를 밝게 들으려고 하면 위태로워지고, 마음이 지나치게 외부의 사물을 좇으면 위태로워진다. 무릇 지모와 재능을 마음속에 감추고 있으면 위태로워지니, 한번 위태로워지면 뉘우쳐 고치기에는 이미 늦었다. 재난이 점차 늘어나고 복잡해지면 본성으로 돌아가고자 하여도 많은 수양을 필요로 하고, 자기 수양의 성취 또한 많은 시일이 필요하다. 그런데도 사람들은 스스로 감각과 사고의 기능을 귀하다고 여기고 있으니, 어찌 슬프지 않겠는가? 이 때문에 망국과 살인의 사단이 그치지 않고 이어지는 것이다. 이는 사람들이 그 원인을 어디에서 추궁해 나가야 할지를 모르기 때문이다.

15.

故足之於地也踐①, 雖踐, 恃其所不蹍②而後善博也; 人之於知也少, 雖少, 恃其所不知而後知天之所謂也. 知大一③, 知大陰④, 知大目⑤, 知大均⑥, 知大方⑦, 知大信⑧, 知大定, 至矣. 大一通之, 大陰解之, 大目視之, 大均緣之, 大方體之, 大信稽之, 大定持之.

盡有天⑨, 循有照⑩, 冥有樞⑪, 始有彼⑫. 則其解之也似不解之者, 其知之也似不知之也, 不知而後知之. 其問之也, 不可以有崖⑬, 而不可以無崖⑭. 頡滑⑮有實, 古今不代⑯, 而不可以虧⑰, 則可不謂有大揚搉⑱乎! 闔不亦⑲問是已, 奚惑然爲! 以不惑解惑, 復於不惑, 是尙大不惑.

【길잡이】

① 足之於地也踐: 발로 밟는 곳이 적음.(여혜경) 사람이 길을 걸을 때, 두 발로 딛는 부분은 약간에 지나지 않음.(임희일) '천踐'은 '밟다'라는 뜻이다. 유월은 '천淺'(얕다)으로 읽어야 한다고 보았다.

- 유월: 두 군데의 '천踐'자는 '천淺'으로 읽어야 한다. 잘못 쓴 것이거나, 과거에 두 글자가 통용된 것일 수 있다. 발이 땅에 닿는 것은 발이 놓일 수 있는 정도에 지나지 않으므로 '족지어지야천足之於地也淺'이라고 하였다.…… 뒤에서 '인지지야소人之知也少'라고 하였는데, '소少'와 '천淺'은 의미가 서로 통한다. 만약 '천踐'으로 본다면 뜻이 통하지 않는다.

② 蹍(중국음은 zhǎn[展]): '천踐', '답踏'과 같다.

③ 大一: 나누어지지 않은 혼돈의 상태.(육서성) 도를 말함.(곽상, 『장자주』)

- 후쿠나가 미쓰지: '지대일知大一'이란 만물의 동일성에 대한 인식을 말한다.(『莊子外篇雜篇解說』, 153쪽)

④ 大陰: 지극한 고요함.(임희일)

⑤ 大目: 보는 것이 넓음.(임희일) 사물이 보지 못하는 것을 봄.(저백수)

- 후쿠나가 미쓰지: '지대목知大目'이란 천지자연 세계의 대질서에 관한 인식을 말한다.

⑥ 大均: 다르지 않고 동일함.(임운명)

- 후쿠나가 미쓰지: '지대균知大均'이란 천지조화의 평등 무사함에 대한 인식을 말한다.

⑦ 大方: 한계가 없음.

- 후쿠나가 미쓰지: '지대방知大方'이란 실재 세계의 무한정한 자유에 대한 인식을 말한다.

⑧ 大信: 참된 이치.(임희일)

⑨ 盡有天: 모든 사물에는 스스로 그러함(自然)이 있음.

• 곽상: 사물 가운데 스스로 그러한 바(自然)가 없는 것이 없음.

⑩ 循有照: (자연의) 변화를 따르게 되면 지각과 관조가 생겨난다.(선영)

• 성현영: '순循'은 '따르다'라는 뜻이다. 오직 저절로 그러한 바에 따라야만 지혜가 저절로 밝게 비출 수 있다.

• 저백수: '순유조循有照'란 자연의 이치에 따르면 저절로 밝아진다는 말이다.

⑪ 冥有樞: 어두운 곳에 핵심이 있음.(선영)

⑫ 始有彼: 태초의 지점에 이미 저쪽 편이 존재함.(선영)

⑬ 不可以有崖: 도에는 한계가 없음. '애崖'는 한계, 경계를 말한다.

⑭ 不可以無崖: 도는 한계가 없는 것이 아니기도 함.(선영)

⑮ 頡滑: 만물이 분분함.(성현영, 『장자소』)

⑯ 不代: 서로 대체되지 않음.(성현영, 『장자소』)

⑰ 不可以虧: 마땅히 각자 그 본분을 다해야 함.(성현영, 『장자소』)

⑱ 揚搉: 현묘한 이치를 드러내고 포괄적으로 이를 논함.(곽상, 『장자주』)

• 왕어: '양揚'은 높이 드는 것이고 '각搉'은 끌어당기는 것이니, 우주의 이치를 '칠대七大'로 포괄하는 것을 말한다.

▹ 진고응: '칠대七大'란 앞에서 말한 '대일大一', '대음大陰', '대목大目', '대균大均', '대방大方', '대신大信', '대정大定'을 가리킨다.

⑲ 不亦: 조간의본趙諫議本에는 '역불亦不'로 되어 있다.

【풀이】

발이 땅에 닿는 부분은 적다. 비록 적기는 해도 밟지 않은 부분에 의지하여야 먼 곳까지 이를 수 있다. 사람이 아는 바는 적다. 비록 적지만 알지 못하는 것에 의지하여야 천도의 저절로 그러함(自然)에 대해 알 수 있다. '대일大一'을 알고, '대음大陰'을 알고, '대목大目'을 알고, '대균大均'을 알고, '대방大方'을 알고, '대신大信'을 알고, '대정大定'을 알면 지극하다고 할 수 있다. '대일大一'로 관통하고, '대음大陰'으로 녹아들며, '대목大目'으로 살피고, '대균大均'으로 따르고, '대방大方'으로 체득하고, '대신大信'으로 헤아리며, '대정大定'으로 붙잡는다.

모든 사물에는 스스로 그러함(自然)이 있고, 변화를 따르게 되면 지각과 관조가 생겨나며, 어두운 곳에 핵심이 있고, 태초의 영역에 이미 저쪽 편이 존재한다.

이러한 가운데에서 자연스럽게 깨닫지만 마치 깨닫지 못한 것과 같고, 무심하게 알지만 마치 알지 못하는 것과 같다. 하지만 무심한 앎이 바로 참된 앎이다. 이를 추궁해 나가는 것에는 제한이 있을 수 없지만, 한계가 없을 수도 없다. 만물이 분분한 와중에 각기 이치를 지니고 있어 예로부터 지금까지 서로 대체된 적이 없고, [각기 그 분수를 다하니] 훼손됨이 없었으니, 응당 그 속에 위대한 묘리妙理가 담겨 있는 것이 아니겠는가? 그런데 어찌 이 신묘한 이치를 추궁해 나가지 않고 의혹에 빠지는 것인가? 의혹되지 않은 것으로 의혹을 해소하여 의혹되지 않은 경지로 돌아가니, 이것이 오히려 크게 의혹되지 않은 경지(大不惑)이다.

칙양則陽

「칙양」은 모두 열한 단락의 글로 이루어져 있다. 그중 후반부 소지少知와 대공조大公調 간의 대화 두 단락에서는 우주론의 여러 문제를 다루고 있어 신중히 살펴볼 만한 가치가 있다. '칙양則陽'은 사람 이름으로, 유세하는 선비이다. 글 첫머리의 두 글자를 따 편명으로 삼았다.

이 편 첫째 단락에서는 유세하는 선비가 작록을 추구하는 모습과 성인이 조용히 물러나 화목한 즐거움을 추구하는 모습을 대조적으로 설명하였다.

둘째 단락에서는 성인의 마음 상태에 대해 말했다.

셋째 단락의 첫 번째 소단락에서는 '자신의 고국과 고향을 바라보면 기분이 편안하고 상쾌하다'(舊國舊都, 望之暢然)라고 하여 고향을 본성에 비유하였다. 사람이 사회로 들어와 나날이 외물을 좇다가 한번 참된 본성으로 돌아오게 되면 내면의 마음이 편안하고 상쾌함을 느낄 수밖에 없다는 말이다.

셋째 단락의 두 번째 소단락에서는 '환중環中에 머무르면서 사물이 스스로 이루어지는 모습에 따르는 염상씨'(冉相氏得其環中以隨成)의 모습을 서술하면서, 사물과 서로 융화되는 마음의 경지에 관해 말했다.

넷째 단락에서는 전쟁과 정벌을 일삼는 전국시대 군주들의 세태를 비판하고 조롱하였다.

다섯째 단락에서는 공자를 빌려 시남의료市南宜僚를 칭찬하였다. 이를 통해 은사들의 고요하고 평온한 마음 상태에 관해 묘사하였다.

여섯째 단락에서는 정치를 하면서 함부로 경솔하게 백성을 다스리려 들 때 찾아오는 폐해에 대해 말했다.

일곱째 단락에서는 백구柏矩가 제齊나라로 갔을 때 사형을 당해 내걸려진 시신을 보고는 지금의 군주들은 '해야 할 일을 과중하게 부과하면서도 백성들이 이를 다 해내지 못하면 벌하고, 가야 할 길을 늘이면서도 사람들이 도달하지 못하면 질책한다'(重爲任而罰不勝, 遠其塗而誅不至)라고 통곡하였다. 나아가 그는 군주가 앞장서 작위를 행하는데 대체 누구를 책망하느냐고 일갈하고는, 옛날의 군주들은 '얻는 바를 모두 백성의 공으로 돌렸고, 잃는 것은 모두 자신의 책임으로 돌렸다'(以得爲在民, 以失爲在己)며, 지금의 군주들도 이에 따라야 한다고 하였다.

여덟째 단락에서는 사물의 변화에 멈추는 지점이 없으므로 우리의 판단에는 영구적으로 고정된 기준이 있을 수 없고, 우리의 지식은 유한함을 말했다. 우리가 인식할 수 없는 범위는 실로 광대하므로 우리는 시간의 흐름에 따라 나아가야 하며, 어떤 하나의 인식에 얽매여서는 안 된다는 것이다.

아홉째 단락에서는 세 명의 사관이 위령공衛靈公의 무도함에 대해 논하였다.

열 번째 단락은 소지少知와 대공조大公調의 대화를 통해 '같음'(同)과 '다름'(異)의 문제에 관해 논한다. '합리이위동合異以爲同'은 만물('다름'(異)에 해당)의 총체(整體)가 바로 도('같음'(同)에 해당)라는 것이며, '산동이위리散同以爲異'는 도('같음'(同)에 해당)가 흩어져 각양각색의 만물('다름'(異)에 해당)이 된다는 것이다. 한편 소지는 '마을의 여론'(丘里之言)이란 무엇인지를 묻는데, 대공조는 '마을의 여론'에서 출발하여 혼돈으로서의 '도道'를 말하는 데로 나아간다. 천하의 만물은 만 가지로 변화하지만, 모두 자신의 스스로 그러한 법칙성에 따라 발전해 나간다. 세계가 발전해 나가는 이러한 자연적 법칙성이 바로 '도道'이다.

열한 번째 단락은 소지와 대공조 간의 두 번째 문답으로, 만물의 기원 문제에 관해 논했다. 여기에서는 우리의 인식적 한계를 지적하여 우리의 인식은 오직 사물의 범위로 한정된다는 것(極物而已)을 지적하였다. 사물의 기원에 관한 문제는 우리의 인식으로는 불가능한, 따라서 논의가 그쳐야 할 지점(議之所止)이라는 것이다.

이 편에서 유래한 성어에는 대표적으로 촉만상쟁觸蠻相爭[1], 검두일혈劍頭一吷[2], 노망멸렬鹵莽滅裂[3], 백재개도百材皆度[4], 목석동단木石同壇[5] 등이 있다. 이 외에도 '만물

1) 달팽이 더듬이에 있는 蠻이라는 나라와 觸이라는 나라가 서로 다툰다는 뜻. 아주 작은 이익을 두고 벌이는 다툼 혹은 大局에는 아무런 영향을 미치지 못하는 작은 다툼을 나타내는 말.
2) 칼자루의 구멍에서 나는 소리. 아주 작은 소리를 뜻하며, 별로 중요하지 않은 말이나 주장을 비유하는 말.

은 각자 이치를 나누어 지닌다'(萬物殊理), '도는 모든 것을 총괄한다'(道者爲公), '(도는) 현상 사물과 동일한 이치를 지닌다'(與物同理), '(도는) 언어로도 표현할 수 없고, 침묵으로도 표현할 수 없다'(非言非默)와 같은 중요한 철학적 명제가 등장하고 있다.

---

3) 일하는 것이 대단히 소홀하고 경솔함 혹은 어떤 일에 마음을 쓰지 않아 일이 아주 거칠게 되어 찢기고 흩어지는 것을 나타내는 말.

4) 여러 가지 재목이 다 제각기 용도가 있음. 어떤 재주나 능력이라도 각기 알맞은 용도가 있음을 비유하는 말.

5) 나무와 돌은 똑같이 산을 이루는 기반이라는 뜻.

1.

則陽[①]遊於楚, 夷節[②]言之於王, 王未之見, 夷節歸.

彭陽見王果[③]曰: "夫子何不譚[④]我於王?" 王果曰: "我不若公閱休[⑤]."

彭陽曰: "公閱休奚爲者邪?"

曰: "冬則擉[⑥]鼈於江, 夏則休乎山樊[⑦]. 有過而問者, 曰: '此予宅也.' 夫夷節已不能, 而況我乎! 吾又不若夷節. 夫夷節之爲人也, 無德而有知[⑧], 不自許[⑨], 以之神其交[⑩], 固顚冥[⑪]乎富貴之地, 非相助以德, 相助消[⑫]也. 夫凍者假衣於春, 暍者反冬乎冷風[⑬]. 夫楚王之爲人也, 形尊而嚴; 其於罪也, 無赦如虎; 非夫佞人正德[⑭], 其孰能橈[⑮]焉!

故聖人, 其窮也使家人忘其貧, 其達也使王公忘爵祿而化卑. 其於物也, 與之爲娛矣; 其於人也, 樂物之通而保己焉; 故或不言而飮人以和, 與人並立而使人化. 父子之宜, 彼其乎歸居[⑯], 而一閑其所施[⑰]. 其於人心者, 若是其遠也[⑱]. 故曰待公閱休."

【길잡이】

① 則陽: 성은 팽彭, 이름은 양陽, 자는 칙양則陽. 노魯나라 사람이다.(성현영, 『장자소』)

② 夷節: 성은 이夷, 이름은 절節, 초楚나라의 신하이다.(성현영, 『장자소』)

③ 王果: 초나라의 현인.(『경전석문』에서 사마표의 설을 인용)

④ 譚: '담談'(이야기하다)과 같다.

⑤ 公閱休: 은거하는 선비.

⑥ 擉: 찌르다(刺).(사마표) 지금의 '륙戮'(죽이다)에 해당한다.(호회침, 『장자집해보정』)

⑦ 山樊: 산의 변두리.

⑧ 無德而有知: 참된 덕은 없고 세속의 지식만 있음.(성현영, 『장자소』) 하늘의 이치가 있음을 알지 못하고 오로지 사사로운 지모만 사용함.(임희일, 『남화진경구의』)

⑨ 不自許: 덕을 자부하지 않음.(왕어) 담박함을 스스로 만족하지 않음.(이종예의 번역) 자신을 굽히고 남을 따름.(나면도)

▹ 진고응: '허許'는 '신信'과 같다. 왕숙민은 "덕이 없으므로 자신을 믿지

않는 것이다"라고 하였다.(『장자교전』)

⑩ 以之神其交: '지之'는 앞 구절의 '지知'를 가리킨다. 지모와 기교로써 그 교제를 신묘하게 한다는 말이다.(王敔, "有知以神其交.") 다른 설에 따르면, '이지以之'는 '인차因此'(이로 인하여)와 같으며, '신神'은 '신伸'(펴다)의 뜻으로 가차되었다. 즉 '이지신기교以之神其交'는 '이것으로써 그 교류를 펼쳐 나간다'라는 의미이다.(왕숙민, 『장자교전』)

⑪ 顚冥: 미혹됨.(사마표) 뒤섞여 혼미함.(임운명, 『장자인』)

⑫ 消: 덕을 소실하는 것을 말함.(왕어)

⑬ 凍者假衣於春, 暍者反冬乎冷風(暍의 중국음은 yē): 추위에 떠는 자는 옷에서 봄의 따스함을 얻고자 하고, 더위를 먹은 자는 겨울의 찬바람을 바람. '갈暍'은 더위를 먹는 것이다. '반反'은 '바라다'의 뜻이다.(고형)

- 임운명: 옷에서 봄의 따스함을 얻고자 하나 어떻게 추위를 이겨 낼 수 있겠으며, 겨울의 찬바람을 바란다고 어찌 더위를 이겨 낼 수 있겠는가? 이절夷節을 통해 등용되고자 바라는 것은 이와 다를 바가 없으니, 결국 일에 다다를 수 없다.
- 해동: '반동호냉풍反冬乎冷風'은 '반냉풍호동反冷風乎冬'으로 써야 한다. 『회남자』「숙진훈俶眞訓」에는 '동자가겸의어춘凍者假兼衣於春, 갈자망냉풍어동暍者望冷風於冬'으로 되어 있다.(『장자보주』)

⑭ 佞人正德: 각각 소인과 올바른 덕을 지닌 선비를 가리킨다.

- 왕숙지: 올바른 덕을 지닌 자(正德)는 지극한 도로써 설득키지만, 소인(佞人)은 재주와 언변으로 빼앗는다.(『경전석문』에서 인용)
- 왕어: 이절夷節은 영인佞人이며, 공열휴公閱休는 정덕正德에 해당한다.(왕부지의 『장자해』에 보임)

⑮ 橈: '요撓'의 가차자로, '굴복'의 뜻이다. 저백수, 임희일의 판본과 여러 속본에서는 '요橈'를 '요撓'로 썼다.

⑯ 父子之宜, 彼其乎歸居: 부자의 관계가 각기 알맞은 자리에 있게 한다는 뜻. '피기彼其'는 '그, 저'라는 뜻의 어조사로 『시경』의 '피기지자彼其之子'(저기 그 사람이여)와 용법이 같다.

- 곽상: 부자간의 관계가 각기 그 알맞은 위치로 돌아가게 함.

⑰ 一閑其所施: '한閑'은 청정무위淸靜無爲라는 뜻으로, 청정무위의 태도로 사람들을 대한다는 말이다.

⑱ 其於人心者, 若是其遠也: 인간의 마음은 서로 거리가 멀다는 말.

- 진경원: 높은 곳으로 나아가고자 하는 자들은 관직을 구하는 것을 업으로 삼아 온갖 애를 쓰니, 도를 지닌 자와는 그 마음의 거리가 멀다.(저백수의 『남화진경의해찬미』에서 인용)
- 임희일: '기어인심자其於人心者, 약시기원야若是其遠也'란 '사람들의 헤아림이 어떻게 이처럼 서로 멀 수 있는가!'라는 말이다. 공열휴公閱休의 마음은 이러하지만, 팽양彭陽의 마음은 저러하니 서로 그 차이가 매우 멀다.

【풀이】

칙양則陽이 세상을 돌아다니며 유세를 하다 초楚나라에 이르렀다. 이절夷節이 그를 임금에게 천거하였는데, 왕이 그를 만나기도 전에 이절이 집으로 돌아가 버렸다. 팽양彭陽(칙양)이 왕과王果를 만나 말했다. "선생은 왜 임금에게 제 이야기를 해 주지 않으십니까?" 왕과가 말했다. "내가 공열휴公閱休보다 못해서 그렇습니다." 팽양이 말했다. "공열휴는 어떤 자입니까?"

왕과가 말했다. "그는 겨울에는 강에서 자라를 잡고 여름에는 산 변두리에서 휴식을 취합니다. 지나가는 객이 그에게 물으면, '여기가 바로 내 집이오' 하고 대답합니다. 이절도 못하는 일을 내가 어떻게 할 수 있겠습니까? 나는 또한 이절에게도 미치지 못합니다. 이절은 그 사람됨이 덕과 지조가 없고 지모와 계교만 있으며, 스스로에 대한 확신이 없습니다. 이런 태도를 사람들과 교제하는 수완으로 펼쳐 나갑니다. 그는 이미 부귀의 무대에 미혹된 지 오래이니, 덕행에는 도움이 되지 않고 오히려 덕을 해치고 있습니다. 추위에 떠는 자는 옷에서 봄의 따스함을 얻고자 하고, 더위를 먹은 자는 겨울의 찬바람을 바랍니다. 초왕楚王의 사람됨으로 말하자면, 용모는 존귀하고 위엄이 있으나 죄를 범하는 것에 대해서는 마치 호랑이와 같이 조금의 너그러움도 없습니다. 소인(이절)과 덕이 올바른 자(공열휴)가 아니면 누가 그를 설득할 수 있겠습니까?

그러므로 성인은 곤궁한 시기에는 가족들이 곤궁함을 잊어버리도록 만들 수 있고, 순조로운 시기에는 왕과 제후가 작록을 잊고 겸허해지도록 만들 수 있습니다. 성인은 사물과는 서로 조화롭게 공존하고 사람들과는 즐겁게 소통하면서도 자신을 잃어버리지 않습니다. 따라서 항상 불언不言의 가르침을 펼치며, 조화로움으로써 사람들을 품습니다. 사람들과 함께 조화를 이루며 나란히 서면서 사람들이 감화되도록 합니다. 부자간의 관계가 모두 그 제자리를 찾도록 하며 청정무위의 태도로 사람들을 대합니다. 그의 맑은 마음과 사람들의 소란스러운 마음은 이렇게 거리가 멉니다. 따라서 공열휴를 기다려 보라고 말했던 것입니다."

2.

聖人達綢繆①, 周盡一體矣, 而不知其然, 性也. 復命搖作②而以天爲師③, 人則從而命之也④. 憂乎知, 而所行恒無幾時, 其有止也, 若之何⑤!
生而美者, 人與之鑒, 不告則不知其美於人也. 若知之, 若不知之, 若聞之, 若不聞之, 其可喜也終無已, 人之 好之亦無已, 性也. 聖人之愛人也, 人與之名, 不告則不知其愛人也. 若知之, 若不知之, 若聞之, 若不聞之, 其愛人也終無已, 人之安之亦無已, 性也.

【길잡이】

① 綢繆: 결박.(성현영, 『장자소』) 속박.(임의독, 『장자해』)

- 저백수: 세상의 일에 얽매여 자유롭지 못한 것이다.

② 復命搖作: 『노자』 16장에서는 '정왈복명靜曰復命'이라고 하였다. '요작搖作'은 움직이는 것을 말한다.(『경전석문』)

③ 以天爲師: 자연을 스승으로 삼음.

④ 人則從而命之也: '명命'은 '명名'을 말한다.(『경전석문』)

- 왕어: 성인이라고 부르는 것은 사람들이 만들어 낸 이름에 지나지 않는다.

⑤ 憂乎知, 而所行恒無幾時, 其有止也, 若之何: "보통 사람들은 자신의 지혜를 근심하므로 행위가 오래도록 일정하지 못하거나 때때로 중단되어 이어지지 않으니, 이를 어찌해야 하는가!"라는 뜻이다.

- 임희일: '자신의 지혜로 근심하는 자(憂乎知者)는 한 사람의 사사로운 지혜를 가지고 수많은 크고 작은 일을 살피니, 대체 얼마나 헤아릴 수 있겠는가? 따라서 '얼마 행할 수 없다'(所行無幾)라고 한 것이다.

- 임운명: '유심有心의 태도를 지니고 있으면 그 앎이 부족한 것을 근심하기 마련이어서 행하는 바에 한계가 있고 때때로 제대로 행할 수도 없으니, 이를 어찌해야 하는가?'라는 뜻이다. 앞의 구절을 이어받아 유심有心의 태도를 지니면 얽매이게 된다는 것을 반어적으로 나타낸 것이다.

【풀이】

성인은 얽히고설킨 것에 관통하여 만물과 두루 합일을 이루지만, 어떻게 해서 이렇게 되는지를 알지는 못한다. 이는 바로 본성에서 나온 것이다. 멈추고 움직이는 것이 모두 자연을 본받으므로 사람들이 그를 성인이라 부르는 것이다. 자신의 지혜를 근심하므로 행위가 오래도록 일정하지 못하고 때때로 중단되어 이어지지 않는다. 이를 어찌해야 하는가!

날 때부터 아름다운 자는 남들이 그렇게 평가해 준 것이다. 만약 사람들이 서로 알려 주지 않는다면 남들보다 아름다운 것을 알지 못할 것이다. (자신이 아름답다는 것을) 알 수도 있고 모를 수도 있고 들을 수도 있고 듣지 못할 수도 있지만, 그의 기쁨은 그침이 없이 계속될 것이고 사람들이 그를 좋아하는 것도 그침이 없이 계속될 것이다. 이 또한 본성에서 나온 것이다. 성인이 사람들을 아끼고 사랑하는 것은 사람들이 [느낀 바를 가지고] 그렇게 부르기 때문이다. 만약 서로 알려 주지 않는다면 그가 남을 사랑한다는 것을 알지 못한다. 성인이 이를 알 수도 있고 모를 수도 있고 들을 수도 있고 듣지 못할 수도 있지만, 그가 남을 사랑하는 것은 그침이 없이 계속될 것이고, 사람들이 그의 보살핌에 안식하는 것 또한 그침이 없이 계속될 것이다. 이 역시 본성에서 나온 것이다.

3.

舊國舊都[1], 望之暢然; 雖使丘陵草木之緡[2], 入之者十九[3], 猶之暢然. 況見見聞聞[4]者也, 以十仞之台縣衆閒[5]者也!

冉相氏[6]得其環中[7]以隨成[8], 與物無終無始, 無幾無時[9]. 日與物化者, 一不化者也[10], 闔嘗舍之[11]! 夫師天而不得師天[12], 與物皆殉, 其以爲事也若之何? 夫聖人未始有天, 未始有人, 未始有始, 未始有物[13], 與世偕行而不替[14], 所行之備而不洫[15], 其合[16]之也若之何? 湯得其司禦門尹登恒[17]爲之傅之, 從師而不囿, 得其隨成. [爲之司其名; 之名嬴法, 得其兩見. 仲尼之盡慮, 爲之傅之.] ⑱ 容成氏⑲曰: "除日無歲, 無內無外⑳."

【길잡이】

① 舊國舊都: 본성을 비유한 말.

② 緡: 서로 구분되지 않은 채 모호함. 「재유」의 '당아민호當我緡乎' 역시 이와 같은 의미로 풀이한다.

③ 入之者十九: '입入'은 '몰沒'과 같은 뜻이다.(마기창, 『장자고』) 열에 아홉이 가려진 것을 비유하였다.

- 임희일: 구릉 위 초목이 황폐해져 예전과 비교하면 열에 아홉이 사라졌는데, 그중 일부 예전과 비슷한 부분이 있어 여전히 무성한 느낌이 있다.
- 유월: '입入'이란 초목으로 가려진 구릉 속으로 들어가는 것을 말한다.(『장자평의』)

④ 見見聞聞: 본래의 면목을 직접 보고 듣는 것을 가리킨다.

- 임희일: 도를 구하는 자는 스스로 홀연히 깨닫는다. 스스로 보는 바를 보고, 스스로 듣는 바를 듣는 것은 모두 본래부터 지닌 것들이니 어찌 즐겁지 않겠는가? 불교에서 말하는 '본래의 진면목'(本來面目), '본래의 특색'(本地風光) 등이 바로 이를 가리킨다.

⑤ 縣衆閒: '현縣'은 '현懸'(들어 올리다)과 같다. '한閒'은 '간間'(사이)과 같으며, 임희일과 저백수의 판본에는 이를 '간間'으로 적었다. '중한衆閒'이라는 말은 사람들 사이(저백수), 사람들의 이목 사이(유월)를 뜻한다.

⑥ 冉相氏: 고대의 성왕.(곽상, 『장자주』) 『노사路史』[6] 「순비기循蜚紀」에 '염상씨冉相氏'라는 말이 등장한다.(유월)

⑦ 得其環中: 「제물론」에 나오는 말로, '추시득환중樞始得環中, 이응무궁以應無窮'이라고 하였다. '환중環中'은 빔(虛空)을 비유하는 말이다.

⑧ 隨成: 사물을 따라 스스로 이루어짐.

- 곽상: 빔(空)에 머무르면서 사물에 따르니, 사물이 스스로 이루어진다.

---

6) 중국 南宋의 羅穆이 지은 雜史類의 저서. 총 47권으로 되어 있으며, 上古시대 이래의 역사와 지리, 풍속, 씨족 등과 관련된 각종 전설과 사건 등을 기록하였다.

⑨ 無幾無時: '기幾'는 '기期'(시기)의 뜻으로 가차되었다.(마서륜, 『장자의증』)

- 임희일: '무기무시無幾無時'는 '과거도 없고 현재도 없다'는 뜻. '기幾'는 시절의 변화를 말한다.

⑩ 日與物化者, 一不化者也: 사물에 따라 시간과 함께 변화하는 자는 그 마음은 도리어 고요히 머물러 결코 변하지 않음. 「지북유」에 나오는 말이다.

⑪ 闔嘗舍之: 그것에서 떠난 적이 있었겠는가?

- 왕어: 언제 그 환중環中에서 벗어난 적이 있었겠는가?

⑫ 師天而不得師天: 유심有心의 태도로서 자연을 본받고자 하면, 자연을 본받는 결과를 얻지 못함.

- 성현영: '사師'는 '이름'(名)을 모방하는 것이다. '천天'은 자연을 가리킨다. 대자연이 만물을 만들어 내는 것은 타고난 본성에 따라 움직이는 것이다. 만약 유심有心의 태도로 이를 배우고자 한다면 자연에 어긋나므로 얻는 바가 없다.
- 임희일: '사천이불득사천師天而不得師天'은 자연을 본받되, 자연의 이름(名)만을 본받으려고 해서는 안 된다는 말이다.

⑬ 物: 일설에 따르면 '식殖', 즉 '종終'(끝나다)의 뜻으로 읽는다. 앞 구절 '미시유시未始有始'와 서로 대구를 이룬다.

- 장병린: '물物'은 정자正字로는 '식殖'으로 쓴다. 『설문해자』에서는 "'식殖'은 '끝나다'의 뜻이다"라고 하였다.(『장자해고』)

⑭ 替: 폐하다(廢).(성현영, 『장자소』) 『이아』에서는 "'체替'는 '그치다'(止)의 뜻이다"라고 하였다.(마기창)

⑮ 洫: 파괴됨.(왕숙지) 정체되어 빠져든다는 뜻이다.(임희일)

⑯ 合: 은연중에 합치됨(冥合).(곽상, 『장자주』) 무심한 태도로 도와 합치됨.(선영)

⑰ 司禦門尹登恒: '사어司禦'는 관직 명칭. 문윤등항門尹登恒은 사람 이름.(임운명)

⑱ [爲之司其名; 之名嬴法, 得其兩見. 仲尼之盡慮, 爲之傅之] : 이 구절의 의미는 탕湯은 자신을 비우고 남을 따를 수 있으며, 명법名法을 불필요한 것으로 보았다는 것이다.

- 임운명: '탕득기사어湯得其司禦'부터 이 구절까지는 의미가 뒤섞여 분명하지가 않다. 빠지거나 잘못 삽입된 내용이 있는 것으로 보인다. 여러 해석이

모두 혼란스럽고 억지스러워 말이 되지 않는다.

▹ 진고응: 임운명의 설이 옳다. 이 단락의 글은 확실히 난삽하니 번역은 하지 않고 간략한 주석만을 덧붙이도록 한다. '사司'는 '주관하다'(主)의 뜻으로, '사기명司其名'은 천하의 이름을 주관하는 것이다.(저백수) '지명영법之名嬴法'이란 명법名法은 불필요한 것이라는 뜻이다. '영嬴'은 '남아돌다'이다. '양현兩見'은 두 가지로 드러난다는 말이다. 저백수는 "'득기양현得其兩見'은 군신이 서로 의지하여 치국의 도를 이루면 그 업적이 세상에 밝게 드러난다는 뜻이다"라고 하였다. '진려盡慮'는 사려를 다하는 것을 말한다.

⑲ 容成氏: 달력을 만든 것으로 알려진 전설상의 인물.

- 유월: 『한서』「예문지藝文志」의 음양가陰陽家 항목에 『용성자容成子』 14편이 포함되어 있다. 방중가房中家 항목에도 『용성음도容成陰道』 26권이 들어 있다. 『회남자』「본경훈本經訓」에 대한 고유高誘의 주석에서는 "용성씨는 황제黃帝 시기에 달력을 만들어 낸 사람이다"라고 설명한 바 있다.

⑳ 除日無歲, 無內無外: 하루(日)를 없애면 한 해(歲) 또한 있을 수 없고, 내면이 없으면 외부도 없다. 이는 내면의 중요성을 설명하는 말이다.

- 선영: 하루하루의 날짜가 없다면 어떻게 한 해가 있을 수 있겠는가? 외면(外)은 내면(內)이 형성한 것이다. 따라서 내면을 얻지 못한다면 어떻게 외면이 있을 수 있겠는가. 환중環中을 볼 수 있는 자는 내면에서 무심無心의 태도로 그 핵심을 파악하므로 밖으로 사물이 스스로 이루어지는 바에 따라 변화에 맡길 수 있다.

【풀이】

자신의 조국과 고향을 바라보면 기분이 편안하고 상쾌하다. 설사 언덕 위에 초목이 무성하여 열에 아홉 정도가 다 가려졌다고 하더라도 기분은 여전히 상쾌하다. 하물며 직접 그 본래의 모습을 보고 들을 수 있다면 어떻겠는가? 마치 열 길 높이의 누각이 사람들 사이에 우뚝 솟아 있는 것과 비슷할 것이다!

염상씨는 '환중環中'에 머무르면서 사물이 스스로 이루어지는 모습에 따랐다. 특별한 시작도 없고 특별한 끝도 없으며, 시절의 흐름에도 무관하게 외물과 서로 부합하였다. 사물에 따라 시간과 함께 변화하는 자는 그 마음만은 결코 고요히 머물러 변하지 않으니, 언제 그 공허함을 버린 적이 있었겠는가? 유심有心의 태도로 자연을 본받고자 하면, 자연을 본받는 결과를 얻지 못한다. 외물과 서로 좇는다면 어떻게 되겠는가? 성인은 자연에도 마음을 둔 적이 없고, 인간사에도 마음을 둔 적이 없으며, 시작과 끝 모두에도 마음을 두지 않고, 사물과 나의 구분에도 마음을 두지 않았다. 멈추지 않고 세상과 함께 나아가며 행실을 제대로 갖추어 곤경에 빠지는 일이 없었다. 무심한 태도로 도와 은연중에 합치된다는 것은 어떠한 모습을 말하는가? 탕湯은 문윤등항門尹登恒을 등용하여 스승으로 삼았는데, 그를 따르면서도 달리 얽매이는 일이 없었기에 사물이 타고난 본성을 이루어 가는 것을 따를 수 있었다. 용성씨容成氏는 다음과 같이 말했다. "하루(日)가 없으면 한 해(歲) 또한 있을 수 없고, 내면이 없으면 외면 또한 있을 수 없다."

4.

魏瑩①與田侯牟②約, 田侯牟背之. 魏瑩怒, 將使人刺之.

犀首③公孫衍④聞而恥之曰: "君爲萬乘之君也, 而以匹夫從仇! 衍請受甲二十萬, 爲君攻之, 虜其人民, 系其牛馬, 使其君內熱發於背. 然後拔其國. 忌⑤也出走, 然後抶⑥其背, 折其脊."

季子⑦聞而恥之曰: "築十仞之城, 城者旣十仞矣, 則又壞之, 此胥靡⑧之所苦也. 今兵不起七年矣, 此王之基也. 衍亂人, 不可聽也."

華子⑨聞而醜之曰: "善言伐齊者, 亂人也; 善言勿伐者, 亦亂人也; 謂伐之與不伐亂人也者, 又亂人也."

君曰: "然則若何?" 曰: "君求其道而已矣!"

惠子聞之而見戴晉人⑩. 戴晉人曰: "有所謂蝸者, 君知之乎?"

曰: "然."

"有國於蝸之左角者曰觸氏, 有國於蝸之右角者曰蠻氏, 時相與爭地而戰, 伏屍數萬, 逐北⑪旬有五日而後反."

君曰: "噫! 其虛言與?"

曰: "臣請爲君實之. 君以意在四方上下有窮乎?" 君曰: "無窮."

曰: "知遊心於無窮, 而反在通達之國, 若存若亡乎?"

君曰: "然."

曰: “通達之中有魏, 於魏中有梁⑫, 於梁中有王. 王與蠻氏, 有辯⑬乎?”

君曰: “無辯.”

客出而君惝然⑭若有亡也.

客出⑮, 惠子見. 君曰: “客, 大人也, 聖人不足以當之.”

惠子曰: “夫吹筦⑯也, 猶有嗃⑰也; 吹劍首⑱者, 吷⑲而已矣. 堯舜, 人之所譽也; 道堯舜於戴晉人之前, 譬猶一吷也.”

【길잡이】

① 瑩: 위魏나라 혜왕惠王의 이름.[7)]

② 田侯牟: 제齊나라 위왕威王을 가리킴.

- 육덕명: 사마표는 “‘전후田侯’는 제나라 위왕威王이며, 이름은 모牟이다. 환공桓公의 아들이다”라고 하였다. 그런데 『사기』에서는 위왕의 이름을 인因이라고 하였지, 모牟라고 하지 않았다.
- 유월: 『사기』에서는 위왕威王의 이름을 인제因齊라고 하였다. 그런데 전제田齊의 여러 임금 가운데 이름이 모牟인 임금은 없다. 환공桓公의 이름인 오午가 모牟자와 형태가 유사하니, 모牟는 오午자가 와전된 것일 수도 있다. 하지만 또한 제환공과 양혜왕梁惠王은 그 시기가 일치하지 않는다.

③ 犀首: 관직의 명칭.

- 사마표: 지금의 호아장군虎牙將軍[8)]에 해당한다.

④ 公孫衍: 이 세 글자는 원래 빠져 있었으니, 성현영의 『장자소』와 조간의趙諫議본에 따라 보충하였다.(왕효어의 교열)

⑤ 忌: 제나라의 장군 전기田忌를 가리킴.

⑥ 抶(중국음은 chi[翅]): 치다, 공격하다.

⑦ 季子: 위나라의 장인匠人.

⑧ 胥靡: 부역을 하는 사람.(성현영, 『장자소』) 「경상초」에 등장한 바 있다.

---

7) 魏惠王은 맹자가 만난 梁惠王과 동일인으로, 『史記』 「六國年表」에는 이름이 ‘罃’(앵)으로 되어 있다. 魏는 처음 수도가 安邑이었으나 뒤에 秦나라의 세에 밀려 大梁으로 옮겨 갔기 때문에 梁으로 불렸다.

8) 중국 漢나라 宣帝 本始 2년(72)에 처음 설치되어 남북조시대까지 유지된 장군 명칭.

⑨ 華子: 위나라의 장인.

⑩ 戴晉人: 양梁나라의 현인.(『경전석문』)

⑪ 逐北: 패배하여 쫓김.

⑫ 梁: 지금의 하남성 개봉현開封縣 일대. 위나라 혜왕 31년, 진秦나라에게 공격을 받아 대량大梁으로 도읍을 옮겼다.9)

⑬ 辯: '변辨'(분별하다)과 같다. 뒤 구절 역시 마찬가지다.

⑭ 惝然: 마치 무언가를 상실한 듯 멍한 모습.(성현영, 『장자소』) 「재유」에 나온 바 있다.

⑮ 客出: 앞 구절에 나오는 말이 중복된 것.

- 왕선겸: 앞에서 '객출客出'이라는 말이 나왔으므로, 여기의 '객출'은 불필요하다.

⑯ 筦(중국음은 guǎn): '관管'과 같다.

⑰ 嗃: 관에서 나는 소리.(『경전석문』)

⑱ 劍首: 칼자루 끝부분에 있는 작은 구멍.(사마표)

⑲ 吷: '혈血'로 발음한다. 가는 소리를 말한다.(선영)

【풀이】

위혜왕魏惠王과 전후모田侯牟가 맹약을 맺었으나, 전후모가 이를 맹약을 어겼다. 이에 혜왕이 분노하여 자객을 보내 그를 죽이고자 하였다.

이 말을 들은 장군 공손연公孫衍이 부끄럽다는 듯이 말했다. "왕께서는 만승萬乘 대국의 군주이거늘, 어찌 필부의 수단으로 복수를 하고자 하십니까? 제게 병사 20만을 주신다면 그를 쳐서 백성들을 포로로 잡고 소와 말을 빼앗아 그가 병에 걸릴 정도로 괴롭게 만들겠습니다. 그런 뒤에 그의 땅을 빼앗으면 됩니다. 전기田忌가 패퇴하여 도망치면 그를 붙잡아 등을 채찍질한 뒤, 그의 등뼈를 부러뜨리면 될 것입니다."

계자季子가 이 말을 듣고 다시 부끄럽다는 듯이 말했다. "열 길 높이의 성벽을

---

9) 惠王 31년은 기원전 340년이다. 『史記』「魏世家」에서는 이 해에 魏가 大梁으로 천도하였다고 기록하고 있다. 이와 달리 천도가 이루어진 해를 혜왕 9년(기원전 362)으로 보는 설도 있다.

지어 성벽이 다 완성되었는데, 다시 이를 무너뜨리고자 한다면 일하는 사람에게는 여간 괴로운 일이 아닐 수 없습니다. 지금 전쟁이 일어나지 않은 지 7년이 다 되었으니, 이제 왕업의 기초가 갖추어진 셈입니다. 공손연은 혼란을 좋아하는 자이니, 그의 말을 따라서는 안 됩니다."

화자華子가 다시 이 말을 듣고 부끄럽다는 듯이 말했다. "제나라를 정벌하자고 교묘하게 말하는 자는 혼란을 좋아하는 자입니다. 제나라를 정벌하지 말자고 교묘하게 말하는 자 또한 혼란을 좋아하는 자입니다. 제나라를 정벌하는 것과 정벌하지 않는 것 모두 혼란을 불러오는 길이라 말하는 자 또한 혼란을 좋아하는 자입니다."

임금이 말했다. "그렇다면 어떻게 해야 하는가?"

"임금께서 허정虛靜의 도를 추구해 나가시면 됩니다."

혜자惠子(혜시)가 이 말을 듣고는 임금에게 대진인戴晉人을 소개해 올렸다. 대진인이 왕을 만나 이렇게 말했다. "왕께서는 달팽이를 아십니까?"

임금이 말했다. "그렇다."

[대진인이 말했다.] "달팽이의 왼쪽 더듬이에 촉씨觸氏라고 하는 나라가 있고, 오른쪽 더듬이에 만씨蠻氏라는 나라가 있습니다. 이들은 항상 서로 영토를 다투면서 전쟁을 벌이는데, 죽은 사람이 수만에 이르고, 한번 패배하여 쫓겨나면 15일이 지나 겨우 돌아오곤 합니다."

임금이 말했다. "허! 이 무슨 허황된 말인가?"

대진인이 말했다. "그럼 신이 왕께 제대로 된 말을 고하겠습니다. 왕께서는 상하 사방에 끝이 있다고 생각하십니까?"

임금이 말했다. "끝없이 무궁하다고 생각한다."

대진인이 말했다. "그렇다면 마음을 무궁한 영역에 두고 노닐 줄 안다고 할 때, 다시 돌아와 우리가 다다를 수 있는 나라들을 비교한다면 이 나라는 마치 있는 듯 없는 듯하지 않겠습니까?"

임금이 말했다. "그렇다."

대진인이 말했다. "우리가 다다를 수 있는 나라 중에 위나라가 있습니다. 위나라 안에는 대량이 있고, 대량 안에는 왕이 계십니다. 그러면 왕과 아까 비유한 만씨가 무슨 차이가 있습니까?"

임금이 말했다. "차이가 없다."

말을 마친 대진인이 물러나자 왕은 망연자실한 듯한 모습이었다. 다시 혜자가 들어와 왕을 뵈었다. 왕이 혜자에게 말했다. "방금 오신 분은 정말로 위대한 것 같다. 성인도 그와 대적할 수 없을 것이다."
혜자가 말했다. "관악기를 불면 소리가 나겠지만, 칼자루의 작은 구멍을 불면 실낱같은 소리만 울릴 뿐입니다. 요堯와 순舜은 사람들이 모두 찬양하는 자들입니다만, 대진인 앞에 두고 요순을 찬양하는 것은 마치 그 실낱같은 소리가 울리는 것에 지나지 않습니다."

5.

孔子之楚, 舍於蟻丘之漿①. 其鄰有夫妻臣妾登極②者, 子路曰: "是稯稯③何爲者邪?"
仲尼曰: "是聖人仆也. 是自埋於民, 自藏於畔④. 其聲銷, 其志無窮, 其口雖言, 其心未嘗言, 方且與世違而心不屑與之俱. 是陸沈⑤者也, 是其市南宜僚邪?"
子路請往召之.
孔子曰: "已矣! 彼知丘之著⑥於己也, 知丘之適楚也, 以丘爲必使楚王之召己也, 彼且以丘爲佞人也. 夫若然者, 其於佞人也羞聞其言, 而況親見其身乎! 而何以爲存?"
子路往視之, 其室虛矣.

【길잡이】

① 蟻丘之漿: '의구蟻丘'는 산 이름. '장漿'은 마실 거리를 만들어 파는 사람.(이이)

② 登極: 가옥의 가장 높은 곳에 오르는 것을 가리킨다.

- 임희일: '등극登極'이란 가옥의 용마루에 올라 사람들을 바라보는 것을 말한다.

③ 稯稯: 음과 뜻 모두 '총總'으로 읽는다.(『경전석문』) '총총總總'은 여럿이 모여 있는 것을 말한다.(성현영, 『장자소』) 성현영의 판본에서는 '총총總總'이라 되어 있다.

- 임희일: '총총稯稯'은 분분한 것이다.

④ 畔: 논두렁.

⑤ 陸沈: 물이 없이도 스스로 침잠함. 세상을 피해 은거하는 모습을 비유한 말이다.

- 곽상: 사람들 가운데 숨어 사는 사람을 물이 없는데도 잠긴 것으로 비유하였다.
- 임희일: 물이 아니라 땅에 잠겼다는 말로, 저잣거리에서 은거하는 자들에 대한 비유이다.

⑥ 著: 드러나다.

【풀이】

공자가 초나라에 이르렀을 때, 의구산蟻丘山의 한 주막에 머물게 되었다. 그의 이웃 가운데 한 집에서 부부와 첩과 하인들이 모두 집 꼭대기에 올라 주위를 살피고 있었다. 자로가 이를 보고 말했다. "저기에 모인 사람들은 무엇을 하고 있는 것입니까?"

공자가 말했다. "이들은 성인의 종복들이다. 그(성인)는 민간에 숨어 살면서 전원에 자신을 감춘다. 그의 명성은 잠잠하지만 뜻은 무궁하며, 입으로는 말을 하지만 정작 마음속으로는 고요히 아무런 말을 하지 않는다. 그는 속세를 거스르며, 마음속으로 속세와 함께하는 것을 기꺼워하지 않는다. 이렇게 세상 속에서 은거하는 이는 바로 시남의료市南宜僚가 아니겠느냐?"

이에 자로가 그를 초대하자고 하였다.

공자가 말했다. "그만두어라! 그는 내가 그를 잘 이해한다는 사실을 알고 있으며, 내가 초나라에 왔다는 것 역시 안다. 아마도 그는 내가 초왕에게 그를 발탁하라고 청했으리라 생각할 것이며, 게다가 나를 소인으로 취급하고 있을 것이다. 그러니 아마도 그는 소인의 말을 듣는 것을 부끄럽게 여길 텐데 어찌 직접 만나고자 하겠는가? 그러니 그를 그냥 두는 것이 어떻겠느냐?"

자로가 말을 듣고 그를 만나러 갔더니, 과연 집이 텅텅 비어 있었다.

6.

長梧封人①問子牢②曰: "君爲政焉勿鹵莽, 治民焉勿滅裂③. 昔予爲禾, 耕而鹵莽之, 則其實亦鹵莽而報予; 芸而滅裂之, 其實亦滅裂而報予. 予來年變齊④, 深其耕而熟耰⑤之, 其禾蘩以滋, 予終年厭飱⑥."

莊子聞之曰: "今人之治其形, 理其心, 多有似封人之所謂, 遁其天, 離其性,滅其情, 亡其神, 以衆爲⑦. 故鹵莽其性者, 欲惡之孽⑧, 爲性萑葦蒹葭⑨, 始萌以扶吾形, 尋擢吾性⑩; 並潰漏發⑪, 不擇所出, 漂疽⑫疥癰, 內熱溲膏⑬是也."

【길잡이】

① 長梧封人: '장오長梧'는 땅 이름, '봉인封人'은 국경을 지키는 사람.(『경전석문』)

② 子牢: 공자의 제자인 금뢰琴牢를 가리킴.(사마표)

③ 滅裂: 경박함.(성현영, 『장자소』)

④ 變齊: 하는 법을 변경함.(사마표)

- 왕계王啟: '제齊'는 거성去聲으로 읽으며, '제劑'(처방)와 같다. '변제變齊'는 낡은 방법을 고친다는 뜻이다.
- 해동: 법도에 맞는 것을 '제齊'라고 한다. 여기에서 말한 '변제變齊'는 방법을 바꾼다는 말이다.
    - ▹ 진고응: 이상의 각 설이 옳다. 왕선겸은 '제齊'를 '정제整齊'(가지런하다)로 보았는데, 옳지 않다.

⑤ 耰(중국음은 yōu[悠]): 호미질하다(鋤).(사마표)

⑥ 厭飧: 배불리 먹음. '염厭'은 '염饜'(배부르게 먹다)과 같다.

⑦ 以衆爲: 갖가지 일에 치달림.(선영) '중위衆爲'는 사마표의 판본에는 '위위爲僞'로 되어 있다.

⑧ 欲惡之孽: 호오의 감정으로 인한 재해.(임희일)

⑨ 爲性萑葦蒹葭(萑의 중국음은 huán[環], 蒹의 중국음은 jiān[兼], 葭의 중국음은 jiā[家]): 갈대와 같이 본성을 뒤덮어 가리는 것을 표현하는 말. '추위萑葦'와 '겸가蒹葭'는 모두 갈대과의 식물이다.

⑩ 尋擢吾性: 점차 자신의 본성을 뽑아내 버림.

- 임희일: '심尋'은 '점차'라는 뜻이다. '탁擢'은 '뽑다'라는 뜻이다. 처음에는 참된 본성이 가려진 정도에 지나지 않으나 이것이 점차 심해지면 본성이 뽑혀나가 사라지게 된다.

⑪ 並潰漏發: 정기精氣가 흩어져 아래위로 새어 나감.(『경전석문』에서 이이의 주석 인용)

⑫ 漂疽: '표漂'는 '표瘭'로도 쓴다. '표저瘭疽'는 농창이 생겨 고름이 나는 것을 말한다.

(『경전석문』)

⑬ 溲膏(溲의 중국음은 sōu[搜]): 몸이 허하고 피로한 자의 소변에 생기는 기름진 흰 거품을 말한다.(사마표) 정기가 빠져나가는 병(溺精)이다.(성현영, 『장자소』)

【풀이】

장오長梧 땅의 국경 관리인이 자뢰子牢에게 말했다. "정사를 펼칠 때는 성급하게 하지 말고, 백성을 다스릴 때는 경박하게 하지 마십시오. 예전에 내가 벼를 심는데 경작을 세밀하게 하지 않았더니 거두어들인 곡식이 많지 않았습니다. 잡초를 뽑을 때도 대충하였더니 역시 수확이 미미했습니다. 다음 해에는 방법을 바꾸어 깊고 세밀하게 논밭을 갈고 일구었더니, 벼의 싹이 무성하게 자라나 한 해 동안 풍족히 먹을 수 있었습니다."

장자가 이 말을 듣고 말했다. "지금 사람들은 형체를 다스리고 심신을 수양하기를 대부분 국경 관리인이 말한 것처럼 한다. (그렇게 하여) 타고난 것에서 멀어지고 본성에서 벗어나며 참된 실정이 사라지고 정신을 잃어버리게 되는데, 여전히 세속의 일들만을 좇아다닌다. 그러므로 본성에 대해 소홀히 하는 자는 애욕과 증오의 감정에 의해 해를 입게 된다. 마치 갈대와 같이 본성이 가려져, 처음에는 이러한 욕망이 형체를 만족시키나 점차 그 본성을 뽑아 버리는 데에 이르게 된다. 이에 정기가 아래위로 새어 나가 곳곳에서 병이 생겨나게 된다. 종양과 농창이 생기고, 열이 나며 정기가 유실되는 증상 등이 바로 그것이다."

7.

柏矩[①]學於老聃, 曰: "請之天下遊." 老聃曰: "已矣! 天下猶是也."

又請之, 老聃曰: "汝將何始?" 曰: "始於齊."

至齊, 見辜人[②]焉, 推而強[③]之, 解朝服而幕之, 號天而哭之曰: "子乎子乎! 天下有大災, 子獨先離[④]之, 曰莫爲盜! 莫爲殺人! 榮辱立, 然後睹所病; 貨財聚, 然後睹所爭. 今立人之所病, 聚人之所爭, 窮困人之身使無休時, 欲無至此, 得乎!

古之君人者, 以得爲在民, 以失爲在己; 以正爲在民, 以枉爲在己; 故一形有失其形者[⑤], 退而自責. 今則不然. 匿爲物而過不識[⑥], 大爲難而罪不敢, 重爲任而罰不勝, 遠其塗而誅不至. 民知力竭, 則以僞繼之, 日出多僞, 士民安取不僞! 夫力不足則僞, 知不足則欺, 財不足則盜. 盜竊之行, 於誰責而可乎?"

【길잡이】

① 柏矩: 성은 백柏, 이름은 구矩. 도를 (배울 뜻을) 품고 있는 자로, 노자 문하의 인물이다.(『경전석문』)

② 辜人: 사형 장면을 대중에게 보이는 것.

- 유월: '고辜'는 사지를 찢는 형벌(辜磔)을 말한다. 『주관周官』의 '장륙살왕지친자고지掌戮殺王之親者辜之'에 대해 정현이 "'고辜'는 '고枯'와 같이 읽는다. 시체를 찢는 형벌(磔)을 말한다"라고 설명한 것이 바로 이러한 뜻이다. 『한서』「경제본기景帝本紀」의 '개책왈기시改磔曰棄市'에 대해 안사고顔師古는 "'책磔'은 그 시체를 늘어놓는 것을 말한다"라고 설명하였다. 옛날 사지를 찢는 형벌을 실시했을 때는 반드시 그 시신을 저잣거리에 펼쳐 놓았다.

③ 強: '강彊'으로도 쓴다.(『경전석문』) '강僵'의 뜻으로 가차되었다. 『옥편』에 인용된 구절에서는 바로 '강僵'이라고 썼다.(마서륜, 『장자의증』) '강僵'은 '쓰러지다'의 뜻이다.

④ 離: 재난을 당함(罹).(성현영, 『장자소』)

⑤ 一形有失其形者: '일형一形'은 사람을 가리킨다.(왕선겸) 누군가 해를 입은 것을 말한다.

⑥ 匿爲物而過不識: '과過'는 원래 '우愚'(어리석다)라고 되어 있었으나, 유월의 설에 따라 수정하였다.

- 유월: 이어지는 '대위난이죄불감大爲難而罪不敢, 중위임이벌불승重爲任而罰不勝, 원기도이주부지遠其塗而誅不至'에서 '죄罪', '벌罰', '주誅'라고 한 것은 모두 형벌을 가하는 것이다. 그런데 여기에서 '우愚'라고 하면 앞뒤 맥락이 일치하지 않는다. 『경전석문』에서 "'우愚'는 어떤 판본에서는 '우遇'라고 적었다"라고 하였는데, '우遇'는 '과過'를 잘못 쓴 것으로 볼 수 있다. 『광아』「석고釋詁」에서 "'과過'는 '나무라다'(責)라는 뜻이다"라고 하였다. 즉, '과불식過不識'은 알지 못하는 것을 나무랐다는 말이다. 『여씨춘추』「적위適威」에 '번위교이과불식煩爲教而過不識, 삭위영이비부종數爲令而非不從, 거위위이죄불감巨爲危而罪不敢, 중위임이벌불승重爲任而罰不勝'(번거롭게 가르치고는 모른다고 질책하고, 빈번히

법령을 제정하고는 따르지 않는다고 비난하고, 크게 위험한 일을 벌려 놓고는 해내지 못한다고 죄를 묻고, 무겁게 임무를 부과하고는 감당해 내지 못한다고 벌을 준다)이라는 구절이 본문의 구절과 매우 유사한데, 여기에서는 바로 '과불식過不識'이라고 되어 있다. 고유高誘는 '과過'를 '책責'으로 풀이하였으니, 본문의 오류를 바로잡을 근거로 삼을 수 있다. '과過'를 '우遇'로 잘못 옮겨 적은 뒤, 다시 이를 함부로 '우愚'자로 고쳤던 것이다.

【풀이】

노담老聃 문하에서 학문을 닦던 백구柏矩가 노담에게 말했다. "천하를 두루 유람해 보고 싶습니다."

노담이 말했다. "그만두어라! 천하도 여기와 다를 바 없다."

백구가 다시 청하자, 노담이 말했다. "먼저 어디로 가려고 하느냐?"

백구가 말했다. "우선 제齊나라로 가고자 합니다."

백구가 제나라에 이르러, 사형당한 시신을 사람에게 보이도록 내걸어 놓은 광경을 목격하게 되었다. 그는 시체를 밀어 눕히고는 조복을 벗어 시체를 덮어 주었다. 그러고는 하늘을 우러러 통곡하며 말했다. "선생이시여, 선생이시여! 천하에 큰 환란이 있어 선생이 먼저 해를 입고 말았구려! [세상 사람들 말에] 도둑질하지 말고 살인하지 말라고 하였지 않았습니까! 영예와 치욕이 찾아온 후에야 그 병폐를 발견할 수 있고, 재물이 모인 후에 이를 쟁탈하는 일이 발생하는 법입니다. 지금 사람들이 책망하는 것을 쌓고 사람들이 쟁탈하는 것을 모으느라 사람들 몸이 쉴 새도 없이 곤궁하게 만들었으니, 이러한 지경에 이르지 않고자 하나 어찌 가능하겠습니까?

옛날의 임금들은 얻는 바를 모두 백성의 공으로 돌렸고, 잃는 것은 모두 자신의 책임으로 돌렸습니다. 올바른 도는 백성에게 있고, 잘못은 오직 자신에게 있다고 여겼습니다. 따라서 누가 목숨을 잃는 일이 생기면 스스로 물러나 자책을 했습니다. 지금은 절대 이렇지 않습니다. 진상을 숨기고 백성들의 무지를 질책하고, 스스로 어려움을 야기하면서도 백성들이 감히 하지 못하면 책임을 묻고, 해야 할 일을 과중하게 부과하면서도 백성들이 다 해내지 못하면 벌하고, 가야 할 길을 늘이면서도 사람들이 도달하지 못하면 질책합니다. 백성들은 앎이 다하고 힘이 모자라니 거짓된 것으로서 대처하고자 합니다. 군주가 항상 이렇게 일을 억지로 꾸며 내는데, 백성들이 어찌 거짓을 행하지 않을 수 있겠습니까? 능력이 부족하면 거짓으로 행하며, 지혜가 부족하면 속임수를 쓰고, 재물이 부족하면 도둑질을 하게 됩니다. 그렇다면 도둑질이 성행하는 것은 과연 누구의 책임이겠습니까?"

8.

蘧伯玉①行年六十而六十化, 未嘗不始於是之而卒詘之以非也, 未知今之所謂是之非五十九非也. 萬物有乎生而莫見其根, 有乎出而莫見其門. 人皆尊其知②之所知而莫知恃其知之所不知而後知, 可不謂大疑乎! 已乎已乎! 且無所逃. 此所謂然與, 然乎?

【길잡이】

① 蘧伯玉: 위衛나라의 현인이자 대부. 「인간세」에 나왔다.

② 其知: '지知'는 '지智'로 읽는다. 뒤에 나오는 '기지其知'의 '지知' 역시 '지智'로 풀이한다.

【풀이】

거백옥은 향년 60세에 이르렀는데, 60년 동안 세월에 따라 변화해 왔다. 처음에는 옳다고 여겼던 것을 나중에 가서는 틀렸다고 배척하였고, 지금 옳다고 말한 것이 59년 전에는 틀렸다고 한 것이 아닌지 알 수 없었다. 만물은 모두 태어남이 있지만 그 근원을 볼 수 없고, 만물은 모두 떠나가는 곳이 있지만 그 문은 볼 수 없다. 사람들은 모두 자신의 지혜를 통해 알 수 있는 것을 중시하지만, 자신의 지혜를 통해 알 수 없는 것에 의해 알게 되는 이치는 알지 못한다. 이 어찌 크게 미혹된 것이 아니겠는가? 그만두자, 그만두자! 이러한 과오를 벗어날 수 없는데, 지금 이렇게 말하는 것이 옳다고 하고는 있지만 과연 이것이 참으로 옳은가?

9.

仲尼問於大史①大弢, 伯常騫, 狶韋②曰: "夫衛靈公飮酒湛樂③, 不聽國家之政; 田獵畢弋④, 不應諸侯之際⑤; 其所以爲靈公者何邪?"

大弢曰: "是因是⑥也."
伯常騫曰: "夫靈公有妻三人, 同濫⑦而浴. 史鰌⑧奉禦而進所⑨, 搏幣而扶翼⑩. 其慢若彼之甚也, 見賢人若此其肅也, 是其所以爲靈公也."
狶韋曰: "夫靈公也死, 蔔葬於故墓⑪不吉, 蔔葬於沙丘⑫而吉. 掘之數仞, 得石槨焉, 洗而視之, 有銘焉, 曰: '不馮其子, 靈公奪而里之⑬.' 夫靈公之爲靈也久矣, 之二人何足以識之⑭!"

【길잡이】

① 大史: '대大'는 '태太'로 읽는다.(『경전석문』) 성현영의 판본에는 '태사太史'라고 되어 있다. 즉 사관을 말한다.

② 大弢, 伯常騫, 狶韋(弢의 중국음은 tāo[滔]): 모두 사관의 이름이다.

③ 湛樂: 향락에 빠짐. '침湛'은 즐거움에 오랫동안 빠져 있는 것을 말한다.(『경전석문』)

④ 畢弋: 사냥 도구. '필畢'은 큰 그물이며, '익弋'은 화살을 줄에 매달아 쏘는 도구이다.(성현영, 『장자소』)

⑤ 諸侯之際: 제후들 간의 교제. 회맹을 가리킨다.

⑥ 是因是: '이것이 바로 그가 이렇게 할 수 있었던 까닭이다'라는 뜻. 영공靈公이 평소에 총명하고 신령하였음을 말한 것이다.(이면)

- 곽상: '령靈'은 무도無道하다는 뜻의 시호諡號이다.
  - ▹ 진고응: 곽상의 설명은 옳지 않은 것으로 보인다.
- 이면: 이 구절에 대한 곽상의 『장자주』, 성현영의 『장자소』, 왕씨의 해석10) 및 기타 주석가들의 설명은 모두 잘못되었다. 이 단락에서는 공자의 물음에 대도와 백상건은 영공이 선한 인물이었다고 말하며 영공을 변호하였고, 오직 희위만 영공을 비판하였다. 이어지는 구절에서 희위는 '지이인하족이식지之二人何足以識之'라고 하였다. 즉 대도와 백성건의 말은 맞지 않다는 뜻이다. '희위狶韋'란 고대의 제왕의 이름으로 「대종사」에도 나온 적이 있다. 장자가 '희위'라는 이름을 빌려 영공을 풍자한 것인데, 이러한 서술

10) 본문은 '王解'라고 되어 있어 王夫之의 『莊子解』를 가리키는지 王先謙의 『莊子集解』를 말하는지 분명치 않다. 다만, 이 구절에 대해 왕부지는 곽상의 주를 인용하고 있고, 왕선겸은 성현영의 주를 인용하고 있어 차이는 없다.

방식을 '중언重言'이라고 한다. '시인시야是因是也'는 지나치게 함축된 말로 자세히 말하지 않고자 한 것이다. 구어체로 풀이하자면 '이는 바로 이러하기 때문이다'라는 뜻으로 볼 수 있다. 여기에서 '시是'는 '이것'을 뜻한다. 대도가 자세히 말하고 싶지 않아 모호하게 말을 하였으나, 사실은 영공의 선함을 말한 것이다. 그 의미는 대체로 영공이 '영공靈公'이라는 시호를 얻은 것은 그가 신령함을 지니고 있기 때문이라는 것이다.

⑦ 濫: 목욕하는 도구.(『경전석문』)

- 해동: '람濫'은 '감鑑'의 뜻으로 가차되었다 『설문해자』에서는 "'감鑑'은 큰 대야(大盆)를 말한다"라고 하였다.

⑧ 史鰌: '추鰌'는 '추秋'로 발음한다. 사어史魚[11]를 말한다.(사마표)

⑨ 奉御而進所: '봉어奉御'는 지금의 소대召對[12]에 해당한다.(임희일) '진소進所'는 임금의 처소로 들어가는 것이다.(왕어)

⑩ 搏幣而扶翼: 비단을 받아들이고 그를 부축하게 함. '박搏'은 '잡다'(執)의 뜻으로, 대신 비단을 받아들게 한 것을 말한다.(유봉포, 『남화설심편』) '폐幣'는 비단을 말한다.(『경전석문』) '부익扶翼'은 아랫사람에게 부축하게 하는 것이다.(육서성) '익翼'은 '액掖'과 같으니, '부익扶翼'은 곧 '부액扶掖'이다. '액掖'이란 손으로 다른 사람의 팔을 잡아 부축하는 것을 말한다. 『설문해자』에 그 설명이 보인다.(이면)

- 방양方揚: '봉어奉御'는 지금의 소대召對를 말한다. 공이 사람들을 시켜 사추를 부축하도록 한 것은 예를 갖추었음을 말한 것이다. '동욕同浴'이 하나의 일이고, '봉어奉御'는 다른 하나의 일이니, 같이 일어났다고 볼 필요는 없다.(『莊義要刪』, 초횡의 『장자익』에서 인용)
  - ▹ 진고응: "'동욕同浴'이 하나의 일이고, '봉어奉御'는 다른 하나의 일이다"라는 방양의 설이 지극히 옳다. 옛날 주석에서는 이를 섞어 하나의 일로 본 경우가 많아 해석이 난해하게 되었다.
- 호문영: '봉어이진소奉御而進所'는 지금으로 말하면 숙직하며 일을 처리하는 것에 해당한다. '박폐搏幣'란 사추가 종묘와 조정의 일을 처리하면서 예물을 들고 공의 처소로 들어가니, 공이 주위 사람에게 그 예물을 받아 들게 하고, 또 그를 부축하도록 한 것을 말한다.(『장자독견』)

---

11) 춘추시대 衛나라의 대부.

12) 왕이 신하를 불러 대면하여 정사 혹은 경전을 논하던 일.

⑪ 故墓: 판본에 따라 '대묘大墓'라고 쓰기도 한다.(『경전석문』) '고故'는 '고古'(옛)와 같다.

⑫ 沙丘: 지명. 맹진盟津 강나루 북쪽에 위치한다.(성현영, 『장자소』)

⑬ 不馮其子, 靈公奪而里之: '빙馮'은 '빙憑'으로 읽는다.(『경전석문』) '취하여(憑取) 머물다'라는 말이다. '리里'는 '거처하다'의 뜻이다.(『경전석문』)

- 이면: 앞뒤 문맥을 살펴보면, 여기의 석곽은 자연적으로 놓여 있던 것이므로 '자식에게 기대지 않았다'(不馮其子)라고 하였다. 부친이 세상을 떠나면 자식이 그를 안장한다. 하지만 석곽이 자연적으로 놓여 있었으므로 자식에게 기대지 않고 이를 마련할 수 있었던 것이다. '탈奪'은 취하다(取), '리里'는 거하다(居)라는 뜻이다. 자연적으로 놓여 있던 석곽을 영공이 취하여 그곳에 기거했다는 말이다. 이는 영공의 악행이 아주 심하여 하늘이 그를 일찍 데려가고자 미리 석곽을 마련해 두어 그의 이름을 새겨 놓았음을 말한다. 영공의 포악함은 이루 표현할 방법이 없을 정도였다. 『춘추좌전』에 자세한 내용이 나온다.

⑭ 之二人何足以識之: '이인二人'은 대도와 백상건을 가리킨다. 두 사람이 영공을 선하다고 평가한 것이 제대로 알지 못한 것임을 지적한 말이다.(이면)

【풀이】

공자가 태사太史인 대도大弢, 백상건伯常騫, 희위狶韋에게 물었다. "위衛나라의 영공靈公이 음주와 향락에 빠져 국사를 돌보지 않고 제후들의 회맹에도 참여하지 않았는데, 그가 영공이라는 시호를 받은 것은 어째서입니까?"
대도가 말했다. "그가 시호대로 그러했기 때문이겠지요."
백상건이 말했다. "영공에게는 세 명의 아내가 있었는데, 그들과 함께 큰 목욕통에서 목욕을 하였습니다. 사추史鰌가 부름을 받아 그의 처소로 들어가니, 영공이 사람을 시켜 자신이 들고 있던 물건을 받아들고 자기를 부축하도록 하였습니다. 다른 한편으로는 방만한 생활을 하였으나, 현인을 보면 이렇게 존경을 갖추었습니다. 따라서 그가 영공으로 불리게 되었던 것입니다."
희위가 말했다. "영공이 죽고 나서 그를 안장하기 위해 묫자리를 점쳤는데, 선조의 묘가 있는 곳은 불길하다고 하고 사구沙丘 땅이 길하다는 결과가 나왔습니다. 이에 그곳의 땅 몇 자를 파 내려갔더니 석곽石槨 하나가 묻혀 있는 것을 발견하였습니다. 깨끗이 닦고 보니 위에 글이 새겨져 있었는데, '자손에게 기댈 필요 없이 이 석곽을 취해 영공이 기거하도록 하라'라고 적혀 있었습니다. 영공의 시호가 '영靈'인 것은 이미 오래전부터 정해진 일인데, 저 두 사람이 어찌 알겠습니까?"

10.

少知問於大公調①曰: "何謂丘里之言②?"

大公調曰: "丘里者, 合十姓百名而以爲風俗也, 合異以爲同, 散同以爲異③. 今指馬之百體而不得馬, 而馬系於前者, 立其百體而謂之馬也. 是故丘山積卑而爲高, 江河合小而爲大④, 大人合並而爲公. 是以自外入者, 有主而不執; 由中出者, 有正而不距⑤. 四時殊氣, 天不賜⑥, 故歲成; 五官殊職, 君不私, 故國治; 文武殊能, 大人不賜⑦, 故德備; 萬物殊理, 道不私, 故無名. 無名故無爲, 無爲而無不爲. 時有終始, 世有變化. 禍福淳淳, 至有所拂者而有所宜⑧; 自殉殊面⑨, 有所正者有所差. 比於大澤, 百材皆度; 觀於大山, 木石同壇⑩. 此之謂丘里之言."

少知曰: "然則謂之道, 足乎?"

大公調曰: "不然. 今計物之數, 不止於萬, 而期曰萬物者, 以數之多者號而讀⑪之也. 是故天地者, 形之大者也; 陰陽者, 氣之大者也; 道者爲之公. 因其大而號以讀之, 則可也, 已有之矣, 乃將得比哉⑫? 則若以斯辯⑬, 譬猶狗馬, 其不及遠矣!"

【길잡이】

① 少知問於大公調: '소지少知'는 '지식이 얕다'라는 뜻이고, '대공조大公調'는 '폭넓고 공정하게 만물을 조화시키다'라는 뜻이다. 여기에서는 이러한 의미를 가탁하여 사람 이름으로 삼았다.
   - 성현영: 지혜가 편협하고 부족하므로 '소지少知'라고 하였고, 도와 덕이 크고 넓어 공정무사하니 여러 사물을 조화시킬 수 있으므로 '대공조大公調'라고 하였다. 이 두 가공의 인물을 통해 도리를 논하였다.

② 丘里之言: 네 개의 정井[13]을 읍邑이라고 하고, 네 개의 읍邑을 구丘라고 하며,

다섯 가구를 린鄰이라 하고, 다섯 개의 린鄰을 리里라고 한다.(『경전석문』에서 이이의 『장자주』 인용) '구리지언丘里之言'은 사람들의 공론을 가리킨다.(진수창)

- 선영: '구리지언丘里之言'을 빌려 혼동의 도(渾同之道)를 내보였으니, 작은 것으로 큰 것을 깨우쳤다고 할 수 있다.

③ 合異以爲同, 散同以爲異: '동同'과 '이異'는 선진 명가에서 논했던 문제 가운데 하나이다. 「추수」에 공손룡公孫龍의 '합동이合同異'설이 실려 있고, 「천하」에 혜시惠施의 '소동이小同異', '대동이大同異'설이 기술되어 있다.

- 여혜경: 백성들을 모아 둔 것이 마을(丘里)이다. 이는 다른 것들을 하나로 모아 둔 것이다. 마을(丘里)을 해산하면 다시 개개인의 백성이 된다. 이는 같은 것을 다르게 만드는 것이다. 그런데 한 학파(一家)의 말이 아니라면, 다른 것을 같게 만들 수 없고, 같은 것을 흩어지게 할 수 없다.(『장자의』)
- 임희일: 하나의 마을(里) 안에 열 가지의 성씨와 백 가지의 이름이 있다. 인물은 서로 다르지만, 그 풍속은 같다고 할 수 있다. 이것이 '합이이위동合異以爲同'을 비유하여 나타낸 것이다. '합이이위동合異以爲同'은 만물이 하나의 이치를 함께한다는 것(同一理)이고, '산동이위이散同以爲異'는 만물이 각각 하나의 이치를 지니는 것(各具一理)이다.

④ 江河合小而爲大: '합소合小'는 원래 '합수合水'로 되어 있었다. 어떤 판본에는 '합류合流'라고도 하였다.(『경전석문』) 유월의 설에 따라 이를 수정한다.

- 유월: '수水'는 '소小'를 잘못 쓴 것이다. '낮음'(卑), '높음'(高), '작음'(小), '큼'(大)은 각각 서로 대응된다.
  - ▹ 진고응: 원래는 '합수合水'라고 되어 있다. '합류合流'라고 쓴 판본도 있으며, 이 역시 통한다. 그런데 앞에서 언덕은 '낮은 것'(卑)이 쌓여서 '높아진다'(高)라고 하였다. '낮음'(卑), '높음'(高), '작음'(小), '큼'(大)은 각각 서로 대응되므로, 유월의 설이 타당하다.
- 엄령봉: 유월의 설이 대체로 타당하다. 『묵자』 「친사親士」에서는 "강은 작은 계곡의 물이 자신에게로 흘러드는 것을 싫어하지 않으므로 크게 될 수 있었다"(江河不惡小谷之滿己也, 故能大)라고 하였다. 고서에는 항상 '큼'(大), '작음'(小), '거대함'(大), '미세함'(細)을 나란히 말했다. 『노자』 63장의 '위대어기세爲大於其細(작은 것에서 큰 것을 이룬다)'와 같은 구절이 그것이다. 따라서 유월의 설에 따라 수정해야 한다.

---

13) '井'은 중국 고대에 사용한 행정구역의 명칭으로, 여덟 가구로 이루어졌다.

⑤ 自外入者, 有主而不執; 由中出者, 有正而不距: 사물이 외부로부터 들어올 때는 마음속에 비록 지니는 바가 있어도 자신의 견해에 집착하지 말아야 하며, 내면의 마음을 드러낼 때는 본인에게 올바른 도리가 있어도 다른 사람들을 배척하지 말아야 한다.

- 임운명: '자외입자自外入者'는 말을 듣는 것이다. 다른 사람의 말을 들을 때는 자신의 마음속에 비록 어떤 생각이 있어도 자신의 견해만을 집착해서는 안 된다. '유중출자由中出者'는 의견을 내세우는 것이다. 의견을 내세우고 가르침을 전할 때는 자신의 마음속에 올바른 도리가 있어도 다른 사람의 의견을 거역해서는 안 된다. 이렇게 한다면 다른 것을 합하여 동일한 것으로 돌아갈 수 있다.(『장자인』)

⑥ 天不賜: '사賜'는 '사私'(사사롭다)의 가차자로 사용되었다.

- 마서륜: '사賜'는 '사私'의 뜻으로 가차된 것으로 보인다. 뒤 구절 '오관수직五官殊職, 군불사君不私, 고국치故國治'와 같은 용례이다. 여기에서 '사賜'로 쓴 것은 글을 좀 더 아름답게 쓴 것일 뿐이다.

⑦ 文武殊能, 大人不賜: '수능殊能' 두 글자는 원래 빠져 있었으나, 왕숙민의 『장자교석』에 의거하여 보충하였다. 선영의 판본에는 '문무文武' 다음에 '수재殊才' 두 글자가 더 들어 있다.

- 해동: 이 구절과 다음 구절은 서로 구조가 일치하지 않고, 뜻 또한 잘 통하지 않는다. '문무文武' 다음에 빠진 글자가 있다.
- 왕숙민: 이 구절은 뜻이 잘 통하지 않는다. 곽상 『장자주』의 '문자자문文者自文, 무자자무武者自武, 비대인소사야非大人所賜也. 약사이능若賜而能, 즉유시이궐의則有時而闕矣'(문관은 스스로 문관이 되고 무관은 스스로 무관이 되는 것이지 대인이 사사로이 수여하는 게 아니다. 만약 사사로이 수여하여 직책을 수행하게 되면 때로 모자라는 부분이 생긴다)와 성현영 『장자소』의 '문상무장文相武將, 양재수직量才授職, 각임기능各任其能, 비성여야非聖與也'(문관인 재상과 무관인 장군은 그 재능을 헤아려 직을 부여한다. 각자 자신의 능력에 맞는 임무를 맡는 것이지 성인이 이를 수여하는 것이 아니다)를 살펴보면, '문무文武' 다음에 원래는 '수능殊能' 두 글자가 더 있었음을 알 수 있다. 이렇게 되면, 앞의 '사시수기四時殊氣', '무관수직武官殊職', '만물수리萬物殊理'와 구조가 서로 일치된다.

▷ 진고응: 왕숙민의 설이 옳다. 이에 의거하여 보충해야 한다.

⑧ 禍福淳淳, 至有所拂者而有所宜: 화복이 순환하며 흐름을 말한다. '순순淳淳'은

흐르며 움직이는 모습을 나타내는 말이다.(『경전석문』에서 왕숙지의 설을 인용) '불拂'은 어긋나는 것이다.

- 임희일: '순순淳淳'은 저절로 흐르는 것을 말한다. 길흉화복은 서로 맞물려 돌아가며 일정함이 없이 찾아오게 된다. 어긋났다가도 다시 알맞게 돌아온다. '새옹지마'와 비슷한 뜻으로 볼 수 있다. '불拂'은 어긋나는 것으로 뜻대로 되지 않음을 말하고, '의宜'는 뜻대로 되는 것을 말한다.

⑨ 自殉殊面: '순殉'은 '순徇'과 서로 통하며, '찾아 구하다'라는 뜻이다. '수면殊面'은 '각 방면'을 말한다.(이면)

- 성현영: '순殉'은 '좇다'라는 뜻이다. '면面'은 '방향'을 뜻한다. 서로 옳고 그른 바를 어지럽게 고집하니, 각기 자신의 견해만을 좇으며 서로 다른 것을 지향한다.

⑩ 同壇: 같은 땅(同地).(임희일) '단壇'은 '터'(基)를 말한다.(성현영, 『장자소』)

⑪ 讀: '말하다'(語)와 같다.(『경전석문』에서 이이의 주석 인용)

⑫ 已有之矣, 乃將得比哉: '유지有之'는 이미 도라는 명칭(名)이 있음을 가리킨다. '비比'는 '대도大道'와 '구리지언丘里之言'을 서로 비교하는 것을 가리킨다.(조초기)

⑬ 辯: 분별하다, 구별하다.

【풀이】

소지少知가 대공조大公調에게 말했다. "마을의 말(丘里之言)이란 무엇인가?"

대공조가 말했다. "마을(丘里)이란 열 가지 성씨와 백 명의 사람들이 모여 하나의 풍속을 이루고 있는 것이다. 서로 다른 것을 결합하여 다 같아지기도 하고, 다 같던 것이 분산되면 각기 다른 것이 되기도 한다. 말이 한 마리 있다고 가정을 해 보자. 말의 부위를 따로따로 가리킨다면 각각의 부위를 '말'이라고 부를 수 없을 것이다. 하지만 말 한 마리를 앞에다 묶어 놓고 보면, 각각의 부위가 하나의 형체를 이루고 있으니, 이제 '말'이라고 칭할 수 있게 된다. 언덕은 낮은 흙이 쌓여야 높게 될 수 있고, 강물은 여러 물줄기가 합쳐져야 거대해질 수 있으며, 대인은 여러 의견을 받아들여야 공정하다고 할 수 있다. 그러므로 사물이 외부로부터 들어올 때는 마음속에 비록 지니는 바가 있어도 자신의 견해에 집착하지 말아야 하며, 내면의 마음을 드러낼 때는 본인에게 올바른 도리가 있어도 다른 사람들을 배척하지 말아야 한다. 사계절은 기후가 서로 다르지만 하늘은 사사롭게 치우치는 법이 없으므로 세월의 질서가 이루어진다. 다섯 가지의 주요 관직은 모두 직무가 다르지만, 임금이 사사로이 다스리지 않으므로 국가가 안정된다. 문무文武는 각기 다른 재능이지만 대인이 사사로이 치우치지 않으므로 (나라를 경영하는 데 필요한) 덕성이 골고루 갖추어진다. 만물은 서로 다른 이치를 지니지만 도는 어느 한쪽에 치우치지 않으므로 불릴 이름이 없게 된다.

도에는 이름이 없다는 것은 작위적으로 관여하지 않음을 말하고, 작위적으로 관여하는 바가 없으므로 이루지 못함이 없다. 시간의 순서에는 시작과 끝이 있고, 세상의 일에는 변화가 있다. 화와 복은 흘러 변화하는 것이니, 어긋났다가도 다시 적합하게 된다. 사람들은 각자 서로 다른 것을 추구하니, 그중에는 올바른 것도 있고 잘못된 것도 있다. 비유하자면, 드넓은 택지에 각종 나무가 있는데 각기 알맞은 용도가 있고, 큰 산을 보면 나무와 돌이 서로 함께 섞여 있는 것과 같다. 이것을 바로 '마을의 말'(丘里之言)이라 부른다."

소지가 말했다. "그렇다면 이를 도道라고 부를 수 있는가?"

대공조가 말했다. "그렇지 않다. 지금 만물의 종류를 한번 세어 본다면 딱 만 가지에서 그치지는 않는다. 그런데도 '만물'이라고 부르는 것은 숫자 가운데 가장 큰 것을 가지고 그것을 부르기 때문이다. 천지는 형태가 있는 물체 중에 가장 큰 것이고, 음양은 기체氣體 가운데 가장 큰 것이며, 도는 이 모든 것을 총괄하는 것이다. 그 거대함 때문에 그렇게 부르는 것은 가능하지만, 이미 '도'라는 명칭이 있는데 어찌 그것(구리지언)과 다시 비교할 수 있겠는가? '도'와 '마을의 말'(丘里之言)을 구별하는 것은 마치 개와 말을 비교하는 것처럼 서로 차이가 매우 크다."

11.

少知曰: "四方之內, 六合之裏, 萬物之所生惡起?" 大公調曰: "陰陽相照①, 相蓋相治②; 四時相代, 相生相殺. 欲惡去就, 於是橋起③; 雌雄片合④, 於是庸有⑤. 安危相易, 禍福相生, 緩急相摩, 聚散以成. 此名實之可紀, 精微之可志⑥也. 隨序之相理, 橋運⑦之相使, 窮則反, 終則始; 此物之所有⑧. 言之所盡, 知之所至, 極物而已. 睹道之人, 不隨⑨其所廢, 不原其所起, 此議之所止."

少知曰: “季眞之莫爲[10], 接子之或使[11], 二家之議, 孰正於其情, 孰遍於其理?”

大公調曰: “雞鳴狗吠, 是人之所知; 雖有大知, 不能以言讀其所自化, 又不能以意測其所將爲[12]. 斯而析之, 精至於無倫[13], 大至於不可圍, 或之使, 莫之爲, 未免於物, 而終以爲過. 或使則實, 莫爲則虛. 有名有實, 是物之居; 無名無實, 在物之虛. 可言可意, 言而愈疏. 未生不可忌[14], 已死不可徂[15]. 死生非遠也, 理不可睹. 或之使, 莫之爲, 疑之所假[16]. 吾觀之本, 其往無窮; 吾求之末, 其來無止. 無窮無止, 言之無也, 與物同理[17]; 或使莫爲, 言之本也[18], 與物終始. 道不可有, 有不可無[19]. 道之爲名, 所假而行[20]. 或使莫爲, 在物一曲[21], 夫胡爲於大方[22]? 言而足, 則終日言而盡道; 言而不足, 則終日言而盡物. 道物之極[23], 言默不足以載; 非言非默, 議有所極.”

【길잡이】

① 相照: 서로 응함.(임희일)

② 相蓋相治: 서로 해치기도 하고 서로 자라게도 함.(이종예의 번역) 이어지는 ‘상생상살相生相殺’과 같은 뜻이다.

- 유월: ‘개蓋’는 ‘해害’로 읽어야 한다. 『이아』 「석언釋言」에서는 “‘개蓋’는 ‘가르다’(割裂)라는 뜻이다”라고 하였다. 『경전석문』에서는 “‘개蓋’는 사인본舍人本에서는 ‘해害’로 썼다”라고 하였다. ‘개蓋’와 ‘해害’는 옛글자에서는 서로 통용되었다. 음양은 서로 해를 입히기도 하고, 서로 화합하기도 한다는 말이다. 뒤에 이어지는 ‘사시상대四時相代, 상생상살相生相殺’과 같은 맥락이다.

③ 橋起: 높이 치솟음. 힘차고 빠르게 일어남을 말한다.(『경전석문』에서 왕숙지의 설 인용) 갑작스레 일어난다는 뜻.(진심, 『장자품절』) 봉기한다는 말과도 같다.(마기창, 『장자고』)

④ 片合: 나누어지고 합쳐짐(分合).(임희일) 음양이 서로 따로 분리되었다가 다시 하나로 합쳐짐.

- 호문영: ‘편片’은 ‘반牉’(나누다)과 같다. 『의례』에 ‘부부반합夫婦牉合’이라는 구절이 있는데, 반으로 나누어진 것이 합쳐져 부부를 이룬다는 말이다.

⑤ 庸有: 항상 있음(常有). ‘용庸’은 ‘항상’(常)이라는 뜻이다.

⑥ 志: 성현영의 판본에는 ‘지誌’로 되어 있다. ‘지志’와 ‘지誌’는 서로 통한다. 고서에서는

'지志'라고 썼다.(왕숙민)

⑦ 橋運: 왕성하게 일어나 운행함.

⑧ 此物之所有: '이는 사물이 지니고 있는 현상이다'라는 뜻. '차此'는 앞 구절 '교운지상사橋運之相使, 궁즉반窮則反, 종즉시終則始'를 가리키며, 사물의 운행과 변화에 관한 규칙과 그 현상을 말한다. 이 구절은 앞 구절의 논의를 끝맺는 역할을 하지만, 근래의 학자들은 이 구절이 뒤 구절과 이어지는 것으로 구두점을 잘못 찍는 경우가 많았다. 제임스 레게(James Legge)와 버턴 왓슨(Burton Watson) 등의 영역본에서는 이를 앞 구절과 이어지는 것으로 문장을 끊어 읽었으니, 정확한 해석이다.

⑨ 隨: 추궁함.

⑩ 季眞之莫爲: '계진季眞'은 어떤 인물인지 알 수 없다. 계진季眞은 '막위莫爲'를 주장했는데, 이는 만물은 어떤 힘이 작용하여 생겨난 것이 아니라 자연적으로 생겨난 것이라는 의미이다.(馮友蘭, 「論莊子」. 『莊子哲學討論集』, 122쪽에 나온다.)

⑪ 接子之或使: '접자接子'는 아마도 『사기』 「전완세가田完世家」에서 말한 '접자接子'인 것으로 보인다. 직하학파稷下學派의 인물 가운데 하나이다. 그는 '혹사或使'를 주장했는데, 이는 항상 만물을 생겨나게 하는 어떤 존재가 있다는 뜻이다.(馮友蘭)

- 진영첩: 『사기』에서는 접자接子가 직하학파와 교유하였다고 기록하였고, 『사기정의史記正義』에서는 그가 제齊나라 사람이라고 하였다. 『염철론』에서는 직하학파가 해산했을 때 '첩자도 떠났다(捷子亡去)'라고 기록하였다. 여기에서 말한 '첩자捷子'는 '접자接子'와 동일 인물이다. 『한서』 「예문지藝文志」 도가편에 『접자』 2편에 관한 내용이 있는데, 제나라 사람으로 책은 이미 소실되었다고 주가 달려 있다. 이 외의 내용에 대해서는 자세히 나와 있지 않다. 전목錢穆은 그의 생몰연대를 대략 기원전 350년에서 기원전 275년으로 보았다.(陳榮捷, 『戰國道家』, 『曆史語言硏究所集刊』 제44본 제3분기)

⑫ 又不能以意測其所將爲: '측測'자는 원래 빠져 있었으나 성현영의 『장자소』를 근거로 설명한 왕숙민의 『장자교석』에 따라 보충한다.

- 왕숙민: 성현영의 『장자소』에서는 '불능용의측기소위不能用意測其所爲'라고 하였으니, 그가 보았던 판본에는 '의意'자 다음에 '측測'자가 있었음을 알 수 있다. '불능용의측기소위'라고 썼을 때, 앞의 '불능이언독기소자화不能以言讀其所自化'와 서로 대구를 이룬다. 현재 판본에는 '측測'자가 빠져 있어 의미가 불완전하다.

⑬ 精至於無倫: '륜倫'은 '비교하다'(比)의 뜻이다.(왕선겸, 『장자집해』) 그 정미함이 비할 바 없는 정도에 이른다는 말이다.

⑭ 忌: 금하다(禁).(성현영, 『장자소』)

⑮ 徂:는 '조阻'로도 쓴다. 조간의본에서는 '조阻'로 썼다.

⑯ 疑之所假: 의혹에서 세운 가설.

⑰ 言之無也, 與物同理: 말로 표현될 수는 없지만, 현상 사물(物象)과 동일한 법칙을 지니고 있음.

⑱ 言之本也: 말하는 사람들이 '혹사或使'나 '막위莫爲'설을 근본으로 삼음.

⑲ 道不可有, 有不可無: 도는 '형상 있음'(有形)에도 구속될 수 없고, '형상 없음'(無象)에도 구속될 수 없다.

⑳ 道之爲名, 所假而行: 도라는 이름은 모두 임시로 빌려 온 명칭임. 『노자』 25장의 '오부지기명吾不知其名, 자지왈도字之曰道'(나는 그것의 이름을 몰라서 字를 붙여 도라고 한다)와 같은 의미이다.

㉑ 一曲: 한쪽 구석(一隅), 한쪽 가(一邊), 한쪽 편(一偏) 등의 의미로 이해할 수 있다.

㉒ 大方: 대도大道.

㉓ 道物之極: 여러 가지 해석이 존재한다. 우선, '도와 물의 극'(道·物之極)으로 읽는 방식으로, 도와 물의 양자의 극한을 가리키는 것으로 이해한다. '도는 물의 극'(道, 物之極)으로 읽는 방식도 있다. 이는 '도는 물의 궁극처이다'라는 뜻으로 이해할 수 있다.(유봉포, 『남화설심편』) 또 다른 설에서는 '물物'을 잘못 더해진 글자로 보기도 한다. 이면의 『장자총론급분편평주』에 나온다.

- 이면: '물物'은 잘못 더해진 글자이다. 이 구절은 오직 도만을 가리켜 말한 것이다.('物'은 본래 말이나 침묵을 통해 표현될 수 있음(可以言默而載)을 앞에서 이미 말하였는데, 여기에서 어찌 다시 불가능하다고 말할 수 있겠는가?)
  - ▹ 진고응: 이면의 설이 타당한 것으로 보인다.

【풀이】

소지가 말했다. "사방의 안과 육합六合의 사이 어디에서 만물이 생겨나는가?" 대공조가 말했다. "음양은 서로 만나면 서로 해치기도 하고 서로 자라게도 한다.

사시는 순환하면서 서로 생겨나게도 하고 서로 사라지게도 한다. 바라고, 싫어하고, 잃고 얻는 것이 바로 여기에서 이어지고 솟아나며, 암컷과 수컷의 결합은 바로 여기에서 일어나 세대에 걸쳐 전해지게 된다. 안락함과 위험함은 서로 바뀌어 찾아오며, 화복은 서로를 낳으며, 느린 것과 빠른 것은 서로 교체되며, 모이고 흩어지는 것은 서로서로 형성한다. 이것이 (우리가) 식별할 수 있는 명칭(名)과 내용(實)의 차원이고, 파악할 수 있는 정미함(精)과 미세함(微)의 차원이다. 시간의 질서에 따라 일어나고 잠복하며 변화가 운행되고, 사물이 극점에 도달하면 다시 돌아오고, 끝나면 다시 시작되는 것이 만물이 지니고 있는 현상이다. 말에는 한계가 있고 지식은 다다를 수 있는 지점이 있으니, 모두 사물의 범위로 제한된다. 도를 아는 자는 사물의 소멸처를 좇지 않고, 사물의 발생처를 궁구하지 않는다. 이것이 바로 논의를 그쳐야 하는 지점이다."

소지가 말했다. "계진季眞이 말한 '그렇게 되도록 하는 것이 없다'(莫爲)와 접자接子가 말한 '그렇게 되도록 하는 것이 있다'(或使)는 두 주장 가운데 어떤 것이 더 이치에 어긋나는가?"

대공조가 말했다. "닭이 울고 개가 짖는다는 것은 모든 사람이 아는 사실이다. 그런데 설사 그 어떤 위대한 지혜를 지닌 자라고 할지라도 말로써 닭이 우는 이유를 설명할 수 없으며, 닭이나 개가 어떻게 행동할지 생각으로 추측할 수는 없다. 이러한 분석으로부터 정미하기가 비교될 수 없는 데에 이르고 광범위하기가 한계가 없는 데에 이르더라도, 그렇게 만드는 무언가가 있다고 단언하거나 작용하는 어떤 것도 없다고 긍정하는 것은 모두 현상적인 사물의 측면에서 말하는 것을 면할 수 없으므로 결국 잘못된 것이다. '그렇게 되도록 하는 것이 있다'(或使)는 주장은 (그것에) 지나치게 구애되게 하고, '그렇게 되도록 하는 것이 없다'(莫爲)는 주장은 지나치게 공허하다. 명칭(名)과 (그에 상응하는) 내용(實)이 있는 것은 사물의 범위에 속하고, 명칭과 내용이 없는 것은 사물의 범위에 속하지 않는다. 언어와 생각으로 접근할 수도 있지만, 언어를 사용하면 할수록 더욱 멀어진다.

아직 태어나지 않은 것이 태어나지 않도록 막을 수는 없고, 이미 죽은 것이 죽지 않도록 막을 수 없다. 죽음과 삶은 멀리 떨어져 있지 않지만, 그 이치는 알 수가 없다. '그렇데 되도록 하는 것이 있다'는 주장과 '그렇게 되도록 하는 것이 없다'는 주장은 모두 의혹에서 세운 가설이다. 그것의 본원을 살펴보면, 그것은 무궁히 왕래하며, 그 흔적을 좇아가면 그것의 미래는 끝이 없다. 이처럼 다함도 끝도 없는 것은 언어로 표현할 수는 없지만 현상 사물과 동일한 법칙을 지닌다. '그렇게 되도록 하는 것이 있다'는 주장과 '그렇게 되도록 하는 것이 없다'는 주장을 언설의 근본으로 삼지만 (그것도) 현상 사물과 함께 끝나고 시작한다. 도는 '형상 있음'(有形)에도 구속할 수 없고, '형상 없음'(無象)에도 구속할 수 없다. '도'라는 이름은 임시로 빌려 온 명칭이다. '그렇게 되도록 하는 것이 있다'는 주장과 '그렇게 되도록 하는 것이 없다'는 주장은 사물의 한쪽 측면에 치우쳐 있을 뿐이니, 어찌 대도大道에 이를 수 있겠는가? 말이 치우치지 않고 모든 것에 두루 미친다면 온종일 오직 도만을 말하게 될 것이고, 말이 두루 미치지 않고 치우친다면 온종일 오직 사물만을 말할 수 있을 뿐이다. 도[와 사물]의 궁극처는 말이나 침묵 그 어떤 것으로도 표현될 수 없다. 말하지도 않고 또 침묵하지도 않음, 이것이 바로 논의의 극치이다.

외물外物

「외물」은 총 열세 개의 단락이 뒤섞여 이루어져 있으며, 각 단락의 내용이 밀접하게 연관되지 않는다. '외물外物'은 외부 사물을 말하며, 글 첫머리의 두 글자를 따 편명으로 삼았다.

이 편 첫째 단락에서는 외부 사물에는 일정한 준칙이 없음을 말했다. 예컨대 충성한다고 해서 반드시 신임을 얻지 못하고, 효성이 지극하다고 해서 반드시 사랑을 얻지는 못하는 것과 같다. 여기에서는 이러한 이치를 역사적 사실을 들어 설명하고 있다.

둘째 단락은 장주 집안의 빈곤함을 그린 고사이다.

셋째 단락은 임任나라 공자가 큰 물고기를 낚는 이야기로, 세상을 다스리는 자는 뜻을 크게 두어야 함을 비유하였다.

넷째 단락은 유자儒者들이 『시詩』와 『예禮』를 들먹이며 무덤을 도굴하는 고사이다. 입으로는 『시』와 『예』를 말하지만 실제로는 정작 무덤을 파헤쳐 재물을 훔친다는 내용으로, 인의仁義라는 명분을 빌려 나라와 백성을 도둑질한다고 말한 「거협」의 내용과 비슷하다.

다섯째 단락은 노래자老萊子가 공자를 훈계하는 우화로, 행실에 자부하지 말고 기지를 부리는 태도를 없애야 한다는 것을 말했다.

여섯째 단락에서는 송宋나라 원군元君이 꿈에서 신령한 거북을 만나는 우화이다. '기지가 있다고 곤란함을 피할 수 없고, 신령함이 있어도 미치지 못하는 지점이 있음'(知有所困, 神有所不及)을 말했다.

일곱째 단락은 혜자惠子(惠施)와 장자 간의 대화로 '무용지용無用之用'의 의미를 개진하였다.

여덟째 단락은 장자의 말을 통해 우주의 흐름과 인간 사회의 변화에 대해 논하면서, 학문하는 자들이 과거를 옳다고 여기고 현재를 그르다고 하는 세태를 비판하였다. 그리고 지인至人은 '편벽됨이 없이 세상에서 노닐고, 다른 사람들을 따르면서도 자신을 잃지 않는다'(遊於世而不僻, 順人而不失己)라고 찬양하였다.

아홉째 단락에서는 가슴속 포부가 협소해서는 안 되며, 마음이 자연과 함께 노닐어야 함을 말했다.

열 번째 단락은 '덕은 명성으로 인해 흘러넘친다'(德溢乎名)라고 한 소단락에서 (무언가를) 획책하려는 생각과 교활한 지혜(謀慮智巧)가 자연적으로 타고난 덕을 해치게 됨을 말했다.

열한 번째 단락의 '고요함은 병을 다스릴 수 있다'(靜然可以補病)라고 한 소단락에서는 평정심의 효과에 대해 말했다.

열두 번째 단락은 '연문演門에 양친을 잃은 자가 근무하고 있는데, 용모를 망가뜨리며 슬퍼하는 예절에 능하여 관리의 수장으로 봉해지자 고향 사람들이 그를 따라하다가 태반이 목숨을 잃었다'(演門有親死者, 以善毁爵爲官師, 其黨人毁而死者半)라는 내용으로, 타고난 성性과 정情을 기만하고 가식하는 일에 대해 말하였다.

열세 번째 단락에서는 '물고기를 잡고 나면 통발을 잊고'(得魚忘筌), '토끼를 잡고 나면 그물을 잊는다'(得兎忘蹄)라는 유명한 구절이 등장하여 이 편의 마지막을 장식한다. 후대의 선종禪宗에서도 '뜻을 얻고 나면 언어를 잊는다'(得意忘言)는 가르침을 강조한 바 있다.

이 편에서는 '뜻을 얻으면 말은 잊는다'(得意忘言)는 철학적 명제를 제시한 것 외에도, '임나라 공자의 낚시'(任公垂釣) 이야기, '유생들의 도굴'(儒生發冢) 이야기, '신령스런 거북의 오산'(神龜失算) 이야기 등 깊은 통찰을 주는 우언들이 풍부하다. 이 밖에 학철지어涸轍之魚[1], 고어지사枯魚之肆[2], 존고비금尊古卑今[3], 부고발계婦姑勃谿[4], 득어망전得魚忘筌[5] 등의 성어가 등장한다.

---

1) 수레바퀴 자국 속의 붕어. 어려움에 빠져 절실하게 도움을 구하는 사람을 비유하는 말.
2) 목마른 물고기의 어물전. 도저히 헤어 나올 방법이 없는 매우 곤궁한 처지를 비유하는 말.
3) 과거를 높이고 현재를 낮춤. 옛것만 숭상하는 보수적인 사고방식을 이르는 말.
4) 고부가 서로 반목하고 다툼. 사소하고 보잘것없는 일로 다툼이 일어나는 것을 비유하는 말.
5) 물고기를 잡고 나면 그물을 잊음. 목적을 이루고 나면 수단은 잊어버림. 또는 일을 이루고 나면 도움 받은 것을 잊어버린다는 의미.

1.

外物不可必①, 故龍逢誅, 比干戮②, 箕子③狂, 惡來④死, 桀紂亡. 人主莫不欲其臣之忠, 而忠未必信, 故伍員⑤流於江, 萇弘死於蜀⑥, 藏其血三年而化爲碧⑦. 人親莫不欲其子之孝, 而孝未必愛, 故孝己憂⑧而曾參悲⑨. 木與木相摩則然⑩, 金與火相守則流. 陰陽錯行⑪, 則天地大絯⑫, 於是乎有雷有霆, 水中有火⑬, 乃焚大槐. 有甚憂兩陷⑭而無所逃, 螴蜳⑮不得成, 心若縣於天地之間, 慰暋⑯沈屯⑰, 利害相摩, 生火甚多⑱, 衆人焚和⑲, 月固不勝火⑳, 於是乎有僓然而道盡㉑.

【길잡이】

① 外物不可必: '필必'은 '반드시 그러함'을 뜻함.(성현영, 『장자소』) 이는 외재 사물에는 일정한 기준이 없음을 말한다.

② 龍逢誅, 比干戮: 「인간세」에서는 '걸왕은 관용봉을 죽였고, 주왕은 왕자 비간을 죽였다'(桀殺關龍逢, 紂殺王子比干)라고 하였고, 「거협」에서는 '용봉의 목을 베고, 비간의 배를 갈랐다'(龍逢斬, 比干剖)라고 하였다.

③ 箕子: 은殷나라의 주왕紂王의 서숙庶叔. 현신으로 알려져 있다.

④ 惡來: 은나라의 주왕의 아첨하는 신하. 『사기』「은본기殷本紀」에서는 "악래는 남을 음해하는 데 능한 자였다"(惡來善毀讒)라고 설명하였다.

⑤ 伍員: 오자서伍子胥. 「거협」에 '오자서는 죽임을 당해 시신이 강물에 내던져졌다'(子胥靡)라는 말이 등장하며, 「지락」에서도 '자서는 간쟁을 일삼다 결국 죽임을 당하고 말았다'(子胥爭之, 以殘其形)라는 내용이 나온다.

⑥ 萇弘死於蜀: 주周나라 영왕靈王의 현신. 촉 땅으로 유배된 후, 창자를 도려내는 벌을 받아 죽었다. 「거협」에서도 '장홍은 창자가 뽑혔다'(萇弘胣)라고 하였다.

⑦ 而化爲碧: 『설문해자계전說文解字繫傳』6)(一)에 인용된 구절에 의거하여 마땅히 '화이위벽化而爲碧'이 되어야 한다.(왕숙민, 『장자교석』) '벽碧'은 벽옥碧玉을 말한다.

⑧ 孝己憂: '효기孝己'는 은나라 고종高宗의 아들. 계모에게 구박을 받다가 괴로움을

---

6) 중국 南唐의 훈고학자 徐鍇(920~974)가 편찬한 『說文解字』 주해서. 모두 8篇으로 구성되어 있다.

이겨내지 못하고 죽었다.

⑨ 曾參悲: 증삼曾參이 부모의 사랑을 받지 못해 슬퍼한 일을 말한다.

- 성현영: 증삼은 지극한 효자였지만, 그 부모는 그를 미워하였다. 일찍이 증삼이 부모에게 매질을 당하여 거의 죽을 뻔한 적이 있었는데, 증삼은 이를 슬퍼하며 통곡하였다.
- 임희일: 증자曾子가 슬퍼하며 눈물을 흘린 일은 보이지 않는다. 일찍이 증자가 박을 캐다가 실수를 하여 부모에게 큰 지팡이로 맞아 죽을 뻔한 일을 말하려고 한 것이다.

⑩ 木與木相摩則然: '연然'은 '연燃'(불타다)과 같다. 『태평어람』 869항에 인용된 구절에서 바로 '연燃'으로 썼다.

- 유월: 『회남자』 「원도훈原道訓」에서도 역시 '양목상마이연兩木相摩而然'이라고 하였다. 그런데 두 개의 나무를 서로 문지른다고 하더라도 불이 붙게 할 수는 없다. 이어지는 구절에서 '금과 불이 서로 만나면 녹아 흐르게 된다'(金與火相守則流)라고 하였으니, 여기에서도 '나무와 불'(木與火)로 보아야 한다. '빗속에 번개가 치면 큰 홰나무를 불태운다'(水中有火, 乃焚大槐), '이해관계가 상충하면 가슴이 불타올라 조화로운 기를 해치게 되니, 안정을 찾으려 해도 일어나는 가슴속의 불길을 이겨 낼 수 없다'(利害相摩, 生火甚多, 衆人焚和, 月固不勝火) 등, 이 단락에서는 계속 '불'(火)을 자주 언급하였으므로 이 구절은 응당 '목여화木與火'가 되어야 한다. 목木과 금金은 모두 불을 두려워하니, 이를 들어 불을 만나면 위해가 큼을 말했다.
  - ▹ 진고응: 유월의 설 또한 참고할 수 있다. 옛날 사람들은 나무를 문질러 불을 피웠다. 즉 두 개의 나무를 서로 마찰하여 불을 피웠으므로 본 구절의 글자를 바꾸지 않더라도 뜻이 역시 통한다.

⑪ 陰陽錯行: 음양이 뒤섞여 어지러움. 「대종사」의 '음양지기유려陰陽之氣有沴', 「재유」의 '음양병비陰陽並毗'와 같은 말이다.

⑫ 絯: '해駭'로 읽는다. '놀라게 하다'라는 뜻이다. 『태평어람』 13항, 869항에 인용된 구절에서는 '해駭'로 썼다.

⑬ 水中有火: 빗속에 번개가 침.

⑭ 兩陷: 이해의 양단에 빠짐.(이종예의 번역)

- 임희일: '양함兩陷'이란 '인도의 우환(人道之患)이 없으면, 음양의 우환(陰陽之患)이 있다'는 뜻이다. 「인간세」의 '시양야是兩也'라는 말이 바로 이와 같은

뜻이다.(『남화진경구의』)

▹ 진고응: '양함兩陷'이라는 말에 대해서는 각 학자들의 해석이 분분하다. 그중 임희일의 설이 비교적 타당하다.

⑮ 螴蜳(螴의 중국음은 chén[陳], 蜳의 중국음은 chún[淳]): 두려워 떠는 것.(성현영, 『장자소』)

⑯ 慰暋: 우울함.(『경전석문』)

• 마서륜: '민暋'은 '민惛'의 뜻으로 가차되었다. 『설문해자』에서는 "'민惛'은 '혼란스럽다'라는 뜻이다"라고 하였다.(『장자의증』)

⑰ 沈屯: '침沉'은 '깊어지다'(深), '둔屯'은 '근심'(難).(『경전석문』에서 사마표의 설을 인용) '깊게 빠지다'(沈溺)라는 뜻이다.(성현영, 『장자소』)

• 마서륜: '둔屯'은 '준惷'을 생략한 글자이다. 『설문해자』에서는 "'준惷'은 '혼란스럽다'라는 뜻이다"라고 하였다.

▹ 진고응: '둔屯'과 '민悶'은 음이 비슷하고 뜻이 서로 통한다. 따라서 '침둔沈屯'에는 '침울하다'(沈悶)라는 뜻이 있다.

⑱ 生火甚多: 마음이 초조한 것을 가리킴.

⑲ 衆人焚和: 사람들이 이해利害를 다투는 것에 지나치게 빠져 마음속의 조화로운 기운을 해침.

⑳ 月固不勝火: '월月'은 사람들의 마음이 청정한 것을 나타내는 말이고, '화火'는 마음이 초조한 것을 나타내는 말이다. 즉 마음이 청정한 것이 초조함을 이겨내지 못한다는 뜻이다.

• 유봉포: '월月'자는 맑고 밝은 본성을 비유한다. '화火'자는 이해利害에 대한 마음이 선명히 타오르는 것을 나타낸다.(『남화설심편』)

㉑ 僓然而道盡: '퇴僓'는 '퇴頹'로 읽는다.(『경전석문』) '퇴연僓然'은 맥이 빠진 모습(頹然)이다. '진盡'은 완전히 잃어버리는 것을 말한다.

【풀이】

외부의 사물에는 일정한 기준이 있을 수 없다. 그러므로 용봉龍逢과 비간比幹은 주살당했고, 기자箕子는 미치광이인 척을 해야 했으며, 악래惡來도 죽음을 맞이했고, 걸왕桀王과 주왕紂王은 멸망하고 말했다. 임금 가운데 자신의 신하가 충신이기를 바라지 않는 자는 없다. 하지만 실제로 충신이라고 하더라도 반드시 신임을 받는다는 보장은 없다. 따라서 오원伍員(伍子胥)은 죽임을 당해 시신이 강물에 떠다니게 되었고, 장홍萇弘은 사천四川 땅에서 죽임을 당했는데[7] 그의 피를 보관하여 삼 년이 지나니 벽옥으로 바뀌었다. 부모 가운데 그 자녀가 효성이 지극하기를 바라지 않는 이는 없다. 하지만 효성이 지극하다고 해서 반드시 부모의 사랑을 받을 수 있는 것은 아니다. 따라서 효기孝己는 괴로워했고, 증삼曾參은 슬퍼하였다. 나무와 나무를 서로 마찰하면 나무가 불타오르며, 쇠와 불을 서로 접하게 하면 쇠가 녹아든다. 음양이 어지럽게 뒤섞이면 천지가 크게 진동하여 번개와 천둥이 생겨나며, 빗속에 전기가 흘러 큰 홰나무를 태워 없애 버리기도 한다. 어떤 사람은 이익과 손해의 양단에 대한 근심에 지나치게 빠져 벗어나지 못하며, 항상 불안에 떨어 어떤 것도 이루지 못하니, 그 마음이 마치 천지 사이에 거꾸로 매달려 있는 듯 항상 우려스럽고 울적하다. 이해가 서로 상충하면 마음이 초조해져 사람들은 늘 내면의 조화로운 기를 해치는데, 내면을 평온하게 하고자 하나 초조함을 이겨 내지 못한다. 이에 정신은 맥이 빠진 듯 초췌해져 도리를 완전히 잃어버리고 만다.

2.

莊周家貧, 故往貸粟於監河侯①. 監河侯曰: "諾. 我將得邑金②, 將貸子三百金③, 可乎?"

莊周忿然作色曰: "周昨來, 有中道④而呼者. 周顧視車轍中, 有鮒魚焉. 周問之曰: '鮒魚來⑤! 子何爲者邪?' 對曰: '我, 東海之波臣⑥也. 君豈有鬥升之水而活我哉?' 周曰: '諾. 我且南遊吳越之土⑦, 激西江⑧之水而迎子, 可乎?' 鮒魚忿然作色曰: '吾失我常與⑨, 我無所處. 吾得鬥升之水然活耳⑩, 君乃言此, 曾不如早索我於枯魚之肆!'"

【길잡이】

① 監河侯: 감하監河의 관리.

---

7) 원서의 번역문은 "萇弘自殺於四川"이라고 하여 장홍이 자살한 것으로 되어 있으나 역사적 사실에 부합하지 않음으로 "죽임을 당하였다"로 바로잡는다.

• 임희일: 『설원說苑』에서는 위魏나라 문후文侯를 말한다고 하였으나 확실한 것은 아니다. 감하監河의 관리를 후侯로 칭한 것일 수도 있다.

② 邑金: 봉토의 세금.

③ 金: 성현영의 『장자소』에서는 "구리와 철 등을 모두 '금金'이라고 부른다. 여기에서 말한 '금金'은 황금을 말하는 것이 아니다"라고 하였다.

④ 中道: 도중途中.

⑤ 鮒魚來: '부어鮒魚'는 붕어를 말한다. '래來'는 어조사로 쓰였다.

⑥ 波臣: 수관水官[8]을 말한다.(임희일, 『남화진경구의』)

⑦ 南遊吳越之土: '토土'는 원래 '왕王'으로 되어 있으나, 『태평어람』 485항에 인용된 구절에서는 '왕王'이 '토土'라고 되어 있다.(마서륜, 『장자의증』) 저백수의 설 및 『태평어람』에 인용된 구절에 근거하여 수정한다.

• 저백수: '오월지왕吳越之王'은 해석하기가 상당히 까다로워 여러 학자들은 이 해석을 생략하였다. 오직 진경원만 "오와 월은 물이 모이는 땅이다. '왕王'은 강과 바다를 온갖 곡식들의 왕이라고 표현한 말이다"라고 설명하였다. 장군방張君房의 교열본에서는 '유游'자 다음에 '세說'자를 추가하였는데, 이러한 설명 역시 의미가 잘 통하지 않는다. 지금 대략적인 의미를 고려하면, '왕王'은 본래 '토土'자였음이 분명하다. 실수로 한 획을 추가한 것이다.(『남화진경의해찬미』)

▹ 진고응: 저백수의 설이 타당하다. '남유오월지토南遊吳越之土'와 이어지는 '격서강지수激西江之水'에서 '수水'와 '토土'는 서로 대응된다. '유游'는 '유세'가 아니라 '유람'의 뜻이다.

⑧ 西江: 촉강蜀江을 가리킴. 촉강은 서쪽에서 흘러나오므로 '서강'이라고 부른 것이다.(성현영, 『장자소』)

⑨ 常與: '항상 함께 어울린다'라는 뜻으로, 물을 가리킨다.(임운명, 『장자인』)

• 진경원: '여與'는 '친하다'라는 뜻이다. '물고기와 물은 항상 서로 친하다'라는 말이다.(『남화진경장구음의』)

⑩ 然活耳: '연然'은 '즉則'과 같다.(왕인지, 『경전석사』)

---

8) 치수나 세수 운반 등 물과 관련된 일을 담당하는 관리.

【풀이】

장주莊周(장자)의 집안이 빈궁하여 감하후監河侯에게 쌀을 빌리고자 하였다. 감하후가 말했다. "좋소이다. 내가 봉토의 세금을 거두어들인 후에 자네에게 삼백 냥을 빌려주겠소. 괜찮겠소?"

장주가 탐탁지 않은 얼굴로 말했다. "내가 어제 왔을 때 도중에 나를 부르는 소리를 들었습니다. 고개를 돌려 보니, 수레바퀴가 지나가 움푹 파인 곳에 붕어 한 마리가 있었습니다. 내가 붕어에게 물었습니다. '붕어야, 여기에서 무엇을 하느냐?' 그랬더니 붕어가 이렇게 대답했습니다. '나는 동해를 지키는 관리이다. 물 됫박을 퍼 와서 나를 살려주지 않겠는가?' 내가 말했습니다. '좋다. 내가 오吳나라와 월越나라를 유람하고 나서 서강西江의 물을 끌어와 너를 구해 주겠다. 괜찮은가?' 그러자 붕어가 탐탁지 않은 얼굴로 이렇게 말했습니다. '내가 물을 떠나 지금 몸을 담을 곳이 없으니 됫박의 물만 있어도 목숨을 구할 수 있는데, 지금 이렇게 말하느니, 그냥 일찌감치 건어물 시장에 가서 나를 찾으시게나!'"

3.

任公子①爲大鉤巨緇②, 五十犗③以爲餌, 蹲乎會稽④, 投竿東海, 旦旦而釣, 期年不得魚. 已而大魚食之, 牽巨鉤, 錎沒⑤而下, 騖揚⑥而奮鬐⑦, 白波若山, 海水震蕩, 聲侔鬼神, 憚赫⑧千裏. 任公子得若魚, 離⑨而腊之, 自制河⑩以東, 蒼梧⑪已北, 莫不厭⑫若魚者. 已而後世輇才⑬諷說⑭之徒, 皆驚而相告也. 夫揭竿累⑮, 趣灌瀆⑯, 守鯢鮒⑰, 其於得大魚難矣. 飾小說以幹縣令⑱, 其於大達亦遠矣. 是以未嘗聞任氏之風俗, 其不可與經於世亦遠矣.

【길잡이】

① 任公子: '임任'은 나라 이름. 임나라의 공자를 말한다.(성현영, 『장자소』)

② 巨緇(緇의 중국음은 zī[滋]): 크고 검은 밧줄. '치緇'는 검은 노끈을 말한다.

③ 犗(중국음은 xiá[俠]): 거세한 소.

④ 會稽: 산 이름. 절강성 내에 있다.

⑤ 錎沒: '함몰陷沒'과 같다. '함錎'은 '함陷'과 같은 글자이다.(『경전석문』에서 『字林』을

인용) 『도장』에 실려 있는 왕방의 『남화진경신전』본, 『찬도호주纂圖互注』[9]의 원元나라본 등에는 '함陷'이라고 되어 있다.(왕숙민, 『장자교석』)

⑥ 鶩揚: 질주함.

⑦ 鬐(중국음은 qí[旗]): 지느러미.

⑧ 憚赫: 깜짝 놀라게 하다.(호문영, 『장자독견』)

⑨ 離: 쪼개다.

⑩ 制河: '절강浙江'을 말함. '제制'는 '제淛'로 읽으며, '절浙'과 같다. 즉 '절하浙河'는 '절강'을 말한다.

- 육덕명: 글자를 응용하여 '절浙'로 썼다. '하河' 역시 강을 말하며, 북방 사람들은 이름난 강을 모두 '하河'라고 불렀다.(『경전석문』)

⑪ 蒼梧: 산 이름. 영남嶺南지역에 있다. 지금의 광서성 창오현蒼梧縣에 해당한다.

⑫ 厭: '염饜'과 같으며, '배불리 먹다'라는 뜻이다.

⑬ 輇才: 작은 재주.

- 이이: 판본에 따라 '전輇'을 '경輕'으로 쓰기도 한다.
- 양수달: 『설문해자』 14편 상上의 '차부車部'에서는 "'전輇'은 용골차 아랫부분에 달린 낮은 바퀴(庳輪)를 말한다"라고 하였다. 단옥재段玉裁는 이에 대해 "이러한 의미에서 낮은 것을 칭하는 말로 사용된다"라고 설명하였다. '전輇'자 역시 뜻이 통하므로, 굳이 이를 '령軨', '경輕' 등으로 바꾸어 읽을 필요는 없다.(『장자습유』)
  - ▹ 진고응: '비륜庳輪'은 작은 바퀴이다. 따라서 '전재輇才'는 작은 재주를 말한다.

⑭ 諷說: '전해지는 말'(이면, 『장자분편평주』), 길에서 얻어들은 풍문(임희일, 『남화진경구의』).

⑮ 累: 가는 밧줄.(성현영, 『장자소』)

⑯ 灌瀆: 모두 물줄기가 작은 것을 가리킨다.(양수달) 즉 작은 계곡을 말한다.

⑰ 鯢鮒: 작은 물고기.

---

9) 중국 宋代 학자 龔士高이 편찬한 『五子纂圖互注』 안의 『莊子』 부분을 말한다. '五子'는 『老子』, 『莊子』, 『荀子』, 『揚子』(양웅), 『文中子中說』(隨나라 때 유학자 王通의 언행과 제자들의 문답을 기록한 책)을 가리킨다. 『莊子』 부분은 郭象의 注를 근간으로 하고 陸德明의 『莊子音義』를 부록으로 실었다.

⑱ 干縣令: 높은 명성을 바람. '간干'은 '바라다'의 뜻. '현縣'은 '현懸'과 통하며, '높다'라는 뜻이 있다. 다른 해석에 따르면, '현령縣令'은 현상금을 내건 칙령을 말한다. 누구라도 이러한 칙명에 따라 일을 해낸다면 공명功名을 얻을 수 있다.(조초기) 여기에서는 전자의 해석을 따른다.

【풀이】

임任나라의 공자가 굵고 검은 밧줄을 꼬아 큰 낚싯줄을 만들고, 오십 마리의 거세한 소를 미끼로 준비하여 회계산會稽山 위에 앉아 동해로 낚싯대를 던져 매일 그곳에서 낚시를 했는데, 한 해가 지나도록 한 번도 물고기를 낚아 올리지 못했다. 그러다 갑자기 큰 물고기가 미끼를 집어삼키더니 낚싯대를 끌고 물속 깊이 들어갔다가 다시 솟구쳐 오르며 지느러미를 힘차게 떨쳤다. 이에 하얀 물보라가 높은 산처럼 솟아올랐으며, 바닷물이 크게 요동쳤다. 그 소리가 마치 귀신의 소리와 같아 천 리 밖까지 벌벌 떨게 하였다. 임나라의 공자가 이 물고기를 잡아 올린 뒤 갈라서 햇볕에 말렸는데, 절강에서 동쪽 끝까지, 창오산에서 북쪽 끝까지 이 물고기를 배불리 먹지 않은 이가 없었다. 후대에 풍문을 전하던 별 볼 일 없는 자들은 모두 놀라며 이 사실을 서로에게 알렸다. 만약 작은 낚싯줄을 들었다면 작은 도랑에 가서 피라미들을 기다리면 될 테지만, 큰 물고기를 잡는 것은 어려울 것이다. 얕은 지식과 하찮은 주장으로 꾸며 대면서 높은 명성을 구하는 것은 큰 지혜에 통달하는 것에는 한참 부족하다. 그러므로 임나라 공자의 넓은 도량을 듣고 이해하지 못한 자는 세상을 경영하고 다스릴 수 없으니, 그 차이 또한 매우 크다.

4.

儒以詩禮發冢, 大儒臚①傳曰: "東方作矣②! 事之何若?"

小儒曰: "未解裙襦③, 口中有珠."

"詩④固有之曰: '靑靑之麥, 生於陵陂, 生不布施, 死何含珠爲?' 接⑤其鬢, 壓其顪⑥, 而⑦以金椎控⑧其頤, 徐別⑨其頰, 無傷口中珠."

【길잡이】

① 臚: 위에서 아래로 말을 전하여 알려 주는 것을 '려臚'라고 한다.(『경전석문』)

② 東方作矣: 태양이 나왔음을 가리킴.

③ 襦: 짧은 옷.

④ 詩: 이 시는 소실되어 전해지지 않는다.(사마표)

- 임희일: 이 시는 네 개의 구절로만 이루어져 있다. 고대의 시가일 수도 있고 장자가 스스로 지어낸 것일 수도 있는데, 정확히 알 수 없다.

⑤ 接: 쥐다(撮).

⑥ 壓其顪: '압壓'은 본래 '엽擪'으로도 쓴다. 『자림字林』에서는 '엽擪'을 한 손가락으로 누르는 것이라고 하였다.(『경전석문』) 조간의본에서는 '압壓'을 '엽擪'으로 썼다.(왕효어의 교열) '훼顪'는 턱 아래의 털(사마표), 즉 턱수염을 말한다.

⑦ 而: 원래는 '유儒'라고 되어 있으나, 왕념손의 설에 따라 수정한다.

- 왕념손: '유이금추공기이儒以金椎控其頤'는 『예문류취』 보옥부寶玉部에 인용되어 있는데, 여기에서는 '유儒'를 '이而'로 썼으니, 이것이 옳다. '이而'는 '여汝'(2인칭 대명사)와 같다. '미해군유未解裙襦' 다음부터는 모두 소유小儒가 대유大儒의 말에 대답하는 부분이다. '이而'와 '유儒'는 음이 서로 비슷한데다, 앞에서 '유儒'자가 많이 나오고 있으므로 '유儒'로 잘못 쓴 것이다.(『독서잡지여편』)
  - ▹ 진고응: 왕념손의 설이 일리가 있다. 다만 소유가 대유에게 답하는 부분은 '구중유주口中有珠'에서 끝이 나고, '시고유지왈詩固有之曰' 다음부터는 대유가 소유에게 알려 주는 말이다.

⑧ 控: 두드려서 열다.

⑨ 徐別: 천천히 나누어짐.

【풀이】

유가의 선비들이 『시』와 『예』를[10] 근거로 무덤을 도굴하였다. (우두머리인) 대유大儒가 이렇게 말을 전했다. "곧 해가 뜨는데 일이 어떻게 되어 가고 있는가?"

---

10) 원서의 번역문은 '『詩』『書』'로 되어 있으나 원문에 근거하여 '『詩』『禮』'로 바로잡는다.

(아랫사람인) 소유小儒가 말했다. "아직 치마와 저고리도 벗겨 내지 못했습니다. 그런데 입에 구슬을 머금고 있습니다."
[대유가 말했다.] "옛 시에 '푸르른 곡식 이삭, 산비탈에 무성하구나. 생전 남에게 은혜 베풀지 않았는데, 죽어서 균이 구슬을 머금으랴!'라고 하였다. 머리채를 잡고 수염을 제친 뒤에 턱을 두드려서 천천히 양 볼을 잡아당기거라. 입속 구슬이 상하게 해서는 안 되느니라!"

5.

老萊子①之弟子出取薪②, 遇仲尼, 反以告, 曰: "有人於彼, 修上而趨下③, 末僂④而後耳⑤, 視若營四海⑥, 不知其誰氏之子?"
老萊子曰: "是丘也. 召而來."
仲尼至. 曰: "丘! 去汝躬矜與汝容知⑦, 斯爲君子矣."
仲尼揖而退, 蹙然改容而問曰: "業可得進乎?"
老萊子曰: "夫不忍一世之傷而驁萬世之患⑧, 抑固窶邪⑨, 亡其略弗及邪⑩? 惠以歡爲, 驁終身之醜⑪, 中民之行進焉耳⑫, 相引以名, 相結以隱⑬. 與其譽堯而非桀, 不如兩忘而閉其所非譽⑭. 反無非傷也⑮, 動無非邪也⑯. 聖人躊躇⑰以興事, 以每成功⑱. 奈何哉其載⑲焉終矜爾!"

【길잡이】

① 老萊子: 『사기』「중니제자열전仲尼弟子列傳」에서는 주周나라의 노자老子와 초楚나라의 노래자老萊子를 두 명의 다른 인물로 구분하고 있다. 「노자열전」에서는 "노래자는 또한 초나라 사람으로 저서 15편이 있으며, 도가의 효용에 대해 말했고, 공자와 같은 시대의 인물이다"(老萊子亦楚人也, 著書十五篇, 言道家之用, 與孔子同時云)라고 말했다.

- 성현영: 노래자는 초나라의 현인이자 은자이다. 몽산蒙山에서 숨어 살았으나 초왕楚王이 그가 어질다는 것을 알고 그를 불러 재상으로 삼고자 하였다. 그의 처가 산에서 나무를 하고 돌아왔는데, 집 앞에 수레와 말의 자국이나 있는 것을 보고 노래자에게 무슨 일인지 물었다. 노래자가 "초왕이 나를 불러 재상으로 삼으려 하는군" 하고 답했다. 그러자 아내는 "남의

것을 받아들이면 남으로부터 통제를 받지 남을 통제할 수는 없다"라고 말하고는 요청을 뿌리치고 그 길로 떠나 버렸다. 노래자도 아내를 따라 함께 떠났다. 부부가 한마음이 되어 짐을 짊어지고 강호를 떠돌아 다녔는데, 아무도 어디로 갔는지 알 수 없었다.

▹ 진고응: 이 일화는 후대 사람이 남긴 이야기로 보인다.

② 出取薪: 원래는 '취取'자가 빠져 있었으나, 왕숙민의 설과 고산사본高山寺本에 의거하여 보충하였다.

- 왕숙민: 고초권자본古鈔卷子本에는 '출出'자 다음에 '취取'자가 있어 의미가 더 매끄럽다. 성현영의 『장자소』에서도 "'출취신出取薪'은 땔나무를 하는 것이다"(出取薪者, 采樵也)라고 하였으니, 성현영의 판본에 '취取'자가 있었음을 알 수 있다. 진경원의 『장자궐오』에 인용된 장군방본에는 '출出'자 다음에 '습拾'자가 있다. 『장자음의』에 인용된 강남고장본에도 역시 '습拾'자가 있으며, 이에 대해 "'본래는 또한 출채신出采薪'이라 되어 있다"라고 하였다.

③ 修上而趨下: '장상이촉하長上而促下'와 같다.(곽상, 『장자주』) 상체는 길고 하체는 짧다는 뜻이다. '추趨'는 '촉促'과 같다. '짧다'(短促)의 뜻이다.

④ 末僂: 등이 굽은 것을 말한다.(마서륜)

- 손이양: 『회남자』「지형훈墬形訓」의 '말루末僂'라는 말에 대해 고유高誘는 "'말末'은 등을 말한다"라고 설명하였다. 즉 '말루'는 등이 굽은 것이다.

⑤ 後耳: 귀가 뒤에 가까움.(곽상, 『장자주』) 귀가 뒤에 붙은 것을 말한다.

⑥ 視若營四海: 눈빛을 사방으로 쏘아 대는 모습을 표현하는 말. '영營'은 충만하다는 뜻.

- 성현영: 시선이 높고 먼 곳을 바라보니, 마치 천하를 가득 채우는 듯하다.

⑦ 去汝躬矜與汝容知: '자신의 행실에 자부하지 말고, 기지를 부리는 태도를 없애라'라는 말.

⑧ 不忍一世之傷而驁萬世之患: 한 시대의 수난을 참지 못하면서, 만세의 환난은 경시함. '오驁'는 '오傲'(업신여기다)와 같으니, 경시하다는 의미이다.

- 성현영: 성인의 지혜와 인의(聖智仁義)는 한 시기의 어려움을 구제할 수 있지만, 후에는 이에 집착하여 점차 간교하게 변해 갔으니 결국 만세의 재앙이 되고 말았다.

⑨ 抑固窶邪: '고루해서인가?'라는 말. '구窶'는 '고루함', '부족함'을 뜻한다.

⑩ 亡其略弗及邪: '아니면 지략이 미치지 못하는 것인가?'라는 말. '망기亡其'는 의미를

전환하는 말로, '아니면'(或是)이라는 의미이다. '략略'은 지략을 가리킨다.

- 곽경번: '망亡'은 '무無'로 읽는다. '망기亡其'는 의미를 전환하는 접속사이다. 『사기』「범저채택열전範雎蔡澤列傳」의 '망기언신자천불가용호亡其言臣者賤不可用乎?'(아니면 나를 소개한 신하의 지위가 비천하여 쓸 수 없다는 것인가), 『여씨춘추』「애류愛類」의 '망기부득송차불의유공지호亡其不得宋且不義猶攻之乎?'(아니면 송나라도 얻지 못하고 불의하다는 말만 듣더라도 공격하겠다는 것인가)에서 말한 '망기亡其' 역시 모두 의미를 전환하는 말이다.(『장자집석』)

⑪ 惠以歡爲, 驁終身之醜: 여러 판본에서는 문장을 '혜이환위오惠以歡爲驁, 종신지추終身之醜'로 끊어 읽었다. 예를 들면, 임희일은 "'혜惠'는 남에게 은혜를 베푼다는 뜻이고, '환歡'은 남에게 환심을 사고자 한다는 뜻이다. 즉 남에게 은혜를 베풀어 환심을 사는 것을 자만한다는 말이다"라고 하였고, 임운명은 "자신의 은혜가 남에게 미쳐 사람들의 환심을 사는 것에 대해 자긍심을 지닌다"라고 하였다. 하지만 조초기의 『장자천주』에서는 '혜이환위惠以歡爲, 오종신지추驁終身之醜'로 문장을 끊어 읽었으니, 이 방식이 따를 만하다. 이렇게 읽으면 앞의 '오만세지환驁萬世之患'과 서로 구조가 일치한다. '혜이환위惠以歡爲'는 '위환이혜爲歡以惠'와 같으니, 사람들의 환심을 사기 위해 남에게 은혜를 베푼다는 뜻이다.

⑫ 中民之行進焉耳: '범속한 자들이나 하는 짓이다'라는 말. '중민中民'은 「서무귀」에 등장한 바 있다.('中民之士榮官')

- 임희일: 이것을 가지고 세상에 대해 자부해서는 안 된다. 이는 평생토록 부끄러운 행위이다. 하지만 범속한 자들은 바로 이러한 것에 힘쓴다.
- 이면: 남에게 은혜를 베푸는 것을 스스로 기뻐하며 자부하는 것은 평생토록 부끄러운 일이다. 이는 범속한 사람들이 행하는 것으로 지인이나 성인이 행하는 일이 아니다.

⑬ 隱: '사私'로 읽는다.

- 유월: 이이에 따르면 "'은隱'은 병환이다"라고 하였다. 하지만 병환은 서로 결합하는 것이 아니다. 곽상의 『장자주』에서는 "'은'은 '괄括'과 같으니, '들어가다'라는 뜻이다"라고 하였다. 하지만 '은괄隱括'이란 구부러진 나무를 바로잡는 것으로, 역시 서로 결합하는 것을 말하지 않는다. 따라서 '은'은 '사私'로 읽어야 한다. 『여씨춘추』「환도圜道」의 '분정즉하불상은分定則下不相隱'(직분이 정해지면 아랫사람들이 서로 사익을 추구하지 않는다)에 대해 고유高誘의 주에서 "'은'은 '사'와 같다"라고 풀이하였다. 『문선』「자백마부赭白馬賦」

의 '사은주악思隱周渥'이라는 글귀에도 이선李善이 『국어』를 인용하여 "'은'은 '사'와 같다"라고 하였다. 따라서 '상결이은相結以隱'이란 '서로 결합하여 사사로운 은혜를 베푼다'라는 말이다. 옛 주석은 모두 적절하지 않다.

⑭ 與其譽堯而非桀, 不如兩忘而閉其所非譽: 「대종사」의 '여기예요이비걸與其譽堯而非桀, 불여양망이화기도不如兩忘而化其道'를 가져온 말이다.

- 마서륜: '소所'는 '비非'자를 잘못 쓴 것이다.
  - ▹ 진고응: 마서륜의 설에 따라 '폐기비예閉其非譽'로 읽으면 '비난과 칭찬을 모두 지양한다'라는 의미가 된다. 이러한 해석 역시 통한다. 하지만 '소所'를 반드시 '비非'가 와전된 것으로 볼 필요는 없다. 따라서 '소' 다음에 '비'자를 남겨서 '폐기소비예閉其所非譽'로 읽어야 한다. 이 경우 '소비예所非譽'가 앞의 '예요譽堯', '비걸非桀'을 받아서 나온 것으로 이해할 수 있다.

⑮ 反無非傷也: 사물의 본성에 반하면, 해롭지 않은 바가 없다.(성현영, 『장자소』)

⑯ 動無非邪也: 마음을 요동시키면 일어나는 생각이 간사하지 않음이 없다.

⑰ 躊躇: 침착하고 느긋함.(『경전석문』) '경계하고 삼가다'라는 뜻이다.

⑱ 以每成功: 그 공이 항상 이루어짐(其功每成).(곽상, 『장자주』) '매每'자는 『경전석문』과 성현영의 『장자소』에서는 곽상의 주에 따라 글자 그대로의 의미로 해석하였다. 하지만 장병린의 설에 따라 '매每'를 '모謀'로 읽어야 한다.

- 장병린: '매每'와 '모謀'는 음과 뜻이 서로 비슷하다. 고문에서는 '모謀'를 '母'로 썼다.

⑲ 載: '행行'으로 읽는다.(나면도, 『남화진경순본』)

【풀이】

노래자老萊子의 제자가 나무를 하러 가서 우연히 공자를 만났다. 돌아와서 노래자에게 이 사실을 알렸다. "나무하러 갔더니, 그곳에 어떤 사람이 있었는데, 상체는 길고 하체는 짧았으며, 등은 굽었고 귀는 뒤에 붙어 있었으며, 눈빛은 사방으로 퍼져 나갔습니다. 도대체 어떤 자인지 모르겠습니다.

노래자가 말했다. "그는 공구孔丘다. 그를 불러오거라."

이에 공자가 이르렀다. 노래자가 공자에게 말했다. "공구여, 그대의 행실에 자부하지 말고, 기지를 부리는 태도를 없애도록 하라. 그리하여야만 군자가 될 수 있다."

공자가 예를 올리고 물러나며 부끄러운 기색으로 노래자에게 물었다. "저의 덕업을 닦아 나아가는 것이 가능하겠습니까?"

노래자가 말했다. "한 시대의 수난을 참지 못하면서도 만세의 환난은 경시하니, 고루한 것인가 아니면 지략이 미치지 못하는 것인가? 남에게 은혜를 베풀며 환심을 사고자 하면서, 평생의 수치는 등한시하니 이는 범속한 자들이 하는 짓일 뿐이다. 이러한 자들은 명성으로써 서로를 끌어당기며 이익으로써 서로 맺어진다. 요임금을 칭찬하고 걸왕桀王을 비난하는 것보다는 이 둘 모두를 잊고 비난하는 것과 칭찬하는 것에서 벗어나도록 해야 한다. 본성에 어긋나면 해를 입지 않을 수가 없다. 마음을 요동시키면 일어나는 생각이 간사하지 않음이 없다. 성인은 침착한 태도로 사업을 일으켜 성공을 도모한다. 그런데 그대는 어찌하여 늘 자신의 행위에 그리 자신만만한가?"

6.

宋元君①夜半而夢人被髮窺阿門②, 曰: "予自宰路③之淵, 予爲淸江④使河伯之所, 漁者余且⑤得予."

元君覺, 使人占之, 曰: "此神龜也." 君曰: "漁者有余且乎?"

左右曰: "有."

君曰: "令余且會朝."

明日, 余且朝. 君曰: "漁何得?"

對曰: "且之網得白龜焉, 其圓五尺." 君曰: "獻若之龜."

龜至, 君再欲殺之, 再欲活之, 心疑, 卜之, 曰: "殺龜以卜, 吉." 乃刳龜以卜⑥, 七十二鑽⑦而無遺筴⑧.

仲尼曰: "神龜能見夢於元君, 而不能避余且之網; 知能七十二鑽而無遺筴, 不能避刳腸之患. 如是, 則知有所困, 神有所不及也. 雖有至知, 萬人謀之⑨. 魚不畏網而畏鵜鶘⑩. 去小知而大知明, 去善而自善矣. 嬰兒生無石師⑪而能言, 與能言者處也."

【길잡이】

① 宋元君: 송宋나라 임금. 이름은 '좌佐', 시호는 '원元'. 「전자방」에 '송원군이 그림을

그리도록 시켰던'(宋元君將畫圖) 고사가 등장한 바 있다.

② 阿門: 옆문, 측문.

③ 宰路: 강변의 연못 이름.(성현영, 『장자소』)

④ 淸江: 양자강. '청淸'은 황하의 탁함과 대비하여 부르는 말이다.(후쿠나가 미쓰지)

⑤ 余且: 성은 여余, 이름은 차且. 어부이다.

⑥ 乃刳龜以卜: 원래는 '이복以卜' 두 글자가 빠져 있다. 『문선』「강부江賦」의 주석 및 『태평어람』 399, 931항에 인용된 구절에서는 '귀龜' 다음에 '이복以卜' 두 글자가 들어 있어, 문장의 의미가 더 매끄럽다.(왕숙민, 『장자교석』)

⑦ 七十二鑽: 점을 72번 쳤음을 가리킨다.

- 선영: 매번 점을 칠 때마다 거북의 등을 뚫고 불에 그슬려야 한다.
- 곽경번: 『문선』에 실린 곽경순郭景純의 「강부」 주석에 인용된 사마표의 말에 따르면 "'찬鑽'은 명命을 점치는 일로, 점을 보기 위해 (거북의 등을) 불에 그슬리는 것을 말한다."

⑧ 無遺筴: 길흉을 헤아리는 데 한 번도 놓치는 법이 없음. '협筴'은 고대에 복서卜筮 점을 칠 때 사용된 시초(蓍)를 말한다. 시초는 길게 자라기 때문에 옛날 사람들이 그 줄기를 취하여 점을 쳤다. 여기에서 '협筴'이라고 쓴 것은 '책策'(점대)과 통한다.

⑨ 雖有至知, 萬人謀之: '만인모지萬人謀之'에는 두 가지 해석이 있다. 첫 번째는 '만인이 그를 모략한다'(萬人謀算他)이고, 다른 하나는 '만인이 함께 모략한다'(萬人共同來謀劃)이다. 마땅히 후자를 따라야 한다. '갓난아이는 태어나 위대한 스승이 없어도 말을 할 수 있는데, 말을 할 수 있는 사람과 같이 지내기 때문이다'(嬰兒生無石師而能言, 與能言者處也)라는 뒤의 구절을 그 증거로 삼을 수 있다.

⑩ 鵜鶘: 물고기를 좋아하는 작은 새의 일종.[11]

⑪ 石師: '석사碩師'로도 쓴다. 당사본唐寫本에는 '석사碩師'로 되어 있다.(왕숙민, 『장자교석』) '석石'과 '석碩'은 옛글자에서는 통용되었다.

---

11) '鵜鶘'는 사전에 통상 펠리컨으로 불리는 사다샛과의 큰 물새로 되어 있다. '작은 새'(小鳥)라는 풀이와는 부합하지 않는다.

【풀이】

송宋나라 원군元君이 한밤중에 꿈을 꾸었는데, 어떤 산발한 자가 옆문에 서서 자신을 쳐다보고 있는 것을 보았다. 그자가 이렇게 말했다. "나는 재로宰路라는 깊은 연못에서 왔다. 청강淸江의 사자로서 하백河伯을 찾아가는데, 그만 어부 여차余且에게 사로잡히고 말았다."

원군이 잠에서 깨어나 꿈의 내용을 점치게 했다. "이는 신령한 거북입니다."

원군이 말했다. "어부 가운데 여차라는 자가 있느냐?"

좌우의 신하들이 말했다. "있습니다."

원군이 말했다. "그를 조회에 부르도록 하라."

다음 날 여차가 조회에 참석하였다. 원군이 여차에게 말했다. "최근에 무엇을 잡았느냐?"

여차가 말했다. "둘레가 다섯 척이나 되는 흰색 거북 하나를 잡아 올린 적이 있습니다."

원군이 말했다. "그 거북을 나에게 바치도록 하라."

거북이 도착하여 원군이 그 거북을 살펴보았는데, 죽이고 싶기도 하고 살려주고 싶기도 하였다. 마음속에서 주저하여 결정을 못 하고 있다가 다시 점치는 자를 불러 말했다. "거북을 죽여서 점괘를 치면 길할 것이다."

이에 거북을 죽여 점을 쳤는데, 72번 점을 쳐서 한 번도 들어맞지 않은 적이 없었다.

공자가 말했다. "신령스런 거북이 원군의 꿈에 나타날 수는 있었어도 여차의 그물을 피할 수는 없었다. 72번 점을 쳐서 모조리 들어맞는 기지를 지니고 있었지만, 창자가 갈리는 화를 피할 수는 없었다. 이렇게 본다면, 기지가 있어도 곤란할 때가 있고, 신령함이 있어도 미치지 못하는 부분이 있다. 설사 최고의 기지를 지녔다 하더라도 만인이 그를 모략한다.12) 물고기는 그물은 두려워하지 않지만 사다새는 두려워한다. 사람은 작은 앎을 버려야 큰 앎에 밝아지게 된다. 스스로 선하다는 생각을 버려야 그 선함이 저절로 드러나게 된다. 갓난아이는 태어나 위대한 스승이 없어도 말을 할 수 있는데, 이것은 말을 할 수 있는 사람과 같이

12) 이 번역은 앞의 【길잡이】 ⑨에서 "만인이 함께 모략한다"는 뜻으로 풀이해야 한다고 했던 것과 다르다. 참고로 1990년 홍콩(香港) 中華書局에서 나온 판본에는 이렇게 번역되어 있다.

지내기 때문이다."

7.

惠子謂莊子曰: "子言無用."

莊子曰: "知無用而始可與言用矣. 天地非不廣且大也, 人之所用容足耳. 然則厠足①而塹之致②黃泉, 人尙有用乎?" 惠子曰: "無用."

莊子曰: "然則無用之爲用也亦明矣."

【길잡이】

① 厠足: '측厠'은 '측側'으로 읽는다. 옆 부분을 말한다.

② 塹之致: '점塹'은 '참塹'으로도 쓴다. '파다'라는 뜻이다.(『경전석문』) '치致'는 '지극하다'의 뜻이다.

【풀이】

혜자가 장자에게 말했다. "자네의 말은 쓸모가 없네."

장자가 말했다. "쓸모없음에 관해 알았으니, 이제 자네와 쓸모 있음에 관해 논할 수 있겠군. 천지는 광대하지 않은 것이 절대로 아니지만, 사람이 사용하는 부분은 고작 두 발을 디디는 만큼에 지나지 않네. 그런데 만약 사람이 발을 디디고 있는 부분을 제외하고 다른 부분을 모두 황천에 이를 때까지 파내어 버린다면, 사람[이 발을 디디는 땅]이 여전히 쓸모가 있다고 할 수 있겠는가?"

혜자가 말했다. "쓸모가 없네."

장자가 말했다. "그렇다면 이제 쓸모없는 것의 쓸모를 뚜렷이 알 수 있겠구만."

8.

莊子曰: "人有能遊①, 且得不遊乎? 人而不能遊, 且得遊乎? 夫流遁之志②, 決絶之行③, 噫, 其非至知厚德之任④與! 覆墜⑤而不反, 火馳⑥而不顧, 雖相與爲君臣, 時也⑦, 易世⑧而無以相賤. 故曰至人不留行⑨焉.

夫尊古而卑今, 學者之流也⑩. 且以狶韋氏之流觀今之世, 夫孰能不波? 唯至人乃能遊於世而不僻, 順人而不失己. 彼敎不學, 承意不彼[11]."

【길잡이】

① 人有能遊: 세상에 달관한 자를 말한다. '유遊'는 스스로 만족하며 즐거워한다는 뜻이다.(임희일) 마음속이 후련하다는 의미이다.(임운명)

② 流遁之志: 외물을 좇아 이리저리 헤매니 멀어져 다시 돌아올 수 없음.(성현영, 『장자소』) '유둔流遁'은 외물을 좇다가 돌아오는 것을 잊은 부류를 말한다.(유봉포)

③ 決絶之行: '결절決絶'은 뜻을 확고히 지닌 것을 말한다.(성현영, 『장자소』) 스스로 세상과 확연히 다르다고 여기는 태도이다.(임희일)

- 진경원: 행실이 단호하고 의연하며, 각고의 의지로 강직하게 처신함.
- 유봉포: '결절決絶'은 세속을 떠나 깊이 숨어든 부류의 사람들을 말한다.

④ 至知厚德之任: '임任'은 '하다'(爲). '지지후덕至知厚德'은 자연을 따르는 사람.(임희일)

▷ 진고응: '지지후덕至知厚德'한 자의 행위는 외물을 좇아 헤매거나(流遁) 지나치게 확고하게 행동하는(決絶) 잘못이 없다는 뜻이다.

⑤ 覆墜: 세속의 일에 지나치게 빠지는 것을 말함.(임희일)

⑥ 火馳: 세속을 좇아가는 모습이 마치 불과 같이 급함.(임희일)

⑦ 雖相與爲君臣, 時也: 비록 서로 지위를 바꾸어 어떤 이는 왕이 되고 어떤 이는 신하가 될 수도 있지만, 이 역시 한순간일 뿐이다.

⑧ 易世: 세대의 변화.(왕선겸, 『장자집해』)

⑨ 不留行: 정체됨이 없음.(성현영, 『장자소』)

⑩ 尊古而卑今, 學者之流也: 이는 '과거를 높이고 현재를 낮추는'(尊古卑今) 복고주의적 사상에 대한 비판으로, 「천운」에 이미 등장한 바 있다. 이 진보적 관점은 법가의 주장과 상통하며, 유가와는 대립된다.

⑪ 彼敎不學, 承意不彼: '피교彼敎'는 과거 사람들의 가르침을 가리킨다. 과거 사람들의 가르침을 배우지 않고, 그 속의 참된 뜻만 계승하였으니 과거의 사람들과는 다르다는 말이다.

【풀이】

장자가 말했다. "사람이 만약 마음을 자연에 맡긴 채 스스로 만족할 수 있다면, 유유자적하지 못할 수가 있겠는가? 반대로 마음을 자연에 맡겨 스스로 만족하는 것이 불가능하다면, 유유자적하는 것은 가능하겠는가? 외물을 좇아 헤매어 돌아올 줄 모르는 마음과 고집스럽고 편벽된 행위라, 허! 이 모두 앎이 지극하고 덕이 두터운 자의 모습이 아니다. 세속의 일에 빠져 돌아올 줄 모르고, 불같이 외물을 좇으며 돌아볼 줄 모른다. 서로 지위를 바꾸어 누군가는 왕이 되고 누군가는 신하가 될 수도 있겠지만, 이 또한 그저 일시적인 일일 뿐이다. 세대가 변화하면 다른 사람을 더 이상 비천하게 볼 수 없게 될 수도 있다. 그러므로 지인至人은 치우쳐 정체된 행적이 없다.

학문하는 자들은 과거를 숭상하고 현재를 낮추어 본다. 만약 희위씨狶韋氏와 같은 부류가 지금 세상을 바라본다면, 대체 누가 이러한 흐름에 부화뇌동하지 않을 수 있겠는가? 오직 지인至人만이 마음을 세상에 두고서도 편벽되지 않고, 사람들의 실정에 따르면서도 자기 자신을 잃지 않는다. (과거에 살았던) 그들의 가르침을 배우지 않고 그 참된 뜻만 계승한다면 우리는 그들과 다르다고 할 수 있다."

9.

目徹①爲明, 耳徹爲聰, 鼻徹爲顫②, 口徹爲甘, 心徹爲知, 知徹爲德. 凡道不欲壅, 壅則哽, 哽而不止則跈③, 跈則衆害生. 物之有知者恃息④, 其不殷, 非天之罪⑤. 天之穿之, 日夜無降⑥, 人則顧塞其竇⑦. 胞有重閬⑧, 心有天遊. 室無空虛, 則婦姑勃谿⑨; 心無天遊, 則六鑿相攘⑩. 大林丘山之善於人也, 亦神者不勝⑪.

【길잡이】

① 徹: 통하다(通).

② 顫: '전羶'으로 발음한다. 후각이 민감한 것을 말한다.

③ 跈(중국음은 zhěn[抮]): '진抮'으로 읽는다. '진抮'은 '어그러지다'의 뜻이다.(왕념손)

④ 物之有知者恃息: 지각이 있는 사물은 호흡에 의거하여 살아감. '식息'은 기氣를 말한다.(곽숭도)

• 나면도: 사물 가운데 지각능력이 있는 것은 호흡이 몸에 순환되는 것에 의거하여 살아감을 말한다.(『남화진경순본』)

⑤ 其不殷, 非天之罪: 호흡이 왕성하지 않은 것은 타고난 문제가 아님.

⑥ 天之穿之, 日夜無降: 자연적으로 뚫린 구멍은 밤낮으로 숨을 멈추지 않음.

• 성현영: '강降'은 '그치다'의 뜻이다. 자연의 이치는 만물에 관통하니, 낮에서 밤으로 그치지 않고 이어진다.

• 유월: '강降'은 '륭㢘'으로 읽어야 한다. 이는 '륭㢘'자의 주문籀文(大篆體)이다. '일야무륭日夜無㢘'은 막혀서 통하지 않는 법이 없다(不㢘閡)는 뜻이다.

⑦ 顧塞其竇: '고색顧塞'은 '막히다'라는 뜻이다. '고顧'는 '고固'로 읽어야 한다. 『설문해자』에서는 "'고固'는 사방이 가로막히는 것(四塞)이다"라고 하였다. '두竇'는 구멍을 뜻한다.

⑧ 胞有重閬: '포胞'는 '포막脬膜'을 말하며, 사람의 피부 속에서 살을 감싸고 있는 한 층의 막을 가리킨다.(임희일) '랑閬'은 '랑浪'으로 발음한다. '텅 비어 널찍하다'라는 뜻이다.(곽상, 『장자주』)

• 임운명: 사람의 몸에 있는 포막은 텅 비어 널찍한 곳이므로 기氣가 이곳으로 운행한다.

• 유봉포: 포막 속은 긴밀히 서로 연결되어 있으나, 여전히 층층의 빈 공간이 있다. 이 구절은 '심유천유心有天遊' 구절의 의미를 부각하는 역할을 한다.

⑨ 勃谿: 배반하고 거스름(反戾).(사마표) '발勃'은 '패悖'(거스르다)의 뜻으로 가차되었다.(주준성) '혜谿'는 함본涵本 및 숭본崇本에는 '계谿'로 되어 있다.(마서륜)

⑩ 六鑿相攘: 여섯 개의 구멍이 서로 소란을 피움.

⑪ 大林丘山之善於人也, 亦神者不勝: '선善'은 '이롭다', '신神'은 '정신'(心神)을 뜻한다. '불승不勝'은 이루 헤아릴 수 없을 만큼 기쁜 것을 가리킨다.(육흠, 『장자통의』)

【풀이】

눈이 통달한 것을 '명明'이라고 하고, 귀가 통달한 것을 '총聰'이라고 하고, 코가 통달한 것을 '전顫'이라고 하고, 혀가 통달한 것을 '감甘'이라고 하고, 마음이 통달한 것을 '지知'라고 하고, 지혜가 통달한 것을 '덕德'이라고 한다. 도는 가로막을 수 없다. 도가 가로막히면 꽉 막혀 정체되고, 이것이 계속되면 결국 거슬러 어긋나게 되며, 거슬러 어긋나면 각종 폐단이 생겨난다. 지각을 지니는 생물은 호흡에 의거하여 살아간다. 호흡이 원활하지 않은 것은 자연적인 문제가 아니다. 자연의 호흡은 모든 구멍을 관통하여 밤낮없이 이어지는데, 인간의 욕망이 각종 구멍을 막아 버린다. (피부 속) 포막(胞)조차도 그 사이에 빈틈이 있기 마련이므로 마음은 반드시 자연에 맡겨 두어야 한다. 집 안에 빈 공간이 없으면 고부간의 갈등이 일어나듯이, 마음이 자연과 함께 노닐지 않으면 여섯 개 구멍이 서로 소란을 피우게 된다. 큰 수풀과 산과 언덕은 사람을 황홀한 경지로 이끌어 주니, 이것이 사람이 그 속에 머무르면 기분이 상쾌해지는 까닭이다.

10.

德溢乎名①, 名溢乎暴②, 謀稽乎誸③, 知出乎爭, 柴生乎守④, 官事果乎衆宜⑤. 春雨日時⑥, 草木怒生, 銚鎒⑦於是乎始修, 草木之到植⑧者過半而不知其然.

【길잡이】

① 德溢乎名: 「인간세」에서는 '덕탕호명德蕩乎名'으로 되어 있다. '일溢'은 '폐단으로 흐르다'(流弊)라는 뜻으로(왕어), '탕蕩'과 같은 의미이다.

② 名溢乎暴: '폭暴'은 '폭曝'과 같으며, '과시하다'의 뜻이다.(후쿠나가 미쓰지) '폭暴'은 '드러내다'(露)는 뜻이다. 명성은 지나치게 드러내면 잃어버리게 된다는 말이다.(이면)

③ 謀稽乎誸: '현誸'은 '급急'. 급하게 한 뒤에 다시 생각함.(곽상, 『장자주』) 급박함으로 말미암아 계산하는 마음이 생겨난다는 뜻이다.(호문영, 『장자독견』)

④ 柴生乎守: '시柴'는 '막히다'(塞).(곽상, 『장자주』) '수守'는 자신의 견해에 갇혀 이를 고수하는 것을 말한다. 소통되지 않고 막히는 것은 한 가지를 고집하여 변화하지 않을 때 생겨난다는 뜻이다.

⑤ 官事果乎衆宜: 관직과 일은 사람들이 합당하게 여기는 바에 따라 결정되어야 한다.

- 유봉포: 앞의 다섯 구절에서는 모두 유위有爲의 태도를 지닐 때 잃는 것이 큼을 말한다. 하지만 '관사과호중의官事果乎衆宜'에서는 내용이 전환되어 관청의 일은 반드시 사람들의 마음에 따라야 함을 말하여, 도는 사물에

따르고 사물에 의거한다는 의미를 드러냈다.

⑥ 春雨日時: 봄비가 때에 맞게 내림.(섭옥린의 번역) 이 구절은 '춘우급시春雨及時'로 읽어야 한다. 봄비가 때에 맞추어 내리면 초목이 무성하게 일어난다는 말이다.(이면)

⑦ 銚鎒(銚의 중국음은 yáo[姚]): 밭을 가는 도구.

⑧ 到植: 오히려 자라남(倒生). '도到'는 '도倒'의 옛글자이다.(盧文弨) '식植'은 '자라나다'(生)라는 뜻이다.(성현영, 『장자소』) 밭을 갈아 풀을 뽑아냈는데도 오히려 다시 자라나는 것을 '도식到植'이라고 하였다.(사마표)

【풀이】

덕은 명성으로 인해 흘러넘치고, 명성은 지나치게 드러내는 것으로 인해 흘러넘친다. 급박함에서 온갖 계략이 생겨나고, 분쟁 속에서 지모가 생겨나며, 소통되지 않고 막히는 것은 한 가지를 고집하여 변화하지 않을 때 생겨난다. 관청의 일은 사람들이 합당하게 여기는 바에 따라 결정되어야 한다. 봄비가 때에 맞추어 내리면 초목이 무성하게 일어난다. 이에 밭 가는 도구를 들고 자라난 풀을 베어낸 후, 얼마 지나고 보면 풀이 여전히 절반이나 자라나 있는데, 그렇게 되는 바를 알 수가 없다.

11.

靜然可以補病, 眥搣[①]可以休老[②], 寧可以止遽. 雖然, 若是, 勞者之務也, 佚者之所未嘗過而問焉[③]. 聖人之所以駴[④]天下, 神人未嘗過而問焉; 賢人所以駴世, 聖人未嘗過而問焉; 君子所以駴國, 賢人未嘗過而問焉; 小人所以合時, 君子未嘗過而問焉.

【길잡이】

① 眥搣(眥의 중국음은 zì[自], 搣의 중국음은 miè[滅]): '자眥'는 '전揃'으로도 쓴다. '위搣'는 '멸搣'로도 쓰며, '멸滅'이라고 읽는다.(『경전석문』) 『옥편』에 인용된 구절에서는 '자위眥搣'를 바로 '전멸揃滅'로 썼다. '전멸揃滅'은 지금의 안마술에 해당한다.

- 왕숙민: '자眥'는 '자揤'의 가차자이다. '자揤'와 '멸滅'은 모두 '멸搣'의 가차자

이다. 해동은 "『설문해자』에 따르면 '전揃'은 '멸搣'과 같으니, '멸자搣𢪙'를 말한다. '전멸揃搣'과 '멸자搣𢪙'는 본래 뜻이 같다'라고 하였으니, 그 설이 옳다"라고 하였다.

▹ 진고응: '자眥'는 '멸搣'의 뜻으로 가차된 것이니, '전멸揃搣'로 읽을 수 있다. 바로 양생술을 말한다.(마서륜)

② 休老: 양로養老를 말한다. 진경원의 『장자궐오』에 인용된 장군방본에서는 '휴休'를 '휴沐'로 썼다. 고산사본高山寺本 역시 같다.(왕효어의 교열)

③ 佚者之所未嘗過而問焉: '일佚' 앞에 원래는 '비非'자가 더 들어 있었으나, 왕선겸과 마서륜의 설에 따라 삭제하였다.

- 왕선겸: 이 '비非'자는 불필요한 글자로 보아야 한다.
- 마서륜: 곽상의 『장자주』를 보면 '약시若是, 유유로猶有勞, 고일자초연불고故佚者超然不顧'라고 하였으니, 곽상의 판본에는 '비非'자가 없었음을 알 수 있다. 이 '비非'자는 곽상의 주석 앞 구절 '비불병야非不病也, 비불로야非不老也'로 인해 원문으로 잘못 삽입된 것이다.
- 유문전: 마서륜의 설이 옳다. 마음을 느긋하게 두는 자는 수고스럽게 행동하는 자의 일에 관심을 가져 본 적이 없다는 말이다. 그런데 여기에 '비非'자가 들어가면 취지와 맞지 않으며, 이어지는 네 구절과도 구조가 일치하지 않게 된다.

④ 駴(중국음은 xiè[謝]): '해駭'(놀라게 하다)와 통한다. 『회남자』「숙진훈俶眞訓」에서는 '해'라고 되어 있다.

- 왕숙지: '해駴'는 백성들이 보고 듣는 바를 바꾼다는 말이다.(『경전석문』에서 인용)

【풀이】

마음이 고요하면 질병을 다스릴 수 있고, 안마술은 노화를 방지할 수 있고, 평정심은 급한 성미를 안정시킬 수 있다. 그렇지만 이는 수고스럽게 행동하는 자가 하는 것들이다. 마음을 느긋하게 두는 자는 이런 일에 관심을 둔 적이 없다. 성인이 천하를 놀라게 만드는 것들에 신인은 한 번도 관심을 가진 적이 없다. 현인이 세상을 놀라게 만드는 것들에 성인은 관심을 가진 적이 없다. 군자가 나라를 놀라게 만드는 것들에 현인은 관심을 가진 적이 없다. 소인이 기회를 잡아 보고자 하는 일에 군자는 관심을 가진 적이 없다.

12.

演門[①]有親死者, 以善毁[②]爵爲官師, 其黨人毁而死者半. 堯與許由天下, 許由逃之; 湯與務光, 務光怒之, 紀他[③]聞之, 帥弟子而踆於窾水[④], 諸侯吊之, 三年, 申徒狄[⑤]因以踣[⑥]河.

【길잡이】

① 演門: 송宋나라 성문의 이름.(『경전석문』)

② 善毁: 용모를 망가뜨리며 슬퍼하는 것에 능함. 이는 유가에서 효행의 전형으로 여겨지는 태도이다.

③ 紀他: 전설상의 은자隱者.

④ 踆於窾水(踆의 중국음은 cún[存]): '준踆'은 '준蹲'(웅크리다)의 옛글자이다.(『경전석문』에서 『字林』을 인용) '관수窾水'는 하천의 이름이다.

⑤ 申徒狄: 성은 신도申徒, 이름은 적狄. 전설상의 인물로, 속된 것에 대해 분개한 것으로 알려져 있다.

⑥ 踣: '부赴'로 발음한다. '넘어지다'(仆)라는 뜻이다.(왕어)

【풀이】

연문演門에 양친을 잃은 자가 근무하고 있었는데, 그는 용모를 망가뜨리며 슬퍼하는 예절에 능하여 관리의 수장으로 봉해졌다. 고향 사람들이 그를 따라 하다가 태반이 목숨을 잃었다. 요임금이 허유許由에게 천하를 물려주려고 하자 허유는 도망가 버렸고, 탕왕湯王이 무광務光에게 양위하려고 하자 무광은 화를 냈다. 기타紀他는 그 말을 듣고 제자들을 데리고 관수窾水로 가서 은둔하였는데, 제후들이 모두 찾아가 그를 위문하였다. 삼 년이 지나고, 신도적申徒狄 또한 양위의 제안을 받고 스스로 강에 몸을 던졌다.

13.

荃[①]者所以在魚, 得魚而忘荃; 蹄[②]者所以在兔, 得兔而忘蹄; 言者所以在意,得意而忘言. 吾安得夫忘言之人而與之言哉!

【길잡이】

① 荃: 통발.(『경전석문』) 『도장』에 실린 각 판본과 조간의본趙諫議本, 복송본覆宋本 등에서는 '전荃'을 '전筌'으로 썼다. 고서에는 주로 '전筌'으로 썼다. 『일체경음의』 88항에서는 사마표의 말을 인용하여 "'전筌'은 물고기를 잡는 도구이다"라고 설명하였다.(왕숙민, 『장자교석』)

② 蹄: 토끼그물.

【풀이】

통발은 물고기를 잡는 데 사용하는 것이니, 물고기를 잡고 나면 통발은 잊는다. 토끼그물은 토끼를 잡는 데 사용하는 것이니, 토끼를 잡고 나면 토끼그물은 잊는다. 언어는 의미를 표현하는 것이니, 의미를 파악하고 나면 언어는 잊는다. 내가 어떻게 하면 언어를 잊은 자를 만나 함께 이야기를 나눌 수 있을까?

우언寓言

「우언」은 총 일곱 개의 단락이 뒤섞여 이루어져 있으며, 각 단락의 의미가 밀접하게 연관되지는 않는다. '우언寓言'은 다른 사물에 빗대어 의미를 가탁한 이야기를 말하는데, 글 첫머리의 두 글자를 따 편명으로 삼았다.

이 편 첫째 단락에서는 『장자』에서 사용하고 있는 문체에 관해 설명하였다. '우언이 열에 아홉이고, 중언이 열에 일곱이다'(寓言十九, 重言十七)라는 말은, 우언과 중언이 이 책에서 차지하는 비율을 말한 것이다. 나아가 왜 우언과 중언을 사용하였는가를 설명하고 있다. 계속해서 이 모든 말은 무심無心에서 나온 말, 즉 치언卮言으로서 자연이 정한 분수에 부합하는 것임을 말했다. 혹자는 이 장절을 『장자』의 범례라고 보기도 한다.

둘째 단락은 장자와 혜자惠子(惠施)와의 대화로, 장자는 공자라는 인물을 빌려 혜자를 비판한다. 공자는 지모를 사용하지 않고 말을 적게 사용한 반면, 혜자는 지모에 의지하고 교묘한 논변을 일삼았다는 것이다.

셋째 단락에서는 증자曾子의 마음에 얽매인 바가 있어 완전한 경지에 이르렀다고 할 수 없음을 말했다.

넷째 단락에서는 안성자유顔成子遊가 도의 경지에 들어가는 과정에 관해 묘사하였다.

다섯째 단락에서는 생사에 관해 집착하지 않음에 관해 말했다.

여섯째 단락은 망양罔兩이 그림자(景)에게 질문을 던지는 내용으로, '의지하는 바가 없음'(無待)에 관해 말했다. 「제물론」의 내용과 글은 다소 차이가 나지만 뜻은 같다.

일곱째 단락은 양자거陽子居가 노담老聃을 만나는 이야기로 거만한 태도를 버려야 함을 말했다.

이 편에서는 '무언無言의 방식으로 말한다'(言無言), '만물에는 모두 종자가 있다'(萬

物皆種), '시작과 끝이 마치 고리처럼 순환한다'(始卒若環)와 같은 철학적 명제가 제시되고 있다. 이 외에도 화이천예和以天倪[1], 휴휴우우睢睢盱盱[2] 등의 성어가 등장하고 있다.

---

1) 자연이 정한 분수와 조화를 이룸.
2) 안하무인하고 거만한 모습을 표현하는 말.

1.

寓言十九①, 重言十七②, 卮言③日出④, 和以天倪⑤.

寓言十九, 藉外論之⑥. 親父不爲其子媒. 親父譽之, 不若非其父者也; 非吾罪也, 人之罪也. 與己同則應, 不與己同則反; 同於己爲是之⑦, 異於己爲非之.

重言十七, 所以已言⑧也, 是爲耆艾⑨. 年先矣, 而無經緯本末⑩以期年耆⑪者, 是非先也. 人而無以先人⑫, 無人道也; 人而無人道⑬, 是之謂陳人⑭.

卮言日出, 和以天倪, 因以曼衍, 所以窮年⑮. 不言則齊⑯, 齊與言不齊⑰, 言與齊不齊也, 故曰言無言⑱. 言無言, 終身言, 未嘗言⑲; 終身不言, 未嘗不言⑳. 有自也㉑而可, 有自也而不可; 有自也而然, 有自也而不然. 惡乎然? 然於然. 惡乎不然, 不然於不然. 惡乎可? 可於可. 惡乎不可? 不可於不可. 物固有所然, 物固有所可, 無物不然, 無物不可㉒. 非卮言日出, 和以天倪, 孰得其久! 萬物皆種㉓也, 以不同形相禪㉔, 始卒㉕若環, 莫得其倫㉖, 是謂天均㉗. 天均者天倪也.

【길잡이】

① 寓言十九: 사물에 빗대어 의미를 가탁한 말(寓言)이 열에 아홉임.

- 곽상: 다른 인물에 가탁하면, 열 번 말해서 아홉 번은 받아들여질 수 있다.
  - ▹ 진고응: '십구十九'는 '열에 아홉을 차지한다'라는 말로 우언이 전체 책 가운데 차지하는 비율을 가리키는 것이다. 곽상의 『장자주』는 '열 번 말하면 아홉 번은 받아들여질 수 있다'라고 풀이하였으나, 옳지 않다.

② 重言十七: 선철先哲이나 당대의 현인(의 입)을 통한 말(重言)이 열에 일곱임.

- 장묵생: 우언寓言이 이미 전체 책의 열에 아홉을 차지한다고 하였으니, 남은 것은 열에 하나에 지나지 않는다. 그런데 왜 다시 중언重言이 열에 일곱을 차지한다고 말하는 것인가? 『장자』에는 종종 우언 가운데 중언이 포함된 경우도 있고, 중언 속에 우언이 포함된 경우도 있으니, 서로 뒤섞여 있다고 할 수 있다. 따라서 우언의 성분이 전체 책의 열에 아홉을 차지한다고 말하고, 다시 중언이 열에 일곱을 차지한다고 말해도 문제가 되지 않는다. 이와 같은 복합적 서술 방식의 사례는 매우 많다.(『장자신석』)
  - ▹ 진고응: 장묵생의 설이 옳다. 장자의 문장을 보면, 우언 속에도 중언이

있고, 중언 속에도 우언이 있다. 두 가지 표현 방식은 서로 교차되어 사용되고 있다.

③ 巵言: '치巵'는 술잔이다. 무심無心으로서 하는 말을 바로 치언巵言이라고 한다.(성현영, 『장자소』) '치'는 술잔으로, 술잔이 가득 차면 자연스럽게 밖으로 흘러넘치게 된다. 장자가 '치언'을 사용하여 자신의 말을 설명한다는 것은 한쪽에 치우쳐 새어 나간다는 것이 아니라 무심無心의 태도로 하기 때문에 저절로 흘러나온다는 뜻이다.

- 장묵생: '치巵'는 깔때기를 말하니, '치언巵言'은 깔때기식의 말하기 방식을 뜻한다고 볼 수 있다. 깔때기라는 도구는 비어 있고 밑이 뚫려 있어 물을 담으면 곧바로 아래로 새어 나간다…… 장자의 '치언'은 바로 이러한 의미를 취한 것이다. 즉 그가 하는 말은 모두 그 어떤 성견成見도 없는 말로, 마치 깔때기와 같이 대자연을 대신하여 그대로 발산되는 소리라는 뜻이다.

④ 日出: 나날이 새로움(日新).(곽상, 『장자주』)

⑤ 和以天倪: 자연이 정한 분수(分際)에 들어맞음.

⑥ 藉外論之: '자藉'는 '빌리다'의 뜻.

- 곽상: 자신에게서 나온 말은 사람들에게 받아들여지지 않으므로 외부의 것을 빌려서 말하는 것이다.

⑦ 同於己爲是之: '위爲'는 '즉則'으로 풀이한다.(왕인지)

⑧ 已言: '이已'는 '그치다'(止)의 뜻. '이언已言'은 논쟁을 그만둔다는 말이다.(임희일, 『남화진경구의』)

⑨ 耆艾: 연로한 사람을 칭하는 말. 오십 세를 '기艾'라고 하고, 육십 세를 '기耆'라고 한다.

⑩ 無經緯本末: 배워서 얻은 바가 없음.(임희일) '경위經緯'는 일이 흘러가는 갈피를 비유적으로 표현한 말.

⑪ 以期年耆: 단지 말로만 연장자라고 칭한다는 뜻.

- 소여蘇輿[3]: '기期'는 '한限'(한정되다)과 같다. 다른 것은 남보다 앞서는 것이 없고, 오직 나이에 한정하여 남보다 앞선다는 말이다. 「칙양」의 '세상만물의

3) 「在宥」 각주6) 참조.

종류를 한번 세어 본다면 딱 만 가지에서 그치지는 않을 것이지만, '만'이라는 숫자로 한정하여 만물이라고 부른다(計物之數, 不止於萬, 而期曰萬物)라는 구절의 '기期'와 같은 뜻이다.

⑫ 無以先人: 남보다 앞서는 것이 없음.(임희일)

⑬ 無人道: 인간으로서의 도를 다할 수 없음.(임희일)

⑭ 陳人: 진부한 사람.(곽상, 『장자주』)

⑮ 和以天倪, 因以曼衍, 所以窮年: 이 세 구절은 「제물론」에서 인용한 것이다. '만연曼衍'은 '산만하게 흘러 퍼진다'는 말로, 일정한 규칙에 얽매이지 않는 것을 뜻한다.

⑯ 不言則齊: 자신의 주관적인 말을 더하지 않는다면 만물의 이치는 저절로 균등해짐. 자신의 주관적인 말을 더하지 않는다면 여기에서의 '언言'은 주관적인 옳고 그름을 표현하는 것을 가리킨다. 따라서 '불언不言'은 주관적인 견해를 개입시키려 하지 않는다는 뜻이다.

⑰ 齊與言不齊: 원래 구별이 없었던 것에 주관적인 견해를 담은 말이 개입됨으로써 균등함을 잃게 되었다는 뜻.

⑱ 言無言: 주관적인 견해를 담지 않은 말을 함. '무언無言'은 무심無心으로서 하는 말이다. '무언' 앞에 원래 '언言'자가 빠져 있으나, 고산사본高山寺本에 따라 보충한다.(유문전, 『장자보정』)

⑲ 終身言, 未嘗言: 여러 판본에는 '미상未嘗' 다음에 '불不'자가 더 들어 있으나, 마서륜과 왕숙민의 설에 따라 이를 삭제한다.

- 마서륜: '종신언終身言, 미상언未嘗言'이라고 써야 이어지는 '종신불언終身不言, 미상불언未嘗不言'과 서로 대구를 이루므로, '불不'자는 불필요한 글자이다.
- 왕숙민: '불不'자는 뒤에서 '미상불언未嘗不言'이라고 한 것 때문에 잘못 더해진 것으로 보인다. 고초권자본古鈔卷子本, 『도장』에 실린 성현영 『장자소』, 임희일 『남화진경구의』, 저백수 『남화진경의해찬미』, 나면도 『남화진경순본』 등의 판본에는 모두 '불不'자가 없다. 초횡의 『장자익』, 왕부지의 『장자해』, 선영의 『남화경해』 등에도 역시 '불不'자가 없다. 이들 판본이 틀림이 없다.

⑳ 終身不言, 未嘗不言: 평생토록 말을 하지 않았지만 한 번도 말을 하지 않은 적이 없음. 사물의 실상을 체득할 수 있다면 설사 평생 말을 하지 않더라도

마치 말을 한 것과 같은 효능에 이를 수 있음을 뜻한다.

㉑ 有自也: 기인한 바가 있음.(임희일) 그 원인이 있음을 말함.

㉒ 惡乎然? 然於然. 惡乎不然? 不然於不然. 惡乎可? 可於可. 惡乎不可? 不可於不可. 物固有所然, 物固有所可, 無物不然, 無物不可: 「제물론」에 이미 나온 말이다. 자구의 순서에 다소 차이가 있는 것으로 보아, 「제물론」을 인용하는 과정에서 착간이 일어난 것으로 보인다.

㉓ 皆種: 모두 그 종류가 있음.(선영, 『남화경해』)

㉔ 以不同形相禪: 서로 다른 유형으로 서로 전하며 이어짐.

- 선영: 그 각자의 종류로써 끝없이 전하며 이어짐.

㉕ 始卒: 시작과 끝.

㉖ 倫: 실마리(端倪).(곽숭도)

㉗ 天均: 자연의 조화. 「제물론」에서는 '천균天鈞'으로 썼다. 엄복嚴復은 이를 반복하면서 두루 퍼진다는 뜻으로 이해하였다. 앞뒤 맥락을 살펴보면 여기에서 '천균天均'의 의미는 엄복의 설을 따르는 것이 옳다.

- 엄복: '천균天均'은 '천균天鈞'과 같다. '균鈞'은 물레를 말한다. 도와 같은 것은 시작도 끝도 없다. 시작도 끝도 없는 것은 오직 순환한다고 말할 수 있으니, 이로부터 왕복·유행하는 일들이 생겨난다.(『평점장자』)

【풀이】

우언이 열에 아홉을 차지하고, 그중에서 중언이 열에 일곱을 차지하며, 무심한 말(치언)은 날마다 끝없이 나와 자연이 정한 분수와 부합한다.

우언은 열에 아홉을 차지하는데, 외부의 인물을 빌려 하는 말이다. 친부는 자기 아들에게 중매를 서지 않는다. 자신이 직접 아들을 칭찬하는 것보다 다른 사람이 아들을 칭찬하는 것이 더 효과적이기 때문이다. 따라서 우언을 사용하는 것은 나의 잘못이 아니라, 일반 사람들이 의심을 해대기 때문이다. 사람들은 자신의 의견과 일치하면 받아들이지만, 자신의 의견과 다르면 곧바로 반대한다. 자신의 의견과 일치하면 그 의견을 긍정하지만, 자신의 의견과 다르면 부정한다.

중언은 열에 일곱을 차지하는데, 논쟁을 그치기 위함이다. 연장자의 말을 빌려서 하는 것이기 때문이다. 그런데 나이가 많아도 식견이 없어서 그저 말로만 연장자인 사람은 남들보다 앞섰다고 할 수 없다. 그 인간됨에 재덕과 학식이 없으면 인간의 도가 없는 것이다. 인간의 도가 없으면 진부한 인간이라 부를 수 있다.

치언은 끝도 없이 나오는데, 모두 자연이 정한 분수에 부합한다. 산만하게 널리 퍼지니, 평생 유유자적할 수 있다. 자신의 주관적인 말을 더하지 않는다면 만물의 이치는 저절로 균등해진다. 본래 서로 균등하였던 것이 [주관이 담긴] 말이 더해짐으로써 균등해지지 않게 되었다. [주관이 담긴] 말이 균등한 실상에 더해지면 균등함을 잃고 만다. 이 때문에 주관적 견해를 담지 않은 말을 해야 한다고 하는 것이다. 주관적 견해를 담지 않은 말을 한다면 평생 말을 하여도 한 번도 말을 하지 않은 것과 같고, 평생 말을 하지 않아도 말을 하지 않은 적이 없는 것과 같다. 가능한 것은 그것의 [가능한] 원인이 있고, 불가능한 것은 그것의 [불가능한] 이유가 있다. 그러한 것은 그것의 [그러한] 원인이 있고, 그렇지 않은 것은 그것의 [그렇지 않은] 원인이 있다. 어찌하여 그러한가? 그러함에는 그러한 이치가 있어서이다. 어찌하여 그렇지 않은가? 그렇지 않음에는 그렇지 않은 이치가 있어서이다. 어찌하여 가능한가? 가능함에는 가능한 이치가 있어서이다. 어찌하여 가능하지 않은가? 가능하지 않음에는 가능하지 않은 이치가 있어서이다. 본래부터 모든 사물에는 그러한 바가 있고, 본래부터 모든 사물에는 가능한 바가 있다. 따라서 그 어떤 사물도 그렇지 않은 것이 없고, 그 어떤 사물도 불가능한 것이 없다. 만약 무심한 말(치언)이 끝없이 나오는데 모두 자연이 정한 분수에 부합하지 않는다면 어찌 오랫동안 지속될 수 있겠는가? 만물은 모두 종자이니, 각기 다른 형태로 서로 전하며 이어진다. 순환을 이루는 것처럼 머리와 꼬리가 서로 이어지니, 그 실마리를 찾을 수가 없다. 이를 바로 천균天均이라고 부른다. 자연의 운행은 (이처럼) 저절로 생겨나고 소멸하는 변화이다.

2.

莊子謂惠子曰: “孔子行年六十而六十化, 始時所是, 卒而非之, 未知今之所謂是之非五十九非也①.”

惠子曰: “孔子勤志服②知也.”

莊子曰: “孔子謝③之矣, 而其未之嘗言④. 孔子云: ‘夫受才乎大本⑤, 復靈⑥以生. 鳴而當律⑦, 言而當法⑧. 利義陳乎前, 而好惡是非直服人之口而已矣.

使人乃以心服, 而不敢蘁立[⑨], 定天下之定[⑩].' 已乎已乎! 吾且不得及彼[⑪]乎!"

【길잡이】

① 孔子行年六十而六十化, 始時所是, 卒而非之, 未知今之所謂是之非五十九非也: 이 네 구절은 「칙양」에서 거백옥蘧伯玉을 칭하여 말한 내용과 같다.

② 服: 사용하다.(성현영, 『장자소』)

③ 謝: 버리다, 끊어내다.

④ 未之嘗言: 입에 말이 없음.(선영) 즉 '무언無言'을 뜻한다.

⑤ 受才乎大本: 인간은 대자연으로부터 자질을 품부받음.

⑥ 復靈: 영기를 품음.(孫詒讓) '복復'은 '복伏'(감추다)의 뜻으로 가차되었다. 영기를 감추고 있음을 말한 것이다.(장병린, 『장자해고』)

⑦ 鳴而當律: 내는 소리가 음률에 들어맞음.

⑧ 言而當法: 하는 말이 법도에 들어맞음.

⑨ 蘁立(蘁의 중국음은 wù[誤]): '오蘁'는 '오梧'의 뜻으로 가차되었다. '오悟'라고 발음하며, '거스르다'라는 뜻이다. 즉 '오립蘁立'은 '어긋나다, 거스르다'라는 의미가 있다.

⑩ 定天下之定: 천하의 일정한 법칙을 확정함.

⑪ 彼: 공자를 가리킨다.

【풀이】

장자가 혜자惠子(惠施)에게 말했다. "공자 나이가 예순인데, 60년 동안 항상 시간의 흐름에 따라 변화해 왔다. 처음에는 옳다고 여겼던 것을 나중에 가서는 또 부정하였으니, 지금 옳다고 여기는 것이 59세 때에는 틀렸다고 한 것은 아닌지 알 수 없었다!"

혜자가 말했다. "공자는 뜻을 다잡아 분발하고 지모를 사용하였는가?"

장자가 말했다. "공자는 이미 지모를 버렸고, 많은 말을 하지도 않는다. 공자는 '사람은 자연으로부터 그 자질을 품부 받아 신령함을 품고 태어나니, 내는 소리는 음률에 들어맞고, 하는 말은 모두 법도에 들어맞는다. 눈앞에 펼쳐진 이익이나 인의, 혹은 호오와 시비의 분별은 그저 말로만 사람들을 설복시킬 수 있다. 만약 진정으로 사람의 마음을 설복하여 도저히 거스르지 않게 하려면, 천하의 일정한 법칙을 확립하여야 한다'라고 말하였다. 그만둘지어다, 그만둘지어다! 나는 도저히 그(공자)에게 미치지 못한다!"

3.

曾子再仕而心再化①, 曰: "吾及親②仕, 三釜③而心樂; 後仕, 三千鍾④而不洎親⑤, 吾心悲."

弟子問於仲尼曰: "若參者, 可謂無所縣其罪乎⑥?"

曰: "旣已縣矣. 夫無所縣者, 可以有哀乎? 彼⑦視三釜三千鍾, 如觀鳥雀蚊虻⑧相過乎前也."

【길잡이】

① 再化: 마음속에 느끼는 바가 같지 않음.

- 임운명: 슬픔과 즐거움의 변화를 말한다.(『장자인』)

② 及親: 부모가 생존해 있음.

③ 釜: 곡물의 양을 헤아리는 단위. 1부釜는 6두斗 4승升에 해당한다.

④ 鍾: 6곡斛 4두斗가 1종鍾이다.

⑤ 不洎親(洎의 중국음은 ji[技]): '계洎'는 '급及'의 뜻으로 가차되었다.(마서륜) 『도장』에 실린 나면도의 『남화진경순본』에는 '계'를 '급'으로 썼다. '친親'자는 원래 빠져 있었으나, 『태평어람』 757항에 인용된 구절에서는 '계' 다음에 '친'자가 있어 의미가 더욱 명확하다.(왕숙민, 『장자교석』) 유문전과 왕숙민의 설에 따라 '친'자를 보충하였다.

⑥ 無所縣其罪乎: 작록이라는 그물에 얽매이지 않음. '현縣'은 '현懸'과 같다. '얽매이다'라는 뜻이다.

- 장병린: '무소현기죄無所縣其罪'는 '그 그물에 걸리지 않았다'라는 말이다. 이익과 작록을 그물에 비유하였다.

⑦ 彼: 앞에서 나온 '얽매이지 않은 자'를 가리킨다.(성현영, 『장자소』)

⑧ 觀鳥雀蚊虻: '조鳥'자는 원래 빠져 있었다. 진경원의 『장자궐오』에 인용된 장군방본

에는 '작雀' 앞에 '조鳥'자가 있으니, 이에 따라 보충해야 한다. 곽상의 『장자주』와 성현영의 『장자소』를 보면 모두 '조작문맹鳥雀蚊虻'으로 되어 있음을 알 수 있다.(유문전, 왕숙민)

【풀이】

증자曾子(曾參)가 다시 관직에 올랐을 때는 심경이 또 전과 달랐다. 그는 이렇게 말했다. "예전에 벼슬할 당시에는 부모가 살아계셨는데, 봉록이 3부釜에 지나지 않았어도 마음이 매우 즐거웠다. 이후 다시 벼슬자리에 올랐을 때는 봉록이 3천 종鍾에 이르렀는데도 양친을 봉양할 수 없어 마음이 매우 슬펐다."
제자가 공자에게 물었다. "증삼과 같은 자라면 작록이라는 그물에 걸린 과오가 없다고 할 수 있지 않겠습니까?"
공자가 말했다. "그는 이미 마음이 얽매였다. 마음에 얽매이는 것이 없는데, 왜 슬픈 감정이 있겠는가? 마음에 얽매이는 것이 없는 자는 3부釜나 3천 종鍾의 봉록을 마치 새나 까치나 모기가 지나가는 것을 보듯 할 것이다."

4.

顔成子遊謂東郭子綦①曰: "自吾聞子之言, 一年而野②, 二年而從③, 三年而通④, 四年而物⑤, 五年而來⑥, 六年而鬼入⑦, 七年而天成⑧, 八年而不知死, 不知生⑨, 九年而大妙⑩."

【길잡이】

① 東郭子綦: 동쪽 성곽에 살았으므로 동곽東郭이라고 불렀다. 「제물론」에 등장하는 남곽자기南郭子綦와 같은 맥락이다.(성현영, 『장자소』)

② 野: 질박함(質樸).

③ 從: 순종함, 스스로 집착하지 않음.

④ 通: 통함, 속박을 받지 않음.

⑤ 物: '사물에 동화됨'(與物同).(곽상, 『장자주』) 사물에 따라 변화한다는 뜻이다.

⑥ 來: 만물이 와서 모임. 사람들이 모여드는 것을 가리킨다.

• 마서륜: '래來' 앞에 빠진 글자가 있다. 성현영의 『장자소』에서 '위중귀야爲衆歸也'라고 하였으므로 '물物'자가 빠졌거나, '인人'자가 빠진 것으로 볼 수 있다.

⑦ 鬼入: 신령스러움(神)이 모여들어 사물을 다스림(神會理物).(성현영, 『장자소』)

⑧ 天成: 자연과 합일되어 이루어짐.(성현영, 『장자소』)

⑨ 不知死, 不知生: 죽고 태어나고 모이고 흩어지는 것이 서로 다름을 느끼지 못함.(성현영, 『장자소』)

⑩ 大妙: 위대한 도의 현묘한 경지.

【풀이】

안성자유顏成子遊가 동곽자기東郭子綦에게 말했다. "내가 자네의 도를 듣고 1년이 지나자 본래의 질박함으로 돌아갔고, 2년이 지나자 아집을 버리고 순종하게 되었으며, 3년이 지나자 어떤 것에도 구애받지 않고 통달하게 되었고, 4년이 지나자 만물과 함께 변화하였고, 5년이 지나자 만물이 모여들었고, 6년이 지나자 귀신이 찾아와 머물렀고, 7년이 지나자 자연에 합일되었고, 8년이 지나자 죽음과 삶의 변화에 속박되지 않았고, 9년이 지나자 위대한 도의 현묘한 경지를 체득하게 되었다."

5.

生有爲, 死也①. 勸公②, 以其死也, 有自也; 而生陽也, 無自也. 而果然乎? 惡乎其所適? 惡乎其所不適③? 天有曆數④, 地有人據⑤, 吾惡乎求之? 莫知其所終, 若之何其無命也? 莫知其所始, 若之何其有命也? 有以相應也, 若之何其無鬼邪? 無以相應也, 若之何其有鬼邪?

【길잡이】

① 生有爲, 死也: 살아가면서 유위有爲한다면, 생명을 잃어버린다.(곽상, 『장자주』) 인생에서 함부로 행동하면 죽음의 길로 들어서게 된다는 말.

② 勸公: 사람들을 권면하는 말.(선영)

▷ 진고응: '권공勸公'에는 빠진 글자가 있거나, 잘못 쓴 글자가 있는 것으로 보인다. 왕어는 "구절에 와전되어 잘못 쓴 글자가 있는 듯하다"라고 하였고, 진경원의 『장자궐오』에 인용된 장군방본에는 '기其' 다음에 '사私'자가 있어 '권공이기사勸公以其私'라고 되어 있다.

③ 而果然乎? 惡乎其所適? 惡乎其所不適?: '삶과 죽음이라는 것이 실은 기氣가 모이고 흩어진 것일 뿐임을 알고 자연에 순응한다면, 어느 곳에서든 자적自適할 수 있다(無往而不適)'라는 의미이다.

④ 曆數: 추위와 더위, 봄과 가을 등.(호문영, 『장자독견』)

⑤ 人據: 사람과 사물이 의거함.(성현영, 『장자소』) 사람들이 거처하는 바에 따라 국읍을 구분함.(왕어)

【풀이】

세상을 살아가면서 함부로 행동하면 죽음의 길로 들어서게 된다. 세상 사람들에게 권고하노니, 사람의 죽음에는 원인이 있다. 하지만 인간의 생명은 양기陽氣가 번갈아 일어남으로써 시작되는 것이니, 유래하는 바가 없다. 그대들도 이러한가? 어디가 적합한 곳이고, 어디가 적합하지 않은 곳이란 말인가? 하늘에는 사계절의 변화가 있고, 땅에서는 사람과 사물이 의거하여 살아가는데, 내가 어디에 가서 구하겠는가? 그 끝나는 바를 알 수가 없는데 어떻게 운명이 없다고 단정할 수 있겠는가? 그 시작되는 바를 알 수가 없는데 어떻게 운명이 있다고 단정할 수 있겠는가? 만약 만물에게 그에 상응하는 대상이 있다고 한다면 어떻게 귀신이 없다고 단정할 수 있겠는가? 만약 만물에게 그에 상응하는 대상이 없다고 한다면 어떻게 귀신이 있다고 단정할 수 있겠는가?

6.

罔兩問於景①曰: "若向也俯而今也仰, 向也括撮②而今也被發, 向也坐而今也起, 向也行而今也止, 何也?" 景曰: "搜搜③也, 奚稍問④也! 予有而不知其所以⑤. 予, 蜩甲也, 蛇蛻也⑥, 似之而非也⑦. 火與日, 吾屯⑧也; 陰與夜, 吾代⑨也. 彼吾所以有待邪⑩? 而況乎以無有待者乎⑪! 彼來則我與之來, 彼往則我與之往, 彼強陽⑫則我與之強陽. 強陽者又何以有問乎!"

【길잡이】

① 罔兩問於景: 각 판본에는 '망罔' 앞에 '중衆'자가 더 들어가 있다. 하지만 '중'자에는 별다른 뜻이 없으므로 불필요한 글자로 보아야 한다. 「제물론」에는 '망' 앞에 '중'자가 없다.(유문전, 『장자보정』)

- 도홍경: 이 구절은 '중망량衆罔兩'이라고 되어 있어 의미가 잘 통하지 않는다. '중衆'은 '망罔'자를 잘못 쓴 글자이거나, 불필요하게 더해진 글자이다. '망'자는 예서체로는 '罒'이라고 쓰는데, '중衆'과 형태가 유사하므로 잘못 쓰게 된 것이다.(『독장자차기』)

② 括撮: '괄발括髮'(상중에 삼으로 머리를 묶는 것)을 말한다.(사마표) '촬撮'은 머리를 묶는 것이다.(성현영, 『장자소』) 통행본에는 '촬撮'자가 없으나, 성현영의 『장자소』와 『장자궐오』에 인용된 장군방본에 따라 보충해 넣었다.(왕효어의 교열)

③ 搜搜: '사소하다'(區區)라는 뜻.

- 유사배: '수搜'는 『예기』 「학기禮學」에 나오는 '소문謏聞'이라는 말의 '소謏'로 읽는다. '구구區區'와 같다.(『장자각보』)
  - ▹ 진고응: 유사배의 설이 옳다. 상수向秀의 『장자주』에서는 "움직이는 모습이다"라고 하였고, 곽상의 『장자주』에서도 "저절로 움직이는 것이다"라고 하였으나, 모두 옳지 않다.

④ 奚稍問: '물을 만한 가치가 없다'라는 말.

- 유사배: '초문稍問'은 사소한 질문이다. '해초문奚稍問'이라는 것은 '어찌하여 이런 사소한 것을 묻는가?'라는 말이다.

⑤ 予有而不知其所以: '내가 움직이기는 하나 왜 그런지는 알지 못함'이라는 말. '유有'는 '위爲'로 읽는다.(마서륜)

⑥ 蜩甲也, 蛇蛻也: '조갑蜩甲'은 매미가 벗은 허물(사마표), 매미의 껍데기를 말한다(성현영, 『장자소』). '사태蛇蛻'는 뱀이 벗은 허물이다. '야也'는 '야'(耶 혹은 邪. 모두 의문이나 반문의 어기를 나타내는 어조사)로 읽는다.

⑦ 似之而非也: 그림자와 매미의 허물, 뱀의 허물은 보기에는 닮은 듯하지만 실은 그렇지 않음을 말한 것이다.

- 임운명: 매미의 허물과 뱀의 허물은 형체에 붙어 있는 것이기는 하나, 여전히 그 실체가 있다. 반면 그림자는 볼 수는 있으나 잡을 수는 없다. 따라서 닮은 듯하지만 실은 그렇지 않다(似之而非也)고 말한 것이다.

- 선영: 매미의 껍질과 뱀의 허물은 모두 일정한 형태가 있다. 따라서 닮은 듯하지만 실은 그렇지 않다(似之而非也).

⑧ 屯: 모이다(聚).

- 임운명: 그림자는 빛을 만났을 때 나타나게 된다.

⑨ 代: 물러남(謝).(성현영, 『장자소』) 그친다는 뜻.

- 곽경번: 『문선』 사령운謝靈運의 「유남정遊南亭」이라는 시의 주석에 인용된 사마표의 설에서는 "'대代'는 쉬도록 하는 것을 말한다"(謂使得休息也)라고 하였다.

⑩ 彼吾所以有待邪: 그림자가 해와 불, 어둠과 밤에 의지한다는 말.(여혜경, 『장자의』)

  ▹ 진고응: '피彼'는 불과 해를 가리킨다. 옛 주석에서는 '형形'이라고 보았으나, 옳지 않다. 뒤에 나오는 '피래彼來'와 '피왕彼往'의 '피彼' 역시 불과 해를 가리킨다.

- 후쿠나가 미쓰지: '피彼'는 앞의 '불과 해', '어둠과 밤'을 받아서 나온 것이다. 여혜경의 설에 따라야 한다.(『莊子』 雜篇 해설, 292쪽)
- 성현영: 불이나 해가 없다면 형체 또한 그림자를 만들 수 없으니, (그림자는) 형체에 의지하는 것이 아니다. 형체가 생겨날 때 불이나 해가 필요하지 않는데, 그림자가 생겨날 때 어찌 형체에 의지하겠는가? 따라서 불과 해를 가지고 생각하면 그림자가 형체에 의지하지 않음을 분명히 알 수 있다.

⑪ 而況乎以無有待者乎: '아무것에도 의지하지 않는 것들은 어떠하겠는가?'라는 뜻. 원래는 '무無'자가 없었으나 곽상의 『장자주』와 『장자궐오』에 인용된 장군방 본에 따라 보충하였다.(왕효어의 교열)

- 성현영: 형체와 그림자조차 서로 의지하지 않는데, 다른 사물이야 어떠하겠는가? 이처럼 일체의 현상은 모두 홀로 변화함(獨化)을 알 수 있다.

⑫ 強陽: 한가롭게 활동함. 움직이는 모습을 나타내는 말.(성현영, 『장자소』)

【풀이】

그림자를 둘러싸고 있는 바깥쪽 어슴푸레한 그림자가 그림자에게 물었다. "조금 전에는 몸에 찰싹 붙어 있다가 지금은 다시 고개를 쳐들고, 조금 전에는 머리를 묶고 있다가 지금은 다시 머리를 풀어헤치고 있으며, 조금 전에는 앉아 있다가 지금은 다시 일어나 있고, 조금 전에는 걸어가고 있다가 지금은 다시 걸음을 멈추었는데, 왜 그런가?"

그림자가 말했다. "사소한 일까지 왜 물어보는가? 내가 움직이기는 하나 왜 그런지는 알지 못한다. 나를 마치 매미의 허물이나 뱀의 허물과 같다고 생각할 수도 있다. 하지만 닮은 듯하지만 실은 그렇지 않다. 나는 불빛이나 햇빛이 나오면 드러나고, 어두워지거나 밤이 되면 물러난다. 불빛이나 햇빛이 내가 의지하는 것인가? (그렇다면) 아무것에도 의지하지 않는 것들은 어떠하겠는가? 이들(불빛과 햇빛)이 나오면 나도 따라서 나오고, 이들이 사라지면 나도 따라서 사라지며, 이들이 움직이면 나도 따라서 움직일 뿐이다. 그러니 더 물을 것도 없다!"

7.

陽子居南之沛[①], 老聃西遊於秦[②], 邀於郊, 至於梁[③]而遇老子. 老子中道仰天而歎曰: "始以汝爲可教, 今不可也."

陽子居不答. 至舍[④], 進盥漱巾櫛[⑤], 脫屨戶外, 膝行而前曰: "向者弟子欲請夫子, 夫子行不閑, 是以不敢. 今閑矣, 請問其過."

老子曰: "而睢睢盱盱[⑥], 而誰與居[⑦]? 大白若辱, 盛德若不足[⑧]."

陽子居蹴然變容曰: "敬聞命矣!" 其往也, 舍者迎將[⑨], 其家公[⑩]執席, 妻執巾櫛, 舍者[⑪]避席, 煬[⑫]者避竈. 其反也, 舍者與之爭席矣.

【길잡이】

① 沛: 지금의 강소성 패현沛縣.

② 秦: 지금의 섬서성.

③ 梁: 지금의 하남성 개봉開封.

④ 舍: 여관.

⑤ 盥漱巾櫛: 각각 세수, 양치질, 수건, 빗을 의미한다.

⑥ 睢睢盱盱(睢의 중국음은 suī[雖], 盱의 중국음은 xū[虛]): '휴睢'는 눈을 치켜드는 것을 말하고, '우盱'는 눈을 부릅뜨는 것을 말한다. 모두 거만하게 쳐다보는 모습이다.(임운명, 진수창)

⑦ 而誰與居: 누가 너와 함께 어울리고자 하겠는가?

⑧ 大白若辱, 盛德若不足: 『노자』 41장에서 온 말이다. '성덕盛德'은 『노자』에는

'광덕廣德'이라고 되어 있다. '욕辱'은 '욕黷'과 통하며, '흑黑'의 뜻으로 파생되었다.

⑨ 迎將: 보내고 맞이함(迎送).

⑩ 家公: 여관 주인을 가리킴.

⑪ 舍者: 먼저 앉아 있던 사람.(성현영, 『장자소』)

▹ 진고응: 앞에 나오는 '사자舍者'는 여관의 사람들을 가리키지만, 이 구절의 '사자'는 성현영의 주석에 따라 휴식을 취하고 있던 사람으로 보아야 한다.

⑫ 煬: 밥을 지음(炊).(『경전석문』)

【풀이】

양자거陽子居가 패沛 땅을 향해 남쪽으로 길을 떠나면서 진秦 땅으로 가기 위해 서쪽으로 길을 나선 노담老聃과 교외 지역에서 만나기로 약속을 하였는데, 양梁 땅에 이르러 노자를 만났다. 노자가 그와 함께 길을 가는 도중에 하늘을 우러러보며 탄식하며 말했다. "나는 처음에는 네가 가르침을 받아들일 수 있을 줄 알았다. 그런데 지금 보니 안 되겠구나!"
이에 양자거는 아무런 대답도 하지 못했다. 여관에 도착한 뒤 양자거는 세면하고 빗질할 도구를 받쳐 들고 신발을 밖에 벗어 둔 채 무릎으로 걸어 노자의 앞으로 다가가 말했다. "조금 전에 이 제자가 스승님께 가르침을 구하고자 하였으나, 스승님께서 바빠 보이셔서 감히 여쭈어보지 못했습니다. 지금 한가해 보이시니 감히 여쭙건대, 제게 어떤 잘못이 있는 것입니까?"
노자가 말했다. "너의 자태가 그렇게 거만하니, 누가 너와 함께 어울리고자 하겠느냐? 최고의 흰색은 마치 때가 낀 오점을 머금은 듯하고, 드넓은 덕을 지닌 자는 마치 부족한 것처럼 보인다."
양자거가 부끄러운 기색을 하며 말했다. "스승님의 가르침을 받들겠습니다."
양자거가 (처음) 왔을 때 여관의 사람들이 나와 그를 마중하였는데, 여관 주인은 앉을 자리를 내어 왔고, 안주인은 그에게 수건과 빗을 가져다주었으며, 먼저 앉아 있던 사람은 자리를 양보했고, 밥을 짓는 사람들은 감히 아궁이를 지피지 못했다. (그러나 노자의 가르침을 받고) 그가 돌아갈 때는 여관의 사람들이 [더는 얽매이지 않고] 그와 자리를 다투었다.

양왕讓王

「양왕」의 요지는 삶을 중시하는 '중생重生'사상을 펼치는 데 있다. 이 편은 총 열다섯 개의 우언과 고사로 구성되어 있다. '양왕讓王'은 왕위를 사양한다는 뜻이다. 왕위를 사양하는 고사를 통해 생명을 귀하게 여기고 이익과 봉록, 명예와 지위 등을 경시할 것을 여러 차례 설파하였으며, 이러한 의미를 취하여 편명으로 삼았다.

이 편 가운데 여러 글이 『여씨춘추』에서도 똑같이 확인된다. 소동파蘇東坡 이래로 「양왕」은 장자의 작품이 아닌 위작으로 여겨져 왔다. 비록 장자 본인의 작품은 아니라고 할지라도 그 유파의 사상과 상통하는 부분이 많으므로 장자의 후학이 양주의 '중생重生'사상을 가미하여 지어낸 것으로 추측할 수 있다.

첫째 단락에서는 왕위를 물려주고자 했던 세 가지 고사를 서술하면서 생명을 귀하게 여기고 명성과 지위 등을 가볍게 여기는 '중생'사상에 대해 설명하였다.

둘째 단락에서는 대왕 단보亶父가 기산岐山으로 옮겨간 고사를 통해 다시금 '중생'의 의미를 밝히는 한편, '지금의 사람들은 고관대작의 자리에 있으면서 이를 잃어버리는 것에만 신경을 쓰며, 이익과 작록을 보면 자신의 생명조차 돌아보지 않는다'(今世之人, 居高官尊爵者, 皆重失之, 見利輕亡其身)라고 비판하였다.

셋째 단락에서는 왕자 수搜의 고사를 통해 역시 '중생'사상에 관해 논했다. 그는 임금의 자리에서 맞이하게 될 우환에 대해 탄식하며, 아무리 임금의 지위라고 하여도 생명을 해치면서까지 추구할 수 없다는 태도를 표명한다.

넷째 단락은 자화자子華子와 소희후昭僖侯의 대화이다. 천하에 전쟁이 끊임없이 발생하여 생명을 살상하는 것에 대해 한탄하며, '중생'을 위주로 말했다.

다섯째 단락은 노魯나라 군주가 안합顔闔을 초청하려 했으나 안합은 부귀를 싫어하여 이를 마다하는 고사이다. '세속의 군자들 대부분이 자신의 몸을 위험하게 만들고 생명을 버려 가면서 물욕을 추구하는'(今世俗之君子, 多危身棄生以殉物) 현실은 마치 제후의 진귀한 구슬을 가지고 참새를 쏘는 것과 대비된다고 하면서 생명은 지극히 귀중한 것인데 세속의 군자들은 외물을 좇느라 몸을 가벼이 여긴다고 비판한다.

여섯째 단락에서는 열자列子가 생활이 궁핍하면서도 정鄭나라 재상이 주는 곡식을 받아들이지 않은 일을 말했다.

일곱째 단락은 양을 도축하는 설說이라는 자의 고사이다. 그가 나라에 공을 세웠지만 작록을 받아들이지 않았음을 말하고, 비록 비천한 신분이지만 펼치는 뜻만은 매우 드높았다고 평가하였다.

여덟째 단락은 자공子貢이 원헌原憲을 방문하는 이야기를 그렸다. 자공은 인의仁義나 수레와 말 등으로 스스로를 꾸미면서 세상에 자신을 드러내고자 했지만, 원헌은 빈곤하였으나 스스로 만족하여 즐기면서 인위적으로 행하는 바가 없었다.

아홉째 단락에서는 증자曾子라는 인물을 빌려 도를 구하는 자에 관해 말하면서, 도를 구하는 자는 세속과 영합하지 않으므로 "천자조차 그를 신하로 삼을 수 없고, 제후조차 그와 벗 삼아 교류할 수 없다"(天子不得臣, 諸侯不得友)라고 하였다.

열 번째 단락은 공자와 안회顔回의 대화로, "만족할 줄 아는 자는 이익에 의해 스스로 얽매이지 않는다"(知足者不以利自累)라고 하였다.

열한 번째 단락은 위魏나라 공자 모牟와 첨자瞻子의 대화로, "중생重生"에 관해 논했다.

열두 번째 단락은 공자와 그의 문인과의 대화로, 도와 덕을 품은 자는 자득함으로써 늘 평온한 상태에 머물 수 있음을 말했다.

열세 번째 단락에서는 북인무택北人無擇이 임금의 자리를 제안 받고 이를 치욕스럽게 생각하는 내용을 그렸다.

열네 번째 단락은 변수卞隨와 무광務光이 양위를 거절하는 우화로, 청렴한 선비는 군주에게 영합하지 않음을 말했다.

열다섯 번째 단락에서는 백이伯夷와 숙제叔弟의 고사를 빌려 주왕周王을 풍자하였다. "남을 죽이고 정벌하면서 이익을 취하는 것은 기존의 폭정을 대신하여 새로운 화를 만들어 내는 것에 지나지 않는다"(殺伐以要利, 是推亂以易暴)는 것이다.

이 편에서 유래한 성어에는 대표적으로 일출이작日出而作, 일입이식日入而息[1],

수주탄작隨珠彈雀[2], 진의심고陳義甚高[3], 상루하습上漏下濕[4], 변수지족胼手胝足[5], 착금견주捉衿見肘[6], 착금주견捉襟肘見[7], 납구종결納屨踵決[8], 종결주견踵決肘見[9] 등이 있다. 이 외에도 "천자조차 그를 신하로 삼을 수 없고, 제후조차 그와 벗 삼아 교류할 수 없다"(天子不得臣, 諸侯不得友), "몸은 강호에 있지만, 마음만은 위나라 궁궐에 머물러 있다"(身在江湖, 心存魏闕)와 같은 명언이 이 편에서 유래하였다.

---

1) 해가 뜨면 일하고 해가 지면 쉼. 간소하고 소박한 삶을 나타내는 말.
2) 귀한 구슬을 참새 잡는 탄환으로 사용함. 귀중한 것을 하찮게 쓰는 상황을 비유하는 말.
3) 펼치는 도리가 매우 높음.
4) 비가 와서 집에 위아래로 물이 샘. 매우 궁핍한 환경을 비유하는 말.
5) 손발에 굳은살이 박힘. 손발이 닳도록 고생하며 일하는 것을 비유하는 말.
6) 옷섶을 당기면 팔꿈치가 드러남. 상황이 곤궁하여 두루두루 살필 수 없음을 비유하는 말.
7) 捉衿見肘와 같은 말.
8) 신발이 낡아 신을 신으면 발꿈치가 드러남. 매우 궁핍한 환경을 비유하는 말.
9) 納屨踵決과 같은 말.

1.

堯以天下讓許由, 許由不受. 又讓於子州支父①, 子州支父曰: "以我爲天子, 猶之可也. 雖然, 我適有幽憂之病②, 方且治之, 未暇治天下也." 夫天下至重也, 而不以害其生, 又況他物乎! 唯無以天下爲者, 可以托天下也③.

舜讓天下於子州支伯④. 子州支伯曰: "予適有幽憂之病, 方且治之, 未暇治天下也." 故天下大器也, 而不以易生, 此有道者之所以異乎俗者也.

舜以天下讓善卷⑤, 善卷曰: "余立於宇宙之中, 冬日衣皮毛, 夏日衣葛絺⑥; 春耕種, 形足以勞動; 秋收斂, 身足以休食; 日出而作, 日入而息, 逍遙於天地之間而心意自得. 吾何以天下爲哉! 悲夫, 子之不知余也!" 遂不受. 於是去而入深山, 莫知其處⑦.

舜以天下讓其友石戶之農⑧, 石戶之農曰: "捲捲⑨乎後⑩之爲人, 葆力⑪之士也!" 以舜之德爲未至也, 於是夫負妻戴, 攜子以入於海, 終身不反也.

【길잡이】

① 子州支父: 성은 자子, 이름은 주州, 자는 지보支父. 도를 체득한 은자隱者이다.(성현영, 『장자소』)

② 幽憂之病: '유幽'는 '깊다'는 뜻.(성현영, 『장자소』) 그 병이 깊음을 말한다.(『경전석문』에서 왕숙지의 설을 인용) 지금 말하는 '난치병'(暗疾)에 해당한다.(임희일, 『남화진경구의』)

- 이면: '유우幽憂'는 '남모르는 근심'을 말한다. 천하의 사람들이 염담과 무위(恬淡無爲)의 태도를 지니지 못하고 부귀영화만을 중시하면서 천하를 다투는 것을 근심한다는 뜻이다. 이 때문에 뒤의 구절에서 '오직 천하를 자신의 것으로 여기면서 사용하려 하지 않는 자에게만 천하를 맡길 수 있다(唯無以天下爲者, 可以托天下)'라고 하였다…… '유우지병幽憂之病' 또한 '깊은 근심의 병'(深憂之病)이라고 풀이할 수 있다.(『장자분편평주』)

③ 唯無以天下爲者, 可以托天下也: 『여씨춘추』「귀생貴生」에서는 '유불이천하해기생자야惟不以天下害其生者也, 가이탁천하可以托天下'라고 썼다.(유문전, 『장자보정』) '무이천하위無以天下爲'는 대략 두 가지 의미로 생각해 볼 수 있다. 하나는 '천하를 자신의 것으로 여기지 않는다', 즉 천하를 소유하려 하거나 사용하려 하지 않는다는 뜻이고, 다른 하나는 '천하에서 함부로 행동하지 않는다'라는 뜻이다.

④ 子州支伯: '지백支伯'은 '지보支父'와 같다.(성현영, 『장자소』) 『한서』 「고금인표古今人表」에는 '자주지보子州支父'라는 말은 나오지만 '자주지백子州支伯'은 나오지 않는다. 따라서 '지보支父'와 '지백支伯'은 같은 인물이다.(유월, 『장자평의』)

⑤ 善卷: 성은 선善, 이름은 권卷. 은거하는 자이다.(성현영, 『장자소』) 『여씨춘추』 「하현下賢」에서는 '선권善綣'으로 썼다.(유월)

⑥ 葛絺(葛의 중국음은 chī[癡]): '갈葛'은 다년생의 덩굴풀로, 줄기 섬유를 사용하여 천을 짤 수 있다. 여기서는 거친 천을 가리킨다. '치絺'는 가는 갈포葛布를 말한다.

⑦ 去而入深山, 莫知其處: 이 두 구절은 당나라 가도賈島의 시 「심은자불우尋隱者不遇」의 '다만 이 산속에는 있지만, 구름이 자욱하여 어디 있는지 모른다'(只在此山中, 雲深不知處)라는 구절을 떠올리게 한다.(후쿠나가 미쓰지)

⑧ 石戶之農: '석호石戶'는 지명. '농農'은 농민.(『경전석문』에서 이이의 설 인용)

⑨ 捲捲: '권權'으로 발음한다. 애쓰는 모습(『경전석문』), 혹은 스스로 고생하는 모습을 나타내는 말이다(임희일, 『남화진경구의』).

⑩ 後: 순舜을 가리킴.

⑪ 葆力: '보保'로 읽고 풀이한다.(『경전석문』) 수고스럽게 애쓰는 것을 말한다.(임희일)

【풀이】

요堯가 허유許由에게 천하를 물려주고자 하였으나, 허유는 받아들이지 않았다. 요가 다시 자주지보子州支父에게 천하를 물려주고자 하자, 자주지보가 이렇게 말했다. "저에게 천자의 자리를 물려주는 것은 괜찮습니다. 그런데 저는 지금 깊은 근심의 병을 앓고 있어 치료를 받는 중이므로 천하를 다스릴 여유가 없습니다." 천하의 제위란 지극히 귀중한 것이다. 하지만 그는 천자의 자리 때문에 자신의 생명을 해치고자 하지 않았다. 하물며 천자의 자리가 아닌 다른 것이라면 어떠하겠는가? 오직 천하를 자신의 것으로 여기면서 사용하려 하지 않는 자에게만 천하를 맡길 수 있다.

순舜이 자주지백子州支伯에게 천하를 물려주려고 하자, 자주지백은 "저는 지금 깊은 근심의 병을 앓고 있어 치료를 받는 중이므로 천하를 다스릴 여유가 없습니다"라고 하였다. 천자라는 제위는 가장 크고 진귀한 기물이지만, 생명과 맞바꿀 수는 없다. 이것이 바로 도를 지닌 자와 범속한 자가 다른 점이다.

순이 천하를 선권善卷에게 물려주려고 하자, 선권은 이렇게 말했다. "저는 우주 속에 서 있으면서 겨울에는 털가죽 옷을 입고, 여름에는 무명옷을 입습니다. 봄에는 밭을 갈아 씨를 뿌리면서 열심히 일하고, 가을에는 이를 수확하여 편안히 먹고 쉴 수 있습니다. 해가 뜨면 일을 시작하고 해가 저물면 들어가 쉽니다. 이렇게 천지 사이에서 유유자적하니 마음 또한 만족스럽습니다. 그런데 제가 천자의 자리에 올라 무엇을 하겠습니까? 이렇게 저를 이해하지 못하시니, 참으로 슬프기가 그지없습니다." 그렇게 천자의 자리를 받아들이지 않고 물러나 깊은 산속으로 들어갔다. 그 후 그가 어디로 갔는지를 아는 이가 없었다.

순이 다시 천하를 그의 친구인 석호石戶 땅의 한 농부에게 물려주고자 하였다. 농부가 말했다. "참으로 애를 쓰십니다. 임금께서는 수고를 마다하지 않는 분이군요!" 그는 순임금의 덕이 부족하다고 여겼다. 이에 그는 등에 행장을 짊어지고 아내는 머리에 짐을 얹고 자식을 데리고 바다의 섬으로 들어가 살면서 다시는 나오지 않았다.

2.

大王亶父①居邠②, 狄人③攻之; 事之以皮帛而不受, 事之以犬馬而不受, 事之以珠玉而不受, 狄人之所求者土地也. 大王亶父曰: "與人之兄居而殺其弟, 與人之父居而殺其子, 吾不忍也. 子皆勉居矣! 爲吾臣與爲狄人臣奚以異! 且吾聞之, 不以所用養害所養④." 因杖筴⑤而去之. 民相連⑥而從之. 遂成國於岐山⑦之下. 夫大王亶父, 可謂能尊生矣. 能尊生者, 雖貴富不以養傷身, 雖貧賤不以利累形. 今世之人居高官尊爵者, 皆重失之, 見利輕亡其身, 豈不惑哉!

【길잡이】

① 大王亶父: 주나라 왕조의 시조. 왕계의 부친이며, 문왕의 조부이다. 『태평어람』 419항에 인용된 구절에서는 '대왕大王'을 '고공古公'이라 썼다.

② 邠: 지금의 섬서성 순읍현栒邑縣.

③ 狄人: 험윤玁狁[10].(성현영, 『장자소』) 『시경』에는 '획연獲吮'이라고 하였으며, 진한秦漢 시기에는 '흉노匈奴'라고 불렀다.

④ 不以所用養害所養: '용양用養'은 토지, '소양所養'은 백성. 본래는 땅으로 사람들을 길러야 하나 지금은 사람은 죽이고 땅만 남기니, 가당치 않다는 의미이다.(성현영, 『장자소』)

⑤ 筴: '책策'(지팡이)과 같다.

⑥ 相連: 일설에는 '서로 이어짐'(相連續)이라 하고(성현영, 『장자소』), 또 다른 설에서는 '련連'을 '련輦'으로 읽어야 한다고 하였다(『경전석문』에서 사마표의 설을 인용). '련連'은 본래 고문에서는 '련輦'으로 썼다.(장병린, 『장자해고』)

> ▷ 진고응: '련輦'(중국음은 niǎn[碾])은 고대에 사용되던 손으로 끄는 수레, 즉 손수레를 말한다. 후자의 설을 따르는 것이 옳다.

⑦ 岐山: 섬서성 기산현.

【풀이】

대왕 단보亶父가 빈邠 땅에 거처하고 있었는데, 적인狄人들이 그를 공격하였다. 단보는 짐승의 가죽과 비단 등을 그들에게 바쳤으나 이들은 받지 않았고, 개와 말과 같은 가축을 바쳤지만 역시 받지 않았으며, 진주와 옥을 바쳤는데도 여전히 받지 않았다. 적인들이 원했던 것은 오직 토지였다. 그러자 대왕 단보가 (사람들에게) 말했다. "다른 사람의 형과 함께 지내면서 그의 동생이 죽임을 당하게 하고, 다른 사람의 부친과 함께 지내면서 그의 아들이 죽임을 당하게 하는 짓은 나는 도저히 용납할 수 없다. 너희들 모두 살아남기 위해 애쓰지 않는가! 그러니 나의 신하로 지내는 것과 적인들의 신하로 지내는 것이 무슨 차이가 있겠는가? 게다가 내가 듣기로 사람을 기르는 토지 때문에 정작 길러야 할 백성을 죽이는 일은 없어야 한다고 하였다." 말을 마치고는 지팡이를 짚고 길을 떠났는데, 백성들이 모두 손수레를 끌고 그의 뒤를 따랐다. 이들은 기산岐山 아래에 이르러 새로이 나라를 세웠다. 대왕 단보처럼 한다면 생명을 귀중하게 여겼다고 할 수 있다. 생명을 존중할 줄 아는 자는, 설령 부귀하다고 하더라도 그것 때문에 수양을

10) 중국 고대 북방민족의 하나.

어지럽혀 신체를 상하게 하는 일이 없으며, 설령 빈천하다고 하더라도 이익과 작록 때문에 형체를 괴롭게 하는 일이 없다. 하지만 지금의 사람들은 몸이 고관대작의 자리에 있으면서 이를 잃어버리는 것에만 신경을 쓰고, 이익과 작록을 보면 자신의 생명조차 돌아보지 않으니, 이 어찌 미혹된 일이 아니겠는가?

3.

越人三世弑其君, 王子搜①患之, 逃乎丹穴②. 而越國無君, 求王子搜不得, 從③之丹穴. 王子搜不肯出, 越人薰之以艾. 乘以王輿④. 王子搜援綏⑤登車, 仰天而呼曰: "君乎! 君乎! 獨不可以舍我乎!" 王子搜非惡爲君也, 惡爲君之患也. 若王子搜者, 可謂不以國傷生矣, 此固越人之所欲得爲君也.

【길잡이】

① 王子搜: '수搜'는 왕자의 이름. 『회남자』에서는 '예翳'라고 되어 있고, 필원畢沅, 양옥승梁玉繩 등도 이를 '예翳'로 보아야 한다고 하였으나, 옳지 않다. 유월의 고증에 따르면 무전無顓[11]의 다른 이름이다.(『장자평의』)

② 丹穴: 동굴 이름.

- 성현영成玄永: 남산南山의 동굴이다.

③ 從: '종蹤'(뒤쫓다)의 약자.

④ 王輿: '옥여玉輿'라고 쓴 판본도 있다.(『경전석문』) '옥여'는 왕이 타는 수레를 말한다. '옥玉' 대신 '왕王'자를 쓰기도 한다. 글자 그대로 풀이하면 '옥으로 만든 큰 수레'(玉輅)를 말한다.(성현영, 『장자소』)

⑤ 援綏: '원援'은 '인引'(당기다)과 같다. '수綏'는 수레의 손잡이 줄이다.

【풀이】

월越나라 사람이 삼대에 걸쳐 그 군주를 시해하자 왕자 수搜가 이를 걱정하여 단혈丹穴 동굴로 피신을 갔다. 월나라에 임금이 없게 되어 사람들이 그를 찾았으나

11) 無顓: 월나라 왕. 43대. 재위 기원전 360년~기원전 343년.

찾지 못하다가 결국 단혈 동굴에까지 쫓아오게 되었다. 왕자 수가 나오려 하지 않자 월나라 사람들은 쑥풀로 연기를 피워 그를 나오게 하였다. 그가 나오자 왕이 타는 수레에 태워 길을 떠났다. 왕자 수가 줄을 잡고 수레에 오르면서 하늘을 우러러 이렇게 탄식을 하였다. "임금의 자리여! 임금의 자리여! 정녕 나를 내버려둘 수는 없었단 말인가!" 왕자 수는 임금이 되는 그 자체를 싫어한 것이 아니라 그로 인해 찾아올 우환을 싫어한 것이다. 왕자 수와 같은 사람은 생명을 해쳐 가면서 임금의 지위를 얻고자 하지 않았는데, 이것이 바로 월나라 사람들이 그를 임금으로 삼고자 했던 이유이다.

4.

韓魏相與爭侵地. 子華子[①]見昭僖侯[②], 昭僖侯有憂色. 子華子曰: "今使天下書銘於君之前[③], 書之言曰: '左手攫之則右手廢, 右手攫之則左手廢, 然而攫之者必有天下.' 君能攫之乎[④]?"

昭僖侯曰: "寡人不攫也."

子華子曰: "甚善! 自是觀之, 兩臂重於天下也, 身又重於兩臂[⑤]. 韓之輕於天下亦遠矣, 今之所爭者, 其輕於韓又遠. 君固愁身傷生以憂戚之不得也[⑥]!"

僖侯曰: "善哉! 教寡人者衆矣, 未嘗得聞此言也." 子華子可謂知輕重矣.

【길잡이】

① 子華子: 위魏나라의 현인.

- 유월: 『여씨춘추』「귀생貴生」에서는 자화자子華子의 말을 인용하여 "삶을 온전히 보존하는 것이 최상이고, 삶을 훼손하는 것이 그다음이며, 죽는 것이 그다음이고, 핍박받는 삶이 가장 못하다"(全生爲上, 虧生次之, 死次之, 迫生爲下) 라고 하였고, 또한 「무도誣徒」에서도 자화자의 말을 인용하여 "왕업을 이룬 자는 자신을 왕이 되게 한 일을 즐겨하고, 패망한 자는 자신을 패망하게 만든 일을 즐겨한다"(王者樂其所以王, 亡者樂其所以亡)라고 하였다. 고유高誘의 주석에서는 "'자화자子華子'는 옛날에 도를 체득한 인물이다"라고 설명하였고, 「지도知度」와 「심위審爲」에서도 마찬가지로 주해하였다.

② 昭僖侯: 한韓나라의 소후昭侯. 마서륜의 『장자의증』과 왕숙민의 『장자교석』에 인용된 『여씨춘추』「임수任數」, 『사기』「한세가韓世家」와 같은 고서가 이를 증명해

준다.

③ 今使天下書銘於君之前: '천하天下' 두 글자는 이어지는 '필유천하必有天下'로 인해 잘못 삽입된 글자로 보기도 한다.(마서륜) 참고로 삼을 수 있다.

④ 君能攫之乎: 고산사고초본高山寺古鈔本에는 '군君'자 다음에 '능能'자가 없다.(유문전, 왕숙민의 교열) 『여씨춘추』「심위審爲」에는 '군장확지호君將攫之乎'라고 썼다.(마서륜, 왕숙민의 교열)

⑤ 身又重於兩臂: '우又'는 원래 '역亦'이라고 되어 있었으나, 잘못 적은 것이다. 유문전, 왕숙민의 설과 『여씨춘추』「심위審爲」, 『태평어람』 369항의 인용문에 따라 수정한다.

⑥ 以憂戚之不得也: '지之'자는 원래 빠져 있다.

▷ 진고응: 고초권자본古鈔卷子本에는 '척戚' 뒤에 '지之'자가 있어 의미가 더 매끄럽다.(왕숙민, 『장자교석』)

【풀이】

한韓나라와 위魏나라가 서로 영토를 다투었다. 자화자子華子가 한나라의 소희후昭僖侯를 만났는데, 소희후의 얼굴에 근심이 가득했다. 자화자가 말했다. "지금 천하의 사람들을 앞에 불러놓고 이렇게 서약서 한 장을 씁니다. 서약서에는 '오른손으로 이를 거머쥐면 오른손을 잘라야 하고, 왼손으로 이를 거머쥐면 왼손을 잘라야 한다. 하지만 이 서약서를 거머쥔 자는 천하를 얻을 수 있다'라고 적혀 있습니다. 이것을 거머쥐시겠습니까?"

소희후가 말했다. "과인은 거머쥐지 않을 것이다."

자화자가 말했다. "그렇습니다. 두 손이 천하보다 더 중요한 법입니다. 그리고 두 손보다 몸은 더 중요합니다. 반면 한나라는 천하보다 훨씬 더 중요하지 않습니다. 지금 다투고자 하는 것들은 모두 이 한나라보다 덜 중요합니다. 그런데 어찌 몸을 고달프고 생명을 상하게 하면서까지 얻지 못함을 근심하십니까?"

소희후가 말했다. "좋은 말이다! 나를 일깨워 주는 자는 많았어도 이러한 말을 들어본 적은 없었다." 자화자는 무엇이 가볍고 무엇이 중한지를 알았던 자라고 할 수 있다.

5.

魯君[1]聞顔闔得道之人也, 使人以幣[2]先焉[3]. 顔闔守陋閭[4], 苴布[5]之衣而自飯牛[6]. 魯君之使者至, 顔闔自對之. 使者曰: "此顔闔之家與?" 顔闔對曰: "此闔之家也." 使者致幣, 顔闔對曰: "恐聽謬而遺使者罪[7], 不若審之." 使者還, 反審之, 復來求之, 則不得已. 故若顔闔者, 眞惡富貴也.

故曰, 道之眞以治身, 其緖余[8]以爲國家, 其土苴[9]以治天下. 由此觀之, 帝王之功, 聖人之余事也, 非所以完身養生也. 今世俗之君子, 多危身棄生以殉物, 豈不悲哉!

凡聖人之動作也, 必察其所以之[10]與其所以爲. 今且有人於此, 以隨侯之珠[11]彈千仞之雀, 世必笑之. 是何也? 則其所用者重而所要者輕也. 夫生者, 豈特隨侯珠[12]之重哉!

【길잡이】

① 魯君: 노나라 애공.(이이) '노후魯侯'라고 쓴 판본도 있다.(『경전석문』)

② 幣: 물품을 증정함.

③ 先焉: 먼저 서로의 뜻부터 통하게 함.(성현영, 『장자소』) 「추수」의 '초왕사대부이인왕선언楚王使大夫二人往先焉' 역시 이와 같은 뜻이다.

④ 陋閭: 좁은 골목(陋巷).

⑤ 苴布: 거친 삼베. '저苴'를 '추麤'라고 쓴 판본도 있다.(『경전석문』) 『태평어람』 899항에 인용된 구절에서는 '추'라고 썼고, 820항의 인용문에서는 '조粗'라고 썼다. '추'와 '조'는 모두 '저苴'의 가차자이다.(왕숙민, 『장자교석』)

⑥ 飯牛: 소에게 먹이를 먹임. 「전자방」에 등장한 바 있다.

⑦ 恐聽謬而遺使者罪: '청류聽謬'는 원래 '청자류聽者謬'라고 되어 있으나, '자者'는 바로 뒤의 '사자使者'라는 구절로 인해 잘못 더해진 글자로 보인다. 진경원이 인용한 장군방본, 고산사초본 등에는 '공청류이유사자恐聽謬而遺使者'로 되어 있다. (유문전, 『장자보정』)

- 유월: 앞의 '자者'자는 불필요한 글자이다. '공청류이유사자죄恐聽謬而遺使者

罪'란 잘못 들어서 죄를 얻을까 두려워한다는 말이다. 여기에서 듣는 사람은 사자使者이다. '듣는 사람(聽者)이 따로 있는 것이 아니라 사자 한 사람이다. 『여씨춘추』「귀생貴生」에서도 이 구절을 바로 '공청류이유사자죄恐聽謬而遺使者罪'라고 썼다.

⑧ 緖余: 잔여.(『경전석문』에서 사마표, 이이의 설을 인용)

⑨ 土苴: 술지게미(糟魄).(이이) '토개土芥'(하찮은 것을 의미)와 같은 뜻이다.

⑩ 所以之: 그렇게 가는 이유(所以往).

⑪ 隨侯之珠: 수나라(隨國) 인근에 복수濮水라는 강이 있는데, 이곳에서는 진귀한 구슬이 나온다.(성현영, 『장자소』)

⑫ 隨侯珠: 원래는 '주珠'자가 빠져 있었으나, 유월의 설에 따라 보충하였다.

- 유월: '수후隨侯' 다음에 '주珠'자가 있어야 한다. 그렇지 않으면 의미가 부족해진다. 『여씨춘추』「귀생貴生」에서도 '부생기특수후주지중야재夫生豈特隨侯珠之重也哉'라고 되어 있으므로, 이에 따라 보충해 넣어야 한다.
- 마서륜: 『의림意林』에 인용된 구절에는 '후侯' 다음에 '주珠'자가 들어 있다.

【풀이】

노魯나라 임금이 안합顔闔이 득도한 자라는 말을 전해 듣고는 사람을 시켜 예물로 그의 뜻을 전하게 하였다. 안합은 좁은 골목 속에 살면서 거친 무명옷을 입고 스스로 소를 먹이면서 생계를 이어 나가고 있었다. 노나라 임금의 사자가 도착하자 안합은 친히 나가서 그를 맞이하였다. 사자가 말했다. "여기가 안합의 집입니까?" 안합이 말했다. "그렇습니다. 여기가 나의 집입니다." 이에 사자가 그에게 예물을 올리고자 하였다. 안합이 말했다. "혹시 명을 잘못 전해들은 것이라면 질책을 받게 될 수도 있으니, 돌아가 다시 잘 알아보는 것이 낫지 않겠습니까?" 사자가 그 말을 듣고 돌아가 잘 알아본 뒤 다시 돌아와 그를 찾았는데, 그를 찾을 수 없었다. 안합과 같은 자는 진정으로 부귀영화를 싫어했던 것이다.

그러므로 도의 참된 실질로는 몸을 다스리고, 그 남은 것으로 나라를 다스리며, 도의 찌꺼기를 가지고 천하를 다스린다고 하였다. 이렇게 본다면 제왕의 업적이란 성인이 남긴 일에 불과할 뿐, 몸을 온전히 만들고 생명을 기르는 일은 아니다. 지금 세속에서 말하는 군자들은 대부분 자신의 몸을 위험하게 만들고 생명을 버려 가면서 물욕을 추구하니, 어찌 슬프지 않은가!

성인의 행동은 왜 그렇게 가는지, 왜 그렇게 하는지를 잘 살펴보아야 한다. 지금 만약 성인과 같은 자가 있다면, 수나라 제후(隨侯)의 진귀한 구슬을 가지고 천 길 높이로 날아다니는 참새를 쏠 것인데, 사람들은 분명 그를 비웃을 것이다. 왜 그러한가? 그는 귀중하다고 여기는 것을 사용하여 귀중하지 않은 것을 얻고자 하였기 때문이다. 그런데 생명의 귀중함이 어찌 구슬에 그치겠는가?

6.

子列子窮, 容貌有饑色. 客有言之於鄭子陽[①]者曰: "列禦寇, 蓋有道之士也, 居君之國而窮, 君無乃爲不好士乎?" 鄭子陽卽令官遺之粟. 子列子見使者, 再拜而辭.

使者去, 子列子入, 其妻望之而拊心[②]曰: "妾聞爲有道者之妻子, 皆得佚樂, 今有饑色. 君過[③]而遺先生食, 先生不受, 豈不命邪[④]!"

子列子笑謂之曰: "君非自知我也. 以人之言而遺我粟, 至其罪我也又且以人之言, 此吾所以不受也." 其卒, 民果作難而殺子陽.

【길잡이】

① 子陽: 정鄭나라의 재상.(『경전석문』) 자양에 관한 일은 『여씨춘추』 「적위適威」와 『회남자』 「범론훈氾論訓」에 등장한다.(유월)

② 望之而拊心: 그의 처가 원망하며 가슴을 침.(楊伯峻, 『列子校釋』) '망望'은 '원망하다'.(顏師古, 楊伯峻의 『列子校釋』에서 인용) '부拊'는 '무撫'로 읽는다.

③ 過: 찾아가 보다, 위문하다. '우遇'라고 되어 있는 판본도 있다.(『경전석문』) '우'는 '지우知遇'(남이 자신의 능력이나 인품을 알고 등용하는 것)를 말한다.(嚴靈峰, 『列子新編』, 52쪽)

▹ 진고응: '과過'자가 더 낫다.(마서륜) '우'는 '과'를 잘못 쓴 것이다.(왕숙민)

④ 豈不命邪: 고산사본高山寺本에는 '기비명야재豈非命也哉'라고 되어 있다.(왕효어의 교열)

【풀이】

열자列子의 형편이 곤궁하여 얼굴에 굶주린 기색이 가득했다. 어떤 사람이 정자양鄭

子陽에게 알리며 말했다. "열어구列禦寇(列子)는 도를 지닌 선비인데, 지금 어르신의 나라 안에서 궁핍하게 살아가고 있습니다. 어르신은 선비들을 좋아한다고 하지 않았습니까?" 이에 정자양이 관리를 보내 그에게 양식을 전하고자 하였다. 하지만 열자는 사자를 만나 재차 사양하면서 받아들이려 하지 않았다. 사자가 돌아간 뒤에 열자가 집 안으로 들어가니, 그의 아내가 가슴을 치며 그를 원망하며 말했다. "내가 듣기로 도를 지닌 자의 아내는 모두 안락함을 얻을 수 있다고 하였습니다. 지금 굶주린 기색이 가득하여 재상이 양식을 보내 주었는데도 이를 받아들이지 않으시니, 우리는 결국 이렇게 가난해야 할 운명이 아니겠습니까?"
이 말을 듣고 열자가 웃으며 말했다. "재상은 절대 나를 이해하지 못한다. 그저 다른 사람의 말을 듣고 나에게 양식을 보낸 것일 뿐이다. 그러니 그는 다시 다른 사람의 말을 듣고 나를 벌하게 될지도 모른다. 그래서 내가 받지 않은 것이다." 후에 과연 백성들이 반란을 일으켜 자양은 죽임을 당하고 말았다.

7.

楚昭王失國, 屠羊說①走而從於昭王②. 昭王反國, 將賞從者, 及屠羊說. 屠羊說曰: "大王失國, 說失屠羊; 大王反國, 說亦反屠羊. 臣之爵祿已復矣, 又何賞之有哉③!"
王曰: "強之!"
屠羊說曰: "大王失國, 非臣之罪, 故不敢伏其誅; 大王反國, 非臣之功, 故不敢當其賞."
王曰: "見之!"
屠羊說曰: "楚國之法, 必有重賞大功而後得見, 今臣之知不足以存國而勇不足以死寇. 吳軍入郢, 說畏難而避寇, 非故隨大王也. 今大王欲廢法毀約④而見說, 此非臣之所以聞於天下也."
王謂司馬子綦⑤曰: "屠羊說居處卑賤而陳義甚高, 子其⑥爲我延之以三旌⑦之位."
屠羊說曰: "夫三旌之位, 吾知其貴於屠羊之肆也; 萬鍾之祿, 吾知其富於屠羊之利也; 然豈可以貪爵祿而使吾君有妄施之名乎! 說不敢當, 願復反吾屠羊之肆." 遂不受也.

【길잡이】

① 屠羊說: 양을 도축하는 사람. 설說은 그의 이름이다.

② 走而從於昭王: 고산사고초본高山寺古鈔本에는 '소昭'자가 없다.(유문전)

③ 又何賞之有哉: '재哉'자는 원래 빠져 있으나, 고산사본高山寺本에 따라 보충한다.(유문전, 왕숙민)

④ 約: 군율.(후쿠나가 미쓰지)

⑤ 司馬子綦: 초楚나라의 장군.

⑥ 子其: '기其'는 각 판본에 '기綦'라고 되어 있다. 앞 구절에서 '자기子綦'라고 되어 있어 읽는 이들이 멋대로 고쳤거나, 옮겨 쓰는 과정에서 잘못 적은 것으로 보인다.(마서륜, 『장자의증』) '기綦'는 '기其'의 오자이다.(왕숙민, 『장자교석』)

- 유월: '자기위아연지이삼정지위子綦爲我延之以三旌之位'는 소왕이 자신과 사마자기司馬子綦를 가리켜 말한 것이므로, '자子'라고만 해야 하지, '자기子綦'라고 말하는 것은 옳지 않다. '기綦'는 불필요한 글자이다.
- 유문전: 『태평어람』 228항에 인용된 구절에는 '기綦'자가 없으니, 유월의 설의 증거로 삼을 수 있다. 한편 『도장』본에는 '자기위아연지이삼정지위子其爲我延之以三旌之位'로 되어 있는데, 이 역시 통한다. 각 판본의 '기綦'자는 '기其'로 보아도 무방하다. 앞에서 '왕위사마자기王謂司馬子綦'라고 한 것 때문에 잘못 적은 것이다.

⑦ 三旌: 삼공의 지위. 타는 수레와 복식에 모두 뚜렷한 식별이 있다.(유봉포, 『남화설심편』) 사마표의 판본에는 '삼규三珪'라고 되어 있는데, 이는 제후의 삼경三卿이 모두 서옥(珪)을 쥐고 있음을 말한 것이다.(『경전석문』)

【풀이】

초楚나라 소왕昭王이 나라를 잃게 되었을 때, 양을 도축하던 설說이라는 자가 소왕과 함께 도망친 일이 있었다. 나중에 소왕이 나라로 돌아와서 그를 따라 함께 도망쳤던 자들에게 상을 내리고자 하였다. 설의 차례가 되자, 설은 이렇게 말했다. "대왕께서 나라를 잃으심에 저 또한 직업을 잃어버렸습니다. 이제 대왕께서 나라로 돌아오심에 저 또한 양을 잡는 일로 돌아올 수 있었습니다. 따라서 저의 작록은 이미 회복이 된 셈인데, 더 무슨 상이 필요하겠습니까?"

왕이 이 소식을 듣고 말했다. "억지로라도 받게 하라."
설이 다시 이렇게 말했다. "대왕께서 나라를 잃으신 것은 저의 잘못이 아니었으니, 그로 인해 제가 벌을 받을 이유도 없습니다. 마찬가지로 대왕이 다시 나라를 되찾으신 것 또한 저의 공이 아닙니다. 따라서 제가 상을 받을 수는 없습니다."
소왕이 그 말을 전해 듣고 이렇게 말했다. "그를 이리 불러오거라!"
설이 말했다. "초나라의 법령에 따르면 큰 공적이 있어 상을 받게 된 경우에만 왕을 알현할 수 있습니다. 그런데 저는 지략도 나라를 보전하기에 부족하고 외적을 섬멸할 용맹함도 없습니다. 오吳나라의 군대가 도읍으로 쳐들어왔을 때 저는 두려워 적들을 피하기 급급하였습니다. 제가 왕을 모시고자 하여 왕을 따랐던 것이 아닙니다. 그런데 왕께서 법을 어기면서까지 저를 보자고 하시는데, 이는 천하에 전해졌으면 하는 일이 아닙니다."
(이 말을 들은) 소왕이 사마자기司馬子綦에게 말했다. "양 잡는 설이 비록 비천한 지위에 있으나, 펼치는 뜻은 매우 드높구나. 자네가 가서 그에게 삼공의 지위를 맡기도록 하라."
설이 이 소식을 전해 듣고 말했다. "삼공의 지위가 양 잡는 일보다 더 존귀하다는 것을 잘 압니다. 만 종鍾의 봉록이 양을 잡아서 얻는 이득보다 더 크다는 것 역시 잘 압니다. 하지만 제가 어찌 작록을 탐하여 임금께서 함부로 베푼다는 명성을 얻으시도록 할 수 있겠습니까? 도저히 저는 명을 받아들일 수 없습니다. 양을 잡는 시장으로 돌아가 일을 하고 싶습니다." 끝내 그는 이를 받아들이지 않았다.

8.

原憲[①]居魯, 環堵之室[②], 茨以生草[③]; 蓬戶[④]不完, 桑以爲樞[⑤]; 而甕牖二室[⑥], 褐以爲塞; 上漏下濕, 匡坐而弦歌[⑦].
子貢乘大馬, 中紺而表素[⑧], 軒車不容巷[⑨], 往見原憲. 原憲華冠縰履[⑩], 杖藜[⑪]而應門.
子貢曰: "嘻! 先生何病?"
原憲應之曰: "憲聞之, 無財謂之貧, 學道而不能行謂之病[⑫]. 今憲, 貧也, 非病也." 子貢逡巡而有愧色.

原憲笑曰: "夫希世而行⑬, 比周而友, 學以爲人, 敎以爲己, 仁義之慝⑭, 輿馬之飾, 憲不忍爲也."

【길잡이】

① 原憲: 공자의 제자. 성은 원原, 이름은 사思, 자는 헌憲이다.

② 環堵之室: 주위로 각각 담이 둘러싸고 있는 것을 '환도環堵'라고 한다. 정방형의 방과 같다.(성현영, 『장자소』)

③ 茨以生草(茨의 중국음은 ci[磁]): 풀로 집을 덮은 것을 '자茨'라고 부른다.(성현영, 『장자소』) '생초生草'는 갓 자라나 아직 시들지 않은 풀을 말한다. 대략 '덩굴풀로 집을 고치다'(牽蘿補屋)라는 뜻이다.(곽경번)

④ 蓬戶: 쑥풀을 엮어 문을 만듦.(『경전석문』)

⑤ 桑以爲樞: 뽕나무 가지를 꺾어 문지도리를 만듦.(사마표)

⑥ 而甕牖二室: 깨진 기와로 창문을 만들고, 부부가 각자 방 하나를 씀.(사마표)

⑦ 匡坐而弦歌: '광좌匡坐'는 정좌하는 것을 말한다. 원래는 '현弦' 다음에 '가歌'자가 빠져 있었으나, 진경원의 『장자궐오』에 인용된 장군방본에 따라 보충한다.

⑧ 乘大馬, 中紺而表素: 『논어』 「옹야雍也」의 '살찐 말과 가벼운 가죽옷을 입는다'(乘肥馬, 衣輕裘)라는 구절과 비슷하다. 호화스러운 생활을 가리킨다.(후쿠나가 미쓰지) '중감이표中紺而表'에는 두 가지 해석이 있다. 첫 번째는 수레의 덮개를 가리키는 것으로 보는 해석이다. 성현영의 『장자소』에서는 "그 수레의 덮개는 흰색이며, 안쪽은 감색이다"라고 하였다. 두 번째는 옷차림을 가리키는 것으로 보는 해석이다. 이이는 "안에 입은 옷은 감색이며, 겉에 걸친 옷은 흰색이다"라고 하였다.

> ▹ 진고응: 후자의 해석, 즉 '겉옷과 속옷의 아름다움'(內外服飾之美)을 표현한 것으로 보아야 한다.(유봉포, 『남화설심편』) '감紺'은 붉은빛을 띤 짙은 청색을 가리킨다. '표소表素'는 겉옷을 흰색으로 하였다는 말이다.(임희일) 이에 따라 황금횡의 번역을 따르기로 한다.(『신역장자독본』)

⑨ 軒車不容巷: 수레가 높고 커서 좁은 골목길에 들어올 수 없는 것을 말한다.(성현영, 『장자소』)

⑩ 華冠縰履: 여러 가지 해석이 있다.

(1) 화목華木(가죽나무)의 껍질로 관모(冠)를 만듦.(『경전석문』) 『한시외전』에서는 '저관楮冠'으로 되어 있다.(마서륜) 『태평어람』 998항에 인용된 구절에서는 '초관草冠'으로 썼다.(유문전)

(2) 화산관華山冠(모자의 일종).(선영, 『남화경해』)

(3) 관모(冠)가 해져서 찢어진 것.(도홍경, 『독장차기』)

우선 (3)의 설을 따르기로 한다.

- 도홍경: 『예기』「곡례曲禮」의 '위국군자화지爲國君者華之'라는 구절에 정현鄭玄은 "'화華'는 가운데가 찢어진 것이다"(華中裂之)라고 설명하였다. 『주례』「하관夏官 · 형방씨形方氏」의 '무유화리지지無有華離之地'에 대해 완원阮元의 『교감기校勘記』에서는 "요즘의 '분석하다'라는 말을 '화花'라고 한다"라고 설명하였으니, 이 경서의 '화華'자의 용법은 이와 같다. 그렇다면 '화관華冠'이라고 하면 모자(冠)가 헤져서 찢어진 것을 말하므로, 옛 주석의 해석은 틀렸다고 볼 수 있다.
  - ▹ 진고응: '화관쇄리華冠縰履'로 문장을 끊어 읽을 경우, '쇄리縰履'는 원헌의 집이 빈곤하여 관모와 신발이 해진 것을 표현하는 말로 볼 수 있으므로, 도홍경의 설이 타당하다.

⑪ 杖藜: 명아주를 지팡이로 삼음.(성현영, 『장자소』) 여기에서의 '장杖'은 동사로서 명아주를 지팡이로 짚고 걷는다는 뜻이다. '려藜'(명아주)는 풀의 일종으로 줄기를 지팡이로 삼을 수 있다.(이면)

⑫ 學道而不能行謂之病: 원래는 '도道'자가 빠져 있으나, 유문전과 왕숙민의 설 및 『태평어람』 485항, 『사기』「중니제자열전仲尼弟子列傳」의 인용문에 따라 보충한다.

⑬ 希世而行: 세상을 뒤쫓아 행동함.

- 사마표 '희希'는 '바라다'라는 뜻이니, 세상의 영예만을 바라보며 행동하는 것을 말한다.

⑭ 仁義之慝: 인의仁義를 등에 업고 간악함을 행함.(사마표)

【풀이】

원헌原憲이 노魯나라에 살았을 때, 정방형의 작은 집에 살았다. 갓 자란 풀로 지붕을 덮었으며 쑥풀을 엮어 얼기설기 문을 만들었고, 뽕나무 가지로 문지도리를 만들었다. 부서진 기와로 창문을 만들고 무명천으로 중간을 막아 두 개의 방을 만들었다. 비가 오면 천장에서 물이 샜고, 바닥은 항상 습기가 축축했다. 그렇지만 그는 단정히 앉아 현弦을 타며 노래를 부를 뿐이었다.

자공子貢이 큰 말을 타고 자홍색 안감을 덧댄 새하얀 옷을 걸치고 원헌을 만나러 왔는데, 그가 탄 수레가 너무 커서 좁은 골목에 들어가지도 못할 정도였다. 원헌이 다 해진 모자를 쓰고 낡아빠진 짚신을 신고 지팡이를 짚은 채 문에 나와 자공을 맞이하였다.

자공이 말했다. "허! 선생 무슨 병이라도 걸리셨습니까?"

원헌이 말했다. "내가 듣기로, 재화가 없는 것을 가난하다고 하고, 도를 배웠으나 이를 실행하지 못하는 것을 병들었다고 합니다. 지금 나는 가난할 뿐이지 병들지는 않았습니다." 자공이 부끄러운 기색을 하며 물러났다.

원헌이 웃으며 말했다. "만약 세상을 뒤좇아 행동하고, 무리를 지어 사람들과 교류를 하고, 오직 남에게 뽐내기 위해 배우고, 다만 자신을 드러내기 위해 남을 가르치고, 인의의 이름으로 간악함을 행하고, 화려하게 장식한 수레(를 타는 것)은 모두 내가 원하는 것들이 아닙니다."

9.

曾子居衛, 縕袍①無表②, 顔色腫噲③, 手足胼胝. 三日不擧火, 十年不制衣, 正冠而纓絶④, 捉衿而肘見, 納屨而踵決⑤. 曳縰⑥而歌「商頌」, 聲滿天地, 若出金石. 天子不得臣, 諸侯不得友. 故養志者忘形, 養形者忘利, 致道者忘心矣.

【길잡이】

① 縕袍: 삼(麻) 부스러기로 만든 솜.(사마표) 오늘날의 솜옷을 말함.(임희일) 『논어』「자한子罕」에 "낡은 누더기를 입었다"(衣敝縕袍)라는 말이 나온다.

② 無表: 겉면이 없음. 옷이 낡아 겉이 다 해진 것을 말한다.

- 임희일: 겉이 다 해져 솜이 밖으로 드러난 것이다.

③ 腫噲: 몸이 붓는 것(虛浮).(임희일) 즉 부종을 말함.

- 곽경번: '쾌噲'는 '괴瘣'로 읽어야 한다. 병이 심한 것이다. '궤殨'와도 통한다. 부어서 문드러진 것을 '궤殨'라고 한다.

④ 正冠而纓絶: 모자를 바로 쓰고자 하나 모자의 끈이 끊어져 있음.

• 임희일: 관모를 바로 쓰고자 하나 끈(纓)이 떨어진 것이다. 끈은 관모를 붙들어 매는 데 사용한다.

⑤ 踵決: 신발의 뒤가 뜯어진 것.(임희일)

⑥ 曳縰: 발을 끌면서 걷는 것.(임희일) '쇄縰'는 『태평어람』 388항에 인용된 구절에는 '리履'라고 되어 있다.

【풀이】

증자曾子가 위나라(衛國)에 살고 있었다. 다 해진 솜옷을 입었고, 얼굴에는 붓기가 가득했으며, 손발에는 굳은살이 가득했다. 사흘 동안 불을 피워 밥을 짓지 못했고, 십 년 동안 새 옷을 만들어 입지 못했다. 모자를 바로 쓰고자 해도 모자의 끈이 다 떨어져 있었고, 옷섶을 당기면 팔꿈치가 다 드러났고, 신발을 신으면 발뒤꿈치가 튀어나왔다. 낡은 신발을 질질 끌고 걸으면서도 입으로는 「상송商頌」의 노래를 불렀는데, 그 소리가 천지에 가득 울려 퍼지니, 마치 금석으로 만든 악기를 연주하는 것과 같았다. 천자조차 그를 신하로 삼을 수 없었고, 제후조차 그와 벗 삼아 교류할 수 없었다. 이처럼 뜻을 잘 길렀던 자는 형체를 잊었고, 형체를 잘 길렀던 자는 이익과 작록을 잊었으며, 도를 구하는 자는 그 마음을 잊었다.

10.

孔子謂顔回曰: "回, 來! 家貧居卑, 胡不仕乎?"
顔回對曰: "不願仕. 回有郭外①之田五十畝, 足以給飦粥②; 郭內之田十畝, 足以爲絲麻; 鼓琴足以自娛, 所學夫子之道者足以自樂也. 回不願仕."
孔子愀然變容曰: "善哉回之意! 丘聞之: '知足者不以利自累也, 審自得者失之而不懼, 行修於內者無位而不怍.' 丘誦之久矣, 今於回而後見之, 是丘之得也."

【길잡이】

① 郭外: 성곽의 밖.. 뒤에 나오는 '곽내郭內'는 성곽의 안을 말한다.

• 임희일: '곽외郭外'는 논밭(田)이고, '곽내郭內'는 동산(園)이다.

② 飦粥(飦의 중국음은 zhān[毡]): 된죽. 『맹자』 「등문공滕文公」의 '전죽지식飦粥之食'이라는 구절에 대해 조기趙岐의 주석에서 "'전飦'은 된죽이다"라고 설명하였다. 즉 '전飦'은 되직한 죽을 가리킨다.

【풀이】

공자가 안회顔回에게 말했다. "안회야, 이리 오거라! 너는 집안 형편이 어렵고 집이 누추한데, 왜 관직에 나가지 않는 것인가?"
안회가 말했다. "벼슬을 하고 싶지 않습니다. 저는 성곽 밖에 오십 무畝의 밭이 있는데 된죽을 먹고 살기에 충분합니다. 성곽 안에는 열 무의 밭이 있는데 베를 짜기에 충분합니다. 금琴을 켜면 소일거리로 충분하고, 스승님의 도를 배우면 스스로 즐기기에 충분합니다. 그러니 벼슬에 나가고 싶지 않습니다."
공자가 얼굴빛을 바꾸며 말했다. "너의 마음이 지극히 훌륭하도다! 이르기를 '만족을 아는 자는 이익과 작록으로 인해 자신을 해치지 않고, 마음속으로 자득하는 자는 피해를 보아도 근심하거나 두려워하지 않으며, 내면을 잘 수양한 자는 작위가 없어도 부끄러워하지 않는다'라고 하였다. 내가 이 말을 되뇌어 온 지 오래인데, 지금 너에게서 비로소 이러한 모습을 보게 되었으니, 내가 큰 깨달음을 얻었도다."

11.

中山公子牟[①]謂瞻子[②]曰: "身在江海之上, 心居乎魏闕[③]之下, 奈何?"
瞻子曰: "重生. 重生則輕利[④]."
中山公子牟曰: "雖知之, 未能自勝也."
瞻子曰: "不能自勝則從之[⑤], 神無惡乎? 不能自勝而強不從者, 此之謂重傷[⑥]. 重傷之人, 無壽類矣."
魏牟, 萬乘之公子也, 其隱岩穴也, 難爲於布衣之士; 雖未至乎道, 可謂有其意矣!

【길잡이】

① 中山公子牟: 위魏나라의 공자. 이름은 모牟. 중산中山의 제후로 봉해졌다.[하북성 定縣 일대] 「추수」에서 공손룡과 문답을 나눈 위모魏牟와 동일 인물이다.

② 瞻子: 첨자詹子를 가리킨다. 『여씨춘추』「중언重言」에서는 '첨하詹何'라고 불렀으며, 도가에 속하는 인물이다. 첨하詹何와 관련된 언행은 『한비자』「해로解老」, 『여씨춘추』「집일執一」·「중언重言」, 『회남자』「전언훈詮言訓」·「남명훈覽冥訓」·「원도훈原道訓」에 등장하고 있다.

③ 魏闕: 궁전의 문. 부귀영화를 상징한다.

④ 輕利: 현재 판본에는 '이경利輕'으로 뒤바뀌어 적혀 있으나, 『여씨춘추』「심위審爲」의 글에 의거하여 수정한다.

- 마서륜: '이경利輕'은 『여씨춘추』「심위」, 『회남자』「도응훈道應訓」에서는 모두 '경리輕利'라고 되어 있으니, 이에 따라야 한다. 성현영의 『장자소』에서는 '중어생도重於生道, 즉경어영리則輕於榮利'라고 하였으니, 성현영의 판본에서도 역시 '경리輕利'라고 되어 있었음을 알 수 있다.
  - ▹ 진고응: '경리輕利'라고 해야 '중생重生'과 대구를 이루므로 마서륜의 설이 옳다.

⑤ 不能自勝則從之: '종從'은 '종縱'(내버려두다)과 통한다. '종從' 뒤의 '지之'자는 원래 없었으나, 유월과 마서륜의 설 및 『여씨춘추』「심위審爲」에 따라 보충한다.

⑥ 重傷: 다시 해를 입음.(임희일, 유월)

【풀이】

중산中山의 공자 모牟가 첨자瞻子에게 말했다. "강과 바다에 은거하면서도 마음속으로는 궁궐의 부귀영화를 품고 있다면 어찌해야 합니까?"
첨자가 말했다. "생명을 귀중하게 여기도록 하라. 생명을 귀중하게 여기면 이익을 가벼이 여기게 될 것이다."
공자 모가 말했다. "머리로는 알지만, 스스로를 다잡을 수가 없습니다."
첨자가 말했다. "자신을 이겨 낼 수 없다면 그대로 두어라. 그러면 정신이 괴롭지 않은가? 하지만 자신을 이겨 낼 수 없는데도 마음을 따르지 않고 억지로 한다면, 이는 이중으로 해를 입는 꼴이다. 이중으로 해를 입은 자는 장수할 수 없을 것이다."
위모魏牟는 만승의 나라의 공자였으나, 동굴에 기거하며 평민보다 훨씬 더 곤궁한 삶을 살았다. 비록 도의 경지에는 이르지 못했지만, 그 뜻은 지니고 있었다고 할 수 있다.

12.

孔子窮於陳蔡之間, 七日不火食, 藜羹不糝①, 顔色甚憊, 而猶弦歌於室②. 顔回擇菜於外③, 子路子貢相與言曰: "夫子再逐於魯, 削迹於衛, 伐樹於宋, 窮於商周, 圍於陳蔡④, 殺夫子者無罪, 藉⑤夫子者無禁. 弦歌鼓琴, 未嘗絶音, 君子之無恥也若此乎?"
顔回無以應, 入告孔子. 孔子推琴喟然而歎曰: "由與賜, 細人⑥也. 召而來, 吾語之."
子路子貢入. 子路曰: "如此者可謂窮矣!"
孔子曰: "是何言也! 君子通於道之謂通, 窮於道之謂窮. 今丘抱仁義之道以遭亂世之患, 其何窮之爲⑦! 故內省而不疚於道⑧, 臨難而不失其德, 大寒旣至, 霜雪旣降, 吾是以知松柏之茂也⑨. 陳蔡之隘⑩, 於丘其幸乎!"
孔子削然⑪反琴⑫而弦歌, 子路扢然⑬執幹而舞. 子貢曰: "吾不知天之高也, 地之下也."
古之得道者, 窮亦樂, 通亦樂. 所樂非窮通也, 道德於此⑭, 則窮通爲寒暑風雨之序矣. 故許由娛於潁陽⑮而共伯⑯得志乎丘首⑰.

【길잡이】

① 藜羹不糝: 명아주 풀로 미음을 만들되 쌀알을 넣지 않음.(성현영, 『장자소』) 쌀알을 넣지 않고 명아주 풀로만 미음을 만든 것을 말한다. '삼糝'은 쌀알이다.

② 而猶弦歌於室: 원래는 '유猶'자가 빠져 있으나, 왕숙민의 『장자교석』에 따라 추가한다.

- 왕숙민: 『풍속통의』 「궁통窮通」에 인용된 구절에는 '이而'자 다음에 '유猶'자가 들어 있어 의미가 더욱 완전하므로 이를 따라야 한다. 「소요유」의

'시우강의時雨降矣, 이유침관而猶浸灌', 「달생」의 '행년칠십行年七十, 이유유영아지색而猶有嬰兒之色' 역시 같은 용법이다.

③ 顔回擇菜於外: 원래는 '어외於外' 두 글자가 빠져 있으나, 『여씨춘추』「신인愼人」에 인용된 구절에는 '택채擇菜' 다음에 '어외於外' 두 글자가 있으니, 이에 따라야 한다.(해동, 『장자보주』)

④ 再逐於魯, 削迹於衛, 伐樹於宋, 窮於商周, 圍於陳蔡: 이 다섯 구절은 「천운」과 「산목」에서 등장한 바 있다.

⑤ 藉: 일설에 따르면 '능자陵藉'로 읽는다.(『경전석문』) '능욕하다'라는 뜻이다. 또 다른 설에 따르면 '계系'로 읽는다.(『경전석문』) '속박하다'라는 뜻이다.

⑥ 細人: 사소한 사람.(성현영, 『장자소』) 소인을 가리킨다.

⑦ 其何窮之爲: '위爲'는 '위謂'와 같다. 고대에는 '위謂'와 '위爲'의 뜻이 서로 통했다. 『여씨춘추』「신인愼人」에는 이 구절을 '하궁지위何窮之謂'라고 썼다.(곽경번) 『의림意林』에 인용된 구절에서는 '위爲'를 '유有'라고 썼다.(마서륜) '위爲'와 '유有'는 같은 뜻이다.(해동, 왕숙민)

⑧ 內省而不疚於道: '구疚'는 원래 '궁窮'으로 되어 있으나, 해동과 왕숙민의 교열 및 『여씨춘추』「신인愼人」의 구절에 따라 수정한다.

- 왕숙민: 『여씨춘추』「신인」, 『풍속통의』「궁통窮通」을 보면, '궁窮'을 '구疚'로 쓰고 있으므로, 이에 따라야 한다. 이 구절에서 '궁窮'으로 쓴 것은 앞의 '기하궁지위其何窮之爲'로 인해 잘못 쓴 것으로 보인다.

⑨ 大寒旣至, 霜雪旣降, 吾是以知松柏之茂也: '대大'는 원래 '천天'으로 되어 있으나, '천天'은 '대大'를 잘못 쓴 것이다. 유월, 마서륜, 왕숙민의 교열 및 『여씨춘추』「신인愼人」, 『회남자』「숙진훈俶眞訓」, 『풍속통의』「궁통窮通」 등에 따라 수정한다. 『논어』「자한子罕」에서는 '세한歲寒, 연후지송백지후조야然後知松柏之後凋也'(날이 차가워진 뒤라야 소나무와 전나무의 잎이 늦게 시든다는 것을 알게 된다)라고 적었다.

⑩ 隘: '액厄'으로 읽는다.(『경전석문』) '액阨'과 같으며, 곤궁함을 뜻한다.

⑪ 削然: 각 주석가들마다 해석이 다르다.

(1) 금琴을 켜는 소리.(성현영, 『장자소』)

(2) 소탈하고 자유로움.(임희일, 『남화진경구의』)

(3) 고고한 모습(선영, 『남화경해』), 엄숙하고 웅장한 모습(유봉포, 『남화설심편』).

(4) '삭削'을 '열列'(늘어서다)로 읽는 해석.(해동)

(5) '초연悄然', 즉 점잖고 침착한 태도의 비유.(이면)

⑫ 反琴: 재차 금을 잡고 켬.(임희일) 다시 금을 켬.(선영)

⑬ 扢然: '약연躍然'.(임희일) 즉 기쁜 듯 춤추는 모습.(『경전석문』에서 이이의 설을 인용)

⑭ 道德於此: '덕德'은 '득得'으로 읽어야 한다. 『여씨춘추』「신인愼人」에서는 이를 '도득어차道得於此'로 썼다.(유월) 고산사본에도 '덕德'을 '득得'으로 썼다.(왕효어의 교열)

⑮ 潁陽: 지명. 양양襄陽 일대에 위치한다.

⑯ 共伯: 이름은 화和, '공共'은 나라 이름이다. 지금의 하남성 휘현輝縣 부근에 위치하였다. '백伯'은 작위의 명칭이다.

⑰ 得志乎丘首: 원래는 '지志'자가 빠져 있고 '구丘' 역시 원래는 '공共'으로 되어 있으나, 진경원의 『장자궐오』에 인용된 강남고장본에서는 '득호공수得乎共首'를 '득지호구수得志乎丘首'로 썼고, 조간의본에서도 '공共'을 '구丘'로 썼다.(왕효어의 교열) 이를 근거로 수정한다. '구수산丘首山'은 하내河內 일대에 위치한다.(성현영, 『장자소』)

【풀이】

공자가 진陳나라와 채蔡나라 사이에서 곤경에 처해 있었을 때, 이레 동안 불을 피워 밥을 짓지 못하고, 쌀알을 넣지 않은 명아주 풀 미음을 마시면서 연명하였다. 얼굴에 피로한 기색이 가득했으나, 그는 여전히 방안에서 금을 켜며 노래를 불렀다. 안회顔回가 밖에서 여러 나물을 뜯어 돌아왔는데, 자로子路와 자공子貢이 서로 이야기를 나누고 있었다. "스승님께서는 노魯나라에서 두 번이나 쫓겨났고, 위衛나라에서는 감금을 당했으며, 송宋나라에서는 나무에 깔릴 뻔한 굴욕을 당했고, 상商나라와 주周나라에서도 뜻을 이루지 못했는데, 이제는 진나라와 채나라 사이에서 포위가 되었다. (누군가가) 스승님을 죽여도 죄가 아니고, 스승님을 능욕해도 어떤 제재를 받지 않는 상황인데도 여전히 금을 켜고 노래를 부르시니, 군자가 치욕을 모른다고 하는 것이 바로 이러한 것이란 말인가?"

안회가 이 말을 듣고 아무런 대답도 하지 않다가 방으로 들어가 공자에게 들은 바를 전했다. 공자가 켜고 있던 금을 한쪽으로 밀어 놓고는 탄식하며 말했다. "자유와 자공은 참으로 식견이 얕은 자들이구나. 그들을 불러오거라. 그들에게 일러 주어야겠다."

자로와 자공이 들어왔다. 자로가 말했다. "지금 이 상황은 곤궁하다고 할 수 있지 않겠습니까?"

공자가 말했다. "그게 무슨 말인가! 군자는 도에 통달했을 때, 통했다(通)고 하고, 도를 얻지 못했을 때 비로소 궁하다(窮)고 말한다. 지금 내가 난세의 환란을 만났지만, 인의의 도를 품고 있는데 어찌 곤궁하다고 말하는가? 이 때문에 내면을 반성해 보아도 도에 부끄러움이 없고, 위험을 만나도 덕을 잃지 않는 것이다. 큰 한파가 닥치고 눈과 서리가 내려야만 송백松柏의 푸름을 알 수 있는 법이다. 그러니 진나라와 채나라의 사이에서 곤란함을 당하고 있는 것 또한 자신을 시험해 볼 좋은 기회가 아니겠느냐?"

말을 마친 공자가 다시 여유롭게 금을 꺼내 켜면서 노래를 부르기 시작했다. 자로는 신이 난 듯 창을 들고 춤을 추었다. 자공은 이렇게 되뇌었다. "하늘이 얼마나 높고 땅이 얼마나 두터운지 나는 미처 몰랐구나!"

옛날 도를 얻은 자들은 곤궁하여도 즐거울 수 있었고, 통달하여도 즐거울 수 있었다. 곤궁함이나 통달함 때문에 즐거울 수 있는 것이 아니다. 도와 덕에 몸담고 있다면 곤궁함이나 통달함은 마치 더위와 추위, 바람과 비가 이어지듯 변화해 갈 것이다. 그러므로 허유許由는 영양潁陽의 물가에서 에서 스스로 즐겁게 지낼 수 있었고, 공백共伯은 구수산丘首山 위에서 자득하며 살 수 있었다.

13.

舜以天下讓其友北人無擇①, 北人無擇曰: "異哉後之爲人也, 居於畎畝②之中而遊堯之門! 不若是而已, 又欲以其辱行漫我③. 吾羞見之." 因自投淸泠之淵④.

【길잡이】

① 北人無擇: 북방 사람으로, 이름은 무택無擇이다.(성현영, 『장자소』)

- 왕숙민: 이 장과 뒤에 이어지는 '탕이 주를 정벌한다(湯將伐桀)'는 장은 앞에 나오는 '순이 천하를 석호의 농부에게 물려주려고 한다(舜以天下讓其友石戶之農)'는 장 뒤에 와야 한다. 『여씨춘추』「이속離俗」에는 기존의 순서대로 배치되어 있으나, 현재의 판본에는 이곳으로 잘못 옮겨지고 말았으니, 타당하지 않다.
  - ▷ 진고응: 왕숙민이 그럴듯해 보이나, 이 편 첫 부분에서는 주로 경물중생輕物重生사상을 논했지만, 이 구절은 이른바 자살 행위에 해당하는 '청령의 연못에 스스로 몸을 던졌다(自投於淸冷之淵)'로 끝을 맺고 있다. 따라서 '중생重生'사상과는 직접적으로 위배된다. 따라서 '석호의 농부'(石戶之農) 장 뒤에 옮기는 것 또한 맞지 않는다.

② 畎畝(畎의 중국음은 quǎn[犬]): 밭과 농장(田圃). '견畎'은 밭 사이의 작은 도랑을 말한다.

③ 辱行漫我: '욕행辱行'은 추악한 품행을 말한다.(임희일) '만漫'은 '더럽히다'의 뜻이다.

④ 淸冷之淵: 남양南陽 서쪽 악현崿縣의 경계에 위치한다.

【풀이】

순舜이 천하를 그의 친구인 북인무택北人無擇에게 물려주고자 하였다. 북인무택이 말했다. "순이라는 자는 참으로 이상한 자로다! 밭뙈기 속에 살고 있으면서도 여전히 요堯의 문전에서 어슬렁거리고, 게다가 치욕스러운 행위로 나를 더럽히려고 하는구나! 그를 만난 것이 참으로 수치스럽다." 말을 마친 그는 스스로 청령淸冷의 연못에 몸을 던졌다.

14.

湯將伐桀, 因卞隨[①]而謀, 卞隨曰: "非吾事也." 湯曰: "孰可?"

曰: "吾不知也."

湯又因務光[②]而謀, 務光曰: "非吾事也." 湯曰: "孰可?"

曰: "吾不知也." 湯曰: "伊尹如何?"

曰: "強力忍垢[③], 吾不知其他也."

湯遂與伊尹謀伐桀, 克之, 以讓卞隨. 卞隨辭曰: "後之伐桀也謀乎我, 必以我爲賊也; 勝桀而讓我, 必以我爲貪也. 吾生乎亂世, 而無道之人再來漫我以其辱行, 吾不忍數聞也.” 乃自投椆水[4]而死.

湯又讓務光曰: “知者謀之, 武者遂之, 仁者居之, 古之道也. 吾子胡不立乎?”

務光辭曰: “廢上, 非義也; 殺民, 非仁也; 人犯其難, 我享其利, 非廉也. 吾聞之曰, 非其義者, 不受其祿, 無道之世, 不踐其土. 況尊我乎! 吾不忍久見也.” 乃負石而自沈於廬水[5].

【길잡이】

① 卞隨: 성은 변卞, 이름은 수隨. 은거하는 자이다.

② 務光: 성은 무務, 이름은 광光. 은거하는 자이다. 여러 고본에는 ‘무務’를 ‘무瞀’로 썼다. ‘무務’는 ‘무瞀’와 서로 통한다.

③ 強力忍垢: 굳센 의지로 모욕을 참아 냄.

④ 椆水: 강 이름. ‘조稠’라고도 쓴다.(『경전석문』) 『여씨춘추』「이속離俗」에서는 ‘영수潁水’라고 하였다.

⑤ 廬水: 요동 서쪽 변경에 위치한다. 북평군北平郡 변경에 있다는 설도 있다.(『경전석문』)

【풀이】

탕湯이 걸桀을 정벌하려고 하였다. 이에 계책을 논의하고자 변수卞隨를 찾았다. 그러자 변수가 말했다. “이는 저의 일이 아닙니다.”

탕이 물었다. “그렇다면 누구를 찾으면 되겠습니까?”

변수가 대답했다. “저는 모르겠습니다.”

탕이 다시 무광務光을 찾아 계책을 논의하고자 하였다.

그러자 무광이 말했다. “이는 저의 일이 아닙니다.”

탕이 물었다. “그렇다면 누구를 찾으면 되겠습니까?”

무광이 말했다. “저는 모르겠습니다.”

탕이 다시 물었다. “이윤伊尹은 어떠합니까?”

무광이 말했다. “그자는 굳센 의지가 있어 모욕을 잘 참아 낼 수 있습니다. 다른 것은 모르겠습니다.”

탕은 이윤과 함께 주를 칠 계책을 함께 논하여, 결국 그를 물리쳤다. 그러고는 왕위를 변수에게 물려주고자 하였다. 변수가 이를 사양하면서 말했다. “왕께서

주를 칠 계책을 논의하고자 저를 찾아오셨습니다. 분명 저를 잔인한 인간이라고 여겼기 때문일 것입니다. 그런데 주를 정벌하고 다시 왕위를 저에게 물려주시고자 하니, 저를 탐욕스러운 사람으로 여기고 있음이 분명합니다. 난세에 태어나 무도한 자가 치욕스러운 행위로 나를 더럽히기까지 하니, 이렇게 수차례의 괴롭힘을 도저히 견딜 수가 없습니다." 말을 마친 그는 주수稠水에 뛰어들어 죽었다.
탕이 다시 왕위를 무광에게 물려주고자 하였다. "지혜로운 자가 계책을 세우고, 용맹한 자가 이를 완성하면, 어진 자가 제위에 오르는 것이 예로부터의 도리입니다. 그런데 어찌 제위에 오르지 않으십니까?"
무광이 사양하며 말했다. "군주를 폐하는 것은 의롭지(義) 않습니다. 백성을 죽이는 것은 어질지(仁) 못합니다. 백성들은 위험을 무릅쓰며 살아가는데 저 혼자 이익을 누린다면 청렴하지(廉) 못합니다. 의롭지 않은 것이면 이익과 작록을 받아들여서는 안 된다고 들었습니다. 무도한 자가 다스리는 세상에서는 그 영토마저 밟지 않는 법인데, 어찌 저를 임금으로 높이려 하시는 것입니까? 오랫동안 보고 있는 것만으로도 견딜 수가 없습니다." 말을 마친 뒤 그는 돌을 짊어지고 여수廬水에 스스로 빠져 죽었다.

15.

昔周之興, 有士二人處於孤竹①, 曰伯夷叔齊. 二人相謂曰: "吾聞西方有人, 似有道者, 試往觀焉." 至於岐陽②, 武王聞之, 使叔旦③往見之, 與之盟④曰: "加富二等⑤, 就官一列⑥." 血牲而埋之⑦.
二人相視而笑曰: "嘻, 異哉! 此非吾所謂道也. 昔者神農之有天下也, 時祀盡敬而不祈喜⑧; 其於人也, 忠信盡治而無求焉. 樂與政爲政, 樂與治爲治, 不以人之壞自成也, 不以人之卑自高也, 不以遭時自利也. 今周見殷之亂而遽爲政, 上謀而行貨⑨, 阻兵而保威⑩, 割牲而盟以爲信, 揚行以說衆, 殺伐以要利, 是推亂以易暴也. 吾聞古之士, 遭治世不避其任, 遇亂世不爲苟存. 今天下闇, 周德衰⑪, 其並乎周以塗⑫ 吾身也, 不如避之以絜吾行." 二子北至於首陽之山⑬, 遂餓而死焉. 若伯夷叔齊者, 其於富貴也, 苟可得已, 則必不賴⑭. 高節戾行⑮, 獨樂其志, 不事於世, 此二士之節也.

【길잡이】

① 孤竹: 요동 영지현令支縣 변경에 위치함.(사마표) 지금의 하북성 천안현遷安縣에 해당함.

② 岐陽: '기산지양岐山之陽'의 줄임말로(성현영, 『장자소』) 기산의 남쪽을 가리키며, 주周나라 문왕文王이 도읍으로 삼았던 땅이다.

③ 叔旦: 주공周公을 가리키며, '단旦'은 그의 이름이다. 무왕武王의 아우이다.

④ 與之盟: '지之'자는 원래 빠져 있었으나, 세덕당본에는 '여與' 다음에 '지之'가 더 들어 있다. '지之'를 추가하면 의미가 더욱 완전해진다.(왕숙민, 『장자교석』)

⑤ 加富二等: 2단계의 봉록을 더함.(성현영, 『장자소』)

⑥ 就官一列: 1급으로 임관함.

⑦ 血牲而埋之: 제물의 피로 맹서를 칠하여 묻어 둠.

⑧ 不祈喜: 복을 추구하지 않음(不求福). 『여씨춘추』「성렴誠廉」에는 '불기복不祈福'으로 되어 있다.

- 유월: '희喜'는 '희禧'로 읽어야 한다. 『이아』「석고釋詁」에 따르면 "'희禧'는 '복福'을 말한다"라고 하였다. 즉 '불기희不祈禧'는 '복을 추구하지 않는 것'(不求福)이다.

⑨ 上謀而行貨: '행行' 앞에 원래 '하下'자가 더 들어가 있으나, '고산사본高山寺本'에는 '하下'자가 없다.(왕숙민, 왕효어의 교열) 이와 더불어 왕념손의 설에 근거하여 이를 삭제한다.

- 왕념손: '상모이하행화上謀而下行貨'의 '하下'자는 후대의 사람들이 더한 것이다. '상上'은 '상尙'과 같은 용법으로 쓰였으니, '상모이행화上謀而行貨, 조병이보위阻兵而保威'는 구조상 서로 대응된다. 하지만 후대의 사람들이 '상上'을 상하上下의 '상上'으로 잘못 읽어 뒤에 '하下'자를 더하고 말았다. 『여씨춘추』「성렴誠廉」에서도 이를 '상모이행화上謀而行貨, 조병이보위阻兵而保威'라고 썼다.(『독서잡지여편』)

⑩ 阻兵而保威: '조阻'는 '의지하다'(依)라는 뜻으로(『呂氏春秋』「誠廉」에 대한 高誘의 주석을 참고), '시恃'(의지하다)와 같은 의미이다.(후쿠나가 미쓰지)

⑪ 周德衰: 진경원의 『장자궐오』에 인용된 강남고장본에는 '주周'를 '은殷'으로 적었으나, 식견이 짧은 자가 함부로 고친 것으로 보인다. '주덕쇠周德衰'는 앞 구절

'석주지흥昔周之興'에 대응하여 말한 것으로, 글의 구조가 매우 뚜렷하다. 『여씨춘추』 「성렴誠廉」에서도 역시 '주周'로 썼다.(왕숙민, 『장자교석』)

▷ 진고응: 앞의 '상모이행화上謀而行貨'부터 '살벌이요리殺伐以要利, 시추란이역폭야是推亂以易暴也'까지는 바로 '주나라의 덕이 쇠한(周德衰) 상황을 묘사하고 있으므로 '은殷'으로 쓰는 것은 옳지 않다.

⑫ 塗: 더럽히다(汙).

⑬ 首陽之山: 설명이 분분하다. 『설문해자』에서는 요서遼西지역에 위치한다고 하였고, 『수경주水經注』에서는 하남河南지역에 위치한다고 하였다. 또한 지금의 산서성 영제현永濟縣 일대에 위치한다는 설도 있다.

⑭ 賴: '얻다'(取)라는 뜻.(『方言』에 의거한 장병린의 해석)

⑮ 高節戾行: '려戾'는 '맞서다, 거세다'(亢)라는 뜻.(임희일) '여행戾行'은 세속과 화합하지 않음을 말한다.(유봉포)

【풀이】

옛날 주周 왕조가 일어났을 때, 두 명의 현인이 고죽孤竹 땅에 살고 있었는데, 이름을 각각 백이伯夷와 숙제叔弟라고 하였다. 어느 날 두 사람이 이렇게 이야기를 나누었다. "서쪽 지역에 도를 얻은 듯한 자가 있다고 들었는데, 가서 만나 보세." 그러고는 길을 떠나 기산의 남쪽(岐陽)에 이르렀다. 이 소식을 들은 무왕武王이 동생 단旦을 보내 그들을 만나 보게 하고는, 그들에게 "봉록 2단계를 더하고, 1급으로 임관시켜 주겠다"라고 맹세하고 제물의 피로 맹서를 작성하여 땅에 묻었다.

이에 두 사람은 서로를 바라보며 코웃음을 쳤다. "허! 기이하구나! 이는 우리가 말하는 도가 아니다. 예전 신농씨神農氏가 천하를 다스릴 때는 사계절에 따라 지극히 정성스럽게 제사를 올렸지만, 결코 스스로 복을 바라지 않았으며, 충실하게 최선을 다하여 백성들에게 봉사하면서도 달리 바라는 바가 없었다. 정사에 참여하고자 하는 자는 정사에 참여하게 하고, 다스림에 참여하고자 하는 자는 다스림에 참여하게 하였으니, 남의 실패로 자신의 성공을 드러내거나, 남의 비천함을 가지고 자신을 위대하게 여기는 법이 없었으며, 기회를 잡아 스스로 이익을 도모하려 하지 않았다. 그런데 지금 주 왕조가 은殷 왕조의 혼란을 목격하여 재빨리 권력을 탈취하고는 모략을 숭상하고 재물의 이익을 추구하며, 병력에 기대어 위엄을 뽐내고, 제물을 죽여 맹약을 세워 서로 신뢰를 확인하며, 자신의 행위를 널리 드러내 사람들을 불러 모으며, 남을 죽이고 정벌하면서 이익을 취하니, 이는 기존의 폭정을 대신하여 새로운 화를 만들어 내는 것에 지나지 않는다. 옛날의 현인들은 치세를 만나면 책임을 피하지 않지만, 난세를 만나면 구차하게 살지 않는다고 했다. 지금 천하가 어둡고 주나라의 덕이 쇠하였으니, 어떻게 주 왕조와 함께하여 우리 스스로를 더럽힐 수 있겠는가? 차라리 이를 피하여 숨어들어 우리의 순결함을 지키는 것이 나을 것이다." 이렇게 말을 하고 둘은 북쪽 수양산首陽山으로 들어가 그곳에서 굶어 죽었다. 백이, 숙제와 같은 자는 부귀영화를 누릴 수 있었음에도 이를 받아들이지 않았다. 고상한 절조로 세속에 영합하지 않으며 그저 스스로 자신의 뜻을 즐기면서 세상을 뒤쫓으려 하지 않았다. 이것이 바로 두 은사隱士의 절의이다.

도척盜跖

「도척」의 요지는 유가의 예교 규범 및 세속 선비들이 추구하는 부귀영달 관념을 비판하고, 자연스러운 성정을 중시해야 함을 주장하는 데 있다. '도척盜跖'은 척跖이라는 이름의 도적을 말하며, 이 편은 도척을 빌려 공자를 비판하는 내용이 주를 이루고 있다. 이에 따라 '도척'이라는 이름을 따서 편명으로 삼았다.

이 편은 크게 세 부분으로 나누어진다. 첫 번째는 공자가 도척을 방문하여 서로 대화를 나누는 부분이고, 두 번째는 자장子張과 만구득滿苟得의 대화이며, 세 번째는 무족無足과 지화知和의 대화이다.

모두 우언의 형식을 빌려 여러 문제를 논하였는데, 각 부분의 핵심은 다음과 같다. 첫 번째 부분은 공자가 도척을 설득하러 가는 이야기이다. 도척은 유자儒者들이 '함부로 만들어 지껄이고 문무文武라는 이름을 멋대로 가져다 쓰며'(作言造語, 妄稱文武), '밭 갈며 노동하지 않으면서도 밥을 먹고, 옷감을 짜며 일하지 않고도 옷을 입어'(不耕而食, 不織而衣) 천하의 선비들을 본업으로 돌아가지 않도록 하였다고 비판하였고, '효제라는 명분을 멋대로 세움으로써'(妄作孝弟) 요행으로 봉후封侯와 부귀를 얻고자 한다고 꾸짖었다. 나아가 '탕湯은 자신의 군주를 추방했고, 무왕武王은 주왕紂王을 시해하였으니, 이때부터 강한 것이 약한 것을 괴롭히고 능욕하기 시작했으며, 다수가 소수를 침범하고 억압하기 시작했다'(湯放其主, 武王殺紂. 自是之後, 以強陵弱, 以衆暴寡)고 말하며, '탕왕과 무왕부터는 모두 백성에게 해를 끼친 무리에 지나지 않는다'(湯武以來, 皆亂人之徒)고 질책하였다. 또한 유가에서 존숭하는 성왕, 즉 요순堯舜에서 무왕에 이르기까지는 '모두 이익을 좇아 그 참됨을 미혹시키고, 실제의 성정性情과 억지로 멀어진 자들'(皆以利惑其眞, 而強反其情性)이라고 비판하였다. 계속해서 역사적으로 유명한 충신들은 모두 비명횡사를 면치 못했음을 지적하였다. 마지막으로 인간의 생명은 짧고 유한하니 '자신의 뜻을 마음껏 펼치고, 타고난 수명을 길러 나가야 하며'(說其志意,

養其壽命), 이익을 가벼이 여기고 참된 본성을 보전해야 한다고 강조하였다.

두 번째 부분에서는 자장과 만구득의 대화를 적었다. 자장은 우선 인仁·의義·예禮·신信에 대해 논하면서, 귀천과 같은 질서를 주장하였다. 나아가 이를 토대로 부귀영화를 추구해 나갈 것을 말했다. 만구득은 선비들의 행위는 마땅히 자연의 본성에 따라야 한다고 주장하였다. 한편 '전성자상은 군주를 시해하고 나라를 탈취하였는데도 공자는 그가 내리는 예물을 받아들였으니, 말로는 멸시하면서도 실제로는 그의 앞에서 자신을 낮추기를 마다하지 않았다'(田成子常殺君竊國而孔子受幣, 論則賤之, 行則下之)라고 비판하면서 유가의 언행이 일치하지 않는 위선적인 모습을 비판하였다. 나아가 그는 '요가 맏아들을 죽이고 순은 동생을 추방하였는데, 멀고 가까운 관계에 대한 마땅한 도리라고 할 수 있는가?'(堯殺長子, 舜流母弟, 疏戚有倫乎)라고 일갈한다. 이는 유가의 차등적 윤리사상에 대한 비판으로 해석할 수 있다.

세 번째 부분은 무족과 지화 간의 대화이다. 무족은 부귀와 권세를 숭배하는 자로서 인생은 오직 감각적 쾌락을 추구하는 것뿐이라고 여긴다. 반면 지화는 삶의 조화로움과 편안함을 추구하고, 욕망대로 무절제하게 따르는 것을 비판하며, 이익을 탐하고 가지려 애쓰는 것이 해가 된다는 점을 지적한다. 그러면서 인생에 먹고 마시고 즐기는 것 외에도 더 중요하고 추구해야 할 더 숭고한 이상이 있다고 여긴다.

이 편에서 유래한 성어에는 대표적으로 요진고설搖唇鼓舌[1], 봉의천대縫衣淺帶[2], 지폭금비止暴禁非[3], 무병자구無病自灸[4] 등이 있다.

---

1) 혀와 입술을 마구 놀림. 화려한 말솜씨를 뽐내며 유세나 선동을 일삼는 모습을 비유하는 말.
2) 넓고 큰 옷과 가는 띠. 유가의 선비를 나타내는 말.
3) 흉악하고 그릇된 행위를 금함.
4) 병이 없는데 스스로 뜸을 놓음. 불필요한 노력을 들이거나 고생을 자초하는 것을 말함.

1.

孔子與柳下季[①]爲友, 柳下季之弟, 名曰盜跖[②]. 盜跖從卒九千人, 橫行天下, 侵暴諸侯, 穴室樞戶[③], 驅人牛馬, 取人婦女, 貪得忘親, 不顧父母兄弟, 不祭先祖. 所過之邑, 大國守城, 小國入保[④], 萬民苦之.

孔子謂柳下季曰: "夫爲人父者, 必能詔其子; 爲人兄者, 必能教其弟. 若父不能詔其子, 兄不能教其弟, 則無貴父子兄弟之親矣. 今先生, 世之才士也, 弟爲盜跖, 爲天下害, 而弗能教也, 丘竊爲先生羞之. 丘請爲先生往說之."

柳下季曰: "先生言爲人父者必能詔其子, 爲人兄者必能教其弟, 若子不聽父之詔, 弟不受兄之教, 雖今先生之辯, 將奈之何哉! 且跖之爲人也, 心如湧泉, 意如飄風, 強足以距[⑤]敵, 辯足以飾非, 順其心則喜, 逆其心則怒, 易辱人以言. 先生必無往."

孔子不聽, 顏回爲馭, 子貢爲右, 往見盜跖. 盜跖乃方休卒徒於太山之陽[⑥], 膾人肝而餔[⑦]之. 孔子下車而前, 見謁者曰: "魯人孔丘, 聞將軍高義, 敬再拜謁者."

謁者入通, 盜跖聞之大怒, 目如明星, 髮上指冠, 曰: "此夫魯國之巧僞人孔丘非邪? 爲我告之: '爾作言造語, 妄稱文武, 冠枝木之冠[⑧], 帶死牛之脅[⑨], 多辭繆說, 不耕而食, 不織而衣, 搖唇鼓舌, 擅生是非, 以迷天下之主, 使天下學士不反其本, 妄作孝弟[⑩]而僥幸於封侯富貴者也. 子之罪大極重[⑪], 疾走歸! 不然, 我將以子肝益晝餔之膳!'"

孔子復通曰: "丘得幸於季, 願望履幕下[⑫]."

謁者復通, 盜跖曰: "使來前!"

孔子趨而進, 避席反走, 再拜盜跖. 盜跖大怒, 兩展其足[⑬], 案劍瞋目, 聲如乳虎, 曰: "丘來前! 若所言, 順吾意則生, 逆吾心則死."

孔子曰: "丘聞之, 凡天下人[⑭]有三德: 生而長大, 美好無雙, 少長貴賤見而皆說之, 此上德也; 知維天地[⑮], 能辯諸物[⑯], 此中德也; 勇悍果敢, 聚衆率兵, 此下德也. 凡人有此一德者, 足以南面稱孤矣. 今將軍兼此三者, 身長八尺二寸, 面目有光, 唇如激丹[⑰], 齒如齊貝, 音中黃鍾[⑱], 而名曰盜跖, 丘竊爲將軍恥不取焉. 將軍有意聽臣; 臣請南使吳越, 北使齊魯, 東使宋衛, 西使晉楚,使爲將軍造大城數百裏, 立數十萬戶之邑, 尊將軍爲諸侯, 與天下更始, 罷兵休卒, 收養昆弟, 共祭先祖[19]. 此聖人才士之行, 而天下之願也."

盜跖大怒曰: "丘來前! 夫可規[20]以利而可諫以言者, 皆愚陋恒民[21]之謂耳. 今長大美好, 人見而悅之者, 此吾父母之遺德也. 丘雖不吾譽, 吾獨不自知邪? 且吾聞之, 好面譽人者, 亦好背而毁之. 今丘告我以大城衆民, 是欲規我以利而恒民畜我也, 安可久長也! 城之大者, 莫大乎天下矣. 堯舜有天下, 子孫無置錐之地; 湯武立爲天子, 而後世絶滅; 非以其利大故邪?

且吾聞之, 古者禽獸多而人少, 於是民皆巢居以避之, 晝拾橡栗, 暮棲木上, 故命之曰有巢氏之民. 古者民不知衣服, 夏多積薪, 冬則煬之, 故命之曰知生之民. 神農之世, 臥則居居[22], 起則於於[23], 民知其母, 不知其父, 與麋鹿共處, 耕而食, 織而衣, 無有相害之心, 此至德 之隆也. 然而黃帝不能致德, 與蚩尤戰於涿鹿之野, 流血百裏. 堯舜作, 立群臣, 湯放其主, 武王殺紂. 自是之後, 以強陵弱, 以衆暴寡. 湯武以來, 皆亂人之徒也.

今子修文武之道, 掌天下之辯, 以教後世, 縫衣[24]淺帶, 矯言僞行, 以迷惑天下之主, 而欲求富貴焉, 盜莫大於子. 天下何故不謂子爲盜丘, 而乃謂我爲盜跖? 子以甘辭說子路而使從之, 使子路去其危冠[25], 解其長劍, 而受教於子, 天下皆曰孔丘能止暴禁非. 其卒之也, 子路欲殺衛君[26]而事不成, 身菹[27]於衛東門之上, 子教子路菹此患, 上無以爲身, 下無以爲人[28], 是子教之不至也. 子自謂才士聖人邪? 則再逐於魯, 削迹於衛, 窮於齊, 圍於陳蔡, 不容身於天下. 子之道豈足貴邪?

世之所高, 莫若黃帝, 黃帝尙不能全德, 而戰涿鹿之野, 流血百里. 堯不慈[29], 舜不孝[30], 禹偏枯[31], 湯放其主, 武王伐紂, 此六子者[32], 世之所高也, 孰論之, 皆以利惑其眞而強反其情性, 其行乃甚可羞也.

世之所謂賢士, 莫若伯夷叔齊[33]. 伯夷叔齊辭孤竹之君而餓死於首陽之山, 骨肉不葬. 鮑焦[34]飾行非世, 抱木而死. 申徒狄[35]諫而不聽, 負石自投於河, 爲魚鼈所食. 介子推[36]至忠也, 自割其股以食文公, 文公後背之, 子推怒而去, 抱木而燔死. 尾生[37]與女子期於梁下, 女子不來, 水至不去, 抱梁柱而死. 此六子者, 無異於磔犬[38]流豕[39]操瓢而乞者, 皆離名[40]輕死, 不念本養壽命者也.

世之所謂忠臣者, 莫若王子比幹伍子胥. 子胥沈江, 比幹剖心, 此二子者, 世謂忠臣也, 然卒爲天下笑. 自上觀之, 至於子胥比幹, 皆不足貴也.

丘之所以說我者, 若告我以鬼事, 則我不能知也; 若告我以人事者, 不過此矣, 皆吾所聞知也.

今吾告子以人之情, 目欲視色, 耳欲聽聲, 口欲察味, 志氣欲盈[41]. 人上壽百歲, 中壽八十, 下壽六十, 除病瘐[42]死喪憂患, 其中開口而笑者, 一月之中不過四五日而已矣. 天與地無窮, 人死者有時, 操有時之具而托於無窮之間, 忽然無異騏驥之馳過隙也. 不能說其志意, 養其壽命者, 皆非通道者也.

丘之所言, 皆吾之所棄也, 亟去走歸, 無復言之! 子之道, 狂狂汲汲[43], 詐巧虛僞事也, 非可以全眞也, 奚足論哉!"

孔子再拜趨走, 出門上車, 執轡三失[44], 目芒然無見, 色若死灰, 據軾[45]低頭, 不能出氣. 歸到魯東門外, 適遇柳下季. 柳下季曰: "今者闕然數日不見, 車馬有行色, 得微[46]往見跖邪?"

孔子仰天而歎曰: "然."

柳下季曰: "跖得無逆汝意若前乎[47]?"

孔子曰: "然. 丘所謂無病而自灸也, 疾走料[48]虎頭, 編虎須[49], 幾不免虎口哉!"

【길잡이】

① 柳下季: 유하혜柳下惠를 가리킨다. 노魯나라의 현인으로, 성은 전展, 이름은 획獲, 자는 계금季禽, 또는 일설에 자금子禽이라고도 한다. 버드나무 아래에 거처하였으므로 이러한 호칭으로 불렸다. 혜惠라는 이름은 시호라고 하는 설도 있다. 『논어』 「위령공衛靈公」과 「미자微子」에서 공자가 유하혜의 현명함을 칭찬한 바 있다.

- 육덕명: 전금展禽은 노나라 희공僖公 때의 인물이니, 공자가 태어났을 때로 따지자면 이미 80세가 넘었을 것이고, 자로子路가 사망했을 때로 따지면 150~160세에 이르렀을 것이므로 서로 교류하는 것은 불가능했다. 따라서 이는 지어낸 우언이다.(『경전석문』)

② 盜跖: 옛날의 큰 도적.

- 육덕명: 『한서』의 이기李奇 주석에서는 "'척跖'은 진秦나라의 큰 도적이다"라고 하였다.
- 유월: 『사기』 「백이열전伯夷列傳」에 대해 『사기정의史記正義』에서는 "'척蹠'은

황제黃帝시기 큰 도적의 이름이다"라고 하였다. 도척이 어느 시대의 사람인지에 관해서는 결국 정해진 설이 없다. 공자와 유하혜는 동시대의 사람이 아니며, 유하혜와 도척 역시 동시대의 사람이 아니므로, 독자들은 우언을 역사적 사실로 받아들여서는 안 된다.(『장자평의』)

③ 穴室摳戶: 남의 집을 넘고 문을 엿봄. 통행본에서는 '구摳'를 '추樞'로 썼으나, 『장자궐오』에 인용된 유득일劉得一의 판본에는 '구'라고 되어 있다.(마서륜, 왕효어의 교열) '추'는 '구'를 잘못 쓴 것이다.

- 저백수: '추호樞戶'의 '추樞'는 의미상 '구摳'로 써야 한다.
- 손이양: '추樞'는 '구摳'로 써야 한다.

④ 保: '보堡'(작은 성)와 같다.

- 육덕명: 『예기』 정현鄭玄 주석에서 "작은 성을 '보保'라고 한다"라고 하였다.

⑤ 距: '거拒'(막다)와 같다. 세덕당본에서는 이를 '거拒'로 썼다.(왕효어의 교열)

⑥ 休卒徒於太山之陽: '어於'자는 원래 빠져 있다. 진경원의 『장자궐오』에 인용된 강남고장본에는 '도徒' 뒤에 '어'자가 들어 있으니, 의미가 더욱 완전하다.(왕숙민, 『장자교석』) 이에 근거하여 보충한다. '태산太山'은 '태산泰山'을 가리킨다.

⑦ 餔(중국음은 bū[晡]): 먹다(食).(성현영, 『장자소』) 신시申時에 먹는 식사를 말하기도 한다.(『경전석문』에서 『字林』을 인용)

⑧ 枝木之冠: 관모를 화려하게 장식한 것이 마치 나무에 가지가 무성한 모습과 같음.(『경전석문』에서 사마표의 설을 인용) 나뭇가지의 껍질을 벗겨 내어 관모로 만든 것.(임희일, 『남화진경구의』)

▹ 진고응: 유학자들은 기교와 장식을 좋아하므로 문장의 의미를 고려할 때 사마표의 설을 따르는 것이 옳다. 즉 관모의 화려함을 표현한 것이다.

- 마서륜: '지枝'는 '고枯'자가 와전된 것으로 보인다. '마른 나무'(枯木)와 '죽은 소'(死牛)는 서로 대구를 이룬다.(『장자의증』)

▹ 진고응: 마서륜의 설 또한 참고로 삼을 수 있다.

⑨ 帶死牛之脅: 소의 가죽으로 큰 허리띠를 만듦.(사마표)

⑩ 孝弟: '제悌'로 읽는다. 본래 '제悌'라고 쓰기도 한다.(『경전석문』) 조간의본에서는 '제弟'를 '제悌'로 썼다.(왕효어의 교열) '제弟'와 '제悌'는 서로 통한다. 고서에서는

'제弟'로 썼다.(왕숙민)

⑪ 罪大極重: '극極'은 '극殛'(죽이다)으로 보아야 한다. 『이아』 「석언釋言」에서는 "'극極'은 '벌하다'(誅)이다"라고 하였다. 죄가 무거워 무겁게 처벌하는 것을 말한다. '극極'과 '극殛'은 옛글자에서는 서로 통용되었다.(유월, 『장자평의』)

⑫ 願望履幕下: 장막 아래에 이르기를 바람. 도척과 대면하기를 간절히 바란다는 말.

⑬ 兩展其足: 두 발을 쭉 폄.(성현영, 『장자소』)

⑭ 凡天下人: 『장자궐오』에 인용된 장군방본에는 '하下'자 뒤에 '인人'자가 있다. 이에 의거하여 '천하天下' 다음에 '인'자를 보충해 넣어야 한다.(마서륜) '인'자가 있으면 문장의 의미가 더욱 분명해진다.(왕숙민)

⑮ 知維天地: 「천도」의 '지락천지知落天地'와 같은 뜻이다. 지식이 온 천지를 망라한다는 뜻이다.

- 마서륜: '유維'는 '락雒'을 잘못 쓴 글자이다.
  - ▹ 진고응: '지락천지知落天地'의 '락落'은 '락絡'의 가차자이다. '유維'에도 '락絡'(얽다, 포괄하다)의 뜻이 있으므로, '유維'자 역시 통한다.

⑯ 能辯諸物: '변辯'은 '변辨'(분별하다)과 통한다.

⑰ 激丹: 선명한 주사朱砂. '격激'은 '뚜렷하다'(皦), '밝다'(明)의 뜻이다.

- 장병린: '격激'은 '교皦'의 뜻으로 가차되었다. 『설문해자』에서는 "'교皦'는 빛을 내뿜는 것이다"라고 하였다. 따라서 사마표는 이를 '밝다'(明)라고 풀이하였다.(『장자해고』)

⑱ 黃鍾: 고대 음악에 사용된 음률의 명칭. 「변무」에 등장한 바 있다.

⑲ 共祭先祖: '공共'은 '공恭'으로 발음하며(『경전석문』), '공供'(바치다)으로 읽는다(왕선겸, 『장자집해』).

⑳ 規: '간諫'(간언하다)과 같다.

㉑ 恒民: 판본에 따라 '순민順民'으로 쓰기도 하였다.(『경전석문』)

㉒ 居居: 편안하고 고요한 모습.(성현영, 『장자소』)

㉓ 於於: 자득하여 만족스러운 모습.(성현영, 『장자소』)

㉔ 縫衣: 크고 넓은 의복.

- 저백수: '봉의縫衣'는 겨드랑이 부분이 넓은 옷을 말하니, 큰 홑옷을 가리킨다.

• 곽경번: 상수의 주석에서 "유자의 복장은 넓고 길다"라고 설명하였다.(『列子』「黃帝」 주석) 『경전석문』에서는 이를 '봉𧜟'을 '봉縫'으로도 쓴다고 하였다. 즉 '봉의縫衣'는 큰 옷을 말한다.

㉕ 危冠: 높은 관모.

• 이이: '이危'는 '높다'는 뜻이다. 자로는 용맹함을 좋아하여 수탉과 같은 형상의 관을 쓰고 수퇘지의 머리(형상의 패물)를 차고 다니며 자신의 강함을 드러냈다.

㉖ 衛君: 위나라 장공(衛莊公). 이름은 괴외蒯聵.5)

㉗ 菹(중국음은 zū[租]): 옛날에 행해졌던 잔혹한 형벌의 일종인 '저해菹醢'(醢의 중국음은 hǎi[海]). 살을 잘라 젓갈을 담그는 형벌이다.

㉘ 子教子路菹此患, 上無以爲身, 下無以爲人: 이 세 구절은 원래 '위어진채圍於陳蔡, 불용신어천하不容身於天下' 구절 뒤에 놓여 있었다. 왕선겸은 "빠진 글이 있는 듯하다"라고 하였고, 마서륜은 "이 세 구절은 '신저어위동문지상身菹於衛東門之上' 뒤에 놓여야 한다"라고 하였다.

▹ 진고응: 마서륜의 설이 매우 타당하다. 이 구절은 뒷부분으로 잘못 섞여든 것으로, 마서륜의 설에 따라 이곳으로 옮겨야 문맥이 잘 통한다.

㉙ 堯不慈: 요가 맏아들 단주丹朱를 죽인 일을 가리킨다. 뒤에서도 '요가 맏아들을 죽였다'(堯殺長子)라는 구절이 등장한다.

㉚ 舜不孝: 순이 고수瞽瞍를 쫓아낸 일을 가리킨다. 『한비자』「충효忠孝」에서도 "고수瞽瞍는 순의 부친으로, 순이 그를 추방하였다"라고 이 일을 기록하고 있다.

㉛ 偏枯: 「제물론」에서는 '편사偏死'라고 썼다. 반신불수의 상태를 가리킨다. 『열자』「양주楊朱」에서는 '신체편고身體偏枯'라고 하였다.

㉜ 此六子者: 원래는 앞에 '문왕구유리文王拘羑里' 한 구절이 더 들어가 있었으나, 이는 후대 사람이 멋대로 더한 것이니 삭제해야 한다. 여기서 말하는 '육자六子'란 황제黃帝, 요堯, 순舜, 우禹, 탕湯, 무왕武王 등 6인을 가리킨다. 『장자궐오』에 인용된 강남고장본에는 '육六'을 '칠七'로 썼다. 하지만 당초본唐初本에서는 '육六'을 '칠七'로 쓰지 않았다. 강남고장본이 '칠七'로 되어 있는 것은 후대 사람이 '문왕文王'을

5) 원서에는 '聵'(외)가 '聵'(귀)로 표기되어 있는데, 오자이다. 衛나라 莊公의 이름은 '蒯聵'이다.

의도하여 고친 것이다.(마서륜)

- 이면: 황제黃帝부터 무왕武王까지 모두 그 과실에 대해 비판하고 있는데, 문왕이 감옥에 갇힌 것은 본인의 잘못이 아니므로, 그를 언급하는 것은 다른 예시와 맞지 않는다. 따라서 이는 후대 사람이 더해 넣은 것으로 보인다. 원래대로 '육자六子'라고 하여도 문제가 없다. 게다가 순서대로라면 '문왕구유리文王拘羑里' 구절은 '무왕武王' 앞에 놓여야 하나 지금은 뒤에 놓여 있으므로 불필요하게 더해진 것임이 분명하며, 이를 삭제해야 한다.
    - ▷ 진고응: 이면의 설이 옳다. 앞에서 '탕방기주湯放其主, 무왕살주武王殺紂'라는 구절이 나왔고, 계속해서 "탕왕과 무왕 이래로는 모두 사람들을 혼란스럽게 만든 무리뿐이다"(湯武以來, 皆亂人之徒也)라고 하였는데, 이는 탕왕과 무왕을 질책하는 것이 분명하므로 이 구절과 서로 상응한다고 할 수 있다. 따라서 '문왕구유리文王拘羑里'는 삭제해야 한다.

㉝ 世之所謂賢士, 莫若伯夷叔齊: 원래는 '막약莫若' 두 글자가 빠져 있으나, 왕숙민의 설에 따라 보충한다.

- 왕숙민: '백이伯夷' 앞에 '막약莫若' 두 글자가 들어가야 한다. 앞에서 '세지소고世之所高, 막약황제莫若黃帝'라고 하였고, 뒤에서는 '세지소위충신자世之所謂忠臣者, 막약왕자비간오자서莫若王子比干伍子胥'라고 하였으니, 서로 문장의 구조가 맞다. 현재 판본에는 '막약莫若' 두 글자가 빠져 있어 의미가 완전하지 않다.

㉞ 鮑焦: 성은 포鮑, 이름은 초焦. 주周나라 시대의 은자이다.

- 성현영: [포초는] 자신을 꾸미고 세상을 비판하였다. 청렴함으로 자신을 지켰고, 땔나무를 해서 짊어지고 다녔으며, 도토리를 주워 식량을 채웠다. 그러므로 자손이 없었고, 천자의 신하가 되지 않았으며 제후들과 교류하지 않았다. 어느 날 자공子貢이 우연히 그를 만나 물었다. "정사에 참여하는 자가 아니면 그 땅을 밟지 말고, 그 군주를 더럽힌 자는 그 이익을 받아들이지 말라고 하였다. 그런데 그대는 (군주의) 땅을 밟고 그곳에서 나오는 이익을 취하여 밥을 먹는데, 그래도 되겠는가?" 포초가 말했다. "청렴한 선비는 신중하게 나아가되 가볍게 물러나고, 현인은 쉽게 부끄러움을 느끼고 죽음을 가벼이 여긴다고 하였다." 말을 마친 그는 그대로 나무를 껴안은 채 말라죽었다.

㉟ 申徒狄: 성은 신도申徒, 이름은 적狄. 은상殷商시기의 인물이다. 「대종사」, 「외물」에 등장한 바 있다.

㊱ 介子推: 진문공晉文公의 충신.

- 성현영: 진나라 문공 중이重耳가 '여희驪姬의 난'을 만나 다른 나라로 도망을 갔다. 피난 중 궁핍한 처지가 계속되자, 자추는 자신의 허벅다리 살을 잘라 문공에게 바쳤다. 나중에 난이 해결되어 다시 돌아왔을 때, 문공은 사흘에 걸쳐 자신을 따른 자들을 포상하며 봉록을 내렸는데 그만 자추를 잊어버리고 말했다. 자추는 이에 「용사지가龍蛇之歌」라는 시를 지어 군문에 걸어 두고는 분노하며 그대로 그곳을 떠나 버렸다. 문공이 잘못을 뉘우치고 자추가 도망간 개산介山으로 쫓아갔으나, 이미 자추는 산에 숨어서 보이지 않았다. 문공은 산에 불을 피워 그를 나오게 만들고자 하였으나, 자추는 나오지 않고 나무를 껴안고 그대로 불에 타 죽고 말았다.

㊲ 尾生: 『전국책』에는 '미생고尾生高'로 되어 있다. 고유高誘는 그를 노魯나라 사람으로 보았다.

㊳ 磔犬(磔의 중국음은 zhé[折]): 도축당한 개. '책磔'은 가축의 사지를 잘라 제사에 사용하는 것을 말한다.

㊴ 流豕: '침시沉豕'로 읽어야 한다.(손이양) 강에 가라앉은 돼지를 말한다. 고대에는 돼지를 희생물로 삼아 강의 신에게 바쳤다.

㊵ 離名: 명예를 중시함.(성현영, 『장자소』)

- 임희일: '리離'는 '려麗(붙다)'와 같다. 이름에 얽매인다는 뜻에서 '이명離名'이라 한 것이다.
- 왕숙민: 진경원의 『장자궐오』에 인용된 강남고장본에서는 '리離'를 '리利'로 적었다. '리離'와 '리利'는 서로 통한다. 『순자』「비십이자非十二子」의 '기계리기綦谿利跂'에 대한 주석에서 "'리利'는 '리離'와 같다"라고 설명한 것이 바로 그 증거이다.

㊶ 欲盈: 만족을 바람.

㊷ 瘐: 현재 판본에는 글자를 '수瘦'로 잘못 적었다. 왕념손의 설에 따라 이를 수정한다.

- 왕념손: '수瘦'는 '유瘐'로 보아야 한다. 글자를 잘못 적은 것이다. '유瘐'는 '병病'과 같으니, '병病'과 '유瘐'가 한 종류이고, '사死'와 '상喪'이 한 종류이며, '우憂'와 '환患'이 한 종류이다.(『독서잡지여편』)

㊸ 狂狂汲汲: '급汲'은 '급伋'으로도 쓰며, '급急'이라 읽는다. '광광급급狂狂汲汲'은 얻고자 애쓰며 경쟁하는 모습을 말한다.

㊹ 執轡三失: 손에 말의 고삐를 들고 있다가 세 번을 떨어뜨림. 공자가 긴장하여 정신이 없는 모습을 표현한 말이다.

㊺ 軾: 수레의 앞부분에 (기댈 수 있게) 가로로 댄 나무.

㊻ 微: '무無'와 같다.

㊼ 若前乎: '앞에서 말한 바와 같음'이라는 뜻.

㊽ 料: '료撩'(취하다)와 같다.

㊾ 編虎須: '편編'은 '편搧'의 뜻으로 가차되었다. '쓰다듬다'(撫)의 뜻이다. 『도장』에 실린 성현영의 『장자소』와 저백수의 『남화진경의해찬미』에는 '수須'가 '수鬚'(수염)로 되어 있다. '수鬚'는 '수須'의 속자이다.(왕숙민, 『장자교석』)

【풀이】

공자와 유하계柳下季는 서로 벗이었다. 유하계에게 아우가 하나 있었는데, 이름을 도척盜跖이라 하였다. 도척은 부하가 9천에 이르렀으며, 천하에 횡행하며 제후들을 침범하고, 남의 집을 넘나들며 소와 말을 빼앗고, 부녀자들을 겁탈하였다. 가족과 친지를 잊은 채 이익만을 탐하여, 부모와 형제를 돌보지 않고 조상에게 제사를 지내지도 않았다. 이들이 한번 지나가노라면 큰 나라는 해자를 파고 성문을 굳게 닫아 지켰고 작은 나라는 모두 보루 안으로 숨어들었으니, 백성들의 고통은 이루 헤아릴 수 없을 정도였다.

공자가 유하계에게 말했다. "아버지가 되어서는 반드시 그 자식을 가르쳐 일깨울 수 있어야 하고, 형이 되어서는 반드시 그 아우를 가르쳐 이끌어 줄 수 있어야 합니다. 만약 아버지가 되어서 자식을 깨우쳐 주지 못하고, 형이 되어서 아우를 이끌어 주지 못한다면 부자와 형제라는 혈육 간의 정은 특별히 존귀하다고 볼 수 없을 것입니다. 지금 선생은 당대에 이름난 재사이나 아우 도척이 천하에 해를 끼치고 있는데도 그를 가르쳐 인도하지 못하고 있으니, 선생 대신 오히려 제가 부끄러움을 느끼고 있습니다. 그러니 제가 한번 가서 그를 설득해 보겠습니다."

유하계가 말했다. "아버지가 되어서는 반드시 그 자식을 가르쳐 일깨울 수 있어야 하고, 형이 되어서는 반드시 그 아우를 가르쳐 이끌어 줄 수 있어야 한다고 말씀하셨는데, 자식이 아버지의 가르침을 듣지 않고 아우가 형의 지도를 받아들이지 않는데, 선생의 언변이 아무리 뛰어나다고 해도 어떻게 가능하겠습니까? 게다가 도척의 사람됨이란 그 마음이 마치 끊임없이 솟아나는 샘과 같고, 그 뜻이 돌풍과 같아 종잡을 수 없습니다. 그 용맹함은 적을 물리칠 수 있고, 언변으로는 잘못을 포장할 수 있습니다. 자기 뜻에 따르면 기뻐하지만, 뜻을 거스르면 분노하며 쉽게 말로 사람을 모욕합니다. 그러니 절대로 그를 찾아가지 마십시오."

공자는 그의 만류를 듣지 않고 안회顔回에게 수레를 몰게 하고 자공子貢을 오른편에 배석시키고는 도척을 만나러 갔다. 도척은 마침 부하들을 데리고 태산泰山 남쪽에서 휴식을 취하면서 사람의 간을 요리해 먹고 있었다. 공자가 수레에서 내려 앞으로 나아가 전령에게 말을 전달하게 하였다. "노魯나라의 공구孔丘가 장군의 높은 뜻을 들어온바, 정중히 뵙기를 청하나이다."

전령이 들어가 도척에게 이 말을 전했다. 도척은 말을 듣고 크게 분노하였는데, 부릅뜬 눈은 마치 별과 같이 빛을 뿜었고, 올올히 선 머리털이 모자를 뚫고 나올 지경이었다. 그가 말했다. "이 자는 바로 기교와 작위를 일삼는 노나라의 공구가 아닌가? 그에게 이렇게 알리거라. '네놈은 말을 함부로 만들어 지껄이고 문무文武라는 이름을 멋대로 가져다 쓰면서 머리에는 나뭇가지로 장식한 모자를 쓰고 허리에는 소가죽 띠를 두르고는 장황하게 헛소리를 내뱉지 않느냐? 밭 갈며 노동하지 않으면서도 밥을 먹고, 옷감을 짜며 일하지 않고도 옷을 입으며, 혀를 요란하게 놀리고, 끝도 없이 옳고 그름의 구분을 만들어 내면서 천하의 군주들을 현혹하고 천하의 책 읽는 선비들을 본업으로 돌아가지 않도록 하며, 효제라는 명분을 빌려 요행으로 부귀와 봉후를 얻고자 한다. 너의 죄가 이처럼 막중하니 썩 물러가라! 그렇지 않으면 너의 간을 점심으로 먹을 것이다!'"

공자가 다시 한 번 말을 전달해 주기를 청했다. "제가 영광스럽게도 유하계와 친분이 있습니다. 그러니 막하로 가서 한번 뵐 수 있다면 좋겠습니다."

전령이 이 말을 전하자, 도척이 말했다. "그를 앞으로 불러오너라!"

공자가 빠른 걸음으로 들어가서는 예를 갖추며 한번 물러났다가 다시 도척에게 절을 하였다. 이 모습을 본 도척은 크게 분노하며 두 발을 벌리고 칼을 쥔 채 그를 노려보았다. 그러고는 마치 갓 새끼를 낳아 날카로워진 호랑이 같은 목소리로 이렇게 말했다. "공구는 이리 다가오너라! 네가 말하는 것은 내 마음에 들면 살 수 있지만, 마음에 들지 않으면 죽게 될 것이다."

공자가 말했다. "세상 사람들에게 세 가지 미덕이 있다고 들었습니다. 우선 태어나면서 기골이 장대하고 용모가 아름다워 나이가 많든 적든 귀하든 천하든 모두 그를 좋아한다면 바로 상등의 덕을 갖추었다 할 수 있습니다. 지식이 천지를 망라하고 일체의 사물을 분별해 낼 수 있다면 중등의 덕을 갖춘 것입니다. 용맹하고 과감하며 사람들을 모으고 군사를 통솔할 수 있는 것은 하등의 덕입니다. 이 중 하나의 미덕만 갖추어도 사람들 앞에 군림하여 왕이라 칭할 수 있게 됩니다. 그런데 지금 장군께서는 이 세 가지의 미덕을 겸비하였으며, 키는 8척 2촌이나 되고, 눈빛은 이글거리며, 입술은 선명한 주사朱砂와 같이 붉고, 치아는 진주조개처럼 가지런하며, 목소리는 황종黃鍾의 음률에 들어맞을 정도로 조화롭습니다. 그런데도 사람들에게는 도적으로 불리니, 장군의 이 치욕을 저로서는 도저히 받아들일 수 없습니다. 만약 장군께서 저의 의견을 듣고자 하신다면, 저는 친히 사자로서 남쪽으로 오吳나라와 월越나라, 북쪽으로 제齊나라와 노나라, 동쪽으로 송宋나라와 위衛나라, 서쪽으로 진晉나라와 초楚나라까지 가는 것을 마다하지 않을 것이며, 장군을 대신하여 수백 리 둘레의 큰 성을 쌓고, 수십만 호의 도읍을 만들어 장군을 제후로 봉하고 천하의 사람들과 함께 새롭게 시작하여, 전쟁을 그치고 형제를 돌보며 조상들의 제사를 지내도록 하겠습니다. 이것이 바로 성인과 재사才士가 할 일이며, 바로 천하의 사람들이 바라는 바이기도 합니다."

말을 들은 도척은 크게 노하며 말했다. "공구는 이리 오거라. 이익이나 작록으로 회유하고, 말로 간언하는 것은 모두 어리석은 평민들이나 하는 짓이다. 나는 기골이 장대하고 용모가 아름다우니 사람들이 나를 보고 모두 좋아한다. 이는 내 부모가 남겨 둔 덕인데 네가 나를 칭찬하지 않는다고 한들 내가 어찌 모르겠는가? 게다가 내가 듣기로, 앞에서 남을 칭찬하기를 좋아하는 자는 뒤에서 남을 비방하기를 좋아한다고 한다. 네가 방금 큰 성과 백성들을 지닐 수 있다고 말했는데, 이는 이익과 작록으로 나를 회유하려는 것이고, 내가 백성들을 따르리라 생각하여 나의 마음을 사려고 하는 것인데 어떻게 오랫동안 계속될 수 있겠는가! 아무리 큰 도시라도 천하보다 더 클 수는 없다. 요堯와 순舜은 천하를 지녔지만, 그의 자손은 송곳을 꽂을 만큼의 작은 땅도 지니지 못했다. 탕湯과 무武(무왕)는 천자의 자리에 올랐지만, 그의 후손은 멸망하고 말았다. 이 모든 것이 그들이 큰 이익을 취했기 때문이 아니겠는가?

게다가 옛날에는 짐승들이 많고 사람들은 적어, 사람들이 모두 나무 위에 거소를 정하고 짐승들을 피해 살았다고 한다. 낮에는 도토리를 주워 모으고, 밤이 되면 나무 위에서 잠을 청하였으니, 이들을 유소씨有巢氏의 백성이라고 부른다. 또한,

옛날에는 사람들이 옷을 입지 않고 살면서 여름에 땔나무를 모아 두었다가 겨울에는 이를 태워 불을 쬐며 살았다고 한다. 그래서 이들을 '살아가는 법을 아는 백성'이라고 부른다. 신농씨神農氏의 시대에는 누워 잠잘 때는 아무런 걱정 없이 편안했고, 일어나서 움직일 때는 더없이 쾌적했으며, 자신의 어머니가 누군지만 알지 아버지가 누군지는 알지 못했다. 고라니와 사슴의 무리와 함께 살면서 직접 밭 갈아 먹을 것을 구하고, 옷감을 짜서 옷을 만들어 입었으니, 서로 해치려는 마음을 갖지 않았다. 이때가 바로 도와 덕이 지극히 성행하던 시대였다. 그런데 황제黃帝는 이러한 덕의 경지에는 도달하지 못했으니, 탁록涿鹿의 들판에서 치우蚩尤와 전쟁을 벌여 사방 백 리가 피로 물들었다. 요와 순이 일어나서는 여러 신하를 두기 시작하였고, 탕은 자신의 군주를 추방했고, 무왕은 주왕을 시해하였다. 이때부터 강한 것이 약한 것을 괴롭히고 능욕하기 시작했으며, 다수가 소수를 침범하고 억압하기 시작했다. 따라서 탕왕과 무왕부터는 모두 백성에게 해를 끼친 무리들이라 할 수 있다.

그런데 너는 문왕과 무왕의 도를 닦고 천하의 각종 논변을 습득해서 후세를 교화하고자 한다. 넓은 옷에 가느다란 허리띠로 몸을 치장하고, 거짓된 말과 행동을 일삼으면서 천하의 군주들을 현혹하면서 부귀를 도모하니, 천하에 네놈보다 더 큰 도적이 있을 수 없다. 그런데 왜 천하의 사람들은 너를 '도적 공구'라고 부르지 않고 나를 '도척'이라고 부른단 말인가?

너는 감언이설로 자로를 설득하여 너를 따르게 하면서, 높은 모자를 쓰지 말고 장검을 풀어헤치도록 하여 너의 가르침을 받아들이게 하였다. 이에 천하의 사람들이 모두 공구는 폭력을 멈추고 그릇된 것을 금할 수 있다고 말한다. 그런데 결국 자로子路는 위衛나라 군주를 시해하고자 하였으나 성공하지 못해 위나라 동문에서 다진 고기로 절여지고 말았지 않은가? 네놈 때문에 자로가 절인 고기가 되고 말았으니, 위로는 자신의 몸을 보전할 수 없었고, 아래로는 사람들을 위해 행할 수도 없었다. 이것은 바로 네놈의 교화가 성공하지 못했기 때문이다.

너는 스스로 재사니 성인이니 하고 칭하지 않는가? 그런데 노나라에서는 두 번이나 국경 밖으로 쫓겨났고, 위나라에서는 머무르는 것조차 금지 당했으며, 제나라에서는 핍박을 당해 도망칠 곳조차 없었고, 진陳나라와 채蔡나라 사이에서 포위를 당하는 등 어디에서도 받아들여지지 못했다. 그런데 너의 도가 어떻게 그리 귀하다는 것이냐?

세상 사람들이 추존하는 자들 가운데 황제黃帝보다 더 높은 것은 없을 것이다. 그런데 황제는 덕행을 온전히 갖추지 못한 데다, 탁록의 들판에서 전쟁을 벌여 사방 백 리를 피로 물들였다. 요는 자애롭지 못했고, 순은 불효하였으며, 우禹는 반신불수가 되었고, 탕은 자신의 군주를 쫓아냈고, 무왕은 주왕紂王을 정벌했다. 이 여섯 명은 세상에서 추존하는 자들이지만, 자세히 살펴보면 모두 이익을 좇아 참된 본래의 바를 잃고, 실제의 성정과 억지로 멀어진 자들이니, 이들의 행위야말로 심히 부끄럽다고 할 수 있다.

세상에서 현인이라고 하는 자들 가운데에서는 백이伯夷와 숙제叔弟를 최고로 칠 것이다. 하지만 백이와 숙제는 고죽국孤竹國의 임금 자리를 사양하다가 수양산首陽山 위에서 굶어 죽었으나, 그 시체가 땅에 묻힐 수도 없었다. 포초鮑焦는 고결하게 행동하면서 세속을 비난하였으나, 결국 나무를 껴안고 말라죽고 말았다. 신도적申徒狄은 간언이 받아들여지지 않자 돌덩이를 짊어지고 강에 스스로 몸을 던져 물고기의 밥이 되고 말았다. 개자추介子推는 충성심이 가장 뛰어나 자신의 허벅다리를 베어 진문공晉文公이 먹도록 바치기까지 하였으나, 후에 진문공이 자신을 저버리자 분노하여 진문공을 떠나 산으로 들어가 결국 나무를 껴안고 불에 타 죽고 말았다. 미생尾生은 여자 친구와 다리 아래에서 만나기로 약속하였으나, 그녀가 오지 않자 비가 와서 강물이 불어나는데도 떠나지 않다가 결국 다리 기둥을 붙잡고 빠져 죽고 말았다. 이 여섯 명은 제사상에 올라간 개나, 제물로 강에 던져진 돼지, 바가지를 들고 구걸하는 거지나 다를 바가 없다. 모두 이름만 중시하고 죽음을 가볍게 여긴 자들이며, 생명이라는 근본을 귀중하게 여기지 않은 자들이다.

세상에서 충신이라고 하는 자들 가운데 왕자 비간比干과 오자서伍子胥를 넘어서는 자는 없을 것이다. 그렇지만 자서는 죽임을 당해 주검이 강물에 던져졌고, 비간은 심장이 잘려 죽었다. 이 둘은 세상에서 충신이라고 일컫는 자들이지만, 결국에는 천하 사람들의 웃음거리가 되고 말았다. 따라서 지금까지 말한 자들은 비간과 오자서에 이르기까지 모두 존귀하게 여길 만한 자들이 되지 못한다.

네가 나를 설득하려고 했던 말들이 만약 귀신에 관한 일이라면 나는 모른다. 하지만 사람에 관한 일이라면 방금 말했던 것들을 넘어서지 않으니, 내가 이미 들어본 것들일 뿐이다.

그럼 내가 너에게 인간의 실제 성정에 대해 알려 주겠다. 눈으로는 색을 보고, 귀로는 소리를 들으며, 입으로는 맛을 보고, 그 마음은 만족을 바란다. 백 살을 살면 장수한 것 중에서도 으뜸이니 상수上壽라고 할 수 있고, 팔십 세는 중수中壽, 육십 세는 하수下壽이다. 병에 걸리고 죽고 근심하는 것들을 제외하고, 웃고 떠들 수 있는 나날은 한 달에 4~5일밖에 되지 않는다. 천지라는 존재는 끝없이 무궁한 것이지만, 인간의 삶과 죽음은 기한이 정해져 있으니, 이 무궁한 천지 속에 유한한 인간의 생명이란 마치 질주하는 말과 같이 눈 깜짝할 사이에 지나가 버리고 만다. 그러니 자신의 뜻을 마음껏 펼치지 못하고, 생명을 오랫동안 길러 나가지 못하는 자들은 모두 도에 통달한 자라고 할 수 없다.

네가 말한 것은 하나같이 내가 내다 버린 것이니, 썩 물러가고 다시는 이를 떠들지 마라! 너의 이 도리는 권세에 빌붙어 이익만을 도모하기에 급급하니 모두 거짓으로 꾸며낸 것일 뿐 참된 본성을 보전할 수 없다. 그러니 어디 논할 가치가 있겠는가?"

공자는 다시 예를 올리고 황급히 물러나 허겁지겁 수레를 타고 떠났는데, 어찌나 당황했는지 손에 쥔 고삐를 세 번이나 놓치고도 알아채지 못했다. 눈앞은 캄캄하여 아무것도 보이지 않았고, 낯빛은 마치 재와 같았으니, 수레의 손잡이를 잡고 고개를 떨군 채 한숨조차 내쉴 수 없었다. 다시 노나라에 돌아왔을 때, 동문 밖에서 우연히 유하계를 만났다. 유하계가 공자에게 물었다. "요 며칠 사이 보이지가 않더니, 수레를 타고 온 걸 보니 도척을 만나러 갔던 것이 아닙니까?"

공자가 하늘을 보고 탄식하며 말했다. "그렇습니다."

유하계가 말했다. "이전에 말했듯이 도척이 선생의 뜻에 어긋나지는 않았습니까?"

공자가 말했다. "그렇습니다. 병에 걸리지도 않았는데 쑥뜸을 뜬다는 말이 바로 저를 두고 하는 말인 것 같습니다. 괜히 경솔히 호랑이의 수염을 뽑았다가, 하마터면 호랑이 입속에 들어갈 뻔했습니다!"

2.

子張[①]問於滿苟得[②]曰: "盍不爲行? 無行則不信, 不信則不任, 不任則不利. 故觀之名, 計之利, 而義眞是也. 若棄名利, 反之於心[③], 則夫士之爲行, 不可一日不爲乎!"

滿苟得曰: "無恥者富, 多信[④]者顯. 夫名利之大者, 幾在無恥而信. 故觀之名, 計之利, 而信眞是也. 若棄名利, 反之於心, 則夫士之爲行, 抱其天乎!"

子張曰: "昔者桀紂貴爲天子, 富有天下, 今謂臧聚[⑤]曰, 汝行如桀紂, 則有怍色, 有不服之心者, 小人所賤也. 仲尼墨翟, 窮爲匹夫, 今謂宰相曰, 子行如仲尼墨翟, 則變容易色稱不足者, 士誠貴也. 故勢爲天子, 未必貴也; 窮爲匹夫, 未必賤也; 貴賤之分, 在行之美惡."

滿苟得曰: "小盜者拘, 大盜者爲諸侯, 諸侯之門, 仁義存焉[⑥]. 昔者桓公小白殺兄入嫂, 而管仲爲臣; 田成子常殺君竊國, 而孔子受幣. 論則賤之, 行則下之[⑦], 則是言行之情悖戰於胸中也, 不亦拂乎! 故『書』曰: '孰惡孰美? 成者爲首, 不成者爲尾[⑧].'"

子張曰: "子不爲行, 卽將疏戚無倫, 貴賤無義, 長幼無序; 五紀六位[⑨], 將何以爲別乎?"

滿苟得曰: "堯殺長子, 舜流母弟[⑩], 疏戚有倫乎? 湯放桀, 武王殺紂, 貴賤有義乎? 王季爲適[⑪], 周公殺兄, 長幼有序乎? 儒者僞辭, 墨者兼愛, 五紀六位將有別乎?

且子正爲名, 我正爲利. 名利之實, 不順於理, 不監[⑫]於道. 吾日[⑬]與子訟於無約[⑭]曰: '小人殉財, 君子殉名. 其所以變其情, 易其性, 則異矣; 乃至於棄其所爲而殉其所不爲, 則一也.' 故曰, 無爲小人, 反殉而天[⑮]; 無爲君子, 從天之理. 若枉若直[⑯], 相而天極[⑰]; 面觀四方[⑱], 與時消息. 若是若非, 執而圓機[⑲]; 獨成而意, 與道徘徊. 無轉而行[⑳], 無成而義, 將失而所爲[㉑]. 無赴而富, 無殉而成, 將棄而天.

比干剖心, 子胥抉眼, 忠之禍也; 直躬證父[㉒], 尾生溺死, 信之患也; 鮑子立幹[㉓], 申子自埋[㉔], 廉之害也; 孔子不見母[㉕], 匡子[㉖]不見父, 義之失也. 此上世之所傳, 下世之所語, 以爲士者正其言, 必其行, 故服其殃, 離其患[㉗]也."

【길잡이】

① 子張: 공자의 제자. 성은 전손顓孫, 이름은 사師, 자는 자장子張. 『논어』에 「자장子張」이 있다.

② 滿苟得: 의미를 가탁하여 만든 이름. 구차하게 탐하면서 자신의 마음을 만족하고자 한다는 뜻이다. 이익을 추구하는 인간이다.(성현영, 『장자소』)

③ 反之於心: 마음을 반성함. '반反'은 '반返'(돌이키다)과 통한다. 성현영의 『장자소』에서는 '자신의 마음을 거스르다'(乖逆我心)라고 하여, '반反'을 '거스르다'(乖逆)로 풀이하였는데, 옳지 않다.

④ 多信: '다언多言'과 같다.(성현영, 『장자소』) '다多'는 '역易'의 오자로 보아야 한다. 형태가 근접하여 잘못 적은 것이다. 『의례』「연례燕禮」에 '다의多矣'라는 구절이 나오는데 무위武威 출토 『의례』 간본簡本[6]에는 '다多'를 '역易'으로 썼다. 『여씨춘추』「금색禁塞」의 주석에서는 "'역易'은 '거스르다'의 뜻이다"라고 하였다. 따라서 '역신易信'은 '믿음을 저버리다'(背信)라는 뜻이다.[또 '易'은 '적다', '드물다'의 뜻으로 풀이하기도 한다. 이 경우 '易信'은 '믿음이 적음'(寡信)을 가리킨다.] 다음 구절 '무치이신無恥而信'의 '이而'는 '불不'자가 와전된 것이다. '불不'과 '이而'자는 전서체(篆文)가 서로 닮았다. 『주역』 서괘筮卦의 주석에 '불합不合'이라는 말이 있는데, 『경전석문』에서 이에 대해 "'이합而合'으로도 쓴다"라고 하였고, 다른 판본에서는 '무치이신無恥而信'을 '무치이실신無恥而失信'으로 쓰기도 한 것이 바로 그 증거이다. '무치이신無恥而信'은 앞에 등장한 '무치無恥'와 '역신易信'을 받아서 말한 것이다. 뒤의 '이신진시야而信眞是也'의 '신信'은 바로 '불신不信'을 줄여서 말한 것이다. 하지만 번역문은 그대로 성현영의 『장자소』에 따라 해석하였다.

⑤ 臧聚: 노예와 마부를 가리킨다.

- 손이양: '취聚'는 '추騶'로 읽어야 한다. 『설문해자』에 따르면 "'추騶'는 말을 다스리고 모는 자(廏禦)이다"라고 한다. 즉 '장취臧聚'는 모두 하인으로 부리는 자를 말하는 것이다.

⑥ 小盜者拘, 大盜者爲諸侯, 諸侯之門, 仁義存焉: 「거협」의 내용과 의미가 서로 같다. '인의仁義'는 원래 '의사義士'라고 되어 있으나, 유사배의 설과 「거협」에 따라 수정하였다.

- 유사배: '제후지문諸侯之門, 의사존언義士存焉'에서 '의사義士'는 '인의仁義'로 써야 한다. 「거협」에서는 이를 '제후지문이인의존언諸侯之門而仁義存焉'이라고 하였으며, 『사기』「유협전遊俠傳」에도 '후지문侯之門, 인의존仁義存'라는 구절이 등장한다. 따라서 여기에서 '의사義士'로 쓴 것은 명백히 부합하지 않는다.…… 대략적으로 보자면, 우선 '인의仁義'가 '사의仕義'로 와전되었고,

---

6) 1957년 중국 甘肅省 武威市 旱灘坡의 古墓群에서 출토된 『의례』 죽간을 말한다.

교열하는 자가 뜻이 통하지 않는다고 여겨 글자를 바꾸고 뒤집어 뜻을 통하게 하고자 한 것이다. 하지만 다행히 「거협」에 같은 구절이 있어 바로잡을 수 있었다.(『장자각보』)

⑦ 論則賤之, 行則下之: 전성자田成子 상常이 제齊나라 간공簡公을 시해하고 스스로 왕위에 올랐는데, 공자는 목욕재계하고 조정에 나아가 그가 하사하는 폐백을 받아들였다. 말로는 멸시하면서 행동으로는 굽히고 따른다는 뜻이다.(성현영, 『장자소』) '지之'는 전성자가 왕을 시해하고 나라를 탈취한 것을 가리킨다. '하下'는 '굽히다'라는 뜻이다. 공자가 입으로는 비난하면서 실제 행동으로는 전성자에게 굴복한 일을 가리키며, 이는 언행 불일치를 잘 보여 주는 사례라 할 수 있다.

⑧ 成者爲首, 不成者爲尾: '수首'와 '미尾'는 각각 상, 하를 의미한다.

⑨ 五紀六位: '오기五紀'는 오륜을 말한다. 각각 부자父子, 군신君臣, 부부夫婦, 장유長幼, 붕우朋友의 관계를 가리킨다. '육위六位'는 임금(君), 신하(臣), 아버지(父), 아들(子), 남편(夫), 아내(婦)를 말한다.(『경전석문』)

- 유월: '오기五紀'에 대해 사마표는 "세歲·일日·월月·성星·신辰의 역수曆數를 말한다"라고 하였다. 하지만 멀고 가깝고, 귀하고 천하고, 나이가 많고 적음의 관계들과는 의미가 서로 맞지 않으므로 옳지 않다고 볼 수 있다. 살펴보건대, '오기五紀'는 '오륜五倫'이며, '육위六位'는 '육기六紀'를 말한다. 『백호통』「삼강육기三綱六紀」에서 "'육기六紀'는 '부친 및 숙부(諸父), 형제兄弟, 문중의 일족(族人), 외숙(諸舅), 스승 및 연장자(師長), 친구(朋友)를 가리킨다"라고 하였다. 이 모두 멀고 가깝고, 귀하고 천하고, 나이가 많고 적음으로 관계를 구분한 것이다. '오륜五倫'이라고 하지 않고 '오기五紀'라고 하고, '육기六紀'라고 하지 않고 '육위六位'라고 한 것은 고대 사람들이 사용한 어휘가 다른 것일 뿐이다. 『공자가어孔子家語』「입관入官」의 '군부지륜야群仆之倫也'라는 구절에 대해 왕숙王肅의 주注는 "'륜倫'은 '기紀'와 같다"라고 하였으니, '륜倫'과 '기紀'는 서로 통용된다.

⑩ 舜流母弟: 순이 같은 모친에게서 난 형제인 상象을 추방한 일을 가리킴.

- 육덕명: 여기에서 말하는 아우(弟)란 '상象'을 가리킨다. '류流'는 '추방하다'의 뜻이다. 『맹자』에 "순은 상을 유비有庳[7] 땅에 봉했으나 상이 그 나라를 다스릴 수 없어, 순이 관리를 보내 나라를 다스리고 세금을 바치게 했기

---

7) 원서에는 '有庫'로 되어 있는데, '有庳'의 오자이다.

때문에 추방했다고 한 것이다"라는 구절이 등장한다.

⑪ 適: '적嫡'(본처, 정통)과 같다.

⑫ 監: 밝다(明), 보이다(見).(성현영, 『장자소』) '감鑑'이라고 쓰기도 하며, 의미는 서로 같다.(『경전석문』)

⑬ 日: '석昔'(옛날)과 같다. 진경원의 『장자궐오』에 인용된 장군방본에서는 '일日'을 '석昔'으로 썼다.

⑭ 訟於無約: '송訟'은 논쟁. '무약無約'은 의미를 가탁하여 지어낸 인물의 이름. 명리名利의 속박을 받지 않는다는 의미를 담고 있다.

- 임운명: 두 사람이 서로 승복하지 않아 무약無約에게 결정을 부탁한 것이다. '무약은 사람 이름이다.

⑮ 反殉而天: 자신을 돌아보고, 자신의 본래 그러한 도(自然之道)를 구함.(왕선겸) 즉 자신의 본래 그러한 도를 되돌이켜 구함.

- 성현영: '이而'는 '이爾'(2인칭 대명사)와 같다. 본성을 따라 근원으로 돌아갈 수 있다면 본래 그러한(自然) 도와 합치될 수 있다.

⑯ 若枉若直: '왕직枉直'은 '곡직曲直'과 같다. '옳고 그름'을 뜻한다.

⑰ 相而天極: '상相'은 '돕다'. 자연의 도를 따른다는 말이다.(성현영, 『장자소』)

- 이면: '상이천극相而天極'은 자연에 따르는 것을 말한다. '상相'은 '본받다'(視)라는 뜻이다. 하늘은 지극히 자연스러운 것이므로 '천극天極'이라고 하였다. 시비 판단이 본래 그러한 바를 따른다면 억지로 군자와 소인을 구분할 필요가 없음을 말한 것이다.

⑱ 面觀四方, 與時消息: 사방을 두루 살피고, 시간의 질서에 따라 변화함.

⑲ 圓機: '환중環中'을 가리킨다.(성현영, 『장자소』)

- 이면: '원기圓機'는 원형의 기계 장치(고리, 톱니바퀴 등)를 말한다. 원형의 기계 장치는 쉬지 않고 맞물려 돌아가므로, 이를 통해 시비의 판단이 서로 뒤바뀌며 전환되니 시시비비를 구분하여 말할 수 없는 것을 비유하였다. 「제물론」의 '득기환중得其環中, 이응무궁以應無窮'과 같은 의미다. 즉 '집이원기執而圓機'란 '너 자신의 원형 기계 장치의 중심을 장악하여 쉬지 않고 끝없이 맞물려 돌아가면서 시시비비를 잊도록 해야 한다'라는 말이다.

⑳ 無轉而行: 너의 행위에 집착하지 말 것. '전轉'은 '전專'(오로지)으로 읽는다.

- 왕염손: '전轉'은 '전專'으로 읽는다. 「산목」의 '일룡일사一龍一蛇, 여시구화與時俱化, 이무긍전위而無肯專爲'라는 구절이 바로 이 '무전이행無轉而行'을 말한 것이라 볼 수 있다. '무전이행無轉而行'은 앞의 '여시소식與時消息'과 '여도배회與道徘徊'를 받아서 한 말로, 알맞은 때와 도에 따라 행동하며 스스로 함부로 인의仁義를 행해서는 안 된다는 뜻이다.

㉑ 所爲: 참된 본성(眞性).(성현영, 『장자소』)

㉒ 直躬證父: 솔직한 아들이 부친이 양을 훔친 사실을 고발함. '직궁直躬'은 몸을 곧게 펴고 걷는 것을 가리킨다.(何晏의 『論語集解』에서 孔安國의 설을 인용) 즉 바른 도를 행한다는 뜻이다. 여기에서는 사람 이름으로 쓰였다. 이에 관한 고사는 『논어』「자로子路」에서 등장하는데, (거기에서) 섭공葉公이 공자에게 "우리 마을에 행실이 바른 자가 있는데, 그 부친이 양을 훔치자 아들이 고발하였다"라고 말한다.

㉓ 鮑子立干: 앞에서 도척이 말한 '포초가 나무를 껴안고 죽었다'(鮑焦抱木而死)라는 내용을 가리킨다. '간干'은 '메마르다'라는 뜻이다. 선 채로 음식을 끊은 채 메말라 죽는 것이다.

㉔ 申子自埋: 시중의 판본(俗本)에서는 '신자부자리申子不自理'라고 되어 있다. 『경전석문』에 등장하는 한 판본에서는 '신자자매申子自埋'라고 되어 있으니, 마서륜과 왕숙민의 설을 참고하여 이를 수정한다.

- 마서륜: 육덕명은 "'신자자매申子自埋'로 적은 판본도 있다. 혹자는 '신도적이 항아리를 짊어지고 강에 뛰어든 것을 말한다'라고 풀이한다"라고 하였다. 이 판본에 따라 '신자자매'로 읽어 신도적의 일로 보아야 한다.
- 왕숙민: 의미를 살펴보면, '신자자매申子自埋'로 적는 것이 더 알맞다. '신자자매申子自埋'는 앞 구절 '포자립간鮑子立干'과 서로 대구를 이루며, 고사 역시 비슷한 내용을 이루고 있다.
  - ▹ 진고응: '신자자매申子自埋'는 앞에서 도척이 말한 '신도적은 간언이 받아들여지지 않자 돌을 짊어지고 스스로 강물에 뛰어들었다'(申徒狄諫而不聽, 負石自投於河)라는 내용을 가리킨다. 앞에서도 포초와 신도적의 일을 나란히 언급하였고, 여기에서도 마찬가지다.

㉕ 孔子不見母: 모친의 임종이 다가왔으나 공자가 여러 나라를 유세하느라 모친을 찾아뵙지 못한 일을 가리킨다.(성현영, 『장자소』)

- 유월: '공자孔子'는 '중자仲子'를 잘못 쓴 것으로 보인다. 형제와 모친을 떠난 진중자陳仲子를 말하는 것이다.
- 이면: 유월의 설은 받아들일 수 없다. 이는 공자를 질책하는 내용이 분명하다. 앞에서 유가를 허위적이고 가식적이라고 말한 것이 이를 증명한다. 유월은 자신의 선입견을 고수하면서 공자를 여전히 세상에서 말하는 것과 같이 성인으로 여기고 있다. 이 구절이 공자를 가리키지 않는다고 한다면, 『장자』에서 공자를 비난하는 내용이 수없이 등장하는데, 오직 이 구절만 그렇지 않다고 하겠는가?

㉖ 匡子: 성은 광匡, 이름은 장章. 제齊나라 사람이다. 『맹자』「이루하離婁下」에 등장한다.

- 사마표 '광자匡子'의 이름은 장章으로 제나라 사람이다. 부친에게 바른 소리를 하다 쫓겨난 뒤, 평생 부친을 만나지 못했다.

㉗ 離其患: 우환을 만나다(罹其患).(성현영, 『장자소』) '리離'는 '리罹'(당하다)의 뜻으로 가차되었다.(유문전)

【풀이】

자장子張이 만구득滿苟得에게 물었다. "어찌 덕행을 갈고 닦지 않는가? 덕행이 없으면 신임을 얻을 수 없고, 신임을 얻을 수 없으면 쓰일 수 없으며, 쓰이지 않는다면 이익을 얻지 못할 것이다. 따라서 그 명성과 이익이라는 측면에서 따져 본다면, 진정으로 중요한 것은 바로 인의이다. 만약 명성과 이익을 버리고 마음속에서 반성한다면, 선비들의 행위는 하루라도 인의를 닦지 않을 수 없을 것이다!"

만구득이 말했다. "수치를 모르는 자는 부유하고, 말을 내세우는 자는 높은 자리에 오른다. 가장 큰 명성과 이익이란 수치를 모르고 말을 내세우는 데에서 온다고 할 수 있을 것이다. 따라서 명성과 이익이라는 측면에서 따져 본다면, 말을 내세우는 것이야말로 가장 중요하다. 만약 명성과 이익을 버리고 마음속에서 반성한다면, 선비들의 행위는 그저 자연의 본성을 지키는 것뿐일 것이다!"

자장이 말했다. "옛날 걸왕桀王과 주왕紂王은 천자라는 귀한 신분이 되어 천하를 다 가졌지만, 지금은 하인에게 너희들 행동이 걸주와 같다고 하면 얼굴에 부끄러운 기색을 띠고 승복하지 않는 모습을 보이니, 이는 소인들조차도 멸시하는 것이다. 공자와 묵적은 궁핍한 평민에 지나지 않았지만, 지금 재상들에게 행실이 공자나 묵적과 같다고 하면 그들은 안색을 바꾸고 스스로 미치지 못한다고 여길 것이니, 선비들이야말로 진정으로 귀하다고 할 수 있다! 따라서 천자와 같은 권세를 지녔다고 할지라도 반드시 귀한 것은 아니며, 궁핍한 평민이라고 하더라도 반드시 비천한 것은 아니다. 귀천의 구분은 행위의 좋고 나쁨에 달려 있다."

만구득이 말했다. "작은 도둑은 붙잡히고 말지만 큰 도둑은 제후가 되니, 제후의 문하에는 인의仁義가 있을 뿐이다. 옛날 제齊나라 환공桓公 소백小白은 형을 죽이고 형수를 아내로 취하였는데도 관중管仲은 그의 신하가 되었다. 전성자田成子 상常은 군주를 시해하고 나라를 탈취하였는데도, 공자는 그가 내리는 예물을 받았다. 말로는 멸시하면서 행동은 스스로 이와 같이 하였으니, 입으로 말하는 바와 행하려는 바가 마음속에서 서로 갈등을 일으킨 것이다. 어찌 모순이 아니겠는가? 그러므로 『서』(서경)에서 '누가 좋고, 누가 나쁜가? 성공한 것은 좋은 것이고, 성공하지 못한 것은 나쁜 것이다'라고 한 것이다."

자장이 말했다. "행위를 꾸미지 않는다면, 멀고 가까움의 관계에 일정한 도리가 없게 될 것이고, 귀하고 천함에 마땅한 준칙이 없게 될 것이며, 나이가 많고 적음에 질서가 없게 될 것이니, 오륜五倫이나 육위六位와 같은 관계를 어떻게 서로 구별할 수 있겠는가?"

만구득이 말했다. "요가 맏아들을 죽이고 순은 동생을 추방하였는데, 멀고 가까움의 관계에 일정한 도리가 있다고 할 수 있는가? 탕왕이 걸왕을 쫓아내고 무왕이 주왕을 죽였는데, 귀하고 천함에 마땅한 법칙이 있다고 할 수 있는가? 왕계王季는 적장자의 자리를 침범하였고 주공은 형을 죽였는데, 나이가 많고 적음에 질서가 있다고 할 수 있는가? 유가는 거짓된 말을 일삼고 묵가는 겸애를 주장하는데, 오륜五倫이나 육위六位와 같은 관계에 구별이 있을 수 있는가?

게다가 자네는 명성과 이익을 바라는데, 이 명성과 이익의 실상을 들여다보면 모두 이치를 거스르고 도를 밝히지 못하는 것을 알 수 있다. 내가 이전에 자네와 무약無約 앞에서 논쟁을 벌이면서 이렇게 말한 적이 있다. '소인은 재물 때문에 희생당하고, 군자는 명성 때문에 희생당한다. 그들이 참된 실정과 본성을 바꾸게 된 것은 서로 다른 이유에서이지만, 생명을 버리고 온당하지 않은 것을 쫓아간 것은 서로 같다.' 그러므로 소인이 좇는 것에 종사하지 말고 자신의 본성을 돌이켜 구하고, 군자가 좇는 것에 종사하지 말고 자연의 도리를 따라야 한다. 굽은 것이든 곧은 것이든 본래 그러한 그대로를 따르며, 사방을 살피고 시간의 질서에 따라 변화해야 한다. 옳고 그른 것 또한 너의 환중環中을 굳게 지니면 될 뿐이니, 다만 자신이 지닌 본래의 뜻을 이루며 도와 함께 노닐면 그만이다. 너 자신의 행위에 집착하지 말고, 인의仁義를 조장하지 말아야 한다. 이것들은 너의 참된 본성을 잃어버리게 한다. 부귀를 애써 좇지 말고, 성공에 급급하지 말아야 한다. 이것들은 너의 자연스러운 천성을 버리게 만든다.

비간比干은 심장이 쪼개졌고, 자서子胥는 눈이 파였다. 이것은 충성이 불러온 화이다. 직궁直躬은 부친이 양을 훔친 사실을 스스로 증언했고, 미생尾生은 물에 빠져 죽었다. 이것은 신실함이 불러온 화이다. 포자鮑子는 나무를 껴안고 말라 죽었고, 신자申子는 스스로 강물에 뛰어들었다. 이것은 청렴함이 불러온 화이다. 공자는 모친을 보지 않았고 광자匡子는 부친을 보지 않았다. 이것은 의로움이 빚어낸 잘못이다. 이 모든 사례는 앞선 시대로부터 전해져 후대 사람들이 논하던 것이다. (이에 따라) 선비들은 말을 바르고 정직하게 하고 행동으로 반드시 실천해 나가야 한다고 여겼기 때문에 결국 이와 같은 재앙을 당하고 화를 만나게 되었던 것이다."

3.

無足問於知和①曰: "人卒②未有不興名就利者. 彼富則人歸之, 歸則下之, 下則貴之. 夫見下貴者, 所以長生安體樂意之道也. 今子獨無意焉, 知不足邪, 意③知而力不能行邪! 故推正不忘邪④?"

知和曰: "今夫此人⑤以爲與己同時而生, 同鄕而處者, 以爲夫絶俗過世之士焉; 是專無主正⑥, 所以覽古今之時, 是非之分也, 與俗化. 世去至重⑦, 棄至尊⑧, 以爲其所爲也; 此其所以論長生安體樂意之道, 不亦遠乎! 慘怛⑨之疾, 恬愉之安, 不監於體; 怵惕之恐, 欣歡之喜, 不監於心; 知爲爲而不知所以爲, 是以貴爲天子, 富有天下, 而不免於患也."

無足曰: "夫富之於人, 無所不利, 窮美究勢, 至人之所不得逮, 賢人之所不能及, 俠人之勇力⑩而以爲威強, 秉人之知謀以爲明察, 因人之德以爲賢良, 非享國而嚴若君父. 且夫聲色滋味權勢之於人, 心不待學而樂之, 體不待象⑪而安之. 夫欲惡避就⑫, 固不待師, 此人之性也. 天下雖非我, 孰能辭之!"

知和曰: "知者之爲, 故動以百姓⑬, 不違其度, 是以足而不爭, 無以爲故不求. 不足故求之, 爭四處而不自以爲貪; 有余故辭之, 棄天下而不自以爲廉. 廉貪之實, 非以迫外也, 反監之度⑭. 勢爲天子而不以貴驕人, 富有天下而不以財戲人⑮. 計其患, 慮其反, 以爲害於性, 故辭而不受也, 非以要名譽也. 堯舜爲帝而雍⑯, 非仁天下也, 不以美害生也; 善卷許由得帝而不受, 非虛辭讓也, 不以事害己. 此皆就其利, 辭其害, 而天下稱賢焉, 則可以有之, 彼非以興名譽也."

無足曰: "必持其名, 苦體絶甘, 約養⑰以持生, 則亦猶久病長厄而不死者也⑱."

知和曰: "平爲福, 有余爲害者, 物莫不然, 而財其甚者也. 今富人, 耳營於鍾鼓管籥之聲⑲, 口嗛⑳於刍豢醪醴之味, 以感其意, 遺忘其業, 可謂亂矣; 溺於馮氣㉑, 若負重行而上坂也㉒, 可謂苦矣; 貪財而取慰㉓, 貪權而取竭㉔, 靜居則溺㉕, 體澤則馮㉖, 可謂疾矣; 爲欲富就利, 故滿若堵耳而不知避㉗, 且馮而不舍㉘, 可謂辱矣; 財積而無用, 服膺而不舍㉙, 滿心戚醮㉚, 求益而不止, 可謂憂矣; 內則疑劫請之賊㉛, 外則畏寇盜之害, 內周樓疏㉜, 外不敢獨行, 可謂畏矣. 此六者㉝, 天下之至害也, 皆遺忘而不知察㉞, 及其患至, 求盡性竭財, 單㉟以反一日之無故而不可得也. 故觀之名則不見, 求之利則不得, 繚意絶體㊱而爭此, 不亦惑乎!"

【길잡이】

① 無足問於知和: '무족無足'은 '만족을 모른다'는 뜻이고, '지화知和'는 '적합하고 조화로움을 안다'는 뜻이다. 여기에서는 이러한 의미를 가탁한 사람 이름으로 사용되었다.

- 성현영: '무족無足'은 탐욕스러운 인간, 만족할 줄 모르는 자를 가리킨다. '지화知和'는 '중화中和'의 도를 체득한 자, 분수를 지키고 청렴함을 지키는 자를 가리킨다. 이 두 명의 인물을 설정하여 탐욕과 청렴함이 불러오는 화와 복을 밝히고자 하였다.

② 人卒: 사람들의 무리. 「천지」, 「추수」, 「지락」에 각각 등장한 바 있다.

③ 意: 어조사. '억抑'(혹은)으로 읽는다. '억抑'과 '의意'는 옛글자에서는 서로 통용되었다.(곽경번, 『장자집석』)

④ 故推正不忘邪: '고故'는 '고固'와 같다. '계속해서, 굳게'라는 뜻이다. '추정推正'은 올바른 도를 추구해 나간다는 말이다.

- 성현영: 올바른 이치를 굳세게 추구해 나가 그 뜻을 잊지 않음으로써 탐하려는 마음을 버리고 사악함을 취하지 않는다는 말이다.

⑤ 此人: 앞에 나온 '명성을 세우고 이익을 얻고자 하는 자'(興名就利)를 가리킨다.(왕선겸)

⑥ 專無主正: '주정主正'은 '기준, 주체'의 의미이다.(후쿠나가 미쓰지) 이 구절은 내면의 마음에 기준이 되는 원칙이 없음을 말한 것이다.

⑦ 至重: '생生'.(성현영, 『장자소』) 즉 생명을 가리킨다.

⑧ 至尊: '도道'.(성현영, 『장자소』) 자신의 본성.(후쿠나가 미쓰지)

⑨ 慘怛(怛의 중국음은 dá[答]): '슬픔'(悲).(성현영, 『장자소』) 비통함.

⑩ 俠人之勇力: '협俠'은 '협夾'으로 읽어야 한다. 『설문해자』에서는 "'협夾'은 '쥐다'(持)의 뜻이다"라고 하였다.(마서륜) '협인지용력俠人之勇力'은 즉 '다른 사람의 용맹함을 거머쥐다'라는 뜻이다.

⑪ 象: 본받음(法象).(성현영, 『장자소』) 규범.(후쿠나가 미쓰지)

⑫ 欲惡避就: 각각 욕구, 증오, 회피, 추구를 의미한다.

⑬ 動以百姓: 백성들의 마음을 자신의 마음으로 삼음.(성현영, 『장자소』)

⑭ 非以迫外也, 反監之度: 외물에 의해 영향을 받는 것이 아니라, 각자 부여받은 서로 다른 내면의 성정을 따름.(황금횡)

- 성현영: 외물의 핍박에 따르지 않고 스스로 내면을 돌이켜 보는 것으로, 각자 다르게 부여받은 도량에 따르는 것을 말한다.

⑮ 不以財戲人: '희戲'는 '후詡'(자랑하다)의 뜻으로 가차되었다.(마서륜, 『장자의증』)

⑯ 堯舜爲帝而雍: '옹雍'은 '추推'(추대하다)로 읽어야 한다. 글자의 형태가 근접하여 잘못 적은 것이다.(손이양)

⑰ 約養: 검소하게 부양함(窮約攝養).(성현영, 『장자소』) 검소하게 지냄.(임희일, 『남화진경구의』) 입고 먹는 것을 소박하게 하여 생활함.(후쿠나가 미쓰지)

⑱ 則亦猶久病長厄而不死者也: 현재 판본에는 원래 '유猶'자가 빠져 있다. 진경원의 『장자궐오』에 인용된 강남고장본에는 '역亦' 뒤에 '유猶'자가 들어 있어 의미가 더욱 완전하다. 이에 따라 보충한다.(마서륜, 유문전, 왕숙민)

⑲ 今富人, 耳營於鍾鼓管籥之聲: 원래는 '어於'자가 빠져 있으나, '영營'자 다음에

‘어於’자가 있어야 이어지는 ‘구겸어추환료례지미口嗛於刍豢醪醴之味’와 서로 대구를 이룰 수 있다.(왕숙민, 『장자교석』) ‘관약管籥’은 퉁소, 피리류의 악기이다.

⑳ 嗛: ‘적합함’(適).(성현영, 『장자소』) ‘유쾌함’(快).(곽경번) 즉 ‘마음에 들다’라는 뜻이다.

㉑ 侅溺於馮氣(侅의 중국음은 gāi[該]): ‘해익侅溺’은 깊이 빠지는 것을 말한다.(곽숭도) ‘풍기馮氣’는 왕성한 기운을 말한다.

- 왕념손: 『경전석문』에서는 “‘풍기馮氣’에서 ‘풍馮’은 ‘분憤’으로 읽으며, 분노가 가득 찬 것(憤滿)을 말한다. 분노가 가득 쌓여 기가 통하지 않는다는 뜻이다”라고 설명하였다. ‘풍기馮氣’는 왕성한 기운(盛氣)이다. 『춘추좌전』 소공昭公 5년 조목에 나오는 ‘금군분언진전풍노今君奮焉震電馮怒’(지금 군주께서 분기탱천하여 천둥처럼 크게 노하시니)라는 구절에 대해 두예杜預의 주석은 “‘풍馮’은 ‘왕성하다’(盛)의 뜻이다”라고 풀이하였다. 『초사』 「이소離騷」의 ‘풍불염호구색馮不厭乎求索’(군자의 허물 찾는 게 싫증나지도 않는가)라는 구절에 대해 왕일王逸의 주석은 “‘풍馮’은 ‘가득 차다’(滿)라는 뜻이다”라고 하였다. 초나라에서는 ‘만滿’을 ‘풍馮’이라 불렀다. 이 ‘풍馮’은 ‘가득 차다’라는 뜻이다.

㉒ 若負重行而上坂也(坂의 중국음은 bǎn[板]): 현재 판본에는 ‘판坂’자가 빠져 있다. 진경원의 『장자궐오』에 인용된 장군방본에는 ‘상上’ 다음에 ‘판坂’자가 있으므로 이를 따라야 한다. 성현영의 『장자소』에서 ‘유여부중상판이행猶如負重上阪而行’이라고 하였으니, 성현영의 판본에는 ‘상上’ 다음에 ‘판阪’자가 있었음을 알 수 있다. ‘판阪’과 ‘판坂’은 서로 같은 뜻이다. 현재의 판본에는 ‘판坂’자가 빠져 있어 의미가 완전하지 않다.(왕숙민, 『장자교석』) ‘판坂’은 가파른 비탈을 말한다.

㉓ 貪財而取慰: ‘취위取慰’는 일설에 따르면 ‘병을 얻다’(取病)라는 뜻이고(곽경번), 다른 설에 따르면 ‘원한을 사다’(取怨)라는 뜻이다(장병린, 마서륜). 성현영의 『장자소』에서는 문자 그대로 해석하여 ‘그것으로 마음을 위안하다’(以慰其心)라고 보았다. 진경원의 『장자궐오』에 인용된 장군방본에서는 ‘위慰’를 ‘욕辱’으로 썼다.(왕효어의 교열)

- 곽경번: ‘위慰’는 ‘울蔚’(답답하다)과 통한다. 『회남자』 「숙진훈俶眞訓」의 ‘오장무울기五藏無蔚氣’(오장에 막힌 기운이 없다)라는 구절에 대해 고유高誘의 주석은 “‘울蔚’은 병病을 말한다”라고 하였다. 『회남자』 「무칭훈繆稱訓」의 ‘주유고사侏儒瞽師, 인지곤위자야人之困慰者也’(난쟁이 광대와 맹인 악사는 사람들 가운데 괴로움을 겪는 사람들이다)에 대해서도 고유의 주석은 “‘위慰’는 병病을 말한다”라고

하였다. 따라서 '울蔚'과 '위慰'는 과거에 서로 같은 의미로 통용되었음을 알 수 있다.

- 장병린: 『시경』「소아小雅」의 전傳에 "'위慰'는 원한(怨)을 말한다"라고 하였다. '탐재이취위貪財而取慰'는 '이익을 따라 행동하면 많은 원한을 사게 된다'(放於利而行多怨[8])라는 말이다.
- 마서륜: '위慰'는 '온慍'의 의미로 가차되었다. 『시경』「거할車舝」의 '이위아심以慰我心'이라는 구절의 '위慰'자를 『한시韓詩』에서는 '온慍'으로 썼으니, 이를 증거로 삼을 수 있다. 『설문해자』에서는 "'온慍'은 원한(怨)을 말한다"라고 하였다.

  ▹ 진고응: 풀이에서는 일단 장병린과 마서륜의 설을 따른다.

㉔ 貪權而取竭: '취갈取竭'은 정력精力을 소모하는 것을 말한다.

- 성현영: 권세에 빌붙어 아첨하면서 근심을 다 쏟는 것이다.

㉕ 靜居則溺: 한가하게 거처하면 욕망에 빠지게 됨.

- 성현영: 고요하고 한가하게 거처하면 신체가 가라앉는다.
- 임희일: 한가함을 견디지 못하고 스스로 욕망에 매몰됨을 말한다.

㉖ 體澤則馮: 신체가 충만하면 태도가 교만해짐.

- 임희일: 신체가 튼실하고 윤택하면 의기가 고양되어 왕성해진다는 뜻이다.

㉗ 滿若堵耳而不知避: '도堵'는 벽(墻)을 말한다.(성현영, 『장자소』) 재물이 담벼락만큼이나 높이 쌓여 있으나, 만족할 줄을 모른다는 뜻이다.

- 임희일: '만약도滿若堵'는 재물이 담벼락만큼이나 높이 쌓여 있는 것을 말한다. 이른바 아도물阿堵物[9])이라고 하는 것이 이것이다. '부지피不知避'는 만족을 모른다는 뜻으로, 끝없이 추구하는 것을 말한다.

㉘ 馮而不舍: 바라고 탐하여 버리고자 하지 않음.(이종예) '풍馮'은 '의지하다'(憑)이다.

- 임희일: '풍馮'은 '의지하다'(恃)라는 뜻이다. 이에 의지하며 이를 자랑스럽게 여기므로 버릴 수 없다는 말이다.

㉙ 服膺而不舍: 늘 생각하며 잊지 않음.(임희일) 앞의 '풍이불사馮而不舍'와 같은 의미이다.(곽경번) '복응服膺'은 고수한다는 뜻이다.(후쿠나가 미쓰지)

㉚ 戚醮: 고민함.(성현영, 『장자소』)

---

8) 『論語』「里仁」에 나오는 구절.

9) 본래는 '이 물건'이라는 뜻으로, 돈을 가리키는 속칭으로 사용되며, 경멸의 의미를 지닌다.

㉛ 內則疑劫請之賊: 집에 있으면 좀도둑을 걱정하게 됨.

- 임희일: '겁청劫請'은 '강탈하다'라는 뜻이다. 집 안에 숨어 있는 자는 강도를 걱정한다는 말이다.

㉜ 樓疏: '소疏'는 창문. 건물의 담 위에 있는 누각.(임희일) 망루.(후쿠나가 미쓰지)

▹ 진고응: 담장을 쌓아 도적에 방비할 수 있게 만든 것을 가리킨다.

㉝ 六者: 혼란스러움(亂), 괴로움(苦), 급함(疾), 치욕(辱), 근심(憂), 두려움(畏).(성현영, 『장자소』)

㉞ 皆遺忘而不知察: 모두 제대로 점검하지 않아 스스로 깨닫지 못함.(임희일)

㉟ 單: 오직(獨), 다만(但).(임희일)

- 곽숭도: '단單'은 '단亶'으로 읽는다. '단單'과 '단亶'은 서로 통한다. 『한서』에서는 많은 경우 '단但'자를 단亶'이라고 썼다.…… '단이반일일지무고單以反一日之無故'는 '단이반일일지무고但以反一日之無故'와 같다.

㊱ 繚意絶體: 마음을 얽어맴.(임희일) '료繚'는 '휘감다'라는 뜻.(성현영, 『장자소』)

- 이면: '요의繚意'는 생각이 얽매여 있어 석연치 않음을 말하고, '절체絶體'는 신체를 희생한다는 말이다.

【풀이】

무족無足이 지화知和에게 물었다. "명성을 세우고 이익을 얻기를 바라지 않는 사람은 없다. 부유한 자에게는 사람들이 몰려들고, 몰려들면 스스로를 낮추면서 그를 우러러 떠받든다. 사람들의 존대와 존경을 받는 것이 바로 장수하고 안락하고 만족할 수 있는 방법이다. 그런데 지금 너는 이러한 생각이 없어 보이는데, 생각이 짧은 것인가, 아니면 스스로 그럴 만한 능력이 없다고 생각하는 것인가, 아니면 정말로 올바른 도만을 생각하며 이를 잊지 않는 것인가?"

지화가 말했다. "지금 [명성과 이익을 추구하는] 자가 있다고 해 보자. (그를) 자기와 같은 시대에 태어나 같은 마을에 함께 살아간다고 여기면서 (한편으로) 세속을 초월한 사람이라고 생각한다면, 실은 마음속에 뚜렷한 원칙이 없는 것이다. 이런 방식으로 고금을 살피면 옳고 그름의 구분은 [다만] 세속과 다를 바 없게 되어 버린다. 세상 사람들은 가장 중요한 생명을 버리고 가장 존귀한 도를 버린 채, 자신이 하고자 하는 바를 추구해 나간다. 이렇게 하면서 장수와 안락함과 만족을 논하는 것은 지나친 일이 아니겠는가? 비통한 질병, 유쾌한 안락함이 형체로부터 드러나지 않고, 두려움과 즐거움이 마음으로부터 드러나지 않으며, 네가 하는 것만 알고 네가 왜 그렇게 하는지를 모른다면, 천자의 자리에서 천하를 지녀도 화를 면하기는 어려울 것이다."

무족이 말했다. "부유함은 사람에게 이득이 되지 않는 것이 없으니, 천하의 온갖 좋은 것과 권세를 모두 누릴 수 있다. 지인至人이라고 해도 이렇게 할 수 없고, 현인이라고 해도 여기에 미치지는 못할 것이다. 다른 사람의 용맹함을 거머쥐어 자신의 권세로 삼고, 다른 사람의 지모를 자신의 통찰로 삼고, 다른 사람의 덕행을 빌려 자신의 현량함으로 삼는다면 설령 나라를 지니지 못했다고 하더라도 군주와 같은 위엄을 갖추게 될 것이다. 또한 아름다운 것과 좋은 소리, 훌륭한 맛과 권력 등은 배우지 않아도 마음속으로 좋아하는 것들이니, 굳이 몸에 비추어 보지 않더라도 안락함을 느낄 수 있다. 바라고, 미워하고, 피하고, 추구하는 것 역시 가르쳐 주지 않아도 본래부터 할 수 있으니, 인간의 본성이라 할 수 있다. 설령 천하 사람들이 나를 비난한다 한들, 그 누가 부귀와 미색을 마다하겠는가?"

지화가 말했다. "지혜로운 자는 백성이 필요한 것에 따라 일을 행하므로 사람들의 원칙에 어긋나지 않는다. 이렇게 함으로써 분수를 지켜 남을 침범하지 않으며, 사람들이 하는 그대로를 따르므로(自然), 탐내고 바라는 법이 없다. 만족할 줄 모르기 때문에 탐내고 바라는 것이니, 사방에서 가지려고 다투면서도 스스로는 욕심 부리지 않는다고 생각한다. (반면에) 만족함을 알면 사양하게 되니, 천하의 재물을 포기하면서도 스스로 청렴하다고 여기지 않는다. 청렴함과 탐욕의 실상은 외물의 영향을 받아 그렇게 된 것이 아니라, 각기 부여받은 내면의 품성을 돌이켜 보아 그렇게 된 것이다. 그러므로 천자와 같은 권세를 지녔어도 남에게 그 존귀함을 과시하지 않고, 천하를 지닐 정도로 부유하더라도 그 재물을 남에게 뽐내지 않는다. 찾아올 우환을 따져 보고 반복해서 생각하여 본성에 해가 된다고 여기므로 명예를 좇기보다는 받아들이지 않고 사양하는 것이다. 요순堯舜이 제왕의 자리를 사양했던 것은 천하에 인애仁愛를 베풀고자 했기 때문이 아니라, 화려하고 아름다운 것으로 생명을 해치고자 하지 않았기 때문이다. 선원善卷[10]과 허유許由가 제위를 받으려 하지 않았던 것 역시 가식적으로 사양한 것이 아니라 정사로 인해 자신을

10) 舜이 제위를 선양하려 했던 전설상의 隱士.

해치는 것을 원하지 않았기 때문이다. 이 모두가 그들에게 득이 되는 것을 취하고 해가 되는 것을 버리고자 한 것이니, 천하가 모두 이들의 현명함을 칭찬하였다. 이러한 칭찬이야말로 받아들이기에 부끄럽지 않은 것이지만, 그들이 결코 이러한 명성을 얻고자 그렇게 행동한 것은 아니다."

무족이 말했다. "군이 그 명성을 지켜 내고자 형체를 고생시켜 가며 세상의 감미로운 것들을 모두 끊어 내고 검약하면서 생명을 유지한다면, 이 역시 죽지만 않았지 오랫동안 괴로움을 당하는 것일 뿐이 아닌가?"

지화가 말했다. "적당한 것은 복이 되지만, 남는 것은 해가 된다. 세상 모든 것이 이와 같지 않은 것이 없는데, 재물이란 더욱 그렇다. 지금의 부유한 자들은 북과 피리 소리를 귀에 가득 채우고, 소고기와 양고기, 좋은 술의 맛을 입안 가득 즐기면서 자신의 욕정을 자극하며 해야 할 일을 망각하니, 혼란(亂)에 빠졌다고 할 수 있다. 왕성한 기운에 매몰되어 탐닉하는 모습이 마치 무거운 짐을 짊어지고 산비탈을 오르는 것과 같으니, 고통(苦)을 겪는다고 할 수 있다. 재물을 탐하다가 원한을 사거나 권력을 탐하다가 정력을 낭비하며, 지나치게 한가하여 욕망에 탐닉하게 되고, 신체의 기운이 충만하여 교만에 빠지게 되니, 이는 병든(疾) 것이나 다름이 없다. 부와 이익을 좇으며 재물이 담장 높이만큼 쌓였어도 만족할 줄을 모르고 끊임없이 탐하며 포기할 줄을 모르니, 이는 치욕(辱)을 받아들이는 것이라 할 수 있다. 재물을 모아도 쓰지 않고 오로지 얻을 궁리만 하고 버릴 줄을 모르며, 마음속에는 고민만 가득하고 더 늘릴 것만 바라며 그칠 줄을 모르니, 이는 늘 근심(憂)에 시달리는 꼴이다. 집 안에 있으면 혹여 도둑이 들어 재물을 빼앗아 가지 않을까 걱정하고 집 밖에 나가면 강도를 만나 해를 입지 않을까 두려워하여, 집 안에 있을 때는 층루를 굳게 닫아걸고 집 밖에 나갈 때는 감히 혼자서 돌아다닐 생각을 하지 못하니, 이는 부유한 자가 지닌 두려움(畏)이다. 이 여섯 가지(亂·苦·疾·辱·憂·畏)는 크게 해를 미치는 것들이지만, 사람들은 모두 이를 망각한 채 굽어살필 줄은 모른다. 그러다 막상 우환이 닥치면 재물을 다 쓰고 생각을 짜내어 보아도 단 하루도 편할 수가 없다. 이 때문에 결국에는 명성도 찾을 수 없고 이익도 얻을 수 없으니, 몸과 마음이 이에 얽매여 있음이 어찌 미혹된 것이 아니겠는가?"

설검說劍

「설검」은 조趙나라 문왕文王이 검을 좋아하여 장자가 그를 찾아 검에 관해 논하는 내용을 담았다. 장자는 세 가지 검, 즉 천자의 검, 제후의 검, 평민의 검을 언급하면서, 왕이라면 반드시 천자의 검을 좋아해야 한다고 충고하였다.

이 편은 장자의 사상에 부합하지 않으므로 대개 학자들은 종횡가縱橫家의 글로 여겼다. 임희일, 한유韓愈, 왕부지 등은 모두 이 편을 전국시대 책사들이 유세하며 논한 내용이라고 보았다. 심일관沈一貫의 『장자통莊子通』에서는 "「설검」은 전체적으로 핵심적인 대의를 담고 있지 않다. 그 학문 역시 장자의 학문이 아니고, 글 역시 장자의 글이 아니다"라고 하였는데, 매우 타당한 평가이다. 나근택羅根澤의 『제자고색諸子考索』에서는 "이는 분명 종횡가가 장자의 이름을 빌려 지어낸 이야기이다. 『장자』를 편집한 자가 오직 장자의 이야기라는 것만 보고 이를 가져다 놓은 것이다"라고 하였다. 나근택의 설 또한 일리가 있다. 「양왕」, 「도척」, 「설검」, 「어부」 네 편은 송대宋代 이후로는 대개 위작으로 여겨져 왔다. 그런데 장성추張成秋는 "이 네 편 가운데 「설검」을 제외하면 장자의 사상을 서로 밝혀 주는 부분이 많으므로 위작이라고 일괄적으로 배척할 수는 없다"라고 하였다.(『장자편목고』) 장성추의 설 또한 옳다. 특히 「도척」은 「거협」의 내용과 비슷하게 문체에 박력이 있고 어조가 격앙되어 있으며 비판적인 태도가 강하다. 다만 「도척」에서는 비판의 초점이 직접 공자를 가리키고 있어 소동파蘇東坡와 같은 유학자들이 이를 참지 못하여 괜히 그 결점을 들추어내기도 하였다. 사실 「도척」과 「거협」 모두 장자 본인의 손에서 나온 것은 아니다. 하지만 장자의 후학이 지은 것이므로 여전히 장자학파의 작품에 속한다고 할 수 있다. 「어부」 역시 장자학파의 작품이며, 「양왕」의 경우 장자의 후학이 지은 것으로 볼 수도 있고[문체나 의미를 살펴보았을 때, 「도척」과 「양왕」은 서로 다른 사람이 지은 것으로 보임], 양주학파의 작품일 가능성도 있다. 다만 「설검」만은 장자학파의 작품이 아닌 것으로 보인다.

1.

昔趙文王[①]喜劍, 劍士夾門[②]而客三千余人, 日夜相擊於前, 死傷者歲百余人, 好之不厭. 如是三年, 國衰, 諸侯謀之.

太子悝[③]患之, 募左右曰: "孰能說[④]王之意止劍士者, 賜之千金." 左右曰: "莊子當能."

太子乃使人以千金奉莊子. 莊子弗受, 與使者俱, 往見太子曰: "太子何以敎周, 賜周千金?"

太子曰: "聞夫子明聖, 謹奉千金以幣從者[⑤]. 夫子弗受, 悝尙何敢言!"

莊子曰: "聞太子所欲用周者, 欲絶王之喜好也. 使臣上說大王而逆王意, 下不當太子, 則身刑而死, 周尙安所事金乎? 使臣上說大王, 下當太子, 趙國何求而不得也!"

太子曰: "然. 吾王所見, 唯劍士也."

莊子曰: "諾. 周善爲劍."

太子曰: "然吾王所見劍士, 皆蓬頭突鬢[⑥]垂冠[⑦], 曼胡之纓[⑧], 短後之衣, 瞋目而語難[⑨], 王乃說之. 今夫子必儒服而見王, 事必大逆."

莊子曰: "請治劍服." 治劍服三日, 乃見太子. 太子乃與見王, 王脫白刃待之. 莊子入殿門不趨, 見王不拜. 王曰: "子欲何以敎寡人, 使太子先焉[⑩]?" 曰: "臣聞大王喜劍, 故以劍見王."

王曰: "子之劍何能禁制[⑪]?"

曰: "臣之劍, 十步一人, 千里不留行[⑫]!"

王大悅之, 曰: "天下無敵矣!"

莊子曰: "夫爲劍者, 示之以虛, 開之以利[⑬], 後之以發, 先之以至. 願得試之."

王曰: "夫子休就舍, 待命設戲[⑭]請夫子."

王乃校[⑮]劍士七日, 死傷者六十余人, 得五六人, 使奉劍於殿下, 乃召莊子. 王曰: "今日試使士敦劍[⑯]."

莊子曰: "望之久矣."

王曰: "夫子所禦杖[⑰], 長短何如?"

曰: "臣之所奉皆可. 然臣有三劍, 唯王所用, 請先言而後試."

王曰: “願聞三劍.”

曰: “有天子之劍, 有諸侯之劍, 有庶人之劍[18].”

【길잡이】

① 趙文王: 혜문왕惠文王. 이름은 하何, 조나라 무령왕武靈王의 아들이다.(『경전석문』에서 사마표의 설을 인용)

- 마서륜: 조나라 혜문왕 원년(기원전 298)은 송나라 강왕康王 31년이 되는 해이니, 장자와 서로 만나는 것은 시기적으로 가능하다.(『장자의증』)

② 夾門: 문을 끼고 서 있음(擁門).(임희일, 『남화진경구의』)

③ 太子悝: 혜문왕의 뒤는 효성왕孝成王 단丹이다. 따라서 태자 이悝는 제위에 오르지 못했다.(유월)

▹ 진고응: 이는 우언일 뿐이므로 역사적 사실을 고려할 필요는 없다.

④ 說: '열悅'(설복시키다)과 통한다.

⑤ 幣從者: '폐幣'는 '바치다'라는 뜻이다. '종자從者'는 종복을 가리킨다.

- 임희일: '이폐종자以幣從者'는 '이를 따르는 자들에게 금일봉으로 주다'라는 말이다. 지금의 '위로금'(犒從)에 해당한다.
- 이종예: 남에게 금과 비단을 증정하면서 종복들에게 하사하라고 말하기도 하는데, 일종의 겸양어이다.(『어체장자』)

⑥ 突鬢: 상투가 솟구쳐 나옴.(성현영, 『장자소』)

⑦ 垂冠: 모자를 아래로 깊이 드리워 씀. 곧 전투를 벌이려는 모습을 나타낸다.

⑧ 曼胡之纓: 굵고 튼실한 모자의 끈. '만曼'은 '만縵'(명주)의 의미로 가차되었다. 고서의 주석에서는 '만曼'을 '만縵'으로 쓴 것이 많다.(마서륜의 『장자의증』, 유문전의 『장자보주』, 왕숙민의 『장자교석』 참고) '호胡'는 '조粗'(굵다)와 음이 비슷하여 뜻이 서로 통한다. 사마표가 이를 '조粗'로 풀이한 것을 증거로 삼을 수 있다.(이면, 『장자분편평주』) '만호曼胡'는 견고하다는 뜻이다.(오여륜, 『장자점감』)

- 호회침: '만曼'은 지금의 '만鬘'(머리 장식), '호胡'는 지금의 '호鬍'(턱수염)가 아닌가 한다. 모자의 끈이 마치 가발이나 수염 같음을 말한 것이다.(『장자집해보정』)

▹ 진고응: 호회침의 해석 또한 참고로 삼을 수 있다.

⑨ 語難: 두 가지 해석이 있다. 첫 번째는 '말하는 것이 곤란하다'라는 해석이다.

육덕명은 "용사들의 분노가 가슴속에 쌓여 말이 유창하게 나오지 않음을 가리킨다"라고 하였다.(『경전석문』) 두 번째는 '말로 서로를 힐책하다'라는 해석이다. 여기에서는 두 번째 해석을 따른다.

- 도홍경: '어난語難'은 서로 말로써 괴롭히는 것을 말한다. 『맹자』「이루離婁」의 '책난어군위지공責難於君謂之恭'(임금에게 어려운 일을 하도록 요구하는 것을 공경이라 한다)에 대해 조기趙岐의 주석에서는 "하기 어려운 일을 하도록 요구하면서 임금을 권면하는 것이다"라고 하였다.…… 여기에서 말하는 '어난'은 '책난責難'과 문법이 동일하다.(『독장자차기』)

⑩ 使太子先焉: 원래는 '언焉'자가 빠져 있다. 『태평어람』 344항에 인용된 구절에서는 '선先' 뒤에 '언焉'자가 있어 의미가 더욱 완전하므로 이에 따라야 한다.(왕숙민, 『장자교석』)

⑪ 禁制: 포악한 것을 막고 적을 제압함.

⑫ 十步一人, 千里不留行: '천리불류행千里不留行'은 가는 곳마다 당할 자가 없다(所向無敵), 즉 천 리를 가도 그 어떤 것도 앞을 막아서지 못한다는 말이다. 이백李白의 「협객행俠客行」에 나오는 '십보살일인十步殺一人, 천리불류행千里不留行'은 이 구절을 차용한 것이다.

⑬ 開之以利: 남에게 틈탈 기회를 보임.

⑭ 待命設戲: 검술 대회를 실행하기를 기다림.(성현영, 『장자소』) '희戲'는 무술을 겨루는 대회를 말한다.(호회침) 원래는 '명命' 다음에 '령令'자가 불필요하게 추가되어 있었으나 삭제하였다. 장군방본에는 '령令'자가 없다.(왕효어의 교열)

⑮ 校: '교較'(견주다)와 같다. 검술을 겨루어 승부를 결정하는 것을 가리킨다.

⑯ 敦劍: '검술을 견주다'(治劍)라는 뜻. 둘을 서로 비교한다는 의미이다.(곽숭도) '돈敦'은 '대對'(맞추어 보다)의 뜻으로 가차되었다.(마서륜, 『장자의증』) 고형은 '돈敦'을 '비比'(견주다)로 풀이하였는데, 매우 타당하다.

⑰ 禦杖: '어禦'는 '사용하다'(用)(성현영, 『장자소』), 혹은 '쥐다'(持)(왕선겸). '장杖'은 검을 가리킨다.

⑱ 有天子之劍, 有諸侯之劍, 有庶人之劍: 원래는 세 군데의 '지之'자가 빠져 있으나, 고산사본高山寺本에는 각 '검劍'자 앞에 모두 '지之'자가 들어가 있다.(왕효어의 교열)

'지之'자를 넣을 경우 의미가 더욱 완전해지며, 뒤의 '천자지검天子之劍', '제후지검諸侯之劍', '서인지검庶人之劍'과도 대구를 이루므로(왕숙민, 『장자교석』) '지之'자를 보충해 넣어야 한다.

【풀이】

옛날 조趙나라의 문왕文王은 검을 좋아하여 검사들이 문하에 몰려들었는데, 빈객의 수가 삼천여 명이나 되었다. 이들은 밤낮으로 왕의 앞에서 칼싸움을 펼쳐 죽거나 다치는 사람이 한 해에 백 명이 넘을 정도였다. 그런데도 왕은 질리지도 않고 이를 즐겼다. 이렇게 3년이 흐르자, 국력이 크게 쇠퇴하여 제후들이 조나라를 칠 궁리를 하였다.

태자 이悝가 이를 걱정하여 좌우의 신하들을 불러 모아 놓고 말했다. "왕을 설복시켜 검사들을 불러 모으는 것을 그만두게 할 수 있는 자가 있다면 천금의 상을 내리겠다."

좌우의 사람들이 하나같이 말했다. "장자라면 할 수 있을 것입니다."

이에 태자가 사람을 시켜 장자에게 천금을 올리도록 하였다. 장자는 이를 받지 않고 사자와 함께 태자를 찾아왔다. "태자께서는 어떤 조언이 필요하여 저에게 천금을 하사하신 것입니까?

태자가 말했다. "듣자 하니 선생이 현명하고 사리에 밝다고 하여, 따르는 자들에게 금일봉이나 하사하시라는 뜻으로 삼가 천금을 올렸습니다. 그런데 선생이 이를 받지 않으시니, 제가 어떻게 감히 말을 할 수 있겠습니까?"

장자가 말했다. "듣기로 태자께서 저를 부르신 것은 왕이 좋아하시는 일을 그만두게 만들고자 함이 아닙니까? 제가 태자의 말씀을 받들어 왕을 설득하는데 만일 왕의 마음을 거스르기라도 한다면 이는 태자의 뜻과는 어긋나게 되니 저는 죽음을 맞이하게 될 것입니다. 그러면 천금이 무슨 소용이겠습니까? 반대로 제가 왕을 설득하여 태자의 뜻에 부합한다면 제가 조나라에 무엇을 요구한들 뭐든 얻을 수 있지 않겠습니까?"

태자가 말했다. "그렇습니다. 지금 우리의 국왕을 만날 수 있는 자는 오로지 검사들뿐입니다."

장자가 말했다. "좋습니다. 저 또한 검을 잘 다룹니다."

태자가 말했다. "그런데 우리 국왕이 만나는 검사들은 모두 머리를 산발하고 상투를 높이 치켜 묶으며, 모자를 아래로 길게 늘어뜨려 굵고 튼실한 끈으로 이를 단단히 동여매고는 뒤를 짧게 만든 옷을 입고 눈을 부릅뜨며 입으로는 힐책하는 말을 내뱉습니다. 이러한 자들이라야 국왕께서 좋아하십니다. 그런데 지금 선생이 유자들의 복장을 하고 왕을 뵈러 간다면, 일을 크게 거스르고 말 것입니다."

장자가 말했다. "그렇다면 검사의 복장을 준비해 주십시오." 장자는 사흘에 걸쳐 검사의 복장을 갖춘 뒤 다시 태자를 찾았다. 태자는 장자를 데리고 국왕을 만나러 갔다. 국왕은 칼을 뽑아든 채로 그를 기다리고 있었다. 그런데 장자는 전당에 들어가서도 급히 걸음을 옮기지도 않고 국왕을 뵙고 절을 하지도 않았다. 국왕이 물었다. "그대는 어떤 가르침을 주고자 태자에게 소개를 청하였는가?"

장자가 말했다. "대왕께서 검을 좋아하신다고 들었기에 검술을 가지고 대왕을 뵙고자 합니다."

왕이 말했다. "너의 검법은 어떻게 적을 제압하는가?"

장자가 말했다. "저의 검은 열 걸음마다 적 한 명을 취하니, 천 리를 가도 아무도 앞을 막아설 수 없습니다."

말을 들은 왕이 매우 기뻐하며 말했다. "천하무적이로구나!"

장자가 말했다. "검을 쓰는 방법은 우선 빈틈을 보여 상대에게 기회를 주고는 검을 나중에 뽑아 먼저 공격하는 것입니다. 제가 한번 시범을 보이겠습니다."

왕이 말했다. "우선 숙소에서 휴식을 취하도록 하라. 내가 검술 시합을 열어 선생을 청하도록 하겠다."

이에 왕이 검사들을 불러 7일간 기술을 겨루게 하였는데, 죽고 다친 자가 60여 명이나 되었다. 그런 뒤 대여섯 명을 선발하고는 이들에게 검을 차고 전당 아래에 서게 하였다. 그리고 다시 장자를 불러오게 하였다. 왕이 말했다. "오늘 검사들과 한번 대결을 펼쳐 보이도록 하라."

장자가 말했다. "오랫동안 바라던 바입니다."

왕이 말했다. "선생은 장검과 단검 중 어떠한 검을 사용하는가?"

장자가 말했다. "장검이든 단검이든 어떤 것이든 괜찮습니다. 그런데 저에게는 세 가지 검이 있는데 왕께서 이를 선택해 주셨으면 하니, 우선 이를 말씀해 드리도록 하겠습니다."

왕이 말했다. "세 가지 검이 무엇인지 들어 보고 싶구나."

장자가 말했다. "천자의 검이 있고, 제후의 검이 있고, 평민의 검이 있습니다."

2.

王曰: "天子之劍何如?"

曰: "天子之劍, 以燕谿石城爲鋒①, 齊岱爲鍔②, 晉衛爲脊③, 周宋爲鐔④, 韓魏爲夾⑤; 包以四夷, 裹以四時, 繞以渤海, 帶以恒山⑥; 制以五行, 論以刑德; 開以陰陽, 持以春夏, 行以秋冬. 此劍, 直之無前, 擧之無上, 案之無下, 運之無旁, 上決浮雲, 下絶地紀⑦. 此劍一用, 匡諸侯, 天下服矣. 此天子之劍也."

文王芒然自失, 曰: "諸侯之劍何如?"

曰: "諸侯之劍, 以知勇士爲鋒, 以淸廉士爲鍔, 以賢良士爲脊, 以忠聖士爲鐔, 以豪桀士爲夾. 此劍, 直之亦無前, 擧之亦無上, 案之亦無下, 運之亦無旁; 上法圓天以順三光⑧, 下法方地以順四時, 中和民意以安四鄕⑨. 此劍一用, 如雷霆之震也, 四封之內, 無不賓服而聽從君命者矣. 此諸侯之劍也."

王曰: "庶人之劍何如?"

曰: "庶人之劍, 蓬頭突鬢垂冠, 曼胡之纓, 短後之衣, 瞋目而語難. 相擊於前, 上斬頸領, 下決肝肺. 此庶人之劍, 無異於鬥雞, 一旦命已絶矣, 無所用於國事. 今大王有天子之位而好庶人之劍, 臣竊爲大王薄之."

王乃牽而上殿. 宰人上食, 王三環之⑩. 莊子曰: "大王安坐定氣, 劍事已畢奏矣." 於是文王不出宮三月, 劍士皆服斃其處也.

【길잡이】

① 以燕谿石城爲鋒: '연계燕谿'는 지명으로, 연나라에 있다. '석성石城'은 국경 밖(塞外)에 위치한다.(『경전석문』) '봉鋒'은 검의 끝을 가리킨다.

② 齊岱爲鍔: '제대齊岱'는 제나라의 대산岱山, 즉 태산泰山을 말한다. '악鍔'은 칼날이다. (사마표)

③ 晉衛爲脊: '위衛'는 각 판본에는 '위魏'로 되어 있다. 뒤에 '한위韓魏'라는 말이 나오므로 이 구절은 '진위晉魏'로 쓸 수 없다. 한韓, 조趙, 위魏가 진晉을 나누어 가졌으므로 진晉과 위魏를 나란히 쓰는 것은 타당하지 않다. 진경원陳景元(碧虛子)의 『남화진경장구음의교본南華眞經章句音義校本』, 고산사고초본高山寺古鈔本 등에서도 이를 '진위晉衛'로 썼다. 『서초書鈔』 122항, 『예문유취』 군기부軍器部, 『태평어람』

344항에 인용된 구절에서도 마찬가지이다. 이에 『음의』본에 따라 수정한다.(유문전, 『장자보정』)

▹ 진고응: 마서륜의 『장자의증』, 우성오의 『장자신증』, 왕숙민의 『장자교석』에서도 모두 이를 '위衛'로 보았다. '척脊'은 칼등이다.

④ 鐔: 검비 혹은 칼코등이.(『경전석문』)

⑤ 夾: 칼자루. '협鋏'으로 쓴 판본도 있다.(『경전석문』) '협夾'은 '협鋏'의 가차자이다.(왕숙민)

⑥ 帶以恒山: 시중의 판본에는 '상산常山'으로 되어 있다. 나면도의 『남화진경순본』에서는 '상常'을 '항恒'으로 썼으니, 이에 따라야 한다. '상常'으로 쓴 것은 한漢나라 효문제孝文帝의 이름을 피휘한 것이다.(왕숙민)

⑦ 地紀: 지반(地基). '기紀'는 '기基'(토대)의 뜻으로 가차되었다.(마서륜)

⑧ 三光: 해, 달, 별의 빛을 가리켜 말함.

⑨ 四鄕: 네 가지 방향(四向), 혹은 사방四方.

⑩ 三環之: 세 바퀴를 돎.

• 임희일: '삼환三環'은 자리에 앉지 않고 걸어 다니며 음식이 차려진 곳을 세 바퀴 도는 것을 가리킨다. 부끄러워한다는 의미이다.

【풀이】

조나라 왕이 물었다. "천자의 검이란 어떠한가?"

장자가 말했다. "천자의 검이란, 연계燕谿 땅의 석성石城을 칼끝으로 삼고, 제齊나라 태산泰山을 칼날로 삼고, 진晉나라와 위衛나라를 칼등으로 삼고, 주周 왕조와 송宋나라를 칼코등이로 삼고, 한韓나라와 위魏나라를 칼자루로 삼습니다. 네 오랑캐로 밖을 감싸고, 사계절을 휘감으며, 발해渤海로 둘러싸고, 항산恒山으로 이를 묶어 연결합니다. 오행으로 균형을 맞추고, 형덕刑德으로 잘잘못을 판단하며, 음양으로 여닫고, 봄과 여름으로 잡아, 가을과 겨울로 휘두릅니다. 이러한 검은 앞으로 밀고 나가면 그 어떤 것도 앞에 있을 수 없고, 위로 들어 올리면 그 어떤 것도 위에 있을 수 없으며, 아래로 찍어 누르면 그 어떤 것도 아래에 있을 수 없고, 좌우로 휘두르면 그 어떤 것도 옆에 있을 수 없습니다. 위로는 구름까지 자르며 아래로는 온 지반을 절단할 수 있습니다. 이러한 검을 사용하기만 하면 제후들을 바로잡고 천하를 복종시킬 수 있습니다. 이것이 바로 천자의 검입니다."

문왕이 이 말을 듣고 아연실색하며 물었다. "그렇다면 제후의 검은 어떠한 것인가?"
장자가 말했다. "제후의 검은 지혜롭고 용맹한 자를 칼끝으로 삼고, 청렴한 자를 칼날로 삼고, 현명하고 어진 자를 칼등으로 삼고, 충성스러운 자를 칼코등이로 삼고, 영웅호걸을 칼자루로 삼습니다. 이러한 검 역시 앞으로 밀고 나가면 그 어떤 것도 앞에 있을 수 없고, 위로 들어 올리면 그 어떤 것도 위에 있을 수 없으며, 아래로 찍어 누르면 그 어떤 것도 아래에 있을 수 없고, 좌우로 휘두르면 그 어떤 것도 옆에 있을 수 없습니다. 위로는 둥근 하늘을 본받아 해와 달과 별의 빛을 따르고, 아래로는 네모난 대지를 본받아 사계절에 순응하며, 가운데로는 백성들의 뜻과 조화를 이루며 사방을 평온하게 만듭니다. 이러한 검을 사용하기만 하면, 마치 우레와 같이 온 나라를 뒤흔들게 되니, 사방 국경 내에 복종하지 않고 왕의 명령을 따르지 않는 이가 없게 됩니다. 이것이 바로 제후의 검입니다."
왕이 물었다. "그렇다면 평민의 검은 어떠한가?"
장자가 말했다. "평민의 검은 머리를 산발하고 상투를 높이 치켜 묶으며, 모자를 아래로 길게 늘어뜨려 굵고 튼실한 끈으로 이를 단단히 동여매고는 뒤를 짧게 만든 옷을 입고 눈을 부릅뜨며 입으로는 힐책하는 말을 내뱉습니다. 앞에 적이 있으면 서로 공격하며 싸우고, 위에 있는 적의 목을 베며, 아래에 있는 적의 간과 폐를 찌릅니다. 이것이 바로 평민의 검이니, 싸움닭과 다를 바가 없습니다. 평민의 검은 일단 목숨을 잃는 순간 나라에 아무런 쓸모가 없게 됩니다. 지금 대왕께서는 천자의 자리에 있으면서도 여전히 평민의 검을 쓰는 것을 좋아하시는데, 신이 내심 생각건대 그럴 만한 가치가 없다고 생각합니다."
이 말을 듣고 왕이 장자를 전당 위로 데려갔다. 요리사가 음식을 내어 오자, 국왕은 안절부절못하며 주위를 세 바퀴 맴돌았다. 장자가 말했다. "대왕께서는 편안히 앉아 숨을 고르십시오. 검에 관한 일은 제가 이미 모두 아뢰었습니다."
이로부터 문왕은 3개월 동안을 궁 밖을 나오지 않았다. 검사들은 모두 (예우를 받지 못하고 있는 데 대한) 노기를 주체하지 못해 그곳에서 스스로 목숨을 끊었다.

어부漁夫

「어부」의 주지主旨는 '참된 것을 보전한다'(保眞)라는 사상을 천명하고, 이로부터 유가의 예악 및 인륜 관념을 비판하는 것이다. 어느 날 공자가 숲속 행단에 앉아 있다가 흰 눈썹에 수염을 휘날리는 어부를 보게 되었는데, 어부는 공자가 '예악을 닦아 자신을 단장하며, 인륜을 바로잡으려 하는 것'(擅飾禮樂, 選人倫)을 꾸짖는다. 공자가 '몸과 마음을 고생시켜 가면서 생명이라는 참된 바를 해치고 있다'(苦心勞形以危其眞)는 것이다. 그러면서 공자에게 삼가 몸을 수양하여 참된 것을 지키고, 사람과 사물이 본래 그러한 바(自然)로 돌아갈 수 있도록 하라고 가르친다. '어부漁父'란 말은 은거하는 득도자를 상징하며, 이 두 글자를 취하여 편명으로 삼았다.

이 편에서 유래한 성어에는 대표적으로 동류상종同類相從[1], 동성상응同聲相應[2], 불구어속不拘於俗[3], 분정항례分庭抗(伉)禮[4] 등이 있다.

---

1) 비슷한 것들끼리 서로 모임. 마음 맞는 사람끼리 저절로 어울리게 된다는 뜻으로 사용됨.
2) 비슷한 소리끼리 서로 감응함. 동류상종과 같은 말.
3) 세상의 도리에 얽매이지 않음. 자유분방함을 표현하는 말.
4) 주인과 빈객이 마당에 마주 보고 나란히 서서 예를 행함을 말함. 상대를 동등한 입장이나 지위로 대한다는 의미.

1.

孔子遊乎緇帷之林[①], 休坐乎杏壇[②]之上. 弟子讀書, 孔子弦歌鼓琴, 奏曲未半. 有漁父者, 下船而來, 須眉交白[③], 被發揄袂[④], 行原以上[⑤], 距[⑥]陸而止, 左手據膝, 右手持頤以聽. 曲終而招子貢子路, 二人俱對.

客指孔子曰: "彼何爲者也?" 子路對曰: "魯之君子也."

客問其族. 子路對曰: "族[⑦]孔氏." 客曰: "孔氏者何治也?"

子路未應, 子貢對曰: "孔氏者, 性服忠信, 身行仁義, 飾禮樂, 選人倫[⑧], 上以忠於世主, 下以化於齊民[⑨], 將以利天下. 此孔氏之所治也."

又問曰: "有土之君與?" 子貢曰: "非也."

"侯王之佐與?"

子貢曰: "非也."

客乃笑而還, 行言曰: "仁則仁矣, 恐不免其身; 苦心勞形以危其眞. 嗚呼, 遠哉其分於道[⑩]也!"

子貢還, 報孔子. 孔子推琴而起曰: "其聖人與!" 乃下求之, 至於澤畔, 方將杖拏[⑪]而引其船, 顧見孔子, 還鄕[⑫]而立. 孔子反走[⑬], 再拜而進.

客曰: "子將何求?"

孔子曰: "曩者先生有緒言[⑭]而去, 丘不肖, 未知所謂, 竊待於下風[⑮], 幸聞咳唾之音[⑯]以卒相[⑰]丘也."

客曰: "嘻! 甚矣子之好學也!"

孔子再拜而起曰: "丘少而修學, 以至於今, 六十九歲矣, 無所得聞至敎, 敢不虛心!"

客曰: "同類相從, 同聲相應, 固天之理也. 吾請釋吾之所有而經子之所以[⑱]. 子之所以者, 人事也. 天子諸侯大夫庶人, 此四者自正[⑲], 治之美也, 四者離位而亂莫大焉. 官治其職, 人處其事[⑳], 乃無所陵[㉑]. 故田荒室露, 衣食不足, 征賦不屬[㉒], 妻妾不和, 長少無序, 庶人之憂也; 能不勝任, 官事不治, 行不淸白, 群下荒怠, 功美不有, 爵祿不持, 大夫之憂也; 廷[㉓]無忠臣, 國家昏亂, 工技不巧, 貢職不美, 春秋後倫[㉔], 不順天子, 諸侯之憂也; 陰陽不和, 寒暑不時, 以傷庶物, 諸侯暴亂, 擅相攘伐, 以殘民人, 禮樂不節, 財用窮匱, 人倫不飭, 百姓淫亂, 天子之憂也[25]. 今子旣上無君侯有司之勢, 而下無大臣職事之官, 而擅飾禮樂, 選人倫, 以化齊民, 不亦泰多事乎[26].

且人有八疵, 事有四患, 不可不察也. 非其事而事之, 謂之總[27]; 莫之顧而進之, 謂之佞; 希意道言, 謂之諂; 不擇是非而言, 謂之諛; 好言人之惡, 謂之讒; 析交離親, 謂之賊; 稱譽詐僞以敗惡人, 謂之慝; 不擇善否, 兩容頰適[28], 偸拔[29]其所欲, 謂之險. 此八疵者, 外以亂人, 內以傷身, 君子不友, 明君不臣. 所謂四患者: 好經大事[30], 變更易常, 以挂功名[31], 謂之叨[32]; 專知擅事, 侵人自用, 謂之貪; 見過不更, 聞諫愈甚, 謂之很[33]; 人同於己則可, 不同於己, 雖善不善, 謂之矜. 此四患也. 能去八疵, 無行四患, 而始可敎已."

【길잡이】

① 緇帷之林: 검은 숲의 이름.(『경전석문』에 인용된 사마표의 설) '치유緇帷'는 검은 장막을 가리키며, 여기에서는 의미를 가탁한 지명으로 사용되었다.

② 杏壇: 택지 가운데 높은 곳.(사마표) 은행나무가 많이 자라나 있는 높은 대臺.(후쿠나가 미쓰지)

③ 須眉交白: '수須'는 '수鬚'로 쓰기도 한다.(『경전석문』) '수鬚'는 '수須'의 속자俗字이다. '교交'는 '교皎'로 쓰인 판본도 있다.(『경전석문』) 『장자궐오』에 인용된 장군방본에는 '교皎'로 되어 있다.(왕효어의 교열)

④ 揄袂: 옷소매를 흩날리다.

⑤ 行原以上: 물가 언덕으로 거슬러 올라감.

⑥ 距: 이르다(至).

⑦ 族: 성씨.

⑧ 選人倫: '선選'은 '서序'와 같다. 서열을 정하다는 말이다.(이면)

⑨ 齊民: 동등한 백성(齊等之民).(『경전석문』에서 許愼의 설을 인용) 평민을 말한다.(『경전석문』에서 如淳[5]의 설을 인용)

⑩ 分於道: 도와 떨어짐.

5) 중국 삼국시대 魏나라 사람. 『漢書』에 주를 남겼다.

⑪ 挐: '요橈'(노)와 같으며 '요饒'라고 발음한다.(사마표) 배의 삿대(임희일, 『남화진경구의』), 즉 배를 젓는 노를 말한다.

⑫ 還鄕: '선還'은 '선旋'으로 읽는다. '배를 돌리다'라는 뜻이다. '향鄕'은 '향向'으로 읽는다. 맞은편을 가리킨다.(유봉포)

⑬ 反走: 몇 발자국 뒷걸음질로 물러난 뒤 다시 돌아서 감. 「도척」에 등장한 바 있다.

⑭ 緖言: 남은 말(余言), 다 마치지 않은 말(不盡之言).(유월, 『장자평의』)

- 유봉포: 발단 부분을 '서緖'라고 하니, 말을 다 하지 않고 가 버린 것을 가리킨다.(『남화설심편』)

⑮ 下風: 아래쪽(下方). 「재유」, 「천지」, 「천운」 등에 등장한 바 있다.

⑯ 咳唾之音: '해타咳唾'는 「서무귀」에 등장하는 '경해謦欬'와 같은 뜻이다. 웃음소리를 비유하는 말이다.

⑰ 卒相: '(말을) 다하여 가르침을 주다'라는 뜻.(임희일) '졸卒'은 '마치다', '상相'은 '돕다'.

⑱ 經子之所以: '경經'은 '경영하다'(經營). '소이所以'는 하는 일. 『논어』 「위정爲政」에 나오는 '시기소이視其所以'의 '이以'자에 대해 주희의 주석에서는 '위爲'(하다)라고 풀이하였다.

⑲ 自正: 각자의 직무에 따름.(임희일)

⑳ 人處其事: '처處'는 통행본에서는 '우憂'라고 되어 있으나, 우성오의 설과 고산사본에 따라 수정한다.

- 우성오: 고산사권자본高山寺卷子本에서는 '우憂'를 '처處'로 썼으니, '처處'라고 해야 맞을 것이다. 현재 판본에 '우憂'라고 되어 있는 것은 뒤에 나오는 '서인지우야庶人之憂也'의 '우憂'자로 인해 잘못 적은 것으로 보인다. 『예기』 「단궁檀弓」의 '하이처아何以處我'(무슨 말로 나에게 처신하는 방도를 일러 주겠는가)라는 구절에 대해 주석에서 "'처處'는 '안安'과 같다"라고 하였다. 앞의 '관치기직官治其職'과 '인처기사人處其事'는 서로 대구를 이룬다.

㉑ 陵: 어지럽히다, 침범하다.

㉒ 征賦不屬: '불속不屬'은 '이어지지 않음'(不繼)을 뜻한다.

㉓ 廷: 고산사본高山寺本에서는 이를 '조朝'라고 썼다.(왕효어의 교열)

㉔ 春秋後倫: 군주를 알현하는 조정의 회견이 올바른 순서를 잃음.(임희일) 봄, 가을에 두 차례 천자를 접견하는 예가 올바른 질서를 잃은 것을 말한다.(이면) '후後'는 '퍅愎'으로 쓰기도 한다. 즉 '퍅륜愎倫'은 질서가 어그러진 것이다.

㉕ 天子之憂也: '천자天子' 다음에 원래 '유사有司' 두 글자가 더 있으나, 마서륜의 설에 따라 이를 삭제한다.

- 마서륜: '유사有司'는 뒤 구절로 인해 잘못 더해진 글자이다.(『장자의증』)

㉖ 不亦泰多事乎: '역亦'자는 고산사본高山寺本에 따라 보충하였다. '역亦'을 추가하면 의미가 더 완전해진다.(유문전, 왕숙민의 교열)

㉗ 總: 외람되다(濫).(성현영, 『장자소』)

㉘ 兩容頰適: 선과 악을 모두 받아들이고 흡족해함. '협頰'은 '겸兼'의 뜻으로 가차되었다.(장병린, 『장자해고』)

- 도홍경: '협頰'은 '협夾'으로 읽어야 한다. '협夾'은 '양兩'으로 읽을 수 있다. 『설문해자』에서는 "'협夾'은 '쥐다'라는 뜻으로 큰 집게(大鋏)를 두 사람이 드는 것을 말한다." 『목천자전穆天子傳』의 '좌우협패左右夾佩'라는 구절에 대해 주석에서 '좌우양패야左右兩佩也'라고 하였으니, '협夾'에 '둘'(兩)이라는 뜻이 있음을 알 수 있다. 따라서 '양용兩容'과 '협적頰適'은 같은 의미이다.

㉙ 偷拔: 절취하다.(후쿠나가 미쓰지) '투偷'는 '몰래', '발拔'은 '취하다'라는 뜻이다.

㉚ 好經大事: 국가의 큰일을 다루기 좋아함.(임희일)

㉛ 以挂功名: '괘挂'는 본래 '괘卦', '화畫'와 같은 글자이다. 즉 '괘공명挂功名'은 '공명을 도모하다'(圖功名), '공명을 꾀하다'(規畫功名)라는 뜻이다.(장병린)

㉜ 叨: '도饕'(탐내다)의 이체자.(마서륜)

㉝ 佷: 말을 따르지 않음.(곽경번이 인용한 『설문해자』)

【풀이】

공자가 치유緇帷라는 숲을 거닐고 있다가 행단 위에서 잠시 휴식을 취하고 있었다. 제자들은 책을 읽었고 공자는 금琴을 켜면서 노래를 불렀는데, 곡이 아직 절반에 이르지 못했다.

어떤 어부 한 명이 배를 몰고 오는 모습이 보였다. 새하얀 수염과 눈썹을 휘날리고 옷소매를 펄럭이며 강가를 거슬러 뭍에 올랐다. 왼손으로는 무릎을 짚고, 오른손으로는 턱을 괸 채 가만히 공자의 노래를 듣다가 곡이 끝나자 자공子貢과 자로子路를 부르니, 두 사람이 대답하였다.

객客(어부)이 공자를 가리키며 말했다. "저 자는 무엇을 하는 사람인가?"

자로가 대답했다. "노魯나라의 군자입니다."

객이 성을 물었다. 자로가 답했다. "공씨孔氏입니다."

객이 다시 물었다. "공씨는 무엇을 연구하고 익히는가?"

자로가 대답하지 않자, 자공이 대답하였다. "이 공 선생님으로 말할 것 같으면, 마음 깊이 충의와 신의를 지키고, 인의仁義를 실행하며, 예악을 닦아 인륜을 바로잡습니다. 위로는 이 세상의 주군에게 충성을 다하며, 아래로는 백성들을 돈독하게 교화함으로써 천하를 이롭게 합니다. 이것이 바로 공 선생님이 연구하고 익히는 것입니다."

객이 또 물었다. "영토를 지닌 군주인가?"

자공이 말했다. "아닙니다."

"그렇다면 제후를 보좌하는 자인가?"

자공이 말했다. "아닙니다."

이 말을 듣고 어부가 웃음을 터뜨렸다. 그러고는 왔던 곳으로 돌아가며 말했다. "아무리 인仁하다고 치더라도, 그 자신의 환난은 피할 수 없을 것이다. 몸과 마음을 고생시켜 가면서 생명이라는 참된 바를 해치고 있으니, 허! 도와는 지나치게 멀어졌구나!"

자공이 돌아가 이 사실을 공자에게 말했다. 공자가 금을 한쪽으로 밀어내고 몸을 일으키며 말했다. "그분이야말로 성인이 아닌가?" 그리고 곧바로 어부를 찾아갔다. 공자가 강가에 이르렀을 때 어부는 마침 노를 쥐고 배를 몰아가려던 참이었다. 그가 고개를 돌려 공자를 발견하고는 몸을 돌려 마주 섰다. 공자는 뒤로 물러나 두 번 절한 뒤 다시 앞으로 나갔다.

객이 말했다. "무슨 일이시오?"

공자가 말했다. "방금 선생께서 말씀을 다 마치지 않아 둔한 저로서는 미처 뜻을 이해할 수 없었습니다. 선생의 훌륭하신 말씀을 들어 도움을 얻을 수 있을까 하여 이렇게 공손히 기다리고 있었습니다."

객이 말했다. “아! 그대는 참으로 배우기를 좋아하는 사람이구려!”

공자가 다시 두 번 절한 뒤 몸을 일으키며 말했다. “저는 어려서부터 지금까지 계속해서 학문을 이어 오고 있습니다. 그런데 나이가 69세가 되도록 아직 진정한 가르침을 얻지 못했으니, 어찌 겸허하지 않을 수 있겠습니까!”

객이 말했다. “원래 같은 종류의 사물끼리 함께 모이고, 같은 소리끼리 서로 호응하며 조화를 이루는 법이지요. 이것이 바로 자연의 이치입니다. 내가 아는 바를 일러 줄 테니 그대가 하는 일에 도움이 되었으면 합니다. 그대가 하는 일은 인간의 일이요. 천자, 제후, 대부, 평민, 이 네 종류의 인간들이 각기 그 본분을 다할 수 있다면, 가장 훌륭한 경지의 다스림이라 할 수 있소. 그런데 이 네 종류의 인간들이 본래의 위치를 벗어난다면 막대한 혼란이 발생합니다. 관리는 각자의 직무에 따라 일하고, 백성들은 각자 종사하는 일을 하면서 서로 침범하는 일이 없어야 합니다. 논밭이 황폐하고, 집이 낡고 새며, 입을 옷과 먹을 식량이 부족하고, 세금을 감당할 수 없고, 처첩이 화목하지 않고, 위아래의 질서가 사라지는 것은 평민들의 근심거리입니다. 능력이 부족하여 임무를 감당할 수 없고, 관직의 일을 제대로 처리할 수 없으며, 청렴결백하게 처신하지 못하고, 아랫사람이 서툴고 게으르고, 이룬 공적이 없어 작록을 지켜 내지 못하는 것은 대부의 근심거리입니다. 조정에 충신이 없어 국가가 혼란하고, 기술이 정교한 수준에 이르지 못하고 공물이 제대로 갖추어지지 않으며, 춘추의 회견에 질서가 없고 천자의 뜻에 따르지 못하는 것은 제후의 근심거리입니다. 음양이 조화를 이루지 못하고, 추위와 더위가 알맞은 시기를 따르지 않아 만물을 해치며, 제후들이 어지럽게 난을 일으키면서 함부로 정벌을 일삼아 백성들을 해하고, 예악에 절도가 없고, 재물이 부족하여 곤궁하고, 인륜의 질서가 바로잡히지 않아 백성들이 음란함에 빠지는 것은 천자의 근심거리입니다. 지금 그대는 위로는 왕이나 제후로서 정사를 다스릴 권세도 지니고 있지 않고, 아래로는 신하로서 일을 도맡아 하는 관직에 있지도 않은데 예악으로 겉을 꾸민 채 인륜을 바로잡으면서 백성들을 가르치려 드니, 너무 큰일을 감당하려는 것이 아닙니까?

그리고 사람에게는 여덟 가지의 병폐가 있고, 일에는 네 가지의 병폐가 있다고 하니, 이를 제대로 살피지 않을 수 없습니다. 자신이 해야 할 일이 아닌데도 굳이 하는 것을 ‘총總(외람되다)’이라 합니다. 사람들이 거들떠보지 않아도 슬그머니 나서서 말하는 것을 ‘녕佞(알랑거리다)’이라 합니다. 남의 마음에 들고자 그에 영합하여 말하는 것을 '첨諂(아첨하다)'이라 합니다. 옳고 그름을 가리지 않고 말하는 것을 '유諛(아부하다)'라고 합니다. 남의 험담을 하기 좋아하는 것을 '참讒(험담하다)'이라 합니다. 친한 사이를 이간질하는 것을 '적賊(그르치다)'이라 합니다. 거짓으로 남을 칭찬하고 실제로는 비방하는 것을 '특慝(간사하다)'이라 합니다. 선악을 구별하지 않고 둘 모두를 받아들이며, 몰래 남이 하려는 바를 가로채는 것을 '험險(음험하다)'이라 합니다. 이 여덟 가지 병폐는 밖으로는 다른 사람을 어지럽히고 안으로는 자신을 해치니, 군자는 이러한 자와 벗하지 않고, 명군은 이런 자를 신하로 두지 않습니다. 일의 네 가지 병폐란 다음과 같습니다. 큰일을 다루기를 좋아하면서 일정한 도리와 정해진 실정을 뒤바꾸며 공명을 꾀하는 것을 일러 '도叨(탐욕스럽다)'라고 합니다. 자신의 총명함을 뽐내며 멋대로 일을 행하고, 남의 자리를 침범하면서 남을 인정하지 않고 자신이 옳다고 고집하는 것을 '탐貪(탐욕스럽다)'이라 합니다. 잘못을 보아도 고치지 않고, 남의 충고를 듣고 오히려 더 과실을 범하는 것을 '흔很(패려궂다)'이라 합니다. 남의 의견과 자신의 의견이 같다면 괜찮지만, 만일 다르다면 좋은 의견일지라 하더라도 나쁘다고 여기며 받아들이지 않는 것을 '긍矜(자부하다)'이라 합니다. 이것이 바로 일에서 조심해야 하는 네 가지 문제점입니다. 이 여덟 가지 병폐를 버리고 네 가지 문제점을 행하지 않는다면 가르침을 받을 수 있습니다."

2.

孔子愀然而歎, 再拜而起曰: "丘再逐於魯, 削迹於衛, 伐樹於宋, 圍於陳蔡. 丘不知所失, 而離①此四謗者何也?"

客凄然變容曰: "甚矣子之難悟也! 人有畏影惡迹而去之走者, 擧足愈數②而迹愈多, 走愈疾而影不離身, 自以爲尙遲, 疾走不休, 絶力而死. 不知處陰以休影, 處靜以息迹, 愚亦甚矣! 子審仁義之間, 察同異之際, 觀動靜之變, 適受與之度, 理好惡之情, 和喜怒之節, 而幾於不免矣. 謹修而身, 愼守其眞, 還以物與人③, 則無所累矣. 今不修之身而求之人, 不亦外乎!"

孔子愀然曰: "請問何謂眞?"

客曰: "眞者, 精誠之至也. 不精不誠, 不能動人. 故强哭者雖悲不哀, 强怒者雖嚴不威, 强親者雖笑不和. 眞悲無聲而哀, 眞怒未發而威, 眞親未笑而和.

眞在內者, 神動於外, 是所以貴眞也. 其用於人理也, 事親則慈孝, 事君則忠貞, 飮酒則歡樂, 處喪則悲哀. 忠貞以功爲主, 飮酒以樂爲主, 處喪以哀爲主, 事親以適爲主, 功成之美, 無一其迹矣. 事親以適, 不論所以矣; 飮酒以樂, 不選其具矣; 處喪以哀, 無問其禮矣. 禮者, 世俗之所爲也; 眞者, 所以受於天也, 自然不可易也. 故聖人法天貴眞, 不拘於俗. 愚者反此. 不能法天而恤於人, 不知貴眞, 祿祿④而受變於俗, 故不足. 惜哉, 子之蚤湛⑤於人僞而晩聞大道也."

孔子又再拜而起曰: "今者丘得遇也, 若天幸然. 先生不羞而比之服役⑥, 而身敎之. 敢問舍所在, 請因受業而卒學大道."

客曰: "吾聞之, 可與往者與之, 至於妙道; 不可與往者, 不知其道, 愼勿與之, 身乃無咎. 子勉之! 吾去子矣, 吾去子矣!" 乃刺船⑦而去, 延緣葦間⑧.

顔淵還車, 子路授綏, 孔子不顧, 待水波定, 不聞拏音而後敢乘.

子路旁車而問曰: "由得爲役久矣, 未嘗見夫子遇人如此其威也. 萬乘之主, 千乘之君, 見夫子未嘗不分庭伉禮, 夫子猶有倨傲之容. 今漁父杖拏逆立⑨, 而夫子曲要磬折⑩, 言拜而應, 得無太甚乎? 門人皆怪夫子矣, 漁人何以得此乎?"

孔子伏軾⑪而歎曰: "甚矣由之難化也! 湛於禮義有間矣, 而樸鄙之心至今未去. 進, 吾語汝! 夫遇長不敬, 失禮也; 見賢不尊, 不仁也. 彼非至人, 不能下人, 下人不精, 不得其眞, 故長傷身. 惜哉! 不仁之於人也, 禍莫大焉, 而由獨擅之. 且道者, 萬物之所由也, 庶物失之者死, 得之者生, 爲事逆之則敗, 順之則成. 故道之所在, 聖人尊之. 今漁父之於道, 可謂有矣, 吾敢不敬乎!"

【길잡이】

① 離: 당하다(罹), 만나다(遭). 성현영의 판본에서는 '리罹'로 썼다.

② 數: '속速'(급하다)의 뜻으로 가차되었다.

③ 還以物與人: 외물이 사람에게 돌아간 뒤 함께 자연으로 귀의하는 것을 말함.(임희일) 즉 사물이 인간과 더불어 자연으로 돌아감.

④ 祿祿: 몇 가지 해석이 있다.

(1) '녹록碌碌'(평범함, 보잘것없음)으로 읽는 해석.(선영)

(2) '구拘'(얽매이다)의 뜻으로 보고, 얽매인 모습을 보여 주는 말로 보는 해석. 성현영의 『장자소』에서는 '녹록祿祿'을 '고귀한 모습'이라고 풀이하였는데, 완전히 틀린 것이다.(유사배, 『장자각보』)

(3) '뒤따르는 모습'으로 보는 해석. '록祿'을 '록娽'(따르다)의 가차자로 본다. 『설문해자』에서 "'록娽'은 '뒤따르다'라는 뜻이다"라고 설명하였다.(해동)

▹ 진고응: 여기서는 (1)을 따른다.

⑤ 湛: '침沈'(빠지다), '탐耽'(탐닉하다)과 같다.

⑥ 比之服役: '그러한 자(따르는 자)에 견주다'라는 말.(임희일, 『남화진경구의』) 따르는 제자로 비유해서 생각해 달라는 뜻이다.

⑦ 刺船: 배를 젓다.

⑧ 延緣葦間: '연延'은 '연沿'(~를 따라)의 뜻으로 가차되었다.(마서륜) '연緣' 또한 '연沿'과 통한다. '갈대 무성한 강가를 따라가다'라는 뜻이다.

⑨ 逆立: 마주 보고 섬.(임희일)

⑩ 曲要磬折: 허리를 굽혀 절함. '요要'는 '요腰'(허리)와 통한다. 『도장』의 성현영 『장자소』 판본에는 '요腰'라고 되어 있다.(왕숙민)

- 이면: '경절磬折'은 공경하는 태도를 비유한 것이다. '경쇠'(磬)라는 악기는 굽은 형태를 띠고 있다. 따라서 '경절磬折'이란 마치 허리를 굽혀 절하는 모습이 마치 경쇠와 같음을 말한다.

⑪ 軾: 수레 앞에 기댈 수 있게 댄 횡목.

【풀이】

공자가 만면에 부끄러운 기색을 한 채로 깊이 탄식하고는 두 번 절하고 몸을 일으켰다. "저는 두 번이나 노나라에서 쫓겨나고, 위衛나라에서는 머무는 것조차 금지 당했으며, 송宋나라에서는 나무에 깔려 죽을 뻔한 모욕을 당하고, 진陳나라와 채蔡나라에서는 포위를 당했습니다. 제가 무슨 잘못을 저질렀기에 이 네 번의 수모를 입게 된 것인지 모르겠습니다."

객이 안타깝다는 표정을 지으며 말했다. "참으로 깨닫지 못하는구려! 옛날 어떤 사람이 그림자를 두려워하고 발자국을 무서워하여 버리고 달아나고자 하였습니다.

그런데 달리면 달릴수록 발자국은 많아지고, 달리기가 빨라지면 빨라질수록 그림자는 몸에 더욱 가까워지는 것이 아니겠습니까? 그자는 자신이 아직 느리기 때문이라고 여겨 멈추지 않고 계속해서 빨리 달렸고, 결국에는 기진맥진하여 죽음에 이르고 말았습니다. 그늘진 곳에 가면 그림자가 자연스럽게 없어진다는 것을 모르고, 걸음을 멈추면 발자국 또한 자연스럽게 나타나지 않는다는 사실을 몰랐으니, 참으로 우매하지 않습니까! 그대는 온 정신을 인의仁義에 두고, 같고 다름의 경계를 분별하고자 하며, 움직이고 멈추는 변화를 관찰하고, 취하고 버리는 것 사이의 균형을 맞추고자 하며, 좋아하고 싫어하는 감정을 인도하여 다스리고자 하고, 기쁨과 분노를 조화롭게 조절하고자 하니, 아마도 화를 면하기 어려울 것 듯합니다. 삼가 몸을 수양하여 본래의 참됨을 지키고, 사람과 사물이 본래 그러한 바로 돌아갈 수 있도록 한다면 해를 입지 않을 것입니다. 그런데 지금 그대는 자신은 수양하지 않으면서 남을 질책하려고만 하니, 참으로 동떨어지지 않습니까?"

공자가 슬픈 듯이 말했다. "본래의 참됨이란 무엇입니까?"

어부가 말했다. "본래의 참됨이란 정성이 지극한 것입니다. 정성스럽지 않으면 남을 감동시킬 수 없습니다. 그러므로 억지로 곡을 하며 우는 사람은 비통하기는 해도 애처롭지 않고, 억지로 화를 내는 사람은 엄하기는 해도 위세가 없으며, 억지로 친애를 표시하는 자는 겉으로는 웃고 있지만 마음속으로 따뜻함을 느낄 수 없습니다. 진정한 비통함은 우는 소리를 내지 않아도 애처롭고, 진정한 분노는 화를 내지 않아도 위엄스럽고, 진정한 친애란 웃는 얼굴이 없어도 화락합니다. 이러한 참된 본성이 내면에 있으면 그 기색이 저절로 밖으로 드러나기 마련이니, 이것이 바로 본래적인 참됨의 귀중함입니다. 이것을 인간의 도리에 적용해 보면, 양친을 봉양하는 일은 자애와 효심이 되고, 군주를 받들어 모시는 일은 충정이 되며, 술을 마시면 즐거워지고, 상을 당하면 슬퍼집니다. 군주에게 충정을 바치는 것은 공명을 세우는 것이 핵심이고, 술을 마실 때는 즐거움이 핵심이며, 애도를 표할 때는 슬픔이 핵심이고, 부모를 봉양할 때는 부모의 마음에 흡족하게 하는 것이 핵심입니다. 공적과 성취를 내는 데에는 결과를 원만하게 이루는 것이 중요하지 반드시 구체적인 행적에 얽매일 필요는 없고, 부모를 모실 때는 편안하고 흡족하게 하는 것이 중요하지 방법이 중요하지는 않으며, 술을 마실 때는 즐거우면 그만이지 술잔이 중요한 것이 아니고, 애도를 표할 때는 그 슬픔을 다 표현하면

되지 굳이 예의를 따질 필요는 없습니다. 예절이란 세상 사람들이 하는 것이고, 참된 본성은 자연으로부터 부여받아 저절로 그러한 것이니, 이는 바꿀 수가 없습니다. 이 때문에 성인은 자연을 본받고 본래의 참됨을 귀하게 여기고, 세상에 얽매이지 않습니다. 하지만 우매한 자들은 이와 정반대입니다. 이들은 자연을 본받지 못하고 그저 인간의 일들만을 근심하며, 본래의 참됨을 귀하게 여길 줄 모릅니다. 보잘것없이 그저 세상에 따라 움직이며 만족할 줄을 모르니, 참으로 가련한 뿐입니다! 그대는 일찍부터 세상의 온갖 거짓된 것들에 빠져서 도를 너무 늦게 듣게 되었습니다."

공자가 다시 두 번 절을 올리고 몸을 일으키며 말했다. "제가 지금 선생을 뵙게 된 것은 하늘이 특별히 저를 아낀 것과 같습니다. 그러니 선생께서는 부끄럽다 여기지 마시고 부디 저를 제자로 삼아 가르침을 주십시오. 어디에 머물고 계십니까? 선생의 가르침을 받아 도를 모두 배워 얻고자 합니다."

객이 말했다. "내가 듣기로, 함께 위대한 도를 향해 나아갈 수 있는 자와는 교류를 하며 현묘한 도를 체득하는 데까지 나갈 수 있지만, 함께 위대한 도를 향해 나아갈 수 없는 자는 그 과정의 도리를 이해하지 못하므로 교류할 필요가 없고, (그러면) 자신에게는 아무런 잘못이 없다고 합니다. 그대는 스스로 노력해 보도록 하시오! 나는 이제 떠날 터이니, 그대도 나를 떠나시오!" 객은 말을 마치고는 배를 몰아 갈대 무성한 강가를 따라 사라졌다.

안연顔淵이 수레를 돌려 다가오자 자로가 밧줄을 건네며 수레에 오르기를 청했다. 하지만 공자는 수레는 거들떠보지도 않고 계속해서 어부가 떠난 자리만 쳐다보다 수면이 잠잠해지고 배를 젓는 소리가 들리지 않게 된 후에야 겨우 수레에 올랐다. 자로가 수레 옆에 있다가 물었다. "제가 문하에 있은 지 오랜 시간이 흘렀는데, 스승님이 누군가를 이렇게 존경하는 모습을 보는 것은 처음인 듯합니다. 만승萬乘의 군주, 천승千乘의 국왕이 스승님을 만나 동등한 자격으로 대하지 않아도 스승님은 여전히 고고한 형색이셨습니다. 하지만 방금은 어부가 노를 들고 앞에 서 있었을 뿐인데 스승님은 허리를 굽혀 절을 하시고, 대답할 때도 재배를 올린 후에야 겨우 입을 떼셨습니다. 너무 지나친 것이 아닙니까? 저희 제자들이 다들 의아하게 여기고 있습니다. 일개 어부를 그렇게 대할 필요가 있습니까?"

공자가 이 말을 듣고 수레의 손잡이를 잡은 채 탄식하며 말했다. "유由(子路)[6]야, 너는 참으로 교화시키기가 어렵구나! 예禮와 의義에 빠진 지 꽤 되었는데도 비루한 마음을 아직 완전히 버리지 못했구나. 가까이 오거라! 내가 너에게 일러 주겠다. 어르신을 보고도 공경하지 않는다면 이는 예禮를 어긴 것이다. 현인을 보고도 존중하지 않는다면 이는 인仁을 어긴 것이다. 만약 지인至人이 아니라면, 진정으로 남을 굴복시켜 겸손해지도록 만들 수 없다. 반대로, 남에게 진정으로 감복하지 않은 채 가식적으로 자신을 낮춘다면 자신의 참된 바를 지킬 수 없으니, 결국 자신을 해치게 될 것이다. 참으로 안타깝구나! 인간이 불인不仁한 것만큼 그 화가 크게 미치는 것이 없는데, 유(자로)는 기어코 그렇게 행동하는구나. 도는 만물이 따르고 의지하는 바이다. 만물은 도를 잃으면 죽고 얻으면 산다. 일 역시 도를 거스르면 실패하고 도에 따르면 성공한다. 그러므로 성인은 도가 있는 곳을 존중한다. 지금 저 어부로 말할 것 같으면 도를 깨달았다고 할 수 있다. 내가 어찌 그를 공경하지 않을 수 있겠느냐!"

6) 원서에는 '子由'라고 되어 있는데, 오류이다. 子路의 본명은 仲由이고, 자로는 자이며, 따로 季路라고도 부른다. 子路를 '子由'라고 부른 예는 없다.

열어구列禦寇

「열어구」는 총 열두 개의 단락이 뒤섞여 이루어져 있다. 각 단락의 의미가 서로 흩어져 연결되지 않는다. '열어구列禦寇'는 열자列子를 가리키며, 글 첫머리의 세 글자를 따 편명으로 삼았다.

이 편 첫째 단락은 백혼무인伯昏瞀人과 열어구의 대화이다. 백혼무인은 열자에게 지혜를 뽐내지 말고, '외면으로 다른 사람의 마음을 굴복시키지'(以外鎭人心) 말라고 충고하였다.

둘째 단락에서는 유자儒者인 완緩의 고사를 통해, 유자들이 스스로 옳다고 여기는 행태를 비판하고, 도를 지닌 선비가 자연에 따라 소박함을 지키는 것을 칭송하였다.

셋째 단락에서는 주평만朱泙漫이 아무런 쓸모도 없는 용 잡는 기술을 배우는 이야기와 함께 지인至人은 오로지 자연에 따라 행동하므로 어떤 기교나 지모가 필요치 않음을 말했다. 이 장은 세 부분으로 구분되며, 각기 내용이 연결되어 있지는 않다. 첫 번째 이야기는 주평만이 기술을 익혔으나 정작 어느 곳에도 기술을 쓸데가 없었다는 말로 그대로 고사가 끝나는데, 뒤에 빠진 글이 있는 것으로 보인다. '성인은 필연적인 것을 필연적이지 않은 것으로 여긴다'(聖人以必不必)로 시작하는 다음 단락에서 '필연적인 것을 필연적이지 않은 것으로 여긴다'(以必不必)라는 말은 일정한 견해나 편견에 집착하지 않는 것을 가리킨다. 반대로 '필연적이지 않은 것을 필연적인 것으로 여긴다'(以不必必之)는 자신의 견해에 집착하는 것으로, 분쟁과 갈등을 일으키는 근원이 된다. '소부지지小夫之知…… 이부지대녕而不知大寧'까지의 마지막 한 단락은 짧은 지혜로는 큰 도를 깨달을 수 없음을 말했다.

넷째 단락에서는 자신을 낮추어 작록을 구하는 조상曹商이라는 인물을 풍자하는 한편, 장자는 새끼를 꼬아 짚신을 삼아 생계를 이어 나가지만 담박하고 원대한 뜻을 품고 있어 이루지 못하는 일이 없다고 하였다.

다섯째 단락은 노魯나라 애공哀公이 안합顔闔에게 공자에 관해 물은 내용이다. 안합은 공자가 겉을 꾸미고 장식하는 것에만 골몰하여 중요한 것은 버려두고 지엽적인 것만을 강조한다고 평하면서, 성정을 거짓으로 꾸미고 백성들에게 이를 과시한다고 비판하였다.

여섯째 단락은 '사람들에게 은혜를 베풀고 보답을 바라며 잊지 않는다'(施於人而不忘)로 시작하는 소단락에서 은혜를 베풀며 보답을 바라는 마음에 대해 논하였다.

일곱째 단락은 '외부에 가해지는 형벌'(爲外刑者)로 시작하는 소단락에서 진인眞人은 내부와 외부의 형벌로부터 자유롭다고 말했다.

여덟째 단락에서는 인간 마음의 복잡한 변화에 대해 적었다.

아홉째 단락은 '정고부正考父'에 관한 소단락에서 겸허한 태도에 관해 말했다. 이어지는 '유심有心의 태도를 지닌 것보다 더 나쁜 것이 없다'(賊莫大乎德有心)는 소단락에서는 무언가를 계산하고 꾀하려는 마음이 큰 해를 불러온다고 하면서, '중덕中德'(마음)을 비판하였다. 마지막 '곤궁함을 초래하는 여덟 가지 극단'(窮有八極)에 관한 소단락에서는 곤궁함과 영달을 이루는 원인에 대해 서술하였다.

열 번째 단락은 어떤 사람이 군주로부터 하사받은 상을 장자에게 자랑하는 내용을 그렸다. 장자는 이를 마치 용의 여의주를 훔쳐 오는 일에 비유하면서, 언젠가는 큰 화를 만나게 될 수 있다고 경고하였다.

열한 번째 단락에서는 장자가 벼슬에 나가지 않는 것에 관해 서술하였다.

열두 번째 단락에서는 죽음을 앞둔 장자가 후한 장례에 반대하는 내용을 그렸다.

이 편에서 유래한 성어에는 대표적으로 능자다로能者多勞[1], 고항황괵槁項黃馘[2], 연옹지치吮癰舐痔[3], 국지정간國之貞幹[4], 후모심정厚貌深情[5], 탐려득주探驪得珠[6] 등이 있다.

---

1) 능력이 많을수록 더 많은 고생을 함.
2) 마르고 초췌하며 얼굴이 누렇게 뜸. 건강하지 않은 기색을 나타내는 말.
3) 입으로 치질의 고름을 뽑아냄. 비굴하게 남을 받들며 아첨하는 모습을 나타내는 말.
4) 나라의 기둥. 나라의 핵심이 되는 중요한 인물을 비유적으로 표현하는 말.
5) 얼굴은 순박해도 속내는 깊음. 사람의 마음속은 복잡하여 쉽게 파악할 수 없음을 나타내는 말.
6) 흑룡의 턱에서 구슬을 얻음. 원래는 위험을 무릅쓰고 큰 이익을 얻는 것을 가리키는 말이나, 후에 글의 표현이나 용어가 매우 적절하여 내용의 핵심을 찌른다는 의미로 사용됨.

1.

列禦寇之齊, 中道而反, 遇伯昏瞀人①. 伯昏瞀人曰: "奚方而反②?"
曰: "吾驚焉." 曰: "惡乎驚?"
曰: "吾嘗食於十③, 而五先饋." 伯昏瞀人曰: "若是, 則汝何爲驚已④?"
曰: "夫內誠不解⑤, 形諜成光⑥, 以外鎭⑦人心, 使人輕乎貴老⑧, 而鳌其所患⑨. 夫人特爲食羹之貨, 無多余之贏⑩, 其爲利也薄, 其爲權也輕, 而猶若是, 而況於萬乘之主乎! 身勞於國而知盡於事, 彼將任我以事而效我以功, 吾是以驚."
伯昏瞀人曰: "善哉觀乎⑪! 汝處已⑫, 人將保女矣⑬!"
無幾何而往, 則戶外之屨滿矣. 伯昏瞀人北面而立, 敦杖蹙之乎頤⑭, 立有間, 不言而出.
賓者⑮以告列子, 列子提屨, 跣⑯而走, 暨乎門, 曰: "先生既來, 曾不發藥⑰乎?"
曰: "已矣, 吾固告汝曰人將保汝, 果保汝矣. 非汝能使人保汝, 而汝不能使人無保汝也, 而焉用之感豫出異也⑱! 必且有感搖而本才⑲, 又無謂也. 與汝遊者又莫汝告也, 彼所小言, 盡人毒也. 莫覺莫悟, 何相孰也⑳! 巧者勞而知者憂, 無能者無所求, 飽食而敖遊, 泛若不系之舟, 虛而敖遊者也."

【길잡이】

① 伯昏瞀人: 「덕충부」에서는 '백혼무인伯昏無人'으로 되어 있다.

② 奚方而反: '방方'자에 대해서는 여러 가지 해석이 있다.

(1) '방方'을 '길'이라고 보는 해석.(『경전석문』에서 이이의 설 인용) 길을 갔다 도중에 돌아온 것에 대해 물었다는 뜻이다.(성현영, 『장자소』) 혹은 어디에서 다시 되돌아왔는지를 물은 것을 말한다고도 본다.(임희일, 『남화진경구의』)

(2) '방方'을 일(事), 연고(故)라고 보는 해석. 김기원金其源은 "『역』 복괘復卦의 '후불성방後不省方'에 대한 주석에서 "방方'을 '일'(事)을 말한다'라고 설명하였다"라고 하였다.(전목의 『장자찬전』에서 인용) 선영은 "'무슨 연고인가'(何故)라는 말과 같다"라고 하였다.(『남화경해』[7])

7) 원서에는 『南華眞經』이라고 되어 있으나 오타이다. 宣穎이 지은 『장자』 주석서는 『南華經解』이다. 아래 ⑨도 마찬가지이다.

(3) '방方'을 '방妨'을 생략한 글자로 보는 해석. 『설문해자』에 따르면 "'방妨'은 '방해하다'의 뜻이다"라고 하였다.(마서륜, 『장자의증』)

▹ 진고응: (2), (3)의 설이 모두 가능하다.

③ 十饕: '장饕'은 '장漿'으로 읽는다. 열 가구가 모두 '장漿'(일종의 즙을 통칭하는 말)을 판다는 뜻이다.(『경전석문』에서 사마표의 설을 인용) 조간의본趙諫議本에서는 '장饕'을 '장漿'으로 썼다. 이하 역시 마찬가지이다.(왕효어의 교열)

④ 已: '야'(也, 邪, 의문을 표시하는 어조사)와 같다.

⑤ 內誠不解: '성誠'은 '정情'의 가차자로 사용되었다.(정전성, 『장자음의역』) 내면의 정욕이 해소되지 않음을 뜻한다.

⑥ 形諜成光: '첩諜'은 '거동'을 말하니, '형첩形諜'은 '거동을 표현하다'라는 말이다. '성광成光'은 광채 나는 의용을 가리킨다.(임희일, 『남화진경구의』)

• 손이양: '첩諜'은 '설渫'의 가차자로 보아야 한다. '내성불해內誠不解'는 진실함이 속에 쌓여 있음을 말하며, '형첩성광形諜成光'은 그 모습이 겉으로 드러나 광채 나는 의용을 보이는 것을 말한다.(『장자차이』)

⑦ 鎭: 복종시키다(服).(성현영, 『장자소』)

⑧ 使人輕乎貴老: 열어구를 노인보다 더 존중하는 것을 가리킴.(『경전석문』)

⑨ 鳌其所患: 화를 초래함.

• 선영: '제鳌'는 속자로는 '회䆁'라고도 쓴다. 나면도의 『남화진경순본』에서는 "'양釀'(조성하다)과 같다"라고 설명하였다. 자신을 드러내며 뽐내는 것이 바로 화를 불러오는 원천이라는 말이다.(『남화경해』)

• 왕선겸: 선영은 "'제鳌'에는 '조성하다'(釀)라는 뜻이 있다"라고 하였다. '제鳌'는 '재齎'(가져오다), '치致'(부르다)와 같다. 모두 뜻이 통한다.(『장자집해』)

⑩ 無多余之贏: 『열자』에는 '다多'자 앞에 '무無'자가 있으니, 이에 따른다. 본전에 한계가 있는 만큼 파는 양 또한 미미하다는 말이다.(유봉포, 『남화설심편』) '무無'자는 원래 없으나, 『장자궐오』에 인용된 강남고장본 및 문여해文如海, 장군방본에 따라 보충한다. 성현영의 『장자소』에 근거하여 살펴보아도 역시 '무'가 있어야 한다.(왕효어의 교열) 유월, 마서륜, 왕숙민 등은 모두 '무'가 있을 필요가 없다고 보았으나, 옳지 않다. '무다여지영無多余之贏'은 남는 이윤이 많지 않음을 말한다.(임희일의 『列子』 주석 참고) 바로 뒤에 이어지는 '이익이 적다'(其爲利也薄)는 구절과

같은 뜻이다. 따라서 '무'를 보충해야 한다.

⑪ 善哉觀乎: '좋구나! 잘 살펴보았다'라는 뜻.

- 선영: 잘 돌이켜 보았음을 칭찬한 말이다.

⑫ 汝處已: '이已'는 '의矣'로 읽는다.(유봉포) 『장자궐오』에 인용된 강남고장본 및 이씨본李氏本[8])에서는 '기紀'로 읽었고(왕효어의 교석), 성현영본에는 '기己'(자기)로 읽었으나, 옳지 않다.(마서륜) '여처이汝處已'는 '편안히 있어라!'라는 뜻이다.

- 유문전: 이 구절은 '여처이女處已'에서 끊어 읽어야 한다. 『열자』「황제黃帝」에서 이 구절을 그대로 가져와 사용하였는데, 역시 이를 '여처이汝處已'로 읽었다. 강남고장본과 이씨본李氏本의 방식은 옳지 않으므로 따르지 않는다.(『장자보정』)
  - ▹ 진고응: 유봉포, 마서륜, 유문전 등의 설이 모두 타당하다.

⑬ 人將保女矣: '보保'는 '가까이 모여듦'(聚守)(곽상, 『장자주』), 접근함(附)(사마표). '여女'는 '여汝'(2인칭 대명사)와 같다.

⑭ 敦杖蹙之乎頤: 지팡이를 세워 턱을 굄. '돈敦'은 '세로로 하다'(豎)라는 뜻이다.(사마표)

- 임희일: 지팡이를 세워 턱을 바친 것을 말한다. '축蹙'은 '떠받치다'라는 뜻이다.

⑮ 賓者: '빈儐'으로 쓴 판본도 있다. 손님을 접대하는 사람.(『경전석문』)

⑯ 跣: 맨발.

⑰ 發藥: 약석지언藥石之言[9])으로 계도함.(임희일)

⑱ 而焉用之感豫出異也: '어찌하여 사람들의 환심을 불러일으키며 남보다 뛰어나다는 듯이 행동하는가?'라는 말.

- 선영: '이而'는 '이爾'(너)를 말하고, '지之'는 '이것'을 가리킨다. '어찌하여 이런 방식으로 사람들의 환심을 자극하면서 스스로 특별하다고 여기는가?'라는 뜻이다.

⑲ 必且有感搖而本才: '감感'은 '감撼'(뒤흔들다)으로 읽는다.(우성오, 『장자신증』) '이而'는 '여汝'(너)의 뜻이다. '재才'는 '성性'으로 쓴 판본도 있다.(『경전석문』) 『열자』

8) 『장자궐오』에 나오는 정식 명칭은 '江南李氏書庫本'이다. 張潛夫가 보주한 것으로 되어 있다.
9) 약이 되는 충고나 조언을 이르는 성어.

「황제黃帝」에는 '차필유감야且必有感也, 요이본신搖而本身'(또한 사람들을 감화시키려 하다 보면 너 자신도 동요된다)이라고 되어 있다.

- 허유휼: '차필유감야且必有感也'의 '필必'은 '심心'으로 읽어야 한다. 형태가 근접하여 와전되었다. 연심緣心(인연에 의거하여 일어나는 마음)과 본신本身은 서로 보완적으로 움직인다. 마음에서 감응하는 바가 있으면 반드시 그 본신을 움직이기 마련이다.[본신이란 바로 本性을 말한다.] 따라서 앞에서 '외면으로 다른 사람의 마음을 복종시켰으니, 그 화가 나에게 미칠 것이다(以外鎭人心而鳌其所患)'라고 한 것이다. 여기서 말하는 '화(患)'란 마음이 외물을 감응함으로써 본신이 그에 따라 뒤흔들리는 화를 말한다. 『장자』「열어구列禦寇」에도 이를 '필必'로 잘못 적었다.(楊伯峻의 『列子集釋』에서 手鈔本을 인용)
- 양백준: 왕중민王重民은 '본신本身'은 '본성本性'을 말한다고 하였는데, 이 설이 옳다. 그런데 『장자』에서는 '본재本才'라고 적었으니, 이 역시 틀린 글자는 아니다. 『맹자』「고자상告子上」의 '비천지강재이수야非天之降才爾殊也'(하늘이 재주를 내림이 이처럼 다른 것이 아니다)의 '재才' 역시 '성性'을 말하는데, 『장자』의 '재才' 역시 같은 용법으로 볼 수 있다.(『列子集釋』)

⑳ 何相孰也: '숙孰'은 '숙熟'의 본 글자이다.(도홍경, 『독장자차기』) '서로 숙지함'이라는 뜻.

【풀이】

열어구列禦寇가 제齊나라로 떠났다가 도중에 돌아오게 되었는데, 돌아오는 길에 우연히 백혼무인伯昏瞀人을 만났다. 백혼무인이 그를 보고 말했다. "무슨 일로 돌아오는가?"

열어구가 말했다. "놀라는 일이 있었습니다."

백혼무인이 말했다. "무엇 때문에 놀랐는가?"

열어구가 말했다. "즙을 만들어 파는 가게 열 군데에서 음식을 사 먹었는데, 그중 다섯 군데에서 나에게 음식을 먼저 내왔습니다."

백혼무인이 말했다. "그런데 왜 놀랐는가?"

열어구가 말했다. "이는 내 마음속 정욕이 해소되지 않아, 모습과 행동이 광채를 띠어 다른 사람의 마음을 복종시킨 것입니다. 다른 사람이 나를 노인보다 더 존중하도록 만들어 버렸으니, 화가 나에게 미칠 것이 분명합니다. 즙 장수는 그저 몇 가지 음식을 사고파는 자들이니 크게 이윤을 남기는 것도 아니고, 버는 것도 적을 것이며, 권세도 미미할 것입니다. 그런데도 나를 이렇게 대하는데,

만승萬乘의 군주라면 어떻게 나를 대하겠습니까? 아마도 나는 국사를 돌보며 몸을 혹사시키고 정사를 고민하면서 정신을 다 소모해 버리게 될 것입니다. 그리고 왕은 내게 일을 맡기고 성과를 거두도록 요구하지 않겠습니까? 이런 생각이 들어 놀랐던 것입니다."

백혼무인이 말했다. "제대로 봤구나! 기다려 보게나, 사람들이 자네에게 몰려들 것이다!"

정말로 얼마 지나지 않아 그의 집 문 앞에는 사람들이 신고 온 신발이 가득하게 되었다. 백혼무인은 북쪽을 향해 서서 지팡이로 그의 턱을 괴고 얼마 동안 아무 말도 하지 않고 이 광경을 바라보다가 그대로 떠났다.

손님을 접대하던 자가 이 사실을 열자列子(列禦寇)에게 알렸다. 열자가 신발을 손에 든 채 그대로 맨발로 뛰쳐나가 문으로 향했다. 그러고는 백혼무인을 향해 외쳤다. "오셔서 왜 아무 조언도 해주지 않으시고 가시는 겁니까?"

백혼무인이 말했다. "그만 되었다. 내가 이미 자네에게 사람들이 몰려들 것이라 말하지 않았었던가? 아니나 다를까 사람들이 자네에게 몰려들었다. 하지만 자네가 사람들을 모여들게 할 수 있었다기보다는, 사람들이 모여들지 않게 할 수 없었다고 해야 할 것이다. 그런데 어찌 이렇게 사람들의 환심을 사면서 스스로 특별한 척 행동하는가? 그러면 반드시 너의 본성을 흔들어 놓을 것이니, 이렇게 되면 정말로 방법이 없다. 자네와 함께 있는 자들은 자네에게 아무런 충고도 해주지 않는 데다가, 그들이 하는 간교한 말은 그저 남에게 해만 될 뿐이다. 이를 깨닫지 못한다면 어떻게 사람들과 서로 친해질 수 있겠는가? 지모를 통해 기민하게 생각하는 자는 근심이 많지만, 지모를 사용하지 않는 사람은 바라는 것이 없어서 그저 배불리 먹고 노닐면서 매여 있지 않은 배처럼 떠다니며 마음을 비운 채 유유자적한다."

2.

鄭人緩①也呻吟於②裘氏③之地. 只三年而緩爲儒, 河潤九里④, 澤及三族⑤, 使其弟墨⑥. 儒墨相與辯, 其父助翟⑦. 十年而緩自殺. 其父夢之曰: "使而子爲墨者予也. 闔嘗視其良⑧, 旣爲秋柏之實矣?"

夫造物者之報⑨人也, 不報其人而報其人之天⑩. 彼故使彼⑪. 夫人⑫以己爲有以異於人以賤其親, 齊人之井飮者相捽也⑬. 故曰今之世皆緩也. 自是, 有德者以不知也⑭, 而況有道者乎! 古者謂之遁天之刑.

聖人安其所安, 不安其所不安⑮; 衆人安其所不安, 不安其所安.

莊子曰: "知道易, 勿言難. 知而不言, 所以之天也; 知而言之, 所以之人也; 古之至人⑯, 天而不人."

【길잡이】

① 緩: 사람 이름.

- 후쿠나가 미쓰지: '완緩'은 유자들을 상징하는 말이다.[儒라는 말에는 '온화하다'[緩]라는 뜻이 있다.](『장자』)

② 呻吟於: '신음呻吟'이란 낭독하는 소리를 말한다. '어於'자는 원래 빠져 있으나, 『도장』에 실린 저백수의 『남화진경의해찬미』본에는 '어於'자가 있어 의미가 더욱 완전하다.(왕숙민) 이에 근거하여 보충한다.

③ 裘氏: 땅 이름. '구裘'는 유가의 복장이다.(『경전석문』에서 최선의 설을 인용)

④ 河潤九里: 사람들에게 널리 은택을 베푸는 것을 표현하는 말.

⑤ 三族: 부계, 모계, 처가의 친족.

⑥ 使其弟墨: 아우에게 묵자의 학문을 배우게 함.

⑦ 翟: 완緩의 아우 이름. 묵적墨翟을 상징하는 말.(후쿠나가 미쓰지)

⑧ 闔嘗視其良: '량良'은 '은垠'으로도 쓰며, '랑浪'으로 읽는다.10) 무덤을 뜻한다.(『경전석문』) '합闔' 다음에 원래는 '호胡'자가 있었으나, 『장자궐오』에 인용된 문여해文如海, 성현영, 강남이씨본 등에는 '호胡'가 없다.(마서륜, 『장자의증』) 이에 따라 삭제해야 한다.

- 마서륜: 성현영의 『장자소』에서는 "'합闔'은 '어찌 아니'(何不)라는 뜻이다"라고 하였다. 즉 성현영의 판본에는 '합闔'자 다음에 '호胡'자가 없었다는 말이며, 없는 것이 옳다. 간혹 어떤 판본에 '호胡'자가 들어 있는 것은 주석의 '합闔'자 다음에 '호胡'자가 있었던 것을 옮겨 적는 과정에서 본문에 잘못 삽입한 것이다.

---

10) '良'이 '무덤'을 뜻할 때는 우리말 음도 '량'이다.

- 왕숙민: 진경원의 『장자궐오』에 인용된 문여해, 성현영, 강남이씨본 등에는 '호胡'자가 없으니, 이에 따라야 한다. '호胡'는 '합闔'과 같다. 어떤 판본에서는 '합闔'을 '호胡'로 쓰기도 하였는데, 옮겨 적는 과정에서 잘못 들어간 것이다.

⑨ 報: 이루어 줌(成)(선영), 부여함.

⑩ 不報其人而報其人之天: 그의 인위적인 측면을 부여한 것이 아니라, 그의 천성을 부여한 것임.

⑪ 彼故使彼: 그의 본성이 그를 이렇게 나아가도록 만든 것임. '피彼'는 본성 혹은 내면에 갖추어진 조건을 가리킨다.

- 성현영: 적翟이라는 자는 원래부터 묵가의 성향을 지니고 있었으므로 묵가가 된 것이다.
- 임운명: 그가 묵가가 된 것은 본래 묵가의 근기根氣를 지녔기 때문이다. 그러므로 묵가가 된 것은 묵가로 성장할 근기가 실현된 것이다.(『장자인』)

⑫ 夫人: 완緩을 가리킴.(임희일)

⑬ 齊人之井飮者相捽也: '제인齊人'은 '제나라 사람'으로 읽기도 하고(성현영, 『장자소』), '평민'(齊民) 즉 '사람들'이라 읽기도 한다(임운명). '졸捽'은 서로 옥신각신 다투는 것을 말한다.(임희일)

- 육덕명: 우물을 뚫는 자는 자기가 샘을 만드는 데 공이 있다고 생각하여 물을 독차지하려 하지만, 샘이 자연적으로 이루어졌다는 것은 알지 못함을 말한다. 적翟이 천성적으로 묵가라는 것을 완緩이 알지 못하고 그 사실에 분개한 것을 비유한 것이다.(『경전석문』)

⑭ 自是, 有德者以不知也: 스스로는 옳다고 여기지만, 덕을 지닌 사람의 관점에서 보면 지혜롭지 않음. '부지不知'는 '지혜롭지 않음'(不智)을 말한다.

⑮ 安其所安, 不安其所不安: '소안所安'은 자연의 이치를 가리키며, '소불안所不安'은 인위人爲를 가리킨다.(임희일) 자연에 편안히 처하며, 인위에 안주하지 않음을 말한다.

⑯ 古之至人: '지至'는 원래 빠져 있으나, 진경원의 『장자궐오』에 인용된 장군방본에는 '고지古之' 뒤에 '지至'가 들어 있다. 이에 따라 보충해야 한다.

- 유문전: 장군방본이 옳다. 『장자』에서는 항상 '고지지인古之至人'이라고 표현했다. 뒤에서도 '피지인자彼至人者, 귀정신호무시歸精神乎無始'라 하였으니,

역시 '지인至人'을 말한다.

【풀이】

정鄭나라 사람 가운데 완緩이라고 하는 자가 있었는데, 구씨裘氏라는 지방에서 책을 읽으며 지냈다. 그렇게 하여 3년 만에 유자儒者가 되었으며, 아홉 개 마을에 은덕을 베풀고 은택이 삼족三族의 친척들에게까지 미쳤다. 그에게 적翟이라는 아우가 하나 있었는데, 아우에게는 묵학을 배우게 하였다. 후에 유가와 묵가의 주장이 서로 상충하여 논쟁이 일어나면, 그의 부친은 늘 아우의 편을 들었다. 다시 십 년이 지나 완緩이 스스로 목숨을 끊게 되었는데, 하루는 부친의 꿈에 그가 나타나 이렇게 말했다. "아버님의 자식을 묵가로 만든 것은 저입니다. 그런데 왜 저의 무덤에 찾아오지 않는 것입니까? 무덤 위에 측백나무가 무성히 자라 열매를 맺을 정도가 되었습니다."

조물자가 인간에게 부여한 것은 인위가 아니라 바로 그의 천성이다. 그 천성이 바로 그가 어떤 방향으로 나아갈지를 결정한다. 완은 자신이 남들과 다르다고 여기면서 그 부친을 가벼이 여겼다. 옛날 제齊나라 사람이 우물을 파고는 [자기가 샘물을 만들어 냈다고 여기면서] 우물물을 서로 다툰 것과 같은 형국이다. 지금의 사람들 또한 완의 무리와 다를 바 없다. 스스로는 옳다고 여기지만, 덕을 지닌 자의 입장에서 보면 지혜로운 것이 아니다. 하물며 도를 지닌 자의 눈에는 어떻게 보이겠는가? 옛날에는 이를 바로 '자연을 거스른 벌'이라고 불렀다.

성인은 자연에 편안히 거하고 인위에 안주하지 않는다. 반대로 일반 사람들은 인위에 편안히 거하고 자연에 안주하지 않는다.

장자는 이렇게 말했다. "아는 것은 쉽지만, 아는 것을 말하지 않는 것은 어렵다. 알지만 말하지 않는 것이 바로 자연에 부합하는 것이다. 아는 것을 말로 한다면 이는 인위라고 할 수 있다. 옛날의 지인들은 자연을 체득하고 인위로 백성들을 괴롭히지 않았다."

3.

朱泙漫①學屠龍於支離益②, 單③千金之家, 三年技成而無所用其巧.

聖人以必不必④, 故無兵; 衆人以不必必之, 故多兵; 順於兵, 故行有求⑤. 兵,恃之則亡⑥.

小夫⑦之知, 不離苞苴竿牘⑧, 敝精神乎蹇淺⑨, 而欲兼濟道物⑩, 太一形虛. 若是者, 迷惑於宇宙⑪, 形累不知太初. 彼至人者, 歸精神乎無始而甘瞑⑫乎無何有之鄉. 水流乎無形, 發泄乎太清⑬. 悲哉乎! 汝爲知在毫毛⑭, 而不知大寧⑮!

【길잡이】

① 朱泙漫: 성은 주평朱泙, 이름은 만漫.

② 支離益: 성은 지리支離, 이름은 익益. 허구의 인물로 보인다.

- 유월: 지리支離는 두 글자 성이다. 「인간세」에 나온 바 있다. 주평朱泙 역시 두 글자 성이다. 『광운』 「십우十虞」 '주朱'자 항목의 주석에서는, "『장자』에 주평만朱泙漫이라는 이름이 보인다. 곽상의 『장자주』에서 이를 "주평朱泙은 성이다'라고 풀이하였다"라고 하였다. 하지만 지금의 곽상 『장자주』에는 이 내용이 보이지 않는다.

③ 單: '탄殫'을 생략한 글자이다.(마서륜) 성현영의 『장자소』에서는 "'탄殫'은 '다하다'(盡)라는 뜻이다"라고 하였으니, 성현영의 판본에는 '탄殫'으로 적었음을 알 수 있다. 즉 '단單'은 '탄殫'의 가차자로 사용되었다.(왕숙민)

④ 以必不必: 필연적인 일을 필연적이지 않은 것으로 여김. 고집스럽지 않고 개방적인 태도를 뜻한다.

⑤ 順於兵, 故行有求: 다툼을 따르므로 탐하는 행위가 있게 됨. '구求'는 마음에 탐하는 생각이 있음을 뜻한다.(성현영, 『장자소』)

- 유봉포: 치우친 입장에서 다른 편과 다투니, 행동이 사사로운 이익을 꾀하게 된다.

⑥ 兵, 恃之則亡: 『노자』 31장에 '병자불상지기兵者不祥之器'라는 구절이 나온다.

⑦ 小夫: 필부를 말함.(성현영, 『장자소』)

⑧ 苞苴竿牘: 서로 왕래하며 교제함.(이종예)

- 성현영: '포저苞苴'는 향초이고, '간독竿牘'은 죽간이다. 향초를 뽑아서 서로에게 증정하고, 죽간을 잘라 서신을 서로에게 보내는 것 등은 세속의 잡일이다.
- 임희일: '포저苞苴'는 '선물하다'라는 뜻이고, '간독竿牘'은 서로 안부를 물으며 왕래하는 것을 말한다.

⑨ 蹇淺: 비근함, 얕음. '건蹇'과 '천淺'은 동일한 뜻이다.

⑩ 兼濟道物: '도道'자는 조간의본趙諫議本에는 '도導'라고 되어 있다.(왕효어의 교열)

⑪ 迷惑於宇宙: 우주의 형상에 미혹당함.(이종예)

⑫ 瞑: 면眠(잠자다)의 고금자古今字이다.(유월) 『경전석문』에 나오는 판본, 세덕당본 등에서는 '명瞑'을 '명冥'으로 썼다. '명冥'은 '명瞑'의 가차자이고, '명瞑'은 곧 '면眠'의 옛글자이다.(왕숙민)

⑬ 發泄乎太淸: 지인至人의 정신은 태청太淸으로부터 나옴.(이면)

- 왕선겸: 자연에 따라 흐르며 행동하는 지인至人의 모습을 비유한다.

⑭ 知在毫毛: 보는 바가 좁음.(임희일)

⑮ 大寧: 크게 평온함. 무위자연의 이치를 가리킨다.(임희일)

【풀이】

주평만朱泙漫이 지리익支離益에게 가서 용을 잡는 기술을 배웠다. 천금의 가산을 모두 탕진해 가며 3년 만에 겨우 기술을 익혔으나, 정작 어느 곳에도 쓸데가 없었다.

성인은 필연적인 일을 필연적이지 않은 것으로 여기므로 다툼이 없다. 하지만 보통 사람들은 필연적이지 않은 일을 필연적으로 여기므로 다툼이 많다. 이처럼 다툼을 좇기 때문에 탐하는 행위가 있게 된다. 다툼이란 그것에 의지하면 목숨 잃는 일밖에 없다.

범부들의 심지心智는 오직 사람들과 어울리며 교제하는 것 말고는 없으니, 정신이 온갖 잡스러운 일에 갇혀 있다. 그런데도 만물을 구제하고 인도하려 하면서 '태일형허太一形虛'의 경지에 이르려 한다. 이렇게 한다면 오히려 우주의 형상에 미혹되어 버리니, 몸만 괴로울 뿐 태초의 상태를 알지도 못한다. 하지만 지인至人은 정신을 시작조차 없는 경지에 두고 아무것도 없는 곳에 몸을 맡긴다. 마치 물이 어떤 형태도 없이 흐르듯이 오직 저절로 흘러가는 대로 움직인다. 슬프구나, 그대들의 심지가 자질구레한 일에 얽매여 위대한 평안의 경지(大寧)를 알지 못하는 것이!

4.

宋人有曹商[①]者, 爲宋王[②]使秦. 其往也, 得車數乘; 王說之[③], 益車百乘. 反於宋, 見莊子曰: "夫處窮閭厄巷[④], 困窘織屨[⑤], 槁項黃馘[⑥]者, 商之所短也; 一悟萬乘之主而從車百乘者, 商之所長也."

莊子曰: "秦王有病召醫, 破癰[⑦]潰痤[⑧]者得車一乘, 舐痔者得車五乘, 所治愈下, 得車愈多. 子豈治其痔邪, 何得車之多也? 子行矣!"

【길잡이】

① 曹商: 성은 조曹, 이름은 상商.

② 宋王: 송나라 언왕偃王.(사마표, 『장자주』)

③ 王說之: '왕王'은 진왕秦王을 가리킨다. '열說'은 '열悅'로 읽는다.(『경전석문』) '왕열지王說之' 앞에는 '진秦'자가 들어가야 한다.(도홍경, 『독장자차기』)

④ 窮閭厄巷: '궁려窮閭'는 궁벽한 마을. '액厄'은 '액隘'과 같다. '협소하다'라는 뜻이다.

- 후쿠나가 미쓰지: 빈민가를 말한다.

⑤ 困窘織屨(屨의 중국음은 jù[具]): 궁핍하여 스스로 새끼를 꼬아 신발을 만듦.(임희일) '구屨'는 삼을 엮어 만든 신발.

⑥ 槁項黃馘(馘의 중국음은 guó[國]): '고槁'는 '시들다, 마르다'의 뜻. '항項'은 목, '괵馘'은 여기서 얼굴을 가리킴. 이 구절은 사람의 얼굴이 누렇게 뜨고 수척한 모습을 묘사한 것이다.(王力, 『古代漢語』)

- 육덕명: '항項'에 대해 이이는 "'고항槁項'은 야위고 수척한 모습이다"라고 하였고, 사마표는 "목이 야위어 바싹 마른 것을 말한다"라고 하였다. 한편 '황괵黃馘'에 대해 사마표는 "얼굴이 누렇게 뜬 모습을 말한다"라고 하였다.
- 임운명: '고항槁項'은 목에 살이 없이 마른 것을 말하고, '황괵黃馘'은 얼굴이 초췌하고 여윈 것을 말한다.
- 해동: '괵馘'은 '함顑'의 오자로 보인다. 『설문해자』에서 "'함顑'은 배불리 먹지 못해 얼굴이 누렇게 일어난 것을 말한다"라고 하였다.(『장자보주』)

⑦ 癰(중국음은 yōng[擁]): 붉게 부어올라 고름이 나오는 독창.

⑧ 痤: 『태평어람』 제733항에 인용된 구절에서는 '저疽'로 썼다.(마서륜)

【풀이】

송宋나라에 조상曹商이라는 자가 있었는데, 왕의 사자로 진秦나라에 갔다. 그가 떠날 때 수레 여러 대를 받았고, 진나라 왕을 만나고 나서는 왕이 그를 마음에 들어 하여 다시 수레 백 대를 하사하였다. 그가 임무를 마치고 송나라에 돌아와 장자를 만났다. "궁벽한 마을에 살면서 군색하게 신발을 만들며 얼굴이 누렇게 뜨고 초췌하고 야윈 모습은 내가 미치지 못하는 점입니다. 그렇지만 만승의 군주를 만나기만 하면 백 대의 수레가 저의 뒤를 따르게 하는 것은 바로 저의 장점일 것입니다."

장자가 말했다. "진나라 왕이 병에 걸려 의원을 불렀는데, 독창을 뽑아내면 수레 한 대를 얻고, 치질을 핥으면 수레 다섯 대를 얻는다. 치료하는 곳이 비천할수록 얻게 되는 수레는 더 많아진다. 지금 너의 모습이 바로 치질을 치료하는 것이 아니고 무엇이겠는가? 어떻게 하여 이렇게 많은 수레를 얻게 되었는가? 얼른 물러가거라!"

5.

魯哀公問乎顔闔曰: "吾以仲尼爲貞干①, 國其有瘳乎?"

曰: "殆哉圾乎②! 仲尼方且飾羽而畫③, 從事華辭, 以支爲旨④, 忍性以視民而不知不信⑤, 受乎心, 宰乎神⑥, 夫何足以上民! 彼宜女與? 予頤與⑦? 誤而可矣⑧. 今使民離實學僞, 非所以視民也, 爲後世慮, 不若休之. 難治也⑨."

【길잡이】

① 貞干: 동량棟梁을 말함.(임운명)

② 圾乎: '급圾'은 '급岌'(험하다), '위危'(위험하다)와 통한다.

③ 仲尼方且飾羽而畫: 공자가 문식文飾을 좋아하는 것을 가리킨다.

④ 以支爲旨: 지엽적인 것을 요지로 삼음.

⑤ 忍性以視民而不知不信: 성정을 꾸며 백성들에게 과시하지만, 정작 자신이 신뢰를 얻지 못한다는 사실은 알지 못함.

- 임운명: '인성忍性'은 '본성을 교정하다(矯性)'라는 말과 같다. '시視'는 '보여

주다'라는 뜻이다. 자연적인 본성을 꾸미려 하지만 아무런 실질이 없음을 알지 못한다는 말이다.

⑥ 受乎心, 宰乎神: 마음속으로 받아들여 정신을 주재함. 앞의 '성정을 꾸며 백성들에게 과시하지만, 정작 자신이 신뢰를 얻지 못한다'(忍性而不知不信)라는 구절을 받아서, 그런 상태를 마음속에 담고 정신을 다스린다는 뜻이다.

⑦ 彼宜女與? 予頤與: '피彼'는 공자를 가리킨다. '여與'는 '여歟'(의문이나 반문을 나타내는 어조사)와 같다. '이頤'는 '기르다'라는 뜻이다. 이 구절은 "그가 과연 공께 적합하겠습니까? 그에게 맡겨 백성들이 편안히 살아갈 수 있겠습니까?"라는 뜻이다.

⑧ 誤而可矣: '오이이의誤而已矣'와 같다. '반드시 그르침에 이르게 된다'는 말이다.(정전성)

⑨ 難治也: 공자를 쓴다면 다스림을 도모하기 힘들다는 말.

【풀이】

노魯나라 애공哀公이 안합顔闔에게 물었다. "내가 공자를 나라의 기둥으로 삼는다면 나라를 구제할 수 있겠는가?"

안합이 말했다. "위험합니다! 공자는 꾸미고 장식하는 것을 좋아하고, 문장을 화려하게 하는 것에만 골몰하며, 지엽적인 것을 요지로 삼습니다. 성정을 꾸며 백성들에게 과시하는데, 정작 자신이 신뢰를 얻지 못한다는 사실은 알지 못합니다. 이러한 것들을 마음속에 담은 채 정신을 다스리는데, 어떻게 백성들을 인도할 수 있겠습니까? 그가 과연 공께 적합하겠습니까? 그에게 맡겨 백성들이 편안히 살아갈 수 있겠습니까? 반드시 사람들을 그르치고 말 것입니다. 지금도 그는 사람들이 본래의 소박한 상태를 떠나 거짓된 것을 배우도록 하니, 이는 백성들에게 보여 주고 가르쳐서는 안 되는 것입니다. 후세를 생각한다면, 역시 그만두는 것이 좋을 듯합니다. (공자를 쓴다면) 다스림을 도모할 수 없을 것입니다."

6.

施於人而不忘①, 非天布②也. 商賈不齒, 雖以事齒之, 神者弗齒.

【길잡이】

① 施於人而不忘: 유심有心의 태도로 정사나 교화를 베풂.(임희일)

② 非天布: 자연스러운 베풂(自然的布施)이 아님.

【풀이】

사람들에게 은혜를 베풀고서 보답 받을 것을 잊지 않는다면 이것은 자연스러운 베풂이 아니다. 상인들은 모두 그를 멸시하니, 간혹 일 때문에 논의하는 때가 있을지라도 신인神人은 그와 함께하지 않는다.

7.

爲外刑者, 金與木①也; 爲內刑者, 動與過②也. 宵人③之離④外刑者, 金木訊⑤之; 離內刑者, 陰陽食之⑥. 夫免乎外內之刑者, 唯眞人能之.

【길잡이】

① 金與木: '금金'은 칼, 톱, 가마, 도끼 등. '목木'은 채찍과 질곡을 말한다.(곽상, 『장자주』)

② 動與過: '동動'은 마음을 함부로 쓰는 것이고, '과過'는 일의 허물을 후회하는 것이다.(임운명의 설)

③ 宵人: '소인小人'과 같다.(유월)

④ 離: (재난 등을) 당하다, 만나다(罹).

⑤ 訊: 죄를 물음.

⑥ 陰陽食之: 음양의 두 기가 서로 얽혀 침식함.

【풀이】

외부적으로 신체에 가해지는 형벌로는 도끼와 질곡의 형벌이 있고, 내면에 가해지는 형벌에는 성급한 행동과 자책이 있다. 소인은 외부의 형벌을 당하여서는 도끼와 질곡으로 단죄받고, 내부의 형벌을 당하여서는 음양의 기가 서로 뒤엉켜 그를 침범한다. 내외의 형벌을 모두 피할 수 있는 것은 오직 진인眞人만이 가능하다.

8.

孔子曰: "凡人心險於山川, 難於知天; 天猶有春秋冬夏旦暮之期, 人者厚貌深情. 故有貌願而益①, 有長若不肖, 有順懁而達②, 有堅而縵③, 有緩而釬④. 故其就義若渴者, 其去義若熱. 故君子遠使之而觀其忠, 近使之而觀其敬, 煩使之而觀其能, 卒然問焉而觀其知, 急與之期而觀其信⑤, 委之以財而觀其仁, 告之以危而觀其節, 醉之以酒而觀其則⑥, 雜之以處而觀其色. 九征至, 不肖人得矣."

【길잡이】

① 貌願而益: '원願'은 '신중하고 중후함'을 뜻한다. '익益'은 '익溢'과 통하며, '교만하다'는 뜻이다.

② 順懁而達: 외면은 원만하지만 내면은 강직함.

- 이면: '환懁'은 '환環'과 통한다. '환環'은 '원圓'을 뜻하니, 즉 '순원順圓'은 원만하고 순종적인 것을 말한다. '달達'은 '펴다', '곧다'의 뜻이다. 외면은 원만하고 순종적이지만, 내면은 강직한 사람을 말한다.

③ 縵: '만慢'(느리다)의 가차자.(유월)

④ 釬: 급함(急).(『경전석문』) '한悍'(거칠다, 성급하다)의 가차자.(유월)

⑤ 急與之期而觀其信: 기한을 재촉하여 상대방의 신용을 관찰함.

⑥ 醉之以酒而觀其則: '칙則'은 '의칙儀則'을 말한다.(임희일) 『경전석문』에 나오는 판본에서는 이를 '측側'이라 쓰면서, "'칙則'이라고도 한다"라고 하였다. 임희일의 판본에는 '칙則'이라 되어 있다.

- 유월: 『경전석문』에서는 "'측側'은 '칙則'이라고도 한다"라고 하였으니, 이에 따라야 한다. '칙則'은 법칙을 말한다. 『국어』「주어周語」에서는 "위용에는 법칙이 있어야 한다. 취했다고 해서 위용이 점잖았다가 방자해졌다가 한다면, 이는 법칙이 없는 것이다"(威儀有則. 旣醉之後, 威儀反反, 威儀怭怭, 是無則矣)라고 하였다. 이러한 의미에서 '취한 이후에 그 법칙을 살핀다'(醉之以酒而觀其則)라고 한 것이다.

- 곽숭도: '측側'은 '칙則'으로 읽어야 한다. 『시경』에서 "술 마실 때의 큰 아름다움은 오직 그 거동에 달려 있다네"(飮酒孔嘉, 維其令儀)라고 한 것이 바로 '칙則'을 설명한 것이다.(곽경번의 『장자집석』에서 인용)

【풀이】

공자가 말했다. "사람의 마음은 산천보다 더 험악하여, 하늘을 알기보다 더 어렵다. 하늘에는 봄 · 여름 · 가을 · 겨울이나 아침과 저녁과 같이 일정한 시간의 흐름이 있다. 하지만 사람은 용모는 순박하여도 마음은 깊다. 따라서 외모는 신중하고 중후해도 행위는 교만할 수 있고, 겉으로는 성숙해 보여도 실제로는 불초할 수 있으며, 외모는 원만하여 순종적인 듯하지만 내면은 강직할 수 있고, 겉으로는 성실하게 보여도 내면은 태만할 수 있고, 겉으로는 여유롭게 보여도 내면은 조급할 수 있다. 따라서 올바름을 좇는 모습이 목마르고 굶주린 듯하다가도, 올바름을 버리는 것이 급하기가 불을 피하듯 하는 것이다. 이 때문에 군자는 사람을 멀리 보내 그 성실함을 관찰하고, 가까이 두어 공손함을 관찰하며, 번거롭고 힘든 일을 시켜 그 재능을 관찰하고, 갑작스럽게 문제를 던져 지혜를 관찰하고, 기한을 재촉하여 신용을 관찰하고, 재물을 맡겨 청렴함을 관찰하고, 위험한 일을 알려 절의를 관찰하고, 술에 취하게 하여 태도를 관찰하고, 뒤섞여 지내면서 그 기색을 관찰한다. 이 아홉 가지의 시험을 통해 검증을 하면 불초한 자들은 금방 드러난다."

9.

正考父①一命而傴, 再命而僂, 三命而俯②, 循牆而走, 孰敢不軌③! 如而夫④者, 一命而呂鉅⑤, 再命而於車上儛⑥, 三命而名諸父⑦, 孰協唐許⑧!

賊莫大乎德有心⑨而心有睫⑩, 及其有睫也而內視, 內視而敗矣. 凶德有五⑪, 中德⑫爲首. 何謂中德? 中德也者, 有以自好⑬也而吡⑭其所不爲者也. 窮有八極⑮, 達有三必⑯, 形有六府. 美髯長大壯麗勇敢, 八者俱過人也, 因以是窮. 緣循⑰, 偃佒⑱, 困畏不若人⑲, 三者俱通達. 智慧外通, 勇動多怨, 仁義多責. 達生之情者傀⑳, 達於知者肖㉑; 達大命者隨㉒, 達小命者遭㉓.

【길잡이】

① 正考父: 송나라의 대부.

- 성현영: '고考'는 '이루다', '보父'는 '크다'. 큰 덕을 이루어 올바른 도만을 밟았으므로 '정고보正考父'라고 불렀다.

② 一命而傴, 再命而僂, 三命而俯: 고대에는 첫 번째 명을 받으면 사士가 되었고, 두 번째 명을 받으면 대부大夫가 되었고, 세 번째 명을 받으면 경卿이 되었다. '구傴'는 등이 굽은 것을 말하고, '루僂'는 허리가 굽은 것을 말하며, '부俯'는 바닥에 엎드린 것을 말한다. 작위가 높아질수록 몸을 낮추었음을 말한 것이다.(임희일, 『남화진경구의』)

③ 循牆而走, 孰敢不軌: '순장이주循牆而走'는 담장을 따라 걷는 것으로, 행동이 겸손함을 묘사한 것이다. '숙감불궤孰敢不軌'는 '누가 감히 그를 본받지 않겠는가?'라는 말이다.(임희일) 『춘추좌씨전』은 정고보가 솥에 새겨 넣은 문구(鼎銘)를 다음과 같이 기록하였다. '첫 번째 명을 받고는 허리를 굽혔고, 두 번째 명을 받고는 등을 굽혔고, 세 번째 명을 받고는 엎드렸으며, 담장을 따라 걸어 다니니, 아무도 감히 나를 업신여기지 못했다.'(一命而僂, 再命而傴, 三命而俯, 循牆而走, 莫余敢侮)(마서륜)

④ 而夫: 범부凡夫를 말함.(곽상, 『장자주』)

⑤ 呂鉅: 교만한 모습.(임희일)

- 곽숭도: 『경전석문』에 따르면 "'여거呂鉅'는 굳센 모습이다(矯貌)"라고 하였으나, 여기에서는 '굳세다'의 뜻으로 풀어서는 안 될 듯하다. 『방언』에서는 "'치䟗', '려呂'는 '크다'(長)이다. 동제東齊를 '치䟗'라고 불렀고, 송宋과 노魯를 '려呂'라고 불렀다"라고 하였다. 『설문해자』에서 "'거鉅'는 크고 굳센 것을 말한다"라고 하였는데, '거巨'로 써도 역시 통하며, 크다는 뜻이다. '여거呂鉅'란 자신을 높이는 것을 말하니, 자랑하며 뽐낸다는 의미로 이해해야 한다.
- 마서륜: 『후한서』「마원전馬援傳」에서 '힐욕려거黠欲旅距'라고 하였는데, '려旅'는 '려膂'(힘쓰다)를 생략한 글자이고, '려呂'는 '려膂'의 고금자이다. 이현李賢의 주에서는 이 구절에 대해 "'여거旅距'는 순종하지 않는 모습이다"라고 설명하였다.…… '거鉅'는 '거倨'(거만하다)의 뜻으로 가차되었다.

⑥ 儛: 『설문해자』에서는 '무舞'라고 썼다.

⑦ 名諸父: '제부諸父'는 숙부를 말한다.(성현영, 『장자소』) '명제부名諸父'는 '숙부를 부르는 이름'이라는 의미이다.

⑧ 孰協唐許: '협協'은 '동同'과 같다. '당唐'은 당요唐堯(요임금)를 말하며, '허許'는 허유許由를 말한다. 이 구절은 '누가 과연 당요와 같이 허유에게 왕위를 물려줄 수 있겠는가?'라는 말이다.

⑨ 賊莫大乎德有心: 가장 나쁜 것은 유심有心을 덕으로 삼는 것이다.

- 성현영: 지모와 사려를 수고롭게 사용하며, 유심有心을 덕으로 삼는 것은 그 해가 심하다.

⑩ 心有睫: 마음을 눈으로 삼는 것을 말함.(유월) 마치 눈을 뜨듯 마음을 여는 것을 가리킨다.

- 임희일: 마음이 있는(有心) 가운데 다시 앞뒤를 여러모로 따져보려는 뜻이 있으니, 마치 마음에 새롭게 눈 하나가 열린 모습이라 비유할 수 있다.

⑪ 凶德有五: 마음, 귀, 눈, 혀, 코를 가리키며, 이를 '오근五根'이라고 하는데, 화가 이것들로부터 찾아온다고 하여 '흉악한 덕'(凶德)이라 말한 것이다.(성현영, 『장자소』)

⑫ 中德: 마음(心)을 가리킴.

⑬ 自好: 마음속의 좋아하는 바를 스스로 옳다고 여김.(성현영, 『장자소』) 옳고 그름, 좋고 싫음의 가치에 대한 자신의 편견.(후쿠나가 미쓰지)

⑭ 呲: 비방하다(訾).(곽상, 『장자주』)

⑮ 八極: 뒤에 등장하는 아름다운 자태(美), 멋진 수염(髯), 큰 키(長), 큰 덩치(大), 건장함(壯), 수려한 분위기(麗), 용맹함(勇), 과감함(敢)의 여덟 가지 극단을 가리킨다.

⑯ 三必: 뒤에 나오는 '연순緣循', '언앙偃佒', '곤외困畏' 세 항목을 가리킨다.

⑰ 緣循: 사물을 좇아 그것의 본래 그러함에 따름.

⑱ 偃佒: '언앙偃仰'으로 읽어야 한다. 남의 말에 따라 하는 것.(곽숭도)

⑲ 困畏不若人: 유약하고 겸손함.

⑳ 傀: 위대함(『설문해자』), 큼.

㉑ 肖: 작음.

㉒ 隨: 자연에 따름.(임희일)

㉓ 遭: 만남(遇). 어떠한 환경에도 잘 적응하고 만족함.

【풀이】

정고부正考父는 처음 명을 받아 사士가 되었을 때는 등을 굽혔고, 두 번째 명을 받아 대부大夫가 되었을 때는 허리를 굽혔고, 세 번째 명을 받아 경卿이 되었을 때는 몸을 바닥에 엎드렸으며, 길을 갈 때는 담장을 따라 조심히 걸어 다녔다. 이렇게 한다면 과연 누가 그를 본받지 않을 수 있겠는가? 평범한 사람이라면 처음 명을 받아 사가 되면 스스로 대단하다고 여길 것이고, 두 번째 명을 받아 대부에 임명되면 수레 위에서 춤을 출 것이고, 세 번째로 명을 받아 경에 임명되면 사람들에게 자신을 숙부라 부르게 할 것이니, 대체 누가 요堯가 허유許由에게 왕위를 양보했던 것처럼 할 수 있을 것인가?

가장 나쁜 것은 유심有心을 덕으로 삼고, 그 마음을 눈과 같이 열어젖히는 것이다. 마음을 마치 눈과 같이 열어젖히면 사려가 많아져 마음이 망가진다. 흉악한 덕에는 다섯 가지가 있다. 그중에서 중덕中德(마음)이 으뜸이다. 무엇을 중덕이라고 하는가? 중덕이란 바로 스스로 옳다고 여기면서 자신이 옳지 않다고 생각하는 것들을 배척하는 것을 말한다.

곤궁하게 되는 데에는 여덟 가지 극단이 있고, 영달에 이르는 데에는 세 가지 항목의 필연이 있으며, 신체에는 여섯 개의 장기가 있다. 아름다운 자태, 멋진 수염, 큰 키, 큰 덩치, 건장함, 수려한 분위기, 용맹함, 과감함 등의 여덟 가지는 남보다 뛰어나면 혹사를 당해 곤궁해지게 된다. 사물의 원래 그러함에 따르고, 남의 뜻에 따르며, 유약하고 겸손하게 처하는 이 세 항목은 만나는 일들이 모두 순조롭게 풀리게 한다. 지혜를 밖으로 표출하고 용맹함을 함부로 사용하면 많은 원한을 초래하고, 인의仁義를 내세우면 많은 비난이 따라온다. 생명의 실정에 통달한 자는 마음속이 광대하고, 지모와 기교에 능한 자는 마음이 협소하다. 거대한 운명에 통달한 자는 자연을 편안히 따르며, 작은 운명을 제대로 이해한 자는 만나는 환경에 만족한다.

10.

人有見宋王者, 錫[①]車十乘, 以其十乘驕穉[②]莊子. 莊子曰: "河上有家貧恃緯蕭[③]而食者, 其子沒於淵, 得千金之珠. 其父謂其子曰: '取石來鍛之[④]! 夫千金之珠, 必在九重之淵而驪龍[⑤]頷下, 子能得珠者, 必遭其睡也. 使驪龍而寤,子尙奚微之有哉[6]!' 今宋國之深, 非直九重之淵也; 宋王之猛, 非直驪龍也; 子能得車者, 必遭其睡也. 使宋王而寤, 子爲粉矣!"

【길잡이】

① 錫: '사賜'(주다)의 뜻으로 가차되었다.

② 稚: 뽐내다.

- 곽경번: '치稚'는 '교驕'와 같다.[『集韻』: "'稚'는 교만하며 자부하는 모습이다."] 『관자』「중령重令」의 '공이조문각루상치工以雕文刻鏤相稚'(장인들이 조각과 무늬를 깎고 새겨 서로 자랑한다)에 대해 윤지장尹知章의 주석에서는 "'치稚'는 '교驕'와 같다"라고 하였다. 왕인지의 『경의술문經義述聞』에서는 "『시경』「재치載馳」에서 '중치차광衆稚且狂'이라고 하였는데, 이는 교만하고 방자한 것을 말한다"라고 하였다.

③ 緯蕭: 갈대를 엮음. '위緯'는 '엮다'의 뜻이다. '위緯'는 '위葦'라고 쓰기도 한다. '소蕭'는 억새풀을 말한다.(『경전석문』)

④ 鍛之: 깨부수다.

⑤ 驪龍: 흑룡.

⑥ 尙奚微之有哉: '남김없이 잡아먹히고 말 것이다'라는 뜻.

【풀이】

어떤 사람이 송宋나라 왕을 알현한 뒤, 상으로 수레 열 대를 하사받았다. 그는 이 수레 열 대를 가지고 장자에게 자랑하였다.

장자가 말했다. "강변에 어떤 가난한 자가 새끼를 꼬아 근근이 생활을 이어 나가고 있었다. 그의 아들이 하루는 물속 깊은 곳으로 들어가 천금이 나가는 귀한 구슬을 얻어 가지고 왔다. 그런데 그의 아비가 자식에게 이르기를 '얼른 그 돌을 깨부수어 버려라. 이 천금의 구슬은 분명 구중九重 연못 깊은 곳 흑룡의 턱 밑에서 가져온 것일 테지. 용이 잠들어 있었기에 이 구슬을 가져올 수 있었던 것이지, 만약 용이 깨어난다면 너를 남김없이 잡아먹고 말 것이다'라고 하였다. 지금 송나라를 연못에 비유해 본다면 다만 이 구중의 연못에 그치지는 않을 것이고, 송나라 왕의 흉포함 또한 흑룡에 그치지는 않을 것이다. 자네가 수레를 얻을 수 있었던 것은 그가 잠들어 있던 시기를 잘 만난 것일 뿐, 만약 그가 깨어난다면 자네의 몸은 산산조각이 나고 말 것이다!"

11.

或聘於莊子. 莊子應其使曰: "子見夫犧牛[①]乎? 衣以文繡, 食以芻菽[②], 及其牽而入於大廟, 雖欲爲孤犢[③], 其可得乎!"

【길잡이】

① 犧牛: 제사에 쓰이는 소.

② 芻菽: 풀, 콩.

③ 犢: 송아지.

【풀이】

어떤 사람이 장자를 초빙하고자 하였다. 장자가 사자에게 이렇게 말했다. "자네는 제사에 쓰이는 소를 본 적이 있는가? 소에게 온갖 무늬로 수놓은 비단을 입히고 풀과 콩을 먹이고는 이른 아침 태묘太廟로 끌려 들어가기만을 기다리는데, (그때를 당하여, 차라리) 어미 잃은 송아지가 되기를 바란들 가능이나 한 일인가?"

12.

莊子將死, 弟子欲厚葬之. 莊子曰: "吾以天地爲棺椁, 以日月爲連璧, 星辰爲珠璣, 萬物爲齎送[①]. 吾葬具豈不備邪? 何以加此!" 弟子曰: "吾恐烏鳶之食夫子也."

莊子曰: "在上爲烏鳶食, 在下爲螻蟻食, 奪彼與此, 何其偏也!"

以不平平[②], 其平也不平; 以不征征, 其征也不征. 明者唯爲之使[③], 神者征之. 夫明之不勝神也久矣, 而愚者恃其所見入於人, 其功外[④]也, 不亦悲乎!

【길잡이】

① 齎送: 물품을 바침. '재齎'는 '재賫'(물건을 보내다)로 읽는다. '제濟'라고 쓰기도 한다. (『경전석문』)

② 以不平平: 균등하지 않은 방식으로 각 사물을 균등하게 만들고자 함.

③ 明者唯爲之使: 자신의 밝음을 스스로 뽐내는 자는 남에게 부림을 받음.

- 성현영: 스스로 밝음을 드러내면, 사물에 혹사당하게 된다.

④ 外: '소疏'(멀다)와 같다. 「지락」에서 '기위형야외의其爲形也外矣'라고 하였고, 또 '기위형야소의其爲形也疏矣'라고도 하였다. '외外'와 '소疏'가 서로 호문互文을 이루고 있으므로, '외外'와 '소疏'는 같은 뜻으로 볼 수 있다.(왕숙민, 『장자교전』)

【풀이】

장자의 죽음이 다가오자, 제자들은 후하게 장례를 치르고자 하였다. 이에 장자가 제자들에게 말했다. "나는 천지를 관으로 삼고, 해와 달을 한 쌍의 옥으로 알며, 별을 주옥珠玉으로 삼고, 만물을 순장殉葬으로 삼을 텐데, 내 장례가 아직도 부족한가? 이것보다 더 좋은 것이 어디 있겠는가?"

제자들이 말했다. "까마귀나 매가 스승님을 뜯어먹을까 걱정입니다!"

장자가 말했다. "들판에 내놓으면 까마귀나 매가 와서 뜯어먹을 것이고, 땅에 묻으면 개미가 와서 뜯어먹을 것이다. 까마귀나 매 주둥이에 들어갈 것을 뺏어 개미에게 주겠다니, 마음이 어찌 이렇게 한쪽으로 치우쳐졌는가?"

균등하지 않은 방식을 가지고 균등함을 이룬다면, 그러한 균등함은 균등하다고 할 수 없다. 효험이 없는 것을 가지고 효험을 보이고자 하면, 그러한 효험은 효험이라고 할 수 없다. 자신의 밝음을 스스로 뽐내는 자는 남에게 부림을 받고, 정신을 온전히 보전한 자는 자연에 호응할 수 있다. 밝은 지혜를 뽐내는 자는 진작부터 정신을 온전히 보전한 자에 미치지 못하였으며, 우매한 자는 여전히 자신의 편견에 사로잡힌 채로 세속의 일에 빠져 있으니, 그들이 바라던 원래의 뜻과는 이미 크게 멀어지고 말았다. 참으로 슬픈 일이 아닌가?

천하天下

「천하」는 중국학술사를 다룬 가장 최초의 글이다. 선진시대 각 학파의 논저를 비평한 글로는 이 편이 가장 오래되었다. 이 편은 송견宋鈃, 신도愼到, 혜시惠施, 공손룡公孫龍 등의 이미 유실된 여러 학설에 관한 내용을 보존하고 있어, 이들 학설을 개략적으로 이해할 수 있게 되었다. 특히 혜시 사상의 경우 그 저작이 전혀 전해지지 않는데, 다행스럽게도 이 편의 내용 속에 그 귀중한 자료 일부가 보존되어 있어 내용을 짐작해 볼 수 있다.

이 편 첫머리에서는 먼저 가장 고차원의 학문이란 바로 우주와 인생의 본원을 탐구하는 학문(道術)임을 명시하면서, 이상적 인간상으로 '내성외왕內聖外王'을 제시한다. 이른바 '도술道術'이란 우주와 인생을 전면적이고 총체적으로 파악하는 학문을 말하며, '천인天人', '신인神人', '지인至人', '성인聖人' 등은 우주와 인생의 변화 및 그 근원적 의미를 전면적이고 총체적으로 체득한 사람을 가리킨다. "천하에는 방술을 배우는 자가 많다."(天下之治方術者多矣) 그러나 이들 각 학파는 각자의 관심사에 대해 의견을 제시하지만, 이는 어디까지나 전체 우주와 인생의 일부분에 지나지 않으며 진리의 단편만을 드러낼 뿐이다. '신인神人'이나 '지인至人' 등은 도의 근본 원리를 체득할 수 있는 사람이지만, '군자君子'나 맹자와 공자를 따르는 추鄒나라와 노魯나라의 선비들(鄒魯之士), 유학자들(搢紳先生)은 도의 나머지 부분만을 겨우 얻을 수 있다.[선영은 "군자는 도의 나머지 부분을 얻는 데 그친다"라고 하였고, 장석창은 "군자란 儒家에서 표준으로 제시하는 인간상을 말한다"라고 하였다.] "인仁으로써 은혜를 베풀고, 의義로써 질서를 세우며, 예禮로써 규범에 맞게 행동하며, 악樂으로써 성정을 조화시켜 온화함과 인자함을 풍기는 자를 군자君子라고 한다"(以仁爲恩, 以義爲理, 以禮爲行, 以樂爲和, 薰然慈仁, 謂之君子)와 "옛날의 도술은 법령과 제도 속에 분명히 드러나는데, 과거의 법규 속, 세대를 거치며 전해지는 역사서 속에 여전히 많이 보존되어 있다. 옛날의 도술은

『시』, 『서』, 『예』, 『악』 등에도 남아 있는데, 추나라와 노나라의 학자들이나 사대부들 대부분은 이를 잘 알고 있다”(其明而在數度者, 舊法世傳之史尙多有之. 其在於『詩』, 『書』, 『禮』, 『樂』 者, 鄒魯之士, 搢紳先生多能明之)라는 설명은 바로 유가에 관해 서술한 부분이다.[梁啓超는 “이는 유가를 논한 것이다. 도의 본체는 말이나 책을 통해 전해질 수 있는 것이 아니지만, 그에 의해 파생된 이치 즉 '법령과 제도 속에서 드러나는 이치'[明而在數度者]는 사관의 기록과 유가의 선비들에 의해 전해지게 되었다”라고 하였다.] 계속해서 묵적墨翟, 금골리禽滑釐, 송견宋鈃, 윤문尹文, 전병田駢, 신도愼到, 관윤關尹, 노담老聃, 장주莊周, 혜시 등의 관점을 일일이 평하였다.

이 편 두 번째 단락에서는 묵적과 금골리에 관해 평론하였다. 이에 따르면, 묵자는 평등한 사랑을 주장하고, 근검과 성실 그리고 이타주의를 강조하였으며, 전쟁을 반대하고 왕실의 '음악'(樂)을 비판하였으며, 귀천과 상하의 등급에 따른 예절을 배척하였고, 검소한 장례를 주장하였다. 그러면서 묵자를 향해 세상을 구제할 선비라고 칭송하는 한편, 그 학설이 지나치게 엄격하여 실행되기 어렵다고 비판하였다. 그런데 묵자가 '음악'을 비판하고 후한 장례에 반대한 것은 모두 당시 귀족들의 사치스러운 생활을 겨냥한 것이므로 이러한 비판은 묵자의 참뜻을 제대로 이해하지 못한 것이다.

세 번째 단락에서는 송견과 윤문에 관해 논했다. 이들은 인간 생활의 평등을 제창하였고, 사람들에게 폐단을 제거하고 모욕을 인내하고 전쟁에 반대하라고 하면서, '전쟁과 군사행위를 멈출 것'(禁攻寢兵)을 주장하였다. 또한 '정욕을 줄여'(情欲寡淺) 평화롭고 욕심이 적은 삶을 살 것을 강조하였다. 이들은 천하의 안녕을 위해 밤낮으로 쉬지 않았으니, 묵자와 마찬가지로 가히 '세상을 구제하는 선비'(救世之士)라 할 수 있다.

네 번째 단락에서는 팽몽, 전병, 신도에 관해 논했다. 『순자』 「비십이자非十二子」에서 신도, 전병을 두고 '법을 숭상하였다'(尙法)라고 했다. 이것은 그들이 지니고 있는 법가사상의 측면에 치중하여 말한 것인데, 여기서는 그들의 도가사상에 중점을 두고 서술하였다. 우선 그들은 만물제동의 원칙을 핵심으로 삼았다고 하였는데, 이는 차별 없는 평등주의사상을 가리킨다. 그들은 만물이 평등하다는 관점에 입각하여 주관적 지식활동을 배제하고자 하였다. 그들은 '만물을 균등하게 여기는 것을 핵심으로 한다'(齊萬物以爲首)라고 주장했는데, 이것은 대도大道는 만물을 분별없이 포용하므로 만물에 대한 가치 판단의 상대성을 인식하고 자아 중심적 사고방식과 주관적인 시비판단을 버려 "만물과 함께 변화하는'(與物宛轉) 것을 말한다. 이러한 학설은 도가와 상통한다. 따라서 그들은 '도의 대략에 대해서는 들었다'(聽聞過道的槪要) 라고 할 수 있다. 그렇지만 어디까지나 도의 대략만을 들은 것일 뿐, 도를 온전히 이해하지는 못했다는 비판이 이어진다. 이것은 명백히 장자학파의 관점에서 내려진 평가이다. 신도의 '자신을 버린다'(去己), '흙더미 같은 모습을 하고 있어도 도를 잃지 않는다'(塊不失道) 등의 주장과 이들의 평등 중시 사상(貴齊)은 분명 장자의 사상과는 거리가 있다. 장자의 '제물齊物'사상은 각각의 사람과 사물, 학파들이 모두 동등한 발언권을 지님을 인정하면서 서로 다른 가치[그가 반대하는 것은 바로 각자의 자기중심적 사고방식과 배타적인 태도이다]를 포용하는 것을 뜻한다. 하지만 신도, 전병의 학파의 '제물齊物'은 객관적이고 표준적인 균등성의 가치, 바로 객관적이고 표준적인 도를 건립하려는 것이다. 그리고 이는 자연히 객관적이고 표준적인 법으로 이어지는 결과를 낳게 된다. 이러한 객관·표준적 도 혹은 법의 '형식적 의미'가 점차 중시되면 결국 고립된 존재가 되고 만다. 이것이 바로 신도의 도를 '살아 있는 사람이 행하는 것이 아닌 죽은 사람의 도리'(非生人之行而至死人之理)라고 비판하는 까닭이다. 만약 어떤 객관 표준의 도[혹은 법]가 있어서 이를 근거로 삼고 따르고자 한다면, 반드시 개개인의 주관성은 배제되어야 한다. 이것이 신도가 '자신의 앎과 견해를 버릴 것'(棄知去己)을 주장했던 이유이기도 하다. 따라서 신도의 '거기去己'는 장자의 '무기無己' 또는 '상아喪我'와는 같지 않다. 장자의 '무기無己' 혹은 '상아喪我'란 형체, 지모, 욕망 등에 얽매이는 '소아小我', 즉 세속적 가치에 사로잡힌 '소아小我'를 지양하는 것이다. 이를 통해 자기 자신을 협소한 한계로부터 구출시켜 광대한 우주와 상통하는 '대아大我'로 나아가게 하고자 한다. 이것이 장자의 사상과 신도, 전병 등의 사상이 지닌 결정적인 차이다.

다섯 번째 단락에서는 관윤과 노담에 관해 논했다. 작자는 이들의 '도道'의 철학을 논하며, 이들은 우주와 인생의 근본 원칙을 체득하였으므로 가히 옛날의 위대한 진인이라 할 수 있다고 칭송하였다. 이들의 인생철학을 논하는 부분에서는 주로 유약하고 겸허한 처세의 태도를 강조하였고, '늘 포용적인 태도로 사물을 대하며 다른 사람을 침탈하지 않는 점'(常寬於物, 不削於人)을 높이 찬미하였다.

여섯 번째 단락은 장주에 관해 논하는 부분이다. 장자에 대해서는 '홀로 천지의 정신과 왕래한다'(獨與天地精神往來)라고 서술하면서, 그의 홀연하고 자유분방한 마음 상태, 어디에도 얽매이지 않는 성격, 자유자재로 종횡무진하는 정신적 삶을 묘사하였다.

이 편의 마지막 단락은 혜시에 관해 논하는 부분으로, 혜시의 '역물십사曆物十事'(사물에 관한 열 가지 명제)와 '변자이십일사辯者二十一事'(논변가들의 스물한 가지 명제)를 서술하였다. 혜시는 만물이 쉬지 않고 유전하고 변화하니, 그 어떤 것도 영원히 고정된 상태에 있을 수 없다고 보았다. 이러한 관점으로부터 그는 '태양은 정중앙에 이른 것이 곧 기우는 것이고, 만물은 생겨나는 것이 곧 소멸하는 것이다'(日方中方睨, 物方生方死) 등의 명제를 도출해 냈다. 또한, 그는 모든 것은 상대적이며, 사물 간에는 절대적인 구별이 있을 수 없다고 보았다. 그는 만물에 기본적인 공통점이 존재한다고 강조하였는데, 이러한 공통점을 파악하고 확장하여 '하늘은 땅과 같이 낮고, 산은 늪과 같이 평평하다'(天與地卑, 山與澤平) 등의 명제를 도출하였다.

이 편에서 유래한 성어에는 대표적으로 만변불리기종萬變不離其宗[1], 일곡지사一曲之士[2], 내성외왕內聖外王[3], 즐풍목우櫛風沐雨[4], 강괄불사強聒不舍[5], 추박완단椎拍輐斷[6], 기응약향其應若響[7], 변화무상變化無常[8], 학부오거學富五車[9], 대동소이大同小異[10] 등이 있다.

특히 '내성외왕內聖外王'사상은 본 편에서 최초로 제시되었다. 그 이후로 역대 철학가들은 너나 할 것 없이 이 고상한 인간상에 대해 논하였고, 결국 중국의 지식인들에게 보편적인 개념으로 자리 잡았다.

---

1) 아무리 변화해도 결국 본질에서 벗어나지 않음.
2) 단편적인 견해에 치우친 선비. 한 가지 재주에만 정통한 사람을 가리키는 말. 혹은 식견이 좁은 자를 가리키는 말.
3) 내적으로 덕을 수양하고, 외적으로 세상을 다스림.
4) 거센 바람으로 머리를 빗고, 세찬 비로 머리를 감음. 밖에서 분주하게 움직이며 고생하는 모습을 비유하는 말.
5) 남들이 듣고 싶어 하지 않는데도 계속해서 시끄럽게 떠들어 댐.
6) 모나지 않게 순응하며 따름.
7) 마치 메아리와 같이 반응함. 반응이나 대답이 매우 신속한 것을 비유하는 말.
8) 일정한 모습이 없이 계속해서 변화함.
9) 학문이 박식하여 저서가 수레 다섯 대에 이름. 학문이 깊고 박식한 것을 비유하는 말.
10) 크게 같고 작게 다름. 약간의 차이만 있을 뿐 대체적으로는 같은 것을 말함.

1.

天下之治方術①者多矣, 皆以其有②爲不可加矣. 古之所謂道術③者, 果惡乎在? 曰: "無乎不在." 曰: "神何由降? 明何由出④?" "聖有所生, 王有所成, 皆原於一⑤."

不離於宗, 謂之天人. 不離於精, 謂之神人. 不離於眞, 謂之至人. 以天爲宗, 以德爲本, 以道爲門, 兆⑥於變化, 謂之聖人. 以仁爲恩, 以義爲理, 以禮爲行, 以樂爲和⑦, 薰然慈仁, 謂之君子. 以法爲分, 以名爲表, 以參爲驗, 以稽爲決⑧, 其數一二三四是也⑨, 百官以此相齒⑩, 以事爲常⑪, 以衣食爲主, 以蕃息畜藏爲意⑫, 老弱孤寡皆有以養, 民之理也.

古之人其備⑬乎! 配神明⑭, 醇天地⑮, 育萬物, 和天下, 澤及百姓, 明於本數⑯, 系於末度⑰, 六通四辟⑱, 小大精粗, 其運無乎不在. 其⑲明而在數度⑳者, 舊法世傳之史, 尙多有之. 其在於『詩』, 『書』, 『禮』, 『樂』者, 鄒魯之士㉑搢紳㉒先生, 多能明之——『詩』以道志, 『書』以道事, 『禮』以道行, 『樂』以道和, 『易』以道陰陽, 『春秋』 以道名分㉓.——其數散於天下而設於中國者, 百家之學時或稱而道之.

天下大亂, 賢聖不明, 道德不一, 天下多㉔得一察㉕焉以自好. 譬如耳目鼻口, 皆有所明, 不能相通. 猶百家衆技也, 皆有所長, 時有所用. 雖然, 不該不徧㉖, 一曲㉗之士也. 判天地之美, 析萬物之理, 察古人之全, 寡能備於天地之美, 稱神明之容. 是故內聖外王之道㉘, 闇而不明, 郁而不發, 天下之人各爲其所欲焉以自爲方. 悲夫, 百家往而不反, 必不合矣! 後世之學者, 不幸不見天地之純, 古人之大體, 道術將爲天下裂.

【길잡이】

① 方術: 특정한 학문을 가리키며, 도술道術의 일부분을 이룬다.

- 임희일: '방술方術'은 학술을 말한다.(『남화진경구의』)
- 장석창: '방술方術'이란 장자가 식견 좁은 선비들의 얕고 단편적인 도를 가리켜 말한 것으로, 묵적, 송견, 혜시, 공손룡 등이 닦은 학문이 그것이다. (『장자철학』, 「天下校釋」)

② 其有: '배운 바(所學)'를 말함.(선영, 『남화경해』) '유有'는 닦아서 얻은 바를 말한다.(장석창)

③ 道術: 우주와 인생의 본원을 통찰하는 학문.

④ 神何由降? 明何由出?: '신神'은 신묘함, 영묘함, '명明'은 지혜.

- 임운명: '신神'은 밝음을 감춘 것이고, '명明'은 밝음이 드러난 것이다. '도술道術'의 지극함을 말한다.(『장자인』)
- 양계초: '신명神明'은 지혜를 말한다.(『諸子考釋』 중 『莊子天下篇釋義』)
- 당군의: '신명神明'이라는 말로 영대靈台, 영부靈府라고 불리는 마음(心)을 가리킨 것은 특히 장자에게서 두드러진 표현이다. '신神'과 '명明'의 차이는, '신神'은 마음에서 직접 발휘되는 측면 혹은 능력을 가리켜 말한 것이고, '명明'은 사물을 비출 수 있는 측면에 초점을 맞추어 말한 것이다. 따라서 '명明'은 어디까지나 '신神' 가운데 있다.(『中國哲學原論』, 47쪽)

⑤ 一: 도道.

⑥ 兆: 징조, 조짐.

⑦ 以仁爲恩, 以義爲理, 以禮爲行, 以樂爲和: 인仁으로써 은혜를 베풀고, 의義로써 질서를 세우며, 예禮로써 규범에 맞게 행동하며, 악樂으로써 성정을 조화시킴.(『中國哲學史資料選輯·莊子天下』의 번역문)

- 조초기: '이인위은以仁爲恩' 이하 여섯 구절은 '군자君子'에 관해 말한 것으로 유가를 가리킨다.(『장자천주』)

⑧ 以法爲分, 以名爲表, 以參爲驗, 以稽爲決: 법도를 지켜야 할 직분으로 삼고, 명칭을 표준으로 삼으며, 비교를 통해 검증하고, 고찰하고 조사하여 판단한다.

- 장석창: '분分'은 '분수分守'를 말하며, 직분 혹은 직무라고도 볼 수 있다. 자신의 직분에서 마땅히 지켜야 하는 바를 말한다. '이법위분以法爲分'은 '백관'들은 법제를 자신의 직분이 마땅히 지켜야 할 바로 삼아야 한다는 뜻이다. '표表'는 '표標'의 의미를 가차한 것이다. '이명위표以名爲表'란 '백관'들은 자신이 펼치는 주장을 자신이 하는 일의 표준으로 삼아야 한다는 뜻으로, 명실상부한 태도를 지녀야 함을 말한 것이다. '삼參'은 '삼三'의 의미를 가차한 것이다. '삼三'은 허수로서 '많다'라는 의미로 사용되었다. 즉 '이삼위험以參爲驗'은 '백관'들이 일을 할 때는 여러 차례 검증해야 한다는 뜻으로, 이른바 '하나의 증거는 믿을 수 없다(孤證不信)'는 말과 같은 의미이다. '이계위결以稽爲決'은 '백관'들이 일을 할 때는 여러모로 고찰하여 결정해야 한다는 뜻이다. 「천도」의 '예법禮法, 도수度數, 형명形名, 비상比詳, 치지말아治

之末也'라는 구절에서 등장한 바 있는데, '이삼위험以參爲驗'이 바로 이 구절의 '비比'에 대한 해석에 해당한다고 할 수 있다. '비比'라는 것은 여러 가지 사물로 서로 견주어 검증해 보는 것을 의미한다. 한편 '이계위결以稽爲決'은 '상詳'에 대한 해석으로 볼 수 있다. '상詳'은 엄밀하게 고찰하여 결정하는 것을 가리킨다. '이법위분以法爲分, 이명위표以名爲表'는 '백관'들이 처리해야 하는 일을 말한 것이고, '이삼위험以參爲驗, 이계위결以稽爲決'은 '백관'들이 일을 처리하는 방법에 대해 말한 것이다.

- 조초기: '이법위분以法爲分' 이하 여섯 구절은 법가의 주장을 반영하고 있다.

⑨ 其數一二三四是也: 숫자 일, 이, 삼, 사를 세는 것만큼 분명함. '기其'는 '마치 ~와 같다'라는 의미이다. '수數'는 등급의 숫자이다.

- 마서륜: '기其'는 '마치 ~와 같다'라는 뜻이다. 『경전석사經傳釋詞』에 자세한 설명이 나온다.(『장자의증』)
- 임희일: '기수일이삼사其數一二三四'는 세세하고 뚜렷하게 갖추어져 있음을 말한다.

⑩ 百官以此相齒: 백관들은 이에 따라 서열에 맞게 나열함. '치齒'는 서열을 말한다.

- 장석창: '백관百官'이란 『순자』에서 말한 '관인백사官人百吏'와 같으니, 각종 관리를 통칭하는 말이다.

⑪ 以事爲常: 직무를 일상의 사무로 삼음.

- 조초기: '이사위상以事爲常' 이하의 여섯 구절은 백성들을 다스리는 일에 관한 적은 것이다.

⑫ 以蕃息畜藏爲意: '번식蕃息'은 번식繁殖을 말한다. '축장畜藏'은 '축장蓄藏'을 말한다. '축畜'은 '축蓄'(모으다)과 같다. 원래는 '이以'자가 빠져 있고, '위의爲意' 두 글자는 원래 '노약고과老弱孤寡' 뒤에 있었으나, 도홍경 등의 설에 따라 앞으로 옮겼다.

- 도홍경: '번식蕃息' 이하의 글에는 뒤섞여 있는 부분이 있다. '이번식축장위의以蕃息畜藏爲意, 노약고과개유양老弱孤寡皆有養, 민지리야民之理也'라고 해야 한다. '위의爲意' 두 글자는 뒤에 잘못 놓여 있고, '이以'자는 빠져 있다.(『독장자차기』)
- 무연서: '번蕃' 앞에 '이以'자가 있어야 한다.(『장자차기』)
- 장석창: '위의爲意' 두 글자는 '장藏'자 뒤에 놓여야 한다. 이는 '백관'이 하는 일을 말한 것이니, '먹고 입는 일을 주로 하며, 생산을 비축하는 데 뜻을 둔다'(以民之衣食爲主, 蕃息蓄藏爲意)라고 해석해야 한다.
  - ▹ 진고응: 도홍경 등의 설을 따라야 한다. 일본의 고산사장고사본高山寺

藏古寫本에는 '노약고과老弱孤寡' 뒤에 '위의爲意' 두 글자가 없다. 따라서 앞의 두 구절의 구조를 따라 '이번식축장위의以蕃息畜藏爲意'로 고쳐야 한다.

⑬ 備: 완비함.

- 장석창: '비備'는 한쪽에 국한되지 않고 도술道術을 온전히 갖추고 있음을 말한다.

⑭ 配神明: 천지조화의 영묘함과 어울림.

- 장석창: '신명神明'은 자연을 칭하는 것이다. 옛날의 도인들은 자연과 서로 어울리고 천지와 일체를 이루었다.

⑮ 醇天地: 천지를 본받음. '순醇'은 '준准'(본받다)의 의미로 가차되었다.

- 장병린: '순醇'은 '준准'(본받다)의 의미로 가차되었다. 『주례』「지관地官·질인質人」의 '일기순제壹其淳制'라는 구절에 대해 『경전석문』에서 "'순淳'은 '준准'으로 읽는다"라고 한 것이 바로 그러한 사례이다. 『역』에서는 '역여천지준易與天地准'이라고 하였는데, 이 또한 '배신명配神明, 준천지准天地' 두 구절과 의미가 같다.(『장자해고』)

⑯ 本數: 본원. 도의 근본.

- 저백수: '본수本數'는 이른바 '일一'을 가리킨다.(『남화진경의해찬미』)
- 장석창: '본수本數'라는 것은 도수度數의 근본을 말하니, 바로 천지를 가리킨다.

⑰ 末度: 법도法度를 가리키며, 도道의 말엽이라는 뜻이다.

⑱ 六通四辟: 육합이 서로 통달하고 사시가 순조롭게 흘러감. '육六'은 육합六合을 가리킨다. 사방과 상하를 합쳐서 말하는 것이다. '사四'는 사시四時를 가리킨다. 전자는 공간에 해당하며, 후자는 시간에 해당한다. '벽辟'은 '벽闢'(열다)과 같다. '육통사벽六通四辟'이라는 말은 「천도」에 등장한 바 있다.

⑲ 其: 앞의 '고지소위도술古之所謂道術'을 가리켜 말한 것이다.(장석창)

⑳ 數度: 법령(典章)과 제도를 가리킴.

㉑ 鄒魯之士: 유가의 선비를 가리킴.

- 장석창: '추로지사鄒魯之士'란 유가를 통칭한 것이다.
- 마서륜: 육덕명은 "'추鄒'는 공자 부친의 봉읍이다"라고 하였다. 『설문해자』에서 "'료郰'는 노나라에 속한 읍으로 공자의 고향이다"라고 설명한 바 있다. 즉 '추鄒'는 '료郰'의 뜻을 가차한 것이다…… 한편 『사기』「맹자열전孟

子列傳」에 '맹자추인야孟子騶人也'라는 구절이 등장하는데, '추騶'는 '추鄒'의 가차자이다. (이 때문에) 이 '추鄒'를 가리켜 맹자가 태어난 읍이라고 하는데, 잘못된 것이다.

㉒ 搢紳: '진搢'은 홀笏을 말하며, '신紳'은 큰 띠를 가리킨다.(성현영, 『장자소』) '진신搢紳' 역시 '유가의 선비'(儒士)를 가리킨다.

- 장석창: '진신搢紳'은 유가 복장의 일종이며, '진신선생搢紳先生'은 유가를 칭한다. '진신선생'은 '추노지사鄒魯之士'와 같고, '추노지사'는 앞의 '훈연자인薰然慈仁, 위지군자謂之君子'에서 말한 '군자君子'와 같다. 모두 유가를 칭하는 말이다.

㉓ 『詩』以道志, 『書』以道事, 『禮』以道行, 『樂』以道和, 『易』以道陰陽, 『春秋』以道名分: 마서륜은 이 여섯 구절을 옛 주석이 잘못 삽입된 것으로 보았다.

- 마서륜: '『시』이도지『詩』以道志' 이하 여섯 구절은 옛 주석의 내용인데, 옮겨 쓰는 과정에서 본문으로 잘못 삽입된 것으로 보인다.
- 양류교: 마서륜은 이 구절들을 주석의 글로 보았는데, 매우 일리가 있다. 글의 의미를 방해하지는 않으므로 삭제되지 않고 남아 있게 된 것이다.

㉔ 多: 일설에 따르면 '각各'으로 읽는다.

- 엄영봉: '다多'자는 '각各'으로 읽어야 한다. 형태가 유사하여 잘못 쓴 것이다. 뒤에서 '천하지인각위기소욕언이자위방天下之人各爲其所欲焉以自爲方'이라 하였는데, 이와 의미가 서로 같다. 뒤에서 '귀, 눈, 코, 입 모두 각기 밝은 바가 있으나 서로 통하지는 못한다'(譬如耳目鼻口, 皆有所明, 不能相通)라고 한 것이 바로 '각득일찰各得一察'의 의미를 설명하는 구절이다. 따라서 '모든 것을 겸비하지 않고, 두루 미치지 못했으니, 한쪽에 치우친 선비라 할 수 있다'(不該, 不徧, 一曲之士也)라고 한 것이다. 곽상의 『장자주』에서는 "각자 자신의 편견만을 믿으니, 나란히 내세우는 것이 불가능하다"(各信其偏見, 而不能都擧)라고 하였으니, 곽상이 본 판본에는 원래 '각各'으로 되어 있었음을 알 수 있다.
  - ▹ 진고응: 일단 참고로 삼는다.

㉕ 一察: 한쪽 측면에 치우친 견해.

- 왕념손: 곽상은 '천하다득일天下多得一'에서 문장을 끊어 읽었고, 『경전석문』에서는 "'득일得一'이란 한 가지 술법만을 치우쳐 얻는 것이다"라고 하였다. 하지만 '천하득일찰언이자호天下得一察焉以自好'로 문장을 끊어 읽어야 한다. 이렇게 끊어 읽어야 뒤의 '천하지인각위기소욕언이자위방天下之人各爲其所

欲焉以自爲方'과 문장 구조가 같아진다. '찰察'은 한쪽 말단만을 살펴 전체를 알지 못하는 것을 말한다. 뒤에서 '이는 마치 귀, 눈, 코, 입 등에 비유할 수 있다. 모두 각기 밝은 바가 있으나 서로 통하지는 못한다'(譬如耳目鼻口, 皆有所明, 不能相通)라고 한 것이 바로 '일찰一察'을 설명하는 것이다.(『독서잡지여편』)

- 유월: 곽상의 방식대로 문장을 읽으면 뜻이 성립하지 않으므로 왕념손의 설에 따라야 한다. 다만 '일찰一察'을 '한쪽 말단만을 살피는 것'(察其一端)으로 풀이하면 뜻이 완전히 적합하지는 않다. '찰察'은 '제際'로 읽어야 한다. '일제一際'는 '일변一邊'과 같다. 『광아』「석고釋詁」에서는 '제際'와 '변邊'을 모두 '방方'으로 풀이하였으니, '제際'와 '변邊'은 서로 같은 뜻임을 알 수 있다. 따라서 '기일제其一際'로 읽으면 한쪽 측면만을 얻었다는 말로 이해할 수 있으므로 역시 전체를 알지 못한다는 뜻이 된다.(『제자평의』 가운데 『장자평의』)
- 양계초: 유월의 설이 옳다. 『중용』의 '언기상하찰야言其上下察也' 역시 '상하제上下際'로 풀이한다. 뒤에 이어지는 '찰고인지전察古人之全'의 '찰察' 역시 '제際'로 읽어야 한다. '판判', '석析', '찰察'을 나란히 들어서 말한 것은 모두 '천지의 아름다움'(天地之美), '만물의 이치'(萬物之理), '옛사람들의 전일함'(古人之全) 등을 분리하여 그 일부분만을 얻었음을 지적한 것이다.

㉖ 不該不徧: '해該'는 '겸비하다'의 뜻이다. '편徧'은 '편遍'(두루)과 같다.

㉗ 一曲: 한쪽으로 치우쳐짐. 앞에 나오는 '일찰一察'과 같은 뜻이다. 전체를 알지 못하고 한쪽 측면만을 아는 것이다.

㉘ 內聖外王之道: 양계초는 "'내성외왕지도內聖外王之道'는 중국학술사 전부를 포괄할 수 있는 개념으로, 그 요지는 내적으로 충분히 수양이 이루어지면 외적으로 세상을 다스리는 것이 가능하다는 것이다"라고 하였다.

【풀이】

천하에 방술方術을 연구하는 자가 매우 많은데, 모두 자신이 배운 것이 더할 나위 없이 훌륭하다고 여긴다. 옛날의 도술道術이라고 하는 것은 대체 어디에 있는가? "없는 곳이 없다." "그렇다면 [조화의] 영묘함이란 어디에서 내려오는 것인가? [인간의] 지혜는 어디에서 나오는 것인가?"

"성스러움은 그것이 나오는 곳이 있고, 왕업은 그것을 이루게 하는 바가 있다. 이 모두 '일一'로부터 기원한다."

근본(宗)에서 벗어나지 않는 자를 일러 천인天人이라고 한다. 정미함에서 벗어나지 않는 자를 일러 신인神人이라고 한다. 참된 실질에서 벗어나지 않는 자를 일러 지인至人이라고 한다. 하늘을 종주로 삼고, 덕을 근본으로 삼으며, 도를 방도로 삼아 변화의 징조를 미리 살피는 자를 일러 성인聖人이라고 한다. 인仁으로써 은혜를 베풀고, 의義로써 질서를 세우며, 예禮로써 규범에 맞게 행동하고, 악樂으로써 성정을 조화시켜 온화함과 인자함을 풍기는 자를 군자君子라고 한다. 법도를 지켜야 직분으로 삼고, 명칭을 표준으로 삼으며, 비교를 통해 검증하고, 고찰하고 조사하여 판단을 내리는데, 마치 숫자 일, 이, 삼, 사를 세는 것과 같이 명백하다. 백관들은 이렇게 서로 서열에 따라 자리하고, 각자의 직무를 자신의 일상적인 사무로 삼으며, 먹고 입는 일을 주요 업무로 하고, 생산을 비축하는 데 뜻을 두어 노약자와 고아, 과부가 모두 부양될 수 있게 해야 한다. 이것이 바로 백성을 기르는 도리이다.

옛날의 성인들은 온전히 갖추지 않았던가? 조화의 영묘함과 짝을 이뤄 천지를 본받아 만물을 양육하고, 천하를 고르게 하여 백성에게 은택이 미치도록 하며, 도의 근본을 명백하게 알아 법도에 관통하니, 육합이 두루 통하고 사시가 순조롭게 운행되어 크고 작고 정미하고 거친 각종 사물 어느 하나 그 작용이 미치지 않는 곳이 없었다. 옛날의 도술은 법령과 제도 속에 분명히 드러나 있으니, 과거의 법규와 세대를 거치며 전해지는 역사서 속에 여전히 많이 보존되어 있다. 옛날의 도술은 『시詩』, 『서書』, 『예禮』, 『악樂』 등에도 남아 있는데, 추鄒나라와 노魯나라의 학자와 유사儒士(搢紳先生)들 모두 이를 명확하게 알고 있다. 『시』는 마음의 뜻을 표현한 것이고, 『서』는 정사政事를 전하고자 하는 것이며, 『예』는 행위를 규범화한 것이고, 『악』은 성정性情을 조화하는 것이고, 『역』은 음양의 변화를 탐구한 것이고, 『춘추』는 명분에 관해 설명한 것이다. 이와 같은 법령과 제도는 천하에 널리 퍼진 채 나라 안(中國)에서 시행되고 있으니, 백가의 학설은 늘 이것들을 설파하였다. (그러다가) 천하가 크게 혼란해지자, 성현들은 몸을 숨긴 채 드러나지 않았고 도와 덕은 갈라지게 되었으며, 천하의 사람들은 각기 한쪽 말단만을 집착하면서 스스로 뽐내기 바빴다. 이는 마치 귀, 눈, 코, 입 모두 각자의 기능이 있으나, 서로 통하지는 못하는 것에 비유할 수 있다. 백가의 재주 또한 마찬가지로, 나름의 장점이 있고 쓰일 때가 있다. 하지만 비록 그러하나 온전히 모든 것을 갖추었거나 모든 것에 두루 미치지는 못하였으니, 다들 한쪽 측면에 치우친 선비들에 지나지 않는다. 이들은 천지의 순수한 아름다움을 찢어 버리고, 만물의 항상된 이치를 조각내고, 옛사람들 도술의 정체성整體性을 쪼개 버렸으니, 천지의 순수한 아름다움을 온전히 갖추고 신명의 융성한 위용과 어울리는 자는 드물게 되었다. 따라서 내성외왕內聖外王의 도는 암담한 채로 드러나지 않고 억눌린 채 발휘되지 못했으니, 천하의 사람들은 각자 자신이 하고자 하는 바를 행하며 자신만의 방술을 일삼는다. 참으로 슬프도다! 백가의 학문이 이미 멀리 떠나가 돌아올 줄 모르니, 다시는 도술과 서로 합치될 수 없을 것이다! 후세의 학자들은 불행히도 천지의 순수한 아름다움과 옛 도술의 온전한 모습을 볼 수 없을 터이니, 도술이 장차 천하에 의해 찢겨 버릴 것이다.

2.

不侈於後世, 不靡[1]於萬物, 不暉於數度[2], 以繩墨自矯[3], 而備世之急; 古之道術有在於是者. 墨翟[4]禽滑釐[5]聞其風而說之. 爲之大過, 已之大循[6]. 作爲「非樂」, 命之曰「節用」; 生不歌, 死無服. 墨子氾愛兼利而非鬥, 其道不怒; 又好學而博, 不異[7], 不與先王同, 毁古之禮樂.

黃帝有「咸池」[8], 堯有「大章」, 舜有「大韶」, 禹有「大夏」, 湯有「大濩」, 文王有「辟雍」之樂, 武王周公作「武」. 古之喪禮, 貴賤有儀, 上下有等, 天子棺椁七重, 諸侯五重, 大夫三重, 士再重. 今墨子獨生不歌, 死不服, 桐棺三寸而無椁, 以爲法式. 以此教人, 恐不愛人; 以此自行, 固不愛己. 未敗墨子道[9], 雖然, 歌而非歌, 哭而非哭, 樂而非樂, 是果類乎[10]? 其生也勤, 其死也薄, 其道大觳[11]; 使人憂, 使人悲, 其行難爲也, 恐其不可以爲聖人之道, 反天下之心, 天下不堪. 墨子雖獨能任, 奈天下何! 離於天下, 其去王也遠矣.

墨子稱道曰: "昔者禹之湮[12]洪水, 决江河而通四夷九州也, 名川三百[13], 支川三千[14], 小者無數. 禹親自操橐耜[15]而九雜[16]天下之川; 腓無胈[17], 脛[18]無毛, 沐甚雨[19], 櫛疾風, 置萬國. 禹大聖也, 而形勞天下也如此." 使後世之墨者, 多以裘褐[20]爲衣, 以跂蹻[21]爲服[22], 日夜不休, 以自苦爲極, 曰: "不能如此; 非禹之道也, 不足謂墨."

相里勤[23]之弟子, 五侯[24]之徒, 南方之墨者苦獲, 己齒[25], 鄧陵子之屬, 俱誦『墨經』[26], 而倍譎[27]不同, 相謂別墨[28]; 以堅白同異之辯相訾[29], 以觭偶[30]不仵[31]之辭相應; 以巨子[32]爲聖人, 皆願爲之尸[33], 冀得爲其後世, 至今不決.

墨翟, 禽滑釐之意則是, 其行則非也. 將使後世之墨者, 必自苦以腓無胈脛無毛, 相進[34]而已矣. 亂之上也, 治之下也[35]. 雖然, 墨子眞天下之好[36]也, 將求之不得也, 雖枯槁不舍也, 才士也夫!

【길잡이】

① 靡: '미糜'와 같다. '낭비하다'의 뜻이다.

② 不暉於數度: 예법을 뽐내며 자랑하지 않음. '휘暉'는 '휘輝'(비추다)와 같다.

③ 以繩墨自矯: 규율(規矩)을 통해 자신을 독려함. '교矯'는 '독려하다'(厲)의 뜻이다.(곽상, 『장자주』)

④ 墨翟: 성은 묵墨. 노魯나라 사람으로 공자보다 다소 늦은 시기에 활동하였다. 비공非攻, 겸애兼愛, 비악非樂, 절용節用 등의 학설을 주장하였다. 『회남자』 「요략要略」에서는 "묵자는 유가의 학업을 배우고 공자의 도술을 이어받았으나, 그 예禮에 관해서는 번잡하여 간단하지 않고, 장례를 후하게 지내면서 재물을 낭비하는 것이 백성들을 빈곤하게 만든다고 여겼다"(墨子學儒者之業, 受孔子之術, 以爲其禮煩擾而不說, 厚葬靡財而貧民)라고 하였다. 묵자의 학설은 평민의 입장에 서서 차별과 등급, 특권 등을 타파하고자 하였다. 현재는 묵자와 그 학파가 지은 것으로 여겨지는 『묵자』 53편이 전해지고 있다.

⑤ 禽滑釐: 묵자의 제자.(『墨子』 「公輸」에 등장) 처음에는 자하子夏에게서 가르침을 받았으나(『史記』 「儒林傳」에 등장), 후에는 묵자에게서 배웠다(『呂氏春秋』 「當染」에 등장).

⑥ 已之大循: '대大'는 '태太'와 통한다. '순循'은 세덕당본에는 '순順'으로 되어 있다. 과거에는 '순循'은 '순順'과 서로 통했다. 이 구절은 두 가지로 해석될 수 있다.

(1) '이已'를 '기己'로 읽는 해석. 이 경우 '기지대순己之大循'으로 읽으며, 지나치게 자신을 따른다는 뜻으로 해석할 수 있다.

(2) '이已'를 '그치다'(止)의 뜻으로 풀이하는 해석. 이 경우 '대순大順'은 '태심太甚'으로 풀이한다. 즉 '이지태순已之太順'은 '절제가 지나치게 심하다'라는 뜻으로 이해할 수 있다.

- 임희일: 심하게 억제하는 것을 '이지대순已之大循'이라 하였다. '이已'는 '억제

하다'라는 뜻이다.

- 임운명: '대순大循'은 '대순大順'으로도 읽는다. '(정도가) 매우 심하다'라는 뜻이다.
- 양계초: '이已'는 '그치다'라는 뜻이다. 뒤의 구절 '명지불여기이明之不如其已'의 '이已'와 같다. '대순大順'은 '매우 심하다'라는 뜻이다. '순順'과 '심甚'은 음이 비슷하여 서로 통한다. 해야 하는 일을 할 때도 그 정도가 너무 심하며, 그치고 절제해야 하는 일을 그칠 때도 그 정도가 너무 심하다는 말이다. 곽상의 『장자주』에서는 '사람들의 능력을 조금도 헤아리지 않음'(不復度衆所能)이라고 설명하였고, 성현영의 『장자소』에서는 '자기 자신만을 사용하고 자신만을 따름'(適用己身自順)이라고 설명하였다. 이는 '이已'를 '기己'자로 읽은 것인데, 옳지 않다.

⑦ 好學而博不異: 두 가지의 독법이 있다.

(1) '호학好學, 이박불이而博不異'로 끊어 읽는 해석,

(2) '호학이박好學而博, 불이不異'로 끊어 읽는 해석.

(1)은 '박불이博不異'를 하나의 문장으로 읽는다. 임희일은 "'박불이博不異'는 '상동尙同'을 말한다. 그의 설을 확충하여 보면 매우 광범위하지만 결국은 '상동'설을 위주로 한다"라고 하였다. 양계초는 "'박博'은 보편적이라는 뜻이다. 모두 하나같이 평등하여 차별이 없는 것을 말한다"라고 하였다.

(2)는 '호학이박好學而博, 불이不異'를 하나의 문장으로 읽는다. 장병린은 "'우호학이박又好學而博'이 하나의 문장이고, '불이不異'가 하나의 문장이다. 묵자는 함부로 이설을 세우고자 하지 않았음을 말한 것이다"라고 하였다. 왕어는 "'불이不異'는 보통 사람들의 말을 더 좋아한다는 뜻이다"라고 주해하였다.(왕부지, 『장자해』에 보임) 임운명은 "'불이不異'는 남과 다름을 추구하지 않는 것이다"라고 하였다.

▹ 진고응: 『묵자』「귀의貴義」를 보면 "묵자가 남쪽 위나라로 유세를 떠났을 때, 수레에 실은 책이 어마어마했다"(子墨子南遊使衛, 關中載書甚多)라는 구절이 나온다. 묵자가 '배움을 좋아하고 박식하였음'(好學而博)을 알 수 있다.

⑧ 「咸池」: 고대 악곡의 명칭. 계속해서 등장하는 「대장大章」, 「대소大韶」, 「대하大夏」, 「대호大濩」, 「벽옹辟雍」, 「무武」 모두 고대의 시대별 악곡의 명칭이다.

⑨ 未敗墨子道: 두 가지 해석이 있다.

(1) '패敗'를 '훼毁'(비방하다)로 읽는 해석.(『경전석문』) 이는 비평자(「천하」의 작자를 가리킴)가 묵자의 학설을 비방할 의도가 없음을 가리킨다. 선영은 "'비록 이렇게 이야기는 했지만, 그 가르침을 버려야 한다는 뜻은 아니다'라는 말로 풀이할 수 있다"라고 하였다. 장병린, 마서륜, 장석창 역시 같은 의견이다.

(2) '묵자의 도가 실패하는 일은 없음'이라는 해석. 묵자의 도가 비록 가혹하지만, 세상에 성행하는 데는 영향을 주지 않았다는 뜻이다. 마기창은 "묵자는 장례를 박하게 할 것을 주장하여 인정에 어긋났으나, 자신에게도 또한 남들과 똑같이 적용하였으므로 그 도가 실패하는 일에는 이르지 않았다"라고 하였다.(『장자고』) 왕선겸은 "'지금껏 묵자의 도가 실패하지는 않았다'라는 말이다"라고 하였다. 양계초 역시 "'미패묵자도未敗墨子道'란 묵가학파의 학설에 일정한 근거가 있고 그 주장이 이치에 맞았으므로 묵가를 이루고 묵가의 학설이 논해진 것이니, 그의 도가 실패했다고 하기에는 무리가 있다"라고 하였다.

⑩ 果類乎: 과연 인정에 부합할 것인가?

- 임희일: '류類'는 '가깝다'이다. '이것이 과연 사람들의 실정에 가까울 것인가?'라는 뜻이다.

⑪ 觳(중국음은 què[確]): 박하다, 가혹하다.

- 곽숭도: '곡觳'은 '박하다'는 뜻이다. 『사기』「시황본기始皇本紀」에 '수감문지양雖監門之養, 불곡어차의不觳於此矣'라는 말이 있다. '(비록 문지기의 삶이지만) 이보다 박하지 않았다(不薄於此)'라는 뜻이다. 묵자의 도는 자신에게조차 박하게 적용하였음을 말한 것이다. 곽상의 『장자주』에서 "'곡觳'은 윤택하지 않은 것이다"라고 설명하였는데, 다소 완곡한 풀이이다.(곽경번의 『장자집석』에서 인용)

⑫ 湮: 막히다, 묻히다.(『경전석문』)

⑬ 名川三百: 세덕당본에서는 '천川'을 '산山'으로 잘못 썼으나, 조간의본에 따라 수정하였다.

- 유월: '명산名山'은 '명천名川'으로 써야 한다. 글자를 잘못 쓴 것이다. '명천'과 '지천支川'은 각각 큰 물줄기와 작은 물줄기를 가리켜 말한 것이다. 뒤에 '우친자조탁사이구잡천하지천禹親自操橐耜而九雜天下之川'이라 했으니, 이 글에서는 오로지 '천川'에 대해서 논했음을 알 수 있다. 따라서 '산山'을 말하는 것은 적절하지 않다.

⑭ 支川三千: '지천支川'은 '지류支流'라고도 쓴다.(『경전석문』) '삼천三千'은 앞에 나오는 '삼백三百'과 같은 맥락으로, 수가 많음을 나타낸다.

⑮ 橐耜(橐의 중국음은 tuó[駝], 耜의 중국음은 sì[肆]): '탁橐'은 흙을 담는 도구이다. '사耜'는 삽 혹은 괭이를 가리킨다.

⑯ 九雜: '합류하다'의 뜻. '구九'는 '구鳩'로 읽으며, '구鳩'자로 쓰기도 한다. '모으다'(聚)라는 뜻이다.(『경전석문』) '잡雜'은 '집集'(모으다)으로 읽는다.

- 장병린: '구九'는 다른 판본에서 '구鳩'자로 쓰기도 하였으니, 이 뜻에 따라야 한다. '구九'라고 쓴 것은 모두 고서이다. '잡雜'은 '집集'의 뜻을 가차한 것이다.
- 장석창: '구九'는 '구句'의 뜻을 가차한 것이다. 『설문해자』에서는 '모으다(聚)라고 풀이하였다. 단옥재는 이에 대해 "『장자』에서는 '구九'로 되어 있다. 지금은 '구鳩'로 쓰이며, '구句'자는 쓰이지 않는다"라고 주석하였다. 한편 『설문해자』에서 "'잡雜'은 오색이 서로 합쳐져 있는 것이다"라고 풀이하였는데, 단옥재는 이에 대해 "역시 '취聚'나 '집集'으로 가차되어 사용되었다"라고 하였다. 이에 따르면 '구잡九雜'은 '모으다/모이다'라는 뜻이다.

⑰ 腓無胈(腓의 중국음은 féi[肥], 胈의 중국음은 bá[拔]): '비腓'는 종아리 근육을 말한다. 일명 장딴지라고도 한다. '발胈'은 흰 살갗을 말한다. 『태평어람』 제82항에 인용된 구절에서는 '비腓'를 '고股'로 썼다.

⑱ 脛(중국음은 jìng[靜]): 발에서 무릎 사이의 부분.

⑲ 甚雨: 폭우, 호우. 최선본崔譔本에서는 '심甚'을 '음湛'으로 썼으며, '음淫'으로 읽는다.

- 곽경번: 최선의 판본에서는 '심甚'을 '음湛'으로 썼다. '음湛'이 옳다. '음湛'은 '음淫'과 같다. 『논형』 「명우明雩」에 "오랫동안 비가 내리는 것을 '음湛'이라고 한다"라고 하였다. '음湛'은 곧 '음淫'이다.
- 왕숙민: 『장자소』에서는 '뇌취우이쇄발賴驟雨而灑發'이라 하였으니, 성현영의 판본에는 '취우驟雨'라고 되어 있는 것으로 보인다. 『유자신론劉子新論』 「지인知人」에서도 '즐분풍櫛奔風, 목취우沐驟雨'(몰아치는 바람에 머리 빗고, 쏟아지는 비에 목욕한다)라고 하였으니, 이 구절 역시 본래 '취우驟雨'로도 썼음을 알 수 있다.(『장자교석』)
  - ▷ 진고응: 【풀이】에서는 '폭우, 호우'(驟雨)의 뜻으로 보았다. 이 경우 뒤에 나오는 '질풍疾風'과 서로 대구를 이룰 수 있다.

⑳ 裘褐: 거친 옷.

㉑ 跂蹻: '기跂'는 '극屐'(나막신)과 같다. '교蹻'는 짚신을 말한다.

㉒ 服: '쓰다'(用).(임희일)

㉓ 相里勤: 성은 상리相里, 이름은 근勤. 남방지역 묵학墨學의 우두머리격 인물이다. 『한비자』「현학顯學」에 "묵자 사후에 상리씨相里氏의 묵가가 나왔고, 상부씨相夫氏의 묵가가 나왔고, 등릉씨鄧陵氏의 묵가가 나왔다.…… 이에 묵가가 세 가지 유파로 분리되었는데, 취사선택한 바가 서로 같지 않았다"(自墨子之死也, 有相裏氏之墨, 有相夫氏之墨, 有鄧陵氏之墨……墨離爲三, 取舍相反不同)라는 설명이 보인다. 뒤에 나오는 '등릉자鄧陵子'가 바로 한비가 말한 등릉씨이다.

㉔ 五侯: 사람 이름. '오五'는 '오伍'와 같다.

- 손이양: '오후五侯'의 '오五'는 성씨이다. '오五'는 '오伍'와 같다. 고서에서 오자서伍子胥의 '오伍'를 '오五'로 쓴 경우도 많다. 따라서 이는 다섯 명을 말하는 것이 아니다.

㉕ 苦獲, 己齒: 사람 이름. 두 사람 모두 남방 묵가의 주요 인물이다.

㉖『墨經』: 현존하는『묵자』제10권에「경상經上」,「경하經下」두 편이 나온다.

㉗ 倍譎: '배반하다'라는 뜻이다. 과거에는 '배倍'와 '배背'가 서로 통용되었다.

㉘ 相謂別墨: 서로 배척하면서 묵가의 정통이 아니라고 여김.(양계초)

- 장석창: '상相'은 '각기 서로'라는 뜻이다. '상위相謂'는 각기 서로에 대해 말한다는 뜻이다.…… 호적胡適은 '상위' 두 글자를 "그들은 서로 자신들을 '별묵別墨'이라 칭했다"라고 해석하였다. 호적의 뜻을 미루어 생각해 보면, 각자 스스로 '별묵'이라 칭했다는 말이다.…… 이는 옳지 않다. '별묵'은 묵가와 어긋남을 말한 것으로, 진정한 묵가와 서로 어긋나고 그와 구별되는 묵가라는 뜻이다. '별묵'에는 서로 비난한다는 뜻이 있다고 보아야 한다. 따라서 뒤에서도 "'견堅', '백白', '이異'의 논변을 펼치며 서로 헐뜯었다"라고 한 것이다. 호적은 '별묵'을 '새로운 묵가'(新墨)를 말하는 것이라 보았으나, 옳지 않다. '상위별묵相謂別墨'은 '상리근相里勤' 등이 서로 타인을 묵가가 아니라고 배척하며 헐뜯는 것을 말한다.
- 엄영봉: 당월唐鉞은 "묵가에는 세 유파가 있다. 스스로 '진정한 묵가'(眞墨)라고 칭하는 만큼, 당연히 다른 유파를 '별종 묵가'(別墨)라 칭하기 마련이다"라고 하였다. 장석창, 당월의 설이 모두 옳다.

▹ 진고응: 양계초와 장석창 등의 설이 옳다. 지금은 호적의 설을 따르는 경우가 많은데, 실로 옳지 않다. 『한비자』「현학顯學」에서도 "공자, 묵가 사후에 유가는 여덟 가지 부류로 나뉘었고, 묵가는 세 가지 부류로 나뉘게 되었다. 서로 선택한 바가 같지 않았으며, 저마다 자신을 진정한 공자학파, 묵가학파라고 일컬었다"(孔, 墨之後, 儒分爲八, 墨離爲三, 取舍相反而不同, 而皆自謂眞孔, 墨)라고 하였다. '서로 선택한 바가 같지 않았다(取舍相反而不同)'라는 구절은 여기에서는 '배휼부동倍譎不同'이라 적었다. '상자相訾'는 「추수」의 '요와 걸이 각각 자신을 옳다고 여기면서 서로를 비난하였다(堯, 桀之自然而相非)'라는 구절과 같은 의미이다. '상위별묵相謂別墨'은 상대방이 스승에 어긋났다고 헐뜯고 공격하는 것을 말한다…… '별묵'은 '묵자에 어긋나다'(背墨)라는 뜻이 명백하므로, 호적의 설을 따를 수 없다.

㉙ 以堅白同異之辯相訾: '자訾'는 비방하고 헐뜯는 것이다. '견백堅白'과 '동이同異'는 모두 당시 활발하게 논쟁이 이루어지던 주제이다.

• 양계초: 당시 주로 논쟁을 벌이던 세 가지 주제를 예시로 들고 있다. 첫 번째는 '견백堅白' 문제이고, 두 번째는 '동이同異' 문제, 세 번째는 '기우奇偶' 문제이다. 이 세 가지 문제는 전국 중엽 이후의 학자들이 가장 열띤 토론을 벌였던 주제로 모두 『묵경墨經』에서 출발하였다. 「경상經上」에서 "견백의 속성은 서로 떨어져 있지 않다"(堅白不相外也)라고 하였고, 「경하經下」에서는 "견백의 속성이 떨어질 수 있다는 주장에 대해 논하기 위해서는 무구無久[11]와 무우無宇[12] 개념을 가지고 설명해야 한다. 한편 견백의 속성이 떨어질 수 없다는 주장은 상호 의지하여 서로의 원인이 된다는 방식으로 논증할 수 있다"(不堅白, 說在無久與宇, 堅白, 說在因)라고 하였고, 「경설하經說下」에서는 "(돌의) 단단함을 만지는 순간 (돌의) 희다는 성질 또한 얻은 것과 같다. 반드시 서로 포함하고 있기 때문이다"(無堅得白, 必相盈也)라고 하였다. 이것이 『묵경』 내의 견백설에 관한 내용이다. 또한 「경상經上」에서 "같음은 다름을 하나로 합친 것이다"(同, 異而俱之於一也)라고 하였고, "같음과 다름이 서로 교차하는 것은 마치 유와 무의 관계와 같다"(同異交得知有無)라고 하였다. 이것이 『묵경』 내의 동이설에 관한 내용이다. 「경하經下」에서 "하나에서 일부를 제거하면 둘이 된다"(一偏去而二)라고 하였고, 「경설하經說下」에서 "둘이 하나로 합쳐지면 (둘의 각각의 단독 지위는) 사라지나, 하나로 합쳐지지

11) 시간을 극한까지 분할한 최소 단위. 『墨經』의 기본 개념 중 하나이다.
12) 공간을 극한까지 분할한 최소 단위. 『墨經』의 기본 개념 중 하나이다.

않으면 여전히 존재한다"(二與一亡, 不與一在)라고 하였다. 이것이 『묵경』 내의 기우설에 관한 내용이다.[13] 후대의 묵가들 가운데 다시 '절용節用', '비공非攻' 등의 교리에 뜻을 두는 자는 드물었고, 오직 『묵경』 에서 이와 유사한 문제들만을 취하여 서로 비방하기 바빴으니, 이 때문에 서로 완전히 어긋나 달라지게 되었다.

㉚ 觭偶: 홀수와 짝수. 당시 활발하게 논쟁이 이루어지던 주제이다.

㉛ 不仵: 합치되지 않음. '오仵'는 '같다'(同)의 뜻이다.(『경전석문』)

▹ 진고응: '오仵'는 '오伍'와 같다.(도홍경)

㉜ 巨子: 상수向秀와 최선崔譔의 판본에는 '거자鉅子'로 되어 있다. '거자'는 묵가학파 집단의 수장을 가리킨다.

- 양계초: '거자鉅子'의 이름은 고서에 세 가지로 등장한다. 첫째는 맹승孟勝이고, 둘째는 전양자田襄子이다. 이 둘은 모두 『여씨춘추』 「상덕上德」에 등장한다. 셋째는 복腹으로 『여씨춘추』 「거사去私」에 등장한다.

㉝ 尸: '주主'(모시다)와 같다.

㉞ 相進: 서로 넘어서고자 함, 서로 경쟁함.

㉟ 亂之上也, 治之下也: 천하를 어지럽힌 죄는 많고, 천하를 다스린 공로는 적음.(선영)

- 임희일: 묵자의 도를 전하는 사람들은 스스로 고생하고 애쓰는 일을 가지고 내세우면서 천하를 다스리고자 하였으나, 천하가 제대로 다스려지지도 못하고 먼저 혼란만 초래하고 말했다. 따라서 '난지상아亂之上也'라고 한 것이다.

㊱ 天下之好: 세상에서 가장 훌륭한 인물. '호好'는 크게 찬양한다는 뜻을 담고 있다.(장석창)

【풀이】

후대 사람들이 사치하지 못하게 하고, 만물을 낭비하지 않으며, 예의와 법도를 뽐내며 과시하지 않고, 규율로서 자신을 독려하면서 세상을 재난으로부터 구원할

---

13) 『墨經』의 堅白說과 同異說 그리고 奇偶說에 대한 이상의 번역은 梁啓超의 주해에 근거한 것이다. 『墨經』의 해석은 예로부터 주석가에 따라 해석에 차이가 있는데, 孫詒讓의 『墨子閒詁』를 바탕으로 한 풀이는 염정삼 주해, 『墨經』(한길사, 2012)을 참고하라.(견백설: 1권 66. 堅白, 2권 16. 不堅白, 17. 無久與宇 / 동이설: 1권 39. 同, 89. 同異交得 / 기우설: 2권 4. 一偏棄之)

준비를 한다. 옛날의 도술 가운데 이러한 부류에 속하는 것이 있으니, 묵적墨翟, 금골리禽滑釐가 바로 이러한 기풍을 좋아하였다. 이들은 실행하는 것도 지나쳤으며, 절제하는 것 역시 지나쳤다. 「비악非樂」을 지었으며, 「절용節用」을 말했다. 즉 태어났을 때 풍악을 울리지 말고, 죽은 이후에 복식으로 장식하지 말라는 것이다. 묵자는 넓게 사랑하며 함께 이익을 취할 것을 주장하고 전쟁에 반대하는 등, 사람들에게 원한을 가지지 말 것을 가르쳤다. 또한, 그는 배우기를 좋아하여 박식한 견문을 갖추었고, 남달리 특별한 이론을 세우고자 하지 않았다. 그러면서 한편으로는 고대의 예악을 파기하고자 하는 등, 선왕들과 상통하기를 추구하지도 않았다.

황제黃帝에게는 「함지咸池」라는 악장이 있었고, 요堯에게는 「대장大章」이라는 악장이 있었고, 순舜에게는 「대소大韶」라는 악장이 있었고, 우禹에게는 「대하大夏」라는 악장이 있었고, 탕湯에게는 「대호大濩」라는 악장이 있었고, 문왕文王에게는 「벽옹辟雍」이라는 악장이 있었고, 무왕武王과 주공周公은 「무武」라는 악장을 지었다. 고대의 장례는 귀천에 따라 의례의 법칙이 달리 있었고, 상하 간에 차등이 있었다. 천자는 7층짜리 관을 사용하고, 제후는 5층, 대부는 3층, 사의 관은 2층을 사용한다. 그런데 지금 묵자만이 홀로 태어날 때 곡을 연주하지 말고, 죽은 후에 복식을 없애야 한다고 주장하면서 외부의 관(槨)이 없이 세 치 두께의 오동나무 관만을 사용할 것을 표방하였다. 이를 통해 사람들을 가르쳤으나 사람들을 아끼고 사랑하지 않는 도리라고 볼 수는 없을 것이다. 자기 자신에게도 이를 실행하였으니, 분명 자신만을 아끼고 사랑하는 도리는 아니다. 비록 그렇지만, 그것이 묵자의 학설에 영향을 주지는 못한다. 그런데 노래를 불러야 할 때 노래 부르는 것에 반대하고, 울어야 할 때 우는 것에 반대하고, 악곡을 연주해야 할 때 악곡을 연주하는 것에 반대하는 것이 과연 인정에 부합하는 것인가? 그는 생전에 부지런하게 노력하였으며 죽어서까지 매우 각박하게 하였으니, 그의 학설은 지나치게 가혹하다고 할 수 있다. 그의 학설은 사람들을 괴롭고 슬프게 만드니 실행하기도 어려울뿐더러 실행한다고 해도 매우 힘이 든다. 따라서 성인의 도가 될 수는 없을 것이며, 천하 사람들이 바라는 것과도 어긋나므로 사람들이 받아들이기 힘들 것이다. 비록 묵자 스스로는 이를 감당할 수 있을지 몰라도 어찌 천하 사람들이 이를 이행할 수 있겠는가? 천하 사람들의 실정에 어긋나니, 왕도와도 거리가 멀다고 할 수 있다.

묵자가 이렇게 말했다. "옛날 우임금은 홍수를 막고 강물을 이끌어 사방 변경과 중국 구주九州에 모두 통하게 하였다. 큰 물줄기는 삼백 개에 이르렀고, 지류는 삼천 개에 이르렀으며, 작은 시냇물은 헤아릴 수조차 없었다. 우임금은 직접 흙 담는 도구와 괭이를 들고 천하의 하천을 한데 모이게 하였으니, 장딴지에 살이 모두 말랐고 정강이에 털이 닳아 없어질 지경이었다. 폭우를 온몸으로 맞고 강풍에 머리를 흩날리면서 온 나라를 설립하였다. 우임금이야말로 위대한 성인이라 할 수 있다. 그는 천하를 위해 이렇게나 수고를 마다하지 않았다." 이런 까닭에 후대의 묵가들에게 양가죽과 무명으로 옷을 만들어 입고, 나막신과 짚신을 신으며 낮과 밤으로 쉬지도 않고 스스로 고생하는 것을 원칙으로 삼게 하였다. 그러고는 이렇게 말한다. "이렇게 할 수 없다면 우임금의 도라고 할 수 없으니, 묵가라 칭할 수 없다."

상리근相里勤의 제자들, 오후伍侯의 문하생들, 남방의 묵가인 고획苦獲, 기치己齒, 등릉자鄧陵子 등의 유파는 모두 『묵경墨經』을 읽었으나 서로 같지 않고 어긋났으니, 상대방을 '별종 묵가'(別墨)라 부르며 비방하였다. 이들은 '견백堅白'과 '동이同異'의 논변을 일삼으며 서로 헐뜯고 비방하였으며, '기우奇偶'와 같은 사리에 맞지 않는 말로 서로 대응하였다. 또한 거자鉅子를 성인으로 삼고 스승으로 받들고자 하면서 그의 사업을 계승하고자 하였으나, 지금까지도 논쟁이 분분한 채 결론을 맺지 못했다. 묵적, 금골리의 뜻은 매우 좋았으나 그들이 했던 방식은 너무 지나쳤다. 이는 후대의 묵가들이 장딴지에 살이 없어지고, 정강이 털이 닳아 없어질 때까지 스스로 애쓰면서 서로 경쟁하도록 만들었을 뿐이다. 천하를 어지럽힌 죄는 많고 천하를 다스린 공은 적다. 비록 그렇지만 묵자야말로 천하에서 가장 훌륭한 사람이라고 할 수 있다. 이러한 자는 정말로 얻고자 해도 얻을 수 없으니, 그가 설령 말라비틀어진 나무와 같은 모습으로 자신의 주장을 버리지 않는다고 하더라도 진정으로 세상을 구제할 재능 있는 선비라 할 수 있다.

3.

不累於俗, 不飾於物, 不苟於人①, 不忮於衆②, 願天下之安寧以活民命, 人我之養畢足而止, 以此白心③, 古之道術有在於是者. 宋鈃④尹文⑤聞其風而悅之. 作爲華山之冠⑥以自表, 接萬物以別宥⑦爲始; 語心之容, 命之曰心之行⑧,

以驅合歡⑨, 以調海內, 請欲置之以爲主⑩. 見侮不辱, 救民之鬥, 禁攻寢兵, 救世之戰. 以此周行天下, 上說下敎, 雖天下不取, 強聒而不舍⑪者也, 故曰上下見厭而強見也⑫.

雖然, 其爲人太多, 其自爲太少; 曰: "請欲固⑬置五升之飯足矣." 先生恐不得飽, 弟子雖饑, 不忘天下⑭. 日夜不休, 曰: "我必得活哉⑮!" 圖傲乎⑯救世之士哉! 曰: "君子不爲苛察, 不以身假物⑰." 以爲無益於天下者, 明之不如已也. 以禁攻寢兵爲外, 以情欲寡淺⑱爲內, 其小大精粗⑲, 其行適至是而止.

【길잡이】

① 不苛於人: 현재 판본에서는 '가苛'를 '구苟'로 잘못 적었다. 장병린의 설에 따라 수정한다.

- 장병린: '구苟'는 '가苛'를 잘못 쓴 것이다. 『설문해자』 서문에서도 '가지자지구苛之字止句'('苛' 자를 止와 句가 합쳐진 글자로 (잘못) 해석한다)라고 하였으니, 한漢나라 시기 시중의 책에서 '가苛'와 '구苟'를 흔히 혼동하여 사용했음을 알 수 있다. 뒤에 나오는 '가찰苛察' 역시 다른 판본에서는 '구苟'로 썼으니, 그런 사례이다.
- 유사배: '불구어인不苟於人, 불기어중不忮於衆'에서 '구苟'와 '기忮'는 서로 병렬 구조를 이루는 말이므로, '구苟'는 '가苛'로 읽어야 한다. 뒤에서 '군자는 까다롭게 살피지 않는다'(君子不爲苛察)라고 한 것 역시 그 뜻이 '불가不苛'와 서로 부합한다.(『장자각보』)
- 장석창: '구苟'는 '가苛'가 와전된 것이니, 바로잡아야 한다. 사람이 '(다른) 사람들을 위해'(爲人) '세상을 구제하려는'(救世) 뜻을 지녔으므로, '남을 가혹하게 대하지 않고, 인정을 거스르지 않는 것'(不苛於人, 不忮於衆)이 가능하다.

② 不忮於衆: 인정을 거스르지 않는 것을 말한다.(임희일) '기忮'는 '거스르다'의 뜻이다.

③ 白心: 자신의 마음을 분명하게 함.(최선) 마음속의 바람을 분명히 표함.

④ 宋鈃(鈃의 중국음은 xing[形]): 성은 송宋, 이름은 견鈃. 『맹자』에서는 송경宋牼이라고 하였다.(「고자」에 등장함) 제齊나라 선왕宣王 시대의 인물로 직하학궁稷下學宮에 머물렀다. 『맹자』 조기趙岐 주注, 『순자』 양경楊倞 주 등에서 모두 그를 송宋나라 사람이라고 하였다. '경牼'과 '견鈃'은 과거에는 서로 통했다. 『장자』에서는 '송영자宋榮子'라고 쓰기도 하였다. 『한서』「예문지藝文志」에 『송자宋子』 18편에 관한

내용이 실려 있으나, 지금은 모두 소실되어 전하지 않는다. 『순자』「정론正論」에서는 "송자가 말했다. '남에게 모욕을 당하는 것이 치욕이 아님을 알면 사람들이 다투지 않게 할 수 있다'"(子宋子曰: "明見侮之不辱, 使人不鬥.")라고 하였는데, 바로 송견의 주장 가운데 하나이다.

⑤ 尹文: 성은 윤尹, 이름은 문文. 송견과 더불어 직하학궁에 머물렀다.(顔師古의 주석에서 劉向의 설을 인용) 제나라 혼왕湣王을 찾아 유세를 한 적이 있다.(『呂氏春秋』「正名」에 등장) 『한서』「예문지藝文志」 명가名家 항목에 『윤문자尹文子』 상·하편에 관한 내용이 등장한다. 『윤문자』「대도大道」 상편에서 "모욕을 당하고서 치욕이라고 여기지 않고, 추천을 받아도 자랑으로 삼지 않으며, 포악한 행위를 금하고 군사를 멈춘다면 세상의 다툼을 구제할 수 있다"(見侮不辱, 見推不矜, 禁暴息兵, 救世之鬥)라고 하였다. 바로 이 학파의 주장이다.

⑥ 華山之冠: 화산을 관모의 이름으로 삼은 것.

- 육덕명: 화산華山은 위아래가 균등하니 관모가 화산의 형상을 닮았다고 한 것이다. 이는 자신의 마음이 균등하다는 것을 표현한다.
- 장석창: 송견은 화산과 같은 관모로 자신을 표현하였다. 인간의 삶의 평등을 주장하는 의미가 담겨 있다.
- 양계초: 전국시대 사람들은 기묘한 복장을 통해 상징적인 의미를 담는 것을 좋아하였다. 『할관자鶡冠子』나 굴원屈原이 말한 '우뚝한 내 관을 더욱 높이 쓴다'(高余冠之岌岌) 등이 바로 이러한 것들이다.

⑦ 別宥: 우리를 없앰(去囿). 가로막는 것들을 제거한다는 뜻이다. '유宥'는 '유囿'(구역)와 통한다.

- 장석창: 가로막혀 있어 온전히 볼 수 없는 것을 일러 '유囿'라고 한다. '유宥'는 사람들의 지식에 가로막혀 있는 것을 가리켜 말한 것이다. '별유別宥'라는 말의 의미는 『순자』에 나오는 '해폐解蔽', 『여씨춘추』의 '거유去宥'라는 말과 같다. '접만물이별유위시接萬物以別宥爲始'란 '만물에 접하여 그 참된 실상을 알고자 한다면 반드시 가로막힌 바를 없애는 것부터 해야 한다'라는 뜻이다.
- 풍우란: '접만물이별유위시接萬物以別宥爲始'의 '별유別宥'는 『여씨춘추』에서 말하는 '거유去宥'와 같다. '유宥'는 '유囿'와 같으며, 이미 세워진 견해, 편견 등을 가리킨다. 『여씨춘추』에 「거유去宥」가 따로 있는데, 그 내용은 아마도

송견, 윤문의 이러한 사상을 담은 것으로 보이며, 송견의 저작 『송자』를 베껴온 것일 가능성도 있다.(『中國哲學史新編』 제2권)

⑧ 語心之容, 命之曰心之行: 마음의 관용을 말하며, 이를 마음의 행위라고 부름. '용容'은 '관용'을 뜻하며, '명命'은 '이름하다, 지칭하다'라는 뜻이다. '심지행心之行'은 '마음의 활동'을 말한다.

- 장대년: '어심지용語心之容'의 '용容'은 너그러움 혹은 관용을 뜻한다. 과거에는 이를 상태나 모습이라고 해석하였으나, 원의에 부합하지 않는다. 한비는 송영자의 한 가지 특징은 바로 '관용'이라고 하면서, '송영의 관용'("宋榮之寬", 『韓非子』, 「顯學」)에 대해 말했다.(『中國哲學史史料學』)
- 장석창: 송견은 마음(心)에 관한 문제에 특히 주목하였는데, 이를 정리하자면 다음과 같다. 첫째, 그는 마음이 행동을 주관한다고 보았다. 따라서 만약 정당한 행동을 하고자 하면 우선 정당한 마음이 있어야 한다. 앞에서 '이러한 관점으로 자신의 뜻을 분명히 하였다'(以此白心)라고 한 것이 바로 이를 말한다. 둘째, 그는 행위가 마음의 표현이라 보았다. 따라서 정당한 마음을 표현하고자 한다면 우선 정당한 행위가 있어야 한다. 앞에서 언급한 '화산의 형상을 한 모자를 만들어 쓰면서 자신의 뜻을 표현했다'(作爲華山之冠以自表)라는 구절이 바로 이를 말한다. 셋째, 행동이 정당한지 아닌지는 마음이 정당한지 아닌지에 따라 결정된다. 그런데 마음이 정당한지 아닌지는 다시 '별유別有'가 가능한지에 달려 있다. 따라서 '만물에 접하여 그 참된 실상을 알고자 한다면 반드시 가로막힌 바를 없애는 것부터 해야 한다'(接萬物以別有爲始)라고 하였다.

⑨ 以聏合驩(聏의 중국음은 ér[兒]): '이聏'는 '부드럽다'라는 뜻으로 풀이하며, 친근하게 부르는 호칭이다. 부드러움[의 태도]으로 [다른 사람들의] 환심에 부합한다는 말이다.

- 장병린: '이聏'는 '이而'의 뜻을 가차한 것이다. '이而'는 '점黏'으로 풀이한다. 본래 글자대로라면 '닐暱'(친하다)로 써야 한다.

⑩ 請欲置之以爲主: (사람들이) 마음으로 만물을 포용하는 것을 주도적인 사상으로 삼기를 바람. '지之'는 '마음의 관용'(心之容)을 가리킨다. '위주爲主'는 주도사상으로 삼는다는 뜻이다.(조초기)

- 선영: 사람들이 모두 이러한 마음을 높이 사기를 바라는 것이다.
- 마기창: '치지이위주置之以爲主'란 사람들의 환심에 부합하는 것을 도를 행하는 중심으로 삼는다는 말이다.

• 서복관: '치지置之'의 '지之'는 앞에서 언급한 '심지행心之行'을 가리킨다. '치置'는 '안安'과 같다. 마음속으로 만물을 포용하는 실천을 자기 행위의 주로 삼기를 바란다는 말이다.

⑪ 強聒而不舍: 끊임없이 계속 말함.

⑫ 上下見厭而強見也: 사람들이 모두 싫어하나 스스로 계속해서 드러내고자 하는 것을 말함.(선영) '강현強見'은 '강현強現'과 같다. 억지로 자신의 관점을 드러낸다는 뜻이다.

⑬ 固: '고姑'(우선, 잠시)의 뜻을 가차하였다.

⑭ 先生恐不得飽, 弟子雖饑, 不忘天下: '선생先生'은 송견, 윤문을 가리키며, '제자弟子'는 이들의 제자를 가리킨다. 곽상의 『장자주』에서는 "송견과 윤문이 천하를 일컬어 선생으로 삼고, 자신을 제자라고 하였다"라고 설명하였으나, 옳지 않다. 이 세 구절은 「천하」의 저자가 송견과 윤문의 학파를 평가한 내용이지만, 곽상은 이를 송견의 주장으로 잘못 이해하였다.[이를 앞의 '曰'로 시작하는 인용문 내에 포함되는 것으로 오해한 것이다.]

• 장석창: 다섯 되의 밥만을 두었으니, 선생인 송견만 배불리 먹을 수 없을 뿐 아니라, 제자들 역시 항상 굶주림에 처해 있을 수밖에 없었음을 말한다.

⑮ 我必得活哉: '아我'는 범칭으로 사용된 것이다.

• 장석창: 앞에서 '천하를 안정시켜 백성들의 타고난 성명을 온전히 보존하기를 바란다(願天下之安寧以活民命)'라고 하였는데, '아필득활재我必得活哉'는 바로 이 구절을 토대로 나온 것이다. 이는 송견이 우리 백성들은 반드시 살아갈 수 있을 것이라 스스로 말한 것이다. 그가 이렇게 용감하게 자신할 수 있었던 것은 천하에 그의 도가 행해진다면 반드시 백성들이 타고난 명에 따라 살아갈 수 있을 것이라 여겼기 때문이다.

⑯ 圖傲乎: 높고 큰 모습.(곽상, 『장자주』)

• 마서륜: '도圖'는 '비啚'로도 쓴다. '비啚'는 '교喬'자가 와전된 것이다. 독자들이 '비啚'자를 자주 보지 못했던 것은 '도圖'로 고쳐 썼기 때문이다. '교喬'는 '효歊'를 생략한 글자로, '교驕', '오敖'와 같다.

⑰ 不爲苛察, 不以身假物: 까다롭게 따지지 않으며, 외물에 의해 부림을 받지 않음.

• 임희일: '불위가찰不爲苛察'의 '가찰苛察'은 앞과 같이 '별유別宥'의 뜻이 아니라, 너와 나의 구분이 있어서는 안 된다는 뜻으로 사용되었다.

- 양계초: '불이신가물不以身假物'은 자신의 몸으로 외물에 가탁(假借)하지 않는다는 뜻이다. 외물에 의해 부림을 받지 않는다는 것과 같다.
- 장석창: 이 구절은 앞에 나온 '불가어인不苛於人', '불식외물不飾外物'과 같은 뜻이다. 까다롭게 따지지 않아야만 다투지 않고 싸우지 않을 수 있다. 또한 외물로 자신의 몸을 가탁하지 않아야만 정욕을 줄일 수 있고, 천하의 사람들과 함께 공유할 수 있다.

⑱ 情欲寡淺: '정욕과천情欲寡淺'이라는 설은 소수의 가진 자들을 대상으로 하는 것이지, 다수의 가난한 사람들을 대상으로 하는 것이 아니다. 천하에는 재산이 없는 많은 수의 백성들이 있다. 이들은 정욕이 넘치는 것이 문제가 아니라 먹고 입을 것이 부족한 것이 문제이다. 반대로 소수의 가진 자들은 먹고 입을 것이 문제가 아니라 정욕이 넘쳐나는 것이 문제이다. 예컨대 임금의 정욕이 넘쳐나면 밖으로는 다른 나라의 영토를 침범하게 되고, 안으로는 백성들의 재물을 빼앗게 된다. 관리나 부호들의 정욕이 넘쳐나니 백성들의 이익을 착취하여 자신의 향락을 위해 사용한다. 그 결과로 천하는 평화와 안정이 사라졌고 '사람들의 생활'(人我之養)에 '만족'(畢足)이 불가능해지게 되었다. 따라서 '정욕을 줄여야 한다'(情欲寡淺)는 것은 소수의 왕공과 대인 및 관리와 부호들에게 그들이 추구하는 의식주 및 향락에 대한 정욕을 줄일 것을 말한 것이지, 대다수 빈곤한 계층들이 접하는 거친 옷, 조악한 식사에 대한 정욕을 말한 것이 아니다. 만약 이들에게 정욕을 더 줄이라고 하면 얼어 죽거나 굶어 죽고 말 것이다. 이것으로 볼 때, 송견의 '정욕과천情欲寡淺' 설은 노자의 '무욕無欲', 묵자의 '절용節用'과 같은 의미라고 할 수 있다.(장석창)

⑲ 小大精粗: '소小'는 자신의 한 몸을 가리키고, '대大'는 세상을 전쟁으로부터 구제하는 것을 가리킨다. '정精'은 마음(心)을 가리키며, '조粗'는 행위를 가리킨다.(서복관)

【풀이】

세속에 의해 얽매이지 않고, 외물로 자신을 꾸미지 않으며, 남에게 가혹하게 요구하지 않고, 사람들의 정서에 반하지 않으며, 천하를 안정시켜 백성들의 타고난 성명을 온전히 보존하기를 바란다. 다른 사람이 자신을 봉양할 때는 기본적인 것을 충족할 정도면 충분하다고 여기며, 이런 관점으로 자신의 뜻을 분명히 하였다. 예로부터 이어진 도술 가운데 이러한 부류가 있었으니, 송견, 윤문 등이 이를 좋아하였다. 이들은 위아래가 균등한 화산華山의 형상을 한 모자를 만들어 쓰면서 인간의 평등한 삶을 지향한다는 뜻을 나타냈고, 만물을 접할 때는 가로막힌 바를 없애는 것을 우선으로 삼았다. 마음의 관용에 대해 말하며, 이를 마음의 활동이라고 불렀다. 부드러운 태도로 다른 사람들의 환심과 합일하고, 이를 바탕으로 나라 안을 서로 조화시키며, 사람들이 이러한 주장을 중심 사상으로 삼기를 바란다. 남에게 모욕을 받아도 이를 치욕이라 생각하지 않는 것으로 백성들의 다툼을 해소하고, 침공을 막고 군사를 그치게 만들어 세상의 전쟁을 해소하고자 한다. 이 같은 뜻을 지니고서 천하를 두루 돌아다니며, 위로는 제후들을 설득하고 아래로는 백성들을 가르친다. 세상 사람들이 이를 받아들이고자 하지 않아도 이들은 계속해서 그치지 않고 설득한다. 그러므로 '위아래 모든 사람이 싫어하지만 계속해서 힘써 자신의 관점을 알리고자 한다'라고 말한다.

비록 그렇기는 해도, 그들은 다른 사람들을 위해 많은 일을 하면서도 자신들을 생각하지는 않았다. 이들은 "다섯 되의 쌀밥 정도만 있으면 충분하다"라고 하였으니, 선생인 송견이나 윤문이 배불리 먹을 수 없었던 것은 물론이거니와, 제자들 또한 항상 굶주림에 처할 수밖에 없었다. 그러면서도 여전히 천하의 사람들을 잊지 않았다. 또한, 이들은 밤낮으로 쉬지 않고 사람들을 위해 노력하면서 "우리 백성들은 반드시 살아야 한다!"라고 말하였으니, 이 얼마나 위대한 구국의 선비란 말인가? 이들은 "군자는 지나치게 까다롭게 따지지 말며, 외물의 부림을 받지 않도록 해야 한다"라고 하면서, 천하에 이익이 되는 것이 없으면 차라리 아무것도 하지 않는 것만 못하다고 여겼다. 이들은 침공을 금하고 군사를 멈추게 하는 것을 외부의 주된 활동으로 삼았으며 정욕을 줄이는 것을 내면의 수양으로 삼았다. 그들 학설의 크고 작고 세밀하고 굵직한 것과 그들이 행한 바는 바로 이러한 것들이다.

4.

公而不黨, 易而無私①, 決然無主②, 趣物而不兩③, 不顧於慮, 不謀於知, 於物無擇, 與之俱往, 古之道術有在於是者. 彭蒙④田駢⑤愼到⑥聞其風而悅之. 齊萬物以爲首⑦, 曰: “天能覆之而不能載之, 地能載之而不能覆之, 大道能包之而不能辯之.” 知萬物皆有所可, 有所不可, 故曰: “選則不遍, 敎則不至, 道則無遺者矣⑧.”

是故愼到棄知去己, 而緣不得已, 泠汰⑨於物, 以爲道理, 曰: “知不知, 將薄知而後鄰傷之者也⑩.” 謑髁無任⑪, 而笑天下之尙賢也; 縱脫無行, 而非天下之大聖. 椎拍輐斷⑫, 與物宛轉, 舍是與非, 苟可以免. 不師知慮, 不知前後, 魏然⑬而已矣. 推而後行, 曳而後往, 若飄風之還, 若落羽之旋⑭, 若磨石之隧⑮, 全而無非, 動靜無過, 未嘗有罪. 是何故? 夫無知之物, 無建己之患⑯; 無用知之累, 動靜不離於理, 是以終身無譽. 故曰: “至於若無知之物而已, 無用賢聖, 夫塊不失道.” 豪桀相與笑之曰: “愼到之道, 非生人之行而至死人之理, 適得怪焉.” 田駢亦然, 學於彭蒙, 得不敎⑰焉. 彭蒙之師曰: “古之道人, 至於莫之是莫之非而已矣. 其風窢然⑱, 惡可而言?” 常反人, 不見觀⑲, 而不免於魭斷⑳. 其所謂道非道, 而所言之韙㉑不免於非. 彭蒙田駢愼到不知道. 雖然, 概乎皆嘗有聞者也.

【길잡이】

① 公而不黨, 易而無私: 공정公正하여 편당偏黨을 짓지 않고, 균평(平易)하여 사사로움이 없음.(성현영, 『장자소』)

② 決然無主: 사사로운 뜻을 버려 치우침이 없음.(임희일) 주관의 선입견을 없앤 것을 말한다.(양계초) ‘결연決然’은 자연스럽게 흘러가는 모습이다.(조초기)

③ 趣物而不兩: 사물을 그대로 따르며, 다른 생각이 일어나지 않게함.

- 장석창: ‘취물이불양趣物而不兩’은 만물을 하나로 보고 차별 없이 대하여 구분하려 하지 않는다는 뜻이다.

④ 彭蒙: 성은 팽彭, 이름은 몽蒙. 직하학궁에 머물렀다. 뒤에 전병이 팽몽에게서 배웠다는 말이 나오지만, 그의 행적에 관해서는 고증할 수 없다.

⑤ 田駢: 진병陳駢. 제齊나라의 인물. 『한서』「예문지藝文志」 도가道家 항목에 『전자田子』 25편에 관한 내용이 등장하나, 지금은 소실되어 전하지 않는다. 『여씨춘추』「불이不二」에 “진병은 균등함을 중시하였다”(陳駢貴齊)라는 구절이 등장한다.

⑥ 愼到: 조趙나라의 인물. 『한서』「예문지藝文志」에 『신자愼子』 42편이 법가法家로 분류되어 있다. 지금 전해지는 『신자』 5편은 후대 사람이 모아서 편집한 판본이다. 『사기』「맹자순경열전孟子荀卿列傳」 및 『사기』「전경중완세가田敬仲完世家」의 기록에 따르면 전병과 신도는 모두 직하학파의 학자로 상대부上大夫의 지위에 있었다.

⑦ 齊萬物以爲首: '제물齊物'(만물을 균등하게 봄)을 근본적인 뜻으로 삼음.(양계초)

- 서복관: 해동은 "'수首'는 '도道'의 가차자로 쓰였다"라고 하였으나, 옳지 않다. 앞에서 송견, 윤문의 사상을 서술하면서 '만물에 접하여 그 참된 실상을 알고자 한다면 반드시 가로막힌 바를 없애는 것부터 해야 한다(接萬物以別宥爲始)'라고 하였는데, 여기에서의 '위시爲始'가 바로 '위수爲首'와 같다. 즉 전병과 신도는 '제물齊物'을 우선으로 하였다는 말이다.

⑧ 選則不遍, 敎則不至, 道則無遺者矣: 고르고 선택하면 보편적일 수 없고, 가르치고 지적하고자 하면 모든 면을 아우를 수 없지만, 도의 자연스러움에 따른다면 하나도 빠뜨리지 않을 수 있다.

- 장석창: 자신의 견해를 가지고 타자를 고르고 선택하면 반드시 버리고 놓치는 부분이 있게 되니 보편에 이를 수 없다. 자신의 견해를 가지고 타자를 가르치고자 하면 반드시 놓치는 분이 있으니 지극함에 이를 수 없다. 다만 도의 자연스러움에 따른다면 모든 것을 포괄하여 빠뜨리는 것이 없게 된다.

⑨ 泠汰: (자연에) 맡겨 자유롭게 둠(聽放).(곽상, 『장자주』)

- 임희일: '영태泠汰'는 속됨이 없이 소탈한 것을 말하니, 외물에 구애받지 않는다는 뜻이다.

⑩ 知不知, 將薄知而後鄰傷之者也: 알 수 없는 바를 [억지로] 알고자 하면서 이에 강박을 받는다면 결과적으로 자신을 해치게 될 것이다. '박薄'은 '박迫'과 서로 통한다. '후後'는 '복復'의 오자로 보는 설도 있다. 『의례』에 나오는 '후後'는 무위武威 출토본[14] 『의례』에서는 '복復'자로 쓰인 경우가 많다. '린鄰'은 '린隣'의 오자이다.

- 임희일: '박薄'은 '박迫'과 같다.
- 손이양: '후後'는 '복復'으로 읽어야 한다. 형태가 근접하여 잘못 쓴 것이다.
- 무연서: '후後'는 '복復'자가 와전된 것이다. 곽상의 『장자주』에서는 "다시

14) 「盜跖」 각주6) 참조.

해치게 된다"(而又鄰傷焉)라고 하였는데, '다시'(又)라는 말이 바로 '복復'을 풀이한 것이다. '후後'로 쓴 것은 형태가 근접하여 와전된 것이다.

- 해동: '린鄰'은 '린躪'을 잘못 쓴 것이다. 간혹 '린隣'으로 쓴 책도 있는데, 역시 '린躪'과 형태가 유사하다. 「마제」에서 '규跬'를 '육陸'으로 잘못 쓴 것과 같은 이치다. 『설문해자』에 따르면 "'린躪'은 '짓밟다'(轢)라는 뜻이다."
- 양계초: 이 두 구절은 상당히 난해하다. 대략 '스스로 안다고 여기지만 실은 알지 못할 뿐이다'라는 뜻이다. '박薄'은 '가까이 다가가 보다'(薄而觀之)라는 말의 '박薄'으로 읽으며, '린鄰'은 '갈아도 마모되지 않는다'(磨而不磷)라는 말의 '린磷'으로 읽는다. 어떤 사물에 다가가 그것을 알고자 하나, 상하게 만들 뿐이라는 뜻이다.
- 장석창: '린鄰'은 '린躪'의 가차자이다. 사람들은 알 수 없는 것을 알려고 하니, 그 앎의 압박을 받아 다시 그것에 의해 해를 입게 된다는 말이다. 뒤에서 말한 '용지지루用知之累'와 같은 의미이다.

⑪ 謑髁無任(謑의 중국음은 xǐ[喜], 髁의 중국음은 kē[棵]): '혜과謑髁'란 '따르고 순응하다'라는 뜻이다. '무임無任'은 '독단적으로 하지 않는다'라는 뜻이다.

- 성현영: '혜과謑髁'는 정해지지 않은 모습이다. 사물의 실정을 그대로 따르며 멋대로 하는 바가 없으니 만물은 각자 자득하게 된다.

⑫ 椎拍輐斷(椎의 중국음은 chuí[槌]): 순순히 따라서 회전함.

- 임운명: 사물과 함께 전전함.
- 곽숭도: 『경전석문』에서는 "'완輐'은 '둥글다'라는 뜻이다"라고 하였다. 왕씨王氏[15]는 "'추박완단椎拍輐斷'이란 형벌을 가할 때 사용하는 것이다"라고 하였으나, 옳지 않다. '완단輐斷'은 뒤 구절에 나오는 '완단魭斷'과 같으며, 곽상은 이에 대해 "'완단魭斷'은 모나지 않은 것을 말한다"라고 하였다.
- 서복관: 『석명』에 따르면 "'추椎'는 '추推'와 같다." '추박椎拍'이란 '미루어 부속되다'(推附)라는 말로, '순응하며 따르다'라는 뜻이다. 주석가 가운데 '형벌'의 뜻으로 풀이한 사례도 있는데, 대단히 잘못된 해석이다.(『中國人性論史』, 435쪽)

⑬ 魏然: 고초권자본古鈔卷子本에서는 '위魏'를 '위巍'라고 썼다. '위魏'는 '위巍'자가

15) 『경전석문』에 인용되어 있는 郭嵩燾 주석의 원문은 "王云, 椎拍輐断, 皆刑截者所用"이다. 郭慶藩이 『경전석문』에서 많이 인용하고 있는 주석서 가운데 하나가 王念孫의 『莊子雜志』임을 고려할 때 王念孫일 가능성이 높다.

'예변隸變'된 글자이다.[16] 진경원의 『남화진경음구음의南華眞經音句音義』에 나오는 판본에서는 '위魏'로 썼다.(왕숙민)

⑭ 若落羽之旋: '락落'자는 원래 빠져 있으나, 성현영의 『장자소』에서는 '여낙우지선如落羽之旋'라고 하였으니, 성현영의 『장자소』에 따라 '우羽' 앞에 '락落'자가 있는 것으로 보아야 한다. '낙우落羽'와 앞에 나오는 '표풍飄風', 뒤에 나오는 '마석磨石' 모두 병렬 관계이다. 따라서 성현영의 『장자소』에 따라 '락落'자를 보충한다.(엄령봉, 『도가사자신편』, 843쪽)

⑮ 隧: '수遂'로 읽는다. '돌다'(回)(『경전석문』), '회전하다'(轉)(성현영, 『장자소』)의 뜻이다.

⑯ 無建己之患: '건기建己'와 '용지用知'는 글자는 다르나 뜻은 같다. 사사로운 앎을 즐겨 사용한다는 뜻이다.(장석창)

⑰ 得不敎: 무언의 가르침(不言之敎).(선영)

- 임희일: '득불교得不敎'는 처음 배울 때부터 스스로 잘 맞아 가르침 없이도 할 수 있는 것을 말한다.

⑱ 窢然(窢의 중국음은 xù[旭]): '획窢'은 '적막하다'의 뜻이다.(임운명)

- 마서륜: '획窢'은 '혁侐'의 뜻을 가차한 것이다. 『설문해자』에 따르면 "'혁'은 '고요하다'(靜)라는 뜻이다."

⑲ 常反人, 不見觀: 늘 다른 사람들의 뜻과 어긋나므로 남들에게서 칭찬을 받지 못함.

- 장석창: '관觀'은 '환歡'을 잘못 쓴 글자이다. 항상 세상 사람들의 마음에 어긋나므로 세상의 환심을 얻지 못한다는 뜻이다.
- 우성오: 『경전석문』에 따르면 '견見'은 판본에 따라 '취聚'로 쓰기도 한다. 고산사권자본高山寺卷子本에서는 '취取'로 썼다. '관觀'은 '환歡'으로 읽어야 한다. 즉 '불취관不聚觀'은 환심을 얻지 못한다는 뜻이다.

⑳ 魭斷: 모나지 않음.(곽상, 『장자주』) 사물과 함께 부침한다는 말이다.(마기창)

㉑ 韙(중국음은 wěi[偉]): 옳다, 그러하다(是).(곽상, 『장자주』)

16) 고대에 사용되던 篆書가 隸書로 전환되면서 형태가 변하게 된 것.

【풀이】

공정公正하여 편당偏黨을 짓지 않고, 균평(平易)하여 사사로움이 없으며, 사적인 생각을 버리고 주견主見을 없애 사물의 변화에 따르고 다른 뜻을 일으키지 않는다. 마음에 생각을 품지 않고 지모를 사용하지 않으며, 주관을 가지고 사물을 선택적으로 따르지 않고, 온전히 사물의 변화 발전에 참여한다. 예로부터 이어진 도술 가운데 이러한 부류에 속하는 것이 있으니, 팽몽彭蒙, 전병田騈, 신도愼到 등이 이를 좋아하였다. 이들은 '만물제동萬物齊同'을 으뜸으로 삼는데, 이런 주장을 펼친다. "하늘은 만물을 뒤덮을 수 있으나 만물을 떠받칠 수는 없고, 땅은 만물을 떠받칠 수 있으나 만물을 뒤덮을 수는 없다. 위대한 도는 만물을 포용할 수는 있으나 나누고 구분하지는 못하며, 만물에 각기 적합한 곳이 있고 적합하지 않은 곳이 있음을 안다. 따라서 '고르고 선택하면 두루 미칠 수 없고, 가르치고 지적하고자 하면 모든 면을 두루 살필 수 없으나, 위대한 도에 그대로 따른다면 하나도 빠뜨리지 않을 수 있다'라고 말한다."

그러므로 신도는 지모와 기교를 포기하고 자신의 견해를 버렸으니, 바로 부득이한 바에 따른 것이다. 또한, 사물을 그대로 따르는 것을 자신의 도리로 삼았다. 그는 "알 수 없는 바를 억지로 알고자 하면 앎에 강박을 받아 결과적으로 자신을 해치고 말 것이다"라고 말한다. 그는 사물의 실정을 그대로 따를 뿐 독단적으로 하는 바가 없으니, 이것으로 천하가 추종하는 현인들을 비웃는다. 또한, 행적에 얽매이지 않고 자유롭고 소탈하게 행동하니, 이것으로 천하의 위대한 성인들을 비난한다. 사물의 변화와 함께 부침하며 시시비비를 따지지 않으므로 세속의 근심에서 벗어날 수 있다. 지모를 사용하여 앞을 내다보거나 뒤를 돌아보지 않으며, 그저 홀로 우뚝 서 있을 따름이다. 뒤에서 밀어주고 앞에서 당겨 주는데, 마치 회오리바람이 맴돌고, 떨어지는 깃털이 회전하고, 맷돌이 뱅글뱅글 돌아가는 모습처럼 치우치지 않고 두루 미친다. 그 본성 역시 편파적인 면이 없고 순박하며, 행실이 적절하여 과오를 범하지 않으므로 죄를 짓는 일이 없다. 어떻게 그러한가? 아무런 사려가 없는 듯 행동하므로 자신을 내세움으로 인해 찾아오는 환난이 없기 때문이다. 지모와 기교에 얽매이지 않으므로 행실은 자연의 이치를 벗어나지 않는다. 따라서 평생 비난받을 일도 없고 칭찬받을 일도 없다. 그러므로 이렇게 말한다. "아무런 사려가 없는 듯이 행동할 수 있다면 그 어떤 성현도 필요하지 않다. 그러한 흙더미 같은 모습을 하고 있어도 도를 잃지는 않는다." 호걸들은 이들과 서로를 조롱하면서 이렇게 말하곤 한다. "신도의 학설은 살아 있는 사람이 행할 수 있는 것이 아니다. 죽은 사람의 도리이다. 그저 사람들에게 기이하다는 생각을 주는 데 지나지 않는다."

전병 역시 이와 같다. 그는 팽몽에게서 수학했는데, 이른바 무언의 가르침(不言之教)을 배웠다. 팽몽의 스승은 이렇게 말한 바 있다. "예로부터 득도한 자들이라 함은 바로 시비에 좌우되지 않는 경지에 이른 것을 말한다. 이들의 풍속과 교화란 어떤 형태도 없이 적막하니, 어떻게 말로 표현할 수 있겠는가?" 이처럼 늘 다른 사람들의 뜻과 어긋났고 남들로부터 칭송을 받지도 못했으나, 여전히 사물과 함께 부침하기를 그만두지 않았다. 그가 도라고 한 것은 결코 진정한 도라고 할 수 없었으며, 그가 옳다고 하는 것은 어디까지나 틀린 것이었다. 팽몽, 전병, 신도는 진정으로 도를 깨우치지는 못했지만, 그 대략은 들었다고 할 수 있다.

5.

以本①爲精, 以物爲粗, 以有積爲不足②, 澹然獨與神明居, 古之道術有在於是者. 關尹③老聃④聞其風而悅之. 建之以常無有⑤, 主之以太一⑥, 以濡弱⑦謙下爲表, 以空虛不毁萬物爲實.

關尹曰: "在己無居⑧, 形物自著⑨. 其動若水, 其靜若鏡, 其應若響. 芴乎若亡⑩, 寂乎若淸. 同焉者和, 得焉者失⑪. 未嘗先人而常隨人."

老聃曰: "知其雄, 守其雌, 爲天下谿⑫; 知其白, 守其辱, 爲天下谷⑬." 人皆取先, 己獨取後⑭, 曰受天下之垢⑮; 人皆取實, 己獨取虛, 無藏也故有余⑯; 其行身也, 徐而不費, 無爲也而笑巧⑰; 人皆求福, 己獨曲全⑱, 曰苟免於咎. 以深爲根, 以約爲紀, 曰堅則毁矣, 銳則挫矣⑲. 常寬於物⑳, 不削於人㉑. 雖未至極㉒, 關尹老聃乎! 古之博大眞人哉!

【길잡이】

① 本: 도道.(임희일)

② 以有積爲不足: 비축하는 것을 부족한 것으로 여김.

- 성현영: 탐하여 비축하여도 마음은 늘 부족하다.

③ 關尹: 『여씨춘추』 「불이不二」에서 다음과 같이 말했다. "노담은 부드러움을 중시하였고, 관윤은 맑음을 중시하였다."(老聃貴柔, 關尹貴淸) 『한서』 「예문지藝文志」 도가 항목에 『관윤자關尹子』 9편에 관한 내용이 실려 있다. 하지만 『수서』와 『당서』의 「경적지經籍志」에는 기록되어 있지 않으니, 이미 오래전에 소실되어 전하지 않았음을 알 수 있다. 현존하는 『관윤자』 9편은 모두 「일우一宇」, 「이계二柱」, 「삼극三極」, 「사부四符」, 「오감五鑒」, 「육비六匕」, 「칠부七釜」, 「팔주八籌」, 「구약九藥」으로 이루어져 있다. 그러나 책의 내용 상당수가 불교와 신선방술에 관한 것이며, 사용된 어휘 역시 결코 선진시대 도가가 사용한 것들이 아니므로 후세에 의한 위작임이 명백하다. 「천하」에서는 관윤과 노담을 나란히 놓고 논하였다. 그중에서 '이본위정以本爲精', '여신명거與神明居', 상무유常無有, 주태일主太一, 겸하공허謙下空虛 사상 등은 두 인물의 공통적인 특징으로 볼 수 있다. 관윤의 독자적인 사상이라고 한다면 허기접물虛己接物과 독립청정獨立淸靜 등을 들 수 있겠다.(陳榮捷, 『戰國道家』)

④ 老聃: 『노자』의 작자.

⑤ 常無有: 항상된 '무'(常無)와 항상된 '유'(常有). 『노자』 1장과 40장에 등장한다.

⑥ 太一: 『여씨춘추』 「대락大樂」에서 "도는 지극히 정미한 것이다. 형태로 나타낼 수도 없고 명명할 수도 없지만, 굳이 이름하자면 '태일'이라고 말할 수 있다"(道也者, 至精也. 不可爲形, 不可爲名. 強爲之名, 謂之太一)라고 하였다.

⑦ 濡弱: '유약柔弱'과 같다. '유약柔弱'이라는 말은 『노자』 36장, 76장, 78장 등에 등장한다.

⑧ 在己無居: 사사로움이나 주관이 없음.(임희일) 자신의 의견에 집착하지 않음을 말한다.

⑨ 形物自著: 유형의 사물이 각자 스스로 모습을 나타냄.

⑩ 芴乎若亡: 황홀하여 마치 없는 듯함. '홀芴'은 '홀惚'과 서로 통한다. '홀忽'과 통한다고 보는 설도 있다. '홀연忽然'이란 물이 빠르게 흐르는 모습을 말한다. '망亡'은 '없음'(無)이다. 이 구절은 '그 움직임이 물과 같음'(其動若水)을 표현한 것이다.(조초기)

⑪ 得焉者失: 이 구절과 『노자』 44장의 '다장필후망多藏必厚亡', 64장의 '집자실지執者失之'는 모두 같은 의미이다. '득得'은 '탐하여 얻고자 하다'라는 뜻이다. 선영은

'자득自得'으로 풀이하였으나, 타당하지 않다.

⑫ 知其雄, 守其雌, 爲天下谿: 『노자』 28장에 등장하는 말.

⑬ 知其白, 守其辱, 爲天下谷: 『노자』 28장에 등장하는 말. 현재의 『노자』 판본에는 '지기백知其白'과 '수기욕守其辱' 사이에 '수기흑守其黑, 위천하식爲天下式. 위천하식爲天下式, 상덕불특常德不忒, 복귀어무극復歸於無極. 지기영知其榮' 여섯 구절이 불필요하게 들어가 있다. 이 23글자는 후대 사람들이 더한 것이므로 삭제해야 한다.(자세한 내용은 易順鼎의 『讀老子劄記』, 마서륜의 『核定老子』 참조) '욕辱'은 '욕 黷'이다.

⑭ 人皆取先, 己獨取後: 『노자』 67장 '불감위천하선不敢爲天下先'과 같은 의미이다.

⑮ 受天下之垢: 『노자』 78장에서는 '수국지구受國之垢'라고 하였다.

⑯ 無藏也故有余: 이 구절 뒤에 '규연이유여巋然而有余'라는 구절이 불필요하게 덧붙여져 있었으나, 유문전과 이면의 설에 따라 삭제하였다.

- 유문전: '무장야고유여無藏也故有余'와 뒤에 놓인 '규연이유여巋然而有余'은 의미가 서로 중복된다.
  - ▹ 진고응: 유문전의 설이 옳다. 그러나 유문전은 '무장야고유여無藏也故有余'가 뒤 구절 '규연이유여巋然而有余'의 주석이라고 보았는데, 이는 옳지 않다. 이 구절은 『노자』 7장의 '이기무사以其無私, 고능성기사故能成其私'와 34장의 '이기종부자위대以其終不自爲大, 고능성기대故能成其大'와 문장의 구성 방식이 서로 같다. '무장無藏'이란 노자의 '지족知足'이나 '허虛'의 관념에서 파생되어 나온 것이니, 바로 노자의 사상에 부합한다.
- 이면: '규연이유여巋然而有余'는 앞 구절을 해석한 주석인데, 본문으로 잘못 삽입되었다.
  - ▹ 진고응: 이면의 설이 옳다. 주석인 '규연이유여巋然而有余'를 삭제하면 본문 앞뒤 세 구절이 서로 대칭을 이루게 된다.

⑰ 笑巧: 사람들의 지모를 비웃음.(임운명) '교巧', 지모, 기지.

⑱ 曲全: 『노자』 22장에서는 '곡즉전曲則全'이라고 하였다.

⑲ 堅則毁矣, 銳則挫矣: 『노자』 76장에 '견강자사지도堅強者死之徒'라는 구절이 있고, 9장에 '췌이예지揣而銳之, 불가장보不可長保'라는 구절이 있으니, 이 구절과 의미가 서로 비슷하다.

⑳ 常寬於物: 현재 판본에는 '관寬' 뒤에 '용容'자가 있으나, 고산사본高山寺本에는

'용容'자가 없다.(왕효어의 교열) 따라서 고산사본 및 우성오의 설에 따라 이를 삭제한다.

- 우성오: 고산사본에는 '용容'자가 없다. 없는 편이 옳다. 이 경우 '상관어물常寬於物'은 뒤의 '불삭어인不削於人'과 서로 대구를 이루게 된다.

㉑ 不削於人: 남을 침탈하지 않음.(성현영, 『장자소』)

㉒ 雖未至極: 통행본에는 '가위지극可謂至極'으로 썼으나, 고산사본과 진경원의 『장자궐오』에 따라 수정한다.

- 왕숙민: 왕선겸에 따르면 "요내姚鼐의 판본에서는 '가위可謂'를 '수미雖未'로 쓰고, '이이의 본에 따라 수정한다'라고 하였다." 오여륜의 『장자점감』에서도 요내의 판본에 따라 '수미'로 고쳤다. 고초권자본古鈔卷子本에서는 '가위지극可謂至極'을 '수미지어극雖未至於極'으로 썼다. 진경원의 『장자궐오』에 인용된 강남이씨본, 문여해文如海본 등에서도 모두 '가위可謂'를 '수미雖未'로 쓰고 있으니, '수미雖未'로 읽는 것이 옳다. 장자의 학문이 노자에서 나왔으나, 노자사상에 국한되지는 않는다. 그런데 하물며 관윤의 사상에 국한되겠는가? 관윤, 노담의 도술이 비록 광대하지만, 인사人事를 논하는 데에 편중되어 있어 여전히 그 자취를 발견할 수 있으니 지극하다고 할 수는 없다. 반면 장자의 도술은 인사를 논하면서도, 한편으로 인사를 넘어 만물을 망라하고 있다. 그 이치가 무궁무진하고 변화무쌍하여 어떤 것에도 귀속되지 않으니, 가히 지극하다고 말할 수 있을 것이다. 현재 전하는 옛 판본에는 '수미雖未'를 모두 '가위可謂'로 쓰고 있는데, 노자를 추종한 당唐나라 시대의 사람이 고친 듯하다.

【풀이】

근본인 도를 정미한 것으로 여기고, 유형의 사물을 조잡한 것으로 여기며, 비축하는 것을 부족한 것으로 여기고, 무심하고 담담한 태도로 조화의 영묘함과 함께 거처한다. 예로부터 이어진 도술 가운데 이러한 부류에 속하는 것이 있으니, 관윤關尹과 노담老聃이 이를 좋아하였다. 이들은 항상된 무(常無)와 항상된 유(常有)에 관한 학설을 세우고, 태일太一이라는 근원으로 돌아가는 것을 주된 취지로 삼았다. 유약과 겸허를 밖으로 내세우는 한편, 공허한 태도로 만물을 이루는 것을 실질로 삼았다.

관윤은 다음과 같이 말했다. "자신의 의견을 집착하지 않으면 유형의 사물들이 각자 스스로 모습을 나타낸다. 움직일 때는 흐르는 물과 같고, 멈추어 있을 때는 밝은 거울과 같으며, 메아리와 같이 반응하고, 마치 없는 것과 같이 황홀한 모습을 하고, 티 없이 맑은 듯 고요하다. 서로 함께하면 조화를 이룰 수 있지만, 탐하면 잃는 것이 더 크다. 따라서 남들보다 앞서고자 다투지 말고 항상 남에게 맞추며 따라야 한다."

노담은 이렇게 말했다. "수컷의 강함을 알고 암컷의 부드러움을 지켜 나가면서 천하의 계곡을 이룬다. 밝음을 알고 어둠을 지켜 나가면서 천하의 골짜기를 이룬다." 사람들은 모두 남들보다 앞서기를 다투지만, 오직 그만이 홀로 뒤에 머물면서, "세상의 수모를 감내하겠다"라고 말한다. 사람들은 모두 실질을 추구하지만, 오직 그만이 스스로 공허함을 지켜, 거두어들이고 챙기는 것이 없음에도 오히려 여유롭다. 그가 세상에 나서서 일을 행할 때는 여유로운 태도를 유지하여 정신을 소모하는 일이 없고, 자연무위를 실천하면서 지모와 기지를 비웃는다. 사람들은 모두 복을 추구하지만, 오직 그만이 스스로 굽혀 온전함을 구하며, "다만 화를 면하기를 바랄 뿐이다"라고 말한다. 심오하고 정미한 것을 근본으로 삼고, 검약함을 기강으로 삼으며, "굳센 것은 쉽게 부서지기 마련이고, 날카로운 것은 쉽게 꺾이기 마련이다"라고 말한다. 늘 포용적인 태도로 사물을 대하며 다른 사람을 침탈하지 않는다. 비록 지극한 경지에까지 도달하지는 못했지만, 관윤과 노담은 고대의 위대한 진인이라 할 수 있을 것이다!

6.

芴漠[1]無形, 變化無常, 死與生與, 天地並與, 神明往與! 芒乎何之, 忽乎何適[2], 萬物畢羅, 莫足以歸, 古之道術有在於是者, 莊周聞其風而悅之. 以謬悠[3]之說, 荒唐[4]之言, 無端崖之辭, 時恣縱而不儻[5], 不以觭見之也[6]. 以天下爲沈濁, 不可與莊語[7], 以卮言[8]爲曼衍[9], 以重言[10]爲眞, 以寓言[11]爲廣. 獨與天地精神往來而不敖倪[12]於萬物, 不譴是非[13], 以與世俗處. 其書雖瓌瑋[14]而連犿[15]無傷也. 其辭雖參差[16]而諔詭[17]可觀. 彼其充實不可以已[18], 上與造物者遊, 而下與外死生無終始者爲友. 其於本也, 弘大而辟, 深閎而肆[19]; 其於宗也, 可謂稠適而上遂[20]矣. 雖然, 其應於化而解於物也, 其理不竭[21], 其來不蛻[22], 芒乎昧乎[23], 未之盡[24]者.

【길잡이】

① 芴漠: '홀芴'은 '홀惚'과 통한다. 황홀하고 흐릿하다는 뜻이다.

② 芒乎何之, 忽乎何適: '망호芒乎', '홀호忽乎'는 「지락」에 등장하는 '망호芒乎, 홀호芴乎'와 같다. 어렴풋하고 황홀한 모습을 나타내는 말이다. '하지何之', '하적何適'은 각각 '어디로 가는가'(何去), '어디에 처하는가'(何處)라는 뜻이다.

- 임희일: '하지何之', '하적何適'은 움직임에 흔적이 없음을 뜻한다.

③ 謬悠: 공허하고 심원함(虛遠).(성현영, 『장자소』)

④ 荒唐: 경계나 영역의 구분이 없이 광대함.(『경전석문』)

⑤ 恣縱而不儻: '자종恣縱'은 '내버려두다'라는 뜻이다. 어느 쪽에도 치우치지 않은 채 자유롭게 내버려둔다는 말이다.(성현영, 『장자소』) 조간의본趙諫議本에서는 '당儻'을 '당黨'으로 썼다.(왕숙민, 『장자교석』) 고형高亨은 '당儻'이 '당讜'의 의미를 가차한 것으로, 직언을 뜻한다고 하였다.

⑥ 不以觭見之也: 보는 바가 한쪽에 머무르지 않음.(임희일, 『남화진경구의』) 한쪽에 치우친 견해를 지니지 않음.(선영) 『도장』에 실린 나면도의 『남화진경순본』에서는 '기觭'를 '기畸'로 썼다. '기觭'와 '기畸'는 모두 '기奇'의 가차자이다.(왕숙민, 『장자교석』)

⑦ 莊語: 큰소리(大言)(성현영, 『장자소』), 정론正論(왕선겸, 『장자집해』).

- 육덕명: '장어莊語'에 대해 곽상은 "'장莊'은 장주莊周를 가리킨다"라고 하였다. '장莊'은 '단정하다'(端正)의 뜻이라는 설도 있고, '장壯'(웅장하다)으로 되어 있는 판본도 있다.
    - ▹ 진고응: '장莊'은 '엄정하다'라는 뜻이다. 장주莊周의 이름을 말하는 것으로 볼 수 없다.

⑧ 卮言: 무심지언無心之言을 비유하는 말. 「우언」에 등장한 바 있다.

⑨ 曼衍: '만연漫衍'과 같다. '산만하고 흘러넘치다'라는 뜻으로, 일정한 규칙에 얽매이지 않는다는 의미가 있다. 「제물론」과 「우언」에 등장하였다.

⑩ 重言: 사람들이 중하게 여기는 말. 「우언」에 등장하였다.

⑪ 寓言: 다른 인물이나 사물에 가탁하여 하는 말. 「우언」에 등장하였다.

⑫ 敖倪: 거드름 피우며 경시함(傲睨)(양계초), 교만함.

⑬ 不譴是非: 시비에 구애받지 않음.(임희일)

⑭ 瓌瑋: 기이하고 특이함.(『경전석문』) 웅장함.(성현영, 『장자소』)

⑮ 連犿(犿의 중국음은 fān[翻]): 완곡한 모습.(『경전석문』에 인용된 이이의 『장자주』) 동화되고 융화됨.(임희일)

⑯ 參差: 허한 듯하면서도 실함.(성현영, 『장자소』) 이랬다저랬다 하며, 내려갔다 올라갔다 하니 정해진 모습이 없는 것이다.(임희일)

⑰ 諔詭(諔의 중국음은 chù[觸]): 기이함.(이이) 「제물론」에 등장하는 '적궤吊詭'와 같은 말.

⑱ 彼其充實不可以已: 그의 내면이 충만하여 막을 수 없이 흘러나옴. '이已'는 '그치다'의 뜻이다.(조초기)

⑲ 肆: 멋대로 놓아두어 자유로움.(임희일) 속박되는 것 없이 광활함을 나타내는 말.

⑳ 稠適而上遂: '조稠'는 '조調'로 읽으며, 본래 '조調'로 쓰기도 한다. 조간의본趙諫議本에서도 '조調'로 썼다.(왕효어의 교열) '조적稠適'은 '조화롭고 적합하다'의 뜻이다. '수遂'는 '도달하다'의 뜻이다.(성현영, 『장자소』)

㉑ 其理不竭: 그의 도리가 무궁무진하다는 말.

㉒ 其來不蛻: '태蛻'는 '탈脫'과 통하며, '벗어나다'라는 뜻이다. '불태不蛻'는 끊임없이 이어진다는 뜻이다.(조초기)

㉓ 芒乎昧乎: '망매芒昧'는 그윽하고 어두컴컴하다는 뜻이다. 장자의 책이 깊고 심오하다는 말이다.

㉔ 未之盡: 무궁무진함.

【풀이】

흐릿하고 황홀하여 그 자취를 찾을 수 없고, 변화에 일정함이 없으며, 죽었는지 살았는지 (분명치 않고), 천지와 함께 존재하고 조화와 함께 나가는도다! 아득하여 어디로 가 버리는지, 홀연하여 어디로 사라지는지, 만물을 망라하면서도 (어디로) 돌아가는지 알 수 없다. 예로부터 이어진 도술 가운데 이러한 부류에 속하는 것이 있으니, 장주莊周가 이를 좋아하였다. 공허하면서도 심원한 언설, 크고 드넓은 주장, 한계를 알 수 없는 거침없는 언사를 펼쳤으며, 어디에도 얽매이지 않은 채 항상 자유로웠고, 한쪽에 치우친 견해를 지니지 않았다. 천하가 혼탁하여 엄정한 말을 펼 수 없다고 여겨, '무심한 말'(卮言)로 자유롭게 말하고, '중언'을 인용하여 사람들에게 실상을 깨닫게 하였으며, '우언'을 통해 도리를 펼쳤다. 홀로 천지 정신과 왕래하면서도 만물을 경시하지 않았고, 시시비비에 집착하지 않은 채 세속과 함께 어울렸다. 그의 책은 비록 기이하고 특이한 말로 가득하지만 완곡하게 그 도리를 남김없이 서술하였다. 그의 언사는 비록 변화무쌍하지만 매우 독특하여 볼 만하다. 그의 마음속 정은 충만하여 그칠 줄 모르고 넘쳐흘러 위로 조물자와 함께 노닐고 아래로는 삶과 죽음, 시작과 끝의 구분을 벗어던진 자들을 벗으로 삼았다. 그는 덕을 근본으로 하였으니, 그 정신이 도달하는 영역은 실로 광대하고 막힘이 없었으며 심원하면서도 광활하였다. 그는 하늘을 종지로 삼았으니, 그 정신의 경지는 가장 조화롭고 적절하여 최고의 지점에 다다랐다고 할 수 있다. 비록 그러하지만, 변화에 순응하여 사물의 속박으로부터 벗어난 그의 도리는 다함이 없이 그치지 않고 이어졌으니, 아득하고 심원하여 끝 간 데가 없다.

7.

惠施多方①, 其書五車②, 其道舛駁③, 其言也不中④. 厤物之意⑤, 曰: "至大無外, 謂之大一; 至小無內, 謂之小一⑥. 無厚, 不可積也, 其大千裏⑦. 天與地卑, 山與澤平⑧. 日方中方睨, 物方生方死⑨. 大同而與小同異, 此之謂小同異; 萬物畢同畢異, 此之謂大同異⑩. 南方無窮而有窮⑪, 今日適越而昔來⑫. 連環可解也⑬. 我知天下之中央, 燕之北越之南是也⑭. 氾愛萬物, 天地一體也."

【길잡이】

① 惠施多方: '다방多方'은 여러 가지 방술을 말한다. 혜시의 학술이 여러 방면으로 걸쳐 있음을 가리킨다. '혜시다방' 뒤의 글들이 다른 편에 속하는 것으로 보는 사람도 있다.

- 왕숙민: 『북제서』「두필전杜弼傳」에는 두필杜弼이 『장자』「혜시」를 주해하였다는 내용이 등장한다. 현재 「천하」를 살펴보면, '혜시다방' 뒤에 이어지는 하나의 장에서 혜자의 학설을 전문적으로 다루고 있으며, 앞의 내용과 반드시 연결되지는 않는다. 따라서 과거에는 분명 별도의 한 편이었을 것이다. 두필이 주해하였다는 「혜시」는 이를 가리키는 것으로 추측된다.

혹은 과거의 『장자』는 다른 모습이었으나, 곽상이 이를 합쳐 현재 판본에 이르게 된 것일 가능성도 있다.(『장자교석』, 「自序」)

▷ 진고응: 섭국경葉國慶(『莊子硏究』), 장성추張成秋(『莊子篇目考』) 등도 역시 '혜시다방'의 뒷부분이 별도의 한 편에 속한다고 보았으나, 서복관은 다른 의견을 제시하였다.

- 서복관: 「천하」 뒷부분의 혜시에 관해 서술한 단락의 경우, 현재 모든 학자가 이를 별도의 편이라 말한다. 하지만 장자와 혜시의 친분이 두터웠던 것, 즉 「소요유」, 「덕충부」, 「추수」 등이 모두 장자와 혜시의 문답으로 끝맺는 것을 고려하여 생각해 볼 필요가 있다. 「천하」가 『장자』에 대한 일종의 자서自序라고 본다면, 혜시에 관한 내용이 마지막에 이어지고, '슬프도다'(悲夫)라는 말로 끝을 맺고 있는 것은 그 애석한 정을 깊이 드러낸 것이라 할 수 있다.(『中國人性論史』, 360쪽)

▷ 진고응: 서복관의 설이 일리가 있다.

② 其書五車: '기서其書'는 그의 장서를 말한다고 보는 설도 있고(임희일, "그의 저서를 말한다"), 혜시 자신의 저작을 말한다고 보는 설도 있다(유봉포, "저서가 매우 많은 것이다."). 여기에서는 후자를 따른다. '오거五車'는 수량이 많음을 나타내는 말이다.

③ 舛駁(舛의 중국음은 chuǎn[喘]): 어그러지고 잡스러움. '천舛'은 '어그러지다'(乖)라는 뜻이고, '박駁'은 색깔이 뒤섞여 같지 않은 것을 말함.(『文選』에 실린 左太沖의 『魏都賦』의 주석에서 인용한 사마표의 설)

④ 不中: 부당함.(임희일)

⑤ 厤物之意: 사물의 이치를 궁리하고 분석함. '역厤'은 '역歷'의 옛글자로, '역歷'으로 쓰기도 한다.(『경전석문』)

- 양계초: '역曆'은 분석하고 헤아린다는 뜻을 포함한다. '역물지의曆物之意'란 대략적인 사물의 이치를 분석하고 헤아린다는 말이다.
- 왕전기汪奠基: '역물지의曆物之意'란 과학적인 관찰의 성과를 우주 삼라만상의 변화에 관한 인식에까지 제고시켜 세계의 의미에 대해 논하고자 한다는 뜻이다.(『中國邏輯思想史料分析』, 제5장 「惠施的名辯思想」)

⑥ 至大無外, 謂之大一; 至小無內, 謂之小一: 큼이 극점에 이르러 둘러싼 외곽이 없는 것을 일러 '대일大一'이라고 하고, 작음이 극한에 이르러 내부에 어떤 알맹이도 없는 것을 일러 '소일小一'이라고 한다.(『中國哲學史資料選輯·莊子』의 번역) '지대무외至

大無外'는 무궁하게 거대한 전체의 공간을 나타내며, '지소무내至小無內'는 무한히 작은 공간의 단위를 가리킨다.

- 장석창: '무외無外'는 그 밖에 더 이상 어떤 것도 있을 수 없음을 말한다. 「추수」에서 말한 '지대불가위야至大不可圍也'와 같은 뜻이다. '무내無內'는 그 속에 더 이상 어떤 것도 있을 수 없음을 말하며, '무외'와 반대되는 뜻이다. '대일大一'은 이론상 가장 큰 단위를 말한다. 여기에서는 '육합六合' 혹은 '우주宇宙'의 '우宇'는 지금 말하는 '공간空間'을 가리킨다. '소일小一'은 이론상 가장 작은 단위이다. 오늘날 사람들이 말하는 분자라는 것의 부피라고 말하는 것에 가깝다.
- 곽말약郭沫若: '대일大一'은 무한히 큰 우주를 가리킨다. 그런데 이를 세분해서 지극히 미세한 단위에까지 이르게 하면 더 이상 나눌 수 없는 극히 미세한 입자에 이르게 된다. '소일小一'은 바로 이러한 입자를 가리켜 말한 것이다.(『郭沫若全集』 제10권, 「惠施的性格與思想」 참고)
- 풍우란馮友蘭: 진정으로 거대한 것(大一)에는 '그 외부가 있을 수 없으니'(無外) 무한히 크다고 할 수 있다. 반대로 진정으로 작은 것(小一)에는 '그 내부가 있을 수 없으니'(無內) 무한히 작다고 할 수 있다.(『中國哲學史新編』, 제11장 「惠施公孫龍及其他辯者」, 이하 동일)

⑦ 無厚, 不可積也, 其大千里: '무후無厚'는 지극히 얇은 모습을 표현하는 말로, 얇기가 그 위에 다른 무언가를 더 쌓을 수 없을 정도임을 말한다. 이 얇은 면을 입체로 쌓아 나가면 천 리만큼의 크기에 이를 수 있다.

- 임희일: '무후無厚'는 지극히 얇아서 쌓을 수 없는 것인데, 쌓으면 두터워진다는 것이다. 쌓기를 계속해 나가면 그 크기가 천 리까지 이를 수 있다.
- 장석창: '불가적不可積'은 그 두께의 얇기가 '지극히 작음'(小之微)에 이른 것을 말한다. 오직 '분자' 하나 정도만큼의 두께만 있으니, 그 위에 다시 '분자' 하나를 더할 수 없는 것이다. 이는 앞 구절 '작음이 극한에 이르러 내부에 어떤 알맹이도 없는 것을 일러 소일小一이라고 한다'(至小無內, 謂之小一)라는 말에 따라 나온 것이다. '기대천리其大千里'란 '분자' 알갱이만큼의 두께를 무수하게 쌓아서 만든 평면이 천 리에까지로 확장해 나갈 수 있음을 말한다.
- 곽말약: '무후無厚'는 'dimension'(규모, 크기)이 없는 것이다. 하지만 'dimension'이 없다는 것은 분석이지 실제로 쌓은 상태 하에서 말한 것은 아니다. 만약 쌓는다면 비록 소일小一이라도 무궁한 범위에까지 이를 수 있다.

- 왕전기: '무후無厚'는 본래 등석鄧析의 학설인데, 아쉽게도 그의 논증은 없어져 전하지 않는다. 그러나 혜시와 등석의 연대는 200년이 채 되지 않으니, 도형과 수에 관한 이러한 과학적 논변은 여전히 새로운 것이었음이 틀림없다. 문제의 본뜻에 비추어 보면, 혜시는 '소일小一'이라는 개념의 존재에서 출발하여 우주에 '무후'가 존재함을 논증한다. 즉 '소일'이라는 개념의 정의로부터 '무후'가 '쌓아 나갈 수 없음'의 특징을 지닌다는 것을 추론해 낸 것이다. 하지만 '소일'은 무한한 것으로 이는 우주 속에 무궁무진하다. 따라서 '무후'의 존재 역시 이러한 절대 무한의 '소일' 개념에 대비하여 말하자면 분명히 '그 크기가 천 리와 같은 것'이다.

⑧ 天與地卑, 山與澤平: 『순자』 「불구不苟」에서는 '산연평山淵平, 천지비天地比'로 되어 있다. 이는 서로 처한 맥락이 다르면 서로 다른 판단을 하게 된다는 뜻이다. 우리의 상식 세계에서 보면, 하늘과 땅, 산과 늪지 사이에는 높고 낮음의 구분이 존재한다. 하지만 무한한 우주 공간에서 보면 이는 실로 아무런 구분이 없을 것이다. 즉 이 명제는 높고 낮음이란 상대적인 것에 지나지 않음을 말한다.

- 호적: 혜시의 공간 개념은 마치 '땅은 둥글고 움직인다'는 관념을 담고 있는 듯 보인다. '하늘은 땅과 같이 낮고, 산은 늪지와 같이 평평하다(天與地卑, 山與澤平)'라는 말에 이러한 관념이 잘 드러난다. 땅이 둥글고 회전하므로 위에도 하늘이 있고, 아래에도 역시 하늘이 있으며, 위에 늪지가 있고, 아래에도 역시 산이 있다.(胡適, 『中國古代哲學史』 제8편, 제4장 「惠施」. 이하 동일)
    - ▹ 진고응: 일단 참고로 삼는다.
- 엄령봉: 만약 근대 물리학의 관점에서 보면 전체 우주 공간 속에서 고저와 상하 개념은 모두 상대적이다. 지구와 태양이 모두 균형 있게 운행하는데, 원래부터 태양이 하늘에 걸려 있고, 땅이 천하를 싣고 있는 것이 아니다. 기하학의 정리를 통해 말하자면, 두 점의 사이는 일직선으로 연결할 수 있다. 마찬가지로 산과 늪지를 일직선으로 연결하면 산과 늪지는 자연히 평평한 것이 된다. 이 역시 '같고 다름'의 상대성에 관해 논한 것이다.(『老莊硏究』 丁編, 부록 「惠施等辯者曆物命題試解」)
- 곽말약: 천지와 산택은 외형적으로는 높고 낮음의 구분이 있으나, '소일小一'이라는 입자의 관점에서 말하자면, 모두 '무후無厚'에 해당한다. 따라서 산과 연못은 함께 평평하고 하늘과 땅은 서로 나란한 것이다. 이는 과거에 존재했던 '하늘은 높고 땅은 낮다'라는 관념을 무너뜨리고 있는 것이니, 그 혁명적인 정신이 실로 작지 않다. 광장匡章은 혜시의 학문을 '거존去尊(존숭함을 없애다)'이라 말하면서, 그가 왕이라는 존재마저 균등하게 보려고 한다고

지적하였다. 순자는 그에 대해 '예와 의에 어긋난다'(不是禮義)고 평했다. 이를 통해 우리는 혜시가 무신론자이거나 무치론자無治論者라 생각해 볼 수 있다.

▹ 진고응: 곽말약의 설에서는 혜시의 철학적 의의에 관해 밝히고 있다.

⑨ 日方中方睨, 物方生方死(睨의 중국음은 nì[逆]): 시간의 긴 흐름에서 보면, 모든 사물은 변하지 않는 것이 없고, 잠시도 움직이지 않는 것이 없다.

- 장석창: 일반적으로는 해가 중천에 있을 때나 해가 저물 때 혹은 사물이 태어날 때나 소멸할 때 모두 어떤 정지된 지점이 존재하므로 그 순간을 각각의 단편으로 분할할 수 있다고 생각한다. 하지만 혜시는 진정한 시간이란 영원히 이동의 과정 중에 있으며, 진정한 물체란 영원히 변화의 과정 중에 있다고 여겼다. 따라서 해는 중천에 있는 그 순간 이미 서쪽으로 기울고 있으며, 사물이 생겨나는 순간 이미 죽어 가고 있다고 말한 것이다.
- 풍우란: 태양은 막 중천에 뜬 동시에 그와 동시에 이미 서쪽으로 기울기 시작한다. 하지만 어떤 한순간에는 분명 해가 정중앙에 있는 시점이 있다. 사람의 신체에는 항상 신진대사가 일어난다. 따라서 그 신체 속에서는 항상 소멸하는 것이 있지만 새로 태어나는 것도 있으니, 그가 생존해 있는 순간 바로 죽음의 근원 또한 함께 갖추고 있다고 말할 수 있다. 그럼에도 불구하고, 그가 죽지 않고 생존해 있는 한 시점은 분명히 존재한다. 혜시의 절친한 친구였던 장자는 이에 대해 분명한 태도로 사물이 항상 변화의 과정 중에 있는 한, 상대적 관계가 고정되어 있을 수는 없으며, 사물의 성질이 모두 상대적 관계에 있는 한, 사물 간에는 어떤 분별이 있을 수 없다고 말한다. 혜시가 이를 분명하게 이야기한 적은 없지만, 한 가지 확실한 것은 사물의 상대성 속에 절대성이 존재한다고 명확하게 밝힌 적 또한 없다는 것이다.

▹ 진고응: 풍우란의 설은 혜시의 관점에 대해 비판으로 볼 수 있다.

⑩ 大同而與小同異, 此之謂小同異; 萬物畢同畢異, 此之謂大同異: 대동大同과 소동小同은 서로 다르므로 이를 소동이小同異라고 한다. 만물은 모두 같거나 모두 다르므로 이를 대동이小同異라고 한다.(『中國哲學史資料選輯』의 번역)

- 호적: 혜시는 '대동大同과 소동小同 간의 차이는 소동이小同異라고 할 수 있다'(大同而與小同異, 此之謂小同異)라고 하였다. 예를 들어, 소나무와 동백나무는 '크게 같고'(大同), 소나무와 장미꽃은 '작게 같다'(小同)고 말할 수 있겠으나, 결국 모두 '작은 같음과 작은 다름'(小同異)에 지나지 않는다. 모든 과학적

분류란 이러한 '작은 같음과 작은 다름'(小同異)에 해당한다. 하지만 철학적 측면에서 보면 바로 혜시가 말한 대로 '만물은 결국 완전히 같거나 완전히 다르다'(萬物畢同畢異). 어떻게 해서 '만물은 결국 완전히 다르다'(萬物畢異)고 말할 수 있는가? 만물은 본래 각자 '자기 형상'(自相)을 지니고 있다. 예를 들면, 같은 모친의 배에서 나온 두 명의 형제라 할지라도 완전히 같은 모습일 수는 없고, 하나의 가지에서 자라난 두 개의 꽃이 완전히 같을 수 없고, 하나의 꽃 안에서도 완전히 같은 모습의 꽃잎을 찾을 수 없으며, 하나의 주형에서도 완전히 같은 모습의 동전을 찍어 낼 수 없는 것과 같다. 이것이 바로 만물 '자기 형상'(自相)인 것이다. 이러한 각자의 모습으로 인해 '만물은 모두 다르다'(萬物畢異). 그런데 만물은 각자 '자기 형상'(自相)을 지니지만, 또한 어떤 '공통 형상'(共相)을 지니기도 한다. 예를 들면, 남녀는 서로 다르지만 모두 같은 인간이고, 인간과 짐승 역시 서로 다르지만, 모두 같은 동물이며, 동물과 식물이 서로 다르지만, 모두 같은 생물인 것과 같다…… 이것이 바로 만물이 지닌 '공통 형상'(共相)이다. 이 '공통 형상'으로 인해 '만물은 모두 같다'(萬物畢同)고 말하는 것이 가능하다. 이렇게 모두 같고 모두 다른 측면을 '큰 같음과 큰 다름(此之謂大同異)이라고 한다.' 따라서 일체의 같음과 다름은 절대적 구별이 아님을 알 수 있다.

- 풍우란: 혜시의 이러한 분석은 논리적 측면에서 보면, '유類'와 '종種' 개념의 관계 문제와 맞닿아 있다. 모든 '유'의 사물은 공통된 성질을 지니고 있다. 이것이 바로 '대동大同'이다. 같은 '유'의 사물 가운데의 서로 다른 종들은 역시 자신들의 공통된 성질을 지니고 있다. 이것이 바로 '소동小同'이다. '유' 개념을 통해 상위로 추론해 나가면 만물은 모두 하나의 큰 '유'에 속하게 되니, 모두 하나의 공통적 성질을 지닌다고 볼 수 있다. 따라서 만물은 '모두 같다'(畢同)고 말할 수 있는 것이다. 반대로 '종' 개념을 통해 하위로 추론해 나가면 각 개체의 단위에 이르게 된다. 각 개체는 모두 자신만의 특징을 지니고 있으므로 그 어떤 개체들도 서로 완전히 같을 수 없다. 따라서 만물은 '모두 다르다'(畢異)고 말할 수 있는 것이다. 이러한 논점에 따르면 사물 간의 차이는 절대적이지 않고 모두 상대적이며, 마찬가지로 단어와 개념 간의 차이 또한 절대적이지 않고 모두 상대적이다. 이 같은 해석에 비추어 보면, 여기에서 말하는 '같음'(同)이란 후기 묵가의 '유동類同' 개념과 같다.

⑪ 南方無窮而有窮: 이 역시 공간의 상대성을 가지고 말한 것이다.

- 호적: 당시의 학자들은 땅이 움직인다는 사실을 알았을 뿐만 아니라, 땅이 둥글다는 것 또한 알고 있었다. 예를 들면 『주비산경周髀算經』에서는 "해가

북쪽 끝으로 운행하면 북쪽 지방에는 해가 뜨고 남쪽 지방은 밤이 된다. 해가 동쪽 끝에 이르면 동쪽 지방에는 해가 뜨고 서쪽 지방은 밤이 된다. 해가 남쪽 끝에 이르면 남쪽 지방에는 해가 뜨고, 북쪽 지방은 밤이 된다. 해가 서쪽 끝에 이르면 서쪽 지방에는 해가 뜨고 동쪽 지방은 밤이 된다"라고 하였다. 여기서는 비록 해가 움직이고 땅은 움직이지 않는 것처럼 말을 하였으나, 땅이 둥글다는 도리는 담고 있는 듯 보인다. 또한 『대대예기』「천원天圓」에서 '하늘은 둥글고 땅은 네모나다'(天圓地方)라는 설을 분석하며 "만약 진정으로 하늘이 둥글고 땅이 네모나다면, 땅의 네 모서리를 하늘이 가리지 못할 것이다"(如誠天圓而地方, 則是四角之不揜也)라고 하였는데, 이는 땅이 둥글다고 말하고 있음이 분명하다.…… 또한 '남쪽에는 끝이 없으면서도 끝이 있다'(南方無窮而有窮)라고 한 것 역시 땅이 둥글기 때문에 남쪽에 끝이 있다고도 할 수 있고, 끝이 없다고도 할 수 있는 것이다. 하지만 끝이 없는 것이 땅의 참된 형태이며, 끝이 있다고 한 것은 사실 일종의 가정이다.

• 범수강: 남쪽에 끝이 없으면서도 끝이 있다고 하였는데, 보통 사람들의 시각에서 말하자면 끝이 없다. 하지만 지극히 넓고 거대한 관점에서 보면 여전히 끝이 있다.(范壽康, 『中國哲學史綱要』 제1편, 제5장 「名家」)

• 왕전기: '남쪽에 끝이 없다'(南方無窮)는 것은 고대의 논변가(辯者)들이 주장하던 논쟁의 일종이다. 『묵자』「경설하經說下」에 '남쪽에 끝이 있다면 끝까지 갈 수 있을 것이고, 끝이 없다면 끝까지 갈 수 없을 것이다'(南者有窮則可盡, 無窮則不可盡)라는 구절이 있고, 『순자』「정명正名」에도 역시 '가령 어떤 사람이 남쪽으로 가고자 한다면 아무리 멀다고 하더라도 갈 것이고, 북쪽으로 가고자 하지 않는다고 한다면 아무리 가깝다고 하더라도 가지 않을 것이다. 설마 남쪽으로 가려는 자가 길이 멀어 도달하지 못할 것 같다고 하여 북쪽으로 향하겠는가?'(假之有人而欲南無多, 而惡北無寡, 豈爲夫南者之不可盡也, 離南行而北走也哉)라는 구절이 있다. 묵자와 순자의 두 해석은 혜시가 제기한 문제를 단순히 개념의 명칭 측면에서 풀이한 것이지 문제 자체를 근본적으로 해결하지는 못했다. 혜시가 제시한 논제는 바로 '끝이 없으면서도 끝이 있다'(無窮而有窮)라는 것이다. 여기에서 접속사 '~이면서도'(而)라는 말에 이 논제의 본질이 들어 있다. 같은 남쪽을 두고 끝이 없다고 하면서 또 끝이 있다고 하는 이 논증의 의미는, 거리가 무한히 나누어질 수 있는 필이畢異의 존재는 실은 유한하여 나누어질 수 없는 필동畢同의 여러 점들로 이루어진다는 것이다. 혜시가 자신의 논증을 어떻게 해석했는지는 알 방법이 없다. 하지만 이른바 그의 '합동이合同異'라는 논리를 통해 추론해 본다면,…… 우리는 우선 혜시의 추론이 스스로 자각하지 못하는 사이에

고대 기하학의 '궁거법窮擧法'[17] 혹은 '귀류법歸謬法'[18]과 유사한 추론 방식을 사용하고 있음에 주목할 필요가 있다. 그렇지 않았다면, 이른바 '끝이 없으면서도 끝이 있다'라는 논변을 묵자나 순자와 같은 학자들이 앞다투어 비판하고 반박하는 일은 없었을 것이다.…… 전국시대, 특히 묵변墨辯의 과학이 크게 성행하던 시대에 학자들은 원과 사각형, 평면과 직선 그리고 등비와 같은 연산지식에 대해 큰 진보를 일구어 냈다. 예를 들어 우리는 공간 관념에 대해 논한 혜시의 논변으로부터 차수差數는 모두 없앨 수 있다는 중국 고대 수학사상이 반영된 흔적을 발견할 수 있는데, 이는 분명 주목해 볼 만한 문제이다. 만약 논증과 관련된 추가적인 자료를 찾아낼 수 있다면, 사물을 분석하고 궁리한(曆物) 혜시의 과학적 인식은 그 논리의 역사적인 의의가 한층 커질 것이다.

⑫ 今日適越而昔來: 오늘 월나라로 떠나 어제 이미 도착하였다. 이는 시간의 상대성을 가지고 말한 것이다.

- 호적: '오늘 월나라로 떠나 어제 이미 도착하였다'(今日適越而昔來)는 『주비산경』의 '동쪽에 해가 떠 있으면, 서쪽은 한밤중이고, 서쪽에 해가 떠 있으면 동쪽은 한밤중이다'(東方日中, 西於夜半; 西方日中, 東於夜半)라는 구절과 같은 이치를 말하고 있다. 만일 내가 오늘 밤에 월나라에 도착했다고 한다면, 사천四川 서부지방에 사는 사람은 (시차가 다르므로) 내가 '어제' 월나라에 도착했다고 말할 것이다.
- 왕전기: 원 논제의 조건절 구문은 기본적으로 당시 천문학의 가설들과 일치한다. 예를 들어, '해가 서쪽 끝에 이르렀다'(日在西極)는 논점을 취해 살펴보면, 만약 해가 서쪽 끝에 이르렀다고 할 때 동쪽지역에 사는 사람들이 오늘 월나라로 갔다고 하면 서쪽 사람들에게는 어제 이미 떠난 것이 된다. 혜시는 여기에서 시간의 상대성을 통해 시간과 공간의 운행에 내재하는 상대성이 필연적으로 연관된다는 것을 증명하고자 하였다. 오늘날 혜시의 해석을 직접 들을 수는 없지만, 본 주제의 과학적 의의만큼은 분명히 긍정할 수 있다.

---

17) 증명하려는 문제의 일부 조건에 대한 답변의 대략적인 범위를 결정하고, 그 범위 내에서 가능한 모든 경우를 하나씩 적용하여 검증해 나가는 논증 방법. 어떤 경우가 조건을 모두 충족하면 그것이 문제의 답이 되고, 어떤 경우도 문제의 조건을 모두 충족하지 못하면 문제의 답은 없는 것으로 간주된다. 모든 경우를 하나하나 열거한다는 점에서 枚擧法이라고도 한다.

18) 어떤 명제의 결론이 부정했을 때 모순되는 결론이 나온다는 것을 보임으로써 해당 명제가 참임을 증명하는 논증 방법.

▹ 진고응: 호적胡適과 왕전기의 설은 과학의 관점에서 해석한 것이다.

- 장석창: 진정한 시간이란 영원한 흐름이므로 결코 '오늘'이라는 한 단락으로 분할하여 멈추어 있는 어떤 순간이 있게 할 수 없다. 만약 어떤 사람이 '오늘[오전 10시 10분] 월나라에 도착했다'라고 말했다면, 이 '오늘'이라는 것은 이미 과거가 되었으니 '어제 온 것'이 된다.
- 당군의唐君毅: 혜시가 다룬 열 가지 문제 가운데 '오늘 월나라로 떠나 어제 이미 도착하였다'라는 문제는 오늘과 어제가 서로 다르지 않음을 말한 것이다.…… 그가 어떤 이유에서 이렇게 말했는지는 오늘날 상세히 고찰할 방법이 없다. 다만 대략적으로 살펴보면, 동일한 '실질'(實)을 말하고 있는 것을 벗어나지 않는다. 즉 '오늘'이라고 말할 수 있는 것은 바꾸어 보면, 역시 '어제'라고도 말할 수 있다.…… 이러한 관점에 따라 모든 만물의 차이를 바라보면, 모든 것은 천지라는 일체에 속하니, 대일大一 안에 있는 것과 같다. 또한, 이러한 일체의 천지 혹은 대일의 관점에서 보면, 모든 차이 역시 어떤 차이도 없는 것이 될 것이다.(『中國哲學原論』, 149쪽)
- 풍우란: '오늘 월나라로 떠나 어제 이미 도착하였다'라는 논변에는 당시의 과학지식에 따른 근거가 포함되어 있음이 분명하나, 고증할 방법이 없다. 글자 그대로의 의미에서 본다면, '오늘'과 '어제' 간의 상대성에 관해 말하고 있는 것으로 볼 수 있다. 오늘의 어제는 어제로 말하면 오늘이며, 오늘의 오늘은 내일이면 다시 어제가 된다. '오늘' 혹은 '어제'라는 개념 자체의 동일성에는 차별성이 내포되어 있다. 따라서 오늘과 어제라는 개념은 상대적이며 이 두 개의 대립하는 개념은 서로 전환될 수 있다. 이 명제를 또 다른 해석에 비추어 살펴보면, 오늘과 어제는 서로 하나로 연관된 것이라는 말로도 이해할 수 있다. 즉 어제가 없으면 오늘도 없다는 말이다. 어제 출발하지 않았으면, 오늘 역시 월나라로 갈 수 없다.

▹ 진고응: 장석창, 당군의, 풍우란의 설은 철학적 관점에서 해석한 것이다.

⑬ 連環可解也: '연결된 고리를 푸는 것은 가능하다'라는 말은 사물이 변화하는 긴 흐름의 관점에서 서술한 것으로, 앞에 등장하는 '만물은 생겨나는 것이 곧 소멸하는 것이다'(物方生方死)라는 명제와 같은 부류에 속한다.

- 장석창: 연결된 고리는 이루어지면 언젠가는 끊어지는 날이 있다. 보통 사람들의 시각에서는 그저 어느 한순간의 끊어짐만을 볼 수 있을 뿐, 점진적으로 끊어져 가는 과정은 볼 수 없다. 연결된 고리가 이루어졌을 때부터 연결고리가 끊어지는 어느 한순간까지를 가정해 본다면, 이 전체 과정을 통칭하여 '(연결고리를) 풀었다(解)'['풀었다'는 곧 '깨뜨렸다'(毀)이다]라고

부를 수 있다. 연결고리가 이루어진 이후에는 한순간도 쉬지 않고 연결고리가 '풀어지는' 과정에 있으므로, 연결된 고리를 '푸는 것은 가능하다'(可解)라고 하였다.

- 풍우란: 연결된 고리는 풀 수 없지만, 그것이 끊어지는 순간에는 자연스럽게 풀어진다. 사물은 그 자체의 동일성 내에 차별성을 내포하고 있다. 연결된 고리가 존재하는 순간은 바로 그것이 끊어지기 시작하는 순간이고, 또한 바로 풀어지기 시작하는 순간이다. 이 '연결된 고리'와 관련된 당시의 유명한 고사가 전한다. 어떤 타국의 사신이 제나라 위왕威王의 왕후에게 옥으로 만든 고리 하나를 선물하면서 이를 풀어 볼 것을 청하였다. 왕후는 망치를 들고 옥고리를 부수어 버리고는 사신에게 옥고리를 풀었다고 말했다. 혜시의 이 논변 역시 풀리는 것과 풀 수 없는 것은 상대적이고 조건적인 관계임을 설명한다.

⑭ 我知天下之中央, 燕之北越之南是也: 이 명제는 남쪽이라는 방향은 상대적일 뿐이며, 무궁한 우주에서 보면 방향을 결정하는 거점이란 있을 수 없음을 설명한다.

- 호적: 연나라는 북쪽에 있고 월나라는 남쪽에 있다. 그런데 땅은 둥글기 때문에 어떤 지점이든, 설령 북쪽에 있는 나라의 북쪽이든, 남쪽에 있는 나라의 남쪽이든 모두 중앙이라고 부를 수 있다.
- 왕전기: 사마표의 주석에서는 이 문제를 다음과 같이 해설한다. "연나라에서 월나라까지의 거리는 그 수가 정해져 있지만, 남북으로는 무한히 멀어질 수 있다. 따라서 무한의 관점에서 유한한 수를 보면, 연나라와 월나라 사이는 마치 구분되지 않는 것과 같다. 천하는 정해진 방향이 없으므로 현재 있는 곳을 바로 중앙이라 할 수 있고, 순환하는 것에는 말단이 없으므로 현재 있는 곳을 바로 시작이라 할 수 있다." 이 말은 혜시의 상대주의적 견해와 일치한다. 공간에는 무한한 방향이 상대적으로 존재하기 때문에 중앙이라는 지점 역시 절대적인 위치로 존재하지 않는다. 다만 월나라와 연나라를 서로 연결한다거나 남과 북을 서로 대립시켜 무한함에 제한을 두어 말할 때만 중앙이라는 지점이 존재할 수 있다. 혜시가 여태껏 '다방면에 박식한 자'로 불린 것은 그의 논변과 고찰의 아이디어 때문이다. 이 구절에서 담고 있는 과학적 의미만 놓고 보아도 이미 '땅은 평평하고 직선의 형태를 띠고 있다'라는 가설을 뛰어넘고 있는 것으로 보인다. 예를 들어, 전국시대 추연鄒衍 일파가 제시한 대구주설大九洲說[19] 또한, 혜시와 구체적인 논쟁이

19) 중국을 이루는 아홉 개의 주는 작은 구주이며, 이 작은 구주 외에 그와 같은 형태의 여덟 개의 '작은 구주'가 있어 이들이 총 아홉 개의 큰 구주를 이룬다고 하는 설.

있었던 것으로 보이지만, 이 두 가지 설 모두 없어져 현재로서는 고찰할 방법이 없다. 역사적으로 '무한 분할'에 관해 논했던 궤변들은 모두 진정한 수학과 과학에 큰 영향을 미쳤다. 혜시의 상대주의 사상과 무한론 논증 역시 전국시대나 진秦·한漢 시기 천문학을 논했던 이들에게 간접적으로나마 어떤 인식상의 도움을 주었을 것이다.

【풀이】

혜시의 학술은 해박하여 여러 방면에 걸쳐 있었으니, 그의 저서가 수레 다섯 대에 이를 정도였다. 그가 말하는 도리는 난잡하고 그 말 또한 온당치 않았다. 그는 사물의 이치를 궁리하고 분석하여 다음과 같이 논했다. "큼이 극점에 이르러 둘러싼 외곽이 없는 것을 일러 '대일大一'이라고 하고, 작음이 극한에 이르러 내부에 어떤 알맹이도 없는 것을 일러 '소일小一'이라고 한다. 두께가 없어 쌓을 수 없지만 천 리만큼 확장해 나갈 수 있다. 하늘과 땅은 모두 똑같이 낮고, 산과 늪지는 모두 똑같이 평평하다. 태양은 막 정중앙일 때가 곧 기우는 것이고, 만물은 생겨나면서 곧 소멸한다. 대동大同과 소동小同은 서로 다르므로 이를 소동이小同異라고 한다. 만물은 모두 같거나 모두 다르므로 이를 대동이小同異라고 한다. 남방은 끝이 없으면서 끝이 있으며, 오늘 월나라로 떠나 어제 이미 도착하였다. 연결된 고리는 풀 수 있다. 나는 천하의 중앙을 안다. 연나라 북쪽 월나라 남쪽에 있다. 널리 만물을 사랑하라, 천지는 한 몸이다."

8.

惠施以此爲大, 觀於天下而曉辯者, 天下之辯者相與樂之. 卵有毛[1]; 雞三足[2]; 郢有天下[3]; 犬可以爲羊[4]; 馬有卵[5]; 丁子有尾[6]; 火不熱[7]; 山出口[8]; 輪不蹍地[9]; 目不見[10]; 指不至, 至不絶[11]; 龜長於蛇[12]; 矩不方, 規不可以爲圓[13]; 鑿不圍枘[14]; 飛鳥之景未嘗動也[15]; 鏃矢之疾而有不行不止之時[16]; 狗非犬[17]; 黃馬驪牛三[18]; 白狗黑[19]; 孤駒未嘗有母[20]; 一尺之捶, 日取其半, 萬世不竭[21]. 辯者以此與惠施相應, 終身無窮.

桓團[22]公孫龍[23]辯者之徒, 飾人之心, 易人之意, 能勝人之口, 不能服人之心, 辯者之囿也. 惠施日以其知與人之辯, 特與天下之辯者爲怪[24], 此其柢也[25].

然惠施之口談, 自以爲最賢, 曰天地其壯乎! 施存雄而無術. 南方有倚人[26]焉曰黃繚[27], 問天地所以不墜不陷, 風雨雷霆之故. 惠施不辭而應, 不慮而對, 遍爲萬物說, 說而不休, 多而無已, 猶以爲寡, 益之以怪. 以反人爲實, 而欲以勝人爲名, 是以與衆不適也. 弱於德, 強於物, 其塗隩矣[28]. 由天地之道觀惠施之能, 其猶一蚊一虻之勞者也. 其於物也何庸[29]! 夫充一尙可, 曰愈貴道, 幾矣[30]! 惠施不能以此自寧, 散於萬物而不厭, 卒以善辯爲名. 惜乎! 惠施之才, 駘蕩而不得, 逐萬物而不反, 是窮響以聲, 形與影競走也. 悲夫!

【길잡이】

① 卵有毛: 알 속에는 털 있는 동물로 자라날 가능성이 내포되어 있음. 생물학적 관점에서 말하자면, 모든 사물의 성장은 바로 잠재적 가능성[Potentiality]이 현실[Actuality]이 되는 과정이라고 할 수 있다.

- 호적: '난유모卵有毛'라는 구절은 중요한 생물학적 문제를 담고 있다.…… 생물 진화 과정에서 이전 단계는 다음 단계의 '가능성'을 이미 내포하고 있다. 따라서 '알 속에 털이 있다(卵有毛)라고 한 것이다. 예를 들어, 달걀 속에는 이미 닭의 형상이 포함되어 있다. 만약 '알 속에 털이 없다(卵無毛)면 어떻게 털이 달린 닭으로 자라날 수 있겠는가?
- 왕전기: 옛 주석에서는 '어미의 뱃속이나 알에서 태어나면서부터 털이나 깃털의 성질을 지니고 있다'라고 하였다. 이는 '털이나 깃털의 성질'(毛羽性)이라는 말로 '털이 있다'(有毛)라는 구절을 해석한 것으로, 원문보다 이해하기가 수월하다. 털 있는 동물이 알에서 태어나 변화하는 공통적인 모습을 살펴보았을 때, 이 주제는 일종의 진화 사상과 관련된 당시의 생물학적 명제들을 포괄한다고 볼 수 있다. 『장자』「지락」에서 '종유기種有幾'라는 생물의 진화와 변화에 대한 설을 기록한 바 있으며, 「우언」에서도 '만물은 모두 종자이니, 각기 다른 형태로 서로 전하며 이어진다'(萬物皆種也, 以不同形相禪)라는 과학적 개념에 관해 말하였다. 이 속에 모호한 모습이나마 진화 사상이 담겨 있음을 결코 부정할 수는 없다. '각기 다른 형태로 서로 전하며 이어진다'(以不同形相禪)라는 말은 당시의 지식수준에 비추어 보았을 때, 그저 경험이나 직관에 의한 가설에 지나지 않는다. 하지만 이론상 '알 속에 털이 있다'(卵有毛)는 명제와 함께 고찰한다면, 자연의 변화 사상을 담고 있는 것이 분명하다. 또한 '만물은 생겨나는 것이 곧 소멸하는 것이다'(物方生方死)라는 명제에서 말하고 있는 연속된 시간 개념과 여기에서 말하는 서로 다른 형태로의

전환 개념 모두 사물 생장 과정에서의 변화에 대한 혜시의 관찰과 인식을 반영한다.

② 雞三足: 닭의 '실제'(實) 다리가 두 개이고, 다리라는 '명칭'(名, 개념)이 하나이므로 명칭과 실제를 합치면 셋이 된다.

- 왕전기: 이 문제를 혜시가 어떻게 해석했는지는 알 수 없다. 다만『공손룡자』「통변通變」에 비슷한 논증이 있다. "닭의 다리라고 말했을 때의 다리가 하나이고, 다리의 수를 세어 보면 둘이다. 둘에 하나를 더하면 총 셋이 된다. 소나 양의 다리라고 말했을 때의 다리가 하나이고, 다리의 수를 세어 보면 넷이다. 넷에 하나를 더하면 총 다섯이 된다. 따라서 소나 양의 다리는 다섯이고, 닭의 다리는 셋이다."(謂雞足, 一; 數足, 二; 二而一, 故三. 謂牛羊足, 一; 數足, 四; 四而一, 故五. 牛羊足五, 雞足三) 이는 완전히 개념적 차원에서 논한 궤변이다.

③ 郢有天下: '영郢'은 초나라의 수도로, 지금의 호북 강릉현江陵縣 북쪽 기남성紀南城에 해당한다. '영'은 작고 '천하天下'는 크니, '영'은 천하의 일부분이라 할 수 있다. 그런데 전체 공간의 불가분의 성질을 가지고 말하자면 '영 땅에 천하가 있다'(郢有天下)라고도 말할 수 있다. 이 명제는 앞에서 논한 '모두 같다'(畢同)라는 관점에서 출발한 것이다.

- 왕전기: 이 논변은 공간속성의 범위에 관해 문제를 제기한 것으로 볼 수 있다. '영郢'은 '천하天下'의 속성 중 하나다. 명칭을 보면 '천하'와 다른 것이 맞지만, 개념상으로 보면 그에 속하는 것이다. 즉 '영유천하郢有天下'란 '합동이合同異' 설에서 말한 '공통성 혹은 보편성'(共相)의 관점에서 말한 것이다. 혜시의 논증이 보존되어 전해지지 않은 까닭에 우리는 그가 주장한 '역물曆物' 이론의 공간 개념에 따라 고찰해 보는 것만이 가능하다. 만약 공간은 무한 분할 가능성을 지니고 있다고 점에서 말한다면, 혜시의 논제는 결코 작음(小)으로 큼(大)을 개괄하는 것이 아니라, 동일한 성질을 지닌 작음과 큼에는 여전히 동일한 속성이 존재하고 있음을 논증하려는 것이다. 이 '영유천하'로부터 바로 모든 것을 널리 사랑하라는 천하관을 논증해 낼 수 있다.

④ 犬可以爲羊: 개와 양은 동일하게 네 발 달린 동물이다. 이 명제는 공통성(共相)의 측면에서 논리를 전개한 것이다.

⑤ 馬有卵: 이 명제는 앞의 논변과 비슷한 맥락의 궤변이다. 상식으로 볼 때, 말은

태생 동물로서 닭과 같이 알에서 태어나는 난생 동물과는 다르다. 하지만 태생 동물과 난생 동물 모두 동물에 속한다. 즉 만물은 '모두 같다'(畢同)라는 관점에서 '말에 알이 있다'(馬有卵)고 말한 것이다. 「칙양」의 '서로 다른 것을 합하여 같은 것으로 여긴다'(合異以爲同), 「덕충부」의 '그 공통의 측면으로부터 살피면, 만물은 모두 하나이다'(自其同者視之, 萬物皆一也) 등의 명제 역시 이 명제와 관점이 서로 비슷하다.(후쿠나가 미쓰지)

- 왕전기: 이 논제는 사물 속에는 내·외적인 형질의 변화가 내포되어 있지만, 형태를 떠나 개념상의 동일성이 존재할 수 있음을 말하고 있다. 『순자』 「불구不苟」에 '부녀자에게도 수염이 있다'(鉤有須 혹은 嫗有須)라는 구절이 나오는데, 이 논제와 서로 일치한다. 고대 사람들은 무형적 변화를 믿었던 것이다.…… 옛 주석을 따르면 동물은 태생 혹은 난생으로 생겨나는데, 말은 바로 이러한 태생과 난생의 조짐의 변화(機變) 속에서 말로 태어나고, 다시 태생과 난생의 조짐 변화를 통해 말을 낳는다. 따라서 '말에 알이 있다'(馬有卵)라고 한 것이다. 하지만 이는 (모든 생명은 그러한) 조짐이 함장하고 있는 공통성으로부터 (그) 생리적 특징이 발생된다는 측면에서 말한 것일 뿐, 현실 속의 말과 난생 동물은 분명 서로 다른 두 개의 개념이다. 만약 서로 다른 명칭을 억지로 동일성의 표현으로 삼으려 한다면, 그 명칭이 실제로 대표하는 대상은 존재하지 않으므로 이는 형이상학적 궤변이 되고 만다.

⑥ 丁子有尾: 초나라 사람들은 개구리를 '정자丁子'라고 불렀다.(성현영, 『장자소』) 개구리는 올챙이가 자라서 변화한 것인데, 올챙이에는 꼬리가 있으므로 개구리에 꼬리가 달렸다고 한 것이다.

- 왕전기: 이 논제는 개구리가 꼬리가 달려 있던 모습에서 꼬리가 없는 모습으로 전화되는 과정을 말했다. 즉 형태적 측면을 떠나 변화생성(化生) 과정에 공통성이 있는가 없는가를 논한 것이다. 다시 말해, 개구리의 변화생성의 측면에서 이야기한다면 꼬리가 달린 올챙이라고 하더라도 꼬리가 없는 개구리가 존재한다고 할 수 있으며, 꼬리가 없는 개구리라고 하더라도 꼬리가 있는 올챙이 역시 존재한다고 할 수 있다는 것이다. 이 두 모습은 모두 같으면서 모두 다르고(畢同畢異), 상반되면서 상생하는(相反相生) 관계에 있다. 다만 여기서는 변화생성의 과정만을 말하고 있는데, 만약 이러한 '있음(有)과 없음(無)'의 전화 과정을 가지고 개구리와 올챙이라는 서로 다른 두 개의 현실태를 혼동한다면 논리적으로 명칭과 실제가 부합하지 않으며,

언어적으로도 '부당 비유의 오류'(不喩之患)가 발생하게 된다.

⑦ 火不熱: 열은 인간의 주관적 감각이다. 예를 들어 사람이 돌에 맞았을 때, 아픔이 돌에 있는 것이 아니라 사람에 있는 것과 같은 이치이다.

- 왕전기: 지각의 측면에서 말하면, 불을 지각하면 곧 뜨거움을 안다. 하지만 개념의 측면에서 말하면, 불이라는 개념을 아는 것이 불의 뜨거움을 느끼는 것을 의미하지는 않는다.
- 풍우란: '화불열火不熱'은 인식론과 본체론 두 측면에서 설명이 가능하다. 본체론 측면에서 보면, 불의 본질적 속성은 불이고, 뜨거움의 본질적 속성은 뜨거움이다. 둘은 결코 하나가 될 수 없다. 실제로 불은 뜨거움이라는 속성을 지니고 있지만, 불이 곧 뜨거움은 아니다. 만약 인식론 측면에서 말한다면, 불의 뜨거움은 인간의 감각에 기인한다고 말할 수 있다. 뜨거움은 주관적이므로 나에게 있지 불에 있지 않다는 것이다.

⑧ 山出口: 옛 주석에서는 '산의 이름은 사람의 입에서 나온 것이다'(성현영, 『장자소』)라고 했는데, 글자에 매달려 의미를 놓쳤다. 혹은 '빈 골짜기에서 메아리가 전해오다'(空谷傳聲)라는 말로 이해하기도 하지만(선영), 역시 아닌 듯하다. 이 명제는 어떻게 해석해야 할지 알 수 없으므로, 우선 왕전기의 설에 따르기로 한다.

- 왕전기: 이 논제와 '산과 연못은 모두 평평하다'(山淵平)를 함께 살펴보면, 두 논제는 정正과 반反은 같음을 논증하는 표현이다. '입'(口)의 본질적 특성(共相)이나 명칭상으로 말한다면, 산의 요충지는 '산구山口'나 '관구關口'로 칭하고, 강의 물이 들어오고 나가는 곳은 '하구河口'나 '항구港口'라고 칭하며, 해안이 서로 교차되고 통하는 지점을 '해구海口'나 '안구岸口'라고 칭한다. 또 (모든) 산은 무한히 변화해 간다는 즉 '모두 같음'(畢同)의 개념에서 말한다면 '산과 연못은 모두 평평하다'(山淵平)라고 할 수 있고, 반대로 (모든) 산은 나름의 변화 과정이 있다 즉 '모두 다름'(畢異)의 개념에서 말한다면 '산에는 입이 있다'(山出口)라고 할 수 있다. 이를테면 산에는 골짜기도 있고 험하고 평탄한 산세도 있음을 가리킨다. 옛 주석 가운데 『순자』 「권학勸學」의 '귀로 들어오고, 입으로 나간다'(入乎耳, 出乎口)라는 구절을 가지고 이를 논증한 경우도 있으나, 이것은 원래의 논제가 논변하고자 했던 '정과 반이 상보적이라는 합동이의 설'을 제대로 이해한 해석은 아닌 듯하다. 나아가 '출구出口'라는 말을 '화산火山'이나 '용천湧泉'과 같이 '분출하는'(口噴) 현상으로 이해하기도 하는데, 이 역시 올바른 해석이 아니다.

⑨ 輪不蹍地: 여기에서 '윤輪'은 '바퀴'(輪) 전체를 말한다. 그중에서 땅에 닿는 '바퀴'는

전체 '바퀴'의 한 점에 지나지 않는다. '바퀴' 전체가 동시에 땅에 닿는 일은 있을 수 없다. 따라서 '바퀴는 땅에 닿지 않는다'(輪不蹍地)라고 한 것이다.(장석창) 이 명제에 대한 해석은 분분한데, 이를 공손룡 학파의 논점에 속한다고 보기도 하고, 혜시 학파의 논점에 속한다고 보기도 한다.

- 풍우란: '윤부전지輪不蹍地'란 바퀴가 닿은 것은 땅 일부만일 뿐이라는 말로 이해할 수 있다. 닿는 부분은 바퀴와 땅이 접촉하는 일부에 지나지 않는다. 땅의 일부가 (전체) 땅이 아니고, 바퀴의 일부가 (전체) 바퀴가 아닌 것은 마치 '백마비마白馬非馬'의 논리와 같다. 혹은 땅에 닿는 바퀴는 현실 속의 구체적인 바퀴이고, 바퀴가 닿는 땅 역시 현실 속의 구체적인 땅이라는 의미로도 이해할 수 있다. 이렇게 보면, 바퀴라는 개념 자체는 땅에 닿지 않고, 마찬가지로 땅이라는 개념 자체 역시 바퀴에 의해 닿아지지 않는다고 할 수 있다.
- 왕전기: 옛 주석 가운데 성현영의 해석이 훌륭하다. 성현영은 다음과 같이 말했다. "수레가 움직이면 바퀴가 멈추지 않고 돌아가는데, 앞의 바퀴 자국이 막 지나가는 순간에 뒤쪽에 있는 길은 아직 도달하지 않았다. 따라서 이미 지나간 앞쪽과 아직 지나가지 않은 뒤쪽을 제거하면 땅을 밟지 않은 순간만 있게 된다. 따라서 바퀴는 비록 운행하고 있지만, 끝내 땅을 밟지는 않는 것이다." 이는 혜시 학파에서 말하는 무한 분할 이론과 부합하는 설명 방식이다. 고대 그리스의 궤변론자인 제논(Zonon) 역시 이와 같은 논증을 펼친 적이 있는데, 사실 둘의 설명 방식은 정확히 상반된다. 제논은 무한 분할 이론을 통해 운동의 불가능성을 설명하고자 하였다. 따라서 그는 귀류법을 사용하여 우선 가능함을 상정해 놓고 이를 증명해 보이고자 하였다. 이에 달리기를 잘하는 자가 결국 앞서가는 거북이를 따라잡을 수 없다는 가정을 내놓았는데, 실제로는 거북이를 쉽게 초월할 수 있으므로 거리를 무한히 분할하는 것은 허구이며 불가능하다는 결론이 나온다. 하지만 혜시는 이와 같지 않다. 그는 무한 분할이라는 전제에서 출발하여 그것이 가능함을 인정한다. 그의 논리는 이렇다. 감각을 통해 바퀴가 땅에 닿은 것을 볼 수 있으나, 이는 전체 바퀴의 한 부분 가운데에서도 지극히 작은 일부이다. 이 수레의 지극히 작은 일부분과 수레가 움직이는 직선 간의 지극히 작은 접합점은 모두 '지소무내至小無內'의 한 점이다. 따라서 수레 전체와 수레의 노선 전체를 놓고 보자면 실로 '땅을 밟지 않는'(不碾地) (극소) 시간의 속도로 운동이 발생한 것이므로 땅을 밟는 것과 밟지 않는 것의 절대적인 차이는 결코 없다. 혜시학파가 공간과 시간의

무한 분할을 통해 실재적 차이를 거부하고자 한 것은 의심의 여지가 없지만, 이 역시 궤변적 분석 방법이 분명하다. 그는 운동이라는 측면에서 무한 이론을 긍정하고자 하였으나, 객관 사물의 측면에서 보면 결국 자신의 주관적인 가설을 증명할 수 없는 오류에 빠지고 말았다.

⑩ 目不見: 본래의 의미가 무엇인지는 분명하지 않다. 일반적으로는 '눈만 가지고는 볼 수 없으며, 인간이 앞을 볼 수 있기 위해서는 눈과 빛과 정신의 작용이 모두 필요하다'라고 해석한다.

- 호적: '목불견目不見'이라는 말은 만약 지각을 일으키는 마음의 작용이 없다면, 비록 불이 있어도 뜨거움을 느낄 수 없고 눈이 있어도 사물을 볼 수 없다는 뜻이다.
- 곽말약: '목불견目不見'은 눈이 보는 것은 단지 사물이 반사하는 빛일 뿐, 사물의 본체가 아님을 말한다.
- 풍우란: '목불견目不見'에 대해 공손룡은 다음과 같이 말한다. "희다는 것은 불을 비추어 눈으로 보는 것이지 불이 보는 것이 아니다. 마찬가지로 불과 눈만으로는 볼 수 없고 정신의 작용이 (있어야) 본다. 정신 작용이 보지 않으면 보는 지각작용은 이루어지지 않는다."(『公孫龍子』, 「堅白論」, "白以目以火見, 而火不見, 則火與目不見, 而神見, 神不見而見離.") 인간이 볼 수 있으려면 눈과 빛과 정신의 작용이 모두 필요하다. 이 세 가지가 갖추어져야 인간은 볼 수 있으며, 눈만 가지고는 볼 수 없다. 이는 인식론 측면의 설명 방식이다. 만약 본체론 측면에서 설명하자면, 눈(目)의 보편자는 눈(目)이고, 불빛(火)의 보편자는 불빛(火)이고, 정신(神)의 보편자는 정신(神)이고, 보는 것(見)의 보편자는 보는 것(見)이다. 따라서 이 네 가지는 모두 분리되어 있어 하나로 합쳐질 수 없다.
- 왕전기: 혜시의 이 논제에 대해 『묵경』「경하經下」의 논변자들과 공손룡이 그 각자의 해석을 제시하기도 하였다. 『묵경』「경설하經說下」에서는 "지각작용은 눈으로 보고, 눈은 불을 통해 볼 수 있다. 하지만 불이 직접 보는 것은 아니다"(知以目見, 而目以火見, 而火不見)라고 설명하였다. 이 밖에도 유가, 도가 모두 이와 비슷한 설명 방식이 있다. 예를 들면, '보아도 눈에 들어오지 않음'(視而不見[20]), '보려고 해도 보이지 않음'(視之不見[21]) 등이 그것이다. 하지만 이들 모두 별다른 논증이 없으므로 이 논제와 동일한 성질의 논변은

20) 『예기』, 「대학」, "心不在焉, 視而不見, 聽而不聞, 食而不知其味."
21) 『노자』 14장, "視之不見, 名曰夷; 聽之不聞, 名曰希; 搏之不得, 名曰微."

아니라고 볼 수 있다. 『묵경』의 논변자들과 공손룡의 예증에서는 모두 이 논변에 대한 자신들의 구체적인 견해를 설명하고 있다. 즉, 그들 모두 어떤 객관대상에 대한 지식에 대해 그에 대응하는 지각이 존재하여야 한다고 보았다. 빛[불]이 있고 지각의 추상작용이 있으므로 사고에 의한 개념적 인식이 있을 수 있다는 것이다. 그렇지 않으면 설사 감각[눈과 빛]이 있더라도 대상 현상과 서로 분리될 수밖에 없다. 따라서 명실 개념으로 말하자면, 만약 눈으로만 본다면 결과적으로 사고와 지각의 측면에서 '눈으로 보지 못하는'(目不見) 상황을 낳게 된다. 혜시의 본래 의도는 보편자 개념은 실제로 보는 작용을 할 수 없음을 말하는 것이다. 그러나 공손룡의 논증에서는 정신을 통해서만 사물을 인식할 수 있다는 관점을 바탕으로 '볼 수 없음'(不見)에 관한 절대적 의미를 제시한다. 이는 혜시가 지적하는 보편자 개념과는 서로 차이가 있다.

⑪ 指不至, 至不絶: 사물에 대한 지칭은 결코 사물의 실제에 도달할 수 없으며, 만약 도달한다고 하더라도 결코 절대적인 한계에는 이를 수 없음. '지부지指不至'라는 것은 개념은 실제 사물을 완전히 반영할 수 없음을 말한다.

⑫ 龜長於蛇: 이 명제와 「제물론」에 등장하는 '천하에 가을철에 털갈이하여 가늘어진 짐승의 털끝보다 더 큰 것이 없으니, 태산조차 이보다 더 작고, (천하에) 요절한 갓난아이보다 더 장수하는 것이 없으니, 팽조조차 이보다 더 명이 짧다'(天下莫大於秋毫之末, 而大山爲小; 若壽於殤子, 而彭祖爲夭)라는 구절은 서로 성질이 비슷한 논변이다. 길고 짧음, 크고 작음 등은 상대적인 관계이지 절대적인 것이 아님을 말한다.

- 왕전기: 이 논제의 원래 논증할 방법이 없다. 『묵경』 「경하經下」에서 말한 '다른 종류의 사물은 서로 비교할 수 없다. 그것을 설명하는 것은 측량의 단위(量)에 있다'(異類不吡, 說在量)라는 논리 원칙을 통해 살펴보면, 비교 불가의 오류를 범했음을 알 수 있다. 그런데 사실 혜시 또한 이 '측량의 단위'(說在量)라는 조건을 취하여 설명한 것으로 볼 수 있다.[22] 거북의 둥글기와 뱀의 길이를 재는 것은 형태상의 측량 단위(形量)가 다르다. 따라서 뱀보다 긴 거북과 거북보다 짧은 뱀이라는 판단은 (그런 것이) 있다 없다를 결정할 수 있는 형태상의 절대적인 측량 단위에 의거한 것일 수 없다. 이 때문에 개별적인 거북과 뱀의 길고 짧음은 다만 상대적인 차이에 지나지 않는다.

---

22) 서로 다른 측량 단위로 측량해야 하는 대상들을 동일한 측량 단위로 측량하는 오류를 의도적으로 이용했다는 뜻이다. 예를 들어, 나무의 길이와 물의 부피를 측량할 때 '㎝'와 '㎤'라는 서로 다른 측량 단위를 사용하여야 하는데 '㎝'라는 동일한 단위로 둘을 측량하는 경우이다.

⑬ 矩不方, 規不可以爲圓: 절대적인 사각형은 사각형의 보편자(共相)뿐이고, 절대적인 원은 원의 보편자(共相)뿐이다. 현실 속 개체로서의 원과 사각형은 모두 절대적인 원과 사각형이 아니다. 마찬가지로 개체로서의 곱자(矩. 사각형을 그리는 도구)와 그림쇠(規. 원을 그리는 도구) 역시 절대적인 사각형 혹은 원일 수 없다. 따라서 사각형과 원의 보편자와 비교하였을 때, '곱자는 사각형이 아니고, 그림쇠는 원이 아니다'(矩不方, 規不可以爲圓)라고도 말할 수 있다.(풍우란)

⑭ 鑿不圍枘: 개체 고유의 특성이라는 관점에서 보면, 세상에 그 어떤 두 개의 개체도 절대적으로 완전히 일치할 수 없음.

- 풍우란: 장부 구멍(鑿)에는 구멍이 있고, 장부(枘)는 구멍에 끼우는 나무(자루)이다. 그런데 구체적인 (개별자로의) 장부 구멍과 구체적인 (개별자로사의) 장부는 완벽히 맞아떨어질 수 없다. 따라서 '장부 구멍은 장부를 감싸지 못한다'(鑿不圍枘)라고 말할 수 있다. 장부를 감싸고 있는 것은 실제상의 개별자로서의 장구 구멍이므로 보편자로서의 장부 구멍의 경우는 장부를 감싸지 못한다고 보는 견해도 있다.

⑮ 飛鳥之景未嘗動也: 이 항목의 논변은 형이상학적인 관점에서 운동을 해석한 것이다. 만약 하나의 운동이 지나간 시간과 공간을 분할하여 수많은 지점으로 구분하고서 공간의 한 지점과 시간의 한 지점을 하나하나 서로 대응시킨다면, 날아가는 새의 그림자가 시간의 어떤 한 지점이나 공간의 어떤 한 지점에 정지하고 머무르는 모습을 볼 수 있을 것이므로 (날아가는 새의 그림자는) '움직인 적이 없다'(未嘗動也).(풍우란)

⑯ 鏃矢之疾而有不行不止之時(鏃의 중국음은 zú(族)): 이 논변에서는 운동을 하나의 물체가 동일한 시간상에서 어떤 한 장소에 있으면서 동시에 있지 않은 것으로 인식한다. 어떤 장소에 있다는 점에서 보면 '움직이지 않지만'(不行), 어떤 장소에 있지 않다는 점에서 보면 '멈추어 있지 않다'(不止).(풍우란)

- 왕전기: 이 논제에서는 운동과 정지의 상대적 일체론을 논하는 것으로, 시간적 관점에서 동일한 운동체가 서로 다른 시간들 속에 드러난다는 것을 설명한다.…… 가령, 소리를 내며 빠르게 날아가는 화살로 말한다면 멈추지 않는 시간(不止之時)이라고 할 수 있다. 반면, 아무리 빠른 시간일지라도 매번 앞서 쏜 화살과 뒤이어 쏜 화살의 사이에 존재하는 간격이라는 측면에서 말한다면 움직이지 않는 시간(不行之時)이라고 할 수 있다. 다시

둘을 합쳐 시간의 보편자의 관점에서 보면, 화살이 지나간 모든 시간은 멈추지 않는 운동체를 나타내고, (앞서 쏜 화살과 뒤이어 쏜 화살 사이에 해당하는) 화살이 지나가지 않은 모든 시간은 정지하여 움직이지 않는 시간을 나타낸다.

"또한, 이 논제와 고대 그리스의 제논이 제시했던 '활시위를 떠나 날아가는 화살은 영원히 정지해 있다'라는 궤변은 서로 완전히 다른 것이다. 과거에는 제논이 말한 것과 같이 '화살은 매 순간 오직 하나의 위치만을 점유할 수 있다'라는 논리로 혜시의 논제를 곡해하는 사례도 있었다. 그러나 둘은 결코 동일하게 운동과 정지의 상대성을 말하는 것이 아니다. 제논은 시종일관 운동의 모순과 불합리를 증명하고 있으나, 혜시학파에서는 움직이지 않음과 멈추어 있지 않음이 상대적으로 존재한다는 것을 논하고 있다."

⑰ 狗非犬: 소진함邵晉涵은 "개(犬子)가 태어나 아직 털이 길게 자라나지 않은 것을 강아지(狗)라고 한다"라고 하였다. 강아지는 개의 일부(부분집합)에 해당하므로, 개와 완전히 같을 수 없다. 따라서 강아지는 개가 아니라고 한 것이다.(范壽康)

- 왕전기: 이것은 이름의 정의 문제를 다룬 것이다. 대략적인 의미는 다음과 같다. 만약 개념적으로 명名과 실實이 서로 분리될 수 없다면, 즉 강아지라는 명칭에는 강아지라는 실제가 있고 개라는 명칭에는 개의 형상이 있으니, 강아지는 개가 아니라고 하는 것은 이치에 맞다…… 이하의 논변은 『묵경』 「경하經下」의 논변자들이 이 문제에 대해 제시한 논리적 해답이다. 우선 '강아지는 개다'라는 정의에서 출발하여 '강아지를 알면서 개를 모른다고 말하는 것은 잘못된 것이다. 그것을 설명하는 것은 중복에 있다(說在重)'라고 지적하였다. '두 개의 명에 한 가지 실이 있는 것은 같은 것을 중복한 것이다.'(二名一實, 重同也) 동일한 실을 다른 명으로 중복하여 말한 것이니 '강아지는 개'라고 말하는 것은 가능하다. 이는 묵가가 주장하는 실사구시의 간단한 논리적 화법이다.

⑱ 黃馬驪牛三: 누런 말과 검은 소(黃馬驪(黑)牛)는 둘이지만, 여기에 '황마여우黃馬驪牛' 라는 명칭 그 자체, 즉 '황마여우'라는 개념 그 자체를 더하면 셋이 된다. 이것과 '닭의 다리는 세 개다'(雞三足)라는 논변은 같은 성질의 명제이다.

- 사마표: 소와 말이라는 두 가지는 세 가지가 된다. 소(牛)가 하나, 말(馬)이 하나, 소와 말(牛馬)이 하나, 이렇게 형태가 세 가지이다. 또한, 누런 색(黃)이 하나, 검은 색(驪)이 하나, 누렇고 검은 색(黃驪)이 하나, 이렇게 색이 세 가지이다. 마찬가지로 누런 말(黃馬)이 하나, 검은 소(驪牛)가 하나, 누런 말과 검은 소(黃馬驪牛)가 하나, 이렇게 형태와 색깔(의 조합)이 세 가지이다.

⑲ 白狗黑: 『경전석문』에 인용된 사마표의 설에 따르면 "흰 개 또한 검은 눈을 지니고 있으므로 역시 검은 개라고 할 수 있다." 즉 흰 개의 '희다'라는 것은 털을 말한 것으로, 털의 흰색을 가지고 (개를) 희다고 한 것이다. 그런데 만약 눈을 기준으로 말하면, 눈의 검은색을 가지고 (개를) 검다고 할 수 있을 것이니, 이러한 이치로 보면 흰 개 또한 검다고 할 수 있다.(풍우란) 또 다른 해석에 따르면, 개의 색깔이 비록 서로 다르다고 하더라도 적어도 '개'라는 속성과 '색깔'이라는 속성은 공통적으로 지닌 것이므로 이러한 개념적 차원에서 보면 서로 같다고 할 수 있다. 모두 개이며 색을 지니고 있으므로, '흰 개는 검다'(白狗黑)라고 하는 것도 가능한 것이다. 이 명제는 바로 큰 차원의 같음과 다름(大同異)의 의미에만 주목하여 작은 차원의 같음과 다름(小同異)을 무시한 잘못된 판단이다.(왕전기) 두 가지 해석 모두 통한다.

⑳ 孤駒未嘗有母: 이것은 이름에 관한 문제를 논한 것이다. '고구孤駒'란 어미를 잃은 망아지를 말한다. 이 명제에서는 '고孤'(부모를 여읨)와 '어미가 있은 적이 없다'(未嘗有母)라는 말을 이름은 다르지만 의미는 같은 관계로 보았다.

㉑ 一尺之捶, 日取其半, 萬世不竭: 이것은 물질은 무한히 분할될 수 있음을 말한 것이다. '한 자 길이의 채찍'(一尺之捶)을 오늘 그 절반을 취하고, 다음 날 다시 그 절반의 절반을 취하고, 다음 날 다시 그 절반의 절반의 절반만을 취하면서 '매일 그 절반을 취해 나가면'(日取其半) 영원히 나머지 절반은 남아 있기 마련이니, '영원히 다 소모되지 않을 것이다'(萬世不竭). 한 자 길이의 채찍은 유한한 물체이지만, 그것 역시 무한히 작은 단위에 의해 이루어진 것이므로 무한히 분할해 나갈 수 있다는 것이다.(풍우란)

㉒ 桓團: 성은 환桓, 이름은 단團. 조趙나라의 논변자(辯者).

㉓ 公孫龍: 조趙나라 사람으로, 일찍이 평원군平原君의 식객이 되었다. 맹자, 혜시, 장자, 추연 등과 대략 비슷한 시기에 활동하였다. 『한서』「예문지藝文志」에 『공손룡자公孫龍子』 14편에 관한 내용이 수록되어 있으며, '조나라 사람'(趙人)이라는 주해가 남아 있다. 지금은 그 가운데 총 6편만이 전하는데, 『사고전서총목제요』에서는 나머지 8편이 송宋나라 때 소실되었다고 보았다. 공손룡의 견백론 및 동이론은 당시부터 한漢나라 초기에 이르기까지 큰 영향을 미쳤으며, 또한 많은 비판을

불러일으키기도 하였다. 오직 명名(명칭, 개념)에만 초점을 맞춘 방법으로 명실名實 관계를 바로잡으려 하여 사실상 상식적인 명실 관계를 무너뜨린 것이나 다름없었기 때문이다. 이것은 객관세계에 대한 사람들의 인식에 큰 혼란을 가져왔다. 장자는 당시의 변론자들을 구분하지 않은 채 말을 하였으므로 장자가 혜시에 대해 가한 비판은 그대로 공손룡에게도 적용될 수 있다. 장자는 지식을 초월하고 언어를 망각하는 태도로 이들처럼 명名에 집착하면서 실實을 다투는 자들을 비판하였다.(徐復觀, 『公孫龍子講疏 · 序』, 10~12쪽)

㉔ 爲怪: 괴의한 설을 만듦.

㉕ 此其柢也: '저柢'는 대략.

- 유월: '저柢'와 '씨氏'는 서로 통한다. 『사기』 「진시황본기秦始皇本紀」의 '대씨진반진리大氐盡畔秦吏'(대체로 진이 파견한 지방관을 모두 배반하다)에 대해 『사기정의』에서 "'씨氏'는 '략略'과 같다"라고 하였다. '차기저야此其柢也'는 '이것이 그 대략적인 내용이다'라는 말이다.

㉖ 倚人: '의倚'는 본래 '기畸'로도 쓴다.(『경전석문』)

▹ 진고응: '의倚'는 '기奇'로 읽어야 한다. '의인倚人'이란 기이한 자를 말한다.(곽경번)

㉗ 黃繚(繚의 중국음은 liáo(僚)): 성은 황黃, 이름은 료繚. 초楚나라 사람으로 논변자(辯者)이다. 『전국책』에 위魏나라 왕이 혜자惠子(惠施)를 초나라로 보냈는데, 초나라에서 논변을 잘하기로 이름난 황료라는 자가 그에 맞서 여러 가지를 힐문하였다는 기록이 있다.(서정괴)

㉘ 其塗隩矣: 그 도가 심오함을 말함.(이이) 그가 걸었던 길에 우여곡절이 많음.(B. Watson의 영역본 번역)

㉙ 庸: 공功, 쓸모(用).

㉚ 夫充一尙可, 曰愈貴道, 幾矣: 한 가지 장기를 발휘해도 능력이 있다고 일컬어질 수 있으니, 이렇게 말할 수 있다. "만약 그가 도를 존중할 수 있다면 그것으로 거의 되었다."(『中國哲學史資料選輯』의 번역)

▹ 진고응: '충일充一'의 '일一'은 한 가지 측면, 한 가지 장기를 가리키며, 도를 가리키는 것이 아니다.

- 임희일: '충充'은 '족足'과 같다. 다만 자신의 사견으로 자족하는 정도에는

문제가 없다.

- 선영: 한 가지에 충실한 뒤 도를 높이는 것에까지 나아간다면 거의 가까워졌다고 할 수 있다.
- 진수창: 한 가지에 구애받지 않을 수 있다면 그 재능을 성취해 나갈 수 있다. 나아가 도술을 귀하게 여기면 거의 가까워졌다고 할 수 있다.

【풀이】

혜시惠施는 이러한 것들을 가장 위대한 도리라고 여겨 천하에 이를 뽐내면서 논변하는 자들에게 드러내 보였는데, 천하의 논변자들 또한 모두 자신의 학설을 좋아하여 이렇게 말하였다. "알 속에 털이 있다. 닭은 세 개의 다리가 있다. 초나라 영郢 땅은 천하를 포함하고 있다. 개는 양일 수 있다. 말에는 알이 있다. 개구리는 꼬리가 있다. 불은 뜨겁지 않다. 산에는 입이 있다. 수레바퀴는 땅에 닿지 않는다. 눈은 사물을 볼 수 없다. 사물에 대한 지칭은 결코 사물의 실제에 도달할 수 없으며, 만약 도달한다고 하더라도 결코 절대적인 한계에는 이를 수 없다. 거북은 뱀보다 길다. 곱자로 그리는 것은 결코 사각형이 아니고, 걸음쇠로 그리는 것은 결코 원이 아니다. 장부 구멍은 구멍에 끼워진 장부를 감싸지 못한다. 날아가는 새의 그림자는 움직이지 않는다. 재빠르게 발사되어 날아가는 화살은 앞으로 나아가지도 정지해 있지도 않는 순간이 있다. 강아지는 개가 아니다. 누런 말과 검은 소는 (둘이 아니라) 셋이다. 흰 개는 검다. 어미 잃은 망아지에게는 어미가 있은 적이 없다. 한 자 길이의 채찍을 매일 반으로 잘라 그 반을 취해 나가면 만세를 취해도 끝이 나지 않는다." 논변자들은 이러한 논제들을 가지고 혜시와 서로 대응하였는데, 논쟁이 평생토록 끝나지 않았다.

환단桓團과 공손룡公孫龍은 이러한 논변자들 가운데 하나이다. 이들은 사람들의 마음을 미혹시키고 사람들의 관점을 변화시켰으니, 말로는 남을 이길 수 있었지만 정작 사람들의 마음을 설복시킬 수는 없었다. 이것이 바로 논변자들의 한계라 할 수 있다. 혜시는 매일같이 기지와 지모를 발휘하여 사람들과 논변을 펼쳤는데, 홀로 천하의 논변자들을 상대하며 기이한 설을 만들어 냈다. 이것이 대략적인 그의 정황이다.

그런데 혜시는 자신의 말솜씨가 가장 뛰어나다고 여기면서 "(내 말솜씨는) 천지의 위대함과 같도다!"라고 자부하곤 하였다. 혜시는 이처럼 야망이 가득하였으나 정작 도술을 제대로 알지는 못했다. 남쪽 지방에 황료黃繚라고 하는 기인이 살고 있었는데, 그가 혜시에게 하늘이 무너지지 않고 땅이 꺼지지 않는 이유와 바람과 비, 천둥과 번개가 일어나는 원인에 관해 물어본 적이 있었다. 혜시는 한 치의 사양도 없이 응대하였고, 조금의 생각도 없이 (막힘없이) 대답하였다. 그는 만물을 가리지 않고 두루 논하였는데, 쉬지 않고 끊임없이 말하여 도무지 이르지 못하는 데가 없을 정도였다. 그런데도 여전히 부족하다고 여기면서 여러 가지 기이한 설을 만들어 냈다. 그는 사람들의 상식을 벗어나는 도리를 실상으로 여기면서 남을 이겨 명성을 얻고자 하여 사람들과 조화를 이룰 수 없었다. 덕을 수양하는 것에는 약하였으나 사물의 이치를 따지고 분석하는 것에는 강했으니, 실로 우여곡절이 많은 길을 걸었다고 할 수 있다. 천지의 대도의 관점에서 혜시의 재능을 본다면, 그저 한 마리의 모기가 애쓰는 것과 같았다. 그러니 만물에게 무슨 소용이 있었겠는가? 그는 적어도 한 가지 재주에는 정통하였는데, 더 나아가 대도를 존중하는 데에까지 이르렀다면 거의 가까워졌을 것이다! 혜시는 도에 스스로 안주할 줄 모르고, 만물(에 대한 관심)에 마음을 흩뜨리기를 싫증 내지 않아 결국에는 논변에 뛰어난 것으로 명성을 이루었다. 참으로 애석하도다! 혜시는 그 재능을 함부로 사용하여 진정으로 얻는 바가 없었고, 만물을 좇아다니느라 (대도의 세계로) 돌아오지 못했다. 이는 소리를 질러 메아리를 그치게 하고 형체와 그림자가 경주하는 격이니, 참으로 슬프도다!

참고문헌

원서의 말미에 수록된 참고문헌과 【길잡이】에 언급되고 있지만 참고문헌에는 빠져 있는 『장자』 주해서(서명 끝에 * 표시)에 대한 간략 정보이다. 국가별, 시대별 기준으로 가나다순으로 배열하였으며, 중국 저자의 시대 구분은 방용方勇의 『장자학사莊子學史』(人民出版社, 2016년 증보판)를 따랐다.

1. 주해서

□ 중국

▦ 위진魏晋 · 남북조南北朝

- 간문제簡文帝(503~551), 『장자강소莊子講疏』*

  간문제는 양梁나라 제2대 황제(재위: 549~551)이다. 무제武帝의 세 번째 아들이자 『문선文選』을 엮은 소명태자昭明太子의 동생이다. 『신당서新唐書』 「예문지藝文志」 도서목록에 '양간문제梁簡文帝, 장자강소莊子講疏 30권'이라고 되어 있다.

- 곽상郭象(약 252~312), 『장자주莊子注』

  『경전석문經典釋文 · 서록敍錄』의 『장자』 주석서 목록에 '곽상주郭象秀注 33권 33편'으로 되어 있다.『장자』의 편제를 33편으로 처음 확정한 주석서로 알려져 있다. 같은 시대 활동한 상수向秀의 주석을 표절했다는 설도 있다.

- 상수向秀(227~272), 『장자주莊子注』*

  『경전석문 · 서록』의 『장자』 주석서 목록에 '상수주向秀注 20권 26편'(27 또는 28편이라는 설도 있음)으로 되어 있다. 완본은 전하지 않고, 유효표劉孝標의 『세설신어주世說新語注』와 육덕명陸德明의 『경전석문經典釋文 · 장자음의莊子音義』, 이선李善의 『문선주文選注』 등에 일부가 전한다.

- 사마표司馬彪(?~306), 『장자주莊子注』*

  『경전석문 · 서록』의 『장자』 주석서 목록에 '사마표주司馬彪注 21권 52편'으로 되어 있다. 『수서隋書 · 경적지經籍志』에 이미 전하지 않는다고 되어 있다. 『경전석문』 등에 일부가 전한다.

- 왕숙지王叔之(?~?), 『장자의소莊子義疏』*

  『경전석문 · 서록』의 『장자』 주석서 목록에 '왕숙지의소 3권'으로 되어 있다. 왕숙지는 왕목야王穆夜로도 널리 불리는데, 목야는 자이다.

- 이이李頤(?~?), 『장자집해莊子集解』*

  『경전석문 · 서록』의 『장자』 주석서 목록에 '이이집해李頤集解 30권 30편'으로 되어 있다. 『경전석문』 등에 일부가 전한다.

- 최선崔譔(?~?), 『장자주莊子注』*

  『경전석문 · 서록』의 『장자』 주석서 목록에 '최선주崔譔注 10권 27편'으로 되어 있다. 『경전석문』 등에 일부가 전한다.

수隋 · 당唐

- 성현영成玄英(608~669), 『장자주소莊子注疏』

  중현학重玄學의 관점에서 『장자』와 곽상의 『장자주莊子注』를 풀이하였다.

- 육덕명陸德明(약 550~630), 『경전석문經典釋文』

  전 30권 가운데 제26~28권이 『장자』를 다룬 「장자음의莊子音義」이다. 육덕명의 이름은 원랑元郞이고, 덕명德明은 자이다.

송宋 · 원元

- 나면도羅勉道(?~?), 『남화진경순본南華眞經循本』

  『도장道藏』 속에 완본이 전한다. 나면도는 박세당朴世堂의 『남화경주해산보南華經註解刪補』 첫머리에 있는 「채집제가성씨採輯諸家姓氏」에 '송나라 노릉 사람'(宋盧陵人)이라고 소개된 인물이다.

- 여혜경呂惠卿(1032~1111), 『장자의莊子義』

  유학적 문제의식에서 출발하여 『장자』를 내성외왕內聖外王의 도道의 담고 있는 책으로 보고 주해하였다. 여혜경은 자가 길보吉甫로서, 이름보다 자를 붙인 여길보呂吉甫로 많이 알려져 있다.

- 오징吳澄(1249~1333), 『장자내편정정莊子內篇訂正』*

  내편을 장자 본인의 저작으로 보는 입장에서 자구와 편장篇章 등을 고증하였다.

- 왕응린王應麟(1223~1296), 『장자일편莊子逸篇』*

  기존의 전적들 속에 단편적으로 전해지던 『장자』 일문逸文들을 모아 19편으로 편정하였다.

- 유진옹劉辰翁(1231~1297), 『장자남화진경점교莊子南華眞經點校』*

  기존의 주소注疏가 아닌 평점評點 형식으로 『장자』를 풀이한 선구적 저서이다. 유교와 불교적 시각에 입각한 임희일의 『장자』에 대해서도 비판적 입장을 취하였다.

- 임의독林疑獨(?~?), 『장자해莊子解』*

  완본은 전하지 않고, 저백수의 『남화진경의해찬미』와 초횡의 『장자익』에 다수가 전한다. 임의독은 이름이 '자自'이고, '의독疑獨'은 자이다.

- 임희일林希逸(1193~1271), 『남화진경구의南華眞經口義』

  유교와 불교적 시각에서 『장자』를 주해하였다. '구의口義'는 송대 이후의 구어체인 백화白話로 의미를 풀이했다는 뜻이다. 『장자권재구의莊子鬳齋口義』라고도 불린다.

- 저백수褚伯秀(?~?), 『남화진경의해찬미南華眞經義海纂微』

  저백수의 저서. 저백수의 도가 관련 주해서로는 『남화진경의해찬미』 외에 『도덕진경의해찬미道德眞經義海纂微』와 『충허진경의해찬미冲虛眞經義海纂微』도 있으나 이 둘은 현재 전하지 않는다.

- 조이부趙以夫(1189~1256), 『장자내편주莊子內篇注』*

  완본은 망실되었고, 저백수의 『남화진경의해찬미』에 일부가 수록되어 전한다.

- 진경원陳景元(1025~1094), 『남화진경장구음의南華眞經章句音義』

  『도장道藏』에 들어 있다. 진경원은 호인 벽허자碧虛子를 붙여 진벽허陳碧虛로 많이 불린다. 진경원의 『장자』 관련 저술로는 이 밖에 『장자주莊子注』와 『남화진경장구여사南華眞經章句餘事』, 『장자궐오莊子闕誤』 등이 있다.

- __________, 『장자궐오莊子闕誤』*

  『도장道藏』의 『남화진경장구여사南華眞經章句餘事』에 들어 있다. 『경덕사년국자감본景德四年國子監本』과 『강남고장본江南古藏本』, 『장군방본張君房本』을 비롯한 『장자』 고판본이 다수 인용되어 있다.

- 왕방王雱(1044~1076), 『남화진경신전南華眞經新傳』*

  왕방의 저서. 왕방은 자가 원택元澤이며, 남송의 개혁가 왕안석王安石(1021~1086)의 아들이다.

▩ 명明

- 감산덕청憨山德清(1546~1623), 『장자내편주莊子內篇注』

  불교적 관점에서 『장자』 내편을 주석하였다. 덕청德淸은 감산의 법명이다.

- 방이지方以智(1611~1671), 『약지포장藥地炮莊』

  '포장炮莊'은 『장자』에 들어 있는 독성 요소를 해독하여 좋은 성분으로 바꾼다는 뜻이다.

- 양신楊愼(1488~1559), 『장자해莊子解』*

  찰기 형식으로 『장자』 가운데 73 항목을 선정하여 주해하였다. 양신의 『장자』 관련 저술에는 『장자궐오莊子闕誤』와 『장자난자해莊子難字解』도 있다.

- 왕부지王夫之(1619~1692), 『장자해莊子解』

  장자의 문제의식을 통해 장자를 해석하는 '이장해장以莊解莊'의 관점에서 주해하였다.

- 육서성陸西星(?~?), 『남화진경부묵南華眞經副墨』*

  편차는 곽상의 판본을 따랐으며, 초횡의 『장자익』에 많이 인용되어 있다. 육서성은 육장경陸長庚으로도 많이 알려져 있는데, '장경'은 그의 자字이다. '부묵副墨'은 「대종사」에 나오는 용어로 문자(책)를 가리킨다. 즉 문자는 도를 나타내는 부차적인 수단이라는 뜻이다.

- 주공진周拱辰(?~?), 『남화진경영사南華眞經影史』

  내편 7편에 「추수」와 「지락」을 더해 9편으로 구성되어 있다. 약칭으로 『장자영사莊子影史』라고도 불린다.

- 진심陳深(?~?), 『장자품절莊子品節』

  진심이 1591년에 찬술한 『제자품절諸莊子品節』 가운데 '내품內品' 속에 들어 있다.

- 초횡焦竑(1540~1620), 『장자익莊子翼』

  곽상, 여혜경, 저백수, 나면도, 육서성 5인의 주석을 위주로 하여, 역대 주석들을 수록하였다.

■ 청靑

- 곽경번郭慶藩(1844~1896), 『장자집석莊子集釋』

  『장자』 곽상주와 성현영소, 『경전석문』의 「장자음의」 전문을 수록하고, 청대 학자들의 연구 성과를 집성하였다. 많은 사람들에 의해 『장자』 판본 중 최선본最善本으로 꼽힌다.

- 곽숭도郭嵩燾(1818~1819), 『장자찰기莊子扎記』*

  기존 주석들에 대해 비판적 입장을 취하였는데, 특히 그중 곽상의 『장자주』에 대한 비판이 주류를 이룬다. 조카인 곽경번의 『장자집석』에 '가세부家世父'라는 명칭으로 182개 조문이 인용되어 전한다.

- 노문초盧文弨(1717~1795), 『장자음의고증莊子音義考証』*

  육덕명의 『장자음의』를 보정補正하였다. 노문초가 지은 『경전석문보편經典釋文補編』에 들어 있다.

- 마기창馬其昶(1855~1930), 『장자고莊子故』

  1894년에 저술되었다. 사마표를 비롯하여 역대 『장자』 주석가들의 주해가 광범위하게 인용되어 있다. 권말에 「(장자)일편(莊子)逸篇」이 붙어 있다.

- 무연서武延緖(1857~1917), 『장자차기莊子劄記』

  무연서의 교감 저작집인 『소호재찰기所好齋札記』에 들어 있다. 『장자찰기莊子札記』라고도 한다.

- 방잠方潛(1805~1868), 『남화경해南華經解』

  권두에 「문통선생서곽상주장자후文通先生書郭象注莊子後」라는 글이 있다. '문통선생'은 방잠을 가리킨다.

- 서정괴徐廷槐(?~?), 『남화간초南華簡鈔』

  내편 전체와 외·잡편의 일부에 대해 상세하게 주석을 달았다. 서정괴가 지은 『장자』 주해서로는 『남화경직해비주南華經直解批注』도 있다.

- 선영宣穎(?~?), 『남화경해南華經解』

  유학을 중심으로 하되 유학과 도가는 일치한다는 관점에 주해를 달았다. 선영은 인적 사항은 분명치 않으나, 70세 이후에 이 책을 저술한 것으로 알려져 있다.

- 손이양孫詒讓(1848~1908), 『장자차이莊子劄迻』

  경사자집經史子集 77종에 대한 손이양의 교감서인 『찰이札迻』 권5에 들어 있다. 『장자찰이莊子札迻』로도 불린다.

- 양계초梁啓超(1873~1929), 『장자천하편석의莊子天下篇釋義』*

  「천하」편이 선진시대 제자학 연구의 지침으로 손색이 없는, 『장자』에서 가장 믿을 만한 단편이라는 입장에서 의미를 주해하였다.

- 엄복嚴復(1853~1921), 『장자평점莊子評點』*

  서양의 '자유'와 과학사상에 입각하여 『장자』의 주요 개념과 의미를 풀이하였다.

- 오여륜吳汝綸(1840~1903), 『장자점감莊子點勘』

  『여씨춘추』와 『회남자』, 『열자』 등을 전거로 적극 활용하여 교감한 특징 있다.

- 왕개운王闓運(1833~1916), 『장자내편주莊子內篇注』

  『장자왕씨주莊子王氏注』가 원래 이름이다. 내편 전체와 잡편의 「우언」, 「천하」 두 편을 주해하였다.

• 왕념손王念孫(1744~1832), 『장자잡지莊子雜志』

유고인 『독서잡지讀書雜志』를 아들인 왕인지王引之가 교열 · 편찬한 『독서잡지여편讀書雜志余編』 안에 포함되어 있다. 이 때문에 원서에서는 왕념손의 주석 출전이 『독서잡지여편』으로 표기되기도 하였다.

• 왕무횡王懋竑(1668~1741), 『장자존교莊子存校』

글자 독음과 뜻, 자구 교열과 의미 풀이 등이 주류를 이룬다.

• 왕선겸王先謙(1842~1917), 『장자집해莊子集解』

일생을 『장자』 연구에 바친 왕선겸의 역작으로, 앞선 주석가들의 성과를 집약하면서 자신의 새로운 해석을 제시하였다.

• 왕어王敔(1656~1730), 『장자해莊子解』*

중국 명말청초의 유학자 왕부지王夫之(1619~1692)의 둘째 아들. 『장자해莊子解』를 비롯하여 『장자정몽주張子正蒙注』, 『노자연老子衍』 등 왕부지의 주요 저작을 주해하는 일들을 많이 했다.

• 왕인지王引之(1766~1834), 『경전석사經傳釋詞』*

『장자』를 포함하여 고문헌에 등장하는 허사虛詞를 수집 · 분류하여 성모聲母순으로 배열한 저작이다. 왕념손의 아들로 아버지의 유고인 『독서잡지讀書雜志』를 교열하여 『독서잡지여편讀書雜志餘編』이라는 이름으로 펴냈다.

• 요내姚鼐(1732~1815), 『장자장의莊子章義』

권두에 「장자익제어오칙莊子翼題語五則」이라는 글이 있다.

• 유봉포劉鳳苞(1826~1905), 『남화설심편南華雪心編』

'설심雪心'이라는 말은 『장자』를 빙설지문氷雪之文으로 삼아 사람들의 마음을 청량하게 한다는 의미이다.

• 유월兪樾(1821~1907), 『장자평의莊子平議』

유월이 찬술한 『제자평의諸子平議』 속에 들어 있다. 이 때문에 원서에서는 유월의 주석 출전을 『제자평의諸子平議』라고도 표기하고 있다. 『제자평의』는 제자학에 대한 훈고학적 해석의 결정판이라는 평을 받는 노작으로, 『장자』를 비롯하여 선진先秦 · 한대漢代의 제자서 15종에 대한 주해가 실려 있다.

• 육수지陸樹芝(?~?), 『장자설莊子雪』*

숭유崇儒의 시각에서, 『장자』가 비록 유가경전과는 다르지만 그 사상적 친화성 면에서는 여타 제자서와는 격이 다르다는 입장을 취하고 있는 주해서이다. 제목의 '설雪'은 『장자』의 그 같은 순수함을 가리킨다.

- 임서林紓(1852~1924), 『장자천설莊子淺說』

  내편만 주해하였으며, 고주 가운데 곽상의 주석을 매우 중시하였다.

- 임운명林雲銘(1628~1697), 『장자인莊子因』

  책 제목에 쓰인 '인因'은 『장자』의 취지를 천지와 만물과 자연을 '따름'(因)에 있다고 본 데에서 취하였다.

- 장병린章炳麟(1869~1936), 『장자해고莊子解故』

  전통적 훈고 방법으로 『장자』를 주해한 책으로, 유월의 『장자평의』의 영향을 많이 받았다. 장병린의 원래 이름은 장태염章太炎이다.

- 주준성朱駿聲(1788~1858), 『설문통훈정성說文通訓定聲』*

  청대의 『설문해자』 4대가 가운데 한 사람인 주준성의 저서이다. 원서에서 인용되고 있는 주준성의 견해는 주로 마서륜의 『장자의증』에서 재인용되고 있는데, 출전 원전原典은 이 책으로 보인다. 이와 별도로 주준성의 『장자』 관련 저술이 따로 있는지는 확인되지 않는다.

- 진수창陳壽昌(?~?), 『남화진경정의南華眞經正義』

  소식蘇軾(東坡)이 「장자사당기莊子祠堂記」에서 장자의 사상을 공자사상의 보조라고 평한 이후 일부에서 장자사상을 유학적 관점에서 주해하던 흐름에 반대하여 장자는 '노자에 근본을 두었다'(本于老子)는 전통적 시각에서 『장자』를 주해하였다.

- 포기룡浦起龍(1679~1762), 『장자초莊子鈔』

  『장자』 12개 편의 문구를 절록節錄하여 주해하였다.

- 호문영胡文英(?~?), 『장자독견莊子獨見』

  말미에 「장자논략莊子論略」과 「독장침도讀莊針度」 두 편이 부록으로 붙어 있다.

- 호방胡方(1654~1727), 『장자변정莊子辯正』*

  편마다에 제목과 개요를 설명하였고, 다른 사람의 주석을 인용하지 않고 자신만의 견해로 내용을 해석하였다.

근 · 현대

- 고형高亨(1900~1986), 『장자금전莊子今箋』

  『장자』 33편의 주요 구절을 선별하여 고증하였다. 고형의 문자학 및 교감학 방면 저작집인 『제자금전諸子今箋』 속에 들어 있다. 원서에는 고형의 주해서로 『장자신전莊子新箋』을 언급하기도 하는데, 『장자금전』을 가리키는 것으로 보인다.

- 관봉關鋒(1919~2005), 『장자내편역해화비판莊子內篇譯解和批判』

  마르크스의 역사유물주의 관점에서 장자철학을 몰락한 노예주 귀족의 이해관계를 반영한 유심주의 철학으로 해석하였다.

- 구양경현歐陽景賢(?~?), 『장자석역莊子釋譯』*

  민국 87년(1998) 대만 이인서국里仁書局에서 간행된 주해서이다.(국립중앙도서관 서지정보)

- 도홍경陶鴻慶(1859~1918), 『독장자차기讀莊子箚記』

  도홍경의 제자서 교감 총서인 『독장제자찰기讀莊子札記』 안에 포함되어 있다. 『독장자찰기讀莊子札記』라고도 표기한다.

- 마서륜馬叙倫(1885~1970), 『장자의증莊子義證』

  『장자』에 대한 광범위한 문자 교감과 불교적 해석이 특징이다. 권말에 부록으로 「장자연표」와 「장자일문집록서莊子佚文輯錄序」가 있다.

- 마항군馬恒君(1944~), 『장자정종莊子正宗』

  2007년 화하출판사華夏出版社에서 간행되었다.

- 문일다聞一多(1899~1946), 『장자내편교석莊子內篇校釋』

  1943년 9월 1일 중경重慶의 『학술계간學術季刊』 제1권 제3기에 발표되었다. 장자 연구에 일가를 이룬 문일다의 글 가운데 가장 완성도 높은 저작으로 꼽힌다. 문일다의 장자 연구로는 이 밖에도 『장자장구莊子章句』, 『장자교보莊子校補』, 『장자교습莊子校拾』, 『장자의소莊子義疏』 등이 있다.

- 부패영傅佩荣(1950~), 『역해장자譯解莊子』*

  대만대학 철학과 교수 부패영의 해설 및 번역서이다. 2012년 동방출판사東方出版社에서 간행되었다.

- 섭옥린葉玉麟(1876~1958), 『백화장자독본白話莊子讀本』

  왕선겸의 『장자집해』를 저본으로 하여 백화로 풀이하였다.

- 양류교楊柳橋(1907~1993), 『장자역고莊子譯詁』

  내·외·잡편의 구분에 매이지 말고 『장자』의 중심 표현법인 삼언三言(寓言·重言·巵言)을 기준으로 의미를 해석해야 한다는 입장을 취하였다.

- 양수달楊樹達(1885~1956), 『장자습유莊子拾遺』

  곽경번의 『장자집석』을 저본으로, 『장자』의 문구를 추려서 고증하였다.

- 엄령봉嚴靈峰(1904~1999), 『도가사자신편道家四子新編』

  무구비재無求備齋 주인 엄령봉이 노자·양자·열자·장자의 저서들에 대한 장구신편章句新編을 합간한 저술이다.

- 왕박王博(1967~), 『장자철학莊子哲學』*

 북경대학 철학과 교수 왕박의 해설서이다. 2004년 북경대학출판사에서 간행되었다. 『장자를 읽다』(김갑수 옮김, 바다출판사)라는 제목으로 2007년 국역본이 간행되었다.

- 왕숙민王叔岷(1914~2008), 『장자교석莊子校釋』

 『장자』의 주요 구절 1,569개에 대해 다양한 전거를 인용하여 고증하였다.

- ________, 『장자교전莊子校詮』

 왕숙민의 저서. 속고일총서續古逸叢書의 영인 송간본宋刊本을 저본으로 삼아 역대 『장자』 주석들을 비판적으로 집성하고 그 오류를 바로잡았다.

- 왕전기汪奠基(1990~1979), 『중국논리사상사료분석』(中國邏輯思想史料分析)

 중국 고대의 논리사상을 분석한 책이다. 모두 9개 장으로 이루어져 있는데, 혜시와 공손룡의 명변사상은 제6장에 들어 있다.

- 왕치심王治心(1881~1968), 『장자연구급천석莊子研究及淺釋』

 내편 전체와 잡편의 「천하」편을 주해하였다. 권말에 왕부지의 『장자해』, 호적의 『장자사상』, 양계초의 『도가사상』이 부록으로 붙였다.

- 왕효어王孝魚(1900~1981), 『장자내편신해莊子內篇新解』*

 중국 현대 철학사가 왕효어의 주해서이다. 1983년 호남악록서사湖南嶽麓書社에서 간행되었다.

- ________, 『장자집석점교莊子集釋點校』*

 곽경번의 『장자집석』 점교본을 말한다. 왕효어가 정리를 총괄하였으며, 1961년 중화서국中華書局에서 간행되었다. 원서에서 말하는 '왕효어 교열'은 이 책을 가리킨다.

- 우성오于省吾(1896~1984), 『장자신증莊子新証』

 찰기 형식의 주해서로, 『장자』의 문구를 추려서 67개 항목에 대해 고증하였다.

- 유무劉武(1883~1957), 『장자집해내편보정莊子集解內篇補正』

 『장자』 내편에 대한 왕선겸의 『장자집해』의 내용을 보완·정정하였다. 북경 중화서국에서 발간한 신편제자집성 제1집에 『장자집해』와 합본되어 있다.

- 유문전劉文典(1889~1958), 『장자보정莊子補正』

 곽상주와 성현영소, 『경전석문』의 주석을 전재하는 한편, 원문의 의미가 불분명한 부분이나 오탈자 등에 대해 고증하였다. 유문전의 자가 숙아叔雅인 까닭에 1971년 대만에서 나온 신문풍출판공사新文風出版公司 간행본은 저자가 유숙아劉叔雅로 표기되어 있다.

- 유사배劉師培(1884~1919), 『장자각보莊子斠補』

 주해한 문구는 많지 않으나, 국학의 대가답게 독창적인 안목이 돋보인다는 평을 받는 주해서이다.

- 육흠陸欽(1938~), 『장자통의莊子通義』*

  중국의 중공중앙학교中共中央學校 교수인 육흠이 펴낸 주해서이다. 1994년 길림인민출판사吉林人民出版社에서 간행되었다.

- 이면李勉(?~?), 『장자총론급분편평주莊子總論及分篇評注』

  1990년 대만상무인서관臺灣商務印書館에서 간행되었다.

- 이종예李鍾豫(?~?), 『어체장자語體莊子』

  1968년 대만상무인서관에서 간행된 원문대조 번역서이다.

- 장묵생張默生(1895~1979), 『장자신석莊子新釋』

  편마다 제목을 해제하고 현대식 표점을 찍은 후 집주集注를 붙이고 번역을 하였다. 권두에 「장자연구답문莊子研究答問」과 「장자전약급기학설개요莊子傳略及其學說概要」가 있으며, 특히 「장자연구답문」에서는 『장자』의 문체와 문장구조를 4등급으로 유형화하여 분류하였다.

- 장석창蔣錫昌(1897~?), 『장자철학莊子哲學』

  크게 두 부분으로 구성되어 있는데, 전반부는 장자철학에 대한 개괄이고 후반부는 교석이다. 교석에서는 「소요유」, 「제물론」, 「천하」만을 다루었다.

- 장성추張成秋(1941~), 『장자편목고莊子篇目考』

  내·외·잡편의 형성 과정을 논증하고, 33편 각 편의 제목과 요지, 문단구조를 분석하였다. 민국 60년(1971) 대만 중화서국에서 간행되었다.

- 전목錢穆(1895~1990), 『장자찬전莊子纂箋』

  곽상부터 현대 주석가들에 이르기까지 역대 주석을 집성하여 소개하고, 이를 바탕으로 자신의 견해를 서술한 주해서이다.

- 정전성丁展成(?~?), 『장자음의역莊子音義繹』

  외·잡편을 주해한 책이다. 내편은 완성하지 못하였다.

- 조수곤曹受坤(1879~1959), 『장자철학莊子哲學』

  1948년 1차 간행되고, 2002년 대북 문경서국文景書局에서 재간행되었다.

- 조초기曹礎基(1937~), 『장자천주莊子淺注』

  마르크스주의에 입각하여 유물론과 계급투쟁론의 관점에서 장자사상을 해석하였으며, 간결한 주석이 돋보인다.

- 주계요朱桂曜(1898~1929), 『장자내편증보莊子內篇證補』

  찰기札記 형식으로, 내편의 문구들을 교감하였다.

- 진계천陳啟天(1893~1984), 『장자천설莊子淺說』

  고금의 주석을 소개하면서, 이를 바탕으로 자신의 견해를 펼친 주해서이다.

- 해동奚侗(1878~1939), 『장자보주莊子補注』

  1917년에 저술하였다. 곽상 이래 『장자』 해석에서 이보다 나은 주해서는 없다는 평을 받았다.

- 호회침胡懷琛(1886~1938), 『장자집해보정莊子集解補正』

  제목 그대로, 왕선겸의 『장자집해』의 오류를 바로잡고 미비점을 보완하고 빠진 부분을 보충한 주해서이다.

- 황금횡黃錦鋐(1911~?), 『신역장자독본新譯莊子讀本』

  대만 삼민서국三民書局에서 간행하는 '신역독본' 시리즈의 하나이다.

□ 일본

- 가나야 오사무(金谷治. 1920~2006), 『장자莊子』

  일본의 중국학 연구자인 가나야 오사무의 저작이다. 도쿄 이와나미서점(岩波書店)에서 전 4책(1971~1983)으로 간행하였다.

- 후쿠나가 미츠지(福永光司. 1918~2001), 『장자莊子』

  일본 도쿄대학 · 간사이대학 등의 교수를 역임한 일본 학계 도교 연구의 선구자 후쿠나가 미츠지의 저작이다.(朝日新聞社, 新訂中國古典選叢書) 내편 부분은 『후쿠나가 미츠지의 장자 내편』(정우봉 · 박상영 옮김)이라는 제목으로 2020년 문진에서 번역서가 간행되었다.

※ 고산사본高山寺本

일본 가마쿠라(鎌倉) 시대(1185~1333) 초기에 창건된 고산사에 소장되어 있던 필사본. 이 필사본에는 통행본 기준으로 「우언」, 「양왕」, 「설검」, 「어부」, 「천하」(이상 甲卷), 「경상초」, 「외물」(이상 乙卷) 등 7편과 곽상의 글로 추정되는 「천하」 뒤에 부수된 202자의 단문이 들어 있다. 원서에서는 인용된 주석가에 따라 고산사고초본高山寺古鈔本, 고산사권자본高山寺卷子本, 고초권자본古鈔卷子本, 고산사장고사본高山寺藏古寫本 등 여러 이름으로 불린다.

역자 후기

1980년대 중반에서 90년대 중반에 이르는 시기에 대학원을 다니며 동양철학을 공부했던 나 같은 사람들에게 진고응 선생의 노장철학 관련 저술들은, 조금 과장을 섞어 말하면 '경전經典'이었다. 당시만 해도 동양철학 분야의 '원서原書'는 유통이 원활하지 않았던 터라 도서관이나 교수님께 빌려 복사 제본을 하는 것이 배움에 대한 갈증을 푸는 거의 유일한 방법이었다.

이런 상황에서 역대 주석들을 폭넓게 인용하며 『노자』, 『장자』의 자구와 의미를 해석한 진고응 선생의 두 권의 저서, 즉 『노자주역급평개老子註譯及評介』[1]와 『장자금주금역莊子今注今譯』은 말 그대로 단비였다. 90년대 초반에 중국과 수교하면서 중국의 노장철학 원전 주해서들도 쏟아져 들어왔지만, 유물사관이라는 과도한 이데올로기 외투를 아직은 벗어 버리지 못하고 있던 때라 진고응 선생의 노작을 넘보기에는 역부족이었다.

『장자』의 사유 세계에 빠져 동양철학을 평생의 업으로 삼겠다며 학계의 말석을 기웃거리던 시절, 진고응 선생의 이들 저서는 동양학은 곧 주석학에서 출발한다는 사실을 일깨워 주며 만만치 않은 앞길을 예감하고 준비하게 하였다. 진고응 선생의 『장자금주금역』을 처음 접한 이후 근 40여 년의 시간이 흐른 뒤 번역을 위해 다시 정독하면서 든 소회이다.

개인적으로 진고응 선생과 직접적인 학문적 인연은 없지만, 한 번 뵌 적은 있다. 진고응 선생은 내 은사이셨던 중천中天 김충열金忠烈 선생과 사형제 간이다. 두 분이 함께 대만 현대신유학의 거장인 방동미方東美 선생 밑에서 수학하였다.

1) 영남대출판부, 『진고응이 풀이한 노자』(2004. 절판). 예문서원, 『진고응의 노자』(2024).

이런 인연으로 중천 선생이 작고하신 다음 해인 2009년 중천 선생의 고향인 원주에서 열린 추모학술대회에 참석하셨는데, 자그마하시면서도 단단해 보였던 첫인상이 기억에 남는다. 진고응 선생의 삶의 역정과 학문적 이력에 대해서는 책머리에 있는 저자 서문에 잘 나와 있어 따로 말을 늘이지는 않는다.

번역은 오현중 박사가 초역을 하고 내가 교열을 하는 방식으로 작업을 진행하였다. 원서에 인용된 역대 주석서들의 종류가 많고, 내용도 단구短句 형태로 원문이 그대로 노출되어 있는 경우가 대부분이어서 일일이 앞뒤 맥락을 파악하는 것이 가장 큰 어려움이었다. 최대한 꼼꼼하게 살핀다고는 했지만 여전히 미진한 부분이 있을 것이다. 독자들의 혜량을 구한다.

이 책의 번역계획서를 중화학술외역中華學術外譯 사업을 담당하는 중국 측에 제출하여 심사를 통과하고 번역에 착수한 지도 4년여가 지났고, 오현중 박사가 초역을 마친 지도 3년여가 지났다. 그럼에도 출간이 늦어진 것은 전적으로 나의 게으름 때문이다. 공역자인 오현중 박사에게 이 자리를 빌려 혜량을 구한다. 아울러 무던하게 기다려 준 예문서원 오정혜 사장님과 난삽한 원고를 솜씨 있게 정리해 준 편집팀에 감사를 드린다. 마지막으로, 이 졸역拙譯이 『장자』라는 숲에서 길을 찾으려는 모든 분들에게 조그만 지남指南 역할이라도 할 수 있기를 기대한다.

2024. 12.
강릉 담산동淡山洞 누실陋室에서
박원재 씀

註譯者 **陳鼓應**

1935년 출생했으며, 복건성 長汀 출신이다. 대만대학 철학과와 철학연구소에서 수학하고 박사 학위를 취득하였다. 대만대학과 북경대학 철학과 교수로 재직했으며, 도가철학 분야 국제전문학술지인 『道家文化硏究』의 주편을 지냈다. 저서로 『悲劇哲學家尼采』, 『尼采新論』, 『存在主義』, 『莊子哲學』, 『老子注譯及評介』, 『皇帝四經今注今譯』, 『老莊新論』, 『易傳與道家思想』, 『道家易學建構』, 『管子四篇詮釋』, 『耶穌新畫像』 등이 있다.

옮긴이 **박원재**朴元在

고려대학교를 졸업하고 같은 학교 대학원에서 철학박사 학위를 취득하였다. 중국철학회 회장과 한국도가철학회 회장, 한국국학진흥원 수석연구위원을 역임하였으며, 현재 율곡연구원 원장으로 재직 중이다. 『유학은 어떻게 현실과 만났는가: 선진유학과 한대경학』, 『노자에서 데리다까지: 도가철학과 서양철학의 만남』(공저), 『500년 공동체를 움직인 유교의 힘』(공저), 『장자중독』(공저) 등의 저서와 중국 선진철학 및 도가철학 방면의 다수의 논문이 있다.

옮긴이 **오현중**吳賢重

고려대학교 학부와 대학원에서 철학을 전공하고 북경대학 철학과에서 박사 학위를 취득한 뒤, 현재 중국 산서대학 철학과에서 강사로 재직 중이다. 옮긴 책으로는 『장자』, 『세계의 철학자들, 철학과 세계를 논하다』, 『대륙신유가』(공역), 『도가의 정치철학』(공역), 『실증주의와 중국 근대철학』(공역) 등이 있다.